民事手続法制の展開と手続原則

松本博之先生古稀祝賀論文集

Festschrift für Hiroyuki Matsumoto
zum 70. Geburtstag

弘文堂

松本博之先生

謹んで古稀をお祝いし
松本博之先生に捧げます

執筆者一同

はしがき

　松本博之先生（大阪市立大学名誉教授・法学博士）は、本 2016 年 4 月に古稀を迎えられます。これをお祝いする記念として先生に献呈するのが、本論文集です。

　松本博之先生は、1946 年 4 月 1 日に大阪府にお生まれになり、1968 年に大阪市立大学法学部を卒業された後、直ちに法学部助手となられ、小室直人先生の下で民事訴訟法の研究を始められました。1973 年に大阪市立大学法学部助教授、1985 年に法学部教授となられ、以後 2009 年の定年まで大阪市立大学で教鞭を執られ、この間、2004 年から 2007 年まで日本民事訴訟法学会の理事長を務められました。その後は、龍谷大学法学部教授となられ、2014 年に龍谷大学を定年退職され、現在に至っております。助手時代からの 48 年間一貫して民事訴訟法の研究と法学教育に尽力されてこられました。

　松本先生のご業績の詳細については、本書巻末の著作目録をご覧いただくこととするとして、代表的な論文集としては、『証明責任の分配（大阪市立大学法学叢書(41)）』（1987 年・有斐閣）、『民事自白法』（1994 年・弘文堂）、『証明責任の分配〔新版〕』（1996 年・信山社）、『既判力理論の再検討』（2006 年・信山社）、『訴訟における相殺』（2008 年・商事法務）、『民事訴訟における事案の解明』（2015 年・日本加除出版）、『民事訴訟法の立法史と解釈学』（2015 年・信山社）などがあり、いずれの著作においても、わが国の民事訴訟法の母法であるドイツ民事訴訟法に関する丹念な研究を背景にした、緻密な解釈論（松本説）が展開されています。民事訴訟法理論の展開に多大な影響を与えたといえましょう。また、先生の共著・共編著は多数ありますが、とくに『日本立法資料全集』（信山社）の民事訴訟法分野の編集を担当され、『民事訴訟法〔大正改正編〕(1)〜(4)』（1993 年）、『民事訴訟法〔明治 36 年草案〕(1)〜(4)』（1994-95 年）、（以上は、河野正憲教授・徳田との共編著）、『民事訴訟法〔戦後改正編〕(2)〜(3)—Ⅱ』（1997 年）（単編著）、『民事訴訟法〔明治編〕テヒョー草案Ⅰ〜テヒョー草案Ⅲ』（2008 年）、『民事訴訟法〔明治 23 年〕(1)〜(5)』（2014-15 年）（以上は、徳田との共編著）の刊行に力を尽くされたことは、民事訴訟法学界に新たな財産を残されたといえるのではないかと思われます。

はしがき

　さらに、先生は、お若い時にドイツ・フライブルク大学に留学されたことも契機となっていると拝察しますが、ドイツの大学・学界との国際学術交流にも尽力されており、2006年にはフライブルク大学名誉法学博士の称号を授与されています。

　このように、松本博之先生は、多年にわたり民事訴訟法の研究および教育に情熱をもって取り組まれてきています。その間に直接のご指導を受けた者、学会や研究会等をとおして先生の謦咳に接し、ご指導・ご教示を受けた者が多数おります。そうした者が先生から賜った学恩に感謝して、本論文集『民事手続法制の展開と手続原則』を献呈する次第です。また、松本先生と密接な学術交流を続けられているドイツの著名な民事訴訟法の研究者の方々からも、記念の論稿を頂戴することができました。

　古稀を迎えられた松本博之先生がますますご健勝で、引き続き私ども後進をご指導くださるようお願い申し上げます。

　2016年3月

編集委員を代表して
徳田和幸

目　次

はしがき（徳田和幸）　iii
執筆者一覧　xii
凡　例　xiv

第1部　民事手続の基礎

民事裁判における「手続的正義」の意義と機能
——若干の最高裁判例から …………………………………… 徳田和幸… 3
　　I　はじめに　II　「手続的正義」の意味・内容
　　III　最高裁判例における若干の具体例　IV　むすびにかえて

民事訴訟その他の民事関係手続における検察官関与と
その役割 ……………………………………………………… 池田辰夫… 19
　　I　はじめに　II　わが国との遭遇　III　その他の国との遭遇
　　IV　おわりに

児童福祉法における一時保護と司法審査 ………………… 佐上善和… 35
　　I　はじめに　II　一時保護処分と司法審査
　　III　家庭裁判所による司法審査の可能性　IV　おわりに

家事事件・非訟事件における忌避と簡易却下 …………… 高田賢治… 53
　　I　はじめに　II　忌避制度の導入見送り　III　簡易却下
　　IV　おわりに

民事調停における錯誤に関する一試論 …………………… 山田　文… 69
　　I　はじめに　II　裁判例　III　分析

ドイツにおけるメディエーション
　……………………… ペーター・ゴットヴァルト（出口雅久・訳）… 83
　　I　はじめに　II　ドイツにおけるメディエーション
　　III　2012年7月21日の新メディエーション法
　　IV　メディエーションの枠組み要件
　　V　誰がメディエーターになり得るのか？
　　VI　新メディエーション法の評価　VII　結語

第2部　民事訴訟の当事者と第三者の訴訟関与

法人格のない社団をめぐる権利義務関係と当事者適格の規律
——マンション管理組合、民法上の組合の当事者適格 …… 堀野　出…109
　　I　問題の所在　II　民事訴訟法29条による事案処理の枠組み
　　III　個別事例の処理のあり方　IV　まとめ

v

目　次

固有必要的共同訴訟における実体適格と訴訟追行権 …… 鶴田　滋…*125*
　　Ⅰ　問題の所在　　Ⅱ　実体適格概念と訴訟追行権概念の形成
　　Ⅲ　訴訟追行権をめぐる本案と訴訟要件
　　Ⅳ　固有必要的共同訴訟における本案と訴訟要件　　Ⅴ　おわりに

補助参加の利益について ……………………………………… 伊東俊明…*143*
　　Ⅰ　はじめに　　Ⅱ　検討の視点　　Ⅲ　議論状況の整理
　　Ⅳ　兼子理論　　Ⅴ　若干の検討　　Ⅵ　おわりに

補助参加人の訴訟行為の独立性と従属性 ………………… 福本知行…*161*
　　Ⅰ　はじめに　　Ⅱ　補助参加人の独立性と従属性
　　Ⅲ　行為の性質上補助参加人のなしえない行為
　　Ⅳ　抵触行為の失効（民訴法45条2項）による調整とその限界
　　Ⅴ　むすび

兼子一「訴訟承継論」における実体法的思考と訴訟法的思考
　　………………………………………………………………… 山本克己…*177*
　　Ⅰ　はじめに　　Ⅱ　「実体法的思考」と「訴訟法的思考」
　　Ⅲ　民事訴訟法における「（要件としての）承継」
　　Ⅳ　「訴訟承継論」の問題点　　Ⅴ　おわりに

第三関係人のための上訴期間に対する侵害
　　………………………… エベルハルト・シルケン（髙田昌宏・訳）…*191*
　　Ⅰ　出発状況　　Ⅱ　上訴期間の侵害の際の法律状態　　Ⅲ　結論

第3部　訴え・審理・証拠

一部請求判例の分析 …………………………………………… 髙橋宏志…*211*
　　Ⅰ　はじめに　　Ⅱ　隠れた一部請求（黙示の一部請求）
　　Ⅲ　公然の一部請求
　　Ⅳ　公然の一部請求棄却後の残部請求は信義則に反するとする判例
　　Ⅴ　公然の一部請求で請求棄却判決であっても残部請求可能とする判例
　　Ⅵ　まとめ

賃料増減額確認請求訴訟に関する若干の訴訟法的検討
　　……………………………………………………………… 勅使川原和彦…*231*
　　Ⅰ　はじめに
　　Ⅱ　賃料増減請求権に係る訴訟に関する判例理論
　　Ⅲ　賃料増減請求により増減された賃料額の確認を求める訴えの訴訟物
　　Ⅳ　賃料増減請求により増減された賃料額の確認を求める訴えの確認の利益

遺産分割の前提問題の確認の訴えに関する一考察
　　――遺産確認の訴えの当事者適格を中心として ……… 山本　弘…*247*
　　Ⅰ　はじめに　　Ⅱ　最大決昭和41年3月2日民集20巻3号360頁

Ⅲ　確認対象としての遺産帰属性の適格性
　　　Ⅳ　遺産分割の前提問題と固有必要的共同訴訟
　　　Ⅴ　相続分の全部を他の共同相続人に譲渡した者の遺産確認の訴えの当事者適格
　　　Ⅵ　おわりに

債権者取消訴訟の性質
——形成訴訟としての責任回復訴訟試論……………………酒井　一…263
　　　Ⅰ　はじめに　　Ⅱ　性質論の分岐点　　Ⅲ　取消権と給付請求権
　　　Ⅳ　取消権行使の効果——本権の復帰
　　　Ⅴ　取消権行使の効果——請求権の発生
　　　Ⅵ　形成訴訟としての債権者取消訴訟　　Ⅶ　おわりに

訴状審査に関する実務上の諸問題………………………………岩井一真…283
　　　Ⅰ　はじめに　　Ⅱ　訴状の提出および訴状審査　　Ⅲ　各論
　　　Ⅳ　最後に

弁論準備手続における自白の取扱い……………………………出口雅久…297
　　　Ⅰ　はじめに　　Ⅱ　争点中心審理における裁判上の自白の可否
　　　Ⅲ　民事訴訟法173条における結果陳述の意味
　　　Ⅳ　第1審の訴訟行為の効力と説明義務
　　　Ⅴ　争点整理段階での裁判上の自白の取扱い
　　　Ⅵ　裁判上の自白の撤回・黙示の撤回の可能性　　Ⅶ　おわりに

釈明権の機能………………………………………………………石田秀博…309
　　　Ⅰ　はじめに　　Ⅱ　釈明権の作用分類　　Ⅲ　若干の裁判例の検討
　　　Ⅳ　むすびにかえて

民事訴訟における職権調査の概念に関する一考察
——ドイツ法における職権調査の原則を中心に……………髙田昌宏…325
　　　Ⅰ　はじめに
　　　Ⅱ　わが国の民事訴訟法における職権調査の概念について
　　　Ⅲ　ドイツ民事訴訟法における職権調査の概念について
　　　Ⅳ　おわりに——ドイツ法における職権調査の原則とわが国への示唆

間接事実の自白—自白の効力論の一断面……………………高田裕成…345
　　　Ⅰ　はじめに　　Ⅱ　「間接事実の自白」の効力
　　　Ⅲ　間接事実の「自白の効力」論　　Ⅳ　結びに代えて

裁判上の自白の撤回に関する覚書………………………………畑　瑞穂…363
　　　Ⅰ　はじめに　　Ⅱ　従来の状況　　Ⅲ　若干の検討　　Ⅳ　おわりに

訴訟要件の証明責任………………………………………………堤　龍弥…379
　　　Ⅰ　問題の所在
　　　Ⅱ　訴訟要件（を基礎づける事実）の証明責任の分配
　　　Ⅲ　訴訟要件の存否と中間判決

目　次

証人の黙秘義務とその免除の法理 …………………………………… 林　昭一… *397*
　　　Ⅰ　はじめに　　Ⅱ　比較法的考察——ドイツ法　　Ⅲ　日本法の検討

ドイツの民事訴訟における文書の提出義務
——実体的訴訟指揮の一環としての職権による文書の提出命令 …… 春日偉知郎… *413*
　　　Ⅰ　はじめに　　Ⅱ　ドイツ民事訴訟法142条とその立法理由
　　　Ⅲ　連邦通常裁判所2007年6月26日判決　　Ⅳ　学説の展開
　　　Ⅴ　第三者に対する提出命令——特に要件を中心に
　　　Ⅵ　むすび——ドイツ民事訴訟法142条のまとめとわが国の
　　　　文書提出義務への示唆

第4部　判　　決

既判力についての考察
……………………………… ディーター・ライポルド（松本博之・訳）… *435*
　　　Ⅰ　献辞　　Ⅱ　既判力の本質についての再論
　　　Ⅲ　既判力の客観的範囲に関する法律規定
　　　Ⅳ　注意深い既判力拡張の2つの事例
　　　Ⅴ　仲裁合意と既判力　　Ⅵ　最終コメント

既判力の作用と一事不再理説の再評価 ………………………… 越山和広… *459*
　　　Ⅰ　はじめに　　Ⅱ　敗訴した原告の再訴
　　　Ⅲ　確定給付判決を得た原告の再訴
　　　Ⅳ　先決関係の既判力
　　　Ⅴ　おわりに——日本型一事不再効の評価

日本およびドイツにおける法律が定める既判力の限定および
既判力の打破が拡張される発展的傾向
………… ハンス・フリートヘルム・ガウル（越山和広・訳）… *475*
　　　Ⅰ　献呈の辞
　　　Ⅱ　日本およびドイツにおいて法律が定める既判力の限定が拡張する
　　　　という傾向　　Ⅲ　既判力による失権と原状回復の関係
　　　Ⅳ　正規の訴訟上の方法による既判力の打破と非正規の実体上の方法
　　　　による既判力の打破についての日本およびドイツにおける同方向の問題性
　　　Ⅴ　日本とドイツの再審法の比較
　　　Ⅵ　無効の訴えと原状回復の訴えの異なる実務上の意義
　　　Ⅶ　再審事由の類推可能性　　Ⅷ　無効の訴えの原理について
　　　Ⅸ　原状回復の訴えの原理
　　　Ⅹ　良俗違反を理由とするBGB 826条に基づく損害賠償の訴えの
　　　　助けを借りた既判力の打破

相殺の抗弁と既判力 ……………………………………………… 加波眞一… *537*
　　　Ⅰ　はじめに　　Ⅱ　民事訴訟法114条2項の制度趣旨・目的

Ⅲ　一部請求訴訟と民事訴訟法114条2項による既判力の範囲
　　　Ⅳ　おわりに
口頭弁論終結後の承継人に対して判決効が作用する
場面について……………………………………………………笠井正俊…557
　　　Ⅰ　本稿の趣旨
　　　Ⅱ　承継人に対する執行力と執行関係訴訟での既判力
　　　Ⅲ　後訴の訴えの利益　　Ⅳ　結びに代えて
請求の目的物の所持者に対する判決効について
　　　………………………………………………………………青木　哲…571
　　　Ⅰ　はじめに
　　　Ⅱ　当事者等のために請求の目的物を所持する者の意義
　　　Ⅲ　請求の目的物の所持者への判決効の拡張の意義
　　　Ⅳ　強制執行において実現されるべき請求権
　　　Ⅴ　おわりに
法人でない社団の受けた判決の効力………………………名津井吉裕…591
　　　Ⅰ　はじめに　　Ⅱ　法人でない社団の構成員に生じる判決効
　　　Ⅲ　具体例の検討　　Ⅳ　おわりに
反射効について──根拠論を中心に…………………………本間靖規…611
　　　Ⅰ　松本博之教授の反射効（ならびに既判力拡張）否定論
　　　Ⅱ　既判力の本質と反射効　　Ⅲ　依存関係説と反射効
　　　Ⅳ　依存関係説の評価　　Ⅴ　松本教授の否定説について
　　　Ⅵ　結語

第5部　上訴・再審・執行・保全

上訴の不服再考………………………………………………上野泰男…635
　　　Ⅰ　はじめに　　Ⅱ　不服概念
　　　Ⅲ　上訴の不服と形式的不服および実体的不服
会社訴訟における第三者再審に関する一考察……………坂田　宏…655
　　　Ⅰ　はじめに　　Ⅱ　実務上の問題点　　Ⅲ　理論上の問題点
執行債務者の所在地調査
　　──ドイツ法を手がかりとして………………………………内山衛次…669
　　　Ⅰ　はじめに　　Ⅱ　ドイツにおける執行債務者の所在地調査
　　　Ⅲ　わが国における執行債務者の所在地調査　　Ⅳ　おわりに
仮処分命令が取り消された場合の間接強制金の返還
　　──2つの事件を手掛かりにした覚書…………………………大濱しのぶ…689
　　　Ⅰ　はじめに　　Ⅱ　裁判例　　Ⅲ　関連する諸問題
　　　Ⅳ　私見

第6部 Beiträge aus Deutschland

Entwicklungstendenzen einer Ausweitung der gesetzlichen Rechtskraftbegrenzung und Rechtskraftdurchbrechung in Japan und in Deutschland ·· Hans Friedhelm Gaul ··· *715*

   Ⅰ. Widmung
   Ⅱ. Tendenzen einer Ausweitung der gesetzlichen Rechtskraftbegrenzung in Japan und in Deutschland
   Ⅲ. Das Verhältnis von Rechtskraftpräklusion und Restitution
   Ⅳ. Die Parallelproblematik der regulären prozessualen und irregulären materiellen Rechtskraftdurchbrechung in Japan und Deutschland
   Ⅴ. Das Wiederaufnahmerecht in Japan und Deutschland im Vergleich
   Ⅵ. Die unterschiedliche praktische Bedeutung der Nichtigkeitsklage und Restitutionsklage
   Ⅶ. Die Analogiefähigkeit der Wiederaufnahmegründe
   Ⅷ. Zum Prinzip der Nichtigkeitsklage
   Ⅸ. Das Prinzip der Restitutionsklage
   Ⅹ. Die Rechtskraftdurchbrechung mit Hilfe der Schadensersatzklage aus § 826 BGB wegen Sittenwidrigkeit

Mediation in Germany ·· Peter Gottwald ··· *767*

   Ⅰ. Introduction   Ⅱ. Mediation in Germany
   Ⅲ. The New Mediation Law of 21 July 2012
   Ⅳ. Framework Conditions for Mediation
   Ⅴ. Who may be mediator?
   Ⅵ. Assessment of the new Mediation Law   Ⅶ. Conclusion

Gedanken zur materiellen Rechtskraft ························ Dieter Leipold ··· *785*

   Ⅰ. Widmung
   Ⅱ. Noch einmal: das Wesen der materiellen Rechtskraft
   Ⅲ. Die gesetzliche Regelung der objektiven Grenzen der Rechtskraft
   Ⅳ. Zwei Beispiele vorsichtiger Erweiterung der Rechtskraft
   Ⅴ. Schiedsvereinbarung und Rechtskraft
   Ⅵ. Schlussbemerkung

Beeinträchtigung von Rechtsmittelfristen für Drittbeteiligte ·· Eberhard Schilken ··· *807*

   Ⅰ. Ausgangslage
   Ⅱ. Rechtslage bei Beeinträchtigung der Rechtsmittelfristen
   Ⅲ. Ergebnis

The Influence of Judgments of the Court of Justice of the European Union on National Law ································ Rolf Stürner ··· *823*

   Ⅰ. Terminology and Structure of the Court

Ⅱ. The European Hierarchy of Legal Acts and the National Law of the Member States
Ⅲ. Some Cases Illustrating the Court's of Justice Remarkable Influence on National Law
Ⅳ. The Doctrine of Supremacy of European Law and the Scrutiny Role of Highest National Courts
Ⅴ. The Court of Justice and the European Citizens and National Courts
Ⅵ. The Future of the Court of Justice

松本博之先生　経歴・著作目録　　*841*
あとがき　　*860*

◆執筆者一覧（五十音順・敬称略）

青木　　哲（あおき・さとし）　神戸大学大学院法学研究科教授
池田　辰夫（いけだ・たつお）　大阪大学大学院高等司法研究科教授
石田　秀博（いしだ・ひでひろ）　南山大学大学院法務研究科教授
伊東　俊明（いとう・としあき）　岡山大学大学院法務研究科教授
岩井　一真（いわい・かずまさ）　大阪地方裁判所判事
上野　泰男（うえの・やすお）　早稲田大学法学学術院教授
内山　衛次（うちやま・えいじ）　関西学院大学法学部教授
大濱しのぶ（おおはま・しのぶ）　慶應義塾大学法学部教授
笠井　正俊（かさい・まさとし）　京都大学大学院法学研究科教授
春日偉知郎（かすが・いちろう）　関西大学大学院法務研究科教授
加波　眞一（かなみ・しんいち）　立命館大学大学院法務研究科教授
越山　和広（こしやま・かずひろ）　龍谷大学大学院法務研究科教授
酒井　　一（さかい・はじめ）　名古屋大学大学院法学研究科教授
坂田　　宏（さかた・ひろし）　東北大学大学院法学研究科教授
佐上　善和（さがみ・よしかず）　立命館大学大学院法務研究科特命教授
高田　賢治（たかた・けんじ）　大阪市立大学大学院法学研究科教授
高田　裕成（たかた・ひろしげ）　東京大学大学院法学政治学研究科教授
髙田　昌宏（たかだ・まさひろ）　大阪市立大学大学院法学研究科教授
高橋　宏志（たかはし・ひろし）　中央大学大学院法務研究科教授
堤　　龍弥（つつみ・たつや）　関西学院大学大学院司法研究科教授
鶴田　　滋（つるた・しげる）　大阪市立大学大学院法学研究科教授
出口　雅久（でぐち・まさひさ）　立命館大学法学部教授
勅使川原和彦（てしがはら・かずひこ）　早稲田大学大学院法務研究科教授
徳田　和幸（とくだ・かずゆき）　同志社大学大学院司法研究科教授
名津井吉裕（なつい・よしひろ）　大阪大学大学院高等司法研究科教授
畑　　瑞穂（はた・みずほ）　東京大学大学院法学政治学研究科教授
林　　昭一（はやし・しょういち）　同志社大学大学院司法研究科教授
福本　知行（ふくもと・ともゆき）　金沢大学人間社会研究域法学系准教授

堀野　　出（ほりの・いずる）　九州大学大学院法学研究院教授
本間　靖規（ほんま・やすのり）　早稲田大学法学学術院教授
山田　　文（やまだ・あや）　京都大学大学院法学研究科教授
山本　克己（やまもと・かつみ）　京都大学大学院法学研究科教授
山本　　弘（やまもと・ひろし）　神戸大学大学院法学研究科教授

Hans Friedhelm Gaul（ハンス・フリートヘルム・ガウル）
　　　Dr. jur., Dr. h. c., Professor em. an der Universität Bonn

Peter Gottwald（ペーター・ゴットヴァルト）
　　　Dr. jur., Dr. h. c., Professor em. an der Universität Regensburg

Dieter Leipold（ディーター・ライポルド）
　　　Dr. jur., Dres. h. c., Professor em. an der Universität Freiburg

Eberhard Schilken（エベルハルト・シルケン）
　　　Dr. jur., Professor em. an der Universität Bonn

Rolf Stürner（ロルフ・シュテュルナー）
　　　Dr. jur., Dres. h. c., Professor em. an der Universität Freiburg

凡　例

判旨等の中における〔　　〕は、引用者注であることを示す。
法令・判例の表記方法は、大方の慣例に従った。
判例出典・判例集・雑誌等の表記は以下のような略語を用いた。

● 判例集

民録	大審院民事判決録
民集	最高裁判所民事判例集
高民	高等裁判所民事判例集
下民	下級裁判所民事判例集
集民	最高裁判所裁判集民事
東高民時報	東京高等裁判所民事判決時報
家月	家庭裁判所月報
裁時	裁判所時報
金判	金融・商事判例
最判解民事篇	最高裁判所判例解説・民事篇
判時	判例時報
判自	判例地方自治
判タ	判例タイムズ

● 雑誌等

NBL	NBL
金法	旬刊金融法務事情
自正	自由と正義
重判解	重要判例解説
ジュリ	ジュリスト
判評	判例評論
法協	法学協会雑誌
法教	法学教室
法時	法律時報
法セミ	法学セミナー
ひろば	法律のひろば
民商	民商法雑誌
民訴	民事訴訟雑誌
リマークス	私法判例リマークス

第 1 部

民事手続の基礎

女生徒の研究

民事裁判における「手続的正義」の意義と機能
―― 若干の最高裁判例から

徳田和幸

I　はじめに
II　「手続的正義」の意味・内容
III　最高裁判例における若干の具体例
IV　むすびにかえて

I　はじめに

　民事裁判において時折「手続的正義」の要求が問題とされることがある。一般的には、民事裁判は民事訴訟法等の手続法規によって厳格に規制されているから、手続的正義の要求が直接的に問題となることはないが、例外的であるにしろ、具体的な手続について手続的正義の要求が問題とされる場合がみられるのである。それはどのような場合であり、その場合の「手続的正義」はどのような意義と機能を有しているのであろうか。本稿は、このような問題関心から、民事裁判のあり方について若干の検討をしてみようとするものである。なお、以下では、まず、手続的正義の意義・内容を簡単に振り返った後に、いくつかの具体的な裁判例をみていくこととしたい。

II　「手続的正義」の意味・内容

1　一般論としての手続的正義

　従来の法理学の分野においては、手続的正義は、実質的正義が決定の結果の

内容的正当性に関する要請であるのに対し、決定に至るまでの手続過程に関するものであり、その決定の利害関係者の各要求に公正な手続にのっとって公平な配慮を払うことを要請する、と説かれている[1]。また、その要請内容は、基本的に英米法における「自然的正義（natural justice）」の格率（「相手側からも聴くべし」「何人も自分自身の事件について裁判官となるなかれ」など）や「適正手続（due process）」の観念を基礎に形成されており、最近では、①当事者の対等化と公正な機会の保障（手続的公正）、②第三者の公平性・中立性、③理由づけられた議論と決定（手続的合理性）という三側面に関する手続的要請を中心に理解されている、とされている[2]。もっとも、これらの三側面のいずれにウェイトをおくか、各手続条件を具体的にどのように規定するかについては、かなり見解が分かれているようであるので[3]、なお、個別に検討してみる必要が残されているようである。

2 手続的正義の内容

ところで、手続的正義の内容に関しては、手続の結果に対して利害関係をもち、場合によっては不利益を受けるかもしれない者に手続に参加させ、自己に有利な主張や立証、相手方の主張・立証に対する反駁の機会を与えることは、デュー・プロセスの最も初歩的な要請であり、かつ手続的正義の最も重要な内容であるとの指摘がされている[4]。また、民事訴訟に限定してみれば、民事訴訟における手続的正義は、訴訟において当事者を主体的に参加させて公平な配慮を払うことによって恣意専断を排除することに価値を見いだすものであるが、手続過程全体を通じて当事者の意思が尊重され、当事者双方に公平に攻撃防御をする機会が与えられることをいう、とも定義づけされている[5]。

なお、このように手続的正義が民事裁判・民事訴訟において観念されるのは、民事裁判・民事訴訟が手続である以上、当然のこととも考えられるが、手続的正義が民事裁判・民事訴訟における他の法理・法原則とどのように関連づけられるかについては、検討の余地が残されているようである。この点については、

---

[1] 田中成明・現代法理学（有斐閣・2011）324頁。
[2] 田中・前掲注1）324頁、田中成明「手続的正義からみた民事裁判の在り方について」現代裁判を考える―民事裁判のヴィジョンを索めて（有斐閣・2014）119頁以下。
[3] 詳しくは、田中・前掲注2）121頁以下参照。
[4] 谷口安平「手続的正義」民事手続法の基礎理論Ｉ（信山社・2013）237頁以下。
[5] 遠藤賢治「民事訴訟における手続保障の在り方」民事訴訟にみる手続保障（成文堂・2004）2頁。

裁判例をみた後に、若干考えてみることとしたい。

III 最高裁判例における若干の具体例

従来の最高裁判例において、手続的正義に直接触れたものは、多くはみられないようである。以下のような裁判例がみられるのみである。

1 最判昭和56年9月24日民集35巻6号1088頁[6]

【事案の概要】 X_1（原審口頭弁論終結前に死亡）は、X_1所有の本件不動産につき、Yのために所有権移転登記、抵当権設定登記等の登記がされているが、いずれも登記原因を欠き、実体法上の権利関係に適合しないものであると主張して、Yに対して、本件各登記の抹消手続を求める訴えを提起した。これに対し、Yは、本件各登記は、AをX_1の代理人として締結した譲渡担保設定契約、抵当権設定契約、代物弁済予約を原因とするもので、Aには代理権が与えられていた、仮にAが代理権を有していなかったとしても、X_1はAに実印・権利証を交付することにより、Aに代理権を与えた旨を表示したことによる表見代理、または、X_1の代理人であるX_2がAに本件不動産の一部を売却する権限を与えていたことによる権限踰越の表見代理が成立していたと主張した。第一審は、本件各登記がAにおいてX_1の実印を冒用した委任状によってされたものであること、X_2には本件不動産の処分権限がないこと、X_1がAに対して実印等を交付したことはないことを理由として、Yの主張を排斥し、X_1の請求を認容した。これに対し、Yが控訴。

控訴審係属中にX_1が死亡し、X_2がその相続人として権利義務一切を承継したが、本件訴訟については、訴訟代理人がいたために訴訟手続は中断せず、かつ、訴訟承継の手続もとられないままX_1を訴訟当事者として進められた。控訴審は、口頭弁論期日において、弁論を終結し、判決言渡期日を指定したが、Yは、弁論終結後に、控訴審に対し、X_1の死亡を証する戸籍謄本を添付した口頭弁論再開申立書を提出し、その後続いて、X_2はX_1の死亡によりX_1の権利義務一切を承継したからYないしAの行為につき責任を負うべきである旨を記載した準備書面を提

---

6) 本判決の評釈等として、山木戸克己・法時54巻3号（1982）151頁、佐上善和・昭和56年度重判解134頁、河野正憲・昭和56年度民事主要判例解説237頁、伊東乾＝小川健・法学研究（慶應義塾大学）55巻10号（1982）1290頁、太田勝造・法協100巻1号（1983）207頁、遠藤賢治・最判解民事篇昭和56年度541頁、安西明子・民事訴訟法判例百選［第4版］（2010）90頁など、関連する論稿として、加波眞一「口頭弁論再開要件について―昭和56年9月24日最高裁判決を契機として(1)(2・完)」民商91巻3号（1984）353頁、91巻5号（1985）730頁、遠藤賢治「弁論再開の利益と手続保障」前掲注5）101頁、山田文「口頭弁論の再開」大江忠＝加藤新太郎＝山本和彦編・手続裁量とその規律―理論と実務の架橋をめざして（有斐閣・2005）301頁などがある。

出した。
　しかしながら、控訴審は、口頭弁論を再開せず、第1審と同じくX_1の請求を認容した。これに対し、Yから上告。

　本判決は、次のように判示して、Yの論旨を採用し、原判決を破棄して原審に差し戻した。

　【判旨】「ところで、いったん終結した弁論を再開すると否とは当該裁判所の専権事項に属し、当事者は権利として裁判所に対して弁論の再開を請求することができないことは当裁判所の判例とするところである（最高裁昭和23年(オ)第7号同年4月17日第二小法廷判決・民集2巻4号104頁、……）。しかしながら、裁判所の右裁量権も絶対無制限のものではなく、弁論を再開して当事者に更に攻撃防禦の方法を提出する機会を与えることが明らかに民事訴訟における手続的正義の要求するところであると認められるような特段の事由がある場合には、裁判所は弁論を再開すべきものであり、これをしないでそのまま判決をするのは違法であることを免れないというべきである」。
　「これを本件についてみるのに、前記事実関係によれば、上告人YはX_1が原審の口頭弁論終結前に死亡したことを知らず、かつ、知らなかったことにつき責に帰すべき事由がないことが窺われるところ、本件弁論再開申請の理由は、帰するところ、被上告人X_2がX_1を相続したことにより、被上告人X_2がX_1の授権に基づかないでAをX_1の代理人として本件不動産のうち一部をB会社に売却する契約を締結せしめ、その履行のために甲の実印をAに交付した行為については、X_1がみずからした場合と同様の法律関係を生じ、ひいてAは右の範囲内においてX_1を代理する権限を付与されていたのと等しい地位に立つことになるので、上告人Yが原審において主張した前記一(2)の表見代理における少なくとも一部についての授権の表示及び前記一(3)の表見代理における基本代理権が存することになるというべきであるから、上告人Yは、原審に対し、右事実に基づいてAの前記無権代理行為に関する民法109条ないし110条の表見代理の成否について更に審理判断を求める必要がある、というにあるものと解されるのである。右の主張は、本件において判決の結果に影響を及ぼす可能性のある重要な攻撃防禦方法ということができ、上告人Yにおいてこれを提出する機会を与えられないまま上告人Y敗訴の判決がされ、それが確定して本件各登記が抹消された場合には、たとえ右主張どおりの事実が存したとしても、上告人Yは、該判決の既判力により、後訴において右事実を主張してその判断を争い、本件各登記の回復をはかることができないことにもなる関係にあるのであるから、このような事実関係のもとに

おいては、自己の責に帰することのできない事由により右主張をすることができなかった上告人Yに対して右主張提出の機会を与えないまま上告人Y敗訴の判決をすることは、明らかに民事訴訟における手続的正義の要求に反するものというべきであり、したがって、原審としては、いったん弁論を終結した場合であっても、弁論を再開して上告人Yに対し右事実を主張する機会を与え、これについて審理を遂げる義務があるものと解するのが相当である」。

　本判決は、弁論再開をしないで判決をした控訴裁判所の措置が違法であるとされた事例に関するものであり、弁論の再開（民訴法153条・旧133条）をするか否かは、原則として裁判所の裁量に任されているが、弁論を再開して当事者にさらに攻撃防御の方法を提出する機会を与えることが明らかに民事訴訟における手続的正義の要求するところであると認められるような特段の事情がある場合には、裁判所は弁論を再開すべきであること、さらに、本件のような事実関係のもとにおいては、弁論を再開しないで、Yに対して主張提出の機会を与えないままY敗訴の判決をすることは、明らかに民事訴訟における手続的正義の要求に反するものというべきであることを理由として、原審の措置には、弁論再開についての訴訟手続に違反した違法がある、としたものである。本判決において手続的正義の要求が問題とされた背景には、アメリカ法における手続的正義の観念の影響がみられるようであるが[7]、本判決のいう手続的正義は、実体的真実に合致するかどうか、具体的結論が正当かどうかという観点で機能するものではなく、真実の発見・裁判の正当性の根拠となる手続保障の理念に基づくものである、とされている[8]。また、「手続的正義」の実現と確保はいわば訴訟法ないし手続法の最高理念であるといってよいが、弁論再開についての裁判所の裁量権の制約は、信義誠実の原則とか権利濫用の法理によって根拠づけるよりも、本判決の示すように手続的正義の要求によるのが適当のように思われる、との指摘もされている[9]。

7）　加藤新太郎「口頭弁論の再開―コメント」大江＝加藤＝山本編・前掲注6）313頁以下、遠藤・前掲注6）「弁論再開の利益と手続保障」109頁など参照。なお、小野木常「確定判決の不当取得」法学論叢45巻6号（1941）729頁においては、既判力の不当取得との関係で、実体法的正義と手続法的正義とが対比されている。
8）　遠藤・前掲注6）最判解548頁、同・前掲注6）「弁論再開の利益と手続保障」109頁。
9）　山木戸・前掲注6）154頁。

なお、本件事案について、弁論再開が手続的正義の要求するところであると認められるような「特段の事由」がある場合に当たるとみられているのは、①YはX_1が原審の口頭弁論終結前死亡したことを知らず、かつ知らなかったことにつき責めに帰すべき事由がないこと、②X_1の死亡・X_2の相続は、Yの抗弁事由である表見代理の基本代理権の存在を架橋し、判決の結果に影響を及ぼす可能性のある重要な攻撃防御方法であること、③この攻撃防御方法を提出する機会が与えられないままY敗訴判決がされ、確定した場合には、Yは既判力により後訴においてこの事実を主張してその判断を争いえなくなること、の3つの点からである[10]。このような特段の事情は、本判決後の実務においては、例外的な場合に限って認められると解されているようである[11]。

2　最判平成7年7月14日民集49巻7号2674頁[12]

【事案の概要】　Xは、戸籍上Y_1・訴外A間の嫡出子として届出されているY_2について、家庭裁判所に対し、Y_1とY_2との間の親子関係不存在の確認を求める調停の申立てをし、さらに、この調停取下げの後、Xは、地方裁判所に、Y_1とY_2との間の親子関係不存在の確認を求める訴えを提起した。これが本件訴訟であるが、第1審係属中に、家庭裁判所において、Y_2を訴外B・C夫妻の特別養子とする審判（本件審判という）がされ、Xは本件審判に対して即時抗告をしたが申立適格を欠くとの理由で却下され、本件審判が確定した。その後、第1審においては、Xの請求を認容し、Y_1・Y_2間の親子関係の不存在を確認する旨の判決がされた。これに対し、Yら控訴。控訴審は、Y_2を特別養子とする本件審判が確定した以上、本件訴えは確認の利益を欠き不適法であるとして、第1審判決を取り消して、本件訴えを却下した。そこで、Xが上告。

---

[10]　遠藤・前掲注6）最判解548頁以下、同・前掲注6）「弁論再開の利益と手続保障」110頁以下の整理に負う。

[11]　国家賠償請求事件において、裁判官が手形訴訟で弁論の再開をしなかったことが違法かが問題とされた事案に関するものであるが、大津地判昭和60年8月26日判タ569号60頁参照。

[12]　本判決の評釈等として、本間靖規・法教186号（1996）70頁、上原敏夫・NBL591号（1996）58頁、石渡哲・法学研究（慶應義塾大学）69巻9号（1996）196頁、佐上善和・民商116巻1号（1997）85頁、中島弘雅・平成7年度重判解110頁、鈴木正裕・リマークス13号（1996）124頁、南敏文・平成7年度民事主要判例解説150頁、綿引万里子・最判解民事篇平成7年度(下)768頁など、関連する論稿として、池尻郁夫「人事訴訟手続と家事審判手続の統合へ向けての一考察—最判平成7年7月14日・仙台高判平成8年9月2日事件の手続法理論への示唆」判評471号（1998）2頁、戸根住夫「瑕疵のある非訟事件の裁判の確定と訴訟裁判所の判断—最高裁判例から取材した問題研究」訴訟と非訟の交錯（信山社・2008）83頁がある。

Ⅲ　最高裁判例における若干の具体例

最高裁は、次のように判示して、原判決を破棄し、事件を原審に差し戻した。

【判旨】「子の血縁上の父は、戸籍上の父と子との間に親子関係が存在しないことの確認を求める訴えの利益を有するものと解されるところ、その子を第三者の特別養子とする審判が確定した場合においては、原則として右訴えの利益は消滅するが、右審判に準再審の事由があると認められるときは、将来、子を認知することが可能になるのであるから、右の訴えの利益は失われないものと解するのが相当である。

これを本件についてみると、記録によれば、被上告人 Y_2 を B、C の特別養子とする審判（以下「本件審判」という。）が確定していることは明らかであるが、上告人は、被上告人 Y_2 が出生したことを知った直後から自分が被上告人の血縁上の父であると主張し、同被上告人を認知するために調停の申立てを行い、次いで本件訴えを提起していた上、本件審判を行った福島家庭裁判所郡山支部審判官も、上告人の上申を受けるなどしてこのことを知っていたなどの事情があることがうかがわれる。右のような事情がある場合においては、上告人について民法817条の6ただし書に該当する事由が認められるなどの特段の事情のない限り、特別養子縁組を成立させる審判の申立てについて審理を担当する審判官が、本件訴えの帰すうが定まらないにもかかわらず、被上告人 Y_2 を特別養子とする審判をすることは許されないものと解される。なぜならば、仮に、上告人が被上告人 Y_2 の血縁上の父であったとしても、被上告人 Y_2 を特別養子とする審判がされたならば、被上告人 Y_2 を認知する権利は消滅するものと解さざるを得ないところ（民法817条の9）、上告人が、被上告人 Y_2 を認知する権利を現実に行使するためとして本件訴えを提起しているにもかかわらず、右特段の事情も認められないのに、裁判所が上告人の意思に反して被上告人 Y_2 を特別養子とする審判をすることによって、上告人が主張する権利の実現のみちを閉ざすことは、著しく手続的正義に反するものといわざるを得ないからである」。

「そして、上告人が被上告人 Y_2 の血縁上の父であって、右の特段の事情が認められない場合には、特別養子縁組を成立させる審判の申立てについて審理を担当する審判官が本件訴えの帰すうが定まるのを待っていれば、上告人は、被上告人 Y_2 を認知した上で、事件当事者たる父として右審判申立事件に関与することができたはずであって、本件審判は、前記のような事情を考慮した適正な手続を執らず、事件当事者となるべき者に対して手続に関与する機会を与えることなくされたものといわざるを得ないことになる。そうであれば、上告人が被上告人 Y_2 の血縁上の父であって、右の特段の事情が認められない場合には、本件審判には、家事審判法7条、非訟事件手続法25条、民訴法429条、420条1項3号の準再審の事由があるものと解するのが相当であって、本件審判が確定したことの一事を

もって本件訴えの利益は失われたものとした原審の判断は、法令の解釈を誤り、ひいては審理不尽の違法を犯したものといわざるを得ない」。

本判決は、子の血縁上の父であると主張する者が戸籍上の父と子との間の親子関係不存在の確認を求める訴えを提起したが、その訴訟係属中に家庭裁判所において子を第三者の特別養子とする審判（民法817条の2、旧家審法9条1項甲類8号の2［現行家手法別表第一63項］）がされた場合、確認の利益が失われるのかどうかが問題となった事案について、当該審判に準再審の事由があると認められるときは確認の利益は失われないとの判断を示した上で、準再審事由（旧民訴法420条［現行民訴法338条］1項3号の準用）の有無に関して、子を特別養子とする審判が確定していることは明らかであるが、家庭裁判所も、血縁上の父と主張する者の認知のための調停の申立て・本件訴えの提起などをその者の上申を受けるなどして知っていたなどの事情がうかがわれるとして、このような事情がある場合においては、民法817条の6ただし書に該当する事由が認められるなどの特段の事情のない限り、家庭裁判所が、本件訴えの帰すうが定まらないにもかかわらず、特別養子とする審判をすることは、血縁上の父であっても、子を認知する権利を消滅させ（民法817条の9）、その主張する権利の実現のみちを閉ざすことになるから、著しく手続的正義に反するものといわざるを得ない、そして、本件審判は、前記のような事情を考慮した適正な手続をとらず、事件当事者となるべき者に対して手続に関与する機会を与えることなくされたものといわざるを得ないことになる、として準再審事由があるとしたものである。そこでは、特段の事情のない限り、家庭裁判所が血縁上の父の意思に反して、子を第三者の特別養子とする審判をして、その者の権利行使、すなわち認知のみちを閉ざすことは著しく手続的正義に反する、とされているのである[13]。

なお、本件差戻控訴審（仙台高判平成8年9月2日家月51巻2号91頁）は、本件事案においては、特段の事情としてXにつき民法817条の6ただし書（養子となる者の利益を著しく害する事由）に該当する事由が存在するというべきであるから、家庭裁判所において、Xの提起した親子関係不存在確認の調停あるいは訴訟の

---

13) 綿引・前掲注12) 776頁参照。

帰すうを見極める以前にした本件審判であっても、これを目して、必ずしも手続的正義に反したものとまでいう必要はないと解され、準再審事由は存在せず、本件親子関係不存在確認の訴えの利益は失われるとして、訴えを却下した。さらに、本件差戻上告審（最判平成10年7月14日判時1625号71頁）は[14]、「第一次上告審判決〔本判決〕の意味するところは、本件訴えの利益の有無を判断するに当たり、準再審の事由がないことが明白である場合は格別、準再審の事由がないとはいえず準再審開始の可能性がある場合には、子の血縁上の父と主張する者に対し、準再審のみちを閉ざさないよう配慮すべきことを説示したものと考えられる」、「そのことは、本件について、民法817条の6ただし書に該当する事由があるか否かを判断するに当たっても同様であって、もしそのような明白な事由が存在し、もはや家庭裁判所の判断を要しないと判断される場合には、訴えの利益を否定することができるが、右ただし書に該当することが明白な事由の存在するとはいえない場合には、訴えの利益を否定することはできないと解するのが相当である」、そして、原審の認定事実をもってしては、いまだ、民法817条の6ただし書に該当することが明白であるとすべき事由が存在するとはいえない、として、原判決を破棄し、事件を原審に差し戻している。

　ちなみに、本判決は、差戻上告審判決とともに、旧家事審判法の下で議論されていた家事審判に対して準再審（民訴法349条の準用）が許されるかという問題点について、積極的に解することを明らかにしているとみられた。この点は、家事事件手続法においては、「確定した審判その他の裁判（事件を完結するものに限る。）に対しては、再審の申立てをすることができる」（家事事件手続法103条1項）として明文化されている[15]。

3　最決平成23年4月13日民集65巻3号1290頁[16]

　【事案の概要】　Xは、Yに対し、時間外勤務手当の支払いを求める訴訟を提起し、

---

[14]　本判決の評釈等として、本間靖規・判評484号（1999）174頁、南敏文・平成10年度民事主要判例解説146頁、村重慶一・戸籍時報505号（1999）52頁、中村恵・上智法学論集43巻4号（2000）249頁などがある。

[15]　金子修編・逐条解説家事事件手続法（商事法務・2013）335頁、徳田和幸「非訟事件手続・家事事件手続における当事者等の手続保障」法時83巻11号（2011）16頁など参照。

[16]　本決定の評釈等として、川嶋四郎・法セミ683号（2011）126頁、加波眞一・民商145巻3号（2011）329頁、川嶋隆憲・法学研究（慶應義塾大学）85巻1号（2012）157頁、宇野聡・平成23年度重判解131

この訴訟において、同手当の計算の基礎となる労働時間を立証するために、Yの所持するXのタイムカード（以下「本件文書」という）が必要であると主張して、本件文書について、文書提出命令の申立てをした。このXの申立てに対し、原々審は、Yは本件文書を所持していると認めるのが相当であり、本件文書は民訴法220条3号所定の利益文書に当たる等として、Yに対し、本件文書の提出を命じた。これに対し、Yは、本件文書を所持していない理由を具体的に記載し、また、それを裏付ける証拠として、原々決定後にその写しが提出された書証を引用した即時抗告申立書を提出して、即時抗告をした。抗告審たる原審は、Xに対し、即時抗告申立書の写しを送付することも、即時抗告があったことを知らせることもなく、Yの不服を容れて、本件文書が存在していると認めるに足りないとして、原々決定を取り消し、Xの本件申立てを却下した。Xは、原審がXに手続に参加する機会を保障しないままに、原々決定を取り消したことは、憲法32条（裁判を受ける権利）に違反していると主張して、特別抗告をした。

　最高裁は、原審の手続の法令違反の有無につき職権で次のように検討し、原決定を破棄し、本件を原審に差し戻した。

　【決定要旨】「本件文書は、本案訴訟において、抗告人が労働に従事した事実及び労働時間を証明する上で極めて重要な書証であり、本件申立てが認められるか否かは、本案訴訟における当事者の主張立証の方針や裁判所の判断に重大な影響を与える可能性がある上、本件申立てに係る手続は、本案訴訟手続の一部をなすという側面も有する。そして、本件においては、相手方が本件文書を所持しているとの事実が認められるか否かは、裁判所が本件文書の提出を命ずるか否かについての判断をほぼ決定付けるほどの重要性を有するものであるとともに、上記事実の存否の判断は、当事者の主張やその提出する証拠に依存するところが大きいことにも照らせば、上記の事実の存否に関して当事者に攻撃防御の機会を与える必要性は極めて高い。
　しかるに、記録によれば、相手方が提出した即時抗告申立書には、相手方が本件文書を所持していると認めた原々決定に対する反論が具体的な理由を示して記載され、かつ、原々決定後にその写しが提出された書証が引用されているにもか

頁、田中壮太・NBL 967号（2011）79頁、草鹿晋一・新・判例解説Watch 10号（2012）127頁、安達栄司・ひろば65巻7号（2012）49頁、加藤新太郎・判タ1375号（2012）52頁、田邊誠・リマークス45号（2012）106頁、園田賢治・判例セレクト2011〔Ⅱ〕34頁、渡邉和道・同志社法学65巻1号（2013）247頁、石丸将利・最判解民事篇平成23年度268頁など、関連する論稿として、長屋幸世「民事訴訟に見る手続的正義―最決平成23年4月13日を参考に」北星論集52巻2号（2013）113頁がある。

かわらず、原審は、抗告人に対し、同申立書の写しを送付することも、即時抗告があったことを抗告人に知らせる措置を執ることもなく、その結果、抗告人に何らの反論の機会を与えないまま、上記書証をも用い、本件文書が存在していると認めるに足りないとして、原々決定を取り消し、本件申立を却下しているのである。そして、記録によっても、抗告人において、相手方が即時抗告をしたことを知っていた事実や、そのことを知らなかったことにつき、抗告人の責めに帰すべき事由があることもうかがわれない。

　以上の事情の下においては、原審が、即時抗告申立書の写しを抗告人に送付するなどして抗告人に攻撃防御の機会を与えることのないまま、原々決定を取り消し、本件申立を却下するという抗告人に不利益な判断をしたことは、明らかに民事訴訟における手続的正義の要求に反するというべきであり、その審理手続には、裁量の範囲を逸脱した違法があるといわざるを得ない。そして、この違法は、裁判に影響を及ぼすことが明らかであるから、その余の点について判断するまでもなく、原決定は破棄を免れない。そこで、更に審理を尽くさせるため、本件を原審に差し戻すこととする」。

　本決定は、時間外勤務手当の支払いを求める訴訟を提起したＸの申立てにより、受訴裁判所が、使用者であるＹに対し、Ｘのタイムカードの提出を命じる決定（文書提出命令）をしたため、Ｙがタイムカードを所持している事実を争って即時抗告をした場合において、タイムカードが極めて重要な書証である等の判示の事情の下では、抗告裁判所が、即時抗告申立書の写しをＸに送付するなどしてＸに攻撃防御の機会を与えることのないまま、上記タイムカードが存在していると認めるに足りないとして、上記文書提出命令を取り消し、上記申立てを却下するというＸに不利益な判断をしたことは、明らかに民事訴訟における手続的正義の要求に反するというべきであり、その審理手続には、裁量の範囲を逸脱した違法がある、としたものである。そこでは、即時抗告申立書の写しの送付等により相手方に攻撃防御の機会を与えるかどうかは、通常は、抗告裁判所の裁量に任されているが、手続的正義の要求から相手方に攻撃防御の機会を与えることが義務的になる場合がある、と考えられているようである。また、本件事案において、その判断をするために考慮されている事情は、①本案訴訟において、タイムカードは、Ｘが労働に従事した事実および労働時間を証明する上で極めて重要な書証であること、②Ｙがタイムカードを所持している

との事実の存否の判断は、当事者の主張やその提出する証拠に依存するところが大きいこと、③Ｙの即時抗告申立書には、Ｙがタイムカードを所持していると認めた原々決定に対する反論が具体的な理由を示して記載され、かつ、その理由を裏付ける証拠として、原々決定後にその写しが提出された書証が引用されていたこと、④Ｘにおいて、Ｙが即時抗告をしたことを知っていた事実や、そのことを知らなかったことにつきＸの責めに帰すべき事由があることはうかがわれないこと、である。

ところで、本決定の以前に、①最決平成20年5月8日家月60巻8号51頁[17]は、婚姻費用の分担に関する処分の審判（民法760条、旧家審法9条1項乙類3号［現行家手法別表第二2項］）に対する抗告審が抗告の相手方に対し抗告状および抗告理由書の副本を送達せず、反論の機会を与えることなく不利益な判断をしたことは、憲法32条所定の「裁判を受ける権利」を侵害したものであるということはできないとしたものであるが、「審判を即時抗告の相手方であるＹに不利益なものに変更するのであれば、家事審判手続の特質を損なわない範囲でできる限りＹにも攻撃防御の機会を与えるべきであり、少なくとも実務上一般に行われているように即時抗告の抗告状及び抗告理由書の写しをＹに送付するという配慮が必要であったというべきである」として、原審の手続に問題があったことは認めていた。その原審の手続には、憲法32条違反の疑いがあり、少なくとも、裁判に影響を及ぼすことが明らかな法令違反があるとして、職権で原決定を破棄すべきであるとの反対意見が付けられていたが、法廷意見においては、いわば、原審の手続に配慮に足りないところはあるが、憲法違反とまではいえないし、著しく手続的正義の要求に反するとまではいえないと考えられているのである。

また、②最決平成21年12月1日家月62巻3号47頁[18]は、遺産の分割の審判（民法907条2項、旧家審法9条1項乙類10号［現行家手法別表第二12項］）に対する

---

17) この決定の評釈等として、塩崎勤・民情267号(2008)81頁、園田賢治・法政研究（九州大学）75巻3号(2008)115頁、山田文・速報判例解説3号(2008)153頁、川嶋四郎・法セミ650号(2009)126頁、垣内秀介・平成20年重判解155頁、本間靖規・リマークス38号(2009)126頁、宍戸常寿・判例セレクト2008(2009)11頁、石田浩二・平成20年度民事主要判例解説124頁、三木浩一・法学研究（慶應義塾大学）83巻10号(2010)84頁などがある。
18) この決定の解説として、稲田龍樹・平成22年度民事主要判例解説200頁がある。

抗告審が即時抗告の相手方に対し抗告状の副本の送達またはその写しの送付をせずに原審判を不利に変更したことについて、即時抗告の相手方において即時抗告があったことを既に知っていたことがうかがわれる上、抗告状に記載された抗告理由も抽象的なものにとどまり、即時抗告の相手方に攻撃防御の機会を与えることを必要とする事項は記載されていなかったという事情の下では、抗告状の副本の送達またはその写しの送付がなかったということによって即時抗告の相手方が攻撃防御の機会を逸し、その結果として十分な審理が尽くされなかったとまではいえず、抗告審の手続に裁判に影響を及ぼすことが明らかな法令違反があるとはいえない、としていた。この決定にも、原審の手続の法令違反は憲法 32 条の趣旨に反する極めて重大なものであって、裁判に影響を及ぼすことが明らかであり、原決定は破棄を免れないとする反対意見が付されていたが、法廷意見としては、①決定と同様に、そこまでの法令違反はないと考えられているのである。

さらに、本決定後のものであるが、③最決平成 23 年 9 月 30 日判時 2131 号 64 頁[19]は、立替金請求訴訟でなされた補助参加を許可する旨の決定に対する抗告審が、補助参加許可決定を取り消して補助参加を許さない旨の決定をするに当たり、即時抗告の相手方に即時抗告の申立書の副本の送達またはその写しの送付をしなかったという事案につき、「補助参加の許否の裁判は、民事訴訟における付随手続についての裁判であり、純然たる訴訟事件についての裁判に当たるものではないから、原審が、抗告人（原審における相手方）に対し、即時抗告申立書の副本の送達をせず、反論の機会を与えることなく不利益な判断をしたことが憲法 32 条に違反するものではない」として、抗告には理由がないとしたが、なお書きにおいて、「原々決定を即時抗告の相手方である抗告人に不利益なものに変更するに当たり、即時抗告申立書の副本の送達又はその写しの送付をしなかった原審の措置には、抗告審における手続保障の観点から見て配慮に欠けるところがあったことは否定することができないが、」「本件記録によれば、原審においては、抗告人に補助参加の利益が認められるか否か等の補助参加の許否をめぐる純粋の法的問題のみが争点となっていて、その前提となる事実関

---

19) この決定の評釈等として、宗宮英俊・NBL973 号 (2012) 86 頁、川嶋四郎・法セミ 693 号 (2012) 142 頁、芳賀雅顯・法学研究 (慶應義塾大学) 87 巻 5 号 (2014) 82 頁などがある。

係が争点となっていたわけではなく、上記の法的問題については、原々審において攻撃防御が尽くされ、原審において新たな法的主張が提出されたわけでもないから、その審理手続に裁判に影響を及ぼすことが明らかな法令の違反があるとはいえない」、としている。そこでは、抗告審における手続保障の観点が加えられているが、原審の措置は配慮に欠けるところはあっても法令違反ではないとしている点では、前記①決定と同様の考え方が採られているのである。

ちなみに、これらの裁判例の後に制定・施行された家事事件手続法においては、家事審判に対して即時抗告があったときは、抗告裁判所は、原則として、原審における当事者および利害関係参加人（抗告人を除く）に対し、抗告状の写しを送付しなければならないし（家手法88条参照）、また、抗告裁判所は、原審における当事者およびその他審判を受ける者（抗告人除く）の陳述を聴かなければ、原審判を取り消すことができない（家手法89条1項）、とくに別表第二に掲げる事項（家事調停をすることができる事項）についての審判事件においては、抗告裁判所は、即時抗告が不適法であるときまたは即時抗告に理由がないことが明らかなときを除き、原審における当事者（抗告人を除く）の陳述を聴かなければならない、とされている（家手法89条2項）。前記①決定および②決定における手続上の問題点については、当事者等の手続保障を図るという方向での立法上の解決がされているのである[20]。また、立法論としてではあるが、これらの裁判例の動向や新たな立法を踏まえて、民事訴訟法においても、「決定または命令に対して抗告がされた場合に、抗告裁判所は、その抗告が不適法であるときまたは抗告に理由がないときを除き、抗告状の写しを当事者（抗告人を除く）および補助参加人に送付しなければならないものとする」との提案がされている[21]。

IV　むすびにかえて

以上、民事裁判における手続的正義がどのようなものとして理解されているか、また、その手続的正義が従来の最高裁判例においてどのような形で現れて

---

20) 金子編・前掲注15) 284頁以下、徳田・前掲注15) 15頁など参照。なお、非訟事件手続における終局決定に対する即時抗告についても、家事審判におけるのと同様の規制がされている（非訟法69条・70条）。
21) 三木浩一＝山本和彦編・民事訴訟法の改正課題（有斐閣・2012) 162頁参照。

Ⅳ　むすびにかえて

いるかを概観してみた。従来の裁判例において手続的正義の要求が問題とされていることについては、裁判所・裁判官の手続裁量を制約するものとしての手続的正義が前景化したものであり、手続保障の実質化が図られたものと解されるとか[22]、裁判所の裁量権の行使について当事者の手続保障による制約があることを明らかにしたものであるとか指摘されている[23]。また、民事訴訟における手続的正義を手続保障の原則と読み替えている考え方もみられる[24]。しかしながら、従来の裁判例を概観する限りでは、手続的正義の要求に反する場合は当然に法令違反になるが、手続保障の観点からみて配慮に欠ける点があるとしても、法令違反になるとは限らないと解されているようであり[25]、手続的正義と手続保障との関係についてはなお検討してみる余地が残されているように思われる。もっとも、この点は手続保障論を検討した後の課題として残しておくこととしたい。

【付記】
　松本博之先生には、これまで研究会等において、種々のご教示をいただき、また、民訴法の立法資料の編集なども共同させていただいたことがある。本稿は、単なる覚書にとどまる結果となってしまったが、多年にわたるご厚誼に感謝しつつ、松本先生の古稀をお祝い申し上げることとしたい。

---

22)　加藤・前掲注16）57頁。
23)　遠藤・前掲注6）「弁論再開の利益と手続保障」114頁。
24)　三木＝山本編・前掲注21）164頁。
25)　なお、長屋・前掲注16）130頁は、裁判例に表れた手続的正義は、純粋な手続上の正義を実現する手段・機能という側面を有すると同時に、裁判の正統性を支える、実現された純粋な手続上の正義そのものを意味する概念である、と指摘している。

民事訴訟その他の民事関係手続における検察官関与とその役割

池田辰夫

　　I　はじめに
　　II　わが国との遭遇
　　III　その他の国との遭遇
　　IV　おわりに

I　はじめに

　各国民事関係手続法の研究に携わるとき、おそらく誰しもが手がけたくなるテーマの一つが、これであろう。かつて明治期に、フランス民訴法などが及ぼしたわが国民訴法への影響、そしてまた、今日でも、各国民事関係手続法に、さまざまな態様の検察官関与の制度が導入され、現に相応の役割を果たしている。Paul Gauguin ではないが、それは、どこから来て、なにもので、どこに行くのか。

　筆者がこのテーマに関心を持ったのは、じつはかなり古い。約40年前の司法修習生の時代に遡る。取調修習をめぐる厳しい議論のもと、眼前の捜査案件に対峙することで、刑事事件における検察官関与の生々しい現実を体験する貴重な機会を得た。その折に、検察官を被告とする死後認知訴訟の訴状の副本が、修習担当として皆からも慕われる若手検事のもとに回ってきたという偶然に由来する。この人事訴訟案件に困惑し、苦悩の表情さえも垣間見えた気がした。そのときに、ある素朴な疑問がわいてきた。なぜ、検察官が関わらねばならないのだろうか。検察官は公益の代表者、といえばそれまでだが、民事関係手続に明らかに不慣れな現場で、刑事取調案件からすると相当な違和感をもって受

け止められるのは、至極当たり前の感覚のように思われ、惻隠の情を禁じ得なかった[1]。

アメリカでは公益の代表は司法長官ではないか、わが国ならば法務大臣が公益代表となり、法務省のしかるべき部署がかかる事件を担当すれば、より望ましい制度運用にもなるのではないか。そうした素朴な思いは、その後解消するどころか、ますます各国手続法を研究するたびに深まっていた。

II　わが国との遭遇
　　──明治23年民事訴訟法（旧々民事訴訟法）の場合

近代的統治制度を築き上げた明治維新政府。不平等条約撤廃に向けた環境整備として、法典整備は喫緊の課題であった。検察官関与の主題との関係では、次の条文を見なくてはならない。引用しておく。なお、原文通りではなく、読みやすさのために、句読点やその他の改変を必要最小限の範囲で加えている。

　　　第1編　総則　第1章　裁判所　第6節　検事の立会
　　　第42条　検事は左の訴訟に付き意見を述ぶる為め、其の口頭弁論に立会ふ可し。
　　　　第1　公の法人に関する訴訟
　　　　第2　婚姻に関する訴訟
　　　　第3　夫婦間の財産に関する訴訟
　　　　第4　親子若しくは養親子の分限其他総て人の分限に関する訴訟
　　　　第5　無能力者に関する訴訟
　　　　第6　養料に関する訴訟
　　　　第7　失踪者及び相続人虧缺の遺産に関する訴訟
　　　　第8　証書の偽造若しくは変造の訴訟
　　　　第9　再審
　　　2　検事の陳述は当事者の弁論終わりたるとき之を為す。

---

[1]　こうした体験の機会が現在の法曹養成制度においても不可欠であることはいうまでもない。法科大学院の再編における複線化については、かつて論じた。池田辰夫「裁判補助官職の権限と役割──審理の充実と迅速化を踏まえた裁判の適正化をめざして」新堂幸司監修・実務民事訴訟講座［第3期］第1巻──民事司法の現在（日本評論社・2014）参照。複雑困難化する現代の民事裁判におけるパラリーガルの重要性を浮き彫りにし、法科大学院の複線化ないし多様化について提言をするものである。

3　当事者は検事の意見に対し、事実の更正のみに付き陳述を為すことを得。

　社会秩序の安定を最優先課題とする時代の雰囲気をよく伝えているようでもあるが、ベースとなったのは、伊藤博文初代内閣総理大臣の下命による、お雇い外国人・プロイセン参事官 Hermann Techow（ヘルマン・テヒョー、テッヒョーとも）が作成した草案（いわゆるテヒョー草案）である。これは、彼が明治 19（1886）年 6 月に、初代司法大臣にして陸軍中将伯爵山田顕義宛に提出した日本語版草案に寄せた序文によると、1884（明治 17）年 5 月着手、1885（明治 18）年 2 月脱稿、1885（明治 18）年 7 月完成とあり、作成に当たっては、1877 年 1 月 30 日のドイツ旧民事訴訟法に依拠するほか、1867 年オーストリー訴訟法草案や 1868 年ヴュルテンベルク（瓦敦堡）訴訟法などがモデルとされた模様である。加えて、実務に取り入れられているフランス・イギリス・アメリカの法理も採択、さらには、起草の参照として、司法省民事局長南部甕男の作成に係るとされる「現行民事訴訟手続」（今日では、「現行民事訴訟手続及カークード氏意見書」として知られる）がそえられている。これは、明治 17（1884）年 8 月頃に、大審院を除く、全国の治安裁判所、始審裁判所、控訴裁判所宛に照会した結果を取りまとめたものと受け止められている。

　草案は、大部分は当時の慣習法をベースとし、成文法や裁判実務などに依拠しながら編纂された。表面的には、旧ドイツ民事訴訟法のほとんど引き写しとしか見えない面もあるなか、かなり当時の最新の比較法的知見にも腐心をした様子などもうかがわれる。もっとも、法典論争に配慮してのことか、継受法ではなく日本固有法に根ざしている点を強調もしている。

　毎章ごとに日本語訳され、玉乃世履大審院長を委員長とする予備会議にかけられた。この会議にはテヒョーも同席をしている（通訳は内閣法制局参事官渡邊廉吉が当たる（テヒョー帰国後も交流があった由である））。

　明治 18（1885）年 9 月、草案最終決定のため、司法次官三好退蔵を委員長とする会議が設けられ、内閣総理大臣秘書官伊東巳代治（伊藤博文兵庫県令時代の通訳官から信頼関係を築いており、民事訴訟手続には当時、最も精通をしていた一人と目される）、前掲南部甕男、司法大臣秘書官栗塚省吾、同菊池武夫、司法書記官井上正一、同小松済治、司法省参事官本多康直、同宮城浩蔵、控訴院評定官今村信行、前

掲渡邊廉吉がメンバーである。160回、第3読会を経た。このため、テヒョー自身の原案とはかなり異なるところや反対の意見さえもあるとされるが、最終的にはこの会議による決議に彼もまた同意するとした。

このテヒョー草案（日本語）によると、以下のようになっている（原文のニュアンスは残しつつ、読みやすさなどで必要最小限の手を加えている）。

第1編　裁判所　第5章　検察官の立会
第48条　裁判所は左の場合に於て検察官をして審判に立会ひ、其の意見を提出するを得せしむる為め、口頭審理より3日前に訴訟事件を検察官に通知す可し。治安裁判所は其の必要なりとする時亦同じ。〔＊ドイツ語原文によると、裁判所が相当と判断する場合は、検察官関与の機会を与えるため、口頭弁論期日の少なくとも3日前には、通知しておくことを要するとし、治安裁判所（＊区裁判所に相当）にあっては、重要な事件についてのみとする〕
　1　官庁府県郡区町村社寺及び訴訟を為すを得る会社組合等に関する訴訟
　2　官吏職務上の過失若しくは誤謬又は租税に関する訴訟
　3　人事に関する訴訟〔＊ドイツ語原文によると、人的権利に関わる事件との意であるから、ここでは、いわゆる人事訴訟を指すものではないようである〕
　4　未成年者、癲癇白痴及び治産の禁を受けたる者に関する訴訟
　5　失踪者及び遺産に関する訴訟
　6　裁判管轄違の訴訟
　7　証書の偽造若しくは変造に関する訴訟
　8　再審の訴
2　前項に掲ぐる場合の外と雖も、検察官其の立会を必要なりとする時は、其の審判に立会ふことを求め、又裁判所は其の職権を以て検察官の立会を求むることを得。
第49条　検察官は口頭審理の終結に於て、其の意見を陳述するものとす。〔＊ドイツ語原文によると、検察官は口頭弁論終結に至るまで、その専門的知見を開陳する由である〕
2　原被告は検察官の意見に対し、事実の正誤のみに付き陳述を為すことを得。此の場合に於て裁判長は再び開廷を為すことある可し。〔＊ドイツ語原文によると、新期日を開くとの意である〕
3　検察官は裁判官の議席に臨むことを得ず。〔＊ドイツ語原文によると、裁判官による評議への立会は許されないとの意である〕
第50条　検察官に訴訟を通知せず又は通知の後、検察官口頭審理に臨席せず若しくは其の意見を提出せずと雖も原被告は之に対し抗告を為すことを

得ず。〔＊十分に意味はとれるところであるが、ドイツ語原文によると、要はいかなる不服の理由ともならないとしている〕

第51条　検察官は、原被告より之を忌避することを得ずと雖も、他の検察官をして之に代をしむ可きことを検事長若しくは上席検事に請願することを得。〔＊十分に意味はとれるところであるが、ドイツ語原文によると、忌避は許されないが、職権を促す申請は適法とする由である〕

　そもそもわが国においては、個別事案との関係で検察官に期待される役割はそう大きくはなかったはずであろう。フランスなどにおける検察官関与もそうで、むしろ公益的な役割は、立法改正へのセンサー機能にあったようであるし、他方では、初期ドイツでは、その後進性ゆえに、裁判官の資質・能力において不安があることから、いわばお目付け役として個別事件への検察官の役割があったと仄聞したことなどが記憶に残っているが、遺憾ながら、本稿で取り上げる余裕はまったくない。明治期の古文書を調査すると、当事者が法廷期日に遅刻をすると鞭打ちの罰を加えるとの規定を発見したりする。人々が近代的な裁判システムに当惑した時代でもあった。

　なお、わが国の今日、趣旨や運用実態は大いに異なるものの、周知のように、現行人事訴訟法23条（検察官の関与）にもつながるところである[2]。

III　その他の国との遭遇[3]

　筆者は、中国民事訴訟法やウズベキスタン倒産法に関わるプロジェクトにおいて、興味深い検察官規定を知りえた。こうした点は、比較法的にもきわめて興味深い論点である。

---

2)　現行民事訴訟法においては、189条（過料の裁判の執行）1項において、「この章の規定による過料の裁判は、検察官の命令で執行する。この命令は、執行力のある債務名義と同一の効力を有する」が、わずかに検察官関連規定として残っているが、本稿の主題ではない。

3)　ライン左岸（フランス法適用地域、旧ドイツ、アルザスロレーヌ）を含む各地の興味深い一連の指摘は、河野正憲「わが国民事訴訟手続の比較・歴史的位相―『民事訴訟法』の執筆を終えて」書斎の窓587号(2009)7〜11頁、同「ヨーロッパの古都と法学断片10　ベルリン―ドイツ帝国首都の面影と法学(完)」書斎の窓582号(2009)1頁、同「ヨーロッパの古都と法学断片9　ルンド―北欧の啓蒙主義」書斎の窓581号(2009)1頁、同「ヨーロッパの古都と法学断片8　リューベック―ハンザ同盟の遺産」書斎の窓580号(2008)1頁、同「ヨーロッパの古都と法学断片7　レーゲンスブルク―ドナウの流れと商人そして帝国議会の街」書斎の窓579号(2008)1頁、同「ヨーロッパの古都と法学断片6　コインブラ―大学とファドの哀愁の音色の流れる街」書斎の窓578号(2008)1頁、同「ヨーロッパの古都と法学断片5

1　2012年中国民事訴訟法大改正[4]

　これまで、中華人民共和国民事訴訟法は1991年4月9日、第7回全国人民代表大会第四次会議で制定され（それ以前は1982年試行法[5]）、2007年10月28日、第10回全国人民大会会議第三十次会議『「中華人民共和国民事訴訟法」の改正に関する決定』に基づき、第1次改正がされてきたが[6]（2008年4月1日施行）、2012年8月31日付の第11回全国人民代表大会常務委員会第二十八次会議『「中華人民共和国民事訴訟法」の改正に関する決定』[7]により成立した中国改

バーゼル　ホルバイン・エラスムス・アーメルバッハ―人文主義の群像の街」書斎の窓577号（2008）1頁、同「ヨーロッパの古都と法学断片4　リヨン―ヨーロッパの南北を結ぶ商人の成功と破綻の街」書斎の窓576号（2008）1頁、同「ヨーロッパの古都と法学断片3　ベニス―ベニスの商人と国際金融」書斎の窓575号（2008）1頁がある。

4)　この関係では、吉村徳重を代表とする「日中民事手続法比較研究」プロジェクトと法務省が関わるJICA「中国民事訴訟法研究会」がある。本稿の中国法に関する部分は多くこれらに負うている。JICA長期専門家（当時）白出博之は、双方に関係する。なお、後者の関係では、同法の成立を記念して、日中民事訴訟法研究会が、2012年11月26日午後、北京にて実施予定されていたが、急遽取りやめとなった（筆者も参加予定であった）。セッション1で、「改正民事訴訟法のレビュー及び運用に係る今後の課題」とのテーマで、全人代からは改正民訴法のポイントについて、最高人民法院または中国の研究者からは改正民訴法の運用の課題について。日本側からは、中国側の発表を受けて、コメント。セッション2では、「今後の民事法分野の協力の展望」というテーマで、パネルディスカッション。日中間の懸案事項が重くしかかるなか、中国側との調整が難しくなってきたとの背景があった。関係者限定での開催に踏み切るかどうかは、日本側としても難しい判断であった。なお、同年9月7日、清華大学手続法研究センター・現代アジア法研究会主催、国際協力機構（JICA）後援で「中日民事訴訟法改正の比較研究シンポジウム」が清華大学法学院にて開催されている。王亜新の報告「中国の民事訴訟法の改正について」が注目される。
　　ちなみに、「総則」における改正法による変更はほとんど見られないが、民事訴訟法の基本原則に係るいくつかの興味深い若干の変化のみ指摘する。①民事訴訟においては、信義誠実の原則を遵守しなければならない（新13条1項）、②人民調解委員会による調解前置主義の廃止（旧16条の削除）（この点は、改正法が調解と訴訟の相互連携を改善している面があり、例えば、調解先行規定（新122条）を新設し、「当事者が人民法院に提訴した民事紛争について、調解に適する場合には、先に調解を行うものとする。但し、当事者が調解を拒んだ場合はこの限りでない」とする旨の新規定が導入されているほか、他方で、調解合意司法確認事件（新194条以下、日本法の即決和解に相応する制度のようである）が新たに導入されている）、③裁判を受ける権利の保障（新123条）。
　　このあたりの改正概略につき、白出博之「中国民事訴訟法修正案（草案）について」国際商事法務40巻2号（2012）183頁、主要な改正点につき、全人代法律委員会での審議報告書をベースにして作成した、同「中国民事訴訟法の改正について」国際商事法務40巻11号（2012）1671頁、その他、同「中国民事訴訟法の改正条文等について(1)～(3)」法務総合研究所国際協力部報（ICDニュース）（53号・54号・56号）参照。
5)　1982年3月8日、第五期全国人民代表大会常務委員会は『中華人民共和国民事訴訟法（試行）』（試行法）を採択、同年10月1日施行した。1949年以来、中華人民共和国としての事実上の最初の民事訴訟法典である。試行法は、主に旧ソ連民訴法をモデルとし、民事紛争解決の固有法を継承する。開放政策の進展に伴い、1991年民事訴訟法へと昇華する。日本やドイツ、中国台湾の民事訴訟法も参考にされた。
6)　2007年改正は、裁判監督手続および強制執行制度の2分野で重点的に行われた。
7)　2012年8月31日、『全国人民代表大会常務委員会による「中華人民共和国民事訴訟法」改正に関する決定』が出された。改正案については、計3回（2011年10月、2012年4月、8月）の審議が行われている。改正民訴法による改正点は、全部で60項目、約80か条に及ぶとされる。

正民事訴訟法（新民事訴訟法）は、2013年1月1日から施行されている。少なくとも包括的全面的な改正の外観を示す[8]。

それは、「人治から法治」へとの急速な法制度整備を目指す中央政府、そして一方では、地方保護主義と称されるコラプションさえ根強くみられる一部実務への大胆な改革。さまざまな矛盾が回避困難な紛争として社会に顕在化するなか、それへの対処として、行政チャネルによるものとあわせ、司法による救済や解決を目指そうとする方向性が一つはっきりと見えてきたと評価できる。

ともあれ、評価をする基軸は、二つある。一つは日本法をはじめ各国法との比較。今一つは、改正法前後の異同比較。こうした二つのアプローチによって、中国の今次改正法が目指そうとする新たな方向性を評価できよう。

さて、本主題との関係での検察官権限規定は改正前にほぼ近く（後掲14条）、その帰結として、検察院による抗訴制度（再審の申立て）[9]は存置されている。しかしながら、後掲の検察建議（208条2項）が抗訴に加えて新設されており、検察官による裁判監視権限はむしろ強化されたと評価しうる。中国法の再審事由は広いうえ、再審の訴えを提起することができる主体の範囲も、当事者のほか、法律監督権を有する各級人民法院の院長・審判委員会、上級人民法院、最高人民法院、最高人民検察院、上級人民検察院（各級人民法院の確定判決等）とされ（208条1項）、なお地方各級人民検察院は、同級の人民法院の確定判決等について、抗訴を申し立てるよう上級人民検察院に促すことができる（208条2項）。

ここでは、こうした関係での指導的原理を示す総則規定のみを掲げておく。

　　14条〔人民検察院の監督権限〕（改正）
　　人民検察院は、民事訴訟に対して法的監督を実行する権限を有する。

旧法では、「人民検察院は、民事裁判活動に対して法的監督を行う権限を有する。」とされていたもので、このたび、民事執行、民事調解を含む分野全般に拡

---

8) 中国清華大学、王亜新は別異の見方か。「全面開花、点到為止（全面的ではあるが、充分に掘り下げられていない）」。
9) 抗訴制度については、本文で後述するように、上級検察院による再審申立てである。検察官をシステムビルトインする形で、裁判の過誤を是正する仕組みである。審理手続としては、人民検察院が抗訴を申し立てた事件について、抗訴を受けた人民法院は抗訴書の受領日から30日以内に再審の裁定を下さなければならない（新211条）などとなっており、法が大きな役割を担うものとして期待する。

大された[10]。

ちなみに、再審難への対策が急務のなか、「審判監督手続」（再審手続）において、検察による法律監督の強化策として、従来の抗訴の方式に加えて、検察建議の方式を追加した（①監督方式の追加）。検察建議は、抗訴とは異なり、人民法院に再審を促す意見を述べるものであり、再審手続を開始するかどうかは人民法院が決めるとされる（208条）[11]。このように、明らかに個別事件の適正処理

---

10) 北浜法律事務所『中国民事訴訟法≪条文・日中比較・要点解説≫(1)』国際商事法務 43 巻 4 号（2015）506 頁。
11) 検察建議は、検察機関が民事訴訟に対して行う法的監督の一種であって、三つの場合が含まれる（法208条・209条）。抗訴とは異なり、過誤への注意喚起機能にとどまるようであって、人民法院による再審開始の職権の発動を促す制度と思われる。
　①地方各級の検察院が、同級法院の既に効力を発生した判決、裁定に対して、法 200 条所定の状況の一つを発見した場合、または調解調書〔和解調書〕が国家利益、社会公共利益を侵害することを発見した場合において、同級法院に対して再審検察建議を提出することができ、また上級検察院に報告する。法院が審査した後、再審すべきと認めた場合、再審手続を開始することができる。法院が検察建議を受け取った後に再審手続を開始しない場合、当該検察院は上級検察院に対して、同級法院に抗訴を提出するよう促すことができる。
　②当事者は法院に対して再審申請できるが、一定の場合には検察院に対して検察建議や抗訴申請ができる（ア　法院が再審申請を却下した場合、イ　法院が期限を過ぎても再審申請に対する裁定を行わない場合、ウ　再審の判決、裁定に明らかな誤りがある場合）。
　③各級検察院は、裁判手続に裁判所関係者の違法行為があった場合、同級法院に対して検察建議を提出する権限がある。法院が検察建議を事実に基づき法的根拠があると認める場合は、違法行為を糾し、裁判活動を改める。
　人民検察院の抗訴と検察建議の異同であるが、ともに検察院による裁判監督ではあるが、監督方式・効力・範囲が異なっている。抗訴と検察建議には要件具備が必要である（法 200 条・208 条・209 条）。監督方式としては、一般的に検察建議は同級検察院の同級法院に対する監督に適用されるが、抗訴は最高検察院が各級法院に対して、上級検察院が下級法院に対して、既に効力発生した判決・裁定に法 200 条所定の事由の一つがあると認めた場合、または調解調書が国家利益・社会公共利益を侵害すると認めた場合に法に基づく監督方式で行う。つまり、抗訴は上級検察院が下級法院に対してするものである。
　効力としては、検察建議が法院に対して再審を進めるよう建議するだけに過ぎず、検察建議は直接的に再審手続を開始するものではない。法院が検察建議を審査して再審条件に合致すると認める場合は、職権で再審開始をしなければならない。検察建議は同級検察院と同級法院との間で行われるので、監督としては直接的で、手続も比較的簡便であり、もし法院が検察建議を受け入れて再審を開始して誤りを正すならば、抗訴を提起するまでもない。法院が検察建議を受け入れない場合、上級検察院により抗訴が提起される。
　検察建議の適用範囲は抗訴よりも明らかに広く、検察建議は裁判監督手続中での適用以外に、裁判監督手続以外のその他の裁判手続中の裁判所関係者の違法行為および執行監督時にも適用される。
　以上は、吉村プロジェクトおよび白出博之との私信による教示に基づく。要は、人民検察院と人民法院は同格レベルで対応し、格をそろえた検察と法院が、礼を以て対処する。同級法院への建議は、日本法での再度の考案（333条）ほどのものではなく、「自ら再審手続をするよう提案をする」という意味に近い。上級検察院に対する提案も、上級検察院が抗訴の判断権を有しており、効力はやや弱い。
　ともあれ、社会的ニーズに基づいて、従来の抗訴（2001 年「人民検察院民事行政抗訴事件処理規則」）に加え、検察建議（2009 年「人民検察院検察建議活動規定〈試行〉」）が登場、モデル試行を経て、法改正に至る。検察建議には、一般検察建議と再審検察建議があり、再審検察建議では、抗訴条件に適合した事件に対するもので、訴訟が繰り返されることや当事者の訴訟負担を減らすため、人民法院が再審手続に従って自ら誤りを正すことを建議する方式である。これにより、抗訴数を減らせるうえ、当事者の負担を軽減し、司法資源の節約にもなる、コストパフォーマンスのよい制度と位置づける。

に検察官が果たすべき役割がみられる。この点につき、再審検察建議または抗訴申立手続の改善（209条）として、当事者による検察建議または抗訴の申立てに対して、人民検察院は3か月以内に審査をして結論を出さなければならない、とする規定も、検察官の役割をさらに浮き彫りにしているように見える[12]。

そもそも人民検察院による民事抗訴は、国家の法律監督機関として、人民法院の裁判活動に対し、事後的な監督権限である。抗訴は、人民検察院が人民法院の法的効力が生じた判決・裁定に確かに誤りがあると判断したときに、人民法院に再審理を求める訴訟活動で、検察院は人民法院のこうした確定判決等につき、抗訴を通じて監督する。1991年民事訴訟法は検察監督につき定めていたし、かつての試行民事訴訟法にも、人民検察院の監督職能を定めた抽象的規定はあった。人民法院と人民検察院の協力による民事事件処理の質の保証に資するとの考え方である。

また、監督範囲として、上記のように調解書〔和解調書〕も対象になることを明記した（②監督範囲の拡大（208条・235条））。さらに、人民検察院は、抗訴や検察建議に必要がある場合には、当事者等に対して事実関係の確認をすることができるようになった（③監督手段の強化（210条））。

中国では、司法の指導的原理として、「實事求是（事実に基づいて真理を求める）」と「有錯必糾（間違いがあれば必ず正す）」を挙げる[13]。張衛平は[14]、中国再審制度の理念をそのあたりに見る。再審制度は裁判監督理論を法理論の根拠とし、これに基づき、幾度となく再審手続が開かれることがあり、禁止規定がない。裁判監督理論により、法院と検察院は法律適用に対する内部と外部での監督権を実施する。中国憲法によると、検察機関は国家の法律監督機関とされる。実務では、法院自ら積極的に再審手続を開始することは少なく、当事者の申立てに

---

12) その背景には、王亜新によると、判決等に対する再審を求めて行政機関を始めとする関係国家機関に繰り返して苦情申立てを行う、いわゆる「信訪」が大きな社会問題であって、国民の苦情申立権を保障し、「信訪」をコントロールする政治的判断があったとされる。
13) 例えば、〈http://eprints.lib.hokudai.ac.jp/dspace/bitstream/2115/58392/1/lawreview_vol65no6_15.pdf#search='%E5%8C%97%E5%A4%A7+%E7%8E%8B+%E5%AE%9F%E4%BA%8B%E6%B1%82%E6%98%AF'〉。
14) 改正前の論稿ではあるが、張衛平「中国民事訴訟法の特徴―日本民事訴訟法との比較を中心に」（その他、同「中国民事訴訟法の現状と改正課題」（国際民商事法センター等主催による講演）、平成21年3月16日が公表されている）〈http://www.moj.go.jp/content/000068814.pdf#search='%E5%BC%B5%E8%A1%9B%E5%B9%B3+%E4%B8%AD%E5%9B%BD%E6%B0%91%E4%BA%8B%E8%A8%B4%E8%A8%9F%E6%B3%95%E3%81%AE%E7%89%B9%E5%BE%B4'〉。

より、再審請求を正当と認めて、再審を開始する場合が多く、他方、検察機関が職権で調査し、抗訴を申し立てる場合も多くはなく、むしろ、当事者が再審申立てを却下された後に、検察機関に抗訴申立てをするよう求め、検察機関がこれを正当と認めて、法院に抗訴申立てする場合が多いとする。

2 ウズベキスタン共和国倒産法[15]（2003年4月24日改正、一部を除き2003年6月10日施行）の場合[16]

　1991年に旧ソ連邦が崩壊し、それに伴いウズベキスタン共和国は1991年に独立をした。同国倒産法は、旧ソ連法を継承しつつ、1994年に制定されていたが、2003年4月に大改正された。この改正により、全体の条文数が約5割増しの全192か条となった[17]。

　同国倒産法制度の概要として、前提事項として2点ある。1点目は、倒産事件を扱う裁判所は商事事件を扱う経済裁判所とされる。旧ソ連邦では、仲裁裁判所（経済裁判所）が企業間の紛争を扱っていたので、名称を経済裁判所と変え、これを引き継いでいる。ロシアでは、現在も仲裁裁判所という名称の裁判所が倒産事件を扱っている。2点目は、これと関連し、商人破産主義を原則とすることである。

　また、制度上の特徴として、さしあたり5点を指摘する。第1点は、申立てに際して、清算型手続や再建型手続といったなかでの特定の手続を選択して申し立てるのではなく、とにかく倒産手続を申し立てるという手続一本化の立場を採っている。第2点は、日本倒産法制と同様に、再建型と清算型の倒産手続がある。裁判上の再生支援手続は、わが国の民事再生手続に相応する制度に近い。また、外部管財手続は、会社更生手続に相応する制度として理解しうる。

---

15) 〈http://www.moj.go.jp/content/000001581.pdf#search='%E3%82%A6%E3%82%BA%E3%83%99%E3%82%AD%E3%82%B9%E3%82%BF%E3%83%B3%E5%85%B1%E5%92%8C%E5%9B%BD%E5%80%92%E7%94%A3%E6%B3%95'〉

16) ICD NEWS 24号（2005）15頁ほか参照。

17) 日本・ウズベキスタン共和国間での経済協力および経済改革支援に関し、共同宣言が平成14（2002）年の7月にされている。その柱の重要な一つが、市場経済化の促進に関する支援である。これを受け、法務省・法務総合研究所国際協力部においては、倒産制度をテーマとした本邦研修を平成16（2004）に実施し、筆者も関与した。なお、同国改正倒産法には、管財人の損害賠償責任保険という新たな制度を導入しており、わが国の弁護士賠償責任保険制度に比較しうる。ウズベキスタン共和国における通貨の単位はスムであり、1円が約10スムのレートである（当時）。

第3点は、債権者主導の手続である。倒産手続の申立て後、清算型手続を適用するのか、再建型手続を適用するかについては、債権者の意向により決定される。第4点は、管財人について、独自の国家資格が設けられている。資格は1級から3級まであり、会社更生手続に相当する外部管財手続は、1級管財人のみが担当できる[18]。第5点は、倒産手続にも商事事件一般に適用される訴訟手続を定める経済訴訟法の適用を受け、原則、公開される。

運用上の三つの特徴としては、第1点は、再建型手続では、運用上、負債の全額弁済が基本とされている。制度上の3点目の特徴である債権者主導の手続と合わせ、同国倒産法は債権者保護の色彩が極めて強い。第2点は、倒産手続の申立ての9割以上が、債権者申立てである。債務者側から申し立てる実益に乏しいとのことであろう。第3点は、債務者の典型例として国有企業が挙げられ、債権者の典型例としても何らかの形で国が関わっているものが少なくないということ。

こうした制度のもと、ウズベキスタン共和国は市場経済化を進めている。

本主題との関係で、注目されるウズベキスタン共和国倒産法の条文を一つのみ掲げておく。

　　第44条　検察官による〔倒産認定の〕申立て
　　1　検察官は、以下の場合、経済裁判所に対し、債務者の倒産認定を申し立てることができる。
　　(1)──倒産を隠匿している兆候が判明した。
　　(2)──債権者の利益保護のために必要である。
　　2　検察官による倒産認定の申立書は、本法第39条及び41条の定める要件に従い、経済裁判所に対し、提出される。

---

[18]　なお、経済裁判所が倒産手続実施のために任命する資格者を総括して「裁判所任命管財人」と称し（倒産法3条9号）、同法では、同法が規定する具体的手続の名称に沿うかたちで、監視手続（倒産法第4章）に携わる裁判所任命管財人を「一時管財人」、裁判上の再生支援手続（倒産法第5章）に携わる裁判所任命管財人を「再生支援管財人」、外部管財手続（倒産法第6章）に携わる裁判所任命管財人を「外部管財人」、清算手続（倒産法第7章）に携わる裁判所任命管財人を「清算管財人」と称する。同一債務者の倒産手続において、それぞれの具体的手続の裁判所任命管財人として同一人が就任すること（例えば、ある債務者の一時管財人に就任した者が同一倒産手続内における当該債務者の外部管財人に就任すること）は差し支えない。

【解説】 本条には、検察官による倒産認定申立ての条件と手順が規定されている。

(1) 本条は、検察官がこのような申立てを行う条件を二つ挙げている。

(a) （本法4条および5条2項の要件の存在する時に）**検察官が倒産隠蔽の兆候を発見した場合**　その活動の特性により検察官は、一般監督、刑事事件の捜査、他の捜査機関による予審捜査の監督、または裁判における権限を遂行するなかで、倒産の兆候を発見する場合がある。追跡調査が行われ、その結果を書面により裏付けた後、検察官は当該の法人の倒産認定を経済裁判所に申し立てる権限を持つ。

現行のウズベキスタン共和国刑法典181条によると、経済主体が事実とは異なった書類や情報の提供、帳簿の改竄、その他の行為により意図的に支払不能状況にあることを隠蔽し、債権者に損害を与えた場合には、当該の経済主体は刑事責任を問われることになる。

(b) **債権者の債権を保護するために必要とされる場合**　ウズベキスタン共和国検察法41条によると、検察官は個人、法人、および国家の権利と合法的利益を保護するために、裁判所に審理を申請する権利がある。

検察官が債権者法人の利益を保護するために管轄裁判所に申立てをする際の根拠となるのは、当該の債権者法人による検察庁への申立てである。したがってこの場合には、倒産状態にあることを隠蔽している証拠が明らかになった場合と異なり、検察官が申立てを行うというプロセスのきっかけとなる行動を起こすのは債権者自身である。

債権者が自らの権利の保護を裁判所ではなく検察官に申し立てることについては、いくつかの理由がある。例えば、国家機関に手数料を支払うための十分な資金を保有していないこと、企業に法律顧問が存在しないためどこに申し立てればよいか分からないこと、債務者の倒産を示す証拠と共に、債務者の取締役による法律違反など、検察庁の管轄に帰する行為が発覚したこと、などである。しかし、検察官へ倒産事件開始の申立てができるのは、あらゆる債権者ということではなく、債務者に対する債権が本法4条（不履行期間）および5条2項（金額）の要件を満たしている債権者だけである。

検察官は債権者の申立てに基づき、根拠の確認、必要な書類の請求、説明の

Ⅲ　その他の国との遭遇

要求、その他の調査を実施する。書類により申立ての根拠が確認された場合、検察官（原則として州検察官またはこれに準ずる検察官）は経済裁判所に債務者の倒産認定を申請する。

　特に言及しておかねばならないのは、本条に定められた申立ての根拠が存在したとしても、検察官による申立ては義務ではない。ウズベキスタン共和国検察法41条と同様、法人および個人の権利を保護するために裁判所に申立てをする行為は、検察官の権利であり、義務ではない。

　(2)　本条も前条同様の参照規定を持ち、申立ての一般規則を規定する本法39条および41条を参照する。したがって、申立ては6項目の必要事項を記載した書面により行われなければならず、債務者には写しを送付する。

　税務機関およびその他の受任機関とは異なり、検察官の申立てには、弁済義務を履行させるための措置を実施したことを証明する書類（口座残高不足により不履行との銀行コメントが付された法人に対する未納金引落請求書、裁判所判決および資産不足により不履行とのコメントが付された執行正本）の添付は必要とされない。

　検察官の申立書に添付されるその他の書類は、前条と同様にウズベキスタン共和国経済訴訟法114条の一般規則および倒産法41条の特則に従う。

　ただし、国家手数料の納付証明については、2006年1月27日付最高経済裁判所総会決議第142号2項により、添付する必要はない。この点につき、検察官の申立てに関する唯一の例外規定は、税務機関およびその他の受任機関と同様、1992年12月9日付ウズベキスタン共和国国家手数料法4条2項による、検察官が経済裁判所に対し法人の利益のために提起する訴訟の国家手数料についての支払いが免除されると規定しているが、である。このことは、2006年1月27日付最高経済裁判所総会決議第142号2項は、そのような限定を付していないことに留意すべきである。

3　若干のコメント

　民事訴訟等の手続関係規定における検察官の役割は、比較法的にもきわめて興味深い論点である。かつて、わが国ではフランス法等の影響を受け、民事裁判手続における検察官の役割を当然のこととしてビルトインしてきた沿革がある。今日でも、検察官の役割が例外的な位置づけではあるが日本法でもなお見

受けられる（例えば、人訴法23条。死後認知訴訟につき、同法42条1項）。明治立法以来の「残滓」ということもできるが、より積極的な意味合いはないだろうか。

検察官による司法チェックは、社会の在り方とも密接に関係する。国柄や貧困の現実のなかでの社会正義を実現するシステムとして、検察制度の健全性が担保されている限りにおいては、当事者への過重な手続負担を巧みに回避しているといった面は、従来見過ごされてきたところといってよいであろう。

IV　おわりに

民事手続に検察官が関与するという、一見、違和感すら覚える法制度も、その沿革や比較法で俯瞰してみると、各社会の在りよう、すなわち歴史的文化的経済的基盤等にからみ、存外、正鵠を射ているのではないか。古典的には、たとえば、特別刑法に属する、詐欺破産罪[19]等の倒産刑法などは、検察官の本来業務でありながら、一定の特殊専門的知見を要する分野であるが、そうした領域を超えて、各国における多様な現行制度は、毫も非難されるべきものではなく、かえって、その置かれた諸事情のもとにおいて相応の正統性を有している。また、比較法の見地から見ても、広く裁判外の関連手続への関与として、例えば、ADRや公証人ないし公証事務に携わる者に、裁判官とともに検察官ないしその経験者に資格を付与するということについて、おそらく理解されやすい面があろう[20]。

---

19)　これも司法修習生時代のことであるが、裁判修習（刑事）の際に、破産事件の債務者がいわば自暴自棄で、自らが経営する商業帳簿を焼却するという挙に出た。これは、法的には、財産隠匿にも匹敵しかねない重罪である（現行破産法270条）。量刑相場は、懲役2年程度か。倒産法はさまざまな分野が交錯するところの、まさに「奥の院」（三ケ月章による表現）である。

20)　さらに付言すると、わが国では、日本司法支援センターを、さまざまな議論のうえ、法務省所管法人として、平成18年4月10日に設立、同年10月2日から業務を開始し、今日に至る。法で社会を明るく、陽当たりの良いテラスのようにのなどの思いから名付けられた愛称「法テラス」は、財団法人法律扶助協会がこれまで担ってきた民事法律扶助事業をも、平成18年10月2日から包括的に引き継ぐ。今後そうした業務の実際の全容を確認、検証、分析したうえで、課題を抽出し、これからの国民の負託に応える法テラスの在り方を諸外国の動向をも参照しつつ展望を描いていくことは大きな課題である。こうしたムーブメントへの幅広の関与基盤もできている。

実は、平成19年12月8日に日弁連で実施したシンポジウム（司法アクセス学会第1回学術大会）の事前準備を兼ね、計5回の研究会を東京および大阪でオーガナイズした。とりわけ、法テラスの使命の原点に関わるが、ハンディキャップを負う人々（高齢者・障がい者・子ども・ワーキングプア・犯罪被害者・外国人等）への寄り添いをどうするか。世界の座標軸から日本を位置づけることもあってよい。アジアにおける日本の役割を踏まえた議論などもよい。件のシンポジウムは、司法アクセスの質量をと

Ⅳ　おわりに

　他方で、急速なグローバル化が進展する国際社会において、これから各国においても民事・刑事の垣根を越え、識見豊かで鮮度の高い現場感覚を備えつつ、職責の重たさを自覚する検察官の多様な役割が、ますます期待される時代に、むしろなってくるように思えてならない[21]。

　もに充実させ、法の支配を普遍化していくために、その現状の把握と課題を見定め、当面の夢を描ききるといったものであったが、あらためて、法テラスの現状を踏まえた、分析と課題、そして克服の方向性や未来像の論議を今後とも期待したい。真の国際法曹人の活躍が待たれる。

21)　意外に知られていないが、JICAと法務省が協力して展開している国際法整備支援活動は、多くは、検察官たちが引っ張っている。

児童福祉法における
一時保護と司法審査

佐上善和

I　はじめに
II　一時保護処分と司法審査
III　家庭裁判所による司法審査の可能性
IV　おわりに

I　はじめに

　児童福祉法28条1項は、児童相談所長が同法27条1項3号に掲げる措置をとろうとする場合には、家庭裁判所の承認を得なければならないと定める。これを受けて家事事件手続法別表第1第127項がこれを家事審判事件としている。以下これを措置承認の審判という。措置承認の審判事件においては、申立人である児童相談所長と、児童と分離されることになる親権者等との間での極めて厳しい対立関係が生じているにもかかわらず、家事事件手続法上は別表第1に掲げられているため親権者は相手方とはされずその手続保障については、検討を必要とする事項が多い[1]。児童についても同様である。
　本稿で考察の対象とするのは、措置承認の審判申立てに先立って児童相談所長によってなされる一時保護（児福法33条）に対する司法審査のあり方の問題である。児童の権利条約9条1項は一時保護について司法審査を要求しているが、一時保護は行政処分であり行政不服審査および取消訴訟の対象となり、とくに問題とはいえないというのが一般的な理解であろう。果たしてそういえるか。

1）　問題の所在につき、佐上善和・家事事件手続法II（信山社・2014）485頁。

措置承認の審判手続と比較して行政訴訟にゆだねることが適切なのか、この検討を試みたい。

II 一時保護処分と司法審査

1 一時保護処分と司法審査の必要性

児童福祉法33条によると、本稿との関係で一時保護を行う必要のあるのは、保護者の虐待、放任等の理由によりその子どもを家庭から一時引き離す必要がある場合である[2]。一時保護処分（以下、単に「一時保護」という）は、本稿との関係では保護者（親権者または未成年後見人で児童を現に監護する者をいう。児福法6条）による虐待やネグレクトが認められる場合に、児童を一時保護所に一時保護し、または児童福祉施設、里親その他児童福祉に深い理解と経験を有する適当な者に一時保護を委託することをいう（児福法33条2項）。これにより当該の児童を保護者から切り離す。一時保護をするについて児童相談所長は、保護者にその理由、目的、期間等について説明するとともに、その意見を聴かなければならない（児福法33条の4）[3]が、保護者および当該児童の同意は必要ではなく、また家庭裁判所の承認も必要ではない。

一時保護は保護開始から2か月を超えてはならないが、必要であれば引き続き行うことができる（児福法33条3項・4項）。この場合にも家庭裁判所の承認は必要ではない。一時保護を加えた児童に保護者がある場合でも、児童相談所長は監護、教育および懲戒に関し、その児童の保護のために必要な措置をとることができる（児福法33条の2第2項）。保護者はこの措置を不当に妨げてはならない（同3項）。従来からも一時保護中の児童に対しては、児童相談所長はその目的の範囲内でこれらの措置をとることができると解されてきたが、その法的根拠が明確ではないと批判されてきた[4]ため、平成23年法改正で明文化され

---

2) 「児童相談所運営指針」（平成25年12月27日）雇児発1227第6号113頁。また木村茂樹「被虐待児童に対する一時保護」社会保障法19号（2004）78頁以下は、一時保護の発動要件の分析を行っている。
3) 法律上はこの説明は保護者に対してするだけで足りるが、実務では児童に対しても説明しているとされる。前掲注2）・児童相談所運営指針117頁。
4) 桑原洋子＝田村和之責任編集・実務注釈児童福祉法（信山社・1998）208頁〔吉田恒雄〕、吉田恒雄「児童福祉における一時保護の法的諸問題」白鷗法学8号（1997）290頁、石川稔「児童虐待をめぐる法政策と課題」ジュリ1188号（2000）8頁。

た[5]。また児童相談所長は児童の生命または身体の安全を確保するため緊急の必要があると認めるときは、保護者の意に反してでも医療・治療を受けさせることができる（児福法33条の2第4項）。さらに児童虐待の防止等に関する法律（児童虐待防止法）は、一時保護が加えられた場合に、施設の長は児童虐待を行った保護者に対し、当該児童との面会・通信を制限できると定めている（児童虐待12条1項）。

　このように一時保護は行政処分であるが、保護者と児童を切り離したうえ、保護者の監護権を制限し、また児童に対してもその自由や学習権等を制限する効果を生じさせる[6]。これらは保護者の親権の喪失・停止または未成年後見人の解任の審判とは別であり、家庭裁判所の関与はない。この措置が保護者の同意が得られない場合にも行えるのは、一時保護が緊急の事態に対応するもので、児童相談所が保護者に対して終局的な援助を行うまでの暫定的で短期間のものであることにその根拠が求められている。しかし一時保護は実際に、保護者および児童の双方に対して重大な権利・自由の制限をもたらすことから、これに対する裁判所の審査（以下、これを「司法審査」という）の必要性が指摘されてきた。とくに1994（平成6）年に発効した児童の権利条約9条1項との関係が問題とされてきた[7]。同項は、児童がその父母の意に反してその父母から分離されないことを確認しつつ、「権限ある当局が司法の審査に従うことを条件として適用のある法律及び手続に従いその分離が児童の最善の利益のために必要であると決定する場合は、この限りでない」と定めるが、一時保護はこの要件を欠いているとされるのである。

　児童虐待が認められる状況で当該の児童を保護する緊急の必要があるときは、行政が迅速な対応をとるべきである。一時保護に先立って家庭裁判所の審

5）　この改正経過については、飛澤知行「児童虐待の防止のための親権制度の見直しについて」戸籍時報特別増刊号689号（2012）38頁以下。

6）　児童保護所は全国すべての児童相談所に設置されているわけではないので、例えば児童を通学させるには物理的に不可能な場合が多いとされ、また仮に通学させようとすると虐待親が学校等から強引に連れ帰ることも考えられるため、通学に限らず施設等からの外出を制限するのが実情だとされる。川崎二三彦・児童虐待（岩波書店・2006）113頁。

7）　桑原＝田村責任編集・前掲注4）203頁〔吉田〕、吉田・前掲注4）286頁、岩佐嘉彦「児童虐待事件における司法関与」法時77巻3号（2005）89頁、喜多明人＝森田明美＝広沢明＝荒巻重人編・逐条解説子どもの権利条約（日本評論社・2009）95頁〔許斐有〕、岩瀬徹「被虐待児童の分離措置と家庭裁判所」町野朔＝岩瀬徹編・児童虐待の防止（有斐閣・2013）204頁。なお、後掲注26）で扱う東京地判平成25年8月29日参照。

査を要求することは適当ではない。このことについて異論はないであろう。問題となるのは一時保護の実体的・手続的要件を明確にすること、および一時保護処分がなされた後の司法審査の制度・手続のあり方である。現行法上どのような司法審査の制度・手続が認められているか、それらは果たして適切といえるか、次にこの点を検討することにしよう。

2 一時保護に対する司法審査の現状と問題点
(1) 検討の対象

一時保護に対して事前に司法審査の手続を必要とすること、すなわち一時保護のために家庭裁判所の承認を必要とさせることは適切ではない。それでは措置承認の審判手続と全く同じことになり、また虐待等により児童の生命、身体に重大な危険が生じているのに、緊急の保護に役立たないからである。事前に裁判所の承認を求めることは一時保護の目的にそぐわない[8]。一時保護に対する司法審査が求められるのは、他の行政処分と同様に事後的であり、行政不服審査および取消訴訟に委ねられるのが原則である。ところで一時保護に対しては行政訴訟が整備されているにもかかわらず、学説においてなお司法審査が必要であるとされるのはどのような趣旨なのであろうか。この点について、学説は従来その理由を明らかにしているとはいえず、また具体的な提案をしているわけでもない。取消訴訟の存在がどのように理解されているかも不明であり、

---

[8] この点につき、ドイツ法上緊急一時保護について家庭裁判所の審査を必要とするような誤った理解がなされているのではないかとの印象を持つ。ドイツの「児童ならびに少年援助法」(KJHG) 42条が緊急一時保護について定めている。同条によれば、緊急一時保護は児童または少年にとって差し迫った危険が保護を必要とし、かつ、(a)身上配慮権者が異議を唱えないときまたは(b)家庭裁判所の判断を適時に得ることができないときに行うことができる（同1項）。緊急一時保護がとられると少年局は身上配慮権者に通知したうえ、これらの者と危険の度合いを評価しなければならない。身上配慮権者が緊急一時保護に反対するときは、少年局は、①児童または少年を身上配慮権者に引き渡すか、もしくは②児童または少年の福祉のために必要な措置に関する家庭裁判所の判断を仰ぐかの判断をしなければならない（同3項）。

ドイツ法においては、緊急一時保護の後に家庭裁判所の関与が定められている。しかし家庭裁判所は緊急一時保護の措置自体の承認または拒否について裁判し、あるいはその継続を命じることを任務としているのではない（*Peter-Christian Kunkel* (Hrsg.), Sozialgesetzbuch Ⅷ, 3. Aufl. (2006), §42 Rdnr. 82, 84）。家庭裁判所の判断は民法1666条・1666a条による身上配慮権の制限として、例えば少年局による児童の保護措置（親からの分離）が必要か、身上配慮権の一部を奪いこれを少年局に移転させること等についてなされる。この点が日本法と異なる。なお、ドイツ児童ならびに少年援助法上の緊急一時保護については、鈴木博人「児童虐待事例における一時保護と強制立入制度」中央ロー・ジャーナル4巻3号（2007）72頁以下がある。

訴えの利益に言及されることもない。またこれに代わるどのような手続が構想されているかも明らかではない。いずれにしても、手続法の観点から問題状況を整理し、考えられる解決策について提案することが求められる。

(2) 取消訴訟と審理の範囲

さて一時保護に対する司法審査としては、①一時保護自体の取消しを求めるもの、②一時保護が違法であることを理由に損害賠償を求めるもの、③一時保護の当否はともかく入所している施設の長の具体的な監護の措置を争うものが考えられる[9]。ここでは主として①について検討する。②は確かに一時保護処分の違法性を争うものであるが直接にその取消しに向けられているのではない。また③は、一時保護処分の後の個々の監護の措置・処分を対象とするものであるから、一時保護に対する司法審査とは区別される。さらに児童相談所長による面会・通信制限も行政処分であるから、これに対しても行政不服審査および取消訴訟ができることになるが、本稿では検討対象から除外する[10]。

一時保護がなされた場合、保護者等は行政不服審査法5条、6条により不服申立てをすることができる。また一時保護処分は書面によって行われるが、この場合には同法82条1項により不服申立てができることおよびその期限を教示しなければならない[11]。現に不服審査申立てや取消訴訟が提起された事案もいくつか報告されている[12]。

取消訴訟において一時保護の違法性を判断する基準については、二つの考え方が示されている。一つは次のように説く。すなわち、「〔児童福祉法の〕条文の文言が『必要があると認めるときは』となっていること（法33条1項、2項）のほ

---

9) 一時保護または措置承認審判を得た後の児童の監護に関する家事審判の可能性（民法766条による監護に関する）については、後に扱う仙台高決平成12年6月22日との関係で議論がある。二宮周平「子の監護者指定（民766条）の積極的活用」立命館法学287号（2003）192頁、同「父母以外の者を監護者に指定することの可否」関西家事事件研究会編・家事事件の現況と課題（判例タイムズ社・2006）113頁は肯定的であるが、吉田恒雄「児童福祉法28条審判と親権・監護権」野田愛子＝梶村太市総編集・新家族法実務大系第2巻（新日本法規・2008）457頁は、監護をめぐる関係は行政処分に基づいて生じる関係であるとして否定的な立場に立つ。

10) 岩佐嘉彦「児童虐待防止法と児童相談所」野田＝梶村総編集・前掲注9）437頁は、保護者はさらに面会通信の確保を求めて義務付け訴訟、仮の措置の申立てを行うことが考えられるが、争いの解決は急を要するのでこれらの手続が実施的な紛争解決に役立つとは考えられないとする。

11) 前掲注2）・児童相談所運営指針112頁、56頁。

12) 大阪地判平成17年10月14日裁判所ウェブサイト（第一法規法情報総合データベース判例ID 28152366)、大阪地判平成23年8月25日判自362号101頁、横浜地判平成24年10月30日判時2172号62頁・判タ1388号139頁。

か、児童の福祉に関する判断には児童心理学等の専門的知見が必要とされることに鑑みれば、当該児童が要保護児童に当たると認められるか否か、要保護児童等に一時保護を加えるか否かなどの判断は、いずれも都道府県知事ないし児童相談所長の合理的な裁量に委ねられていると解すべきである。したがって裁量権の逸脱又は濫用が認められる場合に限って一時保護は違法であり、取り消されるべきものといえる」とする[13]。他の一つは、一時保護の「判断に合理的な根拠がない場合に」違法となるとするものである[14]。児童福祉法33条1項は、一時保護を加えるための要件を、「〔児童相談所長が〕必要があると認めるとき」と定めるにすぎない。虐待やネグレクトの程度、児童の被害の深刻さ、保護者の認識、保護者と児童相談所間のやり取り、保護者に監護させることが児童の福祉に与える影響と親子分離の必要性といった実体的要件に加えて、一時保護のための手続遵守などの手続的要件の双方について、すべて児童相談所長の判断に委ねられている。これを考慮すると、上記の二つの判断基準は大差がないといってもよいであろう。実体的要件を判断するための児童相談所の事実調査の方法についても明確な規定がないうえに、手続的な規定の不備も指摘されている[15]。そのため原告は一時保護が違法であることを根拠づけるため、実体法上・手続法上のすべての事項を取り上げて主張していく必要に迫られる。この意味では行政不服審査と取消訴訟は、一時保護の司法審査の制度として想定できるものということができる。

(3) 取消訴訟と訴えの利益

一時保護に対する司法審査の制度として、行政処分に対するその原則どおり取消訴訟を置いて考えてみたとき、次に考えなければならないのは訴えの利益の問題である。一時保護は行政による緊急の措置であり、その措置の間に保護者を指導し、児童を保護者に引き渡すことができると判断すれば一時保護は終了し、保護者に監護させることができないと判断すれば児童福祉法27条1項3号に掲げる措置をとることについて家庭裁判所の承認を得なければならない（児福法28条1項）。そして、児童相談所長が同法28条1項により里親委託また

---

[13] 静岡地判平成19年8月27日判タ1256号66頁。
[14] 横浜地判平成24年10月30日（前掲注12))、東京地判平成25年8月29日判時2218号47頁、東京高判平成25年9月26日判時2204号19頁。
[15] 例えば強制立入について、鈴木・前掲注8) 61頁。

は児童福祉施設等への入所措置の承認を求める申立てを行い、これを認める審判が確定した場合が問題となる。

このことが最初に判例として現れたのは、前記大阪地判平成17年10月14日である。本稿の問題意識から重要な意味を持つので、事実の概要と判旨を確認しておこう。

本件事案は、児童Aの母親であるXが、大阪市長が児童Aに対して平成15年11月19日に行った一時保護に関するものである。Xは、訴え提起に先立って大阪市長に対し、平成15年12月1日付で本件処分について審査請求を行ったが、平成16年4月19日付で審査請求が却下されている。Xは平成16年7月14日付で本件訴えを提起した。他方、大阪市長は平成15年12月24日付で大阪家庭裁判所に対してAの里親委託措置の承認を申し立て、大阪家裁は平成16年3月12日付で申立てを認容する審判をし、大阪高裁も同年7月12日にXの即時抗告を却下する決定をして、この決定は同13日に確定した。大阪市長は同日付で里親委託の措置を行っている。判旨は次のとおりである。

「……これらの規定からみれば、法は、法33条2項に基づく一時保護処分を、法27条1項又は2項の措置をとるに至るまでの暫定的な措置として規定していることが明らかであり、法27条1項又は2項の措置がとられれば、当該一時保護処分は効力を失うものと解するのが相当である。

他方、法27条1項又は2項の措置は、当該措置に先行して法33条2項に基づく一時保護処分が行われることをその要件としているものとは解されない。そうであるとすれば、法33条2項に基づく一時保護処分がされた後、当該処分に基づく一時保護中に法27条1項又は2項の措置がとられたときは、当該一時保護処分の取消しを求める訴えの利益は失われるものと解すべきである。」

判旨によれば本件訴えは、訴えを提起した時点ですでに訴えの利益が消滅していたことになる。本件判旨は、一時保護処分は児童福祉法27条1項または2項の措置がとられるまでの暫定的処分であるから、この措置がとられたときは、もはや取消しを求める訴えの利益は失われるという。一時保護は児童福祉法27条1項または2項の措置をとるための要件とはされていないから、児童相談所長の申立てにより同法28条の措置が承認され、この審判が確定すればもはや取消しの訴えの利益が消滅することは、取消訴訟一般にいえることであろう。

取消訴訟は、行政処分の法的効果によって個人の権利または利益が侵害されている場合に、判決の効力によってその効果を遡及的に消滅させ、個人の権利または利益を回復させることを目的とするものであるから、処分が取消判決によって除去すべき法的効果を有していないか、あるいは処分を取り消すことによって回復すべき権利または利益が存在しないときは、訴えの利益を否定される[16]。すでに家庭裁判所の承認を得て児童福祉法27条1項3号の措置がとられているときは、一時保護が違法であることを理由とする損害賠償請求を主張することは別として、一時保護処分終了後には取消判決によって回復すべき権利等は存在しない。したがって本件判決は正当ということになる。

　本件事案のように、保護者が一時保護に対して審査請求や取消訴訟を提起していても、児童相談所長が措置承認の申立てをすることは妨げられない（行訴法25条1項）し、この間一時保護処分の執行停止を認めることも、その要件との関係で容易ではない。行政処分の執行を停止できるのは、その続行により生じる重大な損害を避けるため緊急の必要があるとき（同2項）であるが、虐待を理由として児童の保護のためにとられている一時保護に対し、保護者に生じる損害は監護権の行使の制限、面会や通信の制限ということになる。児童相談所長がとった一時保護による児童の生命、身体の危害の防止という保護法益と対比したとき、一時保護の実体的要件または手続違反等が明白でない限り、その執行を停止することは困難であろう[17]。このようにみてくると、取消訴訟の係属中に措置承認の審判が確定することは、例外的ではなくむしろ一般的にみられることになる。

　訴えの利益という観点からみると、取消訴訟を一時保護の司法審査の制度として位置づけることは説得力を欠くといえそうである。もっとも上の説明だけでは、保護者が漫然と措置承認の審判を確定させてしまうのではないかという印象を与えるかもしれない。そうであるならば、あえて保護者を救済する必要

16）　南博方ほか編・条解行政事件訴訟法［第4版］（弘文堂・2014）311頁〔定塚誠＝澤村智子〕。
17）　大阪地判平成23年12月27日判自367号69頁は、女児Aの親権者である父母が堺市子ども児童相談所長（処分行政庁）がした一時保護決定の取消しを求める本案訴訟を提起するとともに、同決定の停止を求めた事件である。大阪地裁は、一時保護については児童相談所の合理的な裁量に委ねられていると解すべきで、その裁量権の逸脱または濫用が認められる場合に限って一時保護は違法になるとして、執行停止申立てを却下した。

もないといえる。保護者は、この審判が確定する前に取消訴訟に全力を傾注すればよいではないかといえそうであるが、実際にはそうではない。上にみたように、一時保護に対して行政不服審査の申立てや取消訴訟が提起された場合に、児童相談所長はその帰趨を待って措置承認の申立てをするのではない。

(4) 措置承認審判の先行と取消訴訟の訴えの利益

児童相談所長が措置承認の審判の申立てをすると、保護者は行政不服審査の申立てや取消訴訟を提起していても、そこで一時保護の違法性を争うよりも家事審判手続での対応に専念しなければならない状態に追い込まれることに注意しなければならない。なぜなら取消訴訟の訴えの利益は、措置承認の審判が確定すれば消滅するのであるから、保護者は児童相談所長の申立てを却下に導くよう一時保護および児童福祉法27条1項3号の措置に関する実体的・手続的要件の存否の攻防に全力を傾けなければならない。この審判手続は家事事件手続法別表第1第127項に掲げられており、職権探知主義に基づく手続であり、しかも保護者は相手方ではなく、「審判の結果により直接の影響を受けるもの〔家手法42条2項〕」に位置づけられるにすぎない[18]。保護者の手続参加がなくても、家庭裁判所は職権により事実を調査しなければならないから、理論上は保護者の反論の有無が審判結果に直結するわけではない。また大阪地判平成17年10月14日がいうように、一時保護は児童福祉法27条1項3号の措置のための法律上の要件ではないから、一時保護の違法性が措置承認の審判の結果に直結するわけではない。しかし、実際上ほとんどの場合に一時保護がなされ、児童相談所による保護者の指導援助が行われ、児童の保護者への引渡しまたは保護者の同意による施設入所等の継続が試みられ、なお保護者の同意が得られず、かつ、保護者に監護させることが児童の福祉に反すると認められる場合にはじめて措置承認の審判の申立てがなされるのであるから、この審判手続で保護者が一時保護の実体的・手続的要件の問題を主張することは認められるというべきであろう[19]。このようにして争った結果、措置承認の審判が認容された

---

18) 措置承認申立ての審理手続については、佐上・前掲注1)483頁以下参照。
19) 措置承認の申立事件の審理の対象となるのは、①施設入所等の措置に対して保護者が同意していないこと、②保護者に児童を監護させることが児童の福祉に反すること、③施設入所等の措置をとる必要があるという点である(佐上・前掲注1)490頁)。一時保護に関する事項は、これに関連して保護者に対する事情聴取では虐待の通報から一時保護、その後の児童相談所の対応への反論が出てくることを予想しなければならないし、これを排除することが相当ではない。

ときは取消訴訟の訴えの利益は消滅している。取消訴訟の訴えの利益は措置承認審判の結果に依存しているのである。

(5) 訴訟手続によることの妥当性

さらに一時保護に対する司法審査を訴訟手続とすることが果たして適切であるかについても検討しておくべきである。通常の行政処分については訴訟手続を準備することが当然であるといえるが、一時保護については次の事情を考慮する必要がある。すなわち、児童相談所長は児童福祉法27条1項3号の措置について家庭裁判所の承認を求めなければならない。ここでとろうとしている措置は基本的には一時保護でとられている措置と同一である。この措置承認の手続は、家事審判手続である。これに対して、一時保護に対する司法審査の手続を取消訴訟であるとすると、実質的に同一の内容でありながら両手続の間に大きな差異が生じる。両手続の間には、当事者の地位・権能、審理構造、審理手続等が基本的に異なる。このような異種の手続を併存させることは果たして問題はないといえるのであろうか。従来学説においては、一時保護との関係ではこの点は直接には議論されていない。しかし措置承認の審判における審理対象をどのように考えるか、措置承認の審判に基づく措置決定に対して不服審査や取消訴訟を認めるべきかどうかという形でなされている議論[20]は、この問題を考えるうえで一つの示唆を与えてくれるように思われる。

通説および実務は、措置承認の審判において家庭裁判所は措置の必要性だけでなく、とられるべき具体的措置（特定種類の施設への入所または里親委託等）の相当性についても審理判断すべきであるとする。そのため申立てにおいては、とるべき措置を具体的に特定して表示しなければならないし、家庭裁判所も申立ての変更がない限り申立てと異なる措置を命じることはできない[21]。措置承認

---

20) 古畑淳「家庭裁判所の承認と福祉の措置の決定」山梨学院大学法学論集46号（2000）83頁、同「家庭裁判所の承認と児童相談所の措置決定」社会保障法18号（2003）33頁によって問題提起され、橋爪幸代「要保護児童の処遇に係る行政機関及び司法機関の役割(1)」上智法学論集46巻1号（2002）51頁、同「要保護児童の適切な処置をめぐる日英制度比較」社会保障法20号（2005）、横田光平「国家による家族への介入と国民の保護」公法研究70号（2008）117頁、同「『関係』としての児童虐待と『親によって養育される子どもの権利』」ジュリ1407号（2010）87頁等によって反論されたものを指している。

21) 申立ての特定については、手続法の観点からも議論されており、通説は包括的な措置承認の申立ては許されず、特定が必要であると解している。加藤令造編・家事審判法講座第3巻（判例タイムズ社・1969）372頁〔田中加藤男〕、糟谷忠男「特別家事審判事件の諸問題」鈴木忠一＝三ケ月章監修・新実務民事訴

の審判は、児童相談所長に対して児童福祉法27条1項3号に掲げる措置をとることについて包括的な承認を与えるものではなく、当該児童についてどのような措置が必要であり、相当であるかを当該児童の保護の必要性および措置の具体的内容に応じて家庭裁判所が専門的な立場から個別的に判断し、承認を与えるものであると解している。児童相談所長のとる措置を司法的な観点から審査することに意味がある。そしてこの審判が確定すると、この承認による措置決定に対しては行政不服審査および取消訴訟による救済を否定する[22]。措置承認の審判による措置決定に対して取消訴訟を認めることは、児童福祉を専門としない地方裁判所で、しかも二当事者対立により当事者主義的審理構造をとる訴訟手続で争うことになるため適切ではなく、措置承認については家庭裁判所だけが審判権を持つとする。

これに対して児童福祉法27条は保護者の同意には施設選択が含まれていないことを前提として、措置内容の決定を児童相談所長の裁量に委ねる規定形式をとっているのであり、同法28条1項による審判そのものは児童相談所長が同法27条1項3号の措置をとることの当否を審判対象とする行政権行使の事前審査の手続とみられるとし、家庭裁判所は措置の必要性のみを判断すべきであるとする少数説がある[23]。この見解によると、児童福祉の専門機関である児童相談所が児童のニーズの変化に対応して臨機応変の措置をとることが保障されなければならないので、とられるべき措置を特定して申し立てることには反対する。そして児童相談所がとった具体的な措置に対しては、行政不服審査、取消訴訟または義務づけ訴訟が認められるとする[24]。家事審判手続では十分でない保護者等の手続保障は、この訴訟手続で充足されるべきであるとする。

訟講座第8巻（日本評論社・1981）220頁、斎藤秀夫＝菊池信男編・注解家事審判手続規則［改訂］（青林書院・1992）607頁〔仁平正夫〕、佐上・前掲注1）494頁。また審判例については、橋爪幸代「家庭審判と児童相談所」町野＝岩瀬編・前掲注7）176頁以下参照。

[22] 橋爪・前掲注20）「要保護児童の処遇に係る行政機関及び司法機関の役割」66頁、横田・前掲注20）「国家による家族への介入と国民の保護」123頁、同・前掲注20）「『関係』としての児童虐待と「親によって養育される子どもの権利」」91頁。

[23] この見解は最初、鈴木隆史「里親制度の改革と法的対応について」石川稔＝中川淳＝米倉明編・家族法改正への課題（日本加除出版・1993）433頁によって主張された。その後、古畑・前掲注20）「家庭裁判所の承認と福祉の措置の決定」90頁、同・前掲注20）「家庭裁判所の承認と児童相談所の措置決定」18号36頁で展開された。

[24] 古畑・前掲注20）「家庭裁判所の承認と福祉の措置の決定」46号90頁、同・前掲注20）「家庭裁判所の承認と児童相談所の措置決定」43頁。

この議論につき、通説・判例を支持すべきである。児童福祉法 28 条 1 項は措置承認を家庭裁判所の審判事項とし[25]、その審理に当たっては家庭裁判所調査官による事実調査を行い、児童の福祉を擁護する仕組みを採用している。これに関する争いを当事者主義を基調とする訴訟手続に委ね、しかもその管轄を地方裁判所とすることは、措置承認の審判の目的にそぐわないと考えられる。また措置承認の申立てに先立って、児童相談所は保護者との間で、どのような措置がなぜ必要であるかについて協議しているのであり、具体的な内容について同意を得ようと努力している。同意が得られないときに、措置承認の審判の申立てはこの延長線上に位置づけられるのであって、包括的な申立てで足りるとすると、従前の交渉過程が反映されず適切とはいえない。

　取消訴訟を認めるとすると、原告となる保護者の立場だけをみると、手続主体としての地位、主張・立証機会の保障、上訴権の保障があり、しかも当事者の主張した事実を前提として裁判がなされるので、一見すると当事者の手続保障が満たされているようにみえる。しかし当事者である保護者の主張が、児童の福祉・利益に反することは児童虐待が問題となる事案では一般的にみられるところであり、当事者の主張にかかわらず裁判所が職権で事実調査を行い、児童の福祉・利益を考慮する必要がある。行政訴訟ではこの要請を満たすことはできない[26]。

(6) 措置承認に基づく措置決定と取消訴訟

　また仮に措置承認の審判を得て決定された措置に対して、取消訴訟を認めるとしても極めて制限されたものにならざるを得ないことに注意しなければならない。この点についても、従来の学説ではほとんど言及されていないので、裁判例を基に検討を加えておこう。

　取り上げるのは、東京地判平成 20 年 7 月 11 日（裁判所ウェブサイト（TKC 法律

---

[25] 措置承認について家庭裁判所の承認が必要とされたのは、児童福祉法制定時に、親権者または未成年後見人の意に反して措置をとることは彼らの権利を制限するため、親権・未成年後見について後見的立場にある家庭裁判所の判断に委ねることが相当とされたためであり、GHQ の示唆によるとされる。許斐有「児童福祉法による親権の制限」淑徳大学研究紀要 23 号（1989）74 頁。

[26] なお、東京地判平成 25 年 8 月 29 日判時 2218 号 47 頁は、一時保護には行政取消訴訟が設けられていることから、児童の権利条約に違反しないと判示するが、本文で検討したように取消訴訟はほとんど空手形に等しい実態にあることから、本件判旨は形式論に過ぎ大きな疑問があるといわざるを得ない。また措置承認審判手続においても手続保障が十分でないことを指摘するものとして、若林昌子「児童虐待事件について家裁実務の視点から」法時 77 巻 3 号（2005）77 頁参照。

判例情報データベース LEX/DB 25440329、第一法規法律情報総合データベース判例 ID 28152628））である。

　東京都多摩児童相談所長が、在籍小学校から児童虐待の通報を受けた児童 A について措置承認の審判を得たうえで、児童福祉法 27 条 1 項 3 号に基づく児童福祉施設への入所措置決定をしたところ、A の親権者である父が同決定の取消しを求めて訴えを提起した事案である。東京地裁は次のように判示する。

　「……以上のような施設へ入所等の措置及び承認の審判の手続の構造、施設入所等の措置の当否に関する認定・判断を家庭裁判所の専権にゆだねた制度の趣旨等によれば、[1] 児童福祉法 28 条 1 項所定の要件の有無（虐待の事実など児童の福祉を害する事実の有無）、当該措置の相当性といった承認の実体的要件のみならず、[2] 審判の手続要件を含め、当該審判手続及びその上訴審手続で争うことができる事由については、児童福祉法及び関連法令上、専ら当該審判手続及びその上訴審手続において争うことが予定されており、承認の審判に対する事実誤認・判断不当、審理不尽・手続違背等の実体上又は手続上の不服についても、憲法違反の不服を含め、すべて抗告、特別抗告、許可抗告の上訴審手続の中で争うべき事柄であって、抗告棄却の決定を経るなどして承認の審判が有効に確定した以上、親権者等は、後行の手続において、これらの不服を主張して確定審判の適法性を争うことはできず、また上記 [1] の実体要件について、確定審判の基準時以前の事情に基づき確定審判の認定・判断に反する主張をしてこれを争うことはできないと解するのが相当である。

　もとより、児童福祉法において、承認の審判を得た上で行われる児童福祉施設への入所決定につき、行政不服審査法の審査請求に関する規定の適用を除外する規定が設けられていないことに照らすと、当該入所措置決定に対しその取消しを求める抗告訴訟を提起することが妨げられるものではないが、既に承認の審判が有効に確定し、その承認にかかる施設への入所の措置が採られている場合には、（ア）上記のとおり、当該抗告訴訟において、確定審判に対する事実誤認・判断不当、審理不尽・手続違背等の実体上又は手続上の不服（憲法違反の不服を含む。）を主張して確定審判の適法性を争うことはできず、……（イ）当該抗告訴訟において争い得るのは、裁判権の欠如等による審判の無効、確定審判の基準時後（入所措置決定前）の事情変更による上記 [1] の実体要件の欠如等の事由に限られるものと解される。」

　この判決を支持すべきである。措置承認の審判については家庭裁判所が専権を有するのであって、この審判に基づいて措置を決定する以上、保護者はこの

措置を取消訴訟で争うことはできない。例外的に争うことができるのは、①家庭裁判所に裁判権がなく、当該審判が無効であること、②児童相談所が審判とは異なる措置をとっていること、および③審判以後に措置の実体的要件が変更したことに限られる。一時保護が要件を欠いていたとか、児童福祉法28条1項による措置審判の要件が欠けているということは、もはや主張できないのは本件判決が指摘するとおりである。このように、措置審判に対して行政訴訟が可能であるという上記少数説の立論にも根拠が乏しいことが論証できる。

(7) 一時保護と家庭裁判所の関与

以上の検討から一時保護処分に対する司法審査としては、取消訴訟に期待することは適切ではないとの帰結を導くことができる。措置承認の事件が家事審判であることから、一時保護についても家庭裁判所において職権探知主義による手続で審査することが適切だといえる。専門的な人材を有し、手続的にこれを活用できる裁判所でこの事件を扱うことが、他の審判事件との統一性・整合性の観点からも要請されるといえよう。

しかし現行法上、一時保護に対して家庭裁判所の関与は全く認められていない。このことについて触れた学説・判例は少ないが、次の審判例を基に検討を加えてみよう。一時保護中の児童（事件本人）の親権者（実母）が、児童につき里親委託を受け3年7か月にわたって養育していた里親に対し児童の引渡しを求め（第2事件）、これに対して里親が自らを児童の監護者に指定するよう申し立てた（第1事件）という事案において、第1審である山形家裁は第2事件について次のように判示した。

> 「事件本人は、現在一時保護を委託されている状況にある。児童福祉法上、一時保護中の児童への監護権の帰趨については明文の規定は設けられていないが、児童福祉法27条の反対解釈として、一時保護の場合には家庭裁判所の決定によらなくとも強制的措置が可能とされていることからすると、一時保護中の児童について、その期間中は、行政処分としての一時保護の効力により、親権者の親権のうち監護権の行使が制限されているということができる。したがって、一時保護中の児童について、家庭裁判所が、一時保護委託を受けて実際に児童を監護している者に対して、引渡しを命ずるか否かの判断を行うことは、行政処分の効力を家庭裁判所の審判で争うものとなり、結局、家庭裁判所の審判権の範囲を超える

ものというべきであり、第2事件については、不適法と言わざるを得ない〔山形家審平成12年3月10日家月54巻5号139頁〕」。

控訴審である仙台高裁も同一の判断をしている（仙台高決平成12年6月22日家月54巻5号125頁）。行政処分に対しては行政不服審査および取消訴訟が予定されているのであり、児童福祉法上の一時保護についても同様であるという原則からすれば、これを逸脱する手続は認められないとする判旨は当然だということになろう[27]。訴訟手続が保障されているのに、家庭裁判所が非訟手続で審理することも認められることではないといえる。一時保護中の児童の監護教育に関する具体的な事項については、民法766条2項の類推適用によって家庭裁判所が審理判断することはあり得るであろう[28]が、一時保護の根幹をなす親子分離自体を否定することになる申立て（本件でいえば児童の引渡し）については、家庭裁判所の審判権は及ばないといえる。このようにして、家庭裁判所は現行法上は一時保護自体を審査することはできないことが確認できる。

(8) 小　括

以上みてきたように、一時保護に対する原則的な司法審査の手続だと位置づけられる行政訴訟は、訴えの利益の観点および当事者主義的な訴訟手続によること、および地方裁判所の管轄とされること等々の点から十分とはいえない。他方で、現行法上家庭裁判所は一時保護処分に対しては直接に審理する権限を有していない。このように、一時保護に対する司法審査は不十分な状態にあるといわざるを得ない。ではどうするか、さまざまな可能性があり得る[29]が、ここでは次の提案をしてみたい。

III　家庭裁判所による司法審査の可能性

1　一時保護に対する不服申立制度の創設

一時保護に対する司法審査が現行法上では極めて不十分な状態にあることか

---

27) 吉田・前掲注9）457頁も同趣旨を述べる。
28) 本件でいえば第1事件に関する事項である。この点については前掲注9）参照。
29) 吉田・前掲注4）286頁は、一時保護をした後速やかに児童相談所長から家庭裁判所へ児童の一時保護についての承認を求める手続の必要を指摘している。

ら、若干の立法論を展開することも許されるであろう。これまでの検討を踏まえると、家庭裁判所で審判事件として司法審査のあり方を考えることになる。この際、一時保護に対する司法審査を設けることが、緊急事態への児童相談所の対応の即応性が損なわれないか、裁判所の判断を求めるために新たな負担を生じさせないかといった危惧にも配慮することが求められる[30]。そのようにして、一時保護処分に対する不服を家事審判事件として制度化することを提案したい。

　行政処分に対する不服を家庭裁判所の審判事件とすることは一般的には馴染みが少ないといえるが、現行法上にもその例は存在する。それは家事事件手続法別表第1第125項に掲げる「戸籍事務に関する市町村長の処分に対する不服」である[31]。この審判事件は、戸籍事務に関する処分が行政処分であって、その不服は本来行政不服審査および行政訴訟であるのが原則であるところ、戸籍事件については家庭裁判所がその性質上密接な関係を有していることから、家事審判事件として扱うことが合理的であるとして認められているものである（戸籍法121条）[32]。この審判は、行政訴訟に代替する機能を果たすものである。もちろん学説上、戸籍事務に関する処分について行政訴訟を排除し、非訟事件である家事審判手続を用意するだけでは裁判を受ける権利の保障に十分であるとはいえないとの指摘もあり、行政訴訟を提起する可能性を認めるべきであるとの見解もある[33]。

　この審判事件は、家事事件手続法別表第1に掲げられているので、当事者は申立人のみである。旧家事審判法のもとでは、当該処分をした戸籍事務管掌者は相手方となるとの見解もあった[34]が、現行法下では維持できないであろう。

---

30)　川崎・前掲注6）118頁がこうした点を指摘し、児童相談所は司法審査に積極的ではないと述べていた。

31)　この審判手続の概略については、佐上・前掲注1）466頁以下参照。

32)　小田泰機「戸籍法118条の不服申立て」戸籍478号（1984）16頁、加藤新太郎「市町村長の処分に対する不服申立て」岡垣学＝野田愛子編・講座実務家事審判法第4巻（日本評論社・1989）275頁、松原正明「戸籍事務管掌者の違法処分に対する救済方法」判タ747号（1991）411頁、島田佳子「戸籍事務管掌者の違法処分に対する救済方法」判タ1100号（2002）288頁。

33)　石黒一憲「人の氏名と国際家族法」家月37巻9号（1985）60頁、加藤・前掲注32）278頁、渋谷秀樹「訴訟と非訟」立教法務研究5号（2012）1頁。また戸籍謄本交付請求拒否処分に対して行政訴訟が提起され、訴えが却下される事案も見られる（東京地判平成6年1月18日判自124号15頁、浦和地判平成6年9月5日判タ883号138頁など）。

34)　斎藤＝菊池編・前掲注21）596頁〔仁平〕、神戸家審昭49年4月16日家月27巻4号78頁。

III　家庭裁判所による司法審査の可能性

処分行政庁は、申立て認容の審判の効力を受けるべきもの（家手法42条1項参照）となり、当然に手続に参加することができるが、これによって二当事者の対立構造が生じるわけではない。

　この戸籍事務に関する市町村長の処分に対する不服の審判にならって、児童福祉法33条による一時保護に対して、行政不服審査・行政訴訟のルートに代えて不服を家事審判事件として認めることができるのではなかろうか。これが一時保護に対する司法審査のあり方についての筆者の提案である。手続の構成は、戸籍事務に関する市町村長の処分に対する不服の審判、あるいは児童福祉法28条1項による措置承認審判とほぼ同様に考えてよいであろう。当事者（申立人）となるのは、一時保護を受けた保護者または児童である。児童相談所長は相手方とはならないが、審判の効力を受けるべき者として手続に参加することができる。これによって児童福祉および親権等について専門的知識・経験を有し、後見的立場に立つ家庭裁判所が家事審判手続によって審理することが可能になる。現行法のもとでは、保護者が取消訴訟を提起するから、この提案でも司法審査の発動を保護者らの申立てにかからせることができ、児童相談所は必要と認めるときは措置承認審判の申立てをすることも妨げられない。これによって児童相談所の負担が増加することにはならないであろう。

　この提案は、現行法上訴訟で争われる内容を性質上非訟事件である家事審判に移管させようとするものであり、いわゆる訴訟事件の非訟化を図ろうとするものである。このゆえに当然に批判はあり得る。一時保護をめぐっては、保護者と児童相談所との間に、虐待の有無、助言・指導さらに立入検査等々をめぐって厳しい対立が存在することは周知のとおりである。いわゆる紛争性は高いといえる。この紛争に訴訟手続を予定することは一般論としてはあり得るところである。しかし一時保護の後にとられる措置承認審判は、家事審判事件とされているのであり、これとの比較からも、一時保護に対する不服を家事審判手続で扱うことに問題はないであろう。すでに繰り返し指摘したように行政訴訟による救済は実質的に絵に描いた餅にすぎないことからも、新たに一時保護に対する不服を家事審判事件として創設することは十分な意味があるといえる。

2　一時保護に対する不服と措置承認審判との関係

　上記のように一時保護に対する不服を家事審判事件として創設するとすれば、措置承認審判事件との関係についても検討しておく必要がある。一時保護に対する救済を認めても、児童相談所長は措置承認の申立てをすることを妨げられない。そうすると、同じ児童をめぐる二つの手続が並行して審理されることになる。二つの事件は厳密にいえば別個である。しかし、両者の間では主要な実体的要件は共通する。とくに保護者が一時保護について同意していないこと、保護者に監護させることが児童の福祉に反することの要件である。また措置承認の審判事件において、実質的に一時保護の違法性が争われていることからも、二つの事件が併存するときは併合して審理することが要請される（家手法35条1項）。

　取消訴訟では重要であった訴えの利益の問題は、この提案のもとでは生じない。なぜなら、一時保護に対する不服と措置承認の審判は併合して審理され同時に審判されるのであるから、一時保護について審理する機会は常に保障されることになるからである。

IV　おわりに

　本稿は、一時保護処分に対する現行法の救済手続である取消訴訟が訴えの利益の観点から、あるいは地方裁判所が訴訟事件として扱うことから、児童福祉法28条1項の措置承認の審判との比較から適切でないことを論証し、これに代わる司法審査として一時保護に対する不服という家事審判事項を創設すべき旨を論じてきた。いろいろ批判を乞いたい。

　ところで、措置承認の審判については、これまでも審判対象がこれでよいのかという根本的な問題のほか、多くの問題が提起されている。本稿では、より曖昧な点の多い一時保護に対する司法審査を取り上げた。順次これらの問題に取り組んでいきたい。

家事事件・非訟事件における忌避と簡易却下

高田賢治

I　はじめに
II　忌避制度の導入見送り
III　簡易却下
IV　おわりに

I　はじめに

　日本国憲法は、公正な裁判を保障するため、裁判官の独立を保障している（憲法76条3項）。しかし、このような一般的な保障のみでは、裁判官と、当事者または事件との特別な関係から不公平な裁判がされるおそれを排除することができない。裁判の公正を保障し、裁判に対する国民の信頼を確保するためには、裁判官の独立とならんで、当事者や事件と特別な関係にある裁判官が裁判活動において不当な影響を受けないように裁判官の中立性を確保する必要がある[1]。民事訴訟法（平成8年法律第109号）は、当事者または事件と特別な関係にある裁判官を職務執行から排除するために、除斥および忌避の制度を定めている（民訴法23条以下）。

　除斥・忌避の制度は、裁判の公正を保障するものであるから、民事訴訟手続以外の裁判手続においても設けられている。たとえば、刑事訴訟法（昭和23年法律第131号）20条以下、人事訴訟法（平成15年法律第109号）29条、非訟事件手続法（平成23年法律第51号）11条以下、家事事件手続法（平成23年法律第52号）10条

---

1)　以上につき、松本博之＝上野泰男・民事訴訟法［第8版］（弘文堂・2015）88頁〔松本〕。

以下などである。これらのうち、非訟事件手続法と家事事件手続法は、近時の立法によって、それぞれ新しく独自に除斥・忌避の制度を定めたものである。

家事事件手続法における除斥・忌避の主な改正点は、①除斥原因について、「審判を受ける者となるべき者」との関係でも除斥原因を定めている点（家手法10条1項1号・2号・3号・5号）、②簡易却下を新設した点（家手法12条5項以下）、③家庭裁判所調査官・家事調停委員に除斥制度を導入した点（家手法16条）である。

非訟事件手続法における除斥・忌避の主な改正点は、①除斥原因について、「裁判を受ける者となるべき者」との関係でも除斥原因を定めている点（非訟法11条1項1号、2号、3号、5号）、②忌避制度を導入した点（非訟法12条～15条）、③忌避制度の導入に伴って簡易却下を新設した点（非訟法13条5項以下）である。

本稿の目的は、裁判官の中立の原則が非訟事件手続法と家事事件手続法に、どのように妥当しているのかを検討することにある。検討にあたっては、忌避制度の導入見送り、および簡易却下の2つに焦点をあてることにする。忌避制度の導入見送りについては、どのような根拠に基づいて家庭裁判所調査官などの一部の裁判所職員について忌避制度の導入を見送ったのかを検討する。簡易却下は、裁判官の中立の原則の要請と迅速性の要請との調和を図るものと考えられるが、明文で新たに定められた簡易却下の手続が中立性の確保と迅速性の要請とをどのように調和させようとしているかを検討する。

II 忌避制度の導入見送り

1 家事事件手続法

(1) 家庭裁判所調査官・家事調停委員への忌避制度導入の見送り

従前より、家事審判法（昭和22年法律第152号）は、除斥・忌避について民事訴訟法を準用するかたちで導入していた。新しい家事事件手続法においても除斥・忌避が定められている点は、後述の簡易却下の導入を別にすれば、大きな変更はないといえる。また、参与員（家手法14条）と家事調停官（家手法15条）についても、従前より除斥・忌避が定められており、この点も大きな変更はない。

これに対して、家庭裁判所調査官および家事調停委員については、大きな変

更がある。家事審判法においては、家庭裁判所調査官および家事調停委員について、除斥と忌避のいずれも定められていなかったところ、家事事件手続法は、家庭裁判所調査官および家事調停委員について、除斥の規定を新設したが（家手法16条）、忌避制度の導入を見送ったのである。

除斥の規定を新設した趣旨は、家庭裁判所調査官および家事調停委員が事件の関係者と特別の関係を有する等の場合には、家庭裁判所調査官の調査活動や家事調停委員の調停活動の公正さに疑念を抱かせ、ひいては適正かつ公平な審判または調停への信頼を揺るがしかねないことから、除斥制度を導入したと説明されている[2]。

(2) 忌避制度の導入見送りの理由

適正かつ公平な審判または調停への信頼を確保するために家庭裁判所調査官および家事調停委員に除斥の規定を新設したというのであれば、なぜ、これらの者について忌避制度も導入しなかったのであろうか。

家庭裁判所調査官への忌避制度の導入を見送った理由としては、次の点が挙げられている。家庭裁判所調査官はその職務を行うについては裁判官の命令に従うこととされていること（裁判所法61条の2第4項。この点において鑑定人と異なる）、家庭裁判所調査官の調査は、裁判資料の収集のための事実の調査の一環として行われるものにすぎないこと、家庭裁判所調査官の調査に不公正がある場合には、その調査結果を閲覧謄写により了知した上で自らの主張等を述べることによって対応すべきであること、家庭裁判所調査官は当事者と直接接触し、情緒面にも触れるので、仮に忌避の制度を導入した場合には調査についての主観的な不満を理由とする根拠のない忌避申立てが頻発することも予想されること等を考慮したとする[3]。

家事調停委員に忌避制度を導入しなかった理由としては、次の点が挙げられている。家事調停の手続は、当事者間の円満な協議により合意することを目指す自主的紛争解決方法であり、家事調停委員は基本的に判断作用をしないこ

---

2) 金子修編・一問一答家事事件手続法（商事法務・2012）65頁。家庭裁判所調査官が行う活動の重要性や、審判および調停の公正さをより確保する観点から、家庭裁判所調査官にも除斥・忌避の規定を準用すべきであるとする意見があったことについて、松川正毅ほか編・新基本法コンメンタール人事訴訟法・家事事件手続法（日本評論社・2013）150頁〔中山幸二〕。
3) 金子修編・逐条解説家事事件手続法（商事法務・2013）48頁。

と、当事者が家事調停委員を信任しないときは、調停において合意をしないこともできること等を考慮したという[4]。

(3) 忌避制度の導入見送りに対する批判

以上の理由により、家庭裁判所調査官・家事調停委員には、忌避制度が導入されていない。しかし、家庭裁判所調査官・家事調停委員に忌避制度を導入しなかったことに対して次の批判がある。

家庭裁判所調査官は、その調査結果が裁判所の判断に与える影響が大きい。知財関係裁判所調査官は、裁判長の命を受けて調査等の事務を行うにすぎず、その意見は裁判体を拘束しないという立場であるが忌避の規定があり（民訴法92条の9）、専門委員は説明をするだけで意見を述べることもできない点で家庭裁判所調査官より権限が弱いが忌避の規定がある（民訴法92条の6）ことと比較すると、明らかに不均衡である[5]。

家事調停委員については、合意の成立に向けた過程で、不公平な手続進行があってはならないと考えられること、260条で一定の手続上の裁判に関与する権限が認められていることから、合意しなければいいというのは理由にならないと考えられる[6]。

以上のような批判がある。

(4) 実務運用と民事訴訟法における忌避制度廃止論

上記の批判に対して、実務上、比較的小規模な庁において家庭裁判所調査官や家事調停委員が当該事件に関わっていることや関与していることが生ずることがあるけれども、その場合は、自主的に申出をしてもらって、その事件から外れてもらうという運用を行っているという説明がされている[7]。

しかし、この運用は、忌避制度を導入すべき理由になっても、忌避制度の導入を見送る理由になっていないと思われる。

かつて、民事訴訟法について、忌避制度廃止論[8]が提唱されたことがあった

---

4) 金子編・前掲注3) 50頁。
5) 高田裕成編・家事事件手続法―理論・解釈・運用（有斐閣・2014）57頁〔増田勝久〕。
6) 高田編・前掲注5) 57頁〔増田〕。
7) 高田編・前掲注5) 58頁〔古屋恭一郎〕。
8) 田中耕太郎「忌避権の濫用」曹時9巻1号(1957) 31頁。

が、忌避制度廃止論は、あまりにも極端であり、支持されていない[9]。忌避原因がある場合にわが国の裁判官は事前に回避するから現実に忌避原因ありとされることがないというのが忌避制度廃止論の骨子であるが、そうした理由付けに対しては、そのような観測が当たらないことは最判昭和30年1月28日民集9巻1号83頁、横浜地小田原支決平成3年8月6日自正43巻6号120頁が示しており[10]、忌避制度の裏付けがあるからこそ回避が機能していると考えられるという批判[11]がある。

　同一機関について、除斥があって忌避がない制度というのは、まさに民事訴訟法における忌避制度廃止論に類似した状況といえる。そうすると、忌避制度廃止論に対する批判がそのまま妥当するのではないかという疑問がある。

　さらに、忌避制度廃止論は、回避によって問題の解決が図られるというものであるのに対して、家庭裁判所調査官の場合は、厳密には、上記の実務運用は、回避（家手規則14条）の裏付けすらない運用である。なぜなら、家庭裁判所調査官の回避は、除斥事由がある場合の回避であって、忌避事由がある場合の回避ではないからである[12]。これは、忌避制度廃止論の想定（除斥と回避のみ）とも異なる。自主的に事件から外れるという運用は、裁判官の回避のみに頼るべきではないと考えられている民事訴訟法学説を鑑みると、事件と特別な関係にある者が自主的に事件から事実上回避することを期待してよいか疑わしい。また、本来は回避できない事由にもかかわらず自らの担当する事件から外れる申出が認められるのかという問題もあろう。

　家庭裁判所調査官に忌避制度の導入を見送った理由として、家庭裁判所調査官はその職務を行うについては裁判官の命令に従うこととされていること（裁判所法61条の2第4項）を挙げられるが、裁判所法60条4項によって裁判官の命令に従うと定められている裁判所書記官には、除斥・忌避・回避の制度がある（民訴法27条、民訴規則13条）。家庭裁判所調査官の調査は、裁判資料の収集のた

9）　三宅省三ほか編・注解民事訴訟法Ⅰ（青林書院・2002）235頁〔西野喜一〕、新堂幸司＝小島武司編・注釈民事訴訟法(1)（有斐閣・1991）360頁〔三上威彦〕。
10）　三宅ほか編・前掲注9）235〜236頁〔西野〕。
11）　斎藤秀夫ほか編・注解民事訴訟法(1)〔第2版〕（第一法規出版・1991）411頁〔斎藤秀夫＝奈良次郎〕。
12）　松川ほか編・前掲注2）150頁〔中山〕。同書は、忌避制度の導入を否定した主たる理由が、濫用的な忌避申立てを危惧することにあるとするなら、調査官・調停委員の側からする回避の申出は必ずしも支障はないとする。

めの事実の調査の一環として行われるものにすぎないという理由付けや、家庭裁判所調査官の調査に不公正がある場合には、その調査結果を閲覧謄写により了知した上で自らの主張等を述べることによって対応すべきであるという理由付けは、調査官による調査の専門性を軽視するものであり、除斥制度を導入した趣旨と整合しない。調査についての主観的な不満を理由とする根拠のない忌避申立てが頻発することについては、忌避制度を導入した上で簡易却下によって対応すべき問題である。

(5) 家庭裁判所調査官および家事調停委員の中立の原則の貫徹

家庭裁判所調査官および家事調停委員に除斥の規定を新設した趣旨は、これらの者が事件の関係者と特別の関係を有する等の場合には、家庭裁判所調査官の調査活動や家事調停委員の調停活動の公正さに疑念を抱かせ、ひいては適正かつ公平な審判または調停への信頼を揺るがしかねないという点にある。この除斥制度の趣旨は、忌避制度と同じである。

適正かつ公平な審判または調停への信頼を確保することを重視するならば、これらの者についても、忌避制度を導入して中立の原則を貫徹させるべきであった。家庭裁判所調査官および家事調停委員に中立の原則を妥当させるべきであるから除斥制度を導入するという政策判断をしたのであれば、中立の原則を貫徹させるために、これらの者に忌避制度も導入すべきであった。

2 非訟事件手続法

(1) 忌避の原則的な導入

旧非訟事件手続法においては、非訟事件手続の簡易迅速な処理の要請から、借地非訟手続（改正前の借地借家法43条）を除いて、忌避制度は置かれていなかった。これは、仮に裁判官についてある事件に関し裁判の公正を妨げる事情があるときは、当該事件について担当することを避けるという運用上の対処が可能であること、他方で、忌避に関して明文の規定を設けると濫用的な申立てを誘発する懸念があったことによるものと推察されている[13]。

しかし、新しい非訟事件手続法は、忌避制度を導入した。非訟事件の裁判が

---

13) 金子修編・逐条解説非訟事件手続法（商事法務・2015）36〜37頁。

紛争の公権的解決を図るものである以上、その公正さを確保し、もって裁判に対する信頼を維持することは、きわめて重要であることから、忌避制度を導入することとし、簡易却下を導入することで簡易迅速な処理の要請との調和を図ることとしていると説明されている[14]。簡易却下によって中立の原則と迅速性の要請との調和が図られているとすると、除斥制度と忌避制度の適用範囲は一致するように思われるが、実際には、いくつかの忌避の規定の適用除外がある。

(2) 労働審判官・労働審判員および民事調停委員の例外

労働審判法は、労働審判官・労働審判員について非訟事件手続法における忌避の規定の準用を排除している（労働審判法 11 条・29 条）。民事調停委員も忌避制度がない（民調法 9 条）。これらの者について忌避制度がない理由について、おおよそ以下のように説明されている。

労働審判手続は、原則として 3 回以内の期日において審理を終結しなければならず、とくに簡易迅速の要請が強いこと、および審判がされても異議申立てにより効力を失わせることができること等を考慮したものである[15]。

民事調停は、平均期日回数が 2 回程度であり、訴訟に比べても、当事者との間で信頼関係の構築が不十分な早期の期日の段階から、心証開示や説得を行うことから、仮に忌避制度があると、不利な心証開示をされた当事者の中には、忌避申立する者が一定数出てくることが懸念される。このような忌避申立ては、濫用的なものといえ、簡易却下の対象となると思われるが、忌避申立てがされた以上は、裁判官が忌避の理由を聴取し、簡易却下の判断をしなければならないことになり、その却下決定に対して即時抗告することができる。そうなると、紛争の迅速な解決を目指す手続において、円滑な進行に支障が生ずるのではないかと考えられる。したがって、忌避導入による弊害は、民事調停においては大きいと思われる。忌避申立てがされて、簡易却下されたような事件については、もはや調停が成立することはおよそ困難な状況にあると考えられる。そうであれば、調停不成立という選択をすることができる当事者に対して、重ねて忌避申立権を付与する必要性もない。そして、この事情は、労働審判においても、労働審判に不服があれば異議を申し立てることによって、訴訟に移行する

---

14) 金子編・前掲注 13) 37 頁。
15) 畑瑞穂ほか「研究会非訟事件手続法 2」論ジュリ 12 号 (2015) 184 頁。

ことになるので、おおむね同様である[16]。

以上のように労働審判官・労働審判員および民事調停委員に忌避制度がない理由について説明がされている。

(3) 忌避制度の導入見送りに対する批判

忌避制度の導入が見送られたことに対しては、次のような批判がある[17]。

除斥原因を全部書くことは不可能で、一般的抽象的な規定として忌避が除斥を補う不可欠なものであり、除斥と忌避はワンセットである。迅速性が要求される民事保全において忌避制度が存在することから、労働審判員だけでなく労働審判官についても規定が入らなかったのは、迅速性で説明がつくか。ADRを制度として用意している以上は、ADRの命は、その手続仲介者の中立公正にあり、中立でないと思えば合意しなければよいと放り出すのは、制度のあり方として無責任ではないか。

以上のような批判がある。

(4) 忌避制度と迅速性の要請の関係

新たな忌避制度には簡易却下の手続があることから、忌避制度を導入することによって手続の遅延を招くことは少ないと思われる。にもかかわらず、忌避制度の導入を見送る理由に迅速性を持ち出すことは、簡易却下の趣旨と矛盾するように思われる。

忌避制度の趣旨は、非訟事件手続の公正に対する信頼の確保にある。ある者に除斥制度が導入されたということは、その者に中立の原則を妥当させるべきであるという政策判断がされたことを意味する。中立の原則を妥当させるという基本目的は、除斥制度と忌避制度とで変わらない[18]。したがって、中立の原則を貫徹させるためには、除斥制度のみならず、忌避制度も適用すべきである。

---

16) 畑ほか・前掲注15) 184頁〔岡崎克彦〕。もっとも、労働審判は、前審に関与したとき（民訴法23条1項6号）の除斥事由にあたらないと解されている。最判平成22年5月25日判時2085号160頁。これに対する立法論的な批判として、小林孝一「裁判官及び他の裁判所職員の除斥」関東学院法学22巻4号 (2013) 30頁。

17) 畑ほか・前掲注15) 184～185頁〔山本和彦〕。旧法において調停委員に除斥・忌避に関する民事訴訟法の規定の準用については、否定説が通説であったが、反対説も存在した。片山克行「民事調停委員の除斥・忌避再考」大東ロージャーナル7号 (2011) 40頁以下参照。

18) 小島武司「忌避制度再考」吉川大二郎博士追悼・手続法の理論と実践(下) (法律文化社・1981) 14頁は、忌避と除斥の基本目的に違いはなく、本質面においてはできる限り同等の扱いをすることが望ましいと論じている。忌避と除斥の効果の差の縮小を模索すべきであることについて、髙橋宏志「判批」法協107巻3号 (1990) 191頁参照。

手続の迅速性との調和は、簡易却下の手続によって対応すべきである。

Ⅲ　簡易却下

1　簡易却下制度の新設
(1)　趣旨
　家事審判法においては、民事訴訟法を準用するかたちで、従前より、除斥および忌避の制度が存在していたところ、家事事件手続法は、新しく忌避申立てについて簡易却下制度を新設した（家手法12条5項以下）。また、非訟事件手続法においては、新しく忌避制度を導入するに際して簡易却下制度を導入している（非訟法13条5項以下）。簡易却下の規定は、家事事件手続法と非訟事件手続法とで共通していることから、以下では、便宜上、非訟事件手続法における簡易却下の手続のみを取り上げることにする。

　非訟事件手続法における簡易却下の趣旨は、以下のように説明されている[19]。

　非訟事件の迅速処理の要請および濫用的な忌避の可能性に配慮し、違法または不当な忌避申立てにより審理が遅滞することを防止するため、刑事訴訟法24条を参考として、簡易却下制度を導入した。明文規定のない民事訴訟においては、忌避申立権の濫用と認められる場合、忌避を申し立てられた裁判官が自ら却下することができるとする積極説が多数説と思われるが、有力な消極説もある。民事訴訟法と同様、明文規定のないまま解釈上積極説をとり得るとしても、その要件、手続、効果等が明確とはいえない。非訟事件においては迅速な処理が要請されることも多く、民事訴訟法以上に制度の必要性が高い。これらのこと等を考慮して簡易却下制度が設けられた。

(2)　民事訴訟法における議論
　簡易却下を定める刑事訴訟法24条1項は、訴訟を遅延させる目的のみでされたことの明らかな忌避申立ては、却下しなければならない旨を定めるとともに、この場合には、忌避申立てされた裁判官が忌避申立て却下の決定に関与することができる旨を定める。そして、同条2項は、この場合に、忌避申立てさ

---
19)　金子編・前掲注13) 41頁。

れた受命裁判官、地方裁判所の1人の裁判官または家庭裁判所もしくは簡易裁判所の裁判官は、忌避申立てを却下することができる旨を定めている。民事訴訟法は、刑事訴訟法が定めるような簡易却下の規定をもたないことから、以下のように、簡易却下の可否が議論されている。

下級審裁判例は、忌避申立権の濫用が認められる場合に、合議体での裁判（25条2項）、自己関与の禁止（同条3項）、および手続停止（26条）の規定の適用がなく、忌避が申し立てられた裁判官がその申立てを却下することができ、訴訟手続を進行させて差し支えないとして簡易却下を肯定する（東京高決昭和39年1月16日下民集15巻1号4頁、高松高判昭和58年10月18日判タ510号127頁参照）[20]。

簡易却下の可否について学説は、肯定説・否定説・折衷的見解に分かれる。

肯定説（多数説）は、刑事訴訟法24条のような明文規定はないが、訴訟遅延のみを目的としてされたことが明らかな忌避申立て（濫用的な忌避申立て）については、合議での裁判・自己関与禁止・訴訟手続停止の規定が適用されず、その裁判官みずから却下の裁判（簡易却下）をすることができるとする[21]。

否定説（有力説）は、忌避制度の生命である公正な裁判の保障が没却される、裁判の公正性を維持できず、忌避制度を根底から動揺させることになるなどの理由により、簡易却下に反対する[22]。

折衷的見解としては、簡易却下を肯定しつつ、初回の忌避申立の場合は簡易却下できないとする見解[23]、あるいは簡易却下をその裁判官が忌避申立てを却下するという意味で否定しつつ、忌避申立権の濫用の場合には、訴訟手続が停止しないとする見解[24]がある。

以上のような民事訴訟法における議論を参照して、非訟事件手続法および家

---

20) 三宅ほか編・前掲注9）236頁〔西野〕。同書は、不適用とされた規定ごとに下級審裁判例を整理する。また、下級審裁判例の事案を含めた検討として、斎藤ほか編・前掲注11）456〜459頁〔斎藤＝奈良〕がある。
21) 伊藤眞・民事訴訟法［第4版補訂版］（有斐閣・2014）106頁、兼子一ほか・条解民事訴訟法［第2版］（弘文堂・2011）145頁〔新堂幸司＝高橋宏志＝髙田裕成〕、秋山幹男ほか・コンメンタール民事訴訟法Ⅰ［第2版追補版］（日本評論社・2014）253頁、笠井正俊＝越山和広編・新・コンメンタール民事訴訟法［第2版］118頁〔笠井正俊〕、斎藤ほか編・前掲注11）460〜461頁〔斎藤＝奈良〕など。
22) 畔上英治「忌避試論(3)」曹時13巻2号162頁（1961）、新堂・小島編・前掲注9）361、366〜367、373頁〔三上〕など。
23) 青山善充＝伊藤眞編・民事訴訟法の争点［第3版］（有斐閣・1998）53頁〔大村雅彦〕、三宅ほか編・前掲注9）237頁〔西野〕など。
24) 賀集唱ほか編・基本法コンメンタール民事訴訟法1［第3版］（日本評論社・2008）81頁〔林屋礼二〕。

事事件手続法においては、多数説および下級審裁判例の立場に立って簡易却下制度を立法したものと考えられる。

2 簡易却下の手続

(1) 簡易却下の特徴

忌避の申立てがあると、忌避申立てについての裁判が確定するまで非訟事件の手続を停止しなければならない（非訟法13条4項）。忌避の裁判は、合議体でしなければならない（同条1項2項）。忌避された裁判官は、その忌避についての裁判に関与することができない（同条3項）。

しかし、所定の簡易却下の事由（非訟法13条5項各号）によって忌避申立てを却下するときは、忌避された裁判官が単独体で当該非訟事件を審理している場合には、その裁判官が自ら、また、忌避された裁判官が当該非訟事件を審理している合議体の一員である場合には、その裁判官を含めた当該合議体が、受命裁判官等（受命裁判官、受託裁判官、調停委員会を組織する裁判官または非訟事件を取り扱う地方裁判所の1人の裁判官もしくは簡易裁判所の裁判官）の場合には、その受命裁判官等が、忌避申立てを却下することができる（簡易却下。同条5項柱書、6項）。簡易却下した場合は、非訟事件の手続は停止しない（同条7項）。

(2) 簡易却下の事由

簡易却下の事由は、①非訟事件の手続を遅滞させる目的のみでされたことが明らかなとき（非訟法13条5項1号）、②当事者が裁判官の面前において事件について陳述した後にされたものである場合（同項2号）、または、③最高裁判所規則で定める手続に違反する場合（同項3号）である。

③の「最高裁判所規則で定める手続」とは、忌避申立の原因を明示して裁判官の所属する裁判所に申し立てること（非訟規則8条1項）、期日においてする場合を除いて書面ですること（同条2項）、および申立てから3日以内に忌避原因（裁判官の面前での陳述後に忌避申立てする場合は、忌避原因があることを知らなかったこと[25]、または忌避原因がその後に生じたこと）を疎明すること（同条3項）を意味する。

---

25) この場合は、忌避原因を知った日時について疎明する必要があるが、忌避原因があることを知らなかったことについて無過失であることを疎明する必要はない。三宅ほか編・前掲注9）239、241頁〔西野〕、秋山ほか・前掲注21）251頁、新堂＝小島編・前掲注9）352頁〔三上〕。

申立日から3日という疎明期間の性質について、民事訴訟法においては、①中間期間説、②相対的行為期間説（多数説）、③絶対的行為期間説という3つの見解の対立がある[26]。①中間期間説は、裁判時までに間に合えばよいとする見解である[27]。②相対的行為期間説（多数説）は、迅速を期するために一定の行為をその間にさせようとする趣旨の期間（行為期間）と解すべきであり、原則としてこの期間に疎明しなければ申し立ては却下されるが、上訴期間のような厳格なものではなく、裁判時に間に合えば疎明の法定期間の不遵守を責められない緩い性質のものとする見解である[28]。③絶対的行為期間説は、疎明期間を徒過したときは申し立てを却下すべきものと厳格に解する見解である[29]。なお、忌避申立てに実体上理由がないときは、疎明期間内に却下することは差支えなく、疎明期間が経過するまで申立てに対する裁判ができないことを定めたものではないとする裁判例（東京高決昭和53年7月25日判時898号36頁）がある[30]。

民事訴訟法においては、相対的行為期間説が多数説である。この問題を簡易却下にあてはめると、3日の疎明期間の経過後、簡易却下前に疎明された場合における簡易却下の可否が問題となる。中間期間説や相対的行為期間説に立つと、疎明期間の経過のみを簡易却下事由とする簡易却下は許されないこととなり、通常の忌避申立ての裁判の手続をとる必要が生じると解される。絶対的行為期間説に立てば、疎明期間の経過後に疎明があっても、疎明期間の経過のみを簡易却下事由として簡易却下することができると解される。ただし、同説の論者自身は、簡易却下否定説に立つことに注意を要する（前述1(2)参照）。

(3) 簡易却下に対する即時抗告

忌避の申立てを却下する裁判に対しては、即時抗告することができる（非訟法13条9項）。この却下には簡易却下も含まれる。簡易却下に対して即時抗告された場合、本案の手続は停止しない。そうすると、本案についての審理と抗告審での審理が並行することになる。

---

26) 秋山ほか・前掲注21) 250～251頁。
27) 兼子一ほか・条解民事訴訟法（弘文堂・1986）94頁〔新堂幸司〕。
28) 秋山ほか・前掲注21) 251頁、三宅ほか編・前掲注9) 241頁〔西野〕、笠井＝越山編・前掲注21) 117頁〔笠井〕。
29) 新堂＝小島編・前掲注9) 351頁〔三上〕。
30) 三宅ほか編・前掲注9) 241頁〔西野〕、秋山ほか・前掲注21) 250頁

III 簡易却下

簡易却下に対して即時抗告がされた場合は、抗告事件の記録のみを抗告裁判所に送付すれば足りる（非訟規則69条1項）。これにより、本案の記録を原裁判所に残すことで本案の審理を進行することができる[31]。

(4) 抗告審で簡易却下の事由なしと判断された場合

簡易却下に対する即時抗告は、本案の手続を停止せず、本案の審理と抗告審の審理が並行することから、その後の手続についていくつかの問題が生じる。

簡易却下に対して即時抗告がされた場合に、抗告審が簡易却下をした判断が相当でないとして当該裁判を取り消す場合、当該裁判官が関わらない合議体で忌避申立てについて判断すべきであったことになるから、本案の事件が原審に係属している場合、原審に差し戻すことになる[32]。差し戻しを受けた原審裁判所は、忌避申立てを通常の方法で審査する。その間に進行した本案の手続については、手続を停止せず審理等を続けた点で瑕疵があることになるから、簡易却下後の手続を取り消してやり直すことになる[33]。

差し戻し後の忌避申立についての裁判において、忌避事由がないとする裁判がされた場合、差し戻し前に進行していた手続の瑕疵が治癒するかが問題となる[34]。これは、民事訴訟法において、裁判官が急速を要しない行為を急速を要する行為として手続を進めた後に、忌避事由がないとして忌避申立ての却下がされた場合の議論と類似する[35]。そこで、この点の民事訴訟法における議論をみると、学説は、①有効説、②無効説、③折衷説がある[36]。

有効説は、忌避申立てが理由がなかった場合には、その間になされた行為を無効にしたり取り消すまでの必要はないとして、判例を支持する[37]。無効説は、明文上これを行う権限を与えられていない以上、絶対に違法無効であり、瑕疵は治癒されないとするもの[38]、および裁判官の忌避の制度は裁判の公正を守る

---

[31] 畑ほか・前掲注15) 185〜186頁〔岡崎克彦〕。
[32] 金子編・前掲注13) 43頁。
[33] 金子編・前掲注13) 43頁。ただし、すでに進行した本案の手続のうち急速を要する行為については、やり直す必要がないと解される。非訟事件手続法13条4項ただし書。
[34] 髙田編・前掲注5) 53頁〔金子修発言〕。
[35] 髙田編・前掲注5) 53〜54頁〔畑瑞穂発言〕。
[36] 秋山ほか・前掲注21) 257頁。
[37] 秋山ほか・前掲注21) 258頁。
[38] 斎藤ほか編・前掲注11) 467頁〔斎藤＝奈良〕。

ためのものであるとするものがある[39]。折衷説は、忌避申立てについての裁判の進行中は、申立人としては手続関与を強要されるべきではなく、関与しなかったことによって不利益を受けるのは不当であるから、急速を要しない行為について申立人が十分な訴訟活動をしなかったことが証明される場合には、たとえ却下の裁判が確定しても瑕疵は治癒されないとする[40]。

判例（最判昭和29年10月26日民集8巻10号1979頁）は、急速を要しない行為である判決の言渡しについて、瑕疵が治癒されて有効になるとする。

以上の議論を参照すると、簡易却下が取り消されても、その後に忌避事由がないと判断された場合は、その間にされた行為について瑕疵が治癒するという有効説（判例）、違法で治癒しないという無効説、申立人が十分な手続追行をしなかったことが証明される場合に無効とする折衷説がありうる。

(5) **本案についての終局判断後の簡易却下の抗告審の扱い**

簡易却下に対する即時抗告は、本案の手続を停止しないため、本案の審理と抗告審の審理が並行することから、簡易却下に対して即時抗告されて、抗告審の判断前に、本案について終局の裁判がされる場合やさらにその裁判が確定する場合、簡易却下に対する即時抗告はどのように扱われるかが問題となる。

(a) **本案の終局判断について即時抗告された場合**　簡易却下の抗告審の判断前に本案の終局裁判があった後、本案について即時抗告がされた場合、簡易却下の裁判に対する即時抗告は、抗告の利益を失って却下されることになるが、簡易却下の裁判は、終局決定前の裁判として、本案の裁判に対する即時抗告に係る抗告裁判所の判断を受けることとなり、当該本案についての手続の中で簡易却下の裁判の不当性を主張することができる（非訟法73条2項、民訴法283条）とする見解がある[41]。

これに対して、本案の即時抗告があっても、簡易却下の即時抗告は、抗告の利益を失わず、簡易却下の抗告審が残るという見解がある。この見解は、忌避の裁判に対して即時抗告することはできず、必ずしも上訴審の判断に全面的に吸収されるというものではないとすると、簡易却下の裁判は独立したものとし

---

39) 三宅ほか編・前掲注9）253頁〔西野〕。
40) 兼子ほか・前掲注21）146〜147頁〔新堂＝高橋＝高田〕。
41) 金子編・前掲注13）43頁。

て残って、簡易却下の要件をみたさなければ、それを取り消して通常の忌避の裁判をすることがありうるとする[42]。この見解によると、簡易却下の抗告審において差し戻され、合議体で忌避事由の有無が審理される。この合議体において忌避事由ありとの判断がされると、本案の抗告審は、原決定の手続に違法があることになるので原決定を取り消すことになり、合議体で忌避事由なしと判断されると、原決定の手続に違法はないものとして扱われることになる[43]。

ただし、上記の議論は、簡易却下の事由がなくても忌避事由がなければ手続の瑕疵は治癒するという立場（有効説）を前提にしたものである。手続の瑕疵が治癒しないとする立場（無効説または折衷説のうち無効となる場合）では、簡易却下の抗告審において簡易却下が取り消されたことによって、本当は手続を進めずに忌避申立てについて合議体で裁判しなければならなかったということで原決定の手続が違法となり、本案の抗告審は、原決定を取り消すことになろう[44]。

(b) **本案の終局判断が確定した場合**　本案について即時抗告されなかった場合または本案が即時抗告することができない裁判の場合、本案の裁判が確定する。この場合に、簡易却下に対する即時抗告は、どのように扱われるべきか。

この場合、簡易却下の抗告審の結果を反映させるべき本案が既に存在しないことを考慮せざるを得ないことから、簡易却下に対する即時抗告の利益はないと考える見解がある[45]。刑事訴訟法24条の規定による忌避の申立てを却下する裁判に対する即時抗告について、最高裁判所（最決昭和59年3月29日刑集38巻5号2095頁）が刑の執行猶予の言渡取消請求事件につき忌避された裁判官が忌避の申立てを簡易却下する裁判をした場合において、同裁判官が、刑の執行猶予の言渡取消決定をし、これに対する即時抗告につき意見書等を抗告裁判所に送付したときは、簡易却下の裁判に対する不服申立ての利益は失われる旨判示していることが参考になるという。

これに対して、簡易却下の裁判に対する即時抗告は、抗告の利益を失わないとする見解がある[46]。忌避事由があって、それが確定すれば、非訟事件手続法

---

42) 畑ほか・前掲注15）186頁〔山本和彦発言〕。
43) 畑ほか・前掲注15）186頁〔山本発言〕。
44) 畑ほか・前掲注15）186頁〔金子修発言〕参照。
45) 金子編・前掲注13）44頁注5、髙田編・前掲注5）54～55頁〔金子修発言〕。
46) 畑ほか・前掲注15）186頁〔山本発言〕。

83条3項が準用する民事訴訟法338条1項1号または2号の再審事由になる。忌避の場合、除斥と異なり、忌避の裁判の確定により初めて裁判に関与できないことになるので、その判断を得ておかなければ再審事由にならないから、抗告審での判断の結果は再審事由の判断にあたって意味があることになり[47]、本案が確定しても簡易却下の裁判に対する即時抗告は、抗告の利益は失わないといえるからである。

中立の原則を重視するならば、抗告の利益は失わないとの見解が妥当であろう。

IV おわりに

本稿は、裁判官の中立の原則が、家事事件手続法および非訟事件手続法においてどのように妥当しているかを、忌避制度の導入と簡易却下制度の新設を取り上げて検討することを目的とするものであった。検討の結果、除斥制度のみが導入されている者について、除斥制度の導入は、公正な裁判を保障するために中立の原則を妥当させるという政策判断をしたことを意味するのであるから、除斥のみならず忌避の制度も導入すべきであったと考えられる。

簡易却下制度の新設は、中立の原則と迅速性との調和を図るものであるが、本案の手続が停止しないために議論が生じている。とくに、簡易却下の抗告審の判断前に本案の裁判が確定した場合も、中立の原則を重視するならば、簡易却下の抗告審の裁判の機会が保障される手続となっていることが望ましい。

本稿のような考え方に対しては、迅速性を重視する家事事件・非訟事件になじまないとの批判があるかもしれないが、非訟事件手続法に簡易却下の規定が導入されたことを受けて、民事訴訟においても非訟事件手続法に準じて簡易却下をしてよいという見解[48]がある以上、できるかぎり慎重に検討しておくことが重要であると考える。

---

47) 金子編・前掲注13) 44頁注5。
48) 畑ほか・前掲注15) 187頁〔岡崎克彦発言〕。

民事調停における錯誤に
関する一試論

　　　　　　　　　　　　　　　　　　　　山田　文

  I はじめに
  II 裁 判 例
  III 分　析

I　はじめに

　和解契約（民法695条）は、訴訟上の和解手続や各種調停手続を経て締結され、裁判所（受訴裁判所、受調停裁判所）の公証を得、その内容が調書に記載された場合には、一定の法的効果が認められる（民訴法267条、民調法16条、家手法268条）。他方、ADR法上の認証紛争解決手続を経て締結された和解契約は、それ自体としては民法上の和解契約と同一の効力が認められるにとどまる。
　民事調停による和解と認証紛争解決手続による和解の効力の相違は、形式的には、手続の実施（和解形成過程）および調書作成（和解成立過程）への裁判所の関与の有無にあると考えられる。とくに近時は、簡易裁判所での民事調停手続や家事調停手続において、裁判所が積極的に関わる方向性が打ち出され、これらは手続主宰者の行為規範を形成すると同時に、和解形成過程の瑕疵に関する法的評価についても影響を与えると考えられる。もっとも、裁判所の関与しないADR法上の認証紛争解決手続の認証基準も、「手続実施者が弁護士でない場合……において、民間紛争解決手続の実施に当たり法令の解釈適用に関し専門的知識を必要とするときに、弁護士の助言を受けることができるようにするための措置を定めていること」を定めており（ADR法6条5号）、法令の解釈適用に関する専門的知識を要する事項が手続中に現れた場合に、（手続実施者を通じて）当

事者が法的助言を得ること[1]は制度的に保障されており、この点では ADR においても法専門家による一定の関与が担保されている。

ところで、調停による和解の成立の瑕疵として問題となることの多い、当事者の錯誤を理由とする無効の要件については、判例上、和解契約に関する民法 696 条と 95 条の適用関係が前提とされている（最判昭和 36 年 5 月 26 日民集 15 巻 5 号 1336 頁）[2]。手続主宰者は和解形成過程に介入し、当事者の和解の意思形成に事実上は大きく影響するが、広範な手続的裁量が認められており、当事者の意思表示の法的効力との関係では（強行規定に反する合意の排除を除き）独立の法的義務を負わないことが前提となる。他方、近時は比較法では司法型・民間型の ADR 手続の手続主宰者の行為規範や専門家責任が論じられており、日本法の状況を新たな視点で再検討する必要も生じている。

そこで、本稿は、和解の仲介手続の一つである民事調停手続により成立した調停（調停調書に記載された合意）について、その成立の瑕疵として問題となることの多い錯誤に基づく無効主張をとりあげ[3]、従来の裁判例を通じてその論理

---

1) 弁護士助言の受領者は「弁護士でない手続実施者」であり、その態様として、弁護士が相調停人（手続実施者）として助言する方法のほか、弁護士が即時に電話等で手続実施者に対して助言を与えることができる態勢を整える方法や助言を要する事項について手続実施者が期日外で助言を受ける方法が想定されている（「裁判外紛争解決手続の利用の促進に関する法律の実施に関するガイドライン」（法務省大臣官房司法法制部）2 (5) エ(イ)）。しかし実際には、多くの認証 ADR が第 1 の方法に拠っており（「ADR 法第 6 条の『弁護士の助言』等を行う弁護士の推薦等に関するガイドライン」（日本弁護士連合会）2 (2) 参照）、法的助言提供の即時性に関して、民事調停手続で弁護士が調停委員を務める場合や、裁判官が期日前後に調停委員と合議を行うという調停手続実務との相違は、制度的にはほぼ見られないと言えよう。

2) もっとも、小山昇「訴訟上の和解と調停」小山昇著作集第 7 巻（信山社・1991〔初出 1953〕）253 頁、263 頁は、訴訟上の和解は当事者間の和解であり錯誤の主張は可能だが「調停には、第三者の意思の後見的な介入が存在し、しかもその第三者は国家の公権的な機関である。したがって、調停においては、合意の当事者の錯誤が顧みられる必要は強くない。したがって調停において成立した合意に錯誤が存在しても、調停記載後は、もはやその無効を主張しえない」とする。

3) 和解調書につき、①判決に代えて既判力を認める限りは、調書またはその記載内容の当然無効は認められないとする説（兼子一・新修民事訴訟法体系［増補版］（酒井書店・1965）309 頁）、②既判力の根拠を訴訟制度が既判力の生ずべき内容を私人による合意に委ねたことに求めつつ、私人には瑕疵が多いので、準再審により錯誤を考慮すべきとする説（小山・前掲注 2）258 頁以下、山木戸克己「和解」谷口知平＝加藤一郎編・民法演習Ⅳ（有斐閣・1959）178 頁以下）、③制限的既判力説（山田正三・改正民事訴訟法第 4 巻〔弘文堂・1928〕872 頁以下、加藤正治・新訂民事訴訟法要論［第 3 版］〔有斐閣・1951〕298 頁以下、伊藤眞・民事訴訟法［第 4 版補訂版］〔有斐閣・2014〕472 頁以下、三木浩一ほか・民事訴訟法［第 2 版］〔有斐閣・2015〕490 頁以下など）、④和解の多様性、裁判所の判断作用の不存在、および和解契約の実体法上の効果による紛争解決機能を理由として既判力を否定する説（松本博之＝上野泰男・民事訴訟法［第 8 版］〔弘文堂・2015〕602 頁、高橋宏志・重点講義民事訴訟法(上)［第 2 版補訂版］〔有斐閣・2013〕782 頁および注 19、新堂幸司・新民事訴訟法［第 5 版］〔弘文堂・2011〕372 頁等）が論じられてきた。④が多数説であるが、判例が採用する③説につき、近時は学説上も有力な支持がある。

を検討し、手続主宰者の行為規範との関係を考察することとする[4]。この作業を通じて、和解の仲介手続一般における手続主宰者の行為規範を展望するための手掛かりを得ようとするものである。

II 裁判例

1 錯誤による無効を否定した裁判例
(1) 【1】最判昭和28年5月7日民集7巻5号510頁

〔事案の概要〕 Xは、所有する本件家屋をY₁に賃貸していたが、Xの子を本件家屋に住まわせ面倒を見てもらうために必要であるとして、Y₁に対し明渡しを求めて調停を申し立てた（Y₁と同居するY₂は利害関係人として参加した）。昭和22年1月22日、「XとY₁との間の賃貸借契約は昭和24年1月末日限り合意解除しY₁は同日限りXに家屋を明け渡す。利害関係人Y₂は、Y₁の明渡しと同時に右家屋より退去する」旨の民事調停が成立した。

Xがこの調停調書に基づいて不動産明渡しの強制執行を開始したところ、Yらが請求異議訴訟を提起し、前訴で更新拒絶の正当事由と認められた事情（Xの子の同居）が実際には生じておらず、本件調停には錯誤があったと主張した。

〔判旨〕「本件調停においてはXとY₁との間における賃貸借関係の存否が、またY₂に対する所有権に基く明渡請求権の有無がそれぞれ調停の対象となつていたと謂うべきである。そして右調停条項がXにより賃貸借契約が有効に解除せられたか否かを不問に附している点から見ても、又当事者間何等特別の合意のあつたことの認められない点から見ても、Xに本件家屋を必要とする事情のあつたか否かは、本件賃貸借契約の合意解除又は明渡退去の合意の内容をなすものでないことは明らかである。同時に原判決の認定した調停成立に至る迄の事情並に上告理由書の記載よりすれば、Y₁等はXの主張を全面的に争つていたのでありXが本件家屋を必要とすることを、確定した前提事実として本件調停の合意をしたも

---

[4] なお、民事調停法17条の決定が確定した後に、錯誤無効が主張される場合がある。東京地判平成22年9月16日（2010WLJPCA09168010）、東京地判平成24年2月8日（2012WLJPCA02088007）は、いずれも、錯誤無効の主張を排斥した。同決定の裁判としての効力は、当事者の意思表示によるのではなく同法18条に根拠を有することを理由とする（上記平成22年判決は、仮に錯誤の主張を検討するとしても、本件事案では錯誤が存在しないとしている）。

しかし、17条決定の形式的確定力の根拠は18条によるが、内容にかかる効力（訴訟上の和解と同一の効力）の根拠は、消極的であれ合意の存在を擬制できる点に求めるべきであろう。また、仮にこれらの裁判例のように決すると、17条決定の場合に限って錯誤無効の主張を提出する期間が限定されることになる。これらに対し、福岡高判平成24年9月18日判タ1384号207頁は、17条決定の効力も当事者の合意を停止条件とする和解として基礎づけられると判断しており、評価されるべきである。

のでないことも推認するに難くない。従つて仮に、調停成立後において、Xに所論の如く本件家屋を必要とする事情のなかつたことが明らかになつたとしても、Y_1はこれを要素の錯誤として調停の無効を主張し得ないことは言うまでもない」。

(2) 【2】最判昭和36年5月26日民集15巻5号1336頁

〔事案の概要〕 本件土地所有者Yは、借地人Xを被告として、賃借権の期間満了・更新拒絶を理由とする建物収去土地明渡請求訴訟を提起したが、付調停により、「Xは、昭和22年9月16日限り本件建物を収去し土地をYに明け渡す」旨の調停が成立し、訴えは取り下げられた（第一次調停）。

その後、XはYを被告として、第一次調停の無効確認請求および借地権存在確認請求の訴えを提起した。Xの主張によれば、本件賃貸借契約において、借地権は建物の朽廃まで存続する旨の約定があったにもかかわらず、それ以前の借地権消滅を前提として調停がなされたものであり、合意は錯誤により無効であって借地権はなお存在するという。この訴訟では、訴訟上の和解により、「両当事者は第一次調停を有効と認め、Xは、昭和27年9月30日限り本件建物を収去し土地をYに明け渡す」旨の合意が成立した（第二次和解）。

XはYを被告として、第一次調停および第二次和解の無効確認請求および借地権存在確認請求の訴えを提起した（本件訴訟）。Xは、第一次調停および第二次和解において、法定更新によって借地権が存在していたはずなのに、それに気づかず、借地権の消滅を前提とした立退き猶予の問題として調停等に応じていたものであり、第一次調停および第二次和解は錯誤により無効であると主張した。

原判決は、第一次調停・第二次和解の対象は、期間満了後の更新された法定借地権の存否であったが、Xは短期の明渡しに合意しているから、法定借地権の放棄と見るべきであるとして、Xの請求を棄却した。

Xが上告。

〔判旨〕 上告棄却。

「所論はXにおいて法定更新の適用を知らなかつた点第一次調停には要素の錯誤があり、この主張が原審に誤解せられたというのであるが、右調停において民法上の和解の対象となつたのは借地権の存否自体だつたのであるから、この和解において判示期限後における借地権の消滅が合意せられた以上、後に法定更新の点が判明したとしても、民法696条により、和解の効力を争うことは許されないと解すべきであ〔る〕」。

(3) 【3】東京高判昭和60年9月18日判タ605号53頁

〔事実の概要〕 離婚調停において、Xは、財産分与として特定不動産を相手方

Yに譲渡する旨の調停を成立させた。その後、Xは、当該分与により高額の譲渡所得税が課税されることを知らなかったと主張し、この税金を支払うとするとXが調停で取得した財産を充当してもなお多額の債務だけが残り生活が保障されないとして、財産分与部分について錯誤による無効確認請求の訴えを提起した。

原審は請求棄却。Xが控訴。

〔判旨〕「Xは、譲渡所得税の負担があることをもつて錯誤の内容として主張する。しかし、離婚に伴う財産分与としての不動産の譲渡の場合にも譲渡所得税が課せられるべきことは確定した解釈である（最高裁昭和50年5月27日第三小法廷判決・民集29巻5号641頁参照）が、……かかる課税の負担につき特段の条項を設けなかつたからといつて、一般的に、このような法律上当然の負担を予期し得なかつたことを理由に錯誤の主張を許し調停を無効とすることは相当でない」。

「もつとも、……Xは、本件調停成立後……になつて所轄税務署職員から、本件調停による財産分与を基因としてXに課せられる税額は3231万5628円になるとの説明を受けたことが認められる。そこで、仮にXがこのような高額の租税債務の負担を被ることがあらかじめ分つていれば、本件調停による財産分与につきこれと異つた条項が合意されたこともあり得たであろうと推測される。しかし、本件調停成立時において、Xが譲渡所得税を負担しないことを合意の動機として表示したことを認めるに足りる証拠はない」。

(4) 【4】東京地判平成20年8月28日判タ1328号114頁

〔事案の概要〕 Xは、Y_1社・Y_2社が発行する保有株式をY_1・Y_2に譲渡する際の譲渡代金を決するために、民事調停を申し立てた。第5回調停期日に、調停委員からXに対して株式の譲渡方法（①②方式）により税額が異なる可能性がある旨の指摘があったが、X代理人のZ弁護士は、その点は公認会計士に確認済みであり税額は異ならないと答えた。第6回調停期日に、①方式で譲渡する旨の合意が成立した。

その後、Xは、①方式での税額が②方式よりも1億円高いことを税理士から指摘された。Xは、課税額につき誤信があり、この動機は調停期日でYにも表示されたから、本件調停は錯誤により無効であると主張して、調停無効確認の訴えを提起した。

〔判旨〕 請求棄却。

「①の場合と②の場合とで税額が同額であるとする本件調停におけるXらの合意の動機がYらに対して表示されていたものと認めることはできない」。本件調停手続は、原則として別席で行われたが、Xは、上記の調停委員からの税額に関する指摘とZの応答につき、第5回調停期日終了時の両当事者同席の場で行われ

たと主張する。しかし、これを裏付けるに足りる証拠はない。「仮に本件調停に合意する旨のＸらの意思表示に要素の錯誤があったと認められるとしても、Ｘらには重大な過失があったものというべきである」。

2 錯誤による無効を肯定した裁判例

(1) 【5】長野地諏訪支判昭和53年8月24日判時933号117頁

〔事案の概要〕 Ｘが、Ｙら（医師）の施術により損害を被ったとして、Ｙらに対して慰謝料等の支払いを求めて調停を申し立てたところ、調停手続において、Ｙら代理人および調停委員から、本件調停申立てにかかる慰謝料等の請求権は時効期間徒過により消滅していると告げられた。その上で、調停委員は、「ＸはＹに対して右請求権を有しないが、Ｘが示談に応じれば、Ｙらはそれぞれ見舞金として一定の金額を支払う用意があるが、右金額で調停を成立させてはどうか」と当事者を説得した。Ｘは、この調停案に合意し、調停成立に応じた。

その後、消滅時効の未完成が判明したため、Ｘは調停無効確認訴訟を提起した。

〔判旨〕「ＸのＹらに対する慰藉料請求権が時効により消滅していない場合は、調停において争いの目的となった権利の存否（これに直接関わるものであるが）の前提事実たる時効の完成についてＸに錯誤があったことになり、Ｘは民法696条にかかわらず、調停の無効を主張し得るものと解せられる」。

(2) 【6】大阪地判平成8年9月19日交通事故民集29巻5号1389頁・判タ940号230頁

〔事案の概要〕 Ｘは、Ｙ₁が保有・運転する自動車に同乗していたところ、この車輌がＹ₂の保有・運転する自動車に衝突した。Ｘは髄液鼻漏を発症し、手術を繰り返すこととなり、損害賠償を求めてＹ₁・Ｙ₂を相手方として調停の申立てをした。

Ａ（担当医）は、Ｘに対し、治療の継続により完治する可能性があると説明し、ＸおよびＹらはこれを信頼していた。調停は別席で行われ、調停委員が調停案を示し、全当事者がこれを受け入れて調停が成立した。その内容は、①Ｙ₁は8万3千円、Ｙ₂は16万7千円をＸに支払う、②ＹらはＸの保険金支払請求およびＸの今後の治療等について誠意をもって対処する、③ＸはＹらに対し、本件事故による治療費等については保険金を充て、それ以外の金銭的要求はしない、等である。

しかし、本件調停成立後にＸの症状が悪化し、Ａらは、Ｘの完治の可能性はなく生涯治療を継続しなければならないと判断した。そこで、Ｘは、Ｙらを被告として、調停無効確認請求および本件事故につき自動車損害賠償保障法に基づく損害賠償請求の訴えを提起した。

〔判旨〕「Aは、本件調停成立前までは、Xに対し、髄液鼻漏が完治する可能性があるとも説明していたため、Xは本件調停成立時には今後の治療によりXの髄液鼻漏は完治するであろうと信じており、それはYらも同様であったのであり、前記認定のように、本件調停成立後に……症状が悪化し、そのため損害が著しく拡大するとは、本件調停成立当時にはXもYらも予想していなかったと認められる。

したがって、X及びYらの間の本件調停による合意は、Xの髄液鼻漏が将来完治することが前提となって合意されたものと認められるところ、前記のとおり、Xの髄液鼻漏は将来において完治するとはいえないものであったのであるから、X及びYらには、本件調停による合意を行うにつき、その前提事実に重大な誤信があったといえる。

よって、X及びYらの間の本件調停による合意は、錯誤により無効と認められる」。

III 分 析

1 調停和解と和解契約

民事調停で成立した和解（調停和解）の効力は訴訟上の和解と同一であり、その瑕疵についても同様に論ずるとするならば、当事者の和解のための意思表示に瑕疵が存しない限りにおいて既判力を認め、瑕疵が存する場合には私法上の規律に従って無効や取消しの効果が生ずるとする、いわゆる制限的既判力説が、調停においても、基本的には妥当することになる[5]。既判力の存否については学説上は議論があるが、調停和解が訴訟上の和解と同様に当事者の合意に基づく紛争解決方法であることには疑いがないから、その私法行為としての性質に

---

[5] 民事手続法学説は、訴訟上の和解と同様（しかし、和解無効の場合の効果の違い〔訴訟係属の有無〕から、両者を別異に扱う考え方もある）、既判力否定説が多数説である（中野貞一郎「民事調停の既判力」民事訴訟法の論点I〔判例タイムズ社・1994〕266頁参照。既判力概念は、実体法上の瑕疵を理由とする攻撃を許さないという効力を本質的に有することから制限的既判力という考え方は成立し得ず、また、調停ம裁判所の判断ではなく当事者による権利義務の処分に不可争の効力が生ずるとし、既判力に見合う手続保障の不備という批判に対しては「当事者の任意によるということによって十分に補完されている」とする。なお、調停の柔軟性により、申立事項と既判力の対象が異なる可能性があるとの中野説の批判に対しては、和解の合理的な意思解釈の問題であり、また、不起訴合意の一般的な有効性を前提とすると、上記の憲法32条違反の批判に対しても、当事者による権利の処分として説明できる場合が多いと思われる。

対応して意思表示の瑕疵に関する私法上の規律が適用されることになる[6]。もっとも、調停和解は第三者（調停委員会）が仲介する和解であるから、調停制度の紛争解決機能および個別の和解仲介の過程（民事調停手続）を考慮する点で、当事者間のみの交渉による和解契約の瑕疵の規律とは相違すべき点もあると考えられる。

2　錯誤の対象
(1)　確定効と錯誤

和解契約のいわゆる確定効（民法 696 条）と錯誤の関係について、すでに大判大正 6 年 9 月 18 日民録 23 輯 1342 頁は、民法 696 条の適用は、和解により争いを止めることを合意した争いの目的たる権利について錯誤がある場合に限定され、これ以外の事項であって和解の要素を構成する事項については民法 95 条の適用によることを示していた。これを民事調停法上の和解に援用した【1】判決、【2】判決は、①当事者が争いの対象とし、互譲を経て処分した事項自体に錯誤が存する場合は、後に事実と異なることが判明しても、民法 95 条本文による無効の主張はできない[7]と判断し、この命題は、現在にいたるまで判例法理として確立している。他方、②争いの目的とならなかった事項について錯誤があった場合には、和解の意思が存在しないから、一般原則に戻って、無効の主張が可能とされる（例えば、和解内容は代物弁済による債務の履行であるが、そこで給付することになった物（特定種類の苺ジャム）の性状に錯誤があった場合には、和解契約について錯誤無効を主張できる。最判昭和 33 年 6 月 14 日民集 12 巻 9 号 1492 頁）。この法理も、判例上、民事調停に妥当すると考えられてきた。

(2)　争いの対象の前提となる法律関係・事実関係の錯誤

もっとも、【1】判決、【2】判決における無効主張者の主張をより詳細に見るならば、実質的に重点が置かれているのは、①の調停対象たる権利の処分自体に錯誤があったことではなく、③②のうち①の処分の法律上の前提となった法律関係（③-1）または事実関係（③-2）の認識に誤り（事実との相違）があり、そのた

---

[6]　判例は、大審院時代から錯誤の主張は可能であるとの立場を維持してきた（大判昭和 5 年 3 月 13 日新聞 3153 号 11 頁、大判昭和 15 年 7 月 13 日新聞 4604 号 11 頁等）。

[7]　我妻栄「和解と錯誤との関係について」民法研究Ⅵ（有斐閣・1969〔初出 1938〕）171 頁、末川博「和解に関する判例の概観」民法及び統制法の諸問題（岩波書店・1942）103 頁。

Ⅲ 分 析

めに譲歩等の判断を誤ったという動機（理由）の錯誤の主張ではないかと思われる。すなわち、③-1 に関しては、処分の判断の基礎となった法的判断（法適用、先決関係、条件関係や法律関係・権利義務関係等）について、誤解や無知が判明したことを指す[8]。例えば【2】判決や【3】【4】判決の無効主張者によれば、争いの対象たる借地権の処分の前提となる法定更新の成否[9]や、財産権の処分の前提となる税法上の解釈がこれにあたる[10]。また、③-2 に関しては、例えば【1】判決においては、明渡義務の要件たる正当事由の評価根拠事実（賃貸人の自己使用）が事実として存在しなかったことを挙げることができよう。

これらの事項は、【1】【2】判決によれば調停の目的・対象に包含される（法定更新による借地権は黙示的に放棄したものと解されたのであろう）。もっとも、錯誤が存したのが調停の目的・対象たる権利関係（①）であるかその前提事項（③）についての判断であるかは、一義的に区別することは困難である[11]。実際、調停過程において、合意対象は申立て当初は明確でないことも、経過を見て変動することも多い（付調停の場合は例外的である）。両当事者の主張・戦略次第で、争いの対象となるかその前提となるかに違いが生ずるはずである。また、調停での和解は、訴訟上の和解のように、不調時に（和解勧試時期によるが、概ね）同一の資料に

---

[8] ただし、大判大正 6 年 9 月 18 日民録 23 輯 1342 頁は、債権譲渡の要件がなかったにもかかわらず、これが存在することを前提として自称債権者と債務者がした支払いに関する合意は、仮想の債権を対象としているとして、民法 95 条の適用を認めた。債権譲渡の要件につき、法律上の要件は無効主張者に認識されていたものの、包摂される事実（主要事実）の存否について後に異なる証拠が判明したという事案であれば、本文②に分類されることになろう。
　なお、和解における錯誤の対象を、〈ア〉争いの対象とした事項自体、〈イ〉争いの対象とした事項の前提ないし基礎として両当事者が予定した事項に錯誤（共通錯誤）がある場合、〈ウ〉これら事項以外の事項に分類する我妻説を敷衍する論考として、岩藤美智子「和解契約」法教 389 号（2013）80 頁参照。本稿は、岩藤論文の言う〈イ〉をさらに法的問題と事実問題に分ける視角を検討する試みである。

[9] 同旨、村上淳一・法協 80 巻 2 号（1963）252 頁。

[10] 昭和 36 年判決の調査官解説は、調停委員等の証人尋問記録等に基づいて、「本件第一次調停（更には第二次和解も）に際して、関係者——調停委員や主任判事を含めて——が、借地権の法定更新ということを全然念頭においていなかった、というのが真相ではなかったか、と思われる」と指摘し、原審が、法定更新された借地権の放棄を調停内容としていたとの認定について疑問を呈している（倉田卓次「最高裁判所判例解説」曹時 13 巻 7 号 940 頁、942 頁）。この疑問を肯定するならば、借地権の放棄の成否につき錯誤が認められる余地が生じたものと考えられる。
　また、同事案において法定更新を前提とする点で、借地借家法 9 条、借地法 11 条等の適用が問題となり得たとも考えられる。仮にこれらの規定が適用されるべきであったとするならば、裁判所には、少なくとも強行規定については教示し、これに反する調停について不成立とすべき義務（民調法 14 条）が発生したと言えよう。

[11] 【2】判決の評釈（谷口知平「判評」民商 45 巻 6 号（1962）913 頁、村上・前掲注 9））は、いずれも、本件事案では争いの対象（民法 696 条）としてもその前提問題であって錯誤の対象（民法 95 条）としても解釈できると論ずる。

基づいて判決がされる点で確度の高い判決予測を参照しつつ行われる和解ではない。また、争いの対象たる権利義務関係・法律状態の実体法上の先決事項を要素として判断するとは限らず、交渉と同じく、法律上・非法律上のオプションや条件とのバーターを要素とする場合もある。したがって、調停の目的と前提を截然と分けて適用条文を決することは、実態とつねに一致するとは限らないと言わざるを得ない。

そうすると、結局、この問題は調停や和解による紛争解決機能（民法696条、民調法16条）と表意者の救済（民法95条）のバランスの問題に帰着し、図式的には、手続主宰者の役割を重く捉えるならば前者に、当事者の自己責任性を重視するならば後者に天秤が傾き、後者に関しては、相手方保護の必要について民法95条ただし書が機能することになろう。

例えば、いわゆる評価型の調停が行われる場合に、③-1に該当し得る法律上の判断の錯誤につき当然に無効主張ができないとすることは、調停和解に付随するリスクとして重すぎるという評価も可能であろう。手続主宰者の役割として、当事者がインフォームド・デシジョンを行うことができるように情報状態を整備することが期待されているとするならば、その重要な考慮要素の一つであるところの法律上の前提について、誤った認識が生じないように配慮することが期待されることになろう。

(3) 手続主宰者によるインフォームド・デシジョンの保障

もっとも、手続主宰者により情報状態の整備につき幾つかの留保が必要と考えられる。まず、民事調停は条理および実情即応性を規準とする手続であることから（民調1条）、これらは必ずしも裁判規範と同一ではない。したがって、条理および実情即応性の規準の当該事件における具体的内容やこれに基づく譲歩等の理解・判断に必要な限りで配慮を要するにとどまると考えられる。なお、【1】【2】判決は昭和30年代までのものであって、訴訟手続における積極的釈明義務が確立されていた時期でもなく、まして民事調停において法的判断についての配慮を検討する必要は想定されていなかったと言えよう（【2】判決について、倉田卓次調査官解説は、「『法の不知は許さず』となすに近い」と述べている）。

第二に、手続主宰者の配慮といっても、調停は基本的には当事者が自ら情報収集し判断する手続であるから、配慮すべき対象は、当該事件の判断において

通常重視されるであろう内容についての高度な専門的法的判断を要する事項が想定される。すなわち、調停手続は当事者に法的権利義務の処分を委ねているところ、当事者が基本的な法的判断は可能であることを前提としており、かつ、相手方当事者もその前提に立つことによって和解内容についての解釈の共通性への一定の期待が生じるであろうし、また保護されるべきである。ただし、例外的に、高度な専門的法的判断を要することに合意があり、委任による代理人のない場合や手続主宰者が積極的に専門的判断を示したり和解案を提示する場合には、両当事者と手続主宰者の間での解釈の共通化は一般に困難となるため、手続主宰者はその共通化へ向けた配慮をすべきことになろう。また、この場合には専門的判断として正しい共通理解を目指すべきであり、両当事者が誤った理解を前提としていた場合には、共通錯誤として広く錯誤の主張を認めてよいと考えられる。

(4) 錯誤論による紛争解決期待の調整

　第三に、調停による和解においては、各当事者が譲歩・処分等の判断をする動機はさまざまであり、例えば、法的観点からすると不合理だが経済的事情からすると合理的な譲歩がされる場合もある。そこで、無効主張により相手方当事者の紛争解決期待を覆すことを正当化する要件を検討するにあたっては、両当事者の動機の表示が一つの手掛かりとなろう。

　この点に関して、例えば【3】【4】判決は、争いの目的の前提事項の錯誤について、相手方への動機の表示の有無を丁寧に判断し、これが認められないことを理由に無効主張を否定している。錯誤が主張されているのは専門的法的判断の誤りであるが、【1】【2】判決のように争いの目的として判断されたものとして処理するのではなく、錯誤の問題としたうえで動機の表示の有無や無効主張者の重過失を判断する手続志向型の枠組みを採用していることが注目される。この枠組みにより、きめ細かに手続過程を評価してどのような紛争解決期待が形成されてきたかを判断することができ、また、当事者間のやり取りが和解の実体的効力に影響することから、手続運営にも影響を与えるものと期待される。例えば、【4】の事案で論じられるように、別席の場合に手続主宰者が一方当事者のニュアンスを正確に伝えられるかがクリティカルな問題であることが明らかとなり、別席を選択するならば情報開示の態様等の手続規範を慎重に検討すべ

きであるとの命題も導かれよう。

　上記留保を前提とすると、③-1については、高度な法的専門性を要する場面においては、手続実施者としても、より慎重なインフォームド・デシジョンを保障すべきであるとして、法律上の前提につき教示すべきであったと考えられる[12]。また、上述のように、両当事者が共通錯誤に陥っている場合には、和解の基礎が双方に欠けていると考えられるから、無効主張者の重過失を問わず、錯誤を認めることが相当であろう。

　他方、③-2については、当事者の和解（譲歩）の判断の事実上の前提の錯誤について、手続実施者が情報提供できる範囲は限られる点で、①・③-1とは大きく異なる。ここでは、手続実施者・当事者間の問題ではなく、本来、各当事者が負っている調査義務・情報収集義務の失敗につき誰にリスクを負わせるかという問題として扱われ、当事者間の意思表示の瑕疵（錯誤）問題として処理される。もっとも、錯誤論で考慮されているように[13]、当事者間の情報収集能力・専門性等の格差や、調査の困難性・真偽判断の困難性は、ここでも考慮されるべきである。

　例えば、債権譲渡の要件が存在しなかったにもかかわらず、存在することを前提として、自称債権者と債務者がした支払に関する合意は、仮想の債権を対象とするとして、錯誤無効の主張が認められている（大判大正6年9月18日民録23輯1342頁）。事実問題の錯誤であれば、当事者間での意思の瑕疵の問題であると捉えると、相手方（自称債権者）が錯誤を導いたかを判断することになる。一方当事者のみが弁護士により代理されていたとか、債権譲渡の要件の存否につき調査しやすい地位にあったといった状況があれば、無効主張を認める方向性が是認されよう（東京高判平成18年12月13日高民59巻4号21頁、東京地判平成20年8月28日判タ1328号114頁参照）。他方、これが法律上の錯誤（債権譲渡の要件の誤認）であれば、判旨のとおり、無効主張を認めやすいと評価できる。

---

[12] 当事者に委任による代理人がある場合等では、法律状態の錯誤があったとしても、重過失を緩やかに認めることで、バランスを取ることも考えられよう。また、無効主張者の相手方にとっても、法律上の前提に関して十分な情報がない場合は、共通錯誤が生じている場合が多いと考えられる（【6】判決参照。この点で、【3】判決の判断には、疑問の余地がある）。

[13] 佐久間毅・民法の基礎Ⅰ［第3版補訂2版］（有斐閣・2012）154頁以下、山本敬三・民法講義Ⅰ［第3版］（有斐閣・2011）186頁以下等参照。

3　小　括

　本稿では、民事調停により成立した合意（調停和解）につき錯誤による無効を認めるべきかの判断枠組みについて、従来の裁判例の推移を参照しつつ、調停制度の紛争解決機能を重視する伝統的な枠組みから、近時の下級家裁判例にみられるように、紛争解決機能と無効主張者の救済（民法 95 条）のバランス論として捉え直したうえで、錯誤論によってよりきめ細かな判断枠組みの提供が可能ではないかと考え、探索を試みたものである。モデル化するならば、前者は、争いの対象を判断するにあたり、調停対象（調停物）に法論理的に含まれる事項に合意があったものとみなす、いわば実体志向の枠組みであり、後者は、調停過程で当事者双方がどのような情報を交換し提供されたか（情報インプット）を検討して、合理的な紛争解決期待の範囲を判断する手続志向の枠組みということができよう。

　裁判例は当然にこのようなバランス論を前提としてきたものと思われ、その意味では目新しい議論ではないが、当事者間の紛争解決期待の視点から検討する手続志向の枠組みの提示は、今後の手続実施者の行為規範等の議論に幾ばくか意義があるかもしれない。もっとも、本稿は文字通り手掛かりを示した試論であり、手続実施者の評価規範との関係を含め、極めて不十分な論にとどまっていることには十分な自覚がある。今後の課題としたい。

【付記】
　松本博之先生には、関西民事訴訟法研究会等を通じて、厳しくも建設的なご教授をいただいており、心より感謝申し上げます。今後も一層の御健勝と変わらぬご叱正・ご教示をいただけることを祈念いたしております。

ドイツにおける
メディエーション

ペーター・ゴットヴァルト
（出口雅久・訳）

 I はじめに
 II ドイツにおけるメディエーション
 III 2012年7月21日の新メディエーション法
 IV メディエーションの枠組み要件
 V 誰がメディエーターになり得るのか？
 VI 新メディエーション法の評価
 VII 結　語

I　はじめに

　メディエーションという用語は、ドイツ語には存在しないことからも示唆されるように、ドイツの発明ではなく、多かれ少なかれアメリカからの輸入である*。法外なプリトライアル・ディスカバリー手続ならびに少なくとも本案訴訟において伴う膨大な費用と労力の結果として、代替的紛争解決手続――略してADR手続――がアメリカにおいて過去30年以上も発展してきた[1]。かかるADR手続は、裁判所における法的保護という公的な制度の枠外でのより効果的な紛争解決方法を提供することを企図していた。メディエーションは、かかる手続の1つであったし、今後もそうである。アメリカ合衆国では熱狂的に受

---

*　独日法学者の意見交換に絶え間なく貢献されたご努力と凡そ40年に及ぶ個人的な友情に心より感謝を込めて、本稿を松本博之先生に捧げる次第である。

1）　Cf. *P. Murray*, ADR und die amerikanische Ziviljustiz, in Gottwald, Aktuelle Entwicklungen des europäischen und internationalen Zivilverfahrensrechts 2002, p. 25; *F. Steffek*, Rechtsvergleichende Erfahrungen für die Regelung der Mediation, RabelsZ 74 (2010), 841.

け入れられた。ハーバード大学では、いわゆるハーバード・コンセプト[2]と称するメディエーターのための特別訓練コースが提供された。ヨーロッパにおける企業や研究者も、かかる可能性を利用することに熱中したことは少しも不思議ではない。結果として、そのようなメディエーションの波がドイツ国中を吹き荒れたが、ドイツの裁判所における法的保護は一般的に低廉、迅速、そして質が高いので、津波ほどの影響ではなかった。コモンロー法系の裁判制度における裁判官と比べると、民事、商事および家事事件におけるドイツの裁判官も、一般的に和解により手続を解決することを義務付けられているし（ドイツ民訴法278条1項・2項、家事非訟事件法36条1項2号）、そして和解による手続を切望している。和解の終結に至るまで、裁判所は当事者間によってなされた和解について単に記録化しようとするだけではなく、積極的に和解に至るために両当事者を奨励しようとする。ドイツの訴訟法も、両当事者の紛争を最終的かつ合意により解決するために、訴訟において争われている実際の事項を超えた和解事項も裁判所に認めている[3]。費用の高いプリトライアル・ディスカバリーはドイツには存在しない。かかる理由から、ドイツでは、ADRの要請はアメリカ合衆国と比べて決して強くはない。言い換えれば、ドイツにおけるメディエーションは依然として発展途上にある。

　それにもかかわらず、事実の複雑さや感情的な要素の故にすべての法分野において、非公開で交渉される解決方法の方が、法に基づく国家による判断、そして、法による拘束の中での裁判官によって指導された和解よりも優位性がある一連の事実群が存在する。

　しかし、ドイツにおけるメディエーションはある程度は一時的な流行でもある。かなりの数の弁護士が自らメディエーターと名乗ろうとしている。それにもかかわらず、ドイツでは、フリーの裁判外でのメディエーションに関する統計は存在しないが、メディエーション手続が導入されて以来、すべての分野での裁判手続の事件数は実際には減少してはいない。背景に現れる裁判官による権威的な判断ではない自由に交渉される解決策がより好ましいと思われるメ

---

2 ）　Cf. *R. Fisher/ W. Ury/ B. Patton*, Das Harvard-Konzept, 23rd ed., 2009; *G. Hösl*, Mediation, die erfolgreiche Konfliktlösung, 4th ed. 2008, p. 69 f.
3 ）　Cf. Federal Supreme Court (BGH), Order of 3 August 2011, BGHZ 191, 1 = NJW 2011, 3451.

Ⅰ　はじめに

ディエーションに移送されるのは、比較的僅かな事件数だけである。

しかしながら、そのようなケースは法のあらゆる分野において存在している。民事法では、メディエーション手続は、商事紛争[4]、知的財産権および特許法[5]、会社法[6]、共同所有不動産組合、相続法[7]、ファミリービジネスに関連する分野、建設および建築法[8]、さらには保険法[9]、医事法[10]の領域で特に利用されている。メディエーション手続の更なる広い適用領域は、家事手続、すなわち、離婚後の重大な財産事項に関する争いばかりではなく、両親としての後見、交渉、後見なしでの両親のアクセス権に関する争いにおいても発展してきている[11]。

さらには、労働法紛争[12]、ビジネス内での紛争[13]、行政および社会裁判所の手続[14]における高度な紛争におけるのと同様に、行政機関との紛争におけるメディエーション手続が存在する。もちろん、後者は、個別の給付受益者の請求権に関わるものではないが、様々な給付の提供者間あるいは病院、医師会および健康保険組合間における紛争に関するものである。

---

4) Cf. *Ch. Stubbe*, Wirtschaftsmediation: Perspektiven der großen Unternehmen, in Greger/Unberath, Die Zukunft der Mediation in Deutschland, 2008, p. 133.
5) Cf. *A. Schmelz-Buchhold*, Mediation bei Wettbewerbsstreitigkeiten, 2010; *Prinz*, Mediation im Urheberrecht, UFITA 2011, p. 9.
6) *Raeschke-Kessler*, Mediation und Schiedsverfahren in Gesellschaftsstreitigkeiten, AnwBl 2011, 441.
7) *Töben/Schmitz-Vornmoor*, Möglichkeiten der Konfliktvorsorge in der erbrechtlichen Beratungs- und Gestaltungspraxis, RNotZ 2014, 527.
8) Cf. *Bornheim*, Möglichkeiten zu außergerichtlichen Streitbeilegungsverfahren, BauR 2011, p. 596; *Hauptmann/Hajek et al.*, Mediation eine Alternative zur gerichtlichen Auseinandersetzung für die Bauindustrie?, FWW 2011, 30.
9) Cf. *Wendt*, Konfliktmanagement und Mediation in der Versicherungswirtschaft, in Klowait/Gläßer, Mediationsgesetz, 2014, p. 557.
10) Cf. *St. Hattemer*, Mediation bei Störungen des Arzt-Patient-Verhältnisses, 2012.
11) Cf. *Ch. Paul*, Die Familien-Mediation in Deutschland, in Greger/Unberath (N. 4), p. 153; *Ch. Paul*, Familien- und Scheidungsmediation, in Klowait/Gläßer (N. 9), p. 511; *R. Schröder*, Familienmediation, 2004; *Greger*, Mediation und Gerichtsverfahren in Sorge- und Umgangsrechtskonflikten, 2010.
12) Cf. *Bürger*, Möglichkeiten für den Einsatz der Mediation im Arbeitsrecht, 2014; *Lehmann*, Mediation zur Konfliktbeilegung: Instrument für die Betriebs- und Tarifvertragsparteien?, BB 2013, 1014; *Lembke*, Mediation bei Arbeitsstreitigkeiten, Festschrift für v. Hoyningen-Huene, 2014, p. 241; *Lukas*, Mediation in individual- und kollektivarbeitsrechtlichen Konflikten, in Klowait/Gläßer (N. 9), p. 499.
13) Cf. *Hollich*, Konflikte mit Mitarbeitern, NJW — aktuell 2011, Issue 27, p. 14; *Markowski*, Wenn intern nichts mehr geht, AiB 2011, 162.
14) Cf. *N. Friedrich*, Mediation und die Herstellung von Verfahrensgerechtigkeit in sozialrechtlichen Konflikten, ZKM 2012, 180; *Zimmerer*, Mediation in der Bayerischen Verwaltungsgerichtsbarkeit, BayVBl 2014, 129; *T. Weitz*, Gerichtsnahe Mediation in der Verwaltungs-, Sozial- und Finanzgerichtsbarkeit, 2008.

II ドイツにおけるメディエーション

ドイツでは、メディエーションは、他の欧州連合加盟国におけるのと異なって理解されているわけではない。それ故に、メディエーションは、元来、法的状況に基づかない複雑なケース[15]に対する解決策を発見するための手続である。したがって、任意かつ中立のメディエーターの助けを借りて両当事者の紛争解決のための合意に達するように努力する2人またはそれ以上の当事者間における組織化された手続である（メディエーション・ガイドライン3条3文、メディエーション法1条参照）[16]。かかる定義はやや不明瞭であると批判されているが[17]、これ以上良い定義も存在していない。

1 特別な司法メディエーション

古典的なメディエーション手続は、裁判所手続に優先して、すなわち、何らかの請求が提起される前に、しばしば法的な解決の可能性が存在しないような個人的または社会的な紛争を解決する目的で行われる。当事者は、法的な立場について主張するが、合意に至らない場合には、当該紛争を解決するべき第三者に援助を求める。それだけでは、これは確かにアメリカ合衆国による新しい発明ではない。メディエーションで何が特別であるかといえば、僅かに、第三者が紛争および交渉マネージメントにおいて特別に訓練されており、そして、メディエーター自身の助言によって紛争を解決することもできなければ、また原則として法に基づいて紛争を解決することもできない点にある。むしろ、原則として、第三者の役割は、お互いの立場を理解するために、すなわち、両当事者の利害を分析するために、そして、両当事者の間隙を橋渡しし、合意に至ることによって両当事者を援助する点にある。この合意は、自由かつ責任ある

---

[15] *Breidenbach*, Das Besondere der Mediation, die Sicht eines Wirtschaftsmediators, in Greger/Unberath (N. 4), p. 27.

[16] *Breidenbach*, Mediation, 1995, p. 137 ff.; *Heß*, Mediation und weitere Verfahren konsensualer Streitbeilegung, Gutachten F 67. Deutscher Juristentag, 2008, p. F 15 ff.; *Unberath*, Mediationsverfahren, ZKM 2011, 4; *R. Jordans*, Das neue Mediationsgesetz — Chancen und Anforderungen für Rechtsanwälte, MDR 2013, 65.

[17] *Risse*, Das Mediationsgesetz — eine Kommentierung, SchiedsVZ 2012, 244, 245.

関係者間の合意であり、かかる合意は強力な平和構築的な効果を有していると言われている[18]。

かかる種類の自由なメディエーションは、主として、商取引、商法全般領域、会社法、知的財産法および保険法の枠内での紛争に適している。

メディエーターが当事者自身の履行を歩み寄って解決するように導こうとする限りは、単なるメディエーションであり、リーガルサービスではない（法律給付サービス法2条2文3号）。しかし、法は、そのような構造的な手続を要求してはいない。逆に、メディエーションの合意においてどのようにメディエーターに情報を与えるのかについては、完全に関係当事者に委ねられている。したがって、関係当事者は、交渉において法的考慮を斟酌したり、あるいは、紛争解決のための自らの提案を行うことさえも、メディエーターに権限を付与することができる。そのような場合には、メディエーターのサービスは、弁護士に一般的に留保されているリーガルサービスとなる（連邦弁護士職務規定法3条）。結果的に、そのようなケースでは、メディエーターは弁護士であるべきであろう[19]。したがって、メディエーションと呼ぶか、あるいは、調停的なディスカッションと呼ぶかは、それほど重要な問題ではない。いかなる場合でも、そのようなハイブリッド形式の手続は認められている。

関係当事者がメディエーションにおいて結論に至る場合には、通常は執行可能な債務名義は要求せずに遂行される。必要があれば、関係当事者は、契約上の履行を請求することもできる。関係当事者が望むのであれば、そのような合意から生じた支払義務も公正証書（ドイツ民訴法794条a1文5号）または執行可能な弁護士和解（同法796条a）の対象となり得る。

どのように裁判外メディエーションが行われるかの詳細については関係当事者が決定すべき事項である。他に何も合意されない場合には、メディエーターは両当事者と一緒に手続を決定することになろう。いかなる関係当事者でも何時でもメディエーションを終結することができる（メディエーション・ガイドライン解説13、メディエーション法2条5項1号）[20]。メディエーターは、両当事者間での

---

18) Cf. *A. Sarhan*, Der Stellenwert der Mediation im Recht und in der Justiz, JZ 2008, 280, 282.
19) Cf. *M. Plassmann*, Das Mediationsgesetz − eine Steilvorlage für die gesamte Anwaltschaft, BRAK-Mitt. 2012, 194, 199.
20) *B. Grundmann*, Grußwort zum Mediationsgesetz, SchiedsVZ 2012, 229.

コミュニケーションが期待できないと判断する場合、あるいは、和解が期待できない場合には、同様に手続を終結する権利を有している（メディエーション法2条5項2号）。しかるべき手続やすべての関係当事者の権利と義務に関する関係当事者の不明瞭さを取り除くために、多様な機関により、過去においてメディエーターがガイダンスとして利用することができ、あるいは、両当事者が彼らのメディエーション合意を基礎付けることができるモデルルールとしてメディエーションルールが提示されてきた[21]。例えば、2010年5月1日には、ドイツ仲裁研究所は、その仲裁・調停手続を改正することによりメディエーションルールを提示してきた[22]。そのような内国における手続ルールに関する合意の可能性は別として、ドイツにおける自由なメディエーションは、他の国と比べて、何らの特性も示していない。

2　裁判所付置メディエーション

最初の内国的特性の1つは、適切な事例における裁判外メディエーションに当事者を移送するドイツの裁判所の権限に由来するものである。ドイツ民事訴訟法278条a1項によれば、裁判所は、当事者に対して裁判外メディエーションまたはその他の紛争解決手続を提案することができる。滅多に行われないが、当事者がこれに従う場合には、手続は停止する（ドイツ民訴法278条a2項）。メディエーション手続が合意に達するならば、裁判所手続は継続されない。合意に達しないときには、裁判所手続は再開され、続行される。それ故に、これは、裁判官は当事者との和解協議に参画せず、むしろ、事案の特性により裁判外でメディエーションの可能性を示唆するだけという特別な手続である。したがって、裁判外手続からの離脱は何らの法的アドバンテージももたらさない。

その際に紹介される裁判外メディエーターは、まったく自由に（裁判外で）メディエーションにおいて行うのと同じような条件の下で活動する。

裁判所は、同様に、家事事件における裁判外での調停（conciliation）を提案するオプションを持っている[23]。すなわち、家事事件に隣接する家事事件および非

---

21) As to the ICC-ADR Rules see *H. Tümpel*, Bringing the parties to the table, ZKM 2012, 162.
22) Cf. *Breidenbach/Perres*, Die DIS-Mediationsordnung, SchiedsVZ 2010, 125.
23) しかしながら、これは極めて稀にしか行われない。Cf. *N. Etscheit*, Verweisung in die außergerichtliche Mediation, in Gläßer/Schroeter, Gerichtliche Mediation, 2011, p. 143; *R. Fritz/E. Fritz*, Richter als

訟事件手続法（FamFG）113条1項2号、子に関する同法156条1項3号（子の後見、面接およびアクセス権あるいは引渡しに関する紛争）がある。同法135条1項では、裁判所は、係争中の重大な事件に関する情報セッションに無料で参加することを配偶者に命令することもできる[24]。

家事事件におけるのと異なり、裁判外の紛争解決センターに事件を移送するオプションは、その限りにおいて、裁判所によって行使することは困難である。

3　裁判所内メディエーション

ドイツ法のもう1つの特殊性は、裁判所内メディエーションの可能性である[25]。2012年以前は、ドイツ連邦各州の多くでは、裁判所内メディエーションモデルに関する審理が行われていた。適切な民事事件が——当事者の同意を得て——有能な単独裁判官または合議体によって裁判官メディエーターに移送される。裁判官メディエーターは、同一裁判所の裁判官であるが、特別にメディエーターとしての教育を受けている。同裁判官メディエーターは紛争解決には関与しない。ドイツのスタンダードである極めて詳細な（2時間から3時間ほどの）ヒアリングにおいて、裁判官メディエーターはメディエーションの教義を信頼して両当事者を合意に導こうと努力する。両当事者が合意に達した際には、裁判所における和解（裁判官による訴訟上の和解）として記録され、かつ、執行可能な債務名義となる。合意に至らなかった場合には、裁判官メディエーターは判決手続を開始する判決裁判官に紛争を差し戻すことになる[26]。かかるモデルプロジェクトは、ザクセン州南部、ベルリンおよび他のドイツの各州で成功裏に導入された[27]。バイエルンでは、裁判所メディエーションは、いわゆる和解裁判

---

gerichtsinterne Mediatoren, FPR 2011, 328, 329 f.
24) Cf. *Brandt/Rüll*, Gerichtliche Anordnung eines Informationsgespräches über Mediation, ZFE 2011, 217.
25) Cf. *Greger*, Gerichtsinterne Mediation, RabelsZ 74 (2010), 781; *Nistler*, Die Mediation, JuS 2010, 685, 688.
26) Cf. *Trossen*, in Haft/von Schlieffen, Handbuch Mediation, 2nd ed. 2009, § 40, p. 987; *von Bargen*, Gerichtsinterne Mediation, 2008, p. 70 ff.; *Hess*, Perspektiven der gerichtsinternen Mediation in Deutschland, ZZP 124 (2011), 137; *Greger*, Gerichtsinterne Mediation, RabelsZ 74 (2010), 781; *Probst*, Gerichtliche Mediation in der ordentlichen Gerichtsbarkeit — Entwicklung und Perspektiven, JR 2008, 364; *Löer*, Richterliche Mediation, ZZP 119 (2006), 199.
27) Cf. *Spindler*, Gerichtsnahe Mediation in Niedersachsen, 2006; *W. Gottwald*, Das Projekt Gerichtsnahe Mediation in Niedersachen, in Festschrift 300 Jahre OLG Celle, 2011, p. 571; *Greger*, Gerichtsinterne Mediation auf dem Prüfstand, ZKM 2013, 9; vgl. auch *T. Štruc*, Die in den Zivilprozess integrierte Mediation im französischen Recht, 2009, p. 85 ff.

官プロジェクト（Güterichterprojekt）の一部として行われている[28]。この種の裁判官によるメディエーションはかなり成功していることを示している。裁判所内メディエーション手続に移送されたすべてのケースの 4 分の 3 は和解によって解決されている[29]。これは、しばしば長期にわたり、費用が高額になる証拠調べを回避するために、単純な事件よりもむしろ典型的に「難」事件がメディエーションに移送されている点は注目に値する[30]。

しかしながら、多少の人為的な有利点としては、裁判官メディエーターの面前でのメディエーションの任命は通常民事訴訟における審理のための任命よりもかなり早期に行われる点である[31]。実務家は、裁判官メディエーターが事件を法的には解決する必要はなく、その代わりに、建設的に当事者間のディスカッションを指導しさえすればよく、ディスカッションはコミュニケーションに適する雰囲気を保った特別のミーティングルームにおいて行われ、通常の手続におけるよりもより多くの時間がディスカッションのために提供されることも指摘している[32]。私見によれば、かかるプロジェクトの成功は、司法に対する一般的な信頼に依拠しており、当事者は、しばしば（民訴法 278 条 2 項 1 号に基づく）純粋に形式的な和解審理よりもメディエーション手続を享受することに特別の敬意を払っているからであると考える。

しかしながら、裁判所内メディエーションの法的基礎は事実上余りにも弱すぎることが正当にも指摘されている。ドイツ民事訴訟法旧 278 条 5 項 1 号によれば、裁判所は、当事者を受命裁判官または受託裁判官に移送することもできる。受命裁判官は事件を裁判する合議体の一員である。しかし、裁判官メディエーターはそうではない。ドイツ民事訴訟法 362 条による受託裁判官は他の裁判所の裁判官である。裁判官メディエーターは同一裁判所の裁判官であるので、せいぜい類推適用が可能であるにすぎない。

これがドイツの立法者が新しいメディエーション法のための草案を作成した際の出発点であった。

---

28) Cf. *Greger*, Justiz und Mediation, NJW 2007, 3258; *Hess*, Gutachten 67. DJT 2008, F 46.
29) Cf. *Isermann*, Richtermediation in Deutschland, Recht und Politik 2011, 9, 11.
30) Cf. *E. Schmalfuß*, Das Mediationsgesetz — auf dem richtigen Weg!?, SchlHA 2011, 253.
31) Cf. *Isermann*, Recht und Politik 2011, 9, 12.
32) Cf. *Isermann*, Recht und Politik 2011, 9, 13.

III　2012年7月21日の新メディエーション法

1　新法の歴史

　前述した法律における手掛かりとは別に、ドイツにはメディエーションに関する法的な規律は存在しなかった。しかしながら、2008年5月21日に公布された民事および商事事件に関する特定の観点に関する欧州議会および欧州理事会指令 2008/52/EC によれば[33]、欧州連合の加盟国は、2011年5月21日までに民事および商事事件におけるメディエーションに関する法律および行政規則を施行しなければならなかった。

　2011年2月4日にドイツ政府は、裁判外紛争解決のためのメディエーションおよびその他の手続を促進する法律（Gesetz zur Förderung der Mediation und anderer Verfahren der außergerichtlichen Konfliktbeilegung）[34]の正式草案を提示した。本草案は、①裁判外メディエーション、②裁判所付置メディエーション、③裁判所内メディエーションを規定している。連邦議会での第1読会の後、2011年5月25日に連邦議会・司法委員会における専門家の公聴会では極めて論争的な経過を辿った。主に2つの点が批判された。すなわち、①法案はメディエーションの質に関する規則が定められていない点、そして、②裁判所内メディエーションは、裁判外メディエーションに対する財政的なメリットを伴って一緒に提供されている点である。結論として、法務委員会は、裁判内メディエーションを排除し、和解裁判官のみを提供する全面的に修正した法案を提示した。本法案は、最終的に連邦議会（Bundestag）で可決された。しかしながら、ドイツ各州の政府を代表する第2の議会たる連邦参議院（Bundesrat）は、本法案を受け入れず、両議院総会に上程した。この両議院総会は現実的な政治的妥協を見出した。すなわち、各州における裁判内メディエーションの実践は継続されるが、もはや「裁判内メディエーション」という名の下ではなく、「和解裁判官」という名称で行われることになった。この妥協案が最終的に議会を通過し[35]、2012

---

33)　ABl EU 2008 L 136/3; cf. *Wagner/Thole*, Die europäische Mediations-Richtlinie, FS Kropholler, 2008, p. 915.
34)　Bundesrat-Drucks. 60/11 of 4. 2. 2011 = BT-Drucksache 17/5335.
35)　Cf. BGBl. 2012 I, 1577.

年7月2日に施行された。2013年8月1日からは「メディエーター」という呼称は、裁判外紛争解決手続に従事する者に留保されている（メディエーション法9条）。

2 新法の内容

ドイツの立法者は、メディエーションに関する欧州連合規則を単純に国内法に置き換えようとはせずに、むしろ、すべてのメディエーションの形式の枠組みを整備し、裁判所内メディエーションのための法的基礎を提供する機会としてこれを利用した[36]。

a）最終的に制定されたメディエーション法は、もっぱらメディエーションに関する極めて一般的な規定しか定められていない。メディエーションの定義と並んで、新法は、メディエーターは事件を判断する権限を有しない独立かつ中立の者でなければならないと明記した（メディエーション法1条）[37]。

b）メディエーション法2条は、メディエーション手続に関する基本的な要件、手続の任意的性格、メディエーターの中立性を強調したメディエーターの職務の概要について述べている。すなわち、要件には最終的な合意の方法で合意内容を文書化する可能性についても言及している。しかしながら、この問題点は言うまでもないことである。

まずはじめに、メディエーターは、両当事者がメディエーションの諸原則および方法を理解しているか、ならびに、当事者が任意に手続に参加していることを確認しなければならない（メディエーション法2条2項）[38]。

メディエーターは両当事者に対して平等に義務を負っている。メディエーターは、当事者間のコミュニケーションを図り、当事者が適度に公正な方法で手続に参加しているかを確証しなければならない（メディエーション法2条3項）。

---

36) Cf. *Kraft/Schwerdtfeger*, Das Mediationsgesetz, ZKM 2011, 55; *Nebe*, Das neue Mediationsgesetz, NWB 5/2011, 384; *D. Diop/A. Steinbrecher*, Ein Mediationsgesetz für Deutschland: Impuls für die Wirtschaftsmediation, BB 2011, 131; *Greger*, Die Reglementierung der Selbstregulierung, ZRP 2010, 209; *Horstmeier*, Das neue Mediationsgesetz, 2013; *D. Wenzel*, „Justitia ohne Schwert", 2014; *Goltermann/Hagel/Klowait/Levien*, „Das neue Mediationsgesetz" aus Unternehmenssicht, SchiedsVZ 2012, 299 u. 2013, 41. 完全な注釈については、*Fritz/Pielsticker*, Mediationsgesetz, 2013; *Greger/Unberath*, Mediationsgesetz, 2012; *Klowait/Gläßer*, Mediationsgesetz, 2014 を見よ。

37) Cf. *U. Hinrichs/Hinrichs*, Praxishandbuch Mediationsgesetz, 2014, p. 7.

38) Cf. *M. Stoldt*, Verfahren und Ablauf der Mediation, in Hinrichs（N. 37), p. 108.

メディエーションは内密的な手続であるので、第三者は、たとえ日常的なリーガルアドバイザーであったとしても、すべての当事者の合意を取り付ける必要がある（メディエーション法2条4項）[39]。すべての当事者の合意が与えられれば、メディエーターは、一方当事者と個別に協議することも可能とされている（メディエーション法2条3項3号）。

　c）さらにメディエーション法は、メディエーターに対して、独立性と中立性に関する情報について開示し、メディエーションの領域における経験について両当事者にコミュニケーションをとる義務を課している（メディエーション法3条1項）。一方当事者のために従事した者は、同一事件についてメディエーターになることはできない。そして、メディエーターとして活動した後も、一方当事者のためにメディエーターとして活動することができない（メディエーション法3条2項）。一方当事者のために和解の可能性を見出そうと試みたならば、その者もその時点でメディエーターから排除される[40]。弁護士会に登録された弁護士と同様に、以前に両当事者の一方のために活動していた法律事務所のメンバーまたはオフィスをシェアしている弁護士もメディエーターとしては活動することはできない。しかしながら、両当事者は自由にメディエーターを選ぶことができるので、法律で排除されていることを知っている者でも合意することは可能である（メディエーション法3条4項）。しかし、どんなケースでも、メディエーターと同時に、一方当事者の代理人にはなることはできない[41]。

　d）私にとって重要だと思われるのは、後の裁判手続における証言を拒絶する義務を間接的に導き出すメディエーターおよび手続補助者の守秘義務である（メディエーション法4条）。法は、当事者の秘密保持義務は規定していないが、当事者の代理人やその他の認められた第三者の秘密保持義務を規定している。登録された弁護士に関しては、職業上の秘密保持義務はあるかもしれないが、それ以外には、両当事者は別々の秘密保持義務の合意を締結する必要がある。

　e）不思議なことに、法は、裁判所外および裁判所付置メディエーションの

39）　*J. Seybold*, Mediation und gerichtliches Verfahren, 2009, p. 39 によれば、「メディエーション手続の構造」は弁護士代理を排除している。これに正当にも反対するのは、*Henssler*, in Henssler/Koch, Mediation in der Anwaltspraxis, 2nd ed. 2004, p. 93 para. 68.
40）　Cf. *R. Jordans*, MDR 2013, 65, 67.
41）　Cf. *G. Wagner*, Das Mediationsgesetz — Ende gut, alles gut?, ZKM 2012, 110, 112.

基礎であり、かつ、基礎となり得るメディエーション契約[42]については何ら言及していない。法は、両当事者がメディエーターを選ぶことができるとのみ規定しているだけである（メディエーション法2条1項）。

f）メディエーションの質保証に関しては、ドイツの立法者は全くの方針転換をしている[43]。政府草案の原案によれば、当初および事後のメディエーターの訓練は、単にメディエーターの責任となっていた。しかしながら、新法は、2段階ステップの法的訓練モデルを規定している。すなわち、通常のメディエーターは、依然として、必要な理論的知識および実務的経験を自らの責任において獲得することができる（メディエーション法5条1項）。メディエーション法5条2項は単に要求される能力のリストを規定しているに過ぎない。これに加えて、新法は、いわゆる「公認メディエーター」を導入している。この呼称を利用したい者はすべて、特別規定によって定められている要件に合致する訓練に首尾よく合格しなければならない（メディエーション法5条2項・3項・6条）。しかし、今（2014年2月まで）のところ、ドイツ司法省はディスカッションのための規則草案のみを公表しているに過ぎない。

g）さらに、法は、今や裁判所付置および裁判所内メディエーション・調停のための明確な法的基礎を創設している。その許可は、新ドイツ民事訴訟法278条5項および278条a1項に規定されている[44]。類似の規定は、家事手続（家事非訟手続法36条5項・36条a）、労働裁判所手続（労働裁判所法54条6項・54条a）[45]、社会裁判所手続（社会裁判所法202条）、行政裁判所手続（行政裁判所法173条1項）[46]、財政裁判所手続（財政裁判所法55条）および特許裁判所手続（特許法99条および商標法82条）に導入されている。

h）連邦政府法案に反して、裁判外メディエーションの合意自体は執行可能

---

42) モデル契約に賛成するのは、*Ropeter*, Mediationsvertrag und Mediationsklauseln, in Hinrichs/Geier（N. 37), para. 240 参照。
43) Cf. *M. Plassmann*, Bekenntnis zur Justiz, AnwBl 2012, 151.
44) Cf. *M. Ahrens*, Mediationsgesetz und Güterichter, NJW 2012, 2465; *Fritz/Schroeder*, Der Güterichter als Konfliktmanager im staatlichen Gerichtssystem, NJW 2014, 1910; *Greger*, Verweisung vor den Güterichter und andere Formen der konsensorientierten Prozessleitung, MDR 2014, 993; *Th. Thole*, Mediation im und an der Schnittstelle zum Zivilprozess, ZZP 127 (2014), 339; *F. Schreiber*, Mediationsgesetzgebung als Justizreform, KritV 2013, 102.
45) Cf. *Hartmann*, Alternative zum Arbeitsgerichtsprozess — Das neue Mediationsgesetz, AuA 2011, 340.
46) Cf. *Guckelberger*, Einheitliches Mediations-Gesetz auch für verwaltungsrechtliche Konflikte?, NVwZ 2011, 390.

宣言を付与することができなかった[47]。弁護士会のプレッシャーによって、最終的な法案は、①裁判所における和解、②公証人の面前での執行可能な証書の作成、③2人以上の弁護士の面前におけるそれぞれ執行可能な債務名義を作成する通常の可能性を提供している。その結果、実際には、執行可能な債務名義となるように合意に至りうるようなメディエーションからは非法律家は排除されている。

　i）最後に、必要としている当事者の一方のための法律扶助を受けるには、新たな和解裁判官の面前での手続費用はカバーされるが、裁判官が当事者に裁判外メディエーションを推奨したとしても[48]、裁判外メディエーションの費用はカバーされない（メディエーション法7条2項）。

Ⅳ　メディエーションの枠組み要件

　繊細に執り行われるメディエーションに対しては、数多くの魅力的な枠組み要件が要求されている[49]。

1　出訴期限およびその他の時効期間の停止

　2001年の債務法改正は出訴期限法の再調整を施した。ドイツ民法203条によれば、出訴期限は、今日では債務者と債権者が請求権または請求権を発生させる事実について交渉している限りは停止される。かかる停止は、一方当事者が交渉を継続することを拒絶しさえすれば中止される。その際、出訴期限は、停止が中止された後、3か月以内は終了しない。メディエーション手続を利用しようと決断した当事者は交渉することになるので、どちらの当事者も、出訴期限の到来によってその権利を喪失することを恐れる必要はない。メディエーションを開始しようとする一方的な要請だけでは十分ではない。ドイツ法は、

---

47)　*R. Jordans*, MDR 2013, 65, 69.
48)　Cf. *Büttner/ Wrobel-Sachs/ Gottschalk/ Dürbeck*, Prozess- und Verfahrenskostenhilfe Beratungshilfe, 7th ed. 2014, para.10; *Effer-Uhe*, Prozess- und Verfahrenskostenhilfe für die gerichtsnahe Mediation, NJW 2013, 3333.
49)　Cf. *Hopt*, Mediation - Eine Einführung, RabelsZ 74 (2010), 723, 725.

かかる点においてメディエーションに親和的である[50]。

しかしながら、これは無制限ではない。特別なケースにおいては、ドイツ法は、決められたデッドラインまでに一定の請求権を裁判所に提起しないと請求権が消滅することについて排他的な時効を規定している。法が排他的な時効の停止も規定していない限りは、影響を受ける当事者はメディエーションを追求することによって請求権を失うリスクを負うことになる[51]。新メディエーション法は、この点については何らの援助も規定していない[52]。メディエーションが奏功しない場合には、時効は再び開始するが、州裁判所への提訴のためには3か月間は留保されている（ドイツ民法203条2項）[53]。

2　内密性

裁判外メディエーション（メディエーション法1条1項）も、また裁判内調停も（裁判所構成法169条）も非公開である[54]。

メディエーションの参加者は、メディエーターおよび本来の当事者、代理人、責任のある担当者である。第三者は、リーガルアドバイザーであっても、すべての当事者の同意があった場合に限って同席できる[55]。

裁判所内調停はこれとは異なる。法定代理が義務的である限りは、弁護士が調停・メディエーション内でも当事者に付き添う。しかし、当事者は、事件を和解するまでは訴訟行為を行わないので、そのような訴訟代理なしでも参加できる[56]。

メディエーション4条によれば、私的メディエーターおよびメディエーション手続に関与するすべての者はメディエーション手続において獲得したすべての情報に関して秘匿しなければならない。この義務は、以下の場合には適用されない。すなわち、

---

50) Cf. *Wagner*, Grundstrukturen eines deutschen Mediationsgesetzes, RabelsZ 74 (2010), 794, 799 f; *Schekahn*, Außergerichtliche Mediation und die drei großen „V" — Vollstreckung, Verjährung, Vertraulichkeit, JR 2013, 53.
51) Cf. Münchener Kommentar BGB/*Grothe*, 7th ed. 2015, § 203 notes 1, 5.
52) 時効停止規定の導入に賛成するのは、*Steffek*, RabelsZ 74 (2010), 841, 861.
53) *G. Wagner*, Das Mediationsgesetz — Ende gut, alles gut?, ZKM 2012, 110.
54) 調停裁判官は「判決裁判所」として審理はしない。Cf. *Greger/Weber*, MDR 2012 Sonderheft, p. 5.
55) BT-Drucks. 17/5335, p. 15; *R. Jordans* MDR 2013, 65, 67.
56) *Greger/Weber* MDR 2012 Sonderheft, p. 4.

(1) メディエーション手続内において達成された合意を実施または執行することが必要である場合、
(2) ディスクロージャーが、とりわけ、子の福祉のリスクまたは人の身体的あるいは精神的な清廉に対する重大な偏見を回避するための公序という優先的な理由に対して要請されている場合、
(3) すでに一般に知られているため秘匿を必要としないか、または重要性の低い事実に関するものである場合が、これである。

 メディエーション法は、もっぱらメディエーターとそのスタッフに関するものであり、当事者およびその代理人もしくはメディエーション手続に参加を許可された第三者に関するものではない。その限りにおいて、当事者は、特別の契約よって秘匿性について合意すべきであるが[57]、もしそうでなければ、メディエーション内で受理したすべての情報について事後的に言及することは自由である。
 メディエーション法4条が和解裁判官にも適用されるかどうかは、依然として未解決の問題である。これを否定する見解もある。すなわち、当該規定は、裁判内メディエーターを終了されるためだけに適用されるべきとする見解がこれである[58]。他の見解は、同法4条は一定の職務に言及しており、特別の職業には言及していないので、これを肯定している[59]。

3 メディエーションの結果の執行可能性

 少なくとも文献においては、いかなる場合であっても関係者の要請があれば、メディエーションの結果は執行可能であると宣言され得ることは、メディエーション法の重要な観点と見なされてきた。裁判外メディエーションにおいては、弁護士和解をアレンジすること（ドイツ民訴法796条a）または執行可能な公正証書を取得すること（ドイツ民訴法794条1項5号）も考慮されるべきである[60]。当事者が要望すれば、仲裁合意をすることも可能であり、メディエーター

---

57) Cf. *G. Wagner* ZKM 2012, 110, 111; *Fritz/Pielsticker* (N. 36), § 4 MediationsG Notes 21, 23.
58) *Fritz/Pielsticker* (N. 36), § 4 MediationsG Note 21.
59) *Röthemeyer* ZKM 2012, 116, 118.
60) Cf. *Lörcher/Lörcher*, Durchsetzbarkeit von Mediationsergebnissen, in Haft/Schlieffen (N. 26), § 45

に仲裁人として要請し、合意された内容で仲裁裁定を宣言するようにアレンジすることも可能である（ドイツ民訴法1053条）[61]。

連邦政府草案によれば、すべてのメディエーション合意は、誰がメディエーターであったか、当事者が弁護士によって代理されていたか、または、弁護士のアドバイスを受ける機会の有無にかかわらず、裁判官によって執行可能と宣言することが可能とされていた（ドイツ民訴法草案796条d）。しかし、かかる提案は維持され得なかった。すでに言及したように、新法下では、合意は、2人の弁護士と共に作成された場合（ドイツ民訴法796条a等）に限り、あるいは、事後的に公証人または裁判官によって記録される場合（ドイツ民訴法794条1項1号・5号）には、執行可能な債務名義にすることができる。

和解裁判官の面前での和解の執行可能性は新ドイツメディエーション法の基礎である。ドイツ民事訴訟法278条5項aは、今や和解裁判官は、メディエーションを含んだ紛争解決のすべての方法を利用する権限を有していると明記している。したがって、執行可能な裁判所和解の範囲内において和解裁判官の面前での事件を和解することも可能である[62]。

4　奏功したメディエーション手続の費用

実務家の見解によれば、メディエーション手続が奏功すれば、2つの審級を経た裁判所手続よりも廉価であるし、また、仲裁手続よりも廉価である[63]。しかしながら、「メディエーター」の報酬は法律によって定められていない。したがって、報酬は自由に当事者によって交渉されなければならない。メディエーターが弁護士である限りは、ドイツ弁護士報酬法34条は、メディエーターとしての弁護士は報酬に関する合意に沿って活動すべきであると規定している。そのような合意がない場合には、ドイツ民法612条第2文に従って、通常の（料金表のない場合の）報酬を受けることができる。訴額よりも時間に依拠して計算す

---

para. 19 ff.; *Wagner* RabelsZ 74 (2010), 794, 801 ff.; crit. as to the high costs *Wagner* ZKM 2012, 110, 111.
61)　Cf. *Lörcher/Lörcher*（N. 60）, § 45 para. 30 ff., p. 44.
62)　*G. Wagner* ZKM 2012, 110, 114; *Fritz/Pielsticker*（N. 36）, § 278 ZPO para. 72.
63)　Cf. *Horst*, Die Kosten der Mediation, in Haft/Schlieffen（N. 26）, § 47 para. 144; less confident *M. Engels/T. Müller*, Mediation und ihre Kosten, ZKM 2012, 39.

ることがおそらくは「通常」である[64]。ただし、通常のレートも高額になるので、費用の金額は書面による報酬合意の方法でのみ確定することができる[65]。

　事件が裁判所に係属している間に、裁判官が裁判外のメディエーションに当事者を移送した場合には、当事者は二度費用を支払わなければならない。すなわち、裁判所およびそれぞれの弁護士の費用とメディエーション手続の費用である。立法者はかかる障害を考慮しようとした。もし裁判所での請求が奏功したメディエーションの後に取り下げられた場合には、裁判官は判決作成を免れるからである。したがって、裁判所費用を免除することは斟酌されてしかるべきである。しかしながら、連邦政府の立法者自身はそのような費用免除は認めなかった。裁判所費用法69条b（メディエーション促進法によって修正されたように）によれば、連邦政府の立法者は、各連邦諸州の立法者が、そのようなケースでは各州の規則によって費用減額を認めること、あるいは、裁判所費用を免除する権限を与えるに留めた[66]。

V　誰がメディエーターになり得るのか？

　ドイツでは、誰がメディエーターとして活動できるのかが、メディエーション法が最終的に可決されるまで議論された。

1　非法律家

　裁判外のメディエーションにおけるメディエーターの職業に関しては、法学教育は必要とはされていない。せいぜいメディエーターとしてのいくつかの訓練が要求されているだけである。法的な枠組みは存在しない。「メディエーター」それ自体の称号は法的には保護されてはいない。実務では、最近まで訓練プログラムおよび各協会のメディエーターと称することをプログラムの修了者に許可する内部的なスタンダードを確立した協会はごく僅かであった。しかし、それを超えて、専門知識をもっているように見せかける偽メディエーター

---

64)　Cf. *R. Jordans* MDR 2013, 65, 68.
65)　Cf. *Horst*, in Haft/Schlieffen (N. 26), § 47 para. 34 ff., p. 51.
66)　批判的なのは、*Fritz/Pielsticker* (N. 36), § 69b GKG para. 3（良く考えられた規定というよりもむしろ政治的な妥協である）。

に対する保護は存在しない。一方では、新しいメディエーション法は、同法5条1項1号において、メディエーターは自己自身の責任において自身が適切な訓練を受講し、および、自身がメディエーション手続を行うことを可能ならしめる訓練[67]を継続的に受講していることを保証し、メディエーション法は、訓練の内容について基本的な要件のリストを含んでいることを要求している（同法5条1項2号）。他方では、メディエーターは、自身が訓練、実務経験およびアドバンストな訓練に関する法的要件に合致する場合にのみ「有資格のメディエーター」の称号を使用することができる[68]。しかし、かかる要件は、未だに規則によって定められていない。

対外的には法的アドバイスを与えることはメディエーターの義務の範囲外であるので、当事者は、拘束力のある結論の前にかかる法律専門家なしにメディエーション手続に参加したならば、メディエーターは、外部的な法律専門家によって最終的なメディエーション合意を審査する可能性について両当事者に注意を促さなければならない（同法2条6号）[69]。

2　法律家

メディエーターは、少なくとも理論的には、法的状況にかかわらず、両当事者間での合意に向かって活動するという事実のために[70]、そのような職業が弁護士の職業と調和させられ得るか否かに関する問題が議論された。連邦弁護士法はこの点については何ら規定していないが、連邦弁護士会は、弁護士職業法1条3項に弁護士は独立した法律専門家として「依頼者から権利の喪失を保護し、依頼者の権利を形成し、争いを回避し、紛争を解決することに援助すべきである」と明記している。これは、弁護士がメディエーションの諸原則（これにはメディエーターの職業を含む）における熟練性を証明することをできるならば、

---

67) *Fritz/Fritz* FPR 2011, 328, 333 によって批判されている。しかしながら、私的な「認可証」モデルを支持するのは、*Wagner* RabelsZ 74 (2010), 794, 824 ff.; 同旨 *Greger*, Qualitätssicherung der Mediation im internationalen Vergleich, JZ 2011, 229.
68) Cf. *R. Greger*, Der „zertifizierte Mediator" — Heilsbringer oder Schreckgespenst?, ZKM 2012, 36; *M. Plassmann*, Das Mediationsgesetz — eine Steilvorlage für die gesamt Anwaltschaft, BRAK-Mitt. 2012, 194, 196 f; *R. Jordans* MDR 2013, 65, 66.
69) Cf. *Fritz/Pielsticker* (N. 36), § 2 MediationsG para. 135 ff.
70) Cf. *Engel*, Konsensuale Konfliktlösung und anwaltliche Beratungspraxis, ErbR 2014, 510.

弁護士自らをメディエーターとして関与させることを認めるとする連邦弁護士法7条aに由来する[71]。

他方、職業としてのメディエーションは弁護士に確保されているわけではない。したがって、弁護士業務給付法2条3項4号は、明確に、そのようなメディエーションは法的サービスではないということを規定している[72]。しかしながら、弁護士ではないメディエーターは、事件の解決に対する提案をすることはできない。メディエーターとしての非法律家は、法的な情報に言及することができるだけであり、両当事者に対して自己の意見を具申することは許されていない[73]。

3 公証人

ドイツの公証人は一般的には一方当事者または他方当事者を代理することなく、むしろ参加者に対して独立かつ中立的にアドバイスしなければならないので（連邦公証人法14条1項）、公証人はそもそも自らが公証すべき事項について適切なメディエーターである[74]。公証業務に関する限り、公証人は連邦公証人法および連邦公証法を遵守しなければならない。公証人が公証行為を超えて生じている紛争においてメディエーターとして担当する限り、公証人についても他のメディエーターに対するのと同じ要件が適用される[75]。

4 裁判官

ドイツの文献では、裁判官がメディエーターとして活動することが許されるか、あるいは、適切か否かについては、大いに論争のあるところである。メディエーターの役割は、法の適用という司法作用の一部ではなく、多くは裁判所に割り当てられた雑多な任務であるとされるが（ドイツ裁判官法4条）、実際には、

---

71) *Römermann/Praß* (Anwalt vs. Mediator, AnwBl 2013, 499) によれば、メディエーターとして活動することは、弁護士として活動することとは区別されるべきである。
72) See *Sarhan* JZ 2008, 280, 286.
73) *Grunewald/Römermann*, Rechtsdienstleistungsgesetz, 2008, § 2 RDG para. 129 ff, 134 ff; *Unseld/Degen*, Rechtsdienstleistungsgesetz, 2009, § 2 para. 55 f.
74) Cf. *Walz*, Der Notar als Mediator, in Haft/Schlieffen (N. 26), § 37 para. 1 ff; *Schmitz-Vornmoor/Vornmoor*, Mediations- und Verhandlungspraxis im Notariat, ZKM 2012, 51.
75) Cf. *Walz* (N. 74), § 37 para. 119 ff.

そのような割り当ては行われたことはない[76]。しかしながら、大多数はそのような狭い考え方をとって来なかった。

　一般的には、和解勧試も裁判官の任務の1つであり、それ故に、メディエーションと司法の間に敵対関係は存在しないとされている[77]。いかなる場合でも、調停の概念は常にドイツ訴訟法に基づいているので、裁判官によるメディエーションは、調停審理における調停人としての資格によって補充されていると言われている[78]。いかなる場合でも、これは、立法機関は裁判官によるメディエーションを黙認するという様々な手続法に現存する法的尺度に基づいていると言われている。主として、家事問題においては、当事者の利害に資するものであり、とりわけ、子の利害が問題となる。概して、ポイントは、費用を削減するだけではなく、多種多様な紛争解決手続を提供することによって司法の紛争解決機能を強化することにある[79]。

　さて、規定の明確化はメディエーション法1条2項および民事訴訟法278条5項から明らかになる。両規定によれば、いかなる独立した中立の者も、事件を決定する司法的権限を有していない限りは、メディエーターとして活動することができる。

　したがって、裁判官は、二次的な活動の範囲内において私的メディエーターとして活動することはできる。両当事者が裁判官をメディエーターに指名した場合には、裁判官はそれを行うことが許されるであろう(ドイツ裁判官法30条——司法に関するドイツ法)。

　2013年8月1日以降は、主たる職業の範囲内で活動する際には、裁判官が純粋たるメディエーション手続を適用する場合であっても、裁判官は「和解裁判官」と呼ばれる。しかしながら、新メディエーション法によって導入された「和解裁判官」のモデルは、和解裁判官が常に事件の法的分析[80]や真のメディ

---

76) Cf. *Prütting*, Ein Plädoyer gegen Gerichtsmediation, ZZP 124 (2011), 163, 166 f.
77) Cf. *Isermann*, Recht und Politik 2011, 9, p. 15; *Probst*, Mediation, Recht und Justiz, Festschrift D. Reuter, 2010, p. 1309, 1318; *Oehlerking*, in Greger/Unberath (N. 4), p. 55, 62; *Jahn*, Richter als Friedensstifter, AnwBl 2011, 451.
78) *Bamberger*, Verfassungsrechtliche und politische Aspekte der Richtermediation, in Haft/Schlieffen (N. 26), § 42 para. 32 ff. 詳細は *von Bargen*, Gerichtsinterne Mediation, 2008, p. 211 ff., 227 ff., 235 ff.
79) Cf. *Bamberger* (N. 78), § 42 para. 57 ff.
80) Cf. *H. Weber*, Methoden des "neuen" Güterichters — Erkenntnisse aus der Praxis einer Güterichterin, in Fischer/Unberath, Grundlagen und Methoden der Mediation, 2014, p. 143, 147 f.

エーターは行わないような紛争を解決する提案をすることによって両当事者と協議することが認められている点で、純粋なメディエーションとは異なっている。

VI 新メディエーション法の評価

　a）立法者がメディエーションをクロスボーダーの事件にだけに限定して規律しようとしなかったことは歓迎すべきである。しかしながら、立法者は、直接的には他の手続に言及することなく、裁判外紛争解決のための唯一の手続としてメディエーションを規定しているという批判が存在する。さらに、立法者は、裁判所手続を越えて裁判外紛争解決を選択するインセンティブを提供することは困難であるという事実について、批判が浴びせられている。したがって、裁判所が当事者に好結果が得られる裁判外でのメディエーションに移送する場合には、裁判所手数料の相当程度の減額がなされるべきである。また、メディエーションを試みたが奏功しなかった当事者には、事後の裁判所手数料において費用の減額を認めるべきである。

　b）さらに、裁判所が当事者に裁判外または裁判所付置メディエーションを移送することができるので、その限りにおいて、とりわけ家事事件においては、当事者に必要な財政的な援助は存在していない、と批判されている[81]。これとは逆に、裁判所での紛争のために必要なものとして完全な財政的なサポートが認められている。

　c）しかしながら、主な論争は、ドイツのいくつかの州で提供されている裁判所内メディエーションは、正当であるのか、または正当であったのか、そして、メディエーションの他の形式のものとして取り扱うべきなのか、あるいは、裁判所との結合のために一定の優先的な取扱いをする価値があるのか否かに関するものであった。

　新法は政治的な妥協の産物である。「メディエーター」や「メディエーション」

81）　Cf. *Prütting/Helms/Prütting*, FamFG, 3rd ed. 2014, § 36 a Notes 16, 17（法的扶助の費用は弁護士費用はカバーされるが、メディエーター費用はカバーされない）．メディエーターの費用援助を支持するのは、*Wagner*, RabelsZ 74 (2010), 794, 836; *Steffek* RabelsZ 74 (2010), 841, 872.

という用語は、2013年8月1日より裁判外メディエーションに留保されているので、フリーのメディエーターおよび私的実務における弁護士にとっては好結果となった（メディエーション法9条1項）。今日ではフリーのメディエーターが唯一メディエーションを提供することを宣伝することができる。またメディエーションによる最終的な和解の前に法的助言を提供する必要があるので、弁護士も勝利している。メディエーション手続の当事者の最終的な合意には、執行力を付与することは可能であるが、追加的な費用はかかる。

　他方、裁判所内におけるメディエーションの多様なモデルは、もう一度繰り返すが、「メディエーションを含めてすべての紛争解決方法を利用」することができる「和解裁判官」のネーミングの下に継続されている。いったん事件が裁判所に係属すると、和解裁判官による「メディエーション」は裁判外メディエーションと比べて多くの有利な点がある。まず追加的な費用は一切かからない。また和解裁判官は、常に執行可能な債務名義としての形式的な和解証書を作成することができる[82]。ただし若干の小さな不利な点も存在する。和解裁判官の人選は当局の一般的な事務配分で決定される。両当事者には自由な選択の余地はない。和解裁判官の面前での手続は非公開であるが、メディエーション法4条による秘匿義務は適用されない。

　最後に、これまで裁判内メディエーションは、いくつかの選ばれた裁判所内における審理で行われてきた。メディエーターとして活動する訓練を受けた裁判官の数は依然として限られているので、すべての第1審裁判所において和解裁判官の制度を隅々まで提供するためには多くの努力が必要とされる。それ故に、司法当局は、2013年8月1日までにすべての裁判所または複数の裁判所に少なくとも1つには和解裁判官を配置することになっている。

VII　結　語

　欧州メディエーション指令の解説によれば、代替的な裁判外司法手続は、司法へのより良いアクセスを促進する考え方から導入されている。かかるアプ

---

82) *Fritz/Pielsticker* (N.36), § 278 ZPO Rdnr. 72, 74.

Ⅶ 結　語

ローチはドイツ法の利益には殆どならない。つまり、ドイツの民事裁判所での手続は、その他の裁判所の手続と同様に、ビジネスマンにもまた一般市民にも利用されているからである。必要があれば、すべての訴訟関与者は法律扶助を受けることができる。ドイツの裁判所での手続は、概して迅速であり、高いレベルの法的保護を提供している。ドイツの訴訟法は、裁判官に対して当事者に事案について判断する前に可能な限り和解の勧試をすることを命じている。かかる点において、争われている事案以外の諸事情も斟酌することができる。通常民事訴訟が利用できないか、または、裁判所に過重な負担をかけているために迅速性の観点からは効果的な法的保護を妨げているような他の諸外国と比べると、ドイツにおいては、これ以上の代替的な紛争解決手続の導入は一般的には必要とされていない。

　それにもかかわらず、通常の一般裁判手続では適切な結果を達成することのできない領域も存在する。かかる領域のために、様々な形式の代替的紛争解決手続が正当にも提供されている。これは、とりわけ、一方当事者から他の当事者に対して向けられた請求権を求めないか、あるいは、一部だけ求める紛争の解決、たとえば、ビジネスにおけるメディエーション、家事ビジネスにおける紛争、相続人間の紛争、あるいは、ビジネスマネージメントの政策事項に関わる相続人と遺言執行人について妥当する。実務では、当事者がしばしば早期に裁判所に提訴し、結果として手続開始の後でさえも合意に達するように可能な限り努力することがかなり意識されているようである。それ故に、特別の裁判内調停と同時に裁判外メディエーション手続を申請することが正当化できる範囲が存在する。このように法におけるメディエーションおよび裁判内調停の認知により法的保護の一般的な質を改善することが期待され得る。

　しかしながら、私見によれば、商事メディエーション、相続メディエーションあるいは会社メディエーションの領域をこれ以上に促進または規制する必要はないと考える[83]。かかる分野は、以前より関係者が紛争を解決するために国家裁判所に対して請求権を提訴することは困難であったので、その代わりとして仲裁裁判、仲裁意見またはメディエーションを利用している。裁判所が後見

---

83)　*Risse/Bach*, Wie frei muss Mediation sein?, SchiedsVZ 2011, 14.

または交渉およびアクセス権に関する両親間の紛争を解決することに失敗した結果、当事者を裁判外または裁判内メディエーションに移送する場合には、国家が追加的な費用を負担すべきことになる。

　これまでに提供され、要請されてきた裁判所手続とすべての裁判外紛争解決手続方式（メディエーション、調停、仲裁など）との間には自由競争が行われるべきであるが、全体から見れば、過去数年間においてドイツで発展してきた裁判内メディエーションは、「和解裁判官（conciliation judge）」という新しい名の下に維持されるであろう。

第 2 部

民事訴訟の当事者と第三者の訴訟関与

法人格のない社団をめぐる
権利義務関係と当事者適格の規律
―― マンション管理組合、民法上の組合の当事者適格

堀野　出

Ⅰ　問題の所在
Ⅱ　民事訴訟法 29 条による事案処理の枠組み
Ⅲ　個別事例の処理のあり方
Ⅳ　まとめ

Ⅰ　問題の所在

　近時の最高裁判例においては、民事訴訟法 29 条を通じて当事者となった法人格のない社団による訴訟事件で、重要な判示事項を含むものが相次いでみられる。例えば、最判平成 22 年 6 月 29 日民集 64 巻 4 号 1235 頁（仮差押えにつき、最決平成 23 年 2 月 9 日民集 65 巻 2 号 665 頁）が、社団の債権者が代表者（を含む第三者）名義で登記されている不動産につき社団に対する債務名義（社団自身を名宛人とする確定判決）に基づいて差押えをすることを許しているし、また、最判平成 26 年 2 月 27 日民集 68 巻 2 号 192 頁は、社団に不動産登記手続請求訴訟の原告適格を認めている。これらの判例と、沖縄の血縁団体による土地所有権確認を求める訴えにつき社団自身の所有権の確認請求を主張自体失当として棄却した、最判昭和 55 年 2 月 8 日判時 961 号 69 頁や、入会地管理団体にその構成員に総有的に帰属する入会地の所有権確認を求める訴えの原告適格を認めた、最判平成 6 年 5 月 31 日民集 48 巻 4 号 1065 頁とはどう関係づけられるべきか、といった問題は、法人格のない社団の提訴の許容性を考えるうえで避けて通ることのできない重要課題であろう。

この点をめぐっては、29条適用の効果につき、後述する兼子理論以来の固有適格構成（「事件限りの権利能力」の理論）と、前記最判平成 6 年 5 月 31 日を契機に有力となっている訴訟担当構成とが対峙しており、具体的な事件で提訴に至った社団の当事者適格の理論構成に影響することになっている。このことからすれば、固有適格構成と訴訟担当構成の法技術的対立の意義がどこにあるのかを、個々の例の具体的帰結を考慮に入れつつ検討する必要があると考えられるが、ここでは立ち入ることはせず、この問題は別稿[1]において論じたい。

　本稿では、当事者能力に関する、以上とはまた別の重要問題を検討したい。すなわち、上記の最判事例を含んだこれまでの 29 条の議論の射程・対象は、法人格のない社団により訴訟に持ち出される権利関係が構成員に総有的に帰属するものである場合が中心であったところ、訴訟に当事者として登場する社団や権利関係のヴァリエーションが大きくなってきており、効果論を含んだ従来の議論の射程と対象事案とにズレが生じているという問題である。本稿では、この観点から、従来の議論と事案の対応関係をいま少し整理してみたい。例えば、最判平成 23 年 2 月 15 日判時 2110 号 40 頁は、結論的に法人格のないマンション管理組合に区分所有建物の共用部分をめぐる争いの当事者適格を肯定しているが、果たしてこれが 29 条をめぐってなされてきた従来の議論の守備範囲にある事案であるか検討が必要であろう。古くから議論されている民法上の組合の規律も、この観点から再考することが可能であるように考えられる。

　以下では、以上のような状況を踏まえ、法人格のない社団により訴訟に持ち出される権利関係と当該社団の当事者適格について検討を施してみたい。

II　民事訴訟法 29 条による事案処理の枠組み

1　従来の議論の整理

　民事訴訟法 29 条の要件について、判例は、最判昭和 39 年 10 月 15 日民集 18 巻 8 号 1671 頁により、団体としての組織が備わっていること、多数決の原則が

---

[1]　別稿は、徳田和幸先生古稀祝賀論文集への寄稿を予定している（以下、「徳田古稀」とする）。なお、それと本稿との内容を合わせた要旨は、堀野出「法人格のない社団の当事者能力と当事者適格─民事訴訟法 29 条の適用効果を中心に」民訴 62 号（2016）81 頁に掲載予定である。

採られていること、構成員の変動にかかわりなく団体が存続すること、代表の方法、総会の運営、財産の管理など団体としての主要な点が備わっていること（財産の管理の意義については、最判平成14年6月7日民集56巻5号899頁参照）を要求することで定着している。また、学説では、伊藤眞教授による4要件[2]が定着している。すなわち、対内的独立性（代表者の定めがあり、現にその者が代表者として行動していること）、対外的独立性（構成員の加入脱退にかかわりなく、団体としての同一性が認められること）、内部組織性（「規約」の定めがあり、総会などの手続により構成員の意思が団体の意思形成に反映されていること）、財産的独立性（構成員のものとは切り離された、団体独自の財産が存在すること）[3]が、求められている。

これに対し、効果（民事訴訟法29条により「その名において訴え、又は訴えられることができる」ことの意義）をめぐっては、以下の2つの考え方の間で対立がある。

(1) 固有適格構成

1つは、先にも触れた兼子理論であり、「……団体が、原告又は被告となる場合は、訴訟上法人である団体と同様に扱われる。紛争解決のためこれらの団体に権利義務の帰属を判決することも差し支えない。この意味で、当事者能力を認めることは、個別的事件の解決を通じて、権利能力を認めることに帰する」とする考え方である[4]。当事者能力が認められれば事件適格（実体適格）まで認められるとする見解と評することができ、権利主体構成とも呼ばれる[5]。

(2) 訴訟担当構成

いま1つは、法人格のない社団には形式的には権利義務は帰属しえないがゆえに、あくまで構成員全員に総有的に帰属する権利関係を、構成員からみれば

---

[2] 伊藤眞・民事訴訟法［第4版補訂版］（有斐閣・2014）121頁。
[3] 当該要件をめぐっては、古くから議論があったところであるが、上記最判平成14年6月7日により、現実に財産が存在していることではなく、構成員の個人財産とは切り離された社団のものとして財産を管理するしくみが備わっていることを要求するものであることが明らかにされている。より詳しくは、名津井吉裕「法人でない社団の当事者能力における財産的独立性(1)(2)」民商144巻4＝5号（2011）406頁、同145巻1号（2011）20頁参照。
[4] 兼子一・新修民事訴訟法体系（酒井書店・1965）111頁。本稿では、兼子理論のことを固有適格構成と呼ぶ。八田卓也「入会集団を当事者とする訴訟の形態」法時85巻9号（2013）22頁、23頁は異なる分類を施し、事件限りの権利能力の理論をとくに権利主体構成とし、固有適格構成と区別しているが、それに従えば、本稿で固有適格構成という場合は例外なく権利主体構成と読み替えられて差し支えない。
[5] なお、兼子理論は、「(但し法人でない以上登記能力はないから、登記請求などはできない)」ことも帰結するものであるが、この点は固有適格構成を採った場合の必然的な帰結ではないと考えられる。この問題点については、堀野・前掲注1）徳田古稀で言及する予定である。

第三者である社団が代わって行使するものと説明する考え方である[6]。それゆえ、このことを許容する29条は当事者適格を含意した規定とみることになる。ただし、ここでの訴訟担当構成にいう訴訟担当は法定訴訟担当の一種となろうが、構成員に総有的に帰属する権利が争われている限り、当事者能力が肯定される場合に当事者適格（訴訟担当資格）が否定されることは想定し難く、当事者能力はあっても当事者適格が否定される可能性のある通常の法定訴訟担当とは性質や意味合いがやや異なることになろう。

2　法人格のない社団が訴訟にあらわれる場合に持ち出される権利義務関係の分類

（1）　法人格のない社団の財産は構成員に総有的に帰属するとするのが判例の立場（最判昭和32年11月14日民集11巻12号1943頁、最判昭和39年10月15日民集18巻8号1671頁）であるところ、民事訴訟法29条をめぐるこれまでの議論の中心は、特定の権利義務関係につき、社団自身への権利義務の（実質的）帰属と説明するか、構成員全員への総有的帰属とするかが問題となる事例であったのであり、兼子理論においても、29条の適用事例について、社団が純然たる第三者（訴訟担当者）として登場するようなケースは念頭に置かれていなかった。これ以降においても、社団構成員に総有的には帰属し得ない権利が争われる場合には、社団の当事者能力自体を否定する傾向もみられたところである。しかし、29条の要件を満たし当該規定が適用され当事者能力が認められる社団とそれにより訴訟に持ち出される権利関係には、以下のようなヴァリエーションがあることが意識されなければならない。

すなわち、社団構成員全員に総有的に帰属するケース（A類型）、社団構成員全員に共有的に帰属するケース（B類型）、各社団構成員に個別的に帰属するケース（C類型）、構成員以外の第三者に帰属するケース（D類型）、という4つの場合

---

[6]　坂田宏「当事者能力に関する一考察」法学68巻1号（2004）1頁、山本克己「入会地管理団体の当事者能力・原告適格」法教305号（2006）104頁、下村眞美「法人でない社団の当事者能力」法教363号（2010）10頁など。

　なお、当事者能力の規定である29条が当事者適格までを規定したものとみるのは行き過ぎであるとの批判も向けられるかもしれないが、固有適格構成が事件適格まで含意するものとしていることに比せば、条文の含意・機能としては、固有適格構成よりも訴訟担当構成のほうが謙抑的であるともいえよう。

Ⅱ　民事訴訟法29条による事案処理の枠組み

〔参考表①〕　社団により持ち出される権利義務と当事者適格

	A類型	B類型	C類型	D類型
権利義務の帰属主体および帰属形態	構成員全員に総有的に帰属する権利義務	構成員全員に共有的に帰属する権利義務	構成員各人に個別的に帰属する権利義務	構成員以外の第三者に帰属する権利義務
社団の当事者適格の理論構成	民事訴訟法29条に基づく固有適格、または同条に基づく訴訟担当	訴訟担当	訴訟担当	訴訟担当

である。

　このうち、B類型、C類型、およびD類型においては、法人格のない社団は、請求認容判決を得るためには、それが許容されるかはともかくとして、訴訟上は訴訟担当者にしかなりえない。社団に権利能力がないから権利義務が帰属しえないわけではなく、社団に権利能力が認められるかにかかわりなく争われている権利義務は社団に帰属しないものである場合が規律対象であるからである。従来の議論はA類型に関するもので、効果論（の対立）が妥当するのもこのA類型をめぐってのものであることからすれば、ひとまずは、訴訟に持ち込まれる権利関係がどの類型に属するかの分類が重要であり、A類型とB類型以下の区別は、社団の当事者適格の判断の前提問題として意義を有するものである。

　(2)　A類型は、29条の議論の中心事案であり、入会地の所有関係をめぐる入会団体など、争われる権利義務関係について、社団に権利能力が認められない限りにおいて、社団構成員に総有的に帰属すると説明される場合である。

　(3)　B類型の典型例は、マンション建物の共用部分について法人格を取得していないマンション管理組合が提訴するケースであり、近時増加傾向にある。区分所有建物の共用部分の所有関係は区分所有者全員による共有であるが、民法249条以下の共有の定めに優先して建物区分所有法の規律が妥当する（区分所有法11条・12条）。結果として、（専有部分の譲渡とは切り離した）持分権のみの譲渡はできないなど、民法の共有とは規律内容が異なる部分も少なくないことにはなるが、共用部分は、管理組合からみれば、各区分所有者がその専有部分の床面積の割合に応じて持分を有する他人の財産に他ならず（区分所有法14条）、

その権利関係の分類はB類型に該当するものである（後掲〔**参考表②**〕参照）。したがって、社団たる管理組合の訴訟上の地位は訴訟担当者以外には考えられないところであるが、民事訴訟法29条の適用対象としてA類型に該当する事案が中心とされてきた議論背景もあって、前記最判平成23年2月15日（以下「最判平成23年」と略す）の事案はA類型の枠組みで処理されている感がある。

　法人格のない社団が当事者としてあらわれる訴訟には様々なものがありうるのであるから、今後に向けて各事案を処理するためには、適切に事案を振り分け分類したうえで、それぞれの規律を妥当させるべきである。C、D類型は依然として珍しいかもしれないが、マンションをめぐる訴訟事件の増加によって、B類型は少なくなくなってきており、このようなケースがそれと意識されることなくA類型の枠組みで処理される傾向があったことは省みられる必要がある。すなわち、29条をめぐって提示された兼子理論の影響の大きさは、少なくとも学説理論においては否定できないが、これに相応してA類型を中心に論じることはよいとしても、それ以外の類型への意識づけが希薄であったことが、問題点として指摘できるだろう[7]。実際そのような総有のケースが多くあらわれていた従来においてはそれでもよかったが、状況が異なってきている現在においてはA類型以外の事案が存在することの認識をより浸透させるべきである。

　(4)　民事訴訟法29条をめぐり古くから議論されてきたものとして民法上の組合がある。民法上の組合にいう組合財産についての所有形態は広くは共有に分類されるが（民法668条）、民法676条により、持分の処分が制限され、かつ、分割請求権は認められないものとされている。このような共同所有の態様をもって、財産の所有形態は通常の共有とは異なる「合有」と称され、その所有形態は総有により近いものと性格づけられている。一方で、脱退ないし解散の際には、払戻請求権（民法681条）、残余財産分配請求権（民法688条）が認められており、組合員には持分がないわけではなく潜在的にはあるのであり、組合員が組合財産について有する共有持分権、分割請求権は否定されないことからす

---

[7]　住民団体や消費者団体をめぐってなされていた、いわゆる当事者能力と当事者適格の流動化の議論についてみても、そこでは、当事者能力を認めることと当事者適格の肯定が結び付いたものとして考えられていたようにみえる。

れば、合有は総有とも異なるといえる。いわば、総有の亜種としてA類型としての処理も、共有の一種としてB類型としての処理も可能な事案であり[8]、このような財産所有関係の特殊性が組合への民事訴訟法29条の適用の可否をとくに議論させてきた原因であろう。最判昭和37年12月18日民集16巻12号2422頁における3銀行団債権管理委員会は、同判決によりA類型として処理されており、その限りで問題はないが、民法上の組合が問題となる場合全般をみれば、B類型に該当する民法上の組合のケースを否定し去ることも困難であり、分類に難しいことも多いように思われる[9]。

(5) C類型は、争われる権利義務が個々の構成員に各別に帰属する場合であり、生活環境の侵害行為に対する住民各人の人格権に基づく差止請求権を住民団体が代わって行使するケースが典型例である。当事者適格の判断構造については、B類型と相違はない。

(6) D類型としては、例えば、債権者代位訴訟の債権者として法人格のない社団が第三債務者を相手に債務者の権利の履行を求める訴訟を提起する場合が挙げられる。あるいは、C類型と重なることもあるが、住民団体がその構成員ではない住民の人格権に基づく差止請求権を行使するケースも、その当事者適格が認められるかという問題はともかく、分類的にはこの類型に含まれる。

III 個別事例の処理のあり方

法人格のない社団の当事者適格の存否を判断するに際しては、訴訟において主張される権利関係に応じる必要があるところである。このような要請は、具体的には、構成員の共有財産についてのマンション管理組合、民法上の組合の当事者適格の規律において顕在化する。

---

8) 次頁の〔**参考表②**〕を参照しつつ説明すれば、民法上の組合はその財産関係の特質からみれば、総有＝A類型と、共有＝B類型の境界領域にあるといえ、いずれに近づけて規律したとしても理に合わないわけではない。

9) ただし、山本克己「民法上の組合の訴訟上の地位(2)」法教287号 (2004) 75頁は、組合財産が総有でなく合有であるとしても、少なくとも積極財産については特別財産としての組合財産が観念される旨を指摘する。このように、組合員固有の財産とは区別された特別財産としての組合財産の観点から分類をなすべきとの考え方も正当なものとしてありうる。建物共用部分とマンション管理組合について言えば、管理組合自身の債務の引当てとして共用部分が対象となることは想定されえないから、A、B類型の相違はこうした特別財産の存否によるとの考え方もありえよう。

[参考表②] 法人のない社団による訴訟の分類

所有形態	共同所有						単独所有（個別帰属）
	総有1	総有2	共有1（合有）	共有2	共有3	
各所有者（構成員）の権限	・持分権なし ・分割請求なし ・財産の処分は構成員一同の総意（全員一致）による	・持分権なし ・分割請求権なし ・財産の処分は規約による（多数決原理）	・持分権なし ・分割請求なし（ただし、脱退、解散時には払戻請求権等が認められる）	・持分権あり ・分割請求権なし	・持分権あり ・分割請求権あり	制限なし
該当する権利関係と社団の例	・不動産所有権をめぐる血縁団体、地縁団体 ・入会権をめぐる入会地管理団体	・金銭債権の履行を求める町内会、同窓会 ・組合自身による取引から生じる債権債務についてのマンション管理組合	・組合財産をめぐる民法上の組合	・建物共用部分をめぐる差止・原状回復請求についてのマンション管理組合	・建物共用部分にかかる金銭支払請求（損害賠償請求、不当利得返還請求、瑕疵担保請求等）についてのマンション管理組合 [ただし、分割債権であることを重視すれば、右の個別帰属に近い扱いとなる]	・人格権に基づく差止請求についての住民団体
	・社団の所有にかかる不動産所有権登記の手続請求					
社団の当事者適格の根拠	29条に基づく固有適格か、対立がある	総有における規律か、訴訟担当かから	総有における規律も共有における規律も妥当しうる面がある	任意的訴訟担当	任意的訴訟担当	任意的訴訟担当
本稿での類型	A	A	A、Bいずれにも該当しうる	B	B	C（事案によってはDもありうる）

＊総有2において、規約（代表権の定め等）により財産の処分に全員一致のルールを採用することは可能であり、これが多数決原理を要求する民事訴訟法29条の社団の要件と調和しうることについては、山本弘「権利能力なき社団の当事者能力と訴訟追行能力―訴訟担当論の新たな構築（上）」新堂幸司先生古稀祝賀『民事訴訟法理論の新たな構築（上）』（有斐閣・2001）875頁以下参照。

＊共有1：民法上の組合をA類型の事案として処理する場合は、組合の所有にかかる不動産登記請求について、A類型の他の社団と同様、組合が当事者適格を有することになる。

1　マンション管理組合

(1)　前記最判平成23年の事案においてマンション管理組合によりなされた請求は、①管理規約に基づいた建物共用部分についての原状回復請求、②管理規約違反による損害金の支払請求等であるが、①は管理組合の構成員たる区分所有者全員の共有にかかる権利関係であるところ、管理組合自身の権利関係（＝組合員全員の総有にかかる権利関係）が主張されているものと扱われ、管理組合の当事者適格が肯定されている[10]。ただしこれは、B類型に該当する事案でありながら、社団の主張する権利内容がA類型であるかのように扱われた結果、当事者適格が満たされたというに過ぎず[11]、望ましい規律とはいえない[12]。

前記最判平成23年の事案のうち、①建物共用部分に関する請求は、法人格のある管理組合が当事者となっていた場合には、管理組合法人には帰属しえず、それゆえ区分所有法47条6項・8項に基づいて任意的訴訟担当によらなければ本案判決を得ることができない例である。換言すれば、自身の請求とする限りいかに理論構成しようとも請求認容がされえないことが当事者である管理組合法人に認識できる場合であるところ[13]、このことは、法人格のない管理組合が当該請求についての当事者となるケースにおいても変わりはないはずであ

---

[10]　事案は、11階建てのマンションの区分所有者全員を構成員とする、法人成りしていないマンション管理組合が、区分所有者の1人に対し、マンションの1階の共用部分につき、マンション管理規約に違反して改装工事が施工されたとして、①設置工事の施工部分の撤去（予備的に、当該部分の改装承諾料および使用料の支払い）、②管理規約で定められた違約金に相当する損害金の支払い、③本件訴訟にかかる弁護士費用の支払い、④1階共有部分のうち①にかかるのと別の部分につき看板等の設置による使用料の支払いを求める訴えを提起したというものである。
　　法人格のない社団の当事者適格の一般論における本件の位置づけについては、青木哲「給付訴訟における権利能力のない社団の当事者適格と本案の問題について」伊藤眞先生古稀祝賀・民事手続の現代的使命（有斐閣・2015）3頁以下参照。

[11]　例えば、社団がその債務者の第三債務者に対する権利を代わって行使する債権者代位訴訟となるべき事例であるにもかかわらず、訴訟物である債権を自身の権利のように主張すれば、社団の当事者適格は満たされるが本案の認容はありえないのと同様である。

[12]　管理組合による共用部分にかかる損害賠償請求の原告適格につき、東京高判平成8年12月26日判時1599号79頁も前記最判平成23年と同様の判断をなしている（共用部分にかかる金銭給付請求権はとくに区分所有者に分割して帰属する権利とされていることもあり、請求棄却の結果となっている）。

[13]　ただし、管理組合法人が原告となる場合でも当事者側にブレがないではない。最判平成13年3月22日金法1617号39頁は、管理組合法人が、区分所有者に対する管理費、修繕積立費等の支払い（これらの費用について区分所有者全員が立替払いをしたことを理由とする各人の負担部分を超えて支払った費用の求償）を求めて訴えを提起した例において、共用部分に関する争いではないがゆえに管理規約に基づく訴訟追行の授権では十分ではなく、また集会決議による授権もなされていないとし、管理組合法人の当事者適格が否定されているが、原告である管理組合法人は共用部分に関するものとして訴えを提起している面がないではない。

る。敷衍すれば、原告の主張する権利の帰属関係が曖昧・不明確であっても、管理組合法人が共用部分に関し自身の権利として主張しているものと解釈するのは相当無理があるような場合であるといえるのではなかろうか。にもかかわらず、法人格のない管理組合法人が原告の場合に、このような適格の判断がされていることの原因としては、当該事案における原告組合の主張内容（誰の権利関係を持ち出しているのか）が不明確であったことの他[14]、区分所有法特有の事情として、区分所有法の通説的見解が法人格のない管理組合には区分所有法上の任意的訴訟担当を認めていないこと[15]が指摘される（〔参考表③〕ⅱ）参照）。すなわち、管理組合が法人格を取得していないような状況に対応するために区分所有法は管理者に任意的訴訟担当資格を認めているのであるから、それに加えて、管理組合の任意的訴訟担当を認めることは屋上屋を重ねるものであり認めるべ

---

14) 原判決である東京高判平成20年12月10日（判例集未登載）は、同一の訴訟資料に基づいて、「権利能力なき社団である管理組合にこのような訴訟担当を認める規定は存在しないし、……管理者等に訴訟担当が認められていることからして、更に任意的訴訟担当を認める合理的必要性があるとは考えられないから、権利能力なき社団である管理組合が本件のような訴訟を区分所有者のために提起し、追行することは許されないというべきである」とし、本件各請求のうち、撤去請求（妨害排除請求）については、管理規約66条1項はXの訴訟担当の根拠たりえず、規約67条3項1号も区分所有法26条4項を受けて管理者である理事長の訴訟担当を根拠付けるに過ぎないと判断した。また、損害賠償請求についても、Xが根拠として主張する規約67条3項2号は、法26条2項・4項を受けて管理者である理事長の区分所有者のための当事者適格を定めたものであり、Xの訴訟担当を許容しうる根拠となりえないと判断した。法人格のない管理組合の任意的訴訟担当資格の問題としたうえで、これを否定しているわけである。
　原告の主張内容について、このような認定の相違が問題となること自体が、こうした事案の問題性を物語っていると評しよう。参考までに、当該マンションの管理規約の定めは、以下のとおりである。管理規約66条1項は、区分所有者が建物の保存に有害行為その他建物の管理または使用に区分所有者の共同の利益に反する行為をした場合は区分所有法57条から60条までの規定に基づき必要な措置をとることができる旨を、管理規約66条2項は、区分所有者が管理組合の承諾を得ることなく共有部分等に改造工事を行ったときは、当該区分所有者はXに違約金を支払い、自らの費用で原状回復する義務を負う旨を定める（いずれも請求の主体については明記されていない）。また、規約67条3項は、区分所有者等がこの規約に違反したときまたは共用部分等において不法行為を行ったときは、管理組合の理事長は、理事会の決議を経たうえで、①行為の差止、排除または原状回復のための必要な措置等の請求に関し、管理組合を代表して、訴訟その他法的措置を追行することができる旨（1号）、②損害賠償金または不当利得金の請求または受領に関し、区分所有者のために訴訟の原告または被告となることその他法的措置をとりうる旨（2号）を定めている（なお、個別の管理規約においては、標準管理規約が参考とされることが多いようである。標準管理規約については、稲本洋之助＝鎌野邦樹・コンメンタール　マンション標準管理規約（日本評論社・2012））。
　八田卓也・リマークス44号（2012）125頁は、本件の管理規約の原告適格についての規定のブレを指摘しつつ、本件における請求のうち、共用部分に関するものではなく、違約金支払請求については、管理組合に帰属するものと扱う余地もあることを指摘する。
15) 稲本洋之助＝鎌野邦樹・コンメンタール　マンション区分所有法［第3版］（日本評論社・2015）164頁、東京地方裁判所プラクティス委員会第一小委員会「マンションの管理に関する訴訟をめぐる諸問題(1)」判タ1383号（2013）46頁など。水本浩＝遠藤浩＝丸山英気・基本法コンメンタール　マンション法［第3版］（日本評論社・2006）にも、管理組合が当事者能力を認められる場合があるとする記述はあるが（15頁）、任意的訴訟担当者となりうるとする記述は見当たらない。

〔参考表③〕　法人格のないマンション管理組合の当事者適格

	ⅰ）管理組合自身の権利についての固有適格ないし訴訟担当	ⅱ）管理組合自身による任意的訴訟担当	ⅲ）管理者（代表者）による任意的訴訟担当
管理組合自身の取引に基づく請求、または、区分所有法57条ないし60条の定める請求について、管理組合が当事者となる場合（A類型）	認められる（前記最判平成23年。ただし、当該事案の一部はB類型として処理されるべき）。	＜許容する必要性に乏しい＞	民事訴訟法上の任意的訴訟担当のルールにより許容されうる（民法上の組合に関する業務執行組合員〔最大判昭和45年11月11日民集24巻12号1854頁〕と同様の規律）。
建物共用部分にかかる請求につき管理組合が当事者となる場合（B類型）	＜該当なし＞	管理組合法人でない以上は、区分所有法上の任意的訴訟担当は認められない（通説）。 →民事訴訟法上の任意的訴訟担当のルールにより判断されるべき。	区分所有法の規律（区分所有法26条）により許容される。

きでない、とされていることが影響しているものと推察される[16]。しかし、法人成りしていない管理組合が訴訟主体となることを排除できない以上は、区分所有法上の任意的訴訟担当が許されないのであれば、民事訴訟法の一般ルールによる任意的訴訟担当の許否が検討されるべきことになろう。もちろん、民事訴訟法上の任意的訴訟担当資格が肯定されるかどうかは議論の余地があるが、まずは法人格のない管理組合がかかる地位にあることを明確にして議論をすべきであろう[17]。

(2)　この一方で、同じくマンション管理組合による訴訟であっても、区分所有法57条ないし60条にいう、区分所有者の共同の利益に反する行為に対する

---

[16] 法人格のないマンション管理組合の被告適格についても、最判昭和61年7月10日判時1213号83頁・判タ623号77頁は、前記最判平成23年と同様に給付訴訟の当事者適格の一般ルールに従い、「（給付の）訴えを提起する者が給付義務者であると主張している者」が被告適格を有するとして、管理組合の被告適格を肯定している。ただし、被告適格であっても、管理組合が訴訟担当により被告となりうるのであり、この事案でもそのような地位を明確にして被告適格が判断されるべきであろう。
[17] ただし、判例（最大判昭和45年11月11日民集24巻12号1854頁）にいう合理的必要や学説にいう実質関係（ないし固有の利益）といった従来の任意的訴訟担当の許容性の議論に照らしても資格が肯定されうる状況であると考えられる。

差止請求等については、管理組合法人が訴え出る場合には、権利が創設的に管理組合法人に付与されたものとみる見解と、区分所有者全員の権利を訴訟上代わって行使する法定訴訟担当とする見解が対立しているところ[18]、前者の立場に立てば、法人格のないマンション管理組合がかかる紛争につき訴訟を提起する場合は、固有適格構成による理論構成も採りうるところである。そうだとすれば、区分所有法 57 条以下の共同の利益に関わる場合にまで法人格のない管理組合による提訴を許容してよいかは問題であるにせよ[19]、当事者適格の存否の判断に際しては総有（A 類型）に該当するものとして処理することになろう[20)21]。なお、この場合を訴訟担当構成により説明することはできるが、区分所有法上の地位につき後者（法定訴訟担当）を採る場合にはこれと民事訴訟法 29 条における訴訟担当との関係が問われることになろう[22]。

また、管理組合自身が外部の第三者と取引をした場合にそこから生じる権利義務をめぐる争いについては、社団である組合自身の権利関係であるといえ、A 類型の枠組みで判断がされることになろう[23]。

---

18) 稲本＝鎌野・前掲注 15）325 頁など参照。
19) なお、東京地方裁判所プラクティス委員会第一小委員会・前掲注 15）32 頁注 8 は、管理組合が法人格を有さない場合において、共同の利益に反する訴えを提起しうるのは区分所有者全員か管理者のみであると読むのが規定の文言上素直であることから、苦しい解釈をしてまで管理組合の当事者適格を認める実務上の必要に乏しいとする。しかし、管理組合が存在しているのであれば、それが法人格を取得していなくとも、共同の利益のために提訴することを許す方が、素直で実践的であるといえるのではなかろうか。
20) なお、この点で、堀野出「マンションをめぐる訴訟と当事者適格の規律」法時 85 巻 9 号（2013）51 頁の表は一部訂正を要する。該当表における、区分所有法 57 条ないし 60 条をめぐる法人格のないマンション管理組合は、任意的訴訟担当者ではなく、固有適格を有する者または法定訴訟担当者となる。
21) この場合に該当する裁判例として、神戸地尼崎支判平成 13 年 6 月 19 日判時 1781 号 131 頁、宮崎地判平成 24 年 11 月 12 日判タ 1386 号 344 がある。後者の解説ないし評釈として、青木哲・リマークス 48 号（2014）102 頁、上田竹志・法セミ 704 号（2013）114 頁がある。
22) 区分所有法 57 条ないし 60 条にいう共同の利益のための管理組合法人の当事者適格は、任意的訴訟担当ではなく、固有適格（各条により権利が創設されこれが法人自体に帰属するもの）として説明がされているが、法定訴訟担当者（区分所有者に帰属する権利を法人が代わって行使するもの）として説明する立場も有力である（稲本＝鎌野・前掲注 15）325 頁）。57 条ないし 60 条にいう訴えの原告適格を法人格のない管理組合にも認める場合には、民事訴訟法 29 条の問題としてその当事者適格は固有適格構成か訴訟担当構成により理論構成されることになるところ、そこで訴訟担当構成を採り、かつ区分所有法 57 条以下の管理組合の当事者適格を法定訴訟担当とみる場合には、管理組合の地位につき二重に訴訟担当を用いて説明する必要まではなく、端的に訴訟担当者とのみ説明することで足りるか、という問題があらわれる。この点も含めて、このような問題については堀野・前掲注 1）徳田古稀において詳論する予定である。
23) 区分所有建物の管理に関し管理組合がその名で契約を締結する場合には当該契約から生じる権利義務は組合自身に（区分所有者全員に総有的に）帰属することになるとの指摘が、山田誠一「区分所有建

2　民法上の組合

(1)　民法上の組合財産をめぐる争いについては、判例をはじめとしてA類型としての処理を認めるのが趨勢であるところ、民法上の組合においては、ⅰ) 組合自身の権利義務についての訴訟、ⅱ) 組合自身による任意的訴訟担当、ⅲ) 業務執行組合員による任意的訴訟担当による訴訟を想定しうるが、A類型による処理を組合について肯定する以上は、ⅰ) による処理はもちろん、ⅲ) による処理も前記最大判昭和45年11月11日により許されることになる。これらに加えて、組合自身によるⅱ) の構成による訴えが許されるかが問われることになるが、組合財産をめぐる訴訟追行の授権が、最大判昭和45年11月11日のように業務執行組合員ではなく、組合自体に対してなされることも想定しうるから、組合自身が任意的訴訟担当の形態により提訴に及ぶ可能性は否定できない。A類型であればこのようなかたちの提訴を許す必要性に乏しいことからすれば、このような提訴が許されているのはB類型として処理がされているからこそであるという評価も可能であり、そうだとすれば、マンション管理組合を除いた従来の29条をめぐる議論においてもB類型の事案は潜んでいたということができる[24]。組合以外のA類型に該当する事案と異なり、B類型への該当性が肯定されやすいのは、組合財産の所有関係が総有とは異なり訴訟担当に馴染みやすい共有であることが理由の1つであろう[25]。いわゆる社団・組合峻別論は、本稿で示した視点から振り返ってみれば、層をなして形成されていた状況に対し、縦に切れ目を入れて分類しようとする試みであったともいえるものであり、うまく峻別できないのはある意味当然であったということができる[26]。

物の管理組合の法的性格」石川正先生古稀記念・経済社会と法の役割（商事法務・2013）673頁、690頁によりなされているが、前記最判平成23年の請求のうち②の管理規約違反に基づく請求はこれに該当する可能性もある。

[24]　民法上の組合の場合にかぎっては、A・B類型の相違は同じ権利関係についての法的評価（組合の財産関係を総有とみるか、共有とみるか）によるものに過ぎず、訴訟物たる権利関係は同一であるから、仮にA・B両類型の規律を並存させた場合でもそれによる弊害は少ないものと考えられる。

[25]　山本弘「権利能力なき社団の当事者能力と当事者適格」新堂幸司先生古稀祝賀・民事訴訟法理論の新たな構築(上)（有斐閣・2001）873頁。ただし、この見解は、法人格のない民法上の組合の当事者適格についても訴訟担当構成を採りつつ、その訴訟担当を任意的訴訟担当と構成するがゆえに、業務執行者と並んで、組合自身の任意的訴訟担当資格を認めるものであり、民法上の組合をA類型として扱っているものと考えられる。

[26]　筆者の分析能力を大きく超える問題であるが、29条（旧46条）の議論の初期において、法人格なき社団の主たるものとして、むしろ社団としては特殊な民法上の組合を対象とせざるをえなかった原因や背景には、法現象的・社会現象的に興味の向くところである。

なお、業務執行者（代表者）に対する権限の授与は、授与行為が同じ形態であっても、iii）の場合であれば、訴訟追行の授権と扱われるが、ⅰ）ⅱ）では、いずれにおいても代表権（代理権）を拡充するための授権となる。また、仮に当事者が組合員全員となるような事例があったときは、業務執行組合員は法令上の代理人として扱われることとなろう。

(2) 組合の受けた判決の既判力・執行力は、構成員たる組合員にも及ぶ[27]。ただし、それは組合の権利義務をそれとは異なる組合員固有の権利義務（組合のものとは異なる組合員全員の権利義務）として争うことができないという意味においてである。組合員の個人財産には、ⅰ）による訴訟の場合はもちろん、ⅱ）ⅲ）より訴訟担当による訴訟がされている場合であっても、効力が及ぶことはない。訴訟追行の授権の中身の問題として、このような個人財産への執行まで含んだ権能を担当者となる組合や業務執行者に授権されているとは考え難いからである。ⅰ）につき、民事訴訟法29条に基づく訴訟担当構成を採用した場合は構成員の個人責任は肯定されるようにもみえるが、同様に個人財産には拘束力は及ばないというルールが妥当しよう[28]。

ただしもちろん、組合員が組合債務について個人責任を負うとする実体法のルールは判決効拡張の問題とは別問題として規律される[29]。

---

[27] 法人格のない社団一般の問題として、原告である社団が請求棄却の確定判決を受けた後に、構成員が同一の権利関係を自身のものとして訴え出た場合も、既判力によって拘束されるべきであり、かかる帰結については、訴訟担当構成によれば民事訴訟法115条1項2号によることになるが、固有適格構成では説明に工夫を要することになる。名津井吉裕「法人格のない社団・組合をめぐる訴訟と当事者能力・当事者適格」法時85巻9号（2013）35頁、41頁参照。この点についても、堀野・前掲注1）徳田古稀で検討したい。

[28] 髙田裕成「民法上の組合の当事者能力」福永有利先生古稀記念・企業紛争と民事手続法理論（商事法務・2005）1頁、28頁は、訴訟担当構成を採った場合であっても、とくにそのための授権を業務執行者に対してなしていない限り、構成員（組合員）には判決効が及ぶ基礎を欠くとする。

[29] 判決効の拡張と組合員個人の財産が組合の債務の引当てにされることは別問題である。名津井・前掲注27）42頁参照。

マンション管理組合においても、区分所有法53条は、管理組合法人がその財産をもっては債務を完済することができないとき（1項）、管理組合法人の財産に対する強制執行が奏功しなかったとき（2項）について、区分所有者の個人責任を肯定している。このように、法人の場合でさえ構成員が責任を負うというルールが妥当している場合には、法人格のない管理組合の負う債務についても、構成員の個人責任が肯定されることになろうが、これは判決効の拡張とは別問題である。

IV まとめ

　民事訴訟法29条により当事者能力を認められる社団の当事者適格の規律に際しては、固有適格構成か訴訟担当構成かという効果に関する議論が妥当するかどうかを明らかにするためにも、社団により訴訟に持ち出されている財産ないし権利関係が構成員に総有的に帰属するものであるか（A類型）、共有的であるか（B類型）を区別することが重要である。そのうえで、B類型に該当する事案においては、社団は純然たる訴訟担当者であることを踏まえて、その地位にある社団の訴えの適法性を判断すべきである。

(1)　マンション管理組合

　前記最判平成23年では、社団自身の給付請求権が主張された事案において原告適格が肯定され、事件は原審に差し戻されているが、差戻審においては給付請求権につき社団自身への帰属（ないし構成員全員への総有的帰属）を認める判決をなしてよいと考えられる。ただし、共用部分に関する権利関係が問題になっているにもかかわらず、社団（管理組合）側の請求の立て方に変更がなければ、当該権利関係は構成員全員に共有的に帰属する権利関係に他ならず総有ではないのであるから（B類型）、請求棄却にならざるをえない。

　一方で、マンション管理組合による訴訟であっても、持ち出される権利関係が、管理組合自身の取引に基づく訴えであるとき、あるいは（その許容性はともかくとして）区分所有法57条ないし60条の訴えにおいて管理組合が当事者となったときは、A類型に該当する訴えであり、その枠組みで当事者適格の判断がされるべきである。

(2)　民法上の組合

　民法上の組合は、これまでの判例のとおりA類型として規律されてよいが、組合契約に関する民法の規定は任意規定であり、これに基づく組合契約にもヴァリエーションがありえ、A、B類型のいずれに該当するか流動的な事案があることも否定できない。個人的結合がより強い組合については、B類型による処理が適切な場合がありうるのであり、民法上の組合についてはこの類型による処理が排除されるわけではない[30]。

(3) A 類型に該当する場合

本稿では論じることはできなかったが、現在もなお 29 条の議論の中心は A 類型であることは疑いないところ、A 類型の特質もまた、B 類型との対比を通じて明らかになるものと考えられる。すなわち、そこで訴訟担当構成を採るとしても、それは B、C、D 類型にいう訴訟担当と比べれば特殊なものであり、A 類型に該当する社団の当事者適格の規律もそうした特殊性に応じたものである必要があろう。入会地をめぐる入会団体など、法人格のない社団による不動産所有権をめぐる訴訟の当事者適格の問題も含めて、この点は稿を改めて論じることにしたい。

---

30) 松本博之「非法人社団の当事者能力と実体関係」民商法雑誌創刊 50 周年記念論集 II（有斐閣・1986）73 頁、81 頁は、民法上の組合全般について、組合財産が共有（合有）とされる以上は権利義務が団体自体に帰属する（＝総有的に帰属する）ものとして扱うことを許す民事訴訟法 29 条（旧 46 条）を適用するに相応しい団体とみることはできない、とされる。たしかにこのような面は否定できないにしても、B 類型のように、29 条が適用されても本案の問題に直結しない例があることに照らせば、組合への 29 条の適用それ自体に問題はないことになると思われる。

固有必要的共同訴訟における
実体適格と訴訟追行権

鶴田　滋

I　問題の所在
II　実体適格概念と訴訟追行権概念の形成
III　訴訟追行権をめぐる本案と訴訟要件
IV　固有必要的共同訴訟における本案と訴訟要件
V　おわりに

I　問題の所在

1　本稿の目的

　本稿は、実体適格〔事件適格〕（Sachlegitimation）と訴訟追行権（Prozessführungsbefugnis）の両概念を再検討することを通じて、固有必要的共同訴訟における本案と訴訟要件との関係を明らかにすることを目的とする。具体的には、ある事件が、複数の者全員が共同訴訟人となるべき固有必要的共同訴訟であるにもかかわらず、共同訴訟人となるべき全員が共同訴訟人とならなかった場合、請求が棄却されるのか、それとも、訴えが却下されるのか、という問題を検討する。

2　考察の必要性

　固有必要的共同訴訟とは、「数人が共同して訴えまたは訴えられて初めて訴訟の対象である権利または法律関係につき訴訟追行権が肯定される共同訴訟」であり、「全関係人により、または全関係人に対して提起されたのでない訴えは、訴訟追行権の欠缺により不適法として却下されなければならない」[1]。しかし、

---

1)　松本博之・人事訴訟法［第3版］（弘文堂・2012）126頁。秋山幹男ほか・コンメンタール民事訴訟法 I［第2版追補版］（日本評論社・2014）393頁以下、兼子一ほか・条解民事訴訟法［第2版］（弘文堂・

これを実際の事件に形式的に当てはめると、問題があると思われる裁判例が最近現れた。
　それは、「入会集団の構成員のうちに入会権確認の訴えを提起することに同調しない者がいる場合には、入会権の存在を主張する構成員が原告となり、同訴えを提起することに同調しない者を被告に加えて、同訴えを提起することも許される」と判示した、最判平成20年7月17日民集62巻7号1994頁の差戻審である鹿児島地判平成23年6月15日（判例集未登載・LLI/DB判例秘書・判例番号 L06650295）である[2]。
　最高裁が「上告人らと被上告人入会権者ら以外の本件入会集団の構成員の有無を確認して本案につき審理を尽くさせるため、本件を第1審に差し戻」したのを受けて、差戻審が本件入会集団の構成員を調査したところ、原告（上告人）の主張する入会集団の構成員の他に少なくとも3名が入会集団の構成員であることが判明した。そのため、差戻審は、「本件入会集団の構成員全員が本件訴えの訴訟当事者となっているとは認められない以上、本件訴えは当事者適格を欠く不適法なものであるといわざるを得ない」として、訴えを却下した。
　この裁判例は、原告の主張する入会権者全員が入会権者であると裁判所により認定されて、はじめて固有必要的共同訴訟の要件が満たされるように読める。そうであるならば、原告の主張する入会権者全員が入会権を有していることが認定されない限り、本案判決ができないことになるが、このような取扱いは果たして妥当だろうか[3]。
　これは、単なる説明の仕方の問題ではないと思われる。訴訟要件は、公益のために本案判決の前提として具備する必要があるため、職権調査事項であり、審理原則も本案と異なる。さらに、訴え却下判決は、請求棄却判決と既判力の範囲も異なる。
　このように、固有必要的共同訴訟の成立要件が本案か訴訟要件かという問題

2011）210頁以下〔新堂幸司＝高橋宏志＝高田裕成〕も同旨。
[2]　この事件の詳細とその後の経緯については、中尾英俊＝江渕武彦編・コモンズ訴訟と環境保全（法律文化社・2015）231頁以下。
[3]　共同相続人のうち自己の相続分の全部を譲渡した者は、遺産確認の訴えの当事者適格を有しないとした最判平成26年2月14日民集68巻2号113頁にも、同じ問題が起こりうるが、遺産確認訴訟の特殊性に鑑み、ここでは考察の対象としない。この点については、鶴田滋「判批」判評684号（2016）200頁を参照。

3 考察の方法

筆者は以前この問題について、母法であるドイツ民事訴訟法の状況を紹介したが[4]、その歴史的経緯まで紹介することはできなかった。なぜなら、現在のドイツの学説では、現在の日本の学説と同様に、固有必要的共同訴訟の成立要件は、訴訟追行権の問題の一つとして位置づけられているため、前者の問題を説明するためには、後者の問題、とりわけ訴訟追行権と実体適格の関係をまず解明する必要があったからである[5]。

ところが、後述の先行研究が指摘するように、訴訟追行権と実体適格の両概念は、紆余曲折を経て形成されている。さらに、日本の伝統的な見解は訴訟追行権と実体適格を混同していたことが、訴訟承継や口頭弁論終結後の承継人への既判力拡張に関する松本博之教授の一連の論考で指摘されている[6]。

そこで、本稿は以下の順序で考察する。まず、先行研究の助けを借りて、実体適格概念と訴訟追行権概念がドイツにおいて形成される過程を紹介し（Ⅱ）、次に、特定の訴訟当事者がどのような要件でどのような根拠から訴訟追行権を得るのかを明らかにした後（Ⅲ）、その結果を固有必要的共同訴訟における訴訟要件と本案の問題に当てはめる（Ⅳ）。最後に考察のまとめと今後の課題を提示する（Ⅴ）。

---

4) 鶴田滋・共有者の共同訴訟の必要性（有斐閣・2008〔初出2005〕）166頁注4。
5) この点に関連する日本の先行研究として、青木哲「給付訴訟における権利能力のない社団の当事者適格と本案の問題について」伊藤眞先生古稀祝賀・民事手続の現代的使命（有斐閣・2015）3頁、徳田和幸「給付訴訟における当事者適格の機能について」複雑訴訟の基礎理論（信山社・2008〔初出2005〕）316頁、福永有利「給付訴訟における当事者適格」民事訴訟当事者論（有斐閣・2004〔初出1995〕）337頁、中野貞一郎「当事者適格の決まり方」民事訴訟法の論点Ⅰ（判例タイムズ社・1994〔初出1993〕）93頁などがある。
6) 松本博之「民事訴訟における訴訟係属中の係争物の譲渡」民事訴訟法の立法史と解釈学（信山社・2015〔初出2011〕）258頁、同「口頭弁論終結後の承継人への既判力の拡張に関する一考察」同書360頁（初出2012）。日本における「当事者適格」概念の形成史については、松本博之＝上野泰男・民事訴訟法〔第8版〕（弘文堂・2015）261頁以下〔松本〕。

II 実体適格概念と訴訟追行権概念の形成

1 実体適格概念の形成

　福永有利博士および松原弘信教授の研究によれば、ドイツにおいて、実体適格の概念は、次のような経緯により形成された[7]。

　18世紀後半のドイツにおいては、実体的法律関係の主体のみが訴訟当事者となることができ（これを実体的当事者概念という）、その意味で「正当な当事者（die rechten Parteien）」であると理解された。しかしこれでは、訴訟当事者として登場した者が「正当な当事者」と判断されるには、本来本案審理の対象であるべき実体的法律関係の存否までが審理・判断されなければならない。

　そこで、当時の多くの普通法学者は、権利の客体的存在と主体的帰属を区別し、前者はそれが存在することの主張で足りるが、後者は、権利義務の主体的帰属すなわち実体適格が存在することの証明を、本案審理の要件とした。実体適格は、訴訟能力や代理権と同様に、訴訟が形式的に有効であるための要件とされ、その欠缺は手続全体を無効とするものとされた。実体適格欠缺の抗弁の提出または職権により、実体適格は常に本案に先立って審理・判断され、実体適格が存在しないと判断されると一時的な免訴判決（absolutio ad instantia）が下され、訴訟が終了した。

　しかし、19世紀になり、当時の有力な学者は、たしかに、実体適格は、原告が第三者から譲り受けた債権の履行を被告に対して求める場合では、権利の客体的存在と区別することができるが、そうでない通常のケースでは、実体適格のみを本案審理の前提問題として特別扱いする必要はない、と批判した。そこで、19世紀の中葉までに、実体適格は、係争権利義務の帰属主体であることの資格の問題として、訴えを理由づける本案の問題の一つとして位置づけられた。したがって、被告は、実体適格の不存在を理由に応訴を拒むことはできず、それを理由に裁判官は原告の請求を棄却することができるに過ぎないと理

　7）　福永有利「ドイツにおける当事者理論の変遷」前掲書注5）12頁以下（初出1967）、松原弘信「民事訴訟法における当事者概念の成立とその展開(1)」熊本法学51号（1987）100頁以下。*Mantzouranis*, Die notwendige Streitgenossenschaft im Zivilprozess, 2013, S. 96 ff. なお、中村宗雄「訴訟遂行権の系譜的考察」民事訴訟法学の基礎理論（敬文堂書店・1957〔初出1956〕）121頁も参照。

解された。したがって、実体適格は、以前のような私法と訴訟法をつなぐ概念ではなくなった[8]。

ただし、この時期にも、民事訴訟法の体系書等は実体適格に言及し、例えば、実体適格は、処分権能と同視され、具体的な訴訟物を処分する権能、すなわち、争いとなっている実体法上の法律関係を処分する権能を指すと理解された[9]。これについて、Planck は、破産者は破産手続開始により差し押さえられた財産を債権者の不利に処分する権能を失い、それゆえ、この財産について訴訟を追行するための実体適格も失うとする[10]。しかし、この説明によれば、係争権利義務主体である破産者は、実体適格を有しないために、係争権利義務についての訴訟を追行することができないことになる。それゆえ、Planck は、当時の通説的理解とは異なる意味で実体適格概念を使っている[11]。また、ある者が訴訟当事者として訴訟を追行するには、彼が係争権利義務の主体であることよりも、その権利義務について処分権能を有することが重要であることも示している。

共同訴訟においても、1844 年に公表された Planck のモノグラフィーにおいて、共同訴訟の抗弁は訴訟上の問題でなく、実体適格の問題すなわち本案の問題であると主張され[12]、この見解は、後述の Hellwig の見解が登場するまで支配的であった。例えば、Gaup および Stein のコンメンタールによれば、共同権利者の一部によるまたは共同義務者の一部に対する訴えは、実体適格を欠くために、「実体的に理由がないとして棄却される」[13]。Lux も、共同訴訟の必要性の問題は実体適格の問題であると捉えた[14]。

---

8) *Diederichsen*, Die Funktion der Prozeßführungsbefugnis in ihrer Beschränkung auf Drittprozesse, ZZP 76 (1963), 400, 410.
9) *Gaup/Stein*, Die Civilprozessordnung für das Deutsche Reich, 6. u. 7. Aufl., Bd. 1, 1904, §51 I (S. 146).
10) *J. W. Planck*, Lehrbuch des Deutschen Civilprozessrechts, Bd. 1, 1887, S. 215.
11) 福永・前掲注7) 44 頁も参照。
12) 鶴田・前掲注4) 28 頁（初出 2004）。
13) *Gaup/Stein*, a.a.O. (Fn. 9), §62 Ⅲ (S. 187).
14) 鶴田・前掲注4) 166 頁注4（初出 2005）。もっとも Hellwig がこの点を、Lux の著書の書評において批判する。*Hellwig*, Deutsche Juristen-Zeitung 1906, 1381.

2 訴訟追行権概念の形成

(1) 民衆訴訟 (Popularklage) 排除の必要性

福永有利博士、松原弘信教授および山本弘教授の研究によれば[15]、1877年のCPOの制定後、実体法上の権利関係の主体以外の第三者による訴訟追行を正面から認める必要が生じた。これを第三者の訴訟担当という。訴訟担当概念の創設者であるKohlerは、係争権利関係の主体以外の第三者が訴訟を追行することを認める根拠として、第三者が権利義務主体に帰属する権利義務について「処分用益権」を有することを挙げる。すなわち、訴訟は処分ではないが、訴訟の結果により私法上の処分に類似する効果をもたらすので、他人の権利義務について処分権を有する訴訟担当者が、当該訴訟において有利にも不利にも訴訟行為をすることができる、とした[16]。

訴訟担当概念の創設に伴い、当事者の概念を訴訟物たる法律関係から切断する形式的当事者概念が成立する。実体的当事者概念の下では、他人の権利義務についての訴訟追行は許されないことが前提であったが、形式的当事者概念の下では、実体法的に互いに全く関係のない当事者同士が訴訟法律関係を形成できるようになったため、係争権利義務と全く関係のない第三者による訴訟追行を排除する必要が生じた。この民衆訴訟の排除のために創設されたのが、訴訟追行権概念である[17]。

(2) 訴訟要件としての訴訟追行権

ドイツ訴権論における権利保護請求権説を発展させたHellwigは[18]、その権利保護要件論のなかで、訴訟追行権概念を実体適格から独立して創設した[19]。しかし、その権利保護要件論には変遷があるため[20]、訴訟追行権概念の形成過程の探究の際にもこれに注意を払う必要がある。

---

15) 福永・前掲注7) 24頁以下、とりわけ39頁以下、松原弘信「民事訴訟法における当事者概念の成立とその展開(2)」熊本法学52号 (1987) 35頁以下、山本弘「権利保護の利益概念の研究 (3・完)」法協106巻9号 (1989) 1551頁以下。なお、中村・前掲注7) 128頁以下も参照。

16) *Kohler*, Der Dispositionsnießbrauch, Jahrbücher für die Dogmatik des heutigen römischen und deutschen Privatrechts Bd. 24 (1886), 187, 319 f. 福永・前掲注7) 32頁、松原・前掲注15) 47頁。

17) *Lüke*, Prozeßführungsbefugnis, ZZP 76 (1963), 1, 13.

18) この点については、富樫貞夫「ドイツ訴権論の成立過程」民訴11号 (1965) 98頁、同「権利保護請求権説の形成」熊本法学4号 (1965) 1頁、同「権利保護要件論について」熊本法学32号 (1982) 41頁に詳しい。

19) 松原弘信「民事訴訟法における当事者概念の成立とその展開(3)」熊本法学54号 (1987) 65頁以下。

20) 富樫・前掲注18)「権利保護要件論について」55頁。

Hellwig は、1900 年出版の『Anspruch und Klagrecht』では、権利保護の要件として、訴訟要件（Prozessvoraussetzungen）と勝訴要件（Klagvoraussetzungen）を区別し、さらに後者を、実体的勝訴要件と訴訟的勝訴要件に区別する。訴訟要件とは、本案の裁判をするのに必要な要件であり、訴え提起の方式、管轄権の存在、訴訟能力および代理権の存在などがこれに当たる。勝訴要件とは、国家に対し一定の判決の言渡しによる裁判上の権利保護を要求する権利が特定人に帰属する要件である。このうち実体的要件は訴訟物たる権利関係の存在または不存在を指し、それとは無関係の要件が訴訟的要件と呼ばれる[21]。訴訟的勝訴要件は、訴訟却下（Prozessabweisung）をもたらす訴訟要件とは異なり、それを欠く場合には、請求権の期限未到来を理由とする請求棄却判決と同様に、原告の主張する訴権の現時点における存在を否定する、本案の裁判としての「一時的棄却（Abweisung zur Zeit）」をする[22]。

この段階では、実体適格は、実体的勝訴要件に属し、純粋に実体法の問題とされた[23]。実体適格の問題で重要なのは、権利が誰に帰属するか、義務が誰に対して帰属するかだけでなく、複数の者に共同して帰属するまたは複数の者に対して向けられる一つの権利が、個々人によりまたは個々人に対して主張されうるかでもある、とされた[24]。

その後、『Lehrbuch des deutschen Zivilprozeßrechts』では、ある当事者に権利保護請求権を与えるためには、その当事者に訴訟追行権があることが要求された[25]。訴訟追行権は、当事者が、自ら主張する権利を裁判上主張する権能[26]、すなわち、「請求権の（裁判上の）主張権能」の問題であり[27]、訴訟追行権の存在は訴訟的勝訴要件に位置づけられ、訴訟追行権の欠缺は請求の一時的棄却をもたらす[28]。そして、この訴訟上の権利は、通常は、権利主体自身に帰属するが、多くの場合において、権利主体以外の者に帰属する、とされた[29]。

---

21) 富樫・前掲注 18)「権利保護要件論について」56 頁以下。
22) 富樫・前掲注 18)「権利保護要件論について」57 頁以下。
23) 松原・前掲注 19) 65 頁以下。
24) *Hellwig*, Anspruch und Klagrecht, 1900, S. 128.
25) *Hellwig*, Lehrbuch des deutschen Zivilprozeßrechts, Bd. 1, 1903, S. 155.
26) *Hellwig*, a.a.O. (Fn. 25), S. 155.
27) *Hellwig*, a.a.O. (Fn. 25), S. 317. 松原・前掲注 19) 66 頁も参照。
28) *Hellwig*, a.a.O. (Fn. 25), S. 163. 松原・前掲注 19) 66 頁。
29) *Hellwig*, a.a.O. (Fn. 25), S. 155.

ここで訴訟追行権と呼ばれる概念は、通常、実体適格とりわけ積極的実体適格（Aktivlegitimation）と呼ばれるが、両概念は異なる意味をもつ[30]。すなわち、訴訟追行権は、主張された法律関係と原告との関係から生じる、または、訴訟追行する権利を付与する訴訟上の規定から生じる権限であり、訴訟追行権の欠缺により、具体的権利の裁判上の追行権限を失わせるものである。これは、権利帰属主体性の意味での積極的実体適格の問題とは明確に区別される。訴訟追行権がないことは、訴求された権利の存在が否定されるのではなく、本案の裁判を排除する訴訟上の欠缺を理由に訴えが退けられることを意味する。例えば、妻による訴えが、自らが債権者ではないことを理由に棄却されるのと、自らに訴訟追行権がないこと（旧BGB1400条2項[31]）を理由に棄却されるのは意味が異なり、それに応じて既判力も異なる。

　消極的実体適格（Passivlegitimation）も、訴訟追行権とは区別されるべき実体法の問題である[32]。例えば、給付訴訟の場合、係争義務の帰属主体に消極的実体適格が帰属する。もっとも、相続を承認する前の債務者の相続人のように、消極的実体適格があるにもかかわらず、被告の訴訟追行権がない場合もある。しばしば、第三者が、管理権に基づいてまたは特別の訴訟法命題に基づいて、他人の法律関係について訴訟追行することもある。

　その後も、『System des deutschen Zivilprozeßrechts』において、訴訟追行権は「請求権の裁判上の主張権能」または「争訟事件を追行する権能」と定義される。この段階では、訴訟的勝訴要件の欠缺の場合、訴訟要件と同様に、訴えを不適法却下すべきであるとされたため、訴訟追行権欠缺の場合も、請求の一時的棄却ではなく、訴えの不適法却下となった[33]。

　以上により、訴訟追行権は、係争権利義務についての「裁判上の主張権能」と定義され、係争権利義務主体性を意味する実体適格と明確に区別された。そして、訴訟追行権は、現在でいうところの訴訟要件の一つとして位置づけられ

---

30) *Hellwig*, a.a.O. (Fn. 25), S. 156 f.
31) 旧BGB1400条2項「妻ハ夫ノ同意ヲ得タル場合ニ限リ持参財産ニ属スル権利ヲ訴ニ依リテ実行スルコトヲ得」神戸大学外国法研究会・独逸民法〔IV〕親族法（有斐閣・1955〔初出1938〕）124頁。
32) *Hellwig*, a.a.O. (Fn. 25), S. 159.
33) *Hellwig*, System des deutschen Zivilprozeßrechts, Teil 1, 1912, S. 161, 163. 松原・前掲注19) 67頁。ただし、この著書では、訴訟追行権は実体適格と同義に解されており、実体適格概念が従来の見解と異なる。

た。このような理解は、その後支配的見解を形成した[34]。

(3) 訴訟追行権の基礎としての管理処分権

　これに加えて、Hellwig は、ある者に、係争法律関係を裁判上主張する権能すなわち訴訟追行権が付与される根拠、すなわち、実体法上の権利とその裁判上の主張権能をつなぐ根拠を管理権に求めている。Hellwig は、『Lehrbuch』の段階では、管理権は、事実行為および法律行為をする権能と定義されていたが、『System』の段階においては、Lux の見解に影響を受けて、不当判決により経済的に処分行為をするのと同じになることから、管理権の内容として最も重要なものを私法上の処分権と見る[35]。

　このように、Hellwig は、訴訟追行権の基礎として実体法上の管理権または処分権（以下では、管理処分権と呼ぶ）を持ち出すのであるが、その意義は、形式的当事者概念の下、訴訟当事者が係争権利義務主体であっても、彼が訴訟追行権を得ることができないことがあり、かつ、係争権利義務の帰属主体でない第三者であっても、彼が訴訟担当者として訴訟追行権を得ることがあることを、統一的に説明できることにある。すなわち、係争権利義務の帰属主体は、通常はその権利義務について管理処分権を有しているので、当該権利義務が訴訟対象となっている訴訟の訴訟追行権を得るが、例外的にその権利義務について管理処分権を有しない場合には、自らに帰属する権利義務が訴訟対象となっていても、その訴訟の訴訟追行権を有しない。例えば、ある財産について複数の者に共同して管理処分権が帰属する場合には、同じことがその財産に帰属する対象についての訴訟追行にも当てはまり、それゆえ、共同の権利について共同でのみ処分できる複数の合有権者全員が共同訴訟人となる必要がある[36]。これに対

---

34) 例えば、*Lüke*, a.a.O. (Fn. 17), 15; *Rosenberg*, Lehrbuch des deutschen Zivilprozessrechts, 9. Aufl., 1961, S. 193. ただし、Grunsky は、ある者が原告となり他人の権利を訴訟上主張する場合には、原告が他人の権利を行使することが実体法上認められていないことを理由に請求を棄却すべきであるから、訴訟追行権概念は不要であると述べる。*Grunsky*, Die Prozeßführungsbefugnis des Beklagten, ZZP 76 (1963), 49; *Grunsky*, Grundlagen des Verfahrensrechts, 1970, S. 233. しかし、この見解は、訴訟追行権の欠缺の場合と実体適格の欠缺の場合には既判力効に重大な違いがあること、および、訴訟追行権には民衆訴訟を排除する機能があることといった訴訟上の考慮に配慮していないと批判されており、現在支持されていない。*Stein/Jonas/Florian Jacoby*, Kommentar zur Zivilprozessordnung, 23. Aufl., 2014, Bd. 1, vor §50 Rdnr. 31; *Wieczorek/Schütze/Rainer Hausmann*, Zivilprozeßordnung und Nebengesetze, 3. Aufl. Bd. 1, 2. Teilband, 1994, vor §50 Rdnr. 42, Fn. 137.

35) 以上について、鶴田・前掲注4）166頁以下（初出 2005）。

36) *Hellwig*, a.a.O. (Fn. 33), S. 164. 各共同相続人に個別訴権を付与する BGB2039 条は、この原則の例外であるとする。

して、係争権利義務の帰属主体でない第三者は、通常は、訴訟の対象となりうる権利義務について管理処分権を有しないので、当該権利義務についての訴訟の訴訟追行権を有しない。しかし、第三者が、他人の財産を管理する包括的権利を有する場合には、訴訟担当者として訴訟追行権を有する[37]。

ただし、この点は支配的見解となったわけではなく、その後、係争権利義務についての管理処分権の有無という統一的な基準によって、当事者の訴訟追行権の存否を決めることができるのかについて争われた[38]。

III 訴訟追行権をめぐる本案と訴訟要件

1 係争権利義務の法的実現可能性とその主張

訴訟追行権の問題は、通常、個々の具体的な訴訟において、形式的当事者概念の下での当事者が、どのような要件で、主張された権利関係について訴訟追行権を有するのかという問題として扱われる。しかし、その前提として、ある当事者が訴訟追行権を有しうるその訴訟対象は何か、という問題もドイツでは検討される[39]。

Heintzmannによれば、訴訟追行権は、当該権利それ自体の「法的実現可能性 (die rechtliche Möglichkeit)」から生じ、「ドイツの法律によれば実現可能ないかなる権利に対しても」存在する[40]。したがって、訴訟追行権は、訴訟の対象が、ある権利または法律関係である場合にのみ存在しうる。それに対して、事実が対象となる訴訟においては、法律の明文の規定がある場合を除き、原則として訴訟追行権は存在しない。でっち上げられたに過ぎない法的問題についても同様である。例えば、空気の所有権は、ドイツの法律によれば承認されていないので、それに基づく訴えも不適法である。この場合、誰も当該訴訟対象について

---

37) *Hellwig*, a.a.O. (Fn. 33), S. 167.
38) 権利保護の必要性の要件として、申立人の利益を挙げる見解（*Schönke*, Das Rechtsschutzbedürfnis, 1950, S. 38 ff.）、訴訟追行権の基礎は、訴訟追行についての当事者の利益と、給付訴訟の場合、主張された権利の処分権能にあるとする見解（*Henckel*, Parteilehre und Streitgegenstand im Zivilprozeß, 1961, S. 105）などが存在する。Rosenbergも、訴訟追行権の基礎として管理処分権という概念を用いない。*Rosenberg*, a.a.O. (Fn. 34), S. 194.
39) *Heintzmann*, Die Prozeßführungsbefugnis, 1970, S. 43 ff.
40) *Heintzmann*, a.a.O. (Fn. 39), S. 46.

訴訟追行権を有しえない[41]。そして、訴訟追行権を有しうる訴訟対象である当該権利に実現可能性があるからこそ、原則として、当該権利の主体であると主張する者に訴訟追行権がある[42]。

2 係争権利義務についての訴訟追行権限の存在

ところで、訴訟追行権は、民衆訴訟の排除のために、すなわち、他人の権利義務について第三者が訴訟を追行する場面を限定するために、創設された概念である。したがって、第三者が他人の権利義務について訴訟追行するためには、その第三者が係争権利義務を主張するだけでなく、法律に基づくのであれ、権利義務主体からの訴訟追行の授権に基づくのであれ、自らが係争権利義務についての訴訟追行権限を有することが必要であることは、争いはない[43]。

しかし、訴訟追行権は、係争権利義務の帰属主体が当事者となる訴訟におけるその当事者には付与する必要がないとする見解が存在する。Diederichsenは次のように述べる。実体適格の欠缺の場合、したがって自らの権利として主張される請求権が原告に帰属しないまたは被告に対して帰属しない場合には、本案の問題として請求が棄却される。しかし、訴訟追行権は、通常、実体権の帰属主体性に向けられるべきであるので、原告に主張された権利が帰属しない場合にも原告の訴訟追行権は存在せず、実体適格欠缺によるいかなる請求棄却も、論理的には、同時に訴訟追行権の否定も含むこととなる。そして、訴訟追行権は、本案の前に考慮されなければならないので、この場合、訴えは不適法として却下されなければならないことになろう[44]。そうであるならば、実体法上の権利主体による訴えは、実体法がその権利者に権利の主張可能性を与えているから、あえて訴訟追行権を彼に付与する必要はなく、債権者は債務者に催告し、債務者の債権と相殺し、また債務者と和解することができるのと同様に、権利主体は、特別の権限がなくとも訴訟の方法で自らの権利を実現することができ

---

41) *Heintzmann*, a.a.O. (Fn. 39), S. 46.
42) *Heintzmann*, a.a.O. (Fn. 39), S. 47.
43) *Lüke*, a.a.O. (Fn. 17), 19; *Musielak/Voit/Weth*, Zivilprozessordnung mit Gerichtsverfassungsgesetz, 12. Aufl., 2015, §51 Rdnr. 16; MünchKommZPO/*Lindacher*, Bd. 1, 4. Aufl., 2013, vor §§50 ff., Rdnr. 42 f.
44) *Diederichsen*, a.a.O. (Fn. 8), 415 f.

る、という[45]。

これに対して、Heintzmann は次のように反論する。主張された権利をめぐる訴訟についての訴訟追行権を有するのは、その実体法上の権利の帰属主体であるだけでなく、権利を自らのために請求できる者である必要がある。したがって、訴訟追行権は、主張された権利と分かちがたく結びついているわけでなく、権利についての処分権能と同様に分離可能である[46]。それゆえ、原告が訴求する債権の帰属主体であると主張するだけで必ず本案判決がなされるわけではなく、彼が自らの主張する債権の帰属主体であるだけでなく、通常はその権利について処分権能を有するために、その権利についての処分行為をすることができるのと同様に、債権者は、彼が主張した権利について訴訟追行権能を有している場合にのみ、訴訟上の法律行為、すなわち訴訟追行をすることができる[47]。それゆえ、ある当事者が訴訟追行権を有するのは、通常、その当事者が、当事者自身が権利の主体であるとの主張をし、かつ、その当事者から訴訟追行権が剥奪されていない場合である、と述べる[48]。

3 訴訟追行権の基礎としての係争権利義務についての処分権能

現在のドイツでも、訴訟追行権の基礎が係争権利義務についての管理処分権にあるという準則が原則としては妥当しているものと思われる。もっとも、自らに権利義務が帰属すると主張するだけでその者に訴訟追行権が付与されると説明し、その基礎としての処分権能に触れない見解は多い[49]。しかし、それは、権利義務帰属主体が当該権利義務についての処分権能を有することは通常は当然に認められるからであろう[50]。

---

45) *Diederichsen*, a.a.O. (Fn. 8), 419 ff.
46) *Heintzmann*, a.a.O. (Fn. 39), S. 47.
47) *Heintzmann*, a.a.O. (Fn. 39), S. 47. さらに、*Heintzmann*, a.a.O. (Fn. 39), S. 60 では、訴訟追行権の内容を、本案すなわち訴訟物について弁論をする権能とし、それゆえ、訴訟追行権を訴訟物についての「処分権能」に類するものと呼ぶことができるとする。
48) *Heintzmann*, a.a.O. (Fn. 39), S. 48.
49) 例えば、*Rosenberg/Schwab/Gottwald*, Zivilprozessrecht, 17. Aufl., 2010, §46 Rdnr. 5 (S. 227); MünchKommZPO/*Lindacher*, a.a.O. (Fn. 43), vor §§50 ff., Rdnr. 42. 最判平成23年2月15日判時2110号40頁も参照。
50) ただし、*Sinaniotis*, Materielle Begründung der Legitimation, Festschrift für Reinhold Geimer zum 65. Geburtstag, 2002, S. 1175 は、この見解を批判する。日本でも、これと同様の見解が有力であるが（福永有利「当事者適格理論の再構成」前掲書注5）126頁、同「当事者適格と処分権能との結びつき」同書176

この点に関して、例えば、Henckel によれば、訴訟追行権の基礎が処分権能であることは、判決が処分類似の効力を生じさせることから導かれる。実体法上の権能と訴訟上の権能を互いに適合させるために、処分権能は訴訟においても考慮されなければならない。通常は、権利主体は自らの権利を自由に処分できるために、その権利が訴訟の対象となっている訴訟の訴訟追行権を有する[51]。

　Henckel をはじめとする支配的見解は、第三者が係争権利関係についての処分権能を有しない場合にも他人の権利義務について訴訟追行権を得ることがあるが、その場合には権利義務主体へ既判力は拡張されず[52]、訴訟担当者が追行した訴訟についての既判力が係争権利義務主体に拡張されるのは、訴訟担当者が係争権利義務についての処分権能を有している場合、または、権利義務帰属主体が自らの訴訟追行権を完全に剥奪されている場合に限られると述べるが[53]、このことも訴訟追行権の基礎が原則として係争権利義務についての処分権能であることを裏付ける。なぜなら、訴訟行為が実体法上の意味での処分ではなく、判決が実体法上の処分と見なされないとしても、係争権利義務主体が訴訟当事者となった場合には、彼が自己の権利義務についての処分権能を有しているからこそ、自らの拙い訴訟追行の結果に拘束されるのと同様に、係争権利義務について訴訟追行権を有する第三者が、係争権利義務主体の権利義務について処分権能を有するからこそ、その不利な訴訟の結果を第三者自身のみならず係争権利義務主体にも拘束させることができるからである。

　その他、Grunsky も、原則として、係争権利義務の帰属主体のみが訴訟追行権を有し、第三者は他人の権利義務についての訴訟追行権を有しないことについて、次のように説明する[54]。権利主体は、自らの権利を原則として自ら訴求

頁〔いずれも初出 1974〕）、訴訟追行権が与えられるべきすべての場合の訴訟追行権を、実体法上の処分権能から基礎づけることができないことを理由に、伝統的見解を批判するのは生産的でないし、訴訟追行権が実体適格から独立して形成された歴史的経緯を軽視すべきではない。
51）　Henckel, a.a.O. (Fn. 38), S. 107.
52）　各共同権利者に共同の権利についての訴訟の法定訴訟担当を認める BGB432 条、1011 条および 2039 条のケースを念頭に置いて、Henckel, a.a.O. (Fn. 38), S. 46. この点におけるドイツの学説・判例の状況は、鶴田・前掲注 4）177 頁（初出 2005）を参照。
53）　Henckel, Parteibegriff und Rechtskraftserstreckung, ZZP 70 (1957), 448, 462 f.; *Stein/Jonas/Dieter Leipold*, Kommentar zur Zivilprozessordnung, 22. Aufl., 2007, Bd. 4, §325 Rdnr. 55; MünchKommZPO/*Gottwald*, Bd. 1, 4. Aufl., 2013, §325 Rdnr. 48.
54）　Grunsky, Prozeßstandschaft, 50 Jahre Bundesgerichtshof: Festgabe aus der Wissenschaft, Bd. 3, 2000, S. 109, 111 f.

できなければならない。訴求権能 (die Klagebefugnis) は、明文の規定がなくても、これを否定する規定が存在しない限り、いかなる権利にも含まれる。仮に、第三者が、他人の権利について訴訟追行をすることができるとすれば、その請求が棄却されることによって、実質的に第三者により他人の権利が処分されるのと同じ結果をもたらすことになる。このようなリスクを係争権利帰属主体が引き受ける必要はない。このリスクを回避するために、第三者に対して下された判決の効力が権利主体に拡張されないとすることも考えられるが、これも顧慮する必要はない。なぜなら、この帰結は、被告の利益と対立するからである。すなわち、仮に、権利主体が判決に拘束されないとすれば、前訴における棄却判決が被告にとって価値のないものであるために、権利主体がいつでも新たに訴えを提起できることになるからである。この帰結により、被告は一度の請求棄却判決により勝訴を確実にすることができず、逆に原告は第三者に訴訟を先行させることにより、被告の訴訟リスクより多くのチャンスを得ることになる。これは訴訟上の武器対等の原則に反すると述べる。

なお、固有必要的共同訴訟の成否基準でも、訴訟追行権の基礎を係争法律関係についての実体法上の処分権能に求める考え方が現在のドイツでは支配的である[55]。

IV 固有必要的共同訴訟における本案と訴訟要件

以上の考察から、固有必要的共同訴訟における本案と訴訟要件の関係はどうあるべきかについて述べる。

1 本案判決の対象とその特定責任主体

共同権利者が共同の権利を主張する訴訟では、「共同権利者に共同して帰属する権利が存在すること」が訴訟の対象となる。これは、法的に実現可能な権利であるため、訴訟追行権が帰属しうる訴訟対象である。これは、客体的側面と主体的側面に区別することができ、前者は、ある権利が存在すること、後者

---

[55] 鶴田・前掲注4) 168頁以下 (初出 2005)。ただし、支配的見解を批判するものとして、*Mantzouranis*, a.a.O. (Fn. 7), S. 130 ff.

は、実体適格の問題、すなわち、その権利が共同権利者全員に共同して帰属することであり、その両者が本案審理の対象となる。これに対して、共同義務者に対して共同の義務を主張する訴訟では、「共同義務者全員に共同して帰属する義務が存在すること」が訴訟の対象であり、当該義務が共同義務者全員に共同して帰属することが実体適格の問題となる。

　訴訟上の請求の特定主体は原告であるため、まず原告がどのような権利関係を訴訟物とするかを特定した上で、原告および被告に当該請求についての訴訟追行権が認められるのかを判断すべきこととなる。もっとも、裁判所の釈明権の行使により、適切な訴訟物または当事者の特定を原告に促すことは可能であり、事案の適切な処理の観点からはこれが望ましい。しかし、裁判所の釈明に応じるかどうかの最終的な責任は原告にある。

2　共同権利義務者全員による訴訟追行権の共同とその根拠

　共同権利者が共同の権利を主張する訴訟においては、自らが共同権利者であると主張する者全員が共同原告となり、「共同権利者全員に共同して帰属する権利が存在すること」、すなわち全員に実体適格があることを訴訟上主張することにより、これらの者全員に共同して訴訟追行権が付与される。なぜなら、実体適格を有する共同権利者全員が、原則として共同の権利について共同して処分権能を有しており、かつ、共同権利者の一部がその処分権能を剥奪されていないからである。

　したがって、原告の特定した訴訟対象たる権利の主体と、原告となった者が一致すれば、他の訴訟要件が満たされている限り、本案判決をすることができる。それゆえ、審理の結果、原告の主張した権利の主体の数と、裁判所が認定した権利主体の数が異なった場合、訴訟判決をすべきではなく、本案判決（請求棄却判決または一部認容判決）をすべきである。これに対して、原告が特定した係争権利主体と、原告になった者が異なる場合、原告となった者に、係争権利主体となっているが原告となっていない者のための訴訟担当者としての資格が認められない限り、訴訟判決（訴えの全部却下または一部却下）をすべきである。

　共同義務者に対して共同の義務を主張する訴訟においても、同様のことが当てはまる。

3 具体的ケースにおける検討

以上の準則を、以下に掲げる事例に当てはめる。

【事例 a】 X ら 200 名は Y を被告として、本件土地が X ら 200 名の入会権者の総有であることを主張して、当該土地についての Y 所有名義の抹消登記請求訴訟を提起した[56]。審理の結果、当該土地の入会権者は X ら 200 名以外に A も存在することが明らかとなった。

【事例 b】 【事例 a】と同じ訴えが提起されたが、審理の結果、当該土地の入会権者は、X らのうち 150 名のみであることが明らかとなった。

いずれの事例も、原告の主張する係争権利の主体と原告が一致している以上、X らは訴訟追行権を有する。【事例 a】では、X らの請求を全部棄却すべきであり、前述の鹿児島地判平成 23 年 6 月 15 日の事案も同様である。【事例 b】では、通常は判決事項が申立事項に含まれるので、一部認容判決として、入会権者 150 名による登記抹消を命じる判決を下す。

【事例 c】 X は Y を被告として、本件土地が X ら 200 名の入会権者の総有であることを主張して、当該土地についての Y 所有名義の抹消登記請求訴訟を提起した。

【事例 d】 【事例 c】において、X が当該土地についての Y 所有名義の抹消登記請求権を保存行為に基づいて X が単独で主張できると述べた場合はどうか。

【事例 c】および【事例 d】では、原告の主張によれば、係争権利の帰属主体全員が訴訟当事者となっていないので、第三者の訴訟担当が認められる場合を除き、訴え却下となる。【事例 d】では、現在の判例によれば、保存行為に基づく訴訟担当者としての X による単独訴求は許されていないので、訴え却下となる。

【事例 e】 X は、XY 間の売買契約により当該土地の所有権を取得したが、Y の死亡により、本件移転登記義務を Y の共同相続人である A および B が

---

56) 最判昭和 41 年 11 月 25 日民集 20 巻 9 号 1921 頁、最判昭和 57 年 7 月 1 日民集 36 巻 6 号 891 頁を参照。

承継したと主張して、AとBを被告として、Xへの所有権移転登記請求訴訟を提起した。審理の結果、Yの共同相続人は、AおよびBのみならず、Cも存在することが明らかとなった。

【事例 f】 Xは、XY間の売買契約により当該土地の所有権を取得したが、Yの死亡により、本件移転登記義務をYの共同相続人であるAおよびBが承継したと主張して、Aのみを被告として、Xへの所有権移転登記請求訴訟を提起した。

【事例 e】では、Xの主張する義務の帰属主体と、現実に被告となっている者が一致しているので、ABは共同して訴訟追行権を有するが、裁判所の認定した共同義務者がABCである以上、Xの請求は棄却される。

これに対して、【事例 f】では、Xの主張する義務の帰属主体と現実に被告となっている者が一致しないため、Aが単独で当該土地所有権移転登記義務を履行できることが実体法上承認されていない限り[57]、Xの訴えは却下される。

V おわりに

1 本稿のまとめ

本稿で明らかにしたのは、主に次の3点である。

① 実体適格は係争権利義務の帰属主体性の問題であり、訴訟追行権は係争権利義務についての裁判上の主張権能であると定義される。前者は本案の問題であるのに対し、後者は訴訟要件の問題である。

② 訴訟当事者として本案について有利にも不利にも訴訟行為をすることができることを意味する訴訟追行権の基礎は、原則として、係争権利義務についての実体法上の処分権能にある。訴訟当事者が、自らが係争権利義務の主体であると主張すれば原則として訴訟追行権を得るのは、当該権利義務の処分権能を有するのは通常その権利義務の帰属主体であるからである。

③ 固有必要的共同訴訟の領域でも、以上に述べた実体適格と訴訟追行権の

---

57) 現在の判例はこれを否定していると思われる。最判昭和38年3月12日民集17巻2号310頁。この判例の評価については、鶴田滋「共有者を原告・被告とする訴訟における固有必要的共同訴訟の成否」法時85巻9号（2013）14頁以下。

関係が当てはまる。共同権利者が共同の権利を共同して処分すべき実体法上の準則があることを前提に、共同権利者全員が共同の権利を訴訟上主張する場合には、原則として、共同権利者全員に共同して訴訟追行権が帰属する。この場合、他の訴訟要件を満たしている限り、訴えは適法であり本案判決がなされる。

2　今後の課題

本稿では、実体適格と訴訟追行権の両概念の意義を明らかにして、それを固有必要的共同訴訟における本案と訴訟要件の問題に当てはめたに過ぎない。しかも、訴えの類型論に応じた実体適格と訴訟追行権の関係につき論じることができなかった。

本稿における考察から、ある者が訴訟追行権を有することは、その者が自らの訴訟行為により訴訟対象を処分することと同じ結果をもたらしうることを意味することが明らかになった。そのため、今後は、複数の者が共同で訴訟追行権を有する場合には、それらの者の一部が単独で訴訟対象を処分することと同じ結果をもたらさないように、各々の訴訟追行権が互いに未然に制約されなければならないとの観点から、必要的共同訴訟の手続規律を明らかにしたい。

【付記】
　　本稿は、平成 27 年度科学研究費補助金（課題番号 27380122）の成果の一部である。

補助参加の利益について

伊東俊明

I　はじめに
II　検討の視点
III　議論状況の整理
IV　兼子理論
V　若干の検討
VI　おわりに

I　はじめに

　近年、学説・判例で解釈論および立法論が展開されている独立当事者参加と比べると、補助参加に関する議論は、株主代表訴訟における会社の被告取締役側への補助参加の許否をめぐる問題が立法によって一応の決着がついた後は、一段落した感がある[1]。もっとも、補助参加をめぐる諸問題についての理解が安定したわけではない。とりわけ、「補助参加の利益」(民訴法42条)に関しては、通説を形成した兼子一博士の考え方 (以下、「兼子理論」という) に対するアンチ・テーゼとして、補助参加の許容範囲を拡張する見解[2]が有力となっていた状況の下、第三者の介入を受けずに訴訟追行することについての当事者の利益を重

---

1)　独立当事者参加をめぐる立法論については、三木浩一＝山本和彦編・民事訴訟法の改正課題 (有斐閣・2012) 40頁以下、46頁以下参照。本稿は、訴訟参加論を展開するための準備的作業として、請求を定立しないプリミティヴな参加類型である補助参加について検討を行う。なお、紙幅の関係で、本稿で引用する文献は、論証の展開に必要となるものに限定している。
2)　井上治典「補助参加の利益」多数当事者訴訟の法理 (弘文堂・1981 [初出1970]) 65頁以下、伊藤眞「補助参加の利益再考」民訴41号 (1995) 1頁以下、新堂幸司・新民事訴訟法 [第5版] (弘文堂・2011) 802頁以下、山本和彦「補助参加の利益」長谷部由起子ほか編・基礎演習民事訴訟法 [第2版] (弘文堂・2013) 256頁以下、高橋宏志・重点講義民事訴訟法(下) [第2版補訂版] (有斐閣・2014) 425頁以下等。

視する見解[3]が主張され、議論が再燃している。本稿は、このような議論状況にある「補助参加の利益」の判断枠組みについて、新たな視座を呈示することを目的とする。

　本稿は、他人間に係属する訴訟に第三者が介入するためには、それを基礎づける積極的な根拠が必要となる、というスタンスに立ち、第三者の補助参加をする権利（以下、「参加権」という）[4]の正当化根拠について、補助参加の利益に関する議論の原点である兼子理論を手がかりに、被参加人との関係と被参加人の相手方（以下、「相手方」という）との関係に峻別して検討を行う。なお、本稿では、具体的な裁判例ではなく、兼子理論が補助参加の利益を肯定する【事例1】【事例2】と否定する【事例3】を用いて、検討を行う[5]。

　　【事例1】　主債務者参加事例
　　　X（債権者）がY（保証人）を被告として提起した保証債務履行請求訴訟に、Z（主債務者）がY側に補助参加する事例
　　【事例2】　保証人参加事例
　　　X（債権者）がY（主債務者）を被告として提起した主債務履行請求訴訟に、Z（保証人）がY側に補助参加する事例
　　【事例3】　同一の境遇にある者の参加事例
　　　X（被害者）がY（加害者）を被告として提起した不法行為に基づく損害賠償請求訴訟に、Z（Yから同種の被害を受けたと主張する者）がX側に補助参加する事例

II　検討の視点

　補助参加の利益は、当事者が異議を述べない限り、その有無を審査する必要

3）　笠井正俊「補助参加の利益に関する覚書」井上治典先生追悼・民事紛争と手続理論の現在（法律文化社・2008）215頁以下。
4）　権利としての補助参加という視点については、髙田裕成・リマークス14号（1997）126頁、特に128頁（以下「髙田①」）、兼子一ほか・条解民事訴訟法［第2版］（弘文堂・2011）228頁〔新堂幸司＝髙橋宏志＝髙田裕成〕。木川統一郎「補助参加」民事訴訟法重要問題講義(上)（成文堂・1992）102頁以下も参照。
5）　株主代表訴訟における会社の被告側への補助参加を含む「転用型」（髙橋・前掲注2）442頁以下）とされる事案については検討対象とはしない。

はない、という意味で、職権調査事項ではない、と解されている[6]。当事者が異議を述べない場合には、裁判所は、例えば、補助参加により訴訟関係が複雑になり、訴訟の進度が遅れる、という理由で補助参加を拒絶することはできない。これは、補助参加の申出をする者（以下、「参加人」あるいは「補助参加人」という）の訴訟追行によって、裁判資料が充実し、その結果、裁判所は真実に適った事実認定と適正な法律判断をすることができる、という考え方[7]に支えられた規律である。このような考え方も検討の余地はあるが、本稿では、補助参加の利益を、第三者の「参加権」と、「訴訟資料と訴訟の進行についての支配権」という意味での当事者の「訴訟支配権」[8]との調整のために設定された要件と捉える理解を前提とする[9]。また、本稿では、補助参加による「裁判資料の豊富化・充実化」という点は、補助参加の効用と捉えることとし、参加要件の考慮要素には含めないこととする[10]。

　補助参加の申出に対する異議権は、係属訴訟の当事者である被参加人と相手方に認められ、そのうちのいずれが異議権を行使したかは、補助参加の利益の考慮要素の一つにすぎないと解されている[11]。しかし、後述するように、補助参加により生じる不利益の内容は被参加人と相手方とで異なることに鑑みると、異議権の行使主体に着目することは[12]、補助参加の利益の判断構造を明らかにするための重要な視点となると考えられる。

---

6) 伊藤眞・民事訴訟法［第4版補訂版］（有斐閣・2014）641頁、松本博之＝上野泰男・民事訴訟法［第8版］（弘文堂・2015）803頁、高橋・前掲注2）426頁等。訴訟能力や当事者能力等は職権調査事項と解されている（秋山幹男ほか・コンメンタール民事訴訟法Ⅰ［第2版追補版］（日本評論社・2014）441頁（以下、「コンメ」）、新堂・前掲注2）807頁）。
7) 大正民訴法改正（大正15年4月24日）当時は、事案解明の促進という観点から、補助参加を積極的に評価する見解が多かった（細野長良・民事訴訟法要義（第2巻）（厳松堂書店・1931）286頁は、訴訟進行の遅延を除き「本訴訟ニ訴訟材料ヲ多カラシメ真実発見ニ益アリテ害ナキ」という。中島弘道・日本民事訴訟法（第一編）（松華堂書店・1939）278頁、前野順一・民事訴訟法論（第二編乃至第五編）（松華堂書店・1939）949頁も参照）。
8) 高田裕成・リマークス4号（1982）148頁、特に152頁（以下、「高田②」）。
9) 当事者間の利害調整のための要件という意味で、被告の応訴強制を正当化する要件としての側面を有する「訴えの利益」と共通するが、本案判決を求めているのではない点、および、被参加人と相手方という利害状況が異なる者との間の利害調整が必要となる点で特徴的である。
10) 参加人の保有する情報や証拠方法の量・内容に応じて補助参加の利益を判断することは、本来の補助参加の制度趣旨にそぐわないといえるとともに、参加人のする訴訟行為には、要証性の決定や上訴の提起に関する行為も含まれるため、裁判資料の量・内容を充実させる、という側面のみに着目した分析を行うことは妥当でないといえるからである。
11) 髙橋・前掲注2）439頁参照。
12) 和田直人「補助参加論の新たな試み（二・完）」東京都立大学法学雑誌45巻1号（2004）293頁以下参照。

補助参加の利益について

　第三者の参加権は、被参加人と相手方の訴訟支配権に対して一定の制約を課すことになる。補助参加に対する異議権は、自己の訴訟支配権を確保するための権能であり、その論拠は侵害される利益の内容に応じて異なると考えられる[13]。

　第三者の介入によって、訴訟関係が複雑になる結果、訴訟の進度が遅くなる、という不利益が、被参加人と相手方に共通して生じる。これは、訴訟参加制度に内在する不利益であり、補助参加の利益が存する限り、当事者は甘受しなければならない不利益といえる。

　被参加人に対しては、さらに別の不利益が生じうる。訴訟行為の効力に関する被参加人と参加人との内部関係は、いわゆる「従属性準則」（民訴法45条1項ただし書・2項）によって、規律される[14]。被参加人が補助参加に対して異議を述べる理由は、従属性準則だけではカヴァーできない不利益の発生を回避することにある。従属性準則で足りるのであれば、被参加人に異議権を認める必要はないからである。

　被参加人に対しては、具体的には、参加人の訴訟追行を監視し、従属性準則を発動させるか否かを見極め、参加人の訴訟追行の効力を否定する場合には、適時に積極的な抵触行為をしなければならない[15]、という不利益が生じることになる。敷衍すると、消極的な行動選択、例えば、弁論主義のレベルでは「主要事実を主張しない」、処分権主義のレベルでは「上訴を提起しない」[16]といった訴訟追行が否定されうる、という意味で、弁論主義および処分権主義によって保障されている訴訟追行の自由が制約される、という内容の不利益である[17]。

---

13) 　当事者は異議権を放棄することができる（秋山ほか・前掲注6）434頁等）。異議を述べずに弁論等をした当事者は、異議権を喪失する（民訴法44条2項）。
14) 　本稿でいう従属性準則は、被参加人と参加人の訴訟行為について抵触がある場合に、それを調整するための規律である（新堂・前掲注2）807頁以下、伊藤・前掲注6）643頁以下、髙橋・前掲注2）427頁以下等）。
15) 　被参加人は抵触行為を遅滞なくしなければならない（新堂・前掲注2）810頁、髙橋・前掲注2）429頁参照）。遅滞なく抵触行為をするために、被参加人は参加人とともに口頭弁論期日等に出廷することが要求されていることになる（山田正三・日本民事訴訟法論（第二巻）（弘文堂・1924）215頁は「主タル当事者ハ従参加人ノ抵触スヘキ行為ヲ取消サントセハ従参加人ト共ニ口頭弁論ニ出頭スルヲ要ス」という）。
16) 　被参加人が上訴の取下げという積極的な訴訟行為をしたときにはじめて、参加人のした上訴の効力が否定される、とする大判昭和11年3月18日民集15巻520頁、最判昭和46年6月29日判時639号78頁参照（秋山ほか・前掲注6）449頁）。
17) 　参加人の積極的な訴訟追行により訴訟の進度が遅れうることに着目すると、訴訟の進行に関する不利益ともいえるが、弁論主義および処分権主義が制約されうるため、訴訟の進行に関する不利益に収斂させることはできないと考える。

補助参加によって、被参加人は、審理の内容に関する訴訟支配権の制約を受けることになる。

　他方、相手方が異議を述べる理由は、相手方当事者につき訴訟追行の主体の交替もしくは追加に起因する不利益の発生を回避することにある。もっとも、例えば、参加人の訴訟追行によって敗訴の可能性が大きくなる、あるいは、相手方からみると不必要と考えられる争点が参加人によって設定される、といった審理の内容に関する不利益は保護に値しないといえる。訴訟当事者は、相手方に訴訟代理人が付くことや訴訟担当者が訴訟追行することを拒絶できないからである[18]。そうすると、相手方に対しては、代理権ないし訴訟担当資格を有しないにもかかわらず、第三者としての地位で訴訟追行をすることが許容される参加人の介入によって、訴訟の進度が遅くなる、という内容の不利益が生じることになる。相手方は、被参加人とは異なり、審理の内容に関する訴訟支配権の制約は受けず、訴訟の進行に関する訴訟支配権の制約を受けるにとどまるといえる。

　以上のように、補助参加によって生じる不利益の内容は、被参加人と相手方とで異なりうる。次章では、従来の議論状況を簡単に整理し、検討されるべき問題点を明らかにする。

III　議論状況の整理

1　判例準則

　補助参加の利益に関する最決平成13年1月30日民集55巻1号30頁は、「民訴法42条所定の補助参加が認められるのは、専ら訴訟の結果につき法律上の利害関係を有する場合に限られ、単に事実上の利害関係を有するにとどまる場合は補助参加は許されない」とし、「法律上の利害関係を有する場合とは、当該訴訟の判決が参加人の私法上又は公法上の法的地位又は法的利益に影響を及ぼすおそれがある場合をいうものと解される」という準則を示した。同決定は、参加訴訟の「判決」が参加人の「法的地位又は利益」に「影響を及ぼすお

---

[18]　髙橋宏志「各種参加類型相互の関係」新堂幸司編集代表・講座民事訴訟③（弘文堂・1984）256頁以下。

それがある」という判断枠組みを提示するが[19]、「影響」の意味するところは不分明であり、「判決」が主文に限定する趣旨であるか否かも明らかではなく、多くは解釈に委ねられているといえる。

2 学説の状況

補助参加の制度趣旨に関しては、被参加人の勝訴を介して、第三者である参加人の地位・利益の保護を図ること、すなわち、第三者の利益保護にある、とする理解が一般的である[20]。このように制度趣旨を捉えたうえで、学説の多くは、補助参加の利益を、①参加人の地位・利益に関する問題、②「訴訟の結果」に関する問題、③「訴訟の結果」が参加人の地位・利益に及ぼす影響に関する問題に分けて検討する。3つの問題は密接に関連しているが、問題状況を明らかにするために、本稿では区別して整理する。

①については、それを法的な地位・利益に限定する根拠は必ずしも明確ではないが[21]、本稿では、さしあたり、補助参加を基礎づける第三者の地位・利益は、法的なものであることを前提に検討を行う。

②は、学説・判例で特に議論がある問題であり、周知のように、「訴訟物限定説」[22]と「訴訟物非限定説」[23]とが対立している。兼子理論以降の議論状況に関しては、先行研究[24]が充実しているため、本稿で新たに付け加えることはないが、主文と理由中の判断とを区別する意義については、③も視野に入れた検討がなされる必要がある[25]。

③については、判決効（特に既判力）が作用する必要はない、という点では、一致している。そのうえで、「論理的関係」もしくは「事実上の影響」を肯定できる関係にあれば足りる、とするのが一般的な理解である[26]。訴訟物限定説と非

---

19) 裁判例の状況については、髙部眞規子・最判解民事篇平成13年度(上)55頁以下参照。
20) 新堂・前掲注2) 802頁、伊藤・前掲注6) 637頁以下等。
21) 伊藤・前掲注2) 17頁。
22) 笠井・前掲注3) 参照。
23) 前掲注2) で挙げた文献を参照。
24) 山木戸克己「判決の証明効」民事訴訟法論集（有斐閣・1990〔初出1978〕) 145頁以下、井上治典「補助参加の利益・半世紀の軌跡」民事手続における実践と理論（信山社・2003〔初出2001〕) 167頁以下等。
25) 三木浩一ほか・民事訴訟法［第2版］（有斐閣・2015) 562頁〔菱田雄郷〕。
26) 新堂・前掲注2) 805頁、松本＝上野・前掲注6) 804頁、伊藤・前掲注6) 639頁、髙橋・前掲注2) 438頁等。

Ⅲ　議論状況の整理

限定説とで判断が分かれる場合を確認しておくと、既判力が生じる主文の判断を起点とする「論理的関係」は肯定できないが、理由中の判断との「論理的関係」は肯定できる場合、すなわち、【事例3】の場合である。

3　小　　括

以上のような議論状況から検討されるべき問題点を抽出すると、以下のとおりである。第1は、「論理的関係」と「事実上の影響」の関係が明らかではない点である。訴訟物限定説と非限定説のいずれも、主文もしくは理由中の判断を起点とする「論理的関係」が肯定される場合には、「事実上の影響」も肯定できる、という考え方に立つようである[27]。両説は、「論理的関係」の起点の捉え方は異なるが、「論理的関係」の存在を補助参加の利益の中核に据える点では共通しているといえる。そうであるならば、参加権の根拠に関して、「論理的関係」に加えて、「事実上の影響」を援用することの意義については検討の余地がありそうである。

第2は、「論理的関係」もしくは「事実上の影響」が肯定できる場合に、第三者に参加権が認められる根拠が明らかではない点である。不利益を被る被参加人ないし相手方の意思に反しても補助参加が許容されることに鑑みると、第三者の参加権については、積極的な論拠が必要となると考えるべきである。

参加権の正当化根拠を考えるためには、「事実上の影響」の前提となる「論理的関係」に着目した兼子理論に照準を合わせて、兼子理論が「論理的関係」の存在を参加要件の中核に据えた理由と、兼子理論における「論理的関係」と「事実上の影響」との関係を明らかにする必要があると考える。この問題に関しては、既に「論理的関係は、当事者の訴訟支配権を確保するために要求される」との指摘がなされている[28]。本稿では、それを受け、参加権の正当化根拠について、兼子理論に立ち返って検討を行う。

---

27)　笠井・前掲注3）232頁以下、新堂・前掲注2）804頁。
28)　髙田①129頁、髙田②152頁。

IV 兼子理論

1 兼子理論の内容

「補助参加の利益」に関する兼子理論を整理すると、以下のとおりである[29]。

兼子理論は、「訴訟の結果とは、その勝敗即ち本案判決の主文で示される訴訟物たる権利又は法律関係の存否を指す」とし、「単に判決理由中で判断される事実や法律関係の存否についての利害関係では足りない」としたうえで、利害関係とは、「参加人の権利義務その他法律上の地位が、論理上訴訟物である権利関係の存否を前提として決せられる関係」であるとし、さらに、「参加人の地位が、論理上訴訟物たる権利関係の存否に係っている関係上、判決がその地位の決定に参考となるおそれがあればよい」[30]とするものである。

訴訟の結果を本案判決の主文における判断に制限する論拠に関しては、理由中で判断されるにすぎない事実や法律関係の存否の判断は、「当事者間においてさえ既判力を生じないであるから、第三者がこの点の判断に利害関係を認める必要はない」[31]という説明がなされている。

2 兼子理論以前の議論状況

兼子理論以前の学説の大半は、明治民訴法[32]の下における仁井田説[33]を基調とするものであったといえる[34]。仁井田説の意義を、論証に必要となる限りで

---

29) 本稿では、兼子一・民事訴訟法講義案（精興社・1936）（以下、「兼子講義案」）、同・民事訴訟法概論（岩波書店・1938）（以下、「兼子概論」）、同・條解民事訴訟法Ⅰ（弘文堂・1951）、同・新修民事訴訟法体系［増訂版］（酒井書店・1965）（補助参加に関しては、初版（1954）から内容について実質的な変更はない）（以下、「兼子体系」）、同・判例民事訴訟法（弘文堂・1950）（以下、「兼子判例」）、同「選定当事者の場合の共同の利益と補助参加の利害関係の差異」同編・実例法学全集民事訴訟法（上巻）』（青林書院・1963）を参照した。
30) 兼子体系399頁以下。
31) 兼子條解164頁（兼子判例380頁（大判昭和8年9月9日民集12巻2294頁の評釈）も参照）。
32) 明治民事訴訟法（明治23年4月21日法律29号）53条（現行民事訴訟法42条に照応）は、「他人ノ間ニ権利拘束トヲリタル訴訟ニ於テ其一方ノ勝訴ニ依リ権利上利害ノ関係ヲ有スル者ハ訴訟ノ如何ナル程度ニ在ルヲ問ハス権利拘束ノ継続スル間ハ其一方ヲ補助（従参加）スル為メ之ニ附随スルコトヲ得」と規定する。明治民事訴訟法の沿革に関して、徳田和幸「訴訟参加制度の継受と変容」複雑訴訟の基礎理論（信山社・2008［初出1991］）141頁、間渕清史「日本補助参加制度の立法的沿革について」駒澤法学2巻2号（2003）63頁以下参照。
33) 本稿では、仁井田益太郎・民事訴訟法要論（中巻）（有斐閣・1909）を参照した。
34) 明治民事訴訟法下における学説に関して、本稿で参照した文献は、本多康直＝今村信行・民事訴訟法

整理すると、以下のとおりである。

　第1は、従参加（補助参加）の制度趣旨を、第三者の利益（私権）保護に求めたうえで、従参加が許容されるのは、「一方の敗訴が第三者の私権に不利益を及ぼすべき場合」であり、具体的には、判決が「第三者に対して効力を有する」場合と「第三者の私権に不利益を及ぼすべき法律上又は事実上の原因となる」場合である、とした点である[35]。

　第2は、相手方および裁判所との関係で、参加人の訴訟追行と被参加人の訴訟追行を等価値と位置づけた点である。参加人のする裁判上の自白も有効である、という当時の通説的な理解も、このような考え方を基礎としている[36]。

　兼子理論は、以上の意義を見出せる仁井田説を基礎とし、それを精緻化したものと位置づけることができる[37] [38]。

註解（博聞社・1890／信山社・2000復刻）、本多康直・民事訴訟法㊤（信山社・2013復刻）、高木豊三・民事訴訟法論綱（講法会・1895／信山社・1999復刻）、岩田一郎・民事訴訟法原論［第6版］（明治大学出版部・1913）、井上操・民事訴訟法述義（第1編）（宝文館・1891／信山社・1996復刻）、宮城浩蔵・民事訴訟法正義㊤（明治法律学校講法会内新法注釈会・1891／信山社・1996復刻）、江木衷・民事訴訟原論（有斐閣・1893／信山社・2007復刻）、樋山廣業・民事訴訟法釈義㊤（実文館・1890）、伊藤悌治・民事訴訟法正解（上巻）（東京法学院・1901）、深野達・民事訴訟法改訂講義（八尾新助・1894）、佐伯兼次郎・民事訴訟法通義（清水書店・1909）等である。

[35]　仁井田・前掲注33）601頁以下。後者に関して、仁井田が例示するのは、主債務者が（委託を受けた）保証人に参加する事案である。明治民事訴訟法下では、従参加が許容される典型例として、求償義務（損害賠償義務）の発生の回避を根拠として、【事例1】（ないし第三者から追奪請求された買主に担保責任のある売主が参加する事例）が挙げられるのが一般的であった（本多＝今村・前掲注34）175頁、本多・前掲注34）110頁、宮城・前掲注34）295頁、井上・前掲注34）185頁、江木・前掲注34）231頁、深野・前掲注34）120頁、樋山・前掲注34）97頁以下。【事例2】を挙げる見解（岩田・前掲注34）197頁、佐伯・前掲注34）90頁）もあるが、少数であり、その根拠は示されていない）。なお、兼子講義案95頁では、仁井田説と同様の説明がなされていた（兼子判例378頁（大判昭和7年2月12日民集11巻119頁の評釈）も参照）。

[36]　仁井田・前掲注33）608頁。本多＝今村・前掲注34）179頁、宮城・前掲注34）279頁、井上・前掲注34）191頁、江木・前掲注34）240頁は、参加人による裁判上の自白が適法であることを前提とする。

[37]　大正民事訴訟法改正の過程では、補助（従）参加を充実させる方向での提案がなされたが、最終的には、参加要件等の主要な点について実質的改正はなされなかった（松岡・後掲注38）374頁以下、山内・後掲注38）124頁）。立法資料については、民事訴訟法修正案66条・民訴甲一号68条（松本博之＝河野正憲＝徳田和幸編『日本立法資料全集43 民事訴訟法［明治36年草案］(1)』（信山社・1994）125頁以下、197頁以下所収）、民事訴訟法改正案（旧法典調査会案）71条（松本博之＝河野正憲＝徳田和幸編『日本立法資料全集10 民事訴訟法［大正改正編］(1)』（信山社・1993）3頁以下所収）、第30回法典調査会（明治34年6月25日）における仁井田の議論（前掲全集43の228頁以下）を参照。

　改正の議論において、補助参加人が当事者としての地位を有していない点が強調されすぎたこと、および、補助参加人に対して牽制権能を付与する根拠に関する理解が不統一であったこと（「詐害防止」と「合一確定の要請」の関係が不明確であったこと）が、補助参加制度の充実化の試みを頓挫させた理由と推知しうる（民事訴訟法改正案に対する修正意見（前掲全集10の147頁以下）および第41回民事訴訟法改正起草委員会（明治45年1月24日）における議論（前掲全集10の311頁以下）参照）。

[38]　本稿で参照した大正改正から兼子理論の確立までの時期の文献は、岩澤彰二郎「民事訴訟参加」司法研究8輯報告書集1（1928）所収、山田正三・民事訴訟法判例研究Ⅰ（弘文堂・1934）、同・前掲注15）、

3　兼子理論の特色

　兼子理論の特色として、以下のことを指摘できる。第1は、参加要件に関する仁井田説の類型を、既判力が生じる判断を起点とする「論理的関係」の存在という要件に統一した点である。その際、主文における判断との論理的関係に限定することの実質的な論拠として、既判力に着目している点が、兼子理論を理解するための要点となる。

　兼子理論が、既判力の拡張を参加権の根拠としないにもかかわらず、既判力を参加権の論拠とする趣意は、既判力を支点として、「被参加人の利益＝参加人の利益」という関係を成立させ、その関係によって参加権を正当化することにあると考えられる[39]。被参加人の利益と参加人の利益とを連関させることによって、参加人の訴訟追行が被参加人の利益を害さないことを担保できるとともに、被参加人の訴訟追行に参加人が介入する必要性をスムースに基礎づけることができるからである。

　第2は、兼子理論によると、既判力を起点とする論理的関係の存在が肯定される場合には、相手方が異議を述べていたとしても、補助参加が許容される点である。訴訟物の範囲内であれば、参加人の訴訟追行と被参加人の訴訟追行とは等価値である、とする仁井田説を継承したと考えられる兼子理論[40]は、論理

　　竹野竹三郎・新民事訴訟法釋義（上巻）（有斐閣・1930）、松岡義正・新民事訴訟法註釈（第二巻）（清水書店・1930）、岩本勇次郎＝三ヶ尻好人・新民事訴訟法要論（下巻）（巌松堂書店・1928）、山内確三郎・民事訴訟法の改正（第一巻）（法律新報社・1930／信山社・2009復刻）、勅使河原直三郎・改正民事訴訟法概論（巌松堂書房・1928）、早川彌三郎・改正民事訴訟法要義（明治堂書店・1927）、菰淵清雄・改正民事訴訟法註解（清水書店・1929）、細野・前掲注7）、中島・前掲注7）、前野・前掲注7）等である。この時期には、補助参加の利益を基礎づける「利害関係」（旧民訴法64条）について、判決効が参加人に及ぶ場合と「判決の内容」の効力が参加人に及ぶ場合とに区別する見解が多い（細野・前掲注7）278頁以下、山田・前掲注15）201頁以下、同・前掲本注454頁以下、前野・前掲本注952頁以下）。「判決の内容」が意味するところは明らかでないが、山田・前掲本注454頁以下は、「判決の内容上の効力」を、参加人の実体法上の地位に対する「判決の法律要件的効力」とし（細野・前掲注7）281頁も参照）、【事例1】をその具体例とすることに鑑みると（山田・前掲注460頁、細野・前掲注7）282頁）、実質的には、仁井田説の分類と同様であるといえよう。

39）　兼子理論は、論理的関係の起点に関する理解は異なるが、参加人に対する実体的な不利益に着目する点では、近時の有力説（伊藤・前掲注6）640頁）と共通している。後訴を想定し、それとの関係で、補助参加の利益を基礎づける、という思考は、理論としては成立しうるが（井上・前掲注2）150頁以下等）、兼子理論（および当時の学説・実務）が、そのような思考に立脚していたとはいえないように思われる（兼子理論も後訴との関係を明示していない）。このことは、明治民事訴訟法下における学説が、補助（従）参加の機能として、訴訟の数を減少させること（後訴が提起されないこと）を重視したことからも察知することができる（本多・前掲注34）112頁、江木・前掲注34）229頁参照）。

40）　「被参加人がただ消極的に終始している限り、その意思に反したからとて参加人の行為が無効になるわけはない」という記述（兼子体系403頁）をみると、兼子理論も、抵触行為がなされない限り、相手方

的関係が肯定される場合には、相手方には、訴訟追行の主体の交替もしくは追加に起因する不利益は生じない、という考え方に依拠していた、換言すれば、相手方との関係では、論理的関係の存在が肯定される関係に立つ参加人を被参加人の代理人ないし訴訟担当者と等値するものであったと捉えることができる。兼子理論によると、論理的関係の存在は、被参加人の訴訟支配権の制約だけでなく、相手方の訴訟支配権の制約をも正当化しているといえるであろう。

第3は、当事者の一方と同様な法律上の地位・境遇にある第三者について、本案判決の主文の判断と参加人の法的地位・利益との間の論理的関係の存在が肯定されないことを理由に、補助参加の利益を否定した点である。

4 兼子理論からの示唆

以上の特色を備えた兼子理論から、以下のような示唆を得ることができる。第1は、論理的関係の存在を被参加人と参加人の間の利益調整のために設定された要件と位置づけることができる点である。兼子理論が念頭に置いていたのは、被参加人が異議を述べた場合における参加権の正当化根拠であり、論理的関係が肯定されないにもかかわらず、被参加人が異議を述べず、相手方のみが異議を述べる場合については、兼子理論はブランクであり、論理的関係の存否とは異なる観点からの検討の余地がありそうである。

非限定説が兼子理論のアンチ・テーゼとなりうるには、論理的関係が否定されるときに、被参加人が異議を述べた場合における参加権の正当化根拠を明ら

および裁判所との関係では、被参加人と参加人の訴訟追行を等価値とみなす、という仁井田説に依拠しているといえよう（山田・前掲注15）213頁以下、中島・前掲注7）293頁等参照）。

もっとも、「裁判上の自白」（主要事実についての自白）に関する理解は変遷する。兼子概論127頁では、「参加人は結果に於て被参加人に不利な行為と雖も為し得る」とし、「裁判上の自白」を例に挙げるが、兼子体系403頁では、自白は「同格な必要的共同訴訟人にもできない以上（62条1項〔現行民訴法40条1項〕）」、「他人の訴訟を補助する参加人としては、一層当然とすべきである」として、参加人は裁判上の自白をすることはできないとする。必要的共同訴訟人とは異なり、被参加人は抵触行為によって参加人の訴訟行為を無効としうる地位にあるため、参加人の自白を予め無効とする必要はないといえるとすると、民事訴訟法40条1項が参加人の自白権能を否定する根拠とはなりえないように思われる。また、かりに参加人の自白を無効としても、被参加人が積極的な訴訟追行をしない限り、相手方および裁判所との関係では、当該主要事実については擬制自白の効果（不要証効および審判排除効）が生じることになる。自白を無効とすることの意義は、被参加人に撤回制限効を課さないことにあるといえるが、この点に関しては、自白を有効として、参加人のみに撤回制限効を課すという規律によっても対処できる。自白をしていない被参加人との関係では、不要証効ないし審判排除効に対する相手方の信頼を保護する必要はないといえるからである。撤回制限効の根拠の捉え方によるが、参加人による裁判上の自白を否定する必要はないといえよう（伊藤・前掲注6）644頁参照）。

かにする必要があるが、非限定説は、相手方のみが異議を述べる状況を前提としているようであり、そもそも議論がかみ合っていなかったといえる。

第2は、論理的関係と事実上の影響の関係についてである。これは、【事例2】が手かがりとなる。【事例2】において被参加人敗訴判決で確定される主債務の存在は、実体法的には、保証債務の存否には直接の影響を及ぼさず、この関係によると、【事例3】における被参加人の請求と参加人の請求の関係と共通する。【事例3】について、論理的関係の不存在を理由に補助参加の利益を否定する兼子理論は、【事例2】については、被参加人勝訴判決の既判力に着目した説明がなされる必要があるといえる。既判力の本質に関して権利実在説[41]に立ち、反射効を肯定する兼子理論[42]が【事例2】で補助参加の利益を肯定することは、理論内在的には一貫しているといえるが、【事例2】を例に挙げ、「判決がその地位の決定に参考となるおそれがあればよい」というような説明がなされたため、あたかも被参加人敗訴判決が有する「事実上の影響」それ自体が補助参加の利益を基礎づけるかのような印象を与えることになったと考えられる。かりに「事実上の影響」が補助参加の利益を基礎づけるとすると、【事例3】で、被参加人が異議を述べたとしても、補助参加の利益が肯定されうることになるが、兼子理論は【事例3】における補助参加の利益を明確に否定する。兼子理論によると、被参加人との関係では、「事実上の影響」によって第三者の参加権を基礎づけることはできない、と理解する必要があるといえよう[43]。

V　若干の検討

以上の考察をもとに、補助参加の利益の判断枠組みについて、いくつかの視点を提示する。

第1は、参加人が被参加人の訴訟支配権を制約することの正当化根拠を、既

---

41)　兼子理論における権利実在説については、鈴木正裕「兼子博士の既判力論（権利実在説）について」兼子博士還暦記念・裁判法の諸問題(上)（有斐閣・1969）315頁参照。
42)　兼子体系 352頁。
43)　「事実上の影響」に対する批判として、西理「民事訴訟法上のいくつかの論点について㈹」判時2124号（2011）3頁、特に16頁以下参照。別の文脈ではあるが、山田・前掲注38）457頁は「事実上第三者の受くべき影響（不利益）の如何に大なるも、従参加の要件たる利害関係ありと謂ふを得ざるなり」という。

判力が生じる判断と参加人の法的地位・利益との間の実体法上の論理的関係に求める規律は有効である、と考えられることである。

先述したように、補助参加によって、被参加人の訴訟支配権は、弁論主義および処分権主義のレベルで一定の制約を受けることになる。被参加人が異議を述べた場合であっても、参加人が審理の内容に介入できることを正当化するためには、訴訟物たる権利義務関係に関して、参加人に実体法上の利害関係が肯定される必要があるといえるからである。参加人の視点に立つと、被参加人の消極的な訴訟追行によって自らの実体法上の利益が害されることが、補助参加の利益を基礎づけていることになる。

【事例1】においては、XY訴訟の本案判決の主文の判断と、補助参加を基礎づけるZの求償債務との間には、実体法上の論理必然的な推論が働く関係[44]を肯定することができる。とりわけ、被参加人たる保証人敗訴判決は、実体法的に、参加人たる主債務者の求償債務の発生に直結することになる。【事例1】の補助参加は、その実質において、実体法上の不利益の回避を目的とする詐害防止参加ということができ[45]、このように解することは、補助参加の制度趣旨を「第三者の利益保護」と捉える理解とも整合している。

それに対して、【事例2】においては、XY訴訟の本案判決の主文の判断とZの保証債務との間には、論理必然的な推論が働く関係を肯定することはできない。Y敗訴判決によってZの保証債務が発生することはなく、また、Y勝訴判決も、当該判決の既判力の拡張ないし反射効を認める理解に立たない限り、実体法的に、Zの保証債務を消滅させることはないからである。さらに、【事例2】では、Zは、Xとの関係で、補助参加の基礎となる保証債務を訴訟物とする訴えを提起し、当該債務の存否を確定することができ、この状況は、【事例3】と共通しているといえる。【事例2】において補助参加が許容されるためには、Yの訴訟支配権の制約が、参加人たるZとの関係で正当化される必要がある。こ

---

44) 「論理必然的な推論が働く関係」に着目する見解として、山本克己「訴訟告知と参加的効力」法教302号（2005）91頁、特に94頁以下参照。

45) 仁井田が補助（従）参加に詐害防止参加としての機能を期待していたことは、大正改正における議論から看取できる（前掲注37）参照）。*Stein/Jonas/Florian Jacoby*, Kommentar zum ZPO, 23. Aufl. (2014), §66 Rdnr. 28 は、補助参加人たる「第三者は自己の権利関係に関して、詐害的な（erschwerten）訴訟追行がなされる危険を回避できなければならない」という。ドイツ法の議論については、福本知行「ドイツ民事訴訟法における補助参加の利益論の形成」金沢法学46巻1号（2003）1頁以下参照。

の点について、実体法上の先決関係を援用する見解が有力であるが[46]、先述したように、Y敗訴判決がZの保証債務を発生させる関係にはないため、ZがYの（敗訴を招来しうる）消極的な行動選択を牽制する必要性は、【事例1】と比べると、小さいといえる。【事例2】で被参加人の訴訟支配権の制約を正当化するためには、補助参加によって保護されるべき参加人の利益に、被参加人勝訴判決による実体法的に整合性のある処理の実現という意味での「関連紛争の統一的解決」を求める利益を含めたうえで、その利益を被参加人の消極的な行動選択をする利益よりも優先させる、という実質的な判断が先行する必要がある。先決関係を根拠に補助参加の利益を肯定する見解も、このような判断を暗黙の前提としていると理解することができ、逆に、このような理解に立たない限り、先決関係だけで【事例2】の補助参加の利益を基礎づけることは、困難であるように思われる。

以上のように、参加要件としての「論理的関係」の存否は、既判力が生じる判断と補助参加を基礎づける参加人の法的地位・利益との間の実体的法律関係を基準に判断されることになるが、その関係が補助参加の利益を基礎づけるかは、補助参加の制度趣旨の捉え方に依拠する（補助参加による関連紛争の統一的解決を求める第三者の利益を重視すべきであるかが要点となる）、というのが、本稿の立場である。既判力が生じる判断を起点とする論理的関係を基準とすることにより、「被参加人の利益＝参加人の利益」という関係を成立させることができるとともに、相手方との関係において、参加人を被参加人の代理人ないし訴訟担当者と同等の地位に据えることができる。このような理解を前提とすると、論理的関係が肯定できない場合には、相手方は、訴訟支配権の制約を甘受する必要はなく、補助参加を拒絶できることになろう[47]。

第2は、論理的関係の存在が相手方の訴訟支配権の制約をも正当化する、と

---

46) 新堂・前掲注2）805頁、髙橋・前掲注2）440頁、笠井・前掲注3）233頁等参照。
47) 以上の理解に対して、非限定説から、訴訟物に関する判断に利害関係を有するか否かは、特定の争点についての判断に依存している場合があり、既判力が生じる判断との関係は重要ではない、との批判がありうるが（高田②151頁は、債権支払請求訴訟の原告側に、訴訟物たる当該債権を譲渡した者が補助参加する場合を挙げ、参加人の利害関係は、原告敗訴の理由が債権譲渡時の債権の存在に関する争点によるときにのみ認められるとする）、そのような場合も、あくまでも訴訟物に関する判断が参加人の地位に関する不利益を惹起させている。ドイツ法において公証人が公正証書に係る契約訴訟に補助参加することが許容されるのも（*Rosenberg/Schwab/Gottwald*, Zivilprozessrecht, 17. Aufl., (2010), S. 252. 井上・前掲注2）73頁参照）、被参加人が敗訴判決（訴訟物たる権利関係についての判断）を受けた場合に、公証

V　若干の検討

いう理解によると、論理的関係が肯定できず、相手方のみが異議を述べる場合には、別の根拠により、相手方の訴訟支配権の制約を正当化する必要性が生じることである。

　以下では、【事例3】でZY間に訴訟が係属していない状況を想定して、その根拠を検討する。【事例3】でZが補助参加する目的は、いまだ存否が確定していない自己の損害賠償請求権に対して、不利な影響を及ぼす判決を回避すること（あるいは、有利な影響を及ぼす判決を獲得すること）、すなわち、Zの法的地位・利益に対するXY訴訟の判決が有する「事実上の影響」を確保することにあるといえる。このような「事実上の影響」に着目すると、たしかに、非限定説が説くように、主文と理由中の判断とを峻別する必要性は認められないが、第三者が自己の法的地位・利益を安定させるために、相手方の訴訟支配権を制約することになる「補助参加」という権利保護方式を選択したことの適切性が、別途問題となってくる[48]。

　参加人たる第三者が、自己にとって不利となりうる「事実上の影響」を回避することは、請求を定立し、その請求と被参加人の請求とが同一の期日で審理され、同時に判決がなされることによっても達成することができる。弁論が分離されないことを前提とするが、Zは、Xと共同原告となり訴えを提起することができ、XY訴訟が係属した後であれば、別訴の提起と事件の併合の申立て、あるいは、主観的追加的併合[49]の申立てをすることができる。

　以上のような権利保護方式をとりうるにもかかわらず、自己の請求についての判決（既判力の発生）を先送りしたうえで、相手方に対して、訴訟支配権の制約を課す「補助参加」という権利保護方式を選択したことの適切性が正当化されなければならないが、その根拠を一般的に見出すことは困難であろう。とりわけ、追加的選定制度（民訴法30条3項）を備えた現行法のもとで、追加的選定と

　　人が被参加人から償還請求される関係にあるからである（公正証書の方式の瑕疵という争点に関する判断それ自体が、公証人に償還義務を生じさせる関係にはない）。特定の争点との利害関係は、参加の許否の考慮要素ではなく、参加人の訴訟追行権の範囲を画定するための考慮要素として捉えるべきではなかろうか。
48)　髙田①128頁参照。
49)　主観的追加的併合を一般的に不適法とする最判昭和62年7月17日民集41巻5号1402頁に対しては、学説からの批判が強い（髙橋・前掲注2）422頁注10参照）。

共にする補助参加が許容されるとすると[50]、自己の請求を定立せずに、補助参加を選択したことの適切性は、より一層、正当化し難いといえる。

以上のように、権利保護方式の選択の適切性に着目することは、補助参加を基礎づける法的地位・利益に関する提訴負担の問題を顕在化させることになる。参加人に提訴負担を課すことが、相手方との関係で公平に反するといえる場合には、補助参加を選択したことの適切性が認定されることもありうる。例えば、被告と同一の境遇にある者が被告側に補助参加する局面で、原告が、被告となりうる者の集団の切り崩しをするために、消極的な行動選択をすることが予想される者を恣意的に被告として選別し、容易に請求認容判決を得ることを目的としていることが認定された場合等である[51]。このような場合には、補助参加を許容したうえで、相手方に対して提訴負担を課す、という処理もありうるであろう。いずれにしても、【事例3】のような場合の補助参加の利益については、他の多数当事者訴訟制度との関係に留意した検討が必要不可欠となると考えられる[52]。

VI　おわりに

本稿では、「補助参加の利益」をめぐる議論の原点である兼子理論の意義を確

---

50)　秋山ほか・前掲注6) 433頁は、「被担当者としては、自己の権利を守るために訴訟追行を望むのであれば、授権を撤回して自ら当事者となるべきである」として、「選定当事者を含む任意的当事者担当の場合には、被担当者の補助参加を認めるべきではない」という。しかし、選定者が授権の撤回を適時にするためには、選定当事者の訴訟追行を監視しなければならず、そのために補助参加を許容する必要があるといえる（この局面では、「補助参加を基礎づける法的地位＝訴訟物」という意味で、論理必然的な推論が働く関係を肯定できる）。選定者に共同訴訟的補助参加人としての地位を認めるべきであるかは問題となるが、それを認める必要はないであろう。

51)　高田②151頁参照。

52)　ここで、ある土地の所有権の帰属をめぐって、XYZの間で争いがあり、XがYを被告として提起した土地所有権確認訴訟に、ZがY側に補助参加する局面における参加の許否を検討しておく。本稿の判断枠組みによると、Yが異議を述べた場合には、Zの補助参加の利益は否定されることになる。XY訴訟の本案判決における判断と補助参加を基礎づけるZの法的地位との間に論理必然的な推論が働く関係を肯定することができないとともに、関連紛争の統一的解決を求めるZの利益を優先すべきことを基礎づける実体関係も存しないからである。Yは異議を述べず、Xのみが異議を述べた場合には、権利保護方式の選択の適切性が肯定できるかが問われることになる。権利主張参加（民訴法47条）ができる場合には、Zは、請求を定立し当事者として訴訟追行をすべきであり、Xとの関係における既判力の発生を回避しつつ、Xの訴訟支配権を制約する補助参加を選択することは適切でない、と評価することもできよう。このような意味で、他の訴訟参加が可能な場合にも補助参加が許容されるという規律（新堂・前掲注2) 806頁、松本＝上野・前掲注6) 807頁等）は、検討の余地がありそうである。

VI　おわりに

認することを試みた。

　検討すべき問題は多く残されているが、「転用型」の取扱い（「転用型」とされる名古屋高決昭和43年9月30日高民21巻4号460頁と大阪高決平成21年5月11日判タ1328号233頁は、いずれも相手方のみが異議を述べる事案であり、本稿の判断枠組みによると、権利保護方式の選択の適切性の問題として位置づけることができそうである）、補助参加人の訴訟追行権の範囲と従属性準則との関係[53]、補助参加人に対する判決効の規律[54]、共同訴訟的補助参加・詐害防止参加・共同訴訟参加の相互関係等が、喫緊の課題である。

【付記】
　本稿は、第85回日本民事訴訟法学会におけるシンポジウム「当事者論の現代的課題」（2015年5月17日）での報告内容を若干敷衍し、引用文献等を補ったものである。

---

53)　補助参加人が行使しうる訴訟追行権の範囲（相手方の利益に着目すると、補助参加人の訴訟追行権の対象を特定の争点に限定すべき場面もありそうである。例えば、補助参加人が利害関係を有しない争点に関しては、被参加人の消極的な行動選択に基づく擬制自白の効力を否定して要証性を発生させる機能を、補助参加人に認める必要ない、ということもできよう。前掲注47）参照）と従属性準則に関する問題とを区別したうえで、従属性が解除される根拠、および、従属性が解除された後に適用されるべき規律（例えば、民事訴訟法40条1項・3項準用という規律である。三木＝山本・前掲注1）32頁、特に37頁以下参照）が過不足ないものであるか等が検討される必要があろう。

54)　相手方・参加人間での判決効を肯定する理解（新堂・前掲注2）812頁以下、高橋・前掲注2）460頁以下）によると、参加人が請求を定立しなくとも、相手方との関係で、補助参加を基礎づけた法的地位を訴訟物とする参加人の後訴を規制できるため、判決理由中の判断との利害関係によって相手方の訴訟支配権の制約を正当化する素地は整っているといえるが（被参加人が異議を述べた場合は別論である）、請求を定立しうる参加人に対して、あえて請求を定立させずに、判決効（特に既判力）を及ぼすことの根拠が問われることになろう。

補助参加人の訴訟行為の独立性と従属性

福本知行

I はじめに
II 補助参加人の独立性と従属性
III 行為の性質上補助参加人のなしえない行為
IV 抵触行為の失効（民訴法45条2項）による調整とその限界
V むすび

I はじめに

　本稿は、補助参加人の訴訟行為の被参加人に対する従属性について、独立性とどのような関係に立つのかについて検討を加えるとともに、従属性の内容とされる事項相互の関連性を明らかにすることを目的とする。

　補助参加人の訴訟行為は、被参加人に対する独立性・従属性という両側面によって特徴づけられる。すなわち、一方において補助参加人は、当事者とも代理人とも異なる独自の訴訟主体であり、固有の権限に基づいて被参加人を勝訴させるために一切の訴訟行為をすることができ（民訴法45条1項本文）、その効果は被参加人に帰属するとともに、補助参加の利益が肯定されさえすれば、被参加人の意思に反しても補助参加人の地位を占め、その訴訟追行の効果を被参加人に帰属させることが可能である（独立性）。他方において、補助参加人の訴訟行為には、①補助参加の時点における訴訟状態を前提として訴訟を追行しなければならず、被参加人がすでにすることができなくなっている訴訟行為は補助参加人もすることができない（民訴法45条1項ただし書）、②被参加人の訴訟行為と抵触する訴訟行為は効力を有しない（同2項）、③訴えの提起に類する行為や、訴訟自体の処分行為、訴訟対象の変更を来す行為をすることができない、④被

参加人の敗訴を来すような不利な訴訟行為をすることはできない、⑤被参加人の私法上の権利を行使することはできない、といった制約があるとされ（従属性）、補助参加人に課せられた制限一般を指して、「従属的地位」[1]という語が用いられることもある。

　もっとも、従属性の内容とされる①〜⑤がどのような関係に立つのか、あるいはこれらは同列のものなのかは明らかではない。例えば、①は、当事者間に訴訟が係属していることを前提に、第三者が事後的に訴訟に関与するという、補助参加訴訟の構造に根差すものと理解しうるし、③も、当事者間で訴訟係属中の特定の請求が、第三者が当該訴訟において補助参加人の地位を占める上で不可欠の前提となっている以上、その前提を補助参加人自ら覆すことは背理であるという点で、やはり同様の考慮が基礎にあることが窺われる。これに対して、②は、被参加人の訴訟追行上の利益を保護する必要性に根差すものであろうし、④は、被参加人を勝訴させることを通じて、自己の利益を守るものであるという補助参加人の訴訟追行の目的から導かれるものであろう。このように、ひとくちに補助参加人の従属性といっても、さまざまな考慮が背景にあり、必ずしも同一の考慮に基づいて統一的に理解されているものではないのである。

　さらに、補助参加人の訴訟行為の規律をめぐって手続上生じる種々の解釈問題も、一般論として言えば、独立性と従属性とのバランスを考慮して結論が導かれるようであるが、各論のレベルで見解が一致しているわけでもない。例えば、補助参加人が上訴権を有することは民事訴訟法45条1項本文に例示されていることからも明らかであるが、補助参加人に固有の上訴期間を肯定するかが争われているし[2]、補助参加人が自白をすることができるかどうかも争われ

---

1) 井上治典「補助参加人の訴訟上の地位について」多数当事者訴訟の法理（弘文堂・1981〔初出1968〕）1頁、4頁参照。本文に列挙した訴訟行為に関わる制約以外にも、例えば訴訟手続の中断・中止事由は主たる当事者について生じたものに限定されることや、裁判官の除斥・忌避の事由が主たる当事者との関係で定められる、なども従属的地位の内容に含まれることになろう。本稿は専ら、補助参加人の訴訟行為に絞って検討する。
2) 肯定説として、井上・前掲注1）38頁以下、高橋宏志・重点講義民事訴訟法(下)〔第2版補訂版〕（有斐閣・2014）432頁、596頁、松本博之＝上野泰男・民事訴訟法〔第8版〕（弘文堂・2015）808頁〔上野〕。逆に、被参加人の上訴期間が補助参加人にも妥当すると解するものとして、新堂幸司・新民事訴訟法〔第5版〕（弘文堂・2011）808頁、伊藤眞・民事訴訟法〔第4版補訂版〕（有斐閣・2014）642頁、最判昭和37年1月19日民集16巻1号106頁。

る³⁾。さらに、共同訴訟的補助参加が成立する場合、通常の補助参加と比べて補助参加人の独立性が強化されることも、一般論として争いがないが、その具体的内容は十分に解明されていない。この点、特に人事訴訟法の制定に際し、検察官を被告とする人事訴訟の結果により相続権を害される第三者が補助参加をした場合につき、民事訴訟法45条2項の適用を排除するとともに（人訴法15条3項）、必要的共同訴訟人の訴訟行為の規律に関する民事訴訟法40条1項から3項までを準用する旨の規定（人訴法15条4項）が置かれ、共同訴訟的補助参加人の訴訟上の地位が具体化されたものの、共同訴訟的補助参加が成立する場合一般に同様の規律が妥当するのかは、よく分からない⁴⁾。

このような状況に鑑みれば、補助参加人の従属性の内容とされる事項それぞれを分析するとともに、相互にいかなる関係があるのかを明らかにする必要性は高いといえる。以下ではまず、従属性と対置される補助参加人の独立性の意味を確認した上で、補助参加人の従属性の内容とされる事項には、行為の性質上、補助参加人にはなしえないとされるものと、被参加人の行為との関係上、被参加人の出方によって失効させられる可能性があるもの（抵触行為の失効）との2つが区別されることを明らかにする（Ⅱ）。次いで、行為の性質上、補助参加人にはなしえないものに区別される事項を個別に検討し（Ⅲ）、最後に、抵触行為の失効の規律が、どの範囲で働くかを明らかにする（Ⅳ）。

Ⅱ 補助参加人の独立性と従属性

1 補助参加人の独立性の理論的基礎づけ

補助参加人の独立性をめぐる今日的な理解の原型は、ドイツ法において形作られた⁵⁾。すなわちドイツでは、補助参加人の本質をめぐり、代理人と見る見

---

3) 肯定説として、井上・前掲注1) 42頁、伊藤・前掲注2) 644頁。否定説として、新堂・前掲注2) 809頁、高橋・前掲注2) 428頁以下、松本＝上野・前掲注2) 808頁〔上野〕。
4) 共同訴訟的補助参加の性質を有するといわれる、行政事件訴訟法22条による第三者の訴訟参加においては、民事訴訟法40条1項から3項までの規定が準用される（行訴法4項）ほか、民事訴訟法45条3項・4項の規定の準用も定められている（行訴法5項）が、45条2項の適用を排除する規定はない。また、人事訴訟法は民事訴訟法40条3項のうち、訴訟手続の中止に関する部分に限って準用するが、行政事件訴訟法にはそのような限定はない。なお、本稿は、紙幅の都合上、通常の補助参加に検討対象を限定することをおことわりする。
5) 以下の叙述につき、櫻井孝一「『従たる当事者』概念の理論的系譜」早稲田法学会誌13号（1962) 35

解と当事者と見る見解とが対立していたが、Walsmann と Hellwig によって、訴訟担当あるいは訴訟追行権の理論を基礎として、補助参加人は被参加人・相手方間に係属する訴訟において、自己の名で訴訟追行を有効になしうる存在であると説明された[6]。両者は、補助参加人は被参加人の同意を得て、被参加人の訴訟追行権を行使する存在か、法律が付与する固有の訴訟追行権を行使する存在か、という点において理解の相違があるが、その後、後者の理解が基調とされるようになった[7]。これに対し、わが国では早くから、補助参加人は付随的ではあるが被参加人の意思に左右されない固有の訴訟追行権を行使する存在である、という Hellwig 流の理解が基調とされてきた、ということである。

2 補助参加人の独立性と従属性の関係
(1) 独立性の原則的承認

以上のような議論の進展の結果、第三者の訴訟関与の肯否それ自体を被参加人の意思に左右させる、いわゆる「参加自体の従属性」[8]が完全に否定された。そして、補助参加人を一定の要件の下に、「自己の名で」訴訟を追行する独自の地位に立つ者と位置づけたことにより、独自の権限に基づいて訴訟を追行する点において、補助参加人も主たる当事者と同様の地位に立つものと理解される。その意味で補助参加人の独立性が、原則として承認されたことになる。もっとも、独立性を原則として承認するとしても、補助参加人の権限が主たる当事者のそれと全く同一のものでないことは当然である。そこで、従属性の内容とされる諸事項が、独立性の原則との関係でどのように位置づけられるのかを、さらに吟味する必要がある。

頁以下、井上・前掲注1) 21頁以下、118頁以下参照。

6) *Walsmann,* Die streitgenössische Nebenintervention (1905), S. 74 ff.; *Hellwig,* Lehrbuch des Deutschen Zivilprozeßrechts, Bd. 2 (1907), S. 497.

7) ただし、今日のドイツでは、補助参加人の独自の権能を「訴訟追行権」と呼ぶことは、*Windel,* Der Interventionsgrund des §66 Abs. 1 ZPO als Prozeßführungsbefugnis (1992)（その紹介および批評として、福本知行「ドイツ民事訴訟法における補助参加の理由をめぐる近時の議論の一断面」大阪市立大学法学雑誌49巻1号（2002）99頁以下参照）を除き、一般的ではない。

8) かつてドイツではこのような発想があったことにつき、井上・前掲注1) 15頁参照。もっともこの発想は、訴訟告知を受けた求償・賠償義務者たる第三者が補助参加をする場合が、（通常の）補助参加として専ら念頭に置かれ、訴訟告知と補助参加とが制度的に十分な分離を遂げていなかった時代の産物ということもできよう。その意味では、この発想が否定されたことによって、訴訟告知と補助参加との制度的分離が達成されたことになる。したがって、理念型としては訴訟告知が先行することなく、第三者が自発的に補助参加をする場合が想定されなければならない。

Ⅱ　補助参加人の独立性と従属性

(2)　補助参加人の（付随的な）訴訟追行権？

しかるに、補助参加人の独立性を語る文脈において、補助参加人の固有の権限のことを（付随的な）「訴訟追行権」と呼ぶことは、少なくとも今日的な視点からはミスリーディングである。ここではあくまで、（本人のためにすることを示してする代理人としてではなく）「自己の名で」訴訟を追行するという側面が着目されているのであって、補助参加人の「独立性」ということも、専らこの側面を指している。これに対して、訴訟追行の効果帰属の側面では、補助参加人の訴訟行為の効果が被参加人に帰属するというのは、訴訟担当者の訴訟追行の結果としてなされる判決の効力が、当事者の地位を有しない訴外の第三者である被担当者に拡張される現象よりもむしろ、代理人の訴訟行為の効果が当事者本人に帰属する現象に類似する。したがって、ここでいう「訴訟追行権」は、「当事者適格」あるいは第三者の訴訟担当における担当者の資格と表裏のものとは言い難い。補助参加人を当事者とも代理人とも異なる独自の訴訟主体と理解するのであれば、主たる当事者の権限に由来するわけではない、補助参加人の固有の権限を指す場合には「訴訟追行権」とは別の語を用いることが望ましいであろう[9]。

のみならず、ここには従属性の内容とされる諸事項が曖昧な形で混在しているように思われる。井上治典教授は、補助参加人の訴訟追行権が付随的なものであるというのは、補助参加人は当事者間の特定の請求について訴訟が係属することを前提に、それに付随して訴訟を追行する存在であることを意味するとし、そこから訴え提起類似行為、訴訟対象変更行為、訴訟消滅行為の禁止を導いている[10]。そして、これらの禁止と参加の時点における訴訟状態を前提としなければならないこととは、付随的な訴訟追行権者たる補助参加人に本質的なものであるが、参加人の付随性は事実の陳述・証拠の提出の領域にまで及ぶものではないとして、抵触行為の失効の妥当範囲を限定することを試みている[11]。

---

[9]　補助参加人の訴訟上の権限に関連して「訴訟追行権」の語を用いるものとして、古くは、小野木常＝中野貞一郎・民事訴訟法講義［増補版］（有斐閣・1956）101頁以下、兼子一・新修民事訴訟法体系［増訂版］（酒井書店・1965）399頁などがあり、最近では、兼子一ほか・条解民事訴訟法［第2版］（弘文堂・2011）236頁以下［新堂幸司＝高橋宏志＝高田裕成］がある。
[10]　井上・前掲注1）43頁。
[11]　井上・前掲注1）50頁。

そうだとすると、補助参加人の従属性には、主たる当事者の権限に由来するのではない補助参加人の固有の訴訟上の権限の内容を、本質的に主たる当事者のそれと異ならしめるものと、そこまでのレベルに至らないものとが区別されていることが窺われる。そして、被参加人の訴訟行為と抵触する補助参加人の訴訟行為は効力を有しないという規律（民訴法45条2項）は、補助参加人の訴訟行為それ自体の性質とは関係がなく、被参加人の訴訟行為との対比において、補助参加人の訴訟行為の失効を導くものであるのに対し、従属性の内容とされるそれ以外の事項はおおむね、補助参加人の訴訟行為それ自体の性質に着目した制限と見られる。もっともその中には、元来、補助参加に特有の規律ではなく、他の一般原則を補助参加人に適用した結果にすぎないとみられるものもあるので、後に個別に検討を加えることとする。

(3) 参加人への効果帰属の実質的基礎づけ

補助参加人の独立性を原則として承認する場合には、補助参加人の訴訟行為の効果を被参加人に帰属させることを正当化するための実質的基礎づけも問題となる。そして補助参加の利益（民訴法42条）は、第三者（補助参加人）が主たる当事者（被参加人）の意思に反しても訴訟に参加し、「自己の名で」行った訴訟行為の効果を被参加人に帰属させる可能性をもつことを正当化するための基礎に位置づけられる。確かに、補助参加の利益の存在は、少なくとも第三者が主たる当事者の意思に反してでも補助参加人の地位を占めるための必要条件であるが、被参加人が自己の意思によらずに、補助参加人の訴訟行為の効果を受けることになるという補助参加人の訴訟行為の効果帰属の帰結までも実質的に基礎づけるに十分かは、疑問の余地がある。そのため、いわゆる訴訟物限定説と訴訟物非限定説との対立図式の中では、訴訟物限定説が訴訟物たる法律関係と第三者の法的地位との間の実体法的関連性に着目して補助参加の利益を判定するのに対して、訴訟物非限定説は、かかる関連性があれば、なぜ補助参加が許容されるのかを問い、第三者の法的地位に判決が及ぼすべき事実上の影響を補助参加の実質的基礎とする[12]。これは、第三者が主たる当事者の意思に反してでも補助参加人の地位を占め、主たる当事者が自己の意思によらずに、補助参加

---

12) 補助参加の利益論における対立図式の背景については、福本知行「補助参加訴訟の判決効について」民訴61号（2015）182頁、184頁以下参照。

人の訴訟行為の効果を受けることになる、という帰結の実質的基礎づけを参加要件論の次元で行う一つの試みということができる。

　もっとも、補助参加制度を全体として見るならば、補助参加人の訴訟上の権限の内容と、主たる当事者の権限との関係とを明確にすることによって実質的な基礎づけをすることも可能であろう[13]。この点に関して井上教授は、抵触行為の失効の範囲を制限し、事実の陳述、証拠の提出に関する限り、他の当事者に阻害されない権限を保障すべきである、という帰結を論証する文脈において、一定の要件の下に手続関与を認める以上、それにふさわしい訴訟追行上の権限を与えることが補助参加制度の最低限の要請ではないか、と述べる[14]。これは、補助参加人の「従属的地位」を再検討し、その独立性を可能な限り追求することを志向する[15]結果として、補助参加人は「自己の名で」訴訟を追行する固有の権限を有するという側面を強調し、補助参加人の独立性それ自体から直ちに、被参加人への効果帰属を基礎づけているように見受けられる。しかしながら、補助参加人の独立性から直ちに抵触行為の失効の範囲を制限するのは、論理の飛躍があると思われる。むしろ抵触行為の失効可能性こそが、補助参加人の訴訟行為の効果が被参加人に帰属させられることを実質的に正当化する根拠ではないか、と見ることもできるからである[16]。そうだとすると、問題とされるべきことは、抵触行為の失効の規律によって被参加人への効果帰属がどこまで正当化されるか、であろう。

---

13) 私見は、第三者が訴訟物たる権利関係と実体法的関連性のある法的地位をもつからこそ、補助参加の利害関係が肯定され、他人間の訴訟に関与し、被参加人を勝訴させることを通じて、自己の法的地位に関係する判決主文中または判決理由中の判断に影響を及ぼすことが許容されると考え、このような方向を模索するものである。
14) 井上・前掲注1) 50頁。さらに、同58頁では、この理解を前提として、補助参加人が被参加人に属する債権による訴訟上の相殺の抗弁を提出することを許容する。
15) 補助参加人の独立性を可能な限り追求する試みには、他にも例えば、新堂幸司「参加的効力の拡張と補助参加人の従属性」訴訟物と争点効(上)(有斐閣・1988〔初出1969〕)252頁以下、同・前掲注2) 802頁以下、がある。
16) 井上・前掲注1) 50頁、54頁注3も、被参加人がその意に反する訴訟追行を強いられない利益は考慮に入れられるべきこと、それが抵触行為の禁止の最も重要なファクターであることに言及している。

III 行為の性質上補助参加人のなしえない行為

1 訴訟状態承認義務[17]（民訴法 45 条 1 項ただし書）

この規律は、第三者の事後的な介入による手続の攪乱と遅延を防止することによって、当事者（相手方および被参加人）と第三者との間の公平を図り、既存当事者の利益を保護する趣旨で、第三者の「補助参加の時」を基準として、すでに被参加人がすることができない訴訟行為は、補助参加人もできない、とするものである。その結果、例えば補助参加人が参加した時点で、被参加人にとってすでに時機に後れた攻撃防御方法の提出（民訴法 157 条 1 項参照）となりうる場合は、補助参加人が提出する場合でも時機に後れたものと評価され、弁論準備手続が終了していた場合は、補助参加人が新たな攻撃防御方法を提出する場合にも、説明義務の負担（民訴法 174 条・167 条）を免れない。他方、第三者が補助参加をした時点よりも後の訴訟過程において、新たに被参加人がすることができなくなった訴訟行為を、補助参加人がそのゆえにすることができなくなるのかどうかは、この規律と直接には関係しない問題である[18]。

もっとも、この規律は、補助参加訴訟に特有のものではない。程度の大小はあるとしても、すでに開始している訴訟手続に事後的に参加した者が、従前の訴訟状態を前提として以後の訴訟追行をしなければならないことは、補助参加に限らず訴訟参加制度全般を通じて妥当することである。それどころか、「訴訟手続の一般的理念のあらわれ」[19]とまで言われるように、訴訟参加制度に限らず、例えば、引受承継があった場合の訴訟引受人、当事者の死亡等による当然承継があった場合の承継人、代理人が交代した場合の新代理人などが、従前の訴訟追行者の下で形成された訴訟状態を前提として訴訟を続行しなければならない、というのも同様の考慮に基づくといえる。したがって、この規律は、補助参加制度の外にある原則を補助参加人に適用した結果のあらわれにすぎず、

---

17) この語も、井上教授の創案である。井上・前掲注 1) 37 頁参照。
18) この意味で、訴訟状態承認義務は、補助参加人の固有の上訴期間を否定する根拠にはならない。訴訟状態承認義務と上訴との関係をあえて問題にするならば、被参加人の上訴期間が進行中に補助参加をした場合における補助参加人の上訴期間は、被参加人の上訴期間に限定される、というくらいであろう。
19) 井上・前掲注 1) 37 頁。

補助参加人の従属性の一内容として、独立性と対置させることは、やや厳密さを欠くきらいがある。

2 訴え提起類似行為・訴訟処分行為・訴訟対象変更行為の禁止

この規律は、被参加人の訴訟に付随してその訴訟の枠内で訴訟行為をなす者にすぎないという補助参加人の地位から当然に導かれるとされる[20]。すなわち、補助参加訴訟は、被参加人と相手方当事者との間における特定の請求についての訴訟を不可欠の前提として、補助参加人が被参加人に与することで成立するものであるから、補助参加人が自らの地位の前提となる請求とは別の請求を審判対象に加えたり、自らの地位の前提を覆したりすることは背理である。そのため、明文の規定はないが、理論上導かれる規律であるとともに、補助参加の本質に根差す制限である。この結果、補助参加人は、反訴の提起、請求の放棄・認諾、訴えの取下げ、上訴の取下げ、訴訟上の和解、訴えの変更などをすることができないことになる。

3 不利益行為の禁止

この規律は、被参加人を勝訴させることを通じて自己の利益を擁護するという補助参加人の訴訟追行の目的から説明される[21]。すなわち、補助参加人は被参加人の勝訴をもたらすべく訴訟を追行する存在であるにもかかわらず、被参加人の敗訴を来たすような訴訟行為をなしうるとすることは背理である。このような理解を前提にするならば、この規律も、補助参加の本質に根差す制限ということができるとともに、明文の規定はないが、理論上導かれるといえる。もっとも、直接的に被参加人の敗訴と同様の帰結をもたらす、請求の放棄・認諾や、互譲を要素とする訴訟上の和解、さらに訴訟係属の遡及的消滅を来たす訴えの取下げなどに関する限り、この規律は訴訟処分行為と重なり、独自の意味はない。すなわち、不利益行為といってもそれは、被参加人に勝訴判決を得させることをできなくする行為を言い換えたにすぎないことになる。そのため、この規律で独自に問題にされるのは専ら、補助参加人は自白をすることが

---

20) 井上・前掲注1）43頁。
21) 井上・前掲注1）42頁以下。

できるか、という点に尽きる。しかるに、自白は必ずしも、被参加人に勝訴判決を得させることをできなくする行為というわけではなく、「訴訟状態の悪化を来たすべき行為」にすぎないといえる[22]。したがって、訴訟処分行為と同様の思考によって、自白を本質的に補助参加人のなしえない行為と見ることは、やや無理があるのではないかと思われる。少なくとも、補助参加人が自白をした場合の取扱いについては、訴訟処分行為と重なる行為とは異別の検討が必要である。

4　被参加人に属する私法上の権利行使の制限

この規律は、補助参加人は被参加人の実体法上の権利を処分しえない、ということから、実体法が第三者による権利行使を許容する場合（例えば、民法423条・436条2項・457条2項など）を除き、補助参加人が被参加人に属する私法上の権利を直接行使することはできない、とするものである。この結果、例えば、被参加人に属する債権による訴訟上の相殺の抗弁の提出や、被参加人が未だ行使していない取消権や解除権を行使する旨の意思表示をともなう主張を、補助参加人はすることができない、とされる[23]。もっとも、この規律も、補助参加に特有のものではない。権利者の意思によらずに第三者が権利を処分しても、その結果を権利者が引き受けるいわれがないことは、私法の一般的理念のあらわれにほかならないからである。したがってこの規律も、補助参加人の従属性の一内容というよりはむしろ、私法の一般原則を補助参加人に適用した結果のあらわれにすぎない。

そうすると、問題となるのは補助参加人の独立性を基礎として、私法の一般原則に対する例外を肯定することができるかである。井上教授は、参加の時点で被参加人の意思に依拠しない独立の権限を与えるなら、それに相応して、被参加人を勝訴させるための一切の行為をなしうる訴訟上の権能を与えるべきで

---

22)　裁判上の自白についての議論の中でも、事実主張の利益・不利益は一概に決まらないことが指摘され、自白の成立に不利益性の要件を不要とする見解（松本博之・民事自白法（弘文堂・1994〔初出1974〕）26頁以下）さえ主張されているのが現状である。

23)　兼子・前掲注9）403頁、新堂・前掲注2）808頁以下（ただし、被参加人が権利行使の意思のないことを明示する行為を訴訟上とらないと、無権代理行為を黙示的に追認したと評価される余地がある、という）、伊藤・前掲注2）644頁。

ある、として肯定するが[24]、そのような権能が行使された場合の結果を、被参加人が甘受しなければならないという帰結を、補助参加人の独立性だけから導くのは、やはり論理の飛躍があるように思われる。また、訴訟代理人は特別の授権なしに相殺権を行使することができることも指摘されるが[25]、訴訟代理人の地位自体は当事者の意思に基づくとともに、弁護士代理の原則の下、代理人の訴訟追行には信頼を置いてよい、という一般的前提は、補助参加人とは大きく異なる。むしろ補助参加人は、被参加人の意思に反しても補助参加人の地位を占めることができるのである。この意味でも、補助参加人の独立性ということだけから、補助参加人が被参加人に属する私法上の権利を行使する可能性を基礎づけるのは困難ではないかと思われる。

5 小　括

　以上によれば、補助参加人の従属性の内容とされてきたもののうち、補助参加制度の本質に根差す制約といえるのは、訴え提起類似行為、訴訟処分行為、訴訟対象変更行為の禁止のみである。不利益行為の禁止は、訴訟処分行為の禁止と重なる限りでは、独自の意味はない。他方、裁判上の自白を不利益行為に含める場合には、独自の意味があるが、その場合でもそれは、訴訟処分行為と同様の意味で補助参加人が本質的になしえない行為とは言い難い。そして、訴訟状態承認義務と被参加人に属する私法上の権利行使の制限とは、補助参加に特有の問題ではなく、補助参加制度の外にある法原則を補助参加人に適用した結果のあらわれにすぎないから、厳密な意味では補助参加人の従属性の内容とはいえない。

IV　抵触行為の失効（民訴法45条2項）による調整とその限界

1　抵触行為の失効の規律の趣旨

　この規律は、補助参加訴訟の追行に関し、被参加人の意向を補助参加人の意

---

24) 井上・前掲注1) 56頁以下。
25) 井上・前掲注1) 58頁。

向に優先させることによって、被参加人の訴訟上の利益を保護する趣旨[26]であるが、同時に、同一の当事者サイドから相手方に向けられる複数の訴訟行為の効力を調整するルールとしての側面も有しており、その調整方法は補助参加訴訟に特有のものである。複数の訴訟行為が内容的に矛盾・抵触する場合、それらの効力を調整するための規律が必要とされることは、共同訴訟においても同様に承認されているところである。そして、通常共同訴訟の場合には、原則として相互に影響を及ぼさないとする共同訴訟人独立の原則（民訴法39条）が妥当し、必要的共同訴訟の場合には、全員の利益においてのみ効力を生ずるとされる（民訴法40条1項・2項）[27]。補助参加訴訟における抵触行為の失効という規律は、共同訴訟における規律と同様の必要性を背景としつつ、被参加人の訴訟上の利益を保護するという趣旨を反映して、補助参加訴訟に独自の規律をしたものと位置づけられる[28]。

　もっとも、この規律を適用する結果として、補助参加人が自己の利益を擁護するために、時間と費用を使って補助参加をしても、「心ない被参加人」の行為によってそれまでの努力が無に帰せられるおそれがある、という指摘がなされる[29]。しかしながら、被参加人からみれば、補助参加人の訴訟追行が自分の意向に合致するのであれば、補助参加人の訴訟追行を黙認することによって、訴訟追行を事実上、補助参加人に委ねることができる。これに対し、補助参加人の訴訟追行が自分の意向に反する場合には、抵触行為をすることで、補助参加人の訴訟行為を失効させる必要が生じることになる。このように見るならば、補助参加という制度は、被参加人に訴訟追行の熱意が欠けている場合に、その

26) 井上・前掲注1) 49頁によれば、19世紀ドイツ普通法以来、補助参加人の地位についての中枢的原理である、とされる。
27) 新堂幸司「共同訴訟人の手続保障」訴訟物と争点効(下)（有斐閣・1991〔初出1987〕）337頁、348頁以下は、当事者権の利用の保障という積極面と、放棄・不行使の保障という消極面とが抵触する状況において、39条（旧61条）は、すべての共同訴訟人に対し、積極・消極両面にわたり当事者権を保障するのに対し、40条1項（旧62条1項）は、合一確定の要請からいずれか一方を選択しなければならない状況において、積極面を重視したものである、という。新堂・前掲注2）784頁注1も参照。これを受けて、高田裕成「いわゆる類似必要的共同訴訟関係における共同訴訟人の地位」新堂幸司先生古稀祝賀・民事訴訟法理論の新たな構築(上)（有斐閣・2001）641頁、645頁以下は、類似必要的共同訴訟および共同訴訟的補助参加につき、40条1項の規律を、相抵触する訴訟行為の効果を調整するルールと位置づける。40条1項と45条2項の2つの規律の関係につき、651頁注11も参照。
28) 共同訴訟的補助参加の場合は、補助参加人の利害がいっそう深刻であることを考慮して、抵触行為の失効の規律ではなく、むしろ必要的共同訴訟における規律が妥当する。
29) 新堂・前掲注2) 803頁。

IV 抵触行為の失効（民訴法 45 条 2 項）による調整とその限界

黙認あるいは事実上の委任を受けて補助参加人が訴訟を追行できることにこそ積極的意義があるとともに、それ以上のものではない、ということもできる。

2 積極的抵触に限定されることの意味

この規律は、補助参加人の訴訟行為が被参加人の訴訟行為と積極的に抵触する場合にだけ適用があることが、一般的に承認されている[30]。すなわち、被参加人が何らかの訴訟行為をしないという消極的態度に出た場合に、補助参加人がこれと抵触する訴訟行為を積極的にしたときには、適用がない。その場合、被参加人が補助参加人の訴訟行為を黙認する範囲で、事実上、補助参加人に訴訟追行が委ねられることになる。したがって、「抵触行為」にあたるとして失効する可能性のある補助参加人の訴訟行為は、本来的には補助参加人の権限内の行為であるから一応有効であるが、ただ被参加人の出方によって効力が左右されるもの、ということになる。換言すれば被参加人が、補助参加人がしようとする訴訟行為と矛盾・抵触すべき行為を積極的にすると、補助参加人が意図する訴訟行為を有効に行うことが妨げられ、また被参加人は補助参加人がした訴訟行為の効力を、積極的に抵触行為をすることで事後的に失わせる可能性を留保されていることになる。そしてこのことが、補助参加人の訴訟行為の効力を被参加人に帰属させることを正当化するものである。

3 抵触行為を失効させうる時期的限界

被参加人が抵触行為をすることで補助参加人の訴訟行為を失効させうる時期的な限界も問題となる。この規律は、同一の当事者サイドから相手方に向けられている複数の訴訟行為の存在を前提として、被参加人の訴訟行為の効力を優先させるものであるから、補助参加人の訴訟行為は常に、後に被参加人が抵触行為をすることによって失効させられる可能性を帯びていることになる。その意味で、抵触行為の失効の規律が妥当する範囲では、補助参加人の訴訟行為の効力が多かれ少なかれ浮動的なものになることが、構造的に前提となっているものといえる。しかしながら、被参加人に補助参加人の訴訟行為を失効させる

---

30) 新堂・前掲注 2) 810 頁、伊藤・前掲注 2) 643 頁、中野貞一郎 = 松浦馨 = 鈴木正裕編・新民事訴訟法講義 [第 2 版補訂 2 版] (有斐閣・2008) 561 頁以下 [井上治典 (松浦補訂)]。

可能性をいつまでも保持させておくことは、訴訟手続の安定を害し、相手方に不利益を与えることになる。そこで一般論としては、補助参加人が参加してきた場合、被参加人としては、必要に応じて適時・適切に抵触行為をしなければならないという緊張感をもって訴訟を追行すべきことになる（民訴法156条参照）、と解する。このことは、訴訟行為の撤回の自由を時期的な面で制限する方向に働き、補助参加人が参加してくることによる被参加人の訴訟追行上の負担の実質は、この点にあると考えられる。そして解釈論としては、当事者による訴訟代理人の陳述の更正に関する民事訴訟法57条を類推することが考えられる[31]。

4 抵触行為の失効による調整可能性と限界

Ⅲで個別に検討した、補助参加人の従属性の内容のうち、訴訟状態承認義務の規律は、すでに被参加人のなしえない行為は補助参加人もなしえないとするものであるから、補助参加人がこの義務に反して訴訟行為を事実上した場合でも、抵触行為の失効の規律による調整はそもそも問題とならない。それ以外の規律について、抵触行為の失効による調整がいかなる範囲で妥当するかが問題となる。

(1) 本質的に補助参加人のなしえない行為

訴え提起類似行為・訴訟処分行為・訴訟対象変更行為の禁止は、行為の性質上、本質的に補助参加人のなしえない行為として、独立性の原則それ自体の例外に位置づけられる。したがって、補助参加人が事実上これらの行為をしたとしても、被参加人が抵触行為をすることによって当該行為を失効させるまでもなく、無効となる。したがってまた、被参加人が補助参加人のした訴訟行為を黙認しても、有効とはならない。ただし、訴訟行為の無効は一般に、絶対的無効ではなく追認により有効とする余地がある無効とされているから（民訴法34条2項参照）、被参加人が当該行為を積極的に追認した場合には、有効となる余地がある[32]。

---

31) もっとも、57条は「直ちに」取消しまたは更正することが要件となっているが、補助参加人は被参加人の意思に反してでも参加してくる点で、訴訟代理人とは事情を異にするので、即時性を緩和する余地はあろうか。
32) 井上・前掲注1) 45頁以下。

(2) 自白の規律

　補助参加人による自白を、訴訟処分行為と同じ意味で不利益行為にあたると見ることは困難であるから、本質的に補助参加人がなしえないものということはできない。したがって、補助参加人も自白をなしうるとしつつ、被参加人には遅滞なく当該事実を争う旨の陳述をすることによって、補助参加人の自白を抵触行為として失効させる可能性が留保されている、とすれば十分であると考えられる。これは、補助参加訴訟において、何を争点として訴訟を追行するかについて、被参加人の意向と補助参加人の意向とが一致しないことが明らかとなった場合の調整として、被参加人の意向を優先させることを意味する[33]。また、この場合において被参加人が補助参加人の自白した事実を争う旨の陳述は、補助参加人による自白を抵触行為として失効させうる時機に後れたものでない限り、自白の撤回の要件に服するものではないと解する。もともと、補助参加人の訴訟行為は抵触行為の失効の規律が妥当する範囲では、浮動的なものであり、相手方としてもその程度のものとして信頼してよいものに止まるからである[34]。以上に対し、被参加人が争うことを明らかにしないときは、補助参加人の自白がそのまま効力を生じることになると解する。

(3) 被参加人に属する私法上の権利の行使

　これは厳密には補助参加人の従属性の問題ではなく、権利主体の意向を反映しない第三者による権利行使の結果を権利主体に帰属させることはできない、という私法の一般原則を、補助参加人に適用した結果にすぎない。したがって、ここで問題となるのは、補助参加に特有の規律によって、この一般原則に対する例外を基礎づけることができるどうか、である。補助参加人の独立性を強調するだけでは例外を基礎づけるのに十分でない。他方、抵触行為の失効の規律の適用をも肯定するとすれば、私法上の権利の行使をともなう訴訟行為にも被参加人の意向を反映できることにはなるが、その場合、被参加人は自己の意向

---

33) 伊藤・前掲注2) 644頁参照。
34) 同旨、伊藤・前掲注2) 644頁。これに対し、高橋・前掲注2) 428頁以下は、自白の撤回の要件を必要とすると被参加人に酷になりえ、かといって被参加人が否定すれば補助参加人の自白は無効になるというのでは、相手方の信頼保護に欠けるので、相手方が信頼しないように、初めから一律に補助参加人の自白はできないとしておいた方がよい、とする。しかし、補助参加人のした自白に、被参加人のした自白と同じ程度の信頼が成り立つとは言い難いのではないか。

に反する補助参加人の訴訟行為を遅滞なく撤回し、私法上の権利行使の効果が帰属することを阻止しなければならない、という時期的な制約を受けることになる。これは、本来自由であるはずの私法上の権利の行使時期を、訴訟法が制約することになり、訴訟法による実体法の変更をもたらしているのではないかという疑問が残ると言わざるをえない。結局、補助参加人について、私法の一般原則の例外として被参加人に属する私法上の権利を行使することを正当化することはできないと思われる[35]。

V むすび

　本稿は、補助参加人の従属性の内容とされる事項について、相互の関連性を解明することを試みた。その結果、補助参加人の独立性の意味は、自己の名で被参加人に効果が帰属する訴訟行為をする独自の地位が与えられることを意味するが、被参加人への効果帰属を正当化するためには、さらなる根拠づけが必要であること、抵触行為の失効の規律は、そのために被参加人の意向を反映させるものであり、補助参加人のなしうる訴訟行為には一般的に妥当すること、いわゆる訴訟状態承認義務と被参加人に属する私法上の権利行使の制限とは、補助参加に特有の問題ではなく、他の法原則を補助参加人に適用した結果にすぎないので、厳密な意味では補助参加人の従属性の内容とは言い難いこと、などが明らかになった。

---

35) これに対し、高橋・前掲注2) 431頁以下は、被参加人が遅滞なく抵触行為をして補助参加人による形成権行使を覆滅せしめることができるので、被参加人の保護は一応足りる、とする。

兼子一「訴訟承継論」における
実体法的思考と訴訟法的思考

山本克己

- I はじめに
- II 「実体法的思考」と「訴訟法的思考」
- III 民事訴訟法における「(要件としての) 承継」
- IV 「訴訟承継論」の問題点
- V おわりに

I はじめに

　「訴訟物論における『実体法的思考』の批判的検討」と題する論稿[1]（以下、「旧稿」という）において、筆者は、実体法的思考と訴訟法的思考を対置させて、本来は訴訟法的思考が妥当すべき訴訟物論に、請求権競合論から実体法思考が流入した結果、訴訟物論に望ましからぬ事態が生じているのではないか、という疑問を提起したことがある。そして、その旧稿の結語部分において、いずれ機会をみて、訴訟法上の他の問題点に関する議論にも実体法的な思考が混入していることを批判的に検討したい、との抱負を述べた[2]。しかし、これまでのところ、この抱負を現実のものにする努力を怠ってきた。今回、そのような努力の一環として、昭和6 (1931) 年に公表された兼子一博士の処女作にして代表作の一つである「訴訟承継論」[3]を取り上げ、実体法的思考と訴訟法的思考という観点から、批判的に検討したい。

---

1) 山本克己「訴訟物論における『実体法的思考』の批判的検討」新堂幸司先生古稀祝賀・民事訴訟法理論の新たな構築下巻（有斐閣・2001）153頁以下。
2) 旧稿189頁。
3) 「訴訟承継論」は、兼子一・民事法研究第 I 巻〔再版〕（酒井書店・1950）1頁以下に収録されている。以下の本文・注では、「訴訟承継論」を同書の頁番号で引用する。

旧稿において筆者は、訴訟法的思考を意識的に徹底して、解釈論的な成果を挙げた代表的な業績として、「訴訟状態説の応用のもとに提唱された、兼子一博士の参加承継・引受承継論（のうち、現行民事訴訟法51条に相当する規定がない、大正15年民事訴訟法において、現行51条の規律内容を解釈論として認めるべきであるとの主張）を挙げることができる」と述べた[4]。兼子博士がかかる解釈論的主張を行った論稿が、「訴訟承継論」（該当する部分は136頁以下である[5]）にほかならない。しかし、「訴訟承継論」においては、承継を生じた（とされる）側での帰属についてはともかく、それを捨象した訴訟物である権利義務その他の法律関係の存否（以上の表現は実は正確さを欠いている）については、見事なまでに訴訟法的思考が貫かれている。旧稿での評価はこの点に着目したものである。しかし、その反面、次の段落で定義する「要件としての承継」の扱いについては、「訴訟承継論」の議論は問題点があるように見受けられる。本稿の目的は、このことを論証することを通じて、「訴訟承継論」の方法論的混乱を明らかにすることにある。

なお、参加承継・引受承継の場合のみならず、口頭弁論終結後の承継人における承継の場合を含めて、特定承継における「承継」の対象が、訴訟物である権利義務その他の法律関係、当事者適格[6]、係争物、紛争当事者たる地位と実体適格[7]のいずれであるかについて、学説の対立がある。しかし、本稿では、この点について論ずる準備ができていないので、特定承継の対象についての筆者としての結論を留保したまま議論を進めることにする。そのような理由から、そして、訴訟状態の承継（「効果としての承継」）と区別するために、訴訟状態の承

---

4) 旧稿158頁注6。
5) 例えば、「義務者を以て不利益なる地位と為し、権利者を以て有利なる地位と考へることは、実体法的な平面的な考へ方であつて、訴訟が果たして其の権利ありや義務ありやの争を解決する為の制度である以上、訴訟に於て義務者と呼ばれる者も義務なしと判断せられるに於て利益の地位にあり、権利者と称する者も権利なしと判断せられる事に於て不利益なる地位に立つことを顧慮に入れぬものである。……訴訟の対象としての『争』から見れば、権利とか義務とかは未だ争の主体の主観的判断に過ぎぬのであつて、かかる実体的な観念によつて両者を異別に取扱ふべき理由は存しない」というくだりには、訴訟法的思考を「訴訟承継論」の基礎に据えて、誤った実体法的思考を排除しようという志向性が如実に表現されている。
6) 「訴訟承継論」は当事者適格が承継の対象であるとする（51頁以下）。
7) 松本博之・民事訴訟法の立法史と解釈学（信山社・2015）258頁以下の第3編第1章「民事訴訟における訴訟係属中の係争物の譲渡」（原型となる論文の初出は2009～2010）が主張する立場である（特に同書95頁以下）。この松本博士の論稿は、実体適格（Sachlegitimation）概念がドイツ法学から日本に継受されなかった経緯を明らかにしつつ（同書277頁以下）、「訴訟承継論」が実体適格と当事者適格を混同している点を批判している（同書263頁以下、320頁注98）。ちなみに、「訴訟承継論」の注6で引用した箇所（52頁）には、「当事者適格（Sachlegitimation）」という表現が見られる。

継の要件として措定されている特定承継を、「要件としての承継」と呼ぶことにする。また、「訴訟承継論」は旧民事訴訟法を対象とする論文であるが、本稿では、現行民事訴訟法の条文を前提に議論を進める。

II 「実体法的思考」と「訴訟法的思考」

　「訴訟承継論」の検討に入る前に、「実体法的思考」と「訴訟法的思考」として、筆者がどのような思考方法を想定しているかを明らかにしておく。旧稿で述べたこと[8]に若干の修正を加えると、次のようになる。

　まず、「実体法的思考」とは、当該事案の法的判断にとって有意的な事実の存否が、神の眼から見たかのように、全て明らかになっていることを前提とする思考方法である。実体法学の議論は、証明責任の分配に踏み込む場合などを除くと、一般に、かかる実体法的思考に基づいて展開されている。もっとも、裁判の現場において裁判官が特定の実体法規範の適用の有無を判断する場合には、訴訟において適法に確定された事実がその前提とされることに注意しなければならない（本稿において、このような裁判官的な思考方法を表わすときは、「○○の事実が明らかにされたとき」、「○○の事実が認められるとき」などの表現を用いる）。その意味では、実体法的思考は、むしろ、実体法学的思考と呼ぶべきかもしれないが、ここでは実体法的思考と呼んでおく。

　これに対して、「訴訟法的思考」とは、その真否、存否ないし当否についての判断を留保したまま、訴訟当事者その他の者の「言い分」を議論の対象または前提に据える思考方法である。訴訟法学における重要問題の多くが、かかる訴訟法的思考のもとに議論されている。本案である訴訟上の請求の当否（なお、請求の当否自体には、実体法的思考が妥当する）を括弧に括ったまま、しかし、言い分（主張）としての訴訟上の請求を前提にして、当事者適格や訴えの利益が判断されるのは、その一例である。「訴訟承継論」は、その序言において、「私権の客観的存在……を予定して訴訟に臨む態度は、既に狭義の訴訟即ち判決手続の存在を無意義ならしめる平面的観察方法ではあるまいか」（3頁）と述べるが、こ

8）　旧稿155頁以下。

れはまさに訴訟法的思考を基礎として（誤った実体法的思考を排除して）「訴訟承継論」を展開することの宣言であると考えられる。

　なお、上述のように、裁判官がする事件処理においては実体法的思考が成り立たないのであるが、「○○の事実が明らかにされたとき」、「○○の事実が認められるとき」という思考方法が採られる場合には、実体法的思考に支配される法規範が前提とされていることに注意が必要である。実体法的思考が支配する法規範においては、通例（つまり、形成権や抗弁権の訴訟上行使のような例外的事象の場合を除いて）、訴訟外の実体空間において生じた歴史的な事実が要件とされているのであり、訴訟においてかかる事実を明らかにする作業が必要となるのである。これに対して、訴訟法的思考に支配される法規範が訴訟の現場で問題になる場合には、「言い分」の提示を含む訴訟当事者等の訴訟行為を、訴訟空間で展開される手続過程において裁判官が現認する（例えば、口頭弁論期日において原告がする訴状の陳述を聴取する）ことで足りる。

　以上が「実体法的思考」と「訴訟法的思考」の説明であるが、訴訟法上の問題点のすべてにおいて訴訟法的思考が妥当するわけではない。このことを当事者適格（なかでも固有適格）を例に説明する。

　給付訴訟における固有適格としての原告適格を有する者は、原告により訴訟物である請求権の主体であると主張される者であり、固有適格としての被告適格を有する者は、原告により訴訟物である請求権に係る義務の主体であると主張される者であるとされる。そこでは、請求権の主体あるいは請求権に係る義務の主体についての言い分（主張）によって、固有適格の存否が判断されている。

　これに対して、形成訴訟における固有適格については、原告適格・被告適格ともに、形成の訴えを可能とする制定実体法規範によって法定されているとされる。例えば、株主総会決議取消しの訴えについて、会社法は、固有適格としての原告適格が認められる者の一つとして株主を挙げ（会社法831条1項）、固有適格としての被告適格を有する者は会社であると定めている（会社法834条17号）。そこでは、株主あるいは会社であると主張されるだけでは足りず、現に株主あるいは会社であることが求められている。つまり、実体法的思考が妥当しているのである。もちろん、形成権ないし形成原因の存否が括弧に括られたまま固有適格が判断されるわけであるから、その限りで訴訟法的思考が妥当して

いることに注意が必要である。

III　民事訴訟法における「(要件としての)承継」

　言うまでもないことであるが、訴訟承継には当然承継と参加承継・引受承継がある、というのが「訴訟承継論」の主張であり、それが通説化して現在に至っている[9]。また、「訴訟承継論」は、訴訟状態は生成中の既判力である（42頁以下）との前提の下に、口頭弁論終結後の承継人による既判力の承継と、訴訟承継における承継人による訴訟状態の承継の間にパラレルの関係が成り立ち、口頭弁論終結後の承継人と訴訟承継における承継人の範囲が合致しなければならない旨を説く（66頁以下）。そこで、口頭弁論終結後の承継人における「承継」、当然承継における「要件としての承継」と参加・引受承継における「要件としての承継」のそれぞれについて、実体法的思考と訴訟法的思考のいずれが支配すべきかを検討する。

　まず、口頭弁論終結後の承継人の場合の「承継」の対象をどのように捉えるにせよ、後訴において民事訴訟法115条1項3号による既判力の拡張が肯定されるのは、後訴の当事者の一方が前訴の当事者の一方の何らかの地位を訴訟外の実体空間において「承継」したと法的に評価されるべき事実の存在が、後訴において明らかにされた場合である。「承継」があった旨、あるいは、「承継」を基礎付ける事実があった旨が、後訴の当事者によって主張されるだけでは足りない。つまり、口頭弁論終結後の「承継」は実体法的思考が支配すべき問題なのである。それは、「承継」が一般承継と特定承継のいずれであるかを問わない。

　次に、当然承継における「要件としての承継」を、当事者の一方が死亡し、その当事者について単独相続があった場合を例に考察する。この場合、被相続人である当事者は死亡によって訴訟当事者の地位を失い、相続人は、相続の承

---

[9]　山本弘「当事者の交替」法学教室168号（1994）17頁が、「よって立つ創案者のカリスマを失い動揺している」（引用文中の「創案者」は兼子博士を指す）と評するように、様々な批判を被ってはきたものの、「訴訟承継論」で展開された参加承継・引受承継に関する兼子説は、その根幹的な部分において、現在もなお通説的な地位を占めている。「訴訟承継論」に対する批判の概要は、山本弘・同論文17頁、松本・前掲注7）266頁以下を参照。

認の効果が生じれば、被相続人の死亡の時点（相続開始の時点）に遡って訴訟当事者の地位に就く。このように、実体法上の相続に伴って、訴訟当事者の地位の当然承継が生ずるとされているのであるから、そこでの「要件としての承継」には実体法的思考が妥当する。なお、当然承継の場合の訴訟状態の承継（「効果としての承継」）は当事者の地位の「承継」に随伴する効果とされているから、前者の「承継」も実体法的思考の支配領域である。

　最後に、参加承継・引受承継の場合には、「要件としての承継」に該当する事実が生じたことにより、当然に当事者の地位の承継が生ずるわけではない。参加申出があった時に、あるいは、引受申立てとそれを容れる決定（引受決定）があった時に、参加人あるいは引受申立てにおいて指定された者（以下、「引受対象者」という）が訴訟当事者の地位に就くからである。この点については、手続構造の相違があるために、参加承継と場合と引受承継の場合を各別に検討する必要がある。なお、ここでは行論の便宜上、民事訴訟法51条を考慮の外に置く。

　まず、参加承継の場合、参加人は、「訴訟の係属中その訴訟の目的である権利の全部又は一部を譲り受けたことを主張して」、独立当事者参加の一種である権利主張参加をすることにより（民訴法49条）、訴訟当事者の地位に就く。参加申出における主張内容（参加申出書における参加の理由の記載内容）が「訴訟の係属中その訴訟の目的である権利の全部又は一部を譲り受けた」ことに該当しない場合、つまり、参加人が主張する参加の理由が主張自体失当の場合であっても、参加人が訴訟当事者の地位に就くことに変わりはなく、当事者として参加申出却下の終局判決を受けることになる（なお、参加申出を訴訟として扱うという処理も、第一審で参加申出があった場合においては十分に合理性があるが、ここでは度外視しておく）。また、参加の理由が主張自体失当でないものの、審理の結果、「訴訟の係属中その訴訟の目的である権利の全部又は一部を譲り受けた」ことに該当する事実が認められなかった場合も、参加人は、訴訟当事者として終局判決を受ける。このように、参加の理由についての参加人の主張の当否にかかわらず、参加申出の効果として参加人が訴訟当事者の地位に就くのである。つまり、参加人が当事者の地位に就くかどうかについては、訴訟法的思考が支配しているのである。

　なお、審理の結果、「訴訟の係属中その訴訟の目的である権利の全部又は一部

III 民事訴訟法における「(要件としての) 承継」

を譲り受けた」ことに該当する事実が認められなかった場合に、参加申出人に対する終局判決が参加申出却下の判決と参加請求の棄却判決のいずれであるべきかについては学説上争いがある。換言すれば、「訴訟の係属中その訴訟の目的である権利の全部又は一部を譲り受けたこと」(つまり、「要件としての承継」)が参加申出に固有の訴訟要件なのか、それとも、参加人の請求の本案要件であるのか、について争いがあるのである。「訴訟承継論」はおそらく前者の立場であると推測される (70頁)。しかし、これには疑問がある。以下では、このことを、XのYに対する訴訟にZが民事訴訟法49条に該当する参加申出をする場合を念頭に置いて検討する。

XのYに対する訴訟が係属中に、Zが、Xから「(XY間の) 訴訟の係属中その (XY間の) 訴訟の目的である権利の全部又は一部を譲り受けた」と主張して、Yに対して別訴を提起した場合において、審理の結果、「権利の全部又は一部を譲り受けた」ことが認められないときは、Zの請求は棄却されるべきである[10]。また、XのYに対する訴訟が係属していない段階で、上述の別訴と同様の請求を立てた訴えが提起された場合においても、「権利の全部又は一部を譲り受けた」ことが認められないときは、Zの請求は棄却されるべきである。このように、XY間の訴訟係属の有無にかかわらず、ZがXの「権利の全部又は一部を譲り受けた」と主張して、独立の訴えを提起した場合には、「権利の全部又は一部を譲り受けた」ことは本案要件である。にもかかわらず、参加申出の場合に限って、「権利の全部又は一部を譲り受けた」ことが訴訟要件であると解することには、合理的な説明がつかないと考えられる。

次に、引受承継の場合であるが、引受対象者が訴訟当事者の地位に就くのは、引受申立てではなく引受決定の効果である (民訴法50条1項)。そして、引受決定は、当事者および第三者 (引受対象者) の審尋 (同条2項) などの審理の結果、「訴訟の係属中第三者がその訴訟の目的である義務の全部又は一部を承継した」こと (同条1項) が認められた場合に発令される。また、民事訴訟法49条1項の「主張して」という文言が訴訟法的思考を表していると解する余地があるのに

---

10) なお、「訴訟承継論」は、そもそも別訴が重複起訴の禁止に触れるという立場である (145頁) が、当事者恒定主義におけるようにXY間の訴訟において下された終局判決の効果がZにも及び得る、というのであれば別論、そのような考え方を採用していない日本法においては、重複起訴とは認められないと考えられる。

183

対して、同法 50 条 1 項には「主張」という文言が含まれていない（なお、同法 51 条の文言も参照されたい）。以上のことに鑑みると、引受対象者が訴訟当事者の地位に就くかどうかは、実体法的思考によって決せられる。しかし、ここでの実体法的思考の現れ方には特殊性がある。

「訴訟の係属中第三者がその訴訟の目的である義務の全部又は一部を承継した」ことが、訴訟要件か本案要件であるかについて学説上争いがあるが、参加承継について述べたことと同じ理由から、本案要件であると考えられる[11]。

本案要件であるとすると、それは判決事項であることになる（訴訟要件のうち国内管轄の多くが決定事項であることに留意されたい）から、口頭弁論を経ないで発令される引受決定において、「訴訟の係属中第三者がその訴訟の目的である義務の全部又は一部を承継した」かどうかについて、裁判所としての終局的な判断を下すことはできない（引受決定に対する独立抗告が予定されていないことにも注意が必要である）。したがって、引受決定後の口頭弁論における審理の結果として、引受申立人が主張する「訴訟の係属中第三者がその訴訟の目的である義務の全部又は一部を承継した」かどうかについての裁判所の終局的な判断は、終局判決においてされる。そこでは、引受決定において肯定されたこの要件の充足が否定されることもあり得る。つまり、引受決定における「訴訟の係属中第三者がその訴訟の目的である義務の全部又は一部を承継した」ことの有無の判断は暫定的なものでしかないのである。

以上のように、参加承継の場合の参加人が当事者の地位に就くには、参加人が「要件としての承継」を主張するだけで足りる。引受承継の場合に引受対象者が当事者の地位に就くには、引受決定において「要件としての承継」があったことを肯定する裁判所の暫定的判断があれば足りる。「要件としての承継」の有無についての裁判所の終局的な判断がされるのは、参加人または引受対象者が当事者に就いた後に実施される、口頭弁論における審理に基づいて下される終局判決においてである、という点で両者は共通しているのである。

---

11) なお、「訴訟承継論」はそれが訴訟要件と本案要件のいずれでもない引受決定に固有の要件であるとの前提の下に、引受決定の後に「訴訟の目的である義務の全部又は一部を承継した」とは認められないことが明らかになったときは、終局判決をもって引受申立てを却下すべきであると説く（71 頁）。「訴訟承継論」が引受決定における「要件としての承継」の判断の暫定性を承認していることに注意されたい。

IV 「訴訟承継論」の問題点

　さて、「訴訟承継論」において、参加承継・引受承継の場合の訴訟状態の承継（「効果としての承継」）は、口頭弁論終結後の承継人による既判力の拡張や当然承継の場合における訴訟状態の承継と同様に、訴訟外の実体空間において生じた「要件としての承継」の効果として（訴訟状態は「要件としての承継」の対象である事項の付属物として）捉えられている（147頁以下）。したがって、「訴訟承継論」の立場において、参加承継・引受承継の場合に訴訟状態の承継があるかどうかについては、実体法的思考が支配しなければならないのである。つまり、神の眼から見て参加申出または引受決定の時までに「要件としての承継」が生じていれば、参加人または引受対象者が当事者の地位に就いた時点で既に、訴訟状態の承継があることになるのである。しかし、「訴訟承継論」は、実体法的思考が妥当する問題領域においては、審理の結果として要件に該当する事実（訴訟外の実体空間で生起した歴史的事実）が認められることが必要であることを十分に認識しておらず、その結果、参加申出・引受決定がされれば、裁判所は直ちに訴訟状態の承継を措定してよいと考えられているように思われる。しかしながら、このように考えることは問題である。

　というのも、既に述べたように、参加人または引受対象者が当事者の地位に就いた時点では、裁判所は、「要件としての承継」について終局的な判断を下しておらず、また、下すことができないからである。にもかかわらず、参加人または引受対象者が当事者の地位に就いた時点で、既に訴訟状態の承継が生じていることを前提に議論を展開する「訴訟承継論」は、その時点以前に「要件としての承継」が現に生じたことを当然の前提としていることになる。つまり、「訴訟承継論」は、参加承継・引受承継における「要件としての承継」の限度で、その立論の前提として批判の対象に据えた「私権の客観的存在……を予定して訴訟に臨む態度」（Ⅱで紹介したところを参照）を採っているのである。Ⅰで述べた「訴訟承継論」の方法論的混乱とは、このことを指している。

　おそらく、この方法論的混乱は、兼子訴訟法学に顕著な美的な体系構築への志向（「訴訟承継論」の場合には、口頭弁論終結後の承継、当然承継と参加承継・引受承継を

統一的な原理で説明しようとすることに、そのような志向が現れている）に基因していると考えられる。もっとも、具体的な解釈問題について弊害をもたらさないのであれば、この方法論的混乱もそれほど非難される必要がない。しかしながら、「要件としての承継」が既に生じていることを当然の前提とする思考は、弊害をもたらしていると考えられる。

　第1に、「要件としての承継」を口頭弁論で審理するという観点が、「訴訟承継論」において重視されていない点を挙げることができる。もちろん、「訴訟承継論」においても、「承継の争い」が論じられている（69頁以下）。つまり、参加申出・引受決定の後の「要件としての承継」がないことが明らかになった場合には、参加承継では終局判決において参加申出を却下すべきであり（ただし、「訴訟承継論」の記述はこの点に関して曖昧である）、引受承継では終局判決をもって引受申立てを却下すべきであると説かれる。「要件としての承継」の審理においては、3人の当事者の訴訟行為がどのように扱われるかが問題になるところ、「訴訟承継論」は、参加承継の場合につき、「訴訟承継としては其の原因のない場合でも……一般の三面訴訟として争うことは妨げない」と述べており（71頁）、おそらく、民事訴訟法47条4項による同法40条1項・2項の準用を認めているものと推測される。他方、「訴訟承継論」は、引受承継の場合について特に触れるところがないが、引受決定後の訴訟形態が通常共同訴訟になることを考えると、民事訴訟法39条所定の共同訴訟人独立の原則が適用され、引受申立人とその当初よりの相手方の間と、引受申立人と引受対象者の間とで、相対的に訴訟行為の効力が生ずることになるものと推測される[12]。したがって、第1の批判は、「訴訟承継論」の立場が明確でない、というに止まる。なお、「要件としての承継」の審理は、訴訟状態の承継の要件の有無の審理であるから、当該審理との関係で訴訟状態の承継が生ずる余地がないことに注意されたい。

　第2に、具体的な訴訟において、裁判所が審理を進め、当事者が攻撃防禦を行うに際して、訴訟状態の承継を前提としなければならないかどうかが浮動的になることを挙げることができる。つまり、「訴訟承継論」が主張するように、

12）　このように考える場合、「要件としての承継」の有無についての裁判所の終局的判断は、引受申立人とその当初よりの相手方の間と、引受申立人と引受対象者の間とで、齟齬することがあり得ることになるが、「訴訟承継論」はこのような可能性に意を払っていないように見受けられる。

IV 「訴訟承継論」の問題点

　訴訟状態の承継が観念的には（神の眼から見れば）「要件としての承継」が生じた時点で既に生じているとしても、裁判所が「要件としての承継」の存否を終局的に判断することができるのは、その点に関する口頭弁論での審理を終えた時点である。したがって、参加申出または引受決定の時点から口頭弁論での審理の終了の時点までの間は、裁判所は訴訟状態の承継があるかどうかについての態度を保留したまま審理を進めなければならないと考えられる。参加人または引受対象者を含む訴訟の当事者としても、裁判所の「要件としての承継」についての終局的判断が裁判の形で伝達されない限り、訴訟物の存否について的確な攻撃防禦を行うことができないのである。以下では、「要件としての承継」が本案要件であることを前提にして、この点をもう少し詳しく説明する。

　事は「要件としての承継」以外の本案要件に関する（第1の疑問点に関して述べたように、「要件としての承継」の審理との関係で訴訟状態の承継が生ずる余地はない）。参加承継の場合には、「要件としての承継」が肯定されれば、参加人による訴訟状態の承継も肯定され、他の本案要件について参加人が行う攻撃防禦は訴訟状態に拘束され、参加人に対する訴訟状態の拘束が及ばない範囲で既存の二当事者と参加人のそれぞれが他の本案要件に関してする訴訟行為は民事訴訟法47条4項が準用する同法40条1項・2項によって規律されるのに対して、「要件としての承継」が否定されれば、他の本案要件との関係で全面的に民事訴訟法40条1項・2項が準用されることになるはずである。引受承継の場合には、「要件としての承継」が肯定されれば、引受対象者による訴訟状態の承継も肯定され、他の本案要件について引受対象者が行う攻撃防禦は訴訟状態に拘束され、引受対象者に対する訴訟状態の拘束が及ばない範囲で他の本案要件について引受対象者と既存の二当事者がする訴訟行為に民事訴訟法39条が適用されるのに対して、「要件としての承継」が否定されれば、他の本案要件との関係で全面的に民事訴訟法39条が適用されることになるはずである。このように三当事者間での訴訟行為の規律が、「要件としての承継」が肯定されるか否定されるかで異なるのである。

　ところが、「要件としての承継」は本案要件であるから、その終局的判断の基準時は口頭弁論終結時でなければならない。しかも、参加人と既存当事者の一方または双方との間の請求と既存の二当事者間の請求については、二つの終局

判決で判断しなければならず（民訴法 47 条 4 項による同法 40 条 1～3 項準用の趣旨からこう考えられる）、引受対象者と引受申立人との間の請求と既存の 2 当事者間の請求についても同様である（民訴法 50 条 3 項による同法 41 条 1 項の準用。もっとも、「訴訟承継論」執筆の時点では、民訴法 41 条が存在していなかったので、事情が異なっていた）。したがって、口頭弁論終結時まで裁判所は訴訟状態の承継（「効果としての承継」）があったかどうかについて終局的な判断ができないことになる。したがって、口頭弁論終結時までは、裁判所は、訴訟状態の承継のある場合とない場合の双方を想定して、「要件としての承継」以外の本案要件の審理を行わなければならない。また、当事者も、訴訟状態の承継のある場合とない場合の双方を想定して、その他の本案要件についての攻撃防禦を行う必要がある。なお、ここでの当事者には、参加申出や引受申立てにおいて「要件としての承継」における被承継人として主張されている既存当事者も含まれる。当該既存当事者は、「要件としての承継」が否定されれば、敗訴の本案判決を受ける可能性があるからである。「要件としての承継」が既に生じている場合を念頭にして議論を展開する「訴訟承継論」では、このような「要件としての承継」以外の本案要件について、仮定的な審理や攻撃防禦が必要となることが看過されているが、既に述べたように、「要件としての承継」が既に生じていることを前提にすることは「訴訟承継論」の方法論的前提（誤った実体法的思考の排除）に反している。

　それはともあれ、多数当事者間の訴訟行為の規律が口頭弁論終結時まで定まらないことは、異例の事態である。このような異例の事態は、参加申出または引受決定後に、「要件としての承継」に関連するものに弁論を制限し、制限された弁論に基づいた中間判決において「要件としての承継」の有無について判断を示した後に、その他の本案要件の審理を行うことで避けられると考えられるかもしれない。しかし、中間判決についての一般的な理解を前提とすると、中間判決の基礎となった口頭弁論の直近の期日（中間判決の基準時）後に生じた「要件としての承継」に関する事情[13]を排除し得ないから、弁論の制限と中間判決を組み合わせることによっては、異例の事態を回避することはできない。仮に、

---

13)　参加申出・引受申立てにおいて主張された譲渡行為の効力が参加申出・引受決定後に変動することがあり得ることや、参加申出・引受申立てで主張されたもの以外の参加申出・引受決定後に生じた「要件としての承継」を、本案要件としても訴訟状態承継の要件としても排除することに理由がないことを考えると、このような事情を否定することはできない。

中間判決の一般的な枠組みを修正して、中間判決の基準時後に生じた「要件としての承継」に関する事情が、当該審級において失権するとすることは、本案判決の既判力の基準時を、「要件としての承継」については中間判決の基準時と合致させる一方で、その他の本案要件との関係では口頭弁論終結時にせざるを得なくなってしまうことに注意が必要である。あるいは、「訴訟状態論」が「要件としての承継」を本案要件ではないと述べる背景には、既判力の基準時の分裂を回避する意図があったのかもしれないが、これを本案要件と位置づけるべきであることはⅢで述べたとおりである。

　このように、参加承継・引受承継における訴訟状態の承継の要件を、訴訟外の実体空間において生じた「要件としての承継」に求める限り、口頭弁論終結まで三当事者間における訴訟行為の規律が浮動的になるという現象は回避できない。「訴訟承継論」は、参加申出の理由としての「要件としての承継」を訴訟法的思考が支配していること、そして、引受決定における「要件としての承継」を肯定する判断が暫定的なものでしかないことを等閑視することによって、意図的であったかどうかは別として、かかる現象の存在を隠蔽している。訴訟状態の承継を維持したままかかる現象を回避するためには、訴訟状態の承継を「要件としての承継」に随伴する効果であるとの前提を放棄して、訴訟状態の承継を参加申出それ自体、あるいは、引受決定それ自体の効果として捉えるしかないように思われる。しかし、このように考えることは、口頭弁論終結後の承継人に対する既判力の拡張や当然承継における訴訟状態の承継と、参加承継・引受承継における訴訟状態の承継を、同一の原理によって根拠付けようとする「訴訟承継論」の基本的な構想の崩壊を意味する。もちろん、口頭弁論終結まで三当事者間における訴訟行為の規律が浮動的になるという現象を回避する必要がないとの前提のもとに、訴訟外の実体空間において生じた「要件としての承継」が参加承継・引受承継における訴訟状態の承継の要件である、という立場を維持することも一つの選択肢であるが、そのためには、かかる現象を回避しなくてもよいことを基礎付ける論拠の提示が必要となろう。

V　おわりに

　以上で本論を終わるが、「訴訟承継論」における参加承継・引受承継についての議論の問題点は明らかにできたのではないかと考えている。また、そのことを通じて、実体法的思考と訴訟法的思考を対置することが、民事訴訟法学において一定の有効性を持つことも論証できたのではないか、という希望的な観測も有している。しかし、現時点の筆者の能力・準備の不足から、「訴訟承継論」以降の学説の展開にはほとんど触れることができなかった。あるいは空手形に終わるかもしれないが、この点は他日を期したい[14]。

　なお、本稿では、従来の参加承継・引受承継に関する議論において「承継人」と表現されている者を「参加人」・「引受対象者」と表現し、「被承継人」と表現されている者を「『要件としての承継』における被承継人とされている者」などと表現している。このような耳慣れない表現を敢えて採用したのは、訴訟法的思考をできるだけ貫徹しようという筆者の意図に基づいている。この点をお汲み取りいただければ幸いである。

---

[14] 現時点での筆者の憶測を述べておくと、参加承継・引受承継における訴訟状態の承継の要件の少なくとも一つとして、訴訟外の実体空間において生起した歴史的事実を要件として措定する限り、Ⅳで述べた問題点は解消できないのではないかと思われる。これを解消する方途は、訴訟状態の承継の要件から実体空間における歴史的な事実を放逐するか、訴訟状態の承継を全面的に否定するか、いずれかしかないのではなかろうか。

第三関係人のための上訴期間に対する侵害

エベルハルト・シルケン
(髙田昌宏・訳)

I　出発状況
II　上訴期間の侵害の際の法律状態
III　結　論

　他の当事者の間で係属している訴訟に第三者が補助参加（Nebenintervention〔Streithilfe〕）の方法で行う関与のためのドイツ民事訴訟法典（Zivilprozessordnung〔以下、「ZPO」と略す〕）の法律上の規律は、今日まで、一部は古くに一部は新たに生じた多数の、議論のある法的問題を提起する。このことは、ZPO 66 条以下の関連規定が、当初は（1877 年 1 月 30 日の）民事訴訟法（Civilprozeßordnung〔CPO〕）63 条以下として僅かな改正しか経験しておらず、とにかくその構成の核となる部分が今日まで変更されないままであった以上、法的、経済的、または法的および経済的な発展に基づき新たに現れた問題領域が問題であるかぎり、あまり驚かせるものではないかもしれない。しかし、その種の事情に帰せしめられず、いわば昔から存在する未解決の疑わしい問題も存在する。

　新しい発展の中心にあるのは、疑いなく、ますます頻発しつつある事例グループであり、そこでは、大量損害または拡散的損害の主張が問題で、そのうえ、例えば、瑕疵ある投資相談の場合のように、あらゆる個別事例の裁判にとって特定の同一状態にある前提問題が重要となりうるということによって際立ちうる。もっとも ZPO がグループ訴訟（Gruppenklage〔「クラス・アクション (class action)」〕）の方法での集団的権利保護のための正式な制度をこれまで知らない以上、現行法のもとでは、例えば、束ねて主張する目的での各個の請求権の信託的譲渡（treuhänderische Abtretung）、またはこの目的で設立された民法上の会社

(「権利追行会社〔Rechtsverfolgungsgesellschaft〕」）への請求権の提供のように、とくに実体法上構想された「迂回モデル（Ausweichmodelle）」が議論され、実践されている[1]。しかし、これによって提起される問題――例えば、法的サービス法（Rechtsdienstleisutungsgesetz〔RDG〕）との整合性の問題――は、ここでは、さらに論じないつもりである。たしかに、既存の、（通常）共同訴訟〔〔einfache〕Streitgenossenschaft）に関する法律上の規律（ZPO 59条・60条）も、被害者の共同の訴えを可能にするであろうが、いずれにせよ、影響を受ける者が多数いる場合に、とりわけ重要な組織の問題を投げかける。それに加え、ある被害者の訴えの場合において、影響を受ける他の者がZPO 66条により補助参加人（Nebenintervenient）としてこの被害者に参加することも、考えられるであろう。これは、もちろん、ZPO 68条による参加的効力（Interventionswirkung）が、今日一般的な見解によれば、相手当事者との関係では問題にならない以上[2]、相手方当事者との補助参加人の内容上同一の後続訴訟に対し、相手方当事者に不利な裁判が純粋に事実上有利な作用を及ぼすことがともかく十分に考えられることを顧慮しつつ、ZPO 66条が要求するところの、参加によって支援される当事者の勝訴に関する「法的利益（rechtliches Interesse）」の概念を非常に寛容に解釈することを前提とする[3]。しかし、最上級裁判所の判例は、とにかくこれまでは、「法的利益」のいわゆる参加理由に関する要件をそのように広く解釈することを拒絶してきた[4]。

　2005年11月1日に立法者によって具体的な動機から非常に急いで導入され、2012年11月1日には改正され、かつ2020年11月1日まで延長された投資家の大量損害のためのムスタ上程手続（Mustervorlageverfahren für Massenschäden von Kapitalanlegern〔投資者ムスタ手続法（KapMuG）〕）は、同様に、補助参加の方式による第三者の関与（呼出し〔Beiladung〕）を規定する。もっともムスタ裁判（Musterentschied）の特別な効力を伴うが、その効力も、ともかくZPO 68条の参加的効力の方式で事実確定および法律問題への関係人の拘束を包含する。今のところは、その後の展開がどうなるのかを待たなければならないであろう。私見か

---

[1] 例えば、以下のものを見よ。BGH NJW 2013, 59; *Mann*, ZIP 2011, 2393 und DStR 2013, 765; *Stadler*, JZ 2014, 613.
[2] MüKo-ZPO/*Schultes*, 4. Aufl. 2013, §68 Rdnr. 8 m.w.N. のみ見よ。
[3] これについて、詳しくは、*Schilken*, Festschrift für Eduard Picker, 2010, S. 709 ff.
[4] とくに、BGH ZIP 2006, 1218 を見よ。

らは、（大量損害、さらにはまた比較的僅少な拡散的損害の主張のための、場合によっては「ムスタ問題（Musterfragen）」の解明のための）集団的権利保護の特別手続の包括的規律が望ましい[5]。将来的には、このために、むろん法的に拘束力のない「ヨーロッパ連合法によって保障された権利の侵害の際の、構成国における集団的不作為および損害賠償手続のための共通原則（Gemeinsame Grundsätze für kollektive Unterlassungs- und Schadensersatzverfahren in den Mitgliedsstaaten bei Verletzung von durch Unionsrecht garantierten Rechten）」に関するヨーロッパ委員会勧告（Empfehlung der Europäischen Kommission）が寄与しうるであろう[6]。

　私は、これによって比較的近時の展開についてただ見晴らしがきくよう情報提供をしたが、今から本稿の中心において、——他のいくつかの問題と同様——ZPO 66条以下の法律上の規律に最初から存在し、現在も存在する問題に取り組みたい。今では、その点においても、「古典的な」争点である問題が存在し、それについては、すでに非常に多くのことが書かれており、継続的な判例および支配的見解も形成されてきたが、もちろん今日まで批判的な意見は絶えない。なかんずく、ZPO 68条により現れる参加的効力の範囲は、いくつかの関係で議論が行われている。これは、とくに、参加的効力が補助参加人の不利にのみ生ずるのか、あるいは——一般的にまたは少なくとも一定の状況において——補助参加人の有利にも、それとともに、支援される主たる当事者の不利にも生ずるのかという問題に関して、参加的効力の主観的範囲にあてはまる[7]。これに対して、文献では、本訴訟（Hauptprozess）において言い渡された判決が、進行する上訴期間の経過後またはその終期ごろにはじめて補助参加人の知るところとなり、そのため参加人は自分自身に帰属する攻撃または防御の可能性をもはや適時に行使できない場合に、ZPO 68条により参加的効力が生じるのか、そしていかなる要件のもとで生じるのか、または、どのような他の解決可能性が存在するのかという問題は、ほとんど、詳しく取り扱われていない。同一の

5）　これについて、詳しくは、*Schilken*, a.a.O. (Fn. 3), S. 724 f.
6）　ABl. EU v. 26. 7. 2013, L 201/60; これと、普通取引約款法（AGB-Recht）における団体による除去訴訟（Verbands-Beseitigungsklage）の提案について、*Stadler*, Festschrift für Eberhard Schilken, 2015, S. 481 を見よ。その他の提案については、*Stadler*, ZfPW 2015, 61, jew. m.w.N.; *Schilken*, Festschrift 200 Jahre Carl Heymanns Verlag, 2015, S. 125.
7）　これにつき、MüKo-ZPO/*Schultes*, a.a.O. (Fn. 2), §68 Rdnr. 9 ff. m.w.N. のみ見よ。近時、区別して Stein/Jonas/*Jacoby*, ZPO, 23. Aufl. 2014, §68 Rdnr. 18 ff.

問題は、ZPO 74 条 3 項に鑑み、本訴訟において参加していなかった被告知者にも現れる。本稿で詳細な考察の対象とする予定のこの問題とは、これまで、デッケンブロック（Deckenbrock）およびデッチュ（Dötsch）の両著者のみが、今やもうすでに 10 年以上も前の寄稿で取り組み、この問題性を正当にもすでにタイトルで『未知の国（terra incognita）』として特徴づけている。ともかく彼らは、若干の解決可能性を論じたが、現行法上、実際に明確な結論に至らないでいる。

I　出発状況

問題の正しい理解のために、まず、法的な出発状況を簡単に描写しなければならない。補助参加、および同様に参加的効力という重大な効果を伴う訴訟告知（Streitverkündung）も、ZPO 66 条 1 項・72 条 1 項により、それぞれ、「訴訟の裁判の確定に至るまで」適法であり、したがって、上訴審においてもなお適法である。ZPO 66 条 2 項は、そのうえさらに、補助参加について、補助参加が「訴訟のいかなる段階においても、また上訴の提起とともに」第三者によって行うことができることを明示的に規定している。70 条 1 項は、それにつき補完的に、この場合には参加を上訴裁判所に必要な書面を提出することによって行うことができる旨、指示する[8]。たしかに、補助参加人は、ZPO 67 条により、訴訟を、彼が自らの参加の時にある状態において引き受けなければならないが、それにより、原則として、主たる当事者の態度と矛盾しないかぎり、独自に攻撃および防御の方法を主張し、一般的にすべての訴訟行為——とくに上訴の提起も[9]——を有効に行う権利を付与されている。この選択をする権利は、被告知者にも、彼が参加を決定して参加を有効に表明する場合に、かつそうすることによって、認められる（ZPO 74 条 1 項）。

ZPO 68 条前段（1. Halbsatz）によれば、たしかに、補助参加には、まず、第三者の参加の時点に関係なく、その者を場合によっては不利にする参加的効力が接続する。訴訟告知の後に生じる参加的効力には、ZPO 74 条 3 項により、何ら

---

[8]　判例の中から、例えば RGZ 160, 204, 215; BGHZ 89, 121, 124 = NJW 1984, 353; BGH MDR 1982, 650; NJW 1997, 2385; OLG Hamm FamRZ 1984, 810, 811; OLG Düsseldorf NJW-RR 1998, 606 を見よ。

[9]　MüKo-ZPO/*Schultes*, a.a.O. (Fn. 2), §67 Rdnr. 6, Rdnr. 12 m.w.N. のみ見よ。

別なことは妥当しない。もっとも、その場合は、——参加が行われないか、または後ではじめて行われるかぎり——参加の時点に代わって、訴訟告知の結果として参加が可能となったであろう時点が決め手となる。

　補助参加人または被告知者にとって、それと結びついた危険は、明白である。すなわち、補助参加または訴訟告知が行われるのが遅ければ遅いほど、それだけいっそう、第三者は、本訴訟の裁判に、もはや十分に主たる当事者の有利にかつそれとともに自らの有利に影響を及ぼすことができない危険を冒す。はじめに、立法者は、ZPO 68 条後段（2. Halbsatz）において、いわゆる主たる当事者の瑕疵ある訴訟追行の異議（Einwand mangelhafter Prozessführung）を認めたことによって、この危険をたしかに十分に認識している。それにより、第三者は、彼の参加——訴訟告知の場合は、参加可能（ZPO 74 条 3 項）——の時点の訴訟の状態によって、または主たる当事者の陳述または行為によって、攻撃または防御の方法を主張することを妨げられた場合（第 1 類型〔Alternative〕）、または第三者が知らなかった攻撃または防御の方法が主たる当事者によって故意または重大な過失により主張されなかった場合に（第 2 類型）（のみ）、不利な参加的効力を排除する前記の異議を聞き届けられる。

II　上訴期間の侵害の際の法律状態

　さて、ここで考察すべき特別な状況と取り組むならば、問題性は、冒頭で引用された著者らの詳細な記述を指摘したうえで、手短かに次のように輪郭づけることができる。すなわち、まったく支配的な見解と、とりわけ継続的な判例によれば、本訴訟において下された裁判を、参加した補助参加人にも送達することは、適法であるが必要はなく[10]、そして実務では、やはり、たいていは当事者への送達のみが行われ、それによって上訴期間の進行が開始する。そのため、補助参加人が上訴期間の経過後にはじめて、または上訴期間の終了直前に、裁判のことを知り、その結果、彼自身の上訴提起の可能性が排除され、または著

---

10)　MüKo-ZPO/*Schultes*, a.a.O. (Fn. 2), § 71 Rdnr. 11; Stein/Jonas/*Jacoby*, a.a.O. (Fn. 7), § 67 Rdnr. 22 m.w.N.; *Deckenbrock/Dötsch*, JR 2004, 6, 7 m.w.N. も見よ。異説は *Windel*, ZZP 104 (1991), 321, 340 ff. のみ。

しく制限されるということが容易に起こりうる。訴訟告知の場合には、被告知者は、彼がまだ先に参加していなかったならば、いずれにせよ参加とともにのみ（ZPO 66条2項参照）上訴を提起することができる。けれども、被告知者には、上訴期間の経過とそれとともに現れる——送達がないために（適時に）知らされていなかった——判決の確定後は、参加が禁じられている。そのような場合に、第三者にとって、——不適切か否かはさらに解明されなければならないが——法的審尋（基本法〔GG〕103条1項）の確保が侵害されることは明白であり、これは、参加的効力の重大な法律効果に鑑みて、なおさら重要である。それに対して、共同訴訟的補助参加人（streitgenössischer Nebenintervenient〔ZPO 69条〕）については、疑念はこのような形で現れない。なぜなら、彼には、独自の期間の進行を伴って裁判が送達されねばならないからである[11]。それゆえ、この特別な状況は、ここでは、詳細に考察する予定はない。

1　審尋制限の、可能な結果

(1)　疑問を抱かない通説および判例

判例と、またまったく支配的な文献は、結論的に、影響を受ける第三者（betroffene Dritte）の上訴制限の可能性のことで結局なんら特別に悩まない[12]。既存の見解は、そこでは実際上、もっぱら補助参加人に向けられており、文献でのみ、時おり、参加していない被告知者の地位も考察される。論証にとって決定

---

11)　BGHZ 89, 121, 125; MüKo-ZPO/*Schultes*, a.a.O. (Fn. 2), §69 Rdnr. 14 m.w.N.; Zöller/*Vollkommer*, ZPO, 31. Aufl. (2016), §69 Rdnr. 7 m.w.N. 後からの参加の場合、共同訴訟的補助参加人は、必要とあれば、彼個人に存する理由に基づいて原状回復を申し立てることができることは争いない。

12)　以下の本文記述のために依拠したものとして、例えば、BGH NJW 1963, 1251, 1252; 1986, 257; 1190, 190f.; 1991, 229, 230; 1997, 2385, 2386; 2001, 1355; BGH VersR 1986, 686, 687; 1988, 417; NJW-RR 2012, 1042; OLG Naumburg FamRZ 2001, 103 m. zust. Anm. *Gottwald*; früher schon RGZ 18, 416, 417 f.; 34, 360, 363; 93, 31, 33 u. ö.; BAG AP Nr. 1, 2 und 4 zu §67 ZPO を見よ。文献では、例えば、AK-ZPO/*Koch*（1987）、§67 Rdnr. 3; Baumbach/Lauterbach/Albers/*Hartmann*, ZPO, 74. Aufl. 2016, §67 Rdnr. 7, Rdnr. 11; *Bischof*, JurBüro 1984, 969, 977 f., 981 f.; *Braun*, Lehrbuch des Zivilprozessrechts, 2014, §69 I 2 a Fn. 11; Hk-ZPO/*Bendtsen*, 6. Aufl. 2015, §67 Rdnr. 4; MüKo-ZPO/*Schultes*, a.a.O. (Fn. 2), §67 Rdnr. 3, 6; Musielak/*Weth*, ZPO, 12. Aufl. 2015, §67 Rdnr. 3 (ただし、法的審尋の擁護に鑑みて判決の無方式な通知に賛成); Prütting/*Gehrlein*, ZPO, 7. Aufl. 2015, §67 Rdnr. 2 (同一の制限をもって); Rosenberg/Schwab/*Gottwald*, Zivilprozessrecht, 17. Aufl. 2010, §50 Rdnr. 31, 35, 47; Stein/Jonas/*Jacoby*, a.a.O. (Fn. 7), §67 Rdnr. 11, 22; Thomas/Putzo/*Hüßtege*, ZPO, 36. Aufl. 2015, §67 Rdnr. 4, 6; *Waldner*, JR 1984, 157, 158 f.; Wieczorek/Schütze/*Mansel*, ZPO, 3. Aufl. 1994, §67 Rdnr. 2, 75 (しかし、上訴できる裁判の無方式な通知に賛成); Zöller/*Vollkommer*; (Fn. 7), §67 Rdnr. 5 (同じく、判決の無方式な通知に賛成); *Ziegert*, Die Interventionswirkung, 2003, S. 51 も見よ。

的なのは、まず第1に、補助参加人は——自ら上訴を提起する際も——彼によって支援される当事者の補助者（Gehilfe〔Streithelfer訴訟補助者〕）にすぎず、それゆえ、送達の要否、上訴提起に必要な不服、および、とくに上訴期間も、当事者本人のみを基準とする、との考慮である。本訴訟において言い渡された裁判が補助参加人に送達または少なくとも通知されていなかったということは、多数説によれば、重要でないとされる。なぜなら、本訴訟において補助参加人に通知されるべき言渡期日を知ったうえで、彼には、その点で必要な情報を自ら調達する義務（Obliegenheit）があるからである[13]。

(2) 原状回復による審尋制限の緩和

補助参加人本人自らに存する理由に基づく上訴期間の懈怠に関する原状回復（ZPO 233条）——もっとも、これは、それに加えて期間懈怠に関する帰責事由（Verschulden〔ZPO 233条・85条2項〕）でたいてい失敗するであろうが——も、なかんずく、支配的な判例、および文献における完全な通説によっても、拒絶される[14]。そのための法的基礎は、ともかく若干の著者が必要とみなすところの、言い渡された裁判の無方式の通知が補助参加人に対し行われていなかった場合、とにかくいよいよ存在しないことは疑いなく、そのうえ、その場合、その種の不作為の正確な帰結がさらに不明瞭のままである[15]。

(3) ZPO 68条後段の異なった適用による解決

冒頭で引用した著者デッケンブロックおよびデッチュは、まさに、ZPO 68条による参加的効力において、より正確には同条後段の2つの類型に分けて規定された、主たる当事者による瑕疵ある訴訟追行——これは、「誤った」裁判に対して主たる当事者が自ら上訴を提起しなかった場合にすでに想定できる

---

13) 例えば、明確に BGH VersR 1986, 686; 1988, 417; Musielak/*Weth*, a.a.O. (Fn. 12); Prütting/*Gehrlein*, a.a.O. (Fn. 12); Stein/Jonas/*Jacoby*, a.a.O. (Fn. 7), §68 Fn. 49 mit §67 Rdnr. 22（もっとも、被告知者（Streitverkündeter）のための「適切な考慮期間」の承認のために異なる取扱いをする。訴訟告知について §74 Rdnr. 9）。

14) 例えば、すでに RG HRR 1933, Nr. 1887; OLG Naumburg FamRZ 2001, 103; 未決定のままにするのは BGH VersR 1988, 417; NJW 1990, 190, 191; NJW 1991, 229 f.; たしかに依然異なって BGH VersR 1979, 350 および OLGR Frankfurt 2005, 641, 642. それに適合する文献については、*Deckenbrock/Dötsch*, JR 2004, 6, 7 Fn. 19 および Wieczorek/Schütze/*Mansel*, a.a.O. (Fn. 12), §67 Rdnr. 55 m.w.N. in Fn. 161 und Fn. 163 を見よ。

15) Wieczorek/Schütze/*Mansel*, a.a.O. (Fn. 12), §67 Rdnr. 75（329条2項1文違反のために準用される原則による瑕疵の効果の決定）; Zöller/*Vollkommer* (Fn. 11), §67 Rdnr. 5, §317 Rdnr. 1（「論拠、71条3項」）。

が——の異議（すでに上述のIの末尾を見よ）を用いた制限において、問題の解決をしようとする。それにもかかわらず、とにかく第1類型は、ここで取り扱われる状況には適合しない。なぜなら、補助参加人は、当該事例において明らかに、「主たる当事者の陳述および行為によって」攻撃または防御方法の主張を妨げられていなかったからである。（補助参加人が）知らなかった攻撃または防御方法の主張が問題となる第2類型——これは、第三者が裁判と、それとともに上訴の可能性ないし必要性を、期間の経過後にはじめて知る場合にとにかく考慮されやすいが——については、主たる当事者の故意または重大な過失が必要であるが、これら両者はほとんど確認できないであろう。両著者は、それから、考慮期間としての上訴期間の目的と、そのかぎりで必要な、重大な参加的効力からの補助参加人の保護に言及して、第三者が適切な訴訟追行を制限されている当該事例への68条後段の目的論的拡張を支持する。もっとも、「適切な」延長期間がほとんど確定できない以上、結果は、その場合、本来、参加的効力の完全な消滅にのみありうる、という。これによって、もちろん、本来まさにZPO 68条によって防止されなければならない問題を、拘束力をもって解明するために、後続訴訟がひき起こされる、と。それゆえ、両著者は、結局、支配的実務および理論と違い、補助参加人に、本訴訟の裁判が独自の上訴期間の進行を伴って送達されなければならない（これにつき、すぐあとの(4)を見よ）ということに賛成の票を投じる。これに対して、被告知者への送達は、彼が不参加によって自らの法的審尋を放棄したとの理由から必要ない。訴訟告知が、判決言渡しの後、上訴期間内にはじめて行われるときは、第三者は、ZPO 74条3項の特別規律を介して参加的効力から保護されている。なぜなら、その場合、第三者には参加は（期待できず）「可能」でなかったからである。私が、そのかぎりでZPO 66条2項により上訴の提起とともになされる参加の判断にとって十分な考慮期間がないことを指摘する両著者らの記述を正しく理解するならば、これは、おそらく同じくZPO 68条後段の目的論的拡張によって根拠づけられることになる。

(4) 補助参加人への裁判の送達と独自の上訴期間

法的審尋の制限に関するすべての疑念は、もしも、ヴィンデル（Windel）（のみ）によって主張される見解に即して、本訴訟で言い渡された裁判が補助参加人

に、彼のために独自に進行する上訴期間の効果をもって送達されなければならないならば、実際には、なくなるであろう[16]。

2 主張される諸見解の議論
(1) 補助参加人の独自の上訴期間

　民事訴訟において言い渡される判決は、ZPO 317条1項1文により「両当事者」に（のみ）送達される。それでもヴィンデルが──訴訟補助者（Streithelfer）の独自の上訴期間を進行させる──補助参加人への送達の必要性を肯定するならば、この見解は、根本は、主たる当事者と補助参加人の行為が互いに独立して併存し、これによって訴訟において二重の効果（Doppelwirkungen）を生じさせる、との前提に基づく。しかし、これには、通説と同様、従うことができない。ZPO 67条は、まったく明確に、支援される「主たる当事者」の行為への補助参加人の従属性（Abhängigkeit）を規定し、ZPO 68条も、まさに後段における参加的効力の制限によって、この従属的地位を確証する。補助参加人は、当事者でも法定代理人でもなく、当事者の訴訟補助者としてその当事者の訴訟を支援する第三者にすぎず、彼は、自らの制限された、訴訟行為を実施する権利を当事者のみから引き出す[17]。反対説と結びついた訴訟主体の二重化（Verdoppelung）をZPOは定めていない[18]。さもなければ、主たる当事者は、──補助参加人の行為への従属性を回避するために──用心から補助参加人の訴訟行為を繰り返すことをも強いられるであろう。これは、弁論遂行の不当な負担を意味するであろう。しかし、他方で、主たる当事者にとって時機に後れた提出は、参加の時点しだいで、なお補助参加人によって行われうるであろうが、これは、反対に、訴訟の相手方を理由もなく不利にするであろう。またもまったく支配的な見解によれば、最終的に、主たる当事者が訴訟行為に対し、場合によってはありうる異議（Widerspruch）を即時に述べなければならないということ[19]が、相手

---

16) それを支持して *Windel*, ZZP 104 (1991), 321, 340 ff. ─ 日本法における類例について、*Ueda*, in: Baumgärtel (Hrsg.), Grundprobleme des Zivilprozeßrechts, 1976, S. 193 ff.、S. 210 ff. を見よ。
17) 通説のために MüKo-ZPO/*Schultes*, a.a.O. (Fn. 2), §67 Rdnr. 2 m.w.N. のみ見よ。
18) 以下について、正当にも Wieczorek/Schütze/*Mansel*, a.a.O. (Fn. 12), §67 Rdnr. 2.
19) これについても、Wieczorek/Schütze/*Mansel*, a.a.O. (Fn. 12), §67 Rdnr. 2, Rdnr. 19 m.w.N. のみ見よ。異なるのは *Windel*, a.a.O. (Fn. 16).

方当事者の必要な保護にかない、補助参加人によって基礎づけられた、相手側の行為可能性の拡大に対する適切な調整をも表わす。それに鑑みて、ZPO 317条1項1文の場合も、けっして、補助参加人への送達の必要性の拡張によって埋めることができるであろう計画に反した規制不備（planwidrige Regelungslücke）は確認されない――ただ共同訴訟的補助参加人の場合のみ、事情が異なる。なぜなら、共同訴訟的補助参加人は、ZPO 69条により、主たる当事者の共同訴訟人として認められ、これにより、訴訟進行に関して、当事者と同等の立場に置かれているからである[20]――。法律によって規律された通常の補助参加人の地位は、上記の理由から、本来、立法論として（de lege ferenda）ZPO 317条1項において補完的に参加人への判決の送達を定めるとの提案[21]にも反対する。しかし、これは、他方で、ともかく法的審尋のよりよい擁護のメリットを当然のものとして要求することができるだろう（上訴の教示の必要性に関するZPO新232条の重要性について、さらに下記(2)を見よ）。

もっとも、一部では、補助参加人は、とにかく「従たる当事者（Nebenpartei）」と呼ばれ、そこから、時々、さらに、民事訴訟の「当事者」に合わせて作られた規定の適用可能性のための結論が引き出される[22]。この概念は、明らかに、ZPO 67条・68条における「主たる当事者」の言及によって誘発されており[23]、これをもって主たる当事者の訴訟援助者としての彼の地位のみを表現しようとするならば[24]、害もない。しかし、ZPOの諸規定と、とくにその成立史は、ZPOがその種の2段階に分けられた当事者概念を知らず、補助参加人が本来の訴訟主体としての「主たる当事者」の単なる援助者（Beistand）の地位を有しなければならない（ならなかった）ということについて、何らの疑問も与えない[25]。

---

20) 争いない。以下のもののみ見よ。BGH NJW 1984, 353; 2001, 1355; MüKo-ZPO/*Schultes*, a.a.O. (Fn. 2), §69 Rdnr. 14 m.w.N.
21) *Deckenbrock/Dötsch*, JR 2004, 6, 12.
22) 例えば、弁護士強制の問題について（さらに下記(2)注31の箇所を見よ）、Wieczorek/Schütze/*Steiner*, a.a.O. (Fn. 12), §78 Rdnr. 22; Zöller/*Vollkommer*, a.a.O. (Fn. 11), §78 Rdnr. 15; これについて、以下のものを見よ。*Schilken*, Gedächtnisschrift für Manfred Wolf, 2011, S. 537 ff.; さらに、*Braun*, a.a.O. (Fn. 12), §69 I 2.
23) MüKo-ZPO/*Schultes*, a.a.O. (Fn. 2), §67 Rdnr. 2: しかし、「あまり役に立たない」とする。
24) 例えば、Rosenberg/Schwab/*Gottwald*, a.a.O. (Fn. 12), §50 Rdnr. 2.
25) 詳しくは、*Schilken*, a.a.O. (Fn. 22), S. 544.

(2) ZPO 68 条後段の目的論的拡張

したがって、ZPO 68 条後段の目的論的拡張の方法での参加的効力の制限を介して、上訴期間の短縮の際の補助参加人の差し迫った負担の解決が見出されるかという問題が現れる。

まず、明らかなことは、せいぜい ZPO 68 条後段による異議の後者の事例グループが、事情によっては可能な拡張のための関連点として考慮されるということである（上記1(3)）。そこで問題となっているのは、補助参加人には攻撃または防御の方法が知られていなかったということであり、これは、判決言渡し、および判決に対する上訴の提起の可能性を遅れて知った場合は、事情によって該当するであろうが、もっとも実際は、第三者が上訴期間の経過のほんの少し前にはじめてそれを知ったという場合には、もはや該当しないであろう。そのうえ、さらに、上訴が主たる当事者によって故意または重大な過失により行われなかったことが、加わらなければならないであろう。これは、ほとんどあてはまらないであろう。ここで、次に、第三者が訴訟の適正な実施（sachgerechte Durchführung des Prozesses）の可能性を適切かつ要求可能な範囲で利用できたはずである、との例外の目的が指摘されることによって、目的論的拡張の提案が始まる。

目的論的拡張は、規範の目的がそのような拡大を要求する場合、規範の文言を越えた規範の適用を可能にする。もっとも、そのための要件は、立法者の価値判断の、言語的に不十分な変換の確認である。しかし、これは、ZPO 68 条後段に規律された事例に関して、ほとんど肯定できない。法律は、2 つの事例グループで参加的効力の例外を規律する。そのうちの一方は、参加の時点での訴訟の状態に関連し、もう一方の——ここでは、出発点としてのみ顧慮される——例外は、主たる当事者の反対の態度に関連する。ZPO 68 条の法律理由書は、たしかに、とりたてて説得力があるわけではないが[26]、明示的に、これら両方の規律されるべき、瑕疵ある訴訟追行の異議の例外のみを挙げる[27]。しかし、まさにこれは、議論される拡張の場合、第三者の十分な行為可能性の欠缺のみが考慮されることによって、度外視されなければならない。それにもかかわらず、

---

26) それにつき、Wieser, ZZP 79 (1966), 246, 260 も見よ。
27) Hahn, Die gesammten Materialien zur Civilprozeßordnung, 1880, S. 178 = Mot., S. 87 f.

これは、法律上の規律の、選択された文言における立法者の決定の不十分な変換によって説明できず、この規律の向こう側にまったく新しい事例グループを開くであろう。したがって、これをもって、本当は、目的論的拡張の許される限界が超えられるであろう。

　しかし、それでも、拡張の必要性は、——最終的に、立法者の代わりに、より高位の要請に基づき当該規範を補完する、拘束力（Bindungswirkung）の例外として——補助参加人のための法的審尋の擁護の基本法上の要請（基本法〔GG〕103条1項）から正当化されうるであろう。審尋の要請（Anhörungsgebot）が、直接、基本法103条1項から、不十分な訴訟規定の補完においても現れうるということが、原則として認められている[28]。もちろん、これは、そのかぎりで法的審尋を規律する諸規定がZPOに存在しない場合にのみ、妥当しうる[29]。しかし、これについては、補助参加に関する法律上の規律が、影響を受ける第三者の法的審尋に関して、けっして沈黙しておらず、補助参加人に、ZPO 67条後段により、本訴訟に自らの訴訟行為によって影響を与える権能が認められることによって、関連規律を含んでいることが確認される。それゆえ、問題たりうるのは、この規律が基本法103条1項に鑑み、この基本法上の規律に立ち返って補完が必要と思われるほどに不十分であるかどうかのみである。これは、私見によれば否定されなければならない評価問題である。補助参加人は、支援される当事者に彼が参加した本訴訟への自らの関与によって、本訴訟の経過について情報を付与されており、または、とにかく、そのかぎりで容易に情報を得ることができる。これは、とくに、裁判の言渡期日の指定にも妥当する。そのため、いつか言い渡される判決について必要な情報を——言渡期日への参加、裁判所の事務課や主たる当事者での照会によって——調達し、そして、ZPO 68条による参加的効力の不利な効果を回避するために、場合によってはそれに対して上訴を提起することも、何ら不当な——基本法103条1項と整合しない——義務（Obliegenheit）ではない[30]。補助参加人が弁護士に代理されているならば、こ

---

28) S. bereits BVerfGE 21, 132 = NJW 1967, 492; 60, 7; BVerfG NJW 1982, 1635, 1636, st. Rspr.; Schilken, GVR, 4. Aufl. 2007, Rdnr. 129 m.w.N.; 第三関係人にとって基本的なのは、Schultes, Beteiligung Dritter am Zivilprozess, 1992, passim, insbes. S. 82 ff.

29) Schultes, a.a.O. (Fn. 28), S. 88 m.w.N.

30) BGH NJW 1963, 1251; 1986, 257; BGH VersR 1986, 686, 687; 1988, 417; 前掲注13) にある判例・文

れは、たしかに、通常事例を表わすであろう。ラント裁判所（Landgericht）以上の手続での参加およびすべての訴訟行為が、ZPO 78 条 1 項の類推で弁護士強制に服する以上[31]、これは、とにかく問題性の実際的意義を明確に限定するであろう。この理由から、とにかく、これまで、第三者に、ZPO 233 条の類推で、少なくとも原状回復の可能性を与える何らの契機も存在しなかった。これに関するこれまでの継続的な判例[32]は、正当と思われる。もっとも、補助参加人は当事者ではなく、補助者（Gehilfe）にすぎない、との純粋に形式的な論拠——これは、類推適用を妨げないであろうが——に基づくのではなく、まさしく、補助参加人が十分な情報可能性（および情報義務）のゆえに、ZPO 233 条 1 文の意味で、自らに帰責事由なく、上訴（または故障〔Einspruch〕）の提起のための不変期間を守ることを妨げられていなかったという理由からである。彼の訴訟代理人の、場合によってはありうる帰責事由は、そこでは、ZPO 85 条 2 項により、補助参加人に、自己の帰責事由と同様、帰せしめられる。少なくとも判決の無方式の通知は、もちろん、少なくとも実際上これを阻止しうるであろうし、公正手続（faires Verfahren）の原則[33]に鑑みても、たしかに適法であるが、法律上の基礎がないので、義務づけられない。

　前に記述された結論については、たしかに、立法者がその間に ZPO 232 条——もちろん同条 2 文によれば、原則として、両当事者が弁護士によって代理されなければならない手続（いわゆる弁護士訴訟）についてはそうでないが——において法的救済手段の教示（Rechtsbehelfsbelehrung）の付与を拘束的に規定した[34]ことによって、決定的なことが変更しえたであろう。もっとも、補助参加人は、この関連では、たしかに言及されていない。教示されるべき第三者としては、ZPO 232 条 2 文は、とくに費用裁判および秩序措置（Ordnungsmittel）の裁判として上訴しうる裁判が下される可能性のある証人および鑑定人（ZPO 380 条、409 条を見よ）のみを挙げる。この規定は、その文言によれば、そのほかは、

献も見よ。
31)　これにつき、詳細は、Schilken, a.a.O. (Fn. 22), S. 537 ff. m.w.N., まったくの通説; 異説は Prechtel, DRiZ 2008, 84.
32)　前掲注 14）および 30）における判例・文献を見よ。
33)　これを持ち出すのは、Wieczorek/Schütze/*Mansel*, a.a.O. (Fn. 12), §67 Rdnr. 75.
34)　これについて詳しくは、Schilken, Festschrift für Rolf Stürner, 2013, S. 493 ff.

まったく、いわゆる当事者訴訟（Parteiprozess）における、つまり弁護士強制のない手続（区裁判所の訴訟〔Amtsgrichtsprozess〕）における当事者向きに作られているように見える。ZPO 232条についてこれまでに現れた注釈においては、補助参加人に対するいかなる言及も見られない。もしも法律理由書が他の方向を指し示さないならば、これで満足することができるであろう。なぜなら、政府理由書および連邦議会印刷物（Bundestags-Drucksache）には、明示的に次のように記されているからである[35]。すなわち、「教示の名宛人は、つねに、裁判所の裁判が向けられる人物である。判決手続では、これは、とくに当事者と、場合によっては（ggf.）補助参加人と、訴訟告知の被告知者（Streitverkündungsempfänger）が加入した場合の当該被告知者である」。

法律救済手段の教示については、これは、とにかく補助参加人が弁護士強制に服しないかぎり、彼に対してもその教示が付与されなければならないであろうことを意味するであろう。ZPO 232条1文による教示が今や裁判の一部でなければならない[36]以上（「あらゆる不服申立てのできる裁判所の裁判は、許される上訴についての教示を含んでいなければならない」）、これは、たしかに、これまでまったく優勢な見解および実務（上記IIの冒頭を見よ）に反して、裁判も補助参加人に送達されなければならないであろうし、それゆえに、補助参加人のために独自の上訴期間を開始させるであろうということを意味するであろう（これによって、ここで取り扱われる問題は、当事者訴訟にとって余計なものとなろう）。しかし、立法者がZPO 232条を介して間接的にそのように思い切った変更を命じようと欲していたとのいかなる根拠も存在しない。ZPO 233条の原状回復の規定も、これに適合しない。そこでは、当事者のみが言及されており、法律上の救済手段の教示がなされずじまいであったり、教示に瑕疵がある場合に、2文により当事者の帰責事由の欠缺が推定されるからである。そのうえ、「場合によっては（ggf.）」の付加に鑑みると、ZPO 101条1項により、補助参加人に、参加によって生じた費用が負担させられる事例のみが念頭に置かれていたということが推測できるであろう。したがって、私は、総じて、法律理由書における当該箇所は、法

---

35) Begr RegE S. 20, BR-Drucks. 308/12 S. 18, BT-Drucks. 17/10490 S. 13.
36) Baumbach/Lauterbach/Albers/*Hartmann*, a.a.O. (Fn. 12), §232 Rdnr. 27; Musielak/*Grandel*, a.a.O. (Fn. 12), §232 Rdnr. 8; Zöller/*Vollkommer*, a.a.O. (Fn. 11), §232 Rdnr. 5.

律への変換がないがゆえに注目する必要はないとの推論にいたる。これは、もちろんやむをえないものではなく、その点で、さらなる発展の到来が待たれなければならない。とにかく、補助参加人も弁護士強制に服するような訴訟について法律状態に何ら変更がなかったことは明らかである。たしかに立法論としては、補助参加人の単なる補助者の地位（上記2(1)を見よ）にもかかわらず、法的審尋のよりよき擁護のために最終的には、おそらく、現在の ZPO 317 条 1 項と違って、補助参加人への——当事者訴訟では上訴教示（Rechtsmittelbelehrung）と一緒での——判決の補完的な送達（zusätzliche Zustellung）を法律上定め、ありうる侵害を完全に排除することが望ましいように思われる[37]。

　しかし、現行法上は、結論的に、上訴期間の侵害が補助参加人の不利に作用してもよいとの（支配的）見解が堅持されなければならない。なぜなら、補助参加人は、有害な効果を、期待しうる情報収集を通じて回避することが自分ででき、これは、とくに弁護士訴訟において——あるいは、一般的に弁護士に代理されている補助参加人の場合——たいてい何ら問題でないであろう。それに加え、さらに補完的に、次のことを指摘しておきたい。すなわち、補助参加人がそれでもなお期間通りに上訴を提起していた、またはそのような上訴がとにかく不適法であったであろうとの理由で、上訴期間の単なる短縮が不利に作用していない場合にもまた、ZPO 68 条後段の拡張により参加的効力がなくなることは、行きすぎであろう[38]。

(3) 訴訟告知の場合の特殊性？

　たしかに、参加していない訴訟告知の被告知者（Streitverkündeter）に関して別の解決が正当化されるかの問題が、なお考察されなければならない。すでに言及したとおり（上記ⅠおよびⅡ）、被告知者に対する参加的効力には、原則として、補助参加人の場合と同一の規範が妥当する。彼が訴訟告知に基づいて補助参加人として参加した場合、上訴制限の問題にとっても、直接、補助参加について述べられたことが妥当する。これに対して、彼が参加していないか、または、表明していない場合、本訴訟は、ZPO 74 条 2 項により、彼を顧慮せずに続行され、ZPO 68 条は、参加の時点に代わり、訴訟告知の結果として参加が可能で

---

37)　*Deckenbrock/Dötsch*, JR 2004, 6, 12 もそれを支持する。
38)　その点で、*Deckenbrock/Dötsch*, JR 2004, 6, 10 f. in Fn. 54 の独自の疑念を見よ。

あった時点が決定的であるとの異なった基準をもって、適用されなければならない。この要件は、すでに、訴訟告知が、ZPO 73条3文により、必要な訴訟告知書の送達（ZPO 73条2文）によって有効になる場合に、充足されている[39]。原則として、被告知者は、その場合、自らの参加を決定するか、あるいは不参加によってその後の法的審尋を放棄するかの十分な時間を有する[40]。もっとも、訴訟告知が当事者への判決の言渡しおよび送達の後ではじめて行われるならば、影響を受ける者には、それまで、補助参加人がそれに対して訴訟への自らの関与に基づき有しているような、法的審尋の擁護にとって重要な情報可能性が欠けている。これは、それゆえに被告知者に対して、彼がZPO 67条・70条により、参加と結びついて、または参加の後でのみ利用することのできる上訴の提起のための期間の取扱いに、独自性が妥当しなければならないか否かの問題につながる。

ここで主張される見解と同様にZPO 68条後段の目的論的拡張が原則として拒絶されるならば、せいぜいまだ残るのは、被告知者が訴訟告知の時点に基づき、訴訟を――とくに上訴の提起によって――適切に追行することの期待できる可能性をもはや有していなかった場合に、被告知者に適当な考慮期間と、それと結びついたZPO 68条の参加的効力の消滅（Wegfall）を認める可能性である[41]。そのような制限のための具体的な手がかりとしては、ここでは、とにかくZPO 74条3項の文言が考慮される。文言は、ZPO 68条の適用可能性について、訴訟告知の結果として参加が「可能」であったであろう時点に照準を合わせる。それにより、とにかく、訴訟告知が、最終の事実審における最終口頭弁論の終結後、またはZPO 531条により新たな事実提出が排除されていたであろう時点で行われた場合に[42]、参加的効力は、なくならなければならない。なぜなら、被告知者は、その場合、彼が参加可能であった時点で、攻撃または防御の方法を主張するのを妨げられていたであろうからである。さらにまた、遅

---

39) *Deckenbrock/Dötsch*, JR 2004, 6, 11.
40) 例えば、正当に *Deckenbrock/Dötsch*, JR 2004, 6, 11 m.w.N.
41) それに賛成するのは、Stein/Jonas/*Jacoby*, a.a.O. (Fn. 7), §74 Rdnr. 9; Thomas/Putzo/*Hüßtege*, a.a.O. (Fn. 12), §74 Rdnr. 4.
42) Musielak/*Weth*, a.a.O. (Fn. 12), §74 Rdnr. 4; Prütting/*Gehrlein*, a.a.O. (Fn. 12), §74 Rdnr. 6; Stein/Jonas/*Jacoby*, a.a.O. (Fn. 7), §74 Rdnr. 9; また、BGH WM 1976, 57; NJW 1981, 281 f.; OLG Köln MDR 1983, 409 を見よ。

い訴訟告知の場合であるが、即座に対応していれば、まだ上訴提起とともに適時の参加を行うことができたであろう場合に、法的審尋の適切な擁護（基本法103条1項）に鑑みて、考慮期間——上訴期間の延長が考慮されない以上、これは、もちろんまた参加的効力の消滅という結果になるにすぎないが——が認められるかどうかの問題は、容易に答えられない。とにかくZPO 74条3項における「可能」という要件要素の寛容な解釈をもって、これに賛成する論証をすることができ、そのためには、また補充的に、なお、上訴期間が考慮期間でもあるということが論拠として持ち出される[43]。被告知者には、補助参加人と違い、あらかじめ、いかなる情報可能性も利用できず、彼が訴訟告知の送達によって不意打ちを受けている以上、実際には、この解決が、ZPO 68条の効力の発生に関して明らかな不安定を伴うけれども、優先されなければならない。すなわち、問題は、この考慮期間が時間的にどのように決定されなければならないかであり、その考慮期間の場合、被告知者が弁護士の助言を求める可能性を有するべきであるとの事情が算入されなければならない。——弁護士訴訟では、被告知者は、とにかく弁護士を通じて参加を宣言しなければならない。文献では、これについて、被告知者には「短い期間、例えば数日」が認められなければならないとの散発的な発言が見られる[44]。しかし、固定期間の選択がたしかに最終的に何ら説得的な関連点を示すことができない場合でも、適切な期間の決定を、個別事例と、それとともに最終的に、参加的効力の介入が裁判上重要であろう（ところの）潜在的な求償訴訟（Regressprozess）における裁判所の裁判に委ねることは、必要な法的安定に鑑みて何ら好ましい解決ではない。被告知者が適時の参加の可能性を逸したか否かの問題が問題であることを考えるならば、そのかぎりで、まだ、ZPO 339条1項が欠席判決に対する故障のために定める2週間の期間が一番容易に考えられる。法律は、欠席手続におけるこの期間を、故障の申立てを調査し、もしくは弁護士に調査させるのに適切かつ十分であるとみなす。それゆえ、被告知者に相応の2週間の期間を認め、ZPO 74条3項を、訴訟告知の送達の際に、言い渡された判決に対する上訴期間の経過前2週間未満は、被告知者には訴訟告知の結果として参加は「可能」でなかったとい

---

43) *Deckenbrock/Dötsch*, JR 2004, 6, 9 f.; Stein/Jonas/*Jacoby*, a.a.O. (Fn. 7), §74 Rdnr. 9.

44) Thomas/Putzo/*Hüßtege*, a.a.O. (Fn. 12), §74 Rdnr. 4.

うように解釈することは、まったくの出鱈目のようには思われない。結果は、その場合、彼に対する ZPO 68 条の参加的効力が除外されるということである。

Ⅲ　結　　論

　補助参加人は、上訴期間の短縮を、彼の不利に参加的効力が生じるという可能な効果とともに甘受しなければならない。現行法によれば、彼には、独自の上訴期間も、彼本人に存する理由に基づく原状回復の申立ての可能性も帰属しないし、申立ては、そのうえ、たいてい帰責事由で不成功に終わるであろう。もちろん、立法論として、独自の上訴期間の効果を伴う彼への判決の補完的な送達による解決が望ましいように思われる。参加的効力による差し迫った不利益は、また、ZPO 68 条後段の規定の目的論的拡張の方法で排除することができない。参加していない被告知者には、原則的に、同様のことが妥当する。もっとも、ZPO 74 条 3 項に鑑みて、彼に対する参加的効力の発生は、訴訟告知の送達の時点に応じて限定的にのみ可能である。

第 3 部

訴え・審理・証拠

一部請求判例の分析

高橋宏志

I　はじめに
II　隠れた一部請求（黙示の一部請求）
III　公然の一部請求
IV　公然の一部請求棄却後の残部請求は信義則に反するとする判例
V　公然の一部請求で請求棄却判決であっても残部請求可能とする判例
VI　まとめ

I　はじめに

　一部請求をめぐって、学説は百花繚乱の趣がある。学説が、それぞれ自説の優位を主張して競うことは学界としては歓迎すべきことであろう。では、判例は、どうか。判例は昭和30年代に準則が確立され安定していたかに見えたのであるが、平成10年以降に新たな判例が出現し波乱含みの様相を呈している[1]。そこで、改めて判例が何を語っていたかを振り返ることも意味があろうと考えたのが本稿である。どの問題でもそうであろうけれども、判例の意味していることを確定することは意外に簡単ではない。

II　隠れた一部請求（黙示の一部請求）

1　事案と判旨

　戦後、一部請求に関して初めて最高裁判例となったのは、いわゆる隠れた一

---

[1]　学説・判例については、畑瑞穂「一部請求と残部請求」伊藤眞＝山本和彦編・民事訴訟法の争点（有斐閣・2009）120頁、山本和彦・民商120巻6号（1999）1025頁、ほか参照。

部請求（あるいは黙示の一部請求）[2]の判例であった。最判昭和32年6月7日民集11巻6号948頁である。

　　Xは、昭和23年9月26日、Y_1・Y_2に対してダイヤモンド入り帯留1個を45万円で売却するよう委任し、上記帯留をY_1・Y_2に引き渡したが、同年10月上記委任を合意解除し、Y_1・Y_2に対し45万円の支払いを求める訴えを提起した（前訴）。前訴第1審は、「被告Y_1等は原告Xに対し金45万円を支払え」という請求認容判決を下し、控訴されたが控訴棄却で確定した。
　　Y_1は22万5千円を支払ったが、Y_2は支払いをしなかったため、XはY_1・Y_2を被告として後訴を提起した。Y_1・Y_2は商人であるから連帯して45万円を支払う義務を負担した、前訴で22万5千円についてのみ支払いを求めたのであるから、本件後訴においてさらに残余の22万5千円を連帯して支払うことを求める、というのである。第1審は、前訴既判力に反するとして請求棄却。X控訴。控訴審（原審）は、前訴の確定判決は、45万円の連帯債務の2分の1すなわち各自22万5千円の債務を負担する部分につきなされたもので、その既判力はこの範囲に止まるから、残余22万5千円ずつの債務の履行を求める本訴請求は理由があるとして請求を認容した。Y_1のみが上告。
　　上告審は、原判決破棄、控訴棄却であった。
　　「思うに、本来可分給付の性質を有する金銭債務の債務者が数人ある場合、その債務が分割債務かまたは連帯債務かは、もとより二者択一の関係にあるが、債権者が数人の債務者に対して金銭債務の履行を訴求する場合、連帯債務たる事実関係を何ら主張しないときは、これを分割債務の主張と解すべきである。そして、債権者が分割債務を主張して一旦確定判決をえたときは、更に別訴をもつて同一債権関係につきこれを連帯債務である旨主張することは、前訴判決の既判力に牴触し、許されないところとしなければならない」。
　　「Xは、本訴において、右45万円の債権は連帯債務であつて前訴はその一部請求に外ならないから、残余の請求として、Y_1・Y_2に対し連帯して22万5千円の支払を求めるというのである。そしてY_1・Y_2が45万円の連帯債務を負担した事実は原判決〔後訴控訴審〕の確定するところであるから、前訴判決が確定した各自22万5千円の債務は、その金額のみに着目すれば、あたかも45万円の債務の一部にすぎないかの観もないではない。しかしながら、Xは、前訴において、分割債務た

2）　松本博之教授は、公然の一部請求、隠れた一部請求という語を用いる。それぞれ他の学説でいう明示の一部請求、黙示の一部請求に対応する。松本博之「一部請求訴訟後の残部請求訴訟と既判力・信義則」既判力理論の再検討（信山社・2006）201頁〔初出、鈴木正裕先生古稀祝賀・民事訴訟法の史的展開（有斐閣・2002）196頁〕、松本博之＝上野泰男・民事訴訟法［第8版］（弘文堂・2015）631頁〔松本〕。本稿も、この用語法に倣うこととする。

る 45 万円の債権を主張し、Y_1・Y_2に対し各自 22 万 5 千円の支払を求めたのであつて、連帯債務たる 45 万円の債権を主張してその内の 22 万 5 千円の部分（連帯債務）につき履行を求めたものでないことは疑がないから、前訴請求をもつて本訴の訴訟物たる 45 万円の連帯債務の一部請求と解することはできない。のみならず、記録中の乙三号証……によれば、X は、前訴において、Y_1・Y_2に対する前記 45 万円の請求を訴訟物の全部として訴求したものであることをうかがうに難くないから、その請求の全部につき勝訴の確定判決をえた後において、今さら右請求が訴訟物の一部の請求にすぎなかつた旨を主張することは、とうてい許されないものと解すべきである。

されば、本訴請求が前訴の確定判決の既判力に牴触して認容するに由なきものであること冒頭説示に照らし明らかであるから、これを認容した原判決は違法であつて、論旨は理由があり、原判決中Y_1に関する部分はこれを破棄し、X の控訴を棄却すべきである」。

2　判旨前段の分析——性質決定の既判力

この判例は、隠れた一部請求においては残部請求は許されないと判示したものと解されている。結論はその通りであるが、判旨の説くところの理解は、必ずしも一様ではない。

まず、判旨前段は、分割債務を主張して確定判決を得たとき、後訴でこれを連帯債務であると主張することは、前訴判決の既判力に牴触する、と判示する。分割債務だと性質決定されると、連帯債務だと主張することは既判力に反するというのであるから、性質決定に既判力が生ずるということになる。

旧訴訟物説では、例えば賃貸借契約終了に基づく建物明渡し請求と所有権に基づく建物明渡し請求では別の訴訟物となり、判決が確定すれば「賃貸借契約終了に基づく」とか「所有権に基づく」とかの性質決定に既判力が及ぶということになろう[3]。新訴訟物説に立つ学説でも、請求認容判決が確定すれば法的性質決定に既判力が生ずる、実体法上の性質決定を得た権利・法律関係が実体法世界に戻っていく、と説く[4]。

しかしながら、賃貸借終了とか所有権とかと異なり、分割債務か連帯債務か

---

3) 伊藤眞・民事訴訟法［第 4 版補訂版］（有斐閣・2014）522 頁、ほか。
4) 兼子一ほか・条解民事訴訟法［第 2 版］（弘文堂・2011）525 頁［竹下守夫］、松本＝上野・前掲注 2）623 頁［松本］、ほか。

という性質決定は、訴訟物を特定するものではなく本質的でない。したがって、このような性質決定は既判力には関係しない、と説かれる[5]。また、性質決定に既判力が生ずるとしても、それは後訴訴訟物が前訴訴訟物と同じ場合に限られるが、本件では訴訟物が同じとは言えず、既判力が及ぶ関係にはないという指摘もある[6]。敷衍して、判旨は、本件債権関係を分割債務だとする審判対象の存否以外の判断に特に既判力を認め、前訴の審判対象でなかった残額の請求は、本件債権関係が連帯であることを前提とするが故にこの既判力により遮断される、という特異な法律構成を採ったとも評される[7]。

本判例以外には、債務の性質決定の既判力に言及する判例は見当たらないようである。性質決定の既判力という理論構成は成功していない、とみるべきであろう[8]。

3　判旨後段の分析──隠れた一部請求

判旨後段が、一部請求にかかわる。もっとも、判旨は前訴は 45 万円の連帯債務の一部請求ではないと明言する。しかし、これは前訴が分割債務 22 万 5 千円の請求であったとする判旨の理解から出てくるものであり、決定的なものではない。判旨も、原判決（後訴控訴審）認定により客観的には 45 万円の連帯債務が成立していることを認めているのであるから、客観的には一部請求であったことを否定していないと読むべきであろう。

判旨が、後訴を請求棄却とするのは、「請求の全部につき勝訴の確定判決をえた後において、今さら右請求が訴訟物の一部の請求にすぎなかつた旨を主張することは、とうてい許されない」という理由による。全部だとして請求した以上、後から一部だったと主張することは許されないというのであるから、これは禁反言であろう。判旨は、既判力論というよりも禁反言（信義則）で処理して

---

5) 伊藤・前掲注 3) 522 頁注 187。
6) 井上正三・民事訴訟法判例百選（1965）154 頁。
7) 山本弘・民事訴訟法判例百選 II ［新法対応補正版］（1998）332 頁。もっとも、井上正三説、山本弘説に対しては、判旨は、訴訟物は前後で同一だとみていたという反論はあり得よう。
8) ただし、越山和広「一部請求後の残額請求と既判力・信義則──最高裁平成 10 年 6 月 12 日判決をめぐって」伊東乾教授喜寿記念・現時法学の理論と実践（慶應義塾大学出版会・2000）307 頁以下、特に 309 頁注 2 は、法的性質決定に既判力を認めた特別な事例だと理解し、好意的である。

いるのである[9]。

 とはいえ、判旨は結論部分で「本訴請求が前訴の確定判決の既判力に牴触して認容するに由なきものであること冒頭説示に照らし明らかである」と既判力に言及する。これは、冒頭説示とあることから、前段の性質決定の既判力を指していると理解することができる。他方、既判力の法意には信義則も含まれるという後年の最判昭和49年4月26日民集28巻3号503頁と同じ発想で、禁反言と既判力を同視したのかもしれない。判旨のこの部分は理解の難しいところがある。

4　本判決の評価

 判旨に賛成するにせよ、反対するにせよ、どういう理論構成を用いるかは学説によってさまざまである。

 賛成論では、隠れた一部請求においては、前訴の訴訟物は債権全体だという見解が多い[10]。債権全体が前訴の訴訟物であったから、後訴の一部請求も判決済みであり封ぜられるとするのであろう。しかし、本件事案に即して言うと、債権全体は客観的には連帯債務であったから45万円となる。後訴22万5千円は、その一部であるから、訴訟物は前後で大小の関係にあるけれども同一ということであろう。訴訟物同一の場合、後訴は前訴が請求認容であれば訴えの利益なしで訴え却下判決となり、前訴が請求棄却であれば後訴も請求棄却となるというのが通常の理解である。では、前訴は請求認容か請求棄却かとなると、22万5千円の分割債務として審理判決されたのであるから、訴訟物全体45万円が請求認容か請求棄却かは、実ははっきりしない。もっとも、訴訟物ないし既判力ではなく、判決理由中の判断にまで踏み込めば、原告の主張を認めているのであるから、請求認容だとみることができないではない。しかし、請求認容だと解した場合には、後訴は訴え却下となるべきであるが、本件では後訴は

9）　山本弘「一部請求」鈴木重勝＝上田徹一郎編・基本問題セミナー民事訴訟法（一粒社・1998）128頁、青山義武・最判解民事篇昭和32年度117頁。ただし、山口友吉・民商36巻6号（1958）59頁は訴訟物同一による既判力だとするが、その理由はやや概念法学的である。
10）　佐瀬裕史・民事訴訟法判例百選［第4版］（2010）265頁、佐上善和・民事訴訟法判例百選Ⅱ［新法対応補正版］（1998）330頁、酒井一・判評483号（1999）192頁、小原将照・法学研究（慶應義塾大学）82巻3号（2009）123頁、佐上善和・民事訴訟法［第2版］（法律文化社・1998）232頁ほか。

請求棄却となっており整合しない。要するに、前訴の訴訟物が債権全体 45 万円だと把握したとしても、本件の処理をうまく説明することはできない[11]。

隠れた一部請求の場合、訴訟物は債権全体であり、その債権全体の金額が前訴で給付を求められた金額（22 万 5 千円）をもって確定されたので、後にそれと矛盾する主張をなすことは既判力の双面性に反するので許されない、とする理解もある[12]。法律論として確かに成り立つ見解であるが、客観的には債権全体は 45 万円であったこととの関係に落ち着きの悪いところがある。

逆に、判旨は禁反言に基づくものであるとした上で、それにより訴訟物を前訴と後訴で同一としたとする理解もある。そうだとすると、後訴は訴え却下となるはずであるが、本件昭和 32 年当時は、訴え却下と請求棄却の関係の理解が十分でなく、訴え却下とすべきところを第 1 審の請求棄却を維持してしまった、とする。この見解は、後遺症に関する最判昭和 42 年 7 月 18 日民集 21 巻 6 号 1559 頁、事情変更に関する最判昭和 61 年 7 月 17 日民集 40 巻 5 号 941 頁をも一部請求で処理する判例を包み込み、後遺症や事情変更があるときは禁反言が働かないから残部請求が許容されると位置付け、隠れた一部請求の複数の判例を禁反言（信義則）で統一的に理解することができる点に利点がある[13]。示唆深い見解というべきであるが、しかし、本件判旨は「とうてい許されない」という強い口調で論じており、禁反言とならない場合があることに言及していない。また、後遺症に関する判例は訴訟物を異にすると論じ、事情変更に関する判例は一部請求であったことに帰すと論じ、いずれも禁反言に言及していない。もっとも、これらは、判例の表面的言辞の次元のことであり、真意は禁反言だとみることを妨げるものでもないであろう。訴え却下か請求棄却かの点も、判旨では、残部がなお存在するという主張立証が禁反言で封ぜられるので、残部があるという主張立証がないこととなり、訴訟物たる 22 万 5 千円は不存在と判断された、本案で請求棄却となると理解すべきであろうけれども、本件昭和 32 年当時は訴え却下と請求棄却との関係に注意しなかったという理解が

---

11) 髙橋宏志・重点講義民事訴訟法(上)［第 2 版補訂版］（有斐閣・2013）102 頁。
12) 伊藤・前掲注 3) 216 頁。
13) 勅使川原和彦・読解民事訴訟法（有斐閣・2015）176 頁。中野貞一郎「一部請求論について」民事手続の現在問題（判例タイムズ社・1989）85 頁以下、特に 107 頁も、禁反言で後遺症・事情変更を含む諸判例を統一的に理解する立場である。この統一的理解に対しては、後掲注 35) 参照。

不可能というものでもない。

　既判力で説明する学説もある。原告が勝訴した場合には、訴訟物は原告が特定個別化した一部であり残部は訴訟物とならず、したがって、既判力も残部には及ばず、残部請求は許される。しかし、原告敗訴の請求棄却判決の場合は、残部請求は、請求原因のレベルにおいて請求を否定する前訴確定判決の判断と矛盾関係にある請求となるので、既判力に反して許されない、と説く[14]。本件では原告勝訴であるから、判旨反対ということになる。矛盾関係の既判力をドイツ法に倣い広く理解する学説であり、興味深いが現時点では支持が多いものではない[15]。

　隠れた一部請求でも公然の一部請求でも、残部請求は全面的に許されるとする判旨反対説もある[16]。

　概括すると、隠れた一部請求においては残部請求は許されないという本判決の結論は、現在では多くの学説が承認するとみてよい。しかし、それをどのように理解し説明するかの細部では差異があり、確立した見方があるわけではない。読み方の難しい判例だというべきであろう。ちなみに、私見は、判旨の文言通り、禁反言による、それ以上でも以下でもないと理解するのが無難であろうと考える。

III　公然の一部請求

1　事案と判旨

　次に出現したのは、公然の一部請求（明示の一部請求）に関する最判昭和37年8月10日民集16巻8号1720頁である。

　　前訴は、被告倉庫業者Yが寄託物である床板を、受領権限のない者に返還した

---

14)　松本・前掲注2) 201頁、松本＝上野・前掲注2) 632頁〔松本〕。松本説においては、この既判力は、公然の一部請求でも隠れた一部請求でも同じく作用する。酒井・前掲注10) 194頁下段から195頁上段は、この説に好意的である。
15)　松本説の既判力論に批判的であるのは、越山・前掲注8) 320頁、中野・前掲注13) 95頁、山本・前掲注1) 1038頁。
16)　伊東乾・民事訴訟法研究（酒井書店・1968) 521頁（初出、民商48巻5号 (1963) 521頁）、木川統一郎・民事訴訟法重要問題講義㈩（成文堂・1992) 306頁。

ため、30万円（前訴控訴審はXの損害は少なくとも30万円であるとしており、正確に30万円であったかは問題があるが、30万円だったとして論ずる）の損害賠償のうちの10万円を原告Xが請求したという事案である。前訴第1審は、請求棄却であったが、控訴審は請求を認め、ただし過失相殺で8万円の一部認容・一部棄却判決を下し、これが確定した。後訴で、原告Xは残部の20万円を請求した。後訴第1審は訴え却下であったが、控訴審は、一部請求の判決の既判力は残部請求に及ばないとし、原判決取消し・差戻しの判決を下した。Yが上告。

判旨は、「一個の債権の数量的な一部についてのみ判決を求める旨を明示して訴が提起された場合は、訴訟物となるのは右債権の一部の存否のみであつて、全部の存否ではなく、従つて右一部の請求についての確定判決の既判力は残部の請求に及ばないと解するのが相当である」というものであった。上告棄却。

2　本判決の位置付け

この判例により、公然の一部請求では、訴訟物は一部であり既判力もそこにのみ生ずる、残部請求は別の訴訟物であり既判力は及ばない、ということが確立した。この判例以前にも、最判昭和34年2月20日民集13巻2号209頁は、損害賠償請求の一部につき訴求された場合、消滅時効が中断されるのは訴訟物とされた一部だけだと判示し、訴訟物が一部であることを示していた。これらに、前述の昭和32年判決を合わせて、隠れた一部請求では残部請求は許されない、公然の一部請求では残部請求は許されるというのが判例だとする理解が定着した。これが長い間安定した理解であった。

学説でも、この判例準則をよしとする見解が多い[17]。しかし、裁判外の実体法世界で分割請求が認められることと訴訟でも債権の分割請求を認めることは同じではなく、1回の訴訟で集中的解決を図る方が余計な負担増を避けることができ合理的である、債権全体が訴訟物となると解すべきだという反対説もある[18]。なによりも、明示すれば訴訟物が分断できる根拠がないという理論的に

---

17)　村松俊夫・民訴雑考（日本評論社・1959）78頁、菊井維大＝村松俊夫・全訂民事訴訟法Ⅰ［補訂版］（日本評論社・1993）1279頁、小山昇・民事訴訟法［5訂版］（青林書院・1989）154頁、川嶋四郎・民事訴訟法（日本評論社・2013）267頁ほか。

18)　上村明広・続民事訴訟法判例百選（有斐閣・1972）182頁。
　　学説として、一部請求でも債権全体が訴訟物だとするのは、兼子一「確定判決後の残額請求」民事法研究第1巻（酒井書店・1950［初出1940］）391頁、三ケ月章・民事訴訟法（有斐閣・1959）108頁、五十部豊久「一部請求と残額請求」鈴木忠一＝三ケ月章監修・実務民事訴訟講座Ⅰ（日本評論社・1969）75頁、新堂幸司・新民事訴訟法［第5版］（弘文堂・2011）329頁、伊藤・前掲注3）214頁ほか。

IV 公然の一部請求棄却後の残部請求は信義則に反するとする判例

1 事案と判旨

　判例は上記の形で安定しているかに見えたが、それを覆したのが 36 年後に出された最判平成 10 年 6 月 12 日民集 52 巻 4 号 1147 頁である。

　　前訴は、大規模宅地開発に関連して土地の買収、行政当局への働き掛け等の業務委託契約を Y から受けた X が、報酬請求権 12 億円のうちの 1 億円の一部請求をしたというものである。これは反訴であり、本訴は、X の買収した土地の移転登記手続を、Y が X に求めた訴えであった。前訴第 1 審判決は反訴請求の全部棄却であった。控訴審も同様であり、確定した。後訴では、X は、債権残部が 2 億 9 千万円だとし、それを請求した（予備的請求は省略する）。第 1 審は、前訴で一部請求の全部棄却判決を得た X は、信義則ないし公平の見地から、残部請求ができないとして訴え却下とした。しかし、控訴審は、訴訟物は別であるから前訴判決の既判力は残部請求に及ばない、信義則に反するとの特段の事情は認められないとして、第 1 審判決取消し・差戻しとした。Y が上告。

　　判旨は、破棄・自判（控訴棄却）であった。「1　一個の金銭債権の数量的一部請求は、当該債権が存在しその額は一定額を下回らないことを主張して右額の限度でこれを請求するものであり、債権の特定の一部を請求するものではないから、このような請求の当否を判断するためには、おのずから債権の全部について審理判断することが必要になる。すなわち、裁判所は、当該債権の全部について当事者の主張する発生、消滅の原因事実の存否を判断し、債権の一部の消滅が認められるときは債権の総額からこれを控除して口頭弁論終結時における債権の現存額を確定し〔最判平成 6 年 11 月 22 日民集 48 巻 7 号 1355 頁参照〕、現存額が一部請求の額以上であるときは右請求を認容し、現存額が請求額に満たないときは現存額の

　　ただし、井上治典・リマークス 19 号（1999）123 頁以下、特に 126 頁中段は、「一部請求の可否の問題でも、訴訟物という概念は、残部請求を認めるかどうかの結論を得た後の説明の道具にすぎなかった。残部請求を適法とするときには、前訴の訴訟物は一部であったので既判力は及ばないと言い、残部請求を許さないときには、訴訟物は全部であったので既判力が及ぶという説明手法がとられたのである。訴訟物が何かが決め手ではなかった」とする。もっとも、伊藤・前掲注 3）216 頁は、訴訟物は債権全体だとするが、請求認容の場合には残部請求を許容しており、屈折する。

19）　中野・前掲注 13）97 頁。

限度でこれを認容し、債権が全く現存しないときは右請求を棄却するのであって、当事者双方の主張立証の範囲、程度も、通常は債権の全部が請求されている場合と変わるところはない。数量的一部請求を全部又は一部棄却する旨の判決は、このように債権の全部について行われた審理の結果に基づいて、当該債権が全く現存しないか又は一部として請求された額に満たない額しか現存しないとの判断を示すものであって、言い換えれば、後に残部として請求し得る部分が存在しないとの判断を示すものにほかならない。したがって、右判決が確定した後に原告が残部請求の訴えを提起することは、実質的には前訴で認められなかった請求及び主張を蒸し返すものであり、前訴の確定判決によって当該債権の全部について紛争が解決されたとの被告の合理的期待に反し、被告に二重の応訴の負担を強いるものというべきである。以上の点に照らすと、金銭債権の数量的一部請求訴訟で敗訴した原告が残部請求の訴えを提起することは、特段の事情がない限り、信義則に反して許されないと解するのが相当である」。

2 本判決の位置付け

この平成10年判決については、まず先の昭和37年判決との整合性が問題となる。昭和37年判決も、公然の一部請求において一部棄却であったからである。すなわち、平成10年判決によれば、昭和37年判決でも後訴は信義則違反により訴え却下となっておかしくないのである。しかし、これは、昭和37年判決と平成10年判決との間に、最判昭和48年4月5日民集27巻3号419頁があることによって理解されなければならない。昭和48年判決は、一部請求における相殺につき外側説を採ることを明らかにした判例である。ところが、昭和37年判決は、外側説だとすると、30万円の債権全体から22万円が控除されたのであるから、原告の過失割合は73.33333％という不自然な数字となってしまう。一部請求の金額10万円から2万円を控除した、原告の過失割合は2割であったと理解すべき事案であった。按分説を採ったということになる。かくして、過失相殺につき外側説を前提とする平成10年判決と、按分説であった昭和37年判決とでは、前提が異なるのであるから、単純に不整合と論ずべきものではない[20]。昭和37年判決は、端的に訴訟物が一部だと明言した判例として（のみ）理解されるべきものであり、現に後述の平成20年判決でもそういうものと

---

20) 山下郁夫・最判解民事篇平成10年度602頁以下、特に610頁、上野泰男・平成10年度重判解122頁、井上・前掲注18）126頁上段、ほか。

Ⅳ　公然の一部請求棄却後の残部請求は信義則に反するとする判例

して引用されている。

　第2に、判旨は、原告の一部請求の金額と同額を裁判所が現存すると判断し請求認容判決を下した場合に触れていない。判旨前段は一部請求でも全部を審理すると論じており、そこから中段で突然、請求の全部または一部棄却へとつなげている。請求額と丁度同じ額が認定額である場合を空白に残したのである[21]。請求額と認定額が同額の場合、全部が審理されるという判旨前段の論理に従えば残部請求は同じく訴え却下となろう。けれども、民事訴訟法の一般的解釈論において判決主文に書かれたものを他と区別して特別視することは通常のことであり、後訴が訴え却下となるのは前訴判決主文に棄却の文言がある場合に限定される、と捉えれば、残部請求は許容されることになる。読み方としては、どちらもあり得るというべきであろう[22]。

　第3に、判旨が留保した特段の事情とは、どのような場合か。判例に反して、外側説以外を採った場合等が特段の事情となろう[23]。しかし、判旨は特段の事情の具体例を示しておらず、強く意識していない可能性が高い。

　第4に、判旨は、数量的一部請求では、一部の審理も結局は債権全体の審理と同じとなる、という。しかし、果たしてそうか。数量的一部請求の当否を判断するためには、当該債権の存否、存在するならば債権の全体額が請求額を下回らないこと、下回るならば債権の全体額について審理判断すれば十分であり、債権の全体額がどれだけかについて常に審理判断する必要はない、例えば1500万円の貸金のうち100万円の返還を請求する訴訟において、裁判所が、貸金の額は少なくとも100万円を下回らないことについて確信に至れば、貸金の全体額について解明されていなくても請求を認容することができる、と説く学説がある[24]。その通りであろう。判旨の論法は、やや強引だということになる。

---

21) 青木哲・法協118巻4号（2001）624頁以下も、判旨からは残された問題である、とする。
22) ただし、河野正憲・民事訴訟法判例百選［第4版］（2010）172頁は、判旨前段の論理に従うことは判決理由中の判断に拘束力を認めることになるとして、強く反対する。河野正憲・民事訴訟法（有斐閣・2009）619頁も同旨。しかし、私見は、信義則を多用する判例の流れからすると、判旨前段の論理を重視し訴え却下とするだろうと予測する。
23) 青木・前掲注21) 640頁、山本・前掲注1) 1042頁。山下・前掲注20) 617頁は、極めて例外的な場合に限定されるのではないか、とする。
24) 青木・前掲注21) 635頁。越山・前掲注8) 314頁、松本・前掲注2) 203頁、松本博之「一部請求訴訟の趣旨」民訴47号（2001）1頁以下、特に23頁〔同・訴訟における相殺（商事法務・2008）153頁所収〕も同旨。

3 信義則違反という理論構成

後訴を排斥した結論は、おおむね、支持されているようである。しかし、信義則を用いたこと、紛争解決への被告の期待に反するとしたことには、賛否が分かれる。

信義則により残部請求を排斥することは、この判決に先行する学説が説いていたところである[25]。これら先行学説は、判旨の理論構成を是とするはずである。しかし、判旨の用いる信義則が具体的事案の微妙な陰影を反映させる本来の信義則ではなく、一般的・抽象的な信義則であって制度的効力に近いことは、諸学説の指摘するところである[26]。それらの批判学説は、この判例から、それぞれが考える前訴での行為規範（ルール）を探ることとなる。例えば、勅使川原説は、「了解事項の変容」（既判力以外による別訴遮断）が一般的に正当化されるのは、まずは「必ず」「予め」訴訟対象となる範囲が「前」訴訟的にルールとして設定されている場合だけである。後訴から回顧的に見てたまたま攻防を尽くしていたから拘束力を後から付け加える、というのは、当初の既判力ルールに則って訴訟を追行した敗訴当事者にとって、筋の通らないものになりかねない。実際に攻防を尽くしたのだから「……すべきであったことにする」という論は、どんなに理窟を加えても、後付けのルール変更との評価を免れることはできない。訴訟物には現れなくても（原告の主観の中では隠れたものであるとしても）訴訟対象として必ず審理する、という形で攻防の範囲設定をし、加えて、この限りでは、敗訴の場合（性質上、論理的に常に必ず、残部請求の不存在を帰結する）にのみ、その隠れた訴訟対象についての消極的判断を勝訴被告が信頼することを認め、その信頼を優越的に保護する、という枠組みで原告の訴訟物設定の「自由」と、

---

25) 兼子一ほか・条解民事訴訟法（弘文堂・1986）611頁〔竹下守夫〕、中野・前掲注13）105頁。
井上正三「『一部請求』の許否をめぐる利益考量と理論構成」法教〈第二期〉8号（1975）79頁は、信義則という言葉は用いていないが、信義則構成の先駆とみてよいであろう。井上治典「確定判決後の残額請求」三ケ月章＝青山善充編・民事訴訟法の争点（有斐閣・1979）183頁も井上正三説とほぼ同旨。
26) 渡部美由紀「明示の一部訴訟後の残部請求」法政論集（名古屋大学）219号（2007）1頁以下、特に3頁。同5頁でも、「個別的具体的事情を事後的回顧的に評価して妥当な解決をはかるという信義則本来の用法ではなく、原則的遮断を前提とした行為規範の基礎としての用法」と表現する。本間靖規・民事訴訟法判例百選［第3版］（2003）182頁も、「もはや信義則本来の個別適用の結果ではなく、制度的効力に近いものとなる」とする。畑・前掲注1）121頁左欄、勅使川原和彦「一部請求と隠れた訴訟対象」早稲田法学75巻3号（2000）25頁以下も同旨。前訴の規範化（ルール化）という理解である。なお、松本・前掲注2）232頁には、信義則による竹下説、中野説に対する批判がある。

Ⅳ　公然の一部請求棄却後の残部請求は信義則に反するとする判例

被告の応訴負担のバランスを取る、と理論化する[27]。渡部説は、「前後訴でともに必争点となる債権の存否についての裁判所の判断については、当事者が前訴段階で後訴残部請求を視野に入れることが可能であった場合、すでに前訴において主張立証を構造的に動機づけられるから、同一債権を基礎とする後訴との関係においては、信義則によりこの点に一定の拘束力を認めてよいのではなかろうか。勝訴当事者の紛争解決期待を保護する結果、請求棄却判決の場合、債権の不存在についての判断に拘束力が生じ、原告の残部請求は遮断される。これに対して、請求認容判決の場合、債権の存在について拘束力が生ずる。その結果、原告の残部請求は許容され、被告からの残債務不存在確認訴訟は遮断される。債権の総額については、それが必争点になるものではない以上、拘束力はない」と論じ、最後に、ドイツ流の「既判力＝訴訟物」という伝統的規律の妥当性それ自体今一度真剣に再検討すべき時期にあるかもしれない、とする[28]。

　勅使川原説、渡部説は、前訴での規範化（ルール化）を目指すものの、判例のいう信義則をより精密化しようとする面もある。これに対して、山本和彦説は、ここで判例が使う信義則は、一般条項の欠缺補充機能であり、そのような場合の一般条項はあくまで過渡的な法律構成と理解すべきだとし、もはや信義則という過渡期の議論を脱し、最高裁も一般的理論を構築すべき時期に至っている、と説く。山本和彦説の説く一般的理論とは、人事訴訟法 25 条や民事執行法 34 条・35 条に類する請求の必要的併合による残部請求の否定である[29]。さらに、当事者に不意打ちを与えるとして、信義則という回顧的な判断枠組みに強く反対する見解もある[30]。

---

27)　勅使川原・前掲注 26) 30 頁以下。
28)　渡部・前掲注 26) 32 頁以下。青木・前掲注 21) 640 頁も、勅使川原説、渡部説と同方向で、前訴での規範化を目指している。
29)　山本・前掲注 1) 1025 頁、山本和彦・民事訴訟法の基本問題（判例タイムズ社・2002）103 頁。
30)　松本・前掲注 24) 24 頁は、「前訴確定判決が残部の存否について審理を経た上で請求棄却の判断に到達していたとしても、判例によれば、それは原告の一部請求訴訟の当否を判断する前提問題としての判断であることに変わりはない。この訴訟物でない事項に対する裁判所の判断に被告が紛争解決期待をもったとしても、それは考慮されないというのが民事訴訟法 114 条 1 項の規範内容である」と論じて、信義則構成に反対する。岡庭幹司「明示的一部請求棄却判決確定後の残部請求」伊藤眞先生古稀祝賀・民事手続の現代的使命（有斐閣・2015）97 頁も、訴訟物＝既判力論でいけば、訴訟物が別だとする以上、再訴は適法でなければならないとして、信義則による排斥を強く批判する。民事訴訟法の基本的約束事に反するということである。さもないと、所有権に基づく登記手続請求訴訟で請求棄却となると、原告提起の所有権確認の後訴も信義則違反とされるであろう、とする。そもそも、この事件の控訴審は、信義則違反はないと判断していたことに注意が必要であろう。なお、これら松本説、岡庭説と、伝統的規

ところで、山本和彦説は、平成10年判決のいう信義則は、当事者と裁判所との間の平面（垂直レベル）ではなく、当事者間の平面（水平レベル）におけるものだと把握する。その上で、水平レベルのみで問題把握としては十分と言えるかには疑問も残る、当事者間を越えた利益を十分に反映できない虞がある、と批判する[31]。これに対して、判旨は、末尾部分で被告の合理的期待と述べて当事者間の問題だとするが、判旨前段では裁判所の判断を強調しており、判旨の信義則は、当事者間の平面（水平レベル）のものではないという理解もある[32]。
　これを要するに、単純に信義則を説く段階を過ぎ、学説では後訴排斥の内実が厳しく問われているということであろう。

V　公然の一部請求で請求棄却判決であっても残部請求可能とする判例

1　事案と判旨

　公然の一部請求で請求棄却判決であっても残部請求可能としたのが、最判平成20年7月10日判時2020号71頁である。

　　　県が、高速道路建設のため土地を買い上げるという計画があり、ただし、それ
　　には更地であることが条件であった。本件土地は、Xらの所有であったが、樹木

　　律の再検討を示唆する渡部説とが対峙することになる。
　　　また、新堂幸司「審理方式からみた一部請求論の展開」権利実行法の基礎（有斐閣・2001）277頁以下〔初出、佐々木吉男先生追悼・民事紛争の解決と手続（信山社・2000）3頁〕、特に285頁も、判例が、訴訟物は一部だとすることと、審判対象は全体だとして信義則を活用することとは整合していないと批判する。
　　　なお、勅使川原説・渡部説が、前訴での規範化（ルール化）を志向するのとは逆に、安西明子「一部請求後の残部訴求の規律―当事者による後訴の争い方の視点から」石川明先生古稀祝賀・現代社会における民事手続法の展開(上)（商事法務・2002）397頁は、後訴段階で残部訴求の許否判断に両当事者を関与させることを志向する。
31)　山本・前掲注1) 1041頁。
32)　渡部・前掲注26) 15頁は、信義則の根拠として裁判所の判断論理を経由しているように見える、とする。松本・前掲注2) 233頁も、表面上は被告の数次応訴の負担を問題としつつも、実質的には数次にわたる裁判所の審理負担を問題としているとみられる、とする。安西・前掲注30) 404頁も、裁判所との垂直関係に重点が置かれていることが特徴である、とする。松村和徳「一部請求論考(1)」山形大学法政論集17号（2000）39頁以下、特に63頁も同旨。
　　　小島武司・民事訴訟法（有斐閣・2013）282頁も、原告の便宜から、被告の立場、さらには訴訟経済へと、内実のシフトが生じている、とする。高橋宏志「審理（その1）」法教405号（2014）100頁右欄も同旨。

V 公然の一部請求で請求棄却判決であっても残部請求可能とする判例

が植えられていたため、土地買い上げのためには伐採をする必要があった。ところが、その樹木に対してYが仮差押えをし、処分禁止となり伐採ができなくなってしまった。そこで、Xらは本案の起訴命令を求め、Yが本案訴訟を提起したところ、Xらは不当仮差押えによる弁護士費用相当の損害賠償250万円を反訴で請求した。前訴は、第1審は、本訴・反訴とも請求棄却であったが、控訴審は本訴が請求棄却、反訴が一部認容（50万円）であった。Y上告。

前訴上告中に後訴として、Xらは、更地になることが遅れて買収金取得が遅れたことによる遅延損害金相当の約390万円をYに請求した。後訴が提起された後に、前訴判決が上告棄却により確定した。後訴第1審は、前訴は特定一部請求であり後訴とは訴訟物を異にするとして、後訴請求を認容した。しかし、控訴審は、前訴は一部請求であることを明示していないから、債権全体が訴訟物となり後訴は前訴判決の既判力に拘束されるとして、第1審判決取消し・請求棄却とした。Xが上告受理を申立て、認められた。

上告審は、破棄・差戻しであった。「(1) Xらが本件訴訟で行使している本件仮差押執行のために本件買収金の支払が遅れたことによる遅延損害金相当の損害（以下「本件遅延金損害」という。）についての賠償請求権と、Xらが前事件反訴において行使した本案の起訴命令の申立て及び前事件本訴の応訴に要した弁護士費用相当額の損害（以下「本件弁護士費用損害」という。）についての賠償請求権とは、いずれも本件仮差押命令の申立てが違法であることを理由とする不法行為に基づく損害賠償請求権という1個の債権の一部を構成するものというべきであることは、原審の判示するとおりである。

(2) しかしながら、Xらは、前事件反訴において、上記不法行為に基づく損害賠償として本件弁護士費用損害という費目を特定の上請求していたものであるところ、記録（前事件の第1審判決）によれば、Xらは、このほかに、Yが、本件仮差押執行をすれば、Xらにおいて長期間にわたって本件樹木を処分することができず、その間本件買収金を受け取れなくなるし、場合によっては本件土地が買収予定地から外される可能性もあることを認識しながら、本件仮差押命令の申立てをしたもので、本件仮差押命令の申立ては、Xらによる本件土地の利用と本件買収金の受領を妨害する不法行為であると主張していたことが明らかである。すなわち、Xらは、既に前事件反訴において、違法な本件仮差押命令の申立てによって本件弁護士費用損害のほかに本件買収金の受領が妨害されることによる損害が発生していることをも主張していたものということができる。そして、本件弁護士費用損害と本件遅延金損害とは、実質的な発生事由を異にする別種の損害というべきものである上、前記事実関係によれば、前事件の係属中は本件仮差押命令及びこれに基づく本件仮差押執行が維持されていて、本件仮差押命令の申立ての違法性の有無が争われていた前事件それ自体の帰すうのみならず、本件遅延金損害

の額もいまだ確定していなかったことが明らかであるから、Xらが、前事件反訴において、本件遅延金損害の賠償を併せて請求することは期待し難いものであったというべきである。さらに、前事件反訴が提起された時点において、Yが、Xらには本件弁護士費用損害以外に本件遅延金損害が発生していること、その損害は本件仮差押執行が継続することによって拡大する可能性があることを認識していたことも、前記事実関係に照らして明らかである。

(3) 以上によれば、前事件反訴においては、本件仮差押命令の申立ての違法を理由とする損害賠償請求権の一部である本件弁護士費用損害についての賠償請求権についてのみ判決を求める旨が明示されていたものと解すべきであり、本件遅延金損害について賠償を請求する本件訴訟には前事件の確定判決の既判力は及ばないものというべきである〔最判昭和37年8月10日民集16巻8号1720頁参照〕。

2 本判決の位置付け

この平成20年判決は、請求棄却があれば後訴は排斥されるとした平成10年判決と整合するか。平成20年判決は、平成10年判決に一切言及しない。ということは、平成10年判決を先例だとみていないということである。そこで、両判決を比較してみると、平成10年判決は「債権の特定の一部を請求するものではない」と述べ、平成20年判決は「本件弁護士費用損害と本件遅延金損害とは、実質的な発生事由を異にする別種の損害」と述べていることに気が付く。すなわち、平成10年判決は、特定性のない数量的一部請求の事案であり、平成20年判決は特定一部請求の事案であって、事案が異なると平成20年判決は考えたことが窺われる。特定一部請求は、平成10年判決がいう「特段の事情」の中に入るのではなく、そもそも射程外だということである[33]。

3 4つのファクター

控訴審と上告審の違いは、隠れた一部請求か公然の一部請求かであった。控訴審は、本件は公然の一部請求ではなく隠れた一部請求だと理解したが故に、訴え却下としたのである。

上告審が本件を公然の一部請求だとしたのは、①弁護士費用損害と特定して

---

33) 山下・前掲注20) 321頁注19は、特定一部請求の後訴を、つとに、特段の事情ではなく、別の事案だと考えられる、としていた。渡部美由紀・判評608号（2009）160頁も同旨。

V 公然の一部請求で請求棄却判決であっても残部請求可能とする判例

請求する前訴において、原告Xは主張の中で遅延金損害の存在を示していたこと、②弁護士費用損害と遅延金損害は実質的な発生事由を異にする別種の損害というべきこと、③前訴において遅延金損害を併せて請求することには、前訴で勝訴するか分からず金額も定まっておらず、期待可能性がなかったこと、④遅延金損害の存在とその拡大可能性を被告Yも認識していたこと、これら4つのファクターがあったからである。

前訴の訴状には一部請求だという明示はなかったとみてよい。従来、一部請求は請求の趣旨には現われないが請求の原因には現われていること、すなわち訴状全体では一部だと明示されていることを暗黙の前提としていたであろう[34]。しかし、考えてみれば、一部請求であることの明示は、被告への警告が主要な役割であるから、訴状に限定されることなく訴訟過程全体の中でなされれば足りるものであろう。むろん、訴訟の完結を遅らせるような時期での明示は制限されてよいが、訴状に限定される必要はなく、また明示も言葉としていくらのうちの一部という最狭義のものに限定されないとしてよいであろう[35]。判

---

34) 五十部・前掲注18) 83頁、88頁ほか。
35) 松本・前掲注2) 203頁は、事情から一部請求であることが明らかになれば足りる、とする。
　一部が訴訟物だとすると、訴訟物は訴状で特定されていなければならないから、一部の明示は訴状段階でなされなければならないと発想されるであろう。しかし、一部が訴訟物というのは一部の金額を指しているため、請求の趣旨で明らかとなっている。請求の趣旨で明らかとされる金額がポイントであることは、隠れた一部請求であれ公然の一部請求であれ、同じである。訴状ではなく後の段階で一部であることを明示したとしても、請求の趣旨の金額が動くわけではない。したがって、一部だという明示は、訴状でなされることが望ましいとしても、必ず訴状でなされなければならないものでもない。また、仮に一部が訴訟物だということから形式的に考えるとしても、訴えの変更を緩やかに認めるわが国民訴法の下では、訴訟過程の中で訴訟物を変えることは緩やかに許されており、一部であることの明示を後からすることも許容される、ということになろう。
　ちなみに、判例は明示することに神経質でなかったと説かれることが多い。これは、後遺症や事情変更までも一部請求の枠組みで捉えるならば、確かにそうなるであろう。判例と同じく後遺症や事情変更を一部請求の枠組みで捉える勅使川原和彦「一部請求におけるいわゆる『明示説』の判例理論」早稲田法学87巻4号（2012）63頁以下、特に71頁が、判例のいう「明示」というのは、事実（明示行為の有無）のみならず評価であるとするのも首尾一貫する。さらに次のように説く。判例には2つの観点が併存している。直接の明示行為はなくても、ある客観的行為・事情から間接的に「明示行為ありと認められるから」被告側で残部請求がないことを期待したことが合理的といえない、と評価される場合（間接的明示行為類型）と、間接にも「明示」行為はないが原告にも前訴で訴求できなかったことに充分な理由があり、その救済の必要から被告に複次応訴の甘受を要請すべきで、結果的に「被告側で残部訴求がないことを期待したことが合理的といえない」ものと評価される場合（後発後遺症・拡大損害類型）である、と（同76頁）。ただし、これは勅使川原説による判例の理解であり「ひとまずは賛否を措いて」なされたものである（同79頁）。
　判例はそうであるとしても、しかし、前訴では残部があることを意識しておらず、したがって、申立手数料節約の意図もなかったと説く後遺症や事情変更は、考慮すべき事情が異なり、一部請求の枠の中に入れて論ずべきでないというのが今日の多数説である。兼子ほか・前掲注4) 533頁〔竹下〕、五十部・前掲注18) 83頁、新堂・前掲注18) 339頁、高橋・前掲注11) 115頁、伊藤・前掲注3) 216頁、三木浩

旨の掲げるファクターのうち、①の主張と④の認識はここに直接かかわる。もっとも、①で主張の中で特定の一部だと示していたというのであれば、それだけで十分であり、④の被告の認識は不要ではなかろうか。④は、駄目押しということであろう。ともあれ、平成20年判決は、一部請求であることの明示を広く解釈する方向を示したことに第1の意義がある[36]。

しかし、①他の損害の主張と④被告の認識で、公然の特定一部請求だと把握できるのだとすると、②別種の損害と③期待可能性のファクターは、何を意味するか。②の別種の損害であることは、これを強調すれば別の訴訟物となりかねず、訴訟物としては1個であるとすることと必ずしも平仄が合っていない。そうだとすると、別種の損害であることは、費目が異なることの補強、すなわち費目を特定していたことの補強として意味を持つのであろう。問題は、③の期待可能性の欠如である。期待可能性がないのであれば、後遺症の事案で学説が主張するように、隠れた一部請求であっても再訴が可能となるのではないか[37]。期待可能性を持ち出すのであれば、控訴審が認定した隠れた一部請求であったとしても、理論上は残部請求の審理を許容できたのである。ただし、判例において、期待可能性による既判力の縮小を正面から認めたものはない。

理論的には、公然の特定一部請求であれば（ファクター①②④）、それだけで残部請求の審理を許容することができる。また、期待可能性がなかったのであれば（ファクター③）、それだけで残部請求の審理を許容することができる。判旨の根拠は、重複する。これを、どう捉えるべきか。まず、本件事案で公然の一部請求であるとすることが従来の判断を超えるため、すなわち明示とすることに

　―「一部請求論について」民訴47号（2001）30頁以下、特に34頁〔同・民事訴訟における手続運営の理論（有斐閣・2013）94頁所収〕、小島・前掲注32）285頁ほか。多数説に倣い後遺症等を一部請求から除外したとしても、明示は早期になされるべきであるものの、訴状の請求の原因欄に限定する必要はないであろう。

36) 佐瀬裕史・平成20年度重判解153頁も、この平成20年判決によって、訴状への記載といった文字通りの明示がなくとも、種々の事情の総合的考慮の結果として一部請求の明示が認められ得ることがはっきりした、被告が一部請求であることを認識できれば文字通りの明示はなくてよい、とする。渡部・前掲注26）162頁も同旨。

37) 新堂・前掲注18）691頁、髙橋・前掲注11）608頁ほか。ちなみに、越山和広・民商140巻1号（2009）102頁は、本判決を後遺症や事情変更の事例の系列で理解する。そもそも公然の一部請求の類型でないとするのであろう。

　他方、堤龍弥・リマークス39号（2009）118頁は、更地の買収価額が判明しているのであれば、前訴での請求は可能である、期待可能性がないとはいえない、と批判する。もっとも、残部請求を認めた判決の結論は、堤説も支持する。ファクター③を重視しない、ということであろう。

自信がなかったため、期待可能性を持ち出して補強したと理解することが考えられる。多少誇張すれば、期待可能性のない損害であったから、前訴は特定一部請求だったと理解するのである[38]。他の理解は、特定一部請求であっても、前訴での主張に期待可能性がある場合には、残部請求の審理を肯定しないと判旨は考えているとするものである。特定一部請求と期待可能性欠如は、対等の根拠であり、重畳的に必要とされるという理解となる。残部請求に厳しい態度を打ち出した平成10年判決とは、この理解の方が整合性を持つことになる。ただし、判旨は、雑然と4つのファクターを掲げており、期待可能性の欠如に大きな意味を持たせることは、文章上は難点があるであろう[39]。

これが、費目を特定しただけで公然の特定一部請求となるかについての見解の違いに影響する。一方には、費目を特定していれば一部だと明示していなくとも、特定一部請求であり残部請求が許されるとする見解がある[40]。他方では、費目の特定だけでは残部請求の許容をもたらさないという見解がある[41]。

要するに、平成20年判決も、一義的に明瞭な判例だとは言えないようである。

VI　まとめ

判例は、現時点では、隠れた一部請求では残部請求は許されない（昭和32年判決）、公然の一部請求で勝訴の場合は残部請求は許される（昭和37年判決）、しかし数量的一部請求の全部または一部棄却の場合には残部請求は許されない（平成10年判決）、特定一部請求では（かつ、前訴での提起に期待可能性のなかった場合は）

---

38) 堀野出・速報判例解説 Vol.4（2009）123頁以下、特に125頁左欄は、この理解である。原告の期待可能性を明示の緩和を許す要素と扱う、とする。
　　しかしながら、期待可能性が欠如していることは、明示であることを補強するであろうか。原告に期待可能性が欠如していて主張できなかったということは、明示がなかったことが仕方がないという評価を導く。しかし、それだけであって、明示があったということを意味しない。間接的にも明示がなかったということが普通であろう。期待可能性が欠如していたときは、多くの場合、むしろ隠れていたこと、黙示であったことを意味するであろう。詰まるところ、期待可能性と明示とは、基本的には交わることのない別次元の事項ではなかろうか。期待可能性の欠如が意味するのは、せいぜい特定性までであろう。
39) 私見は、後者の対等で重畳的なファクターないし要件だという理解である。髙橋・前掲注11) 107頁。
40) 堤・前掲注37) 121頁、倉田卓次・民事交通訴訟の課題（日本評論社・1970）21頁、吉村徳重「判決の効力の客観的範囲」ジュリ500号（1972）353頁以下、特に356頁〔同・民事判決効の理論（上）（信山社・2010）71頁所収、80頁〕、横山長・最判解民事篇昭和45年度 800頁等は、費目特定であれば公然の一部請求だとしてよい、とする。
41) 勅使川原・前掲注35) 論文73頁注(27)。

残部請求が許される（平成20年判決）、ということであろう。しかし、個々の判例は、それ自体において問題点ないし不透明なところを残している。特に、判例の本来的役割ではないとはいえ、理論構成には批判があり、それが判例の射程の予測を難しいものとする。逆に学説は、判例を素材としても、かなり自由に自説を展開することができるであろう。

　蛇足となるが、特定一部請求かまたは数量的一部請求かで分けるとすると、それは兼子理論を想起させるところがある[42]。判例は、兼子理論に接近してきているのであろうか。しかし、兼子理論が特定標識として例に挙げるのは、履行期の違う部分、反対給付の履行に係る部分、担保権でカバーされない部分であった。判例の費目限定とは照応していない[43]。したがって、単純に兼子理論への回帰ではないが、大きく見れば接近であるかもしれない。そうだとすると、次に進むのは、兼子理論がそうであったように、公然の一部請求で勝訴の場合にも残部請求が許されないということとなろう。しかし、実体権があると裁判所が判断していながら、訴訟を許さないという道に判例が進むかといえば、それはにわかには想像できないところがある。裁判所が、請求の拡張を釈明したにもかかわらず拡張しなかったという稀有な場合にのみ成り立つところであろうか[44]。

---

42) 兼子・前掲注18) 391頁以下。一部では明示していても訴訟物が不特定であるから、債権全額が分かっていれば債権全額が訴訟物となり、分かっていなければ訴求額が訴訟物となる。しかし、一部を特定する標準があるときは、一部だけが訴訟物となり、後訴が許される、とする。
43) しかも、青木・前掲注21) 641頁は、履行期の到来していない部分や反対給付の履行に係る部分というような抽象的な特定では、債権の特定の部分に限定されているわけではないから、棄却判決は残部として請求し得る部分が存在しないという判断を示すこととなり、平成10年判決の射程が及ぶ、すなわち残部請求は許されない、と論ずる。五十部・前掲注18) 89頁も、担保権が一部に設定されている場合を加えて、これらの指標が訴訟物を個別化して残部請求ができるとすることに反対する。
44) 東京高判平成12年7月26日判タ1059号239頁は、交通事故訴訟であるが、請求の拡張をしないと表明したに止まり、残部請求を後訴に留保する意向を明らかにしなかった場合に、残部請求を認めなかった。請求の拡張が出てきており、示唆するところがあろう。

賃料増減額確認請求訴訟に関する若干の訴訟法的検討

勅使川原和彦

I　はじめに
II　賃料増減請求権に係る訴訟に関する判例理論
III　賃料増減請求により増減された賃料額の確認を求める訴えの訴訟物
IV　賃料増減請求により増減された賃料額の確認を求める訴えの確認の利益

I　はじめに

　借地借家法 32 条にいわゆる建物の借賃増減請求権（以下、汎用的な表現として、「借賃」でなく「賃料」という）は、同法 11 条の地代等増減請求権と同様、判例法上事実たる慣習として認められていた地代増額請求権を立法化したものであり、実質的根拠は事情変更の原則にあると一般に理解されている[1]。

　借地借家法に基づいて賃料増減請求によって求めうる賃料額とは、「客観的に相当な賃料額」のことであり、賃料増減請求権の行使要件（借地借家法 32 条 1 項）の充足の有無（賃料増減請求の当否）と、賃料増減請求により増減された賃料の相当性の判断は、衡平の見地に照らしつつ行われる[2]。要件を充たした賃料増減請求権の行使によって賃料増減の効果が発生するものの、その効果は、「客

---

1)　田山輝明＝澤野順彦＝野澤正充編・新基本法コンメンタール借地借家法（日本評論社・2014）195 頁〔澤野〕。
2)　最近の裁判例でも、「賃料減額請求の当否及び相当な賃料額を判断するに当たっては、衡平の見地に照らし、〔借地借家法 32 条 1 項〕本文の所定の事由である土地又は建物に対する租税その他の負担の増減、土地又は建物の価格の上昇・低下、その他の経済事情の変動に加え、賃貸借契約の当事者が賃料額決定の要素とした事情など当事者間の具体的な諸事情を総合的に考慮した上で、従来の賃料を維持することが衡平か否かという見地からこれを行うべきである」旨を述べる（東京地判平成 27 年 1 月 26 日判時 2256 号 60 頁）。

観的に相当」な額について生じるに過ぎず、額について争いがあるときはその「相当額」は裁判により上記のように確認される[3]。賃料増減額を「正当とする裁判が確定するまでは」、相当と認める額（通常は従前の額[4]）の支払いを請求しまたは支払いをすることで足り、その裁判が確定すると差額を相手方に請求できる（借地借家法32条2項・3項）、という建付けである。

賃料増減請求については、これまで、いくつかの判例の蓄積があり、最近、賃料増減請求によって増減された賃料額の確認訴訟について、その訴訟物を定義し、既判力の客観的範囲を画する判例も登場した。ここで、訴訟法的な観点から、賃料増減請求に関するいくつかの事項について、判例理論を整理しておきたい。

II 賃料増減請求権に係る訴訟に関する判例理論

(1) 賃料増減請求権の法的性質

まず、賃料増減請求権の性質について、最判昭和32年9月3日民集11巻9号1467頁は、大判昭和7年1月13日民集11巻7頁を引用しつつ、「賃料増減請求権は、いわゆる形成権たるの性質を有するものであるから、賃料増減請求の意思表示が相手方に到達すれば、これによつて爾後賃料は相当額において増減したものといわなければならない。ただ増減の範囲について当事者間に争ある場合には、その相当額は裁判所の裁判によつて定まるのであるが、これは既に増減の請求によつて客観的に定つた増減の範囲を確認するに過ぎないのであるから、この場合でも増減請求はその請求の時期以後裁判により認められた増減の範囲においてその効力を生じたものと解するを相当とする」と判示した。

すなわち、賃料増減請求権は形成権であり、意思表示の到達時に「相当額」において増減しているが、増減の範囲について争いがあるときは、「相当額」を裁判によって定める、という借地借家法の建付けを確認したものである。なお、形成権は行使の意思表示（到達）時に効果が生じるのが通例であるところ、賃料

---

[3] 後掲最判昭和32年9月3日民集11巻9号1467頁。古くは後掲大判昭和7年1月13日民集11巻7頁、大判昭和17年4月30日民集21巻472頁参照。

[4] 稲本洋之助＝澤野順彦編・コンメンタール借地借家法［第3版］（日本評論社・2010）256頁〔副田隆重〕。

額算定の便宜上翌月初めに効果発生という内容の意思表示にしても有効である（この場合は、「意思表示の到達時」ではなく「効果の発生時」に字義通り効果が生じる。こうした場合を含めるため、本稿では、賃料増減請求権の「行使時」と言わず「効果発生時」で統一する）。

(2) 賃料増減請求権の効果発生

また、賃料増減請求権は、その行使によって初めて効力が生じるものであることになるので、増減を生じさせる事由が客観的に生じたとしてもそれだけでは増減の効果を生じないということになる。判例上早くにそれを確認したのは、大判昭和 17 年 4 月 30 日民集 21 巻 472 頁であるが、最判昭和 44 年 4 月 15 日集民 95 号 97 頁・判時 554 号 43 頁[5]も、この判例を引用し、賃料増額分支払請求訴訟の係属中に更に増額の客観的事由が発生しても、新たに増額の意思表示をしない限り増額の効果は生じないとした原審の判断を維持した。なお、こうした増減額の意思表示は、額に争いがあれば、相当額を「裁判」で確定すべき必要がある（借地借家法 32 条 2 項・3 項）関係上、訴訟上でする場合はよいとして、裁判外でした場合も裁判上でその旨が明らかにされなければならないが、ここでの「裁判」には、訴えの提起や、賃料増減請求に係る訴訟の係属中に反訴、訴えの変更により、賃料増減請求権に係る請求（賃料増減請求権行使による増減後の賃料額の確認や給付を求める請求、賃料増減請求権が行使されたが増減の理由がないとして増減請求後の賃料について債務不存在確認を求める請求）が訴訟物として加わり判決により確定されるか、裁判上の和解や調停で確定され調書に記載される場合が含まれる[6]。

(3) 賃料増減額確認請求訴訟において審判対象となる事情

さらに、賃料増減額確認請求訴訟において、審理や判断対象になる事情は何であるか。この点についての判例（最判平成 20 年 2 月 29 日集民 227 号 383 頁・判時 2003 号 51 頁・判タ 1267 号 161 頁）は、

---

5) 他に、最判昭和 52 年 2 月 22 日金判 520 号 26 頁等。
6) 稲本＝澤野編・前掲注 4) 254 頁［副田］。廣谷章雄編・借地借家訴訟の実務（新日本法規・2011）263 頁［森健一］は、賃料増減請求権の行使方法として、未払賃料請求訴訟の係属中に、被告（賃借人）から「抗弁」として賃料減額請求をするという例を挙げる。この場合、賃料減額請求による相当賃料額が確定されて初めて未払賃料額が明らかになることから、未払賃料額の確定の中に賃料減額請求による相当賃料額の判断が織り込まれているものと見られるが、相当賃料額自体は判決理由中の判断に過ぎず、厳密には借地借家法 32 条の裁判上の「確定」に含まれないであろう（なお、後掲注 17）参照）。

「賃料減額請求の当否及び相当賃料額を判断するに当たっては、賃貸借契約の当事者が現実に合意した賃料のうち直近のもの……を基にして、同賃料が合意された日以降の同項所定の経済事情の変動等のほか、諸般の事情を総合的に考慮すべきであり、賃料自動改定特約が存在したとしても、上記判断に当たっては、同特約に拘束されることはなく、上記諸般の事情の一つとして、同特約の存在や、同特約が定められるに至った経緯等が考慮の対象となるにすぎない」。

と判示した。賃料自動改定特約によって増額された賃料を基にして、増額前の経済事情の変動等を考慮の対象から除外し、上記特約によって増額された日から賃料減額請求の日までの間に限定して、その間の経済事情の変動等を考慮した原審の判断には、違法がある、という。借地借家法32条1項の規定は、強行法規であり、賃料自動改定特約によってその適用を排除することはできない[7]から、あくまで起点は、賃料自動改定特約による増額日ではなく、賃貸借契約の当事者が賃料について直近の合意をした日（直近の賃料の変動が賃料増減請求による場合には、それによる賃料変動が生じた日がこれと同視される）であり、その日から賃料増減額確認請求訴訟に係る賃料増減請求の日までの間の経済事情の変動等（賃料自動改定特約の存在もここでの考慮事由の一つとなる）を総合的に考慮して、賃料増減請求によって増減された賃料額が相当かどうかを判断すべきことになる。

(4) 従前の判例理論の小括

　以上の諸判例からは、次の判例理論が導き出される。

　すなわち、従前なされた直近の賃料合意や賃料増減請求（直近合意ないし直近増減請求）の後で、現在時の賃料増減請求がなされ、後者の賃料増減請求の当否や増減額の相当性が訴訟上前提的に争われる場面（賃料増減額確認請求訴訟や賃料過不足分の支払・返還請求訴訟）で、その資料となるのは、「直近合意ないし直近増減請求の効果発生時」から「現在時の増減請求の効果発生時」までに存した経済事情の変動等であり、かつまた、賃料増減額確認請求訴訟の係属中に増減を生じさせる事由が客観的に生じたとしても、増減の意思表示をしない限り（増減請求の意思表示をしたことが訴訟上顕れない限り）増減の効果を生じない（訴訟上顧慮されない）。後述する平成26年最判の事案を借りて図示すると、以下のようになる。

---

7) 最判昭和31年5月15日民集10巻5号496頁、最判昭和56年4月20日民集35巻3号656頁、最判平成15年6月12日民集57巻6号595頁、最判平成15年10月21日民集57巻9号1213頁等。

【勘案する事情の範囲】

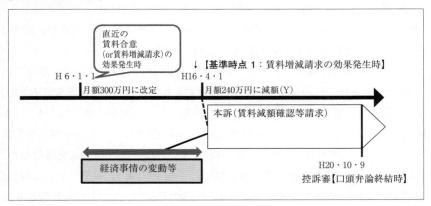

　この「判例理論」からすると、賃料増減額確認請求訴訟の訴訟物は具体的にどのようなものと把握すべきことになるか（ひいては、どの範囲の判断に既判力が生じるか）。この問題に明確な回答を示した判例が最近登場した。次節で言及する、最判平成 26 年 9 月 25 日民集 68 巻 7 号 661 頁（以下、「平成 26 年最判」という）[8]である。

III　賃料増減請求により増減された賃料額の確認を求める訴えの訴訟物

　やや長くなるが、平成 26 年最判の事案と判旨をここで確認しておく（以下、強調部筆者）。

(1)　平成 26 年最判の「事実の概要」

　甲建物の賃借人 Y は、平成 6 年 1 月 1 日以降月額 300 万円であった甲建物の賃料（本件賃料）につき、当時の賃貸人 A に対し、平成 16 年 3 月 29 日に「本件賃料を平成 16 年 4 月 1 日（以下、この時点を「**基準時点 1**」という。なお平成 26 年最判の判示では「基準時」という表現を用いているが、いわゆる判決や既判力の基準時のことでは

---

[8]　評釈として、越山和広・新・判例解説 Watch 16 号（2015）153 頁、勅使川原和彦・平成 26 年度重判解 137 頁、堀清史・リマークス 51 号（2015）124 頁等。（※なお、校正中に、越山和広「判例研究」龍法 48 巻 2 号（2015）221 頁以下に接したが、本稿には反映できなかった。）

なく紛らわしいので、本稿では「基準時点」という）から月額240万円に減額する」旨の意思表示をし、「本件賃料が平成16年4月1日から月額240万円であること」の確認等を求める訴え（以下、「前件本訴」という）を、平成17年6月8日、同年2月に賃貸人の地位をAから承継したXに対して提起した。

この前件本訴の係属中に、Xは、Yに対し平成17年7月27日に「本件賃料を平成17年8月1日（以下、この時点を「**基準時点2**」という）から月額320万2200円に増額する」旨の意思表示をし、平成17年9月6日に前件本訴に対し、「本件賃料が平成17年8月1日から月額320万2200円であること」の確認等を求める反訴（以下、「前件反訴」といい、前件本訴と併せ「前件訴訟」という）を提起した。

さらに、Xは、前件訴訟が第1審係属中の平成19年6月30日に、Yに対し、「本件賃料を同年7月1日（以下、この時点を「**基準時点3**」という）から月額360万円に増額する」旨の意思表示をした（以下、この意思表示を「本件賃料増額請求」という）が、前件訴訟において、本件賃料増額請求により増額された本件賃料の額の確認請求を追加することはなかった。

前件訴訟の第1審は、「本件賃料が平成16年4月1日から月額254万5400円であること」を確認するなどの限度で前件本訴の請求を一部認容し、前件反訴の請求は全部棄却する判決をし、Xが控訴したものの、控訴審は平成20年10月9日に口頭弁論を終結して控訴を棄却する判決をし、平成20年12月10日に第1審判決は確定した（以下、「前訴確定判決」という）。

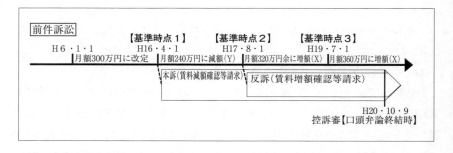

平成21年6月24日、改めてXはYに対し、本件賃料増額請求により増額された本件賃料の額の確認等を求め、訴え（以下、「本件訴訟」・「賃料増減額確認請求訴訟」とまとめていう）を提起した（なお本件訴訟の係属中、Xの賃貸人の地位をZが承継し

Ⅲ　賃料増減請求により増減された賃料額の確認を求める訴えの訴訟物

引受人として当事者となったがこの点は割愛し統一的にXと表記しておく)。原審(東京高判平成 25 年 4 月 11 日民集 68 巻 7 号 714 頁)は、賃料増減額確認請求訴訟における「賃料額の確認請求は、継続的な法律関係である賃貸借契約の要素である賃料額の確認を求める請求であるから、その訴訟物は、当事者が請求の趣旨において特に期間を限定しない限り、<u>形成権である賃料増減額請求権の行使により賃料が増額又は減額されたとする日から事実審の口頭弁論終結時までの期間の賃料額であると解される</u>」(下線部筆者)とし、本件では、本件建物の賃料が基準時点 1 から前件訴訟の控訴審の口頭弁論終結時まで月額 254 万 5400 円であるという判断に既判力が生じており、Xが本件賃料増額請求による賃料増額を主張することは前訴確定判決の既判力に抵触し許されないとして、Xの請求を全部棄却した(なお、原審の口頭弁論終結後にPがYを吸収合併し、本件訴訟の訴訟手続を承継しているが、この点は割愛し統一的にYと表記しておく)。Xが上告受理の申立てをし、上告受理の決定がなされた。

(2)　平成 26 年最判の判旨

最高裁は、原判決を破棄し、事件を原裁判所に差し戻した(以下、下線部筆者)。

　(a)　「借地借家法 32 条 1 項所定の賃料増減請求権は形成権であり、その要件を満たす権利の行使がされると当然に効果が生ずるが、その効果は、<u>将来に向かって、増減請求の範囲内かつ客観的に相当な額について生ずるものである</u>(最高裁昭和 30 年(オ)第 460 号同 32 年 9 月 3 日第三小法廷判決・民集 11 巻 9 号 1467 頁等参照)」。

　(b)　「また、この効果は、賃料増減請求があって初めて生ずるものであるから、<u>賃料増減請求により増減された賃料額の確認を求める訴訟</u>(以下「賃料増減額確認請求訴訟」という。)の係属中に賃料増減を相当とする事由が生じたとしても、新たな賃料増減請求がされない限り、上記事由に基づく賃料の増減が生ずることはない(最高裁昭和 43 年(オ)第 1270 号同 44 年 4 月 15 日第三小法廷判決・裁判集民事 95 号 97 頁等参照)」。

　(c)　「さらに、賃料増減額確認請求訴訟においては、その前提である賃料増減請求の当否及び相当賃料額について審理判断がされることとなり、これらを審理判断するに当たっては、<u>賃貸借契約の当事者が現実に合意した賃料のうち直近のもの</u>(直近の賃料の変動が賃料増減請求による場合にはそれによる賃料)を基にし

て、その合意等がされた日から当該賃料増減額確認請求訴訟に係る賃料増減請求の日までの間の経済事情の変動等を総合的に考慮すべきものである（最高裁平成18年(受)第192号同20年2月29日第二小法廷判決・裁判集民事227号383頁参照)」。

(d)「したがって、賃料増減額確認請求訴訟においては、その前提である賃料増減請求の効果が生ずる時点より後の事情は、新たな賃料増減請求がされるといった特段の事情のない限り、直接的には結論に影響する余地はないものといえる」。

(e)「また、賃貸借契約は継続的な法律関係であり、賃料増減請求により増減された時点の賃料が法的に確定されれば、その後新たな賃料増減請求がされるなどの特段の事情がない限り、当該賃料の支払いにつき任意の履行が期待されるのが通常であるといえるから、上記の確定により、当事者間における賃料に係る紛争の直接かつ抜本的解決が図られるものといえる。そうすると、賃料増減額確認請求訴訟の請求の趣旨において、通常、特定の時点からの賃料額の確認を求めるものとされているのは、その前提である賃料増減請求の効果が生じたとする時点を特定する趣旨に止まると解され、終期が示されていないにもかかわらず、特定の期間の賃料額の確認を求める趣旨と解すべき必然性は認め難い」。

(f)「以上の事情に照らせば、<u>賃料増減額確認請求訴訟の確定判決の既判力は、原告が特定の期間の賃料額について確認を求めていると認められる特段の事情のない限り、前提である賃料増減請求の効果が生じた時点の賃料額に係る判断について生ずると解するのが相当である</u>」。
とした。その上で本件では、前訴判決の既判力は、基準時点1および基準時点2の各賃料額に係る判断について生じているに過ぎないから、本件訴訟において本件賃料増額請求により基準時点3において本件賃料が増額された旨を主張することは、前訴判決の既判力に抵触するものではない、として原判決を破棄し、事件を原審に差し戻した。

※金築誠志裁判官の補足意見（抜粋。強調部筆者）
　賃料増減額確認請求訴訟の訴訟物は、当事者が請求の趣旨において特に期間を限定しない限り、形成権である賃料増減請求権の行使により賃料の増額又は減額

Ⅲ　賃料増減請求により増減された賃料額の確認を求める訴えの訴訟物

がされた日から事実審の口頭弁論終結時までの期間の賃料額であるとする原審の見解（以下、この見解を「**期間説**」という。）は、同訴訟が継続的な法律関係である賃貸借契約の要素としての賃料額の確認を求めるものであること、既判力の基準時までの期間の法律関係が確定され紛争解決の目的により資すること、確認の利益も現在の法律関係を確認の内容として含み問題が少ないことなどからすると、自然な考え方であるように思われるかもしれない。

　しかし、訴訟物をいかなる形で設定するかは処分権主義に服するものであるから、第一義的には原告の意思によることになるところ（したがって、原告が期間を特定して賃料額の確認を求めた場合は、確認の利益が認められる限り、適法である。）、前件訴訟でも採られているような賃料増減額確認請求訴訟において一般的に見られる形の請求（増額請求時「から」あるいは「以降」の賃料額の確認を求め、特に期間を限定していない請求。以下「一般的形態の請求」という。）をした場合、通常、原告が期間説を念頭に置いて訴えを提起しているものと理解すべきかどうかは、甚だ疑問である。また、裁判所も、期間説に従って訴訟指揮をしているのが通常かというと、そうとはいえないように思われる。実務は、常に意識的ではないかもしれないが、賃料増減請求が効果を生じた時点の賃料額が訴訟物という考え方（以下、この考え方を「**時点説**」という。）の下に運用されていることが多かったのではないかと推察される。現に、前件訴訟においても、法廷意見にあるとおり、第1審係属中に本件賃料増額請求がなされたが、賃借人から、同請求により増額された賃料額の確認請求を前件訴訟の対象とすることは訴訟手続を著しく遅滞させることになるとして、裁判所の訴訟指揮により別訴を提起するよう促すことを求める旨記載した上申書が提出され、結局、本件賃料増額請求により増額された賃料額の確認請求が追加されることはなかった。そして、前件訴訟の請求を本件賃料増額請求時までの期間に限定するよう裁判所が促した事実等もうかがわれないのである。こうした前件訴訟の経過は、一般的形態の請求の訴訟物は口頭弁論終結時までの期間の賃料額であって、本件賃料増額請求が前訴判決の既判力によって遮断されるなどとは、裁判所を含めて考えていなかったことを示しているように思われる。賃料増減額確認請求の理由の有無は、現行賃料が合意等により定まった時から、増減請求時までの事情に基づいて判断され、請求後の事情は考慮されないのであるから、請求後の期間が、争いの対象として当事者に意識されることは、少ないのではなかろうか。また、一般的形態の請求に対する判決の主文において、賃料額を確認した期間の終期として口頭弁論終結日が記載された例のあることを寡聞にして知らないが、確認判決において確認された内容の基本的な要素が明示されないというのは通常あり得ないことで、このことも、上記のような実務における一般的な意識の有り様を裏付けているのではないだろうか。〔以下略〕

(3) 平成 26 年最判の検討：「時点説」と「期間説」

判旨(a)(b)(c)はこれまで確立されている判例理論（前節参照）を確認しているものである。平成 26 年最判の重要な意義は、賃料増減額確認請求訴訟の訴訟物について、本件原審の採ったような**期間説**（賃料増減請求権の行使により賃料が増額又は減額されたとする日から事実審の口頭弁論終結時までの期間の賃料額）と**時点説**（賃料増減請求が効果を生じた時点の賃料額）という二通りの考え方がありうるところ（金築補足意見参照）、本件で最高裁が時点説の採用を明らかにしたことにある。これまで下級審裁判例は割れており[9]、文献上は時点説を意識したものがあるか判然としない[10]。

賃料増減額確認請求訴訟においては、訴訟物である「賃料増減請求により増減された相当賃料額」を確定するために、賃料増減請求の「当否（借地借家法 32 条所定の賃料増減請求権の要件充足の有無）」と「相当」な賃料額を判断することになるが、その際に、勘案されるべき事情が「いつ」から「いつ」までの期間の事情かについて、判例理論によれば、特に最判平成 20 年 2 月 29 日において（判旨(c)）、始期は、賃料増減額確認請求訴訟以前の直近合意時点ないし直近の賃料増減請求の効果発生時点であり、期間説と時点説で変わりはないと考えられるところ、終期は期間説のいう賃料増減額確認請求訴訟の口頭弁論終結時ではなく、賃料増減額確認請求訴訟に係る賃料増減請求の効力発生時とされている。従来の判例理論からする限り、この点で論理的にすでに期間説から離れざるを

---

9) 期間説：大阪高判昭和 49 年 12 月 16 日高民 27 巻 7 号 980 頁、時点説：東京地判平成 11 年 3 月 26 日判タ 1020 号 216 頁。

10) 畑郁夫・民商 74 巻 1 号（1976）166 頁以下、藤田耕三＝小川英明編・不動産訴訟の実務［7 訂版］（新日本法規・2010）725 頁〔稲田龍樹〕、等は期間説。澤野順彦・論点借地借家法（青林書院・2013）330 頁は、「口頭弁論終結時点」での相当賃料額を訴訟物とする考え方であり、勘案する資料や事情は「期間説」と同じであり、既判力の範囲も期間説と同様となろう。廣谷編・前掲注 6）254 頁〔森鍵〕は期間説を明言するが同 261 頁では時点説に立つかのようである。山下寛ほか「賃料増減請求訴訟をめぐる諸問題(下)」判タ 1290 号（2009）57 頁は時点説の考え方で訴訟物の特定を示す。
時点説に立った場合、基準時点 3 での増額請求は訴えの追加的変更に依らない限り本訴についての判決に勘案されることはないが、期間説では増額請求の意思表示が訴訟上示されただけで判決の基礎となる。この場合、期間説に立ったとすると、前件本訴では、基準時点 1 での相当賃料額、基準時点 2 での相当賃料額、基準時点 3 の相当賃料額が各々確定されないと、正確な差額分の給付請求（借地借家法 32 条 2 項・3 項）ができないと考えるというより（この場合、前件本訴は請求の減縮や拡張を繰り返していると見ることになろうが、それらの要件を当然に充足していると見られるかは難しそうである）、澤野説のように、口頭弁論終結時に確定された相当賃料額が、前件訴訟の本訴提起前の基準時点 1 から一定で引き続く相当賃料額と見て、それとの差額を考えることになろう（本件原審はこのように解している）。そうするとやはり澤野説は期間説に属することになろう（越山・前掲注 8）156 頁は、澤野説を、時点説でも期間説でもない第三の見解とする）。

得ない。平成26年最判の事案の前件本訴との関係で図示すると、以下のようになる。

【勘案する事情の範囲】

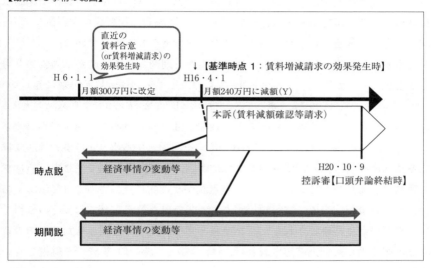

　時点説によれば、あくまで賃料増減請求の効果発生の時点での、賃料増減請求の要件の充足性と賃料の相当性が裁判で判断される（＝増減額することの正当性が裁判で確定される（借地借家法32条2項・3項））結果として、賃料増減請求の効果発生の時における「相当な」賃料増減額が導き出されることになるが、その判断材料は、賃料増減請求の効果発生の時点（前件本訴では基準時点1、前件反訴では基準時点2）以前の事情となり、効果発生時点以降の事情（基準時点3における賃料増額請求権行使と効果発生）は訴訟物の判断に含まれない（判旨(d)）。効果発生時点以降の事情が判断に織り込まれていない以上、それがいかに前訴基準時前の事情であり、前訴確定判決の既判力が後訴に及ぶとしても、そうした事情を後訴で主張しても前訴確定判断と矛盾しようがなく、遮断の対象とならない。

　そもそも時点説による場合、賃料増減額確認判決の既判力は、借地借家法32条2項・3項に基づく差額分の給付請求の先決関係として、後訴たる差額分給付請求訴訟に及ぶことはあっても、後の賃料増減請求によって増減した賃料額

の確認請求訴訟には及ばないものと思われる（最初の賃料額確認判決で確定される相当賃料額が、後の賃料額確認請求訴訟において、後の賃料額増減の相当性を判断する際の材料の一つと事実上されるに過ぎない（判旨(c)））。本件でいう基準時点1または基準時点2の賃料増減請求に基づく賃料額確認請求と、基準時点3の賃料増減請求に基づく賃料額確認請求とは、各々「相当」な増減額の判断資料が別個であり、同一・先決・矛盾のいずれの関係にもないと考えられるからである。

当事者の合理的意思が「時点」にあるのか「期間」にあるのかは両論あり得るかと思われるが[11]（ただ、仮に期間説に立ったとしても、原告が特定の終期を示していない場合に、相当賃料額の確定を求めている期間が、口頭弁論終結時までである、とは考えるのは不自然ではないか。金築補足意見参照。当事者が明示的に「期間説」の意味で確認を請求していればもちろん話は別である）、判旨(a)(b)(c)を前提とする限り、当事者は形成権たる賃料増減請求権の行使時点ですでに客観的に相当な範囲で生じているはずの賃料額の確認をしているとする、時点説が論理的に支持される（判旨(f)）。あたかも賃貸借契約書の「賃料額」が当事者間で書き替えられて爾後その賃料で賃貸借関係が維持継続されるような場合と同様に、その増減させた時点での賃料額の相当性が裁判上確定されれば、（特に終期を意識せず）賃貸借を継続したい当事者（継続を望まない場合は、契約解除が選択されよう）は、賃貸借継続中その額の支払いを任意に履行する意思がある蓋然性が高いと見られるからでもある[12]（判旨(v)。ただし実務的には、本件と同様に、差額分の給付請求も併合提起しておくことも多いであろう）。

他方、「期間説」の短所として挙げられているのが、賃借人による賃料減額確認請求訴訟の係属中に賃貸人から賃料増額請求がなされたような場合には、賃借人の減額請求に改めて終期（後の増額請求時まで）を付してもらう必要があるが、賃借人にそれを求めても応じないであろうから、賃貸人としては遮断効を

---

11) 畑・前掲注10) 169頁は、判決によって確認される法律関係の既判力の基準時が口頭弁論終結時であることからしても、訴訟で確認を求めている賃料額は、自分が賃料増減請求権を行使した時点から特段の事情のない限り口頭弁論終結時点までの、時間的幅を持った期間の賃料額を求めている、と解するのが当事者の意思解釈として最も適切だと論じる。なお、「時点説」では、「基準時」が「口頭弁論終結時」から「賃料増減請求の効果発生時」に移動したわけではなく、資料の提出限界としての「基準時」はそのまま口頭弁論終結時であり、ただ提出されるべき資料の中身が、賃料増減請求の効果発生時における賃料増減額の「相当」性を判断するために、効果発生時以前の諸事情にならざるを得ないだけである。
12) 平澤雄二「賃料額の確認を求める訴」判タ363号（1978）51頁。なお、訴額について、加藤新太郎「建物賃料増減額確認請求訴訟の確定判決の既判力」法教422号（2015）38頁参照。

避けるために反訴を提起せざるを得ず、かつそれが弁論終結間際になされる等で審理の長期化を免れないものであっても反訴を許さざるを得なくなる、という点である[13]。さらに金築補足意見では（本稿では引用を割愛した部分で）、賃料増減額確認請求訴訟は、調停前置の制度（民調法24条の2）に従うが、最初の賃料減額確認請求による相当賃料額が確定されない限り、後の賃料増額請求の調停を進めるのは困難であろうから、後の賃料増額請求の反訴については調停に付さないことになり（民調法24条の2第2項ただし書）、反訴を常に認めざるを得ない期間説では、時点説に比べ調停前置が機能しなくなるおそれがあることも指摘されている。

以上からすれば、「時点説」の原則的採用は支持されるべきであろう。

IV 賃料増減請求により増減された賃料額の確認を求める訴えの確認の利益

時点説によれば、過去の一時点での相当賃料額の確認請求が訴訟物ということになるが、（賃料増減請求の要件充足性も含め、その効果発生時の）賃料額の相当性という過去の法律関係が確認対象となっているとまずは考えられる[14]。

あるいは、訴訟物は相当賃料額の確認請求であるとしても、あくまでここで確認対象適格を判断する際の対象となっているのは[15]、要件を充足した賃料増減請求によって増減された賃料額が相当であることが裁判で確定されることでその額の支払いを求めることができる賃貸人の（現在の）法的地位ないしその額の支払義務を負担すべき賃借人の（現在の）法的地位、であると考えることもで

---

[13] 金築補足意見参照（本稿では原文引用を割愛した）、東京地判平成11年3月26日（前掲注9））参照。
[14] 賃借権の確認と、相当賃料額の確認を区別する判例として、最判昭和32年1月31日民集11巻1号133頁、最判昭和44年9月11日判タ240号137頁、最判平成24年1月31日集民239号659頁・裁時1548号2頁。越山・前掲注8）155頁は、賃料額の確認は、「法律事実」の確認に過ぎないとするが、ここでの「賃料額」は、あくまで賃料増減請求によって増減された賃料額であり、賃料増減請求の効果発生時の、賃料増減請求の要件充足性と増減された賃料の額の相当性が判断されないと確定できないものであって、「相当」賃料額の確認と置き換えてもよい。それは賃料増減請求権行使という過去の法律行為の有効・無効を含んでの確認とも言え、そうであるなら、単なる「法律事実」ではなく「法律関係」の確認と解される（中野貞一郎・民事訴訟法の論点II（判例タイムズ社・2001）45頁参照）のではないか。もっとも、越山説も、多数的な見解は賃料増減額の確認を「法律関係」の確認と捉えていることは指摘する。
[15] 訴訟物そのものと、確認対象適格を判断する対象とが乖離することがある点について、勅使川原和彦・読解民事訴訟法（有斐閣・2015）94頁以下参照。

きよう。

　いずれにせよ即時確定の利益が問題となるが、前述の通り、賃料増減請求の効果発生時の相当賃料額が裁判上確定されれば、その限りで任意履行の蓋然性が高く、差額分の任意履行がなくとも借地借家法上1割もの利息も併せての給付請求が可能であるから、賃料増減請求により生じたはずの効果（増減された賃料額）の相当性についての争いが抜本的に解決するものとみて差し支えない。一つの賃料増減額確認請求訴訟の係属以降に、同一当事者間で後から賃料増減請求がなされることは、賃料増減請求という法制度そのものが事情変更の原則に基づくものである以上、止めようのない事象であり[16]、基準時までの新たな賃料増減請求を最初の訴訟の判断に織り込めないからといって、抜本的解決にならないとしてしまうと、新たな賃料増減請求が続く限り、未来永劫、抜本的解決は招来しないことになってしまう。賃料増減額確認請求訴訟の抜本的解決は、一つひとつの訴え（および反訴、訴えの変更）ごとに一つの賃料増減請求が生じさせた効果の相当性を確定できれば図れるもの、と考えておかざるを得ないであろう。

　なお、賃料増減額確認請求ではなく、端的に、相当賃料額との差額分の給付請求（借地借家法32条2項・3項）に係る訴えを起こすべきであって、確認訴訟選択の適否の問題が残るのではないか、という指摘をする向きもあろう。しかし、冒頭でも述べたように、そもそも借地借家法32条自体が増減額を正当とする裁判の確定を求めており、それが確定した場合に従来額と相当増減賃料額との差額分の支払いを請求することができるという建付けになっている。差額分の給付請求訴訟は、それを一気に実現するものではあるが[17]、相手方において、賃料増減請求に係る賃料額が相当であることが確定さえすればあとは任意にその額を支払う意思のある場合も少なくはないから、常に差額分の給付請求を訴

---

[16]　仮に「期間説」に立ったところで、口頭弁論終結後に改めて賃料増減請求をすることは、既判力によっては妨げられない。

[17]　むしろ、差額分の給付請求訴訟では、相当賃料額は判決理由中で判断されるに過ぎず、厳密には借地借家法32条の「裁判上の確定」に該当しないとも思われる。もっともこの点は、現状賃料額と判決で判断された相当賃料額との「差額分（の給付請求権）」に既判力が生じれば、その差額分が争えなくなる以上、当該「相当賃料額」も争えなくなろうから、裁判上の確定に準じて考えてよいのであろう（前掲注6）に掲げたような、未払賃料請求において賃料減額請求の抗弁が提出されたケースについても、同様に考えられる）。

IV　賃料増減請求により増減された賃料額の確認を求める訴えの確認の利益

訟でする必要性のみが認められる、というわけではない。あたかも所有権確認請求訴訟と所有権に基づく物権的請求訴訟との関係において、所有権確認請求訴訟の確認の利益の判断で、確認訴訟選択の適否が問題視されないのと、同じように考えてよいのではないか。

【付記】
　これまで私が特に関心を持った問題には、すでに松本先生の深いご研究が存在することが多く、いつも先生は研究の道標でありかつ仰ぎ見る眼前の急峻でありました。松本博之先生がこの度古稀を迎えられますこと、心よりお祝いを申し上げます。

遺産分割の前提問題の
確認の訴えに関する一考察
—— 遺産確認の訴えの当事者適格を中心として

山本　弘

Ⅰ　はじめに
Ⅱ　最大決昭和41年3月2日民集20巻3号360頁
Ⅲ　確認対象としての遺産帰属性の適格性
Ⅳ　遺産分割の前提問題と固有必要的共同訴訟
Ⅴ　相続分の全部を他の共同相続人に譲渡した者の遺産確認の訴えの当事者適格
Ⅵ　おわりに

Ⅰ　はじめに

　遺産分割審判手続において、遺産分割の前提問題として、実体的な権利義務または法律関係の存否、たとえば、ある財産が遺産分割の対象となる被相続人の遺産に含まれるか、相続人であると主張する特定の者が真実相続人であるか、といったことが争われることが、稀ではない。この場合、非訟事件である遺産分割審判手続において、訴訟事件に属する前提問題について判断することが許されるか。判例によれば、むしろ家事審判手続が非訟事件であるからからこそ、家庭裁判所は、その前提問題である実体的権利義務関係、例えばAという不動産が共同相続人甲、乙および丙の間において各自持分3分の1ずつの遺産分割前の共有に属し、したがって遺産分割の対象となることを肯定した上で、これを甲のものとする分割審判をすることができる。

247

II　最大決昭和41年3月2日民集20巻3号360頁

　同決定[1]は、その冒頭において、夫婦同居に関する裁判を公開、対審の手続でない（旧）家事審判法上の家事審判手続で行うことは憲法32条・82条に違反しない、とした最大決昭和40年6月30日民集19巻4号1089頁に従い、家事審判法9条1項乙類10号に規定する遺産の分割に関する処分の審判は、民法907条2項・3項を承けて、各共同相続人の請求により、家庭裁判所が民法906条に則り、遺産に属するものまたは権利の種類および性質、各相続人の職業その他一切の事情を考慮して、当事者の意思に拘束されることなく、後見的立場から合目的的に裁量権を行使して具体的に分割を形成決定し、その結果必要な金銭の支払い、物の引渡し、登記義務の履行その他の給付を付随的に命じ、あるいは、一定期間遺産の全部または一部の分割を禁止する等の処分をなす裁判であって、その性質は本質的に非訟事件であるから、公開法廷における対審および判決によってする必要はなく、したがって、この審判は憲法32条・82条に違反するものではない、と判示する。

　その上で、同決定は続けて次のようにいう。

>　「家庭裁判所は、かかる〔遺産分割の〕前提たる〔実体法上の〕法律関係につき当事者間に争があるときは、常に民事訴訟による判決の確定をまつてはじめて遺産分割の審判をなすべきものであるというのではなく、審判手続において右前提事項の存否を審理判断したうえで分割の処分を行うことは少しも差支えないというべきである。けだし、審判手続においてした右前提事項に関する判断には既判力が生じないから、これを争う当事者は、別に民事訴訟を提起して右前提たる権利関係の確定を求めることをなんら妨げられるものではなく、そして、その結果、判決によつて右前提たる権利の存在が否定されれば、分割の審判もその限度において効力を失うに至るものと解されるからである。このように、右前提事項の存否を審判手続によつて決定しても、そのことは民事訴訟による通常の裁判を受け

---

[1]　同決定の解説等として、高津環・最判解民事篇昭和41年度85頁のほか、伊東乾・法学研究（慶應義塾大学）40巻11号（1967）1558頁、山木戸克己・昭和41年度重判解38頁、同・家族法判例百選［新版・増補］（1975）236頁、佐々木吉男・家族法判例百選［第3版］（1980）208頁、橘勝治・家族法判例百選［第5版］（1995）186頁がある。

る途を閉すことを意味しないから、憲法32条、82条に違反するものではない。」

　要するに、遺産分割の前提たる実体的権利義務または法律関係についての家庭裁判所の判断は、審判すなわち決定手続におけるそれであるから、既判力を持ちえず、これを争う相続人には後に民事訴訟においてこれを争う可能性が留保されている以上、家庭裁判所はこの前提問題につき判断した上、それを基礎として分割審判をしても、一向に差し支えない。この論理は、家庭裁判所が遺産分割の前提たる実体的権利義務また法律関係について判断することが合憲であることの論証としては、成功しているものの、そうした経緯を経て下された遺産分割審判の効力を極めて脆弱なものとする結果となることは、この大法廷決定も自認している。

　たとえば、亡父の共同相続人甲、乙および丙のうち、丙が、A土地は自分が何某から売買によりその所有権を取得したものであると主張するのに対し、残りの共同相続人甲および乙は、A土地は、甲、乙および丙の父である先代が生前に何某から売買によりその所有権を取得したものであると主張して争っているとする。甲および乙の主張が正しければ、A土地は亡父の遺産を構成し遺産分割の対象となるが、丙の主張が正しければ、A土地は遺産分割の対象ではない。家庭裁判所が、A土地の遺産帰属性を肯定した上で、A土地を甲に、B土地を乙に、C土地と株式、社債等の金融資産を丙に、それぞれ分割する旨の審判をし、それが確定したとする。しかし、その後、丙がA土地につき丙の所有権確認を求める訴えを提起し、そこで丙の勝訴が確定したとする。昭和41年大法廷決定も認めるように、これにより、先に確定した遺産分割審判のうちA土地に関する部分は効力を失うが、その結果、先の遺産分割審判は共同相続人甲、乙および丙の相続分を正しく反映しないものとなってしまうから、結局審判をやり直すほかない。これは、遺産分割審判が非訟事件の手続である以上、避けることのできない脆弱性である。

Ⅲ　確認対象としての遺産帰属性の適格性

　この点については、遺産確認の訴えが適法であると判示した、最判昭和61年

3月13日民集40巻2号389頁[2]）が、教科書的とでも評すべき詳細な判示を行っている。

まず判旨は、A土地の遺産帰属性を争う丙に対して、甲がA土地につき3分の1の共有持分を有することの確認を求める訴えを提起し、そこで、A土地がもと甲らの父の所有に属し、父の死亡により、その子である甲が3分の1の共有持分を相続により取得したという理由により、甲が勝訴すれば、それで遺産帰属性をめぐる争いに決着が付くのが通常であるとする[3]）。とはいえ、理論的

2）　同判決の解説等として、水野武・最判解民事篇昭和61年度142頁のほか、井上治典・昭和61年度重判解125頁、松下淳一・法協108巻1号（1991）159頁、山本克己・法教284号（2004）78頁、同・民法判例百選III（2015）118頁、梅本吉彦・家族法判例百選［第5版］（1995）182頁、中西正・民事訴訟法判例百選［第3版］（2003）64頁、加藤哲夫・民事訴訟法判例百選［第5版］（2015）54頁がある。

3）　しかし、遺産分割の前提問題を、A土地の単独所有権を主張する丙に対する甲の持分確認請求により処理することは、そこで丙の主張が認められ、甲の請求を棄却する判決が確定した場合を考えると、非常に厄介な問題を生じる。その後、甲および乙の申立てにかかる遺産分割手続において、丙が自己の単独所有権を主張したため、甲および乙が共同原告となり、丙を被告として、A土地が甲らの亡父の遺産であることの確認を求めた場合、甲のこの遺産確認請求と前訴における甲の請求棄却の確定判決の既判力との抵触が問題となるからである。

　この点につき、最判平成9年3月14日判時1600号89頁の事案は、本文に設定した例とは逆に、丙が、A土地は自分が何某から買得したと主張して、甲に対しA土地についての丙の所有権確認を求めたところ、甲は、A土地を買得したのは甲らの亡父であるが、その後父はこれを甲に贈与したと主張して争った、というものである。第1審は丙の請求を認容したが、控訴審では、A土地を何某から買得したのは甲らの亡父であるが、亡父から甲への贈与の事実は認められないとして、丙の請求が棄却され、事件は丙の上告棄却で確定した。その後、遺産分割調停において甲がなお自己の単独所有権に固執したため、丙と乙が共同原告となり、甲に対してA土地が甲らの亡父の遺産であることの確認を求めたところ、丙による遺産確認請求は、丙の所有権確認請求を棄却した前訴確定判決の既判力に抵触するのではないかが問題となった。

　最高裁は、このような場合でも、丙は、A土地についての遺産確認の訴えの当事者適格を失わず、共同相続人全員の間でA土地の遺産帰属性につき合一確定を求める訴えの利益を失わないとした。その理由として、判旨は、遺産確認の訴えは共同相続人全員の間で合一にのみ確定すべき訴えであること、および、前訴確定判決は、丙甲間においてA土地についての丙の所有権の不存在を既判力をもって確定したにとどまり、丙が相続人の地位を有することやA土地が亡父の遺産に属することを否定するものではないことを挙げている。

　しかし、後者の理由付けに関していえば、昭和61年最判も自ら認めるように、遺産確認は、すなわちA土地が共同相続人（本事例では甲、乙および丙）による遺産分割前の共有関係にあることの確認なのであるから、前訴でA土地につき所有権を有しないことを既判力により確定された丙が、A土地は甲、乙および丙による遺産分割前の共有に属するという権利主張をすることは、所有権と共有持分とが包摂、被包摂の関係にあることを否定しない限り、前訴確定判決の既判力と抵触することは避けられないと思われる。結局、判旨前段がいう通り、遺産確認の合一確定の必要性が前訴確定判決の既判力を凌駕することに、理由を求めるしかない。丙甲間に前訴確定判決の既判力が存する以上、たとえA土地が亡父の遺産であるとして、丙の遺産確認請求が認容されても、丙のそれは既判力により棄却となるので、合一確定は図れない。合一確定が図れない以上、乙および丙による遺産確認の訴えは全体として不適法として却下するのは、乙の裁判を受ける権利を害する。また、丙を除外して乙単独で甲に対し遺産確認を請求するというのは、この訴えが固有必要的共同訴訟であるとの原則に抵触するし、丙は乙に対してはなお共有持分を主張できることとも整合しない。かくして、遺産分割審判の効力を安定させるためには、その前提となる遺産帰属性を共同相続人間において合一に確定する必要がある以上、甲丙間の前訴確定

Ⅲ　確認対象としての遺産帰属性の適格性

には、父の死亡によりＡ土地は甲、乙および丙による遺産分割前の共有に属するとの判断は、甲のＡ土地についての３分の１の共有持分確認請求の請求原因事実についての判決理由中の判断から導き出されるに過ぎず、その判断には既判力が生じないから、将来丙が、Ａ土地を何某から買得したのは自分であると主張して、Ａ土地についての丙の所有権確認の訴えを提起した場合、この請求原因についての丙の主張を既判力によって排斥することはできない。もっとも、後訴訴訟物についての丙の主張は、甲がＡ土地について３分の１の共有持分を

判決の既判力を無視してでも、丙の遺産確認の訴えの原告適格および遺産確認判決を求める訴えの利益は否定できないのである（高橋宏志・重点講義民事訴訟法㊤［第２版補訂版］（有斐閣・2013）736 頁以下（注 167）。なお、高橋教授によれば、乙は丙を甲の共同被告として遺産確認請求をするのが、法技術的には巧みな解決方法であるとされる。この場合、甲丙間には遺産確認請求が定立されていないから、両者間の前ామな定判決の既判力は、原告乙と共同被告である甲および丙との間において遺産確認判決をすることの法律上の障害にはならず、かつ、共同訴訟人全員が当事者になっている点で、遺産確認の訴えが固有必要的共同訴訟であることとも整合する。これが、高橋教授が「法技術的には巧み」と評される所以であろう。ただ、高橋教授自身も、訴訟外で共同戦線を張っている乙と丙を原告と被告に分断するのは実際的でないとされており、法律的にも、遺産帰属性を争っていない丙に対する確認請求が定立できるのか、丙に対し請求を定立しなくともこれを被告にできるのかに、疑問がある（入会権確認に関する最判平成 20 年 7 月 17 日民集 62 巻 7 号 1994 頁が、これを許容する趣旨であるのかについては争いがある。学説分布については、山本弘・民事訴訟法判例百選［第５版］（2015）204 頁以下参照。もっとも、後に検討する、最判平成 16 年 7 月 6 日民集 58 巻 5 号 1319 頁についての太田晃詳調査官解説（最判解民事篇平成 16 年度㊦ 438 頁以下（注 16））は、遺産確認等遺産分割の前提問題の確認の訴えについては、遺産分割審判自体が非訟手続であり、遺産分割の申立てに同調しない者はその相手方とされるという事情があるから、遺産分割の前提問題の確認の訴えの提起に同調しない者を被告とすることを認めても、顕著な問題は生じないとする。また、形式的形成訴訟である境界確定の訴えにつき、境界を挟んで相隣接する土地の一方が共有に属する場合において、共有者の一部が同訴えの提起に同調しないときは、同訴えが実質非訟事件であり、訴訟上の請求が存在しないことを強調して、彼らを被告に加えることにより、共有者の全員が当事者となっていれば、同訴えが固有必要的共同訴訟であるとの要請は充たされるのであり、共有者全員が原告となる必要はない、と判示した最判平成 11 年 11 月 9 日民集 53 巻 8 号 1421 頁についての佐久間邦夫調査官解説（最判解民事篇平成 11 年度㊦ 717 頁以下（注 25））は、後に検討する、最判平成元年 3 月 28 日民集 43 巻 3 号 167 頁の「共同相続人全員が当事者として関与し、その間で合一にのみ確定することを要するいわゆる固有必要的共同訴訟と解するのが相当である」との判示自体が、提訴非同調者を被告とすることを許容する趣旨であるとする。提訴非同調者を被告とすることができるか否かは、突き詰めれば、共有者は提訴を拒否する自由を有するかであり、それとも、一定の要件の下で彼は提訴協力義務を負うかに係る（これについては、鶴田滋「共有者の共同訴訟の必要性と共有者の訴権の保護」法学雑誌（大阪市立大学）55 巻 3 ＝ 4 号（2009）781 頁以下参照）が、遺産分割協議および遺産分割審判の相手方とされることを拒否できない共同相続人は、その前提問題たる実体的な権利または法律関係の存否を確認する訴えの提起に同調しない自由を、そもそも有していないのかもしれない。さらには、近時、笠井正俊教授が指摘しておられる通り（同「遺産確認訴訟における確定判決の既判力の主体的範囲」伊藤眞先生古希祝賀・民事手続の現代的使命（有斐閣・2015）155 頁、174 頁以下）、請求という矢印が観念し得ない非訟事件である遺産分割において、審判確定後にその前提となった遺産帰属性が争われる余地を残すことに起因する審判の効力の脆弱性を除去する必要があることが、遺産確認の訴えの適法性とその共同相続人全員の間における合一確定の必要性を肯定する根拠であるという「事柄の性質上」、請求が観念される訴訟事件である遺産確認の訴えにおいても、請求が定立されている原告、被告間のみならず、それが定立されていない共同訴訟人相互間においても、遺産帰属性の有無に関する既判力の発生を肯定せざるを得ない。そうだとすると、甲丙間においてＡ土地につき丙が所有権を有しないとの既判力が生じているのに、かれらを被告として遺産確認判決を下すことには、丙が原告となった

251

有するとした前訴確定判決の既判力と一部矛盾する関係にあるため、仮に請求原因に関する丙の主張が認められても、丙の請求はＡ土地について丙が３分の２の共有持分を有することの確認の限度でしか認容できないが、そうだとしても、家庭裁判所が、Ａの遺産帰属性を肯定した上、前記のような内容の遺産分割審判をし、それが確定していても、なお丙はＡ土地につき３分の２の共有持分を主張できることになり、結局、この審判は甲の相続分を正しく反映していないことになるから、審判をやり直すしかなくなる。

　　　　場合と同様に問題がある。それでも遺産確認判決を下すべきであるという結論が変わらない以上、Ａ土地は遺産であると主張する丙を甲の共同被告とするという、紛争の実態と乖離した技巧に走るべきではない。
　　　因みに、後訴において、丙は、Ａ土地についての共有持分に基づく移転登記手続をも請求しているが、最高裁は、この共有持分の主張はＡ土地についての丙の所有権確認請求を棄却した前訴確定判決の既判力に抵触するとして、この請求を棄却した原審の措置を是認している。ところで、前訴において、相続の要件事実は甲の主張から弁論に顕出しており、証拠からそれが認定できる限り、丙の請求は共有持分確認の限度で一部認容されるべきであったのであり、丙の請求を全部棄却した原審の判断には、理由不備ないし判断遺脱の違法がある。また、原審が相続の事実を認める以上、予備的に共有持分確認を求めるかの釈明をすべきであり、原審の措置には、釈明義務違反の違法がある（最判平成９年７月17日判時1614号72頁は、このような釈明義務違反を理由とする破棄差戻しを認めている）。しかし、前訴は、丙の上告棄却という、釈然としない、後味の悪い結果で終了してしまった。この前訴控訴審においては相続による共有持分取得という法的観点を指摘すべき義務の懈怠があるから、前訴判決の既判力は指摘されなかった共有持分の確認請求を遮断しないという議論（山本和彦「法的観点指摘義務違反による既判力縮小」判タ968号（1998）78頁）、甲と丙との訴訟戦略上の不均衡、それゆえに共有持分の争いを前訴で持ち出すことを丙に期待するのは酷であるとの公平の見地、丙の相続による共有持分の取得という法的観点についての裁判を受ける権利の実質的保証の観点、共有持分の争いまで前訴の決着の中に押し込める必然性の欠如、これを後訴に留保した方が訴訟運営上得策であること等を理由に、前訴確定判決の失権効の範囲を訴訟物の枠よりも縮減すべきであるという議論（新堂幸司「既判力と訴訟物再論」権利実行法の基礎（有斐閣・2001）249頁以下）が生じる理由も、ここにある。こうした立場からは、丙による遺産確認請求はもちろん、丙の共有持分に基づく移転登記手続請求も、前訴確定判決の既判力により遮断されないこととなる。
　　　しかし、釈明義務違反であれ法的観点指摘義務違反であれ、再審事由とはされていない法令違反を理由に既判力を縮減するというのは、既判力および再審の制度と相いれない。また、前訴で予備的にでも相続を原因とする共有持分の確認請求を併合または追加すると期待することは丙にとって酷で、というのはその通りとしても、丙の所有権確認請求を全部棄却した前訴控訴審判決を訴訟代理人が読めば、理由不備ないし判断遺脱、釈明義務違反は明らかであったのに、これを上告理由として主張しなかったのだから、これらは再審事由でないかまたは再審事由であっても再審の補充性に触れる以上、こうした根拠から既判力の縮減を認めるのは、やはり不当である（高橋・前掲本注739頁以下（注168）参照）。したがって、甲と丙の間では、丙はＡ土地について所有権も共有持分も有しないことが既判力をもって確定されているのであり、この既判力は、遺産分割審判の内容を決めるに当たっても、家庭裁判所の裁量を制約する要因となる（この点については、高橋・前掲本注741頁以下に詳しい）。
　　　以上から、本注の冒頭で記したように、共有持分確認訴訟で甲の敗訴が確定した場合でも、甲は乙の共同原告として、丙に対し、Ａ土地が亡父の遺産であることの確認を求める原告適格を維持する。しかし、このような事態の発生が望ましくないことは明らかである。したがって、甲の共有持分確認の訴えの受訴裁判所は、持分の取得原因として相続が主張され、丙が共同相続人の一人であり、他にも共同相続人がいることが甲および丙の主張から窺われる限り、遺産確認請求を追加しかつ乙をしてこれに共同訴訟参加させるよう、甲に釈明すべきであり、遺産分割審判手続においてＡ土地の遺産帰属性が丙によ

Ⅲ　確認対象としての遺産帰属性の適格性

　また、判旨によれば、共同相続人が分割前の遺産を共同所有する法律関係は、基本的には民法 249 条以下に規定する共有と性質を異にするものではないとするのが判例（最判昭和 30 年 5 月 31 日民集 9 巻 10 号 1525 頁）である。これに現在の法律関係を確認対象とすべきである、という確認の利益に関する基本原則を適用すると、A 土地は甲、乙および丙の各自持分 3 分の 1 の共有に属することの確認を求めるべきではないかとの疑問が生じる。しかし、判旨によれば、共同所有関係を解消するために採るべき裁判手続は、前者では遺産分割審判、後者では共有物分割の訴えであるところ、先のような確認の訴えでは、共有関係の発生が相続を原因とするという点は判決理由中の判断にとどまるから、A 土地の遺産帰属性を前提として先のような内容の審判が下され、これが確定した後においても、丙が、A 土地につき共有物分割の訴えを提起し、A 土地を何某から買得したのは甲らの亡父ではなく、甲、乙および丙が共同で資金を拠出して何某から A 土地の所有権を買得したと主張した場合、これを既判力により遮断することはできないのである[4)][5)]。もっとも「原告が出生による日本国籍を引き

　　　り争われる場合には、家庭裁判所は、甲および乙が共同原告となり、丙に対し、A 土地の遺産確認の訴えを提起するよう、教示すべきである（なお、髙橋・前掲本注 737 頁、同・重点講義民事訴訟法(下)［第 2 版補訂版］（有斐閣・2014）334 頁以下）は、遺産共有か通常の民法 249 条以下の共有かを問わず、共有者の一部の間で共有持分確認を行うことを否定する。しかし、実体法が持分権者単独で共有持分に基づく目的物の使用収益および持分の譲渡その他の処分を行うことを認める以上、それが侵害される場合には、その救済方法として、持分権者が単独で持分確認請求をすることを認めるのが実体法の要請であり、それは侵害者が共有関係者か他の共有者であろうと他の共有者であろうと変わらない）。
　4)　それどころか、A 土地を甲のものとした分割審判の確定後も、丙は前訴確定判決の既判力により A 土地につき 3 分の 1 の共有持分を主張し得ることになりそうである。仮に右分割審判の確定が前訴判決の既判力基準時に生じた新事由であると捉えることができるとしても、共有持分の取得原因が相続であることは、判決理由中の判断に過ぎないから、A 土地の所有権を何某から買得したのは自分であるとの主張、立証は、仮に請求認容の上限が A 土地についての 3 分の 1 の共有持分確認であるにせよ、妨げられない。
　5)　因みに、甲および乙は A 土地の遺産帰属性を主張をしているのに対して、丙は、A 土地は、甲、乙および丙が 3 分の 1 ずつ取得資金を拠出して何某から買得したものであるとして争い、丙が、これを前提として、A 土地につき共有物分割の訴えを提起したところ、甲および乙は、A 土地は亡父の遺産であり、他の遺産と共に家庭裁判所の遺産分割手続に服すべきものであると主張して、訴えの却下を求めたとする。受訴裁判所が甲らの主張を認めて訴えを却下した判決が確定した場合、A 土地が共有物分割の訴えという訴訟裁判権に服するものではないという、訴訟要件の判断にも既判力は肯定できる（新堂幸司・新民事訴訟法［第 5 版］（弘文堂・2011）685 頁、髙橋・前掲注 3)(上) 730 頁）し、訴訟判決も公開、対審の訴訟手続における裁判である以上、この帰結が憲法 32 条・82 条と抵触することはない。他方、丙の主張を認め、A 土地を丙のものとし、丙に甲、乙に対する価額賠償をさせる旨の判決が確定した場合はどうか。一般には、本案判決が確定した場合には、特定の訴訟要件が存在するとの判断は判決理由中の判断であり、争点効を認める立場から争点効の対象となるに過ぎないとされる（髙橋・前掲注 3)(上) 732 頁（注 165））。しかし、他方で通説は、形成判決について、形成結果の不可争性を確保するには、形成要件ないし形成原因が存在するとの判断に既判力を認める必要があるとする。そうだとすれば、形成要件

続き有すること」の確認請求について、「出生を原因とする」という部分は、過去の事実の確認を求めるもので、確認訴訟の対象適格を欠くとする反対意見を排して、確認の利益ある限りこれを適法とした判例（最大判昭和32年7月20日民集11巻7号1314頁）に倣えば、「A土地は甲、乙および丙の相続を原因とする各自持分3分の1の共有に属すること」の確認の訴えの適法性も認められるかもしれない。しかし、そこまでするくらいなら、「A土地が甲、乙および丙の亡父の遺産に属すること」の確認の適法性を認める方が、これを遺産分割の対象とした遺産分割審判の確定後に、丙がなおA土地の遺産帰属性を争うことを、甲および乙勝訴の確定判決の既判力により遮断し、もって遺産分割の前提問題に決着を付けようとする甲および乙の意思により適った紛争解決として端的であるから、遺産分割前の遺産の共有が民法249条以下に規定する共有と基本的に共同所有の性質を同じくすることは、遺産確認の訴えの適法性を認めることと矛盾しないのである。

IV　遺産分割の前提問題と固有必要的共同訴訟

このように、遺産確認の訴えは、その原告勝訴判決の確定に続く遺産分割審判手続および遺産分割審判の確定後に、丙がA土地の遺産帰属性を争うことを遮断し、もってA土地を分割対象に含めた前記のような分割審判の効力を安定させることができる点に、その適法性の根拠が求められている。そうだとすれば、遺産確認の訴えは、当該財産の遺産帰属性を争う共同相続人全員を被告とし、これを肯定する共同相続人全員が原告となって提起するのでなければ、その確定判決の既判力により当該財産を分割の対象とした審判の効力を安定させることはできない。したがって、遺産確認の訴えは、共同相続人全員が当事者として関与し、その間で合一にのみ確定することを要する固有必要的共同訴訟である、とした最判平成元年3月28日民集43巻3号167頁[6]は、遺産確認の

ないし形成原因が存在しない共有物分割判決については、A土地についての甲、乙および丙の共有関係は通常の民法249条以下のそれである、とする判断に既判力を認め、これにより、判決確定後に、甲および乙が、A土地が遺産分割の対象であると主張して、分割判決による形成結果を争う余地を、争点効などではなく、既判力により制度的に封じる必要があると解される。

6)　したがって、遺産確認の訴えの原告側が、被告共同訴訟人のうち一部の者に対する訴えを取り下げて

Ⅳ 遺産分割の前提問題と固有必要的共同訴訟

訴えの適法性が肯定されることの論理必然的な帰結である。このことは、遺産確認に限らず、遺産分割の前提問題である実体的な権利義務または法律関係について遺産分割の当事者間に争いがある場合の総てに妥当する。かくして、被相続人の子の一人に相続欠格事由があるとして、同人が被相続人の遺産につき相続人の地位を有しないことの確認を求める訴えもまた、固有必要的共同訴訟なのである（最判平成 16 年 7 月 6 日民集 58 巻 5 号 1319 頁）[7)8)]。

 も、訴え取下げの効力を生じない（最判平成 6 年 1 月 25 日民集 48 巻 1 号 41 頁）。平成元年最判の解説等として、田中壮太・最判解民事篇平成元年度 96 頁およびそれが掲げるもののほか、越山和広・民事訴訟法判例百選［第 5 版］(2015) 210 頁以下、平成 6 年最判の解説等として、三村量一・最判解民事篇平成 6 年度 34 頁およびそれが掲げるものがある。

7) 同判決の解説等として、大田晃詳・最判解民事篇平成 16 年度 421 頁およびそれが掲げるものがある。

8) 前掲注 3 ）においても言及したが、笠井正俊「遺産確認訴訟における確定判決の既判力の主体的範囲」伊藤古稀・前掲注 3) 155 頁、174 頁以下が主張する通り、請求という矢印のない非訟事件に属する遺産分割手続において、特定の財産を分割の対象に含めたまたは除いた分割審判、特定の者を分割の受益者に含めたまたは除いた分割審判の効力を、共同相続人全員の間で安定させる必要性が、遺産確認であれ相続人たる地位の存否確認であれ、遺産分割の前提問題である実体的な権利または法律関係の確認の訴えの適法性とこれらの訴えの共同相続人全員の間での合一確定の必要性が導き出されるという「事柄の性質上」、請求という矢印が必須である訴訟事件である遺産等の確認の訴えにおいても、請求が定立されていない共同訴訟人相互間において、認容、棄却のいかんを問わず、確定判決の既判力が肯定される。これに対して、遺産分割の前提問題ではない態様で、共同所有者間において共有関係の確認が求められる場合、例えば、入会権者の一部が、係争山地は入会地ではなく自分たちが共有持分を有する民法 249 条以下の共有に属すると主張のうえで、彼らを被告として残りの入会権者が入会権確認を求めた場合、請求が定立されていない共同原告または共同被告相互間においても入会権の存否が既判力をもって確定されるわけではない。もっとも、最判平成 20 年 7 月 17 日民集 62 巻 7 号 1994 頁（同判決の解説等として、高橋譲・最判解民事篇平成 20 年度 404 頁以下およびそれが掲げるものがある）は、持分を主張する入会権者 Y_1〜Y_4 から持分を譲り受け山林の所有権を取得したと主張する Y 会社に対し、入会権を主張する X らが入会権確認の訴えを提起するにあたり、提訴に同調しない入会権者 Y_1〜Y_4 を被告に加えて同訴えを提起することを認めて、その判決の効力を入会集団構成員全員に及ぼしても、構成員全員が訴訟の当事者として関与するのであるから、構成員の利益が害されることはない、と判示した。この判旨は、X らと Y 会社の間の入会権確認判決の効力の Y_1〜Y_4 への拡張を認めるもの、すなわち、Y_1〜Y_4 と Y 会社との間でも、係争山林が X らおよび Y_1〜Y_4 の入会総有に属することにつき既判力が生じる、とするものと読める（同判決についての高橋調査官の解説も、Y_1〜Y_4 と、持分は主張しないが訴え提起に同調しないため彼らと共同被告にされた入会権者との間に、または、Y 会社と持分は主張しないが訴え提起に同調しないため Y_1〜Y_4 と共同被告にされた入会権者との間において、本判決の効力が及ぶのかについては、本判決は何も言及していない、とするのは、これは、本判決は、X らと Y 会社との間の確定判決の効力が Y_1〜Y_4 に及ぶことは認めているとの趣旨と解される）。Y_1〜Y_4 を Y 社に対する入会権確認の訴えの共同被告とした場合であっても、Y_1〜Y_4 が原告側に加わって入会権確認の訴えが提起された場合と同じ判決効が生じるのでなければ、前者をもって後者に代えることができるとはいえないから、この帰結は不可欠のものであるが、Y_1〜Y_4 が Y 社の共同被告として訴訟に関与する機会が保障されていたからというのは、理由付けとして全く不十分である。また、三面訴訟における民事訴訟法 40 条準用の趣旨の類推等の議論の問題点については、簡単ではあるが、前掲注 3 ）引用の山本（弘）・前掲注 3) 211 頁で論じておいた。

255

V 相続分の全部を他の共同相続人に譲渡した者の遺産確認の訴えの当事者適格

　最判平成 26 年 2 月 14 日民集 68 巻 2 号 113 頁[9]は、遺産確認の訴えの当事者適格について新たに一例を加えた。その事案は次のようなものであった。
　亡 A の共同相続人（代襲相続人および A の妻 B ほか A の共同相続人の権利義務を相続した者を含む。以下同じ）である X（A の六男）ほか 6 名が、同じく亡 A の共同相続人である Y ほか 3 名との間で、第 1 審判決別紙目録記載 1 から 24 までの不動産が A の遺産であることの確認を求める事件（第 1 事件）と、Y が同目録記載 11 の建物の一部を占有している X に対し所有権に基づきその明渡しを求める事件（第 2 事件）とが併合審理された訴訟において、X は、別紙目録記載の各不動産についてなされた遺産分割協議は、X を除外してされたもので、無効であると主張している。
　第 1 審判決は、別紙目録 1 から 10 までの土地については、これらを B の所有とし、B 死亡の後は A の五男で家業を継いだ C（Y の父）がこれらを相続する旨の遺産分割協議を X も追認したこと、別紙目録 11 から 24 までの不動産については、遺産分割協議によりこれらを相続するとされた C が、所有の意思をもって平穏公然に 20 年占有を継続したから、仮に同協議が X 主張の通り無効であるとしても、時効によりその所有権は C に帰属したことを理由に、第 1 事件の X の請求を棄却し、第 2 事件については、兄弟間の情誼により C は X に同建物の使用貸借を認めていたところ、A および B の遺産相続をめぐり、C らと X らとの間で深刻な紛争が発生し、X が第 1 事件の訴えを提起したことへの報復として、C が訴えを提起したもので、B の遺産の全部について分割協議が終わっていない段階でのこうした訴えの提起は、信義則違反、権利濫用である

　9）　同判決の解説等として、安達栄司・ひろば 67 巻 9 号（2014）50 頁、浦野由紀子・判例セレクト 2014 [I] 23 頁、鶴田滋・判例セレクト 2014 年 [II] 26 頁、村重慶一・戸籍情報 722 号（2014）60 頁、石綿はる美・平成 26 年度重判解 89 頁、山本弘・平成 26 年度重判解 127 頁、川嶋四郎・法セミ 725 号（2015）120 頁、渡辺森児・法学研究（慶應義塾大学）88 巻 5 号（2015）103 頁、秦公正・新・判例解説 Watch 16 号（2015）141 頁、松原弘信・リマークス 51 号（2015）116 頁、山木戸勇一郎・法教 422 号（2015）10 頁がある。

V　相続分の全部を他の共同相続人に譲渡した者の遺産確認の訴えの当事者適格

として、Yの請求を棄却した。

　なお、Xは、訴え提起当初、同じく亡Aの共同相続人であるDほか4名をも被告として遺産確認を求めていたが、第1審係属中に、Dらが相被告であるYほか2名にその相続分の全部を譲渡したことが判明したため、XらはDらに対する訴えを取り下げ、Dらはこれに同意した。

　第1審判決に対し、X、Y共に控訴したところ、控訴審判決は、遺産確認の訴えは共同相続人全員が当事者となることを要する固有必要的共同訴訟であり、共同相続人の一部がその相続分の全部を他の相続人に譲渡しても、相続放棄と異なり、相続分の譲渡には遡及効がなく、これにより譲渡人が共同相続人としての地位を失うものではないとして、Dらに対する訴え取下げは無効であり、第1審判決には訴訟手続の違法があるとした上、第2事件は第1事件の派生紛争であり、第1事件と整合的・統一的に解決すべきものであるとして、第1事件判決および第2事件判決を共に取り消し、両事件を第1審に差し戻した。

　Xの上告受理申立てが受理された。

〈判旨〉原判決破棄・差戻し。

「4　……

　(1)　遺産確認の訴えは、その確定判決により特定の財産が遺産分割の対象である財産であるか否かを既判力をもって確定し、これに続く遺産分割審判の手続等において、当該財産の遺産帰属性を争うことを許さないとすることによって共同相続人間の紛争の解決に資することを目的とする訴えであり、そのため、共同相続人全員が当事者として関与し、その間で合一にのみ確定することを要する固有必要的共同訴訟と解されているものである（最高裁昭和57年(オ)第184号同61年3月13日第一小法廷判決・民集40巻2号389頁、最高裁昭和60年(オ)第727号平成元年3月28日第三小法廷判決・民集43巻3号167頁参照）。しかし、共同相続人のうち自己の相続分の全部を譲渡した者は、積極財産と消極財産とを包括した遺産全体に対する割合的な持分を全て失うことになり、遺産分割審判の手続等において遺産に属する財産につきその分割を求めることはできないのであるから、その者との間で遺産分割の前提問題である当該財産の遺産帰属性を確定すべき必要性はないというべきである。そうすると、共同相続人のうち自己の相続分の全部を譲渡した者は、遺産確認の訴えの当事者適格を有しないと解するのが相当である。

　(2)　これを本件についてみると、Dらは、いずれも自己の相続分の全部を譲渡しており、第1事件の訴えの当事者適格を有しないことになるから、XらのDら

に対する訴えの取り下げは有効にされたことになる。

5　以上と異なり第1事件につき第1審の訴訟手続には違法があるとし、また、第2事件につき本案の審理をせず第1事件と整合的、統一的に解決すべきであるとして、第1審判決を取消した原審の前記判断には、判決に影響を及ぼすことが明らかな法令の違反がある。」

　判旨は、自己の相続人の全部を譲渡した共同相続人は、積極財産と消極財産とを包括した割合的持分をすべて失い、遺産分割審判等の手続において遺産に属する財産につきその分割を求めることはできないから、この者との間で当該財産の遺産帰属性を確定すべき必要性はないとする。ただ、この判旨の妥当性は、遺産確認を求めるXらの側はもちろん、相続分を譲渡したDらを含む被告側全員も、別紙目録記載の各不動産がもとはAの遺産であったことは認めているという、本件の事実関係を踏まえて理解する必要がある。被告らは、それらにつき有効な遺産分割協議が成立したから、現在はAの遺産でないと主張し、Xらは、この協議は無効であり、遺産分割をやり直せと主張している。仮にXらの主張が正しいとしても、相続分譲渡の効力につき争いがない限り、Dらにはやり直される遺産分割の当事者たる資格がないのだから、遺産分割審判の効力を安定させるという目的との関係では、Dらとの間で遺産帰属性を確定する必要がないことは、判旨のいう通りである。

　これとは異なり、他の共同相続人に相続分の全部を譲渡した共同相続人が、他の共同相続人全員が亡父の遺産であるとする特定の不動産につき、譲渡人が、何某から同不動産を買得したのは譲渡人らの亡父ではなく自分である、つまり、当該不動産は亡父の遺産ではない、と主張したとしよう。この場合は、実体的権利義務である遺産帰属性につき既判力ある確定判決がない限り、その遺産帰属性を認めて分割の対象とした審判の効力は安定しない。もっとも、この場合は、仮に当該不動産の遺産帰属性が肯定されても、相続分の全部譲渡が有効である限り、譲渡人はそれにより当該不動産についての共有持分を喪失しているから、譲渡人との間で、当該不動産は譲渡人を除く共同相続人がその相続分に応じた持分を有する共有に属することを確認する確定判決[10]を得れば、

---

[10]　この場合には、前掲注4）で指摘した懸念は生じない。なお、原告らの主張によれば、譲渡人は、相続分を全部譲渡したことによりすでに遺産分割前の共有関係から脱落しているから、原告らの請求は、

V 相続分の全部を他の共同相続人に譲渡した者の遺産確認の訴えの当事者適格

譲渡人による所有権の主張はその既判力と矛盾関係に立つため、遮断することができる。しかし、要はこれを分割対象とした審判を違法とする譲渡人の主張を遮断できればよいのであり、遺産確認が確認対象として不適切であるとまでいう必要があるかには、疑問が残る[11]。

次に、本件では相続分の譲渡の当事者間において譲渡の効力に争いがない事案であったため、Dらの被告適格の判断に当たり、当事者間に争いのない相続分譲渡の事実を基礎としてこれを否定すれば、事が足りた。しかし、Dらが相続分を全部譲渡する旨のDらの意思表示の効力を争う場合はどうか。遺産確認が遺産分割の客体の問題であるのに対し、譲渡の効力の有無は遺産分割の当事者たる地位の存否に関わる問題であるが、これも遺産分割の前提問題となる実体的な権利または法律関係を巡る紛争である点に変わりがない。先に言及した、最判平成16年7月6日の趣旨に倣えば、これを有効と主張するXら以外の共同相続人全員が原告となり、相続分の譲渡を無効と主張するDらを被告として、Dらが被相続人の遺産につき分割の当事者たる地位を有しないことの確認を求める必要がある[12]。

最後になるが、本件では相続分の譲渡の相手方が他の共同相続人であったため、譲渡により遺産分割の当事者たる地位を失ったDらを除く他の共同相続人全員の間で、係争不動産の遺産帰属性を既判力をもって確定すれば、当該財産を分割の対象とした審判の効力の安定を確保することができる。しかし、相続

原告らの共有関係を共有関係の外にいる第三者との間で確認することを求めるものであり、譲渡人を除く残りの共同相続人全員が原告となることを要する固有必要的共同訴訟である（最判昭和46年10月7日民集25巻7号885頁）。

11) 山木戸・前掲注9）15頁以下は、①遺産分割の当事者適格者の人的範囲、②遺産確認の訴えの当事者適格者の人的範囲、③遺産確認の訴えにつき合一確定を必要とする者の人的範囲について、本判決は①＝②＝③という立場を示した、との整理に依拠して、本判決の結論は、自己の相続分を全部譲渡した共同相続人は、遺産分割の当事者適格を喪失するので、遺産確認の訴えについて合一確定を必要とする人的範囲に含まれないこと、すなわち、①＝③を肯定すれば足りたのであって、①＝②は一種の傍論であり、①＝②を過度に一般化すべきではないとする。本文に記した事例を念頭に置けば、遺産分割の当事者たり得ない共同相続人Dらにも遺産確認の訴えの当事者適格を認めて（正確には、これらの者を被告とした遺産確認の訴えも確認の利益を認めて）差し支えないのであり、その意味で、山木戸准教授の指摘に同感である（前掲注10）で述べたように、この訴えは、共有関係にない共同相続人Dらを被告として、Dらを除く共同相続人間の共有関係の確認を求める訴えであるから、共有関係の対外的確認として、Dらを除く共同相続人全員が原告となることが必要であり、かつ、かれらは遺産分割の当事者適格者であるから、ここでも①＝③の関係が成立すると同時に、①≦②の場合でも、遺産確認の訴えの適法性が遺産分割審判の遡及的覆滅の防止を根拠としている）。

12) 鶴田・前掲注9）22頁参照。

分の譲渡の相手方が相続人でない第三者である場合はどうか。第三者が譲受人である場合も、譲渡人は積極財産と消極財産とを包括した遺産全体に対する割合的な持分を全て失うことになり、遺産分割審判の手続等において遺産に属する財産につきその分割を求めることはできないことには、変わりがない[13]。他方、譲受人が第三者である場合、他の共同相続人に譲渡された相続分の取戻権を与える民法 905 条の趣旨が、遺産分割という家事に第三者が介入することにより紛争が発生することの回避にあるとされること[14]からすると、同条は、相続分が第三者に全部譲渡された場合には第三者が遺産分割の当事者となることを前提とする趣旨の規定と解される。したがって、相続分を全部譲渡した共同相続人を原告または被告として、A 土地の遺産帰属性を遺産確認の訴えにより確定し、これを前提として、彼らを当事者として遺産分割審判をしても、当事者適格のない者を当事者とし、本来の当事者適格者（譲受人たる第三者）を除外して下されたこの遺産確認判決は、確定しても無効といわざるを得ない[15]。また、その遺産帰属性を前提として、相続分を全部譲渡した共同相続人を当事者として下された遺産分割審判もまた、確定しても無効である。

　このように解すると、相続分の譲渡について公示の制度を欠き、その事実を知ることが困難であるにもかかわらず、第三者を除外してなされた遺産確認の訴えが不適法となるというのは、裁判所および他の共同相続人との関係で、訴訟手続の法的安全性を損なうという批判がある[16]。確かに、他の共同相続人への相続分の譲渡であれば、譲受人たる共同相続人からその事実が明らかにされるのが通常であるから、これを受けて、遺産分割審判であれば、家庭裁判所は譲渡人を手続から排除（家手法 43 条 1 項）し、遺産確認の訴えであれば、受訴裁判所は、訴訟共同の必要を欠く同人のまたは同人に対する訴えにつき、その取下げを促したり、弁論を分離して訴えを却下する等の対処が可能である。これに対し第三者への譲渡であれば、第三者は遺産分割審判や遺産確認の訴えの係

---

13) 共同相続人間で相続分の譲渡があった場合の効果につき「積極財産と消極財産とを包括した遺産全体に対する譲渡人の割合的な持分が譲渡人に移転」するとした最判平成 13 年 7 月 10 日民集 55 巻 5 号 955 頁と異なり、相続分の全部譲渡の効果を判示した本判決は、その文言上、譲渡の相手方が他の共同相続人である場合に限定していない。
14) 谷口知平＝久貴忠彦編・新版注釈民法(27)［補訂版］（有斐閣・2013）277 頁以下〔有地亨・二宮周平〕。
15) 鶴田・前掲注 9) 22 頁。
16) 安達・前掲注 9) 54 頁、松原・前掲注 9) 119 頁。

属を当然には知り得ない立場にあるから、相続分を全部譲渡した共同相続人が譲渡の事実について口を塞いでいると、譲受人を除外して、譲渡人を当事者とした遺産分割審判や遺産確認判決が確定してしまう事態が生じてしまうことは、確かである。しかしこれは、取戻権行使の前提として第三者へ相続分を譲渡した共同相続人の他の共同相続人への通知義務および通知を懈怠した場合の効果について、全く規律を欠いている民法905条の欠陥にほかならない[17]。とはいえ、このような手続の法的不安定は、共同相続人の一人が自らの相続欠格事由につき口を塞いだまま、この者を交えてなされた遺産分割審判が確定した後に、初めて相続欠格の事実が判明したというような場合にも、程度の差はあれ生じ得るのであり、相続分の第三者への譲渡の場合に限った話ではないと思われる。

VI　おわりに

　遺産分割の前提問題の確認の訴えについては、具体的相続分の確認の訴えの適法性を否定した、最判平成12年2月24日民集54巻2号523頁を含め、理論的に検討すべき課題が多く残されている。尊敬する松本博之先生の古稀をお祝いして献呈するには極めて内容の乏しい本稿ではあるが、議論を進化させる一助になればとの思いを込め、敢えて公にする次第である。

---

[17]　谷口＝久貴編・前掲注14）290頁〔有地・二宮〕。安達・前掲注9）54頁は、遺産分割の当事者は共同相続人であり（民法907条参照）、譲受人たる第三者は遺産分割手続の当事者とはならないとし、遺産確認の訴えについても、同人の当事者適格を否定し、同人は確定した遺産確認判決の既判力を拡張される者として、同訴えに共同訴訟的補助参加をすべきである、とする。この既判力拡張の趣旨および根拠は明らかでない。相続分の全部譲渡の後も、遺産確認の訴えとの関係では、譲渡人はなお当事者適格を維持し、同人について下された確定判決の効力が譲受人に及ぶということか、あるいは、相続分の全部譲渡により、譲渡人は遺産確認の訴えの当事者適格を喪失するが、これを看過して同人を当事者として遺産確認判決を下しても、同人に関する部分に限れば、この判決は確定しても内容的に無効であるが、残りの共同相続人の間で下された遺産確認判決は、確定すれば既判力を有し、それが譲受人に拡張される、ということだろうか。前者については、訴訟係属後の係争物の譲渡についてすら、わが国の民事訴訟法は当事者恒定主義を採用していない。後者については、そのような既判力拡張は、残りの共同相続人が相続分の譲受人の訴訟担当者であることを前提としないと肯定できないが、遺産確認の訴えが共同相続人間の遺産分割前の共有関係にあることの確認であるとの前提に照らすと、相続分譲渡によって譲渡人から譲受人に移転した共有持分につき、残りの共同相続人が、いかなる根拠から既判力拡張の前提としての管理処分権を有するのか、説明が困難である。いずれにしても、無理な解釈ではないかと思われる。

遺産分割の前提問題の確認の訴えに関する一考察

【付記】
　本稿は、平成 27 年度科学研究費補助金の交付を受けた研究（基盤研究(B)課題番号 25285027）の成果の一部である。

債権者取消訴訟の性質
―― 形成訴訟としての責任回復訴訟試論

酒井　一

  I　はじめに
 II　性質論の分岐点
 III　取消権と給付請求権
 IV　取消権行使の効果――本権の復帰
  V　取消権行使の効果――請求権の発生
 VI　形成訴訟としての債権者取消訴訟
VII　おわりに

I　はじめに

　債権者取消権に関して、現行民法 424 条は、「債権者は……法律行為の取消しを裁判所に請求することができる」と規定する。この債権者取消権の性質論に関しては議論が尽きないところであるが、いわゆる折衷説が現在の判例・通説と目される。その見解によると、債権者は詐害行為の「取消しと請求権」を併有するものとされる。

　先ごろ国会に提出された民法を改正する法律案においては、現行法と同様に、424 条において「債権者は……行為の取消しを請求することができる」としたうえで、債権者取消権の方法等として、424 条の 6 に「債権者は、受益者に対する詐害行為取消請求において、債務者がした行為の取消しとともに、その行為によって受益者に移転した財産の返還を請求することができる」との規定を置く。改正法律案は、現在の通説的見解である折衷説を体現するものとみることができよう。

　債権者取消権の性質論に関する議論は、法改正によって終焉を迎えることに

なるのであろうか。また、折衷説に不都合はないのであろうか。本稿において、訴訟法的立場から若干の検討を加えたい。

II 性質論の分岐点

　債権者取消権の性質論として、従来から、請求権説、取消権説と折衷説のほか、責任説に分類されてきた[1]。

1 （返還）請求権の主体と根拠

　詐欺取消し等においては、請求権の主体は通常取消権者であり、取消権者自身の不当利得または物権的返還請求権となることが多い。債権者取消権もこれと同じように捉えるならば、返還請求権の主体は債務者であり、不動産の無償譲渡などの典型的事案においては返還請求権の性質は不当利得または物権的請求権となる。

　これに対して、理論的には、これらの請求権は、債権者のもとに債権者取消権によって生じるものとする構成も可能である。すなわち、債権者取消権に基づく（民法424条から生じる）特殊な請求権と理解することになる。その場合、このような独自の返還請求権が認められる根拠が問題となる。債権者取消権が認められるから、その内容として認められるとするのでは、説明として十分でない。債権者取消権の効果としての返還請求権の必要性と内容の分析が必要となる。もっとも、改正案424条の6において返還請求権が明記され、このような構成が容易となるかもしれないが、内容の解明は課題のまま残される。

　理論上は、いずれの理解も可能であろうが、これまでは債務者の権利とするのが一般的な理解であろう。なお、責任説においては返還請求を必要とせず、この議論自体不要となる。

2 訴訟類型

　請求権説は、債権者取消訴訟を形成訴訟とせず、単なる給付訴訟と理解する。

1） 畑瑞穂「詐害行為取消訴訟の構造に関する覚書」石川正先生古稀記念・経済社会と法の役割（商事法務・2013）1165頁以下の整理がよく纏まっている。

請求権説は、取消権が裁判上行使されることにより効果を生じ、その結果として請求権が生じるとする。形成権としての取消権は判決時においては目的を達し、消滅することになり、請求認容判決の内容は、取消しの結果生じる請求権の給付判決または法律関係を確認する判決となる。

これに対して、取消権説と折衷説および責任説は、債権者取消訴訟が形成訴訟であることを出発点とする。取消しの効果は判決の形成力によってもたらされ、返還請求権も取消判決によって生じることになる。

請求権説とそれ以外の見解との分岐点は、形成判決の要否すなわち形成結果の主文における宣言の要否として現れるが、実体的には取消しの効果発生時期にある。

3　取消判決と給付・確認訴訟

取消権説と折衷説は、形成訴訟に給付・確認訴訟の併合提起の許否において相違するものと理解される。すなわち、取消権説は形成判決の先行を必要とするのに対して、折衷説は併合提起を認めるものと考えられる。

訴訟法上は形成訴訟と給付・確認訴訟の併合提起に問題はない。しかし、形成判決の確定が給付・確認請求を認容する前提であり、たとえ併合提起を認めても、給付・確認請求が認容されることはないと理解されてきた。形成権説は、この理解に忠実に形成判決の先行を必要と構成するのに対して、折衷説は、給付・確認請求を認容できるとするのである。取消権説と折衷説の相違が取消訴訟（形成訴訟）と（返還請求権の）給付訴訟の併合提起の可否にあるというのは正確性を欠くことになろう。併合提起の可否ではなく、給付・確認請求認容の可否が問題なのである。

この相違は、形成判決と給付・確認訴訟の訴訟物との関係に起因する。

4　形成（取消）判決の効果と強制執行

請求権説、形成権説および折衷説は、取消判決により詐害行為が効力を失い、受益者から責任財産が債務者のもとに返還されることになり、債権者の権利が実現されると理解してきた。これらの見解は、債権者取消権行使の実体的効果に関する理解を共通にする。

これに対して、責任説は、取消判決を形成訴訟とする点において形成権説および折衷説と共通するが、形成の効果を「詐害行為によって債務者の財産の責任に生じた変動が遡って消滅する」とし、無効とする範囲を責任関係に限定する[2]。そのうえで、回復された責任を強制執行手続で実現するために「給付判決に準ずる」執行忍容判決（責任判決）が必要とする[3]。責任説は、形成効の理解を異にするだけでなく、責任判決という従来にはなかった判決形式を説く点に特徴がある。

債権者取消権の性質論においては、実体法的効果と手続法的な問題が交錯し、単純に並列されるべきものでない。また、債権者取消権の効力の主観的範囲に関する議論が重なり、被告適格の議論を巻き込んで、議論がますます複雑化している。

III　取消権と給付請求権

債権者取消権は、債権者において詐害行為を取り消す実体法上の形成権である。この点に争いはない。

一般に、詐欺や行為無能力による取消し（以下において「詐欺取消し等」という）においては、取消権が行使されると、法律行為が無効となる。その結果、逸失した財産を取り戻すための請求権が発生することになる。取消権は、返還請求権の前提をなし、返還請求権のための手段的な権利である。請求権は、取消権行使の効果ということができる。現在の通説・実務は、債権者取消権においても、これと同様に理解しているようである[4]。すなわち、債権者取消権が、裁判上行使されることによって、詐害行為の法律効果が覆滅する結果として債務者が受益者に対して不当利得または物権的返還請求権を有することになる。

債権者取消権の典型として、不動産の廉価または無償譲渡を例に考えよう。この場合、債権者が取消権を行使することによって、詐害行為である譲渡行為

---

2) 中野貞一郎「債権者取消訴訟と強制執行」訴訟関係と訴訟行為（弘文堂・1961）190頁。
3) 中野・前掲注2) 206頁。
4) 長井秀典「詐害行為取消権の構造」司法研修所論集86号（1991）119頁は、従来の通説判例が抱える理論的問題点を解決すべく、「新請求権説」を唱える。検討は多岐にわたり、示唆に富む。「従来の通説判例」の問題は、取消しの意味を相対化せず、過剰な効果を与えたことに起因するのではなかろうか。

の法律効果が無効となり、債務者に不動産の所有権が復帰する。債務者は、受益者に対して、所有権に基づいて債務者から受益者への所有権移転登記の抹消登記手続や不動産の返還を請求することができる。

1 返還請求訴訟の構造

以上の理解を前提とすると、債権者取消訴訟における返還請求権の権利者は債務者であり、給付訴訟は債権者代位訴訟ということになる。取消権が認容される場合、債務者は無資力であり、代位訴訟の原告適格に問題はないであろう。

取消権説は取消訴訟と給付訴訟の併合提起を認めない立場であるとし、取消判決確定後に債権者代位訴訟を提起することになり、迂遠であると批判される[5]。ところが、折衷説においても、形成訴訟と給付訴訟の併合提起を必要とするのではなく、行為の取消のみを求める訴えを認めるのであり、取消訴訟に給付の後訴が継起することは否定されない。

反対に、形成請求と将来請求の併合提起が禁じられる理由はとくにない。取消権説が、形成訴訟と形成判決の確定を前提とする請求の併合提起がおよそ認められないとするのであれば、訴訟法の理解として正しくない。

むしろ、形成権説と折衷説の隔たりは、代位訴訟である給付訴訟の訴訟物の捉え方に認められる。

2 給付請求の訴訟物

訴訟物たる返還請求権は、取消権が行使されることによって発生しており、認容されるのに支障はないように思われる。しかし、既に指摘されているとおり、取消判決を形成判決と捉える実務・通説の見解を前提とするならば、形成の効果は判決確定時に生じるのであり、判決の基準時である口頭弁論終結時には給付（返還）請求権は発生していないのであり、給付請求は認容できないことになりそうである。形成権説の結論が支持され、通説である折衷説を維持することは難しくなりそうである。

すなわち、折衷説が現在給付請求を認容できるとするのであれば、誤りとす

---

5) 我妻栄・新訂債権総論（民法講義Ⅳ）（岩波書店・1964）173頁。

るほかない。形成結果の先取りとして許されるとする説明は巧妙ではあるが、取消判決を形成判決とする理解から離れることになろう。

　たしかに、実務においては現在給付の訴えと同様の主文が掲げられ、現在給付請求が認容されているようにも受け取れる。しかしながら、給付請求権と取消権との関係から明らかなように、給付請求権は取消判決の確定を停止条件として生じる権利である。原告が債権者取消権を主張する限り、現在給付の訴えでは有理性を欠くことになり、必然的に将来給付の訴えとせざるをえない。認容判決もまた、条件付きの判決と受け取るべきことになる。

　将来請求であることを重視するならば、本来ならば、判決主文において「形成判決が確定した場合には」との条件を付して給付を命ずべきことになろう。しかしながら、形成訴訟と給付訴訟が併合提起されている限りにおいて両請求は同時に確定することが予定されており、条件を明示的に記載しなくとも、実際にも不都合はなく、当然のこととして省略したと説明することができよう[6]。既に指摘があるとおり、離婚訴訟に離婚を条件とする諸請求の併合提起が明文上も認められており、その例は少なくない。

3　現在給付請求構成の不都合

　債権者取消訴訟における給付訴訟を現在給付の訴えと構成すると、実際に説明に窮する事例に直面する。

　例えば、無資力状態に陥った債務者は、債権者による執行を免脱するため、所有不動産を廉価または無償で譲渡し、第三者に登記名義を移すことが考えられる。この場合、債務者の画策に気づいた債権者は、債権を回収するために、債務者の不動産名義の回復を図ることになり、受益者に対して、債務者から受益者に対する不動産の所有権移転登記の抹消登記手続を求めることになる。債権者としては、第一次的には債務者・受益者間の譲渡が通謀虚偽表示であるとして、無資力の債務者に代位して、抹消登記手続を請求しつつ、二次的に、たとえ譲渡が有効にされていたとしても、債権者取消権を主張することになろう。この場合、債権者取消権に基づく両請求は予備的請求の形で請求されるのが一

---

[6]　給付判決に仮執行宣言を付すことは認めるべきでないのではなかろうか。判決確定まで条件は成就せず、執行債権が発生しないからである。

般である。しかしながら、虚偽表示を理由とする訴えの訴訟物は a) 債務者の受益者に対する所有権に基づく妨害排除請求権としての抹消登記手続請求権であり、債権者取消権に基づく訴えの訴訟物は b) 詐害行為の取消しおよび c) 債務者の受益者に対する所有権に基づく妨害排除請求権としての抹消登記手続請求権となる。a) 請求と c) 請求は同一訴訟物となり、訴訟の構造も債権者代位訴訟となる。そこには訴えの併合は認められなさそうである。そうであるならば、通謀虚偽表示の主張と債権者取消権の主張は、攻撃防御方法であり、選択的主張の関係に立つことになろう。ところが、b) 取消請求との関係においては、a) 請求は予備的併合、c) 請求は単純併合となる。a) 請求と c) 請求が同一の請求であるならば、理解に苦しむことになる。現在給付訴訟とする折衷説の一般的な理解からすると、予備的請求構成の理論的説明は難しそうである。

　この事例において予備的請求であることを説明する方法としては、c) 給付請求を債権者取消権に基づく特殊な請求と捉えることが考えられる。そこには実体法上の根拠を異にする2個の請求権を観念することができ、譲渡行為の有効性判断において矛盾するため予備的請求の関係となると捉えることができる。しかし、上記のとおり、特殊な請求権との構成自体の問題が残されている。なによりも、現在給付の訴えが可能であるならば、形成判決の必要性は疑わしくなる。

　将来請求構成を前提とするならば、通謀虚偽表示を原因とする a) 抹消登記手続請求と c) 債権者取消権を原因とする将来請求は、訴訟物として異なり、a) 請求が譲渡の無効を原因とするのに対して、c) 請求は譲渡の有効性を前提に形成判決による譲渡の失効を原因とする点において矛盾し、両請求は予備的請求となると理解されることになる。

4　相対効との矛盾

　債権者取消権における返還請求権の権利者は債務者であり、給付訴訟は債権者代位訴訟とする構成は、取消判決の相対効との関係で矛盾を孕むことになる。債権者取消権における取消しの効果に関して他の取消し一般と共通した理解をすることが許されるとしても、取消判決の効力が債務者に及ぼされない限りは、債務者が受益者に対する返還請求権を有することはない。また、通説に

よれば、債権者代位訴訟は法定訴訟担当であり、債権者は債務者のために訴訟遂行するものであり、債務者が有しない権利を行使することはできないのである。したがって、給付請求が認容されることはないのである。

　この矛盾を避けるためには、いくつかの選択肢がありえよう。一つは、相対効を維持しつつ、債権者代位訴訟の構造を訴訟担当ではなく、債権者が固有の当事者適格に基づく訴えと捉え直したうえで、債権者・受益者間では詐害行為の効力が失われており、両者間においては債務者の受益者に対する返還請求権を観念することができると構成することが考えられる。債権者代位訴訟を債権者の固有適格に基づくものとする理解に大いに魅力を感じるが、通説の理解とは離れることになる。あるいはまた、取消判決の相対効を維持するとして、債務者ではなく、債権者を返還請求権の主体とする選択肢が考えられる。すなわち、返還請求権は、債務者の受益者に対する不当利得または物権的返還請求権ではなく、債権者取消権独自の権利とするのである。折衷説および相対効説と比較的調和のとれた構成となろうが、（返還）請求権の構成という根本的な問題に還元される。

　さらには、相対効を改める方法も考えられる。相対効の妥当性自体を論じなおす必要があり、また、相対効が被告適格との脈絡で論じられてきたことからも被告適格の観点からの検討が必要となる。

　従来の通説である折衷説を維持するためには、どこかで理論的な修正を施さなければならないことになる。

5　形成訴訟と給付訴訟の関係

　通説・実務とされる折衷説によると、債権者取消訴訟は、形成訴訟を基本として、給付訴訟の併合提起を認める。改正法律案も、取消し「とともに」返還を請求することができるとする。

　実体法上、返還請求権は形成判決の確定を停止条件とするが、訴訟法上は停止条件付きの訴えは認められない。給付請求訴訟が形成判決の確定を停止条件として提起されるわけではなく、両訴の関係は単純併合ということになる。単純併合であるとしても、両請求の特殊な関係から弁論の分離は許されないとすべきである。

両訴が併合提起された場合、取消訴訟が併合提起されていることによって、将来給付訴訟の訴えの利益は肯定されよう。
　改正法律案は、「取消しとともに……財産の返還……を請求することができる」と規定し、取消訴訟を伴わない返還請求訴訟は許されず、常に併合提起すべきとする解釈も可能となる。併合提起が必要とするならば、取消判決が先行した場合、給付の後訴提起は許されなくなるのであろうか。紛争の一回的解決という観点からは、この処理が望ましいであろう。しかし、判例において、両訴を併合提起せず、詐害行為の取消しを単独で請求することが認められ、債権者は、取消判決を取得した後に、逸失財産の返還を求める（現在）給付の訴えを提起することが認められている。また、債権者が当初は取消判決で十分と考えていたところ、実際には返還が必要であった場合には、新たに給付訴訟に併合して形成訴訟を提起することになるのであろうか。確定した取消判決との関係が問題となりそうである。これに対して、単独提訴を許した場合、理論上は、将来給付の訴えが先行することも考えられるが、この場合には、債権者が取消請求を併合することに支障はなく、この先行的将来給付の訴えには訴えの利益が認められないであろう。実際にも給付訴訟が先行することは想定できないであろう。

IV　取消権行使の効果――本権の復帰

　現行法は取消しの対象を「法律行為」と規定するのに対して、改正法律案においては「行為の取消し」とされているが、広く法的な効果を伴う行為を対象とする点で意味は異ならないであろう。（法律）行為が取り消されることによって、その行為によってもたらされた効果が覆滅される。判例・学説は、債権者取消権においても行為の効果が否定されると理解している。例えば、典型例である債務者の受益者への不動産の廉価または無償譲渡の事例においては、譲渡が無効となり、所有権が債務者に復帰することになる。財産権移転の効果が否定され、債務者の権利が物権的に回復されることになろう。この理解を前提として、演繹的に結論を導いてみよう。
　(1)　一般に、取消しの効果として所有権自体が債務者に回復される結果とし

て、債務者は再び不動産を処分することができることになるが、この結果は不当というほかない。債務者が新たに第三者に転売する可能性は否定できず、財産が再び逸出することになる。転売が債権者取消権によって取り消される可能性があるとしても、その保障はどこにもないし、債権者の負担が重い。

あるいは相対効説を推し進めて、債務者への所有権復帰の効果は債務者には及ばず、債務者の処分権限は復活しないとすることは可能かもしれない。しかしながら、この見解は相対的所有権を前提とすることになり、物権法の一般的な理解に変革を迫ることになろう。

例えば登記名義回復後の債権者による不動産執行において買受人が所有権を取得することは認めざるをえないのであり、この限度では少なくとも債務者の所有権復帰を肯定せざるをえないであろう。したがって、相対効を徹底したならば、債務者との関係でのみ所有権復帰の効果が否定されるという奇異な結論が導かれそうである。

(2) 例えば、債務者がある不動産を債権者と受益者に二重譲渡したところ、受益者が先に登記を備えたとしよう。この場合、債権者が不動産取引とは別の金銭債権を有したならば、債権者はまず債権者取消訴訟を提起し、認容判決を得たうえで、受益者への所有権移転登記を抹消し、債務者の所有名義を回復することによって、債権者への移転登記を得ることができることになる。対抗関係を潜脱する結果がもたらされる[7]。

同様に、賃借権を対抗できない賃借人が、別口債権に基づいて賃貸人の目的不動産譲渡の債権者取消訴訟の反訴を提起することによって、不動産を占有し続けることができることになろう。

対抗問題に債権者取消権を持ち込む処理は妥当でない。

(3) 不動産に対する強制執行手続は、債務者の財産として実施される。強制執行において、弁済金交付の残余金が生じた場合、それは債務者に引き渡されることになろう。この結果は、債権者が取り消すことができるのはその債権額の範囲に限られるとする原則と整合しないのではなかろうか。そのため、あえて不可分な物においては、全部の取戻しを肯定することになり、過剰な効果を

---

[7] 辻正美「詐害行為取消権の効力と機能」民商93巻4号（1986）488頁は反対。

認める結果となる。取消しの効果を相対的に捉えたならば、むしろ受益者に引き渡されるべきであろう。

(4) 所有権復帰の効果は、一般の第三者にも及ぶのであろうか。例えば、不動産に瑕疵が存在し、その結果損害を被った第三者は、不動産所有者に対して損害賠償を請求することができる。被害者は、債務者に責任追及することができるのか、受益者に対する責任追及は可能であろうか。相対効説からは明らかでない。

また、債務者に所有権あるいは所有名義が回復されることは、債務者にとって利益となるばかりではない。例えば、登記名義を得ることによって受益者の不動産についての固定資産税の納付義務を負うことにもなる。このような負担は、詐害行為を行った債務者は甘受すべきと考えることも可能であろうが、詐害行為の成否に関する審理において債務者に然るべき手続保障が与えられなければならないことになる。訴訟告知で十分といえるか大いに問題である。

取消権行使の効果として本権の復帰は過剰というべきである。

V　取消権行使の効果——請求権の発生

債権者が逸失した財産を取り戻すためには、受益者にその返還を求める必要があると理解されてきた。取消権説が債権者取消訴訟の後訴を必要とし、迂遠となると批判されるのは、受益者からの返還が必須であることを前提とする。上述のとおり、改正法律案においては、返還請求権が明文で規定されようとしている。

理論的にも、債権者取消権行使による詐害行為の効果覆滅の結果として、返還請求権の発生は導きやすく、詐害行為の取消しは、むしろ逸失財産の取戻し、すなわち返還請求の手段に位置づけられよう。「取消し」の文言とも違和感がない。

逸失財産の返還が必要とされる理由について検討しよう。

1　不動産の場合

逸失財産が不動産である場合、例えば不動産の廉価または無償譲渡の事例で

は、債権者は、受益者に対して、債務者から受益者への不動産の所有権移転登記の抹消登記手続を請求できることになる[8]。債務者に所有名義が回復され、債権者は、債務者の財産として不動産執行を申し立てることができる。

不動産を差し押さえるには、無登記不動産の場合を除き、債務者が登記名義人であることが求められる。債権者が債務者に対する債権を回収するために、債務者の所有名義を回復する必要があり、受益者への移転登記の抹消が必要とされるのである。

2　動産の場合

動産に関しては、債務者が占有するか、あるいは、債権者または第三者により動産が提供されることにより、差押えが可能となる。したがって、債権者が逸失動産から債権を回収することを考えたならば、占有の回復が必要となる。債権者は、受益者に対して、直接の引渡しを請求することが認められ、債権者は占有を得て、動産を差し押さえることができるようになる。

3　金銭・価格償還の場合

逸失財産が金銭である場合や現物の返還の不能による価格償還の場合には、金銭の支払いが求められる。債権者は、受益者から得られた金銭から債権を回収する。債権執行を省略した結果となる。また、債権者が他の債権者に優先的に債権を回収できることになる。この優先性と見あいとなって、取消しの範囲が債権者の債権の範囲に限定されることになる[9]。しかしながら、他の債権者にも取消しの効果が及ぶとされ（民法425条）、法律上は債権者に優先権は認められていない。取消判決確定後、いち早く他の債権者が債権を差し押さえた場合、債権者は十分な保護を受けられないことになる。

動産または不動産執行との関係においては返還請求権が必要であり、金銭請求においては不都合もなさそうである。しかしながら、常に強制執行が続くとは限らず、債権者による金銭収受の正当性が担保されているわけではなく、不

---

[8]　占有の返還も認められるかは必ずしも明確でない。
[9]　最判昭和63年7月19日判時1299号70頁（評釈として、下森定・リマークス1号（1990）16頁、森田宏樹・判評367号（1989）200頁など）、長崎地判昭和36年12月27日下民12巻12号3245頁など。

V 取消権行使の効果——請求権の発生

具合となる余地がある。

債権者の債務者に対する債務名義は債権者取消権の要件とされていない。債権者が強制執行を申し立てるためには、債務者に対する債務名義を取得しなければならず、給付訴訟の提起が想定される。債権者が勝訴し、強制執行に着手すれば問題は生じない。しかし、債権者が債務者に対する給付訴訟に敗訴した場合には処理に窮する。すなわち、この場合、債権者は、強制執行を申し立てることができなくなる。不動産の所有名義は債務者に残され、占有は債権者または受益者のもとに残される。債務者の処分権限の復活は認め難く、受益者による処分も事実上不可能である。処分不可能な財産となってしまう。

この結果を回避すべく、受益者が債務者に対して新たに移転登記手続を求めることを認めることが考えられよう。相対効を徹底すると、債務者・受益者間の譲渡は有効なままであり、移転登記手続請求は認められそうである。しかし、そうすると、債権者取消訴訟で敗訴した受益者は、移転登記が抹消された後にただちに債務者から移転登記を再び受けることができることになりそうである。この結論もおかしい。そうすると、債権者が敗訴した場合に限り、再度の移転登記を認めることになろうか。理論的に一貫しないのではなかろうか。

動産の場合にも、債権者が占有を取得した後に、債務名義の作成に失敗した場合の処理は難しい。取消判決の効果は債権者と債務者の間には及ばないとすると、債務者は、債権者に対して動産の返還を求めることはできず、受益者も給付訴訟で敗訴していることから返還を求めることはできなくなっている。所有と占有が乖離した状態が放置されることになる。

金銭請求の場合には、債権者は、債務名義なしに債権の回収を図ることができ、債務者や他の債権者からの起動をまって応答すればよいことになる。債権の存在が否定された場合には、債務者に金銭は返還され、さらに受益者に渡されるべきであろうか。

こうした不都合は、債権者の債務名義が債権者取消権の行使要件とするだけでは不十分である。すなわち、①たとえ債権者が債務名義を有していたとしても、強制執行を申し立てない可能性がある。また、②債務名義成立後に債権が消滅している可能性がある。債権者取消権後の債権の時効消滅や逸失財産以外の財産からの債権回収の余地がある。さらに、③債務名義には既判力を有しな

275

いものもあり、後に判決により債権の存在が否定される可能性がある。いずれの場合にも、債権者取消権の効果は残存し、所有と登記・占有とがバラバラな状態が続くことになる。

　債権の存在を前提とする限りでは逸失財産の返還を認めても不都合を生じない。しかし、この前提が失われる可能性がある以上は、それが過剰な結果となるおそれがある。債権の回収を可能とするための強制執行を可能としつつ、債権の存在が否定された場合にも対処できる構成が求められる。執行の手立てさえ講ずれば、債権者取消権行使の効果として返還請求権は必要なくなる。

　動産執行において債務者等の占有が必要とされ、不動産執行において債務者の登記名義を必要とするのは、いわゆる外形主義の帰結である。すなわち、登記や占有は、執行機関が財産の帰属を確定するための証拠法則なのである。強制執行を開始するにあたり、登記や占有に代わる証拠方法により責任財産の帰属が明確にされており、これに基づく執行が必要であるならば、その例外を認めることに支障はない。債権者取消権においては、債務者の登記名義や占有を回復することは適切でなく、外形主義を維持することはできないのである。したがって、外形主義の例外が認められなければならないことになる。

　問題は、債権者取消権によって責任財産が回復され、債権者の執行が許されるとの判断を執行機関に繋ぐ方法である。

VI　形成訴訟としての債権者取消訴訟

1　取消判決の主文

　財産の返還請求権が必要でないとすると、その前提としての形成判決の要否をめぐる議論は意味を失う。

　債権者取消権の基本に立ち返るべきである。すなわち、債権者取消権は、債務者の責任財産を回復することによって、債権者のための強制執行を準備することを制度の目的とする。財産の返還（登記名義や占有の回復）それ自体が目的ではない。債権を回収するための引当財産が回復されるべきであり、責任の回復が必要かつ十分である。したがって、債権者取消訴訟の訴訟物は、債務者の責任財産を回復し、債権者のための強制執行を可能とする内容を有しなければな

らない。
　観念的には、債権者取消権の行使が認められることによって、責任財産が回復される[10]。したがって、取消しを宣言するだけで、強制執行が可能となる。しかし、強制執行との関係においては、責任財産が回復されたことや回復の対象や範囲について執行機関に判断が繋がれなければならない。責任説は、この役割を「給付判決に準じた責任判決」に担わせようとする。この責任判決が、給付・確認・形成いずれの判決にも属さない新たな類型の判決であるとされることから、一般の承認を得られないでいる。責任説は責任判決を「禁ずべき理由はない」とし、反対の陣営からは「責任判決を認めた規定はない」と水掛け論が展開された。
　責任判決は執行忍容判決であるとされるが、受益者が自己に帰属する財産に対する債権者の執行を受容することを命ずる給付判決とするならば、水掛け論の意味はなくなる。しかし、責任判決を給付判決に準じた判決とするのは、取消判決を執行手続に連絡するための判決であり、執行を準備するための名義と理解するためであろう。給付判決に準じたという意味は、執行準備の判決という意味であろう。形成判決のみで執行に着手することができるのであれば、責任判決は必要なく、新たな判決類型の創出は無用となる。
　債権者取消判決とは別の責任判決を導入しなければならないか。責任判決とは、債権者取消権の効果を受け、責任回復の状態を主文で宣言する判決である。債務者の責任財産の回復は、取消判決の効果であり、その効果は判決が確定することによって生じる。したがって、債権者取消判決が形成判決であり、債権者取消訴訟は形成訴訟となる。その主文においては、取消しの結果が示されるべきであり[11]、詐害行為の取消し、または、責任財産の回復を宣言することになる[12]。回復される責任財産やその範囲は判決の主文において明示されるべき

---

10) 工藤祐厳「詐害行為取消による債務者の責任財産回復の法的構成」川井健先生傘寿記念・取引法の変容と新たな展開（日本評論社・2007）426頁。
11) 取消しの効果が請求権の発生であれば、給付を命じることは否定されない。最判平成13年11月16日判時1810号57頁参照。また、下森定「債権者取消権と不当利得」谷口知平教授還暦記念・不当利得・事務管理の研究(3)（有斐閣・1972）171頁以下。
12) 債権者取消権の適用事例が多様化しており、取消しの効果も一義的に決められないことが起こる。例えば、会社の新設分割が取消しの対象とされた場合、新設会社の法人格は消滅するのか、財産権の承継の効果が否定されるに過ぎないのか、議論の余地があり、取消判決の効果が主文に明示される必要は大きく、反対に、その効果が明らかとなれば足りる（最判平成24年10月12日民集66巻10号3311頁、松

であり、執行機関は、この取消判決の判断を前提に債権者のため強制執行を開始することができる。債権者は、この強制執行を申し立てるためには、債務者に対する債務名義を必要とすることは当然である。取消判決とは別の給付判決あるいは責任判決は必要でない[13]。

2 相対的効果

　財産の返還請求を認めることは、債権者取消権の効果が相対的であることと矛盾する。例えば、不動産登記名義が債務者のもとに回復されると、債務者だけでなく、他の一般債権者もまた強制執行を申し立てることができるようになる。また、受益者の債権者は、不動産を差し押さえることができなくなる。取消判決の効果は相対効に留まらないのである。相対効とは、被告適格を受益者または転得者に限るためだけの意味しか持たないことになる[14]。詐害行為の主体は債務者であり、形成訴訟の債務者を被告としないことの説明は困難である。形成訴訟の原則と平仄が合わない。

　これに対して、債権者取消訴訟を純粋に責任回復の形成訴訟と捉えた場合、責任財産回復の実体的効果（形成力）が相対的に生じるものと構成できる。すなわち、取消判決の結果、債権者・受益者間ないし債権者・転得者間で責任財産が回復され、受益者・転得者は他人の債務のために担保を提供したのと同様の地位に立つ。対象となる財産が特定物である場合には物的担保提供者類似の関係と理解することができ、価格償還請求によるとされる場合には一般責任財産を一定の範囲で提供することになり保証人類似の関係と捉えることができる。

　したがって、取消しの効果は債権者と受益者・転得者の間でのみ生じれば足り、受益者・転得者のみが被告適格者となる。また、取消判決に基づいて強制執行を申し立てることができるのは、債権者に限られ、他の債権者には認めら

　　中学「詐害行為取消と法人否認の法理」法セミ 695 号（2012）8 頁、弥永真生・リーガルマインド会社法〔第 9 版〕（有斐閣・2005）487 頁、相澤哲 = 葉玉匡美 = 郡谷大輔・論点解説新・会社法（商事法務・2006）674 頁）。また、複雑な事例として最判平成 4 年 2 月 27 日民集 46 巻 2 号 112 頁（評釈として、佐藤岩昭・民商 108 巻 1 号（1993）52 頁、濱口浩・判タ 821 号（1993）36 頁など）がある。

13）　佐藤岩昭・判評 495 号（2000）175 頁は、執行忍容判決が取消訴訟の内容であるという。この方向が支持されよう。また、飯原一乗「強制執行忍容説と裁判・執行実務」判タ 48 巻 14 号（1997）45 頁の検証は参考となる。

14）　平井宜雄・債権総論〔第 2 版〕（弘文堂・1993）215 頁は、相対効が取消権を受益者に対する訴権と理解した当然の帰結とする。このほうが理論的には筋が通る。

れない。他の債権者は、自ら債権者取消訴訟を提起し、認容判決を取得し、強制執行を申し立てることができる。もっとも、民法425条は取消判決の効果はすべての債権者にも及ぶと規定し、さらに取消判決の効力の拡張を規定するが、これと矛盾しないであろうか。債権者により強制執行が申し立てられた場合、取消しの効果が相対的であるとすると、債権者と受益者・転得者以外の者にとっては受益者または転得者の財産であり、受益者・転得者の債権者が配当加入することができるのに対して、債務者の債権者は配当加入の申出をすることはできないことになる。ところが、民法425条によって、取消判決の効果は、すべての債権者に及び、債務者の他の債権者に配当加入が認められることになる[15]。この限度で相対効を修正する規定である。民法425条を立法論として疑問とする見解もあるが、債権者取消権が債務者の倒産に準じた状況にある場合に認められ権利であることから[16]、立法政策上の判断として否定されないであろう。相対効を徹底すると、同時に、受益者・転得者の債権者の配当加入も認められそうであるが、民法425条により否定されるとすべきであろう[17]。

債務者に対して別口の債権を有していた場合、受益者・転得者にも配当要求は認められる。また、受益者・転得者は、債権者の強制執行によって債務者に対して求償権を取得する。求償権は停止条件付き債権であり、理論上は配当要求することが認められそうである。しかし、実際には配当要求の終期に間に合わないであろうし、債権者取消権の趣旨に鑑みて、理論上も債権者に遅れて配当に与るべきである。

受益者・転得者の財産に対して強制執行が実施されることになるため、弁済金交付手続の後の残余は受益者・転得者に渡される[18]。相対効の趣旨を体現で

---

15) 通説の理解を前提にすると、民法425条は平等弁済を定めた規定とされ、「比較法的にみて、特異な立法」と言われてしまう（大島俊之「民法425条論序説1」法時54巻1号（1982）154頁）。また、吉原省三「詐害行為取消権についての考察」判タ308号（1974）61頁以下、山田秀雄「抵当不動産の処分と詐害行為取消権」NBL430号（1989）19頁。辻・前掲注7）484頁は優先弁済効を積極的に評価する。
16) 下森定「債権者取消権の成立要件位に関する研究序説」川島武宜教授還暦記念Ⅱ・民法学の現代的課題（岩波書店・1972）254頁は、債権者取消制度の「簡易破産的機能」という。実際上の機能からも「倒産処理手続との連続性、否認権との整合性を考慮する」（民法（債権法）改正検討委員会編『債権法改正の基本方針』（商事法務・2009））ことの正当性が導かれる。平田健治「債権者取消権の位置づけ」國井和郎先生還暦記念・民法学の軌跡と展望（日本評論社・2002）495頁。
17) 立法論としては、受益者・転得者の責任財産として信用を供与した債権者の利益保護への手当てが必要ではなかろうか。
18) 松坂佐一・債権者取消権の研究（有斐閣・1962）121頁参照。

きる。債務者に交付されるのであれば、受益者・転得者の求償権に基づく配当加入を認める必要がある。

3 攻撃防御方法として債権者取消権の行使

債権者取消権を防御方法とすることの可否については議論がある[19]。

ところが、形成力を生じる時期との関係で、例えば、第三者異議訴訟における抗弁として債権者取消権を主張する場合など、抗弁の形式による取消権の行使可能性を認める見解が有力に主張されている。しかし、多くの事例では、債権者取消しの反訴を提起することができ、形成訴訟構成を維持することに支障はないであろう。

第三者異議訴訟の事案では、債権者取消しの反訴が提起されているならば、本訴（第三者異議）請求と反訴請求の判決の形成力が相矛盾するのを回避する必要から、同時確定が確保されている場合の例外として[20]、第三者異議の訴えが棄却されるべきである。判断の統一を期すべく、弁論を分離することはできず、予備的反訴とされるべきである。債権者取消訴訟が別訴提起された場合には、取消判決が確定していない以上、第三者異議の訴えは認容されざるをえない。別訴である以上、判断の統一が保障されないからである。

同様に、債権者が受益者に対して取立訴訟あるいは債権者代位訴訟を提起した場合に、弁済の抗弁に対する再抗弁として債権者取消権が主張される場合[21]も、反訴の形式をとり、同時確定が保障される限りにおいて、判断の統一が図られるべきである。

Ⅶ　おわりに

債権者取消権は、裁判上の行使を要する実体的権利であり、民法424条が訴権を認めた規定とみることは可能である。問題は、訴権の内容であり、訴訟の形式・類型の解明にある。訴権説と責任説は係累の関係にあるように思われる。

---

19) 飯原一乗「詐害行為取消権の行使方法」ジュリ821号（1984）93頁。
20) 和田真「詐害行為取消権に関する訴訟法的一考察」判タ590号（1986）10頁。
21) 債権者独自の主張ではあるが、この主張は認められなければならない。

Ⅶ　おわりに

本稿の結論は、両説の中間に位置するものと考えている。

　訴訟法および執行法の観点から現在の通説・判例に対する批判的検討を試みたつもりである。民法に対する理解が十分でなく、思わぬ誤りを犯している恐れは否定できず、批評を仰げたら幸いである。ここでの検討が学説や実務の展開に裨益できたならば、なお幸いである。

　なお、本稿での引用は網羅的でなく、近時多くの力作が公にされているが、筆者の能力の限界から本稿では十分な検討を示すことができなかった。後日に期したい。

　【付記】
　　松本博之先生には、国内の研究会や学会だけでなくドイツでの学会の折にご指導をいただいている。熱心かつ心温かいご指導に感謝するばかりである。松本先生の学恩に報いるにはおよそ不十分な拙稿を献呈することをお許し願いたい。

訴状審査に関する
実務上の諸問題

岩井一真

　　I　はじめに
　　II　訴状の提出および訴状審査
　　III　各　　論
　　IV　最後に

I　はじめに

　民事訴訟事件の審理を担当していると、仮に第1回口頭弁論期日において弁論を終結するにしても、被告とされた当事者から応訴の負担について苦言が呈されることがある[1]。確かに、企業間における訴訟などにおいては、訴えが提起される以前に任意の交渉が行われ、それでも合意が見いだせない場合に訴訟という手段が選択されることが多いであろうが、インターネットの普及などによって訴訟手続に関する情報が容易に得られるようになった昨今においては、ある日突然、予想もしない相手から、思いも寄らない案件について、いきなり訴訟が提起されるといった事態もあり得ないではなく、実際にそのような事案ではないかと思われる事件も散見されるというのが地方裁判所において民事訴訟事件の審理を担当する者としての実感である。このような場合、被告とされた当事者は、何の前触れもなく裁判所から送られてきた訴状を読み解き、自身の言い分について答弁書を作成し、呼出状に記載された日時に裁判所に出頭し

---

[1] 報道等において、刑事裁判における「被告人」を「被告」と呼称していることが影響してか、民事裁判において「被告」とされたことをもって、刑事裁判において「被告人」として起訴されたかのような印象を持たれる方が少なくない。筆者も担当事件を審理するに当たっては、被告とされた方を「○○さん」と呼称し、「被告」という言葉を使用しないよう心がけている。

なければならないことになる。通常の場合、第 1 回の口頭弁論期日は被告の都合を照会しないで指定されているため、訴えられる覚えのない被告にとってみると、何の予告もなく平日のビジネスアワーに裁判所に出頭を求められることになる。なるほど、最初にすべき口頭弁論期日においては、被告が出頭していなくても裁判所は被告から提出された答弁書を陳述したものとみなすことができるが（民訴法 158 条[2]）、最初の口頭弁論期日は原則として訴えが提起された日から 30 日以内の日に指定されるから（民訴規則 60 条）、答弁書において被告の主張を尽くすことが困難な場合もある。仮に、答弁書において被告の主張が十分に尽くされていなかった場合であっても、原告の主張自体からその請求に理由がないことが明らかな場合であれば、裁判所は、最初にすべき口頭弁論期日において、「訴訟が裁判をするのに熟した」（民訴法 243 条 1 項）として弁論を終結することになるであろうが、そうでなければ続行期日が指定され、被告の応訴の負担は継続することになる。また、担当裁判官が「原告の主張自体からその請求に理由がないことが明らかである」と判断するか否かは訴状を受け取った被告には了知できない事柄であるし、裁判所が請求棄却の心証をあらかじめ被告に連絡するといったことも想定できないから[3]、一方的な原告の主張によっていきなり訴えられた被告の心理的負担が決して小さくないことは想像に難くない。かといって被告とされた当事者が訴訟の追行を弁護士に依頼すると当然ながら手数料や報酬を要し、被告が請求棄却の判決を得てもこれらの弁護士費用は訴訟費用（民訴法 61 条）には含まれないから、結局のところ被告が弁護士費用を負担しなければならないことも看過できない[4]。原告の裁判を受ける権利が

---

2) 簡易裁判所の訴訟手続においては続行期日においても擬制陳述が認められている（民訴法 277 条）。
3) 著者の経験上、民事訴訟事件の中には被告が原告の請求や請求原因事実を争ってさえいれば請求棄却となることが間違いないと思われるような事件も存在するが、そのような場合であっても、被告にその旨を連絡して口頭弁論期日への欠席を示唆することはできない。横浜地小田原支決平成 3 年 8 月 6 日自正 43 巻 6 号 120 頁は、担当裁判官が書記官に指示して、被告らに口頭弁論期日呼出状等を送達する際、「原告の請求を棄却する。訴訟費用は原告の負担とする。との判決を求める。旨の答弁書を提出してください。右答弁書の提出があれば、出頭不要です」との事務連絡を同封した場合には、不公平な裁判がなされるであろうとの懸念を当事者に起こさせるに足りる客観的な事情に該当するから忌避事由となるとする。
4) 最判昭和 63 年 1 月 26 日民集 42 巻 1 号 1 頁によると、訴えの提起は、提訴者が当該訴訟において主張した権利または法律関係が事実的、法律的根拠を欠くものである上、同人がそのことを知りながらまたは通常人であれば容易にそのことを知り得たのにあえて提起したなど、裁判制度の趣旨目的に照らして著しく相当性を欠く場合に限り、相手方に対する違法な行為となる。このように、仮に原告の請求が棄却されるような事案であっても、被告が原告に対して弁護士費用相当額の賠償を求めるハードルは決

重要であることはいうまでもなく、民事裁判手続が利用者にとって使いやすいものであるべきことはもちろんであるが、一方で、民事訴訟の現場に身をおく者の一人として、裁判手続を利用する原告の利益と応訴を強いられる被告の負担のバランスをいかに図るかという難しい問題を抱えながら、訴訟進行についての判断を迫られることも少なくない。ところで、訴状審査の手続は、被告に訴状を送達する前の手続であるから、基本的に被告とされた当事者に応訴の負担を生じさせないものであり、原告の裁判手続を利用する利益と被告の応訴の負担を調整する一つのツールとなり得ると考えられる[5]。そこで、本稿においては、被告に応訴の負担を生じさせるのが妥当であるか疑問が残るような特殊な事例も念頭におきつつ、訴状審査の場面で実務上問題となる諸問題について検討を加えることとしたい。

II　訴状の提出および訴状審査

1　訴状受理の手続

　訴えの提起は、訴状を裁判所に提出して行うが（民訴法133条1項）[6]、裁判所に提出された訴状（郵便で提出される場合もある）は、訟廷事務を取り扱う部門が受付分配通達によって受理し、事件記録符合と番号が付されて「立件」された後、裁判事務分配の定めに従って担当部または係に配付されることとなる[7]。訟廷部門においても、書類の閲読や点検確認が行われ、書類が持参された場合であれば訂正等の促しが行われている。しかしながら、提出者が訂正等の促しに応じない場合や郵便による訴状提出の場合には、適宜の方法（訴状審査メモといった引継ぎメモが作成されることが多い）によって点検確認の結果や訂正等の促しに対する提出者の対応を明らかにした上で担当部に記録を引き継ぐこととな

して低くない。
5)　訴状審査および訴状却下については、鈴木正裕「訴状却下と訴え却下」佐々木吉男先生追悼・民事紛争の解決と手続（信山社・2000）81頁、同「目安糸と訴状却下」甲南法学40巻3＝4号（2000）143頁、園尾隆司・民事訴訟・執行・破産の近現代史（弘文堂・2009）144頁が訴状却下制度の歴史的沿革を踏まえて詳細に検討されており、筆者も本稿を執筆するに際して大いに参考にさせていただいた。
6)　簡易裁判所の訴訟手続に関する特則として口頭での訴え提起も認められているが（民訴法271条）、簡易裁判所には訴訟類型に応じた訴状のひな形が用意されており、実際には、このひな形を用いて訴状が作成されている。
7)　裁判所職員総合研修所監修・民事実務講義案I［4訂補訂版］（司法協会・2014）10頁。

る。

2　訴状審査の実際

　事件の配てんを受けた担当部では、あらかじめ定められた方式によって当該事件を担当係に配てんし、多くの場合、当該係の担当書記官が、①管轄の有無[8]、②訴え提起の手数料の納付および送達費用の予納の有無、③当事者および法定代理人、請求の趣旨および原因といった訴状の必要的記載事項（民訴法133条2項）の有無、④準必要的記載事項（民訴規則53条1項）の有無[9]を確認することとなる。

　次に、訴状の確認を行った書記官から記録を引き継いだ担当裁判官（合議体であれば訴状審査の主体は裁判長であるが、まずは当該事件の主任裁判官が審査をすることになる）は、直ちに第1回口頭弁論期日を指定してそのまま訴状等を被告に送達するのか、あるいは書記官を通じて補正の促し（民訴規則56条）を行うのか、それとも補正の促しを経ないで、補正命令（民訴法137条1項）を発するのかを判断することになる。

III　各　　論

　以上のような経過を経て、審理を進めることができる状態になれば、担当裁判官（合議体であれば裁判長）が第1回の口頭弁論期日を指定し、被告に対し、訴状、第1回口頭弁論期日の呼出状、答弁書のひな形などを送達することになる。以上が一般的な訴状審査から第1回口頭弁論期日の呼出しまでの流れであるが、実務においては、訴状審査の段階で様々な疑問や検討事項が生じることがある。以下では、訴状審査の対象となる事項ごとに幾つかの事例を検討するこ

---

[8]　受訴裁判所に管轄が認められなくとも、応訴管轄（民訴法12条）を見込んで被告に訴状等を送達することもある。

[9]　民事訴訟規則55条は、訴状を提出するに際しては立証を要する事由ごとに、当該事実に関連する事実で重要なものおよび証拠を記載することを求め（同1項）、かつ、立証を要する事由につき、書証の写しで重要なものを添付することを求めている（同2項）。しかしながら、実務においては、建物明渡請求訴訟や貸金返還請求訴訟など類型的に被告の欠席が予想される事件（ただし、被告が公示送達によって呼び出されたために擬制自白が成立しない事件（民訴法159条3項）を除く）においては、証拠の引用や写しの提出が訴状送達段階では留保され、被告が原告の主張を争う意向を示して初めて書証が提出されることもある。

ⅲ　各　論

ととしたい。

1　当事者の表記に関するもの

(1)　Aが自己を表示するものとして他人Bの名前を用いて訴えを提起した場合

　この場合、原告としては原告自身を表記する趣旨で「B」という名称を用いているのであるから、担当裁判官は、担当書記官を通じるなどしてその旨を原告本人に確認し、「原告BことA」として審理を進めることになる。この場合、当初からあった「原告B」という記載を訴状の訂正申立書などによって「原告BことA」に変更することになるが、この訂正は当事者の変更ではなく、表示の訂正にあたると解される[10]。

(2)　Aが他人Bを表示するものとして「原告B」と表記した訴状を裁判所に提出した場合

　BがAに訴状の作成を依頼していたような場合（BがAに代筆を依頼したような場合）には、Aの作成した訴状は「原告B」の訴状であるから、裁判所はBを原告として審理を進めることになる。

　問題は、Bの了知しないところでAがBに無断で「原告B」との表示のある訴状を作成して、これを「原告B」の訴状として裁判所に提出した場合である。このような事例は容易に想定できないかもしれないが、例えば、Aが「原告A」として訴えを提起するのに加えて、Bも勝手に原告に加え、「原告B」も共同原告とする訴状を作成して訴えを提起した場合などが考えられる[11][12]。

---

[10]　最判昭和34年11月19日民集13巻12号1500頁は、控訴状に被控訴人の表示を「東京都千代田区丸ノ内1丁目1番地新日本観光株式会社右代表者代表取締役山田新十郎」と記載すべきところを「東京都中央区銀座東7丁目7番地9新日本観光株式会社右代表者代表取締役榎本栄三郎」と誤記した事案について、当事者の交替ではなく表示の訂正であるとする。

[11]　なお、本稿ではAがBの代理人として訴状を提出した場合は検討の対象から除くが、AがBの無権代理人として「原告B」の訴状を作成、提出した場合には、裁判所が期間を定めて当該（自称）代理人に補正を命じ（民訴法34条1項）、必要な授権が補正されない場合には判決で訴えが却下されることになる（秋山幹男ほか・コンメンタール民事訴訟法Ⅰ［第2版追補版］（日本評論社・2014）339頁）。AがBに無断で「原告B」の訴状を作成した場合でも、AをBの代理人と理解してAに対して必要な授権の補正を命ずるという取扱いも考えられる。

[12]　訴状審査の段階でこのような事情まで把握することは通常困難であるが、共同原告として著名人や公人などの表記がある場合や同様の訴訟を大量に提起しているような原告がある訴状においては他の者を共同原告とする訴状を提出してきたような場合などにおいては、裁判所として当該他の者が本当に原告となる意思を有しているのか疑義を持つこともある。

(a)　このような場合、訴状に「原告B」の住所や連絡先の記載があれば、裁判所は「原告B」の提訴意思を確認し（通常の場合であっても、第1回口頭弁論期日の調整や補正の促しなどのために原告に対しては連絡を取っている）、その時点においてBに提訴の意思があるのであれば、たとえ訴状の提出段階では原告とされたBに無断でAが作成した訴状であったとしても、Bによる追認（民訴法34条2項）があったものとして、その訴状をAが代筆した「原告B」の訴状として扱うこととなると考えられる。

　(b)　逆に、AやBから事情聴取した結果等により、Bには訴えを提起する意思がないことが判明した場合は、裁判所はどのように対応すべきであろうか。

　(i)　まず、Bが「原告B」として訴えを取り下げる意向を示した場合には、裁判所は、「原告B」がAによる訴え提起を追認した上で訴えを取り下げたと理解し、当該事件のうち「原告B」を原告とする部分を取下げによって終了したものと扱うことになると考えられる。しかしながら、この場合であっても訴え提起の手数料の納付の問題は残ることになる（下記2(2)参照）。

　(ii)　問題は、Bと連絡が取れなくなってしまったような場合やBに訴訟手続への関与や協力を求めること自体に問題があるような場合である。この点、不適法として訴えを却下し、訴訟費用はAに負担させるという見解もある[13]。しかしながら、当該訴状はAがBに無断で作成したものであり、いずれの時点においてもBには訴えを提起する意図がないことが明らかになったのであるから、そもそも裁判所がBの訴え提起があったものとして事件を「立件」したことが誤りであったといえるのではなかろうか。したがって、このような場合には、Bを原告とする事件として立件された部分についてこれを取り消すのが相当であると考えられる[14]。このような事案をAがBの代理人として訴状を作成したと理解し、補正命令（民訴法34条1項）を発するなどして対応することも考えられるが、立件を取り消すのであれば、Bに無断で訴状を作成したAが誰であるのかが不明な場合（訴状に「A」の表記がない場合など）やAに連絡が取れなくなってしまった場合にも対応がとりやすい。

---

13)　塚原朋一編・事例と解説　民事裁判の主文〔第2版〕（新日本法規出版・2015）350頁〔奥山豪〕。
14)　立件取消しについて、裁判所職員総合研修所監修・前掲注7）10頁。

(3) 訴状に記載のある原告が当事者能力を有しない動物である場合

環境問題にまつわる訴訟などにおいては、原告として自然人以外に「アマミノクロウサギ」や「ムツゴロウ」などの動物が表記されることがある[15]。

(a) このような場合、裁判所としては、まず、訴訟代理人などに対して、当該記載が当事者能力を有する自然人または法人を表示するものであるかを確認することになろう。そして、当該動物の記載が当事者能力を有する自然人または法人を表示するものであると確認できれば、その自然人または法人を原告として（すなわち、「原告アマミノクロウサギこと○○」と理解して）、訴訟を運営することになる[16]。これは、上記(1)と同様に、当事者の交替ではなく表示の訂正である。

(b) では、上記のような確認に対して「動物を原告とする趣旨である」との回答があった場合はいかがすべきであろうか。この点、秋山幹男ほか『コンメンタール民事訴訟法II［第2版］』（日本評論社・2006）129頁は「動物を原告とする訴状が提出された場合にも、原告の表示の不備として補正命令の対象となる」とする。確かに、原告として「アマミノクロウサギ」との表記があるのみであれば、当該記載からは原告が誰であるか不明であるから訴状の必要的記載事項である「当事者」の記載に不備があるものとして補正命令の対象となると解される。しかしながら、補正命令や補正の促しの結果、「アマミノクロウサギ」が自然人または法人以外の動物を指すと判明した場合、当該動物が訴状を作成したり、訴訟代理人に訴訟追行を委任すること自体が想定できない以上、そもそも訴えの提起行為自体が存在しないものとして、上記(2)と同様に、訴訟事件としての立件を取り消すのが相当ではないかと考えられる。この点、自然人や法人以外の動物、鳥類を原告とした部分については訴状を却下するということも考えられるが[17]、前記動物または鳥類が訴訟代理人に訴訟追行を委任するといった事態は想定できないから、当該訴状却下命令を誰に告知（通常は同命令の謄本を送達）するのか、仮に訴訟代理人と称する者に告知するとして、当該代理人が訴状却下命令に対して即時抗告（民訴法137条3項）できるのかといった問

---

15) 賀集唱＝松本博之＝加藤新太郎編・基本法コンメンタール民事訴訟法2［第3版追補版］（日本評論社・2012）30頁。
16) 訴訟代理人が選任されている場合には、当該原告を委任者とする委任状を改めて提出するよう求めることになる（民訴規則23条）。
17) 賀集＝松本＝加藤編・前掲注15）30頁にはそのような取扱いが紹介されている。

題が残ることになる。

2 訴え提起の手数料に関するもの

(1) 訴えの提起に際して訴え提起の手数料が納付されていない場合には、裁判長は、相当の期間を定めてその納付を命ずる旨の補正命令を発し（民訴法137条1項）、当該補正期間内に訴え提起の手数料が納付されない場合には、裁判長は、命令で訴状を却下することになる（同2項）。なお、原告は、訴状却下命令が確定するまでは不足分を追納することができる[18]。

(2) それでは、訴え提起の手数料の一部しか納付されなかった場合、裁判長は当該訴状をどのように扱うべきであろうか[19]。このような事態は、原告と裁判所（裁判長）との間において訴訟の目的の価額について見解の相違がある場合や主観的共同訴訟における「その訴えで主張する利益が各請求について共通である場合」（民訴法9条1項）に該当するか否かの判断が異なる場合などで生ずる。

(a) まず、訴えの客観的併合の事案において納付された手数料が併合されている請求のうち特定の訴え（請求）についての手数料であると判断できる場合、裁判長は、差額について補正命令を発し、それでも納付がなければ当該訴状のうち手数料が納付されていない訴えに係る部分を訴状却下することになると解される。一般的に訴状却下の場合には、当該訴状の謄本を作成して裁判所の記録に編てつし、当該訴状の原本は原告に返却[20]するが（民訴規則57条）、このような訴状の一部却下の場合には、訴状の謄本を作成してこれを原告に返却することになろう。

(b) 次に、一つの請求について、訴え提起の手数料の一部しか納付されなかった場合には、裁判長は当該訴状をどのように扱うべきであろうか。例えば、被告に対して1億円の損害賠償を求める訴訟において、1000万円分の訴え提起

---

18) 秋山幹男ほか・コンメンタール民事訴訟法Ⅲ（日本評論社・2008）133頁。最決平成27年12月17日最高裁HP。
19) 訴え提起とともに訴訟救助の申立て（民訴法82条）がなされ、訴え提起の手数料の一部について訴訟上の救助が付与されたような場合にも同様の事態が生ずる。最判平成27年9月18日民集69巻6号1729頁は、このような事案について判断したものである。
20) 訴状却下命令は、即時抗告の起算点を明らかにするために同命令の謄本を送達する方法によってなされているが、通常は、この送達の際に訴状の原本を返却している（裁判所職員総合研修所監修・前掲注7）26頁）。

の手数料しか納付されなかったような場合である。このような場合、訴え提起の手数料が不足していることには変わりがないのであるから、裁判長は当該訴状を1000万円の請求の範囲で適法なものと認めてその余の部分（9000万円の部分）を却下するというのは相当でないと解される。裁判長は、訴え提起の手数料の未納分について補正命令を発し、原告がこれを納付しなければ、当該訴状を全体として訴状却下することになると解され、実務の大方もそのような取扱いをしていると思われる。

　(c)　さらに複雑な問題として、原告が訴えの一部を取り下げて請求額を1000万円に減縮するとどうなるかという問題もある。この点、訴えを取り下げた以上、取り下げた部分については訴え提起の手数料の納付義務はなくなるとする決定例（東京高決昭和30年3月23日東高民時報6巻3号45頁）と訴え提起の手数料の額は訴え提起時を基準として算出すべきであり、訴状却下命令に対する抗告審において訴えの一部が取り下げられてもその効果が遡及するものではない（東京高決平成5年3月30日判タ857号267頁）とする決定例が存在する。

　(i)　前者の昭和30年の決定例は、債権額3954万円の公正証書に基づく執行力の排除を求めた請求異議訴訟において、原裁判所の裁判長が前記債権額を訴訟物の価額とし、これに対応する訴え提起の手数料を納付するよう補正命令を発令したところ、原告が請求の趣旨を特定の不動産について強制執行を許さないことを求める具体的執行の不許[21]を求める訴えに変更したという事例についての決定例である。同決定は、「抗告人の訴状に記載したような訴であれば、訴訟物の価額は執行力の排除を求める債務名義に表示されている債権額によって算定すべきであるから、原裁判所の裁判長がなした印紙を加貼すべしとの命令は正当であるが、抗告人はその後その主張のように具体的の執行力の排除を求めるように請求の趣旨を訂正して訴を変更したのである。右訴の変更は請求の基礎が同一であるから、元より適法なものである。そうであるとすれば、本訴は、右のように変更された新請求のみになるのであり、その訴訟物の価額は具体的執行の排除を求める執行の目的物の価格によって算定するを相当とする」と判示し、訴えの取下げがあった場合には、取下げ後の請求を基準と

---

21)　司法研修所編・執行関係等訴訟に関する実務上の諸問題（法曹会・1989）13頁。

して訴訟物の価額を算定し、取下げ後の請求額に対応する訴え提起の手数料が納付されれば、訴状を却下することはできないと判断した。訴訟物の価額と訴えの取下げについて以上のような見解に立つのであれば、補正命令を発令した後に既に納付されている訴え提起の手数料の範囲内まで請求が減縮されれば、同補正命令に基づいて訴状を却下するのではなく、取下げ後の請求を前提として審理を進めることになる。

(ii) 後者の平成5年の決定例は、146名の原告が国を被告として①自衛隊員等のカンボジア等への派遣等の禁止、②自衛隊員等のカンボジア等への派遣は憲法違反であることの確認、③原告らそれぞれが自衛隊員のカンボジア派遣による財政支出により被る損害のうち金1万円の支払を求める事案において、原告らが訴額を146万円として1万2100円の収入印紙を納付したのに対し、受訴裁判所の裁判長が訴え提起の手数料の不足額として収入印紙52万2500円を納付すべき旨の補正命令を発し、原告らがこれに応じなかったため、訴状が却下された事案についての即時抗告審の判断である。原告らのうち144名は、訴え提起後、前記①、②に係る訴えを取り下げ、原告らは、取下げ後の請求に対応する訴え提起の手数料の不足額を納付した。同決定は、「訴え等の申立ての手数料については、費用法は、訴えなど同法所定の申立てをするには、手数料の納付を要し、手数料は訴状等に収入印紙を貼って納めなければならないとし、手数料のない申立ては不適法と定めている（同法3条、6条、8条）こと、右手数料の算出の基礎とされる訴額は、訴えにより主張する利益を基礎に算定される（費用法4条1項、民事訴訟法22条〔現民訴法8条〕）こと、最初にすべき口頭弁論期日の終了前における訴えの取下げがある場合に手数料額の一部が還付されること（費用法9条2項）などの各規定に照らすと、申立手数料の額は申立て時、すなわち訴えの提起の時を基準として算出され確定するものと解される（民事訴訟法223条〔現民訴法133条〕）」、「仮に、訴えの提起に瑕疵がある場合でも、訴状の提出がある以上、訴えの提起自体は存在し、補正することにより右瑕疵は治癒され、訴状提出による訴えの提起が遡って適法なものとなるものであり、補正されたときに訴えの提起があったものとされるものではない。したがって、訴え提起時に訴状に貼付された収入印紙の額が申立手数料の額に不足したが、後に追貼された場合においては、当初あった瑕疵は補正により治癒され、訴え

Ⅲ　各　論

などの提起は適法になるが、右補正のために追貼すべき収入印紙の額は、右補正のときではなく、訴状が裁判所に提出されたときを基準に算定されることになる」、「抗告人らは、申立手数料算定の基準時である訴えの提起とは、訴状が裁判所に提出されたときではなく、裁判長が訴状に瑕疵がないと認めるか、又は訴状に瑕疵があるときはその瑕疵の補正が行われて訴状が適法として受理するべきものとされて送達手続が開始されるときであり、そのときまでに請求が減縮されれば手数料額もこれに応じて減縮されると主張するが、前記費用法等の趣旨に照らすと、申立手数料は、申立て時である訴状が裁判所に提出されたときに算定されると解されるから、右主張は理由がない。したがって、抗告人らの一部が、その訴えの一部を取り下げたとしても、本件訴訟の訴額を334万円として、申立手数料を算出することはできない。そうとすると、本件訴えの申立手数料は、右訴えの一部の取下げにかかわらず、結局、53万4600円ということになる。抗告人は、訴えの取下げの遡及効により、取下げた部分の請求は、訴額算定の基礎にならないと主張する。しかし、申立手数料は、裁判制度を利用しようとする者が反対給付として国に納付するものであって、私人と国との間の公法関係に基づくものであり、申立てにより納付義務を生じるものであること、訴額算定の基準時が前記のとおり訴状その他の書面を裁判所に提出したときと解されること、前記手数料額の一部の還付について前記の規定があることからすると、申立手数料の納付義務の存否を、本来訴訟法上の制度である訴え取下げの遡及効にかからせることが相当であるとは考えられない」と判示し、訴え提起の手数料の納付を命ずる補正命令の後に訴えが一部取り下げられた場合であっても、当初の訴えに対応する手数料が納付されなければ当該訴状が却下されることになると判断した。

　　(ⅲ)　この点、最判平成27年9月18日民集69巻6号1729頁は、訴訟の目的である金銭債権の数量的な一部に対応する訴え提起の手数料につき訴訟上の救助を付与する決定が確定した場合において、請求が上記数量的な一部に減縮された後の訴えの適否について、「金銭債権の支払を請求する訴えの提起時にされた訴訟上の救助の申立てに対し、当該債権の数量的な一部について勝訴の見込みがないとはいえないことを理由として、その部分に対応する訴え提起の手数料につき訴訟上の救助を付与する決定が確定した場合において、請求が

上記数量的な一部に減縮されたときは、訴え提起の手数料が納付されていないことを理由に減縮後の請求に係る訴えを却下することは許されないと解すべきである」と判断した。原審が、「本件訴えの請求金額は、本件訴状が提出された時ではなく、本件訂正申立書が提出された時に50万円に確定したというべきであるから、本件補正命令は違法であり、これに応じた補正がされなかったことを理由に本件訴えを却下することは許されない」と判断していたのに対し、同最高裁判決が、「訴え提起時にされた訴訟上の救助の申立てに対する一部救助決定には、勝訴の見込みがないとはいえないとされた数量的な一部に請求が減縮された場合、これに対応する訴え提起の手数料全額の支払を猶予し、その結果、訴え提起時の請求に対応するその余の訴え提起の手数料の納付がされなくても、減縮後の請求に係る訴えを適法とする趣旨が含まれるものというべきである」と判示していることに照らすと、同判決は、訴えの取下げがあったとしても当該取下げ部分についての訴え提起の手数料の納付義務は消滅しないとの解釈を前提としていると解される。

3 送達費用に関するもの

(1) 原告は、訴状の送達のために必要な費用を予納する義務を負うところ（民訴費用法12条1項）、各裁判所では、原告が予納すべき郵便切手を切手の種類や枚数とともにあらかじめ定めている。そして、訴状の送達をすることができない場合（訴状の送達に必要な費用を予納しない場合を含む）には、民事訴訟法138条2項によって137条が準用されるから、原告が送達費用を予納しない場合には、裁判長によって補正命令が発令され、これに原告が応じなければ訴状が却下されることとなる。

(2) 原告が訴状および呼出状等を被告に特別送達するのに要する費用は納めたものの、補正命令によって命じられた金額には不足していた場合は、「訴状の送達に必要な費用」は予納されている以上、訴状を却下することはできないと解される。もし、補正命令に従って予納された郵便切手を用いた訴状等の送達が不奏功であった場合には、改めて送達費用の予納を求め、これに原告が応じなければ2度目の補正命令を発令することになろう。

IV 最後に

　以上の検討は、筆者が担当した民事訴訟事件において顕れた事例を中心に検討を加えたものであり、このような事例は、裁判所が受理する民事訴訟事件の中の極めて少数であることはいうまでもない。民事訴訟事件の大多数は、被告に訴状が送達されて訴訟係属が生じ、その後、裁判上の和解、訴えの取下げ、判決などによって終局している[22]。本稿での検討は極めて稀に見受けられる事例についてのものであり、民事訴訟事件の審理を担当する裁判官は大多数の事件において原告の意図をできる限り合理的に解釈し、その訴えを実質的に審理する方向で検討していることは改めて言及しておきたい。ただし、原告の裁判を受ける権利を守る一方で被告の応訴の負担についても配慮しなければならないことは既に述べた通りである。訴訟係属後は被告にも棄却判決を受ける利益があるのはその通りであるが、同種の事件が反復継続して提起されているような場合には、被告が一つの事件において請求棄却判決を得ても後続の訴訟提起を防止できないこともある。また、近時、スラップ（SLAPP）訴訟といった表現を目にすることも多くなってきている。原告の裁判を受ける利益と被告の応訴の負担の均衡を適切に図ることがより一層重要になってくるのではないかと思われる。

22）　裁判の迅速化に係る検証に関する報告書（第6回）28頁によると、平成26年に終局した民事訴訟事件の96.6%が判決、裁判上の和解または訴えの取下げによって終局している。

弁論準備手続における自白の取扱い

出口雅久

 I はじめに
 II 争点中心審理における裁判上の自白の可否
 III 民事訴訟法173条における結果陳述の意味
 IV 第1審の訴訟行為の効力と説明義務
 V 争点整理段階での裁判上の自白の取扱い
 VI 裁判上の自白の撤回・黙示の撤回の可能性
 VII おわりに

I はじめに

　現行民事訴訟法において裁判上の自白とは、口頭弁論または弁論準備手続においてなされる、相手方の主張と一致する自己に不利益な事実の陳述であるとされている[1]。これは一般的には弁論主義によって根拠付けられるものである[2]。すなわち、訴訟物たる権利関係の基礎となる主要事実については、当事者が提出する権限と責任を有するところ、ある事実が認められると不利益を被る当事者がその事実の存在を認める主張をすることによって、当該事実の提出について処分したとみることができ、裁判所はその処分に拘束される[3]。した

---

1) 松本博之＝上野泰男・民事訴訟法 [第8版]（弘文堂・2015）330頁、河野正憲・民事訴訟法（有斐閣・2009）401頁参照。小島武司・民事訴訟法（有斐閣・2013）449頁。新堂幸司・新民事訴訟法 [第5版]（弘文堂・2011）582頁。兼子一ほか・条解民事訴訟法 [第2版] 1029頁以下 [松浦馨＝加藤新太郎] 参照。
2) Wolfgang Lüeke, Zivilprozessrecht, 9. Aufl. S. 233. 笠井正俊＝越山和広編・新・コンメンタール民事訴訟法 [第2版]（日本評論社・2013）763頁〔山田文〕。
3) 佐藤鉄男「裁判上の自白」伊藤眞＝山本和彦編・民事訴訟法の争点（有斐閣・2009）163頁以下は、「審判排除効の根拠を弁論主義に求めると、弁論主義の適用範囲が主要事実に限定されるとの基本的理解と相俟って、間接事実や補助事実については自白の成立に消極的になる」とし、「現行民事訴訟法が目指す争点整理審理方式では、自白は広い範囲でこれを認めるのが望ましいと思われるので、弁論主義に

がって、当事者が自白した事実は、証明することを要しない（民訴法179条）[4]。一旦自白が成立すると相手方に証明不要の期待を与えるため、自白者が自白を撤回することが制限される[5]。裁判上の自白は、口頭弁論のみならず、弁論準備手続における事実主張による場合にも成立し得る。なぜならば、自白は、争点整理手続においても、不必要な争点を削除し、実質的な争点に絞り込む機能を果たすからである[6]。自白が成立すれば、裁判所は、自白が真実であるか否かを判断する必要はなく、また証拠調べの結果、反対の心証を得たとしても、これに反する事実を認定できなくなる[7]。しかし、弁論準備手続における争点整理段階で安易に自白の成立を認めてしまうと、当事者および訴訟代理人に対して不必要に委縮効果が生じてしまい、立法者が当初考えていた争点整理・事実解明のための自由闊達な議論が妨げられるおそれがあるので、できる限り抑制的に捉える必要がある[8]。そこで、有力説も、争点整理手続中は、暫定的な陳述をよしとすべきであり、自白の成立に対して謙抑的であるべきであるとして、弁論準備手続における裁判上の自白の成立について警鐘を鳴らしている[9]。すなわち、民事訴訟法173条の立法趣旨に鑑みると、弁論準備手続における自白の拘束力を口頭弁論におけるそれと同じように評価することはできないと考え

こだわらずに柔軟に解したい」とする。井上治典＝伊藤眞＝佐上善和・これからの民事訴訟法（日本評論社・1984）130頁〔伊藤〕、小林秀之・新証拠法［第2版］（弘文堂・2003）219頁、酒井一「自白」法教267号（2002）22頁も同趣旨。

4）　賀集唱＝松本博之＝加藤新太郎編・基本法コンメンタール民事訴訟法2［第3版追補版］（日本評論社・2012）〔高地茂世〕153頁以下参照。

5）　兼子ほか・前掲注1）1036頁以下〔松浦＝加藤〕参照。

6）　争点中心審理と証拠調べについては、兼子ほか・前掲注1）1028頁〔加藤〕参照。

7）　最判昭和30年9月27日民集9巻10号1444頁。兼子ほか・前掲注1）1034頁〔松浦＝加藤〕。

8）　笠井＝越山編・前掲注2）763頁〔山田〕。弁論準備手続に関する立法の経緯については、賀集＝松本＝加藤編・前掲注4）119頁以下〔山本和彦〕参照。なお、兼子ほか・前掲注1）985頁以下〔上原敏夫〕も、「弁論準備手続は、世間一般の注目をさほど集めないような普通の事件で小さな部屋で膝を突き合わせて議論を詰めることが有効と考えられるものや、名誉、プライバシー、営業上の秘密などに関わるために当事者が公開の場での争点整理を好まない事件などで用いるのが妥当といえる」、そして「当事者双方さらには裁判官が本音を述べ合う雰囲気が生まれ、真の実効性のある整理が可能であると考えられてきた」とし、弁論準備手続での自由闊達なフォーラムの確保の必要性について論じる。

9）　笠井＝越山編・前掲注2）〔山田〕、高橋宏志・重点講義民事訴訟法㊤［第2版補訂版］（有斐閣・2013）475頁、座談会「21世紀の民事訴訟の構想」判タ1063号（2001）22頁〔三木浩一発言〕、宇野聡「裁判上の自白の不可撤回性について」鈴木正裕先生古稀記念・民事訴訟法の史的展開（有斐閣・2002）459頁参照。兼子ほか・前掲注1）987頁〔上原〕は、「争点整理と集中証拠調べとの段階的分離という前提が崩れているから、弁論準備手続の結果の集約、結果の陳述、終結に伴う効果などの点で、メリハリのないルーズな手続になるおそれ」について指摘している。

る[10]。なぜならば、弁論準備手続は、当事者の自由闊達な陳述によって争点を早期に絞り込むことに眼目があり、自白の拘束力をおそれて陳述が慎重になることはできるだけ避けなければならないからである[11]。そこで、本稿では、弁論準備手続における自白の取扱いについて検討する。

II 争点中心審理における裁判上の自白の可否

　裁判上の自白は、争点中心審理を目指す弁論準備手続において重要な役割を果たしていることは否定し得ない[12]。しかし、自白を争点整理過程で一定の事実を争点から排除する旨の明確な意思表示と考える、自白者の意思を重視する近時の一連の有力な見解[13]によれば、裁判上の自白が成立するためには、その事実が当該訴訟で有する意味を自白当事者が十分に認識していることが必要であり、むしろ、そのような認識なしでなされた自白は効力を生じないものと解すべきであろう[14]。したがって、仮に争点整理手続の中での形式的に事実主張について両当事者が一致していたとしても、口頭弁論においては、自白としての効果を前提にした意思の確認が再度必要であり、単に争点整理手続の中で裁判所側の主張整理の結果として自白を認定することは相当でない[15]。つまり、争点整理手続における関係者の議論の中で事案におけるその事実の意義等について十分な認識を伴ってなされた陳述に対してのみ本来の自白としての強い効力が認められるべきである[16]。明確な意思表示という以上は、自白が成立することを前提として意思の確認が裁判所によってなされることが必要となると考

---

10) 兼子ほか・前掲注1）1000頁以下〔上原〕参照。
11) 小島・前掲注1）449頁も、弁論準備手続は、「厳格な法廷ではなく、円卓での打ち解けた雰囲気の中で行われる対話によって事案の内容を把握し、争点・証拠の整理を効果的に行われるものと期待される」としている。髙橋・前掲注9）479頁は、争点証拠整理手続の過程では、自由に主張を展開させるのをよしとし、自白の成立に謙抑的であるべきであるが、事実関係が複雑な事件では争点証拠整理過程でも自白を成立させて審理の整除・進行を促すべきこともある、とする。
12) 河野憲一郎「民事自白法理の再検討(1)」一橋法学4巻1号（2005）245頁以下は、裁判所による自白の成立過程のコントロールという視点から、裁判所の積極的な釈明による争点の減縮をメリットとして指摘している。
13) 伊藤眞・民事訴訟法［第4版補訂版］（有斐閣・2014）337頁以下、髙橋・前掲注9）475頁以下。
14) 山本和彦・民事訴訟法の基本問題（判例タイムズ社・2002）159頁参照。
15) 兼子ほか・前掲注1）1000頁〔上原〕参照。
16) 山本・前掲注14）152頁参照。宇野・前掲注9）457頁参照。

えるべきである[17]。したがって、口頭弁論だけではなく、弁論準備手続における自白についても自白対象に関しては一般に広い範囲で自白の成立を認めつつも、自白の手続的規制を重視し、自白の成立過程を情報に基づいた透明なものにしていく方向を模索すべきである[18]。

III 民事訴訟法173条における結果陳述の意味

次に弁論準備手続終結後に口頭弁論において当事者が弁論準備手続の結果を陳述しなければならない旨を規定する民事訴訟法173条の立法趣旨を検討してみる。民事訴訟法173条は、この結果陳述によってのみ、本来、口頭弁論において必要とされている口頭主義、公開主義および直接主義の要請が満たされると考えている。また民事訴訟規則88条が、その後の証拠調べによって証明すべき事実を明らかにしなければならない旨を規定するのは、手続の実質化に向けての最低限の指針を示したものである。旧法下でのこれらの手続の実際の運用は極めて形骸化していたが、争点中心審理を実現するためには、口頭弁論における証拠調べの目標をその開始時に明確にすることが重要であり、従来とは異なり、結果陳述の手続を実質化することが望まれている[19]。争点および証拠の整理が、口頭弁論ではなく、非公開の手続でなされてきたことを重視し、手続が新たな段階（集中証拠調べを中心とする口頭弁論）に進んだことにつき関係人が認識を新たにして、口頭弁論の充実をはかることが重要である[20]。そこで、裁判所が相当と認めるときは、裁判所書記官にその事実を弁論準備手続調書に記載

---

17) 宇野・前掲注9) 457頁参照。
18) 山本・前掲注14) 151頁以下参照。座談会・前掲注9) 22頁〔三木発言〕。宇野・前掲注9) 457頁以下は、「裁判上の自白の成立時点は争点および証拠の整理手続の終結時と考えるべきであるとする一方、いったん認めた事実をのちに態度をかえて争うことは望ましいとはいえない」とし、「争点および証拠の整理手続の終結時点において自白が成立し、その自白に不撤回性が生じるのは、争点および証拠の整理手続終結に伴い生じるゆるやかな失権効の効果である」と考えた上で、「自白が成立した当該事実が不要証事実とされることの意義等について十分に説明がなされたことを自白の不撤回性（失権効）の正当化根拠として位置づけ、そうした説明が不十分であった場合には自白の不撤回性（失権効）をゆるめるという扱いがなされるべきである」と主張する。私見は、弁論準備手続における自白の扱いは、当事者と裁判所との争点整理の結果、当事者の自白の拘束力について意識を再確認した上で弁論への結果陳述という民事訴訟法が予定している弁論上程の方法（直接主義・公開主義）を励行させる方法で貫徹できるのではないかと考える。
19) 兼子ほか・前掲注1) 1000頁〔上原〕参照。
20) 兼子ほか・前掲注1) 1000頁以下〔上原〕参照。

させなければならないとされ（民訴規則90条による同規則86条1項の準用）、裁判所は、相当と認めるときは、当事者に争点および証拠の整理結果を要約した書面を提出させることができる（民訴法170条5項による165条2項の準用）。したがって、弁論準備手続の結果陳述の実質化論からすれば、単なる形式的な陳述では不十分であり、口頭弁論において、少なくとも若干の時間をとって原告・訴訟代理人から口頭で争点を明らかにしてもらい、次に、被告・訴訟代理人にその内容を確かめてもらう程度の陳述がなされる必要がある[21]。いずれにしても弁論結果陳述においては、直接主義の要請に応える口頭審理原則の復権が期待されている[22]。

IV　第1審の訴訟行為の効力と説明義務

　わが控訴審の構造は続審制であり、民事訴訟法298条は第1審の訴訟行為の効力は控訴審においても維持されることを規定する。同条は、控訴審の構造が、覆審制ではなく、いわゆる続審制であることを明らかにする規定の一つである[23]。現行法は、争点中心審理を採用し争点整理手続として弁論準備手続を整備している（民訴法168条）が、上述の通り、第1審において弁論準備手続を終結した事件につき控訴審で攻撃または防御の方法を提出した当事者には説明義務が課されている（同法167条）ところ、この説明義務を定めた規定は、控訴審の手続にも準用される（同法298条2項）。第1審の争点整理手続による争点整理とその法的効果は控訴審でも効力が認められる（同条1項）。第1審での争点整理手続を経ている場合、控訴審で攻撃防御方法を提出した当事者は、相手方の求めがあれば、第1審の争点整理手続終了前にその攻撃防御方法を提出することができなかった理由を説明しなければならないことを明確にするために、民事訴

---

[21]　中島弘雅「口頭主義の原則と口頭弁論の在り方」鈴木古稀・前掲注9）355頁参照。賀集＝松本＝加藤編・前掲注4）131頁〔山本〕参照は、民事訴訟規則89条は、結果陳述は、「その後の証拠調べによって証明すべき事実を明らかにしなければならない」旨を定めており、「弁論準備手続に際して、争点整理の成果として必ず『証拠調べにより証明すべき事実』が裁判所と当事者との間で確認されることにかんがみ、弁論上程に際しても最低限この点を明らかにすることを明らかにすることを求めたものである、とする。上原敏夫「弁論準備手続」竹下守夫編集代表・講座新民事訴訟法I（弘文堂・1998）336頁注58参照。
[22]　秋山幹男ほか・コンメンタール民事訴訟法III（日本評論社・2008）482頁。
[23]　賀集＝松本＝加藤編・前掲注4）41頁〔宇野聡〕。

訟法298条2項が規定されている[24]。すなわち、立法者は、同法174条において、弁論準備手続終結に一切の攻撃防御方法が提出できなくなるというような直接的な効果としての失権効は規定せずに、相手方の求めに応じて、新たな攻撃防御方法を弁論準備手続終結までに提出できなかった合理的理由を明らかにするという、当事者間における説明義務とするソフトなサンクションを介した規律として規定している[25]。民事訴訟法174条は、裁判所の却下という方向ではなく、当事者間の「詰問権」プラス説明義務という形での妥協的な立法ではあるが、理論的には、争点整理に対する協力を当事者相互の関係を中心に理解し、争点整理の義務を果たさなかった当事者は相手方との関係で信義則上一定の負担を負うという理解に基づいている。その際、相手方の求めに応じて、当事者が説明する内容は、弁論準備手続終結前には当該攻撃防御方法を提出できなかった理由であり、新たな証拠（証言、書証等）を終結後に取得したこと等が典型的な理由となる。そして、この説明義務に違反した場合の法効果は、特段規定されていないが、裁判所が、当事者に対して、適切な釈明権を行使しつつ、より詳細な説明を求めることは可能であろうし、民事訴訟法157条の運用により、時機に後れた攻撃防御方法の却下をする際の有力な判断材料として、説明の内容を斟酌することも許されよう[26]。

V　争点整理段階での裁判上の自白の取扱い

以上の観点から、本件の弁論準備手続における争点整理段階での裁判上の自白の取扱いを考察してみると、弁論準備手続における自白の取扱いについては、現行民訴法の立法趣旨に鑑みれば、まずは可能な限り裁判所が両当事者間の意思について積極的に釈明権を行使して確認すべきであり、その後、事案の内容に応じて、民事訴訟法157条の時機に後れた攻撃防御方法の却下の問題として処理すべきであると考える。弁論準備手続での結果陳述は、裁判所も両当事者も、形骸化した弁論準備手続[27]において、自白の存在について全く意識せずに、

---

24) 兼子ほか・前掲注1）1570頁〔松浦＝加藤〕参照。
25) 笠井＝越山編・前掲注2）747頁〔下村眞美〕。
26) 賀集＝松本＝加藤編・前掲注4）132頁〔山本〕参照。
27) 最高裁判所平成23年7月「第4回裁判の迅速化に係る検証に関する報告書」参照。

まさに旧法下で蔓延っていた形式的な結果陳述に基づいて行われることも予想されるため、形式的な要件事実論から弁論準備手続で自白された内容について何らの制限もなしに裁判上の自白と捉えることは、旧法下の結果陳述の形骸化を戒めた現行民訴法の精神に照らして極めて問題がある[28]。すなわち、裁判上の自白が成立するためには、その自白事実が当該訴訟で有する意味を自白当事者が十分に認識している必要があり、争点整理手続における関係者の議論の中で本件事案における自白事実の意義について十分な認識を伴ってなされる陳述だけが自白としての強い効力を認められるべきである[29]。したがって、例えば、争点整理段階での準備書面による積極的な主張でもないような、単に相手方の抗弁に対する再抗弁としての認否という裁判所の争点整理の中で確認したある法律行為の形式に関する確認事項について、弁論準備手続の結果陳述による裁判所と両当事者間での主要な争点（非主要争点を含む）の再確認も経ずして裁判上の自白という強力な審判排除効[30]を認めてしまうことは、現行民事訴訟法の立法精神に反すると考える。

VI 裁判上の自白の撤回・黙示の撤回の可能性

そもそも自白の法的性質に関しては、旧くは、相手方の立証責任を免除し、防御権を放棄する意思表示であるとか、相手方の主張の自己に不利益な事実を真実として裁判の基礎にしようとする意思表示であるとする見解（意思表示説）もあったが[31]、現在では、法律効果は当事者が認識せずに、あるいは意欲しなくとも、常に生ずるものであるから、自白は、事実が真実であるとの観念の報告であるとする見解（事実報告説）が通説となっている[32]。このような通説に対しては、上述した通り、自白は、相手方の主張する自己に不利益な事実を争わ

---

28) 兼子ほか・前掲注1）1000頁〔上原〕。
29) 山本・前掲注14）159頁。
30) 審判権排除効の理論的な根拠に関しては、松本＝上野・前掲注1）337頁参照。なお、審判排除効を広くとろうとするのは、山本・前掲注14）151頁以下、佐藤・前掲注3）163頁以下、井上＝伊藤＝佐上・前掲注3）130頁〔伊藤〕、小林・前掲注3）219頁、酒井・前掲注3）22頁など。
31) 大判大正8年8月18日民録25輯1490頁、岩田一郎・民事訴訟法原論［第19版］（明治大学出版部・1920）275頁。
32) 兼子ほか・前掲注1）1032頁〔松浦＝加藤〕。

ない旨の意思を表明する弁論としての陳述であるとして、意思の有無によって自白の成否等を判断しようとする見解が有力となりつつある[33]。さらには、現行民事訴訟法下の争点中心審理の下での自白制度は、争点整理において当事者間で争いのない事実主張を証拠調べの対象から除外する作業の中核をなすものであるとして、自白を争点整理過程で一定の事実を争点から排除する旨の明確な意思表示であると考える有力説（新意思表示説）も主張されている[34]。上記の学説の状況に鑑みると、現行民事訴訟法においては、当事者の主体性とそれに伴う自己責任が重視されている点から、当事者の意思を重視して自白の成立の範囲を限定し、成立した自白について拘束力を強く認めるという方向には合理性が認められる。

　裁判上の自白は自白当事者を拘束するが、この拘束力を免れようとする訴訟行為が、自白の撤回である[35]。自白の撤回は、通常の事実上の陳述と同様に、事実審の口頭弁論終結まで許されるのが原則であるが、異種の攻撃防御方法に属するので、民事訴訟法157条によって却下されることはありうる[36]。そして、自白の撤回は明示のものだけに限られず、黙示の撤回も肯定されている。すなわち、大審院および最高裁判所によれば、「第一審においてなしたる自白と相容れない事実を第二審において主張し、以て自白を取り消す場合、必ずしも明らかにその真実に反し錯誤に出たことを主張しかつ特にこれが立証をなすことを要しないのであつて、いやしくも自白にかかる事実と相容れない事実を主張しかつその事実が証明せられるにおいては、先になしたる自白は自ら暗黙に取り消されたものと解すべきを相当とする」と判示した確定判例がある[37]。したがって、自白した当事者が自らの自白内容と相容れない事実主張をした場合には、黙示の自白撤回を認めることができる。

　しかし、無条件に自白の撤回が認められると、自白を基礎としてその後の訴訟の追行が行われ、事件の争点が明らかにされていったのに、これを信頼した

---

33) 新堂・前掲注1) 582頁、伊藤・前掲注13) 306頁以下、高橋・前掲注9) 420頁)。
34) 山本・前掲注14) 151頁以下。
35) 裁判例について詳細は、福永有利「裁判上の自白（二）」民商92巻1号（1985）82頁以下参照。
36) 大阪地判昭和39年5月29日下民15巻5号1253頁。
37) 大判大正9年4月24日民録26輯687頁、大判大正4年9月29日民録21輯1520頁、最判昭和25年7月11日民集4巻7号316頁。

相手方の信頼を裏切り、相手方の利益を害する結果になる[38]。わが国の母法であるドイツ民事訴訟法290条は、自白が真実に反しかつ錯誤に出たことが証明された場合には、自白の撤回を認めているが、その立法趣旨は、自白の拘束力は、訴訟資料の収集に関する当事者責任に基づくものであり、その自白を前提として訴訟追行することができる相手方の利益を保護しつつ、その都度の自白した当事者の訴訟戦術を阻止することが目的とされている[39]。これに対して、ドイツ民事訴訟法およびわが民事訴訟法に少なからぬ影響を与えてきたとされるオーストリア民事訴訟法は、266条2項により、もっぱら自白撤回の訴訟に対する影響を裁判官の自由裁量に委ねており[40]、事案の特性に応じた臨機応変な裁判所の対応が注目されている。わが国の通説的な見解は、自白の撤回によって相手方に不利益が生じるという訴訟政策的な考え方から自白の不可撤回効を捉えてきているが[41]、近時は、わが国の争点整理手続の制度趣旨に鑑みれば、むしろ自白の撤回について自白者の有する攻撃防御方法の提出権能は、一定の説明義務を負うという限度で制限されれば十分であり、それ以上の制限を課すことは過剰制限となるという見解も主張されている[42]。わが国においては自白の撤回について明文規定がないにもかかわらず、裁判実務ではドイツ法の裁判上の自白の撤回の要件と同様の取扱いをしてきたが[43]、ほとんどの場合、実質的には、反真実の証明のみで自白の撤回を許しており、錯誤の推定を容認するのが著しく不合理な場合にのみ錯誤証明を要求しているにすぎない[44]。

　私は、わが国の有力説[45]が主張するように、反真実の証明があれば自白の撤回が許されると解する。なお、この有力説に対しては、反真実の証明を許すと自白の審判権排除効を著しく減殺し、自白に証明責任の転換の効果しかないと

---

[38]　高橋・前掲注9）476頁参照。
[39]　*Stein/Jonas/Leipold*, ZPO, 21. Aufl.（1997），§290 Rdnr. 3; 河野・前掲注1）402頁注29参照。
[40]　松本＝上野・前掲注1）336頁、Walter H. Rechberger（Hrsg.），ZPO, 3. Aufl.，§266 Rdnr . 4参照。
[41]　上田徹一郎・民事訴訟法［第7版］（法学書院・2011）358頁は自己責任原理・禁反言を根拠とする。
[42]　伊東俊明「民事訴訟における自白の撤回の規律について」横浜国際経済法学11巻3号（2003）18頁参照。
[43]　大判大正4年9月29日民録21輯1520頁、大判大正11年2月20日民集1巻52頁。
[44]　高田賢治・民事訴訟法判例百選［第5版］（2015）120頁。なお、東京高判平成元年10月31日判タ765号234頁は、反真実であるが錯誤に基づくものではない場合に、相手方の信頼を保護する正当な事由に乏しいとして自白の撤回を許しているが、自白の撤回の際の判断要素として相手方の信頼という点が最も重要であると判示した点で注目に値する。
[45]　松本博之・民事自白法（弘文堂・1994）60頁以下、兼子ほか・前掲注1）1036頁〔松浦＝加藤〕。

いう批判[46]が存在するが、裁判上の自白は証明排除効として捉えるべきであり、審判権排除効は、弁論主義の一般原則に基づいて、判決段階における情報処理の問題として考えるべきであろう[47]。また、最近の学説では、争点整理手続における自白の取扱いについては、自白を「争点排除に係る当事者の明確な意思表示」と位置付ける見解[48]も存在することは前述した通りである。自白を信頼した相手方の信頼が重要であるところ、反真実の証明があれば、相手方の信頼は著しく害されはしないからである。自白が問題となるのは、実際上は、他の争点についての証拠調べから自白が真実に反することが明らかになるか、自白当事者が反真実を証明する有力な証拠を有している場合が多く、すでに反真実が明らかであるのに錯誤を問題にして審理を続けることは無意味であるからである。そして、自白とその撤回が訴訟の駆け引きのために使われ審理を錯綜させることは回避しなければならないが、これは錯誤の証明という方法ではなく、現行法の解釈としては、むしろ時機に後れた攻撃防御方法の却下の運用および訴訟費用の一部を撤回当事者に負担させるという方が適切であると考える[49]。

VII おわりに

現代の民事訴訟手続では、訴訟提起前および口頭弁論前における両当事者の十分な訴訟準備は効果的かつ適切な訴訟運営にとって必要不可欠であることは誰もが否定できないであろう[50]。したがって、わが国の民事訴訟法が採用している争点整理中心審理における弁論準備手続段階で裁判上の自白について、これをできるだけ広く成立を認めていくことも必要性は高いと考える。近時の有力説の中には、裁判上の自白は自白対象事項を訴訟における争点から排除する当事者の明確な意思表示として位置付けられるべきであり、自白対象に関して

---

46) 池田辰夫・新世代の民事裁判（信山社・1996）164頁。
47) 髙田裕成・民事訴訟法判例百選［第3版］（2003）132頁。
48) 山本・前掲注14）151頁以下参照。
49) 松本＝上野・前掲注1）337頁以下参照。なお、高橋・前掲注9）480頁以下は、争点証拠整理の過程にあるのであるから、訴訟の完結の遅延の可能性は消極的に判断されやすく、撤回が許されることが多くなることを理由として、民事訴訟法157条の時機に後れた攻撃防御方法の却下だけではおそらく十分ではないとする。
50) 争点中心審理と証拠調べについては、兼子ほか・前掲注1）1028頁〔加藤〕参照。

Ⅶ　おわりに

一般に広い範囲で自白を認めてよく、また自白の効果については錯誤による無効等の意思表示の一般理論を適用すれば足りるとし、自白の成立過程を情報に基づいた透明なものにしていく方向を模索し、準備書面段階等での単なる主張の一致ではなく、争点整理においてその事実の事件全体の中での位置付けまでをも共通の認識として、なお、陳述が一致する場合に初めて自白の成立を認めるべきであろうとする注目すべき見解が主張されている[51]。これは、現行民事訴訟法が目指す争点集中審理方式では、可能な限り自白を広く認めていこうとする考え方に立脚したものであるが、しかし、同時に、現在の民事裁判手続においては、憲法上保障された法的審問請求権[52]の実現が最も重要な要請であり、とりわけ、口頭弁論においては、弁論準備手続段階において両当事者間で確認された裁判上の自白のような勝敗の行方を決するような重要な事項については、再度、実質的な意味での結果陳述という形式でその内容を吟味する必要があると考える[53]。民事訴訟法168条は、弁論準備手続の開始にあたって当事者の意見を聴くものとされている。これは、現行民事訴訟法の根幹と考えられている当事者の主体性・自立性の尊重と手続保障を意味している[54]。裁判上の自白は、口頭弁論のみならず、弁論準備手続における事実主張による場合でも成立しうる。現行の争点整理手続においては、不必要な争点を整除し、実質的な争点に絞り込む作業は必要不可欠であるが、弁論準備手続において安易に自白の成立を認めてしまうことは、現行民事訴訟法が企図した争点整理・事案解明のための自由闊達な意見交換のフォーラムとしての弁論準備手続自体の長所を減殺してしまうおそれもあり、抑制的に捉える必要があると考える[55]。

したがって、近時の有力説が主張するように、裁判上の自白の争点排除機能を認めつつも、自白の成立を単に準備書面等における陳述の一致だけで認めるのは相当ではなく、争点整理手続における当該事実の事件全体の中での位置付けの十分な理解を前提にのみ認めるという手続的規制の方向を模索する見解が

---

51)　山本・前掲注14) 151頁以下参照。
52)　福永有利「民事訴訟における憲法的保障」伊藤＝山本編・前掲注3) 9頁参照。
53)　中島・前掲注21) 355頁参照。
54)　兼子ほか・前掲注1) 984頁〔上原〕。
55)　笠井＝越山編・前掲注2) 763頁〔山田〕。

妥当であると考える[56]。その意味で、今一度口頭弁論の大原則である直接主義、口頭主義、公開主義の要請に立ち返って、現行民事訴訟法173条の弁論準備手続の結果の陳述を形骸化させないような今後の裁判実務における主体的な取り組みに期待したい[57]。

【付記】
　最後に、この紙面をお借りして、古稀を迎えられる松本博之先生に対して心よりご祝辞を申し上げます。筆者は、平成3年4月に立命館大学法学部に奉職して以来、フライブルク大学法学部故ペーター・アレンス教授シューレの大先輩である、松本博之先生には格別なご配慮で大変きめ細かいご指導を頂いて参りました。筆者が曲りなりにでも今日まで研究者として研究生活を過ごすことができたことも、ひとえに松本博之先生のご指導の賜物であると存じ上げます。これまで恐らくはドイツ民事訴訟法学者の研究会だけでも数十回ほど本学で開催して参りましたが、松本博之先生にはしばしばご参加いただき、貴重なアドバイス、時には研究会の準備に対して叱咤激励を賜り、研究者としての姿勢についても多くを学ぶ機会に恵まれました。
　ちなみに、2015年5月に松本博之先生と親交のあるフライブルク大学法学部ロルフ・シュトゥルナー教授（大阪市立大学法学部名誉博士）を本学客員教授として招聘した際に東京地裁某判事のお取り計らいで弁論準備手続を両当事者の合意を得て傍聴させていただいた折に、本稿で取り扱った弁論準備手続に関する問題点としてシュトゥルナー先生から裁判官に対して交互面接に対する質問がありました。シュトゥルナー先生のご意見では、たとえ当事者が交互面接を要求していたとしても、裁判とADRの違いは、両当事者立会いにおける法的審問請求権を保障する点であり、これが手続法の大原則であり、一方当事者が不在で心証形成をする可能性のある交互面接方式は、交互面接裁判官と判決裁判官を交代させない限り、やはりヨーロッパの法律家から見ると疑問があるとの指摘が大変印象的でありました。本稿で取り扱った弁論準備手続における自白の取扱いについても、自白の争点排除効を強化していこうとする立場に立つ場合であっても、民事訴訟の適切な運営に見合った形式での両当事者の手続保障すべきです。

---

56)　山本・前掲注14）172頁参照。
57)　秋山ほか・前掲注22）482頁参照。

釈明権の機能

石田秀博

I　はじめに
II　釈明権の作用分類
III　若干の裁判例の検討
IV　むすびにかえて

I　はじめに

　民事訴訟の審理における裁判所と当事者の役割分担に関しては、次のように理解されている。民事訴訟が、その審理対象については私人間の紛争を対象とすること（審判対象の私的性格・私益性）から、事案解明の側面については第一義的には当事者に権限かつ責任が認められる（弁論主義）。他方、民事訴訟制度が、紛争を公権的・強制的に解決するための国家的制度であること（制度設営の公益性）から、審理の進行・整理の面では、審理の場の設定およびその運営は公益に関わるゆえに、職権進行主義が妥当する、と。この理解は、民事訴訟の本質から導き出されるものであり、その骨格は、現在でも維持されているものの、他面において、事案解明および審理の進行・整理の両面で一定の修正が施されている。このうち、事案解明の側面については、弁論主義の機械的な適用から生じる不合理を除去する裁判所の後見的な協力、つまり弁論主義の補充・修正として、釈明の制度目的が見出されることになる[1]。民事訴訟法149条が、裁判所

1）　学説においては、兼子一・民事訴訟法体系［増補版］（酒井書店・1965）201頁以下、三ケ月章・民事訴訟法（有斐閣・1969）162頁、中野貞一郎＝松浦馨＝鈴木正裕編・新民事訴訟法講義［補訂版］（有斐閣・2000）など、伝統的理解である。なお、判例は、「釈明の制度は、弁論主義の形式的な適用による不合理を修正し、訴訟関係を明らかにし、できるだけ事案の真相をきわめることによって、当事者間にお

は、事件の内容をなす事実関係や法律関係を明らかにするため、当事者に対し、事実上・法律上の事項について質問をし、または立証を促す裁判所の権能として、釈明権を定めていることは、民事訴訟の体系に合致しており、また、適切公平な裁判を行うことは裁判所の義務でもあることから、一定の場合には、裁判所に釈明する義務が課せられるとの理解も適合的と解せられる。

ところで、現行民事訴訟法においては、訴訟の迅速化・効率化の観点から早期争点整理と集中的証拠調べ、信義誠実義務（民訴法2条）、訴状の記載事項の詳細化（民訴規則53条以下）、適時提出主義（民訴法156条）などが採用されるとともに、その前提として証拠収集手段の拡充が図られている。早期争点整理を通じた迅速かつ充実した訴訟審理が行われるためには、安易に職権主義的運用に傾斜することなく、当事者の訴訟主体性を尊重し、かつ裁判所と当事者との協調的・協同的進行を図ることが肝要であろう。そのため、現行民事訴訟法においては、手続進行面に関して、当事者の主体性に配慮した規定を置いている。

まず、職権進行主義の下で、当事者の同意・意見聴取等を求める規定が次のように多数置かれている。第1に条文上「申立てにより……」と規定され、当事者に申立権を付与して裁判所に応答義務を生じさせる場合がある[2]。この場合には、裁判所には応答義務が生じ、必ず判断を示さなければならない。第2に、裁判所の訴訟指揮権が当事者の意思に拘束される場合がある。これに関しては、審理手続の選択等が当事者の利害と密接に関わる場合に、裁判所の訴訟指揮が当事者の一方また双方の意思に拘束される場合[3]、一方当事者の選択した手続につき、他方当事者の意思のみで当然の移行を認める場合[4]、さらに、

ける紛争の真の解決をはかることを目的として設けられたものである」（最判昭和45年6月11日民集24巻6号516頁）と、弁論主義の補充・修正に加えて、真相に合致した適切・妥当な解決を図る点がその制度目的として挙げられている。

2) 移送申立て（民訴法17条・18条）、期日の指定・変更（民訴法93条1項3項）、中断後の受継（民訴法126条）、時機に後れた攻撃防御方法の却下（民訴法157条）など。

3) 管轄の合意（民訴法11条）、応訴管轄（民訴法12条）、当事者の合意による必要的移送（民訴法19条）、専門委員関与決定の取消し（民訴法92条の4）、最初の期日の変更（民訴法93条3項ただし書）、弁論準備に付する裁判の取消し（民訴法172条ただし書）、（訴え提起前の）証拠保全（民訴法234条）、一方当事者欠席の場合の審理の現状に基づく判決に他方（出席）当事者の申出が必要であること（民訴法244条ただし書）、弁論更新における証人の再尋問（民訴法249条3項）など。

4) 例として、手形訴訟から通常訴訟への移行申述（民訴法352条1項）、少額訴訟から通常訴訟への移行申述（民訴法373条1項・2項）、支払督促に対する異議による訴訟手続への当然移行（民訴法395条）が挙げられる。

I　はじめに

裁判所が相当と認める場合でも、当事者の意思確認を要するとされている場合[5]が含まれる。第3に、裁判所の手続選択にあたり、当事者の意見聴取を求める規定がある[6]。この規定が置かれている理由は、当事者の訴訟主体性を尊重し、かつ裁判所と当事者との協調的・協同的進行を図ることが、手続保障の観点からも求められ、かつ円滑な審理の整序・進行にも資する点に見出せよう。

また、現行民事訴訟では、当事者照会（民訴法163条）、争点整理手続終了後の攻撃防御方法提出に関する説明義務（民訴法167条・174条・178条等）など、手続進行面における当事者相互間の関係の重視する規定がみられる。これらの規定も、結局は当事者が訴訟をめぐる当事者の主体的地位を重視するものの一つと位置づけることができよう。

さらに、近時の議論として、「手続裁量論」および「審理契約論」の議論が展開されている。手続裁量とは、職権進行主義を前提として、裁判官が審理方式の選択・審理を運営していく際に現れるもので、「裁判所（裁判官）が、訴訟における適正・迅速・公平廉価という諸要素を満足させるため無駄を省いた効率的な審理を目標として、一方において、事件の性質・争点の内容・証拠との関連等を念頭に置きつつ、他方において、訴訟の進行状況、当事者の意向、審理の便宜等を考慮し、当事者の手続保障の要請にも配慮したうえで、当該場面に最も相応しい合目的的かつ合理的な措置を講ずる際に発揮されるべき裁量」とされる[7]。そして、手続裁量論とは、「裁量を発揮すべき問題状況考慮要素とその優劣を抽出した上で、ガイドラインないし行動準則を設定して、裁量を有効に

---

5) 例えば、異議がないことが要件となっている場合として、呼出費用の予納がないことを理由とする訴えの却下（民訴法141条）、口頭弁論を経ないで弁論準備手続に付する場合（民訴規則60条1項ただし書）、受命裁判官による証人尋問（民訴法195条4号）、書面尋問（民訴法205条）などがあり、当事者の同意を要するものとして、専門委員の和解への関与（民訴法92条の2第3項）、などがある。

6) 当事者の意見聴取が必要とされる場合として、専門委員の弁論等および証拠調期日への関与（民訴法92条の2第1項・2項・92条の3）、提訴前証拠収集処分（民訴法132条の4第1項）、審理計画が定められている場合の攻撃防御方法提出期間の裁定（民訴法156条の2）、弁論準備手続・書面による準備手続の選択（民訴法168条・175条）、電話会議の方法による弁論準備手続期日・進行協議期日の実施（民訴法170条3項、民訴規則96条）、証人尋問の順序の変更（民訴法202条2項）、当事者本人尋問を先行させるとき（民訴法207条2項）、控訴審での攻撃防御方法提出等の期間設定（民訴法301条）などがある。また、任意的な意見聴取を定める場合として、職権による裁量移送（民訴規則8条1項）がある。また、審理計画の策定（民訴法147条の3第1項）、進行協議期日（民訴規則95条）は、協議を必要としている。

7) 手続裁量論に関する代表的文献として、加藤新太郎「審理における実質と手続裁量」手続裁量論（弘文堂・1996）参照。

機能させるとともに、制御していこうという実践的かつ解釈論的提言」と定義されている[8]。手続裁量論は、職権進行主義の下で、手続裁量発揮の場合の考慮要素として当事者の意向についても——先に述べた法令に定めがある場合に限られるが——織り込むという点で注目されるものである。そして、審理契約論は、民事訴訟手続の審理に関して、訴訟法上形成の余地の認められている事項については、裁判所と両当事者（訴訟代理人）との間でなされる拘束力ある合意を調達して、訴訟進行を図る見解[9]であり、「審理過程全般について、可能な限り当事者の意思によってコントロールしようという眼目を持つもの」[10]として、非常に注目される。

このように、裁判官の主導的地位が前提とされてきた審理手続の運営の局面において、当事者の意向の反映、ひいては当事者の主体的地位の回復の観点からのアプローチがされている。それに対して、審理内容の面については、釈明権の行使にあたって、当事者の不意打ちの観点や裁判所と当事者とのコミュニケーションギャップを埋める点に主眼を置く見解はみられるようになったものの、当事者の意思を訴訟に反映すること自体の役割については必ずしも十分に意識されてこなかったのではないかと思われる。本来、釈明権は、裁判所の意向を訴訟に反映させ、それに応じた適切な審理を図り、事案適合的な解決を図るということを目的とするものといえないであろうか[11]。すなわち、当事者の意図をまず明確にし、その上で、判断者である裁判官との事実・法的評価とのギャップを是正し、事案適合的な訴訟行為を当事者に指摘し、それによって紛争の適切な解決が図られること、さらには、当事者の認識と裁判所の立脚点とにギャップがある場合には、その立脚点を当事者に指摘し、当事者に十分な弁

---

8) 加藤新太郎「手続裁量の規律 基本的な考え方—実務家の視点」大江忠＝加藤新太郎＝山本和彦編・手続裁量とその規律（有斐閣・2005）8頁。
9) 山本和彦・民事訴訟審理構造論（信山社・1995）335頁、同「審理契約再論—合意に基づく訴訟運営の可能性を求めて」曹時53巻5号（2001）1頁。
10) 加藤・前掲注8）7頁。
11) 釈明権の意義については、弁論主義の補完・修正であるとする見解以外に、真相に合致した適切・妥当な解決を図る点に釈明の意義があるとする見解（奈良次郎「訴訟資料集に関する裁判所の権限と責任」新堂幸司編集代表・講座民事訴訟④（弘文堂・1985）157頁以下）、裁判所が事件の解決にとって重要と考える論点を指摘し、当事者にこの点につき充実した弁論を尽くさせる点に見出す見解（代表的なものとして、竹下守夫・民事訴訟法判例百選［第2版］（1982）169頁）、実質的当事者平等原則に見出す見解（上田徹一郎「当事者の訴訟上地の地位」新堂幸司編集代表・講座民事訴訟③（弘文堂・1984）1頁以下）などがある。

論の機会を保障することが可能となると考えられる。

本稿は、このような観点から、これまでの釈明権に関する私見[12]をあらためて吟味し、釈明権行使の持つ意味についての考察を加えようとするものである。考察の順序として、まず、釈明権の行使態様についての私見を提示し、その上で、比較的最近の若干の裁判例を用いて、その具体的な作用形態について論じてみたい。

II 釈明権の作用分類

これまで、釈明権の分類としては、次の二つが代表的なものであった[13]。

第1は、釈明権行使の内容から、不明瞭を正す釈明、不当を除去する釈明、訴訟材料補完の釈明、訴訟材料新提出の釈明に分類するものである[14]。この分類は、釈明権の行使態様に基づき、釈明を分類するという点では、判例の分析・研究には有益であるが、それぞれの分類相互間の差異が必ずしも明確でない[15]。また、不明瞭を正す釈明という中に、当事者の意思を確認する契機が含まれている点では賛成できるが、当事者の意向と裁判所の意向との間にギャップがある場合についての釈明という観点が明示的でない点で、私見からは限界があると思われる。

第2は、現在、最も一般的に使用されている積極的釈明・消極的釈明の区分である[16]。この分類は、裁判所の観点から、当事者の従前の主張・立証態様について、不明瞭・矛盾・不用意がある場合に行われる補充的釈明（消極的釈明）と、

---

12) 石田秀博「訴えの変更と釈明権(1)(2)」法学雑誌（大阪市立大学）37巻4号（1991）520頁、38巻1号（1991）63頁、同「釈明権と裁判官の忌避事由」愛媛法学会雑誌20巻3＝4号（1993）293頁、同「新民事訴訟法における釈明権行使」愛媛法学会雑誌27巻1号（2000）113頁、同「釈明」法教242号（2000）19頁、同「釈明権行使の限界について」静岡大学法政研究9巻2号（2004）57頁。なお、当事者の意思・意向の反映に沿った事案適合的な解決を目指すという釈明権の位置づけは、釈明権を弁論主義の補完・修正とみる見解と対立するものではないし、また上の諸見解とも結論的に矛盾するものではない。ただ、釈明権行使の出発点として、まず、当事者の意向の反映を重視し、明らかになった当事者意思と裁判所とのギャップ、あるいは相手方当事者とのギャップを埋め、事案適合的な紛争解決を目指す点に釈明制度の意義があると解される。
13) なお、石田・前掲注12)「新民事訴訟法における釈明権行使」115頁以下参照。
14) 磯村義利「釈明権」新堂幸司編集代表・民事訴訟法講座第2巻（有斐閣・1984）473頁以下、特に482頁以下。なお、奈良・前掲注11)157頁以下は、これに加えて、立証を促す釈明を加えた5分類とする。
15) 石田・前掲注12)「釈明」19頁。
16) 中野貞一郎「弁論主義の動向と釈明権」過失の推認［増補版］（弘文堂・1987）220頁。

不当・不適当である場合や適当な申立て・主張等をしない場合に行われる是正的釈明（積極的釈明）とに分類するものである。したがって、当事者と裁判所間のギャップを埋めるという観点はこの分類においても反映し得るが、主に、裁判官の観点に当事者の弁論活動を適合させるとの点が中心となっており、当事者の意見の反映、および当事者間に十分な弁論の機会を保障するという観点からは必ずしも適合的な分類とはいえない[17]。

　そこで、当事者の意思を反映した審理を保障し、事案適合的な解決を図るという観点から、釈明権の行使態様として、次のような分類を提唱したい[18]。

　まず、当事者の一定の訴訟行為（申立て、主張、立証）が多義的な場合に、その行為により当事者の意図するところを明らかにするための釈明権行使として、「明確化機能」が挙げられる。これまで述べてきたように、当事者の意思を反映した事案適合的な解決を図るために釈明権行使の意義がある、との前提に立つ場合、この明確化機能は他の釈明権行使の基礎として重要な意義を有する。また、当事者が裁判所の観点からみて必要な訴訟行為を行っていない場合、その意図を確かめることもこの機能に含まれる。当事者の意図を確かめた結果、当該訴訟行為あるいは必要な訴訟行為の不作為が（裁判所の観点からみて）当事者の誤解等に基づくと判断される場合には、次に述べる釈明権の他の二つの機能が問題となる[19]。

　当事者の訴訟行為あるいはその不作為の意図が明確になった場合には、さらに次の二つの意味での釈明権行使が検討されねばならない。まず、当事者の従前の訴訟行為ないし不作為を、裁判官からみて、当事者意思に沿った訴訟上適切な訴訟行為に適合させるための釈明権行使（以下、この意味での釈明権行使作用を「変換機能」という）が想定される。次に、裁判官と当事者間、あるいは両当事者間での事実評価・法的評価の食い違いを是正し、事実評価・法評価についての意思を疎通する目的で行われる釈明権行使（以下、「意思疎通機能」という）が検討

---

17) この点については、石田・前掲注12)「新民事訴訟法における釈明権行使」116頁参照。
18) 以下に述べる釈明権の分類は、注12)で挙げたこれまでの拙稿でも取り上げてきたものであるが、当事者の意向の反映という役を明確にするという観点から、特に明確化機能について、その定義を少し変更した。
19) 当事者が、裁判所の観点から必要な訴訟行為を行っていない場合として、債権者が主債務者および連帯保証人を共同被告として、訴えを提起した場合に、保証人が債権者の主張について何ら争わない場合などが挙げられる。

されねばならない[20]。

これらの三つの釈明権の作用形態について、特に次の点を付記しておきたい[21]。

まず、明確化機能の観点からの釈明権不行使があまり問題とされてこなかったように思われる。特に釈明権不行使を明言していない裁判例の中でも、当事者の意思の明確化の観点から、むしろ釈明権の不行使が問題とされるべき事例は少なからず存在するのではなかろうか。裁判例においてしばしばみられる、「当事者の合理的意思によれば」のフレーズについては、当事者の真実の意思に合致しているかの観点から再検討が必要と指摘したい。

第2に、法律問題について当事者と裁判所間の認識のずれを是正し、当該法律観点に焦点を合わせた主張・立証の機会を与えるべきであるとの観点から、法的観点指摘義務[22]を認めるべきであるとの見解が一般的になりつつある。その場合、釈明義務との関係が問題となるが、弁論主義の補充・修正との観点から釈明を位置づけるならば、釈明の作用分野は事実分野に収まり、法的観点について扱う法的観点指摘義務は、釈明義務とは区別されることになろう[23]。しかし、当事者の意思を反映し、事案適合的な解決を図るための手段として釈明権行使を位置づける立場からは、釈明すべき事項が事実的観点であるのか、法的観点であるかということは問題ではないと解される。また、法的観点は事実主張と不可分の関係にあり、民事訴訟法149条の規定も、釈明の対象に関して「事実上および法律上の事項に関し」としていること、日本の法的観点指摘義務の議論の出発点となったドイツ法において、法的観点指摘義務を釈明義務とは別個の規定としていたドイツ民事訴訟法旧278条3項が、2002年施行のドイツ民事訴訟改革法により、釈明義務を規定するドイツ民事訴訟法139条に包摂されたこと[24]などからも、体系的には法的観点指摘義務の内容も釈明権行使の中

---

20) なお、この点については、石田・前掲注12)「釈明」19頁以下、同・前掲注12)「新民事訴訟法における釈明権行使」116頁以下も参照。
21) 釈明権行使の各作用機能の根拠および限界に関しては、石田・前掲注12)「新民事訴訟法における釈明権行使」117頁以下を参照。
22) 法的観点指摘義務に関する代表的論文献として、山本克己「民事訴訟におけるいわゆる'Rechtsgespräch'について(1)～(4・完)」法学論叢119巻1号・3号・5号、120巻1号(1986～1987)、山本和彦・民事訴訟審理構造論(信山社・1995)169頁などがある。
23) 高橋宏志・重点講義民事訴訟法(上)［第2版補訂版］(有斐閣・2013)451頁以下。
24) この点について詳しくは、石田・前掲注12)「釈明権行使の限界」65頁以下参照。

で議論されるべき問題であると解される[25]。したがって、私見によれば、法的観点指摘義務の内容として議論されるものは、変換機能と意思疎通機能にまたがるものに包摂され、指摘する法的観点が、当事者の意思に適合的な具体的法的構成を伴う場合は変換機能の問題として扱い、具体的法的構成を伴わないものについては意思疎通機能の観点で扱うことになる。

第3に、上記の点とも関連するが、不意打ち防止の役割を果たす上での釈明権の行使態様である。裁判官が判決において顧慮すべきであるとみなす事実ないし法的観点と、当事者の観点が一致しない場合、当事者が裁判所の観点に合わせて自らの陳述を変更ないし補充する必要がある場合には、当事者の訴訟行為を適合的に修正する必要があるか否かに関わる問題であり、変換機能の観点からの釈明権行使が問題となる。これに対して、当事者の訴訟行為の補充・変更がもはや期待（予測）し得ない場合にも、裁判所が当該観点を指摘する釈明は意思疎通機能の領域に属することになる[26]。

III　若干の裁判例の検討

釈明権に関する裁判例について、ここで詳細に検討する紙数の余裕はないので、IIの最後に述べた留意点とも関連して、明確化機能および意思疎通機能に関する若干の興味深い裁判例を検討してみたい[27]。

1　最判平成26年9月25日民集68巻7号661頁

〔事案の概要〕　AとYとの間には甲建物につき賃貸借契約（以下、「本件賃貸借

---

25)　なお、石田・前掲注12)「釈明」21頁以下参照。
26)　この点については、石田・前掲注12)「新民事訴訟法における釈明権行使」120頁以下参照。
27)　変換機能のうち、特に問題となる訴えの変更に関する釈明権行使については、すでに、試験を述べたことがある（石田・前掲注12)「訴えの変更と釈明権（2・完)」88頁以下）。そこで指摘したのは、訴えの変更を指摘する釈明権行使に当たっては、原告の訴訟における「訴訟目標」が基準となること、訴えの変更に関する釈明については、裁判官の中立性の観点から、権能としての範囲と義務としての範囲が一致すべきことなどである。なお、釈明権行使の限界事例について、その限界づけを図るものとして、竹下守夫＝伊藤眞編・注釈民事訴訟法(3)（有斐閣・1993）129頁以下〔松本博之〕がある。また、釈明権行使につき裁判官の中立性からの制約を説くものとして、園田賢治「判決による不意打ちとその救済に関する一試論」井上治典先生追悼・民事紛争と手続理論の現在（法律文化社・2008）239頁以下、がある。本稿の主眼は、本文中で述べたように、明確化機能および意思疎通機能に関する事柄が中心であり、変換機能および権能としての釈明権の範囲と義務としての釈明権の範囲の関係などについては、触れることができなかった。

Ⅲ 若干の裁判例の検討

契約」という）が締結され、その後、賃貸人の地位の移転および賃料（以下、「本件賃料」という）の改定が繰り返されていた。本件訴訟は、当時の賃貸人X_1が（なお、訴訟係属中にその地位をX_2が承継し、引受人として当事者となった）、賃借人であるYに対し、借地借家法32条1項に基づく賃料増額請求をした上、増額された賃料額の確認等を求めた事案である。

X_1とYとの間には、本件訴訟に先立つ訴訟（以下、「前件訴訟」という）があり、前件訴訟においては、Yが、当時月額300万円であった上記建物の賃料（以下、「本件賃料」という）につき、平成16年4月1日（基準時1）以降月額240万円に減額する旨の意思表示をした上、本訴として、同日以降の本件賃料が同額であることの確認等を求め、X_1が、平成17年8月1日（基準時2）以降の本件賃料を月額320万2200円に増額する旨の意思表示をした上、反訴として、同日以降の本件賃料が同額であることの確認等を求めていた。そして、前件訴訟の第1審は、本訴につき、本件賃料が平成16年4月1日以降月額254万5400円である旨を確認する一方、反訴については請求を棄却する旨の判決をし、この判決に対するX_1の控訴が棄却され、上記判決は確定した（以下、この確定判決を「前訴判決」という）。

本件訴訟は、X_1が、前件訴訟の第1審係属中に、平成19年7月1日（基準時3）以降の本件賃料を月額360万円に増額する旨の意思表示(以下、「本件賃料増額請求」という）をしていたことから、前訴判決確定後、改めて提訴し、同日以降の賃料が同額であることの確認等を求めたものである。

第1審では、本件賃料増額請求と前訴判決の既判力との関係は特に問題とされることはなく、Xの請求が一部認容された。これに対し、Yが控訴し、原審は、賃料増減額確認訴訟の訴訟物は、当事者が請求の趣旨において特に期間を限定しない限り、形成権である賃料増減請求権の行使により賃料の増額または減額がされた日から事実審の口頭弁論終結時までの期間の賃料額である[28]とし、Yの控訴を認め、本件訴訟においてXが本件賃料増額請求による基準時3の賃料増額を主張することは、前訴判決の既判力に抵触し許されないとして、Xの請求を全部棄却した。Xが上告受理の申立てをし、上告が受理された。

〔判旨〕 原判決破棄差戻し。

原審判決に対して、最高裁は、借地借家法32条1項の規定に基づく賃料増減請求により増減された賃料額の確認を求める訴訟の確定判決の既判力は、原告が特定の期間の賃料額について確認を求めていると認められる特段の事情のない限り、前提である賃料増減請求の効果が生じた時点の賃料額に係る判断について生ずるとの見解[29]に立脚し、前訴判決の既判力は、基準時1および基準時2の各賃

---

[28] この見解を期間説といい、大阪高判昭和49年12月16日判時778号69頁が採用した立場である。
[29] この見解は、条件説といわれる。東京地判平11年3月26日判タ1020号216頁がこの見解に立つ最初の裁判例である。

317

料額に係る判断について生じているにすぎないから、本件訴訟において本件賃料増額請求により基準時3において本件賃料が増額された旨を主張することは、前訴判決の既判力に抵触するものではないと判示し、原判決を破棄差し戻した。

　本判決は、賃料増減額確認請求訴訟の訴訟物について、時点説の立場によることを明確に示した最高裁判例として重要な意味を持つものであり、特に釈明権行使が問題となったものではない[30]。しかし、これまで述べてきた私見の立場からすれば、本判決には釈明権行使との関係で、次のような問題点が指摘できると思われる。
　すなわち、本判決は、原告が特定の期間の賃料額について確認を求めていると認められる特段の事情のない限り、賃料増減額確認請求訴訟の訴訟物は時点説と解するのが当事者の合理的意思解釈にかなうとの前提に立っている。その根拠として、賃料増減額確認請求訴訟においては、賃料増減請求後に生じた事情については直接的な審理判断の対象とはならないという審理の実体とともに、「賃貸借契約は継続的な法律関係であり、賃料増減請求により増減された時点の賃料が法的に確定されれば、その後新たな賃料増減請求がされるなどの特段の事情がない限り、当該賃料の支払につき任意の履行が期待されるのが通常である」との点が挙げられている。しかし、当事者の意思を正確に訴訟に反映するという観点からは、この場合、裁判所は当事者の意思が特定の時点の賃料額の確認を求めているのか特定の期間の賃料額を求めているのかを明らかにすべきでなかろうか。そして、仮に、当事者の意思が特定の期間の賃料額の確定を求めているとするならば、請求の趣旨において終期を明示するよう釈明し、それに伴う訴えの変更を促すべきであると思われる。このように、当事者の意思を反映した事案の解決という観点からは、まず当事者の意思を明確にする釈明が求められていたと思われる[31]。また、本判決は、原審と最高裁の立脚する

---

30) なお、本判決については、石田秀博「建物賃料増減額確認請求訴訟の確定判決の既判力—最判平成26・9・25民集68巻7号661頁」市民と法95号（2015）46頁以下参照。
31) ここでは詳しく述べることができないが、明確化機能の観点からは問題とすべき他の裁判例として、例えば、最判昭和51年10月21日民集30巻9号903頁が挙げられる。当該判決は主債務者と保証人を共同被告とする訴訟において、保証人が原告の請求原因事実を認めたため、弁論が分離され請求認容判決が下され確定した後に、主債務者勝訴判決が確定したという事案で、反射効との関係で取り上げられることが多い判例である。ただ、この判決においても、保証人が請求原因事実を自白したことがいかな

Ⅲ　若干の裁判例の検討

観点が異なっていることから、意思疎通機能の観点からも、裁判所は自らの観点について当事者に指摘し、当事者が一定期間の賃料額の確定を求める場合必要な訴訟行為をなす契機を与えるべきであったと思われる。

2　最判平成14年9月12日判タ1106号81頁

〔事案の概要〕　Xは、平成6年4月8日、Y₁との間で本件消費貸借契約を締結し、3300万円を借り受け、その担保として、Xの所有する土地（以下、「本件土地」という）につき、Y₁を権利者とし極度額を7000万円とする根抵当権を設定し、その登記手続をした。Xは、上記債務の履行をしなかったところ、平成7年5月2日、Y₁に対し、同月25日までに弁済をするとして競売申立てを控えるよう依頼するとともに、「平成7年5月25日迄に当方が貴社依り不動産担保貸付契約に依り借用している金銭を支払えなかった場合は本物件（本件土地）を貴社名義に変更する事と貴社の判断で第三者に対して売り渡す事を承諾致します。」と記載した書面を作成し、印鑑証明書や委任状と一緒にY₁に交付し、Y₁も、Xの上記内容の申込みを承諾した（以下、「本件契約」という）。ところが、上記期限を経過しても、Xが何らの弁済もしなかったため、Y₁は、平成7年5月26日、本件土地について同日付け代物弁済を原因とするXからY₁への所有権移転登記を経由した。その後も、Y₁は、本件消費貸借契約に基づく債権をXから回収できれば、前記の所有権移転登記の抹消に応じる意図の下に、Xに対し、買戻しを繰り返し要請した。Xも、これを受けて、買戻しができない場合には清算金の要求をしない旨（以下、「本件特約」という）を記載した売渡承諾書の作成に応じ、また、利息の一部を弁済するなどしたが、結局、資金を調達して本件土地を買い戻すことができなかった。その後、本件土地について、平成8年7月19日に、同月17日売買を原因とするY₁からY₂への所有権移転登記が経由された。

　Xは、本件土地の所有権に基づき、本件土地についてXからの代物弁済を原因とする所有権移転登記を経由しているY₁に対して同登記の抹消登記手続を求めるとともに、本件土地についてY₁からの売買を原因とする所有権移転登記を経由しているY₂に対し、同登記の抹消登記手続を求めるとともに、Y₁に対し、仮にXが本件土地の所有権を喪失したとすれば清算金の支払いを求める本件訴訟を提

る意図に基づくものなのかを釈明していない点で明確化機能の観点から問題がある。もし、保証人自らが争わなくとも、主債務者が争うことによって足りると考えていたとするならば、その点では保証人の観点は裁判所の観点とギャップがあり、意思疎通機能からの釈明権が求められることになったと解される。したがって、このように当事者の意思を明確にせず、判決を下した場合には、保証人の裁判を受ける権利がその誤解から保障されなかったことになり、既判力についてもその限度で失われると解すべきではなかろうか。

釈明権の機能

起した。本件訴訟では、主として本件契約の法的性質が争点となったところ、Y_1 は、本件契約は本来の代物弁済契約であって、登記原因通り代物弁済により X から本件土地を取得したと主張した（なお、Y_2 は、仮に X から Y_1 への所有権移転登記が無効であるとしても、民法94条2項の類推適用により Y_2 は本件土地所有権を取得したことも主張した）。これに対して、X は、その代物弁済契約は金銭債務を担保するためその不履行があるときは本件土地の所有権を移転することを目的としてなされた停止条件付代物弁済契約であるから、仮登記担保法における仮登記担保契約に該当するところ、Y_1 は X に対し、同法2条に規定された清算金の見積額の通知をしていないので、本件土地につき未だ X から Y_1 に対する所有権移転の効果は生じていないなどと主張した。

原審は、本件契約の目的は本件消費貸借契約上の債務を担保することにあり、その実質は停止条件付代物弁済契約であって、仮登記担保法の適用を受ける仮登記担保契約であり、本件特約は、仮登記担保法3条3項により無効というべきであり、清算金の見積額の通知がされていないのであるから、本件土地の所有権は、未だ X から Y_1 に移転していないと判断し、X の Y_1 および Y_2 に対する各抹消登記手続請求をいずれも認容した。Y らは、本件契約は、担保目的を有しない単なる消費貸借契約の弁済方法についての合意であることなどを理由に、仮登記担保法1条の適用を受けないとして、上告受理を申し立てた。

〔判旨〕　一部破棄自判、一部破棄差戻し。

「本件契約は、これに基づく所有権移転登記手続がされた後も、Y_1 において X に債務の弁済を求めていた事実等に照らすと、目的不動産の所有権の移転によって債務を確定的に消滅させる代物弁済契約ではなく、仮登記担保の実行によって確定的に所有権の移転をさせようとしたものでもない。Y_1 は、本件契約により、本件土地を Y 名義に変更した上で、なおも債務の弁済を求め、利息を受領してきたのであるから、本件契約は、債務担保の目的で本件土地の所有権を移転し、その登記を経由することを内容としていたもので、譲渡担保契約にほかならないと解すべきであ」り、X の Y_1・Y_2 に対する各抹消登記手続請求を棄却し、予備的請求についてさらに審理を尽くさせるために、原審に差し戻す。

本判決においては、本件契約の法的性質が問題となったが、X は仮登記担保契約と主張し、Y らは代物弁済契約であると主張し争っていたところ、上告審である最高裁判所が譲渡担保契約であると認定し、その部分について上告審が自判をしたという点が問題となる。本件契約の性質決定につき、本来的代物弁済契約、仮登記担保契約、さらには譲渡担保契約のいずれと解するのかについ

Ⅲ 若干の裁判例の検討

ては、実体法上も議論があろう[32]が、ここでは、手続法的観点から、弁論主義違反の観点および、法的観点指摘義務違反の両面からの検討を行いたい。

まず、弁論主義違反の観点についてであるが、本判決の場合、譲渡担保を構成する「生の事実」は訴訟上顕れているとみることができ、問題はそれを譲渡担保として構成して主張することがなされていなかった場合とみることができる。近時の有力学説[33]は、「生の事実」が訴訟上顕れており、当事者の主張しない事実を裁判所が認定しても、主張当事者の意思に反するものとはいえず、相手方との関係で不意打ちにならない（特に相手方の防御権が実質的に侵害されたとはいえない）場合、弁論主義違反にならないとする。その見解によれば、弁論主義違反には当たらないということもできる。ただこの点について、藤井正雄裁判官は、裁判所認定は「当事者の予想を超えるものであり、不意打ちとなることを免れ」ず、「訴訟における弁論主義に反するとの疑いを払拭することかできない」とする[34]。

この藤井裁判官の反対意見は、当事者の予想しない法律構成を裁判所が不意打ち的に認定した点を実質上問題視していると考えるならば、事の本質は、裁判所による釈明権不行使の問題に見出し得るのではなかろうか。そして、この場合の釈明権行使は、当事者にとって不意打ち的な法的観点を指摘するものであり、意思疎通機能の観点からの釈明権行使に該当する。意思疎通機能からの釈明権行使については、当事者に新たな主張立証の機会を与える必要がある場合には、釈明義務違反に当たると解される[35]。本判決においては、譲渡担保とする裁判所の法的判断について指摘し、あらためて、Ｘにとって譲渡担保構成に関する争う機会を与えるべきであったと思われ、その意味で、本判決の結論には疑問が残る[36]。

---

32) 本判決の評釈として、増森珠美・平成 15 年度主要民事判例解説 58 頁、清水元・銀行法務 21 622 号（2003）92 頁、今尾真・法教 27 号（2003）112 頁、など参照。
33) 田辺公二「反対論として」近藤完爾ほか編・民事法の諸問題Ⅰ（判例タイムズ社・1970）82 頁、84 頁。新堂幸司・新民事訴訟法［第 5 版］（弘文堂・2011）480 頁、小林秀之・民事裁判の審理（有斐閣・1987）159 頁。
34) したがって、Ｙらは、抗弁（Ｙ₁の所有権取得原因である代物弁済契約）を立証できなかったのであり、Ｘの抹消登記手続請求が認容されることになる、とする。
35) 当事者からの応答的な訴訟行為が予測されない場合にも、一般的な意味での法的討論を促すための指摘が義務づけられるか否かについては、今後検討を要するところである。
36) これに対して、勅使河原和彦・読解民事訴訟法（有斐閣・2015）は、原審の「誤った法の適用とそれによる勝敗逆転を発見すれば、是正する（原判決を破棄する）必要があろう。また上告審でそれを指摘

3　最判平成 22 年 10 月 14 日判時 2098 号 55 頁

〔事案の概要〕　Y は、A 大学等を設置し、学校教育を行っている学校法人であり、X は、Y に A 大学の助教授として雇用され、後に教授となった者である。

Y には、教育職員の定年を満 65 歳とし、職員は定年に達した日の属する学年末に退職する旨を定めた定年規程があったが、現実には 70 歳を超えて勤務する教育職員も相当数存在していた。このような実態を踏まえ、Y の理事の 1 人は、X を雇用するに際して、X に対し、定年規程はあるが、定年の実質はなきに等しく、80 歳くらいまで勤務することは可能であるとの趣旨の話をした。そのため、X は、80 歳くらいまで A 大学に勤務することが可能であると認識していた。ところが、X は、65 歳になった学年の 3 月末日に、Y から、定年により職を解く旨の辞令を受けたため、X は、定年を 80 歳とする旨の合意（以下、「本件合意」という）があったと主張して、Y に対し、雇用契約上の地位確認および賃金等の支払いを求める訴え（以下、「本件訴訟」という）を提起した。

訴訟においては、本件合意の存否となったところ、第 1 審は、本件合意があったとは認められないとして、請求を全部棄却。X の控訴に対して、原審は、本件合意があったとは認められないとして地位確認請求を棄却したが、賃金請求については、①Y はそれまで事実上 70 歳定年制の運用をし、X を含む教育職員は長年その運用を前提として人生設計を立てて生活してきたのであるから、Y がその運用を改めて本来の定年規程に沿った運用をするのであれば、相当の期間を置いてその旨を教育職員に周知させる必要があったのであり、Y には、X に対し、定年退職の 1 年前までに、定年規程を厳格に適用し、かつ、再雇用しない旨を告知すべき信義則上の義務があった、②Y は、X に対し、定年規程による満 65 歳の退職時期の到来後も、具体的な告知の時から 1 年を経過するまでは、賃金支払義務との関係では、信義則上、定年退職の効果を主張することはできない、として、X が満 65 歳の定年退職を告知された時から 1 年後までの賃金請求の部分に限って、X の請求を認容した。これに対して、Y が上告受理の申立てをした。

〔判旨〕　上告棄却。

本件訴訟の経過の下において、信義則違反の点についての判断をするのであれば、「原審としては、適切に釈明権を行使して、X に信義則違反の点について主張するか否かを明らかにするよう促すとともに、Y に十分な反論及び反証の機会を与えた上で判断をすべきものである。とりわけ、原審の採った法律構成は、①Y には、X に対し、定年退職の 1 年前までに、定年規程を厳格に適用し、かつ、再雇用をしない旨を告知すべき信義則上の義務があったとした上、さらに、②具体的

し破棄して、差し戻したところで、当事者は上告審の判示した通りの法的主張をするだけであろうから、原裁判所のミスの尻ぬぐいを当事者のコストでするようで望ましくはない」との理由から、上告審の自判は許さざるを得ないとする。

な告知の時から1年を経過するまでは、賃金支払義務との関係では、信義則上、定年退職の効果を主張することができないとする法律効果を導き出すというもので、従前の訴訟の経過等からは予測が困難であり、このような法律構成を採るのであれば、なおさら、その法律構成の適否を含め、Yに十分な反論及び反証の機会を与えた上で判断をすべきものといわなければならない」。

　本判決で問題となった信義則、公序良俗違反・権利濫用などのように法律要件自体が法理念そのものであるようなものを狭義の一般条項という。狭義の一般条項は、法律要件自体が法理念そのものであるところから、その法律要件該当性判断はまさに裁判官の職責たる法適用に他ならず、証拠資料からこれらの事実が明らかになれば、当事者の主張がなくとも認定できるものとされている[37]。また、狭義の一般条項についても、主要事実は、評価根拠事実であると解するのが現在の通説である[38]。そうすると、評価根拠事実については弁論主義が適用され、証拠資料から信義則違反などの事実が明らかとなった場合でも、当事者の主張がなければ判決の基礎にできないかが、次に問題となる。この点については争いがあり、法的評価に関わる規範的要件は最高度の法理念をそのまま要件事実に取り込んだものであるから（「王者〔的〕条項」）、法の適用を職責とする裁判所は当事者の主張がなくとも、判決の基礎にできるとする見解（以下、「主張不要説」という）が現在のところ学説では多数説のようである[39]。主張不要説によると、証拠資料の中に評価根拠事実が顕れているのに当事者がそれに気づかずに主張していない場合でも、裁判所が信義則違反を認定し得ることとなるが、そのことは、信義則などの認定を争う主張立証の機会を奪われた当事者にとって不意打ちになることから、その不意打ちを避けるために、裁判所は信義則違反などと評価される事実が顕れていることを当事者に指摘する義務（法的観点指摘義務）があるとされる[40]。

　本判決は、信義則違反の評価根拠事実については、Xからの主張があるとみ

---

[37] 代表的なものとして、篠田省二「権利濫用・公序良俗違反の主張の要否」鈴木忠一＝三ケ月章監修・新・実務民事訴訟講座2（日本評論社・1983）35頁以下、50頁、青山善充「主要事実・間接事実の区別と主張責任」新堂編集代表・前掲注11）講座民事訴訟④367頁以下、403頁。
[38] 青山・前掲注37）396頁。
[39] 青山・前掲注37）403頁、篠田・前掲注37）49頁以下等。
[40] 髙橋・前掲注23）457頁以下。

られる事件であり、上記の不意打ちの問題とはやや事情が異なる。本判決の場合には、当事者が評価根拠事実については主張している場合であり、当事者の「生の」訴訟目標（Yの行為がXの信頼を破ったものであり、その点に違法性を主張している）は訴訟上顕出している。そうすると、問題となっていたのは、当事者の訴訟目標を訴訟上適切な形で訴訟に顕出し、それによって相手方の反対の主張・立証の機会を与えるという意味での釈明、すなわち、変換機能からの釈明義務違反がある事例と位置づけられる。

IV　むすびにかえて

　釈明権の行使は、当事者の意思・意向を明確にした上で、事案に適合した解決を果たすための裁判所の手段であるとの位置づけの下、その行使態様について検討してきた。内容上、論証が必ずしも十分とはいえず、また、検討すべき裁判例についても不足している。これらの点については今後研究を進めていきたいと考えている。ただ、法的観点指摘義務の議論にみられるように、裁判所と当事者間のギャップを埋めるための裁判所の措置が問題となっている現状においては、その前提としても、当事者の意思の明確化を図る必要があると思われる。

　特に、早期の争点確定を目指す現在の民事訴訟の実状においては、当事者の意思を争点整理過程において反映することが重要と解される。その意味での釈明権行使の必要性も今後重視されていくべきである。

民事訴訟における職権調査の概念に関する一考察
——ドイツ法における職権調査の原則を中心に

髙田昌宏

I　はじめに
II　わが国の民事訴訟法における職権調査の概念について
III　ドイツ民事訴訟法における職権調査の概念について
IV　おわりに——ドイツ法における職権調査の原則とわが国への示唆

I　はじめに

　わが国の民事訴訟法は、ドイツ民事訴訟法の継受のもと成立したが、その後の独自の展開もあって、ドイツ法から継受した手続法上の概念や原則の中には、ドイツ法との相違が際立つものも存在するにいたっている。例えば、民事訴訟法上の基本概念である「訴訟要件」に着目すると、それがドイツ法の Prozessvoraussetzungen の訳語であって、ドイツ法からの学説継受の一例であることは疑いがないが、わが国の訴訟要件とドイツの訴訟要件（Prozessvoraussetzungen）との間には、概念上、大きな違いがあることが、しばしば指摘される[1]。わが国では、訴訟要件は、一般に、訴えについて本案判決をするために必要とされる要件と説明されるが、訴訟要件には、当事者からの訴訟要件欠缺の主張を待つことなく裁判所が職権でその存否を調査すべき訴訟要件——職権調査事項としての訴訟要件——と、当事者（もっぱら被告）からの主張をまってはじめて裁判所がその存否を問題とすべき訴訟要件——抗弁事項としての訴訟要件——の2

---

[1]　例えば、松本博之「訴訟要件に関する職権調査と裁判上の自白—職権調査に関する一考察」民事自白法（弘文堂・1994〔初出 1989〕）116 頁。

種類があると解されている²⁾。ところが、訴訟要件の原型であるドイツ法の訴訟要件に目を向けると、訴訟要件とは、本案判決許容のための要件を意味し、一見すると、わが国の訴訟要件と共通するが、わが国で訴訟要件に含まれるところの抗弁事項、すなわち被告の責問・抗弁に基づいてはじめて裁判所が調査する事項は、ドイツ法上の訴訟要件に含まれず、訴訟障害（Prozesshindernisse）として訴訟要件とは区別される³⁾。つまり、わが国の訴訟要件のうちの職権調査事項のみが、ドイツ法における訴訟要件に当たる⁴⁾。

このことから、わが国では、ドイツからいわば継受した「訴訟要件」という基本概念が、ドイツとは異なる意味内容のものへ変容を遂げているといえなくもない。両国の民事訴訟法上の基本観念や基本原則について、今日隔たりが生じていると見られるものは、訴訟要件に限られない。訴訟要件の概念と密接に関係する「職権調査」の概念をとってみても、訴訟要件の概念と一緒にわが国に導入されたであろう⁵⁾ドイツの職権調査（Prüfung von Amts wegen）概念とわが国のそれとでは、必ずしも同じではない⁶⁾。これは、両者が異なることを前提に、ドイツ型職権調査を「職権審査」と称してわが国の職権調査の領域に導入することを提唱される鈴木正裕教授の見解⁷⁾からも推察することができる。職権調査は、いうまでもなく訴訟審理のあり方に関わる基本概念であるが、そのような基本概念が、わが国で、それが形成された国とは実質的内容を異にするものに変容している可能性が高い。

このような基本的な概念や原則が、たとえ、それらのいわば発祥地と異なる

---

2) 髙橋宏志・重点講義民事訴訟法(下)［第2版補訂版］（有斐閣・2014）5頁、河野正憲・民事訴訟法（有斐閣・2009）539頁以下、上田徹一郎・民事訴訟法［第7版］（法学書院・2011）201頁以下、伊藤眞・民事訴訟法［第4版補訂版］（有斐閣・2014）167頁、三木浩一ほか・民事訴訟法［第2版］（有斐閣・2015）341頁以下［垣内秀介］ほか。
3) わが国では、一般に、訴訟要件が積極的訴訟要件と消極的訴訟要件に分類されるが、消極的訴訟要件を訴訟障害と呼ぶことも慣例になっており（髙橋・前掲注2）5頁、伊藤・前掲注2）167頁、上田・前掲注2）201頁）、それが、わが国でいう抗弁事項に該当する事項を訴訟障害と呼ぶドイツ法との乖離をもたらしている。
4) 松本博之教授は、職権調査事項と抗弁事項の間に重大な差異が存在するのに、わが国の理論が、両者を一括して訴訟要件とすることに対して、合理性が見いだせないと批判される（松本・前掲注1）116頁）。
5) 髙島義郎「訴訟要件の類型化と審理方法」新堂幸司＝谷口安平編・講座民事訴訟②（弘文堂・1984）112頁は、わが国でも、古くは、訴訟要件の判断資料の収集方法として、ドイツ型の職権調査の方法によるべきことを主張する説もなくはなかったという。
6) 髙橋・前掲注2）7頁参照。
7) 鈴木正裕「訴訟要件の調査」鈴木正裕ほか・演習民事訴訟法（有斐閣・1982）25頁、27頁。

内容をもって一般的に通用していることがあっても、それが直ちに批判されるべきではないが、それらが発祥地においてどのように形成され、現在、どのような内容のものとして理解されているかに注目することは、それとわが国の対応する概念・原則とを比較することを通じ、わが国における当該概念・原則のいわば妥当性を検証し、またそのあり方を考えるうえで有用であろう。そこで、以下では、職権調査を取り上げ、わが国の職権調査および訴訟要件に関する審理のあり方について考察するための手がかりを得るべく、ドイツ法における職権調査の概念との比較法的考察を試みたい。

II　わが国の民事訴訟法における職権調査の概念について

1　職権調査概念に関する2つの見解

(1)　わが国の民事訴訟における職権調査の概念については、これまで学説上、かなりの混乱があるといわれる[8]。とくに訴訟要件をめぐって問題となる職権調査の概念[9]が、論者によって異なった内容に理解され、用いられている。それが典型的に現れるのは、職権調査と、一般に訴訟資料の収集方式として問題となる弁論主義および職権探知主義との関係においてであろう。この点について、これまでのわが国における職権調査概念の理解の仕方は、大きく2つの傾向に分かれる。1つは、職権調査を弁論主義や職権探知主義といった訴訟資料の収集の問題とは次元の異なるものと捉える立場[10]であり、もう1つは、むしろ職権調査を弁論主義および職権探知主義といった訴訟資料の収集のあり方の

---

[8]　髙島・前掲注5) 110頁、柏木邦良「訴訟要件の審理と判断(1)」法学研究（北海学園大学）5巻1号 (1969) 122頁。なお、実務・判例について、柏木・前掲122頁、松本・前掲注1) 132頁参照。

[9]　職権調査は、訴訟要件の審査に際し問題となるだけでなく、訴訟法上の強行法規の遵守の有無や実体法規の適用の当否においても問題となる（兼子一・新修民事訴訟法体系［増訂版］(酒井書店・1965) 205頁、小室直人「民事訴訟における職権調査の諸問題」名城法学35巻1号 (1985) 40頁）。そのため、職権調査の概念を訴訟要件に関する場合に限定せず、法適用に関するものも含めて統一的に把握すべきとの見解も存在するところである（小室・前掲39頁以下）。しかし、訴訟法上の強行法規の遵守や実体法規の適用の当否の場面は、すでに松本教授が指摘されるとおり、「裁判官は法を知る (jura novit curia)」の発現として職権調査が行われるべき法適用に関するものであり、訴訟要件の場合のように、その適用の前提となる「事実」に関するものではない（松本・前掲注1) 116頁）。

[10]　新堂幸司・新民事訴訟法［第5版］(弘文堂・2011) 489頁以下）、兼子・前掲注9) 205頁、上田・前掲注2) 202頁以下、325頁以下、伊藤・前掲注2) 308頁、三木ほか・前掲注2) 387頁［垣内］、笠井正俊「当事者主義と職権主義」門口正人編集代表・民事証拠法大系第1巻（青林書院・2007) 40頁、46頁注2ほか。

次元で問題にし、両者の中間に位置づける立場[11]である。便宜上、前者を、職権調査の意義を訴訟資料の収集の次元に広げないことから「限定説」と呼び、後者は、その次元も含めるところから「非限定説」と呼ぶことにする。

(2) まず、非限定説は、後述するドイツにおける職権調査に関する通説に近い立場で、三ケ月章教授に代表される見解である。同説によれば、職権調査は、弁論主義と職権探知主義の中間ともいうべきもので、当事者の態度（申立ての有無、合意の存在、責問権の放棄、提出時期の制限等）、とくに自白に拘束されないという点で弁論主義と異なるが、裁判所が職権で事実を探知する義務を負っているわけではなく、必要があれば当事者の主張立証を求めうるにとどまるのが原則である点で、職権探知主義とも一応区別される[12]。ただし、この区別は、一応のもので、訴訟要件にも種々の性格のものがあることから、全部が一律に職権調査の対象になるものではなく、裁判所・当事者の主導性について種々の態様のものがあることを認めざるをえないとされる。個別的には、裁判権の調査は公益性の度合が強く、職権探知が要請される（訴訟能力、専属管轄、訴訟係属の有無も同様）のに対し、任意管轄を基礎づける事由の有無については弁論主義が妥当し、訴えの利益についても前提事実に関するかぎり弁論主義の原則が支配するとする[13]。

(3) 限定説は、その一般的な内容において、今日のわが国の通説を形成する。その主唱者の１人である新堂教授の見解によれば、職権調査事項とは、当事者が異議や申立てによって指摘しなくとも、裁判所が常に進んで取り上げ、事柄に応じた措置をとらなければならない事項を意味する[14]。したがって、前述のとおり、職権調査の意義は、ある事項を職権でも顧慮しなければならないかどうかに関するものであり、ある事項を判断する場合の判断基礎となる資料の収集をだれの責任とするかの問題、つまり弁論主義をとるか職権探知主義をと

---

11) 三ケ月章・民事訴訟法［第３版］（弘文堂・1992）200頁。
12) 三ケ月教授は、当事者主義を基調とする近代的民事訴訟制度のもと、弁論主義から出発し、職権調査をその修正として捉えるのが職権調査事項の多くについて適当であるとされる（三ケ月章「外国法の適用と裁判所」民事訴訟法研究第10巻（有斐閣・1989〔初出1987〕）74頁、79頁）。
13) 三ケ月・前掲注11) 201頁。
14) 新堂・前掲注10) 489頁。新堂教授の見解は、最初、同「裁判所の調査義務と釈明義務」中田淳一＝三ケ月章編・民事訴訟法演習１（有斐閣・1963）110頁で示されたが、同説が現在の通説の形成に及ぼした影響は非常に大きいものと見られる（松本・前掲注１) 120頁参照）。

かとは次元の異なるものと解される。そして、限定説が職権調査の概念から切り離した、判断資料の収集のあり方については、職権探知主義と弁論主義のいずれかが問題となるとして、それを訴訟要件の種類ごとに公益性の程度を基準に職権探知主義の妥当するものと弁論主義が妥当するものに分類するというのが一般的である。具体的にどの訴訟要件が職権探知主義に服し、どれが弁論主義に服するかについては、論者によって異なるところもあるが、例えば、裁判権、専属管轄、訴訟能力など多くの訴訟要件については、職権探知主義が妥当し、任意管轄、訴えの利益、（対世効のない）当事者適格については弁論主義が妥当するとするものが有力であるように見受けられる[15]。弁論主義と職権探知主義の区別とも関連するが、弁論主義が妥当する訴訟要件の場合に当事者の自白に裁判所が拘束されるか否かについては、弁論主義が妥当するといいつつも、それを否定する立場と肯定する立場とに見解が分かれる[16]。いずれにしろ、実質的には、大部分の訴訟要件について職権探知主義を認めることから、職権調査事項と職権探知事項との違いは小さい。

2 職権調査概念をめぐる理論の展開

(1) 職権調査の概念をめぐる見解の対立は、今日、上記の２つの立場の対立にとどまらずに、さらに複雑化の様相を呈している。とくに注目すべきは、鈴木正裕教授の見解[17]と松本教授の見解[18]である。まず、鈴木説は、上記の限定説を出発点としつつ、判断資料の収集の次元で、弁論主義と職権探知主義の選択肢のほかに、ドイツ法における職権調査（Prüfung von Amts wegen）の審理方式を範としたいわゆる「職権審査」という方式を両者の中間形態として認めるものである。つまり、（抗弁事項としての訴訟要件だけでなく）職権調査事項の訴訟要件でも任意管轄などには、上記限定説と同様、弁論主義が妥当し、自白の成立も認められるが、訴えの利益などは、――ドイツの職権調査のように――判断資

---

15) 新堂・前掲注10) 237頁、490頁、上田・前掲注２) 203頁、三木ほか・前掲注２) 388頁〔垣内〕ほか。
16) 例えば、否定する立場として伊藤・前掲注２) 309頁、肯定する立場として上田・前掲注２) 203頁以下、三木ほか・前掲注２) 388頁〔垣内〕がある。
17) 鈴木・前掲注７) 25頁以下。
18) 松本・前掲注１) 118頁以下、135頁以下。

料は当事者の提出した事実・証拠に限られるが、当事者間の自白が成立しても裁判所は拘束されないという弁論主義と職権探知主義の折衷型[19]（これを鈴木教授は「職権審査」と称される）が適当であるとして、裁判権などの職権探知主義が妥当する訴訟要件とも異なった取扱いをすべきとされる。この見解は、訴訟要件の判断資料の収集について弁論主義型と職権探知主義型の２つで割り切ってきた従来の限定説に対し、それぞれ異なる特性をもつ訴訟要件の審理のあり方として不十分だったのではないかという疑問を基礎に唱えられたものといえる[20]。鈴木説自体は、まだ漠然とした内容にとどまっていたが、その後、この見解は、髙島義郎教授らによって精緻化が試みられつつある[21]。髙島教授によれば、訴訟要件には非常に多種多様な性格のものがあることから、その存否の判断資料の収集に関しても、個々の訴訟要件の性格に照らし、職権探知主義から弁論主義にいたるまで、裁判所と当事者の責任分担に様々な態様・段階がある。そのため、判断資料のもう１つの収集方法として職権審査を検討する積極的意義があるとされる。そして、職権探知主義のもと、裁判所に判断資料の収集義務を課すのが実際的でなく、また、通説が職権探知型とする訴訟要件の中にはその必要がないものもあることから、通説のように職権探知型を原則とせずに、職権審査を中心に据え、職権行使の必要のない訴訟要件は弁論主義型、強力な職権行使を必要とするものを職権探知主義型にすべきとされる。そして、従来の限定説では弁論主義型とされてきた訴えの利益は、原則、職権審査型とし、任意管轄は弁論主義型、裁判権、訴訟能力、代理権などは職権探知型に属するとされる[22]。

わが国の職権調査の概念とドイツのそれとが乖離してきたなかで、ドイツの職権調査概念を資料収集方式に関する部分のみ抽出して日本法に接ぎ木したよ

---

19) 鈴木・前掲注７）25 頁は、職権審査をドイツ法の職権調査に対応するものとして捉える。鈴木教授によれば、職権審査型とも呼ぶべき資料収集方式は、判断資料を当事者の提出した事実・証拠に限るとする点で弁論主義型と共通するが、裁判所が当事者間の自白・擬制自白に拘束されず、「証拠調べができる」とする点で職権探知型に似るとされる（髙島・前掲注５）116 頁も、ドイツ型職権調査の判断資料収集方式〔職権審査〕では、裁判所は、自白に拘束されず、証拠調べをして自白事実と異なる事実を認定することを妨げられないとする。髙橋・前掲注２）７頁も参照）。しかし、これが、自白に拘束されず、職権で「証拠調べができる」という趣旨なら、職権探知主義にほかならないのではとの疑問が生じるように思われる。
20) 鈴木・前掲注７）27 頁。
21) 髙島・前掲注５）110 頁以下。
22) 以上につき、髙島・前掲注５）117 頁以下。

うな手法には疑問がありえようが、多様な訴訟要件の審査に際し、その具体的妥当性を高める視点から、職権審査という中間型を認める方向を支持する論者も存在する[23]。

(2) 鈴木説を含む上記の諸説のいずれとも異なる立場が、松本説である。松本教授の見解は、これまでのわが国における職権調査に関する研究では十分ではなかったドイツ法との詳細な比較法研究に依拠したものであるが、見解の中身も、従来のわが国の見解にない独自性を有している。

松本教授は、各種の訴訟要件の公益性の強弱を基準に職権探知と当事者の提出による判断資料の収集とを限界づける通説的な見解に対して、まず、「私人の私的利益をめぐる民事訴訟」において、なぜ公益に関する訴訟要件（公益的色彩の強い訴訟要件）の判断資料は裁判所が職権探知しなければならないのかとの疑問を提起され、また、裁判所の職権探知義務と、訴訟実務が公益性の強い訴訟要件の場合もその欠缺について手がかりがある場合にのみ調査をするにとどまることとの整合性を疑問視される[24]。さらに、訴訟要件が公益の見地から要求されるにもかかわらず、訴えの利益などの一定の訴訟要件について職権探知を否定することの妥当性なども問題視される[25]。

松本教授は、職権調査概念自体については、裁判所がその事項の存否の法的判断を職権で行うことと解すべきとしたうえで、判断資料の収集方法は、職権調査の概念それ自体の中には含まれておらず、別個の問題であるとされる[26]。この限度では、通説と共通するものと見られる。しかし、判断資料の収集方法については[27]、公益性の強い訴訟要件を基礎づける事実の職権探知を認める通説の立場を支持せず、訴訟要件を具備していない訴えについて本案判決をしないことに裁判所固有の利益（公益にあたる）を認め、他方、訴訟要件の具備を基礎づけて本案判決することに裁判所固有の利益を認めない結果、訴訟要件の具備を基礎づける事実とその具備を否定する事実とを区別して、両者の取扱いを異

---

23) 例えば、新堂幸司＝福永有利編・注釈民事訴訟法(5)（有斐閣・1998）43頁〔福永〕。
24) 松本・前掲注1）121頁。
25) 松本・前掲注1）121頁以下。また、松本教授は、かりに職権探知が妥当するとしても、通説が、訴訟要件の存否のいずれの方向にも職権探知が行われるべきとすることを疑問視される。
26) 松本・前掲注1）125頁。
27) 松本・前掲注1）125頁以下、135頁、松本博之＝上野泰男・民事訴訟法［第8版］（弘文堂・2015）320頁以下〔松本〕。

にすべきとされる[28]。そして、前者の事実については、その提出と立証を当事者に委ね、訴訟要件の具備に裁判所が疑義を抱くときは、釈明権を行使して事実主張と立証を当事者に促せばたり、後者の事実については、当事者が主張していない場合でも裁判所がこれを知っているときは当事者に指摘して主張・立証を促すべきとされる。もっとも、訴訟要件を基礎づける事実について裁判上の自白や擬制自白の成立を認めると、職権調査の目的（訴訟要件を具備しない訴えに本案判決をしないこと）を達成できないことから、それを否定し、訴訟要件の具備を否定する事実については、自白や擬制自白の裁判所に対する効力を肯定される[29]。この見解は、後述のフォン・ヴェーバーらのドイツの一部有力学説からの示唆に基づいているものと推察される[30]。

松本説に対しては、福永教授[31]より、いくつかの疑問が表明されている。まず、すべての訴訟要件につき、訴訟要件が具備しているのに訴えを却下（ないし事件移送）しても問題はないといえるか疑問があるとされ（国際裁判管轄、専属管轄など）、また、本案の審理がかなり進んだ後に（とくに判決後に）、訴訟要件を基礎づける事実が存在しない旨の自白によって訴えを却下しなければならないとすることは、再訴禁止のような効果がないこともあって問題であるとされる。さらに、ある事実が存在すれば、訴訟要件の具備が認定できるという場合、その事実の存在が否定されれば、訴訟要件が具備しないという認定を導くことがあるから、訴訟要件の具備に導く事実と否定に導く事実とを明確に区別することは困難であると述べられる。

3　小　括

わが国では、訴訟要件との関係に限ってみても、職権調査の概念をめぐり、様々な見解が唱えられている。ただ、全体的な特徴としては、職権調査の意義を限定的に捉え、資料収集の方法は、同概念から切り離して考える傾向が顕著

---

28) そこから、福永教授は、松本説を「片面的職権審査説」と呼ばれる（新堂＝福永編・前掲注23) 43頁）。もっとも、松本教授自身は、職権審査という呼称は用いておられない。
29) 松本・前掲注1) 136頁。
30) フォン・ヴェーバーらの見解の影響を受けていることは、松本・前掲注1) 122頁、134頁などの記述から窺うことができる。
31) 新堂＝福永編・前掲注23) 44頁〔福永〕。高橋・前掲注2) 9頁参照。

であることである。この傾向は、通説的見解にとどまらず、それと対立する鈴木説や松本説にも共通しているように見受けられる。とはいえ、職権調査における職権性が、とりわけ当事者の態度に拘束されずに裁判所が調査を開始する点に現れることが否定できない以上、かりに、調査を開始することと裁判上の自白や擬制自白との間に緊張が生じうるならば、職権調査には、弁論主義との緊張・対立がすでに入り込んでいるように考えられる。それゆえ、資料収集のあり方を、職権調査とは次元が異なる事柄であるとしてそこから切り離してよいのかは、なお検討の必要があろう。職権調査に資料収集の方法の問題を取り込まない[32]ことが、ドイツの職権調査概念と異なるわが国の職権調査概念の特徴として認められてきただけに、ドイツ法における職権調査概念との異同の確認とその対比が、今日のわが国の職権調査をめぐる理論とそこで前提とされる職権調査概念の妥当性を最終的に検証するのに有意義であるように思われる。そこで、次に、ドイツにおける職権調査の概念を一瞥することとしたい。

III ドイツ民事訴訟法における職権調査の概念について

1 職権調査概念の形成

(1) ドイツ民事訴訟法（Zivilprozessordnung（以下、「ZPO」と略す））は、訴えが奏功するために存在しなければならない一定の要件を裁判所が職権により顧慮（berücksichtigen）または調査（prüfen）しなければならない旨の規定を、いろいろな箇所で設けている（職権による顧慮の定めとして、ZPO 56条1項・88条2項・139条3項・335条1項1号ほか。職権による調査の定めとして、同341条1項・522条1項・572条2項・577条1項・589条1項ほか）。一般に、職権による「顧慮」も、「調査」も、

---

[32] 広く証拠資料の獲得という点に目を向けると、わが国では、職権調査事項について、ドイツの職権調査をめぐる判例・通説と同様、通常の本案要件の場合と違い、いわゆる「自由な証明」の適用を提唱する論者が多く存在する（新堂・前掲注10）577頁、三ケ月・前掲注11）201頁ほか）。職権調査概念について上記の限定説を前提として、職権調査事項の判断資料の収集を職権調査とは別の次元で捉えながら、広い意味で判断資料収集に関わる証拠資料獲得の手続段階で、通常の「厳格な証明」から離れることを認めるならば（例えば、新堂・前掲注10）577頁）、それは、かえって職権調査概念の射程が限定説の次元にとどまらないことを示唆していなくもない。もっとも、今日、わが国では、職権調査事項、とくに訴訟要件について「自由な証明」を許容することを疑問視する見解が有力である（松本＝上野・前掲注27）426頁、伊藤・前掲注2）334頁ほか）。この点につき、髙田昌宏・自由証明の研究（有斐閣・2008）13頁、99頁参照。

実質的な違いがないと解されていることから、考察に際しては、前者も含め、職権調査（Prüfung von Amts wegen）という統一的概念から出発することができる[33]。職権調査の概念をどう把握するかは、議論の余地があるが、同概念には、少なくとも、当事者の態度――否認、自白、責問等――に何ら一定の意義が認められない[34]という内容が盛り込まれているといえる。

　(2)　ドイツでは、職権調査の概念は、訴訟要件の概念とともに形成されてきたと言ってさしつかえなく、ドイツでの訴訟要件の概念の創始者ともいうべきオスカー・ビューローが職権調査の概念の形成に果たした役割は非常に大きいといわれる[35]。訴訟要件は、ビューローが、19世紀ドイツで、それまで訴訟抗弁（Prozesseinrede）とされていたもの――今日から見れば、これがいわば訴訟要件の前身である――を訴訟法律関係の成立要件として再構成したものである[36]。もっとも訴訟法律関係の成立要件としての訴訟要件の位置づけは、今日では支持されておらず、訴訟要件は、一般的に適法要件または本案判決要件として位置づけられている[37]。ビューローが、ローマ法以来の訴訟抗弁について、抗弁とは言いつつ、当事者から何らの主張がなくても裁判所の職権でそれが顧慮されることから、抗弁の名に値しないとし、その代わりに訴訟要件の概念を用いるべきことを提唱したことは、わが国でもすでに詳しく紹介されているところであるが[38]、それと同時に、訴訟抗弁、そしてそれに代わる訴訟要件について、職権調査の原則が妥当することも、彼によって唱えられた[39]。ビューローは、概略、次のように述べる[40]。

　古くから訴訟要件の欠缺の判断のために被告の主導権、責問は必要なく、訴訟要件に左右される訴訟法律関係の有効性は、当事者の処分に委ねられてよい

---

33) *Stein/Jonas/Dieter Leipold*, Kommentar zur Zivilprozessordnung, 22. Aufl., Bd. 3, 2005, vor §128 Rdnr. 163.
34) *Stein/Jonas/Leipold*, a.a.O. (Fn. 33), vor §128 Rdnr. 163.
35) 柏木・前掲注8) 164頁、坂口裕英「ビューローの訴訟要件論の研究」名城法学17巻1=2号（1967）122頁以下。
36) *Oskar Bülow*, Die Lehre von den Proceßeinreden von die Proceßvoraussetzungen, 1868. ビューローの訴訟要件論の詳細は、坂口・前掲注35) 16頁以下、柏木・前掲注8) 163頁以下参照。
37) 以上の点につき、宮川聡「訴訟要件の審理――本案との審理順序を中心として」鈴木正裕先生古稀祝賀・民事訴訟法の史的展開（有斐閣・2002）147頁。
38) 柏木・前掲注8) 164頁、坂口・前掲注35) 22頁、25頁以下。
39) 柏木・前掲注8) 164頁以下。
40) *Bülow*, a.a.O. (Fn. 36), S. 303 f. 坂口・前掲注35) 122頁参照。

問題ではなく、訴訟法律関係の成立は、裁判所の積極的関与のもと国家の権威によってなされる公法的行為で、そのための要件は、大部分は絶対的・強行的な性質のものである。裁判所は、被告がその要件の欠缺を責問するか否かを待つ必要はなく、その欠缺を顧慮しなければならない。しかし、裁判所は、警察的な探索をする義務があるわけではなく、当事者が裁判所に提出する資料に依拠しなければならない。

以上のビューローの論述から、すでに当時、その後のドイツの職権調査の基本的内容が提唱されていたことが明らかとなる[41]。

2 職権調査の原則に関する一般的理解

上記ビューローの職権調査の観念がその後の実務や学説にどのように作用していったかは、必ずしも明らかでないが[42]、その後、訴訟要件の審理に妥当することとなった「職権調査」の原則は、ビューローの提唱内容と基本的に共通する。現在のドイツ法における職権調査は、一般的には、次のようなものとして理解されている[43]。

すなわち、職権調査は、弁論主義と職権探知主義との中間に独自の位置を占める。訴訟全体であれ、上訴などの法的救済手段であれ、適法性が常に問題であり、ここでは、裁判所は、原則として、当事者の態度——とくに当事者の自白——に左右されず、事実を自ら調査しなければならない（例えば、両当事者が当事者の一方の成年であることについて一致しているという理由で、その当事者を成年として、したがって訴訟能力者として取り扱ってはならない）。職権による探知は行われず、むしろ、事実の提出は、当事者のみの使命であるが、裁判官は、場合によって存在する手続的な障害を指摘しなければならない（ZPO 139 条 3 項）。職権による証拠調べ義務は存在しない。適法要件が解明されないまま（ノンリケット）の場合、

---

41) 柏木・前掲注 8) 165 頁参照。この沿革から生じるドイツの職権調査概念の問題性を指摘するものとして、髙島・前掲注 5) 114 頁。

42) 柏木・前掲注 8) 173 頁注 75 参照。

43) *Othmar Jauernig/Burkhard Hess*, Zivilprozessrecht, 30. Aufl., 2011, Rdnr. 64. このほかに、*Friedrich Lent*, Zivilprozeßrecht, 7. Aufl., 1957, S. 63; *Leo Rosenberg*, Lehrbuch des deutschen Zivilprozeßrechts, 9. Aufl., 1961, S. 298 ff.; *Wolfgang Bernhardt*, Das Zivilprozeßrecht, 3. Aufl., 1968, S. 137; *Leo Rosenberg/Karl Heinz Schwab/Peter Gottwald*, Zivilprozessrecht, 17. Aufl., 2010, §77 Rdnr. 44 ff.; *Wolfgang Lüke*, Zivilprozessrecht, 10. Aufl., 2011, Rdnr. 20; *Walter Zeiss/Klaus Schreiber*, Zivilprozessrecht, 12. Aufl., 2014, Rdnr. 180; *Bruno Rimmelspacher*, Zur Prüfung von Amts wegen im Zivilprozeß, 1966, S. 145 ff. u.a.

これは、本案判決を求める当事者の負担になる。

これが、これまでドイツで一般的に支持されてきた職権調査概念の理解であるが、訴訟要件などの存否の判断資料について、上記内容のような、弁論主義と職権探知主義の間の中間的地位が職権調査に認められる基礎には、訴訟要件などがもつ公益性があるとされる。ただ、公益性といっても要件によって異なりうることから、訴訟要件に限って、上記の意味での職権調査の内容が一律に妥当するとまで解されているわけではない。具体的には、適法要件に当事者の態度が影響力を有する場合に──例えば、財産事件の訴訟における管轄権は当事者の合意によって根拠づけられうるから（ZPO 38条）──、当事者がその適法要件の欠缺を争わないかぎり、裁判所は、当事者の自白または擬制自白に拘束されるとされ、他方で、治外法権は、例外的に職権探知主義が妥当するとされている[44]。

しかし、職権調査の位置づけおよび内容は、ドイツの学説・判例において上記の原則的内容で異論がないわけではなく、一般的次元でも個別的次元でも、様々な議論や見解の対立がある[45]。そこで、次にそのいくつかに目を向けることにする。

3 職権調査に関する理論の展開

(1) フィッシャーの見解

まず、フィッシャーは、職権調査を弁論主義および職権探知主義とならぶ独自の資料収集原則であるとし、それを弁論主義と職権探知主義に属する各3命題の部分的な混合および緩和として捉える[46]。彼によれば、職権調査原則の諸命題について、ZPO 335条1項1号[47]の規定から2つの本質的認識──1つは、自白や擬制自白があっても、職権で調査すべき事実が問題である場合は、裁判の基礎にすることができないこと、もう1つは、職権調査事項の場合、当

---

44) Z. B. *Rosenberg*, a.a.O. (Fn. 43), S. 298 f.; *Bernhardt*, a.a.O. (Fn. 43), S. 137 f.
45) 松本・前掲注1) 122頁以下、134頁以下で紹介されている。
46) *Peter Fischer*, Die Prüfung von Amts wegen im Zivilprozeß, Diss. Erlangen, 1953, S. 7 ff.
47) ZPO 335条1項1号は、欠席判決主義のもと、欠席判決の言渡しを求める申立てまたは記録の現状に基づく裁判の申立ては、「出頭した当事者が、職権により顧慮すべき事実のゆえに裁判所が求める証明 (Nachweisung) を果たすことができないとき」は却下しなければならないと定める。

事者の主張のための証拠を提出するのは、当事者の役目であり、裁判所独自の探知活動は禁じられるということ――を引き出すことができるとされる[48]。また、ZPO 139条2項（現3項）により、「裁判所は、職権で顧慮すべき点に関して生じた疑問を指摘しなければならない」が、裁判所は自ら訴訟資料を導入することまで認められていないことから、フィッシャーは、職権調査原則のもとでは、弁論主義と同様、裁判所は当事者によって提出された事実のみを裁判の基礎にすることができるとする[49]。

さらにフィッシャーは、このような形式的な理由のほかに、職権調査原則のもと弁論主義が全面的には妥当しない実質的な理由を公益に求め、訴訟要件の場合、濫用的および無益な裁判所利用の阻止と、裁判所に無関係な事件による裁判所の負担過重の回避に公益性を肯定する[50]。また、職権探知主義と職権調査原則との違いがなぜ正当化されるのかが問題となるが、フィッシャーは、実体的真実に基づく裁判について公益が存在しうるところ、ある事項の存否いずれについても真実に反する判断をすると公益が損なわれる場合（ある事実があるのにないと誤って判断することも、その事実がないのにあると誤って判断することも公益に反するとき）、職権探知主義が妥当するのに対し、国家利益が特定の不当裁判の阻止について存在し、逆の裁判が公益に触れない場合には、職権調査原則が妥当するとする[51]。したがって、訴訟要件が実際は欠缺しているのに本案判決をすることは、公益に触れるが、実際は訴訟要件があるのに誤って却下判決をすることは公益には触れないことから、職権調査原則が妥当するという。つまり、訴訟要件の存在に疑念がある場合に、その存在の主張・立証を裁判所自らが行わずに当事者に委ね、当事者がそれに成功しなければ、当該要件の欠缺を理由に裁判所は訴えを却下すればよく、訴訟要件を欠く訴えに本案判決をしないという公益が保護できるからである。そうした裁判を阻止しうるためには、訴訟要件の判断基礎について当事者の自白や擬制自白の可能性を否定すれば十分であると解されることになる。

以上のフィッシャーの見解は、弁論主義でも職権探知主義でもない3番目の

---

48) *Fischer*, a.a.O. (Fn. 46), S. 11 f.
49) *Fischer*, a.a.O. (Fn. 46), S. 13 f.
50) *Fischer*, a.a.O. (Fn. 46), S. 25 f.
51) *Fischer*, a.a.O. (Fn. 46), S. 26 ff.

原則として職権調査を位置づける通説の基礎にあるものを丁寧に明らかにしている点で注目される。
(2) グルンスキーの見解

　グルンスキーは、職権調査によって何が意図されているかを考える場合、大部分の訴訟要件により一定の公益が追求されることが念頭に置かれる必要があるとし、また、弁論主義が、民事訴訟で当事者が自由に処分できる権利がもっぱら問題であるとの理由で正当化されることを踏まえるならば、公益に関わる職権調査は、弁論主義の制限として現れるとする[52]。それでは、職権調査は、職権探知主義にほかならないのか。これについて、グルンスキーは、裁判官が誤って訴訟要件の欠缺を認め、不当に訴えを却下した場合、原告が自らの権利を実現できなくなる結果となるが、これは自己の権利の実現に配慮するのが当事者の仕事である以上、とりたてて重大ではないとする。他方、裁判所が誤って訴訟要件の具備を肯定し、訴えを聞き届けるという場合──例えば、被告が訴訟能力を有しないのに、それをあると誤認して請求を認容する場合、訴訟無能力者に国家が監護義務を負っていることから、訴訟要件の存在する場合にのみ訴えが奏功することに公益が存在するとする[53]。

　グルンスキーによれば、裁判所は、すべての訴訟要件が存在することに疑問を有しない場合にのみ訴えを聞き届けることができるのに対し、訴訟要件の存否が明らかでないときは、職権でそれ以上の解明に従事する必要はなく、主張・立証責任を原告に負わせるのが利害に合致する[54]。つまり、すべての訴訟要件の存在を支持する事実は、裁判所が訴訟に導入してはならないのに対し、訴訟要件の存在に反対する事実の自白や擬制自白に裁判所を拘束する効力を認めることには何も反対しないとする[55]。

　グルンスキーの見解は、おおむね、はじめに挙げた通説と共通するが、明確に異なるのは、訴訟要件の存在を支持する事実と訴訟要件の不存在を支持する事実を区別し、前者では当事者の自白や擬制自白の効果を否定し、反対に、後者の事実では当事者の自白等の効力を認めることである。この点は、次に述べ

---

52) *Wolfgang Grunsky*, Grundlagen des Verfahrensrechts, 2. Aufl., 1974, S. 200 ff.
53) *Grunsky*, a.a.O. (Fn. 52), S. 202.
54) *Grunsky*, a.a.O. (Fn. 52), S. 202.
55) *Grunsky*, a.a.O. (Fn. 52), S. 203.

るフォン・ヴェーバーの見解が一部とりいれられている[56]。

(3) フォン・ヴェーバーの見解

フォン・ヴェーバー[57]が 1933 年公表の論文で職権調査について主張した見解は、現在もなお、その独自性ゆえに注目される。フォン・ヴェーバーは、職権による顧慮や調査を定める ZPO の諸規定を見ても、「調査」や「顧慮」は、当該事項に関する事実の確定については何も述べておらず、また、「職権による」という文言も当事者の申立てや責問へのアンチテーゼを含んでいるにすぎないとしたうえで、職権調査においても、判断資料収集は、そもそも資料収集を行う者が当事者か裁判所のいずれかしか存在しない以上、弁論主義と職権探知主義の範疇に位置づけられなければならないとする[58]。

フォン・ヴェーバーによれば、職権調査が適法要件の審査で問題となり、その際に適用される訴訟法規の多くが強行規定で、当事者の自由な処分になじまないことから（ただし、財産権上の事件の土地管轄などには例外扱いを認める）、職権調査は、原則的に職権探知主義に支配される[59]。そのうえで、さらに、フォン・ヴェーバーは、次のように論じる[60]。

すなわち、適法要件に関する規定が強行規定として性格づけられるならば、それは、裁判所が適法性の不存在の場合に本案裁判を拒絶しなければならないことを意味する。裁判所が裁判所と無関係な目的で当事者により濫用されることについて公益が存在するのに対して、裁判所を煩わせたくない当事者を裁判所の面前に強いる逆の利益はない。むしろ、国家が当事者に用立てる裁判所の利用の適法性を明らかにするのは、当事者の仕事である。言い換えると、訴訟の適法要件に関する規定の強行的性質は、片面的な性質のもので、それは、当事者の合意によって除くことのできない不適法のためにある。

このように論じて、フォン・ヴェーバーは、片面的な職権探知主義の妥当を唱える（その限度で、身分訴訟における片面的職権探知主義の規定の類推適用を説く）。つまり、適法要件を職権で探知することは裁判所の仕事ではなく、不適法を根拠

---

56) Vgl. *Grunsky*, a.a.O. (Fn. 52), S. 203, Fn. 11. 松本・前掲注 1 ）124 頁参照。
57) *H. v. Weber*, Die Prüfung von Amts wegen, ZZP Bd. 57 (1933), S. 91 ff.
58) *v. Weber*, a.a.O. (Fn. 57), S. 93.
59) *v. Weber*, a.a.O. (Fn. 57), S. 93 f.
60) *v. Weber*, a.a.O. (Fn. 57), S. 94 f. この点は、松本・前掲注 1 ）122 頁以下に詳しい紹介がある。

づける事実には、職権探知（裁判所が職権により事実を斟酌し証拠を取り調べてよく、また、当事者の態度（自白・欠席など）は事実確定の要否や事実確定に影響を及ぼさない）が妥当するとされる。したがって、裁判権を否定する治外法権の場合は、職権探知が妥当する[61]。フォン・ヴェーバーによれば、職権探知が片面的であるがゆえに、適法要件を理由づける事実についての当事者の自白や擬制自白は、その効力が否定されることになるが、不適法を基礎づける事実については、かりに当事者が自白したり争わない態度をとったときは、その効力が肯定される[62]。後者の自白の取扱いは、ドイツの通説と大きく異なる点である。

　フォン・ヴェーバーの見解は、通説に比して、職権調査概念の射程を狭く捉え、資料収集および事実確定のあり方を職権探知主義・弁論主義の選択肢によって解決しようとしている。その点で、弁論主義と職権探知主義の中間に位置する第3の原則として職権調査を構成しようとする傾向の強い通説的立場とは明確に区別される。そうした概念枠組みの差異はともかく訴訟要件を基礎づける事実とそれを否定する事実とで職権探知主義と弁論主義を使い分けるフォン・ヴェーバーの見解に対して、通説側に属するリンメルスパッハーからは、フォン・ヴェーバーは、判断資料に対する支配に弁論主義か職権探知主義のみが妥当するということから出発するが、その理由づけをしていないと批判が加えられる。さらに、フォン・ヴェーバーが、不適法の確定のための訴訟資料に対する支配のみ裁判所に認めることに対して、適法と不適法の限界づけが解明されておらず、しかも、適法と不適法は表裏の関係にあり、不適法を基礎づける事実は同時に適法を阻止し、適法を基礎づける事実は同時に不適法を排除する以上、両者を区別する基準を見出すのは困難である、との批判も加えられる[63]。

IV　おわりに——ドイツ法における職権調査の原則とわが国への示唆

　(1)　ドイツ法における職権調査の内容については、たしかに、それを、職権

---

61)　v. Weber, a.a.O. (Fn. 57), S. 95 f.
62)　v. Weber, a.a.O. (Fn. 57), S. 97. わが国でも、松本教授が、このフォン・ヴェーバーの見解を支持される（松本・前掲注1）136頁）。
63)　Rimmelspacher, a.a.O. (Fn. 43), S. 152. これにつき、松本・前掲注1）124頁参照。

Ⅳ　おわりに

調査原則として、弁論主義および職権探知主義の間に位置づける傾向が一般的に支持されている。しかし、他方で、フォン・ヴェーバーの見解をはじめとして、職権調査の枠組み自体についても、細部についても異なる考え方が存在する。とはいえ、ドイツ法における職権調査概念については、わが国の文献でも前提にされているとおり、次のような内容をもつ原則として理解されている。

　すなわち、訴訟要件のような訴訟全体の適法要件をはじめとする職権調査事項の場合、原則として、裁判所は、当事者の申立てや責問などなくても、疑問があるときは、職権でその要件の基礎事実について調査をすることができ、また調査する義務をも負う[64]。そのため、当該要件について当事者が争わず、または自白する場合も、裁判所は、それに拘束されず、疑問があるかぎり、当事者にその要件についての主張・立証を、釈明権を通じて促す[65]。職権探知とは異なって裁判所自らが当事者の主張のない事実を斟酌したり、職権で証拠調べをすることはできない。当事者に主張・立証の機会を付与しても、当該要件の存在について確信を抱くことができないかぎり、証明責任に従い不適法と扱う（訴訟要件の場合、原則、訴え却下）。このような原則内容の根拠は、訴訟要件の具備に関する公益に求められ、少なくとも、職権探知まで認めなくとも、上記のような扱いで、訴訟要件を本当は具備していない訴えについて本案裁判することは阻止できる以上、公益も保護できると考えられている。

　(2)　ドイツでは、一般に、適法要件（訴訟要件）を、原則的に、このような一律・一定の内容の審理方式たる職権調査に服せしめることが支持されている。

---

64)　ドイツの通説・実務によれば、当事者（原告）が、訴え提起に際し、各個の訴訟要件を基礎づける資料を自ら提出するわけではない状況のもと、裁判所は、訴訟要件の具備をめぐるあらゆる可能性を調査する必要はなく、あくまで、裁判所自らが訴訟要件の存在について疑いを抱いたときにはじめて調査を開始することとされている。当事者の主張がなくても、裁判官の私知、証人や新聞の指摘などにより、訴訟要件の欠缺のための具体的な手がかりがあれば、裁判所は、訴訟要件の具備に疑問を抱くこととなる。Grunsky, a.a.O. (Fn. 52), S. 203 f.; Reiner Martin, Prozeßvoraussetzungen und Revision, 1974, S. 4; Rimmelspacher, a.a.O. (Fn. 43), S. 154 ff.

65)　裁判所が、疑問を抱いたときに、適法性に反対する事実を訴訟に自ら持ち込み、当事者に主張・立証を促す場合、この事実の導入が職権探知主義を意味し、その限度において職権探知主義が職権調査のもとでも妥当する、との考え方がありうるが（Vgl. Stein/Jonas/Leipold, a.a.O. (Fn. 33), vor §128 Rdnr. 168)、これについては、当該事実が直接訴え却下を根拠づけるもので、たんに、訴訟要件に重要な事実の存在を、証明責任を負っている当事者が主張・立証しなければならない訴訟状況をもたらすにすぎないことから、裁判官による新たな事実の提出・斟酌にあたらないとの反論が加えられている（Martin, a.a.O. (Fn. 64), S. 5)。

たしかに、ドイツにおいても早くから認識されているとおり[66]、適法要件ごとに公益性の程度は様々である。しかし、ドイツでは、上記の職権調査原則のもと、公益性の程度による調整への動きは一般に鈍い。これに対して、わが国では、職権調査概念について限定説を採用し、資料収集の次元で弁論主義または職権探知主義の選択肢を設けて要件ごとの対応を図る立場が通説化している。このわが国で支配的な傾向は、要件ごとの特質に即した妥当な審理方式を提供しうる点で、ドイツの職権調査原則よりも優れているように見受けられる反面、実質的には、大半の訴訟要件が職権探知に服するという結果となっており、職権調査の存在意義は、著しく乏しいものとなっている。また、職権探知を正当化する公益性が何であるかは、いまだ十分に明らかになっているとは言い難い。さらに、その公益が守られねばならないものであるとしても、そのための方策が当然に職権探知によることとなるかは、ドイツにおいて、職権探知によらなくてもよいとする通説的立場や、さらには片面的にのみ職権探知を許容する立場もあることを踏まえると、なお慎重に検討する必要があるように思われる。ドイツでは、訴訟要件の公益的性格を前提としつつも、基本的には、職権探知や職権証拠調べまで行わなくても、前述のとおり、少なくとも、訴訟要件を欠く訴えに本案審判をすることによる公益違反は抑止できるし、当事者に重要な事実の提出と立証を委ねるほうが、むしろ、訴訟要件の目的とも整合しうると考えられている[67]。ここでは、公益への配慮の必要を前提としつつ、職権探知の適用に対する謙抑的ともいうべき調整が図られており、それを職権調査の基本型とすることは、わが国においても、なお考慮に値するように思われる[68]。なお、職権調査において、当事者の自白や擬制自白の効力が裁判所に及ばない

---

66) *Leo Rosenberg*, Lehrbuch des Deutschen Zivilprozeßrechts, 2. Aufl., 1929, S. 183.
67) *Martin*, a.a.O. (Fn. 64), S. 4. リンメルスパッハーは、権利保護付与のための要件を明らかにするのは、原則として、当事者の役割であり、権利保護追求者が訴訟要件の存在すら主張しない場合に、裁判所にはそれを調査するいかなる契機もないとする (*Rimmelspacher*, a.a.O. (Fn. 43), S. 150)。
68) もっとも、その基本型だけですべての職権調査事項を取り扱うことは困難であり、それは、すでにドイツ法でも弁論主義や職権探知主義の適用を例外的に認めていることからも窺うことができる。実際、ドイツでは、現在の職権調査の規律について、それを不運であるとする意見も存在するところである。例えば、ヘスは、司法の利益に関わる場合には（例として、訴訟能力）、裁判所に、重要な事実を自ら確定する可能性が与えられるべきであるとして、職権探知を認める規律の必要を提唱している（*Jauernig/Hess*, a.a.O. (Fn. 43), Rdnr. 65; *Lent*, a.a.O. (Fn. 43), S. 63)。

IV　おわりに

こと[69]は、職権調査の開始のみならず、証明の要否および事実確定に際し重要な意味を有しており、これは、資料収集の次元においても職権調査の射程が及んでいることの証左となりうるであろう[70]。

(3)　以上、ドイツの理論状況への一瞥を通じて、わが国の職権調査の概念の特徴とドイツとの異同の一端を示した。そこから、わが国の民事訴訟法における職権調査概念も、なお精査検討の必要が明らかになったように思われる。本稿では、その指摘にとどめ、精査検討は今後の課題としたい[71]。

---

69)　この点は、フォン・ヴェーバーらが説得力をもって主張するように、訴訟要件の不存在を基礎づける事実の自白に拘束力を認めて差し支えないとの立場がありうる。わが国では、松本・前掲注1）136頁がこの立場を支持する。

70)　松本教授は、フォン・ウェーバーの見解と類似して、職権調査の概念に判断資料の収集方法の問題は含まれないとしていることから、ドイツの一般的な職権調査概念の理解とは一線を画する（松本・前掲注1）125頁、140頁）。

71)　また、訴訟要件ごとに、その判断基礎事実として何を主張するか、またその事実を証明する必要があるかについて検討する必要がある。例えば、管轄原因事実について、越山和広「管轄原因事実の証明―国際裁判管轄を中心に」龍谷法学46巻4号（2014）833頁参照。

間接事実の自白
—— 自白の効力論の一断面

高田裕成

I　はじめに
II　「間接事実の自白」の効力
III　間接事実の「自白の効力」論
IV　結びに代えて

I　はじめに

　間接事実について自白の効力を認めることができるかという問いに対して、これを肯定する見解と否定する見解とが対峙している。もっとも、後に検討するように、肯定説、否定説それぞれの見解が想定している効力の内容に必ずしも一致があるわけではないようにも思われる。もちろん、このこと自体はとくに異とする理由はない。自白論は、主として主要事実を想定して展開、発展してきた議論であり、主要事実と訴訟手続における機能を異にする間接事実につき、そうした事実の性質の違いに応じた議論が展開されることは、むしろ健全なことというべきであろう。とはいえ、主要事実の自白と間接事実の自白にかかる議論の間に存在する間隙に関心をもつことは、間接事実の自白とは何を論じることなのか、という問い自体にかかる不透明さを浮かび上がらせるように思われる。本稿は、この点を、近時議論が生じている自白のいわゆる審判排除効および不要証効に焦点をあてて、若干の分析を試みようとするものである。この分析を通じて、自白とはいかなる制度なのか、という問いをある角度から照射することをもねらいとしている。

　日本法における自白論の展開において、松本博之教授のご研究が果たした貢

献は多大である。教授のご思索の後を辿りながら自白について愚考したことをこの機会に提示して、ご批判を仰ぎたいと考えた次第である。

II 「間接事実の自白」の効力

1 自白の拘束力を否定する判例・学説

　間接事実の自白の効力を肯定することにつき、判例は消極的である。具体的事実関係を離れてその一般論にのみ着目すれば、最高裁はまず、間接事実については「たとえ当事者の自白ありとしても、裁判所は必ずしも、その自白に拘束されるものではな」いとし[1]、その後、「されば、原審が証拠によりこれと異る事実を認定しても何ら違法ではなく、論旨は理由がない」とその趣旨を明確にした[2]うえ、さらに、相手方のした事実の主張につき認める旨の陳述を後に撤回した事例について、間接事実の自白は、「裁判所を拘束しないのはもちろん、自白した当事者を拘束するものでもない」として、その撤回を認めた[3]。

　ここでその作用が否定されている拘束力は、裁判所に対する拘束力と当事者に対する拘束力であり、学説は、それぞれ審判排除効、不可撤回効（撤回制限効）と呼称している。判例に影響を与えたと推測される[4]当時の一般的な理解、なかでも兼子一博士の整理によれば[5]、前者は「自白が眞實か否かを判断する必要がないだけでなく、證據調の結果反對の心證を得ても、これ〔自白〕に反する事實を認定できない」という効果であり、後者は自白した当事者が、これに反する事実を主張できないという効果である。兼子博士によれば、裁判所に拘束力は、弁論主義に由来し[6]、当事者に対する拘束力は、禁反言、すなわち「紛争

---

1) 最判昭和31年5月25日民集10巻5号577頁。ただし、引用部分からも窺えるように、裁判所に対する拘束力が直接問題となった事案ではなく、むしろ訂正（一部撤回）を認めたことに判例の意義がある。
2) 最判昭和35年2月12日集民39号467頁。
3) 最判昭和41年9月22日民集20巻7号1392頁。
4) 最判昭和31年5月25日（前掲注1））についての長谷部茂吉調査官解説（最判解民事篇昭和31年度83頁）は、「兼子説に従」ったものとする。
5) 以下の説明については、兼子一・新修民事訴訟法体系［増補版］（酒井書店・1965）248頁による。
6) 兼子・前掲注5）247頁。関連する記述をより忠実に追えば、現行法179条の説明をするに際して「裁判所が證據に基いて認定する必要がない」事実として「當事者間に爭のない事實」を挙げ、これは、「裁判所は立入るべきではないとの辯論主義の立前から、裁判所の心證形成そのものが排除されることを意味する」とされる。同245頁。

II 「間接事実の自白」の効力

解決の過程において一旦争のないことにしながら、後日前言をひるがえすことは、審理を混亂遲延させ、相手方に對しても不信な行動である」ことに基づく効果である。

これに対して、間接事実については、これらの効果は認められない。最高裁は、その根拠を明示していないが、再び、兼子博士の理解によれば、「主要事實について爭ある場合に、その徵表〔間接事実〕に當る事實についての自白も、證明を要しない」が、「主要事實と異つて、必ずしも裁判所を拘束するものではないと解すべきであ」り、これは、「主要事實を自由心證による認定に任せる以上、裁判所が公知の事實に反するとか或は證據調の結果によつて疑を抱く間接事實を、自白があつたから存在するものとして、それに基いて心證を形成するように要求することは、無理な注文」であることをその理由とする[7]。この結果、証拠調べの結果反対の心証を得れば、自白された間接自白に反する事実を認定することができることになる。

もっとも、兼子博士は、間接事実についての裁判所に対する拘束力を否定するが、当事者に対する拘束力（不可撤回効）については述べておられない。理論的には、不可撤回効を肯定する余地があるが、一般に不可撤回効は、裁判所に対する拘束力を前提とすると理解されており、兼子博士もこの理解に依拠しているものと考えられる。これに対しては、有力な異説が存在し、裁判所に対する拘束力は否定されるものの、当事者に対する拘束力は否定しえないとする見解が存在した。裁判所に対する拘束力が弁論主義に由来するのに対して、自白者の自己責任と禁反言に基礎をおく不可撤回効は主要事実の自白と同様に否定しえないとするものである[8]。この場合の不可撤回効の内容については見解が分かれるが、判例によれば、自白した当事者において自白した事実が真実に適合せず、かつ自白が錯誤に出たものであることを証明したときにも自白は撤回可

---

7) 兼子・前掲注5) 248頁。兼子博士の見解の理解として、間接事実に弁論主義の適用がないことが挙げられることがあるが、自白に関する記述においてはこの表現はなく、自白の裁判所に対する拘束力を論じる部分において、その例外となるとの記述であるにとどまる。
8) 三ケ月章・判例民事訴訟法（弘文堂・1974) 252頁のほか、仙田富士夫「補助事実の自白」司法研究所報23号 (1959) 137頁など。仙田判事は、その実益を、裁判所に対する拘束力を否定しても、「裁判所がその自白事実を基礎として判決するもさしつかえない効力は残るのであるから」とし、撤回要件としては、反真実の証明を排して、錯誤要件のみとする。同137頁。

能であるとされており[9]、学説においては、この判例法理の妥当性をめぐって議論が存在する[10]。

さて、自白の効果論においては、これに加えて、不要証という帰結（不要証性）を認めるのが一般的な理解かと思われる。兼子博士も先に引用したように間接事実の自白は証明することを要しないとされる。また、先に引用した最高裁判例も、「自白の内容を真実に合するものとして主要争点たる事実の有無の判断の資料としてもさしつかえない」とし、また、傍論ながら、「間接事実についての当事者の陳述が一致した場合、裁判所は、特段の証拠調べをせずに、当該間接事実を確定し、そこから推認される主要事実を認定することができる」ことを示唆しているところである[11]。この場合、自白の内容どおりの「間接事実を確定する」ことはいかなる過程を経て行われるのか議論があるが、間接事実の自白があった場合において自白の内容どおりの事実が判決の基礎となるのは、自白の効力によるものではなく、裁判所の事実認定の結果によるものとするのが一般の理解と考えられる[12]。

2 拘束力を肯定する見解

これに対して、有力な学説は、間接事実についても、裁判所の対する拘束力（いわゆる審判排除効）および当事者に対する拘束力（いわゆる不可撤回効）を認めるべきことを主張する。松本教授も、こうした見解を支持しておられる[13]。その

---

9) 大判大正4年9月29日民録21輯1520頁。さらに最判昭和25年7月11日民集4巻7号316頁は、「当事者の自白した事実が真実に合致しないことの証明がある以上その自白は錯誤に出たものと認めることができる」として反真実の証明から錯誤の存在を認定している。なお、この場合における錯誤は事実の真実性についての錯誤である（最判昭和41年12月16日判時468号40頁）。さらに、この場合以外にも撤回可能な場合が想定されている。
10) 学説も、撤回につき特別に制限しない見解のほか、不可撤回効を肯定する見解においては、反真実の証明のみを要件とする見解と、錯誤のみを要件とする見解が両極に対峙し、その間にさまざまな見解が存在するが、本稿では立ち入る余裕はない。
11) それぞれ、最判昭和31年5月25日（前掲注1))、最判昭和41年9月22日（前掲注3))である。
12) 「弁論の全趣旨」（民訴法247条参照）に基づく事実認定であるとするのが一般の理解である。たとえば、川嵜義徳・最判解民事篇昭和41年度375頁、丹野達「間接事実と補助事実についての若干の考察」司法研修所論集1997-Ⅰ(1997) 13頁など。いずれにせよ、証拠調べによる認定は不可欠ではない。この限りで、そこでいう「証明することを要しない」という議論は、規範的な議論ではなく、生じる事態を説明する discriptive な説明ということになる。
13) 松本博之・民事自白法（弘文堂・1994) 71頁以下、松本博之＝上野泰男・民事訴訟法［第8版］（弘文堂・2015) 333頁［松本］。他に、ニュアンスに差があるものの、坂原正夫「裁判上の自白法則の適用範囲」新堂幸司編集代表・講座民事訴訟④—審理（弘文堂・1985) 167頁、春日偉知郎・民事証拠法論集（有斐閣・1995) 161頁、小林秀之・新証拠法［第2版］（弘文堂・2003) 238頁、山本和彦・民事訴訟の

論拠として、教授は、大きく次の 2 点を挙げられる。まず、間接事実には弁論主義が妥当しないという否定説の前提は適切とはいえない。とりわけ、間接事実についても重要な間接事実、事案の勝敗を決するような間接事実が存在し、これらについては主要事実と異なる取扱いをする理由はない。そして、第 2 に、争点を整理するという自白の機能・性質から見て拘束力を肯定することには意義があり、これを認めても、必ずしも「自由心証に対する不当な制約とはならない」。

　そこでは、間接事実の機能、とりわけ争点整理・要証事実の確定という観点から、要証事実から排除すること、そして、そうした状態を早期に固定し、その状態を維持することの重要性が指摘されているが、その後の議論は、間接事実の機能に着目してより密度の高い議論に移行した。その際着目されたのは、自白の裁判所に対する拘束力を肯定した場合の帰結であり、間接事実について自白の効力を認めることが自由心証について不当な制限を生じさせているかが精査された。松本教授は、自白の拘束力を肯定しても、自白当事者はこの間接事実からの主要事実の推認を妨げる他の間接事実を主張立証することによってこれを破ることができるから、決して裁判官の自由心証が終局的に排除されるわけではないとされた[14]。この点に関しては、新堂幸司教授により、「自白された間接事実を前提にし、これを打ち消すにたる別の間接事実が認められないかぎり、自白された間接事実（たとえそれに疑いをもっていたとしても）から主要事実を推認することは無理な注文とはいえない」[15]と指摘され、さらに、「自白された間接事実からの主要事実への推認が別の間接事実の認定により妨げられる場合」および「自白された間接事実を打ち消すにたる別の間接事実を認定できる場合」を除き、間接事実の拘束力を認めてよいとする見解が高橋宏志教授により主張されている[16]。自白された間接事実と異なる間接事実を斟酌することは

基本問題（判例タイムズ社・2002）166 頁などがこの見解を採る。
14)　松本＝上野・前掲注 13) 334 頁〔松本〕、松本・前掲注 13) 92 頁。
15)　新堂幸司・新民事訴訟法［第 5 版］（弘文堂・2011）585 頁〔初出は 1974〕。
16)　高橋宏志・重点講義民事訴訟法㈠［第 2 版補正版］（有斐閣・2013）493 頁。自らの見解を「限定的拘束力」と呼称され、菱田雄郷「裁判上の自白法則」高橋宏志＝加藤新太郎編・実務民事訴訟講座［第 3 期］第 4 巻（日本評論社・2012）90 頁は、「限定された審判排除効」と呼ぶ。なお、新堂教授においては、自白された間接事実と両立しない事実についての取扱いは必ずしも明確ではなかったが、高橋教授においては、この事実も斟酌されることとされており、その結果、自白された間接事実の不存在を確定することも許されると考えられている。しかし、自白された間接事実の不存在を推認することができるのは、

排除されないと考えることができるのであって、この範囲で、間接事実の裁判所に対する拘束力の範囲は自ずと狭まるという認識がその基礎にある。

このようにして近時の議論の焦点は、自白された間接事実の存否につき自白内容とは異なる心証を裁判所が得た場合の取扱いという点にあてられており、こうした場合においては、自白に裁判所に対する（何らかの）拘束力を肯定することにより[17]、裁判所の事実認定（自由心証）に委ねられる局面を限定する見解が登場していることが近時の議論の特色ということができよう。

これらの見解において、当事者に対する拘束力（撤回制限効）については、これを肯定すると考えられるものの、いかなる帰結が導かれるのか必ずしも明瞭ではない。これは、一方では、論者の想定する撤回要件が多様であることとともに、これら審判排除効を限定する見解においては、結果として自白された事実が真実に反すること（反真実）を立証することにより審判排除効が否定されることになるため、撤回要件が機能する場面が極めて小さいことに由来するものと考えられる[18]。

III 間接事実の「自白の効力」論

1 自白の効力

これまで試みたごく簡単な整理からも、議論は思いの外、複雑であることを指摘することができよう。このことは、主要事実の自白論を参照軸として、そこからの距離をもって間接事実の自白の効力を論じること自体の妥当性を問うことを意味するようにも思われるが、本稿における筆者の関心は、むしろ議論の前提となっている自白の効力論にある。自白論においては、いわゆる審判排

別の間接事実からその不存在が推認される場合に限られ、理念的には自白が成立した間接事実の存在が証拠により直接打ち消される場合を含まないことになろう。この点で後に検討する「裁判所が反対の心証を得た場合を除き、自白された事実は真実と見なされる」といったルールを想定する見解（後掲注37）およびこれに対応する本文参照）とは異なるが、間接事実については両立しない別個の間接事実を観念することが可能ということであろう。この点は、間接事実に基づく推認のメカニズムに依存する。最後の点については、山本・前掲注13）168頁注29）も参照。

17) こうした見解は、問題を「自由心証主義の要請と、審判の促進・充実、当事者の権能の拡大の要請との」調整問題と定式化することになる。菱田・前掲注16）90頁。

18) こうした立証を許すかが1つの問いであるが、自白が撤回される典型的な場面としては、証拠調べの結果自白した事実が真実ではないことが明らかになった場合が想定され、先に述べた見解においては、この場面では撤回の有無にかかわりなく、自白の審判排除効が制限されることになることによる。

III 間接事実の「自白の効力」論

除効と不可撤回効（撤回制限効）が接合されることによって、自白の効果として審判排除効とともに不可撤回効を肯定し、いかなる要件を充足すれば撤回が許されるかが論じられてきた。しかし、そうした効力論には、主要事実の自白にかかる議論を展開する限りにおいては必ずしも顕在化することのない襞が密かに伏在するように思われる。

まず、便宜、自白の効力論の現状と筆者なりの理解を確認しておく。改めて指摘するまでもなく、これ自体が大きな争点である。

(1) 審判排除効と一般に呼称される裁判所に対する拘束力は、先に述べたように、証拠調べの結果反対の心証を得ても、自白に反する事実を認定できないという効果であり、そこでは、裁判所の判決の基礎となる事実の確定にかかる規律、すなわち、裁判所の自由な心証の形成、より端的には民事訴訟法247条の適用を排除し、自白された事実と異なる事実を認定できないという規範が想定されているといえる。この限りで、直接には口頭弁論終結時において、ある事実につき当事者間に争いがないかどうかのみが関心事となる[19]。

こうした自白の内容どおりの事実確定を裁判所に要求する規範の内容については議論がありうるところであって、間接事実の自白論においてこの点が顕在化しているともいえる。自白に関するドイツ法の学説史を遡れば、多様な規律の可能性が議論されてきたことを見出すことができ[20]、また真実に反する自白

---

[19] 極端な事例を想定すれば、争いある（主要）事実について、証拠調べの結果、心証を得ていたとしても、その後当事者が自白するに至ったならば、自白に拘束されることになろう。もっとも、そもそも、こうした帰結が妥当か、換言すれば弁論主義の内包と限界をどのように理解すべきか議論の余地がないわけではない。それにもかかわらず、拘束力が一般に肯定されているのは、後述するように、裁判所が真実性診断を行うことを制限する機能を当事者に認めることに一定の価値を見出していることを意味する。

他方で、審理の過程において自白した事実について争いの存在が顕かになれば、その段階で撤回の可否が問題となり、判例上撤回が比較的緩やかに認められていることもあって、こうした拘束力が現実に作用することはあまり考えられない。仮に作用するとすれば、当事者双方が自白どおりの事実を確定することを意欲する場合（そうでない場合には、黙示の撤回を観念することも可能である）であり、したがって、裁判所の釈明があってもなお当事者が、裁判所の心証によれば真実に反する自白を維持する場合ということになろう。とりわけ間接事実については、主要事実について争いつつ、当該主要事実の認定に重要な（かつ自己に不利な）間接事実について自白し、かつ（場合によっては裁判所の釈明があっても）撤回もせず維持するという場面は実際問題としてさほど生じるとは思えず、現に裁判所に対する拘束力について判示した最高裁判例も、その実質においては撤回の可否が焦点となった事例である。この限りで、理論的問題にとどまるようにも思われるが、なお理論的には明らかにされるべき問題ということであろう。

[20] これらの多様な見解については、松本・前掲注13) 217頁以下、伊東俊明「民事訴訟における自白の撤回について」横浜国際経済法学11巻3号（2003）9頁、河野憲一郎「民事自白法理の再検討(2)(3)」一橋法学4巻2号（2005）475頁、3号975頁などに詳細に論じられているところである。

351

がいかなる範囲で裁判所を拘束するか、繰り返し議論されてきたところである[21]。そうした中で、わが国においては、いわば「完全な」審判排除効が一般に想定されてきたのは、自白の裁判所に対する拘束力が弁論主義と結びつけられて理解されてきたことに由来する。審判排除効は、当事者間で争いのない事実については、裁判所はその事実をそのまま判決の基礎としなければならないという今日の弁論主義理解によって基礎づけられており、その限りにおいて、審判排除効は、「自白」に由来する効果ではなく、「争いのない事実」について生じる効果といえる。こうした理解に基づけば、そこでいう争いのない事実とは何かという問いが成り立つが、一般には民訴法179条を介して自白（擬制自白を含む）の趣旨と理解されているものの、この点について既に議論が生じているところである[22]。そして、争いのない事実についてどの範囲で審判排除効を肯定すべきかという問いは、ここまでの理解によれば弁論主義の領域にかかる問いと位置づけることになろう[23]。したがって、弁論主義の理解と密接に関係するが、そこに、当事者の選択（のうちの重なり合う領域）の尊重という思想、

---

21) 拘束力を否定する近時の文献として、例えば Scherer, Zweifel des Gerichts an der Wahrheit unstreitiger Tatsachenbehauptungen, DRiZ 1996, S. 58 ff がある。

22) 現行法上、ここで「争いのない事実」とは、当事者が争うことを明らかにしない事実（擬制自白が成立する事実）を含む（159条1項）。自白と擬制自白以外に「争いのない事実」が存在するか議論のあるところであるが、既に相手方が援用もせず、また争うことを明らかにしない自己に不利益な陳述について議論がある。この場合に審判排除効を作用させる見解として、畑瑞穂「弁論主義とその周辺に関する覚書」新堂幸司先生古稀祝賀・民事訴訟理論の新たな構築(下)（有斐閣・2001）87頁注44がある。これに対して、髙橋・前掲注16) 491頁注18の2は、不要説的には肯定しつつも、「審判排除効をどの程度の強さで認めるかは1個の問題である」とする。さらに、相手方が争わない先行否認等においても、同様の問題が生じるであろう。髙橋教授が留保された部分は、間接事実の自白の議論との関係でいえば、疑いを懐いてもなお裁判所は拘束されると考えるべきか（たとえば、反対の心証を得た場合は拘束されないというルールの適用の余地はないのか）という問いに関連する。この問題意識は、加波眞一「当事者に争いのない陳述の取扱いと証明不要要」法政論集223号（2008）105頁以下においても共有されている。このことは、擬制自白についての審判排除効をいかに基礎づけるか、裏からいえば、異なる心証を得た場合において裁判所は擬制自白にどこまで拘束されるのか、という問いに関わる。

23) この意味で、「争いのない事実」「争いのある事実」という表現は、必ずしも適切な表現とはいえないのかもしれない。ここで、争いのある事実とは、当事者の一方が主張し、他の当事者が争うことを明らかにした事実であり、これ以外の事実が争いのない事実ということになろうが、争いのある事実に適用があるとされる247条は、裁判所が真実か否かを判断するのは「事実」ではなく「事実についての当事者の主張」としており、当事者間で事実についての主張に対立（食い違い）が存在する場合にいずれの主張が真実か否かを判断することが裁判所の役割であるという理解になじむように思われる。ここでの主張とは、(その対立がある場合には、立証の成功を条件として、)ある事実を判決の基礎とすることを求める行為と理解することになろう。ちなみに、当事者の主張に着目する同条は、裁判所は当事者の主張しない事実を判決の基礎としてはならないとする弁論主義のいわゆる第1テーゼが妥当していることを示す条文と位置づけられることも可能であるように思われる（森田豊次郎・民事訴訟法概要（巌松堂・1936）124頁）。

知られた用語法では私的自治に価値を見出す思想にコミットすることになる。

　(2)　もっとも、審判排除効の理解は、こうした理解に限られない。判決段階に加えて、審理手続の段階での審判排除効を肯定する見解がある。この見解によれば、自白があった場合、裁判所は自白された事実についてはたとえ疑いをもってもその真実性を審理してはならず、具体的には証拠調べをすることはできないという効果を肯定できるとされる[24]。この効果は、主張整理段階における審判排除効と位置づけることが可能であろう[25]。ドイツ法においては、擬制自白も、口頭弁論終結時に「争っていない結果」に着目する日本法における一般の理解[26]と異なり、争うことを明らかにしないと評価される時点で、たとえ疑いを持っても証拠調べをしてはならないという意味での裁判所に対する拘束力が認められるとされる。もちろん、争うことを明らかにしない事実については当事者に対する拘束力は否定されるのであって、いつでも改めて争うことが可能である[27]。このように、主張整理段階における審判排除効もまた、争いのない事実についてその適用が認められる規律であって、そこでは、不要証という効果は、こうした審判排除効の帰結ということになろう。

　こうした彼我の違いに、理論的な説明方法が異なること以上の独自の存在意義を見出せるかどうかはなお検討に値すると考えるが、主張整理段階における審判排除効という補助線を想定することによって浮かび上がる以下のことを確認しておくに値するように思われる。まず、そこでは、事実の真実性の判断に先立って、当該事実の主張という段階を想定することを前提としつつ、主張段階において争うことが明らかにされなかった事実に裁判所に対する拘束力を肯定するのであるが、こうした主張段階における審判排除効と判決事実確定段階における審判排除効とは、必ずしも前者が認められれば後者が認められる順接関係にはない。その典型は、いうまでもなく擬制自白であるが、このことは、

---

[24]　山本克己「戦後ドイツにおける弁論主義論の展開(1)(2)」法学論叢133巻1号 (1993) 4頁、134巻2号 (1994) 1頁、同「弁論主義のための予備的考察」民訴39号 (1993) 170頁、畑・前掲注22) 74頁など。
[25]　畑・前掲注22) 74頁が、審理段階の規律と判決段階の規律と名付ける区分に対応する。このことは、弁論主義の内容として2つのレベルがあるということである。畑・前掲注22) 75頁。もっとも、後者まで取り込んだ場合、私的自治の意義を当事者の支配権のみで語ることができるかは1つの問いである。弁論主義の根拠論がこれにかかわるが、この点については、例えば、畑・前掲注22) 78頁参照。
[26]　例えば、兼子・前掲注5) 250頁。
[27]　例えば、*Stein/Jonas/Leipold*, Kommentar zur ZPO, 22. Aufl. Bd 3 (2005), § 138 Rdnr. 41f. もっとも、「撤回」ではない。松本＝上野・前掲注13) 338頁〔松本〕もこれに従っていると理解される。

それぞれの審判排除効により当事者が裁判所のいかなる行為を制御しようとしているか、という点で、制御対象が二元的であることを示している。兼子博士においては、訴訟資料を限定することに主として関心が向けられていたが、これは、判決時における事実確定レベルでの審判排除効を想定しておられたためであり、これに対して、主張整理レベルでの審判排除効においては、要証事実を限定することにより、証拠調べの対象を限定することにその意義を見出すことになろう。今日争点縮減と呼ばれている機能である。弁論主義の基礎を私的自治に見出すとすれば、当事者の支配権の対象は、事実（主張）の真実性判断の範囲であるが、より具体化すれば、判決の基礎となる訴訟資料であるとともに、審理手続における証拠調べの対象でもあるということである。

(3) 当事者の支配権の対象が二元的であることを確認することは、不可撤回効（撤回制限効）の理解にも関連するように思われる。自白の不可撤回効については、極めて錯綜した議論が展開されているが、そうした争いの基礎には、そもそも不可撤回効（撤回の制限）が何ゆえに肯定されるのか、という問いが控えている。撤回を制限することによっていかなる利益、価値を守ろうとするのかという点についての共通認識が現状としてなお存在しないという診断が可能であろう。この点については、より丁寧な腑分けが求められており、紙幅の限られた本稿においてはこれ以上立ち入ることはできないが、ここでは以下の点を確認しておきたい。

松本教授が自白の撤回の要件を反真実の証明とされる[28]のは、教授が撤回制限の根拠を相手方当事者の保護、とりわけ証拠散逸に伴う立証負担の軽減におかれることに由来する。この負担から相手方当事者をいわば救済するために、撤回した当事者は当該事実の証明責任を負わなければならない（証明責任の転換）とされるが、この文脈において、反真実の証明は、撤回の要件であるというよりも（無条件に許容される）撤回後の負担であり、また、事実確定レベルでの審判排除効が解消されたことに焦点を当てた議論といえる。ここにおいて、撤回の意義は要証性の復活であり、相手方当事者からみれば予期した審判排除効が作用しなくなったがゆえに改めて本証が必要となり、その立証が奏功しないとい

---

28) 松本・前掲注13) 51頁以下、松本＝上野・前掲注13) 336頁。

う危険を引き受けることが相手方との関係で公平といえるかという視点が提示されている[29]。このように、伝統的には、判決レベルでの審判排除効に焦点が当てられてきたといえる。

これに対して、今日の撤回論においては、自白の争点縮減という機能に強い関心が向けられている[30]。そこでは、撤回制限は、事実の真実性を判断する範囲を主張整理段階で確定する審判排除効をそのまま維持することをそのねらいとしており、証拠調べに先立って、主張段階で要証事実を固定する機能を有する。自白時における当事者の選択[31]に焦点をあてるドイツ法の自白論は、筆者の見立てによれば、こうした発想の存在を想定することによってよりよく理解することが可能であるようにも思われる。このように、撤回行為が有する意義も複層的であって、撤回要件をめぐる学説の対立の現状は、このことをある意味象徴しているといえよう。

(4) もっとも、理論的には、撤回にかかる議論と争点形成にかかる当事者の選択にかかる議論を直結させることは、必然とはいえないように思われる。先にも述べたように、事実の真実性判断に先立って、事実の主張という段階を想定したうえで、主張の整理につき積極的争点主義を採用する現行法のもとでは、一方当事者が主張し、かつ相手方が争うことを明らかにした事実、その意味で主張につき当事者間で齟齬がある事実のみが証明（証拠調べ）の対象となるものと考えられる。そうでない場合には、少なくとも、当事者が争うことを明らかにするまでは、裁判所は、判決段階での審判排除効が作用する可能性がある限

---

29) なお、撤回規制にかかる松本教授の見解に対しては、その帰結を一律に証明責任の転換とすることが適切なのかという疑問が呈されている。例えば、事案に応じて証明度を下げる（いわゆる真実擬制）ことではなぜ十分とはいえないのかという問いが成立する。事案に応じた取扱いを模索する伊東・前掲注20) 19頁も参照。いずれにせよ、これらの議論は、撤回により当事者が不利益を被った場合に適用されるべき証明にかかるルールの問題として、例えば証明妨害論などと同じ範疇の問題として再構成されるべきであるように思われる。
30) 山本・前掲注13) がその典型である。今日、不可撤回効を認める多くの見解がこの点に関心を示している。これらの見解は、兼子博士、そして、松本教授と異なる場所に関心を向けていると評価できる。
31) 歴史的な用語法では「処分」であり、こうした理解を一貫させられるのが河野准教授である。（河野・前掲注20) 一橋法学4巻3号987頁以下参照）。ただし、「立証排除効と不可撤回効は、不可分一体のものである」とは考える必要はないように思われる。なお、こうした語感からも明らかなように、今日のドイツ法では、自白を観念の通知としつつも、撤回制限効との関係では、意思の要素の存在が想定されており、これ自体正当と考える。Stein/Jonas/Leipold, a.a.O. (N. 27), Bd Ⅳ (2008) § 288 Rdnr. 4, Rosenberg/Schwab/Gottwald, Zivilprozessrecht, 17. Aufl. (2009), S. 627 など。この点で主張（前注23)参照）と区別される理由はない。

りで、当該事実は要証事実として扱うことを要しないという理解も、現行法の理解として十分合理性をもちうるであろう。職権探知が求められていないことに加えて、不要な証拠調べをしないという考慮がこの規律を基礎づける。日本法における擬制自白の効果の説明は、こうした考慮に基づくと考えられるところである。さらに贅言を費やせば、この文脈において、自白の撤回とは、自白者が当該事実主張について争うことを明らかにする行為であり、その規制は、まずもって、要証事実(争点)を新たに付け加えることに焦点を当てることを意味し、その規律において着目すべきは、要証事実を追加することの可否という規律であろう[32]。もちろん、一度自白したことは、こうした争点作出に際しての制限という形で考慮されるべき事情であるものの、自白をとくに切り出して特別の規律を図る意義がどこにあるのかは改めて問われてよい[33]。

このように考えれば、主張段階において争うことが明らかにされていない事実の取扱いにかかる現行法の理解として、審判排除効を想定しない場合においても、裁判所は、(一定程度の)疑いをもったとしても、主張が撤回されない限り、当事者の主張の真実性に関心を持たないという規律(不要証効)をなお肯定する余地は十分ありうると考える。もっとも、判決レベルでの事実確定ルールとしてどのようなものを想定するかにより、その意義、機能は大きく異なることになる[34]。

---

32) 伊東・前掲注 20) 18 頁。自白が撤回されても、それだけでは争うことを明らかにされたとはいえず、要証事実となるのは、したがって規制の対象となるのは、争うことを明らかにしたことの効果ということもできそうである。

33) このことについては、高田裕成・民事訴訟法判例百選[第 3 版](2003) 132 頁において、ごく簡単に論じる機会をもったが、一方で、既存の争点のみを審理すれば判決を得ることができるという期待を裏切ると評価されるにしても、このことは、例えばある抗弁を提出しないとコミットしたことと変わるところはないからであり、また、当事者の攻撃防御方法の提出権の保障という観点からも、自白に限定して特別の規整を導入する理由があるかは、そこで想定されている錯誤要件の意義も含めて、なお慎重な検討が必要であるように思われるからである。この点で、松本・前掲注 13) 19 頁に共感を覚えるところである。当事者の意思に着目する見解について付言すれば、私的自治を基礎に当事者の選択の対象となることと、その選択の結果を当事者が確定的に引き受けることを規範的に要求すべきかは、とりわけ訴訟法上の権能に関しては、異なる問題であると考えるべきであろう。

34) 審判排除効に代わる事実確定規範にかかる議論は、現実には当事者の撤回が試みられることに鑑みれば、主として、こうした効力の問題として理解すべき面を有する。なお、加波・前掲注 22) 108 頁以下も参照。

Ⅲ　間接事実の「自白の効力」論

2　間接事実の自白の効力

　以上の整理をもとにした場合、間接事実の自白論の近時の展開をどう評価することになるか。本稿で具体的規律を詳細に検討するだけの十分な準備はなく、多くの点で結論を保留せざるをえないが、議論の現状につきごく簡単に分析を加えておきたい。

　(1)　まず、判決レベル、すなわち事実確定にかかる規範としての審判排除効であるが、弁論主義の領域の問題であるというのが先の整理であった。理論的には、裁判所が自白された事実の真実性に疑いを有しているにもかかわらず、当事者が自白を維持しているとき、あるいは撤回要件を充たさず撤回されないときの取扱いが最も重要であるが、この点議論が分かれている。

　裁判所に対する拘束力を否定する通説の理解の基礎には、間接事実の役割からして、事実確定レベルで裁判所に対する拘束力を肯定することは適切ではないという理解がある。間接事実は、主要事実の蓋然性判断においてのみ意味をもつ事実であり、主要事実について当事者間に争いのある限り、利用できる訴訟資料、証拠資料はすべて用いて斟酌することが民事訴訟法247条の趣旨からして望ましいというものであろう[35]。この理解によれば、結果として疑いがもたれた間接事実は、そうした疑いの残る間接事実として、主要事実の認定に利用されることになりそうである[36]。

　これに対して、間接事実につき主要事実のそれとは異なる事実確定ルールを提示するのが、近時の有力な見解ということができよう。そこでは、自由な心証に基づく事実認定が（少なくとも部分的に）排除されるものの、審判排除効に代わって提案された事実確定にかかるルールの適用により、間接事実を確定することが想定されているということができる。例えば、「裁判所が反対の心証を得

---

[35]　細部においては違和感を覚えるところを残すものの、丹野・前掲注12) 8頁の示す実務感覚は重要である。なお、この理解は、いわゆる弁論主義の第1テーゼについて、間接事実の機能に着目し、（取捨選択権のない）証拠資料と同じ扱いをすることによって、その適用排除を基礎づける見解と思想を一にすることになろう。

[36]　この点は、間接事実の「証明」にかかわる。一般に間接事実から主要事実を推認するには間接事実について一般に高度の蓋然性を要するが、証明責任を観念する必要のない間接事実については、高度の蓋然性がない間接事実についてもそうした疑いの残る間接事実として斟酌する余地があるとするのが今日一般の理解と思われる。高橋・前掲注16) 524頁、伊藤滋夫・事実認定の基礎（有斐閣・1996) 175頁、兼子一ほか・条解民事訴訟法［第2版］（弘文堂・2011) 1365頁〔竹下守夫〕、補助事実について、吉村徳重ほか編・注釈民事訴訟法(7) 174頁〔太田勝造〕など。これ自体争いがありうるが、こうした理解は、本文のような帰結になじむものであるように思われる。

た場合を除き、自白された事実は真実と見なされる」という効果が想定できるとの見解が提示されている[37]。この規律がいかなる性質の規律なのかという点に筆者としては関心をもつが、弁論主義に基づいて審判排除効を肯定することを試みる現在の自白論のもとでは、自白の効力とは別の次元で、247条の特則となる事実確定規範（証明に関する規則）が想定されていると理解することもできるように思われる[38]。その場合には、当然のことながら、そうした規範の拠って立つ根拠が改めて問われることになりそうであり、とりわけ、要件要素を充足しているかどうかのみが意味をもつ主要事実と異なって、事実認定においてその蓋然性が問題とならざるをえない間接事実においては、その証明にかかるルールの構築はさほど容易とはいえないようにも思われる[39]。

(2) 次に、不要証効については、この効果が当事者間で争いのない事実に由来するものと理解する限り、また、間接事実についても認否を要求し、さらに否認の場合には理由を要求することによって（民訴規則79条3項参照）、当事者間に争いがあるかどうかを明らかにすることを予定している現行法における主張の規律のもとでは、間接事実についても認めることは十分考えられるところで

---

37) 山本克己教授がその存在を想定される見解である。同「間接事実についての自白の効力」法教283号 (2004) 74頁。山本教授は、この効果を「証明不要効」と名付けられる。なお、この見解を分析する研究として、加波・前掲注22) 106頁以下がある。

38) 山本・前掲注37) 74頁は、「当事者に争いのない事実は、真実である蓋然性が高い」ことをもってこの効果を基礎づけることを模索しているが、そこでいう「争いのない事実」は、自白者が相手方の主張する自己に不利な事実という趣旨とも理解できる。この議論と「完全な証拠」法理との距離はさほどなく、また「真実である」ことに着目するこの議論は、証明にかかわるルールと理解することができそうであり、山本・前掲注24) 11頁においては、文脈を異にするものの、同種の規律につき「法定証拠法則」とする理解が示唆されているところである。もっとも、この点は、争いのない事実一般にかかわる問題であり、擬制自白の取扱いともかかわることになりそうである。

いずれにせよ、こうした事実確定ルールを想定することがただちに自由心証主義の不当な制約となるとは直ちにいえないように思われる。

39) 裁判所が疑いをもたない場合には、自白内容どおり確定してよい。この場合、審判排除効を肯定する余地はあるが、審判排除効を事実審査の排除と解する限りにおいて、当該間接事実の「真実性」を観念するとすれば、この効果は、審判排除効では説明し尽くされないのではないかと考えられる。他方、「反対の心証」を得た場合については、裁判所は心証どおりの認定をしてよいとする見解が有力であるが、そこでいう「反対の心証」とは何かという問題が残る。この点は、前掲注36) で論じた間接事実の「証明」の意義にかかわる。見解が分かれると考えられるのは、疑いはあるが反対の事実について「確信」を得ていない場合であろう。その上で、これらを統一的に理解するルールを想定することになるが、最も単純な説明は、「真実と見なすことができる」（いわゆる「証明度の軽減」、「証明責任の転換」を含む。もっとも、これらの用語法は、間接事実については不適当であろう）といえようか。裁判所の「裁量」を許容することになるこうした取扱いは当事者の自律を害することになるという批判が限定された審判排除効を肯定する見解の基礎にあるものと思われる。髙橋・前掲注16) 497頁。これに対し、審理結果の確実性の確保（解明度）の問題は残るものの、心証に応じた判断をすることになると考えるのが、前掲注36) に対応する本文で述べた立場ということができる。

Ⅲ　間接事実の「自白の効力」論

あろう。判決段階での審判排除効が作用する可能性がある限りで不要証という取扱いには合理性があると先に述べたが、間接事実を想定すれば、想定される事実確定規範のもとで証拠調べによることなく事実確定が可能である場合には、という表現がより適切と考えられる。もっとも、完全な審判排除効を想定しない場合には、例えば、限定された審判排除効のもとではこの効果の作用は限られたものになることは既に指摘されているところである。通常の自白論においては、真実性判断の対象を証明段階に先行する主張段階において確定する限りで、不要証効は当事者の撤回が奏功することによってのみ排除される（したがって、証拠調べの結果裁判所が反対の心証を得ても、当事者が撤回しない限りはなお維持される）ものの、限定された審判排除効を肯定する見解、あるいは、裁判所が反対の心証を得た場合を除き、自白された事実は真実と見なされるとする見解においては、証拠調べの結果、裁判所が異なる心証を得た場合には、その心証に基づく主要事実の推認をすることができる場合が肯定されるのであり、これらの場合には、撤回を経ないで不要証効が消滅し、当該事実は真実性が判断されるべき事実となるからである。

　このことは、判決時に想定される事実確定規範と不要証効との接合関係が問題となるということを意味する。より重要なことは、当事者の「撤回」を経ることなく、裁判所は、結果として真実性の判断をすることになるのであって、この場合には、裁判所による釈明といった手段を含めて、当該間接事実について審理を尽くすこと、いわゆる審理結果の確実性（解明度）を確保することが手続上極めて重要な関心事となる。裁判所はその心証を示し、それについての攻撃防御を当事者に尽くさせることが必要であるという見解が提示されているが[40]、少なくとも、主要事実の認定に際して自白が自己に有利に働く当事者（不利益要件を前提にすれば、自白者の相手方）には立証の機会が与えられる必要があろう。さらにこの点は、事実確定にかかる規律のあり方にも関係するように思われる[41]。

---

40)　髙橋・前掲注 16) 492 頁。
41)　筆者も、釈明を介することによって当該間接事実を争点化することが望ましいと考えているが、種々の事情からこうした手段を取りえない状況においては、最終的には、攻撃防御方法を尽くした状況を反実仮想のレベルで想定して心証形成をすることにより、ここでも審理結果の確実性を確保することも考えられようか。この規律につき従来の理論に手がかりを求めれば、「真実と見なすことができる」という

(3) 最後に、撤回制限効であるが、当事者がその弁論に基づきある事実を証明の対象とすることを制限する意義を有する[42]。裁判所がその事実について異なる心証を懐くに至っていない場合において、自白者が自白した事実と両立しない新たな事実を主張し、その立証機会を求めるときとりわけ意義を有することになろう。撤回制限という規律が、当事者が自白を撤回することによって争点を拡大することに伴う弊害を回避することをねらいとするものであるとすれば、当事者の自白という先行行為に伴う禁反言（信義則違反）と評価される限りでこうした効果を肯定する余地があると考えるものの、先にも述べたように、撤回を制限する規整自体になお不透明な点が残っていると考えており、本稿では結論を留保せざるをえない。

IV　結びに代えて

本稿で論じえたことは、自白論の輪郭を確認したにとどまる。本稿で指摘しえたことは、争いのない事実に結びつけられる効果と自白の効果との関係が問題となりうること、証拠調べの「排除」としての不要証効と、裁判所の事実確定にかかるルール（「限定された審判排除効」を含む審判排除効）との関係が問題となりうること、そして、これらの問題の分離を図ることが議論の見通しを良くすることに役立つように思われることである。この際肝要なことは、松本教授も指摘されるように、従前の議論によれば、審判排除効は、当事者間で争いのない事実（当事者が争うことを明らかにしない事実を含む）の効果であるとされつつも、主張段階で当事者間に争いがなければ、不要証効（あるいは本稿でいう主張整理段階での審判排除効）が生じるとされてきたことであって、このことを確認することは、争いのない事実はどこまで裁判所を拘束するかという問いが成立することを意味する。

　　規律となる。（完全な）審判排除効を肯定しない学説が提示する事実確定規範を、この視点から評価することも可能であるように思われる。
42)　ここでも、松本・前掲注13) 93頁の指摘するように、「撤回により当事者が不利益を被った場合に適用されるべき証明にかかるルール」（前掲注29）を参照）は適用されてよいであろう。既存の争点のみを審理すれば判決を得ることができるという期待を裏切ること（前掲注33）参照）に対する手当てが必要かという問いにかかわる。

IV　結びに代えて

　こうした観点から改めて松本教授により提示された自白法理の特色を挙げるとすれば、弁論主義に基づく自白論を体系的に完成されたものであり、その帰結も、当事者の攻撃防御方法の提出権の保障という観点から極めて魅力的である。そして、ある事実につき当事者間で争いがないことではなく、当事者の争わない意思（あるいは判決の基礎となる事実を確定する意思）に着目した近時の自白論は、こうした松本教授の体系の、ある意味外側で展開されているということができる。問われるべきは、こうした外部が存在することを認めるかということであろう。この問いを確認することは、「私的自治」に基礎をおく弁論主義とは異なる出自をもつ自白法理を、弁論主義に拠りどころを求めることができるものと理解されている「争いのない事実」をめぐる規律との関係で的確に位置づけることの重要性を指摘することを意味する[43]。別の表現をすれば、争いのない事実にかかる規律から独立した自白論を展開する際の鍵になる基礎理論について、なお不透明な点が残っていることを確認したとすれば、極めて雑駁な議論を展開した本稿にもささやかながら存在意義があるといえるのかもしれない。

---

43)　松本・前掲注13)の一貫した問題関心である。とくに、279頁参照。弁論主義に先行しつつも（弁論主義と職権探知主義とを対比させたゲンナーが職権探知主義を抽出する際に範としたプロイセン法においても自白が一定の効果をもっていたことは知られている）、19世紀ドイツ自由主義のもとで弁論主義による脚色がされたという整理は可能であるが、その後弁論主義論も変容を遂げており、当時の議論は、当事者間で争いのないことに着目する今日の日本法における「私的自治論」とは一定の距離をもつように思われる。19世紀ドイツ法において、弁論主義の核心部分は主体性確保の点にあったと思われ、そこで重視されるべき当事者の「選択権」は、自白論において何を含意するのかという問いがなお残っていることを意味する。

裁判上の自白の
撤回に関する覚書

畑　瑞穂

I　はじめに
II　従来の状況
III　若干の検討
IV　おわりに

I　はじめに

　本稿は、裁判上の自白の撤回について、松本博之先生の記念碑的な業績[1]の後も様々な議論がされている[2]ことを踏まえて、若干の検討を試みるものである。

　もっとも、諸般の制約から、歴史的・比較法的な検討[3]はなしえず、近時の論考を中心とするものにとどめざるをえない。また、判例についての検討も今後に留保せざるをえない[4]。

---

1) 松本博之・民事自白法（弘文堂・1994）。
2) 池田辰夫「裁判上の自白」三ケ月章ほか編・新版民事訴訟法演習1（有斐閣・1983）239頁、同「自白の撤回制限法理」新世代の民事裁判（信山社・1996〔初出1984〕）160頁以下、小野寺忍「自白撤回の要件について」民訴39号（1993）205頁、山本和彦「決定内容における合意の問題」民訴43号（1997）127頁、同「裁判上の自白」民事訴訟法の基本問題（判例タイムズ社・2002〔初出2000〕）151頁以下、宇野聡「裁判上の自白の不可撤回性について」鈴木正裕先生古稀祝賀・民事訴訟法の史的展開（有斐閣・2002）、伊東俊明「民事訴訟における自白の撤回の規律について」横浜国際経済法学11巻3号（2003）1頁、高田裕成・民事訴訟法判例百選［第3版］（2003）132頁、河野憲一郎「民事自白法理の再検討(1)～(3・完)」一橋法学4巻1号（2005）299頁、2号（同）475頁、3号（同）975頁、菱田雄郷「裁判上の自白法則」新堂幸司監修/高橋宏志＝加藤新太郎編・実務民事訴訟講座［第3期］第4巻（日本評論社・2012）77頁以下、高橋宏志・重点講義民事訴訟法上［第2版補訂版］（有斐閣・2013）475頁以下等。
3) 歴史的・比較法的な研究として、松本・前掲注1）217頁以下、伊東・前掲注2）9頁以下、河野・前掲注2）(2)475頁、(3)975頁以下等。
4) 自白に関する総合的な判例研究として、竹下守夫「裁判上の自白」民商44巻3号（1961）82頁、福

なお、本稿では、弁論主義が妥当する民事訴訟における主要事実の自白を念頭に置き、間接事実の自白や権利自白の問題等は捨象することとする。

II 従来の状況

1 自白に関する全般的な状況

本稿の文脈に関わる範囲で自白に関する全般的な状況を確認しておくと、通説的な理解によれば、裁判上の自白とは、口頭弁論または弁論準備手続（旧民訴法（大正民訴法）では準備手続）における相手方の主張と一致する自己に不利な事実の陳述であるとされる[5]。

自白の法的性質については、観念の通知ないし事実認識の表示と捉えるのが通説的な理解である[6]が、とりわけ近時は、相手方当事者の主張事実を争わない旨の意思の表明といった意思的な要素を重視する理解も有力になっており[7]、さらに進んで、審理契約の一種である争点決定合意という捉え方も示されている[8]。

要件面での問題の一部を見ておくと、まず、「口頭弁論または弁論準備手続（旧民訴法（大正民訴法）では準備手続）」の部分に関して、従来あまり異論がなかったように見受けられるが、近時は、争点・証拠の整理段階について議論がされるに至っている（後述III 1 (6)参照）。

次に、相手方の主張との一致については、相手方の主張と自白との先後関係を問わない（不利益な陳述を相手方が援用することによっても自白が成立する＝先行自白）というのが通説的な理解である[9]が、ここでも、近時は異論も有力になってい

永有利「裁判上の自白（一）〜（三・完）」民商91巻5号（1985）124頁、92巻1号（同）76頁、2号（同）56頁。
5） 兼子一・新修民事訴訟法体系［増補版］（酒井書店・1965）245頁等。
6） これを明言するのは、松本・前掲注1）23頁、斎藤秀夫ほか編・注解民事訴訟法(7)［第2版］（第一法規・1993）253頁〔小室直人＝吉野孝義〕、兼子一ほか・条解民事訴訟法［第2版］（弘文堂・2011）1032頁〔松浦馨＝加藤新太郎〕等。
7） 新堂幸司・新民事訴訟法［第5版］（弘文堂・2011）582頁、高橋・前掲注2）476頁、山本・前掲注2）「裁判上の自白」158頁以下、河野・前掲注2）(3) 987頁以下。谷口安平＝福永有利編・注釈民事訴訟法(6)（有斐閣・1995）93頁〔佐上善和〕、伊東・前掲注2）3頁以下も参照。
8） 山本・前掲注2）「決定内容における合意の問題」138頁。山本和彦説には若干の振れ幅があることになろうか。前掲注7）および対応する本文参照。
9） 兼子・前掲注5）246頁等。

る[10]。

　自白の効果としては、まず、裁判所を拘束し（審判排除効ないし裁判所拘束力）、裁判所は自白された事実を判決の基礎にしなければならない（反対の事実を判決の基礎にすることはできない）（弁論主義の第2原則）と理解されている[11]。その理由はすなわち弁論主義の実質的根拠論ということになり、本稿で直接取り上げることはしない[12]（ただし、後述Ⅳ参照）。

　それとともに、自白した当事者（以下、「自白当事者」と呼ぶ）も自白に拘束され（不可撤回効ないし当事者拘束力）、一定の要件を満たさない限りは自白を撤回することはできないというのが大方の理解である[13]。この点が本稿の検討対象であり、項を改めて扱う。

2　自白当事者に対する拘束力
(1)　拘束力の根拠と撤回に関する規律の概況

　さて、自白当事者が拘束される根拠としては、証拠の散逸の危険を中心とする相手方の信頼保護が挙げられることが多い[14]が、これとともに、ないし、これに代えて、禁反言（ないし自己責任[15]）や審理の混乱・遅延が挙げられることもある[16]。さらに近時は、自白について意思的な要素を重視する方向を前提に自白当事者の意思に着目する方向も示されている[17]。また、実質的には以上と重なる面もありそうであるが、自白を審理契約として捉える考え方は、ある種の契約法理を拘束力の根拠としているものと理解することもできそうである。

---

10)　髙橋・前掲注2）481頁以下、河野・前掲注2）3号997頁、菱田・前掲注2）88頁。
11)　兼子・前掲注5）248頁。
12)　筆者による検討として、畑瑞穂「弁論主義とその周辺に関する覚書」新堂幸司先生古稀祝賀『民事訴訟理論の新たな構築(下)』（有斐閣・2001）71頁。
13)　兼子・前掲注5）248頁以下等。
14)　松本・前掲注1）60頁以下等。髙橋・前掲注2）476頁は、「自白の『機能』は、相手方の信頼保護」と表現する。
15)　池田・前掲注2）「自白の撤回制限法理」168頁は、「自白という決定的な段階にまで至ったところでは、撤回によってなされる新主張は禁反言の問題である」として、「自己責任としての禁反言」と表現する。
16)　兼子・前掲注5）248頁。
17)　山本・前掲注2）「裁判上の自白」159頁（ただし、実際上の根拠は審理の予定や計画が狂い、相手方が事実審理に付き合わなければならない不利益それ自体に認められるべきではなかろうか、ともする）。宇野・前掲注2）457頁、伊東・前掲注2）4頁、河野・前掲注2）(3)987頁以下も、それぞれ論旨を異にするが、当事者の意思に着目する。

撤回要件に関しては、相手方の同意がある場合と刑事上罰すべき行為によって自白をするに至った場合（民訴法338条1項5号参照）についてはあまり異論がないように見受けられ、本稿でも基本的に立ち入らないが、その他の場合については議論がある。反真実と錯誤を挙げるのが通説[18]であり、判例も基本的にこれによりつつ反真実の証明があれば錯誤が推定されるとしている[19]が、反真実の証明を中心とする方向[20]や錯誤要件ないし自白当事者の自己責任の観点を中心とする方向[21]も有力であるほか、ある種の訴訟上の事情変更についても議論されている（後述(2)参照）。

以上に対して、自白の撤回には特段の要件を課さず、時機に後れた攻撃防御方法の却下の規律に委ねる方向も示されている[22]。

(2) 第3の撤回要件（反真実・錯誤等）についての整理

第3の撤回要件（反真実・錯誤等）についてもう少し立ち入って見ると、議論されてきている[23]ように、①そもそも当該事実の存否に関する審理に入るかどうか、というハードルの問題と、②審理に入った場合に自白当事者に当該事実の主張・立証に関して何らかの負担を課すか、という問題を区別して整理することができる[24]。

従来の整理と重なるが、この観点から確認しておくと、まず①について、反真実の証明で足りるとする説は、ハードルを課さず、無条件に審理に入ることを認めていることになる[25]。

他方、錯誤要件を課す説も、その証明のために反真実の証明を許す（ないし求

---

18) 兼子・前掲注5) 248頁以下。
19) 大判大正4年9月29日民録21輯1520頁、最判昭和25年7月11日民集4巻7号316頁等。
20) 松本・前掲注1) 62頁。
21) 論旨は様々であるが、池田・前掲注2)「裁判上の自白」245頁、同・前掲注2)「自白の撤回制限法理」168頁以下、高橋・前掲注2) 501頁、山本・前掲注2)「決定内容における合意の問題」140頁、同・前掲注2)「裁判上の自白」169頁以下。伊東乾・弁論主義（学陽書房・1975) 139頁以下、坂原正夫「裁判上の自白法則の適用範囲」新堂幸司編集代表・講座民事訴訟④―審理187頁以下（弘文堂・1984) も同方向を示す。
22) 小野寺・前掲注2)。
23) 吉村徳重＝小島武司編・注釈民事訴訟法(7)（有斐閣・1995) 169頁以下〔太田勝造〕、伊東・前掲注2) 5頁以下。
24) ①の意味での撤回要件については、疎明で処理する可能性についても検討する余地もあろうか。河野・前掲注2) (3) 1000頁参照。
25) 松本説自身、自白の撤回は妨げられないが、撤回した場合に反真実の証明という負担が課される、という表現を用いている。同「裁判上の自白の取消」小室直人編・判例演習 講座民事訴訟法（世界思想社・1975) 304頁以下。

める)のであれば、結局やはり無条件に審理に入ることを認めていることになるが、反真実の証明に入る前に錯誤のその他の面に関する何かしらの主張や疎明を要求する方向[26]や、錯誤の証明に際して反真実の主張・立証は許されないことを前提とする説(ただし、錯誤については証明度も解明度も軽減されるとする)[27]もある。

さらに、以上では事実の真実性に関する錯誤を念頭に置いていたが、法律的な誤解(例えば、当該事実の法的な重要性に関する誤解)や訴訟の展開の予測に関する誤り(例えば、他の事実を証明して勝訴できると思って当該事実については自白したが、見込みがはずれそうであるという場合)を含めることも議論されており、指摘されている[28]ように、これらの種類の錯誤の場合は当該事実の(反)真実性の問題とは重なることなく、①の問題におけるハードルということになろう。なお、これらの種類の錯誤は、次に触れる事情変更と重なる面がありそうである。

訴訟上の事情変更のような場合についても様々な議論があり、先行自白に関する通説(肯定説)を前提としつつも、訴えの変更があった場合等は不利益陳述を相手方が援用することによって直ちに裁判上の自白が成立するわけではない、とする説[29]や、先行自白の場合に限定せず、訴えの変更によって係争利益が著しく異なってくる場合に自白の取消しの余地を認める説[30]、さらにより一般的に、訴訟の流れによって撤回を認めることがありえてよい、とする説[31]があるほか、審理契約論の立場からも、審理契約一般について、合理的な理由がある(過失がない)場合に変更が認められる、としつつ、自白についても、同様に事情変更などの余地を比較的広く認めると論じられている[32]。

②については、反真実の要件は、相手方が証明責任を負う事実を前提とする限り、証明責任の転換という負担を課すことを意味するが、証明責任の転換を前提としつつ証明度の軽減の余地を認める説(重過失の場合は通常の証明度を要求

---

26) 髙橋・前掲注2)501頁、山本・前掲注2)「裁判上の自白」170頁。
27) 吉村＝小島編・前掲注23)171頁〔太田〕。
28) 伊東・前掲注2)5頁以下。
29) 兼子一「相手方の援用せざる当事者の自己に不利益なる陳述」同・民事法研究第一巻(酒井書店・1950)236頁。松本・前掲注1)32頁も、自白当事者の感知範囲外で生じたものである場合という限定を付しつつ、変更後の訴えについては自白の効力を否定すべし、とする。
30) 新堂・前掲注7)762頁。
31) 髙橋・前掲注2)487頁注6。ただし、錯誤の有無で判断する、という。
32) 山本和彦・前掲注2)「決定内容における合意の問題」140頁。

する)[33]や、逆に、一定の場合に通常よりも高い証明度を要求する説[34]、証明度の調整のほか自白当事者に主張・証拠提出義務を課すこと等も含めた柔軟な処理を提案する説[35]もある。錯誤要件で足りるとする説は、②については特段の負担を課さないことを意味しうるが、反真実の証明との重なりを認める限りでは一定の負担ということにはなろう。

III 若干の検討

さて、自白の当事者拘束力や撤回の問題は、法的性質論と結びつけて議論される面があり、たしかに関連はありそうであるが、法的性質論を先に決めてそこから演繹する、という議論の仕方は適当でないように思われるため、以下では法的性質論はひとまずオープンにして、検討対象を広くとることとする。

1 自白当事者に対する拘束力の根拠

従来も議論されてきているように、上記①であれ②であれ、撤回の規律を検討するためには、やはり撤回が制限される（当事者が拘束される）根拠から考える必要があろう。その際、これも議論されてきているように、例えば新たな主張を提出すること等と比べて、自白の撤回についてのみ特段の制約を課すことの必要性・正当性にとりわけ留意する必要があると考えられる。

(1) 禁反言・自己責任

さて、従来挙げられている根拠（前述II 2(1)参照）のうち、禁反言や自己責任は自白当事者に着目したものである。もっともな面を含むように思われるが、一般的には、新たな主張をすることのみならず、不利益なものも含めて一旦した主張を撤回することや一旦した主張をそれと矛盾する他の主張に変更すること等も基本的に自由であることとの関係が問題になりえ、相手方の主張事実がそのまま判決の基礎になる状況を自らの陳述によって積極的にもたらした自己責任を極めて強調するのでない限りは、相手方当事者の問題等（後述(3)以下）と独

---

33) 吉村 = 小島編・前掲注23) 171頁〔太田〕。
34) 不利益要件の問題に関連して、もともと証明責任を負う事実についての自白の撤回につき、松本・前掲注1) 45頁。
35) 伊東・前掲注2) 19頁以下。

立に撤回を制約する根拠としてはやや弱いということになりそうである[36]。

(2) 自白当事者の意思

また、自白当事者の意思から当事者拘束力を根拠づけることは、やはり自白当事者に着目したものとして、禁反言や自己責任と重なる面もあるように思われるが、指摘されているように[37]、防御権を放棄するないし当該事実を判決の基礎とするという当事者の意思にどこまでの拘束力を認めるべきかは問題であろう。相手方の主張を認める陳述をしたからといって、当該訴訟においてそれを撤回しないという意思までを表明したことになるというのは実際の意思の在り方の問題としてはかなり無理があるように思われるし、実際の意思とは別に、そういう意思をいわば擬制するというのであれば、そういう擬制をする理由が他に必要なのではないだろうか。全く同じ状況ではないが、単なる事実主張の場合も、それを判決の基礎にしたいという意思が示されていると見うるが、撤回は自由であることにも留意する必要があろう。

(3) 信頼の保護

他方、相手方当事者に着目した根拠として、信頼の保護が挙げられている。この点については、そもそも、自白が撤回できないという規律を前提としてはじめて自白への信頼が保護に値することになるのではないか、という指摘があり[38]、もっともな面を含むように思われる。

これに対しては、制度を熟知しない当事者の素朴な信頼はなお撤回を制限する根拠になりうるのではないか、また、信頼を保護することが訴訟政策的に望ましいという議論の余地もあるのではないか、と指摘されており[39]、こちらもまたもっともな面を含むように思われる。

ただし、このうち「素朴な信頼」については、準備書面の直送や裁判外の自白によっても生じうるようにも思われ、決め手とはなりにくい（なっていない）ようにも見受けられるほか、制度を熟知しない当事者に対しては手続についての説明ないし求釈明で対応することも考えられそうである。

訴訟政策的な信頼保護の可能性については、当然ながらそのより具体的な意

---

36) 自己責任論につき、伊東・前掲注2) 8頁。
37) 伊東・前掲注2) 8頁、髙田・前掲注2) 133頁。
38) 宇野・前掲注2) 454頁。
39) 菱田・前掲注2) 80頁。

味が問題になる。信頼保護にも複数の意味がありうる（審理の混乱・遅延については後述(4)参照）が、証拠散逸の危険については、現実的か否かにやや疑問があるという指摘があり[40]、もっともな面を含むように思われる。指摘されているように、例えば、自白がされると直ちに当事者が重要な書証を廃棄するといった事態は想定しにくいように思われるし、一般的に言えば関連事件・関連紛争（当事者を異にすることもありえよう）において同じ証拠が必要になる可能性もあること等を考えれば、証拠廃棄を直ちに可能にする訴訟政策的な意味もあまりないのではないだろうか。他方、自白がされたことによって証拠保全の申立てを怠り、その間に当該証拠資料の利用が不可能になる、といった事態については、それを防ぐことによって無用な証拠保全申立てを少なくするという意味での訴訟政策的な意味があるとも考えられそうである[41]。ただし、そのような事態が生じるのはやはりごく限られた場合ではないかとも推測され、留意を要しよう[42]。

なお、同種の問題は、新たな主張をすることによっても生じうるとも考えられるが、自白の場合の方が信頼は生じやすいといえなくもないであろうか。

(4) 審理の混乱・遅延

審理の混乱・遅延には、相手方当事者の利益に関わる面のほか、制度・裁判所ないし公益的な利益に関わる面もあるといえそうである[43]が、いずれにしても、新たな主張をすることと異なる制約を課す根拠となりうるかにはやはり疑問の余地があろう。

(5) 契約法理

契約法理については、さらに遡れば契約の拘束力の根拠を問うことになり、本稿の域を大きく超えることになる[44]が、通説が自白契約の有効性を認めてい

---

40) 山本・前掲注２)「裁判上の自白」159頁。
41) 髙橋・前掲注２) 480頁注３の２は、危篤状態の重要証人の証拠保全をしなくてよくなるということは、人としての倫理面からもそれなりの意味があろう、とする。
42) 断定はもちろん難しいが、実務上は自白の撤回がシビアな問題になりにくいと言われることが多いことも、信頼保護の必要性がある場合が少ないという推測を裏付ける面があろう。
43) 伊藤眞・民事訴訟法［第４版］（有斐閣・2011) 341頁は、主として相手方の利益保護、付随的に争点整理という公益保護を理由として撤回が制限される、とする。
44) 例えば、内田貴・契約の再生（弘文堂・1990) 71頁以下参照。

る[45]ことからしても、一定の説得力はありそうである[46]。ただし、おそらく論者自身も想定しているように、契約として認めることができるのは、従来自白と観念されてきた中でかなり限られた場合ということになろう。また、契約として認めることができる場合であっても、現に事情変更に基づく幅広い変更の可能性が論じられているように、私法上の契約と同様の拘束力を認めるべきかはやはり問題になりうるところであろう。

(6) 当事者拘束力を否定する方向に働く考慮

なお、争点・証拠の整理のとりわけ初期段階においては、「フリートーキング」方式や「ノン・コミットメントルール」等として、当事者の言い分が変わることに対して寛容である方が合目的的であるという議論もされており[47]、自白の撤回を制限しない方が訴訟政策的にすぐれている（場合もある）可能性を示すものとして、留意する必要があろう。

2 撤回に関する規律

以上からすると、相手方当事者の信頼保護や契約法理のように、自白の撤回に制約を課す根拠となりうる点もあるものの、それらの妥当範囲は必ずしも一般的なものではないとともに、新たな主張をすること等との違いには連続的な面もあるようにも見受けられ、また、訴訟政策的な考慮を要する問題であるとも考えられる。

そうだとすると、少なくともある種の思考実験としては、訴訟の段階や状況に応じて、撤回に関する異なった規律を構想する余地があるように思われる。なお、以下のように複数の規律を想定するのであれば、どの規律が妥当する場合であるのかについて誤解を生じないために、裁判所による手続の説明ないし

---

[45] 兼子・前掲注5) 255頁等。なお、自白契約自体やそれとここで問題としている争点排除合意との異同等については、検討しえない。

[46] この種の合意が契約としての拘束力を認めるべきものであるかということ自体も問題たりえ（岡成玄太助教の指摘に負う）、実体法上の契約に関する議論を踏まえて検討する必要がありそうであるが、ここで念頭に置かれているのが、相手方も一定の事実を認める等何らかの意味で両当事者にとってメリットがあるものであることを前提とすれば、拘束力を認めるべき理由はあるのではないだろうか。

[47] 例えば、筆者も関わったかなり以前のものとして、座談会「21世紀の民事訴訟の構想」判タ1063号(2001) 22頁における「フリーディスカッション」をめぐる議論、近時のものとして、シンポジウム「民事裁判プラクティス—— 争点整理で7割決まる!?」判タ1405号(2014) 12頁以下の「ノン・コミットメントルール」をめぐる議論。

求釈明が重要になろう。

(1) 「フリートーキング」方式・「ノン・コミットメントルール」の場合

例えば、まず、争点・証拠の整理のとりわけ初期段階で、「フリートーキング」方式や「ノン・コミットメントルール」を採ることに一定の合理性があり、念のためにする証拠保全申立てを不要にするというメリットを上回るのであれば、少なくとも、そのようなルールが妥当することが明らかにされている場合には、自白当事者に対する拘束力は前述①の意味でも②の意味でも生じないと考えてよいであろう。自白への「素朴な信頼」さえも生じることはないと考えられるためである。そして、このことは、争点・証拠の整理手続として弁論準備手続[48]が選択されているか、（準備的）口頭弁論が選択されているかにかかわらず妥当することなりそうである。

なお、「フリートーキング」方式等は、主要事実の自白のみならず、間接事実を認める旨の陳述や（自白にならない）主張の変更等についても「揚げ足を取らない」ことを念頭に置いたものである（実際にはこれらの方が重要であろうか）と思われ、また、おそらくは時機に後れた攻撃防御方法の却下の規律をも排除することも意図されており、主要事実の自白の撤回だけではない射程を持つものと考えられる。そもそも、このような審理方式がありうるかどうか自体も問題たりうるが、その適切性も含めて裁判所が判断することを前提に、少なくとも裁判所と両当事者間で了解が成立している場合であれば許容してよいのではないだろうか[49)50)51]。

さらに進んで、争点・証拠の整理手続中は一般的に自白の当事者拘束力は生じないとする方向[52]も、規律としての簡明さというメリットもあり、十分考慮

---

48) そもそも、弁論準備手続における自白については、口頭弁論における陳述の準備に過ぎないことや、卒然と考えると、弁論準備手続内では撤回要件の審理についても証拠調べが制約される（民訴法170条2項参照）こと等の問題がありそうであるが、本稿では検討しえない。
49) 審理契約ないし三者合意モデルと訴訟法規の強行法規性の関係につき、山本克己「手続進行面におけるルール・裁量・合意」民訴43号（1997）121頁以下参照。
50) 実務家からは、口頭での議論は訴訟法的な意味での主張・陳述ではない、という角度からこの種の規律について論じられることがある（シンポジウム・前掲注47）12頁参照）。口頭主義との関係等も含めて、このような角度からの議論の当否についてもなお考えたい。
51) なお、自白の当事者拘束力については、相手方当事者の信頼保護の観点を中心に置く限り、当事者間の事前の合意によっても排除できてよさそうであるが、現実的には考えにくいところであろうか。
52) 座談会・前掲注47) 22頁でその可能性が論じられていた。山本弘＝長谷部由起子＝松下淳一・民事訴訟法［第2版］（有斐閣・2013）183頁〔山本〕や三木浩一＝笠井正俊＝垣内秀介＝菱田雄郷・民事訴訟法［第2版］（有斐閣・2015）233頁〔三木〕も、争点整理作業が完了するまでは自白の撤回は柔軟に認

に値するように思われるが、争点・証拠の整理のための合目的性という考慮が争点・証拠の整理手続全般に妥当するのかどうかを、相手方の信頼を保護する訴訟政策との兼ね合いで検討する必要があろう[53]。

(2) 争点排除（決定）合意の場合

逆に、とりわけ裁判所・両当事者間で当該訴訟において当該事実を争点から排除する確定的な合意がされた場合を想定すると、たしかに、契約法理に準じてそれなりに強い効力を認めることが考えられそうである[54]が、先にも触れた（前述Ⅲ1(5)）ように、私法上の契約に単純に準じることでよいかは問題である（なお、以下で述べるところは、後述(3)において本稿の立場と異なって錯誤等の要件を課す場合にも、相当程度は妥当するように思われる）。

現に、前述①の問題について、意思表示の欠缺・瑕疵の場合と事情変更のような場合とが論じられており、最終的には他の類型の訴訟契約の効力の問題とも併せて検討する必要があると考えられるが、基本的な方向性としては妥当ではないかと思われる。

このうち錯誤については、指摘されているように、表示の錯誤は考えにくく、問題になるのは動機の錯誤であろう。どのような場合に動機の錯誤が「要素の錯誤」にあたるのかは、実体法の問題としても難問であるように見受けられ[55]、争点排除合意の場合にどうなるか[56]についても、今後の検討に委ねざるをえな

められるものと解すべし、とする。宇野・前掲注2）457頁以下も、自白の成立時点を争点・証拠の整理手続終結時と考える、とし、当事者拘束力を否定する点では共通する。

53) シンポジウム・前掲注47）12頁以下の議論では、「ノン・コミットメントルール」が争点・証拠の整理手続全般に妥当するわけではないことが前提となっている。

54) 自白の効力を認めるためには、そこに至る手続面の規制が重要になる、という山本・前掲注2）「決定内容における合意の問題」141頁、同・前掲注2）「裁判上の自白」158頁以下、170頁以下の指摘には賛成したい。三ケ月章・民事訴訟法（有斐閣・1959）392頁も、自白成立に際しての釈明義務の重要性を強調していた。

55) 私法行為に関して、判例の枠組みは、意思表示における動機の錯誤が法律行為の要素に錯誤があるものとしてその無効を来すためには、その動機が相手方に表示されて法律行為の内容となり、もし錯誤がなかったならば表意者がその意思表示をしなかったであろうと認められる場合であることを要する、動機は、たとえそれが表示されても、当事者の意思解釈上、それが法律行為の内容とされたものと認められない限り、表意者の意思表示に要素の錯誤はない、というものである。大判大正3年12月15日民録20巻1101頁、大判大正6年2月24日民録23巻284頁、最判昭和29年11月26日民集8巻11号2087頁、最判昭和37年12月25日訟月9巻1号38頁等。第189回国会に提出された債権法改正法案（閣法第63号「民法の一部を改正する法律案」）では、動機の錯誤に関する明文を整備する（表示の錯誤も含めて、その効果は無効から取消しに変更する）ことが予定されている（改正法案による民法95条1項2号・2項）が、問題状況に実質的な変化は生じないことになりそうである。潮見佳男・民法（債権関係）改正法案の概要（金融財政事情研究会・2015）7頁以下参照。

56) なお、本稿の立場と異なって後述(3)の場合に錯誤を問題にするのであれば、実体法の議論が契約を念

い。

　いずれにしても、従来論じられているように、事実の真実性の錯誤を問題にする余地を認めると、錯誤要件の審理のために当該事実の真実性を審理することになりえ、すわりの悪い面があることは否定できない。反真実の証明に入る前に錯誤のその他の面に関する何かしらの主張や疎明を要求する方向（前述Ⅱ2(2)参照）はこの点に配慮したものであり、もっともな面を含むように思われるが、むしろ、民法上の和解契約においてそのいわゆる確定効（民法696条）によって争いの対象についての錯誤無効の主張は遮断されると解されている[57]のと同様に考えて（争点を決定する合意をいわば部分的な和解として捉えて）、事実の真実性に関する錯誤の主張を遮断することを検討する余地はないであろうか[58]。

　また、やはり論じられているように、「要素の錯誤」として主張しうる場合があるとして、自白当事者に重過失がある場合（民法95条ただし書参照）や相手方当事者が善意無過失の場合[59]の扱いについて、実体法の規律に準じるべきかも問題である。自白の場合は証拠調べが残るので実体法の規律と異なってよい、という議論もされており[60]、また、実体法上第三者の詐欺による取消しは相手方が善意の場合はできないとされている（民法96条2項）が、刑事上罰すべき行為によって自白をするに至ったという再審事由（民訴法338条1項5号）については、再審・自白の撤回を通じてそのような議論はされていないところである。いずれにしても、他の意思表示の瑕疵をも視野に入れて検討する必要があろう。

　事情変更についても、詳細は今後の検討に委ねざるをえない。例えば、高橋説は、錯誤要件の文脈で、撤回が許されない典型事例は、他の事実を証明して勝つことができるからその事実は自白したところ、予期に反して他の事実が証明できない場合とする[61]が、訴訟の流れによって撤回を認める余地がある、と

　　　頭に置いてされていることもあって、「要素の錯誤」の判断はより困難なものになりそうに思われる。
57)　内田貴・民法Ⅱ［第2版］（東京大学出版会・2007）297頁等。
58)　このように解しても、その他の意味での錯誤や事情変更の主張をある程度緩やかに認めるのであれば、それなりにバランスが取れるようにも思われる。なお、後述(3)において本稿の立場と異なって錯誤要件を課す場合に、事実の真実性に関する錯誤を排除しうるかはより大きな問題であろう。
59)　民法学上議論があるようである。四宮和夫＝能見善久・民法総則［第8版］（弘文堂・2010）227頁参照。
60)　相手方善意無過失の場合につき、髙橋・前掲注2）504頁注41。さらに、本稿の立場（後述）によれば、前述②の面での負担をも生じうる。
61)　髙橋・前掲注2）501頁。

Ⅲ　若干の検討

もしており[62]、事実の重要性の錯誤の場合も撤回できるとする議論[63]や、事実に反してはいるが末梢的な争点と思って自白したが、そうではなかった場合も重過失がなければ撤回できるとする議論[64]との関係も含めて、さらに検討を要する。

　さて審理契約論（ないし錯誤要件を中心とする方向）では、このような前述①のハードルをクリアする場合において、前述②の面での特段の負担を課すことは想定されていないように見受けられるが、相手方に証拠散逸の不利益が生じる可能性があるとすればそれを放置してよいかは問題であり（私法上の契約になぞらえて言えば、特定履行〔証拠調べなしに当該事実を判決の基礎にすること〕を要求できないとしても、損害賠償〔立証上の不利益についての埋め合わせ〕の問題は残る余地があるのではないか）、民法の解釈論としては、錯誤の場合に表意者の損害賠償義務の余地を認める見解が有力化している[65]ことからしても、争点排除合意においても、②の面で何らかの負担を課す余地を認めることも考えられよう。

　もちろん、事実の真実性に関する錯誤の主張が許される場合があるとして、その証明のために反真実の証明が要求されるとすると、一定の負担が課されていることになるが、法律に関する錯誤や事情変更の場合は①のハードルと②の面での負担は必ずしも結びつかないわけである（前述Ⅱ2(2)）。

　この点の詳細も今後の検討に委ねざるをえないが、反真実の証明については、証拠の散逸の問題に対する対処としての過不足が指摘されているところである[66]。すなわち、先にも触れたように、そもそも証拠散逸の問題が生じるのはむしろレアケースではないかとも思われるし、逆に、証拠の散逸によって相手方の反証が困難になることもありえよう。そこで、より柔軟な対応が考えられるが、これに対しては、安定性の面から問題があることが論者自身も含めて指摘されている[67]。もっともな指摘ではあるが、一方当事者の行為で相手方当事者の立証が困難になるという意味で同様の問題と捉えうる証明妨害について

---

62)　前掲注31）と対応する本文参照。
63)　竹下・前掲注4）479頁注(2)。
64)　谷口安平・口述民事訴訟法（成文堂・1987）218頁。
65)　山本敬三・民法講義Ⅰ［第2版］（有斐閣・2005）201頁参照。
66)　髙田・前掲注2）133頁。
67)　伊東・前掲注2）20頁、菱田・前掲注2）82頁。

は、一律に証明責任を転換するのは硬直的で適当でない、として、訴訟費用の負担から要証事実の真実擬制までにわたる柔軟な対応を構想する方向が有力であり[68]、文書の破棄・不提出等に関する条文(民訴法224条等)も一律に要証事実についての証明責任を転換するものとは理解しにくいことからして、同様の方向で考える余地もあるように思われる。証明妨害については、証拠の破棄等がされたこと自体は前提として議論がされているのに対して、ここでは、証拠の散逸が生じるかどうか自体が明らかではない(むしろ少ないのではないかと推測される)ことからすると、画一的な処理にはなおさら問題があるのではないだろうか[69][70][71]。証拠の散逸を明らかにすること自体が困難な場合もありうるという指摘[72]はもっともではあるが、やはり証明妨害と平仄を合わせて解決すべき問題であろう。

なお、このような合意は、特定の事実を認めて争点から排除することのみならず、新たな主張を提出して争点を増やさないことについても同様になされる余地があるように思われ、その場合にも同様の効果が妥当してしかるべきであろうから、厳密には自白特有の問題ではないことにはなりそうである。

(3) 一般の場合

以上の(1)(2)のいわば中間にあたるその他の一般の場合が、おそらく自白本来の問題領域であると考えられる。(1)の規律の妥当範囲についての考え方や個別訴訟の運営・進行によっては、この領域が存在しないこともありえようが、もちろん、そのような場合ばかりではないであろう。

ここでの規律も難問であるが、禁反言等は原則撤回不可を導く強固な論拠では必ずしもなく、また、実害として問題になる証拠の散逸が生じるのはむしろ

---

68) 新堂・前掲注7) 627頁、高橋・前掲注2) 571頁以下等。
69) 反真実の要件のみによるとしても、信義則の適用で調整する余地を認める(兼子ほか・前掲注6) 1036頁以下〔松浦=加藤〕。松本・前掲注1) 62頁以下も類似の方向か)のであれば、やはり若干の不安定性は免れないことになりそうである。
70) この②を通じて、自白当事者に何らの帰責性もないが、撤回を認めると相手方当事者に立証上の不利益を生じる場合がもしあるとすると、その扱いは問題であり、この場合は自白当事者に負担を課すことは正当化できないとも考えられるが、いずれにしても、証明妨害の問題と平仄を合わせて考える必要があろう。
71) なお、以上については、錯誤と事情変更の場合のみならず、刑事上罰すべき行為によって自白をするに至った場合についても、検討する必要がありそうである。
72) 松本・前掲注1) 57頁。

レアケースだとする（前述Ⅲ1(1)～(4)）と、例えば、前述①については、特段の要件は課さずに一般の攻撃防御方法の提出に関する規律に委ねつつ、前述②について、(2)と同様に状況に応じて証明妨害に準じる負担を課す、という方向も考えられるのではないだろうか[73)][74)]。

ただし、先行自白の問題については、不利益陳述を相手方当事者が援用した後に直ちに撤回する場合には、前述②の面での負担を課されることもない、と考えるべきであろう。論じられているよう[75)]に、この場合は相手方当事者に信頼が生じないためである[76)]。

なお、ここでの試論によれば、相手方の同意や刑事上罰すべき行為によって自白をするに至ったことという撤回要件も前述①の面では当然ながら意味を失い、前述②の面でこれらの事情をどう考慮するかという問題のみが残ることになろう。

また、このように前述①の意味での制約を全く課さないとしても、撤回がされずに当事者間で陳述が一致している限りでは、裁判所に対する拘束力を肯定すべきであり、その意味ではやはり自白の成立を認めることになる。

さらに、とりわけこの(3)でこのような弱い当事者拘束力しか生じないとすると、反転して、(2)のような合意が成立することがどのくらいあるのか、という疑問を生じうるが、これは、審理契約論一般について論者自身によっても議論されている問題[77)]ということになろう。

Ⅳ　おわりに

最後に付言すれば、以上から明らかなように、本稿では、裁判所拘束力と当

---

73) 結論的には、伊東・前掲注2）19頁以下に近いことになろう。
74) 新たな主張の提出の場合にも証拠の散逸の問題が生じうるとすると、この場合にも何らかの負担を課すことも考えられ、この方向によるとすれば、結局、ここで想定している(3)の規律も自白特有のものではないことになる。ここでは、さしあたり、相手方の主張と一致する陳述というはっきりした先行行為がある自白の場合に限定しているが、なお検討を要する。
75) 山本＝長谷部＝松下・前掲注52）184頁、菱田・前掲注2）88頁。
76) 教室設例であるが、相手方の主張が先行する自白であっても、自白がされた期日の中でそれが撤回された場合には、同様に考えることになろう。
77) 山本和彦「審理契約再論」曹時53巻5号（2001）15頁以下。

事者拘束力は根拠を異にし[78]、妥当範囲も異なりうる[79]ことを前提としているが、この点については十分論じることができなかった。前述Ⅲにおける検討も、極めて大まかな方向性を論じるにとどまっており、多くを今後に留保している。残された問題は多いが、他日を期さざるをえない。

---

78) 山本・前掲注2)「裁判上の自白」159頁や河野・前掲注2)(3) 987頁以下は、審判排除効と不可撤回効に共通する根拠として意思的要素に着目しており、そのように表現することも可能ではあるように思われるが、本稿の立場からは、同じ意思的要素とは言ってもその内容ないし実質を異にするのではないか、ということになる。この点は、一方当事者が陳述して（意思を明らかにして）おらず、不可撤回効は問題にならないにもかかわらず審判排除効を生じる擬制自白（民訴法159条1項・3項）の仕組みの存在からも明らかではないだろうか。

79) 前述Ⅲ2(3)の規律の当否は別として、前掲注78)でも言及したように、擬制自白においてすでに、審判排除効と不可撤回効がずれていることになる。逆に、裁判所は拘束されないが、自白当事者は拘束される（前述①の意味において主張・立証に制約を受ける）という規律も想定できないわけではなく、現に三ケ月章・判例民事訴訟法（有斐閣・1974）249頁以下が間接事実の自白について説くところであるが、このような規律の当否の検討についても他日を期さざるをえない。

訴訟要件の証明責任

堤　龍弥

I　問題の所在
II　訴訟要件（を基礎づける事実）の証明責任の分配
III　訴訟要件の存否と中間判決

I　問題の所在

　一般に、確認の対象は、特定の具体的な権利関係でなければならず、抽象的な法律関係や単なる事実では足りないのが原則であるが、権利関係であれば、その種類や性質には格別の制限がなく、また、必ずしも原告の権利あるいは当事者間の法律関係には限定されないと解されている。そこで、例えば、第三者が、他人間の権利関係の存否を確認する訴えを提起してきた場合、裁判所は、それが確認の利益の判断基準（原告の権利または法的地位に危険・不安が現に存在し、かつ、その危険・不安を除去する方法として原告・被告間でその訴訟物たる権利または法律関係の存否を確認する判決をすることが有効適切であるかどうか）に照らして肯認できるかどうかについて判断することが求められる（例として、最判平成7年2月21日民集49巻2号231頁、東京高判平成23年8月10日金法1930号108頁など）。そして、問題となる確認の訴えの利益について、裁判所の職権調査や当事者の立証にもかかわらず、存否不明になった場合、裁判所としては、どのように処理すべきか。訴えを提起された被告としては、確認の利益はないと考え争っているが、原告が積極的にそれを基礎づける事実を主張・立証してこない場合、裁判所の訴訟活動としてはどうあるべきかが問題となる。
　もともと、わが国で、証明責任といえば、訴訟上の請求（訴訟物）を理由づけ

る請求原因およびそれを斥ける抗弁等の請求の当否に直接結びつく主要事実について問題とされ、論じられてきたといえよう。それに対して、請求の当否の判断に先立って判断されるべき訴えの適法要件である訴訟要件についても、その判断を基礎づける事実の存否につき調査がなされたが、ついにその存否が確定されないままに終わった場合、裁判所は証明責任によって裁判せざるを得ないと思われるが、訴訟能力の証明責任を除き[1]、これまでは、それを独立に採り上げ、論じられることは少なかったように思われる。考えられる理由としては、裁判所は、抜本的な紛争解決となる本案の当否の判断を第一次的な使命と考え、いわゆる抗弁事項とされる訴訟要件でなくても、訴訟要件の調査に煩わされることなく、その欠缺が明白な場合を除き、当事者が、とくに問題としない限り、訴訟要件は具備されているものとして処理することで足り、多くの場合は議論の実益に乏しいことから、あまり問題とされてこなかったのではないかと推測する。また、当事者が異議を述べた場合でも、訴訟要件の大部分は、公益的性格を有することから職権調査事項であり、その多くは職権探知が取られており、また自由な証明でよいとされる[2]こと等から、裁判所としては、理論的にはともかく実務的処理上、その基礎をなす事実の存否を判断する義務があり、またそれは可能であると（場合によっては、存否いずれかを擬制）されてきたことによるものであろう[3]。

　しかしながら、たとえ訴訟要件の調査が裁判所の職責となっているため、裁判所が職権により（一定の制約はあるにしても）事実や証拠を収集することができ、その限りで当事者の主張・立証活動が要求されない場合であっても、やはり理論的には、訴訟要件の基礎をなす事実の存否が不確定の場合は起こり得るので

1）　中野貞一郎「当事者が訴訟能力を欠く場合の手続処理」判タ799号（1993）9頁（民事訴訟法の論点Ⅰ（判例タイムズ社・1994）88頁所収）。
2）　髙田昌宏教授は、同・自由証明の研究（有斐閣・2008）274頁において、「民事訴訟では、主として、職権調査または職権探知に服する事項の事実認定において、自由証明の適用が一般に提唱されてきた……ドイツの民事訴訟では、長年にわたって判例および有力学説によって、職権で調査または探知されるべき事項（とくに訴訟要件）について自由証明の適用が主張され支持されてきた」と述べられている（同旨の裁判例として、東京高判昭和56年10月29日下民34巻5～8号735頁参照。当事者適格は「本案の審理と一応別個の前提問題である訴訟要件の一つとして自由な証明で足りると解される」とする）。
3）　小室直人「民事訴訟における職権調査の諸問題」名城法学35巻1号（1985）50頁（同・訴訟物と既判力（信山社・1999）242頁所収）も、「実体法上の要件事実の確定についても、実務は立証責任の原則に依拠して判断することはほとんどないといわれているところからすれば、訴訟要件の基礎事実の立証責任の議論は、単なる理論上の問題にとどまり、実益はないと評されるかも知れない」としている。

あり、その場合、当事者の敗訴（訴えの不適法による却下）の不利益が生じ得ることは、本案の場合と（請求の理由を欠くことによる棄却との差異があるにしても）変わらない[4]。それゆえ、その場合の証明責任の分配を論じておくことは、やはり必要でありかつ意義のないことではないと考える。また、後述するように、それが、本案の判断が先に可能となった場合の処理の在り方を規律することにもなり得ることを明らかにしたいと考えている。

以上のような考慮から、本稿では、訴訟要件の証明責任およびその分配について、これまでの議論を整理・分析することを主たる目的としつつ、若干の私見を述べ、合わせて関連する問題についても触れることとする。

II 訴訟要件（を基礎づける事実）の証明責任の分配

1 学説の紹介

訴訟要件はいずれも、法的概念であり、その存否（具備または不備）については裁判官による法的評価に基づき判断されるものである。それゆえ、具体的に主張・証明の対象となるのは、個々の訴訟要件を基礎づける事実の存否である。以下では、必ずしも網羅的ではないが、まず、わが国でこれまでに訴訟要件の証明責任の分配について論じた文献のいくつかを紹介し、概観することにする（参考までに、わが国の証明責任論に大きな影響を与えたローゼンベルクの『証明責任論』についても、倉田卓次訳により紹介しておくことにする。なお、下線は、すべて筆者が付けたものである）。

(1) ローゼンベルク（倉田卓次訳）『証明責任論［全訂版］』（判例タイムズ社・1987〔初版1972〕）479〜482頁

「(1) (a) <u>訴訟要件の存在に対しては、本案判決を獲得しようとするほうの当事者が証明責任を負担するとするのが通説である。そういう当事者は普通原告である</u>……。(b) かかる訴訟要件としては次のものがある。すなわち、ドイツの裁判権および裁判所管轄権に服すること、民事裁判事項に属すること、訴訟追行権、権利保護の必要、当事者の当事者能力および訴訟能力、法定代理人の代理権、訴訟係属（二重訴訟）および既判力の不存在、更に、確認の訴え（256条）・将来の給

---

4) 村上博巳・証明責任の研究［新版］（有斐閣・1986〔初版1975〕）378頁参照。

付の訴え（257条ないし259条）・いわゆる定期金判決の変更の訴え（323条）・この訴えのための担保の給付ないし増額の訴え（324条）の各要件、等である。……ある訴訟要件の確定がある特定の事実の存在にのみ係っている限り、原告……が、この事実、例えば、行政庁の先行裁決のあったことにつき証明責任を負うのである。ただし、訴訟係属および既判力の不存在というような消極的訴訟要件に対する証明責任は被告に属する。適式の訴え提起は訴訟要件の一つには数えられていないが、これが訴訟要件と同様の証明責任規則に服することは疑いの余地がない。
(c)　とくに訴訟能力に関しては、民法における広義の行為能力（法律行為能力――狭義の行為能力――と責任能力ないし不法行為能力とを総称して、広義の行為能力という）の欠缺の場合と異なり、その存在が証明せられなければならず、疑わしい場合には訴訟能力が否定されるべきものであり、これは通説である。もっともヘルヴィッヒだけは、ここでも未成年の場合と精神疾患の場合とを区別し、前者なら原告に、後者なら被告に、証明責任を帰せしめようとしているが。このように、民法の（広義の）行為能力の場合の証明責任分配と訴訟法のそれとの間に差異の存することは、きわだった特色である。……まず第一に民訴法典は、民法典と異なり、訴訟能力というものを明示的にその規制の対象としている（51条、52条）からであるし、また、そういう態度は、何より先に、次の理由で内部的にも是認される。すなわち訴訟においては、請求原因たる法律行為の締結の際に両当事者が狭義の行為能力を有したか否かの審査では過去の事情が問題になるのであるが、訴訟能力ありや否やの審査では現在の行動の有効要件が問題になるのだからである。……(d)　管轄を証明する必要があるのは原告である……原告が履行地ないし管轄についての合意を主張して被告がこれを争う場合、あるいは被告が不法行為をしたのは他の管轄地域である旨主張した場合には管轄権は（原告によって）証明されるべきである。(2)　訴訟障害すなわち仲裁手続の合意とか、訴訟費用の担保欠缺の抗弁……の各要件とかは、被告が証明するべきである。これに対し、担保が供与済であることは原告が証明するべきであ」る。

(2)　村上博巳『証明責任の研究［新版］』（有斐閣・1986〔初版1975〕）378～381頁

　「訴訟要件事実の証明責任は訴えを提起する原告にあり、訴訟要件の不存在ではなく、訴訟障害となる要件事実（消極的訴訟要件事実）は、これを主張する被告に証明責任がある[5]）。　1　義務履行地の裁判籍　訴えを提起した裁判所が、

5）　同旨、髙島義郎「訴訟要件の類型化と審理方法」新堂幸司編・谷口安平編・講座民事訴訟②（弘文堂・1984）116頁、小室・前掲注3）49頁（242頁）、新堂幸司＝福永有利編・注釈民事訴訟法(5)（有斐閣・1998）53頁〔福永〕、高橋宏志・重点講義民事訴訟法(下)［第2版補訂版］（有斐閣・2014〔初版2004〕）9頁注15、笠井正俊＝越山和広編・新コンメンタール民事訴訟法［第2版］（日本評論社・2013〔初版2010〕）559頁〔名津井吉裕〕、富越和厚「訴訟要件」実務民事訴訟講座［第3期］第3巻（日本評論社・

義務履行地を管轄する裁判所（民訴法 5 [現行 5 一]）であることを主張する原告は、その事実の証明責任を負う。……次に、任意管轄としての義務履行地の裁判籍が争いとなる場合には、管轄権の存在事実について証明責任を負う原告は、義務履行地が当事者間の契約によって定まるときは、ⓐ訴えを提起した裁判所が、義務履行地とされている地を管轄する裁判所であることのほか、ⓑその契約が成立したことも証明しなければならない（長野地判大 13・2・5 新聞 2266 号 20 頁）。……

2 　合意管轄　　……合意によって定められた管轄裁判所に訴えを提起する者は、民訴法 25 条 [現行 11 条] の要件事実たる合意の成立事実の証明責任を負う（齋藤・注釈民事訴訟法 I 156 頁）。……その合意は通常、当事者間の契約によって行われる。そこで、合意管轄による裁判所に訴えを提起する原告は、管轄を定める契約が成立したことを証明しなければならない（大判大 5・10・18 民録 22 輯 1916 頁）。

3 　訴訟障害事由　　……一般的には、一定の権利発生に対する阻止事由、あるいは義務の発生に対する免責事由は、相対的にではあるが原則事由に対する例外事由と解してよい。例えば、原告が義務履行地の裁判所に訴訟を提起したのに対して、被告がその管轄を争い、合意管轄を主張し、あるいは控訴の提起に対し、被控訴人がこれを争い、不控訴の合意（民訴法 360 ①但書 [現行 281 ①但書]）を主張する場合には、相手方たる被告または被控訴人が、その要件事実（従って合意管轄事項または不控訴の合意）の証明責任を負う。また、一定の申立権の発生後における消滅事由（上訴権または抗告権の放棄）は、権利消滅事由であるから、相手方がその事実の証明責任を負う。

4 　訴訟能力・訴訟行為の前提要件　　訴訟能力・訴訟行為能力は、訴訟要件として原告の証明責任に属する。ただ、一定の事項について、訴訟法が独自の規定を持たず民法その他の法令に従うこととしている場合（例、民訴法 45 [現行 28]）には、その事項については民法その他の法令に基づいて、証明責任が分配される。……また、訴訟行為の前提としての法律行為、あるいは訴訟法上の法律効果が、一定の法律行為を要件としている場合には、その法律行為の根拠理由を民法に求めるときは、その民法の規定が証明責任規定として適用される。たとえば、訴訟代理人による訴訟行為の前提としての訴訟代理権の授与行為、訴訟法上の効果を生ずる要件となる法律行為としての上訴権放棄の合意、訴え取下げの合意および仲裁契約などである。従って、このような法律行為に基づく効果を主張する者は、その成立規定（契約を含む）の要件事実、したがってその法律行為（合意・契約など）の成立を証明しなければならないのに対し、これを争う相手方は、その成立阻止または消滅もしくは行使阻止の事実を証明しなければならない」。

2013）141 頁など。なお、柏木邦良「訴訟要件と訴訟内紛争」民訴 19 号（1973）114 頁（同・訴訟要件の研究（リンパック・1994）300 頁所収）も同旨か（「訴訟追行権 [当事者適格] の存在は原告が証明しなければならないと考えられる」（同 141 頁（300 頁）注 53）とする）。

(3) 松本博之「訴訟要件に関する職権調査と裁判上の自白」法学雑誌 35 巻 3 = 4 号 (1989) 727 頁 (同・民事自白法 (弘文堂・1994) 126 頁所収)

「裁判所は訴えの提起がある場合、本案判決をすること自体について利益を有しているのではないから、訴訟要件を基礎づける事実や証拠を全面的に職権により収集すべしとすることはできない。通説が公益性が強度だと認める訴訟要件、たとえば当事者能力・訴訟能力だって、当事者能力・訴訟能力を肯定させる基礎事実と証拠の提出を、本案判決を求める原告に要求しても決して不当ではなく、むしろ当事者間の公平に合致するのである」。(また、境界確定訴訟における自白の拘束力を論じるくだりにおいてではあるが)「口頭弁論終結前に土地所有権を喪失した者を当事者として境界確定判決をしてみても、判決の効力は真の所有者には及ばない。したがって、裁判所に訴訟要件の具備を否定する事実が知れている場合には、これを指摘して当事者がなお所有権を有することの主張・証明を促すべきである。そして、この主張・証明がなされないときは、訴訟追行権を否定すべきである」(同 739 頁)。以上の記述から、これらの証明責任はいずれも原告にあることを前提としているようにも読むことが可能である[6]。(なお、管轄権の調査に関しては)「管轄権を基礎づける事実については、職権による管轄権の調査にとって必要であり、または被告がまさに管轄との関係でこれを争っているかぎり、原告に証明責任がある。たとえば、係争物の価額、被告の住所、被告の最後の住所、被告の本店所在地、被告の居所、義務履行地やこれに関する合意、裁判管轄の合意など、管轄権が請求権の性質以外のメルクマールから生ずる場合がそうである」[7]。

(4) 中野貞一郎「当事者が訴訟能力を欠く場合の手続処理」判タ 799 号 (1993) 9 頁 (同・民事訴訟法の論点 I (判例タイムズ社・1994) 89 頁所収)

「一般には、証明責任の分配についての通説である法律要件分類説ないし規範説の立場を推して、次のようにいうことができる。『各当事者は、自己の申立てがそれに基づいている訴訟法規の要件、つまり申立ての要件、に対する証明責任を負うのである』(Rosenberg, Die Beweislast, 5. Aufl., 1965, S. 387) と。この一般命題の

---

[6] 同論文の末尾において、職権調査事項に関する証明責任の問題には立ち入ることができなかったと断っておられることから、これらの記述が、証明責任の分配を意識してなされたものかは必ずしも定かではないが、松本博之 = 上野泰男・民事訴訟法 [第 8 版] (弘文堂・2015 [初版 1998]) 253 頁・258 頁では、当事者能力および訴訟能力の有無について争いがある場合、それらを基礎づけるべき事実についての証明責任は、原則として、本案判決を求める当事者、したがって原告にあると解すべきである、とする。

[7] 松本 = 上野・前掲注 6) 306 頁。

適用として、訴訟要件を証明しなければならないのは、原告であって、被告ではない、ということになる。一般論としての正当は、承認しなければならない。しかし、訴訟能力については、この一般論の適用をめぐって見解が分かれうる。……わが法の解釈としては、やはり、訴訟能力の証明責任は原告側にあるとみるのが、一般論の適用として正しいだけでなく、実際上も、ローゼンベルクのいう意味で妥当と思われる」[8]。

(5) 坂口裕英「訴訟要件論と訴訟阻却（抗弁）事由」裁判法の諸問題㈣（有斐閣・1969）225頁以下

　必ずしも本稿で問題とする訴訟要件の証明責任について論じられているわけではないが、問題意識において共通するところがあり、参考として紹介させていただくことにする。坂口教授は、訴訟要件をすべて訴訟阻却事由と解した上で、（職権調査および職権探知を裁判所の権能としてのみ理解し、義務、すなわち強制的なものとは考えるべきではないことを前提に）その欠缺が積極的に認定されない限り（その存否が疑わしい場合、すなわち存否不明の場合も）、本案判決をすることができるとしており[9]、これを証明責任の分配論に置き換えれば、訴訟要件の証明責任は、すべて被告にあり、存否不明の場合は、訴訟要件は備わっているものとして処理するということになろうか。

2　学説の整理と分析

　訴訟要件の証明責任の分配について論じた学説を概観した結果、次のように整理することができるのではないかと考える。すなわち、わが国の通説的な考

---

8)　大江忠・要件事実民事訴訟法㈲（第一法規・2000）も、ローゼンベルク（倉田卓次訳）・証明責任論を引用した上で、中野論文を援用して、「訴訟能力の存在の立証責任は原告側にある」（同99頁）とする。さらに、国際裁判管轄についても、「わが国の裁判所が国際裁判管轄権を行使するためには、管轄原因事実がわが国にあることが証明されていなければならない。それは職権調査事項であるが、立証責任（客観的証明責任）は原告の負担するところである（これは、民事訴訟法の訴訟要件一般についての理解と共通する）」（同73頁）とする。

9)　坂口裕英「訴訟要件論と訴訟阻却（抗弁）事由」兼子一博士還暦記念・裁判法の諸問題㈣（有斐閣・1969）228頁、229頁注2、236頁、237頁注4、238頁、245頁、246頁参照。この坂口論文を肯定的に引用するものとして、渡辺美由紀「訴訟要件」法教375号（2011）12頁。
　また、河野正憲・民事訴訟法（有斐閣・2009）542頁も、職権調査事項については「裁判所は当事者の主張責任などには制約されずに資料の調査が可能であるが、それによっても十分な判断がつかない場合に、裁判所はあくまでもその解明のためにのみ訴訟手続を続ける必要はない。この場合の取扱いにつき通説によれば、存在が明確でなければ結局この訴えを却下することになる。しかし、訴訟要件がすべて明確に存在することを確認しなければ本案判決をしてはならないことまで意味しない。積極的に存在することが確実でなくても蓋然性が高ければ、明確に不存在であることが確認されない限り、一般には訴訟要件が存在するものとして請求棄却の本案の判断をしてもよいといえよう」とする。

え方は、ローゼンベルクの『証明責任論』に由来しているといえるのではないかと思われる。それを、繰り返しを恐れずにまとめると、「訴訟要件の基礎をなす事実の存否につき調査がなされたが、遂に存否不明という結果に終わった場合、職権調査事項のうち積極的訴訟要件（当事者がわが国の裁判権に服すること、受訴裁判所が事件につき管轄権〔国際裁判管轄を含む〕を有すること〔民訴法3条の2～3条の7・4～7条ほか〕、事件が法律上の争訟にあたり司法権の範囲に属すること〔裁判所法3条〕、当事者が実在しかつ当事者能力を有すること〔民訴法28条・29条等〕、原告の訴え提起行為および被告への訴状の送達が有効であること〔民訴法28条・31～34条ほか〕、当事者がその請求につき当事者適格を有すること〔民訴法30条・115条1項2号、会社法831条1項・834条・847条3項、人訴法12条、行訴法9条1項・36条ほか多数〕、その請求につき訴えの利益が認められること〔民訴法134条・135条等〕、併合の訴えまたは訴訟中の訴えについてはそれに必要な特別の要件が具備されていること〔民訴法38条・47条1項・49条・52条1項・136条・143条1項・145条1項・146条1項等〕など）については、訴訟要件の存在を主張する者、すなわち、本案判決を求める原告が証明責任を負うのに対して、消極的訴訟要件（同一事件が他の裁判所にすでに係属していないこと〔民訴法142条〕、再訴禁止〔民訴法262条2項〕・別訴禁止〔人訴法25条〕に反しないことなど）および抗弁事項（訴訟費用の担保の不提供〔民訴法75条1項・78条本文〕、仲裁合意の存在〔仲裁法14条1項本文〕、不起訴合意の存在など）については、訴えの却下を求める被告に証明責任がある」ということになろう（実際に証明の対象となる個々の訴訟要件を基礎づける事実については、前記学説および後記裁判例を参照されたい）。基本的には、法律要件分類説に依拠した上で個々の訴訟要件によって保障されている制度趣旨（公益目的、当事者の利益の保障など）および当事者間の公平にも配慮したと評価し得る通説の考え方が支持されよう。筆者としては、（管轄についてはともかく、その他の訴訟要件については）その存在する蓋然性の高低により、訴訟要件の証明責任を分配するという考え方が、一般人の経験則に合致した妥当な結果を導くようにも思われるが、結果として、通説の結論と変わらないようにも思われる。

　これに対して、有力少数説ともいうべき坂口裕英教授の考え方は、前述したように訴訟要件をすべて訴訟阻却事由と解した上で、その欠缺が積極的に認定されない限り、本案判決をすることができるとするものである。訴訟要件とされるものの証明責任はすべて被告にあると解するわけであるが（ただし、当事者

間でその存否につき争いがある場合にも同様に解するかは定かではない)、これは、訴訟要件の取扱いに関する現在の実務の運用（当事者間に争いがなく、資料からその不備を示唆するような事実がない場合は、訴訟要件は一応具備されているものと扱う）を理論化しようとする実践的意図が窺われる。

3 判例の紹介

　訴訟要件の証明責任の分配について（一般的にはもちろん個別的にも）明示的に判示したものは、調べ得た限りでは極めて少なく、比較的には行政訴訟の領域（訴えの利益ないし原告適格）に多いようである。

　以下、参考までにそのいくつかを紹介することにする（なお、下線は、いずれも筆者が付けたものである）。

(1)　大阪地決昭和 30 年 8 月 12 日判時 67 号 18 頁・判タ 53 号 59 頁

　〔事案〕　大阪市内に営業所を有する原告が、下関市内に住所を有する被告に対し、売掛代金請求等につき、大阪地方裁判所に訴えを提起したのに対し、被告が管轄違いの抗弁を主張した（管轄原因の証明責任が問題となった）事案
　〔決定要旨〕「管轄権はその裁判所が事件について裁判権を行使できる権限として、訴の審判については、訴訟要件即ち請求の当否について本案判決をする前提要件であり、裁判所が管轄権の存否について疑あるときは何時でもこれを調査すべきであり（民訴 28 条［現行 14 条］）、管轄の有無について争あるときは<u>原告は管轄を定むべき事実（管轄原因）の存在を証明することを要するは一般の原則である</u>。而してこのことは管轄原因が請求原因と関係ない場合(民訴 2 条[現行 4 条]）はもちろん、その両者が関係ある場合（民訴 10 条［現行 5 条 6 号］の船籍所在地、民訴 5 条［現行 5 条 1 号］のうち特約による義務履行地等）及び、両者が全く符合する場合（民訴 5 条のうち支払地の特約のない金銭債務）でもその取扱を異にすべきではないと解する。すなわち右のことは義務履行地の裁判籍を判定する場合でも変りないのであつて、金銭債務についてその支払地の特約がある場合は先ず管轄の問題として原告はその特約の存在を立証すべく、右特約がない場合は（係争義務が契約上のものたると然らざるとを問わない）、かかる義務の存在することを前提として法律上（又は義務の性質上）その履行地が決定せられるのであるから、原告は先づ〔ママ〕管轄の問題としてその義務の存在を立証しなければならない（原告はこの場合特約の存しないことまでも主張立証するの要はないこというまでもない）。すなわち後者の場合は管轄原因が請求原因と符合する場合であるが、それがために原告のい

うがまゝに管轄を肯定して裁判所が本案の裁判をなすべきではないと解する」[10]
（職権で、被告の住所地である山口地裁下関支部に移送）。

(2) 最判昭和45年4月2日民集24巻4号223頁

〔事案〕　役員選任の株主総会決議取消しの訴えの係属中に、当該役員がすべて退任した場合における形成の訴えの利益の帰趨（その証明責任）が問題となった事案

〔判旨〕「形成の訴は、法律の規定する要件を充たすかぎり、訴の利益の存するのが通常であるけれども、その後の事情の変化により、その利益を欠くに至る場合がある（当裁判所昭和33年(オ)第1097号同37年1月19日第二小法廷判決、民集16巻1号76頁参照）。しかして、株主総会決議取消の訴は形成の訴であるが、役員選任の総会決議取消の訴が係属中、その決議に基づいて選任された取締役ら役員がすべて任期満了により退任し、その後の株主総会の決議によつて取締役ら役員が新たに選任され、その結果、取消を求める選任決議に基づく取締役ら役員がもはや現存しなくなつたときは、右の場合に該当するものとして、特別の事情のないかぎり、決議取消の訴は実益なきに帰し、訴の利益を欠くに至るものと解するを相当とする。

叙上の見地に立つて、本件につきかかる特別事情が存するか否かを見るに、……上告人〔原告〕は、右のごとき主張〔取消し得べき決議に基づいて選任された取締役の在任中の行為について会社の受けた損害を回復するためには、今なお当該決議取消の利益がある〕をするにかかわらず本件取消の訴が会社のためにすることについて何等の立証をしない以上、本件について特別事情を認めるに由なく、結局本件の訴は、訴の利益を欠くに至つたものと認める外はない」（上告棄却（訴え却下））。

本判決は、形成の訴えの利益の証明責任について直接判示したものではないが（本判決を紹介する判タ248号（1970）126頁では、「決議取消の訴において、訴の利益の

---

10)　なお、国際裁判管轄についても、その原因事実の証明責任は原告が負うと解するのが通説と思われるが（前掲注8）参照）、わが国の民事訴訟法の規定する不法行為地の裁判籍がわが国内にあると認めるために証明すべき事項（および証明の程度）について、最判平成13年6月8日民集55巻4号727頁は、次のように判示し、近時の有力説である客観的要件証明説（管轄原因事実のうち、不法行為と主張されている行為またはそれに基づく損害発生の事実についての証明で足り、違法性や故意過失については証明を要しないが、証明の程度は、一応の証明ではなく、通常の証明を要するとする見解）を採ることを明らかにしている。「我が国に住所等を有しない被告に対し提起された不法行為に基づく損害賠償請求訴訟につき、民訴法の不法行為地の裁判籍の規定（民訴法5条9号〔現在では、3条の3第8号〕、本件については旧民訴法15条）に依拠して我が国の裁判所の国際裁判管轄を肯定するためには、原則として、被告が我が国においてした行為により原告の法益について損害が生じたとの客観的事実関係が証明されれば足りると解するのが相当である。けだし、この事実関係が存在するなら、通常、被告を本案につき応訴させることに合理的な理由があり、国際社会における裁判機能の分配の観点からみても、我が国の裁判権の行使を正当とするに十分な法的関連があるということができるからである」（わが国の裁判所の国際裁判管轄を肯定）。

388

Ⅱ　訴訟要件（を基礎づける事実）の証明責任の分配

立証責任が原告、被告いずれにあるかの見解は、しばらくおいて、本件判示一は、その立証についての事実上の推定の一事例を示すものではあるまいか」とコメントされている）、訴訟要件の証明責任の一般的な理解を前提にしているものと思われる[11]。

(3)　横浜地判昭和57年3月31日訟月28巻6号1260頁

〔事案〕　更正処分取消訴訟の本案の判断に先立ち、本件訴えが行政事件訴訟法14条（現行14条1項）所定の出訴期間を遵守した適法な訴えであるかどうかが争われた事案

〔判旨〕　「出訴期間の遵守の有無は職権調査事項と解せられるが、……取消訴訟の提起の日から起算して遡つて3か月［現行：6か月］以内に裁決のあつたことを知つたことについての客観的証明責任は原告にあると解するのが相当である」（訴え却下）。

(4)　東京地判平成19年12月19日LLI/DB判例秘書【判例番号】L06235700

〔事案〕　会社の株主であると主張する原告らが、被告会社の臨時株主総会における取締役および代表取締役の選任ならびに解任の決議の不存在確認を求めたのに対し、被告会社が原告らは株主でないから原告適格がないとして争った事案

〔判旨〕　「原告らが被告会社の株主であるか否かについては、被告会社が株券を発行し、原告らは被告会社株券900株を所持している（前提事実(4)ア及びイ）から、原告らは、当該株券に係る株式についての権利を適法に有するものと推定される（会社法131条1項）。この推定は、株券の占有者が権利者すなわち実質上の株主であるという法律上の推定を与える趣旨であるから、株券を占有する者の権利が争われるときは、これを争う側においてその株券所持人が真の権利者でない旨の立証責任を負うことになる」（請求認容）。

---

[11]　判タ248号（1970）126頁のコメントを踏まえて、判旨を整理すると、①原告は、形成訴訟を認めた「法律の規定する要件の充足」（形成の訴えの利益を形式的に基礎づける事実。本件では、法定の期間内に法定の取消事由を主張して総会決議取消しの訴えが提起されたこと（会社法831条1項））について証明責任を負い、②これに対し、被告が、形成訴訟の係属中、「その後の事情の変化により、その利益を欠くに至った事情」（形成の訴えの利益の消滅を推認させる事実。本件では、「役員選任の総会決議取消の訴えが係属中、その決議に基づいて選任された取締役ら役員がすべて任期満了により退任し、その後の株主総会の決議によつて取締役ら役員が新たに選任され、その結果、取消を求める選任決議に基づく取締役ら役員がもはや現存しなくなつた」事実。同コメントでは、このような事実が発生すると、「訴の利益喪失が推認されるとの意と解すべきか」とされている）を立証すれば、③原告は、それにもかかわらず形成の訴えの利益が消滅しない「特別の事情」（形成の訴えの利益を実質的に基礎づける事実。例えば、本件で指摘された「取消し得べき決議に基づいて選任された取締役の在任中の行為について会社の受けた損害を回復するため」その必要がある、会社の利益のためにする」事情）について証明責任を負う、と解しているように思われる。

本判決は、(明示的ではないものの)原告適格の証明責任は原告にあることを前提に、会社法131条1項の推定規定により、原告がその前提事実である被告会社の株券の占有を証明すれば、本件原告の当事者適格を基礎づける「原告が被告会社の株主であること」が法律上推定され、被告が反対事実の証明責任を負うと判示したものである。

(5) 東京地判平成21年2月27日税務関係資料(徴収関係判決)平成21年順号21—8

　〔事案〕　差押処分取消請求事件において、原告適格が職権で審理・判断された事案
　〔判旨〕　「原告は、本件マンションは、Aではなく原告に帰属するので、本件差押処分は違法であると主張し、その取消しを求めている。そこで、本件マンションの所有権の帰属が問題となるが、原告は本件差押処分の名宛人たる滞納者ではないから、抗告訴訟である本件訴えを審理するに当たっては、まず、本件訴えに関して原告が原告適格〔行訴法9条1項〕を有するか否かを判断する必要がある……。そして、処分の取消を訴求する原告適格に関する立証責任は原告に課されると解されることも併せ考えると、原告が、本件マンションの所有者又は共有者であってその所有権又は持分権を差押債権者である被告に対抗することができることの立証責任を負うものと解される」(訴え却下)。

(6) 東京地判平成26年1月14日訟月61巻1号62頁

　〔事案〕　福島第一原子力発電所設置許可処分無効確認請求事件で、原告適格の有無の判断基準および主張・証明責任が問題とされた事案
　〔判旨〕　「原告適格は公益的意義を有する訴訟要件であり、その有無は職権調査事項であるが、その判断の基礎となる資料の収集については弁論主義の適用があり、原告適格の有無が問題となる場合には、原告が原告適格を有することを基礎付ける事実につき主張立証責任を負うものと解すべきである。しかしながら、[その判断に必要な科学的・専門的知見を取得し保有しているのは、被告国側である。]したがって、原告が原子炉設置許可処分の無効等確認の訴えについて原告適格を有することを基礎付ける事実を一定程度主張立証した場合には、処分行政庁の属する被告(国)の側において、原告の主張立証が合理的なものでないことを主張立証しない限り、原告適格を肯定すべきものと考えられる」。
　行政訴訟(無効等確認の訴え：行訴法36条)の原告適格を基礎づける事実の証明責任は原告にあるとした上で、被告国側に一種の事案解明義務を課することによ

り、原告側の証明軽減を図ったものである[12]（ただし、事案としては原告適格を否定して、訴え却下）。

4　検討（私見）

(1)　まず、本案の証明責任の分配における法規不適用説と同様に考えるならば、訴訟要件の基礎事実の存否が不明な場合は、それが存在しないものとしてその訴訟要件の存在を有利とする当事者に証明責任があるということになろう。その場合、考え方としては、大きく3通りあり得る。第1に、訴訟要件の欠缺は訴えの不適法却下を導くことになることから、換言すれば、本案判決要件であることから、訴えを提起し請求の当否についての判断を求めようとする原告に、すべての訴訟要件の証明責任があるとする考え方である。第2に、それとは逆に、訴訟要件を訴訟阻却事由と解する立場から、その証明責任はすべて被告にあるとする考え方である。そして、第3に、個々の訴訟要件の性質・目的等から、個別にその証明責任を分配する考え方である。その代表的なものが、通説（判例も同旨か）である積極的訴訟要件と消極的訴訟要件（および抗弁事項）を分け、前者は原告に、後者は被告に、その証明責任を分配する考え方である。これによると、訴訟要件のうち、訴訟法に規定のあるものについては、当該条文に規定する訴訟要件の存在を自己に有利に主張する者に、その要件事実に該当する（基礎づける）具体的事実の証明責任がある、ということになろうか。

(2)　次に、そもそも訴訟要件が存否不明の場合の取扱いであるが、（証明責任を不問にして）あくまでも職権でその判断のために必要な訴訟審理を続けてゆくことになるのか（これによると、当事者の態度を含め認定し得た範囲での事実を総合評価して存否いずれかの判断をすることになろう）、それとも証明責任により処理すべき

---

[12]　同じく、わが国で最初の高速増殖原型炉「もんじゅ」について、その付近住民である原告らが、核原料物質、核燃料物質及び原子炉の規制に関する法律23条・24条に基づく原子炉の設置許可処分の無効確認を求めた訴訟の最高裁判決（最判平成4年9月22日民集46巻6号571頁：原告適格を肯定）に対する解説（「時の判例」ジュリ1016号（1993）99頁）において、髙橋利文最高裁判所調査官は、行政事件訴訟法36条所定の「原告適格の有無の判断が、本来、訴訟の入口の段階で行われるものであることにかんがみると、右のような判断［「社会通念に照らし、合理的に判断すべき」］の方法によるのが適当というべきであって、想定される原子炉事故の規模、右事故による放射性物質の排出量及びこれによりどの程度の健康被害を当該原告が受けるか等についての当事者双方の詳細な主張、立証、鑑定等を経た上で、原告適格の有無を判定するというような判断の方法は、適切なものとはいえないように思われる」とする。

かが問題となる。原審でとくに問題とならなかった訴訟要件の欠缺が上訴審で明らかになった場合は、原判決取消し・(補正がされない限り)訴え却下となることからすれば、原審において、(本案が「裁判をするのに熟したとき」を限度として)訴訟要件の存否は一応確定しておかなければならず、(そのための必要な審理を尽くしても)存否不明の場合は、やはり証明責任で処理すべきことが要請されていると解すべきであろう。

(3) そこで、訴訟要件の判断時期(基準時)が問題となるが、通説によると、訴訟要件は、本案判決要件であるとされ、本案審理要件ではないことから、理論上は、請求の当否の判断のための(すなわち、通常は事実審の)口頭弁論終結時を基準として、その存否を判断することとされている(東京高判昭和56年10月29日下民34巻5〜8号735頁も、「当事者適格の有無は、本訴訟の訴訟物判断の基準時点の資料に基づいて決せられるべきであ」るとする。なお、管轄については、訴え提起時〔民訴法15条〕)。しかし、実際上は、それが欠けているとの認定がなされる(訴訟要件の欠缺について裁判所が確信を形成する)と、裁判所は、裁判に熟したものとして、直ちに弁論を終結し、訴え却下の終局判決をすべきものとされていることから(この場合の基準時は、当該訴訟要件の不存在〔抗弁事項については存在。以下、同じ〕を認定し本案の審理を打ち切った口頭弁論終結時ということになろう)、訴訟の各段階で、その存在が暫定的・仮定的に認定されることが通常であり、当事者から本案前の主張がされない(訴訟要件の存在につき争いがない)場合はもちろん、争いがある場合でも確信が得られない限り(存否不確定の場合)、訴訟要件については一応備わっているものとして、本案の審理が続けられることになるものと思われる。そして、請求の当否の判断のための口頭弁論終結時点に至っても、訴訟要件の存否が不明な場合には、(一応審理は尽くされたものとして)その証明責任により、積極的訴訟要件については訴え却下の訴訟判決[13]、消極的訴訟要件および抗弁事項については請求認容または棄却の本案判決をすべしとするのが通説的な考え方である。

(4) ただし、口頭弁論終結時点で積極的訴訟要件が存否不明の場合でも(請

---

13) ただし、実務の運用(本文(4)後段)も参考に、訴訟要件事実の証明度をすべて本案の場合と同様に考えるのが妥当かどうか(疎明の程度でよいとされる場合がないか)については、議論の余地があるように思われる。また、その要件該当性を広く解釈することにより、比較的穏やかにその存在が認められることはあり得よう(本文Ⅱ3(6)、前掲注12)参照)。

Ⅱ 訴訟要件（を基礎づける事実）の証明責任の分配

求の理由のないことが明らかであるときは）、それが無益な訴訟の排除あるいは被告の利益の保護を主たる目的とする訴訟要件である場合は、訴訟経済の観点から請求棄却の本案判決をすることができるとする考え方も有力である[14]。もっとも、このような場合、実務上は、（訴訟要件事実の証明度を下げ、もしくはその要件該当性を「広く」ないし「穏やかに」解釈することにより、または経験則に基づく事実上の推定〔その結果、被告に本証に近い高度な反証責任を課すること〕により）当該訴訟要件は存在するものとして、請求棄却の本案判決をしているケースもあるように思われる[15]。

(5) 最後に、訴訟要件の不存在については、訴訟判決の確定に伴って当該（欠けているとされた）訴訟要件について既判力が生じると解されていることから、判決確定後は、（基準時における）当該訴訟要件の存在を主張して争うことはできず、また、（訴訟要件が存在するものとして）本案判決が確定した後に、訴訟要件の欠缺を主張して判決の無効・取消しを主張することも、それが再審事由に該当する場合を除き、できないものと解される。それゆえ、一度、本案判決が確定

---

[14] 主に議論の対象となっているのは、訴えの利益や当事者適格など本案の審理と密接に関連している訴訟要件である。詳細については、鈴木正裕「訴訟要件と本案要件との審理順序」民商 57 巻 4 号（1968）507 頁以下参照。訴えの利益について、同旨の裁判例として、宮崎地判昭和 46 年 12 月 6 日判時 654 号 36 頁、大阪地判平成 20 年 7 月 22 日法セミ 647 号 127 頁・LLI/DB 判例秘書【判例番号】L06350257（「確かに、訴訟要件の存否が不確定なのに、その点の審理をしないで請求棄却の本案判決をすることは、原則として許されないというべきであるが、本件のような訴えの利益（確認の利益）については、本案の主張と重複する点が少なくなく、また、公益的要請のある他の訴訟要件とは異なるものであるから、訴訟要件の判断をせず、請求棄却の判決をすることも許されると解するのが相当である」）。

これに対し、公益性が強いと解される訴訟要件については、東京地判平成 12 年 5 月 30 日判時 1719 号 40 頁・判タ 1038 号 154 頁参照（「訴権の行使が濫用に当たるか否かを判断するに当たっては、原告の主張事実について、その事実的根拠の有無を検討すべき場合に、ある程度の実体審理を行うことが必要な場合がある。したがって、そのような場合において、訴訟要件の審査の過程で、実体審理にも及んだ結果、原告の主張事実が認められないという結論に至れば、請求棄却の本案判決をするという選択肢も考えられないわけではない。しかし、……『訴権の行使が濫用に当たらないこと』を訴訟要件とする趣旨にかんがみると、……訴権濫用の事実が認められる場合には、当該訴え自体を不適法として排斥することが、民事訴訟手続上裁判所に要請されているものと解すべきである」）。

この問題につき、中山幸二教授は、ドイツおよびわが国の学説を整理・分析された上で、「結局、訴訟要件が常に本案要件に先立って審理・判断されるべきであるか、換言すれば、訴訟要件が本案判決要件であるか、認容判決要件にすぎないか、あるいはまた、本案審理要件ともいいうるかは、個々の訴訟要件ごとにその意義および機能を考慮して決せざるを得ない」（同「訴訟要件の性格について」早稲田大学大学院法研論集 37 号（1986）195 頁）とする（同旨、渡辺・前掲注 9）13 頁参照。竹下守夫「訴訟要件をめぐる二、三の問題」司法研修所論集 65 号（1980）26 頁も、「それぞれの訴訟要件の制度的意味を考えて、個別に結論を導くべきであ」るとする）。

[15] 大判昭和 10 年 12 月 17 日民集 14 巻 2053 頁参照。なお、和田吉弘・基礎からわかる民事訴訟法（商事法務・2012）136 頁は、「判例や実務はそのような議論を正面から認めるには至っていないが、当事者が訴訟要件についてあまり拘らない場合には、比較的容易に訴訟要件の充足を認定して本案判決することはありえよう。訴訟の合理的運営という観点から、今後も検討に値する議論であろう」とする。

訴訟要件の証明責任

すれば、その前提となる訴訟要件の存在についても、既判力が生じることになると解すべきである。通説に従って、訴訟判決に（争点効ではなく）既判力を認め、かつ訴訟要件は本案判決の要件として予め裁判所は職権でその存否を認定すべき責務があるとするならば、訴訟要件の存否いずれの場合においても（裁判所によりその存否が確定された場合のほか、証明責任により処理された場合でも）、その理由中の判断（訴訟判決の場合は、欠缺があるとされた当該訴訟要件、本案判決の場合は、必ずしも明示的ではないもののその前提となるすべての訴訟要件、の存在の判断）に既判力を認めることが一貫した解釈というべきように思われる[16]。

III　訴訟要件の存否と中間判決

1　中間判決の原則的運用

裁判所は、訴訟要件を具備していることを中間判決（民訴法245条）によって判断することもできるとされているが、被告が訴訟要件の存在を争っている場合は、効率的な訴訟運営の観点からも、当事者の適切な訴訟活動を保障する観点からも、心証を開示せず曖昧なままにしないで、必要な主張・立証を当事者（裁判所がすでに存在の心証を持っている場合は、それを争う被告、そうでない場合は、証明責任を負っている原告）に尽くさせた上で、（訴え却下をしないのであれば）中間判決でその判断を示すべき運用がなされることが望まれる。

2　中間判決と独立上訴

場合によっては、訴訟要件の存否に審理を集中するために弁論を制限（民訴法152条）することも必要となろう。立法論的には、争いのある訴訟要件の存在を認めた中間判決に対して、独立の上訴を認め、本案と切り離した早期決着が目

---

[16]　柏木・前掲注5) 134頁注6 (276頁注6b) 参照（「元来裁判所は本案判決を下す前にあらゆる訴訟要件の存否を職権で調査すべきであり、一旦本案判決を下した以上は制度的には訴訟要件の具備を肯定し、この存在を前提としたものとみてよい」とする。ただし、「たんに論理的に先決関係にあるからといってその点が黙示的に主文で判断されたことにならないのは、（絶対的）確定力が先決関係に及ばないことからみても明らかであるといわなければならない」（同145頁 (318頁) 注86）とされていることから、本案判決の前提となる訴訟要件具備の既判力は否定する趣旨かと思われる）。
　訴訟要件存在の判断は判決理由中の判断であるとして、既判力を否定するのが通説であると思われる（高橋宏志・重点講義民事訴訟法(上)［第2版補訂版］（有斐閣・2013［初版2005］）732頁注165参照）。

394

指されるべきである[17]。

【付記】
　本稿は、松本博之先生の古稀記念論文集に献呈すべく、先生の主たる研究対象でありその第一人者として数々の先駆的なご業績を上げてこられた証明責任の分野から、とくにこれまであまり研究対象とされてこなかった訴訟要件の証明責任（およびその分配）の問題を採り上げさせていただいたものである。専ら筆者の能力的な理由から、充分な推敲もできないままに拙い論考を献げざるを得なくなったことについては、心よりお詫び申し上げる次第である。筆者の学会報告に際しては司会の労をお執りくださり、研究会の席では数々のご教示・ご指導を賜りました学恩ある先生のますますのご健康を祈念し、謹んで本稿を献げさせていただきます。

---

[17] 同旨、柏木・前掲注5) 参照（「［訴訟要件は］それが具備すると認められる場合にもいきなり本案の審理に入るのは適当ではなく、必ず中間判決をもってその点を明らかにして訴事訴訟内紛争を終結すべきであると考えられる」（同129頁（328頁））とし、さらに、訴えを適法とする中間判決に対して（それを終局判決とみなすことにより）独立の上訴を認めているドイツ民事訴訟法280条2項本文を、「その趣旨が本案以前の問題をできるだけ早く解決して確定し、もって本案の審理の基盤を安定確固としたものにしようとした点にあった」として、わが国の解釈論としても、これを認めるべきであるとする（同76～78頁（229～233頁））。とくに、民事裁判権については同109～112頁（291～296頁）、当事者適格については同116頁（303頁）、訴訟承継の要件については同120頁（312頁）参照。
　鈴木正裕＝青山善充編・注釈民事訴訟法(4)（有斐閣・1997）35頁〔渡辺武文〕も、国際裁判管轄について「独立上訴を認める必要性はきわめて大きい（澤木敬郎＝青山善充編・国際民事訴訟法の理論（有斐閣・1987）56頁〔高橋宏志〕）。その意味で、独立上訴をすべて否定する現行法［旧法］には再考の余地があろう」とする。

証人の黙秘義務と
その免除の法理

　　　　　　　　　　　　　　　　　　　　　　林　　昭一

　　I　はじめに
　　II　比較法的考察——ドイツ法
　　III　日本法の検討

I　はじめに

　民事訴訟における証言拒絶権の範囲の設定は、真実に適った公正な裁判の実現という点において、きわめて重要な意義を有する。それにもかかわらず、証言拒絶権をめぐる問題は、これまで証拠法の分野の中でも「最も研究が立ち遅れている領域」であると指摘されてきた[1]。そこで、平成8年民事訴訟法改正において、証言拒絶権に関する規定に若干の修正を施し、これらを一般義務文書の提出除外事由（民訴法220条4号ハ、以下、平成13年法改正前の同条4号ロも含めて、「220条4号ハ」と略記する）に準用することで、関連規定の整備がなされた。これを受けて、文書提出義務の存否が争われた事件において、「技術又は職業の秘密」（最決平成12年3月10日民集54巻3号1073頁、以下「平成12年決定」という）と「黙秘すべきもの」（最決平成16年11月26日民集58巻8号2393頁、以下「平成16年決定」という）の意義が判例上明らかにされるに至り、証人の人的または物的秘密領域に関する保護範囲の輪郭がようやく整えられてきた。そして、具体的な判断方法についても、取材源の秘密に関する証言拒絶権が争われた最決平成18年10月3日民集60巻8号2647頁（以下「平成18年決定」という）において、職業

---

[1]　小林秀之「〈戦後証拠法判例研究〉証言拒絶権・秘匿特権」民商90巻4号（1984）58頁以下。

の秘密該当性に加えて、要保護性を備えているかを比較衡量を交えて判断する枠組みが確立した。

証言拒絶権が認められるには、民事訴訟法 197 条 1 項各号（以下、同条 1 項各号をそれぞれ「第〇号」、同条 2 項を「第 2 項」と略記する）に該当する事項であることのほか、第 2 項によって黙秘義務が免除されていないことを満たす必要がある。この条文の構造に依拠する限り、例えば、第 3 号の職業の秘密につき緻密な利益衡量のもとで要保護性が認められたとしても、秘密主体がなお秘匿を望んでいるか否かが秘密保持者の証言拒絶を認める決め手となり得る。第 2 号の専門職従事者の証言拒絶権についても同様であり、このことは、これらの関係を準用して提出除外事由とする文書（220 条 4 号ハ後段）についても妥当する。例えば、金融機関が守秘義務を負う顧客との取引履歴について職業の秘密該当性を否定した最決平成 19 年 12 月 11 日民集 61 巻 9 号 3364 頁（以下「平成 19 年決定」という）は、顧客を当事者とする訴訟において金融機関に取引履歴を秘匿する独自の利益がないことを直接の理由とするが、顧客自身が訴訟において開示義務を負うために実質的には黙秘義務を喪失していたとみられることが、その判断を左右したということもできる[2]。この判例が示唆するように、秘密主体による黙秘義務の免除は、「黙秘すべきもの」または「要保護性」という証言拒絶権の存否にかかる判例法理の核心部分の判断に埋没しがちではあるが、それぞれの判断枠組みの中でどのように評価され、また、いかなる場合において免除があったといえるか、検討を要しよう。さらに、証言拒絶の成否は、実体的真実の発見に深く関わるため、黙秘義務を免除する、または、しないという行為が訴訟結果を大きく左右することもあり得る。そうであるとすると、黙秘義務の免除が秘密主体の一存に委ねられたままでよいか、あわせて検討する必要があるように思われる。

以上の問題意識に基づき、本稿は、黙秘義務の免除をめぐる諸問題について、比較法的考察を交えて検討するものである。かつて松本博之先生は、平成 12 年決定と平成 16 年決定の判例評釈[3]において、技術・職業の秘密を開示するか

---

2) 堀野出「民事訴訟における『職業の秘密』の開示義務存否の判断方法」同志社法学 62 巻 6 号（2011）153 頁は、状況的には黙秘義務の免除があったのと同視されるとする。
3) 松本博之・リマークス 22 号（2001）125 頁、同・判時 1903 号（2005）205 頁。

どうか、そして、弁護士の守秘義務を免除すべき立場にあるかどうかは、証明責任を負わない当事者の事実陳述＝証拠提出義務の問題として位置づけられるべきであるとのご高見を示されたことがある。本稿は、この度めでたく古稀を迎えられた松本先生の学恩に心より感謝をしつつ、先生の示された問題意識に触発され、それを筆者なりに敷衍しつつ考察を行うものである。

II　比較法的考察――ドイツ法

1　証人の黙秘義務とその免除

(1)　ドイツ民事訴訟法上の規律

わが国の証拠拒絶権に関する規定の制定に影響を与えた[4]ドイツ民事訴訟法（ZPO）は、一般的な公法上の義務である証人義務に含まれる証言義務の例外として、証人の人的な理由に基づく証言拒絶事由（ZPO383条1項各号）と、秘密事項による物的な理由に基づく証言拒絶事由（ZPO384条各号）を定めている。

(2)　人的な理由に基づく証言拒絶事由と黙秘義務の免除

証言拒絶権が認められる人のうち、「司祭」（ZPO383条1項4号）[5]と「官職、地位そして職業上信頼して事実を打ち明けられる者」（Anvertraut、同6号）[6]についてのみ、ZPO385条2項により黙秘義務の免除が認められている。

まず、司祭の証言拒絶権は、招魂の場で信者から打ち明けられた事実について情報提供を求めてはならないというものである。信者が事実の秘匿を要しないとした場合には、司祭は当該事実を秘匿する独自の利益を持たないため、当該事実について黙秘義務が免除される。もっとも、1933年の帝国政教協約により、司祭には公務員に準ずる法的地位が保障されていることから、司祭は、黙秘義務の免除によっても証言を拒絶できる場合があるとされる[7]。このような

---

[4]　テヒョー草案には、当初、黙秘義務の免除規定が存在しなかったが、法律取調委員会において当該規定を加えた理由を「獨逸法ニ依リタリ」とする点からも明らかである。松本博之ほか編・日本立法資料全集 194 民事訴訟法［明治23年］(1)（信山社・2014）221頁参照。

[5]　ZPO383条1項は「以下の者は、証言を拒むことできる」として、同4号に「司祭であって、その職を行使する際に告白された事実に関するとき」と定める。

[6]　同6号は「官職、地位又は職業を理由として事実を打ち明けられ、その性質上又は法律の規定によって秘密を保持することを要請されている者であって、守秘義務を負う事項に関するとき」と定める。

[7]　Vgl. Münchener Kommentar zur Zivilprozessordnung, Bd. 2, 4. Aufl. (2012), S. 91, 130 (Damrau).

司祭の証言拒絶に関する規律は、わが国の「宗教、祈禱若しくは祭祀の職にある者」（第2号）とその黙秘義務の免除との関係と共通する考え方に基づくものであるとしても、ドイツ法に特有の司祭の法的地位に関わるものであるため、以下、検討の対象からは除く。

次に、ZPO383条1項6号に関連して、司法専門職、診療機関従事者、その他、職業または営業上の取引慣行により信頼を受ける地位にあり、秘密保持義務を有する者について、秘密主体による黙秘義務の免除が認められている[8]。同号の場合にも、証人に対して秘密に当たる事実が「信頼して打ち明けられる」必要がある。この概念は、広く解釈されており、証人が秘密主体から直接伝えられるということのほか、証人自身の知覚および経験に基づいて体得するということであってもよいとされる。そして、打ち明けられた事実のうち保護される範囲は、基準となる法律の規定、または、裁判官の生活経験に基づく判断によって画されるとする。また、これらの事実が公開手続において引用されている場合には、その性質上黙秘すべきものには当たらないとする考え方もある[9]。

ところで、報道記者の黙秘義務（同5号）については、ZPO385条2項の適用が除外されている。このことは、報道記者の黙秘義務が特定の情報主体の利益に還元されるものではなく、基本法上保護される報道の自由に由来することを理由とする[10]。

(3) 物的な理由に基づく証言拒絶事由と黙秘義務の免除

ZPO384条は、婚約者、配偶者、親族らに財産法上の侵害を与える質問（同1号）、これらの者の名誉を害し、犯罪行為を理由に刑事訴追のおそれが生ずる質問（同2号）、そして、技術または職業の秘密の開示をすることなく回答できない質問（同3号）に証言拒絶権を認めている。これらのうち「職業の秘密」は、「一般的に知られておらず、かつ、それについて秘密保持の意思と利益が存在する技術上および商売上の技能、方法、および事実」に該当するかどうかによって判断され、秘密の要保護性について比較衡量に基づく判断手法は採用されていない[11]。

---

8) *Thomas/Putzo*, Zivilprozeßordnung Kommentar, 35. Aufl. (2014), S. 679 (Reincold).
9) Vgl. *Stein/Jonas*, Kommentar zur Zivilprozessordnung, Bd. 5, 23. Aufl. (2015), S. 589 ff. (Berger).
10) *Stein/Jonas*, a.a.O. (N. 9), S. 604 (Berger).
11) *Stein/Jonas*, a.a.O. (N. 9), S. 598 (Berger). もっとも、ZPO142条2項1文が証言拒絶権のある場合

これらの事実が、証人自身の秘密だけではなく、証人が契約上または法律上守秘義務を負う第三者の秘密も含むかどうかは争いがある。一方では、第三者の秘密も含むとする考え方があり、ZPO385条2項を拡張解釈してZPO384条3号についても第三者による黙秘義務の免除を認める見解や[12]、黙秘義務によって保護される者がその権利を放棄することで証言拒絶権が失われるためにZPO385条2項とは抵触しないとする見解がある[13]。他方では、同2項がZPO384条3号を準用していないことから、同3号は証人自身の秘密を保護するに過ぎず、第三者の秘密まで保護法益としないとする考え方もあり[14]、これによれば、第三者に対して守秘義務を負う者はZPO383条1項6号によって証言拒絶権が与えられるべきであるとする。

(4) 日本法との共通点

以上のように、証人の証言義務を前提として、所定の理由により証言拒絶権が認められる場合に、それを否定する方向で黙秘義務の免除が機能するという条文を基調とする判断構造と、それが第三者の文書提出義務を画する基準にもなる点で（ZPO142条2項1文）、ドイツ法とわが国の民事訴訟法には共通点がある。確かに、物的な理由に基づく証言拒絶権については、明文上黙秘義務の免除が認められていない点では異なるが、例えば金融機関の顧客情報の守秘義務について、わが国では第3号と第2項との関係で証言拒絶権の存否が判断される一方で、ドイツ法では信頼して打ち明けられる地位を基準としてZPO383条1項6号とZPO385条2項において証言拒絶権の存否が判断されることから[15]、その判断構造は共通するとみることもできる。それでは、ドイツ法において、証言拒絶権の行使や第三者に対する文書提出命令の成否に深く関わる黙秘義務の免除は、どのように認められるのであろうか。

に加えて、第三者に提出が期待できない場合を文書提出拒絶事由とすることから、これとの均衡上、証人も過剰な追及から保護されるべきであるとして、証言の期待可能性を重視する議論もある。Vgl. *Daniel Adloff*, Vorlagepflichten und Beweisvereitelung im deutschen und französischen Zivilprozess (2007), S.331 ff.

12) MüKoZPO, a.a.O. (N. 7), S. 127 (Damrau).
13) MüKoZPO, a.a.O. (N. 7), S. 127 (Damrau).
14) *Stein/Jonas*, a.a.O. (N. 9), S. 599 (Berger); *Thomas/Putzo*, a.a.O. (N. 8), S. 683 (Reincold).
15) BGH, ZIP 2014, 192 は、口座名義人などの顧客情報について、ZPO383条1項6号に基づき証言拒絶権を認める。

2　黙秘義務の免除の態様
(1)　黙秘義務の免除の主体

ZPO383条1項6号によれば、専門職従事者に対して「信頼して事実を打ち明ける」行為が黙秘義務の基礎にあることから、原則として事実を直接打ち明けた秘密主体が黙秘義務の免除権者となる。もっとも、この行為は緩やかに解されていることもあり、専門職従事者が職務活動を通じて知り得た事実についての秘密主体も含むと解されている[16]。また、秘密主体の能力の欠如を理由とする法定代理人による免除や、財産の管理処分権の帰属如何では包括承継人や破産管財人による免除の余地もある。さらに、秘密主体が死亡した場合に黙秘義務が免除されるかという問題があるが、これについては後述する。

黙秘義務の免除の意思表示は、訴訟開始前に行ってもよく、訴訟係属中、証人に対するほか、相手方当事者または裁判所に対してもなすことができる[17]。そして、秘密について黙秘義務の免除権を有する者が訴訟当事者として自ら秘密保持者を証人申請した場合のように、特定の人または事項について黙秘義務を免除するという明示的な意思が示されなくとも、結果的に黙秘義務の免除があったのと同視されるということでも足りる[18]。なお、証言拒絶権の行使をめぐる中間の争いは、裁判によることとされ（ZPO387条1項）、黙秘義務が免除されたという事実の証明責任は挙証者が負う[19]。

(2)　秘密主体の死亡と黙秘義務の免除

専門職従事者の黙秘義務は、原則として、黙秘義務により秘密を保護される者の死亡により終了しない。そのため、秘密主体の死亡によって証人が黙秘義務を免れるかどうかは、秘密主体によって明示的に示された意思があればそれに従い、明示されていない場合であれば推測上の意思（mutmaßliche Wille）によって決定される[20]。例えば、遺言者死亡後の公正証書遺言の内容をめぐる相続人間の争いの場合には、遺言者のために遺言についての疑いが晴らされるべきで

---

[16]　MüKoZPO, a. a. O. (N. 7), S. 130 f. (Damrau); *Andreas Götz*, Der Schutz von Betriebs- und Geschäftsgeheimnissen im Zivil ver fahren (2014), S. 320 ff.

[17]　MüKoZPO, a.a.O. (N. 7), S. 131 (Damrau); *Stein/Jonas*, a.a.O. (N. 9), S. 607 (Berger).

[18]　*Wieczorek/Schütze*, Zivilprozessordnung und Nebengesetze, Bd. 6, 4. Aufl. (2014), S. 413 (Ahrens). 免除の意思表示を求める判決でもよい。MüKoZPO, a.a.O. (N. 7), S. 131 (Damrau).

[19]　*Wieczorek/Schütze*, a.a.O. (N. 18), S. 413, 423 (Ahrens).

[20]　BayObLG, NJW 1987, 1492; *Prütting/Gehrlein*, ZPO Kommentar, 6. Aufl. (2014), S. 1192 (Trautwein).

あり、医療過誤訴訟の場合には、患者に有利に診療経過が明らかにされるべきであるため、遺言者や患者の推測上の意思を忖度することによって、公証人や医師の黙秘義務が免除される。

OLG München, MDR 2011, 1496 によると、医師は、死亡した患者に対して引き続き守秘義務を負うが、患者が遺族らに治療経過の開示を拒んでいたとの手がかりが存在するかどうか綿密に調査しなければならないとする。このことは、黙秘義務の免除によってはじめて医療過誤に基づく損害賠償責任の追及が可能になる場合には、黙秘義務を免除するということが死亡した患者の推測上の意思に合致することを理由とする。したがって、この裁判例は、秘密主体の推測上の意思を前提として、証人において黙秘義務の免除がなかったことの説明義務を課すことによって、黙秘義務の免除の事実についての挙証者の証明負担を軽減するものと評価できる。

このように、黙秘義務によって保護されるべき秘密の主体は、秘密についての処分権限をもとに、秘密を訴訟において開示するかしないかをその一存により決定することができる。しかし、秘密主体による非開示の選択は、真実発見を妨げ、公正な裁判の実現を阻むことになり得るため、この者は、一定の訴訟上の不利益を甘受せねばならないとする見解も主張されている[21]。以下、黙秘義務を免除しない行為によって生ずる不利益の調整のあり方について概観する。

3 黙秘義務を免除しない行為の法的効果
(1) 証拠評価説

証人が証言拒絶権を行使して証言を拒絶した場合、この事実をどのように斟酌するか。やや背理的ではあるが、この問いが議論の出発点となる。口頭弁論の全趣旨において、または、証拠調べの結果として、事件の全体像と証人証言の重要性を総合的に考慮して、証言拒絶権行使の事実を自由に評価できるとする考え方がある[22]。しかし、真実発見を断念してでも守るべき価値を保護する

---

21) *Rolf Stürner*, Die Aufklärungspflicht der Parteien des Zivilprozesses (1976), S. 204.
22) BGH, NJW 2012, 296 は、刑事訴追のおそれ（ZPO384条2号）を理由に証言拒絶した事実を自由な心証により評価し得るとする。

というのが証言拒絶権の本質であるため、証人が証言拒絶の根拠となる事実を述べて（ZPO386 条 1 項）、このことが証言拒絶に関する中間の裁判で認められた以上、裁判所が証言拒絶の事実から一方当事者に不利な推論をすることには消極的な見解がある[23]。仮にその他の手続結果との関係から、要証事実について一定の推論をするにしても、心証形成には特別な慎重さが求められる[24]。

そして、秘密主体である一方当事者が秘密保持者である証人の黙秘義務を免除しない場合についても、口頭弁論の全趣旨において[25]、または、証拠調べの結果として、この事実を斟酌し、当該当事者に不利に推論してよいとする立場がある。BGH, ZIP1983, 735 によると、BGH は、当事者が税理士らの黙秘義務の免除を拒絶したことについて、ZPO444 条の類推適用の効果として不利な推論が可能となるとの上告理由を退けたうえで、ZPO286 条の証拠評価の問題であると位置づける[26]。この立場は、証言が自己に不利にはたらくことをおそれる当事者は証人の黙秘義務を免除しないという経験則を根拠として、この事実を自由な心証により評価できるとするものであり[27]、黙秘義務の免除をしない行為を証明妨害とみなして、証明妨害論の法的効果に関する証拠評価説に基づく解決を示すものである。この立場によれば、証人の黙秘義務を免除しない事実を評価しないことは、自由心証主義を定める ZPO286 条違反となり得る[28]。

(2) 証拠評価に消極的な立場

これに対して、黙秘義務を免除しない事実の証拠評価に消極的な立場として、まず、証言拒絶の事実を一方当事者の不利に評価することが許されないということを徹底する見解[29]がある。すなわち、当事者尋問の拒絶の場合に要証事実

---

23) *Wieczorek/Schütze*, a.a.O. (N. 18), S. 382, 388 (Ahrens).
24) *Stein/Jonas*, a.a.O. (N. 9), S. 576, 600, 607 (Berger); MüKoZPO, a.a.O. (N. 7), S. 125 (Damrau).
25) BGH, ZIP 1983, 735; BGH, NJW-RR1988, 962; BGH, NJW-RR 2010, 1123 のほか、林昭一「戦前期ドイツ法における証明妨害論の生成と展開―訴訟法的規制と実体法的規制の交錯という視点から（二・完）」民商 126 巻 4 = 5 号（2002）240 頁注 156 に挙げた裁判例も参照。
26) BGH は、訴訟上の信義則と法的地位の濫用防止を理由に、証明義務を負わない当事者も証明の拒絶には十分な説明が求められるとしており、むしろ当事者の行為の非難可能性を問題視する。BGH, NJW1967, 2012 は、金融機関の守秘義務を免除しない行為について、証明義務を負わない当事者が、求めに応じて免除することで紛争を上回る高度に価値ある利益に反して振る舞わなければならない場合、黙秘義務の免除の同意拒絶は正当であり、それを理由に不利な評価はなされないとする。
27) *Musielak*, Kommentar zur Zivilprozessordnung mit Gerichtsverfassungsgesetz, 11. Aufl. (2014), S. 1380 (Huber); *Baumbach/Lauterbach*, Zivilprozessordnung, 74. Aufl. (2016), S. 1670 (Hartmann).
28) OLG Saarbrücken, ZInsO 2014, 1393.
29) *Wieczorek/Schütze*, a.a.O. (N. 18), S. 388, 413 (Ahrens); *Götz*, a.a.O. (N. 7), S. 329.

の証明擬制を許す規定（ZPO446条）が証人尋問にない以上、証言を欠くことで生じた証拠調べの空白を「間接的な証言」によって埋め合わせることは、認められないとする。

次に、BGH（ZIP1983, 735）の立場とは異なり、ZPO444条に準じて、証言により証明すべき事実の証明擬制を認める見解[30]がある。また、この趣旨を徹底して、黙秘義務を免除しない行為に基づいて事実関係を論理的に推論するのではなく、訴訟上の一般的な解明義務の違反に対する制裁の問題として捉える見解もある[31]。この見解は、証人の黙秘義務を免除する義務を秘密主体に課すものであるが、秘密主体が秘密を開示するか、開示しないことによる不利益を甘受するかを決定できることから、証言拒絶権の立法目的には反しないとする。そして、当事者の免除義務の範囲は、訴訟上の解明義務の範囲と一致し、例えば、銀行員が財産事件について知り得た事項や医師が治療経過中に見聞きした事項は、外的秘密として黙秘義務の免除義務を負い、秘密保持者が不可侵の内的領域に関与して精神的な打ち明け話をされた場合には、これらの事項につき免除義務は失われるとする[32]。この見解は、秘密の性質に応じて黙秘義務が免除されるべきものとそうでないものとを区別し、免除されるべきものについて免除がなされなかった場合には、証明妨害と同様に、当事者の解明義務違反の効果として要証事実の真実擬制が認められるとするものである。

BGH, NJW 1972, 1131 によると、1938年から数年間、精神病院と看護病院に収容され、断種手術を受けていた被告が、これらの事実を告げずに原告と婚姻したところ、後に知らされた原告が精神疾患の存在についての錯誤を理由に婚姻取消手続を求めた事例において、精神疾患の存在についての証明責任が問題となった。この断種手術は、国家社会主義的思潮が支配した当時、遺伝病による後継者防止法（Gesetz zur Verhütung erbkranken Nachwuchses）により、遺伝衛生裁判所（Erbgesundheitsgericht）の断種手術を命ずる決定に基づき実施されたものであり、精神病院に収容され、断種手術を受けたという事実は、被告が当時精神疾患であったということの有力な間接事実となり得た。その真偽を明らかにす

---

30) *Prütting/Gehrlein*, a.a.O. (N. 20), S. 1192 (Trautwein).
31) *Stürner*, a.a.O. (N. 21), S. 203 ff.
32) *Stürner*, a.a.O. (N. 21), S. 204 f.

るために、唯一の証拠である医師の証言が求められたものの、被告が医師の黙秘義務を免除することを拒んだため、BGH は、解明を求められた被告に期待可能な協力を拒絶するとともに原告の挙証を妨害した場合には、信義則に照らして、証明責任の転換をもたらすとした。さらに、BGH は、被告が婚姻締結時から現在に至るまで精神疾患ではないことを証明しなければならないにもかかわらず、証明への協力を拒絶し続けるならば、このことから原告の主張する精神疾患の事実が真実とみなされるとした。

この判例は、戦前期における特殊な法制度に起因し、当事者に対しても特別な配慮を要する事件であることから、一般的な射程を有するというには慎重であるべきである。とはいえ、この判例は、黙秘義務を免除しない事実を証拠評価の中に埋没させるのではなく、証明への非協力が信義則に反するという規範的評価に基づき、その事実から要証事実の真実性が認められるとする点で、証明妨害の効果論を発展させたと評価することができる[33]。

4 小　括

以上、ドイツ法では、証言拒絶権の存否の判断にあたり、"anvertraut"をもとに基礎づけられた証人の黙秘義務が免除されているかどうかの判断が重要な役割を果たしていることを確認した。その判断においては、黙秘義務の免除行為の解釈に一定の幅を持たせ、さらには、黙秘義務を免除しない行為によって生ずる不利益調整の問題を、条文の枠組みの外延にある証明妨害の法理を用いて解決することによって、真実発見と秘密保持の利益との緊張の緩和を慎重に図っているといえる。

次節では、ドイツ法の検討過程で得られたさまざまな示唆が、職業の秘密の要保護性の判断において比較衡量による手法が確立し、これが職務上の秘密該当性の判断にも浸透しつつあるわが国の議論にどのように反映され得るか、検討する。

---

[33] OLG Frankfurt, NJW 1980, 2758 は、時機に後れた黙秘義務の免除により証言不能の事態を招いたことは、信義則に照らして証明妨害と扱われるとする。BGH, NJW-RR 1996, 1534 は、公証人の黙秘義務を免除しない行為が非難可能で、濫用的であることを証明妨害の効果発生の要件とする。

III 日本法の検討

1 「職務上知り得た事実で黙秘すべきもの」と黙秘義務の免除
(1) 平成 16 年決定

平成 16 年決定は、第 2 号の「職務上知り得た事実で黙秘すべきもの」を、非公知性と秘匿利益の客観性に照らして判断すると述べた点に先例的意義がある。事案は、破綻保険会社の保険管理人が弁護士らで構成される調査委員会に対して、同社の旧役員の責任追及のために調査を命じたことを受けて、調査委員会が従業員らの任意による資料提出や事情聴取の結果をまとめた調査報告書の文書提出義務の存否が争われたものである。同決定は、調査報告書が法令に基づく調査結果を記載したものであり、役員らのプライバシー等の記載はなく、調査に公益性があることから秘匿利益の客観性を欠き「黙秘すべきもの」には当たらないとして 220 条 4 号ハ該当性を否定した。本稿の問題関心によれば、同決定が、黙秘義務の免除を理由に 220 条 4 号ハの提出除外事由を否定した原決定（東京高決平成 16 年 6 月 8 日民集 58 巻 8 号 2412 頁）の理由付けを採用しなかった点が注目される。

原決定は、保険管理人が調査報告書をもとに損害賠償請求をすると公表したことをもって黙秘義務の免除がなされたものとみなし、220 条 4 号ハに該当しないとした。学説においても、秘密主体である保険管理人がそもそも主観的利益を喪失している点を重視すべきであるとする見解[34]や、破綻保険会社とその保険管理人は具体的事実の陳述義務を負うことから、弁護士らの黙秘義務を免除する立場にあり、この者らの守秘義務を援用することはできないとする見解[35]のように、原決定に親和的な立場がみられる。第 2 号の保護法益が依頼人の信頼確保を通じた専門職の存立にあるのか[36]、それとも、これらの者に対して秘密を打ち明けた秘密主体にあるか[37]は争いがあるが、そのいずれと解する

---

[34] 上野泰男・平成 16 年重判解 129 頁。
[35] 松本・前掲注 3) 判時 205 頁。
[36] 松本博之＝上野泰男・民事訴訟法［第 8 版］（弘文堂・2015）483 頁。
[37] 東京高決昭和 59 年 7 月 3 日民 37 巻 2 号 136 頁、谷口安平ほか編・注釈民事訴訟法(6)（有斐閣・1995）314 頁〔坂田宏〕。

にしても、秘密主体の意向が第 2 号による証言拒絶を維持するうえでの主たる理由となる。したがって、原決定が、黙秘義務の免除に焦点を当てて 220 条 4 号ハ該当性の判断をしたことは正当であり、第 2 項の解釈論においても、免除権者が当該秘密をもとに訴訟の提起をすると自ら公表したことが黙秘義務の免除にあたり、しかも具体的な秘密自体の開示をしないでする黙秘義務の免除もあり得るとしたことは画期的である[38]。

(2) 「秘匿特権の放棄の法理」

専門職従事者に対して秘密を打ち明けた者が当事者として訴訟を提起した場合に専門職従事者の守秘義務が問われた事例は、旧法下の下級審裁判例にもみられる。旧民事訴訟法 312 条 3 号文書該当性の判断に同法 281 条 1 項 2 号の証言拒絶権が類推適用されるかが争われた大阪地決昭和 54 年 8 月 10 日判タ 395 号 77 頁は、医療過誤訴訟において患者自らが損害賠償請求権の発生を基礎づける主張事実の一部として、自己の秘密である病名、病状を開示している場合には、診療経過についてもプライバシー権を放棄しているとみられることから、その限度において医師の守秘義務が実質的に消滅しているとして診療録の提出義務を認めた[39]。他にも、秘密が記載されている関連証拠を秘密主体である当事者自らが提出し、または、引用した場合には、守秘義務の援用を認めないとする裁判例もある[40]。

旧法下では証言拒絶権を文書提出義務の除外事由とする明文規定がなかったこともあり、これらの裁判例は、「証言拒絶権の行使の場合に準じ」であるとか、「守秘義務違反の問題は生じない」[41]などの言回しにとどまり、旧民事訴訟法 281 条 2 項の黙秘義務の免除があったとは述べていない。また、引用文書についても、秘密保持の利益を放棄したために結果として文書提出義務を負うとする一方で、引用文書には証言拒絶権の規定が類推適用されないと述べられており[42]、黙秘義務を負うもののその免除があったという理論構成には依拠してい

---

38) 三木浩一・法学研究（慶應義塾大学）78 巻 7 号（2005）100 頁。
39) 同様の判断に、福岡高決昭和 52 年 9 月 17 日下民 28 巻 9〜12 号 969 頁がある。
40) 東京高決昭和 56 年 12 月 24 日判時 1034 号 95 頁、名古屋高決昭和 52 年 2 月 3 日高民 30 巻 1 号 1 頁。旧法下の裁判例については、小林・前掲注 1) 564 頁以下参照。小林秀之教授は、これらの裁判例の検討を踏まえて「秘匿特権の放棄の法理」が確立しているとされる。
41) 前掲注 39) 福岡高決昭和 52 年 9 月 17 日。
42) 前掲注 40) 名古屋高決昭和 52 年 2 月 3 日。

ないことがわかる。

　現行法下では、名古屋高決平成25年5月27日（裁判所ウェブサイト）において、診療録の記載事項について医師の黙秘義務の免除が問題となった。その事案は、原告が被告に対して不法行為に基づく損害賠償請求権の不存在確認請求訴訟を提起し、被告の病状に関する診療録の提出を求めて所持者である医療機関を相手方として文書提出命令を申し立てたところ、被告が原告に対して慰謝料請求の反訴を提起し、これらの訴訟の請求原因事実または抗弁事実として、傷病名および症状とその経過を明らかにしたうえで、その内容に沿った診断書を自ら提出するとともに、これらをより詳細に記した陳述書を証拠として提出したというものであった。裁判所は、平成16年決定を引用し、病名、主要症状、治療方法などの記載事項が「黙秘すべきもの」に該当するとしたうえで、「個別に医師の黙秘義務が免除されていない限りは、220条4号ハに該当する」として検討を行い、被告が「陳述書に記載された傷病名及び症状とその経過という、一般に知られていない事実を自ら開示し、その限度で保護されるべき利益を放棄したものというべきである」ことから「診療録の記載事項中、上記陳述書に記載された限度で、医師の黙秘の義務は免除された」として、220条4号ハの提出除外事由に該当しないとした。

　この裁判例は、これまでの下級審裁判例において確立した「秘匿特権の放棄の法理」の延長線上に位置づけられ、証言拒絶権に関する条文の構造に忠実に黙秘義務の免除の効果として220条4号ハ該当性を否定した点に特徴がある。さらに、関連証拠のうち、とくに陳述書で述べられている部分についてのみ、黙秘義務の免除を認めた点で注目される。従来の裁判例では、自らの訴訟提起行為や証拠としての診療録の引用でもって秘匿特権の放棄がなされたとする考え方が示されていたが、陳述書に限って秘匿すべき利益の放棄を認めた趣旨は、それが秘密主体の関与のもとに作成され、その免除の意思をより明確に裏付ける点を重視したものと考えられる。したがって、この裁判例は、わが国における「秘匿特権の放棄の法理」に陳述書の提出による黙秘義務の免除という一例を加えた意義があることに加えて、秘密主体の免除の意思のあり方について、具体的で、その意思が正確に再現されている必要があると述べるものであり、わが国における黙秘義務の免除のあり方について、一定の方向性を示すものと

評価できる[43]。

(3) 比較衡量説

条文上、第2号による証言拒絶の成否は、「黙秘すべきもの」という要件の該当性と黙秘義務の免除の存否により決定される。これに対して、この証言拒絶権についても比較衡量によるべきであるとの立場も有力である[44]。例えば、東京高決平成4年6月19日判タ856号257頁は、公正証書遺言の効力をめぐる争いにおける遺言者の意思表示について、証言の他に代替証拠が存在しない場合には、公正な裁判の実現の観点から公証人は証言拒絶権を行使できないとする。同決定は、第2項の黙秘義務の免除には触れておらず、類似事例においてドイツ法が秘密該当性に加えて、推測上の免除の意思を忖度するという理論構成に拠ることと対照的である。そこで、以下では、秘密主体による黙秘義務の免除と比較衡量論との関係について、取材源の秘密にも関連づけて論ずる。

2 「技術又は職業の秘密」と黙秘義務の免除

(1) 「技術又は職業の秘密」の主体

第3号と黙秘義務の免除との関係は、秘密を証人自身のものに限るかどうかという、同号の保護法益の捉え方に関わる。通説的な理解によれば、秘密主体から秘密の管理を委ねられた従業員のように、契約上または商慣習上の黙秘義務を負う場合には、本人に準ずる地位で証言拒絶権が認められるとする[45]。

この考え方は、立法の沿革とも整合的であり[46]、第3号についても黙秘義務の免除規定が適用されていることとも合致する。さらに、第2号が法令上の義務を基準とした限定列挙であり、類推の余地がないと一般に考えられているこ

---

43) 平成19年決定の事案についても、当事者が訴訟上開示義務を負うというだけで黙秘義務の免除があったのとは同視できず、自ら提訴した訴訟において具体的事実として主張するか、証拠として引用するという免除の意思を裏付ける積極的な行動を要すると考えられる。中村也寸志・最判解民事篇平成16年度(下)764頁は、黙秘義務の免除は具体的事実を特定してなされるべきであるとする。
44) 「秘匿特権の放棄の法理」を提唱する小林・前掲注1)567頁もまた、証拠調べの必要性を交えた総合的な比較衡量的手法を是認する。
45) 伊藤眞・民事訴訟法〔第4版補訂版〕(有斐閣・2014) 383頁。
46) 旧々民事訴訟法298条5号は「証人カ其技術又ハ職業ノ秘密ヲ公ニスルニ非サレハ答辯スルコト能ハサルトキ」として、証人自身の秘密のみを証言拒絶権の対象とし、同号には黙秘義務の免除規定(同299条2項)は準用されていなかった。松本博之ほか編・日本立法資料全集43 民事訴訟法〔明治36年草案〕(1)(信山社・1994) 59頁以下参照。大正改正において、証人自身の秘密に限定していた部分は改められ、免除規定の準用が認められたが、その経緯は定かではない。同編・日本立法資料全集12 民事訴訟法〔大正改正編〕(3)(信山社・1993) 302頁参照。

とも適合的である[47]。もっとも、報道機関の記者や金融機関の職員など、秘密主体から信頼して事実を打ち明けられる一定の職種にある者については、第2号において規律することが妥当であるとの見解も有力である[48]。

(2) 取材源に関する秘密

平成18年決定は、第3号の証言拒絶権については、職業の秘密のうち保護に値するものである必要があるとして、それが「秘密の公表によって生ずる不利益と証言の拒絶によって犠牲になる真実発見及び裁判の公正との比較衡量により決せられる」とする。そのうえで、報道関係者の取材源の要保護性を比較衡量するにあたり考慮すべき事情を列挙するが、その一つとして、「取材源となった者が取材源の秘密の開示を承諾しているなどの事情が」ないことを掲げている点が注目される。同決定は、秘密主体による秘密の放棄を比較衡量の一要素として、少なくとも取材源の秘密についてはそれを中核的な要素として考慮すべきであるということを示している[49]。確かに、取材源の開示による公正な裁判の実現と取材源の秘匿を通じた報道の自由の保障という、どちらも私益に還元できない高次元の社会的価値・利益は、慎重に比較衡量する必要があり、取材源の意向を重要な要素として位置づけることは頷ける。そして、ドイツ法がそうであったように、取材源の一方的な意思表示によって報道記者の黙秘義務が免除されることに対する警戒から、比較衡量の一要素にあえて埋没させたという評価もできないわけでもない。しかし、このような理解は、秘密主体が一定の職種の者を信頼して打ち明けた事実が証言拒絶権を基礎づけるとともに、秘密主体の黙秘義務の免除によって証言義務を復活させ、このことが職業の秘密に等しく当てはまるわが国の条文の構造とは乖離するといわざるを得ない。また、取材源の意向が証言拒絶の成否にどれほど影響するかは明らかではないため、比較衡量に基づく判断枠組みの不透明感と相まって、秘密主体の意向が不当に軽視されないか、その懸念は拭えない。

---

47) 秋山幹男ほか・コンメンタール民事訴訟法Ⅳ（日本評論社・2010）192頁。
48) 取材源の秘匿につき、春日偉知郎「証言拒絶権をめぐる新法の対応と最近の動向」松本博之ほか編・講座新民事訴訟法Ⅱ（弘文堂・1999）124頁（同・民事証拠法論（商事法務・2009）161頁以下所収）参照。第2号を拡張解釈するという方向性は認めつつも、立法的措置を要するとするものに、谷口ほか編・前掲注37）315頁がある。
49) 金融機関の顧客の分析評価情報につき、職業の秘密を否定する事情として顧客自身の開示の承諾を考慮したものに、東京高決平成22年2月26日判タ1331号268頁がある。

3　黙秘義務の免除をしない行為とその効果

　最後に、黙秘義務を免除しない行為の法的効果について言及する。証明責任を負わない当事者が相手方によって申請された証人の黙秘義務を有責的に免除しないことを証明妨害とみなし、この者に不利に当該事実を斟酌するということは、裁判所の自由心証の本来的な作用としては当然にあり得る。しかし、ドイツ法においてみたように、証言拒絶の事実を評価すること自体は、原則として控えるべきであり、黙秘義務を免除しない行為の評価についても、明文規定がない以上、慎重になされるべきである。そこで、例えば、証言が唯一の証拠方法であるにもかかわらず、証人に証言をさせないことによって、一定の証明への協力のもとに成り立っている証明責任の分配ルールの正当性が問えない場合に限って、黙秘義務の免除をしない当事者に要証事実の証明責任を転換するということが考えられよう[50]。

　第3号の要保護性の比較衡量論に象徴されるように、わが国では、証人の黙秘義務による証言拒絶権を認めることには慎重であり、黙秘義務の免除やその懈怠の効果には依存しない運用が確立しているといえる。もっとも、近年、民事訴訟法の体系的理解において、情報主体の秘匿特権の保護という視点から証言拒絶権や文書提出義務を俯瞰する傾向がみられることもあり、わが国においても、情報主体の意向を「黙秘すべきもの」や「要保護性」の判断に際しての比較衡量の一要素にとどめるのではなく、「信頼して秘密を打ち明けられた」ことを基軸に据えつつ、黙秘義務とその免除の法理、さらには、その外延にある証明妨害の法理も視野に入れて、秘密主体の保護と真実発見との調整をはかるべきではないかと思われる。

【付記】

　　本研究は、平成27年度JSPS科研費（基盤研究(c)・15K03231）の助成を受けたものです。

---

50) 林昭一「証明妨害の効果について―『要証事実の真実擬制』を中心に」民訴60号（2014）160頁において展開した試論により、黙秘義務を免除しない事実から要証事実の推定を許すという理論構成である。新聞記者の取材源の秘密が問題となった札幌高決昭和54年8月31日下民30巻5～8号403頁において、新聞社が記事の真実性について具体的に事実を陳述し、証拠を提出すべきであるとする松本・前掲注3）125頁の指摘も、取材源が黙秘義務を免除しない行為に対する法的効果の問題として把握する私見とは異なるものの、黙秘義務によって保護された情報についての代替的な証明を求めることで、真実発見との緊張を緩和しようとする点では、共通するものであるといえる。

ドイツの民事訴訟における文書の提出義務
―― 実体的訴訟指揮の一環としての職権による文書の提出命令

春日偉知郎

- I　はじめに
- II　ドイツ民事訴訟法 142 条とその立法理由
- III　連邦通常裁判所 2007 年 6 月 26 日判決
- IV　学説の展開
- V　第三者に対する提出命令 ―― 特に要件を中心に
- VI　むすび ―― ドイツ民事訴訟法 142 条のまとめとわが国の文書提出義務への示唆

I　はじめに

　ドイツの民事訴訟は、2001 年に、「民事訴訟の改革のための法律（Gesetz zur Reform des Zivilprozesses）」[1]（以下、「民事訴訟改革法」と呼ぶ）によって著しく刷新された。その最たるものの一つとして、ドイツ民事訴訟法 142 条の文書提出義務を新たに設けたことがあり、同条によって、民事訴訟法 422 条以下に規定する従来の文書提出義務とは別に、裁判所に対して職権で文書の提出を命ずる権能が付与された。すなわち、同条 1 項は、「裁判所は、当事者又は第三者に対して、これらの者が所持する文書及びその他の書面であって、当事者の一方が引用したものを提出するよう命ずることができる」と規定し、これによって、裁判所は、当事者のいずれか一方が文書を証拠として引用するならばその提出を命ずることができるほか、第三者に対しても文書等の提出を命ずることが可能になった（同条 2 項）（詳細は II 参照）。

---

[1]　BT-Drs. 14/4722. (24. 11. 2000) S. 1 ff.

その趣旨は、立法理由によると[2]、裁判所の権限を拡大し、訴訟の基礎にある事実関係について可能な限り早期に包括的に見通すことができるようにするという点にある。しかしながら、他方で、同条の新設に伴って、解釈上の問題はもとより、根本的な理解をめぐる疑念を生じたことも否めない。例えば、職権調査または職権探知への回帰は明確に否定されているが、具体的にどのような要件が具備されれば、当事者の一方のみによる引用によって相手方に提出義務を生じさせることができるのか、といった問題は解釈に委ねられている。また、より根源的な疑念として、訴訟指揮の問題と証拠法の問題との間の境界線を不明瞭にし、過剰な開示に対するドイツ法の抑制的な対応を否定する結果になるのではないか、といった法文化的な観点からの懸念に至るまで、多様な問題が提起されている[3]。

本稿は、このように大きな波紋を呼んでいるドイツ民事訴訟法142条による文書提出義務を題材として、判例の解釈および学説の対応を眺めるとともに、周辺問題にも言及しようとするものである。直接には、ドイツ法上の現在問題を対象とするが、そうした風景を眺めることを通じて、わが国における同種の問題についてやや異なる視点から何がしかの示唆を得ることができるならば、幸いに思う次第である。

II ドイツ民事訴訟法142条とその立法理由

1 ドイツ民事訴訟法142条とその趣旨

(1) ドイツ民事訴訟法における文書提出義務は、従来から存しているものと2001年の民事訴訟改革法により新設されたものとに二分して規定されている。前者は、422条（民法に基づく相手方の提出義務）および423条（引用した場合の相手方の提出義務）によるものであり、制限的な義務である理解されている[4]。他方、

---

2) BT-Drs. 14/4722. S. 78.
3) *Wagner*, Urkundenedition durch Prozeßparteien-Auskunftspflicht und Weigerungsrechte, JZ 2007, S. 706（以下では、ゲルハルト・ヴァグナー（河野憲一郎訳）「訴訟当事者による文書提出―情報提供義務と拒絶権」小樽商科大学商学討究61巻4号（2011）161頁以下を参照した）.
4) 従来のドイツ法における文書提出命令制度については、竹下守夫＝野村秀敏「民事訴訟における文書提出命令(1)」判評204号（1976）116頁、吉村徳重＝小島武司編・注釈民事訴訟法(7)（有斐閣・1995）63頁以下〔廣尾勝彰〕等参照。Vgl. *Stein/Jonas/Berger*[23] (2015) § 422, 423 uud § 429 sowie § 432 (422・

後者については、142条に規定があり、裁判所の訴訟指揮の一環として位置づけられている。また、提出義務の範囲は前者よりも広範なものであるため、その具体的な内容をめぐって、裁判実務に大きく影響するだけでなく、学説上も鋭く争われることとなった。

(2) 142条は、実体的訴訟指揮の規定[5]（139条）を踏まえて、そうした訴訟指揮の一環として、次のような規定として新設された。

> 第142条（文書の提出命令）
> ① 裁判所は、当事者又は第三者に対して、これらの者が所持する文書及びその他の書面であって、当事者の一方が引用したものを提出するよう命ずることができる。裁判所は、そのための期間を定め、かつ、提出された書面を裁判所が定める一定の期間内は裁判所事務課に留め置くことを命ずることができる。
> ② 第三者は、この者に対して提出を期待することができず又はこの者が第383条から第385条までの規定に従い証言拒絶権を有する限り、提出義務を負わない。第386条から第390条までの規定を準用する。
> ③ 〔訳文に関する規定であり、省略する〕

(3) こうした規定の具体的内容、特に提出義務の範囲をめぐっては、後に詳述するように（Ⅳ2）、学説上の争いが著しい。

また、提出命令に基づく提出強制については、以下のように解されている[6]。すなわち、当事者に対して文書の提出を強制することはできない。ただし、273条2項5号により文書の提出のために定められた期間を遵守しなかったときは、提出義務を負っている当事者に対して296条1項（弁明による時機に後れた攻撃防御方法の提出の許可）が適用される。また、判例によれば、これと並んで、不提出に対して427条（日本民訴法224条1項・2項）が適用され、制裁が科せられる。

第三者が提出義務を負うときは、証言拒絶に関する中間の争い（387条から390条までの規定）の手続を経て、390条による秩序金を課しまたは秩序拘禁を科す

423条は当事者の提出義務、429条は第三者の提出義務、423条は公務文書の提出義務）。
5） 髙田昌宏「訴訟審理の実体面における裁判所の役割について―釈明権の法理に関する序論的考察」栂善夫先生・遠藤賢治先生古稀祝賀・民事手続における法と実践（成文堂・2014）299頁以下、特に314頁以下参照。
6） *Thomas/Putzo*, ZPO³⁶ (2015), § 142 Rdnr. 4, 5.

ほかに、不当な拒絶によって生じた費用を課すこととしている。

2 ドイツ民事訴訟法142条の立法理由

(1) 民事訴訟改革法(2001年)の立法理由は、まず、第1審の強化をめぐって、次のように総論的な言及をしている[7]。すなわち、「裁判に至るまでの手続の過程は、当事者の双方にとってより一層透明でありかつ追証可能なものでなければならない。第1審の手続の終結の際には、当事者の双方が実際に受け容れることの可能な裁判が存しなければならない。当事者は、裁判所が提出された事実関係を包括的に審理するためにあらゆる機会を利用することを認識すべきである〔傍点筆者〕。そうすることによって、第1審においてより多くの訴訟が終局的に解決可能になる」と。また、そのために、「裁判所による釈明義務及び指摘義務を強調することを通じて裁判官による裁判の発見の透明性を高めること」が、民事訴訟改革の重要な内容の一つである、としている。

(2) 次いで、142条について、実体的訴訟指揮(139条)に関連づけて、以下のように述べている[8]。すなわち、「草案は、裁判所の実体的訴訟指揮義務および指摘義務を強調している(139条)。裁判官は、事実および法律状態をめぐって、その判断が両当事者の主張と乖離するときには、当事者とはっきりと討論し説明すべきである。裁判官による裁判の発見は、当事者にとって追証可能なものであるべきであり、訴訟資料は、より迅速に、裁判にとって重要な問題に限定され得ることとなる。こうした方法で当事者が手続に関係づけられる場合には、当事者にとって、判決がたとえ自分に不都合なものであろうとも、受け容れやすいものになるであろう。さらに、草案は、書証および検証の領域において、訴訟上の解明義務および提出義務を拡張する内容を定めている」と。

(3) 以上の前提に立って、142条について[9]、「同条は、文書およびその他の書面の訴訟上の提出義務を新たに規定している。1項1文によって、裁判所は、文書およびその他の書面について、一方の当事者がこれを引用したときは、当事者の証拠申出に関係なくその提出を命ずることができる。裁判所は、これに

---

7) BT-Drs. 14/4722. S. 58.
8) BT-Drs. 14/4722. S. 61.
9) BT-Drs. 14/4722. S. 78.

よって、事案の解明のために、できる限り早期に訴訟の基礎にある事実関係を包括的に把握する可能性を得ることとなる。当事者は、最終的に強制可能ではないとしても、1項2文前段により定められた期間内に命令に従う義務を負う。命令が273条2項5号による期日の準備において発令されたときは、この期間を徒過した場合には296条1項が適用される。これとは別に、427条による不提出に対する証拠法上の効果を生ずる。2文後段は、旧142条2項に相当する。さらに、2項は、第三者について、法律上の（訴訟上の）提出義務をはじめて規定したものである。この第三者の提出義務は、その者の正当な利益を考慮した上で提出が期待可能であり、かつ、――2項から明らかなように――その者に証言拒絶権が存しない限りにおいて、認められるものである。386条から390条までの規定を指示することによって、裁判所の命令を遵守しなかったことが不当な場合には、秩序罰および強制罰を準用することが可能となる」と。

すでに指摘したように、こうして新設された142条に関しては、従来の文書提出義務との間の乖離をめぐって、実務上はもちろんのこと、学説上も大いに議論を喚起することとなった。そこで、節を改めて、判例および学説の順で、それらの現況を眺めてみよう。

III 連邦通常裁判所2007年6月26日判決[10]

1 本件の背景

訴訟当事者に対する職権による文書提出命令が問題となったものであり、先例としての意義を有している。ドイツの再統一後の1990年代から2000年代にかけて頻繁に行われた、いわゆる「スクラップ不動産（Schrottimmobilien）」売買をめぐって、金融機関が行った融資とその際の説明義務違反の問題をめぐる事件に関するものである。

本件に直接関係する文書提出義務に関する部分の事実関係を中心に紹介するが、その前提である実体法上の問題としては、消費者保護の観点から、訪問販売法（HWiG）による貸付契約の取消可能性が問題となり、ドイツの連邦裁判所

---

10) BGHZ 173, 23 = NJW 2007, 2989. Vgl. *Stickelbrock*, ZZP 120 (2007), S. 512.

における多数の判決のみならず、EU裁判所の判決も存している[11]。

2 事実の概要

(1) 本件の事案は、原告が、不動産売買をめぐる融資の際の説明義務違反を理由として被告の銀行に対して損害賠償を請求したほか、本件不動産売買について倒産した売主に対して解除を求めたというものである（この部分は、本判決に先立って認められ、確定している）。原告らは、節税目的で不動産（住居）を約36万7千マルクで売主であるE有限会社（売主）から購入し、その資金として本件不動産を担保として、被告との間で40万マルクの金銭消費貸借契約を締結した。また、売主は、不動産の賃料収入によって銀行からの貸付金の返済が可能であるとして、原告との間で5年間の賃料保証契約を締結した。しかしながら、売主の債務超過によって、その履行は購入後1年にして不能となっただけでなく、原告の購入価額は、不動産の実際の価値よりも2倍以上も高いものであった。

(2) そこで、原告は、次のように主張した。すなわち、本件契約は、被告の支店の従業員であり、売主の匿名社員であった者との間で行われ、すでに契約締結時に、この従業員は、売主が債務超過のため賃料保証契約の履行が不可能であることを知っていた。被告の銀行は、従業員が承知して売主側に沿って行動していたことについて自ら責任を負わなければならない。被告の銀行は、売主の申出が明らかに不正なものであると認識しており、このことから、連邦通常裁判所の2006年5月16日判決（BGHZ 168, 1 [22 ff.] = NJW 2006, 2099）の原則によれば、売主と間に組織的な協働があったと推定される、と。

(3) こうした中で、特に、原告が購入した不動産について、被告の銀行が作成した「不動産評価（査定）書（Einwertungsunterlagen）」の提出義務の存否が争われ、上告理由は、民事訴訟法142条による提出命令について審理しなかった点に法律違背があると主張した。これに対して、本判決は、許可上告を認め、控訴審の棄却判決を破棄し、原審に差し戻した。

---

[11] EuGH（欧州司法裁判所）のウェブサイトに入り、Schrottimmobilien（スクラップ不動産）を検索すると、様々な法的問題について詳細な記述と、ドイツの連邦通常裁判所の判例のほか、欧州司法裁判所の判例の情報を得ることができる。

3 判　旨

(1) 連邦通常裁判所は、まず、銀行の説明義務について次のように述べている。

　連邦通常裁判所の固定判例によれば、融資銀行は、節税を目的とする不動産取得について、融資対象である取引に関するリスクについては、まったく特別な要件の下でのみ説明義務を負う。すなわち、通常は、顧客が必要な知識または経験を取得し、専門家の助力を求めるということを前提とする。したがって、融資対象である取引に関する説明・指摘義務は、具体的な個別事例の特別な事情に基づいてのみ生じ得る。例えば、銀行が計画の特殊なリスクに関して借主よりもはるかに具体的な知識を独占し、認識し得る場合が（BGHZ 161, 15 [20], BGHZ 168, 1 [21]）これに該当する。また、金融機関は、例えば、売買目的物の評価について重要な事情が意図的に隠蔽されていることや、顧客の契約締結が民法123条の詐欺によるものまたは意図的に契約締結上の過失（culpa in contrahendo）に拠らしめていることを知っていた場合には、融資計画の特殊なリスクに関して具体的な知識を独占しているといえる。さらに、銀行は、融資を求める顧客に売買代金の約定について自らが知った良俗違反について指摘しなければならない。こうした原則に基づくならば、被告の損害賠償義務は、上告審において基礎とされた事実関係によれば、否定されるべきものではない。

(2) 次いで、控訴審が、民事訴訟法422条・423条による提出義務を否定したことは正しいが、上告理由が述べるように、民事訴訟法142条1項による不動産評価書の提出命令について審理しなかった点には不備があると指摘している。具体的には、民事訴訟法142条1項と同法422条・423条との内容上の相違を明らかにし、懸念されている「違法な模索」の可能性も否定して、以下のように述べている。

　同条（142条）によれば、裁判所は、当事者が所持する文書であって、一方の当事者が引用するものの提出を命ずることができる。423条の場合とは異なり、証明義務を負う原告が、証明責任を負わない被告の所持する文書を引用することで足りる。
　①上告理由に対する被告側の答弁書は、高裁の裁判例（*OLG Frankfurt*, Urteil vom 18. Oktober 2006 – 1 U 19/06, juris Tz. 19）および学説の見解（*Stein/Jonas/Leipold*, ZPO 22. Aufl. § 142 Rdnrn. 20 f.; *Baumbach/Lauterbach/Hartmann*, ZPO 65. Aufl. §§ 142

Rdnr. 6) を援用している。すなわち、民事訴訟法 142 条 1 項と同 422 条・423 条との間の評価矛盾（解釈上の齟齬—訳者）を避けるために、証明責任を負っていない当事者に対しては、その者が所持する文書の提出を民事訴訟法 142 条 1 項によって職権で命ずることはできず、民事訴訟法 422 条・423 条の要件——本件では具備していない——に基づいてのみ命ずることができると主張するが、これは不当である。こうした見解によるならば、民事訴訟法 142 条 1 項は、証明義務を負う当事者が自ら文書を引用したことを理由としてのみ提出命令を正当とすることになるが、それは、民事訴訟法 422 条・423 条との間に解消し難い乖離をもたらすことになるであろう。

②しかしながら、そのような適用範囲の制限は、民事訴訟法 142 条 1 項の明確な文言と一致しない。同条は、いずれの当事者が文書を引用したか否かに関係なく〔傍点訳者〕適用が可能である。このことは、立法者の意思にも合致する。立法資料によれば、文書の引用は、証明義務を負っている訴訟の相手方によっても行うことができ、この者に実体法上の引渡請求権または提出請求権が存在しなくてもできるべきであるとされている（BT-Drucks, 14/4722 S. 78; その他、学説も）。また、民事訴訟法 422 条・423 条について、主張されているような評価矛盾は存しない。これらの規定は、上告理由に対する答弁書の見解に反して、民事訴訟法 142 条 1 項の文言に即応した職権による提出命令について、証明義務を負っている当事者がその相手方の所持する文書を引用することで足りるとする場合においても、独自の適用領域を有している。すなわち、民事訴訟法 422 条・423 条は、その要件が存在する場合には、訴訟の相手方の無条件の提出義務を根拠づけている。他方、民事訴訟法 142 条 1 項による文書の提出命令は、裁判所の裁量による（vgl. *Stein/Jonas/Leipold*, ZPO 22. Aufl. § 142 Rdnr. 6 等多数の学説）からである。また、後者の裁判所の裁量においては、提出命令によって認識を得る可能性および相当性だけでなく、秘密の保護および人格上の保護についての正当な利害も斟酌される（BT-Drucks. 14/6036 S. 120）。民事訴訟法 142 条 1 項による提出命令に従わなかった場合には、民事訴訟法 422 条・423 条の場合とは異なり、特別な制裁はなく、民事訴訟法 286 条・427 条 2 文により自由心証に委ねられるにとどまる。加えて、民事訴訟法 142 条 1 項は、訴訟の相手方の違法な模索が存しない場合に適用される。同条項は、文書を自ら引用する当事者に対して、その主張および理由づけ責任（Darlegungs- und Substantiierungslast）を免れさせるものではない（BT-Drucks. 14/6036, S. 121; *Stein/Jonas/Leipold*, ZPO 22. Aufl. § 142 Rdnr. 9）。したがって、裁判所は、単に情報を獲得するという目的のために文書の提出を命ずることは認められず、具体的な事実に基づく当事者の首尾一貫した主張があった場合にのみ、文書の提出を命ずることが許される。

(3) 上記を踏まえて、本件について次のような結論を導いている。

　確かに、民事訴訟法 142 条 1 項により認められる裁量は、上告裁判所のコントロールから広く免れている。しかし、上告裁判所は、判決理由に基づいて、事実審裁判官が自己に認められている裁量をそもそも尽したか否かについて再審査しなければならない。本件においては、控訴審はそうしていない。上告手続において基準となった事実関係によれば、控訴審裁判所は、民事訴訟法 142 条 1 項による提出命令の法定要件が備わっているにもかかわらず、裁量の行使の必要性を見過ごしている。良俗違反の法外な売買代金である、との原告の首尾一貫した主張から出発すべきである。原告は、2005 年 7 月 26 日付け書面においても、不動産評価書面を引用して、被告に対してその提出を命ずるべきであるとの申立てをしている。控訴裁判所は、それにもかかわらず、民事訴訟法 422 条・423 条による被告の文書提出義務があるか否かについてだけ審理した。その裁判理由からは、民事訴訟法 142 条 1 項による提出命令を考慮したということを導き出すことはできない。

　以上が結論であり、これに加えて、控訴審判決が、その言渡し後に修正された当民事部の判例——融資銀行には知識の独占が事実上推定されるとの判例（BGHZ 168, 1 [22 ff.], BGHZ 169, 110）——を正しく評価していない、という指摘もしている。

IV　学説の展開

1　ドイツ民事訴訟法 142 条をめぐる共通認識

　学説の対立については後述するが（後述 2 参照）、もちろん、一定の限度において共通認識が存していることも確かであり、まずは、これを、ライポルト（Leipold）教授の要約に即して確認しておきたい[12]。

　(1)　まず、同条において規定する、文書その他の書面の提出を職権で命ずる裁判所の権能は、事案の完全な解明と手続の迅速化を目的としている。提出命令の目的は、双方当事者の事実主張の内容を明らかにするとともに、同条に基づいて提出される文書およびその他の書面を係争事実についての証拠方法とし

---

12)　*Stein/Jonas/Leipold*, ZPO²² (2005), § 142 Rdnr. 1-4.

て役立てることを可能にする点にある。したがって、裁判所は職権証拠調べの権能をも有することになる。また、最も重要な点は、同条が第三者に対しても提出命令を発令して、提出義務を負わせることにある。もちろん、立法過程においては、新設の規定について詳細な議論がなされたが、その適用範囲については、様々な観点において明確さを欠いている。

(2) 次に、民事訴訟法142条は、しかしながら、事実の探知を当事者の責任において行うこと（弁論主義）に代えて、職権で行うこと（職権探知主義）を意図するものではない。同条は、いずれの当事者も主張していない新たな事実を提示することを裁判所に認めているわけではない。さらに、連邦裁判所の文言によれば、同条の証拠調べは、当事者間で主張が争われていることに基づかなければならず、かつ、それを超える別の事実関係の模索に及ぶことがあってはならない。したがって、裁判所と両当事者との間の役割分担について変更を加えるものではない。

これらについては、学説において争いは特に存していないと解することができ、まずは確認しておきたい。

2 学説の対立点

(1) 上記に対して、立法当初から、職権による提出命令を可能とする要件や提出命令の範囲を中心として、学説の間では理解の相違が著しく、一言で表すならば、二極に分かれている。すなわち、民事訴訟法142条1項を、①あくまでも従来の基本的な枠組みの中で解釈しようとするものと、②現行法が裁判官に認めている権能の拡大を企図するものであると解釈するものとに二分している。

とりわけ、どのような要件が備われば、裁判所は、当事者、特に証明責任を負っていない当事者に対して民事訴訟法142条による文書の提出を命ずることができるかということをめぐって、規定の成立当初から争われてきている。

(2) 上記①の見解の中でも、民事訴訟法142条を最も制限的に解する考え方によれば[13]、同条は、裁判官に職権による証拠調べの権能を認めたものではな

---

13) *Gruber/Kießling*, Die Vorlagepflichten der §§ 142 ff. ZPO nach der Reform 2002, ZZP 116 (2003), S. 315.

く、実体的訴訟指揮の手段として裁判所にその裁判に必要な基礎を得させることにある、と解されている。すなわち、同条による文書の提出は、事実主張に争いがあるのではなく、事実主張に不明瞭や不備が存する場合に、証拠法の枠外において裁判所が情報を得ることを企図するものであり、事実主張が争われている場合に関係するものではないとする。

　他方、同じく①の範疇に属するであろう、別の考え方であって、通説と目される考え方は[14]、上記とは異なり、事実主張が争われている場合にも民事訴訟法142条による提出命令は可能であると解するため、そうした裁判所の命令の要件および命令の限界が直ちに問題となってくる。ライポルト教授を中心とし、また、前掲の連邦通常裁判所判決中で言及のあったフランクフルト高裁の裁判例がその典型である。これらによれば、同条の適用範囲は非常に狭く解されている。すなわち、民事訴訟法142条によって、同法422条以下により設定された提出義務の限界は変更されることはなく、そのまま維持されると考えている。その理由として、連邦通常裁判所が一般的な事案解明義務を原則として否定したことが強調されている。「いかなる当事者も、相手方に対して、その者の勝訴のための資料であって、その者自身の下にないものを提供するものではない」との原則は、民事訴訟法142条によって変えられるものではなく、証明義務を負う当事者の相手方は、証拠法中に定める特別の場合においてのみ文書の提出を課せられるとする。

　(3)　こうした、これまでの延長線上に沿った見解に対して、前掲②の見解は[15]、民事訴訟法142条の適用範囲を限定することに否定的である。そして、①のような解釈は、同条の文言および立法者の意思に抵触するとしている。また、同条を適用する要件は、ⓐ当事者の首尾一貫した主張と、ⓑ少なくとも一方の当事者が具体的な(特定的な)文書またはその他の書面を引用していること、

---

14)　*Stein/Jonas/Leipold*, a.a.O. (N. 12), § 142 Rdnr. 20 f.; *Baumbach/Lauterbach/Albers/Hartmann*, ZPO, 74. Aufl. (2016), § 142 Rdnr. 6; MüKoZPO/*Wagner*, 4. Aufl. (2013), § 142 Rdnr. 10; *Wieczorek/Schütze/Smid* § 142 ZPO (2012), Rdnr. 12; *Leipold*, Die gerichtliche Anordnung der Urkundenvorlage im refprmierten deutschen Zivilprozess, Festschrift für Walter Gerhardt (2004), S. 576 f.

15)　*Musielak-Stadler*, ZPO, 12. Aufl. (2015), § 142 Rdnr. 4, 7; *Zöller/Greger*, ZPO 30. Aufl. (2014), § 142 Rdnr. 2; *Thomas/Putzo*, a.a.O. (N. 6), § 142 Rdnr. 1; *Zekoll/Bolt*, Die Pflicht zur Vorlage von Urkunden im Zivilprozess-Amerikanische Verhältnisse in Deutschland?, NJW 2002, S. 3130.

の二つで足りるとする。もちろん、実体法による提出請求権を必要としない。

すでに眺めた連邦通常裁判所の判決（前述Ⅲ）も、こうした見解に与していることは明らかであり、先に見た通説と目される見解と判例および②の見解との間には、著しい相違がある。

シュタッドラー（Stadler）教授の見解は、民事訴訟法142条について、一方で弁論主義を修正するものと捉える点において[16]、①の見解に対して最も対極的な存在である。もちろん、他方で模索的証明を明確に否定している点では、通説を含む他の学説との間において、冒頭1で示した共通認識を共有している。

同教授によれば[17]、民事訴訟法142条の提出命令は、訴訟資料の理解を促進し当事者の主張を正確化するという目的で裁判所が情報を得るということのほかに、係争事実関係の解明のために証拠方法を準備することに役立つと考えている。そのため、裁判所の提出命令を、争いのある事実主張について補充的な情報源としてのみ認めようとする限定的な解釈に反対する。また、その理由として、立法者の意図が（前述Ⅱ2参照）、控訴審の法的規律を変更することに伴い、第1審の事案解明可能性を強化しようとしている点にある、ということを指摘している。

さらに、シュタッドラー教授は、上記の立法理由は、特にライポルト教授の考え方、すなわち、民事訴訟法422条・423条の限定的な提出義務の発想を同法142条に対して当てはめようとする考え方に対しても、同様に妥当するとする。その上で、民事訴訟法142条1項による規律は、実体法上の提出請求権に関係なく、また、提出義務を負う当事者が自ら引用することとも関係なく、相手方による引用で足りるし、また特に、証明責任を負っていない当事者による引用を必要としないとする。

しかし他方で、模索的証明は不適法であり、民事訴訟法142条1項による規律は、当事者によって提出された事実関係の枠内に限られる、という限界を伴うものであり、文書によって証明されるべき事実が争われており、かつ、関連性があることのほかに、証明責任を負う当事者によって十分に理由づけがなさ

---

[16] *Stadler*, Inquisitionsmaxime und Sachverhaltsaufklärung, erweiterte Urkundenvorlagepflichten von Parteien und Dritten nach der Zivilprozeßrechtsreform, Festschrift für Kosta Beys (2003), Bd. 2, S. 1646.
[17] *Musielak/Stadler*, a.a.O. (N. 15), § 142 Rdnr. 1.

れていることを要件とする、としている。これによって、危惧されている模索を予防することができるとする。もっとも、証明責任を負っている当事者が他人の行為領域から生ずる事象や事実に関して詳しい認識を得ることが定型的に無理である場合には、理由づけ責任は軽減される、との一般原則が妥当することになる。

(4) こうした対立については、事案の解明をめぐる裁判所と当事者との役割分担や証拠の開示の範囲など、理念的な問題が多々反映しているであろう。しかしながら、解釈論上は、やはり民事訴訟法 142 条による提出命令の発令要件は何か、という問題に収斂するものと考えられる。そこで、次に、この問題に焦点を絞って検討を加え、そこから帰納的に同条の方向性を探ってみたい。

3　提出命令の発令要件

(1) 旧来は、当事者に対して、その者が自ら引用した文書に限って提出を命ずることができるとしていた。他方、改正法は、①関係する当事者が文書を所持しており、その一方がその文書を引用すれば足りるとし、文書の提出命令が証拠方法の準備を目的とするものであっても容認している。なお、「一方の当事者の引用」という要件を設定した理由は、裁判所による職権探知を防ごうとする趣旨である[18]。

しかし、こうした――比較的緩やかな――要件にもかかわらず、当然のことながら模索的証明は許されず、提出命令は、当事者によって提出された事実関係の枠内に限定されている。そのため、②文書によって証明すべき事実は、証明責任を負っている当事者によって十分に理由づけられており（hinreichend substantiiert）、こうした要証事実と提出すべき文書とは関連性を備えていることを必要とする。つまり、民事訴訟法 142 条は、裁判所が同条による提出命令を介して模索を試みることによって、当事者に対して陳述責任（Darlegungslast）を軽減することに加担するものではない[19]。

(2) こうした二つの要件の下でのみ、提出命令は発令可能となるが、特に、

---

[18] *Stein/Jonas/Leipold*, a.a.O. (N. 12), § 142 Rdnr. 18.
[19] *Wagner*, a.a.O. (N. 3), S. 712.; *Thomas/Putzo*, a.a.O. (N. 6), § 142 Rdnr. 1.

②の要件に関しては、連邦通常裁判所 2014 年 5 月 27 日判決[20]が次のように指摘しており、参考になる。すなわち、実体的訴訟指揮によって、裁判所はできるだけ早期に訴訟資料を包括的に把握し、当事者の主張を正しく理解することとなるけれども、「しかし、その際に、裁判所は、当事者によって訴訟に提出されていない事項を文書から導き出すことは許されない。けだし、民事訴訟法 142 条は職権による解明を可能にしているわけではないからである。したがって、裁判所は、同条の命令によって、当事者の主張の枠を超えることがあってはならない。むしろ、当事者の首尾一貫した主張に基づいて、求める裁判に対して具体的に特定された文書の意義が明らかになる。そのため、全部の文書の提出を求める概括的な要求は、民事訴訟法 142 条によっても不適法なものである」と。

こうしたことから明らかなように、民事訴訟法 142 条による文書の提出の範囲は、上記の二つの要件を通じて絞りをかけられており、弁論主義の維持と不適法な模索の禁止は貫かれている。こうした点からみると、シュタッドラー教授のように、民事訴訟法 142 条を弁論主義の修正と解するのは、やや性急ではなかろうかと考える。

(3) なお、発令要件に関連して、文書の提出命令が裁判所の裁量 (im Ermessen des Gerichts) に委ねられている点も問題となる。ここでは、裁判所は、提出命令が相当性 (Verhältnismäßigkeit) を有していることのほか、秘密保護および人格権の保護という正当な利益 (berechtigte Belange des Geheimnis- und Persönlichkeitsschutzes) を考慮しなければならない[21]。

これに関しては、連邦通常裁判所 2014 年 7 月 17 日判決[22]が、公証人の職務上の義務違反を理由とする損害賠償請求事件において、公証人の守秘義務 (連邦公証人法 18 条) に関連して民事訴訟法 142 条による帳簿および付随記録の提出を認めなかった原審の判断を肯定しており、参考になる。すなわち、同判決は、「裁判所は、裁量にあたり、可能な認識価値および命令の相当性のほか、秘密保護および人格権の保護の正当な利益を斟酌することができるとし、……民事訴

---

20) NJW 2014, S. 3312.
21) *Wagner*, a.a.O. (N. 3), 715 ff.; *Thomas/Putzo*, a.a.O. (N. 6), § 142 Rdnr. 1.
22) VersR 2015, S. 71 [26]

訟法142条1項により認められている裁量は、上告裁判所のコントロールに広く服するものではないが、事実審裁判官に認められている裁量権を行使したか否かについては、判決理由を手掛かりとして審査しなければならない」としている。

V 第三者に対する提出命令——特に要件を中心に

　(1)　民事訴訟法142条1項は、同条2項の限定はあるものの、第三者に対しても文書等の提出を命ずることを可能にした点において、新味のある規定である。第三者に対する提出命令も、この者が当事者に対して実体法上の文書提出義務を負うことを要件としていない。むしろ、あらゆる第三者に原則として課される一般的な証人義務と同じような訴訟上の義務として規定している[23]。

　しかし他方で、当事者に対する提出命令とは異なり、①第三者に対して提出の期待可能性がない（Unzumutbarkeit）場合または②第三者が証言拒絶権を有する場合には、文書等の提出を命ずることはできない。

　(2)　こうした点については、例えば、連邦通常裁判所2006年10月26日判決[24]が、「民事訴訟法384条（物的理由に基づく証言拒絶権）の目的は、証人を自己の真実に即した証言によって不利な結果を生ずることから保護することにある。いかなる者も、自己の証言義務により自己に損害を生ずる行為を強制されるべきでない。それゆえ、証人——本件では文書の提出を義務づけられた第三者——は、自己の財産法上の利益を、証拠を提出する当事者の財産法上の利益に従属させられることはありえない」と述べた上で、第三者に対する提出の期待可能性がないことを理由として、「民事訴訟法142条によって第三者として文書の提出を求められた法人は、これによって、法人に固有の財産法上の損害を生ずることとなる場合には、その提出を拒むことができる」と結論づけている。すなわち、第三者に証言拒絶権が認められる場合には、文書提出の期待可能性を欠くという理由に基づいて、提出に対して抑制的に臨むべきであり、拒絶権の限界を量すべきではないとしている。

---

23)　*Stein/Jonas/Leipold*, a.a.O. (N. 12), § 142 Rdnr. 25.
24)　NJW 2007, S. 155; Vgl. *Stickelbrock*, ZZP 120 (2007), S. 520.

(3)　また、例えば、知的財産関係訴訟において、連邦通常裁判所 2006 年 8 月 1 日判決[25]は、あてずっぽうの主張に基づいて裁判所が文書の提出を命ずることは許されないとし、「工業所有権に関する訴訟において、民事訴訟法 142 条による文書またはその他の書面の提出は、その提出が、事実関係の解明に適切であり、かつ、必要であり、さらには、相当性と妥当性とを備えている場合、すなわち、提出義務を負う者について、その者に法的に保護されている利益を斟酌して、抵触する利益を考量した上で、期待可能な場合に命ずることができる。その際、工業所有権の侵害の程度および提出を求められる関係者の法的に保護されている利益をも考慮する」としている。

　もっとも、本判決の別の箇所においては、「判例において、本規定の射程はなおも最終的に解明されていない」としており、今後、判例の集積を必要とするものと考えられる。

VI　むすび——ドイツ民事訴訟法 142 条のまとめとわが国の文書提出義務への示唆

　限られた紙数において、ドイツの民事裁判における文書提出命令、特に民事訴訟法 142 条に基づく職権による文書提出命令について、判例も含めた全体像を詳らかにすることはできないし、また、筆者の能力を超えるものでもある。以下では、筆者が試みた素描から得られる若干の感想を、わが国の文書提出義務との関連性に触れつつ示して、むすびに代えることとしたい。

　(1)　まず、前掲の連邦通常裁判所 2007 年 6 月 26 日判決（前述Ⅲ参照）に沿って眺めた場合、民事訴訟法 142 条によって弁論主義が崩されるということはあり得ない。また、裁判所と当事者との役割分担に変更をもたらすものでもない。立法者の意図は、より一層の事案の解明と手続の迅速化のために実体的訴訟指揮を強化したのであって、一般的な訴訟上の事案解明義務を導入しようとしているわけでもない[26]。このようなことが確認できるであろう。

---

25)　BGH, Urt. v. 1. August 2006-X ZR 114/03.
26)　シュタッドラー教授は、民事訴訟法 142 条と証明責任を負わない当事者の事案解明義務とは別の次元の問題であると理解しており（Ⅳ 2 (3)参照）、詳細は省かざるをえないが、筆者もそうした理解が正しいと考えている。

VI　むすび

　次に、民事訴訟法 142 条による提出命令の発令要件に関しては、不適法な模索的証明を防止する観点から、二要件が設定されているほか、提出命令の相当性および正当な利益の保護について裁判所による裁量的な判断を認めている点に注目する必要があるといえる。

　また、関連して、民事訴訟法 142 条の Kann 規定が裁判官にどれだけの裁量を認めているかについては、学説の間で争いがある[27]。一部の学説は、欠缺のある不完全な当事者の主張については、事案の解明のために重要な文書の提出を命ずる権限に限らず、義務も存すると解している。逆に、理由づけられた主張があって文書が詳細に特定されている場合には、裁判官の裁量はなくなるとしている。

　これに対しては、合目的性に即した複数の適法な判断について選択の自由が奪われる、との反対論が存する。すなわち、民事訴訟法 142 条 1 項の裁量的判断においては、基本法 3 条 1 項に基づく平等原則に反するような形で一方の当事者から証明義務を免除することがあってはならず、同条項について通常の場合には義務規定と解することはできないとする。

　実体的訴訟指揮の観点からすると、後者の見解が妥当なものでなかろうかと考える。わずかに例外として、証明責任を負っている当事者が、相手方の所持する文書を援用する以外には、証拠の提出可能性をまったく有していないため、訴訟上の武器対等の原則を根拠として提出命令が必要とされる場合（例えば診療録の提出命令）が考えられる。こうした例外的な場合に限り、裁判官の裁量的判断は後退することになろう。

　このほかにも多様な問題が存在しており[28]、彼我の相違にもかかわらず、わが国の制度を検討する際には、不可欠で示唆に富む視点を提供してくれるであろう。

(2)　次に、簡単ではあるが、わが国の文書提出義務と対比してみたい。

　紹介したドイツの事例は、不動産売買において金融機関が顧客に対して行っ

---

27)　*Stickelbrock*, ZZP 120 (2007), S. 523 ff.
28)　その一つとして、アメリカの民事訴訟における公判前証拠開示（pre-trial discovery）との関係についての言及がある。これに関しては、連邦議会の法務委員会による「民事訴訟改革法」報告書において、「不適法な模索（unzulässige Ausforschung）」を明確に否定しており（BT-Drucks. 14/6036 S. 120)、包括的な証拠開示とは無縁であることが記されている。Vgl. *Wagner*, a.a.O. (N. 3), S. 708.

た融資をめぐって、その前提として不動産評価の適正が争点となり、その判断資料として「不動産評価（査定）書」の提出義務が問題となったものである。バブル経済期における過剰融資とこれに関連する最決平成 11 年 11 月 12 日民集 53 巻 8 号 1787 頁の事例との近似性を垣間見ることができるであろう。

　わが国においては、平成 8（1996）年の民事訴訟法によって、文書提出義務の一般義務化が図られたほか（民訴法 220 条）、証拠調べにおける秘密保護の措置として、インカメラ審理手続も導入されたため、学界においては、ドイツ民事訴訟法における文書提出命令制度は等閑に付された感を否めない。

　しかしながら、本稿で示したように、実体的訴訟指揮の一環として裁判所の裁量による文書等の提出権限が規定され、旧来の実体法上の提出義務との関連性を捨象した訴訟上の提出命令制度が新設された。また、これに先立って、行政裁判所法 99 条は文書の提出義務を一般的義務として明規しており、これらによって、文書提出の範囲が著しく拡大されたことはわが国と軌を一にしている。

　また、インカメラ審理手続は、ドイツの民訴法には存在しないが、行政訴訟においては行政裁判所法 99 条 2 項第 8 文（2001 年）によって規定が設けられ、積極的に用いられている[29]。ドイツでは、法的審問請求権の保障の観点から民事訴訟においてインカメラ審理は否定されているが、公務秘密等の開示により公共の利益が害されることを避けるために、その必要性が高い行政訴訟においては、わが国と同様にインカメラ審理を規定している。

　こうして見ると、彼我の間にそれほどの径庭があるとはいえず、また、関連して第三者に対する提出命令についても、問題状況は類似しているといっても過言でないのではなかろうか。もとより、ドイツ民事訴訟法 142 条による文書提出命令は、職権によるものであって、わが国ではあまり視野に入れる必要のない問題——弁論主義の修正か否か？、裁判所と当事者との役割分担——も含まれてはいるが、これとても、訴訟制度全体を大局的な視野に立って検討する際には不可欠なものであろう。そうした意味において、本稿で眺めたドイツ民

29）　詳細について、春日偉知郎「ドイツにおける行政庁の文書提出義務とその審理—行政裁判所法におけるインカメラ手続を中心として」法学研究（慶應義塾大学）83 巻 1 号（2010）183 頁以下、同・民事証拠法論（商事法務・2009）199 頁以下参照。

VI むすび

事訴訟法における文書提出命令制度については[30]、これまで等閑視していたことを反省し、十分に検討する余地があるものであることを強調したい。

---

30) こうした民事訴訟改革法（2001 年）の施行を経て、2007 年には、裁判実務に対する影響に関する実態調査および評価が試みられている（Rechtstatsächliche Untersuchung zu den Auswirkungen der Reform des Zivilprozessrechts auf die gerichtliche Praxis-Evaluation ZPO-Reform (2007), S. 112 ff.）。これは連邦司法省の委託に基づいて大学教授（Christoph Hommerich, Hanns Prütting）等の 5 人で編成されたチームによって、2000 年から 2004 年の間の統計に基づく分析を主とするものであり、約 450 頁の大部であるため、ここでは、ゼンガー教授による簡単な要約（*Saenger*, Grundfragen und aktuelle Probleme des Beweisrechts aus deutscher Sicht, ZZP 121 (2008), S. 152 f.）を一瞥しておくこととする。

　まず、質問された裁判官の半数以上が、民事訴訟法 142 条・144 条による裁判所の提出命令は、裁判所にとってより広範な裁判の基礎を形成することとなるため、事案の解明により一層寄与する可能性を有していると考えている。しかしながら、相手方当事者に対する文書提出命令については、裁判官の 3 分の 1 が一度も発令しておらず、また、3 分の 2 の裁判官はまれにしか発令していないという状態であり、利用について非常に抑制的である。他方、しばしば利用するという裁判官は、区裁判所では裁判官の 5 パーセントにすぎず、また、地方裁判所では 7 パーセントの裁判官にとどまっている。第三者に対する文書提出命令の発令は、これよりももっと少なく、裁判官のうち 70 パーセントは、そうした命令を発令したことがない。わずかに 2 パーセントの裁判官しか利用していない。そうした抑制的な理由として、裁判官の 4 分の 3 以上の者が、文書提出の可能性の拡大によって効率化が高まることを認識していないということがあげられている。

　いずれにせよ、拡張された権能の行使は、裁判官の裁量に委ねられており、2008 年当初において、民事訴訟法 142 条に関しては、5 件を下回らない連邦通常裁判所の裁判および 10 件の高等裁判所の裁判があり、また、同 144 条（検証および鑑定）に関しては、もっと少ない状況である。

　ちなみに、こうした結果に関連して、ゼンガー教授自身は、民事訴訟法 142 条・144 条の適用範囲について、証明義務を負っている当事者の相手方に対して、民事訴訟法 142 条 1 項 1 文に基づいて文書の提出を職権で命ずることはできず、同条と民事訴訟法 422 条・423 条との間の評価矛盾を避けるためには、後者の要件の下でのみ提出を命ずることとすべきであると述べている。また、民事訴訟法 142 条・144 条を大規模に用いることになれば、弁論主義は廃れてしまい、構造的な情報の較差を解消するという必要性によって、こうしたことが正当化されるわけではないと結論づけている。結果的に、本稿 IV 2 (2) における通説的な見解に与している。

第 4 部

判 決

既判力についての考察

ディーター・ライポルド
（松本博之・訳）

- I 献　辞
- II 既判力の本質についての再論
- III 既判力の客観的範囲に関する法律規定
- IV 注意深い既判力拡張の2つの事例
- V 仲裁合意と既判力
- VI 最終コメント

I　献　辞

　このささやかな論稿をもって、高く評価されている同僚松本博之の70歳の誕生日をお祝いすることができることは、私にとって特別の喜びであり名誉であります。私にとって忘れがたい、1976年の最初の日本訪問の際に、松本博之に会いました。爾来、私は彼と親交をもっています。われわれは種々の形で、とりわけ日独シンポジウムの実施において共同研究をしました。長い間に、1976年の若者が日本の指導的な民事訴訟法研究者になり、日独の民事訴訟法研究者間の比較法的共同研究の際にも、最前列にいます。われわれは松本博之のドイツ語による多数の研究に感謝しなければなりません。ドイツ語論文の日本語への翻訳と日本における出版によっても、ユビラールである松本博之はとくに比較民事訴訟法学に功績がありました。ユビラールが今後も健康、想像力および生きる喜びに恵まれますように——ad multos annos!

II 既判力の本質についての再論

　民事判決の既判力の理論的（ドグマーティシュな、ということもできる）な説明をめぐる古くからの争いにおいて、今日ドイツでは、訴訟法説が一義的に支配的地位を保持している[1]。訴訟法説は、かつては刑事訴訟における支配的な見解に依拠して、とりわけ一事不再理説として主張された。それによれば、既判力はすでに（同一当事者間で）既判力をもって裁判された事件において新たな裁判手続と新たな裁判を阻止する。もっとも、刑事訴訟と民事訴訟における所与 (Gegebenheiten)、より正確にいえば将来の訴訟において既判力が果たすべき使命は、両訴において全く異なる。刑事訴訟と異なり、民事判決の既判力がその主要な意義を獲得するのは、既判力をもって裁判された訴えの単純な繰返しの場合でなく、確定した裁判の内容が後訴において他の法的効果の積極的または消極的要件として役割を果たす場合においてである。この場合には、確定された法律効果への拘束が、既判力から生じなければならない。しかし、これを一事不再理命題の意味での新たな審理裁判の禁止によって、説明することはできない。それゆえ、訴訟の繰返しについての阻止効果のみならず、内容的な拘束力も、支配的見解によって、既判力から引き出されている。訴えの繰返しの場合、同一訴訟物がすでに既判力をもって判断されている限り、訴えは不適法として却下される。それに対し、既判力を有する確定が第2の訴訟において前提問題として意味を有する場合には、裁判所は、内容的に拘束され、この先決的問題につき確定裁判が行ったのとは異なる判断をしてはならない。しかし、この拘束力もまた、支配的見解によって純然たる訴訟上の拘束と解されている。それは実体法的な構成要素であるとの見解は、断固拒否されている[2]。

　その歴史的な発展を含む既判力理論を、ここで詳論することはできない。私自身の見解を簡単にスケッチすることをお許し願いたい[3]。その際、出発点を

---

1) 最近では、かつとくに断固として、*Gaul*, Rechtskraft und ungerechtfertigte Bereicherung, Festschrift für Schilken (2015), S. 275, S. 291 ff.（見出しは「今日専ら負荷能力のある基盤としての、既判力の訴訟法説の発展」である。）

2) *Gaul*, a.a.O. (Fn. 1), S. 298 (「訴訟上の前提問題拘束（prozessuale Vorfragenbindung)」) がそうである。

3) 詳しくは、*Stein/Jonas/Leipold*, ZPO, 22. Aufl. (2008), § 322 Rn. 18 bis 41.

なすのは、既判力の目的の問題である。民事訴訟は——いずれにせよ第一次的には——当事者間の争訟に法的に理由づけられた解決を与えるという目的を追求する。訴訟中に合意による、とくに和解による紛争の解決が成立しない場合、裁判所は当事者のいずれが正しいかを裁判しなければならない。不服申立てができなくなったこと（Unanfechtbarkeit）（形式的確定力）に接続する既判力は、裁判所が確定した法律状態の拘束性を生み出す。したがって、既判力は、まずは当事者の利益に奉仕する。それに対し、数度にわたる訴訟追行が既判力により禁止されて、裁判所の資源も節約され、そして、矛盾した判決の回避により裁判所の権威が強調されうることは、せいぜい民事訴訟における既判力の付随的目的にとどまる。

民事判決の既判力の主たる目的は、したがって、一定の事件における当事者間の法的関係を拘束力をもって確定することにある。通常、この法的関係は私法の領域にある。判決において既判力をもって確定されたことがらは、当事者間において妥当し、両当事者によって顧慮されるべき実体的法律状態である。確定判決の第一次的な効力が当事者の行態に狙いを定めていることは、給付命令においてもっとも明瞭になるが、訴えの却下または確認判決においても、同様に妥当する。確定判決によって当事者間の関係について定められた具体的な法律効果が妥当するのは、当然のことながら、当事者が別異のことを合意しない限りにおいてである。実体的法律関係が私的自治に服する限り、既判力ある確定も以上の点を変えるものではない。ガウル（Gaul）[4]が考えるように、国家の権力要求が「裁判により当事者の訴訟外の行態および当事者の私法関係にもそのように決定的に影響」しようとするならば、この既判力の目的によって予め決められた理解が、「自由な法治国家においては、まさに国家の権力要求の不釣合な過剰反応として」現われるということを、私は跡づけることができない。

不当判決の場合に抽象的な実体法規範が変更を受けるという意味で、法律状態が既判力によって影響されるのでないことはもちろんである。むしろ既判力の作用は、具体的な法律効果の拘束力のある確定にある。それによって、法律状態は、確定判決の前後において異なる状態にある。それは、判決が正しい法

---

[4] *Gaul*, a.a.O. (Fn. 1), S. 288.

規範の判断と適切な事実の確定に基づいているかどうか、したがってこの意味で正しいまたは正しくないと性質決定されるかどうかとは、関係のないことである。この法律状態の具体化の理論から、ガウル[5]が抗弁するように、かような考察にあっては、訴訟外では法に従った行態も、法に反した行態もないから、「訴訟外における法取引が法的に空白の領域において行われる」というようなことには決してならない。なぜなら、法規範は訴訟と無関係に妥当するが、法規範は自ら具体的事案に適用されるのではなく、裁判主体による適用を必要とするからである。民法823条からAのBに対する1万ユーロの損害賠償の支払請求権が生ずるという言明が実際に意味するのは、誰か（具体的な人）が一定の事実関係を基礎にし、これに法規範を適用し、そこから存在する損害賠償請求権を推論するということである。この方法での法規範の顧慮は、当然、訴訟のみならず、生活の場での遵守に照準を合わせる法秩序の目標である。しかし、確定裁判までは、法の適用において種々の具体的な法的見解に到達する種々の法主体は平等である。彼らが種々の具体的な法的見解に到達する場合、どの法律効果が最終的に受け入れられ具体的に実現されるのか、もしかすると同意の上で修正もされ、または実現されないかは、とりわけ、種々の人たち（紛争当事者）の間における交渉の問題である。しかし訴訟では、訴訟の裁判が行われる場合に、この法律効果の具体化を行うのは裁判所の任務である。法律効果の具体化は、既判力により拘束性を取得し、今からは専らこの法律効果が妥当する。他の法主体による異なる判断は、それによって当然には禁じられない。誰も、また当事者も、既判力のある裁判を内容上誤りとして評価することを阻止されないが、この言明は法秩序によってもはや顧慮されない。この言明は、当事者間での具体的な法律効果の妥当を何ら変えることはできないからである。法律効果の拘束的な具体化として既判力を見るこの見解は、完全に民主的法治国家における司法の任務に合致する。なにしろ司法は、自分に提出された私法上の紛争において、当事者間での権利の擁護に配慮しなければならないのだから。

　既判力をこのように理論的に理解することから、とくに記述された実体法領域へのその作用から具体的な既判力問題の解決についての結論が生ずるかどう

---

5) *Gaul*, a.a.O. (Fn. 1), S. 288.

かは別問題である。いかなる範囲で既判力が及ぶかが疑わしい場合、たしかに直接純然たる訴訟法説またはここで主張された折衷説から、一定の結果を引き出すことはできない。しかし、既判力は当事者間の具体的な法律状態を確定することにより、まず第1に法的明確性および法的安定性に対する当事者の利益に役立つという認識は、既判力の射程範囲を明らかにする際に影響を与えることができる。当事者は確定判決に基づき何を信頼してよいか、ないし、当事者がその不利に何から出発しなければならないかと問えば、既判力の限界づけにとって基準となる規範（したがってドイツでは、請求に対する裁判に既判力を制限する322条）を形式的に適用すると疑問が生ずるかもしれない場合にも、これは、いくつかの場合において既判力を肯定することを支えるかもしれない。

III 既判力の客観的範囲に関する法律規定

ドイツおよび日本の民事訴訟法において、既判力は客観的な点においてどの範囲に及ぶかという問題、したがって既判力の対象は何かという問題は、一般的かつ簡略に定式化された規定において規律されている。ドイツ民事訴訟法322条[6]は、今日、CPO草案の283条と同一であった1877年のCPOと全く同じ内容である。

> 判決は、訴えによりまたは反訴により提起された請求について裁判されている限りでのみ、既判力を有する。

今日、日本の民事訴訟法114条1項[7]はドイツの規範と類似するが、しかし判決主文の意義をより強く強調している[8]。既判力の対象を狭く捉える意図に

---

[6] ドイツ民事訴訟法322条2項は、相殺の場合の既判力についての規定を定めているが、ここで立ち入ることはできない。

[7] 日本の民事訴訟法も、114条2項において相殺の場合の既判力に関する規定を補充的に定めている。

[8] 日本の民事訴訟法114条1項のテキストは、2つのドイツ語訳において些か違ったふうに再現されている。*Nakamura/Huber*, Die japanische ZPO in deutscher Sprache (2006), S. 115 は „Das unanfechtbar gewordene Urteil besitzt Rechtskraft nur in dem Bereich, den der Urteilstenor umfasst." *Heath/Petersen*, Das Japanische Zivilprozessrecht (2002), S. 64 は次のように再現している。„Die Rechtskraft eines unanfechtbar gewordenen Urteils erstreckt sich auf den Urteilstenor." 私個人は、*Nakamura/Huber* の訳を優先させるであろう。それは、私が判断できる限り、とりわけ「のみ（nur）」の語を用いることによって既判力の限界付けの意図をより正確に明確に表現する日本語テキストに合致している。

おいて、日本法は完全にドイツ法と一致する[9]。

　一般に知られているようにドイツ帝国民事訴訟法の制定の際、ドイツの立法者は、前提問題、とくに先決的法律関係への既判力の拡張に反対する決定をした。このことは、主張された請求についての裁判に既判力を限定することによって表現された。なかんずく、サヴィニー（Savigny）に遡る反対説、すなわち既判力は判決要素（Urteilselemente）、つまり請求を条件づける権利をも包含するという反対説は、普通法において何人かによって先決的事実にも拡張されたが、他の著名な論者によって断固として拒否された。立法的決定が行われた理由は、今日でもなお興味深い。すでに CPO の理由書において、この問題は詳細に論じられた。既判力が広く及ぶことは「同じ法律問題が同一当事者間で別々の訴訟において矛盾的に裁判される」のを阻止するという大きな利点を有していること、そして「矛盾する判決は民族の中でより重大な邪悪と感じられなければならないため、そのような利点はどれほど高く評価しても十分ということはない」ことを承認した[10]。決定的な反対論は、そんなに広い既判力の範囲は個別訴訟の使命とそこで当事者が追求する意図を超えるというものであった。決定的なテーゼ[11]は、「判決は、当事者の意図が向かった以上に行ってはならず、当事者が訴訟中に全く意識しなかった効果を生み出してはならない」というものである。しかし、草案は同時に付随的確認の訴え（Inzidentfeststellungsklage: 今日では中間確認の訴え Zwischenfeststellungsklage）を肯定するので、当事者は訴えの申立てまたは反訴によって争いとなった法律関係にも既判力を及ぼす可能性をもつ。このようにして、何が訴訟の範囲を超えた既判力をもって裁判されるべきかを決めるのは、法律ではなく当事者の意思でなければならないとされた。帝国議会の委員会審議の際に[12]、シュトルックマン（Struckmann）議員は、なお

---

9) ドイツ法が日本の民事訴訟法の成立の手本としていかに影響を与えたかについてのより正確な知識を、われわれは松本博之の詳細な分析に負う。例えばユビラールの筆からなる次の研究、Die Rezeption des deutschen Zivilprozessrechts in der Meiji-Zeit und die weitere Entwicklung des japanischen Zivilprozessrechts bis zum Zweiten Weltkrieg, ZZP (2007), Bd. 120, S. 3;（相殺について）Zur Aufrechnung im japanischen Zivilprozess. Ein Aspekt der Rezeption des Zivilprozessrechts in der Meiji-Zeit in Japan, Festschrift für Leipold (2009), S. 655; Zum Ausgleichsprinzip in der Zwangsvollstreckung wegen Geldforderungen in Japan, Festschrift für Stürner (2013), Bd. 2, S. 1679 を見よ。
10) Hahn, Die gesamten Materialien zur Civilprozeßordnung, Erste Abteilung (1880), S. 291.
11) Hahn, a.a.O.（Fn. 10), S. 291.
12) Hahn, a.a.O.（Fn. 10), S. 607 ff.

Ⅲ 既判力の客観的範囲に関する法律規定

もサヴィニー説を妥当させることを申し立てた。彼は次のような規定を提案した。「判決は、訴え、抗弁又は反訴により提起された請求及び全部又は一部その請求を条件づける法律関係の存在又は不存在について裁判されている限りで、既判力を有する」。複数の反対論者が、この提案に立ち向かった。その際、彼らはとりわけサヴィニー説がもたらす最も不利な実際的経験を援用した。かくて、シュトルックマンの提案は、結局拒否された。関心を引くのは、別の修正提案が成功したことである。草案には、次の内容をもつ283条3項があった。「既判力の発生は、既判力を有する裁判が判決主文に採用されていることに依存しない」との定めである。ベーア(Bähr)議員は、この規定の削除を成功裏に申し立てた[13]。彼の理由づけがいうには、なるほど裁判の意味にとって裁判理由が重要でありうることは誤認しようがないが、しかし裁判自体は判決主文に結合されていなければならない。そうでなければ、最大の不明瞭と不安定が生ずるからである、と。したがって、請求についての裁判の内容を特定しうるために裁判理由に遡ることは、草案に対する修正によって決して禁じられなかった。

既判力の法律上の範囲確定(Umschreibung)に至った論拠を想い起こすことは、決して歴史的な関心だけからではない。まさに法律規定が狭い既判力の限界を設けているがゆえに、その解釈に当たっては、なぜ、このことが行われたかが顧慮されなければならない。決定的な観点は、当事者の意思への配慮であった。当事者は、主張された請求を超えた、確定判決の予期しない効果に後に直面させられるべきでないということである。この基本的な考えは、目的論的な解釈、すなわち法律の目的を志向する解釈の際に顧慮されるべきであろう。確定判決において現われた裁判所の法的確定が主張された請求に対する既判力ある裁判に算入されるべきかどうかが疑わしい場合、利益を受ける当事者が訴訟の対象と裁判理由を考慮して確定の拘束性に信頼してよかったか、他方において、不利益を受ける当事者は拘束性を計算に入れなければならなかったかを問うべきであろう。

それに対し、かかる限界事例において、中間確認の訴えの提起により全面的な解明に配慮することを当事者が怠ったという理由だけで既判力の否定に賛成

---

[13] *Hahn*, a.a.O. (Fn. 10), S. 608 f.

することは、狭すぎるであろう。ここで問題となるすべての場合において、中間確認の訴えが適法であるか否かは確かでないこと（それは、何と言っても、法律関係の存在または不存在が問題であることを前提とする）を別にしても、当該問題がもともと拘束力をもって裁判されるであろうということが当事者にとってもっともであればあるほど、当事者がこの訴訟上の手段のことを考えるきっかけに乏しい。かくて、いくつかの場合に[14]、「請求に対する裁判」の厳格な（形式的な）限界づけによって理由づけることができるかもしれないけれども、まさに常識（der gesundene Menschenverstand）と矛盾するような結果を避けることができる。以下において、2、3の例を挙げることとする。

IV 注意深い既判力拡張の2つの事例

1 登記簿訂正の訴え

Aがある土地の所有者であると考えているが登記簿にはこれまでBが所有者として登記されている場合、Aは民法894条によりBに対し登記簿の訂正を要求することができる。AがBに対して同意の付与を求めて訴えを提起し、BがAの所有権を争う場合、この訴訟の枠内において所有権状態が解明されなければならない。裁判所は、Aが正しいとの心証に達すると、所有者としてAを登記することに同意するようBに命ずる。判決が確定すると、登記簿訂正請求権は既判力によって確定される。しかし、それによって、Aの所有権もBとの関係で既判力をもって確定するのか。例えば問題は、Aが後に土地の侵害を理由にBに対して損害賠償を請求する場合に生じうる。逆に前訴において、原告の主張した権利が存在しないという理由で登記簿訂正についての同意を求める訴えが棄却された場合、それによって、原告の権利はBに対して後の訴訟との関連でも既判力をもって否定されているのかどうかが解明されるべきである。

これは、今日まで争われている問題である。興味深くも、ライヒ裁判所は既判力を肯定したが、連邦通常裁判所は登記簿訂正請求権の基礎をなす物権に関

---

14) 先行しているのは、依然として議論に値する Zeuner, Die objektiven Grenzen der Rechtskraft im Rahmen rechtlicher Sinnzusammenhänge (1959) の見解である。これについては、Stein/Jonas/Leipold, ZPO, 22. Aufl. (2008), § 322 Rn. 202 ff.

しては否定する傾向にある。両裁判所は、既判力効の肯定ないし否定の際に登記簿訂正請求の認容と訂正請求の訴えの棄却とを区別しなかった。

連邦通常裁判所[15]は、初め、原告を所有者として登記することへの同意を求める訴えを棄却した判決の既判力に基づき、原告がその土地に所有権を有しないことが拘束的に確定しているかどうかという問題を扱った。連邦通常裁判所がいうには、既判力の肯定に対して、所有権状態は登記簿訂正請求についての裁判のための前提問題をなすにすぎないが、前提問題の判断は原則として判決の既判力に与らないと異議を述べることができる。連邦通常裁判所は、既判力効に有利な論拠、すなわち、要求された登記簿への記入はまさに所有権状態の解明を目的としており、それゆえ登記簿訂正請求の訴えは所有権の確定のための手続と見られるべきだという論拠を、妥当させなかった。むしろ、同裁判所が指摘するのは、民法985条による所有者の返還請求という比較できる状況においても、所有権は返還請求の前提問題にすぎないという理由で、一般的な見解によって所有権に関して既判力が否定されていることである。連邦通常裁判所によれば、民法985条は占有の返還、民法984条は登記上の地位の返還を規律しているので、既判力効に関して両者を同じように扱うことを支持するいくつかの理由がある。もっともこの問題は、連邦通常裁判所によって最終的には未決定とされた。

同じ立場を連邦通常裁判所[16]がとったのは、登記簿訂正請求の訴えが――ここでは物権的居住権の登記に向けられている――認容されたケースにおいてである。それにもかかわらず、前提問題についての裁判にはまさに既判力は生じないので、物権的居住権の存在は当事者間において既判力をもって確定しないといい、連邦通常裁判所は改めて登記簿訂正請求の訴えと占有者に対する所有者の返還請求の訴えのパラレルを指摘した。連邦通常裁判所がいうには、返還請求の訴えと同様、登記簿訂正請求の訴えにおいて物権に関して既判力を否定することはもっともなことである。この問題は、今回も終わりにはならなかった。

---

15) BGH, Urteil vom 22. 10. 1999 ―V ZR 358/97, WM 2000, 320 (zu Nr. 9 f.). 原審 ―― OLG Naumburg OLG-NL 1998, 182 ―― は、これに対して、ライヒ裁判所に従って既判力効を肯定した。

16) BGH, Urteil vom 30. 10. 2001 ―VI ZR 127/00, NJW-RR 2002, 516 (zu II 1 bis 3).

連邦通常裁判所が——いわば文言に忠実に——前提問題ドクトリンに従い、または、いずれにせよそれに傾いたのに対し、ライヒ裁判所は、登記簿訂正請求の訴えにおいて何が実質的に訴訟の中心にあるかを顧慮した。その裁判はあまり形式的でなく、連邦通常裁判所の見解表明よりも、この意味でモダンな響きがある。ここで言及すべき最初のライヒ裁判所の裁判[17]においては、所有者として登記することによる登記簿の訂正請求の訴えが棄却された。ライヒ裁判所は、理由は既判力に与らないのに対し、既判力はたしかに請求が裁判された限りでのみ及ぶのだが、しかし理由は裁判の射程距離の判断のために用いられる。訴えによって要求されたのは、純抽象的に登記簿を訂正することではなく、所有者としての登記による訂正であると判示した。それゆえ、ライヒ裁判所は、主張された所有権に訴えの要求（Klagebegehren）の内容を見る。所有権から引き出された請求だけでなく、所有権自体が訴えの対象をなす。それゆえ、確定した本案の棄却によって、所有権自体が否定された。

この考察方法は、ライヒ裁判所[18]によって、次いで訂正請求の訴えの認容の場合に拡張された。ライヒ裁判所は、登記簿訂正請求によって、所有権自体が訴えの対象とされ、したがって、判決において所有権自体が裁判される。原告の所有権が既判力をもって確定するので、被告は民法1004条による後訴請求においても所有権をもはや有効に争うことができない。

私見によれば、既判力を肯定するよりよい理由がある[19]。登記簿訂正請求の場合には、要求された登記と、したがって主張された物権を明示的に含む訴えの申立ての中にすでに、登記簿訂正請求権が主張された物権の追行のための道具にすぎないことが現われている。占有者に対する所有者の返還請求とのパラレルは、その限りにおいて成り立たない。返還請求の場合には、基礎とされた所有権は訴えの申立て（Klageantrag）にも、返還を命じる裁判にも、いずれにも現われない。物権の主張は、返還請求とは必然的に結びついているのではな

---

17) RG, Urteil vom 3. 7. 1936 – V 254/35, JW 1936, 3047 (Nr. 5).
18) RG, Urteil vom 21. 7. 1938 – V 19/38, RGZ 158, 40, 43.
19) すでに、*Stein / Jonas / Leipold*, ZPO, 22. Aufl. (2008), § 322 Rn. 209; ebenso Münchener Kommentar zur ZPO/*Gottwald*, 4. Aufl. (2013), § 322 Rn. 56. 異説：*Musielak / Musielak*, ZPO, 11. Aufl. (2014), § 322 Rn. 24; *Zöller / Vollkommer*, ZPO, 30. Aufl. (2014), vor § 322 Rn. 36; *Thomas / Putzo / Reichold*, ZPO, 36. Aufl. (2015), § 322 Rn. 10.

い。何しろ、例えば契約上の返還請求のような他の法的基礎に基づく返還請求権があるのだから。

先に提案した既判力の限界事例を判断するためのテストを適用すれば、すべては既判力の肯定を支持する。登記簿訂正請求訴訟において敗訴した当事者は、訴訟の内容上計算に入れる必要がなかった法律効果に既判力の拡張によって直面することはない。逆に、勝訴当事者は判決において確定された法律状態（訂正同意命令の場合にはまさに明示的にすら主文中にある法律状態）が当事者間において将来的にも顧慮されるべきであることを信頼してよいのである。

2　一部請求訴訟における既判力

第2の例においては、原告の見解によれば、被告に対して僭称する債権の一部だけを訴求する民事訴訟が問題である[20]。例えば、原告は、瑕疵ある助言により被告銀行に対して生じた100万ユーロの額の損害賠償請求権を僭称するが、差し当たり一部額である10万ユーロだけを訴求する。原告が訴求された額を超える債権を主張することを最初の訴えにおいて明らかにしていなかったにもかかわらず後に残額を訴求する場合（いわゆる隠れた一部請求の訴え）に対して、このような場合は公然の一部請求（offene Teilklage）ともいわれる。ここでは、公然の一部請求の訴えにのみ立ち入る。かかる一部請求の訴えの動機は、明らかである。原告は少ない訴額によって裁判所手数料および弁護士報酬を節約しようとする。その際まず問題になるのは、原告自身によって支払われるべき手数料であるが、しかし敗訴の場合に同様に原告に生ずる相手方の手数料も問題となる。一部請求の訴えによって、訴訟リスクをかなり軽減することができる。一般的な見解によれば、ドイツの民事訴訟において、かような一部請求の訴えは適法である。これは完全に疑問がないというわけではない。原告が全債権を1つの訴訟において主張することができるにもかかわらず、このようにして被告と司法資源を何回も利用する場合には一部請求の訴えについて権利保護の必要を欠くと異論を唱えることができるかもしれない。被告は、望む場合には消

---

20)　私は、支配的見解から離れる見解を、Teilklagen und Rechtskraft, Festschrift für Zeuner (1994), 431 ff. ならびに *Stein/Jonas/Leipold*, ZPO, 22. Aufl. (2008), § 322 Rn. 139 ff. において詳細に理由づけた。一部請求を棄却する判決の既判力について、例えば *Musielak/Musielak*, ZPO, 11. Aufl. (2014), § 322 Rn. 71 ff. も同じ。

極的確認反訴によって、原告によって主張された債権の残額に関し訴訟の輻輳を避けることができる。その場合には、被告はその限りで、手数料支払義務のある当事者の役割を引き受けることになる。以下においては、確認反訴が提起されなかったことを前提とする。

　一部請求訴訟では、請求原因は、争いがある限り、主張された債権の全体が主張される場合と同様、事実面および法律面において調査されなければならない。既判力問題が生ずるのは、例えば（前掲の例では）、被告銀行が建築助言の際義務に違反しなかったために、原告には請求原因の欠缺のため請求権が帰属しないとの心証に裁判所が到達する場合である。この場合には、一部請求の訴えは、請求権がないため棄却される。この判決が確定した後、原告は同じ債権を改めて訴求することができるであろうか。支配的見解[21]はこれを肯定するが、それは、前訴の訴訟物は一部請求の請求額に限られ、請求原因の否定、したがって請求権全体の否定は単に判決理由の中に見られるにすぎないという理由からである。この思考の進め方は、1つの基本判例において、すでにライヒ裁判所[22]によって詳論された。ライヒ裁判所は、次のように説明した。すなわち、請求棄却判決の既判力は主張された額に限られる。たしかに同時に原告の債権が否定されたのでなければ、したがって原告の主張する事実関係が主張されたような請求権を基礎づける能力を有することが全く否定されたのでなければ、このような裁判を言い渡すことはできない。しかし、この「思考法則の必然性」からは、請求権全体の否定が既判力に与ることは生じない。むしろ、既判力を肯定することは、訴えまたは反訴によって提起された請求が裁判された限りでのみ、その請求を既判力に服させたドイツ民事訴訟法322条1項の明瞭な文言に反するであろう、と。しかし、これによって、ライヒ裁判所は、確定した一部請求の棄却（unanfechtbare Abweisung）に一般的に既判力を否定しようとしたのではなかった。ライヒ裁判所によれば、むしろ第1訴訟において否定された額を超える請求権が原告に帰属する場合にのみ、原告は前訴判決の既判力を免れるべきであった。この場合においてのみ、被告は第2の訴訟において支払

---

21) Münchener Kommentar zur ZPO/*Gottwald*, 4. Aufl. (2013), § 322 Rn. 126; *Thomas/Putzo/Reichold*, ZPO, 36. Aufl. (2015), § 322 Rn. 26；ライヒ裁判所と連邦通常裁判所の固定判例（次注以下の脚注を見よ）。

22) RG, Großer Senat für Zivilsachen, Beschluss vom 30. Oktober 1943, GSE 7/43, RGZ 172, 118, 124 ff.

IV 注意深い既判力拡張の2つの事例

いを命じられることができる[23]。

連邦通常裁判所[24]も、固定判例において、請求原因の欠缺のゆえに一部請求を棄却する判決の、請求権全体の否定を把握する既判力効を否定する。ライヒ裁判所と同様、連邦通常裁判所[25]は「民事訴訟法322条1項に対しては、論理的考量は役立たない」と定式化する。

ライヒ裁判所および連邦通常裁判所の自認、すなわち、これらの裁判所と支配的見解によって主張された理論が思考法則に反するという自認には、全く同意することができる。民事訴訟ドグマーティクを横に置くと、確定した判決においてすでに請求が全部否定されたにもかかわらず、原告が改めて訴えを提起して成功を収めることができるとすると、それはまさに常識に反する。原告が第1の訴えにおいて100万ユーロの債権のうち10万ユーロの先端額（Spitzenbetrag）を主張しているというように第1の訴えを理解しなければならない場合にのみ、全体は理解可能であろう。しかし、その結果、第1の訴えは裁判所がすでにここで100万ユーロの債権を確定する場合にのみ勝訴しうるということになる。かくては、考えられているのは、一部請求の訴えではない。むしろ、原告は、少なくとも10万ユーロが自分に帰属する場合には、それだけで一部請求の訴えが認容されることを望んでいる。

第2の訴訟での帰結を想起すれば、支配的な考察方法は全く分かり難いものになる。今や残額のうち20万ユーロが訴求されると、裁判所は第1の判決による拘束なしに請求権の原因と額の全面的な調査に入らなければならない。その場合、例えば前訴裁判所の見解に反して、裁判所が原告には20万ユーロの額の請求権が帰属していることを確定すると、10万ユーロだけを原告に認容することができる。残りの10万ユーロは、言わば既にみすみす失われてしまったからである。

公然の一部請求を棄却する判決の既判力の否定を理解することができるのは、基本的に、手数料法上の効果（Auswirkungen）を受け入れる場合のみである。当事者、ここでは被告は、いわば支払った以上のものを獲得しうべきでない！

---

23) RG, a.a.O. (Fn. 22), 126.
24) So z.B. BGHZ 93, 330 (zu Nr. 21) = NJW 1985, 1340, 1341; BGHZ 135, 178 (zu Nr. 12) = NJW 1997, 1990.
25) BGHZ 93, 330 (zu Nr. 21) = NJW 1985, 1340, 1341.

というものである。しかし、手数料法上の効果を納得することができないのであれば、既判力の範囲を技巧的に切り詰める代わりに、一部請求の訴えの適法性を否定するのが一貫するというものだろう。

　残る問題は、債権の全額についての既判力の肯定が、実際にドイツ民事訴訟法322条1項と調和するかどうかである。請求棄却判決の場合には、既判力の射程範囲を決めるために判決理由を用いなければならない。判決理由から、裁判所が原告主張の債権を全部否定したかどうかが明らかになる。債権全部の存在は、（訴求債権が引き出される契約の効力のように）訴求された請求権の単なる前提問題ではなく、原告が裁判要求をもって主張するものの一部である。換言すれば、一部請求の棄却によって請求権全体が裁判されるのである。したがって、ドイツ民事訴訟法322条1項の文言は、既判力の肯定の妨げとはならない。このことは、まさにここで奨励された目的論的考察方法の場合に妥当する。請求原因の問題は、すでに第1の訴訟において訴訟の中心であったので、裁判所が確定した判決において請求を全面的に否定した場合、当事者は予期しない結果によって不意打ちを受けるのではないのである。

　逆の場合、すなわち一部請求の訴えが全部認容された場合にも、既判力問題が生ずる[26]。被告は、新たな訴訟において再び、すでに請求原因はないと抗弁することができるか、それとも前訴判決の既判力は被告の不利に作用するのか。答えは、ここでは、前訴の請求棄却の場合ほど明瞭ではない。一部請求の認容は請求原因の肯定にのみ基づくのでないので、判決主文は言明力に乏しい。ドグマーティシュな考察方法においては、ここでも、一部請求の認容により同時に請求権全体が、すなわち請求原因が裁判されたということができる。その際、請求権の成立を欠くことによる一部請求の棄却の場合と同じく、単なる前提問題が問題になっているのではないのである。公然の一部請求にあっては原告がすでに前訴においてもっと大きな債権を僭称している限りにおいて、当事者、ここでは被告とっての予期しない結果ということはできない。既判力の肯定に反対する――説得力のない――論拠として、ここでも手数料法上の側面だけが

26）　肯定するのは、*Leipold*, Festschrift für Zeuner, a.a.O. (Fn. 20), S. 431, S. 445 ff. 全く支配的な見解は別の考え方である。*Münchener Komentar/ Gottwald*, ZPO, 4. Aufl. (2013), § 322 Rn. 125; *Musielak/ Musielak*, ZPO, 11. Aufl. (2014), § 322 Rn. 71. 前掲注24) において引用された連邦通常裁判所の判例も、一部請求棄却判決と同様、一部請求認容判決の場合に既判力を否定する。

残る。

V　仲裁合意と既判力

1　問題提起

　最近になって、別個の古くからの既判力問題を思い出させたのは、連邦通常裁判所の1つの裁判[27]である。

　第1のバリエーション：国家裁判所の面前における民事訴訟において、被告が有効な仲裁合意が訴えの妨げとなると非難する。原告は仲裁合意の効力を争う。裁判所は訴えを不適法として却下し、裁判理由において、仲裁合意の効力を肯定する。この裁判は確定する。原告が今度は仲裁裁判所の面前で手続を開始するとき、被告は仲裁合意は無効だと抗弁する。国家裁判所の判決により、仲裁裁判所は仲裁合意を無効と宣言することを国家裁判所の判決によって禁じられているか？

　第2のバリエーション：既判力効の問題は、逆の場合においても生ずる。国家裁判所が仲裁合意は無効だとの判断に至り、本案の裁判をする。この裁判が確定した後、仲裁裁判所の面前での手続が開始される。仲裁裁判所は仲裁合意の効力を肯定する権能を有するか。

2　連邦通常裁判所の近時の裁判

　ここで論じられる連邦通常裁判所の裁判は、第2のバリエーションに関する。ラント裁判所で面前での前訴において――原告は有限会社であった――裁判所は、被告がドイツ民事訴訟法1032条1項により提出した仲裁合意の抗弁に対し、仲裁合意は原告の業務執行者の有効な解約告知（Kündigung）により無効になったので、この抗弁は影響を及ぼさないとの判断を裁判理由において示した。訴えは、理由なしとして棄却され、判決は確定した。後に、前訴の被告が、仲裁原告としてこの業務執行者に対して（自己の名で）、とりわけ解約告知は無効であったことの確認を求めて訴えを提起した。仲裁裁判所は、同じ見解に達

---

[27]　BGH Beschluss vom 18.6.2014 – Ⅲ ZB 89/13, NJW 2014, 3655. これについて *Münch*, LMK 2014, 361719 にコメントがある。

し、同法1040条3項1文に規定されている中間裁判において、自己の管轄を肯定した。仲裁被告は、同法1040条3項2文により、この点についての裁判所の裁判を申し立てた。管轄上級ラント裁判所（ドイツ民訴法1062条1項2号）は、次のように裁判した。すなわち、前訴におけるラント裁判所の判決により拘束力をもって、仲裁合意は仲裁被告によって有効に解約告知されたと裁判されている。仲裁被告が前訴において当事者として関与していなかったことは重要でない。可能な限り迅速に仲裁裁判所の管轄について拘束力のある裁判を惹起することが同法1032条1項の目的であるので、同法1032条1項により下される国家裁判所の判決はすべて仲裁裁判所に対して拘束力を有する、と。

連邦通常裁判所は、そのように広範な結論をドイツ民事訴訟法1032条1項から導くことを拒否した。同裁判所は、結論として、次のように裁判した。すなわち、当事者は両手続において同一でなかったので、ラント裁判所の判決はそれだけで仲裁裁判手続に対して拘束力をもつことはできない。したがって、ラント裁判所判決が仲裁合意の無効に関し拘束力をもつことができ、かつ、仲裁合意の無効が前訴において訴訟物でなかった請求にも及ぶかもしれない場合ですら、いずれにせよ、それによって、第1の手続に関与しなかった人たちをそこで行われた確定に拘束することはできない、と。

連邦通常裁判所は、このようにして、仲裁合意が無効であるとの国家裁判所の裁判の理由中でなされた確定が一般的に拘束力をもちうるかどうかという問題を未定にした。連邦通常裁判所は、それにもかかわらず、たぶん、同裁判所の裁判から不適切な推論がなされることを避けるために、拘束力問題についての議論状況を簡潔に叙述した。

3　第1のバリエーションについて

(1)　姦策論（Arglistargument）とこの解決の弱点

連邦通常裁判所は、まず、（同裁判所の裁判においては、それは重要でなかったにもかかわらず）、第1の事案バリエーションに向かう。裁判所が仲裁合意の抗弁を理由ありとみなし、それゆえ訴えを不適法として却下すると、この裁判は後の仲裁手続において（そして、それに続く国家裁判所の面前での審査手続においても同様に）拘束力をもつことが一般的に承認されているという。もっとも、連邦通常裁判

所が全く正しく述べるように、そのために与えられている理由づけは区々である。この結果は、一部では既判力、一部では不適法な権利行使の抗弁に基礎づけられ、一部では特殊な拘束力としても解されている。連邦通常裁判所自身は、同裁判所の以前の判決[28]において表明された見解、すなわち国家裁判所の面前で仲裁裁判所の管轄を主張した当事者は後続の仲裁裁判手続において、国家裁判所が管轄を有すると主張することを通常、信義則(民法242条)によって禁じられるとする見解を指示している。すでに、ライヒ裁判所[29]は、国家裁判所の面前において仲裁合意を援用し、それによって訴えの不適法却下を獲得した被告が後に仲裁手続の不適法性を持ち出すことによって仲裁判断の執行を阻止しようとする態度の中に、信義則違反を見た[30](それと並んで、しかし、ライヒ裁判所は既判力効をも肯定した。後述(2)を見よ)。

　国家裁判所の面前で仲裁合意を成功裏に援用し、次いで仲裁裁判所の面前では逆にその無効を主張する当事者の態度を姦策(Arglist)と評価することは、実際のところ、もっともである。それによって原告の権利保護が完全に拒否されるのだからなおさらである。姦策の抗弁(Arglisteinrede)によってどっちみち正当な結果に到達するので、仲裁合意の無効の確定が裁判の主文(Entscheidungsausspruch)の中に直接には現われていないのに、既判力効に賛成意見を述べるのは余計であるように見えるかもしれない。

　信義違反の(矛盾)挙動の禁止による解決は、もちろん非の打ちどころがないというものではない。文献においては、訴えの不適法却下によっては、仲裁合意の存在は既判力をもって裁判されていないという見解も見られる。この見解は、仲裁裁判所が後に合意を無効と見ると、改めて国家裁判所の面前で訴えを提起することができ、国家裁判所の前訴判決の既判力は、今や仲裁手続が実施不能となったので、その時間的限界のゆえに妨げとならない[31]と、いう。もっとも、この見解に対しては、被告の矛盾した態度は、それによって原告が三番

---

28)　BGH, Beschluss vom 30. 4. 2009 – Ⅲ ZB 91/07, NJW-RR 2009, 1582. 公刊物の表題において、具像的に「ピンポン抗弁」といわれている。
29)　RG, Urteil vom 8. 12. 1897, Rep. I. 272/97, RGZ 40, 401.
30)　RGZ 40, 401, 403.
31)　*Musielak/Voit*, ZPO, 11. Aufl.（2014）, § 1032 Rn. 9. しかし、Voit は、被告は後続の仲裁手続において仲裁合意の無効を援用することを信義則により阻止されるとも述べる。

目の訴えを強いられる場合には、それだけで信義則に反すると反論することができる。

　信義則による解決は、既判力の肯定ほど厳格ではない。前掲の連邦通常裁判所の裁判（脚注27）および28））においても、国家裁判所において仲裁合意を援用した当事者は、後に仲裁裁判手続において今度はその無効を主張することは、通常、禁じられるといわれている。矛盾した態度を正当化する理由が考えられる。例えば、当事者が一定の無効事由を今になって初めて知り、または、その間に生じた判例の変更により法律状態が今や異なる判断を受けるべき場合がそうである。他の関連においてであるが、連邦通常裁判所[32]は、次のように判示した。すなわち、法秩序は矛盾した態度を原則として否定するものではなく、当事者は自己の法的見解を述べてよい。事情が異なるのは、相手方のために信頼要件が生み出されまたは別の特別の事情が権利行使を信義則違反として現象させる場合だけだ、と。ところで、ここで論じられた問題領域においては、通常裁判所の面前において有効な仲裁合意のゆえに挫折した原告は仲裁裁判所の面前での訴えが適法であることを信頼できるべきであるという信頼要件について語ることができることは、全くそのとおりである。しかし、この信頼要件は、被告の態度によってではなく、通常裁判所の判決によって基礎づけられている。この判決が確定している場合、原告は仲裁合意の効力についての裁判に信頼できるべきであろう。姦策の抗弁は、その限りで、評価上、問題になっているのが本来既判力効であることを隠しているにすぎない。

　姦策による解決に対する別の異議は、当事者の矛盾挙動ということができないのだけれども、前訴における仲裁合意の判断に拘束することを正当と見えさせる事案状況も考えうることに存する。Ａが国家裁判所の面前でＢに対して、Ｂの主張する請求権が存在しないことの確認を求めて訴え（消極的確認の訴え）を提起する。Ｂが仲裁合意の抗弁を提出した後、ＡがこのZ仲裁合意の効力を争ったにもかかわらず、ＡのＢに対する訴えは不適法として却下され、判決は確定した。今や、ＢがＡに対して仲裁裁判所の面前で給付を求めて申立てをし、Ａが、仲裁合意は無効であるので仲裁裁判所は管轄を有しないと抗弁する。した

---

32) BGH, Urteil vom 15. 11. 2012 – IX ZR 103/11, NJW-RR 2013, 757 (zu Nr. 12).

がって、Aは仲裁裁判手続において前に国家裁判所の面前において表明したのとまさに全く同じ見解を主張する。それゆえ、ここでは、Aの矛盾挙動を語ることはできない。それに対し、この状況においても、仲裁合意は有効であるとの国家裁判所の確定は、国家裁判所の訴え却下判決の既判力がこの点に及ぶとすれば、仲裁裁判所に対して拘束力をもつ。

(2) 既判力による解決

被告は仲裁契約の無効の抗弁をなお聴いてもらう権利を姦策的な態度によって失効したという確定と並んで、ライヒ裁判所（第1民事部）[33]は、詳細な理由を付して、当時そのように定式化されたように、「既判事項の再抗弁（Replik der rechtskräftig entschiedenen Sache）」を肯定した。この判決は、すでに1877年に、したがって前提問題についての判断には既判力を及ぼさないというCPO立法者の基本的な決定が明らかに迫っていた時点において出されたという理由でも注目に値する。しかし、ライヒ裁判所は、単なる先決的法律関係についての既判力のない裁判の事案と受け取ったのでない。同裁判所は次のように判示した。すなわち、仲裁契約の効力をめぐる争いは前訴における争訟の直接の対象であったので、これに対してなされた裁判は既判力を有すると見ることも正当である。請求を国家裁判所の面前において主張することができないという確定の中に、同時に、係属した請求（der anhängig gemachte Anspruch）は仲裁契約に服しているとの積極的な裁判が見られる、と。したがって、ライヒ裁判所は、仲裁契約の効力の確定を単なる訴えの却下理由と評価することを拒否し、むしろ、この確定は言い渡された判決の真の内容をなし、これに既判力が生じたというのである。

少し後に言い渡されたライヒ裁判所第6民事部の判決[34]においては、この第1民事部の上述の裁判による既判力の肯定が批判された。問題は、もともと本質的に別のものであった。すなわち、前訴では、手形訴訟が棄却されたが、その理由は当事者の和解に基づき、債権の譲渡によって履行が行われたというものであった。その場合、被告の債権譲渡義務は、後訴に対してすでに既判力を

---

33) RGZ 40, 401, 403 f.
34) RG, Urteil vom 2. 2. 1899 – VI 328/98, SA（Seufferts Archiv der Entscheidungen der obersten Gerichte in den deutschen Staaten), Bd. 54 (1899), Nr. 188.

もって確定されているのか。第6民事部は、和解の成立は前訴判決によって既判力をもって確定されていないと判断した。それは抗弁（Einrede）であって、抗弁は相殺の場合にのみ既判力をもって裁判されるという理由による。その限りで、第6民事部は、第1民事部による仲裁契約の抗弁に関する既判力の肯定からの離反を確認した。しかし、第6民事部は、第1民事部の裁判を担っている理由を姦策論（Arglistargument）に見た。そして、第6民事部はこの姦策論を自ら判断すべき問題についても受け継いだ。そして、前訴において抗弁により訴えの却下を得た被告は、姦策を咎められたくなければ、この抗弁に与えられた基礎を後訴において自己の不利にも妥当させなければならない、と判示した。この判例においては、既判力テーゼは同意を見出さなかったが、しかしその数十年後に言い渡された、再び第1民事部から出た別の判決[35]において、既判力テーゼは無制限にライヒ裁判所の判例として紹介された。曰く「ライヒ裁判所の判例によれば、仲裁手続の抗弁に基づき訴えを却下する確定判決により、当事者において今や、当事者間の争いの裁判は有効な仲裁契約に基づき仲裁裁判所により行われなければならないという意味において、既判力が生み出される」。この裁判における結論がいうように、仲裁契約の抗弁に基づき訴えを却下するが、その際、仲裁契約の締結の点を決定せずにおくことは、この理由から許されない。

近時シュトゥットガルト上級ラント裁判所[36]は、確定した訴え却下判決の、後続の仲裁手続に対する拘束力を肯定した。その際、この拘束が既判力の効力であるのか、または独自の形式の拘束力であるのか、そしてそれと並んで信義則違反の（姦策に長けた）挙動の禁止にも依拠したのかどうかという点を未定にした。

議論状況は、ライヒ裁判所の時代以来ほとんど変わっていない。既判力が生ずるのは請求に対する裁判、したがって判決の最終的宣言だけだという原則を非常に厳格に（形式的に）適用する場合にのみ、仲裁合意の効力の確定は訴えの不適法却下の前提問題にのみ関するのであり、それゆえ既判力を生じ得ないと

---

35) RG, Urteil vom 23.9.1938, 1/38, HRR 1938 Nr. 1557. 仲裁合意に基づく訴えの却下の確定と結びつけられた既判力効のゆえに、その際、仲裁契約の締結の点を決定せずにおくことは許されない、というのがこの裁判における結論である。
36) OLG Stuttgart, Beschluss vom 15.11.2007－1 SchH 4/07, juris, zu Nr. 7 ff.

いう見解に到達することができる。しかし、立法者が法的前提問題に関し既判力効の否定と結びつけた目的を考慮に入れれば、既判力を肯定するのが正当であることが明らかになる[37]。上述のように、既判力の狭い限界づけは、当事者が前訴中に意識しなかった効果に後になって直面させられることから当事者を守ることを目的とする。しかし、ここでは、この点は問題とはなりえない。仲裁の抗弁が提出される場合には、争いの中心をなしたのは仲裁合意の有効または無効である。上記において展開したテストを適用すれば、結果は明瞭である。すなわち、仲裁抗弁が成功した場合には、被告は、訴訟の対象と裁判理由によって、仲裁合意の効力の肯定がもつ拘束力を計算に入れなければならなかったのであり、原告はこの確定に信頼してよかった。

4 第2のバリエーションについて

前訴において、裁判所が仲裁合意を無効と見たため、仲裁契約の抗弁が奏功しなかった場合、これに基づき言い渡された判決によって、仲裁合意の無効が既判力をもって確定されるかどうかという問題が生ずる。もちろん、前訴において訴えが理由のないものとして棄却された場合には、この本案裁判の既判力が顧慮されるべきであり、これが例えば仲裁裁判所の面前で繰り返される訴えを妨げるであろう。同様に、確定した給付命令に対して、仲裁裁判所の面前において調整すべきものは何もないであろう。しかし、他の状況も考えうることを、連邦通常裁判所（脚注27））が2014年に裁判した事案がすでに示している。この事案においては、国家裁判所による訴え却下判決が確定した後に、仲裁契約の解約告知の無効の確認を求めて仲裁裁判所に訴えが提起された。仲裁合意の無効の問題にも既判力を及ぼさなければ、本案判決の既判力によっては、これに対抗することはできない。その他の点では、国家裁判所は、理由から明らかになるように、訴えを一時的に理由なしとして棄却していることも考えうる。今や履行期が到来したという原告の後の主張に対して、被告は、仲裁裁判所の面前での消極的確認の訴えによって防御することができるか。また、前訴

---

37) 私は、既判力による解決に対して以前に示唆した疑問（*Stein/Jonas/Leipold*, ZPO, 22. Aufl. (2008), § 322 Rn. 133）を維持しない。通常裁判所と仲裁裁判所の関係において既判力を肯定する際、民事訴訟法11条（事物管轄の既判力的否定への拘束）に含まれた当事者利益の評価を難なく補助的に利用することができる。

では仲裁合意の無効のゆえに仲裁抗弁が不奏功に終わったが、結局他の理由により、例えば他に訴訟係属があるため、訴えが不適法として却下され、判決が確定するという事案を観念することもできる。当事者の一方が同じ事件において、後に、合意された仲裁裁判所に行く場合、前訴判決の拘束力の射程距離が重要となる。

ここでは、国家裁判所がそこに係属した訴訟において付随的に仲裁抗弁について裁判した事例が問題になっている。国家裁判所が民事訴訟法1032条2項による手続において仲裁裁判手続の適法または不適法の確認の申立てについて裁判した場合には、事情が異なる。ここでは直接に、この手続の目的から仲裁裁判所の拘束も生ずる。仲裁裁判所が、仲裁抗弁に理由がなく、仲裁手続を不適法であると宣言する国家裁判所の法的見解を無視する場合には、支配的見解[38]は、それにもかかわらず発せられた仲裁判断の無効を認める。一部では[39]、裁判所が通常の訴訟手続において、中間判決においてであれ、終局判決中の理由中であれ、仲裁抗弁を理由なしと見た、ここで論じている事案にも、同じ見解が拡張されている。仲裁裁判所の拘束も、それによって肯定されている。なぜなら、仲裁合意の効力から出発する仲裁裁判所の裁判が無効である場合には、仲裁裁判所はそのように裁判してはならなかったことも明らかだからである。しかし、この拘束がドグマーティシュにどう説明されるべきかという問題は未定のままである。

（この問題を最終的に決する必要のなかった）連邦通常裁判所は、具体的な問題と、本案判決から適法性問題についての既判力のある言明を引き出すことができるかという一般的な問題の間を適切に結びつけた。換言すれば、問題は、確定した本案判決の中には訴えが適法であることの既判力のある確定も含まれているかどうかである。例えば前訴において、主張された請求権はたしかに成立したがまだ履行期に達していないという理由で、訴えが理由なしとして棄却された場合において、後に訴えが繰り返される場合になお訴えの適法性を否定することができるのか。文献においては、この問題は、——一般的に、かつ、まさに

---

38) *Musielak/Voit*, ZPO, 11. Aufl. (2014), § 1032 Rn. 14; *Zöller/Geimer*, ZPO, 30. Aufl. (2014), § 1032 Rn. 14.

39) Beck'scher Online-Kommentar zur ZPO/*Wolf/Eslami*, § 1032 Rn. 24; *Zöller/Geimer*, ZPO, 30. Aufl. (2014), § 1032 Rn. 14, 16 (中間判決の場合について).

上述の事案状況についても——圧倒的に否定されている[40]。理由づけのためにいわれるのは、ここでは既判力を肯定すべき必要性が大きくないということである。しかし、例えば前訴において国際裁判管轄と土地管轄とが争われ、裁判所が最終的に自らの管轄を肯定した場合、まさに本案判決の場合と同じように、この確定の拘束性に対する利益（いずれにせよ管轄問題に関して実質的に勝った原告の利益）は存しないのか。かかる事案が多かれ少なかれ、しばしば生じうるかどうかは、きっと重要ではありえない。既判力の肯定に対する第2の異議は、たいていの訴訟要件の保護目的はむしろ進行中の手続を超える拘束に反対するというものである。いかなる適法性問題がそれによって語られているかは、なお明確にされるべきであろう。難なく既判力ある確定の対象となりうる実体法上の法律効果以上に高い正義価値を、管轄問題に承認することはできないであろう。むしろ、例えば訴訟能力という要件の場合には特別の保護目的を肯定することができるかもしれないが、他方、行為能力に関しては実体法上の要件として既判力ある確定は問題にならないというものではない。その他の点で顧慮すべきは、本案判決によって訴えの適法性が既判力をもって確定することが認められる場合にも、この確定は当時の時点に関係していることである。後に生じる事実状態の変動は、実体法上の法律関係が既判力をもって確定された場合と同じように、それにもかかわらず顧慮されるべきである。

　したがって私見によれば、この既判力問題においては適法要件の特殊性が問題なのではなく、問題なのは請求についての既判力資格のある裁判と、単なる前提問題についての裁判との間の関係である。請求が認容されるのであれ、棄却されるのであれ、本案の裁判によって同時に訴えが適法であることが黙示的に表現されていることは全く疑いのないところである。いずれにせよ、このことは、完全に支配的な見解とともに、通常の事案では裁判所は訴えの適法性を肯定することなく本案について裁判してはならないことから出発する場合に妥当する。もっとも、若干の適法要件については、この準則は妥当しない。例えば裁判所は訴えを理由なしとして棄却し、その際、適法要件としての権利保護の必要の存在を未定にしてよいという見解に従うならば、その限りで既判力効

---

40) Münchener Kommentar zur ZPO/*Gottwald*, 4. Aufl. (2013), §322 Rn. 171; *Musielak/Musielak*, ZPO, 11. Aufl. (2014), §322 Rn. 45.

を認めることもできない。

　ここで提案されているように、既判力を狭く限界づける目的が既判力の肯否のいずれを支持するかと問うならば、問題となっている適法要件について前訴において争いが存在したかどうか、そして裁判所が裁判理由においてこの点について判断したかどうかが顧慮されなければならない。当事者が国際裁判管轄または土地管轄について争い、裁判所が裁判理由において管轄を肯定した場合、当事者は、同じ訴えが後に繰り返された場合にもこの裁判が妥当することで不意打ちを受けるものではない。管轄の肯定によって勝訴した原告は、同じ訴訟物をもつ再訴についても、これに信頼することができる。被告にとっても、かかる拘束は前訴の裁判から見て彼が予期しなければならないものを超えてはいない。

　仲裁裁判の抗弁が容れられず、国家裁判所の本案裁判が続く場合にも、または、他の不適法事由に基づく訴えの却下の場合にも、同じ評価が正当であるように私には思われる。その場合には、仲裁契約が無効であることの既判力ある確定が――同じ訴訟物についての――仲裁裁判所の面前における新たな訴えの適法性に立ちはだかる。

VI　最終コメント

　実体法においてのみならず訴訟法においても、法律の解釈が疑わしい場合には、最後は目的志向的な（目的論的な〔teleologisch〕）解釈が決め手とならなければならない。このことは、民事判決の既判力の限界が問題になる場合にも当てはまる。その際、既判力の一般的な目的のみならず、立法者が既判力効を狭く限界づけることによって追求した目標もまた顧慮されるべきであろう。常識または思考法則と相容れないような結果は、その際、避けられるべきであろう。

既判力の作用と
一事不再理説の再評価

越山和広

I はじめに
II 敗訴した原告の再訴
III 確定給付判決を得た原告の再訴
IV 先決関係の既判力
V おわりに——日本型一事不再理効の評価

I はじめに

　本稿は、前訴（第一訴訟）確定判決の既判力が後訴（第二訴訟）に対してどのように作用するのかという論点を日独の学説史的な観点から検討し、ドイツ法では古くから確立した見解であるが、日本法では今日まで少数説にとどまっている一事不再理説を評価し直すことを目的とするものである[1]。

---

1) 現在の日本の基本書は、既判力の客観的範囲（既判力の客体）の説明を行う前に、既判力の作用を説明する。例えば、松本博之＝上野泰男・民事訴訟法［第8版］（弘文堂・2015）617頁以下、伊藤眞・民事訴訟法［第4版補訂版］（有斐閣・2014）510頁、高橋宏志・重点講義民事訴訟法(上)［第2版補訂版］（有斐閣・2013）593頁以下、三木浩一ほか・民事訴訟法［第2版］（有斐閣・2015）420頁以下［垣内秀介］、中野貞一郎ほか・新民事訴訟法講義［第2版補訂2版］（有斐閣・2008）454頁以下［高橋宏志］など。他方、既判力の作用を既判力の内容について説明をした後に記述するのが、兼子一・新修民事訴訟法体系［増訂版］（酒井書店・1965）348頁で、新堂幸司・新民事訴訟法［第5版］（弘文堂・2011）706頁、兼子一ほか・条解民事訴訟法［第2版］（弘文堂・2011）546頁［竹下守夫＝上原敏夫］、梅本吉彦・民事訴訟法［第4版］（信山社・2009）947頁がこれを踏襲する。ドイツの基本書は、既判力の作用論を先行して叙述するが、そこでは、既判力の本質論と既判力の作用とが関連付けて説明されている点で、現在の日本の基本書とは異なる。Rosenberg/Schwab/Gottwald, ZPR, 17. Aufl. (2010), §151 II; Jauernig/Hess, ZPR, 30. Aufl. (2011), §62 II; Schilken, ZPR, 6. Aufl. (2010), Rdnr. 1006 ff.; Stein/Jonas/Leipold, ZPO, 22. Aufl. (2008), §322 Rdnr. 38 ff.; Gottwald, Münchener Kommentar zur ZPO, 4. Aufl. (2013), §322 Rdnr. 39 ff.; Musielak/Voit, ZPO, 12. Aufl. (2015), §322 Rdnr. 9 ff.; Prütting/Gehrlein, ZPO, 5. Aufl. (2013), §322 Rdnr. 14 ff.

II 敗訴した原告の再訴

1 拘束説と一事不再理説
(1) ドイツ法

(a) 既判力の作用に関しては、拘束説と一事不再理説が対立する。この対立が顕著な局面は、前訴で敗訴の確定判決を受けた当事者が、再度同じ訴訟物について訴えを提起する場合（同一問題）の扱い方である[2]。この場面は、前訴で敗訴した原告が同じ請求を繰り返した場合と、前訴で敗訴した被告が債務不存在確認等の前訴請求と論理的に両立しない請求を立てた場合とに区別される。後者は、前訴請求に対する論理的な反対要求（矛盾関係）の場合であるが、本稿ではこれを同一問題の亜種と理解して、独立した考察は行わない[3]。

(b) 統一法典制定後の初期のドイツ学説では拘束説が支配的であり[4]、一事不再理説は少数説であった[5]。拘束説は、既判力の本質を、第二訴訟の裁判官が確定判決の判断に拘束され、同一問題は同一に裁判するべき拘束を受ける点に求めた。その結果、同一問題が繰り返された場合、それは訴えとしては既判力に触れないが、第二訴訟の裁判官は前訴判決の内容に拘束され、それと矛盾する裁判ができないものと解する。よって、既判力の作用の本体は、矛盾判断の禁止（Abweichungsverbot）とされた。しかし、その後のドイツ法では、Bötticher[6]が再構築した一事不再理説が支持を集め[7]、通説・判例となって現在に

---

[2] この議論の対立を綿密に描写するのが、伊東乾「既判力について」民事訴訟法研究（酒井書店・1968〔初出 1962〕）125 頁以下（この論文の評価については、坂原正夫「既判力について」民事訴訟法における既判力の研究（慶應通信・1993）367 頁以下）。なお、渡部美由紀「判決の遮断効と争点の整理㈠」法学（東北大学）63 巻 1 号（1999）58 頁以下も参照。

[3] 矛盾関係の具体的類型については、越山和広「矛盾関係論による既判力の客観的範囲の画定について」法学政治学論究 7 号（1990）389 頁参照。なお、本稿IV 2(2)(b)も参照。

[4] *Stein*, Über die bindende Kraft der richterlichen Entscheidungen nach der neuen österreichischen Civilproceßordnung (1897); *Hellwig*, Wesen und subjektive Begrenzung der Rechtskraft (1901), S. 12.

[5] *Schwartz*, Absolute Rechtskraft und heutiges deutsches Recht, Festgabe für Heinrich Dernburg zum funfzigjährigen Doktorjubiläum (1900), S. 311 ff.

[6] *Bötticher*, Kritische Beiträge zur Lehre von der materiellen Rechtskraft im Zivilprozeß (1930). この論文の翻訳として、小木貞一＝渡辺綱吉・愛知学院大学論叢法学研究 13 巻 2 号（1969）27 頁、14 巻 1 号（1970）21 頁、14 巻 2 号（1970）69 頁、14 巻 3 号（1971）21 頁、15 巻 1 号（1971）15 頁、15 巻 3 号（1972）55 頁、16 巻 1 号（1972）75 頁、16 巻 2＝3 号（1973）25 頁。

[7] *Rosenberg*, Lehrbuch des deutschen Zivilprozeßrechts, 8. Aufl. (1958), S. 378.

至っている[8]。この考え方は、既判力の作用を繰返しの禁止（Wiederholungsverbot）として理解し、前訴と同じ問題が再度提訴された場合には、既判力に触れないことという訴訟要件が欠けるので、後訴は実体審理を経由することなく却下されると説明する。なお、いずれの立場も既判力訴訟法説を前提としている。

(2) 日本法

(a) 日本では、一事不再理説に対して常に冷たい視線が向けられてきた。戦前の日本の民事訴訟法理論は、拘束説に立つ Stein および Hellwig の強い影響下にあったという歴史的事実が、その背景にあると考えることができる[9]。もっとも、より大きな原因は、兼子説がすでに戦前期において、一事不再理の観念は民事事件には妥当しないというテーゼを提唱し[10]、それがその大きな影響力のゆえに、現在に至るまで支配的となっていることに求めるべきであろう。これは、「民事訴訟の審判の対象は刑事訴訟のように一般に過去の一定の事実ということでなく、私人間の法律関係であって、それは時々刻々、発生・変更・消滅して進展してゆくものであるから、それに対する判決はいつを基準として審判したかという基準時の観念を入れざるをえず、しかもこの基準時はそれぞれの訴訟の事実審の口頭弁論終結時に置かれる結果、前後する二つの訴訟で一見同じ権利関係が裁判の対象になったようにみえる場合でも二つの裁判の基準時は当然違っているため、それらの訴訟の対象は、厳密に同じものではありえない」[11]。よって、一事不再理は、刑事事件とは異なり、民事事件にはそぐわないという考え方である（以下、この考え方を「権利関係変動可能性のテーゼ」という）。

(b) ところで、ドイツ法では、消極的作用を既判力の本質とする一事不再理説と積極的作用を既判力の本質とする拘束説は、相互に対立する議論として

---

8) 学説の詳細は、*Koussoulis*, Beiträge zur modernen Rechtskraftlehre (1986), S. 207 参照。判例も同様の考え方であると評価されていることについては、*Zeuner*, Beobachtungen und Gedanken zur Behandlung von Fragen der Rechtskraft in der Rechtsprechung des Bundesgerichtshofes, in: 50 Jahre Bundesgerichtshof, Festgabe aus der Wissenschaft, Bd. 3 (2000), S. 337, S. 341 を参照。

9) 三ケ月章・民事訴訟法（有斐閣・1959）23 頁参照。

10) 大判昭和 6 年 11 月 24 日民集 10 巻 1096 頁に対する判例批評（判民昭和 6 年度 115 事件）。戦後は、兼子一・実体法と訴訟法（有斐閣・1957）144 頁以下。さらに、鈴木忠一「非訟事件の裁判の既判力」非訟事件の裁判の既判力（弘文堂・1961〔初出 1956〕）20 頁以下も同じ考え方である。

11) 新堂幸司「民事訴訟における一事不再理」訴訟物と争点効(上)（有斐閣・1988〔初出 1960〕）125 頁以下を引用した。ただし新堂説は、一事不再理説を再評価する立場であり、それを排斥する立場ではない。

理解されてきた。すなわち、拘束説は、一事不再理説がアクチオ体系を基盤とするローマ法における訴権消耗論への後戻りであると非難する一方で[12]、一事不再理説からは、拘束説は、先決関係における既判力の積極的作用から短絡的に一事不再理の観念の不適用を説くという誤謬を犯しており、また、既判力実体法説に帰するものであると論難された[13]。このような理論対立は、ローマ法以来の伝統を踏まえた議論が展開される大陸法ならではのものということができる。しかし、そのような伝統から距離を置く日本法では、独自性の強い議論が展開された。その一つは、いわゆる新訴訟法説に立ちつつ、一事不再理を紛争解決のための理念として理解する三ヶ月説[14]である。また、二つの作用のいずれにも価値を認める考え方も有力に主張されてきた。例えば、既判力の積極的作用と消極的作用とはそれぞれが独立の価値を有するのであり、それぞれが、場面ごとに単独でまたは結合して作用するという伊東説[15]や、既判力の消極的作用と積極的作用は相互補完的な関係に立つとする新堂説[16]が、その代表的な見解である。現在の日本の通説は、このような見解のうちでも、新堂説に依拠していることは、次に論じるとおりである。

2 同一問題と既判力の作用

(1) 日本の通説

日本の通説は、所有権の確認や金銭支払いを求める訴訟で原告の請求を棄却する判決が確定した後に、原告が同じ訴えを提起したとしても、その訴え自体が不適法となることはなく、既判力の標準時後に生じた事実関係が主張されれば、標準時における訴訟物である法律関係や権利義務関係不存在の判断を前提に、新しい事実の当否について本案審理を行い、理由がなければ請求棄却判決

---

12) *Stein*, Über die Voraussetzungen des Rechtsschutzes, Festgabe der Juristischen Fakultät der Vereinigten Friedrichs-Universität Halle-Wittenberg für Hermann Fitting (1903), S. 415.
13) Bötticher, a.a.O. (N. 6), §10 (S. 151 ff.).
14) 三ヶ月・前掲注9) 27頁以下。なお、斎藤秀夫・民事訴訟法概論〔新版〕(有斐閣・1982) 391頁以下、斎藤秀夫ほか編・注解民事訴訟法(5) (第一法規・1991) 100頁以下〔斎藤秀夫=渡部吉隆=小室直人〕は、同一問題の再訴につき一事不再理説を採る。
15) 伊東・前掲注2) は、拘束説と一事不再理説とを対比しながら、その対立を止揚するべくそのように論証する。伊東乾・民事訴訟法の基礎理論 (日本評論社・1972) 89頁以下も同趣旨。
16) 新堂・前掲注1) 707頁以下。同・前掲注11) を発展した形で確立した見解である。

を行うとする[17]。このように、既判力の本質は積極的作用に求められている。また、第二訴訟の口頭弁論終結時に既判力の標準時が繰り下がることによって当該訴訟物の新たな姿が確定できるから、その点で、一事不再理説に対する優位性が認められるといわれている[18]。そして、既判力の標準時前に存在した事実関係は既判力によって遮断されるという意味で既判力の消極的作用が働くことも認め、この消極的作用があることで積極的作用が補完されると考えられるから、二つの作用は矛盾対立することはないとされる。このように、通説は、「権利関係変動可能性のテーゼ」を考慮して、積極的作用を基礎に置く考え方を採る。しかし、通説に対しては、松本説より厳しい批判があり[19]、最近ではこのような批判に同調する見解も出現しており[20]、議論状況に変化が生じている。

(2) 検　討

(a) 通説は、棄却判決後の同じ訴えの繰返しを一律に適法とみなし、本案審理を遂げた上で理由がなければ請求棄却判決をすることを適切と解する。しかし、これは、次に述べるように、紛争解決のあり方としては無益にすぎる考え方である[21]。すなわち、通説は、棄却判決後の事情変動の主張を一律に本案審理の対象とするが、そうだとすると、前訴で敗訴した当事者は、いわばあて推量な形で後発的な事情を主張すれば、それだけで再審理を要求できてしまう。しかし、これでは既判力の拘束を緩めすぎる。例えば、貸金契約が無効であったとして棄却判決を受けた原告が、実は履行期限が先でありそれがようやく到来したという（とても成り立つとは思われないような）主張をすれば本案審理を開始できるということを許すべきではない[22]。もっとも、貸金返還請求訴訟で、請求原因事実（または再抗弁事実）の全部または一部を欠くか、あるいは抗弁が成

---

17) 例えば、新堂・前掲注1) 708頁、高橋・前掲注1) 594頁、伊藤・前掲注1) 511頁など参照。
18) 鈴木正裕「既判力本質論の実益」三ケ月章＝青山善充編・民事訴訟法の争点（有斐閣・1979) 262頁。
19) 松本博之・既判力理論の再検討（信山社・2006) 21頁（2頁以下でもやや視点を変えて同種の議論がされている）、松本＝上野・前掲注1) 618頁以下。なお、松本説からは、訴訟判決の既判力の作用は拘束説では説明できないとの批判もあるが、この点は、越山和広・民商144巻3号（2011) 378頁で論じたとおり、説明できないとはいえない。
20) 髙見進「判決効の意義と機能」新堂幸司監修・実務民事訴訟講座［第3期］第3巻（日本評論社・2013) 278頁以下参照。
21) 髙見・前掲注20) 278〜279頁、岡庭幹司「『既判力の時的限界』という法的視座への疑問」青山善充先生古稀祝賀・民事手続法学の新たな地平（有斐閣・2009) 53〜54頁を参照。なお、請求の趣旨が同じであっても、請求棄却後に同種の契約をし直したことによる再訴の場合は、具体的な請求原因事実が異なることによって訴訟物自体が変化するので、既判力が作用する余地はない。
22) 越山和広「請求棄却判決と再訴の可能性(1)」近畿大学法学45巻3＝4号（1998) 129頁以下参照。

立するとの理由で請求棄却判決があったときに、標準時後に請求原因事実が具備されたか、あるいは抗弁事実が消滅したという事情が主張されれば、そのような場合には、訴訟物である権利関係の新しい姿を再度審理しなければならないことは、当然である。前者としては、履行期限が未到来であるとして棄却された後に期限の到来を主張する場合や、停止条件が成就していないとして棄却されたが条件が後に成就したと主張する場合がありうる。後者の事例は、相殺の意思表示が撤回されたといったような場合であろう。しかし、このような事例はあまり起こりそうもないことを考えると、請求棄却判決後の再訴を一律に適法と解することは合理的ではなく、そのような例外的事例の場合にのみ適法とすれば足りる。また、理論上は、何らの新しい事実を具体的に主張することなく同じ訴訟物による訴えを敗訴当事者が繰り返したときにも、その後訴は適法となる。しかし、このような場合に、既判力の標準時を後にずらすことだけを目的にして実体審理を許容すると、中身のない外形的な実体審理に基づく実体判決という空虚なものを認めることになってしまうが、これは司法資源の無駄遣いではなかろうか[23]。

このように見ると、棄却判決後の再訴で既判力の積極的作用を重視することの実益はさほど大きくなく、一事不再理による訴え却下を原則とするべきである。

(b) 日本の学説は、兼子説以来一貫して、一事不再理説が「権利関係変動可能性のテーゼ」を度外視して理論を構築している点に欠陥があると論じてきた。しかし、日本の学説が批判的な眼を向けるドイツの学説・判例は、事実関係の変動可能性という問題を「どのような新しい事実関係の主張があれば、既判力の対象となった訴訟物についての本案審理が許されることになるのか」という問題領域で議論していると解することができる[24]。反対に日本の通説は、

---

23) 新堂・前掲注11) 133頁では、基準時以後の事実主張が何もない訴訟で実体的な審理をせずに実体判決をすることへの違和感が示され、その場合に基準時を後にずらすことに実質的理由があるのかどうかという問いかけがされていた（この点について伊東・前掲注2) 130頁を参照）。しかし、新堂説自体が、基準時後の事実の主張がないときでも本案判決をするべきであるとの立場に軌道修正したために、その後の学説は、この疑問を忘れ去った形で展開することになった。なお、畑郁夫「既判力の本質と作用」三ケ月章＝青山善充編・民事訴訟法の争点［新版］（有斐閣・1988) 277頁は、相互補完の意味について一事不再理を基調とする解明を試みる。

24) Böttcher の一事不再理説に接した日本の論者は、権利関係変動可能性のテーゼをドイツの論者が考慮しないのはなぜかという疑問を抱いた（新堂・前掲注11) 129頁参照）。たしかに、その当時のドイツ

そのような問題設定をせずに、およそ基準時後の事実関係の主張があれば、それはすべて本案審理の対象となるとする議論を展開しているが、これが問題であることはすでに論じた。よって、同一問題の再訴は、本案審理が禁止されるという意味で原則的に不適法であり、訴訟物である権利関係を再度本案審理するのに足りるだけの事実関係の主張がある限りにおいて、後訴は適法になると考えるべきである[25]。

の議論を参照しても、そのような疑問に対する直接的な解答は得られなかったと思われる。しかし、Zeuner 説（*Zeuner*, Die objektiven Grenzen der Rechtskraft im Rahmen rechtlicher Sinnzusammenhänge (1959), S. 35. 松本博之訳・既判力と判決理由（信山社・2009）43 頁）以降、ドイツ法では、請求棄却判決を支える決定的な判決理由に係る事実関係の変動が主張される限りにおいて、再度の審理を許容する（越山・前掲注 22）139 頁以下、松本・前掲注 19）28 頁以下参照）。よって、事実関係変動の可能性は時間的限界論のレベルで考慮されていることに注意しなければならない。さらに、権利関係変動可能性のテーゼを強調するならば、前訴確定判決の既判力の対象である訴訟物と後訴の訴訟物が厳密な意味において常に一致するとは限らず、後訴には既判力が単純には作用しないことになりそうであるが、日本の学説は、反対に、この問題に正面から答えようとしない。このことについては、後掲注 25）を参照。

25) 前掲注 24）で指摘したように、日本法では、既判力の時間的限界とは別に訴訟物の時間的限界が意識されることはない。換言すれば、標準時後の事実関係の主張は、それによって訴訟物に変化が生じたかどうかという問題を考慮せずに、既判力により妨げられることはないと論じられる。しかし、この点を考慮して論じるとどうなるか。本文に掲げた期限未到来により貸金返還請求の訴えが棄却された例で考えると、旧訴訟物論では、期限到来の事実は訴訟物特定の要素とはならないので、新たな期限到来の主張が訴訟物を変化させることはない。日本の新訴訟物論も同様に考えるのではなかろうか（なお、髙見・前掲注 20）279 頁以下参照）。他方で、訴訟法的訴訟物論のうち二分肢説に立つならば、標準時後の事実関係の変動を主張すると訴訟物も変動したと解釈する局面が多くなると予想される（松本・前掲注 19）24 頁以下。これに対して髙見・前掲注 20）278 頁以下参照）。しかし、前訴で主張されたのとは異なった事実関係が主張されれば、常にそれが訴訟物の変動をもたらすわけではない。したがって、訴訟物の変動をもたらすに足りる事実関係を明確にしておくことが必要である（この点を試みたものとして、*Musielak*, Der rechtskräftig entschiedene Lebenssachverhalt, NJW 2000, 3593, 3594-3597）が、これを二分肢説が明確になしえているかどうかは、定かではない。単純な例である期限未到来の場合ですら、その後の履行期限の到来によって事実関係が変化したとする見解と、そうではないとする見解があることに鑑みれば、二分肢説に問題があることは明らかである。もっとも、この議論は、請求棄却判決の基礎となった事実関係それ自体が時の経過によって変動した場合であっても、訴訟物の時間的限界は原則的に考慮せずに、既判力の時間的限界一本で説明する立場と、そのような事実関係の変動によって訴訟物が変化することを正面から肯定する見解の対立であると理解することもできる。前者（Leipold 説に代表される）のねらいは、事実関係に変動があったにもかかわらず、一定範囲での既判力による拘束の残存を認めようとする点にある（松本・前掲注 19）51 頁以下で紹介と検討がされている）。後者（Musielak 説に代表される）は、訴訟物の変動を契機にして、既判力の拘束は解除されると端的に理解するものである。これは、後訴裁判官の判断の自由を強調するか、あるいは判決理由中の判断に対する拘束を全部否定する趣旨に基づいて、全面的な再審理が可能であると論じるものである。松本・前掲注 19）68 頁は後者の見解に近い。日本の通説は前者に近いかもしれない。

III 確定給付判決を得た原告の再訴

1 拘束説
(1) 権利保護の必要の欠缺
次に、確定した給付判決を得た原告が再度同じ訴訟物について訴えを提起する場合を検討する。拘束説によれば、この事例では、前訴確定判決の既判力に反する判断ができない結果として、事情の変動がなければ請求認容判決を繰り返すと解するのが論理的である。ところが拘束説は、そうではなく、権利保護の必要がないとの理由で後訴は却下されると解し、既判力の問題とはしない[26]。日本の通説も同様である[27]。

(2) Stein の議論
すでに債務名義を得ている原告が同じ訴えを起こしても、それには訴えの利益（権利保護の必要）がないとの結論は、当たり前のことであるように見える。しかし、前訴でされた請求認容判決は確定しているのだから、この判決には既判力が生じているはずである。それにもかかわらず、既判力による処理を回避して、訴えの利益による処理にこだわる理由はどこに求めたらよいのだろうか。また、この既判力はまったく作用しないのだろうか。このような疑問に対する回答は、前者の点については、現在では当たり前のこととして示されていない。他方、後者の点は具体的な説明がない[28]。そこで、拘束説を基礎付けた Stein の議論を振り返ることにする[29]。Stein は、給付判決における権利関係の確定と給付命令という二つの側面のうち、ここで問題となるのは、給付命令が再度の給付の訴えを排除するのかどうかであって、権利関係の確定に向けられた既判力が再度の判決を排除するのではないと解する。これは、既判力がない債務名義

---

26) *Stein/Juncker*, Grundriß des Zivilprozessrechts und des Konkursrechts, 2. Aufl. (1924), S. 292; *Hellwig*, Anspruch und Klagrecht (1900), S. 109. 現在では、*A. Blomeyer*, ZPR, 2. Aufl. (1985), S. 472; *W. Lüke*, ZPR, 10. Aufl. (2011), Rdnr. 353.
27) 例えば、新堂・前掲注1）708頁、髙橋・前掲注1）595頁、伊藤・前掲注1）511頁など。
28) 兼子ほか・前掲注1）548頁は既判力が及ぶことを認める。伊藤・前掲注1）511頁は原告の再訴は既判力に矛盾しないとする。しかし、いずれの見解もその場合の既判力の作用については論じていない。なお、後者の説明は古い文献（*Lent*, Die Gesetzeskonkurrenz im Bürgerlichen Recht und Zivilprozess, Bd. 2 (1916), S. 305）に見出される。
29) *Stein*, a.a.O. (N. 12), S. 413 ff.

を得た債権者には給付の訴えの利益がないのと同様に解するという趣旨であろう[30]。その上で、二重の債務名義の形成が被告にとって危険をもたらすことなどの観点から、前の給付判決によって権利保護請求権が満足されたことを理由に、再度の訴えには権利保護の利益がないとして却下されるべきであると論じる。しかし、この説明によっても、この場合に既判力よりも執行力が優先的に作用することの理由は明らかではない。そこで、より根本的な説明を探求するならば、給付判決の既判力に基づいて再度の給付判決をするという扱いを承認すると、既判力の実体法的理解へと後戻りしてしまうことに対する強い懸念が、この問題を既判力の問題から切り離して論じるという帰結を支えていることに気付く[31]。すなわち、ドイツ民事訴訟法の成立前には、給付判決の執行方法としていわゆる執行の訴えによること（執行訴権）が認められていた。これは、判決によっていわば債務が形成されたと理解して、その判決に基づいて訴権を認めるものである。勝訴原告に再度の給付判決を認める扱いは、このような執行訴権の考え方につながるものであり、Stein においては、そのような扱いを避けるという実践的な必要性があったために、請求を認容する給付判決には拘束説が当てはまらないと論じざるをえなかったのである。このように、拘束説は、一歩間違えば既判力実体法説へと後戻りしてしまう危険と隣り合わせの状態で提唱されたことを確認することができる。

2　一事不再理説

一事不再理説は、請求認容の確定判決を得た原告が再度同じ訴えを提起すると、それは既判力に触れる（正確には、既判力に触れないことという消極的訴訟要件が欠ける）として却下されると解する。拘束説が、この問題の扱いにおいて既判力の実体法的把握に至らないようにするべく既判力の問題ではないと解したのとは反対に、一事不再理説は、この局面も訴訟法的に性質決定される既判力が作用する場面として理解するので、論理一貫する。ところが、例外的に再訴を適法と解さなければならない場面があり、その場合に既判力に触れないと説明できるかどうかという点が、一事不再理説にとっての難関となるといわれてき

---

30)　*Stein*, a.a.O. (N. 12), S. 420 f.
31)　*Stein*, a.a.O. (N. 12), S. 418.

た[32]。

3 一事不再理の例外
(1) ドイツ法

これに対して、ドイツの一事不再理説がどのように応答してきたかであるが、判決原本滅失の場合と時効中断の必要がある場合について説明する[33]。まず、原本滅失の場合については、Bötticher が、前の判決の内容を誰も記憶せず、証拠調べの結果を再現することができないときには、既判力の対象となる裁判がないのだから、もはや既判力の拘束が問題となることはないと論じていた[34]。これについては、特に異論は見られない[35]。他方で、時効中断の必要から同じ権利関係についての確認の訴えを提起した場合は、学説ではなく、判例で問題とされた。判例上は、新たに起こされる訴えの訴訟物が前の訴訟物とは異なるとの理由から、これらの場合は、一事不再理説の原則を破る必要はないと論じるものと、給付訴訟の訴訟物と確認訴訟の訴訟物との間には重なり合いがあるから、この場合は繰返し禁止の例外を認めざるをえないとする見解が対立している[36]。

---

32) *Kossoulis*, a.a.O. (N. 8), S. 209 f.
33) ドイツの拘束説は、例外的に権利保護の利益があると解される場面として、債務名義の原本が失われた場合、債務名義の内容が不特定なために強制執行に適しない場合、当事者の表示に誤りがありその更正が不可能な場合などを挙げていた (*Stein*, a.a.O. (N. 12), S. 425 ff.)。
34) *Bötticher*, a.a.O. (N. 6), S. 233 f.
35) *Kossoulis*, a. a. O. (N. 8), S. 213; *Stein/Jonas/Leipold*, a. a. O. (N. 1), §322 Rdnr. 190; *Rosenberg/Schwab/Gottwald*, a.a.O. (N. 1), §151 Ⅲ Rdnr. 13. ただし、戦時中に発令され現在も効力がある「破壊されまたは失われた裁判上の文書もしくは公正証書の代替化に関する命令」(Verordnung über die Ersetzung zerstörter oder abhanden gekommener gerichtlicher oder notarischer Urkunden vom 18. 6. 1942) によって滅失した原本の代替化が認められるときは、再訴は不適法とされる。
36) この例が繰返し禁止効の例外であることを認めた先例として、BGH NJW 1985, 1711 がある。事案は次のとおりである。1971 年 1 月 1 日から生じる 10％の利息を含めた土地債務についての債務名義がすでに存在するところ、請求異議によって 1976 年 1 月から 77 年末日までの利息分については執行力が排除された。1982 年になってから、1978 年以降の利息についての時効中断のために当該利息債務の存在確認の訴えを提起した。この判例は一事不再理の例外を肯定するので、訴訟物の少なくとも部分的同一性を認めていることは明らかである (*Stein/Jonas/Leipold*, a.a.O. (N. 1), §322 Rdnr. 191)。しかし、将来の回帰的給付の訴えによって扶養の債務名義を得た原告が未払分についての確認訴訟を起こした別の例で、訴訟物が異なりかつ権利保護の必要もあるとの理由から再訴を認めたものもある (LG Berlin JR 1950, 283)。*Kossoulis*, a.a.O. (N. 8), S. 211 はこれに賛成する。しかし、訴訟物の部分的同一性を認める立場に分があるのではなかろうか。なお、将来給付訴訟の特殊性から説明する見解もある (*Musielak/Voit*, a.a.O. (N. 1), §322 Rdnr. 9)。

(2) 日本法

三ケ月説は、判決原本滅失の場合は、紛争解決の必要という点から見れば最終的解決を図りうるような裁判がないから、一事不再理の理念が働く前提を欠くと論じる。また、時効中断の必要があるときは、最終性をもつ判断の先行ということだけでは救えない新たに解決するべき紛争が存在するから訴訟制度の再度の利用が正当化されると論じる[37]。いずれの場合にも、厳密な意味での同一問題ではない別の紛争が生じたということに、再度の提訴を許容する理由があると解されている。

(3) 検 討

拘束説における権利保護の必要の有無、一事不再理説における同一問題の存否という問題解決のための道具立ての間には、新たな紛争の有無を判断することがその目的となっている点では、実質的には大きな差はない。したがって、説明方法の違いということになりそうである。しかし、問題はこれだけでは解決しない。というのは、勝訴当事者による再度の訴えを既判力にもかかわらず許容すると、その第二の訴えに対する既判力の作用のほか、二重の債務名義形成の必要性に疑問が生じるからである。この問題はあまり明確に論じられていないが、私見は、次のように考える。まず、時効中断のための再訴であるが、確定した給付判決が消滅時効の完成によって失効することはない以上、再度の給付訴訟を提起させる必要性は、どのような考え方をとろうとも、存在しないはずである[38]。したがって、時効中断のためには、訴訟物たる権利義務関係存在確認の訴えを許容すれば足り、その限度でのみ再度の訴えは適法になるというべきであろう[39]。その場合は、給付請求権の存在を確定する給付判決の既判力が、先決関係と同様の形で後の確認訴訟に及ぶと解される。これによって、判断の矛盾および二重の債務名義が形成されるという不都合のいずれも回避さ

---

37) 三ケ月・前掲注 9) 28 頁。斎藤・前掲注 14) 391 頁以下はこれに賛成。さらに、松本・前掲注 19) 103 頁注 164。

38) 債権者は確定判決という債務名義を有しており、時効完成による執行力の排除に関しては債務者側に起訴責任が転換される。したがって、時効中断のために既判力がある債務名義を二重に得る必要はない。しかし、小山昇・判タ 289 号 (1973) 111 頁は、給付再訴の利益が認められうるとする。

39) 三木ほか・前掲注 1) 358 頁。債権者が時効消滅の危険に直面し、裁判上の請求のほかに時効中断の手段がないことが即時確定の現実的必要性を基礎付けるかどうかは、検討する必要がある。なお、この場合に被告が争っているかどうかは問題ではない (Vgl. *Becker-Eberhard*, Münchener Kommentar zur ZPO, 4. Aufl. (2013), §256 Rdnr. 40)。

れる。次に、判決原本滅失の場合であるが、一番極端な例である大震災により裁判所が壊滅的な被害を受けた結果としての原本滅失の場合は、そもそも既判力の基礎となるべき原判断が失われたのだから、この場合に既判力が及ぶか否かを論じることが無意味であるといわなければならない。このことは、すでにドイツ法で論じられているところである。結局、原本滅失の場合は、再度の審理のやり直しを容認せざるをえず、判断の統一については、残存する訴訟記録等を証拠とした審理で満足するより仕方がない。

IV 先決関係の既判力

1 拘束説と一事不再理説

前訴の訴訟物が後訴の訴訟物との関係で先決的な法律関係となる場合にも、前訴確定判決の主文に生じる既判力が作用することは、古くから認められてきた。同時に、この類型にあっては、既判力の積極的作用を正面から認めなければならないために、一事不再理説は妥当しえないと説かれてきた。Stein が、確認判決の対象を先決関係とする給付訴訟の例を挙げて、次のように一事不再理説を非難したことはよく知られている。

> 日常的な例である確認判決に続く給付の訴えの事例は〔拘束説にとっての〕適切な証拠となる。第一判決で相続人は受遺者に対しその挙式後に 6000 マルクの支払義務を負うことが確認された。第二訴訟でこの条件の成就後に同じ 6000 マルクの支払いを求める訴えが提起された。この場合に既判力が第二の判決を妨げることはなく、反対に第二の判決への道を平坦にすることは詳論を要しない[40]。

この批判に対して一事不再理説がどのように応答したのかについては、Schwartz による反論を Bötticher が発展させて論じている[41]。それによれば、もし再度の裁判の禁止ということが同じ訴訟物の繰返しに限定されるというのであれば、Stein の批判は意味を持つが、一事不再理説においては、同じ訴訟物の繰返しを問題としているのではなく、すでに裁判された事項についての再度

---

40) *Stein*, a.a.O.（N. 12）, S. 415.
41) *Bötticher*, a.a.O.（N. 6）, S. 135-139.

の審判の禁止を問題としているのである。先の例であれば、遺贈による履行請求権を後訴被告が争うとすれば、後訴原告はこの請求権の確認判決を持ち出してくる。この確認判決を前にしたとき、裁判官は、この請求権についてはすでに裁判がされているゆえにこの争いには立ち入ることができない。給付の訴えにつき裁判官がしようとする判決は第一訴訟の結果に基づくものでなければならず、このように解するときに、第一判決の既判力が第二判決の妨げとなることはありえないと論じる。要約すれば、拘束説では、先決関係でも一致する裁判の繰返しが既判力により求められることになるが、一事不再理説では、一つの事項は一回限りの審判を受けるべきであるとされ、このことは先決関係でも変わらないということになる。

2 一事不再理による既判力作用論の統一的理解は可能か
(1) 統一的理解の試みについて

ドイツの多数説は、同一問題では一事不再理説に立つ一方で、先決関係の場合には、第二訴訟の裁判所は前訴判決が既判力によって確定した内容に拘束されるとして、この局面では、既判力の積極的作用を認める[42]。一事不再理説の代表者である Bötticher も、このような二元的な説明の可能性を完全に排除していたわけではなく[43]、また、二元的説明の代表的論者である Gaul によれば、「Keller が既判力のこの二重機能を認識して以来、いずれか一方の既判力機能の不必要を説得力をもって説明することに成功した既判力理論は一つとして存在しない」とされる[44]。以上のように、一事不再理説が支配的なドイツ法でも、先決関係では既判力の積極的作用が働くことを肯定するのが多数説である。

では、先決関係も含めた形での一事不再理による既判力機能の統一的理解は、およそ不可能なのだろうか。この疑問について論じた Koussoulis の統一的把握モデルを検討する[45]。ここでの難関は、前訴で確定された法律効果が後訴における適用法規の構成要件要素になることと、既判力を消極的訴訟要件と解

---

[42] Vgl. *Koussoulis*, a.a.O. (N. 8), S. 234 Fn. 180.
[43] *Bötticher*, a.a.O. (N. 6), S. 222 f.
[44] *Gaul*, Die Entwicklung der Rechtskraftlehre seit Savigny und der heutige Stand, in: Festschrift für Flume (1978), S. 513(松本博之編訳・ドイツ既判力理論(信山社・2003) 106頁)。
[45] *Koussoulis*, a.a.O. (N. 8), S. 235 ff.

することとが両立しうるのかどうかということである。Koussoulis は、既判力ある判断がされて後訴では前提問題となった点について、既判力は二方向から消極的に作用するという。第一に、既判力ある判断がされた前提問題は一切審理せずに判決の基礎にしなければならない (zugrunde legen) という点については、同一問題における既判力の作用と基本的な相違はない。同一問題では訴え自体が不適法となるが、先決関係では主張、立証を不適法とするといういわば量的な相違があるだけである。また、反復の禁止は、一切の裁判の拒否と同義ではなく、実体的判断の禁止を意味するだけである。同一問題でも後訴を却下する裁判が行われるし、先決関係でも、その問題が現在の訴訟物との関係で前提問題となるかどうかという判断は不可欠であり、それに尽きる。裁判所は前訴判決の判断を判決の基礎に置かなければならないとは、以上の意味に理解すればよい。このように、Koussoulis は、消極的作用の発現形態が同一問題と先決関係とで違ってくるだけであると論じる[46]。

(2) 積極的作用の意義

(a) 先決関係では、既判力ある判断を後訴の本案要件として扱わなければならず、既判力が作用する結果として第二の訴えが却下されることはない。したがって、先決関係では積極的作用から出発することが不可欠であり、消極的訴訟要件としての一事不再理効から積極的作用を導くことはできない[47]。このように、先決関係の場合は同一問題と異なり、必ず第二の本案裁判を要することから、訴えの繰返しを禁止するという意味での一事不再理効が作用する余地はないといわなければならない。このために、前述した統一的把握モデルは、先決関係では一事不再理の意味を既判力の積極的作用に反する主張立証の禁止として理解し直せばよいと論じたと考えられる。しかし、そのような作用は、既判力の積極的作用と表裏一体の存在にすぎず、先決関係についても消極的作用だけが働き、それで十分であるという説明をすることは困難ではなかろうか。なお、一事不再理効の意味転換については本稿の最後で再論する。

(b) ところで、既判力の積極的作用は、先決関係に類似した場面でも問題

---

46) Vgl. *Bötticher*, a.a.O. (N. 6), S. 138, 200.
47) *Gaul*, a.a.O. (N. 44), S. 517–519 (松本編訳・前掲注 44) 110 頁以下). さらに伊東・前掲注 2) 132〜134 頁、138 頁を参照。

となる。例えば、請求認容判決を受けることで敗訴した相手方が標準時以後の事実関係の変動（弁済等）を主張して債務不存在確認訴訟を行う場合である。このような場合、新しい事実によって、権利関係および訴訟物の実質的な中身が変化することになるから、標準時における権利関係の姿の確定に拘束されつつ、変動をもたらした新しい事実の当否のみを審理すればよいと説明がされるべきである。このような場合は、単純な形での訴えの繰返しとは認められないために第二の本案裁判が必要となり、さらに、既判力の拘束が完全に解除されるわけでもないことから、積極的作用に基づく処理が求められ、一事不再理的な処理はぴったりと当てはまらないのである[48]。もっとも日本の通説は、この例だけではなく、単純な訴えの繰返しの事例をも先決関係と同一視して二つの既判力作用の相互補完性を説く[49]。しかし、既判力作用の相互補完性は、単純な形での訴えの繰返しではないために既判力ある判断を前提とした第二の本案裁判が必要となる事例にあってこそ意味を持つのではなかろうか。

V　おわりに──日本型一事不再理効の評価

　現在の通説によれば、既判力の消極的作用とは、「既判力の生じた判断を争うためになされる主張立証を許さず、その主張、証拠の申出を取り上げないという取扱い」であると定義される[50]。このように、既判力の消極的作用は訴訟物それ自体ではなく、訴訟物を基礎付ける攻撃防御方法レベルでの遮断効であると理解され、既判力の本質は積極的作用であるとの原則は、このような意味における消極的作用によって補完されると論じられる[51]。したがって、日本法で

---

[48]　所有権確認訴訟でも、棄却判決後の権利取得が主張されることはありうる。所有権取得原因は訴訟物の特定要素にはならないとする通説の立場からは、訴訟物は同一であるが、単純な訴えの繰返しではなく（岡庭・前掲注21）53頁）、本文で論じたのと同様に考えることができる。

[49]　通説は、新事実の主張があればもはや同じ訴えの繰返しにはならず、先決関係と同様に、標準時における権利関係存否の判断を前提にして新事実のみを審理することになると考えていると思われる。前掲注25）を参照。

[50]　新堂・前掲注1）707頁。

[51]　先決関係についても消極的作用が働くことを認めようとすると、消極的作用の意味を遮断効や再審禁止作用として理解しなければならなくなり、その結果として、相互補完性を認めることが容易になる（Vgl. *Koussoulis*, a.a.O. (N. 8), S. 239）。なお、ドイツ法でも、既判力の二つの作用の並立や相互補完を認める見解が有力であるが、既判力実体法説と訴訟法説の対立を止揚することをねらいとしている点や、同一問題では一事不再理効が基調とされるなどの点で日本の議論とは異なる。これについては別稿に譲る。

は、本来的な意味での一事不再理効を、訴訟物の存否に関する既判力ある判断を覆す攻撃防御方法を提出することができず、また審理することもできないという形へと変形させることを通じて、拘束説と一事不再理説の対立を収束へと導いたということができる[52]。

たしかに、このような意味での遮断的作用を既判力の消極的作用＝一事不再理効と考えるならば、積極的作用だけではなく、消極的作用も、既判力が作用する三類型に対して常に妥当すると考えることができる。しかし、既判力の本来的な作用は、訴えの繰返しを排斥する消極的作用および第二の裁判の必要があるときに働く積極的作用に尽きる。他方で、既判力による攻撃防御方法遮断の作用は、後訴裁判所が、前訴裁判所による基準時における訴訟物存否の判断を前提としなければならないという積極的作用に内在する効果か、あるいは、既判力には標準時という時間的限界があることの論理的帰結であると考えるべきである[53]。したがって、遮断的効果が既判力の積極的作用を支える関係に立つとの議論は、その限りにおいて当然のことを述べたにすぎない。なお、同一問題では一事不再理効による訴えの却下を原則とするという本稿の立場からは、それ以上に遮断効や積極的作用の介入を論じる余地は原則として存しない。

---

52) 谷口安平・口述民事訴訟法（成文堂・1987）322 頁以下、吉村徳重ほか編・講義民事訴訟法（青林書院・2001）362 頁〔井上治典〕を参照。これは、日本型一事不再理効と名付けるべきであろう。
53) *Gottwald*, a.a.O. (N. 1), §322 Rdnr. 139, 144. 中田淳一「確定判決の失権効」末川先生還暦記念・民事法の諸問題（有斐閣・1953）436 頁も参照。

日本およびドイツにおける
法律が定める既判力の限定および
既判力の打破が拡張される発展的傾向

ハンス・フリートヘルム・ガウル
（越山和広・訳）

- I 献呈の辞
- II 日本およびドイツにおいて法律が定める既判力の限定が拡張するという傾向
- III 既判力による失権と原状回復の関係
- IV 正規の訴訟上の方法による既判力の打破と非正規の実体上の方法による既判力の打破についての日本およびドイツにおける同方向の問題性
- V 日本とドイツの再審法の比較
- VI 無効の訴えと原状回復の訴えの異なる実務上の意義
- VII 再審事由の類推可能性
- VIII 無効の訴えの原理について
- IX 原状回復の訴えの原理
- X 良俗違反を理由とするBGB 826条に基づく損害賠償の訴えの助けを借りた既判力の打破

I 献呈の辞

　本稿が捧げられる尊敬すべきユビラールである松本博之は、その驚嘆に値するほど広きにわたる学問的な著作において、傑出したそして貢献度の高い方法で、日本とドイツの民事訴訟法学者間の対話を育成し、促進してきた。すなわち、彼の日本民事訴訟法、強制執行法、家事事件手続法の教科書および訴訟法の基本的テーマに関する彼の論文は、彼のドイツの判例学説に関する造詣の深さとドイツの判例学説が深く掘り下げて解析されていることの証拠であり、これらは、日本のテキスト類や判例評釈において常に引用されている。このことは、ドイツの読者がより容易に手にとることができる、多くのドイツ語で書か

れたドイツの祝賀論文集や専門雑誌に掲載された論文によっても周知のことであり、これらの論文は、明快な比較法的分析と厳密な体系的思考方式という特徴を示している。したがって、ドイツの民事訴訟法学者は、松本博之に対して、彼がドイツの法律学とのコンタクトを集中的に育成してきたこと、および、対話に常に応じる姿勢を貫いてきたことに対して、感謝を捧げなければならない。しかも筆者は、筆者の『ドイツ既判力理論についての論文集』を日本語に訳出し、すばらしい論文集へと編集していただいたことについて[1]、長年の友情により、尊敬すべきユビラールに対して深甚な感謝の気持ちを有している。

松本博之は、フライブルク大学での名誉博士号授与を記念した講演の中で、訴訟物、訴訟行為および証明責任の理論と並んで、「既判力および上訴」の理論は、その「基本原則」において、もともと「ドイツ法に由来する」問題領域であると述べている[2]。そこで筆者は、ユビラールの古稀をお祝いすべく、この祝賀論文で行ったテーマ選択が彼の関心にかなうことを希望するものである。

II 日本およびドイツにおいて法律が定める既判力の限定が拡張するという傾向

最近、松本博之は、その論文『法発展における法ドグマーティクの意義』において[3]、日本では、「確定判決の拘束力が拡張する」傾向にあることを指摘した。このような拘束力の拡張は、結局、訴訟目的を「個人の権利保護」とする伝統的な見解から徐々に乖離し、第二次大戦後、日本で、察するにアメリカの影響の下で定着した「紛争解決」という訴訟目的へと変遷したことを明らかにするものである。

---

1) ハンス・F・ガウル（松本博之編訳）・ドイツ既判力理論（信山社・2003）。
2) *Hiroyuki Matsumoto*, Die Rezeption des deutschen Zivilprozessrechts in der Meiji-Zeit und die weitere Entwicklung des japanischen Zivilprozessrechts bis zum Zweiten Weltkrieg, ZZP 120 (2007), S. 3, 26.
3) *Hiroyuki Matsumoto*, Die Bedeutung der Rechtsdogmatik für die Rechtsentwicklung, Ein japanisch-deutsches Symposion hrsg. von Rolf Stürner (2010), S. 203, 217 ff.

1 基礎付け：訴訟目的としては「権利保護」か「紛争解決」か。さらに訴訟対象（訴訟物）と裁判対象の範囲

そこで、中村英郎は[4]、このような変遷は、とりわけアングロアメリカ的な判例法体系において、訴訟の結果は、判例法が基準とした事実関係によって定まり、したがって、法は、「紛争解決」という意味における裁判官の判断においてはじめて、一言一句的に「発見」されざるをえないことに帰するとしている。これに対して、法典化された大陸ヨーロッパの法体系では、これは日本も伝統的に同じであるが、法律で明確化された客観法としての規範が、第一次的に裁判官の判断の規準となり、したがって、訴訟の目的は、必然的に、「個人の権利保護による客観的法秩序の確証」に求められる[5]。

中村英郎は、「民事訴訟の2類型」として、2つの類型がまったく異なる帰結と思考方式をとることを明瞭に述べている。すなわち、一方で、大陸ヨーロッパ法および日本法の範型となったローマの民事訴訟は、アクチオ法的な特徴を持ち、ローマ法源においては、個別の事件について定められた「アクチオ」が、訴訟とその結論を（あらかじめ）規定する（「権利あるところに、救済あり（ubi ius, ibi remedium）」）。他方で、アメリカ法がその範型として基礎に置いているゲルマンの訴訟では、ローマ法に比するような「書かれた法」はなく、「民族の伝来的な法意識」から得られた「ノモス」（これは古代ギリシャ法のノモスに類似する[6]）が、平和を「妨げる」事象に対して、部族社会の「平和の回復」を目的として適用されることではじめて、発見されなければならない（「社会あるところに、法あり（ubi societas, ibi ius）」）[7]。

(1) ローマ法起源のアクチオ法的な特徴を有する民事訴訟

ローマ法では、訴訟物は「アクチオ」によって定まり、アクチオは（Wind-

---

[4] *Hideo Nakamura*, Zweck des Zivilprozesses — Die japanische Theorie im Wandel —, Festschrift für Hans Friedhelm Gaul (1997), S. 463, 468 ff. これは次のような結論である。「紛争解決説はアメリカの民事訴訟では正しいが、規範から出発する大陸ヨーロッパの民事訴訟については拒絶されなければならない」。

[5] Vgl. dazu *Gaul*, Der Zweck des Zivilprozesses — Ein anhaltend aktuelles Thema —, in Kamil Yildirim, Hrsg., Zivilprozessrecht im Lichte der Maximen, Istanbul (2001), S. 68, 71 f., 78 ff. 訴訟目的論の展開については以前すでに、*Gaul*, Zur Frage nach dem Zweck des Zivilprozesses, AcP 168 (1968), 27 ff.

[6] Vgl. dazu *Kostas Beys*, Der Beitrag der hellenischen Dichtung und Philosophie zum Wesen der Gerechtigkeit vom Standpunkt des heutigen europäischen Rechtsdenkens, in Prozessuales Denken in Attika, Athen (2000), S. 50, 53 ff. 「法とノモスの同一性」。

[7] Vgl. *Hideo Nakamura*, Festschrift für Gaul, a.a.O. (N. 4), S. 468 f. および歴史的な諸起源について詳細はすでに、*ders.*, Die Institution und Dogmatik des Zivilprozesses, ZZP 99 (1986), 1, 3 ff., 9 ff.

scheid 以来）実体法から生じる「請求権」を実現するという役割を担う[8]。すなわち、訴訟目的は、請求権の貫徹とそれによる当事者の権利保護の中に存する。これに対応する形で、事実関係の解明は、請求権を認める規範の範囲内に限定される。この規範は、裁判官に対して、「規範的な選択」という意味における、裁判をするのに重要な「包摂可能な事実関係」のみを解明するべきであると命じる[9]。

たしかに、Adolf Wach は、Dig. 44, 7, 51（「訴権は何人が負担する権利を裁判上実現すること以外の何物でもない」）に基づく、いわゆる Celsus のアクチオ概念を前提とする 19 世紀の理論に対して、この理論は、はじめから原告を「正当な権利者」、被告を「権利を妨げる者」だと思わせていると批判した。したがって彼は、「訴訟の目的は、権利保護の付与による私法秩序の確証である」と定義し、それによって、個人の権利保護という目的を切り詰めることを望まなかった[10]。権利保護の観念は、国家社会主義の下では、いわゆる民族全体に奉仕する客観的司法目的によって置き換えられたことで倒錯したが、第二次大戦後になって再び、個人の権利保護が思い出されることとなった[11]。

(2) 個人の権利保護の法治国家的な強化

今日、ヨーロッパ条約法と各国の憲法は規準的な役割を果たしている。すなわち、欧州人権条約 6 条 1 項（BGBl. II 1952, S. 685）の中には、いわゆる司法行為請求権が繋ぎ止められている。それによれば「何人も、その事件を公正な方法で公開のかつ適正な期間において」「民事法上の請求権および義務に関して」裁判する裁判所の面前での手続において「審問される請求権を有する」とされている。個人の憲法上の基本権保護についても同様に、基本法 19 条 4 項、101 条、103 条で保障されている[12]。

しかも、権力分立に基づく法治国家では、基本法 20 条 3 項、97 条 1 項で定め

---

8) *Bernhard Windscheid*, Die Actio des römischen Civilrechts vom Standpunkt des heutigen Rechts (1856), S. 221 ff.
9) Vgl. dazu *Gaul*, Zweck, a.a.O. (N. 5), 2001, S. 6, 87 mit Hinweis insb. auf *Josef Esser*, Vorverständnis und Methodenwahl in der Rechtsfindung, 2. Aufl. (1972), S. 209.
10) *Adolf Wach*, Handbuch des Deutschen Civilprozeßrechts (1885), S. 3ff. und dazu *Gaul*, AcP 1968, 27, 42 ff. und zuletzt *ders.*, Zweck, a.a.O. (N. 5), 2001, S. 68, 76 f.
11) Vgl. dazu *Gaul*, AcP 168 (1968), 27, 32, 44 ff. 新しく詳細なものとして *ders.*, Zweck a.a.O. (N. 5), 2001, S. 68, 78 ff.
12) *Gaul*, Zweck, a.a.O. (N. 5), 2001, S. 68, 78 ff.

られている裁判官の法律および法に対する拘束が、裁判官の判断の意味を過大評価することへの守りとなっている。したがって、19世紀のOskar Bülowの理論に追随して考えられている、裁判官の判断があってはじめて「不完全な法秩序」から「完全な法規範」が生み出されるという、現在でも一部で支持されている理論には従うことができない。これは、既判力を裁判所の効力と等置することで (James Goldschmidt)、既判力は法律の効力よりも強いとの理由から、適用された法 (ius in hypothesi) から、当事者がそれに従って生活しなければならない解釈された法 (ius in these) が生じるという考え方 (Arthur Nikisch) である。これは、権力分立的な議会制法治国家においては克服されるべき前憲法的な観念である[13]。

客観的な法秩序が訴訟に先行するものと考えられている、中村英郎によって大陸ヨーロッパ型の民事訴訟と称されたものにとって、基本法20条3項および97条1項は説得力を有する。つまり、そのような理解の下で、憲法は、裁判官に対して、法律に対する拘束を通じて、具体的法適用のための審理範囲を同時に限定しているのである[14]。

(3) 当事者の申立てによる裁判対象の決定

客観法が、裁判の内容を（あらかじめ）定めるのと同様に、当事者は、その訴えおよび反訴の申立てによって (ZPO 253条2項2文、256条)、訴訟対象（訴訟物）および裁判対象の範囲を定める。実体法上の私的自治に対応する[15]、当事者の訴訟上の運命を自己決定する処分権能を主として表現するのがZPO 308条1項であって、この規定は、裁判所が「当事者が申し立てなかったものを当事者に対して認めてはならない」とすることによって、裁判所を当事者の申立てに拘束する。被告も、中間確認の訴え（反訴）によって (ZPO 256条2項)、訴訟対象および既判力の対象を、それ以上に争点へと拡張することが許されており、これは、例えばオーストリアやスイスといったドイツの近隣諸国でも同じであ

---

13) これにつき新しく詳細は *Gaul*, Rechtskraft und ungerechtfertigte Bereicherung, Festschrift für Eberhard Schilken (2015), S. 217, 287 ff. mit eingehenden Nachw. 参照。および、Stelios Koussolis と Max Vollkommer によって更新された「判決に従って生活する」との理論の批判も参照。

14) これについてはすでに前掲注9）の引用参照。基本法20条3項の意味する「法は裁判官の裁判の前に存在するべきものであること」については、すでに、*Gaul*, Die Grundlagen des Wiederaufnahmerechts und die Ausdehnung der Wiederaufnahmegründe (1956), S. 58.

15) 訴訟目的論と処分権主義の関係についてはすでに、*Gaul*, AcP 168 (1968), S. 27, 51 に詳しい。

る[16]。

　したがって、ドイツの立法者は、判決は、「訴えまたは反訴によって提起された請求を裁判した」（ZPO 322条1項）「範囲内でのみ」既判力を有すると宣言したのである。そして、「訴訟の進行中に争いとなった法律関係で、その存在または不存在に裁判の全部または一部が係っているもの」は、中間確認の訴えによって裁判官の判断を求めなければ（ZPO 256条2項）、既判力の対象とはならない。この新しい「中間確認の訴え」によって、立法者は、「実質的にSavignyの立場に相当するもの、つまり、訴訟の領域を超えた既判力によって裁判されるべきことは、法律ではなく、当事者の意思によって定まるにすぎない」というのと同じ結論に達すると考えたのであった[17]。

(4)　アメリカ法の「訴訟原因」と「請求遮断効」

　アングロアメリカ法では、訴訟物は、訴えによって追求される請求によって画定されることはなく、反対に、訴訟資料は「訴訟原因」によって定まり、したがって、複数の法的効果をも包含しうるような集合的な意味における、請求を理由付ける事実関係によって定まる。たしかに、中村英郎が指摘するように[18]、古い英国法は、ローマのアクチオ体系と対比しうるような「令状（writ）体系」を知っていた。これは、「令状方式書（Register of Original Writs）」によるコモンローの「訴訟方式」の体系である。しかし、これは、19世紀には影響力を失ったローマ法の法務官による「永続的告示（Edictum perpetuum）」とは無関係な、英米に固有の法形成の並行的な発展であった（「訴訟方式を我々は葬り去った」）[19]。アメリカ法では、紛争解決の意味において、事実上の生活事実関係をすべて片付けることが前面に押し出されている。「訴訟原因の分割」は、ここで求められて

---

16)　これについて近時詳細は *Gaul*, Die Rechtskraft im Lichte des Dialogs der österreichischen und deutschen Prozessrechtslehre, Festvortrag zum 80. Geburtstag von Hans W. Fasching, ÖJZ 2003, 861, 872 参照。スイスについて *Walther J. Habscheid*, Schweizerisches Zivilprozess-und Gerichtsorganisationsrecht, 2. Aufl. (1990), Rdnr. 353. 2011年1月1日より施行されているスイス新民事訴訟法（59条2項e号、60条）の基礎に立って、最近の *Sutter-Somm*, Schweizerisches Zivilprozessrecht, 2. Aufl. (2012) Rdnr. 464 ff., 484 ff., 520 ff., 597; *Isaac Meier*, Schweizerisches Zivilprozessrecht (2010) S. 203 ff., 244 ff.を参照。それらによれば、既判力は裁判の主文に限定され、主文は判決の理由によって解釈されるが、ドイツ民事訴訟法322条1項、256条2項のような既判力の効力についての明文の規律は欠けている。

17)　Vgl. Motive zu § 293 CPO (=§ 322 ZPO) bei *Hahn*, Die gesamten Materiealien zur Civilprozeßordnung, Bd. II, Abt. 1 (1880), S. 291 f. (Hervorhebung im Original). これについては、後掲注22）も参照。

18)　*Hideo Nakamura*, ZZP 99 (1986), 1, 21.

19)　これについて詳細は *Hans Peter*, Actio und Writ (1957), S. 10 f., 50 ff., 61 ff., 81 ff., 102, 104 (mit vollständigem Text-Zitat in Fn. 9 m.w.Nachw.) を参照。

いる訴訟の集中化に反する。これに対応して、bar（棄却による訴えの繰返し排斥）と merger（認容判決による実体的請求権の消耗）という形による既判力による遮断（claim preclusion）は、包括的に一体的な事象と結び付いており、その一体的な事象から生じる法的効果を個別に訴えなければならないということはない[20]。

(5) Savigny の判決要素論の拒絶

以上のことは、Savigny が「判決理由の既判力」の理論の基礎に置いた「訴訟の本質と裁判官職の使命」という考え方と完全に一致する。すなわち、「単に外的な権利侵害の当座の防止だけでなく、全将来にわたって効力を持ち続ける既判力による確実化……、したがって、裁判官が判決に熟した弁論により判決しようとする事項のすべてが、既判力の対象となる」[21]ことが、これに含まれる。しかし、ドイツの立法者は、既判力の範囲を ZPO 322 条 1 項および 256 条 2 項によって、「裁判官の意思」ではなく、具体的な訴訟で追求される「当事者の意思」が基準になるべきであるとの理由から、当事者の個別の「申立て」が既判力の範囲を拘束するとしたことで、まさにこの考え方に反対した[22]。

2 日本における「主文と結び付けられた」既判力概念と新しい「争点」理論によるその拡張

松本博之が本稿の基礎となる論考において説明しているように、日本民訴法 142 条の二重起訴の禁止について、法律は、すでに訴訟物の同一性にその照準を合わせており、裁判の範囲について、しかも形式的に「判決主文」へと照準を合わせている日本民訴法 114 条 1 項では、実質的に ZPO 322 条 1 項と同様に、訴訟上の請求に関する裁判に、既判力を限定する[23]。これに対して、「紛争解決」を前面に押し出す理論は、日本民訴法 142 条に反する形で、二重起訴の禁止を「主たる争点の共通性」に基づいて拡張し、さらに、日本民訴法 114 条

---

20) Vgl. dazu *Hideo Nakamura*, a.a.O. (N. 18), S. 14 f., 20 ff.; *Gaul*, Rechtskraft und Verwirkung, Festschrift für Wolfram Henckel (1995), S. 235, 269 ff. (＝松本編訳・前掲注 1) 125 頁、167 頁以下). 近時、同様に周到かつ要点を突いたものとして *Christoph Althammer*, Streitgegenstand und Interesse (2012), S. 104 ff., 109 f., 238 ff., 247 ff.

21) *Friedrich Carl von Savigny*, System des heutigen römischen Rechts, Bd. VI (1847), S. 355, 359 f.

22) Vgl. dazu *Gaul*, Die Entwicklung der Rechtskraftlehre seit Savigny und der heutige Stand, Festschrift für Werner Flume, (1978), S. 43, 472, 478 (＝松本編訳・前掲注 1) 47～48 頁、52 頁、55 頁、58 頁); jüngst auch *Althammer*, a.a.O. (N. 20), S. 32, 508 f.

23) *Hiroyuki Matsumoto*, a.a.O. (N. 3), S. 203, 217 ff., 219 ff.

1項に反する形で、既判力の客観的限界を拡張することを通じて、結局、「判決理由の既判力」に帰するような確定判決の「争点効」を認めるに至っている[24]。

しかし、このことは、法律が既判力を判決主文の判断に限定していること（日本民訴法114条1項）に反する。というのは、判決主文への既判力限定ということを確実なものとするために、ZPO 322条1項と256条2項との関係と同様に、日本民訴法145条1項は、「中間確認の訴え」について、ほとんど同じ文言の規定を置いているからである。つまり、「裁判が訴訟の進行中に争いが生じた法律関係の成立または不成立に係るときは、当事者は、その請求を拡張して、その法律関係の確認の判決を求めることができる」[25]。それによってのみ、「争点」は、日本民訴法114条1項によれば既判力の範囲を定めることになる「判決主文」へと到達することができる。

当事者の申立てと無関係な「争点効」を容認することは、日本の「主文を志向した」既判力の範囲に鑑みれば、ZPO 322条1項および256条2項の文脈によれば必然的な「請求と結び付けられた」ドイツの既判力概念と矛盾するのとまったく同様に、「体系に反する」のである。

日本の最高裁の実務が発見した「争点効」に基づく既判力効の拡張は、一般的な「信義誠実の原則」を適用することで、日本の学説によって支持すら受けており、その結果として、裁判官は、「補充を必要とする」一般的な評価基準を利用した「個別事件ごとの判断」を行うように仕向けられているが[26]、そうなると、法律によって確定された既判力の限界付けは、その明確な輪郭線を失う。したがって、この考え方は、判決理由から引き出される「争点」に対して、「既判力を超えた遮断効」をも付与する[27]。確定判決は、元来、相互に結び付いた「既判力と遮断の効力の一体性」によって、既判力の限界を超えた「遮断効」を

---

24) *Hiroyuki Matsumoto*, a.a.O. (N. 3), S. 220 は、そのような考え方には「賛成できない」と指摘する。日本民訴法114条1項の「主文」に関連付けられた既判力の範囲がフランス法に由来することについては、なお後掲注71）以下をみよ。

25) *Hiroyuki Matsumoto*, a.a.O. (N. 3), S. 218 f. は、一部請求における訴訟物の拡張目的での中間確認の訴えを指摘する。日本法およびドイツ法における先決的法律関係についての既判力ある裁判を得るための中間確認訴訟の意義一般については、*Kazuhiro Koshiyama*, Rechtskraftwirkungen und Urteilsanerkennung nach amerikanischem, deutschem und japanischem Recht, Tübingen (1996), S. 52 f. も参照。

26) 訴訟法における一般条項の利用の問題性については *Gaul*, Treu und Glauben sowie gute Sitten in der Zwangsvollstreckung oder Abwägung nach "Verhältnismäßigkeit" als Maßstab der Härteklausel des § 765a ZPO, Festschrift für Gottfried Baumgärtel (1990), S. 75 ff. をみよ。

27) この「体系違反」については、また *Hiroyuki Matsumoto*, a.a.O. (N. 3), S. 222 f.

Ⅱ　日本およびドイツにおいて法律が定める既判力の限定が拡張するという傾向

認めていないにもかかわらず、である[28]。

　松本博之が詳論するように、「争点効」の理論は、アングロアメリカ系の争点遮断効という、いうまでもなく伝統的に異なる特徴を持つ法体系から由来するものを、実際のところ模範とするものである[29]。アングロアメリカ系の「エストッペル」の理論は、証拠法（rule of evidence）から発展したものであり、矛盾行為の禁止を表現するものとして理解されている[30]。「エストッペル」の効果は、矛盾行為の禁止を受ける者自身の行為によって、相手方の期待が害されることがないように仕向けるものである。「エストッペル」は、先行行為によれば憎むべき（odious）とみなされる提出を禁止することを意味する。とりわけ、「コラテラル・エストッペル」の領域では、前訴で事実上争われ判断を受けた争点（issues）についての裁判は、別な「訴訟原因（cause of action）」に関する第2訴訟で拘束力（issue preclusion）を生じる。しかし、アメリカ法と、厳格な客観的遮断というドイツの概念との間には、帰責事由なく陳述されなかった訴訟資料には「エストッペル」の効果が及ばないという違いがある[31]。すなわち、そのために、争点排除効は、個別の事件における「明白な不正義（manifest injustice）」を避けるべく、計測不可能な「正義の留保」を背負い込んでいる[32]。すなわち、これは、厳格に「請求と結び付けられた」ドイツ法の、あるいは「主文と結び付けられた」日本法の既判力概念と比較したとき、法的安定性に対して著しく有害な効果を

---

28)　既判力効の客観的範囲と分かちがたく結び付いている遮断効の詳細については、Gaul, Aktuelle Probleme der Rechtskraftlehre, in *Schilken/ Yildirim* (Hrsg.), Zivilverfahrensrechtliche Probleme des 21. Jahrhunderts, Remscheid (2006), S. 89, 111 ff., 114 f. を参照。

29)　*Hiroyuki Matsumoto*, a.a.O. (N. 3), S. 119 は、とりわけ新堂幸司がアメリカの範型に従ったことを指摘する。これについては、また、*Kazuhiro Koshiyama*, a.a.O. (N. 25), S. 68 f. mit Kritik S. 75 ff. 同じことはすでに *Ko Endo*, Die Drittwiderspruchsklage im deutschen und japanischen Recht, Freiburg (1988), S. 159 ff. この論文は、第三者異議訴訟の裁判対象を理解するために争点効理論を参照するが、適切にも、「既判力の対象となる」第三者の権利に関する裁判は、「第三者異議の状態と中間確認の訴えとを結び付けること」によってのみ得られるということを前提とする（S. 163 f., 165 f., 172, 180 f.）。遠藤功の説明については、*Kazuhiro Koshiyama*, a.a.O., S. 59, 75 ff., 80 ff. も関連する。ドイツ民訴法771条による第三者異議の訴えと266条2項による中間確認の訴えとを結び付けることの必要性については、*Gaul*, Dogmatische Grundlagen und praktische Bedeutung der Drittwiderspruchsklage, 50 Jahre BGH, Festgabe der Wissenschaft, Bd. Ⅲ (2000), S. 521, 531 ff., 533 m.w.Nachw.; *ders.* in *Gaul/ Schilken/ Becker-Eberhard*, Zwangsvollstreckungsrecht, 12. Aufl. (2010), § 41 Rdnr. 162, 181 m.w.Nachw. を参照。

30)　Vgl. dazu *Gaul*, Rechtskraft und Verwirkung, Festschrift für Wolfram Henckel, a.a.O. (N. 20), S. 235, 269 ff. m.w.Nachw. (＝松本編訳・前掲注1) 125頁、167頁以下); neuerdings auch *Althammer*, a.a.O. (N. 20), S. 104 ff., 110 ff., 560 f. m.w.Nachw.

31)　Vgl. *Gaul*, a.a.O. (N. 20), S. 270 f. m.w.Nachw. (＝松本編訳・前掲注1) 168～169頁); ebenso *Althammer*, a.a.O. (N. 20), S. 110 f.

32)　Vgl. dazu *Gaul*, Aktuelle Probleme a.a.O. (N. 28), S. 89, 106, 107 f. m.w.Nachw.

含む制度である。

3 欧州司法裁判所の「中心争点」判決（Kernpunkt-Judikatur）と内国法の既判力の限界付け

確定判決の「争点効」をめぐる日本の議論は、欧州司法裁判所の中心争点判決[33]に関してドイツの訴訟法理論において（一部では先を急ぎすぎるほどの熱意を持って）行われた議論、すなわち、ドイツ法の狭い訴訟対象（訴訟物）および裁判対象の概念を、欧州司法裁判所が基礎に置く、より広い訴訟物概念と適応させるべきかという議論を想起させる[34]。中心争点理論を各国の訴訟法へと継受させるかどうかを問うということは、現代の訴訟法理論を、19世紀の法典編纂期以前のSavignyがいたときの状態へと戻してしまうように見える[35]。

とはいえ、欧州司法裁判所のいわゆる中心争点判決は、直接的には、二重の訴訟係属を規律するEU管轄承認条約21条、EU管轄承認規則27条1項の解釈に関するものである。しかし、これは、国際裁判管轄という観点の下でのみの規律である。すなわち、異なる締約国の裁判所において「同一の当事者間で同一の請求に基づく訴え」が係属したときは、後で訴えが係属した裁判所は、「はじめに訴えが係属した裁判所の管轄権が確定するまで」、手続を中止しなければならない。はじめに訴えが係属した裁判所の管轄権が確定したときは、後で訴えが係属した裁判所は、「管轄権がないこと」を宣言しなければならない。

例えば、第1国でされた売買代金支払いを求める訴えと、第2国で後からされた売買契約の無効確認を求める訴えとが競合したとき、欧州司法裁判所は、生活事実関係を広く解釈することに基づいて、2つの訴えの「中心争点」は契約の効力であるとの理由から、訴訟物は同一であることを出発点とする。しかし、ドイツ法では申立ての同一性がそもそも欠けるので、訴訟物の同一性は問

---

33) Vgl. EuGH, Urteil vom 8. 12. 1987 (Gubisch), NJW 1989, 665 f.; EuGH, Urteil v. 6. 12. 1994, (Tatry), NJW 1995, 1883 (LS).

34) ライプチヒにおける1988年のドイツ法系民訴法担当者会議ではこれが扱われた。Vgl. *Rüßmann*, Die Streitgegenstandslehre und die Rechtsprechung des EuGH, ZZP 111 (1998), 399 ff.; *Walker*, Koreferat, a.a. O., S. 429 ff.; dazu Tagungsbericht *Heiderhoff*, a.a.O., S. 455 ff.

35) Vgl. dazu *Gaul*, Tradition und Fortschritt-dargestellt an der Entwicklung der Rechtskraftlehre, Jahrbuch Junger Zivilrechtswissenschaftler (1999), S. 9, 30 f.; zuletzt näher *Gaul*, Aktuelle Probleme, a.a.O. (N. 28), S. 89 106 ff.; dazu neuerdings umfassend *Althammer*, a.a.O. (N. 20), S. 172 ff. und passim.

Ⅱ 日本およびドイツにおいて法律が定める既判力の限定が拡張するという傾向

題とならないはずである。

　欧州司法裁判所は、「同一の請求」の概念を自律的に、つまり当該裁判所が属する国の法を考慮することなしに、広く解釈している。これは、最初に事件を扱った管轄裁判所の下に2つの事件を（あたかも関連請求の管轄に基づくように）併合することで、二重起訴の禁止の助けを借りて、法的効果においてのみ「両立しない」判決を避けること、そして、EU管轄承認条約27条3号、EU管轄承認規則34条3号に関して、締約国間での判決承認を容易にすることを狙うことを理由とする。このような観点は、共同体法には既判力効についての規定が含まれないことから当然であるが、その適用領域の外でも考慮する必要がない。反対に、既判力効の種類と範囲は、それぞれの内国法に従う[36]。

　その上、ドイツの訴訟法理論では、欧州司法裁判所のいわゆる中心争点判決の狙いが、その自己理解において過大評価されてきた。というのは、「欧州司法裁判所は、既判力の限界に関するヨーロッパ共通の規定をすることを、従来、その権限を理由にして行ってこなかった」[37]し、ヨーロッパを包括するような既判力概念を実現しようとする努力をそもそも行っていないと思われる[38]からである。

　既判力の限定を広げてゆくという意味で、ヨーロッパにおける法の近接化を先走って努力することに対しては、ドイツの観点からは懐疑的である。なぜならば、ローマ法源に基づくSavignyの画期的な基礎付け以来、ようやく到達した「請求と結び付けられた既判力概念」を手に入れようと苦心惨憺した国は、この国（ドイツのこと：訳者注）以外には存在しないからである[39]。ZPO 322条1項、256条2項によって「当事者の申立て」と結び付けられた既判力の範囲の規準設定は、均整のとれたものと感じられる。というのも、これは、当事者を不意打ち裁判から守るだけではなく、比較的厳格な客観的遮断ルールから生じる、提出されなかった訴訟資料を遮断する危険をも限定するからである[40]。ローマ

---

36) Vgl. dazu *Gaul*, Aktuelle Probleme, a.a.O. (N. 28), S. 89, 107.
37) *Althammer*, a.a.O. (N. 20), S. 644 の所見はそうである。
38) So zuletzt *Heimo Schack*, "Anerkennung" ausländischer Entscheidungen, Festschrift für Eberhard Schilken (2015), S. 445, 455.
39) Vgl. dazu *Gaul*, Festschrift für Werner Flume, a.a.O. (N. 22), S. 443, 471 ff.; 478ff. (＝松本編訳・前掲注1) 1頁、46頁以下、51頁以下）.
40) Vgl. zuletzt *Gaul*, Festschrift für Eberhard Schilken, a.a.O. (N. 13), S. 275, 310.

法由来の大陸ヨーロッパ型の既判力理論と、ゲルマン・ノルマン由来のアングロサクソン型の広範に作用する「エストッペル」理論とをここでどのようにして架橋すべきかについては、とりわけ、ほとんど想像することができない[41]。

特に注目に値するのは、伝統を意識するBGHの判例が、「中心争点」の議論に惑わされることなく、今日に至るまで、「請求に結び付けられた既判力概念」を堅持してきたことである。すなわち、BGHは、2009年11月5日の基本判決で、次のことを確認している。「ZPO 322条1項において、提起された請求に既判力を限定することで、立法者は意識的に狭い既判力概念を採用し、Savignyの理論、つまりそれによれば、理由の中に含まれる判決の要素にも既判力が及ぶというものであるが、これに反対すると決断した。前提問題や先決的法律関係は、ZPO 256条2項による別な中間確認の訴えの提起によってのみ、訴訟物に加わる」。それゆえに「立法者は、争いある前提問題を判決の客観的既判力に関与させることを、意識的に当事者の手に委ねたのである」[42]。

4 「法的意味関連性」に基づき既判力は拡張しない

以上により、BGHの判例は、厳格に法律を基準とするライン、すなわち、BGHが、いくつかの判決において、Zeunerの「法的意味関連性の枠組みにおける既判力の客観的限界」の理論[43]をはっきりと否定することで定式化されているラインであるが、それを忠実に守っている。すなわち、2001年10月30日の判決で[44]、BGHは、BGB 894条による不動産登記簿訂正の訴えにおいて、「所有権」は既判力が生じない前提問題にすぎないことをはっきりと認めたし、2001年5月2日の判決では[45]、BGB 823条による損害賠償の訴えを棄却する確定判決は、BGB 1004条による不作為請求の後訴にとって先決関係に立たな

---

41) *Gaul*, Aktuelle Probleme, a.a.O. (N. 28), S. 89, 106, 107 f.
42) Vgl. BGHZ 183, 77, 80 f. これは、CPO の立法資料と Festschrift für Flume, a.a.O. (N. 22), S. 443, 477 ff., 481（＝松本編訳・前掲注1）1頁、46頁以下、60頁）における筆者の立場を指摘する。
43) *Albrecht Zeuner*, Die objektiven Grenzen der Rechtskraft im Rahmen rechtlicher Sinnzusammenhänge (1959), passim. その限りで近時なお *Zeuner*, Beobachtungen und Gedanken zur Behandlung von Fragen der Rechtskraft in der Rechtsprechung des BGH, 50 Jahre BGH, Festgabe der Wissenschaft, Bd. III (2000), S. 337, 357. これは、BGH 判例においては相当な態度決定がされていないことを遺憾としているが、後述する BGH の判決は、徹頭徹尾「その問題性をその原則性においてテーマ化」した。
44) BGH, NJW-RR 2002, 516, 517.
45) BGHZ 150, 377, 382 f. ＝NJW-RR 2002, 1617, 1618.

いことを、ならびに、2003年6月26日の判決では[46]、「いわゆる補完関係あるいは、いわゆる（必然的な）意味関連性の枠組みによる既判力の拡張は、考慮されない」ことをはっきりと認めた。この理論は、ZPO 322条1項にも矛盾するし、また、付随的にすぎない判決理由の拘束力を避けるべく、前提問題を解明するために ZPO 256条2項による中間確認の訴えを規定した立法者の意図に矛盾するとされている。しかも、「意味関連性は、既判力範囲の限定にとって特定性を欠く判断基準である」とされている。

　Zeuner の理論に反対するに当たり決定的なことは、私見によれば、彼が、その理論を既判力の形成についての伝統的かつ立法的な基礎付けから完全に乖離させて、あたかも対案的草案を展開したことにあるが、この対案は現行法と両立しない。その意図に反して、Zeuner の理論は、実体法にとっても益するところがないことが明らかである。というのは、そもそも裁判はそれほど広く実体法を指向しているわけではなく、それ以上の法律関係に関しては、単に仮定的に「実体法的にそれが存在しないかのごとくに考えている」にすぎない。前訴判決が誤った判決であるとき、それ以上の「意味関連性に立つ法律効果」に対する危険性は、潜在的に存在しかつ永続化する。しかし、法律は、そのような危険を、提起された請求（ZPO 322条1項）と中間確認の訴え（ZPO 256条2項）によって裁判の対象となった法律関係に限定することを意図したのである。裁判の射程は、不意打ち裁判を排除するために、当事者の「申立て」を基準としなければならない[47]。

　Zeuner の理論と欧州司法裁判所の新しい「中心争点」理論との違いは、Zeuner は、既判力の客観的範囲の拡張を、客観的法秩序の抽象的な「法的意味関連性」に基づいて探求するのに対して、欧州司法裁判所は、すでに二重起訴の禁止の拡張において、共通ヨーロッパ的な判決承認を容易にするという観点から、「両立しない判決」を避けるべく、統一的な生活事実関係の方向に目を向けた広い訴訟物を基礎に置くことで、事実関係の状態を出発点とすることにあ

---

46) BGH, NJW 2003, 3058, 3059.
47) Zeuner 理論の批判の詳細は、Gaul, ÖJZ 2003, 861, 872 f.（これについてすでに前掲注16）参照）を参照。オーストリアの観点から同様に、Fasching/Konecny/Klicka, Kommentar zur den Zivilprozessgesetzen, 2. Aufl., Bd. III (2004), § 411 Rdnr. 56 f. m.w.Nachw.; dazu zuletzt noch Gaul, Aktuelle Probleme, a.a.O. (N. 28), S. 89, 102 ff.; ebenso jüngst Althammer, a.a.O. (N. 20), S. 32, 509 und passim.

る。

5 既判力の限界に関する比較の結論

松本博之による新しい日本の「確定判決の争点効」の理論との論争と、ドイツの訴訟法理論において行われた、訴訟対象および裁判対象を欧州司法裁判所の「中心争点」理論と適応させるべきかをめぐる議論とを比較すると、興味深いパラレルな展開があることを確認することができるが、結論は異なる。日本では、いわゆる「争点効」理論が、最高裁の実務だけでなく、学説でも影響力を獲得することができ、その結果として、日本民訴法の「主文に結び付けられた」既判力概念が直接的に修正あるいは「訂正」されようと試みられているのに対して、欧州司法裁判所の「中心争点」判決は、ヨーロッパ共同体の締約国間での裁判の「承認」の容易化の範囲内にとどまっており、ドイツ民訴法の厳格に「請求と結び付けられた」既判力概念には手を触れていない。

III 既判力による失権と原状回復の関係

既判力の客観的範囲の中で生じる既判力による遮断は、それに対して付与される「原状回復」と直接的な関係に立つ。それゆえ、Savigny の基本的な説明によれば、「古代ローマ法においては、その通常厳格かつ過酷な方式が、原状回復による衡平な補完をしばしば必要とする」契機とすでになっていた。しかもまた、敗訴した側が「自らの（責めによらない）訴訟懈怠または相手方の詐欺に起因する訴訟懈怠」によって「不利益」を受けたときは、判決を失効させ（iudicium rescindens: 再審開始手続）、新しい判決と取り替えるために（iudicium rescisssorium: 再審本案手続）、「確定判決に対する最も重要な原状回復」とされていた[48]。これと対応して、普通訴訟法も 19 世紀のたいていの各ラント法も、「悪意による原状回復 (restitutio propter dolum)」および、使用可能となった証拠、例えば文書を提出して、既判力の厳格性と責めによらずに生じた不利益との間の相互補完をするための「新たに発見されたものによる原状回復 (resitituio propter noviter repara-

---

48) *Savigny*, System a.a.O. (N. 21), Bd. VII (1848), S. 127 f., 179, 202, 206, 237.

III 既判力による失権と原状回復の関係

ta)」とを認めていた[49]。

プロイセン法によっても、確定判決は、後に「どんな口実があっても、再び覆すことが」できなかった。ただ例外として、法律上認められた「無効原因 (causae nullitatis)」または、それに基づいてたしかに前訴の時点ではすでに存在したが、「しかし当時は」例えば知らなかったことにより、「明らかにすることができなかった」(1793年のプロイセン一般裁判所法第16章1条および23条)「新しい事実が明らかとなる」発見された文書のような「原状回復原因 (causae restitutionis)」だけがあった[50]。

ドイツの立法者は、判決が、「可罰行為」に基づくとき、または、新たに発見された「文書」によれば維持することができないような結果に基づくときは、ZPO 580条以下による原状回復の訴えの方法によって、「衡平性の考慮」による「無効化」と並んで、「確定判決の取消し」を認めることで、このような考え方に追随した[51]。法律上は、ZPO 767条2項の既判力の時間的限界の場面において、「判決で確定された請求権それ自体に係る異議」(ZPO 767条1項がZPO 322条1項を推論的に指示する)を理由とする執行異議の訴えは、「口頭弁論終結後にはじめて生じた理由によるものに限り」許されるとされたことで、遮断の修正としての原状回復の意味が、はじめて明確化されている。これについてCPOの理由書は、「確定裁判の効力が厳格に維持されなければならない」ことから、「新しい提出は原状回復の訴えの方式および要件のもとでのみ認められる」ことができると説明している[52]。したがって、ZPO 582条は、客観的遮断の「厳格さ」を補完するために、原状回復の訴えは、「当事者が原状回復事由を前訴において帰責事由なく主張することができなかったとき」に「のみ」補充的に許すのである[53]。

2001年7月17日の改正規定 (BGBl. I S. 1887) におけるZPO 156条2項2号によれば、裁判所は、とりわけ再審事由 (ZPO 579条, 580条) を構成する事実が事

---

49) Vgl. insb. *Georg Wilhelm Wetzell*, System des ordentlichen Civilprozesses, 3. Aufl. (1878), S. 676 ff., 684 f., 687 f., 696; dazu *Gaul*, Willensmängel bei Prozeßhandlungen, AcP 172 (1972), 342, 345 f.
50) Vgl. dazu *Gaul*, Aktuelle Probleme, a.a.O. (N. 28), S. 113.
51) Vgl. Motive zu §§ 517-530 CPO (=§§ 578-591 ZPO) bei *Hahn*, Die gesamten Materialien zur CPO, Bd. II 1 (1880), S. 378, 380 f.
52) Vgl. Motive zu § 686 Abs. 2 CPO (=§ 767 Abs. 2 ZPO) bei *Hahn*, Materialien a.a.O. (N. 51), S. 438.
53) Vgl. dazu Motive zu § 545 CPO (=§ 582 ZPO) bei *Hahn*, Materialien, a.a.O. (N. 51), S. 521.

後に陳述されかつ疎明されたときは、裁量によるだけではなく、必ず、「終結した口頭弁論の再開」を命じなければならないとしており、口頭弁論終結前に生じた事実関係はすべて客観的な失権に服するというドイツ民訴法において追求されてきた明確なラインは、このことによって、今日まで(ZPO 296 a 条)続いている[54]。

狭い範囲での原状回復の訴えによってのみ厳格な既判力による失権が補完されることを正当化するものは、ドイツの訴訟法と大陸ヨーロッパの大多数の訴訟法[55]にとって典型的な、Savigny のいわゆる要素理論に対抗する、ZPO 322条 1 項および 256 条 2 項によって「提起された請求」に既判力の客観的範囲を限定する形で厳格に「請求と結び付けられた既判力による遮断」である。これと区別されるのが、アングロアメリカ系の「エストッペル」理論および「争点遮断効」であり、これらでは、広範囲に効力が及ぶが、しかし、責めによることなく主張されなかった訴訟資料(の提出)をなお広く許す緩和された失権ルールとなっている[56]。

同じことは、厳格な既判力による遮断の適切な補完を再審法(日本民訴法 338条以下)の中に見出している、日本の「主文と結び付けられた」既判力の概念(日本民訴法 114 条)にも、はじめから、たしかに当てはまる。既判力による遮断は、近時、アメリカの「争点遮断効」のようなものに倣って「争点効」によって拡張されているが、それによって、このような厳格なルールと衡平なルールとの間の均衡性のある関係が妨げられているように思われる。新しい学説が、「信義誠実の原則」をも根拠付けとして持ち出して、それによって衡平性という評価を既判力の客観的限界の中に流入させると[57]、そのことで、体系のゆがみが、

---

54) Vgl. dazu *Gaul*, Aktuelle Probleme, a.a.O. (N. 28), S. 89, 113 f.
55) Vgl. dazu die Nachweise bei *Gaul*, Aktuelle Probleme, a.a.O. (N. 28), S. 89, 107 f. 特にオーストリアについてなお *Gaul*, ÖJZ 2003, 861, 872; dazu auch *Fasching/Konecny/Klicka*, Kommentar zu den Zivilprozessgesetzen, 2. Aufl., Bd. III (2004), § 411 Rdnr. 87 ff., 89, 91. スイスについて *Edgar Habscheid*, Der Ausschluss des nicht vorgebrachten Prozessstoffs durch die materielle Rechtskraft (Präklusion) und Revision (Wiederaufnahme des Verfahrens) nach Schweizer Recht, ZZP 117 (2004), S. 235 ff., 239 ff., 243 f. スイス民事訴訟法改正後 328 条以下の「上告」については、*I. Maier*, a.a.O. (N. 16), S. 458 ff.; *Sutter-Summ*, a.a.O. (N. 16), Rdnr. 1413 ff. をまた参照。
56) Vgl. dazu zuletzt *Gaul*, Festschrift für Schilken, a.a.O. (N. 13), S. 275, 307 ff., 310. とりわけ遮断された弁済の抗弁の観点から論じる。
57) これについては前掲注 26) を参照。

特に明確となる[58]。

再審(特に原状回復の訴え)によって、ドイツの立法者は、権利保護の付与という訴訟目的と、権利保護の維持、法的安定と法的平和の確立を目的とする既判力によって権利保護の付与範囲が制約されることとの間の妥協に到達した。このことは、法秩序は、民事訴訟制度を置くことで、「争訟関係の満足」を目的とした「紛争解決」をすればはじめからそれで十分であるとしているのではなく、客観的私法秩序に従った当事者の主観的権利の保護を追求していることを示すものである。したがって、確定判決の正しさが、法律で定められた原状回復事由(ZPO 580条以下)によって明白な形で揺らいだときには、法秩序は、限定的に訴訟目的をさらに追求することを認めるのである(後述のIXをみよ)。

IV　正規の訴訟上の方法による既判力の打破と非正規の実体上の方法による既判力の打破についての日本およびドイツにおける同方向の問題性

近時、Rolf Stürner 古稀記念論文集で発表された本間靖規の論文「日本における確定裁判の不当取得」によれば[59]、日本でもドイツとまったく同様に、既判力の打破のために日本民訴法338条以下において[60]法律上定められた再審の訴えと並んで、相手方当事者が、再審の要件はないが、詐欺的な影響力を判決に対して行使した場合に、民事法上の損害賠償の訴えをする余地があるかどうかという問題が論じられている。それによれば、日本の最高裁判所の判例上、この問題は統一的に判断されておらず、より新しい日本の訴訟法理論においては、伝統的な議論がこれを否定的に解するのに対して激しい議論がされているが、他方、ドイツでは、良俗違反の場合、BGB 826条に基づく損害賠償の訴えの方法による既判力の打破が、ZPO 580条以下による法律上の再審規定と並ん

---

58)　これについては、*Gaul*, Festschrift für Henckel, a.a.O. (N. 20), S. 235, 256 (=松本編訳・前掲注1) 151～152頁)を参照。「既判事項の抗弁 (exceptio rei iudicatae)」の理論と「悪意の抗弁 (exeptio doli)」の理論とはまったく異なる歴史的起源に由来することを指摘している。

59)　*Yasunori Honma*, Unrechtmäßige Erwirkung einer rechtskräftigen Entscheidung in Japan, Festschrift für Rolf Stürner (2013), S. 1525 ff.

60)　ここでは、*Hideo Nakamura/ Barbara Huber*, Die japanische ZPO in deutscher Sprache, Köln (2006) の翻訳版を基礎に置いている。

で、BGHの確立した判例およびそれ以前のライヒ裁判所の判例によってもすでに、適法とされている。その一方で、従来ほぼ一致して伝統的に判例に反対してきた訴訟法理論は、近時、次第にそれをあきらめて受け入れているように思われる（後述のXをみよ）。

V 日本とドイツの再審法の比較

1 無効事由と原状回復事由の区別

ドイツ民事訴訟法は、非常の救済手段である再審の訴えを、定評ある伝統により、「無効」と「不衡平」という再審事由自体の「内的な相違に基づいて」、「無効の訴え」（ZPO 579条）と「原状回復の訴え」（ZPO 580条）とに分割しているが[61]、それとは異なり、日本民訴法338条は、2つの事由自体を「再審の訴え」として、1つにまとめている[62]。もちろん、日本民訴法338条の再審事由をそれぞれの内的な本質に従い、ドイツ法におけるのとまったく同様に区別することを、このことは、いうまでもなく妨げるものではない。すなわち本間靖規によれば、338条1号から3号までの再審事由、つまり、法律に従わない判決裁判所の構成（338条1号）、法律により判決に関与することができない裁判官の関与（2号）と当事者が正しく代理されなかったこと（3号）は、ドイツ民訴法579条1号から4号の無効事由に相当する[63]。なおドイツ法では、579条3号で忌避を宣告された裁判官の関与も付加的に無効事由として認められている。他方、日本民訴法338条4号から10号の再審事由、つまり、裁判官が職務に反する罪を犯したこと（338条4号）、刑事上罰すべき行為により強制された自白や刑事上罰すべき行為により当事者による提出が妨害されたこと（5号）、文書その他の証拠物の偽造または変造（6号）、証人、鑑定人、通訳、宣誓した当事者または宣誓した法定代理人の虚偽の陳述（7号）、判決の基礎となった民事、刑事判決もしくはその他の裁判または行政処分が後に変更されたこと（8号）、前にされた確

---

[61] Vgl. die Motive zu §§ 517-530 CPO (= §§ 578-591 ZPO) bei *Hahn*, Materialien, a.a.O. (N. 51), S. 378. 普通法における無効 (Nullität) と不衡平 (Iniquidität) の相違については *Wetzell*, System, a.a.O. (N. 49), S. 800 f. m.w.Nachw. を参照。前掲注51) 以下を参照。

[62] *Yasunori Honma*, a.a.O. (N. 59), S. 1531.

[63] *Yasunori Honma*, a.a.O. (N. 59), S. 1531 Fn. 18.

定判決との矛盾 (10号) は、ドイツ民訴法 580 条 1 号から 7 号 a の原状回復事由に対応する。

　ここで目に付くのは、日本民訴法 338 条 1 項 4 号から 7 号は、それゆえたしかに、ZPO 580 条 1 号から 5 号による、ドイツの再審法においては普通法の「悪意による原状回復」に起源を有する、判決の基礎となったものの刑事上罰すべき偽造という原状回復事由を認めている一方で、「新たに発見されたものによる原状回復」に由来する古典的な類型である、ZPO 580 条 7 号 b による文書の発見という原状回復事由[64]を認めていないことである。反対に、日本民訴法 338 条 1 項 9 号の再審事由、つまり、「判決に影響を及ぼすべき重要な事項 (Umstände) について判断されなかったとき」にも再審の訴えをすることができることは、ドイツの再審法が知らないものである。

　日本民訴法 338 条 1 項 9 号の再審事由は、ドイツ法にはそれに対応するものが見られない。特に、ZPO 580 条の範型となった普通法の「訴訟上の原状回復」にも、相当するものがない[65]。したがって、日本民訴法 338 条 1 項 9 号の再審事由の意義や射程について、ドイツ法から見た評価はしないことにする。「判決に影響を及ぼすべき重要な事項について裁判がされなかったとき」という比較的広く記述された文言は、この事項の不顧慮とそれによる裁判の不完全さがどのような原因に基づくのか、当事者の提出が不十分であるために事実上の資料に不足が生じたことに基づくのか[66]、それとも、手続に瑕疵があること (訴訟の要素の瑕疵：defectus ex substantialibus processus) によるのか[67]を、明らかにしていない。たしかに、裁判において「重要な事項」を考慮しなかったことは、「訴訟上の原状回復」の意味において、当該当事者に対する 1 つの不利益 (laesio) といえ

---

64) Vgl. *Motive* zur § 519 CPO (=§ 580 ZPO) bei *Hahn*, Materialien a.a.O. (N. 51), S. 378, 381. プロイセン草案 (preuß. Entwurf einer Prozess-Ordnung, 1864) の 686 条、687 条に追随する。その理由付けは同草案 S. 173 ff. プロイセンの 1793 年の AGO ですでに規律されていたことは、前掲注 49) および 50) をみよ。

65) Vgl. dazu *Gaul*, Willensmängel bei Prozesshandlungen, AcP 172 (1972), 342, 345 f. 普通法における「悪意による原状回復 (restitutio propter dolum)」と「新たな発見による原状回復 (restitutio propter noviter reperta)」の基礎理論の詳細については *Wetzell*, a.a.O. (N. 49), S. 676 f., 684 ff., 687 ff. それ以前にはすでに *Savigny*, System, Bd. VII, a.a.O. (N. 21), S. 90 ff., 118 ff., 127 ff., 130 ff., 179 f., 197 ff., 202, 237. 新しくは、*Windscheid/Kipp*, Lehrbuch des Pandektenrechts, Bd. I, 9. Aufl. (1906), S. 583 ff., insb. S. 588 zu Fn. 7. これについてはすでに前掲注 48) および 49) を参照。

66) これについて啓発的なのが *Wetzell*, a.a.O. (N. 49), S. 676 f. を参照。

67) Vgl. dazu *Wetzell*, a.a.O. (N. 49), S. 800 ff., 803 ff.

るのかもしれない。しかし、普通法の原状回復制度においては、その種の一般的な「事情（Umstände）」は、原状回復事由（justa causa）とするには十分ではなかった[68]。

普通法で承認されていた「無効事由」の下でも、日本民訴法338条1項9号の再審事由は見出されない。すなわち、古来、「治癒不能な無効の訴え（querela insanabilis mulitatis）」によって、裁判官または当事者の人格や訴訟手続の要素（すでに1654年の帝国最終決議122条を参照）から生じた治癒不能な瑕疵（insanabilem defectum）のような治癒できない「無効」だけを主張することができた[69]。もちろん、普通訴訟法も、「記録から明らかにならず、また上訴によって弁論に提示することができないような」認識できない無効と、「それを認可する判決によって治癒されるような」無効とを区別している。その結果、前者においてのみ、その無効は、既判力にもかかわらず提出することができた[70]。日本民訴法338条1項9号も、「裁判がされなかった」ような認識されなかった事項を前提とすることは明らかであるが、このような「事項」が、再審事由となりうる手続上の瑕疵（無効事由）または、判決の内容上の瑕疵（原状回復事由）を原因として顧慮されなかったのかどうかについては、なおはっきりしない。

したがって、ドイツ法の立場からは、日本民訴法338条1項9号の再審事由は、フランス法の影響に基づくとだけ推論することができる。というのは、1877年のCPOという範型が1890年の日本の旧民事訴訟法の編纂において優位に立つ前、1870年代はじめには、フランス法の影響の下に展開していたからであり、これは、部分的には、既判力の規定にも影響を及ぼしていた。日本民訴法114条1項が、「不服申立てができなくなった判決は、主文に包含するものに限り、既判力を有する」と定めている限り、これは、既判力効を判決主文（dispositif du judgement）と結び付けている1804年のフランス民法1351条と対応

---

68) 原状回復の2つの要件であるlaesioとjusta causaについてはすでにSavigny, Bd. VII, a.a.O. (N. 21), S. 119 ff, 130 ff. をみよ。また参照、ferner Wetzell, a.a.O. (N. 49), S. 674 ff., 678 ff., 684 ff.
69) Vgl. dazu Gaul, Zur Struktur und Funktion der Nichtigkeitsklage gemäß § 578 dZPO, Festschrift für Winfried Kralik (1986), S. 157, 163 m.w.Nachw.
70) Vgl. dazu Gaul, Festschrift Kralik, a.a.O. (N. 69), S. 157, 163 f. mit Hinweis auf Skedl, Die Nichtigkeitsbeschwerde in ihrer geschichtlichen Entwicklung (1886), S. 172 ff., 179; Waldeck, Die Nichtigkeitsbeschwerde als allgemeines Rechtsmittel höherer Instanz mit besonderer Berücksichtigung auf die preußische Prozeß-Gesetzgebung (1861), S. 70 f.; Wetzell, a.a.O. (N. 49), S. 795 f.

している[71]。ドイツの立法者は、このフランスの規定をCPOに導入することを、フランスの理論と実務によれば判決理由（conclusions motivèes）が主文の範囲をともに決定し[72]、それゆえ、現在でもフランスでは、「判決主文」という伝統的概念は、先決的問題についても「黙示的に（implicitement）」包含するとすらされる[73]ことを知っていたにもかかわらず、はっきりと、その導入を「過剰な形式主義」として拒絶した。とりわけ、Savignyのいわゆる要素理論に相当するように、前提問題を既判力の対象に含めることに対しては、「前提問題」を、ZPO 256条の中間確認の訴えによって別途裁判官の判決の対象としない限り、ドイツの規律は、ZPO 322条1項によってこれに反対を表明している。このことは、日本民訴法145条1項でも、同様に規定しているところである[74]。

以上から、ドイツ法が知らない日本民訴法338条1項9号の再審事由も、フランス法の影響に基づくものと考えることができそうである。ZPO 579条の無効の訴えに対応するのが、フランス法の再審申請（requete civile: フランス旧民訴法480条以下）であり、これは、いうまでもなく「無効の申立てと原状回復請求の風変わりな混合」となっていた。しかし、フランスの再審申請は、完全に考慮の外に置かれた無効事由を事後的に考慮する役割を果たすものであり、ちょうどその結果、「裁判官の問責なしに」再審を申請することができた[75]。ドイツの立法者は、フランスの再審申請のような「混合形態」を、無効の訴えと原状回復の訴えを分離することによって避けようと望んだが[76]、他方で、フランス旧民訴法480条は、両者の種類を一体化した。10個の再審事由のうち、一般的規定である2号（「判決言渡しの時またはその前に、無効の制裁の下に定められた方式の違反があり、その無効が当事者によって除去されなかった場合」）のあとに、5号（「訴えの点の1つについてまったく裁判されなかったとき」）が見出される。このことは、普通法の無

---

71) 中村英郎は、*Nakamura/Huber*, a.a.O. (N. 60), Einführung S. 4 f., 8 で、日本民訴法に対するフランス法の影響の例として、これをはっきりと指摘する。
72) Vgl. die Motive zu § 283 CPO (=§ 322 ZPO) bei *Hahn*, Materialien, a.a.O. (N. 51), S. 291, 292 mit Protokollen, a.a.O., S. 608 f.; dazu auch *Gaul*, Festschrift für Werner Flume, a.a.O. (N. 22), S. 443, 480 N. 190 (=松本編訳・前掲注1) 59頁).
73) Vgl. dazu *Gaul*, Aktuelle Probleme, a.a.O. (N. 28), S. 89, 108 m.w.Nachw.
74) これについてすでに前掲注17) と 25) および 40) 以下 jeweils m.w.Nachw. を参照。
75) Vgl. *Bluhme*, System des in Deutschland geltenden Privatrechts mit Einschluß des Civilprocesses, Bonn (1855), S. 580.
76) Vgl. Motive zu §§ 517-530 CPO (=§§ 578-591 ZPO) bei *Hahn*, a.a.O. (N. 51), S. 378.

効事由である明白な「記録違反」[77]を想起させるような無効事由を示唆する。「裁判されなかった訴えの点」として、これをより具体化したフランス旧民訴法480条5号が、「裁判されなかった重要な事項」として、これをより一般的に際立たせた日本民訴法338条1項9号の範型になったことを推論することができる。

日本民訴法338条1項4号から7号の可罰行為について、日本民訴法338条2項は、「前項第4号から第7号までに掲げる事由がある場合においては、罰すべき行為について、有罪の判決若しくは過料の裁判が確定したとき、又は証拠がないという理由以外の理由により有罪の確定判決若しくは過料の確定裁判を得ることができないときに限り、再審の訴えを提起することができる」と定めている[78]。これは、ZPO 581条1項に対応する。ZPO 581条1項によれば、対応する580条1号から5号の場合、「可罰行為につき確定の有罪判決がなされたとき、または証拠の欠乏以外の理由から刑事手続の開始または追行をすることができないときに限り、原状回復の訴えを提起することができる」。

日本民訴法338条1項4号から7号の事由に対する日本民訴法338条2項による有罪判決の意味を日本民訴法339条は、確定した終局判決の基礎となった、再審事由を含む先行裁判（Vorentscheidungen）について改めて指摘する。すなわち、当事者はこの要件の下、例えば先行裁判について認められている不服申立てとは無関係に、終局判決に対して直接的に再審を申し立てることができる。ZPO 583条も同様に規定している。

日本民訴法338条1項は、すでに規定のはじめにおいて、再審の訴えは、当事者が「その再審事由を（すでに）上訴によって主張したとき、または、その事由を知りながら上訴を提起しなかった」ときには、提起することができないとすることによって、すべての再審事由について補充性原理が適用されることを強調している[79]。これと対応するのが、ZPO 582条であり、原状回復の訴えは、当事者が原状回復事由を前の手続（とりわけ故障または控訴または附帯控訴）において責めに帰する事由なくして主張することができなかったときにのみ認めると

---

77) Vgl. *Wetzell*, System, a.a.O. (N. 49), S. 665 f., 807.
78) Vgl. dazu auch *Honma*, a.a.O. (N. 59), S. 1530 f.
79) Vgl. dazu *Honma*, a.a.O. (N. 59), S. 1528.

する[80]。無効の訴えについてだけは、579条2項は、ZPO 579条1号および3号の場合にだけ補充性が認められ、「無効を上告によって主張することができたときは」無効の訴えは不適法であるとしている[81]。

2 共通する手続規定

日本民訴法340条によれば、再審については、不服の対象となる裁判をした裁判所が専属管轄を有する。同じことは、ZPO 584条が、無効の訴えと原状回復の訴えという2種類の再審の訴えに共通する形で定めている。再審の訴えを判決裁判所に提起するように指示することで、「その終局判決が取り消されるべきであるところの争訟との関連性が確保される」というべきであろう[82]。ここでは、従前看過されていた形式的または実質的な瑕疵の治癒が問題となるが、裁判官の法律違反に対する異議が問題となるのではない（裁判官が職務に反する罪を犯した場合（ZPO 580条5号＝日本民訴法338条1項4号）[83]は別である）から、同じ裁判所が扱うことは、十分理解することができる。この点において、ドイツの立法者は、まさしく上告との違いを見たわけである。「無効の訴えおよび原状回復の訴えは、常に、確定判決に対して向けられており、上級の裁判所の管轄には属しない」。他方で、「法律違反」に基づく判決の法的な再審理の役割を果たす「上告」は、上級の裁判官すなわち「最高裁判所」に留保されなければならない[84]。

日本民訴法342条が定める再審の訴えの出訴期間は、同じくZPO 586条で定められている出訴期間と対応する。訴えは、当事者が[85]、再審事由を知ったときから30日（日本民訴法342条1項）あるいは1か月（ZPO 586条1項）の不変期間内に、そして、遅くとも判決の確定から5年が（除斥期間として）経過するまで（日本民訴法342条2項＝ZPO 586条2項3文）に、提起されなければならない。

---

80) これについてすでに前掲注53) を参照。
81) これについては、しかしなお後述のⅧ2を参照。
82) Vgl. Motive zu § 523 CPO (=§ 584 ZPO) bei *Hahn*, Materialien, a.a.O. (N. 51), S. 382.
83) その裁判官が、可罰的な職務義務違反を理由とする訴えの審理および裁判から、その場合に排除されるのは当然である。Vgl. *Rosenberg/Schwab/Gottwald*, Zivilprozessrecht, 17. Aufl. (2010), § 160 Rdnr. 17 m.w.Nachw.
84) Vgl. Motive zur CPO bei *Hahn*, Materialien a.a.O. (N. 51), S. 139, 141 f. und dazu *Gaul*, Festschrift für Kralik, a.a.O. (N. 69), S. 168 f.
85) より正確には、当事者または当事者の訴訟代理人である。Vgl. BGHZ 31, 354＝ZZP 73 (1960), 414 m. Anm. *Gaul*.

日本民訴法342条3項によれば、同条1項および2項の規定は、代理権欠缺による再審事由（日本民訴法338条1項3号）および「不服の申立てに係る判決が前に確定した判決と抵触するとき」（日本民訴法338条1項10号）には、適用を排除される。

　これと対応するのは、代理権欠缺の無効事由（ZPO 579条1項4号）に関するZPO 586条3項であるが、これは、5年の除斥期間についてはその規定を適用しないとしている限りで日本法と対応するが、1か月の不変期間については適用され、判決が、当事者および当事者が訴訟能力を欠くときは法定代理人に対して送達されたときから、その期間が進行を開始するとされている。さらに、ZPO 586条4項によれば、同条2項1文の5年の除斥期間は、人権条約違反に関する欧州人権裁判所の裁判という新しい原状回復事由（改正後ZPO 580条8号）には適用されない。また、ZPO 586条は、父子関係に係る新たな鑑定の提出についても適用されない（家手法185条4項＝改正前ZPO 641条 i 4項）。

VI　無効の訴えと原状回復の訴えの異なる実務上の意義

1　原状回復の訴えに対する旧来からのより強い意義付け

　ZPO 579条の無効の訴えは、長い間、ZPO 580条の原状回復の訴えの陰に隠れていた。その理由は、とりわけ、比較的頻繁に適用される原状回復の訴えに対して、無効の訴えは、従来、実務上の意義がより小さかったということであった。しかも、原状回復の訴えは、ZPO 581条1項により必要なZPO 580条1号から5号の可罰行為を理由とした刑事上の有罪判決のための証拠がない場合や、ZPO 586条2項2文による5年の除斥期間が徒過した場合において、判決の良俗違反による取得または利用に対する非難を理由とするBGB 826条に基づく損害賠償の訴えという適用回避行為にずっと直面してきたこともあって、古くから、より強く関心の中心となっていた。判例は、BGB 826条という「一般条項への逃避」を、ZPO 580条の原状回復事由のカタログを回避するべく追求したが、その理由は、「法律の無欠性」を前提とする法実証主義の時期には、「例外規定」は類推不可能であると考えたからでもある。それゆえに、目的論的な法適用方法論によって法実証主義を克服するための議論は、さしあたり、原

状回復事由の拡張に集中しなければならなかった[86]。

2 無効の訴えの新しい意義

このような当初の状況は、その間に、ZPO 579 条の無効事由が基本権侵害として徐々にその重要性が認められると、その限りにおいて、とりわけ憲法的な観点から変化した。すなわち、ZPO 579 条 1 項 4 号の代理権欠缺という無効事由が、法的審問を求める基本権（基本法 103 条 1 項）の具体化として理解されるだけではなく、同様に、法律に従わずに判決裁判所を構成したこと（ZPO 579 条 1 項 1 号）、法律上関与を排斥され（2号）または忌避を宣告された裁判官（3号）といった構成要件は、法律が定める裁判官の裁判を求める権利（基本法 101 条 1 項 2 文）を明確化したものとして理解されている[87]。

しかし、BGH が 1982 年 5 月 5 日の判決において[88]、実効的な審問の保障という観点から、従来の BGH の判例に反して、前訴ですでに審理され明示的に肯定された当事者の訴訟能力の再審理を、ZPO 579 条 1 項 4 号の代理権欠缺として許容し、このような無効の訴えの意味の取り違えを、「上告の繰返し」として基本法 103 条 1 項にその根拠を求め、それによって、無効の訴えの機能を見誤った後（2007 年 9 月 27 日の決定において[89]、BGH はこの見解を実質的に今度は放棄した）は、ZPO 579 条 1 項 4 号の無効事由に議論がとりわけ集中した。

これに対して、BGH は 2002 年 12 月 11 日の判決で[90]、不正に行われた公示送達の事例において、ZPO 579 条 1 項 4 号の類推適用を基本法 103 条 1 項の観点からも否定し、この場合を、ZPO 580 条 1 号（宣誓した相手方当事者の虚偽の供述）ないし 4 号（訴訟詐欺）による原状回復の訴えの適用事例と考えたが、当該事例では、いずれにしても、刑事裁判所による有罪の判決が得られたことという必要条件（ZPO 581 条 1 項）が欠けていた[91]。他方で、ZPO 185 条の公示送達の要

---

86) Vgl. dazu *Gaul*, Die Grundlagen des Wiederaufnahmerechts und die Ausdehnung der Wiederaufnahmegründe (1956), S. 15 ff., 37 ff. und passim. したがって、叙述が集中化したのは、無効の訴えを広範囲に排除した上で、当時なお注目を浴びていた ZPO 580 条による原状回復の訴えであった。
87) Vgl. dazu *Gaul*, Festschrift für Kralik, a.a.O. (N. 69), S. 157, 171 ff.
88) BGHZ 84, 24 ff. また批判については後掲注 105) 以下でより詳しく論じる。
89) BGH, NJW-RR 2008, 448.
90) BGHZ 153, 189 ff. = JZ 2003, 903 ff. (m. abl. Anm. *Braun*) und dazu eingehend *Gaul*, Nichtigkeitsklage bei erschlichener oder fehlerhaft bewilligter öffentlicher Zustellung?, JZ 2003, 1088 ff.
91) BGHZ 153, 189, 197 f.

件が、送達を認可する裁判所から見て明白に存在しなかった場合、2006年10月6日のBGHの判決によれば[92]、上訴および救済手段の期間は進行せず、したがって、その手続は、原状回復がなくても続行し、その結果、ZPO 579条1項4号準用の必要性はすでに失われることになる。これに対して、BGHは、2014年1月15日の判決で[93]、ZPO 170条1項に違反して行われた、訴訟能力を欠くことが明らかでない当事者に対する(法定代理人に対してではない)債務名義の送達があった場合、上訴および故障期間が進行し、その結果、579条1項4号の代理権欠缺による無効の訴えが直接作用することを、最後に確認している。

VII 再審事由の類推可能性

CPOの立法理由書が前提とする無効の訴えと原状回復の訴えの「内的な相違」、これはすなわち、治癒不能な手続上の瑕疵(defectus insanabilis)に基づくか、不衡平性(Iniquität)に基づくかということであるが(前掲Vをみよ)、そのような相違があるにもかかわらず、立法者は、この2つをZPO第4編に「再審(Wiederaufnahme des Verfahrens)」という標題の下、ZPO 578条以下において「表見的に合体した」。その理由は、「両者は、訴訟的に言って、ほぼ例外なく同じ原則に従っているから」だということである[94] (前掲V2をみよ)。「非常の救済手段」として、それは、「確定裁判により終結した手続の再実施」(ZPO 578条1項)という役割を果たし、しかも、ZPO 588条1項3号が再審の訴状の内容について定めているように、遡及的な「不服の対象となる判決の除去」(再審開始手続)を目的として、新たな弁論と裁判の取替えが行われる(再審本案手続)[95]。

ZPO 579条における無効事由およびZPO 580条による原状回復事由を選択するに当たり、CPOの立法理由書は、2つの種類の取消事由について共通し

---

92) BGH, NJW 2007, 303 ff.
93) BGH, NJW-RR 2014, 937 ff. BGHZ 176, 74 ff. を確認しつつ。
94) Vgl. Motive zu §§ 517-530 CPO (= §§ 578-591 ZPO) bei *Hahn*, Materialien a.a.O. (N. 51), S. 378 (Hervorhebungen im Original).
95) 普通法における範型については前掲注48)および49)をみよ。再審の遡及的効果の意味については、*Gaul*, Der Einfluss rückwirkender Gestaltungsurteile auf vorausgegangene Leistungsurteile, Festschrift für Hideo Nakamura (1996), S. 137, 152 ff., 162 f., 167 f. を参照。

て、次のように述べる。「同じに定めるに当たり、次のことが主導的に考慮された。すなわち、法的安定性は、確定した終局判決の取消範囲を、一定の・はっきりと限界付けられた・絶対的に必要不可欠な事案に制限することを要求するということである」[96]。このような立法理由書の主旨に基づいて、ライヒ裁判所は、その確立した判例において、ZPO 580 条の規定は制限的に解釈されなければならず、拡張することができないとの見解に立ち[97]、BGH は、当初この見解に従っていた[98]。しかし、これによって、将来の法適用に対する指図をするつもりではなかったこの命題の意味が誤解されてしまった。すなわち、ライヒ裁判所は、限定することをそもそも求めたのではなく、17 世紀の最終帝国決議以来の歴史的経験を顧みることだけを求めたのである。すなわち、その当時は、「永遠に無効な訴訟」として、確定判決は 30 年もの間、多様な無効性に基づいて疑問視することができたのであり、このことは、部分的に、19 世紀の各ラント法や普通法にまで、すなわち「一般条項による (ex genaerali clausula)」原状回復として、影響を与えた[99]。

判例は、再審規定を制限的に解釈するのと同時に、「容認することができない結果」を回避するために、良俗違反による侵害を理由にした BGB 826 条の一般条項に基づく民事法上の損害賠償の訴えの方法による既判力の打破を敗訴当事者に認めた。このことから、再審法についての判例の伝統的に制限的な姿勢は、はじめから、ZPO 580 条に列挙された事由の適用回避との間で明白な評価の矛盾 (Wertungswiderspruch) に陥った[100]。

パンデクテン法源から生じた命題である「singularia non sunt extenda (特異なことは拡張されるべきではない)」すなわち、「例外規定は制限的に解釈されなければならず、類推的に拡張してはならない」は、法適用についての今日の方法論的認識からは、もはや持ちこたえることができない[101]。この命題は、法実証主

---

96) Vgl. Motive bei *Hahn*, Materialien, a.a.O. (N. 94), S. 378.
97) So RGZ 84, 142, 145; RGZ 87, 267, 270; RGZ 100, 98, 99; RGZ 151, 203, 206; RGZ 155, 373.
98) So z.B. BGH, Beschluss v. 6. 6. 1953, LM Nr. 2 zu § 578 ZPO u.ö. これについて判例の概況は *Gaul*, Grundlagen des Wiederaufnahmerechts, a.a.O. (N. 86), S. 17 ff. そして判例に批判的なのが S. 71, 73 f. und passim.
99) Vgl. dazu *Gaul*, Grundlagen des Wiederaufnahmerechts, a.a.O. (N. 86), S. 71 f. m. Nachw.
100) Vgl. *Gaul*, Grundlagen des Wiederaufnahmerechts, a.a.O. (N. 86), S. 17 f., 29 ff., 68 f., 76 f., insb. 99 ff., 217 jeweils m.w.Nachw.
101) これについて詳細は *Gaul*, Grundlagen des Wiederaufnahmerechts, a.a.O. (N. 86), S. 37 ff., 66 ff. m.

義の意味における「法律の無欠性」を前提としており、その結果として、「例外があるのは原則がある証拠（Ausnahmen bestätigen die Regel）」という著しく濫用された命題に従い、例外規定を当てはめるべきでない事例に対して、直ちにそれと対立する原則を適用すべきと指示した。これに対して、法秩序は、それがいかなる場合においても判断を可能としなければならないという意味においてのみ、「隙間がない」のである。したがって、「原則規範」と異なる「例外規定」あるいは「制限列挙的な」規定は、そのような規定が「より狭い」原理を前提とし、その原理がその限界内において類推を許す限り、完全に類推可能である[102]。そこで、無効の訴えおよび原状回復の訴えの事由を列挙したカタログは、それぞれが統一的な原理を提示しており、従来は法律上規律されていなかった事例が、規定がある再審事由と法的に類似することが証明されれば、そのような事例に類推適用することを再審事由は妨げるものではない。

VIII　無効の訴えの原理について

1　無効事由に共通する原理

　無効の訴えは、後に明らかとなった重大な手続上の瑕疵で、司法に対する信頼に対して一般的に疑念を抱かせるようなものにより、手続規定に従った判決基礎が明白に揺さぶられるという原理に立脚している。手続上の瑕疵（前掲Vをみよ）、すなわち、法律に従い判決裁判所を構成しなかったこと、法律上関与することができないかまたは忌避を宣告された裁判官の関与、審問請求権の保障

---

w.Nachw. を参照。「特異なことは拡張されるべきではない」の命題について新しいものとしてさらに *Detlef Liebs*, Lateinische Rechtsregeln und Rechtssprichwörter, 5. Aufl. (1991), S. 199 がローマ法のディゲスタからの様々な法源を指摘する。近時のものとして *Karlheinz Muscheler*, Singularia non sunt extendenda, Festschrift für Heinrich Wilhelm Kruse (2001), S. 135 ff., 146 ff. m.w.Nachw.

102)　これについて詳細は *Gaul*, Grundlagen des Wiederaufnahmerechts, a.a.O. (N. 86), S. 66 ff. を参照。これは同様に今日支配的な見解である。*Peter Arens*, Willensmängel bei Prozeßhandlungen (1968), S. 68 ff.; *ders.* in *Wolfgang Lüke*, Zivilprozessrecht, 10. Aufl. (2011), Rdnr. 431; *Prütting/Weth*, Rechtskraftdurchbrechung bei unrichtigen Titeln, 2. Aufl., 1994, Rdnr. 93, 101 ff., 103, 299; *Arwed Blomeyer*, Zivilprozeßrecht (1963), § 107 I (S. 604 f.) und 2. Aufl. (1985), § 107 II (verkürzt); *Jauernig*, Zivilprozessrecht, 29. Aufl. (2007), § 64 II, § 76 II; ebenso *Jauernig/Hess*, 30. Aufl. (2011), § 64 Rdnr. 3, § 76 Rdnr. 12; *Rosenberg/Schwab/Gottwald*, a.a.O. (N. 83), § 159 Rdnr. 1, § 160 Rdnr. 11; *Schilken*, Zivilprozessrecht, 7. Aufl. (2014), Rdnr. 1048 ff, 1051; *Zeiss/Schreiber*, Zivilprozessrecht, 11. Aufl. (2011), Rdnr. 604; *Stein/Jonas/Leipold*, ZPO, 22. Aufl. (2008), § 322 Rdnr. 270 ff.; *Stein/Jonas/Jacobs*, 22. Aufl. (2013), § 580 Rdnr. 1; *Prütting/Gerlein/Meller-Hannich*, ZPO, 5. Aufl. (2013), Rdnr. 1 vor §§ 578 ff.

を欠くという効果を伴う代理権欠缺の看過（579 条 1 項 1 号から 4 号）、は「裁判をする権力の基礎付け」[103]そして、それゆえに、根源的に裁判所の勢力圏および責任領域にかかわるものであり、よって、既判力の発生にもかかわらず、その判決を維持することは、その判決が内容上は正しいかもしれないということとは無関係に、耐えることができないものとみなされる[104]。

2　前訴で「看過された」瑕疵への限定

無効の訴えは、前訴で無効事由が看過されたときにのみ作用するが、無効事由がすでに審理され、中間判決または終局判決の理由で否定されたときは作用しない、ということは、従来ほぼ普遍的な見解と対応していた。その限りで、ZPO 579 条 1 項 2 号において法律上関与を排斥された裁判官について定められている命題は、すべての無効事由に当てはまる。すでに述べた 1982 年 5 月 5 日の判決で[105]、BGH はこれと異なる立場に立ち、基本法 103 条 1 項に基づき実効的な審問請求権の保障という観点から、前訴で審理され鑑定に基づいてはっきりと肯定された当事者の訴訟能力を、ZPO 579 条 1 項 4 号の代理権欠缺を理由とする無効の訴えという方法を通じて、再度審理し直すことを許容した（前掲Ⅵ 2 をみよ）。

3　無効の訴えと上告との区別

この判決に対する根本的な疑念については、前の箇所で詳しく述べた[106]。とりわけ、判決確定後の非常の救済手段である無効の訴えと、審級制度における通常の上訴である上告との間の基本的な相違が見誤られている。たしかに、ZPO 579 条 1 項 1 号から 4 号の「無効事由」は、「上告理由」のカタログがより広範囲に及ぶとはいえ、ZPO 547 条 1 号から 4 号と文言上重なる。しかし、無

---

103)　Vgl. Motive zu § 542 CPO (=§ 579 ZPO) bei *Hahn*, Materialien, a.a.O. (N. 94), S. 379.
104)　無効の訴えの原理につき詳細は *Gaul*, Festschrift für Kralik, a.a.O. (N. 69), S. 159 ff. 原状回復の原理との相互対比について近時より詳しくは *Gaul*, JZ 2003, 1088, 1094 をみよ。さらにこれについてはすでに前掲注 90)。
105)　BGHZ 84, 24, 29 f. そしてこれについては前掲注 88) および 89)。
106)　さらにここで批判した判決が看過した無効の訴えの構造と機能の観点について *Gaul*, Festschrift für Kralik, a.a.O. (N. 69), S. 157 ff., 159 ff., 170 ff. これにつき、まとめとしてまた *Gaul*, Möglichkeiten und Grenzen der Rechtskraftdurchbrechung (1986), S. 24 ff.

効の訴えは、決して「繰り返された上告」(あるいは超・上告) ではない。CPO の歴史的立法者は、反対に、19 世紀の普通法および各ラント法における範型に意識的に追随し、前訴で「裁判所に問責されず」看過された「絶対的無効」を理由とする再審の訴えを、係属中の手続において犯された「法律違反」(改正前 ZPO 550 条＝改正後 ZPO 546 条は「法の違反」とする) の事後審理の役割を果たす上告とを厳格に区別した[107]。そして同時に、無効の訴えについては、従前事件を扱った裁判所としての判決裁判所に管轄があると宣言し (ZPO 584 条)、上告については、「最高裁判所」としての BGH に管轄がある (GVG 133 条) と宣言している[108] (これについては前掲Ⅴ 2 をみよ)。

4 ZPO 579 条 1 項 4 号類推による審問請求権侵害を理由とする無効事由の拒絶

「実効的な審問請求権の保障」という観点に基づくとしても、1982 年 5 月 5 日の BGH 判決の立場は説得力を欠く。ZPO 579 条 1 項 4 号の代理権欠缺の中に審問請求権侵害の特別な事例が見出されるとしても、この事例で、当事者は審問権を否定されていない。というのは、前訴裁判所は鑑定意見を求めることで訴訟能力を審理しかつ肯定していたからである。

1877 年の CPO の立法者は、多様な無効事由の中において法的審問請求権の欠缺も認めていた各ラント法に反する形で、意識的に、ZPO 579 条 1 項 4 号で、代理権欠缺だけを承認した[109]。現在の ZPO の立法者も、この立場を今日まで保持し続けてきた。すなわち、1923 年に、区裁判所の少額手続の不服申立てができない仲裁判決 (改正前 ZPO 510 条 c) のために、ZPO 579 条 3 項に一時的に導入された「法的審問」の欠缺という無効事由は、1977 年の簡素化法で再び削除された。また、改正前 ZPO 1041 条 1 項 4 号は、追加的に、審問権拒絶を理由とする仲裁判断取消しの訴えを規定していて、これは現在でも改正後 ZPO 1042

---

107) 無効の訴えの生成史と立法上の基礎付けについての詳細は *Gaul*, Festschrift für Kralik, a.a.O. (N. 69), S. 161 ff. m.w.Nachw. またすでに前掲注 70) 以下。
108) CPO の立法理由書は、管轄配分に関する「無効の訴え」と「上告」の間のこのような基本的相違を「一般的な理由付け」の中ですでに強調している。*Hahn*, Materialien, a.a.O. (N. 94), S. 139, 141 f. そしてこれにつき *Gaul*, Festschrift für Kralik, a.a.O. (N. 69), S. 168 f.
109) これについては前掲注 107) での引用を参照。

条1項2文および1059条2項1号dに基づいて間接的に導くことができるのだが、このことは、ZPO 579条1項4号を一般的な「審問異議」へと拡張することを認めない。つまり、そのような類推を認めるための第一次的および第二次的な法の欠缺は存在しない。なぜならば、立法者自身、「基本法の支配の下で」ZPO 579条1項4号のそれに応じた拡張をするきっかけをなんら見出さなかったからである。そこで、1977年の民訴法改正委員会は、「法的審問請求権違反のすべての事例を再審へと持って行くことは、適切とはいいがたい」と判断したのであった[110]。

5 ZPO 579条1項4号の無効事由の憲法適合性

憲法も、ZPO 579条1項4号を、以上とは異なって解釈することを要請しない。基本法103条1項によれば、たしかに「何人も裁判所の面前において法的審問を求める請求権」を有する。しかし、連邦憲法裁判所の確立した判例によれば、審問請求権のより詳細な形成は、「単純に訴訟法規の定立」に委ねられる[111]。連邦憲法裁判所は、特に、2003年4月30日の基本的な大法廷決定において[112]、「基本法103条1項違反」を理由とする「救済手段」の規律について「広い行動範囲」があることを認める。そこで、上記決定は、立法論として、ZPO 579条1項4号をすべての審問権侵害にまで拡張すべきとの広範囲な提案があることを認識した上で[113]、ZPO 321条aによる審問異議が従来十分でなかったことを考慮して、「新たな規定導入」について、2004年12月31日までの期間を立法者に対して設定し、立法者は、2004年12月9日の審問異議法を制定することで、これに応答した（BGBl. I S. 3220）。これ以降、審問異議は、審級を完結し、不服申立てをすることができない裁判すべてに適用される。また、侵害の事実を知ったときから2週間以内および1年の除斥期間内（判決確定は延

---

110) Bericht der Kommission für Zivilgerichtsbarkeit, hrsg. vom Bundesministerium für Justiz (1977), S. 180.
111) 特に明確なのがBVerfGE 60, 305, 311.
112) BVerfGE (*Plenum*) 107, 395, 412 f. (zu Ⅲ) =JZ 2003, 791 ff. und dazu *Gaul*, JZ 2003, 1088 ff.
113) 緩やかな再審という代替的諸提案につき参照。*Johann Braun*, Anhörungsrüge oder Wiederaufnahmeklage?, NJW 1983, 1403, 1404 und NJW 1984, 348, 349；auch MünchKommZPO/*Braun*, 4. Aufl. (2012), § 579 Rdnr. 20 m.w.Nachw.; *Katharina Deppert*, Nichtigkeitsklage analog § 579 Abs. 1 Nr. 4 ZPO bei Verletzung des Art. 103 Abs. 2 GG?, Festschrift Karlmann Geiß (2000), S. 81, 90.

期されない）に、異議の対象となる裁判をした裁判所における「法的審問の侵害」に対して、異議を申し立てることができる（改正後ZPO 321条a）。この異議は、無効の訴えとは異なり、看過された瑕疵の場合だけではなく、意識的または恣意的な審問請求権侵害に対しても働くことから、「更正裁判はむしろ例外」となる[114]ことは当然である。そうである限りにおいて、判決をした裁判官に申し立てられることになる「自己コントロール」としての審問異議には、構造上の欠陥が付着しており、その欠陥ゆえに、その実際上の実効性は著しく疑問である[115]。

すでに前訴で審理され肯定された当事者の訴訟能力を「上告審的に」再び審査し直すことを、ZPO 579条1項4号の代理権欠缺として許容した1982年5月5日のBGH判決[116]がその間採用した異なった立場は、したがって、憲法上の観点からも維持することができない。ここで述べた批判は、最近の文献上広く共有されている[117]。前述した2007年9月27日のBGH決定によれば[118]、BGHは、この異なった立場を実質的に再び放棄したということも、また前提としなければならない（前掲VI 2をみよ）。

6 不正に行われた公示送達の例：無効事由でなく原状回復事由

すでに述べた、不正に行われた公示送達についての2002年12月11日のBGH判決（前掲VI 2をみよ）でも[119]、BGHは同じく、1982年5月5日の判決[120]

---

114) 2001年のZPO改正法草案の公式理由書自身そのように評価する。BT-Drucks. 14/3750, S. 40.
115) これについて批判的な *Gaul*, Die neue Rechtsbeschwerde zum BGH - ein teuer erkaufter Fortschritt, DGVZ 2005, 113, 116 を参照。
116) BGHZ 84, 24, 28 ff.
117) Vgl. die Nachweise bei *Gaul*, Festschrift für Kralik, a.a.O. (N. 69), S. 158; ebenso neuerdings noch *Tsukasa Oda*, Die Prozessfähigkeit als Voraussetzung und Gegenstand des Verfahrens (1997), S. 114 ff., 117 ff., 120 ff.; *Jauernig*, Zivilprozessrecht, a.a.O. (N. 102), § 20 IV 4; ebenso *Jauernig/Hess*, a.a.O. (N. 102), § 20 Rdnr. 20; *Rosenberg/Schwab/Gottwald*, a.a.O. (N. 83), § 44 Rdnr. 35, § 160 Rdnr. 4; *Schilken*, a.a. O. (N. 102), Rdnr. 1050; *Stein/Jonas/Jacobs*, ZPO, a. a. O. (N. 102), § 579 Rdnr. 1 und Rdnr. 11; *Musielak/Musielak*, ZPO, 11. Aufl. (2011), § 579 Rdnr. 10; *Prütting/Gerlein/Meller-Hannich*, ZPO, a.a.O. (N. 102), § 579 Rdnr. 4 u. 11; — insoweit ebenso auch MünchKommZPO/*Braun*, 4. Aufl. (2012), § 579 Rdnr. 16. もっとも彼は後にRdnr. 20, 22 で、認可決定が基礎となっているにもかかわらず、ZPO 579条1項4号類推による無効事由があることを認める。制限を伴いつつ異説として *Wolfgang Abel*, Zur Nichtigkeitsklage wegen Mängeln der Vertretung im Prozess (1995), S. 34 ff.
118) BGH, NJW-RR 2008, 448 およびこれについてはすでに前掲注89）。BFH, NJW 1999, 2391, 2392 と BAG, MDR 1994, 1044 は、それ以前に、BGHZ 84, 24 ff. を否定し、本稿の立場に従った。
119) BGHZ 153, 189, 193＝JZ 2003, 903 ff.（前掲注90））．
120) BGHZ 84, 24 ff.

Ⅷ　無効の訴えの原理について

と基本的に距離を置いた。というのは、BGHはここで、ZPO 579条1項4号による無効の訴えは、「前訴で意識的にされた裁判を再審理しかつ訂正する」という「役割を果たしてはならない」という点で、通説に従ったからである。しかし、反対の見解は、「公示送達を認可した裁判所は、自身の立場から改正前ZPO 203条以下（＝2002年7月1日以降の改正後ZPO 185条以下）の要件があることを前提とすることができ、また、それを前提としなければならないから」結局同じに帰するとする。「反対の見解に従おうと望むのであれば、ZPO 579条1項4号を類推した無効の訴えを、本質的に、前訴裁判所は公示送達に関するZPOの規定を正確に遵守したとの理由から、認めることとなるだろう」[121]。

したがって、BGHは、相手方の誤った申出によって得られた公示送達を、相手方の訴訟詐欺を理由としたZPO 580条4号、あるいは宣誓した者による虚偽の供述を理由としたZPO 580条1号による原状回復の訴えの適用事例であると、正当にも考えたのである。しかし、いずれの場合も、「可罰行為につき確定の有罪判決がされたときにのみ」（ZPO 581条1項）提訴することができる。BGHの見解によれば、「そのような有罪判決がないままでのZPO 579条1項4号を類推した再審は、立法者が具体的な場合について命じた特別な規定の効力を失わせることになりかねず」、そのことは、「すべての解釈規則と矛盾しかねない」[122]。これによって、BGHは、ZPO 579条1項4号の類推に必要な法律の欠缺を同時に否定したのである[123]。

このような理由付けをしつつも、しかし、BGH自身は[124]、「（送達を認可した）裁判所の誤り」に起因する「正しくない判決」によって不利益を受けた当事者が、その財産的損害をBGB 826条による損害賠償の訴えによってなお主張することができることの基礎付けをさらに指摘することは差し控えた（後掲Ⅹをみよ）。

不正に行われた送達によって不利益を受ける当事者は、ZPO 581条1項によって必要とされる刑事裁判所の有罪判決がないことで、ZPO 580条1号および4号による原状回復の訴えができないとしても（ただしⅨをみよ）、救済手段が

---

121)　BGHZ 153, 189, 195, 196 (Hervorhebungen hier).
122)　BGHZ 153, 189, 197.
123)　これについて詳細は、*Gaul*, JZ 2003, 1088, 1093を参照。
124)　BGHZ 153, 189, 198 und dazu kritisch *Gaul*, JZ 2003, 1088, 1095.

ないということにはならない。たしかに、ZPO 186条の裁判所による認可決定に対しては不服を申し立てることができないが、裁判を通常の上訴によって取り消す可能性はあるし、上訴期間の経過後はなお原状回復の可能性がある（ZPO 233条）。

7 残された憲法異議
(1) 司法救済の道が尽きることおよび再審

連邦憲法裁判所法90条2項1文により、「司法救済の道が尽きた（Erschöpfung des Rechtswegs)」後は、基本法103条1項の審問請求権侵害を理由とした、基本法93条1項4号aによる連邦憲法裁判所への憲法異議がなお残っている。しかし、裁判が確定することで終結した手続の再審という非常の救済手段は、司法救済の道が尽きたことの中には入らない[125]。ZPO 579条1項4号による代理権欠缺を理由とする無効事由は、その上、5年の再審期間から免れているので（ZPO 586条3項）、そう考えないとすれば、「適切な期間」内での権利保護が欧州人権条約6条1項の要請に反してもはや保障されないという不条理な結論に至るかもしれない。連邦憲法裁判所の小法廷（3人の裁判官による「小さな」合議体。連邦憲法裁判所法15条a、93条b）判決は、散発的に、審問権侵害の事案で、各専門裁判所による「ZPO 579条1項4号の類推適用」を督促したことがあったが[126]、2003年4月30日の連邦憲法裁判所大法廷決定によって、そのための基礎付けは失われた。というのは、この決定によれば、「そのような非常の救済手段を先に提起したが失敗に終わったこと」は、憲法裁判所法90条2項1文の司法救済の道が尽きたことには該当しないからである。その限りでは、部分的にこれと異なる「従来の連邦憲法裁判所の実務」は固守することができないとさ

---

125) これについて詳細は *Gaul*, Rechtswegerschöpfung im Sine des § 90 Abs. 2 S. 1 BVerfGG und Wiederaufnahme des Verfahrens in der Zivilgerichtsbarkeit, Festschrift für Ekkehard Schumann (2001), S. 89, 102 ff., 120 ff. 参照。同じく *ders.*, JZ 2003, 1088 ff. 同じく *Schilken*, Gerichtsverfassungsrecht, 4. Aufl. (2007), Rdnr. 150 zu Fn. 142; *Prütting/Gerlein/Meller-Hannich*, ZPO, a.a.O. (N. 102), § 578 Rdnr. 6; *Zöller/Vollkommer*, ZPO 30. Aufl., Einl. Rdnr. 125 vor § 1. また *Hillgruber/Goos*, Verfassungsprozessrecht, 3. Aufl. (2011), Rdnr. 209, 216b.

126) So BVerfG (3. Kammer des 2. Senats), NJW 1998, 745. これに依拠して賛成するのが *Braun*, JZ 2003, 906, 907 in der krit. Anm. zu BGHZ 153, 189 ff. ＝JZ 2003, 903 ff. これに反対するのがその限りですでに *Gaul*, Festschrift für Schumann, a.a.O. (N. 125), S. 89, 95, 102 ff., 129.

れる[127]。

(2) 憲法異議の要件としての改正後 ZPO 321 条 a による審問異議

以上によれば、連邦憲法裁判所大法廷決定に従うことで改善された、2005 年 1 月 1 日より効力を有する改正規定の ZPO 321 条 a による審問異議だけが、現在は付加的に憲法裁判所法 90 条 2 項 1 文の意味における「司法救済の道が尽きたこと」に該当する。この審問異議は、その目的に従えば、基本法 103 条 1 項に基づく憲法異議を頻繁に申し立てられるという連邦憲法裁判所の負担軽減にまさに資するべきものとされている[128]。

IX 原状回復の訴えの原理

1 原状回復事由に共通する原理

かつては、ZPO 580 条 1 号から 7 号 b までの原状回復事由のカタログは、厳格な制限列挙、決して類推を許さない例外規定という意味で（前掲VI・VIIをみよ）、多かれ少なかれ、専断的な列挙とみられていた。このような法実証主義的な姿勢に基づいて、すでにライヒ裁判所の判例は早い段階で、また後に BGH の判例も、「絶対に容認することができない」結果を避けるべく、既判力に反してでも再審法の適用を回避するために、「良俗違反」により取得されまたは「害意を持って」利用された判決を原因とする、BGB 826 条の民事法上の一般条項に基づく損害賠償の訴えを許すことで、逃げ道を探してきた。これによって、判例は、再審法が基礎に置いている評価との間に顕著な矛盾をきたしている。

というのは、ZPO 580 条、581 条 1 項の原状回復事由の規律は、その限界領域内において類推を許す、統一的な「原状回復の原理」を徹頭徹尾、基礎に置いているからである[129]。これを標語的にいうならば、「証拠の確実性」の原理、すなわち、「判決の事実的な基礎付けの正当性が、利用可能かつ明白な証拠に

---

127) BVerfGE (Plenum) 117, 395, 417＝JZ 2003, 791, 794.
128) *Gaul*, Festschrift für Schumann, a.a.O. (N. 125), S. 89, 117 ff.; *ders.*, Die neue Rechtsbeschwerde zum BGH -ein teuer erkaufter Fortschritt, DGVZ 2005, 113, 116 ff.; *Schilken*, Zivilprozessrecht, a.a.O. (N. 102), Rdnr. 605, 1050; *Prütting/Gerlein/Meller-Hannich*, a.a.O. (N. 102), § 578 Rdnr. 6; *Hillgruber/Goos*, a.a.O. (N. 125), Rdnr. 214 b.
129) これにつき前掲注 102）の引用を参照。

よって揺らいでいる」との原理ということができる[130]。とりわけ、ZPO 580 条 1 号から 5 号の可罰行為に関していえば、民事判決の原状回復を要請するような「衡平性」だけが問題になっているのではない。CPO 543 条、544 条（ZPO 580 条、581 条）の立法理由書によれば、「判決の基礎となっている宣誓が虚偽であることが刑事手続において既判力により確定して」はじめて、すなわち、ZPO 581 条によれば、あらかじめ刑事裁判官の面前において、偽証または過失により虚偽の宣誓をしたことが証明されたとき、「民事判決をそのまま維持することが法感情に反する」のが原則となる[131]。

「文書」の発見は、普通法およびプロイセン法に追随した「新たな発見による原状回復」として、CPO 543 条 7 号 b（＝ZPO 580 条 7 号 b）の立法理由書によれば、「文書は証拠としても、また、証明すべき事実を調査するためにも、著しい重要性を有するがゆえに」優先的な地位を与えられている[132]。したがって、ドイツの立法者は、後に「発見された文書」は「相手方の悪意」の場合にのみ、つまり、その文書が相手方によって「前に隠匿されていた」ときにのみ認める（フランス旧民訴法 480 条 10 号）というフランス法の制限的な考え方とは異なる態度をとった[133]。事実、文書には特別な客観的証拠力があり、それが、文書を他の証拠方法から際立たせているのである。

以上から、立法資料により、以下のような結論を導くことが許されよう。各種判決、つまり、確定した刑事判決における事実確定（ZPO 580 条 1～5 号、581 条 1 項）もしくは基礎となった判決を確定判決によって取り消したこと（ZPO 580 条 6 号）もしくは前に確定した判決があること（ZPO 580 条 7 号 a）、または、「別な文書」の内容（ZPO 580 条 7 号 b）に直面することによって明白になった真の事実状態との矛盾が、原状回復を要請する[134]。

このような原状回復の原理は、今日、支配的な見解[135]、および BGH、BAG

---

130) これについて詳細は *Gaul*, Grundlagen des Wiederaufnahmerechts, a.a.O. (N. 86), S. 66 ff., 83 を参照。まとめとして ders., Möglichkeiten und Grenzen der Rechtskraftdurchbrechung, a.a.O. (N. 106), S. 31 f.
131) Vgl. Motive zur CPO bei *Hahn*, Materialien, a.a.O. (N. 94), S. 380 (Hervorhebung hier); vgl. dazu näher *Gaul*, Grundlagen des Wiederaufnahmerechts, a.a.O. (N. 86), S. 77 f.
132) Vgl. Motive zu § 543 Nr. 7 bei *Hahn*, a.a.O. (N. 94), S. 381. 普通法とプロイセン法については、すでに前掲注 49)、50) と 64) の引用を参照。
133) Vgl. Motive zu § 543 Nr. 7 CPO bei *Hahn*, a.a.O. (N. 94), S. 381.
134) Vgl. *Gaul*, Grundlagen des Wiederaufnahmerechts, a.a.O. (N. 86), S. 78.
135) 原状回復の原理に賛成するのが、*P. Arens*, Willensmängel a.a.O. (N. 102), S. 68 ff.; ders. in *W. Lüke*,

(連邦労働裁判所)、BSG (連邦社会裁判所) および BFH (連邦租税裁判所) の判例によっても承認されている[136]。

2 類推可能な原状回復事由

(1) ZPO 580 条 6 号による前にされた裁判の取消し

そこで、当初は刑事判決の取消しに限られていたが、1933 年法によって、「旧特別裁判所または行政裁判所」の判決の取消しへと拡張された ZPO 580 条 6 号は、今日、すべての裁判権でされた判決の取消しだけではなく、民事判決の基礎となった仲裁判断[137]や非訟事件の裁判[138]および、特許法 81 条以下の特許庁が付与した特許の事後的な無効宣言やその他の知的財産権の事後的失効[139]といったような行政行為に対しても、類推適用することができる。民事裁判所が取消しの対象となる裁判に対して形式的に拘束されたことは、必要ではない。すでに CPO の立法理由書によれば、当時唯一規律されていた刑事判決の取消しという事例については、その判決が民事訴訟における裁判官の心証(形成)にとって証拠としての意味があり、結果として、民事判決が「その(刑事)判決に基礎付けられていること」が民事判決から明らかとなれば、それで十分

Zivilprozessrecht, a.a.O. (N. 102), Rdnr. 431; *A. Blomeyer*, Zivilprozessrecht, 1. Aufl., a.a.O. (N. 102), § 107 I (S. 604 f.); 2. Aufl., § 107 II (S. 623 f.); *R. Bruns*, Zivilprozeßrecht, 2. Aufl. (1979), § 56 Rdnr. 292 f.; *Jauernig*, Zivilprozessrecht, 29. Aufl., a.a.O. (N. 102), § 64 II, § 76 I; ebenso *Jauernig/Hess*, 30. Aufl., a.a.O. (N. 102), § 64 Rdnr. 3; § 76 Rdnr. 12; *Prütting/Weth*, a.a.O. (N. 102), Rdnr. 93, 101 ff., 103, 299; *Rosenberg/Schwab/Gottwald*, a.a.O. (N. 83), § 159 Rdnr. 1, § 160 Rdnr. 11; *Schilken*, a.a.O. (N. 102), Rdnr. 1051, 1057 f.; *Zeiss/Schreiber*, a.a.O. (N. 102), Rdnr. 604, 617; *Stein/Jonas/Leipold*, ZPO, a.a. O. (N. 102), § 322 Rdnr. 270 f.; *Stein/Jonas/Jacobs*, ZPO, a.a.O. (N. 102), § 580 Rdnr. 1; *Prütting/Gerlein/Meller-Hannich*, ZPO, a.a.O. (N. 102), § 580 Rdnr. 1. — *Braun* の異なる見解については、本稿 IX 4 および注 214) 以下を参照。

136) BGHZ 38, 333, 336 f. =FamRZ 1963, 177 ff. m. Anm. *Gaul* 以来の確立した判例はそうである。BGHZ 46, 300, 303=ZZP 81 (1968), S. 279 ff. m. Anm. *Gaul*, BGHZ 103, 121, 125 f.; BGHZ 153, 189, 197 =JZ 2003, 903, 905 (m. abl. Anm. *Braun*), dazu *Gaul*, JZ 2003, 1088, 1093 ff.; BGHZ 161, 1, 4 ff. =NJW 2005, 222, 223; BGHZ 171, 232, 239=NJW-RR 2007, 1448 1449; BGHZ 187, 1, 4=GRUR 2010, 996 f.; –BAG, AP Nr. 13 zu § 12 SchwbG. m.Anm. *Gaul*, NJW 1985, 1485 f.; BAG, NJW 1999, 82, 83; BAG, NJW 2007 3804 f.; –BSG, AP Nr. 8 zu § 580 ZPO; –BFH, NJW 1978, 511 f.

137) BGH, MDR 2008, 460, 461; *Gaul*, Grundlagen des Wiederaufnahmerechts a.a.O. (N. 86), S. 195 ff. m. w.Nachw.

138) *Gaul*, Grundlagen des Wiederaufnahmerechts a.a.O. (N. 86), S. 197 f. m.w.Nachw.

139) Vgl. dazu *Gaul*, Festschrift für Hideo Nakamura, a.a.O. (N. 95), S. 137, 139 f., 156 f. 特許法 81 条によって無効を宣言された特許についてその限りで同じく MünchKommZPO/*Braun*, a.a.O. (N. 117), § 580 Rdnr. 37. 別の知的財産権について新しくはまた BGH, MDR 2010, 996 ff. und dazu auch *Prütting/Gerlein/Meller-Hannich*, ZPO a.a.O. (N. 102), § 580 Rdnr. 10 m.w.Nachw.

であった[140]。基準となることは、先決的行為の「既判力のある(あるいは司法存続力がある)」取消しによって最終的に、その民事判決の本質的な支柱が失われ、原状回復原理という意味において、判決の基礎付けの正当性が、明確な形で揺らいだことに尽きる[141]。BGHも近時、「ZPO 580条により判決の基礎付けが脱落した場合」、相互に原因関係に立つ「3つの国家行為」つまり「先決的行為」、原状回復の訴えによって取消しを求められている判決、および「存続力のある取消行為」が(判決の)基礎付けを何人にとっても明白な形で、容認できないような方法で揺るがせ、したがって原状回復を要請するということを強調することによって、この再審原理にだけ照準を合わせている[142]。

(2) ZPO 580条7号bによる文書の発見

ZPO 580条7号bによる文書の発見は、従来から、原状回復事由のうちでも実際上最も重要なものの1つである。法律の条文が必要としている文書とは、前訴の時点ですでに存在していた文書であり、例えば、伝統的に法的取引において普通に用いられる支払いの証拠として発行された領収証であるとか[143]、現在のキャッシュレスの支払取引において銀行で普通に用いられる取引履歴[144]がそうである。しかし、ZPO 580条7号bの類推は、後に作成された文書で再帰的な証明力を持つものに対しても、認めることができる。これは例えば、前の日付となる懐胎時点に係る出生証明書や、その他戸籍関係の文書、例えば出生簿における子の準正に係る戸籍官吏による戸籍簿訂正のようなものである[145]。このような文書をすでに作成された文書と類推的に等置することは、こ

---

140) Vgl. Motive zu § 543 Nr. 6 CPO bei *Hahn*, Materialien, a.a.O. (N. 94), S. 381 (Hervorhebung hier). これにつき詳細は *Gaul*, Grundlagen des Wiederaufnahmerechts a.a.O. (N. 86), S. 196 ff. 580条6号の適用を、一般的な見解に反して、民事判決を形式的に拘束したすでに取り消された裁判に限定しようとする限りで、MünchKommZPO/*Braun*, a.a.O. (N. 113), § 580 Rdnr. 38 はこれを看過する。刑事判決が取り消されたときという当初の事例にすら、この規定は適用されないことになってしまいかねないからである。

141) Vgl. *Gaul*, Grundlagen des Wiederaufnahmerechts, a.a.O. (N. 86), S. 198 ff.; ebenso für die jetzt h.M. *Stein/Jonas/Jacobs*, ZPO, a.a.O. (N. 102), § 580 Rdnr. 23.

142) So BGHZ 103, 121, 125; auch schon BGHZ 89, 114, 116 f. und dazu *Gaul*, Festschrift für Hideo Nakamura, a.a.O. (N. 95), S. 137, 154 ff.

143) 領収証の意味についてすでに *Gaul*, Materielle Rechtskraft, Vollstreckungsabwehr und zivilrechtliche Ausgleichsansprüche, JuS 1961, 1, 12 を参照。普通法の「原状回復」についてすでに *Wetzell*, a.a.O. (N. 49), S. 196, 203, 223f., 676 f., 684.

144) これについて近時 *Gaul*, Festschrift für Schilken, a.a.O. (N. 13), S. 275, 310 f. m.w.Nachw. 参照。

145) これについて詳細は *Gaul*, Grundlagen des Wiederaufnahmerechts, a.a.O. (N. 86), S. 118 ff., 127 ff., 139 ff. m.w.Nachw.; *ders.*, Festschrift für Hideo Nakamura, a.a.O. (N. 95), S. 137, 158 ff.; BGHZ 5, 157 ff.; BGHZ 46, 300, 303＝ZZP 81 (1968), S. 279 ff. m.Anm. *Gaul* を参照。現在の支配的見解については

のような文書には、改正前戸籍法60条、66条（＝改正後戸籍法54条、55条1項）により形式的証拠力があることによって裏付けることができる。このような文書は、以前は、離婚訴訟終結後の婚姻上の過誤の証拠として意味があったが、1977年7月1日以降、離婚法が有責主義から破綻主義へと移行した後は（改正後BGB 1564条以下）、たしかにそのような意味は減殺されたが、決して失われたわけではなく、例えば年金法では今後とも意味を有している[146]。

BAGは、1984年8月18日の判決で[147]、援護庁の確認命令を戸籍文書と等置したが、この確認命令によって、解雇保護の訴えを棄却する判決の確定後において、解雇の時点で存した重度の身体障がいという属性が事後的に証明することができたというものであった。この判決は、しかも次のような理由によっている。すなわち、証拠の確実性という原理を特に考慮して、このような後に得られた書証は、ZPO 580条7号bの類推により、以前から存在する文書と同一の証拠力を有するということである。実際上、重度身体障がい者証明書（重度身体障がい者法3条5項）は、公文書としてZPO 418条1項により、その文書によって証明される重度の身体障がいの事実について、記載された（それ以前の）日付以降、何人に対する関係においても、完全な証拠となる。

(3) 新たな父子関係鑑定の提出

ZPO 580条7号bを類推して、新たな父子関係の鑑定を提出し、その鑑定が、承認された科学的な原則に基づくその鑑定の証拠価値によって、従前の証明の結果を明確な形で動揺させたならば、書証と同様に、これを原状回復事由として承認すべきであるという筆者の見解は[148]、その間、立法者によって法制化された。すなわち立法者は、1970年7月1日に施行された婚外子法によってすでに、ZPO 641条iにおいて、「当事者が、その鑑定だけで、または従前の手続に

Rosenberg/Schwab/Gottwald, a.a.O. (N. 83), § 160 Rdnr. 30; *Jauernig/Hess*, a.a.O. (N. 102), § 76 Rdnr. 12; *Schilken*, a.a.O. (N. 102), Rdnr. 1058; *Stein/Jonas/Jacobs*, ZPO, a.a.O. (N. 102), § 580 Rdnr. 33, 40 m.w.Nachw. のみを参照。

146) Vgl. BSG, FamRZ 1963, 236 ff. ここでは変更の記載が、判決で認められた遺児定期金の受給資格がないことの証拠となっている。これについては *Gaul*, Möglichkeiten und Grenzen der Rechtskraftdurchbrechung, a.a.O. (N. 106), S. 32 f. m.w.Nachw. を参照。

147) BAG, AP Nr. 13 zu § 12 SchwbG m.Anm. *Gaul* = NJW 1985, 1485; bestätigend BAG, NJW 1999, 82 f.; BAG NJW 2007, 3803; für die h.M. vgl. nur *Prütting/Gerlein/Meller-Hannich*, ZPO, a.a.O. (N. 102), § 580 Rdnr. 14 m.w.Nachw.

148) これについて詳細は *Gaul*, Grundlagen des Wiederaufnahmerechts, a.a.O. (N. 86), S. 143 ff., 163 ff. m.w.Nachw. 参照。

おいて取り調べられた証拠と合わせれば、別の判断を導いたであろう、父子関係に関する新たな鑑定を提出したとき」にも、ZPO 580 条のカタログを補充する形で、原状回復の訴えを許した[149]。立法者は、この規定を、2009 年 9 月 1 日からの家事事件手続法の新たな規律により、家事事件手続法 185 条 1 項において、最終的に継承した。同時に立法者は、ZPO 641 条 i でも同じであったが、この新しい原状回復事由について、それが「真の父子関係確定」にとって特に重要であることから、形式的不服の必要性（家手法 185 条 2 項）だけでなく、ZPO 586 条 4 項の出訴期間（家手法 185 条 4 項）からも解放した。

しかし、立法者は、すでに確定後において発展した「新しい科学的な証明方法」を原状回復事由として承認すべきだという[150]、より広範な改正提案を正当にも受け付けなかった。というのも、そのような証明方法が、具体的な事案において「父子関係に関する新たな鑑定」の対象にまだなっていない限りにおいては、それを提出することで、父子関係の確定を動揺させることができるような訴訟上利用可能な「証拠方法」は何も存在しないからである。もし、あらゆる「自然科学上の認識状態の変動」があればそれで十分だとするならば、父子関係手続の再度のやり直しを大量にもたらすことになるであろうが、これは、およそ承服しがたいであろう[151]。

(4) ZPO 580 条 7 号 a による既判力衝突の特別な地位

前にされた判決との抵触の事例についての ZPO 580 条 7 号 a は、今日、特別な地位を占めている。それによれば、「当事者が、同じ事件について下された、先に確定した判決を発見し」または、当事者にとってより有利な判断を導いたであろう判決を利用することができる状態になったときは、「他の文書」の発見（7 号 b）と同一視して、原状回復の訴えが許される。しかし、当事者が帰責事由なく「その原状回復事由を前訴手続において主張することができなかったとき」に限られ（ZPO 582 条）、かつ、ZPO 586 条 2 項の 5 年の再審期間内にのみ訴えを

---

149) これについて詳細は *Gaul*, Zum Anwendungsbereich des § 641i ZPO, Festschrift für Friedrich Wilhelm Bosch (1976), S. 241 ff. 参照。

150) これに対してすでに *Gaul*, Grundlagen des Wiederaufnahmerechts, a.a.O. (N. 86), S. 143, 149 ff.; dazu *ders.*, Festschrift für Bosch, a.a.O. (N. 149), S. 241, 245 f., 253 ff. DNA 分析のような新しい自然科学的証明方法については *Gaul*, Ausgewählte Probleme im neuen Abstammungsrecht, FamRZ 2000, 1461, 1465, 1470 ff.; vgl. dazu auch BGHZ 156, 153, 159 f. =JZ 2004, 1075, 1077.

151) Vgl. dazu *Gaul*, Möglichkeiten und Grenzen der Rechtskraftdurchbrechung, a.a.O. (N. 106), S. 35 ff.

IX 原状回復の訴えの原理

提起しなければならない。

　既判力の衝突を、原状回復という衡平上の処置対応の中に位置付けることは、法典編纂時において支配的であった当時の実体的既判力論の影響によってのみ説明することができる[152]。すなわち、CPO の立法資料は、次のような指摘だけで満足している。「前に下された確定判決は、はっきりと文書の中に数えられ、また、それと等置される。なぜならば、その発見は、他の文書の発見とまったく同様の配慮を要するから」であり、また、同時に（ZPO 582 条に関して）「矛盾する判決の存在は既判力の抗弁の懈怠を包含する」からである[153]。

　このような立法者の立場は、遅くとも 1930 年ごろ以降は、既判力の職権による調査の原則が慣習法的に確立することで、克服された[154]。実際、ローマ法および普通法において支配的であった「既判事項に反する判決の無効」の原則からすれば、ZPO 579 条により無効事由として位置付けるという帰結に至らなければならなかったはずである。なぜならば、すでに古典ローマ法において、既判力の抗弁は法務官の職権によって方式書に記載されることができ、ユスティニアヌス帝の職権手続では無効の主張を意味していたからである[155]。ローマ法源の伝統により、1864 年のハノーバー草案 589 条、および 1869 年のバイエルン訴訟法 788 条 1 号は、既判力の衝突がある場合について「無効の申立て」を定めた一方で、CPO の立法者は、既判力の抗弁を実体的抗弁と見ていたことから、これを原状回復事由とした。抗弁を怠ったことは、既判力の放棄とみなされた。ZPO 580 条 7 号 a による原状回復の訴えは、帰責事由なく主張しなかった既判力の抗弁の追完と、「前にされた判決の回復」の役割を負うだけにすぎなかった[156]。

　したがって、かつての支配的見解を長期間規定していたライヒ裁判所の 1902

---

152) Vgl. dazu *Gaul*, Grundlagen des Wiederaufnahmerechts, a.a.O. (N. 86), S. 88 ff.; *ders.*, Negative Rechtskraftwirkung und konkursmäßige Zweittitulierung, Festschrift für Friedrich Weber (1975), S. 155, 166 ff.（＝松本編訳・前掲注 1) 171 頁、188 頁以下). 歴史的発展についてはまた *ders.*, Tradition und Fortschritt, a.a.O. (N. 35), S. 9, 15, 27 ff. オーストリアにおける同種の問題性につき *Gaul*, ÖJZ 2003, 861, 869 ff. を参照。

153) Vgl. Motive zu § 543 CPO bei *Hahn*, Materialien, a.a.O. (N. 94), S. 381 (Hervorhebung hier).

154) これについて詳細は *Gaul*, Festschrift für Flume, a.a.O. (N. 22), S. 441, 512 ff.（＝松本編訳・前掲注 1) 3 頁、105 頁以下、116～117 頁) 参照。

155) これについて詳細は *Gaul*, Festschrift für Weber, a.a.O. (N. 152), S. 155, 166 ff. m.w.Nachw.（＝松本編訳・前掲注 1) 171 頁、188 頁以下) 参照。

156) Vgl. *Gaul*, Festschrift für Weber, a.a.O. (N. 152), S. 168（＝松本編訳・前掲注 1) 188～189 頁).

年10月1日の判決によれば[157]、実体的既判力理論に忠実に、2つの判決の妥当性の争いは、「2つの法律が相互に矛盾する内容を持つ場合の関係は、2つのうちより新しいほうがより古いほうに優先するのは自明のことである」とされるのと同様に、「より新しい判決は、より古い判決によって確定した請求権に対して権利滅却的に作用する」とされた。しかし、規範の衝突から既判力の衝突の結論を導くことは、規範定立のために立法の自由があることと、裁判は前にされた裁判に拘束されることという根本的な相違があることを誤解している[158]。

今日、慣習法的に妥当する既判力の職権調査の原則は、ZPO 580条7号 a と 582条の規範内容を根本的に変化させた。もともと認められていた既判力の訴訟上の禁止という性質が再び貫徹された後は、既判力の不顧慮は、ZPO 579条の無効事由という意味で、著しい手続上の瑕疵を意味する。相互抵触する判決の優先順位は、したがって現在では、また反対に定めなければならない。すなわち、禁止に反して生じた第2の判決ではなく、何の間違いもなく生じた最初の判決が優位に立つ[159]。現在の支配的見解は、これに従っているし[160]、BGH も BAG も同じである[161]。

もちろん、ZPO 580条7号 a は、2つの矛盾する判決の抵触のみを規律するのであり、「一事不再理」違反や、被告を二重執行の危険にさらす同じ事件につ

---

157) RGZ 52, 216, 218. これに対して訴訟的理論に基づいて1919年にすでに異なって考えていたのが RGZ 94, 271, 277 の判決である。「Recht とは、後の裁判官が正しい（Recht）と認めたことであるとの標語は、人間の認識力の弱さに基づいて判決は……異なる結果となることが珍しくないとの認識から生じている。しかもまた、この種の紛争において裁判所は正しいことを創造することはなく、法律によれば正しいことを確認するのみである」。
158) これについて詳細は *Gaul*, Grundlagen des Wiederaufnahmerechts, a.a.O. (N. 86), S. 94 f. 参照。
159) Vgl. *Gaul*, Grundlagen des Widerauflnahmerechts, a.a.O. (N. 86), S. 94 ff.; *ders.*, Festschrift für Weber, a.a.O. (N. 152), S. 155, 166 ff. (＝松本編訳・前掲注１) 188頁以下）。
160) 通説に賛成するのが *Lenenbach*, Die Behandlung von Unvereinbarkeiten zwischen rechtskräftigen Zivilurteilen nach deutschem und europäischem Zivilprozeßrecht (1997), S. 62 f.; *Karsten Otte*, Umfassende Streitbeilegung durch Beachtung von Sachzusammenhängen (1997), S. 139 f.; *A. Blomeyer*, 2. Aufl. a.a.O. (N. 102), § 49 IV (S. 276); *R. Bruns*, a.a.O. (N. 135), § 27 Rdnr. 143; *Jauernig/Hess*, a.a.O. (N. 102), § 76 Rdnr. 10; *Rosenberg/Schwab/Gottwald*, a.a.O. (N. 83), § 160 Rdnr. 24 f.; *Schilken*, a.a.O. (N. 102), Rdnr. 1055; *Musielak/Musielak*, a.a.O. (N. 117), § 322 Rdnr. 15 und § 580 Rdnr. 13; *Prütting/Gerlein/Meller-Hannich*, ZPO a.a.O. (N. 102), § 580 Rdnr. 13; *Stein/Jonas/Jacobs*, ZPO a.a.O. (N. 102), § 580 Rdnr. 25 ff., — MünchKommZPO/*Braun*, a.a.O. (N. 117), § 580 Rdnr. 41 ff. はその限りでこれと同様。
161) BGH, NJW 1981, 1517, 1518; BAG, NJW 1986, 1831, 1832.

いて二重の支払いを命じる判決の事例を規律するものではない[162]。たしかに、「既判力に反する」第2の判決は、もはや確定力を持つことができず、その限りでは「無効」であるが、執行力ある債務名義としては、なお存在する。したがって、ZPO 580 条 7 号 a は、債務名義の執行力を、ZPO 775 条 1 号および 776 条の効果を持つ方式的な取消行為によって除去するという機能を有するものとして、その限りでは類推適用されなければならない。さらに、2つの判決が併存することから生じる法的安定性に対する危険は、ZPO 582 条および 596 条によって原状回復に対して設定された人的かつ時間的制限なしに、除去されなくてはならない[163]。

　ドグマーティッシュにいえば、1番目の判決の優位は、すでに1番目の判決によって終局的に履行された法的確実性の確立という裁判の使命を2番目の判決が今一度もたらすことはできないということによって、理由付けることができる。再度の争訟裁判をすることに意味がありうるような「争われていること」や「不確実なこと」は、もはや存在しない[164]。

　ZPO 580 条 7 号 a と対比される日本法における規定、これは、日本民訴法 338 条 1 項 10 号において「不服の申立てに係る判決が前にされた判決と抵触するとき」に再審の訴えを定めるが、そこでは、この再審事由について、代理権欠缺（日本民訴法 338 条 1 項 3 号）と同じく、日本民訴法 332 条 1 項および 2 項の出訴期間を、その3項によって不適用とし、それによって、判決の抵触が法的安定性を持続的に動揺させるという意味を持つことをすでに法律の問題として、適切な形で考慮に入れている（前掲V2を参照）。このことは、特に注目に値する。

(5) ZPO 580 条 8 号による欧州人権裁判所が確認した人権侵害という新しい原状回復事由

---

162) これにつき新しくは *Gaul*, Festschrift für Schilken, a.a.O. (N. 13), S. 275, 312 ff. を参照。これは、BGH, NJW-RR 1987, 831 f. の判決および *Lipp* と *Vollkommer* によるその従来の解釈に対して、ここで基礎となっている二重払いの事例ではすでに第1の支払いが確定判決に基づいており、したがってすでに不当利得（BGB 812 条）および損害賠償（BGB 826 条）のいずれによっても取戻しを請求することができないことをいずれも看過しているとして、批判的に論じている。

163) Vgl. dazu *Gaul*, Grundlagen des Wiederaufnahmerechts, a.a.O. (N. 86), S. 97 f.; *ders.*, Festschrift für Weber, a.a.O. (N. 152), S. 169 f.（＝松本編訳・前掲注1）189～190頁、191～192頁）。

164) Vgl. *Gaul*, Festschrift für Weber, a.a.O. (N. 152), S. 165, 169 f.（＝松本編訳・前掲注1）182頁、187頁、189頁、192頁）。この理由付けに賛成するのが BGHZ 93, 287, 289. 新しく確認したのが BGH, NJW 2004, 1805, 1806.

第2次司法改革法は、2006年12月31日より効力を有することになったが(BGBl. I S. 3014)、これは、改正後ZPO 580条8号において、新しい原状回復事由として「欧州人権裁判所が、人権および基本的自由の保護に関する欧州条約またはその議定書の違反を確認し、かつ、判決がこの違反に基づくとき」を追加した。この規定は、1998年にすでに刑事訴訟法359条6号において刑事訴訟について追加された再審事由と文言上一致する。

　欧州人権条約によれば、その保障は、確定判決により終結した民事訴訟の再審を求めていないことから、条約違反の判決を取り消すという特典は必然的なものではなかった[165]。欧州人権裁判所は確認判決を行うだけであり、人権を侵害された当事者には、金銭的な補償が与えられるにすぎないからである。欧州人権裁判所には、各国の裁判所の裁判を取り消す権限はないし、また再審を命じる権限もない[166]。

　この新しいZPO 580条8号は、連邦憲法裁判所法79条2項が連邦憲法裁判所による規範の無効宣言について定めるところとも調和しない。これによれば、刑事判決の場合とは異なり（連邦憲法裁判所法79条1項）、民事判決が、後に連邦憲法裁判所によって憲法違反として無効であると宣言された規範に基づくときは、再審をすることができない。まだ実施されていない「執行が不適法となる」だけであり、それは「ZPO 767条を準用して」請求異議の訴えで主張することができる。事後的な不当利得返還請求はすることができない[167]。

　欧州人権裁判所が確認した人権侵害が公正な手続違反（条約6条1項）によるものであり、したがって、ZPO 579条1項1号から4号の無効事由に対応する限りは、これを原状回復事由とするZPO 580条8号は、さらに体系に反することが判明する。この原状回復事由は、ZPO 580条、581条における刑事判決、取消判決および前に確定した判決と同じように、欧州人権裁判所の人権侵害を確認する裁判から、再審事由としての明白性を引き出している。そして、ZPO 579条の無効事由とは異なり、原状回復事由と同様に、条約違反との因果関係を、民事判決がそれに「基づかなければ」ならないとすることで、要求する。

---

165) 公式理由書自身がそうである。BT-Drucks. 16/3038, S. 39.
166) 近時そのように明示するのがBVerfG, Beschluss v. 18. 8. 2013, NJW 2013, 3714 ff.
167) これについて詳細は *Gaul*, Grundlagen des Wiederaufnahmerechts, a.a.O. (N. 86), S. 211 ff.; *ders.*, Festschrift für Hideo Nakamura, a.a.O. (N. 95), S. 137, 163 f. を参照。

以上のように考えることで、この原状回復事由を ZPO 580 条と関連付けさせようとしているのかもしれない。

ZPO 586 条 2 項の 5 年の除斥期間は、2011 年 11 月 27 日からの第 3 項の改正によって、ZPO 580 条 8 号の原状回復事由には、もはや適用がない。しかも、これは、この規定がほとんど意味を持たないからではなく、欧州人権裁判所の訴訟手続がたいてい長期間にわたることを考慮してのことである[168]。

ZPO 580 条 8 号の実際上の意義は、欧州人権裁判所に対する人権異議で勝訴することが比較的まれであるというハードルの高さに鑑みるならば、むしろ小さめに評価される[169]。

3 ZPO 580 条 1 号から 5 号の場合における刑事判決の意味

(1) 適法要件または本案要件としての刑事裁判所による有罪判決

ZPO 581 条 1 項により、ZPO 580 条 1 号から 5 号の場合について原則的に必要とされる刑事裁判所による有罪判決が、どのような意味を有するのか、すなわち、原状回復の訴えの適法性なのか、それとも理由具備性のいずれなのかは、争いがある。BGH は、1982 年 9 月 22 日の判決で[170]、なお支配的な見解と同じく[171]、ZPO 581 条 1 項を原状回復の訴えの適法要件として判断したが、その際に 1968 年 3 月 27 日のこれとは異なる BGH 判決[172]を適切に評価しなかった。

---

168) Vgl. dazu *Prütting/Gerlein/Meller-Hannich*, ZPO, a.a.O. (N. 102), § 580 Rdnr. 17 m.w.Nachw.

169) 正当にも批判的であるが、本稿とは異なる基本的構想から出発するのが *Braun*, Restitutionsklage wegen Verletzung der Europäischen Menschrechtskonvention, NJW 2007, 1620 ff.; auch MünchKomm-ZPO/*Braun*, a.a.O. (N. 113), § 580 Rdnr. 75 (「悪く考えすぎ」). 筆者の見解を前提とするのは *Prütting/Gerlein/Meller-Hannich*, a.a.O. (N. 102), § 580 Rdnr. 16 ff.; *Stein/Jonas/Jacobs*, ZPO, a.a.O. (N. 102), § 580 Rdnr. 41 ff.

170) BGHZ 85, 32, 35 ff. これについて近時迷わすのが BGH, NJW-RR 2005, 1024, 1025 で、この判決は次のような文章を論拠として引用する。「自由な構成要件の調査の限界は、刑事判決の存在および内容が ZPO 581 条の（ように）ある請求権の構成要件要素となっている限度でのみ認められる」。しかしこれは後掲注 172) で引用する BGH の判決とむしろ整合する。

171) 支配的見解については BGHZ 85, 32, 35 における引用を参照。学説状況の詳細につき新しくは *Gaul*, Die Grenzen der Bindung des Zivilgerichts an Strafurteile, Festschrift für Hans W. Fasching, (1988), S. 157, 168 ff. m.w.Nachw. これについてオーストリアの視点から *Rechberger*, Zur Rückkehr der Bindung an strafgerichtliche Entscheidungen im österreichischen Zivilprozess, Festschrift für Gaul (1997), S. 539 ff.; *Fasching*, Strafurteil im Zivilprozess, Festschrift für E. Schumann (2001), S. 83 ff. それぞれ VfGH, Erk. v. 12. 10. 1990, ÖJZ 1992, 11 によるオーストリア民訴法 268 条の廃止後のオーストリアにおける法状態について述べる。

172) BGHZ 50, 115, 118 f., 123.

1968年の判決は、ここで主張する見解[173]と同意見であり、刑事判決を理由具備性の中に数えた。すなわち、この判決は、刑事判決に対して、再審開始手続における「構成要件的効果」を付与し、民事裁判所に対して、可罰行為が現実に行われたかどうかについて、再審本案手続ではじめて自由に判断できる権限を認めた[174]。

しかし、その前にはっきりさせておかなければならないのは、一般的な表現に反して、この種の明確な議論の相互対立は、実は、存在しないということである。すなわち、訴えの提起については、二重に裁判上重要な事実（doppelrelevante Tatsachen）の観点から、古くから、その存在が訴えの適法性と理由具備性を同時に正当化するような事実の調査は、訴えの適法性については、その事実があるものと仮定することで、それが行われることが承認されている[175]。ZPO 581条1項による有罪判決を「原状回復の訴えの適法要件」へと高めることと、「再審開始手続」において「民事裁判官が刑事判決の構成要件的効果に拘束されること」とは、実は、相互に対立するものではない。刑事判決がないときは、ZPO 581条1項後段の例外であることが証明されない限り、原状回復の訴えは不適法として却下されなければならない。刑事判決があるときは、民事裁判官は、「再審開始手続」では、それに拘束される。本案の審理のやり直しになってはじめて、民事裁判官は、その可罰行為が本当に行われ、その判決に影響したかどうかを自由に判断することができる[176]。

すでに前に強調したとおり、ZPO 581条1項によれば必要な刑事裁判所による有罪判決を、ZPO 580条1号から5号の原状回復事由の構成要件要素として

---

173) Vgl. *Gaul*, Grundlagen des Wiederaufnahmerechts, a.a.O. (N. 86), S. 77 ff., 85 f.; *ders.*, Willensmängel bei Prozesshandlungen, a.a.O. (N. 49), S. 342, 352 f.; ebenso *Leo Rosenberg*, Zivilprozessrecht, 9. Aufl. (1961), § 155 II 2a; *Arens*, Willensmängel bei Prozesshandlungen, a.a.O. (N. 102), S. 69 f.; *ders.* in *Lüke*, a.a.O. (N. 102), Rdnr. 435; *Gilles*, Rechtsmittel im Zivilprozess (1972), S. 117; *Orfanides*, Die Berücksichtigung von Willensmängeln im Zivilprozess (1982), S. 42 f.; — zuletzt noch *Alexander Völzmann*, Die Bindungswirkung von Strafurteilen im Zivilprozess (2006), S. 88 ff. これは、2004年8月24日の第一次司法現代化法による ZPO 草案415条aの導入の失敗の影響をさらに受けて、刑事判決の民事裁判所に対する筆者の見解以上に特殊な拘束力をなお主張する。
174) 「構成要件的効果」の特色についての詳細は *Gaul*, Die "Bindung" an die Tatbestandswirkung des Urteils, Festschrift für Albrecht Zeuner (1994), S. 317, 332 ff., 347 f.
175) 支配的見解による訴えの適法性と理由具備性に係る「二重に裁判上重要な事実」の扱い方については *Rosenberg/Schwab/Gottwald*, a.a.O. (N. 83), § 9 Rdnr. 31 und § 39 Rdnr. 3; *Stein/Jonas/Roth*, ZPO, a.a.O. (N. 102), § 1 Rdnr. 24 ff. m.w.Nachw. のみを参照。
176) これについて詳細は *Gaul*, Festschrift für Fasching, a.a.O. (N. 171), S. 157, 173 ff, 179 f. 参照。

把握するのではなく、再審の訴えの適法要件として要求する方が、原状回復の原理とも適合する。なぜならば、適法要件と解することで、既判力の保護との対応がより強くなるからである[177]。しかし、このことは、刑事判決に対して「再審開始手続」における構成要件的効果を認めることを排除するものではない。なぜならば、刑事判決は、利用可能となった原状回復の基礎付けとしての、刑事判決と民事判決との間の明白な矛盾を文書化し、その矛盾が民事判決の取消しを正当化するからである[178]。ただし、「再審本案手続」における再審理は別である。

ZPO 580条1号から5号の原状回復事由にとって、ZPO 581条1項の刑事判決がどのような意味を持つのかについての筆者の立場は、かつてすでに詳論した[179]。それが堅持されなければならない。この立場は、立法資料および法律の文言とも調和する。それによれば、ZPO 581条1項は、民事訴訟法施行法 (EGZPO) 14条2項1号によって除去された民事裁判官に対する刑事判決の拘束力の部分的な例外を規定しているのである[180]。

1968年3月27日のBGH判決は[181]、従来の通説に賛成して、ZPO 581条1項による「単一の拘束的効力」をまさに広く公式化した。すなわち、「この効力は、民事裁判官から可罰行為の審査を全面的に奪い、その審査を刑事司法の裁判所および官庁へ委ねている」と。しかし、「再審本案手続」は、再び自由心証主義に服するから、このことは、「再審開始手続」における刑事判決の「構成要件的効果」の範囲でのみ妥当する[182]。

立法資料によれば、刑事判決の意味は、原状回復の訴えの必要不可欠な要件として、疑問の余地がない。それによれば、可罰行為が「刑事手続で確定し」かつ「刑事裁判官の面前で証明されて」はじめて「民事判決を維持することが

---

177) これについてすでに *Gaul*, Grundlagen des Wiederaufnahmerechts, a.a.O. (N. 86), S. 87 und AcP 172 (1972), S. 342, 352 f. を参照。また近時詳しくは *Gaul*, Festschrift für Fasching, a.a.O. (N. 171), S. 157, 173 ff. m.w.Nachw.
178) 同じ意味で本稿と同様である新しいものとして、前掲注173）での引用に加えて *Prütting/Gerlein/Meller-Hannich*, a.a.O. (N. 102), § 581 Rdnr. 1.
179) Vgl. *Gaul*, Festschrift für Fasching, a.a.O. (N. 171), S. 157, 168 ff.
180) 民訴法施行法14条2項1号により削除されたZPO 581条1項についての刑事判決に対する民事裁判官の拘束の意味についての詳細は *Gaul*, Festschrift für Fasching, a.a.O. (N. 171), S. 157, 161 ff., 168 ff., 178. オーストリア法についてはすでに前掲注171）。
181) BGHZ 50, 115, 123.
182) BGHZ 50, 115, 119 も *Rosenberg* および本稿が主張する見解とともに、これを前提とする。

法感情と」耐えがたいほど「矛盾する」[183]。たとえ刑事判決が民事裁判官を最終的に「拘束しない」としても、「しかし、原状回復をそのような有罪判決に原則として係らせることは整合的に」可能であるとされる。しかも、民事裁判官に「委ねられた判断の自由は、事実上のものというよりはずっと原理的なもの」であり、「2つの判決の乖離は（めったに）予想されることではない」とされる[184]。実際に、立法者は、「好ましくないものとして」明らかになった「民事判決の刑事判決との矛盾」が生じたときにはじめて、その中に、原状回復を作動させるきっかけを見出している。

　ZPO 580 条と 581 条 1 項の法律の文言および条文の関連性からも、それらの要件を一体的な構成要件として理解することが正しいといえる。一言一句に照準を合わせてみると、580 条は、「原状回復の訴えは、することができる（findet statt）」と言っており、引き続いて ZPO 581 条 1 項は、構成要件的な制限を行い、体系的に条文表現を省略する意味で、「前条第 1 号から 5 号までの場合には、原状回復の訴えは、……のときに限りすることができる（nur statt）」としている[185]。

　ZPO 581 条は、適法要件「のみ」を含むという反対の見解は、不適切な証明責任の分配という結果をもたらす。この見解は、再審原告に対して、とりわけ「再審開始手続」において、確定した刑事判決があるにもかかわらず、それが正しいことについて、民事判決の基礎付けが虚偽であったことは、この刑事判決による以外に、より明確に文書化することができないにもかかわらず、全面的な証明責任を課している[186]。

---

183) Motive zur CPO bei *Hahn*, a.a.O. (N. 94), S. 380 (Hervorhebung hier). これについてすでに前掲注 131)。草案 519 条（＝ZPO 580 条）の理由書のこの箇所を BGHZ 85, 32, 37 は考慮していない。このことに批判的なのが *Gaul*, Festschrift für Fasching, a.a.O. (N. 171), S. 157, 172 ff. m.w.Nachw.

184) Vgl. Motive zu § 520 Entw.（＝§ 581 ZPO）bei *Hahn*, a.a.O. (N. 94), S 381.「民事および刑事裁判所の裁判の矛盾という」望ましくないが「著しくまれな」状況を理由書は、「刑事裁判所の判決の民事訴訟手続に対する重要性」として *Hahn*, Materialien, a.a.O., S. 280 で一般的に指摘する。なお、第 1 読会ではじめて追加された旧民訴法施行法 11 条 2 号 a（＝民訴法施行法 14 条 2 項 1 号）を考慮している。Vgl. Protokolle bei *Hahn*, a.a.O., S. 1087 ff.

185) これについてすでに *Gaul*, Grundlagen des Wiederaufnahmerechts, a.a.O. (N. 86), S. 78 f., 85 f. und ders., Festschrift für Fasching, a.a.O. (N. 171), S. 176 m.w.Nachw. を参照。

186) BGHZ 50, 115, 119 もそうである。「これにより ZPO 581 条は再審原告にとって有利であることが明らかである。受訴裁判所は（再審開始手続において）刑事判決を甘受しなければならず、再審を適法と宣言しなければならない。……その限りで、刑事判決には構成要件的効果が与えられる」。ただし、再審本案手続における再審理については留保される (a.a.O., BGH, S. 123)。BGHZ 85, 32, 36 はこれを単なる「傍論」として無視する。これに批判的なのが *Gaul*, Festschrift für Fasching, a.a.O. (N. 171), S. 157, 169, 171 f., 177 f.

特に注目に値するのは、1977年の民訴法改正委員会報告が、筆者の見解に従っているということである。すなわち委員会は、従来BGB826条が扱っていた「詐欺によって取得された判決」の事例にまでZPO 580条を拡張するという、1931年の民訴法草案の提案を非難したが、これが、「既判力の望ましくない柔軟化」をいっそうもたらしかねないからという理由からであった。委員会は、本稿と同様に、それだけではなく、ZPO 581条1項の「刑事裁判所による有罪判決の必要性」に対する例外を増やすことは、「ZPO 580条1号から5号の場合においては、可罰行為でなく有罪判決が再審事由であるという、再審事由の改変を意味する」との理由から、根拠付ける[187]。

(2) ZPO 581条1項の類推可能性

BGB 826条の確立した判例によって旧来からされている、ZPO 581条1項の適用回避に関して強調しておかなければならないことは、「刑事裁判所による有罪判決」に関するZPO 581条1項前段は、完全に類推可能であるということである。このことは、ZPO 581条1項後段の、有罪判決が「証拠の欠如以外の理由からすることができないとき」という例外とも矛盾しない。

近時、2006年5月12日のBGH判決は[188]、今一度立法資料に従い[189]、また、筆者の見解と一致して[190]、次のことを適切にも明確にした。ZPO 581条1項においては、再審原告が「選択」することができる「二者択一」が問題となっているのではなく、「立法成立史および規範の意味」によれば、「原則と例外」の関係が問題となっている。すなわち、「刑事裁判所による有罪判決」は、「不可欠の事前手続」として「優先的に」必要とされる一方で、ZPO 581条1項後段は、ZPO 581条1項前段の原則に対して「衡平という理由から開かれた、原則に対する例外」を認めるにすぎない。訴訟詐欺によって不当に行われた公示送達をZPO 580条4号の適用事例とした2002年12月11日のBGH判決でも[191]、すでに、「ZPO 581条1項の刑事裁判所による有罪判決」に特別な意味

---

187) Bericht der Kommission für Zivilprozeßrecht, hrsg. vom BMJ (1977), S. 179 f. (Hervorhebung hier). すでに前掲注110)を参照。
188) BGH, NJW-RR 2006, 1573 (Hervorhebung hier).
189) Motive zur CPO bei *Hahn*, Materialien, a.a.O. (N. 94), S. 381 およびこれにつきすでに前掲注184)。
190) *Gaul*, Grundlagen des Wiederaufnahmerechts, a.a.O. (N. 86), S. 84 で、すでにZPO 581条1項の「原則・例外」関係に係る草案の同じ箇所を引用している。
191) BGHZ 153, 189, 197=JZ 2003, 903, 905 mit abl. Anm. *Braun* und dazu *Gaul*, JZ 2003, 1088, 1093; bestätigend BGH, NJW-RR 2006, 1573, 1574. これについてすでに前掲注90)と119)。

があること、つまり、ZPO 579 条 1 項 4 号の類推適用という反対の見解によると、「すべての解釈規則に反して」、「そのような有罪判決がないままでは、……立法者によって命じられた特別の規定の効力が奪われて」しまうことが強調されている（これについては前掲Ⅷ 6 をみよ）。

刑事裁判所の判決が、被告人に対して無罪を宣告したが、その判決は、可罰行為の客観的構成要件があることを確定しており、その被告人を責任能力がないこと（だけを）理由にして有罪とせず、あるいはまた、停止決定によって刑事手続の追行を終わらせたときには、ZPO 581 条 1 項前段を類推適用すべきということを、学説は徐々に認めるようになっている。この場合にも、民事判決の判決基礎がまったく同様に誤っていることが判明し、原状回復の原理の意味における正当性が、利用可能かつ明白な証拠によって揺らいでいるからである[192]。ZPO 581 条 1 項後段により、無罪判決が証拠の欠如を理由としてされたときは、このことが当てはまらないことは当然である。

(3) ZPO 149 条 1 項の準用に基づく、ZPO 581 条 1 項による刑事手続終結までの再審手続の中止

ZPO 581 条 1 項により必要な刑事裁判所における有罪判決が、原則として「原状回復の訴えにとって不可欠の要件」であることは、再審法の領域における確立した BGH の判例によって、今日まで強調されてきたが、このことに鑑みると、この要件を回避する BGB 826 条に基づく民事上の訴えによる既判力の打破を、同時に裁判実務が許してきたことは、依然として、解決されることのない評価矛盾をきたしている[193]。

適切な解決方法は、明らかに今や次第に認識されつつあるとおり、ZPO 149

---

[192] *Gaul*, FamRZ 1960, 250, 251 in Rezension zu *Thumm*, Die Klage aus § 826 BGB gegen rechtskräftige Urteile (1959), S. 41 f.; *Gaul*, Möglichkeiten der Rechtskraftdurchbrechung a.a.O. (N. 106), S. 43 m.w. Nachw.; *Baumgärtel/Scherf*, Ist die Rechtsprechung zur Durchbrechung der Rechtskraft nach § 826 BGB weiterhin vertretbar?, JZ 1980, 316, 317; *Rosenberg/Schwab/Gottwald*, a.a.O. (N. 83), § 160 Rdnr. 19; *Musielak/Musielak*, ZPO, a.a.O. (N. 117), § 581 Rdnr. 4; *Stein/Jonas/Jacobs*, ZPO, a.a.O. (N. 102), § 581 Rdnr. 1; *Prütting/Gerlein/Meller-Hannich*, ZPO a.a.O. (N. 102), § 581 Rdnr. 3; — a.A. insoweit noch BGHZ 50, 115, 119 im Anschluss an RGZ 139, 44; MünchKommZPO/*Braun*, a.a.O. (N. 113), § 581 Rdnr. 4.

[193] 判例が首尾一貫しないことは、それ以外の点では納得の行く判決である BGHZ 153, 189, 197 f. において特に明確となっている。そこでは、「より特殊な」ZPO 580 条 1 号および 4 号に代わる ZPO 579 条 1 項 4 号の類推適用が、ZPO 581 条 1 項の「無力化」として否定されているが、さらに BGB 826 条に依拠している。前掲注 122）以下および 191）を参照。

条1項の準用によって、刑事手続の確定判決による終結まで再審手続を中止することにのみ存する[194]。通説は[195]、従来、ほとんど反論を許さないかあるいは説得力のある理由を挙げずに、否定的な姿勢をとるが、その結果として、裁判所は原状回復の訴えを必ず却下せざるを得ず、これには著しく満足することができない。これが、他方で BGB 826 条に基づく悪意の訴えによる法律の適用回避という方法による救済策が求められてきたことの主たる原因である。

ZPO 149 条は、その意味に従えば、「訴訟の進行中に」可罰行為の疑いが生じたときだけではなく、手続の開始時からまたは、すでにそれ以前から疑いが存するときにも、中止を認めている。民事訴訟において同じ事実関係が判断されなければならないとき（例えば交通事故後における損害の発生と刑事罰）には、このことが特に当てはまる[196]。従来は、「ZPO 149 条の準用」とだけいわれてきたが、刑事手続の結末は「裁判に対して影響」せざるをえないから、まったく当然のことである。しかし、刑事判決から証拠評価に対する影響が生じるというだけで、それによって、再審本案手続（ZPO 590 条1項）において ZPO 286 条による自由な心証形成の余地がなくなるわけではないであろうが、それだけで、裁判に対する影響があるとするのに十分である[197]。民事裁判官は、刑事判決またはその証拠調べの結果を ZPO 415 条以下、432 条により、書証の方法を通じて評価することが許されることも、また承認されている[198]。刑事判決は、再審開始手続において構成要件的効果を有するが、その限りでは、制限的な拘束力が民事手続にも影響することは同様に疑問の余地がないであろう[199]。したがって、ZPO 149 条を直接的にすら適用することが支持されなければならない。

---

194) Ebenso *Stein/Jonas/Roth*, ZPO, a.a.O. (N. 102), § 149 Rdnr. 9; *Stein/Jonas/Jacobs*, ZPO, a.a.O. (N. 102), § 581 Rdnr. 2; *Musielak/Musielak*, a.a.O. (N. 117), § 149 Rdnr. 3 und § 581 Rdnr. 2; Münch-Komm/ZPO/*C. Wagner*, § 149 Rdnr. 7. 筆者の立場についてはすでに *Gaul*, Festschrift für Fasching, a.a.O. (N. 171), S. 157, 164 ff. そして新しくは Der betrügerisch erwirkte Schiedsspruch, Festschrift für Dieter Leipold (2009), S. 881, 928 ff.
195) BGHZ 50, 115, 122 (傍論のみで理由付けなし); OLG Köln, FamRZ 1991, 584, 585; *Thomas/Putzo/Reichold*, ZPO, 36. Aufl. (2015); § 149 Rdnr. 3; *Zöller/Greger*, ZPO, 3. Aufl. (2014), § 581 Rdnr. 5.
196) これにつきすでに詳細は *Gaul*, Festschrift für Fasching, a.a.O. (N. 171), S. 165; ebenso *Stein/Jonas/Roth*, § 149 Rdnr. 5 jeweils m.w.Nachw. を参照。
197) Vgl. *Gaul*, Festschrift für Fasching, a.a.O. (N. 171), S. 165 f.; ebenso *Stein/Jonas/Roth*, a.a.O. (N. 102), § 149 Rdnr. 8.
198) Vgl. *Gaul*, Festschrift für Fasching, a.a.O. (N. 171), S. 166 m.w.Nachw.
199) Vgl. *Gaul*, Festschrift für Fasching, a.a.O. (N. 171), S. 164, 171 f., 173 f.; *Stein/Jonas/Roth*, a.a.O. (N. 102) は、ここでと同様に「刑事判決の構成要件的効果」を明確に引用する。同様に *Stein/Jonas/Leipold*, a.a.O. (N. 102), vor § 128 Rdnr. 287; § 286 Rdnr. 27 und § 322 Rdnr. 302.

ずっと以前から、BGH の判例においては、ZPO 580 条 1 号から 5 号、581 条 1 項による原状回復事由に基づく訴訟行為の撤回、とりわけ上訴取下げの場合について、その民事訴訟は、刑事手続が確定判決によって終結するまでの間、直接的に「ZPO 149 条によって」中止することができることを認めている[200]。このことは再び、同じ帰結を再審手続についても引き出すべきことを支持するものである[201]。

(4) ZPO 581 条 1 項の刑事判決が、仲裁手続における公序違反という取消事由について有する意味

最後に、原状回復事由に基づいて、ZPO 1059 条 2 項 2 号 b によりされる仲裁判断の取消手続については、ZPO 149 条を準用して、ZPO 581 条 1 項による刑事手続の終結までの間の中止ができることは、学説上強く支持を受けている[202]。「ZPO 580 条 1 号から 6 号の」原状回復事由に基づく仲裁判断の取消しを明文で認めていた改正前 ZPO 1041 条 1 項 6 号におけるのとは異なり、これらの原状回復事由は、「ZPO 1059 条 2 項 2 号 b の公序条項によって」その中に取り込まれていることは、公式の立法理由書に従う形で、今日争いがない[203]。BGH の確立した判例は、したがって、通説と同じく、詐欺によって取得された仲裁判断の ZPO 580 条 4 号による取消しの申立てを、ZPO 581 条 1 項による刑事裁判所における有罪判決の後においてのみ許している。そうでないと、「公序違反をその仲裁判断に対して対抗的に向けることができない」からである[204]。

敗訴当事者が、その仲裁判断は可罰行為によって得られたものであると単に主張したことに基づいても、その場合、実際には、ZPO 1059 条 2 項 2 号 b による内国の「公の秩序 (ordre public)」の違反があるということはできない。そうで

---

200) So schon BGHZ 33, 73, 75 f.; ferner BGH; NJW 1997, 1309, 1310; *Gaul*, Grundlagen des Wiederaufnahmerechts, a.a.O. (N. 86), S. 87; *ders.*, Festschrift für Fasching, a.a.O. (N. 171), S. 165; *Stein/Jonas/Leipold*, a.a.O. (N. 102), vor § 128 Rdnr. 287; *Prütting/Gerlein/Meller-Hannich*, a.a.O. (N. 102), § 581 Rdnr. 1 m.w.Nachw.
201) これにつき近時 *Gaul*, Festschrift für Leipold, a.a.O. (N. 194), S. 929 を参照。
202) これにつき最近詳細は *Gaul*, Festschrift für Leipold, a.a.O. (N. 194), S. 881, 928 ff. m.w.Nachw. を参照。同様にとりわけ MünchKommZPO/*Münch*, § 1059 Rdnr. 45 Fn. 161 und Rdnr. 84; *Zöller/Geimer*, ZPO, 30. Aufl. (2014), § 1059 Rdnr. 67.
203) Vgl. BT-Drucks. 13/5274, S. 59 und dazu *Gaul*, Festschrift für Leipold, a.a.O. (N. 194), S. 899 f.
204) BGH-Beschluss v. 2. 11. 2000, BGHZ 145, 376, 381 は BGH, NJW 1952, 1018 と支配的見解に追随。そしてこれにつき *Gaul*, Festschrift für Leipold, a.a.O. (N. 194), S. 909 ff.

はなく、刑事手続における信頼のある事前の解明がされた後でのみ、公序違反があるということができる。というのは、刑事判決がされることではじめて、「手続法上の公序」に対する違反が、「司法の統一性と威信にとって著しい程度まで有害である」という意味において明白となるからである[205]。

ごく最近の BGH の判例において、まさに次のことが強調されている。すなわち、仲裁判断が「ドイツ法の本質的な諸原則と明白に適合しないこと」を必要としていた改正前 ZPO 1041 条 1 項 2 号の条文表現は、立法理由と一致しつつ、今日でも、ZPO 1059 条 2 項 2 号ｂに妥当する。なぜならば、「明白性の基準」によってのみ、仲裁判断の国家裁判所による「実質的再審査」の禁止に反するような内容上のコントロールを妨げることができるからである[206]。

(5) 申立期間経過後において良俗違反の抗弁に依拠することの非整合性

2000 年 11 月 2 日の BGH 決定は[207]、ZPO 1059 条 3 項による 3 か月の申立期間経過後も、「ZPO 1059 条 2 項を類推」して、かつての仲裁法では改正前 ZPO 1041 条によれば取消しの訴えには期間制限がなかったことから何の意味もなかった[208]、BGB 826 条による良俗違反による加害行為の抗弁を許す。しかし、これは整合的でない。というのは、良俗違反が主張されただけにすぎないことを取消事由と同一視することは、ZPO 580 条 1 項から 4 号による原状回復事由に基づく取消申立ては、公序違反を理由付ける刑事裁判所の有罪判決がなければできないということと、著しい評価矛盾を生じるからである。有罪判決という「明白性の基準」のない BGB 826 条による良俗違反の抗弁を認めることに対しては、しかもそれが、「実質的再審査」の禁止に当たると論じることができる。なぜならば、良俗違反は、新しい仲裁法の意図に反して、仲裁判断の「内容上のコントロール」という方法を通じてのみ解明されることができるものだから

---

205) これにつき詳細は *Gaul*, Festschrift für Leipold, a.a.O. (N. 194), S. 917 ff., 920 ff., 923 ff., 927 f. を参照。これには BGH-Urteil vom 12. 5. 2006, NJW-RR 2006, 1573, 1574 の指摘が付いている。また BGH-Urteil vom 23. 11. 2006, NJW-RR 2007, 767, 768 の定式も参照。
206) So zuletzt BGH-Beschluss vom 28. 1. 2014, NJW 2014, 1597 1598; auch schon BGH-Beschluss vom 10. 10. 2008, NJW 2009, 1215, 1216.
207) BGHZ 145, 376, 381 f.
208) Vgl. *Gaul*, Festschrift für Leipold, a.a.O. (N. 194), S. 896 f. しかも、執行力があると宣言された仲裁判断に対する、改正前 1043 条による 10 年の提訴期間が認められたいわゆる事後的な取消しの訴えが存在した。

である[209]。

(6) 近隣諸国の比較対象となりうる、より優れた規律

比較法的には、オーストリアの範型的な規定が興味深い。オーストリア民訴法611条2項6号によれば、仲裁判断は、「オーストリア民訴法530条1項1号から5号により、裁判所の判決を再審の訴えによって取り消すことができるための要件」と同じ要件の下で取り消すことができる。したがって、オーストリア民訴法539条1項が適用され、それによれば、民事裁判所は、刑事手続を「開始させるようにしなければならない」し、また、その終結まで、手続は「中断」しなければならない（ドイツZPO 149条による中止に相当する）。同時に、取消しの訴えについては、著しく寸法の長い10年の出訴期間が定められている（オーストリア民訴法611条4項3文と534条3項）。しかも、「良俗違反」だけでは「公序」違反とはならず[210]、特に、オーストリアでは、同国民訴法411条に鑑みて、訴訟的既判力理論が判例および学説上広く支配的なことから、良俗違反に基づく既判力の打破は、国家裁判所の判決に対しても認められていない[211]。

ZPO 1059条3項の、取消申立てに対する3か月という著しく短すぎる客観的除斥期間は、その間、新しいドイツの仲裁法の最も重大な欠陥であることが明らかとなった。このことが、かつての仲裁法がほとんど知らなかった、仲裁判断に対する良俗違反の抗弁というものの中に、あげくの果てに救済策が求められていることの主たる理由である。この耐えがたい状況は、立法者だけが除去することができる[212]。

4 異なった考え方の批判

立法上の基盤および現行法とも整合的でないのが、Johann Braunの折衷的な提案である。立法者は、法の定めに拘束される「治癒不能な無効の申立て（querela insanabilis nullitatis）」と、衡平を基準とする「原状回復の申立て（in integrum restitutio）」という歴史的な範型に従い、それらが「内的に異なる」ことに基

---

209) これにつき詳細は *Gaul*, Festschrift für Leipold, a.a.O. (N. 194), S. 912 ff., 920 ff. 参照。
210) オーストリアの規律につき *Gaul*, Festschrift für Leipold, a.a.O. (N. 194), S. 905 f., 919 f., 930 m.w. Nachw. を参照。およびスイスとギリシャの類似の規律の指摘も付いている。a.a.O., S. 920 m.w.Nachw.
211) 「良俗違反」による既判力の打破の排斥については、詳しくは *Gaul*, ÖJZ 2003, 861, 868 f. m.w. Nachw. を参照。
212) これにつき詳細は *Gaul*, Festschrift für Leipold, a.a.O. (N. 194), S. 202 ff., 907 ff., 912 ff., 930 参照。

IX 原状回復の訴えの原理

づいて、ZPO 579 条による無効の訴えと、ZPO 580 条、581 条による原状回復の訴えとを区別した（前掲IIIおよびV 1 を参照せよ）[213]。しかし、これに対してBraun は、原状回復事由それ自体を、「手続的過誤の原状回復」——これは ZPO 580 条 1 号から 5 号の原状回復事由と ZPO 579 条の無効事由である、と「結果的過誤の原状回復」——これは 580 条 7 号 b と家事事件手続法 185 条の事由である、とに分割する[214]。

この恣意的な分割は、無効事由と原状回復事由との間の基礎的な相違、つまり、ZPO 579 条においては、裁判所の領域と責任範囲が問題とされ（前掲VIIIをみよ）、ZPO 580 条においては、当事者のそれが問題とされていることを看過している。それだけではなく、ここで示した原状回復事由の統一的構造を引き裂くものである（前掲1をみよ）。

CPO の理由書によればすでに、ZPO 580 条 1 号から 5 号の場合については、「判決と不法行為との間の因果的関係性が、訴えの原因」であり、それゆえに、「それに基づく判決を維持することができない」[215]。すなわち、すべての原状回復事由において同じことが言えるが、たとえ、ZPO 590 条による再度の審理が「結果的に」異なった結果になるかもしれないとしても、裁判の内容上の正当性を因果的に疑問視することが、ここでは問題となっている。これに対して、手続的過誤の場合は、それが判決の内容に対して作用したのかどうかは、まさに問題とならない。むしろ反対に、ZPO 579 条 1 号から 4 号の無効事由については、それと対応する絶対的上告理由についてと同じことが当てはまるのであり、絶対的上告理由があるときは、「裁判は常に法の違反に基づくものとみなされなければならない」（ZPO 547 条）、すなわち「覆すことができない推定を受ける」のである[216]。

しかも、裁判所が、訴訟詐欺または偽証あるいは ZPO 580 条 1 号から 4 号のその他の可罰行為によって誤らされたときは、「手続的過誤」があるということ

---

213) Vgl. Motive zur CPO bei *Hahn*, Materialien, a.a.O. (N. 51), S. 378.
214) Vgl. *Braun*, Rechtskraft und Restitution, 2. Teil (1985), S. 76 ff., 222 ff.; MünchKommZPO/*Braun*, a. a.O. (N. 113), § 580 Rdnr. 7 ff., 13 ff., 44 ff.; zuletzt *ders.*, Lehrbuch des Zivilprozessrechts (2014), § 66I 1, III 1, 2.
215) Motive zur CPO bei *Hahn*, Materialien, a.a.O. (N. 51), S. 380 (Hervorhebung hier).
216) ZPO 579 条の無効の訴えの ZPO 547 条の上告との関係については、前掲注105）以下あたりの前掲本文VIII 3 を参照。

はできない。なぜならば、不法行為は、ZPO 580条5号の職務義務違反のみを例外として、専ら当事者の責任領域にあるからである。このことは、原状回復事由が「悪意による原状回復」にその起源があることからも疑問の余地がない。

さらに、Braun は、ZPO 581条1項による有罪判決の必要性を「異質なもの（Fremdkörper）」と判断し、BGB 826条についての判例による ZPO 581条1項の適用回避に対応させて、この異質なものは、「放棄」することができるとする[217]。これは、ZPO 580条1号から5号の場合における刑事判決が持つ、ここで論じてきた基本的な意味をまったく正しく評価していない（前掲3をみよ）。このような、ある種の「訂正的」な法適用は、支持することができない。2006年5月12日の BGH 判決は、これを明示的に斥けた。「Braun のこれと反対の見解は、現行法においてなんら根拠がない」[218]。

ZPO 580条7号 b による「結果的過誤の原状回復」という Braun のテーゼも、説得的でない。制限的な法適用という方法によって、彼は、原状回復事由を、法の趣旨に反して、扶養金の支払いを命じる判決のような「継続的効果」を有する「予測的裁判」の修正にだけ限定する。その範囲では、ZPO 580条7号 b に反して、すべての証拠方法を適法に提出できるとすら解し、原状回復は本来遡及的であるのに代えて、その範囲では「将来に向けた効力」のみを有すると解することで、法的効果についても異なった判断ができるとする[219]。例えば、領収証や、今日よくある銀行の取引履歴の発見により二重払いが発覚したというよく知られた事例において、ZPO 580条7号 b の文書発見の原状回復の方法によって取り消すことができるような通常の金銭給付判決は、もはや適用対象に含まれないことになろう[220]。さらに、ZPO 323条の変更の訴えとの限界付けも不明瞭となる。しかもまた、一回的給付を命じる判決のすべてについて、Braun は ZPO 580条7号 b の文書発見の原状回復を封じるが、そうすると、彼の意図に反して、この原状回復を BGB 826条に基づく損害賠償の訴えの手に委ねることになる。

---

217) So MünchKommZPO/*Braun*, a.a.O. (N. 113), § 581 Rdnr. 1 u. 11.
218) BGH, NJW-RR 2006, 1573 およびこれにつきすでに前掲注 188）。
219) Vgl. MünchKommZPO/*Braun*, a.a.O. (N. 113), § 580 Rdnr. 55 ff., 70.
220) これにつき近時 *Gaul*, Festschrift für Schilken, a.a.O. (N. 13), S. 275, 308 ff., 311 参照。

Braun 自身によって「対案モデル」と称された着想は[221]、BGB 826 条に基づく民事上の訴えの方法によるという、結果的にここで否定した既判力の打破に代わるものとして考え出された。その際、この代替案は、一方で再審手続の「方式性」に服しかつ「原状回復的に」形作られているが、他方で、この原状回復の訴えは、BGB 826 条の「緩和された」要件にその寸法を合わせられている。これは、まったく尊敬に値する学問的な努力によって行われているが、その種の法律に対する多彩な「修正」によっても、彼の「モデル」は実現することができなかった。これは、現行の法秩序の中に位置づけることができない[222]。

X 良俗違反を理由とする BGB 826 条に基づく損害賠償の訴えの助けを借りた既判力の打破

筆者は、BGB 826 条に基づく民事上の訴えの方法による既判力の打破に関する判例に対する徹底的な疑念を、最近、ある批判的な総括としてまとめたことがある[223]。判例は、すでに 1911 年にライヒ裁判所が判断したように[224]、また、1931 年の ZPO 草案の起草者がはっきりと認めていたように、実体的既判力理論という基盤の下でのみ発展することが可能であった。その間に承認された訴訟的既判力理論によって、BGB 826 条についてのライヒ裁判所の判例は、「その基礎付けを奪われた」ことから、立法提案に基づいて、新しい原状回復の可能性という救済策を講じるより他はなかったのであろう[225]。1963 年になってはじめて BGH は、BGB 826 条に基づいて攻撃される判決の既判力が、それ自体「攻撃不可能な形で確立し先取される既判力」であることの中に手がかりがあることを認めたが[226]、そこから必要とされる結論を引き出すことはなかっ

---

221) So MünchKomm ZPO/*Braun*, a.a.O. (N. 113), § 580 Rdnr. 55.
222) Braun の見解に対する反論はすでに *Gaul*, Möglichkeiten und Grenzen der Rechtskraftdurchbrechung, a.a.O. (N. 106), S. 32 mit N. 41 und S. 43 ff. 支配的見解もまったく同様。Vgl. namentlich *Stein/Jonas/Jacobs*, ZPO, a.a.O. (N. 102), § 580 Rdnr. 2; *Prütting/Gerlein/Meller-Hannich*, ZPO, a.a.O. (N. 102), § 578 Rdnr. 1, § 580 Rdnr. 1 und § 581 Rdnr. 1; *Zöller/Greger*, ZPO, 30. Aufl. (2014), § 580 Rdnr. 3. さらに前掲注 135) および 136) の引用を参照。
223) Vgl. *Gaul*, Festschrift für Leipold, a.a.O. (N. 194), S. 881, 883 ff.; auch *Gaul/Schilken/Becker-Eberhard*, Zwangsvollstreckungsrecht, 12. Aufl. (2010), § 7 Rdnr. 15 m.w.Nachw.
224) RGZ 75, 213, 217. 訴訟的既判力理論に従い「訴えはそもそも不適法」である。
225) Entwurf einer Zivilprozessordnung, veröffentlicht durch das RJM 1931, S. 372 f.
226) BGHZ 40, 103, 133 = JZ 1964, 514 ff. m. krit. Anm. *Gaul*.

た。

とりわけ、BGB 826 条に基づく既判力の打破に関する BGH の判例は、法律の適用回避であるという主たる異議申立てを、今日まで排除することができなかった。1968 年 3 月 27 日の BGH 判決は[227]、再審の訴えは「形式的」確定力に対して向けられるが、BGB 826 条に基づく悪意の訴えは「実体的」確定力に向けられるとの理由から、ZPO 580 条以下の再審手続との競合問題を、「2 つの訴えの目的が異なる」ことに基づいて正当化することを試みたが、このような形式的な理由付けは説得力がない。というのは、既判力（確定力）は、存立維持のみならず、新たな手続における繰返しと矛盾判断からの保護という意味において、統一的な法制度として尊重されるものだからである[228]。この両方向からの保護がなければ、既判力は、それ自体矛盾に陥らざるをえないであろう。訴訟の継続と並んで、訴訟のやり直しもまさに禁止されなければならない。なぜならば、前者は、常に単一の裁判に至るだけであるが、後者は、相互抵触して法的安定性を後に至るまで毀損するような第二の裁判をもたらすからである。両者が包括して、既判力は紛争を終わらせる。すなわち「紛争は永久に解決されるべきである（finis litis)」[229]。同様に、ここでの立場と完全に一致する形で、1985 年 1 月 18 日の BGH 判決は次のように公式化する。「争訟裁判によって、国家は当事者間において法的確実性を確立し、それによってその法的使命を充足する。改めて裁判官の「裁判」をすることに意味を与えうるような不確実なものは、もはや何も存在しない」[230]。

BGB 826 条という一般条項の助けを借りた既判力の打破に対して反対するに当たり決定的なことは、ZPO 580 条、581 条 1 項において表現されている原状回復の原理である、判決の正当性が主張可能かつ明白な形で揺らいでいること（前掲Ⅸ 1 を参照）との間に評価矛盾があるということである。標語的に「法的安定性と正義とが相互抵触する」ということが言われる場合において、「形式法

---

227) BGHZ 50 115, 118 m. abl. Bespr. *Baumgärtel/Scherf*, JZ 1970, 316 und *Zeiss*, JuS 1969, 362 ff.
228) Vgl. *Gaul*, Festschrift für Weber, a.a.O. (N. 152), S. 164 f. m.w.Nachw., auch schon *ders.*, Grundlagen des Wiederaufnahmerechts, a.a.O. (N. 86), S. 49 f. m.w.Nachw.; ebenso *Albrecht Zeuner*, BGH-Festgabe, a.a.O. (N. 43), S. 317, 340 ff. m.w.Nachw.
229) Vgl. *Gaul*, Festschrift für Weber, a.a.O. (N. 152), S. 165.
230) BGHZ 93, 287, 289 は筆者の見解に逐語的に従う。すでに前掲注 164) を参照。

X 良俗違反を理由とする BGB 826 条に基づく損害賠償の訴えの助けを借りた既判力の打破

に対する良俗の要請」に勝利を与える必要があるとされるにしても[231]、その種の最高神の呪文は、我々の法秩序に対してとっくの昔に魔力を失っている。というのも、原状回復法の「明白性の基準」が欠けている限り、「正しいこと」がどちらの側に存するかは、判断することができないからである。

　これに対して、法の現実は醒めている。たしかに、BGH の判例においては、BGB 826 条に基づく悪意の訴えによって「判決の明白な客観的不正義」を明らかにしなければならず、それによって「正しいことに関する明白なうそ」が勝利を得ることはないということが、繰り返し強調されている[232]。しかし、単なる主張に基づくだけの訴えは、たいていの場合、「明白な不正義」や、良俗違反の「特別な事情」の証明がされていないという結果に終わってきた。このような負けに終わった訴えの消極的な収支決算は、今日まで変わることなく続いている[233]。このことは、民事法学説上も批判の的となっている。すなわち、すでに Karl Larenz は、ここでと同様に、「失敗した、裁判官による法の継続的形成」だといっており[234]、今日でも、ある BGB の注釈書は、「訴えが認容される場合がきわめてまれであることと比較すれば、BGB 826 条に基づく訴えが棄却されることが大軍 (Legion) であることに鑑みて、これを「ギリシャ人の贈り物 (Danaergeschenk＝訳者注：トロイの木馬の故事に由来する)」だといっている[235]。

　他方で、勝訴することが、まさに「制限的」で著しく「節度があり」かつ「まれである」ということを根拠にして、BGH の判例を擁護しようとすると[236]、BGB 826 条に基づいて、既判力に反する形で、すべての審級を通じて訴訟が常に再び行われうることを通じて既判力が動揺し、当事者間の法的平和と法的確実性が著しく害されることが、その範囲では看過されてしまう。

　また、BGH の判例は、審問請求権侵害の場合における法律外の司法救済につ

---

231) 近時なお *Hönn*, Dogmatische Kontrolle oder Verweigerung, Festschrift für Gerhard Lüke (1997), S. 265, 269 f., 276 f. はそうである。そしてこれに対して批判的なのが *Gaul*, Festschrift für Leipold, a.a.O. (N. 194), S. 222.
232) BGH, NJW 1951, 739, BGH, NJW 1963, 1606, 1608; BGHZ 40, 130, 133f. ＝JZ 1964, 514 ff. m. krit. Anm. *Gaul*, BGH 1974, 557 und öfters.
233) Vgl. *Gaul*, Festschrift für Leipold, a.a.O. (N. 194), S. 883 m.w.Nachw.
234) *Karl Larenz*, Kennzeichen missglückter richterliche Rechtsfortbildung (1965), 6 ff, 11.
235) So *Erman/Schiemann*, BGB, 13. Aufl. (2011), § 826 Rdnr. 45; ähnlich *Staudinger/Oechsler*, BGB (Bearb. 2009), § 826 Rdnr. 475 ff., 480.
236) MünchKommBGB/*Wagner*, 5. Aufl. (2009), § 826 Rdnr. 158.

533

いての 2003 年 4 月 30 日の連邦憲法裁判所大法廷決定の評決[237]にも違反する。この判例によれば、「書かれた法の外で形成された非常の救済手段」は、「上訴の明確性という法治国家的な要求」を満たして「いない」。なぜならば、「救済手段は、書かれた法秩序において規律されなければならず、その要件は、市民に対して認識可能でなければならない」からである。BGB 826 条に基づく訴えは、「裁判所の判決に対する非常の救済手段ではなく、実体民事法の適用（にすぎない）」ことを、BGH は挙句の果てに強調するけれども[238]、この訴えは、その自己理解によれば、それに賛成する者からも反対する者からも、「判例法的な救済手段」であると認識されている。したがって、これは、憲法上の疑念をも克服することができていない[239]。

この場合、ZPO 580 条、581 条の原状回復の訴えが、確定後における明白に正しくない判決の修正方法として、唯一の法律適合的な解決策を提供しているかどうかは、保留する。ただ、再審法の中に含まれる潜在的可能性を、実際の法適用において完全に利用し尽くすことが重要である[240]。

例えば、1987 年 7 月 12 日の BGH 判決では[241]、ZPO 580 条 7 号 a が適用できることが看過されている。なぜならば、そこでの「二重払い」の事例では、最初の支払いはすでに確定判決に基づいており、したがって、原告が提起した BGB 812 条に基づく不当利得返還の訴えおよび BGB 826 条に基づく損害賠償の訴えは、既判力に反することを理由に却下されるべきであったからである。しかも、ここで指摘した再審法における類推可能性を利用し尽くし、とりわけ、ZPO 581 条 1 項により必要な刑事裁判官の有罪判決がない場合に、ZPO 149 条の中止規定を適用すれば（前掲IX 3 (3)をみよ）、BGB 826 条に基づく悪意の訴えは、実際上ずっと広くその基盤を失うことになる。

最後に、立法論としても、1931 年の ZPO 草案によって提案された「詐欺に

---

237) BVerfGE (Plenum) 107, 395, 416 f. =JZ 2003, 791, 794 und dazu *Gaul*, JZ 2003, 1088, 1093, 1096, これにつき前掲注 112）参照。
238) So BGH, NJW 2006, 154, 156=BGHZ 164, 87 ff. (dort verkürzt).
239) So schon BVerfGE 2, 380, 395=NJW 1953, 1137, 1138 und dazu *Gaul*, Grundlagen des Wiederaufnahmerechts, a.a.O. (N. 86), S. 101 f.; ebenso *Prütting/Weth*, a.a.O. (N. 102), S. 77 ff.
240) これにつき近時 *Gaul*, Festschrift für Schilken, a.a.O. (N. 13), S. 512 ff. 参照。
241) BGH, NJW-RR 1987, 831f. und dazu *Gaul*, Festschrift für Schilken, a.a.O. (N. 13), S. 512 f. すでに前掲注 162）参照。

X 良俗違反を理由とする BGB 826 条に基づく損害賠償の訴えの助けを借りた既判力の打破

よる判決の不当取得」という新しい原状回復事由の導入には、賛成することができない[242]。1977 年の民事訴訟法改正委員会の報告書が正当にも明らかにしたとおり、この原状回復事由は、ZPO 580 条、581 条 1 項の内的構造を爆破してしまう。すなわち、「既判力の望ましくない柔軟化」という結果を招き、ZPO 581 条 1 項による「刑事裁判所の有罪判決の必要性」を無視することは、「ZPO 580 条 1 号から 5 号の場合においては、可罰行為でなく有罪判決が再審事由であるという、この再審事由の改変を意味」しかねない[243]。

---

242) これに対してすでに *Gaul*, Grundlagen des Wiederaufnahmerechts, a.a.O. (N. 86), S. 217.
243) Bericht der Kommission für Zivilprozessrecht, hrsg. vom BMJ 1977, S. 179 f. およびこれについてはすでに前掲注 187)。

相殺の抗弁と既判力

加波眞一

I はじめに
II 民事訴訟法114条2項の制度趣旨・目的
III 一部請求訴訟と民事訴訟法114条2項による既判力の範囲
IV おわりに

I はじめに

　松本博之著『訴訟における相殺』[1]は、訴訟上の相殺に関する金字塔ともいうべきモノグラフィーであるが、この著書にて全ての問題が解決されたわけではない。むしろ、この書物を基にして、新たな議論の展開・深化を試みることが後世に託された課題であろうと思われる。

　そこで、まずは隗より始めよ、ということから、本稿で、民事訴訟法114条2項における相殺の抗弁と既判力問題を扱うことにした次第である。

　民事訴訟法114条2項に関しては多くの論点があるが、本稿では、紙幅の都合上、そのうち、本条の制度趣旨と本条による既判力の客観的範囲問題のみを検討の対象とすることにする。

II 民事訴訟法114条2項の制度趣旨・目的

　民事訴訟法114条2項は同条1項の例外として、判決理由中における抗弁に

---

1) 松本博之・訴訟における相殺（商事法務・2008）。

関する判断であっても既判力が生じることを規定する²⁾が、その制度趣旨・目的は必ずしも明らかではなく、議論がある。

1 紛争再燃防止説か公平説か

一旦、訴求債権に対して相殺の抗弁として主張され、その主張の当否が審判された相殺の自働債権を、当該判決確定後に再度主張することは二重主張・利用として禁止するのが民事訴訟法114条2項の趣旨であるという点については、現在のところ、異論はないようである³⁾。

問題は、なぜ、二重主張・利用として禁止されるのか、という点であり、その論拠に関して議論がある。

なぜなら、例えば、売買契約に基づく目的物引渡請求訴訟において、同時履行の抗弁権として、被告から（反対債権として）代金請求権が主張されたが、その代金債権はすでに弁済により消滅していると判決理由中で判断された場合であっても、その理由中判断には既判力は生じず、当該判決確定後も、そこで主張された反対債権は再度請求できることになる。すなわち、この場合は（判決確定後の）二重利用は禁止されない（理由中判断ゆえ既判力は生じない）のに、なぜ、相殺の場合だけ、自働債権として主張された反対債権の二重利用は既判力により禁止されるか、論拠が必要となるからである。

その論拠として、紛争再燃防止説と公平説という異なる見解が存在する。

(1) 紛争再燃防止説

通説によると、その理由は、「紛争の再燃防止」のためといわれている。つまり、「紛争の再燃を防止するために、反対債権の二重利用が禁止される」という見解である（以下、「紛争再燃防止説」という）⁴⁾。

---

2) 民訴法114条2項は訴訟上の相殺主張に関する規定であるが、抗弁の場合に限定して規定されているわけではない（松本博之＝上野泰男・民事訴訟法［第8版］（弘文堂・2015）629頁）。しかし、本稿では、抗弁として主張される場合に焦点を当てて考察することにする。

3) 新堂幸司・新民事訴訟法［第5版］（弘文堂・2011）699頁、中野貞一郎＝松浦馨＝鈴木正裕編・新民事訴訟法講義［第2版補訂2版］（有斐閣・2008）470頁、伊藤眞・民事訴訟法［第4版］（有斐閣・2011）518頁、河野正憲・民事訴訟法（有斐閣・2009）576頁、小島武司・民事訴訟法（有斐閣・2013）652頁、高橋宏志・重点講義民事訴訟法(上)［第2版補訂版］（有斐閣・2013）636頁以下、中野貞一郎「金銭債権の一部請求と相殺」民商113巻6号（1996）931頁など。

4) 中野貞一郎「相殺の抗弁」民事訴訟法の論点Ⅱ（判例タイムズ社・2001）151頁以下、山本克己「相殺の抗弁と不利益変更禁止」法教297号（2005）80頁、および、前掲注3）掲載諸文献。

Ⅱ　民事訴訟法114条2項の制度趣旨・目的

　ここでいう「紛争」とは、「自働債権として主張された反対債権」についての紛争ではなく、すでに前訴判決主文で既判力により確定されたはずの「前訴の訴求債権（＝前訴の訴訟物）」についての紛争を意味する点に注意が必要である。

　すなわち、Ｘの訴求債権主張に対して、Ｙが反対債権で相殺した場合、その相殺が認められると、（反対債権である）自働債権と（訴求債権＝訴訟物である）受働債権が相殺により共に消滅し、受働債権は民事訴訟法114条1項で「請求棄却」と判示され「不存在」が確定する（前訴）。

　しかし、理由中判断に既判力を認めないとすれば、同時に消滅して「不存在」であるはずの自働債権は判決確定後も後訴で再度請求できることになる（＝二重利用が可能）。当然、その後訴では、Ｘは、その（Ｙ主張の）反対債権はすでに前訴において相殺により消滅したはずである、そのことは前訴理由中判断で示されている、と反論することになる。しかし、それに対して、Ｙは、前訴の理由中判断は間違いであり、Ｙがそもそも存在しないと主張していた受働債権（＝訴訟物）を存在すると認めて、自働債権（＝反対債権）と相殺したのが間違いである、受働債権（＝訴訟物）は最初から存在していないので、相殺は無効である、と主張したらどうか。前訴確定判決の内容は「請求棄却」で前訴口頭弁論終結時には「受働債権（＝訴訟物）は存在していない」という内容であるから、このＹの主張は、判決主文内容には矛盾せず、したがって既判力には抵触しないので可能となる。そうすると、この後訴において、すでに前訴で存在することが認容されたはずの前訴のＸの訴求債権（＝受働債権）の存否が再度争われることになり、「紛争の再燃」となる。このような事態にならないようにするために、（Ｙ主張の）反対債権はすでに前訴において相殺により消滅し存在しない、という前訴理由中判断に拘束力を認めることにした、という論理である。この趣旨から、既判力の拘束力の内容は、自働債権の（既判力の基準時における）「不存在」であり、それ以上のものではない、とする（この既判力の内容問題は、後述参照）。

　そして、以上のように、Ｙの反対債権が相殺により消滅した場合にその不存在が理由中判断に既判力が認められて確定されるのであれば、同様に、Ｙの反対債権がはじめから存在しないとしてその不存在が確定される場合も、その理由中判断に既判力が認められて確定される、と解するのが公平である、として、Ｙ主張の反対債権は最初から存在しないと判断して相殺が否定される場合で

も、そのYの反対債権不存在は既判力で確定されることになる、と解する。

このような論理で、相殺の場合にのみ理由中判断であっても既判力が生じると解するのが通説の見解である。

(2) 公平説

これは、反対債権の二重利用禁止の根拠を公平要請に求める見解（以下、「公平説」という）である。

この見解を主張する松本説は「相殺についての判断の既判力は、補償関係の確保を基礎にした反対債権の二重行使の阻止、当事者の武器対等の原則の確保にその根拠があると解すべきである」と論じる[5]。

山本弘説も、「民訴法114条2項の趣旨とは、被告に対し自働債権の二重行使を許すことが公平に反することにある」と述べてこの見解に立つことを表明している[6]。

(3) 検　討

この両説は対立する択一的な関係に立つものではない。また、両説間で論争があるわけでもない。しかし、両説は異なるものである。それにもかかわらず、紛争再燃防止説が公平さをもその根拠に取り込んでいるため、両説が対比されることもなく、それゆえ、民事訴訟法114条2項の制度趣旨はあいまいなままで現在に至っているといわざるを得ない。

紛争再燃防止こそが制度の目的なのか、それとも公平さ確保こそが制度の核となる目的なのか。この問題を明確にしておくことは今後の民事訴訟法114条2項の解釈論、例えば、類推適用の可否・限界等を考えていく上で必要と思われるので、あえてここで取り上げた次第である。

通説である紛争再燃防止説は、既判力の拘束力の内容を説明することはできても、肝腎の自働債権がそもそも存在・成立しないと判断される場合の二重利用禁止を説明できないという問題点を抱える。

紛争再燃防止説は自働債権と受働債権の双方の存在が認容され、相殺により両債権が消滅した場合の二重利用禁止を説明するにすぎないからである。自働

---

[5] 松本・前掲注1）218頁。
[6] 山本弘「明示一部請求に対する相殺の抗弁と民訴法114条2項の既判力」井上治典先生追悼記念・民事紛争と手続理論の現在（法律文化社・2008）439頁。

II 民事訴訟法114条2項の制度趣旨・目的

債権が存在・成立しないと判断された場合については、受働債権はその認容・存在が民事訴訟法114条1項の既判力で確定されるので、受働債権をめぐる紛争の蒸し返し（再燃）ということは生じない。したがって、この場合の不存在と判断された自働債権の二重利用禁止については、結局、同じく自働債権が不存在と判断される場合であるにもかかわらず、そもそも存在・成立しないと判断される場合のみ既判力が及ばず再主張が可能となるというのは、公平ではないので同様に既判力を及ぼすべきである、また、受働債権が不存在の場合には民事訴訟法114条1項の既判力で必ずその不存在が確定されてしまう原告との公平性の考慮の必要から、というように、「公平」という観点を根拠にすることで説明するしかないことになる[7]。

それなら、はじめから、当事者の公平確保要請を根拠とする公平説の方が明解で、かつ、相殺により自働債権が消滅した場合の二重利用禁止の場合と自働債権が存在・成立しないと判断された場合の二重利用禁止の場合の双方に統一的な根拠を提示できる点で妥当であろう。公平説をもって妥当と解したい。

なお、紛争再燃防止説は、相殺の抗弁の場合のみになぜ反対債権の再利用が禁止されるのかということを説明しようとするものであるから、逆に言うと、相殺の抗弁以外の場合に民事訴訟法114条2項が準用ないし類推適用されることは認め難い方向の解釈論といえよう。

それに対して、公平説では、反対債権の再利用禁止は公平という観点から否定されるという説明であるので、相殺の抗弁のみに特有な規定であるという説明ではなくなるため、公平という観点から、反対債権の二重利用・主張が禁止されるべき場合には、民事訴訟法114条2項の準用ないし類推適用ということが可能となる。すなわち、そのような解釈論に道を拓く見解となろう[8]。

2 民事訴訟法114条2項の制度趣旨・目的と既判力

(1) 相殺の抗弁について生じる既判力の内容

多数説は、前述のように、紛争再燃防止説の趣旨から、既判力の拘束力の内

---

[7] この点、中野・前掲注3）931頁、同・前掲注4）158頁、髙橋・前掲注3）640頁注49の2など参照。

[8] 本稿では紙幅の都合上、具体的な問題への言及は差し控えるが、松本説はすでに類推適用を試みているし、ドイツでは議論が生じている。この問題については、松本・前掲注1）231頁以下参照。

容は、自働債権の（既判力の基準時における）「不存在」と解すれば足るのであり、それ以上の内容を認めるべきではない、民事訴訟法114条2項は同条1項の例外であることから、できるだけ理由中判断に既判力を及ぼすべきではないので、この内容で、民事訴訟法114条2項の趣旨は全うできる以上、この内容に限定すべきであると論じる[9]。

それに対して、少数説は、相殺により両債権が消滅した場合の二重利用禁止の場合には、自働債権の相殺消滅による「不存在」のみならず、その前提として、（相殺で消滅する）「自働債権の成立・存在」も確定しなくては、後訴において問題が生じることになるので、その双方の点に既判力が生じると解すべきである、と論じて[10]論争があるのは周知のところであろう。

公平説も、根拠の違いはあっても紛争再燃防止説と同様に、相殺の抗弁として主張された反対債権の二重利用・主張を否定するのが民事訴訟法114条2項の趣旨であると解する見解であるので、その趣旨を全うするためには、（既判力の基準時における）反対債権の不存在が確定されていればよく、それ以上の既判力内容を認める必要がないと解すべき点で、紛争再燃防止説と異なるところはない。少数説のように解釈する必要がない点は、多数説がすでに反論している[11]ところであるので、紙幅の都合上、ここで再論することは差し控えたい。

(2) 既判力が生じる理由中判断内容

従来は一般的に、民事訴訟法114条2項により既判力が生じるのは、理由中判断における相殺の判断内容についてであるといわれてきた。したがって、理由中判断における、相殺により自働債権が消滅したという判断に既判力が生じる、と表現してきた。

しかし、既判力が生じるのは、前述のように、紛争再燃防止説に立っても、公平説に立っても、自働債権の（既判力の基準時における）「不存在」という点についてである。

---

9) 新堂・前掲注3) 698頁、中野＝松浦＝鈴木編・前掲注3) 470頁、伊藤・前掲注3) 519頁、河野・前掲注3) 575頁、小島・前掲注3) 653頁以下など。
10) 木川統一郎・民事訴訟法重要問題講義(下)（成文堂・1993) 658頁、吉村徳重「相殺の抗弁と既判力」民事判決効の理論(上)（信山社・2010) 173頁など。
11) 中野・前掲注4) 152頁以下、高橋・前掲注3) 637頁以下、山本・前掲注4) 81頁、松本・前掲注1) 214頁以下など。

これは相殺の抗弁についての理由中判断には存在しない内容である。理由中判断で判断される内容は、上記のように、相殺により自働債権が「消滅した」という点のみである。その点の齟齬を松本教授は鋭く指摘し、自働債権の（既判力の基準時における）「不存在」という点について既判力を及ぼすためには、（自働債権がそもそも不成立で存在しない場合にその点を既判力で確定する）民事訴訟法114条2項の類推適用をするしかないと論じる[12]。

　確かに、従来は、この点につき、正確さを欠く表現をしてきたといわざるを得ない。

　松本説の指摘はその通りである。しかし、あえて「民事訴訟法114条2項の類推適用」と構成しなければならないと考えるまでもなかろう。

　自働債権がそもそも不成立で存在しないという場合でも、理由中判断内容で（自働債権は）「不成立」とのみ判断された場合は、（既判力の基準時における）「不存在」とは、厳密にいうと、齟齬が生じる。しかし、その場合でも「民事訴訟法114条2項の類推適用」という必要があるのだろうか。

　むしろ、民事訴訟法114条2項は、理由中判断内容のみではなく、その判断内容から帰結される法的結果をも含めて（前述の2項の制度趣旨を全うさせるため）既判力が生じるとしたものと解すれば足るのではないか。または、（既判力の基準時に）「消滅」したと判断された自働債権につき、（同じ既判力の基準時に）「存在する」と主張することは判断内容に矛盾する主張として既判力で排除されることになるので、それを「不存在」が確定されると表現してきたと説明することも可能ではなかろうか。

(3) 既判力が生じる範囲

　例えば、1000万円の訴求債権に対して1500万円の反対債権が相殺の抗弁として主張された場合で、訴求債権は受働債権としては200万円のみが認容されたが、自働債権（反対債権）は全額不存在と判断された場合、民事訴訟法114条2項により自働債権不存在につき既判力が生じるのは200万円の額に止まるのか、それ以上かにつき議論がある[13]。

---

[12] 松本＝上野・前掲注2) 628頁。
[13] 八田卓也「明示的一部請求訴訟に対する相殺の抗弁と控訴」神戸法学雑誌60巻2号（2010）293頁以下。

通説は、民事訴訟法114条2項により既判力が生じる範囲は、「相殺をもって対抗した額」に限定されるところ、自働債権が相殺として対抗するのは認容された受働債権額に止まるから、という理由で前者の見解に立つ[14]。

　これを民事訴訟法114条2項の制度趣旨との関係でみると、紛争再燃防止説は、民事訴訟法114条2項の趣旨を「認容された受働債権（額）」（上記の例では、受働債権200万円）の後訴での紛争再燃を防止するためのものとして、前述のように、自働債権200万円の不存在につき既判力で確定されさえすれば、それによって制度趣旨は全うされることになる、と考えるので、上記通説の結論で問題はない。

　しかし、公平説ではどうか。自働債権1500万円全額について不存在が既判力で確定されるというのは、受働債権の存否確定が1000万円の金額に止まるのに、それを超えてまで自働債権の不存在額が確定されることになり公平ではない、ということにもなろう。しかし、受働債権たる訴求債権の訴訟物としての枠である1000万円の金額の限度では、（その限度で受働債権の存否は訴訟物として既判力により確定されるので、それとの権衡上）自働債権たる反対債権の不存在が確定されることが当事者の公平性確保という制度趣旨に合致するのではないか、という疑問が出てくる余地がある。なぜなら、訴求債権については、その存否が1000万円の限度で必ず確定されるので、それに対抗すべく主張された反対債権の存否もそれと同額の限度で確定するのが公平ではないか、とも考えられるからである。そこで、この点につき言及しておきたい。

　自働債権となる反対債権は反訴として主張されるのではなく、相殺の抗弁として主張されるのである。そして、相殺の抗弁として自働債権が「対抗」するのは訴訟物となっている訴求債権全額ではない。そもそも訴求債権が存在しなければ、それに対する自働債権（反対債権）による相殺はできない。したがって、訴求債権のうち、存在すると認容された債権額のみが、自働債権による相殺の対象として「対抗」されることになる。訴求債権のうち、存在しない債権部分に対しては、相殺として対抗しようがないのである。このことは公平説をとっても紛争再燃防止説をとっても異なることはない。

---

14)　新堂・前掲注3）700頁、中野＝松浦＝鈴木編・前掲注3）471頁、伊藤・前掲注3）520頁、河野・前掲注3）576頁、髙橋・前掲注3）640頁など。

したがって、公平説をとっても、自働債権が相殺の抗弁として「対抗」する額は常に「存在すると認容された受働債権額」に限定されることになる。確かに、自働債権が全く存在しないと判断される場合は、自働債権全額が審判されることになるが、それは「存在すると認容された受働債権額」（上記の例では、200万円）に対抗すべき自働債権の存在（すなわち、少なくとも 200 万円の反対債権の存在）について審理しているのであり、そのような自働債権全額についての審理をしたからといって、相殺の抗弁として「対抗」する額が訴訟物たる訴求債権全額、ないしそれ以上、に拡張されるわけではない[15]。

以上から、公平説に立っても上記通説と同旨にならざるを得ないことになる[16]。

同じく公平説に立つ松本説が、自働債権の不存在につき、200 万円の枠を超えて自働債権全額が既判力により確定される、という見解をとる[17]のは、自働債権の「相殺をもって対抗した額」200 万円が存在しないという判断に生じる既判力の作用として、その既判力内容への矛盾主張排除という論理を強調することによる。すなわち、それは、既判力が生じる判断内容と矛盾するとして排除される主張の枠をどこまで拡張して解釈するのか、という問題の結論と平仄を合わせることから帰結される見解である[18]。それゆえ、この松本説は、公平説自体から帰結されるものではなく、その矛盾主張の範囲問題に関して松本説と同様の見解をとらない限り、一般的には上記の通説と同旨になると思われる。

III 一部請求訴訟と民事訴訟法 114 条 2 項による既判力の範囲

分割訴求可能な債権の任意の一部を取り出して訴求するという、一部請求訴訟という訴訟類型を認め、一部請求された債権部分のみが訴訟物として主文で

---

[15] しかし、髙見進「一部の債権による相殺の抗弁と判決の効力」青山善充先生古稀祝賀・民事手続法学の新たな地平（有斐閣・2009）225 頁（228 頁以下）は、自働債権全額についての審理をした以上、その全額が「相殺をもって対抗した額」に該当すると解釈できるとして、その全額不存在につき既判力による確定が生じると論じる。
[16] 公平説に立つ山本・前掲注6) 445 頁が論じるところも、これと同旨であろう。
[17] 松本・前掲注1) 220 頁、松本＝上野・前掲注2) 629 頁。
[18] 松本・前掲注1) 220 頁、松本＝上野・前掲注2) 629 頁。

判断されるので、その債権部分については既判力が及ぶが、その他の残部債権については訴訟物となっていないので既判力は及ばない、というのが判例の見解であり、それに多数説も同調する[19]。

この見解に立つ場合、その一部請求訴訟において相殺の抗弁が出された場合、一部請求された債権部分の外側にある（基礎たる総債権における）残部債権をも受働債権と考え、まずは、その残部債権から相殺の対象として消滅させていくべきか、それとも、一部請求として訴求されている一部債権部分のみを受働債権とするかで見解が分れている。前者がいわゆる「外側説」であり、後者がいわゆる「内側説」である。

この両説のうち、外側説をとる場合は、民事訴訟法114条2項にいう相殺で対抗される部分とは、（残部債権を含む）基礎たる総債権を意味するとも解釈できるので議論の余地が生じてくる。

例えば、XがYに、1000万円のうちの500万円を請求するという明示の一部請求を提訴したのに対して、Yは反対債権600万円で相殺すると主張した事案の場合。

審理の結果、基礎たる総債権は1000万円である、また、反対債権もYの主張通り600万円が認められるので、相殺するという場合、判例は、外側説に立つので、1000万円－600万円として400万円の総債権を認めて、要求された500万円支払請求のうち400万円支払認容の一部認容判決を行うことになる。

この場合、「対抗した額」というのは、上記のように、受働債権と相殺される自働債権の額を意味すると考えると、外側説に立つ限り、それは受働債権たる訴求一部債権の残部債権額500万円を含むことになる。

そうすると、その訴求一部債権の残部債権500万円も相殺で消滅すると判断されることになるが、それは主文判断に含まれない理由中判断にすぎないので、通説・判例の見解によれば、Xは既判力には抵触することなく後訴でそれを再主張できることになる。

それに対して、その残部債権500万円に対抗して消滅するYの反対債権（自

---

19) 一部請求問題をめぐる理論状況については、三木浩一「一部請求論の展開」慶應義塾創立150年記念・慶應の法律学 民事手続法（慶應義塾大学出版会・2008）195頁、松本・前掲注1）153頁、高橋・前掲注3）97頁など参照。

働債権）500 万円は消滅しもはや存在しないという点につき、民事訴訟法 114 条 2 項により、「対抗した額」に既判力が生じる結果、後訴で主張できないということになる。

これでは不公平ではなかろうか、という問題が生じてくる。そこで、この問題の処理につき論争が生じることになる。

1　判例（最判平成 6 年 11 月 22 日民集 48 巻 7 号 1355 頁）

最判平成 6 年 11 月 22 日判決において、最高裁は次のように論じる。

　　(1)　「特定の金銭債権のうちの一部が訴訟上請求されているいわゆる一部請求の事件において、被告から相殺の抗弁が提出されてそれが理由がある場合には、まず、当該債権の総額を確定し、その額から自働債権の額を控除した残存額を算定した上、原告の請求に係る一部請求の額が残存額の範囲内であるときはそのまま認容し、残存額を超えるときはその残存額の限度でこれを認容すべきである。けだし、一部請求は、特定の金銭債権について、その数量的な一部を少なくともその範囲においては請求権が現存するとして請求するものであるので、右債権の総額が何らかの理由で減少している場合に、債権の総額からではなく、一部請求の額から減少額の全額又は債権総額に対する一部請求の額の割合で案分した額を控除して認容額を決することは、一部請求を認める趣旨に反するからである」。

　　(2)　「一部請求において、確定判決の既判力は、当該債権の訴訟上請求されなかった残部の存否には及ばないとすること判例であり（最高裁昭和 35 年(オ)第 359 号同 37 年 8 月 10 日第二小法廷判決・民集 16 巻 8 号 1720 頁）、相殺の抗弁により自働債権の存否について既判力が生ずるのは、請求の範囲に対して『相殺ヲ以テ対抗シタル額』に限られるから、当該債権の総額から自働債権の額を控除した結果残存額が一部請求の額を超えるときは、一部請求の額を超える範囲の自働債権の存否については既判力を生じない」。

この判旨のうち、(1)の部分では、相殺の抗弁の取扱いについて外側説をとることを明示し、それを前提として、(2)の部分で、相殺として主張された反対債権に関する既判力の範囲について論じている。

実務の一般的な発想からすれば、外側説に立つ限り、相殺の抗弁として主張される自働債権（反対債権）の金額が、認容された受働債権のうちの一部請求額の外側債権部分（残額債権部分）を超えるものでない場合（例えば、前述の例でいうと、総債権 1000 万円のうち 500 万円の一部請求がされ、その全額が受働債権として存在する

と認容される場合に、相殺として500万円以下の額の自働債権を主張する場合)は、その抗弁主張は主張自体失当とされ審判されることはない。なぜなら、その主張通り、自働債権が認容されたとしても、訴訟物である一部請求債権の存否・内容に何ら影響することはないからである。

そこで、主張される自働債権額が(認容された受働債権のうちの)一部請求額の外側債権部分を超えて一部請求債権に達する場合(上記の例でいうと、500万円を超えて、例えば、600万円の自働債権を主張する場合)に初めて、相殺の抗弁として取り扱われる。

すなわち、一部請求額の外側債権部分を超えて一部請求債権に達する自働債権主張があって初めて相殺の抗弁の主張があると取り扱われるわけであるから、そのような自働債権主張によってのみ受働債権との「対抗」が生じることになる。そうであれば、その自働債権により対抗される受働債権部分とは、一部訴求された債権部分ということになる。そして、その「対抗した額」部分にのみ既判力が生じるわけであるから、主張された自働債権のうち、一部請求債権部分と重なる部分以外の部分には既判力は及ばないことになる。

これが、判旨の「既判力が生ずるのは、請求の範囲に対して「相殺ヲ以テ対抗シタル額」に限られるから」「一部請求の額を超える範囲の自働債権の存否については既判力を生じない」という説示の意味である[20]。

そして、一部請求に関する判例を引用しつつ、そのように解することで、相殺で消滅する訴求一部債権の残部債権が一部請求の残部として既判力に抵触することなく再主張できることとの公平性も保たれると論じる。

2 学　説
(1) 内側説による見解[21]

内側説をとる場合は、民事訴訟法114条2項にいう「相殺をもって対抗した額」の部分とは一部訴求された債権部分(訴訟物たる債権部分)に対抗した部分となるので、民事訴訟法114条2項で相殺の判断に生じる既判力の範囲に議論は

---

20)　この説示内容については、水上敏「金銭債権の一部請求と相殺」最判解民事篇平成6年度574頁が詳説している。
21)　松本・前掲注1) 267頁以下、木川統一郎＝北川友子・判タ890号(1995) 22頁以下、戸根住夫・リマークス12号(1996) 120頁、梅本吉彦・平成6年度重判解121頁以下など。

生じない。一般的な、訴訟物として主張された債権部分に対する相殺の場合と同じ扱いをすれば足るからである。

そのためか、前述の判例の見解についても、外側説をとることへの批判はあるが、その立場に立った場合の判例の民事訴訟法114条2項の既判力範囲問題の解釈についての批判はない。

(2) 外側説による見解

　(a) 中野貞一郎説　　当初の中野説（以下、「旧中野説」という）[22]は次のように論じる。

民事訴訟法114条2項の立法趣旨（中野説は紛争再燃防止説をとる）から、相殺として主張された自働債権（反対債権）の存在が否定されようが、認められて受働債権と相殺して消滅しようが、不存在となったという点に既判力が生じる。

ただし、抗弁として主張された相殺は訴訟物の枠内（範囲内）でしか取り扱われないので、訴訟物の範囲に対応する反対債権（＝自働債権）額の範囲にのみ既判力が生じることになる。これが民事訴訟法114条2項にいう「相殺をもって対抗した額」について既判力が生じる、という意味であるという。

この説でいくと、訴訟物に対抗する範囲（＝訴求債権額の枠内）に限っては、「主張された自働債権（＝反対債権）」の不存在判断は常に既判力が生じることになり、民事訴訟法114条2項の趣旨（＝紛争再燃防止）に沿うことになる。

そして、一部請求の場合は、訴求された債権の一部のみが訴訟物になるとすれば、当然、その一部訴求された債権額に対応する反対債権の部分の不存在判断に既判力が生じることになる、という見解のようである。すなわち、民事訴訟法114条2項により既判力が生じる範囲の決定基準に関しては、内側説をとるのと同じことになる[23]。

しかし、一部請求の場合には、訴求された債権の一部のみが訴訟物になるとしても、そのことから、反対債権の受働債権として「相殺をもって対抗」される債権部分は必ずその一部訴求された債権額の部分となるに違いない、という論理は、当然には、でてこない。前述のように、いわゆる外側説をとれば、反対債権の相殺主張により消滅する債権部分は、一部訴求された債権額の部分で

---

[22]　中野・前掲注3）930頁以下。
[23]　このことは、中野・前掲注3）932頁が示す結論から推認される。

はなく、基礎たる総債権部分である。したがって、その部分こそが「相殺をもって対抗」される債権部分であるという見解も成り立つからである。

現に、判例は、基礎たる総債権を相殺の対抗対象とした上で、そのことを反対債権について生じる既判力の範囲決定問題に反映させる立場をとっている。

したがって、この点をどう根拠付けるのかという点で何らかの補足説明（理由付け）が要求されることになる。

なお、旧中野説では、「請求（＝訴訟物）に対抗する」反対債権部分とは、「請求（＝訴訟物）に対して相殺が主張された部分」を意味すると考えるようなので、訴訟物たる債権（＝一部請求債権額）と主張された反対債権とで重なり合う債権額の枠内で、主張された反対債権に対して存否判断がされ、その判断（不存在判断）につき既判力が生じることになる。

ところが、判例の基準では、まず、認容された基礎たる総債権額に（主張された）反対債権額を対抗させた結果、さらに、一部請求として主張された債権額の枠内にまで入り込む反対債権部分がある場合にのみ、（判例は、そのような反対債権部分のみを「請求＝訴訟物に対抗する」部分とみて）その反対債権部分の限りで既判力が生じることになるから、中野説とは異なるものとなる[24]。しかし、その後、旧中野説は判例と同じ見解に修正される[25]ので、現在では判例に同旨の見解として本稿では扱うことにする。

　　(b) 山本弘説　　山本弘説は、上記旧中野説に類する見解で、一部訴求された受働債権のうちの認容債権額に対応する被告の自働債権が相殺に供されたこと自体に、「相殺をもって対抗した」ものとして既判力は生じると解することで、上記の旧中野説と同様の結論に至る。そして、その解釈を正当化する根拠を民事訴訟法114条2項の制度趣旨に求めるようである。すなわち、前述のように、山本弘説は、民事訴訟法114条2項の制度趣旨につき公平説に立つので、そのことを根拠に、旧中野説における前述の根拠（なぜ、相殺で対抗する受働債権部分を総債権部分ではなく一部請求部分とするのかの根拠）不足を補うようである。かつ、それと同時に、その公平説の観点から、例えば、Xが総債権1000万円のうち500万円の一部請求がされ、1000万円全額が受働債権として存在すると認

---

24) この点は、水上・前掲注20) 584頁注9がすでに示唆するところである。
25) 中野貞一郎「一部請求論の展開」前掲注4) 106頁以下、130頁注28参照。

容される場合に、Yが相殺の抗弁として600万円の自働債権を主張し、その全額が認められて相殺された場合、Yは既判力で(認容一部請求債権額に「対抗した」額として)500万円の不存在が確定されるのに、外側説により同じく消滅したはずのXの一部請求の外側債権である500万円には既判力が及ばないとしてXは再主張でき、不公平という問題が生じるが、そのような場合には、Xに相殺で消滅したはずの受働債権500万円の再訴を認めるのであれば、同じく、消滅したはずのYの自働債権500万円の再訴も(既判力が及ばないとして)認めるべきであり、そう解しても、民事訴訟法114条2項の趣旨に沿いこそすれ、反することはない、と論じる[26]。

(c) 山本克己説　山本克己説は、基本的には判例の見解を是とするが、判例の見解では、不公平な結果が生じる問題点がある(この点は、3で後述)ので、それを回避するため、自働債権が相殺により消滅して不存在となる場合以外の不存在判断については民事訴訟法114条2項は適用されないと解すべきであると論じる[27]。

3　検　討

外側説論者の多数説が判例の見解を支持するのは、判例の見解が、相殺で消滅する訴求債権の再主張問題との関係で(つまり、原告・被告の当事者間での)公平性を確保していると評価するからであろう。

しかし、はたして判例の見解で当事者間の公平性は確保できるのか、というとそうではない。公平な取扱いがされているように見えるのは、平成6年11月22日判決事案のように、一部請求の外側にある自働債権・受働債権の双方が相殺により消滅して不存在となる場合のみである。

双方の債権がそもそも不成立・不存在と判断される場合は公平性も合理性も維持できない結果となる。

例えば、前述の例で、総債権1000万円のうち500万円の一部請求がされ、500万円のみが受働債権として存在すると認容される場合に、相殺として600

---

26)　山本・前掲注6)444頁以下、449頁以下。なお、この山本弘説については、髙橋・前掲注3)119頁注24の2も参照。

27)　山本・前掲注4)86頁以下。八田・前掲注13)294頁もこの見解に賛意を表するが、自己の見解を主張するまでには至っていない。

万円の自働債権を主張したが全額不存在と判断された場合、同じく不存在と判断された残部受働債権 500 万円は既判力に抵触することなく再主張が可能となるが、その（再訴可能となる）受働債権が不存在と判断されたがために、認容された一部請求額と対抗することになる自働債権 500 万円分は既判力により再主張ができなくなる。これで公平が確保できているといえるのか[28]。

要するに、一方で、受働債権の方は、一部請求の残部債権部分については常に一定限度再主張可能となっているにもかかわらず、他方、自働債権については、その（再主張可能な）残部受働債権の不存在判断額が増えていくにつれて、それに対応して、自働債権の不存在判断額のうち、既判力により再主張不可能となる額が増えていくことになる。

これは公平でもなく、また、この点に何らかの合理性を見いだすこともできないので、不当といわざるを得ないのではないか。少なくとも、公平説からは看過できない問題といわざるを得ない。

山本克己説が問題とするのも以上の点であろう。そこで、以上のような不公平な事態が生じるのを回避すべく、自働債権が相殺により消滅して不存在となる場合以外の不存在判断については民事訴訟法 114 条 2 項は適用されないという解釈をとるものと思われる。

確かに、そう解すると上記の問題は回避できる。しかし、そうすると、相殺の抗弁として自働債権が主張されたが、そもそも不存在・不成立であると判断された場合は常に再主張可能となり、相殺により消滅して不存在と判断される場合との公平性が問題となる。

すなわち、一方で公平さを維持するために、他方で不公平な事態を引き起こす、という解釈となり、矛盾を生じることになる。この矛盾を解消するためには、前者の公平性維持が後者の不公平性惹起よりも優先されることを論証する必要がある。その論証に成功しない限り、問題のある解釈といわざるを得まい。

---

28) この場合は、最判平成 10 年 6 月 12 日民集 52 巻 4 号 1147 頁の論理により、不存在と判断された（一部請求の残部債権である）受働債権 500 万円も信義則により、その主張が排除されるので公平が確保されるという見解も考えられる。しかし、本事案のように一部請求全額認容判決の場合は、平成 10 年判決の信義則適用要件を欠くことになり、信義則効による排除もできない可能性が高い。そもそも、既判力の適用範囲問題についての解釈論の当否を論じるのに、信義則効を持ち出して議論するというのは適切な解釈論か疑問である。

山本弘説の見解に立っても同様の問題が生じることに変わりはない。

例えば、1000万円中500万円の一部請求をし、相手方当事者が600万円の反対請求で相殺主張をし、600万円での相殺が認められたという先の事例では、自働債権は、受働債権の外側債権額である500万円に対抗する自働債権額が相殺される限りで、その500万円の消滅に既判力は生じないにもかかわらず、同じく不存在の結果でありながら、自働債権がそもそも不成立・不存在と判断された場合には500万円の不存在が既判力で確定するわけだから、この両者の取扱いの違いは公平性に疑義をもたらすことになる。

山本克己説同様、一方で公平さを維持するために、他方で不公平な事態を引き起こす、という解釈となり、山本弘説は、民事訴訟法114条2項の制度趣旨・根拠を公平に求めているだけに、そのような状況は問題となるのではないか。

以上のように、いずれの見解も問題を抱えているが、これらの見解が問題を抱えるのは、あくまで外側説維持を前提とするからである。判例の見解も、外側説をとることから帰結するものである点、前述の通りである。そして、以上検討してきたように、民事訴訟法114条2項の既判力をめぐる問題を解決する妥当な解答を見いだすことは、外側説を維持する限り、困難なようである。そうすると、はたして以上検討してきたような問題点を抱えてまで外側説を維持すべきか、議論はそこに収斂することになろう。

外側説の根拠は、さまざまであるが、それらが妥当であるとしても、常に、一部請求においてその外側説が適用されるわけではなかろう。

例えば、一部請求の残部債権部分（外側債権部分）の確定が困難で基礎たる総債権の額が不確定であるような一部請求の場合（例えば、事故の被害者が原告として損害賠償を請求しているが、原告が生死の境をさまようような状況であり、今後の損害額の予想が極めて困難であるため、現在までの損害額のみをとりあえず一部請求するという場合など）は、外側説は適用できず、内側説がとられることになろう[29]。

次に、特約により履行期が未到来の部分（500万円）と履行期到来の部分（500万円）がある一個の債権（1000万円）につき、まず履行期到来の債権部分のみを一

---

29) この点、三木・前掲注19) 212頁参照。

部請求する場合（1000万円のうちの500万円請求）に、それに対して500万円の弁済が主張された場合、被告は期限の猶予を放棄したと原告に都合よく解釈し、外側説をとって、履行期未到来の部分（一部請求の外側債権部分）をもって弁済の対象部分とするような解釈はとられないだろう。それでは原告に不当に有利で公平を欠く取扱いになるからである。

また、抵当権によって担保されている部分（500万円）とそうでない部分（500万円）がある一個の債権（1000万円）につき、まず未担保債権部分のみを一部請求する場合（1000万円のうちの500万円請求）に、それに対して500万円の弁済の抗弁が主張された場合はどうか。

この場合は見解が分かれる可能性があるが、単純に外側説をとるのではなく、原告に不当に有利で公平を欠く取扱いにならないよう配慮して、内側説をとるのが一般的な解釈ではなかろうか。

では、特定の売買契約から生じた一個の代金債権（1000万円）につき、すでに相殺されて消滅している債権部分（500万円）を除いた、未回収債権部分（500万円）につき一部請求する場合はどうか（売買代金債権1000万円のうちの未回収部分500万円を請求）[30]。

この場合は、外側説をとることになろう。この場合にも内側説をとると、未回収債権である一部訴求債権の額がすでに相殺や弁済等で消滅している債権額

---

[30] もちろん、このような、実体法上の権利は消滅していると判断して、その部分を訴訟で請求することは無意味ないし無駄と判断してその部分は訴求しない訴訟の場合をも、いわゆる一部請求の場合と考えるかどうか、そもそも議論の余地がある。

しかし、一部請求という訴訟類型を認める見解の意味は、請求された一部請求の判決確定後にもその残部請求を認める点にあるので、このような残部請求の場合を一部請求ではなく、全部請求と考えるということは、判決確定後は残部請求は既判力により否定されることを認めることを意味する。すなわち、自認した弁済により消滅しているという債権債務部分を、判決確定後は、それは誤解であって実は弁済されていなかったことが判明したとして訴求することが既判力により否定されることとなる。

一部請求という訴訟類型を認めて、請求された一部請求の判決確定後にもその残部請求を認めるか否かの論争における中心的問題点は、紛争の一回的解決要請をどこまで考慮すべきかという点であった。

その点からみると、全債権の権利が存在すると主張できる場合ですら、その全債権の一部である旨の明示があれば、残部債権については既判力が及ばず再訴が（少なくとも既判力との関係では）可能であるとの取扱いを認める（すなわち、紛争の一回的解決要請を斥ける）見解に立つのであれば、残部は存在しないものと思い込んでいて（前訴口頭弁論終結時までに）主張することが期待できなかった場合に、その残部請求を否定するのは権衡を失するように思われる。

したがって、一部請求という訴訟類型を認める見解（一部明示を要求するか否かを問わず）に立つのであれば、このような場合も一部請求の場合として取り扱うことになるのではなかろうか。この点、文献上は必ずしも明らかではないが、一部請求という訴訟類型を認める見解においては、一般的見解ではないかと思われる。判例（最判昭和48年4月5日民集27巻3号419頁）も同旨である。

より少額である場合は、その相殺や弁済等による消滅効が一部訴求債権額(内側)に適用される結果、未回収債権の回収を訴訟によって実現する道が閉ざされてしまうからである[31]。

以上のように見てくると、一部請求の場合に、外側説か内側説かと一律に処理するのは妥当でないことが理解されよう。どのような内容の一部請求なのか、また、それに対して主張されている抗弁内容がどのようなものか、等を実体法上の観点および訴訟法上の観点から勘案して、できるだけ公平で適切な結論が導かれるべく、外側説か内側説かを決定していくべきではなかろうか。

そのような観点から考察すれば、本稿で考察してきた、総債権1000万円のうち任意に500万円の一部請求がされ、それに対して当該訴訟ではじめて相殺として600万円の自働債権が主張されるという事案の場合には、内側説が適用される(ないしは、内側説的取扱いがされる)べきではなかろうか。

なぜなら、このような場合に外側説がとられると、前述のような民事訴訟法114条2項による既判力の範囲問題が生じること、また、これは従来から内側説論者が強調して主張している点ではあるが[32]、相殺の抗弁として主張される自働債権(反対債権)の金額が、認容された受働債権のうちの一部請求額の外側債権部分(残額債権部分)を超えるものでない限り、その抗弁主張は主張自体失当として排除されてしまうため、実体法上の相殺権の訴訟上の行使が制限されてしまうという問題が生じるからである。例えば、1000万円のうち100万円の一部請求がされ、受働債権としては全額1000万円が認容されている場合、900万円以上の反対債権でない限り、訴訟上、相殺権の行使はできず、実体法上認められているはずの相殺の担保的機能も訴訟手続に反映できないことになる。これは問題であろう。

これに対しては、そのような被告側の権利は保護に値しないのではないか、という反論がある。しかし、民事訴訟法は、処分権主義・弁論主義に代表されるように、実体法上の秩序をできるだけ手続に反映させるとの原則的立場に立っている。それにもかかわらず、実体法上の権利行使が、訴訟法の解釈に

---

31) 山本・前掲注6)456頁注7参照。なお、内側説の論者でも、このような場合は内側説の適用外と解する見解をとる者が多いのではなかろうか。例えば、木川=北川・前掲注21)25頁以下、戸根・前掲注21)123頁など。

32) この点は、松本・前掲注1)174頁以下が強調するところである。

よって手続に反映できない、というのであれば、それは問題であると考えるのが当然であろう。それを十分な論証もなく保護に値しないのではないか、と主張する[33]のは少し乱暴な見解といわざるを得ない。

いずれにせよ、従来は、この問題に関する議論は少し単純すぎる点があったと思われる。本稿で検討したような、相殺の抗弁の既判力問題をも勘案しながら、個々の事案に応じて、外側説的扱いをすべきか、内側説的扱いをすべきか（場合によっては、按分説的取扱いも考えられよう）を検討していくべきであろう。

IV　おわりに

いつものことではあるが、本稿においても、筆者の能力不足から、引用学説の誤解、重要文献の看過などがあるように思われる。その点は、諸賢からのご批判を得た上で、さらに再考を重ねた上で、訂正・加筆を行いたいと考えている。

【付記】
　1984 年の夏、研究者生活を断念するところ、松本博之先生に救われた。そのことも含めて、今日までいろいろお世話になってきた。この場を借りて、古稀の祝辞とともに、心から感謝の意を表しておきたい。

---

33)　例えば、髙見・前掲注 15) 244 頁注 16、八田・前掲注 13) 206 頁注 9 など。

口頭弁論終結後の承継人に対して判決効が作用する場面について

笠井正俊

I 本稿の趣旨
II 承継人に対する執行力と執行関係訴訟での既判力
III 後訴の訴えの利益
IV 結びに代えて

I 本稿の趣旨

　口頭弁論終結後の承継人に対する判決効に関する議論は、近時も盛んである。その中で、前訴と後訴がともに所有権に基づく物の返還請求または妨害排除請求の給付訴訟である場面を想定し、前訴の訴訟物と後訴の要件事実との関係を指摘し、前訴の訴訟物は後訴の訴訟物に対する先決的法律関係（前提事項）にならないので、既判力が作用する場面ではないとする見解がいくつか公表されている[1]。その見解は、例えば、原告Xが土地の所有権に基づいて、土地上に建

---

1) このような見解として、丹野達「既判力の主観的範囲についての一考察」民事法拾遺（酒井書店・2004〔初出1995〕) 207頁、特に216頁以下、山本克己・民事訴訟法判例百選〔第4版〕(2010) 189頁、山本弘「弁論終結後の承継人に対する既判力の拡張に関する覚書」伊藤眞先生古稀祝賀・民事手続の現代的使命（有斐閣・2015) 683頁、特に693頁以下を挙げることができる（本稿が主に検討の対象とするのはこれらの見解であり、以下で「冒頭Iで挙げた見解」などと引用する)。園尾隆司編・注解民事訴訟法【II】（青林書院・2000) 480頁〔稲葉一人〕も同じ方向の見解と見られる。また、中西正「既判力・執行力の主観的範囲の拡張についての覚え書き」伊藤滋夫先生喜寿記念・要件事実・事実認定論と基礎法学の新たな展開（青林書院・2009) 612頁、特に620頁以下は、後訴の要件事実による分析から前訴訴訟物が後訴訴訟物の前提問題となるか否かを検討する視点は上記の見解と共通であり、前提問題ではないことから既判力のいわゆる積極的作用を否定するが、「前提問題となる場合に準ずる」との理由で遮断効は承継人に対して意味をもつとし、結論として承継人は（口頭弁論終結後の事由を除いて）Xの請求を争うような事実を主張できないとする。他方、本文で挙げたような場面について、前訴判決の判断対象と後訴の要件事実との関係を意識しつつも、結論としては前訴確定判決の既判力の後訴への積極的作用を肯定する論考として、上野泰男「既判力の主観的範囲に関する一考察」関西法学41巻3号 (1991) 907

物を所有している Y を被告として建物収去土地明渡請求の訴え（前訴）を提起し、請求認容確定判決を得たところ、前訴の事実審口頭弁論終結後に Y が建物を Z に売却して土地の占有を Z に移転した場合に、X が Z に対して所有権に基づいて建物収去土地明渡請求の訴え（後訴）を提起しても、既判力が作用する場面とはならないとする。その理由の要旨は、「前訴の確定判決の既判力は、前訴の訴訟物である X の Y に対する所有権に基づく土地明渡請求権（すなわち、これに対応する Y の土地明渡義務）の存在に生じているが、実体法上、X の Z に対する物権的請求権は、Z が Y の義務を引き継ぐことによって生ずるものではなく、Z が土地の占有を開始したことにより原始的に発生するものであって、後訴請求の請求原因事実は X が土地を所有し、Z が土地を占有していることであるので、前訴の訴訟物は X の Z に対する請求の先決的法律関係とはならない。また、Z の抗弁として、Y から承継した占有権原が想定し得るが、Y の占有権原は前訴判決の理由中で判断された事項にすぎないので、後訴の抗弁との関係でも前訴の訴訟物である土地明渡請求権（明渡義務）は現れない。原告側承継のケースで X が口頭弁論終結後に土地を W に売却した場合の W の Y に対する建物収去土地明渡請求訴訟でも同様である」とまとめることができる。そして、この見解からは、従来の論者がこれらの場面で既判力が及ぶとしていたことについて、いわゆる権利実在説に立つ論者（兼子一博士）のみならず、いわゆる訴訟法説やいわゆる形式説に立つ論者も、既判力による実体法の書換えを不当にしていることになるとの批判がされることになる[2]。

頁、越山和広「口頭弁論終結後の承継人への既判力」香川法学 22 巻 1 号（2002）47 頁、松本博之「口頭弁論終結後の承継人への既判力の拡張に関する一考察」民事訴訟法の立法史と解釈学（信山社・2015〔初出 2012〕）360 頁等がある。また、菱田雄郷「口頭弁論終結後の承継人に対する既判力の作用」法学 74 巻 6 号（2010）846 頁も、前訴判決の訴訟物についての判断が後訴で争点になることがあるかという問題意識から学説を整理して検討している。さらに、永井博史「口頭弁論終結後の承継人についての素描」栂善夫先生・遠藤賢治先生古稀祝賀・民事手続における法と実践（成文堂・2014）613 頁は信義則による解決を論ずる。これらに対し、前訴の訴訟物が承継人と前主の相手方との後訴における訴訟物と同一または先決・矛盾関係にあることは重要でないとする説として、鶴田滋「口頭弁論終結後の承継人への既判力拡張の意味」法政研究 81 巻 4 号（2015）817 頁があるが、同説のいう既判力の作用の仕方については、その内容および根拠に必ずしも明らかでないところがあり、結局のところ理由中の判断に拘束力を認めてそれを承継人に拡張しているのではないかとの指摘が可能である。前訴が請求棄却判決であった場合に、その理由次第で後訴で遮断される主張が異なるところ（同論文 853 頁）などはそれが顕著である。

2) 山本弘・前掲注 1) 697 頁以下。なお、この見解は、建物収去土地明渡請求訴訟同士では先決的法律関係にないから既判力の作用する場面にはないとするが、占有者の承継があった場合に民事訴訟法 115 条 1 項 3 号の承継人に当たることを全く否定するというわけではない。山本弘・前掲注 1) 705 頁も、前訴で建物収去土地明渡請求のみならず借地権不存在確認の請求があり、それを認容する確定判決があれ

I　本稿の趣旨

　私は、その見解の示す、前訴判決の判断事項（前訴訴訟物）と後訴の訴訟物および要件事実との関係の分析には理論的に正当なところがあり、このような前訴判決と後訴を前提とする限りでは、そこで批判の対象とされる従来の学説には理論的により精緻な説明が求められていると感じる。しかし、口頭弁論終結後の承継人に対する判決効の拡張という議論において、冒頭に挙げたような前訴判決と後訴とを既判力の作用を検討すべき基本的な場面として想定する必要があるのか、換言すればその想定に現実性があるのかについて、私は疑問を抱いている。また、そもそもそのような後訴が適法なのかも自明ではない。少なくとも、これらの必要性ないし現実性や後訴の適法性については、当然には議論の前提にしてよいとはいえず、その見解のような議論をするのであれば、その説明が必要だと思われる。

　すなわち、物の所有者X（原告）がその物を占有する者Y（被告）に対してその物の引渡し（明渡しを含む）を求めて勝訴の確定判決を得た場合に、その後で（正確には事実審口頭弁論終結後に）占有者（被告）側でYからZへの占有の移転があったからといって、改めて所有者Xが占有者Zに対して物の引渡しを求める給付の訴えを提起することが、Xの通常の行動といえるだろうか。通常の所有者であれば、執行債権者として、前訴の確定判決を債務名義として、承継執行文を得てZに対して強制執行をすることを考えるのではないだろうか。これは、所有者（原告）側でXからWへの所有権の移転があった場合のWも同様である。そして、もし、このように強制執行ができ、その正当性が前訴確定判決の既判力によって確保されるのであれば、前記の近時の見解が想定する基本的な場面の現実性に疑問が生ずるし、その見解が仮に「所有権に基づく物の返還請求の請求認容確定判決の既判力が承継人に及ぶ場面は想定できない」、「承継人との関係では、給付の訴えだけでは無力であり、所有権や占有権原の存在または不存在の確認の訴えも起こしておかないと確定判決を得る意味がない」とまで言うとすると、「そのような場面は想定できる」、「承継人との関係でも、確定給付判決の意味はある」と反論できることになる。さらに、このような執行力と既判力の作用を認めることができるのであれば、上記のようなXが被告側承

ば、この確認判決の既判力の拡張により原告の地位が安定的に保護されるとする。Yの占有権原という承継人（Z）の後訴での主張（抗弁）を遮断できるからであろう。

継人 Z に対して（あるいは原告側承継人 W が Y に対して）、改めて建物収去土地明渡請求という給付の訴えを提起した場合、その訴えの利益についても問題となる。

そこで、前訴確定判決が所有権に基づく物の引渡請求を認容する原告側勝訴判決である場合、優先して検討すべき問題は、口頭弁論終結後の被告からの占有承継人（または原告からの所有権譲受人）との関係で承継執行文（民執法27条2項）が付与されるべきかどうか（これらの者が同法 23 条 1 項 3 号の承継人に当たるか）、および、執行債権者と執行債務者との間のいわゆる執行関係訴訟（ここでは、執行文付与の訴えもしくは執行文付与に対する異議の訴えまたは請求異議の訴え）において既判力が働くかどうかであると思われる。本稿では、Ⅱでこれらについて検討し、執行力と既判力の作用をいずれも肯定する。そして、Ⅲで、このことを踏まえ、承継人を当事者とする後訴として従来想定されている給付の訴えにおける訴えの利益について、これを否定すべきではないか（また、仮に訴えの利益を肯定する見解に立っても、そのような訴えが提起される現実性を疑うべきではないか）との議論をする。

もっとも、本稿は、ここまで述べたとおり、前訴確定判決が物権的請求における原告勝訴の給付判決である場合について、承継人に既判力が作用する場面があるということを示すにとどまる[3]。前訴で原告の請求が棄却されて確定した場合に、口頭弁論終結後に当事者が占有や権利を移転したとして、前訴の既判力が作用する場面があるかどうか（作用しないと、勝訴した被告側の地位が保障されなくなる）については課題として残している[4]。また、前訴で原告勝訴の給付判決があったとしても、その強制執行ではまかなえない法律関係、例えば、被告側承継人に対する損害賠償請求の訴訟でどのように既判力が作用するのかと

---

[3] 本稿で述べる執行力と既判力の作用は、土地所有者 X が賃貸借契約終了に基づく明渡請求を土地賃借人 Y に対してした場合の口頭弁論終結後の Y からの占有承継人 Z との関係のように、前訴が債権的請求であっても基本的に同様であると考えられるが（兼子一ほか・条解民事訴訟法［第 2 版］（弘文堂・2011）594 頁〔竹下守夫〕参照）、背後に物権を有する場合であっても債権的請求の債務名義には占有移転の事実だけでは執行文が付与されないとする見解も有力であり（中野貞一郎・民事執行法［増補新訂6版］（青林書院・2010）138 頁参照）、背後に物権を有しない債権的請求（例えば、賃借人の賃借権に基づく賃貸人に対する賃借物引渡請求。三ケ月章「特定物引渡訴訟における占有承継人の地位」民事訴訟法研究第 1 巻（有斐閣・1962〔初出 1961〕）297 頁参照。兼子ほか・本注前掲書 594 頁〔竹下〕はいわゆる固有の抗弁の問題とする）の場合にどう考えるか等、困難な問題があるので、本稿では専ら確定判決（債務名義）が物権的請求についてのものである場合を念頭に置く。

[4] このことに関する指摘として、越山・前掲注 1）59 頁参照。また、越山和広「既判力の主観的範囲─口頭弁論終結後の承継人」新堂幸司監修・実務民事訴訟講座［第 3 期］第 3 巻（日本評論社・2013）312 頁は、登記承継のケースのように承継執行文の付与自体が問題となるものもあるとする。

いう問題も別に考えなければならない。これら検討の及ばない諸問題を残しつつも、既判力の作用の仕方を巡って主として議論がされている給付判決の効力を確認することに意味はあると考え、以下の検討をしようとするものである。

ここで、以下の論述の前提として、口頭弁論終結後の承継人に対する既判力の内容について確認しておく。まず、既判力の性質については、既判力は訴訟外の実体法上の権利関係を変更するものではなく、後訴裁判所に対する訴訟法上の拘束力であるという、いわゆる訴訟法説（現在の通説的見解）に従う[5]。また、承継人に対して及ぶ既判力の内容については、口頭弁論終結時における前主と相手方の間の権利関係（前訴の訴訟物）について確定判決が示した判断に後訴の当事者である承継人が拘束されるとの見解[6]に従う。

II 承継人に対する執行力と執行関係訴訟での既判力

1 強制執行の場面で既判力が働くという趣旨の見解

近時の学説の中で、強制執行の場面を想定して、前訴給付判決の既判力が承継人に作用するとの趣旨と理解できる見解を挙げておく[7]。

---

[5] 兼子一博士のいわゆる権利実在化説（それまで仮象であった権利が確定判決によって実在化する。兼子・新修民事訴訟法体系［増訂版］（酒井書店・1965）335頁参照）は採らない。

[6] 山木戸克己「訴訟物たる実体法上の関係の承継」法セミ30号（1958）44頁、小山昇「口頭弁論終結後の承継人について」小山昇著作集第2巻（信山社・1990［初出1960］）168頁、三ケ月・前掲注3）313頁（直接的には執行力に関する論述であるが、既判力についても同旨と思われる）、中野貞一郎「弁論終結後の承継人」民事訴訟法の論点 I（判例タイムズ社・1994［初出1993］）213頁参照。

[7] ただし、管見の及ぶ限りである。従来の学説でも、判決効が拡張される承継人の範囲を巡る議論において、既判力が拡張される承継人には原則として執行力が拡張されること（なお、いわゆる固有の抗弁の取扱いについては別途考慮が必要であること）など、債務名義が確定判決であるとした場合、執行力が及ぶ承継人には既判力も及び、執行関係訴訟で既判力が働くとの見解と理解できるものがみられる。例えば、三ケ月・前掲注3）310頁以下、小山・前掲注6）170頁以下、小山昇「口頭弁論終結後の承継人の基準に関する学説の展開について」小山昇著作集第2巻（信山社・1990［初出1981］）180頁）。このうち、三ケ月・前掲注3）310頁は、「そもそも引渡訴訟の目的物の占有取得者をめぐり、訴訟上承継ということが問題となるのは、二つの局面においてである。第一は、……執行力の拡張の関係においてであり、第二は、訴訟承継の関係においてである」と述べ、また、同314頁は、「既判力拡張の規定といわれる同条〔旧民訴法201条を指す〕は、実践的動機としては、むしろ執行力の拡張の要請に促されておし出されてきたということである。……特定物給付の訴訟に関する限り、執行力こそ第一義的問題であり、既判力の機能はその背後に隠れる（勿論範囲は一致するが）という認識に基くものである」として、引渡訴訟が終了した後の目的物の占有取得者については、執行力の拡張のみが問題となり、既判力の機能はその背後に隠れるとする。このように、特定物給付訴訟の目的物の占有移転と判決効の拡張に関し、執行力を前面に出して問題を把握する姿勢は正当である（既判力は、執行の正当性を背後で支える働きをするものである）。なお、新堂幸司「訴訟当事者から登記を得た者の地位」訴訟物と争点効(上)（有斐閣・1988［初出1971］）297頁も基本的にこれと同列に位置付けられ、同論文338頁以下が執行力の主観

まず、中野貞一郎博士[8]は、執行力が承継人に拡張される場面に関し、「強制執行に関して新たに承継人についての訴訟（執行文訴訟・請求異議訴訟など）が提起された場合には、前訴・後訴の関係が出てくるから、この後訴では、前訴確定判決の訴訟物〔引用者注・ここで、冒頭Ⅰの例と同様の原告の被告に対する収去明渡請求権が例示される〕についての判断について、その限りで承継人（同例では丙〔冒頭Ⅰの例に引き直すとZ〕）にも既判力が及び、矛盾する主張を排除することになるのは当然である」とする。

また、坂田宏教授[9]は、中野説を参照しつつ、「口頭弁論終結後の承継人の問題は、本来、執行法上の問題である。そして、執行法の指導理念は合目的性である……。口頭弁論終結後に権利義務が変動しては強制執行によって判決の内容を実現できなくなるおそれがあり、執行力拡張の規定が必要となる。したがって、この問題に限っていえば、『初めに執行力拡張ありき』なのである」と述べた上で、執行力が拡張される承継人との関係で既判力拡張の規定の意義を検討し、基準時以前の前主の抗弁を承継人が主張することが遮断されるところに既判力の主観的拡張の意味があるとする。私も、これらの見解に賛同する。

松本博之先生[10]は、「仮に占有承継人や登記名義の承継人に確定判決の既判力が拡張されないのであれば、これらの者はなぜ執行力の拡張を受けなければ

的範囲と既判力の主観的範囲とで問題を分けて論ずる必要を説くのも、主としていわゆる固有の抗弁の取扱いに関する文脈であると理解できる。これらの学説は、民事執行法制定前の旧民事訴訟法497条ノ2第1項本文が、判決が当事者以外の者に対して効力を有すべきときはその者に対しまたはその者のためにもこれを執行することができる旨を定めていたことも踏まえていると思われるが、現行法下でも基本的に妥当し得る考え方である。

8) 中野・前掲注6) 233頁。なお、同226頁は、後訴が給付訴訟である場合について、前訴の引渡請求訴訟の既判力が原告の所有権の存在に生ずることを前提とするように読める立論をしているが（他に、越山・前掲注1) 54頁、越山和広「演習」法教379号 (2012) 127頁参照）、これに対しては、当事者間に既判力が生じない理由中の判断について承継人に既判力が生じるとは考えられないとの批判が成り立つ（髙田昌宏・民事訴訟法判例百選〔第3版〕(2003) 191頁、山本弘・前掲注1) 703頁参照）。他方、本文で挙げた中野博士の立論は、執行関係訴訟では、（前訴原告の所有権ではなく）前訴原告が前訴被告に対して引渡請求権を有していたことについての既判力を念頭に置くものである。
9) 坂田宏・リマークス15号 (1997) 143頁。
10) 松本・前掲注1) 372〜373頁。前掲注1) の丹野論文が承継人への執行力の拡張を肯定する一方で既判力の拡張を否定することを批判する文脈での叙述である。なお、松本先生は、本文で例示した前訴も後訴も建物収去土地明渡請求訴訟である場合については、訴訟物が異なり、既判力が作用する先決関係もないことを挙げつつも、被告からの占有承継人が自己の占有権原を主張することが許されないことの理由につき、原告が被告に対して建物収去土地明渡請求権を有するという判断は被告が占有権原を有していないという判断を含むとされる（松本・前掲注1) 370頁、376頁。また、松本博之＝上野㤗男・民事訴訟法〔第8版〕（弘文堂・2015) 649頁も同旨）。ただ、私は、この部分に対しては、占有権原を有していないとの裁判所の判断は訴訟物についてのものではなく、理由中の判断ではないのかとの疑問をもつ。

ならないのか、十分な理由づけがなされているとはいえない。占有承継人や登記名義の承継人に既判力が及ばないのであれば、これらの者は債務名義上の債権者に対して請求異議の訴えを提起して、前主から正当に占有権原または登記名義を取得したことを主張することを既判力によって阻止されず、後訴裁判所は証拠調べの結果、前訴被告は前訴原告に対し目的物の返還義務や移転登記義務または抹消登記義務を負っていなかったので、請求異議原告が前主から正当に占有権原または登記名義を取得したことを認定して、請求異議の訴えを認容することを既判力によって妨げられないことになる。そうすると、債務名義の執行力は請求異議認容判決によって排除されるので、丹野氏のように、既判力が及ばない第三者に対して執行力の拡張を承認したとしても、結局は訴訟制度に対する一般国民の信頼は確保できないことに変わりはないであろう」と述べておられる。松本先生のこの指摘について、私は、Ⅰの冒頭の事例において占有の承継人は執行力と既判力の拡張を受け、かつ、請求異議の訴えがその既判力が作用する場面であるという考え方に立つものと理解した上で、正当であると考える[11]。

さらに、鶴田滋教授[12]は、承継人への既判力拡張について、「〔請求異議〕の訴えにおける、前訴口頭弁論終結後に生じた事由の主張・立証の可否は、前訴確定判決の既判力の問題である」としており、これも同様に理解した上で、正当なものと思われる。

2 承継人への執行力

Ⅰの冒頭に挙げた事例「原告Ⅹが土地の所有権に基づいて土地上に建物を所有しているＹを被告として建物収去土地明渡請求の訴えを提起し、請求認容確定判決を得たところ、前訴の事実審口頭弁論終結後にＹが建物をＺに売却し

---

11) ところで、松本先生は、執行力と既判力が及ぶ承継人について、実体適格を承継した者とする考え方に立っておられ(松本・前掲注1)361頁、380頁、松本博之・民事執行保全法(弘文堂・2011)104頁、同「民事訴訟における訴訟係属中の係争物の譲渡」民事訴訟法の立法史と解釈学(信山社・2015〔初出2011〕)318頁参照)、本稿でその一般論的な検討をする準備はないが、そこからは、本文で述べたように、冒頭Ⅰの事例について占有承継人に執行力と既判力が拡張されるとの結論が導かれるものと理解できる(松本・本注前掲民事執行保全法106頁も参照)。鶴田・前掲注1)823頁も、実体適格の承継説を支持し、同840頁は、その事例で実体適格の承継が既判力拡張の根拠となるとする。
12) 鶴田滋・民事執行・保全判例百選〔第2版〕(有斐閣・2012)17頁。

て土地の占有をZに移転した場合」について、この場合のZが民事執行法23条1項3号の承継人に当たり、同法27条2項の執行文付与の対象となることは、「特に争いがない」、「一般に承認されている」、「判例・通説」などとまとめられている[13]。判例としては、大決昭和5年4月24日民集9巻415頁、大決昭和9年10月4日民集13巻1864頁、最判昭和26年4月13日民集5巻5号242頁などを挙げることができ、これらは、裁判上の和解によって建物を収去してその敷地を明け渡すべき義務のある者からその建物を譲り受け（同大決昭和5年および同大決昭和9年の事案）、または建物を賃借して（同最判昭和26年の事案）、その敷地を占有する者は、旧民事訴訟法201条1項（現行民事訴訟法115条1項3号に相当する部分を含む）にいう承継人に当たり、この者に対して執行文が付与できるとしている[14)][15)]。これらの場合に債務名義上の債務者（前訴被告）から口頭弁論終結後に土地の占有の移転を受けた者には執行力が及ぶと解するのが通説・判例と言ってよいし、私もそれに異論がない。執行力および既判力が及ぶ承継人の範囲を画する基準（前訴当事者から何を承継した場合に承継人となるか）については周知のとおり議論があり、適格承継説、紛争の主体たる地位の移転説、訴訟物に関連する実体法上の地位の承継（実体法上の依存関係）説等が示されている。私は、訴訟物に関連する実体法上の地位を承継した者が承継人に当たるとの説に賛成するが、そこには、所有権に基づく引渡請求訴訟の被告から伝来的に占有を承継した者も含むのであり[16)]、いずれの説に立っても、結論としては、Ⅰの

---

13) これらの3通りの表現は、それぞれ、香川保一監修・注釈民事執行法2（金融財政事情研究会・1985）96頁〔大橋寛明〕、大山涼一郎ほか・執行文に関する書記官実務の研究（下）（裁判所書記官研修所・1992）361頁〔福永浩之〕、山本和彦ほか編・新基本法コンメンタール民事執行法（日本評論社・2014）59頁〔鶴田滋〕による。
14) これらの判例は、旧民事訴訟法201条1項と同法203条（現行民事訴訟法267条に相当）のほか、旧民事訴訟法497条ノ2（判決が当事者以外の者に対して効力を有すべきときはその者に対しまたはその者のためにもこれを執行することができる、執行力ある正本の付与については同法519条（承継人に対する執行文の付与）等の規定を準用する、旨の規定。現行民事執行法23条1項・27条2項の前身である）の解釈を示したものである。
15) 同旨を前提とすると理解し得る裁判例として、東京地判昭和46年10月14日判時656号76頁、最判昭和49年10月24日判時760号56頁、最判昭和52年12月23日判時881号105頁（なお、これらの二つの最高裁判決は、事実審口頭弁論終結後に建物を収去して土地を明け渡す義務の承継があったかどうかに着目しているが、これが文字どおり実体法上の義務の承継をいうものであるとすると、建物の譲渡や土地の占有の移転に伴いそのような義務の承継はないのではないかとの疑問を指摘し得るところである）等がある。裁判例について、小山・前掲注7）219頁以下、池田愛「口頭弁論終結後における「承継の要件」に関する一試論」同志社法学66巻5号（2015）1453頁以下参照。
16) 既判力に限った説明であるが、三木浩一ほか・民事訴訟法〔第2版〕（有斐閣・2015）452頁〔垣内秀介〕参照。私は、執行力についても同様に考える。

冒頭の事例の場合に、被告からの占有承継人や原告からの所有権承継人は、いずれも、民事執行法23条1項3号により、執行力が及ぶとされることになる(ただし、後述のように、固有の抗弁の取扱いについては見解が分かれる)と理解している。

これに対し、Ⅰの冒頭の事例の場合に執行力が及ばないとの結論に結び付く理由を考えるとすると、それは、訴訟当事者間の実体法上の権利義務自体を実体法上の承継原因に基づいて承継する場合に限って承継人に執行力が及ぶとすること[17]だと思われる。この説に立つならば、被告(土地占有者)からの占有承継人は実体法上の義務を承継したわけではないので、執行力が及ばないということになる。しかし、このような見解は、債務名義の実効性を著しく損なう。このような占有承継人にも、執行力(および、債務名義が確定判決であれば既判力)が及ぶと解さなければ、債務名義の効力が容易に潜脱されてしまうので、民事手続法(民訴法、民執法等)の合目的的解釈として、民事手続法上の効力が及ぶことになるのである[18]。

一般的に、強制執行の正当性は実体法上の請求権に基礎付けられるが[19]、これは、債務名義の存在、執行文付与やその許否を争う手続、請求異議訴訟等の各種の手続を通じて正当性が確保されるべきことを意味するのであり、承継人への執行力の拡張について、それが実体法上の権利義務自体が実体法上承継さ

---

17) 大山ほか・前掲注13) 17頁〔福永〕が、学説においてこの見解を明確に述べるものは寡聞にして知らないと留保しつつ、「純実体法説」という名称で想定する説である。中西・前掲注1) 629頁以下は、債務名義上の債権者(原告) X と被告側承継人 Z の間に実体法上の権利がないと承継執行もできないとする趣旨のようにも読めるが、同論文も、物権的請求権の被告から目的物の占有の移転を受けた承継人は民執法27条2項により承継執行文付与の対象となり得ることを前提に、いわゆる固有の抗弁や口頭弁論終結後の債権者の権利の消滅の主張を執行文付与等に対する異議の手続または執行文付与の訴えもしくは執行文付与に対する異議の訴えで主張し得るとの見解と理解できる。

18) 三ケ月・前掲注3) 307頁は、訴訟法は、給付訴訟制度が無意味なものになってしまうことを避けるために、実体法的には必ずしも承継という観念がうまく結び付かない場合でも、訴訟法上の承継人という概念を立て、いわば独自の立場から問題の解決をはかろうとするので、誰が承継人であるかについては訴訟制度の目的が決定的であるとする。また、中野・前掲注3) 135頁以下が説くように、債権者の既得的地位の維持の必要と承継人に対する手続保障(その具体的内容は論者によって異なるが、執行文付与の段階か請求異議訴訟が想定される)によって、執行力の拡張が正当化され得る。なお、現行の実定法である民事保全法62条から64条までおよび民事執行法27条3項から5項までの規定も、係争物に関する仮処分命令が執行された場合に初めて占有承継人に対する強制執行が可能となるとの趣旨と理解するのではなく、そもそも占有承継人が強制執行の対象となることを前提に、その強制執行について、訴訟の口頭弁論終結前の占有移転への対処等の観点から実効性を確保する趣旨のものと理解するのが素直だと思われる。

19) 竹下守夫・民事執行における実体法と手続法(有斐閣・1990〔初出1984〕) 47頁以下参照。

れた場合（債権譲渡や債務引受けがあったとき等）に限られることに結び付くわけではない。土地占有者からの占有承継人も（義務を承継したわけではないが）、執行力拡張を受け得ると解すべきことになる[20]。このように解することをもって「執行力による実体法の不当な書換え」に当たるとはいえないであろう。

3 承継人に対する既判力とその作用の仕方

既判力の及ぶ主体の範囲を定める民事訴訟法115条1項3号の解釈（承継人の範囲を画する基準）に関しても、前記2で既に述べたように、適格承継説、紛争の主体たる地位の移転説、訴訟物に関連する実体法上の地位の承継（実体法上の依存関係）説（私はこれに賛成する）等が示されており、所有権に基づく引渡請求訴訟の被告から伝来的に占有を承継した者に既判力が及ぶと考えられる。そもそも、確定判決が債務名義となっているにもかかわらず、承継人に執行力が及ぶのに既判力が及ばないといった帰結になるならば、原告（債権者）の既得的地位の法的保護が不十分となる。執行力だけ及んだところで、既判力が及ばないのであれば、確定判決によって認められた実体法上の地位を承継人が争うことが可能になってしまい、前記1で引用した松本先生の指摘のとおり、それは不当だからである[21]。

そうすると、冒頭Iの事例では、XがYに対する確定判決を債務名義としてZが民事執行法23条1項3号の承継人に当たるとして承継執行文の付与を受け、XがZを執行債務者として強制執行の申立てを執行官にしたのに対し、Zが「Yは、口頭弁論終結前にXから正当に甲土地を賃借していたので、XのYに対する建物収去土地明渡請求には理由がなかった」と主張して請求異議の訴えを提起した場合に、この訴えは、Zが民事訴訟法115条1項3号の承継人に

---

20) 最判昭和48年6月21日民集27巻6号712頁は、「被上告人は同訴外人の上告人に対する本件土地所有権移転登記義務を承継するものではないから、同上告人が、右確定判決につき、同訴外人の承継人として被上告人に対する承継執行文の付与を受けて執行することは許されない」旨を述べるが、これも、いわゆる固有の抗弁との関係が問題となった事案であり、本文と注17）で挙げたような「純実体法説」を前提とするものではないと解される。

21) 松本・前掲注11）民事執行保全法104頁も参照。なお、松本先生は、同書のその部分で、中野貞一郎博士の起訴責任転換説が執行力の拡張と既判力の拡張とを完全に切り離すことを批判されている。ただ、起訴責任転換説に立つことを前提にしても、請求異議訴訟で、給付訴訟当事者間の請求権の存在に生じた既判力の承継人への拡張を肯定した上で、請求権の口頭弁論終結後の消滅や承継人固有の抗弁の主張を許容するという構成は認められるだろう（後掲注22）も参照）。

当たるところから、XY 間で生じた X の Y に対する建物収去土地明渡請求権が前訴事実審口頭弁論終結時に存在したという前訴確定判決の既判力の作用を受け、Z は、Y が当該基準時に明渡義務を負っていたことを争えず、それを覆す効果を持つ Y の X からの基準時前の土地賃借の主張は遮断され、Z の請求が棄却されることになる。このように、占有承継人 Z に執行力と既判力が作用することになる。Z が X から弁論終結後に土地を賃借して引渡し（観念的な引渡し）を受けたといった主張は遮断されない。このことは、こういった基準時後の事由のほか、いわゆる固有の抗弁が承継人から提出され得る場合一般に同様である[22]。

原告側で土地所有権が X から W に弁論終結後に移転した場合も同様であり、W は、X の Y に対する明渡請求権を表示する確定判決を債務名義として Y に対して強制執行ができ、Y は、既判力によって、X に対して明渡義務があったことを争えない。なお、この場合に X が執行債権者として明渡執行の申立てをしたときには、X の所有権喪失が Y からの請求異議事由となる。

III 後訴の訴えの利益

現在の給付の訴えは、訴えの利益が認められるのが原則である。ただし、現在の給付の訴えでも、訴訟物たる権利について原告 A が被告 B に対して既に確定した給付判決を得ている場合、判決原本が滅失して執行力のある債務名義の正本を得られないといった特殊な事情があるときを除いては、A の B に対す

---

[22] いわゆる固有の抗弁が提出される場合について、新堂・前掲注 7) 297 頁、中野・前掲注 6) 213 頁、兼子ほか・前掲注 3) 594 頁〔竹下〕参照。動産引渡しの債務名義上の債務者（被告）からの占有取得者が善意取得を主張するなど、固有の抗弁が発生し得る場合の取扱いについては、いわゆる権利確認説（吉村徳重・民事判決効の理論（下）（信山社・2010〔初出 1961〕) 94 頁以下、新堂・前掲注 7) 338 頁、新堂幸司「弁論終結後の承継人」訴訟物と争点効（下）（有斐閣・1991〔初出 1983〕) 353 頁以下、竹下・前掲注 19)〔初出 1978〕302 頁以下等参照)、いわゆる起訴責任転換説（中野・前掲注 3) 135 頁参照）等の議論があり、固有の抗弁を審理するのが、執行文付与の手続、執行文付与に関する救済の手続（執行文付与の訴え、執行文付与に対する異議の訴えを含む）、請求異議の訴えの手続のうちどの場面か等について考え方が分かれるが、本文で述べたような意味で既判力が働くことについては争いがないと思われる。私は、占有の移転という事実によって承継人に適法に執行文が付与され、執行の実体的な当否については請求異議の訴えで争われるべきであるとの起訴責任転換説の考え方（中野・前掲注 6) 233 頁）に親近感を覚えており、請求異議訴訟において原告（承継人とされた者）の主張が既判力によって遮断される主張かどうかを判断するのがよいと考える。

る訴えの利益を否定するのが通説である[23]。時効中断[24]のために必要がある場合には給付の訴えの利益があるとするのが判例（大判昭和6年11月24日民集10巻1096頁）であり、これを支持する学説も多いが、時効中断のためであれば確認判決を得れば十分であるし（時効消滅を理由とする請求異議の訴えに対しても中断事由となる）、再び給付判決をして債務名義を二重に取得させると二重執行のおそれがある（第2の執行申立てがされて被告に請求異議の訴え等で対応する必要を生じさせる弊害がある）ので、給付の訴えの利益は否定されるべきである[25]。

さて、ここで問題とすべきは、承継執行ができる場合に、新たに給付請求をする訴えの利益があるかどうかである。肯定説としては、相手方が承継または執行債権の存在を争っている場合には初めから通常の給付の訴えを提起する利益も是認されるべきであるとの見解[26]、執行文付与の訴えができるときに給付の訴えが提起されても、実質的には執行文付与の訴えが提起されたのと変わりないので、給付の訴えの利益を強いて否定すべきではないとする見解[27]、口頭弁論終結後に訴訟物たる債権を譲り受けた第三者は、執行文付与の訴えを提起できるが、当該債権の自己への帰属を既判力をもって確定する利益があり、訴えの利益が認められるとの見解[28]などが挙げられる。これに対し、否定説は、承継執行文を得ることによって直ちに強制執行を開始できる場合には、その方法によるべきであり、その手続を踏むことなくその者に対して別個に給付の訴えを起こしても訴えの利益がないとする[29]。

この議論は、通常、債権譲渡、債務引受等、訴訟物たる権利自体の実体法上の承継があった場合を念頭に置いている（承継人に前訴確定判決の執行力と既判力が

---

23) 新堂幸司・新民事訴訟法［第5版］（弘文堂・2011）266頁、中野貞一郎ほか編・新民事訴訟法講義［第2版補訂2版］（有斐閣・2008）137頁［福永有利］、伊藤眞・民事訴訟法［第4版補訂版］（有斐閣・2014）172頁、高橋宏志・重点講義民事訴訟法(上)［第2版補訂版］（有斐閣・2013）349頁、河野正憲・民事訴訟法（有斐閣・2009）171頁等。
24) 第189回国会提出の民法改正法案を前提にすれば、時効の完成猶予と更新である。
25) 三木ほか・前掲注16) 358頁［垣内］参照。これに対し、梅本吉彦・民事訴訟法［第4版］（信山社・2009）335頁は、給付の訴えの利益を肯定すべきであると論ずる。
26) 大判昭和8年6月15日民集12巻1498頁、松本＝上野・前掲注10) 151頁、梅本・前掲注25) 336頁参照。
27) 新堂・前掲注23) 267頁、中野ほか編・前掲注23) 137頁［福永］。
28) 伊藤・前掲注23) 173頁。
29) 兼子一・判例民事訴訟法（弘文堂・1950）70頁、三ケ月章・民事訴訟法（有斐閣・1959）61頁、同・民事訴訟法［第3版］（弘文堂・1992）63頁、小山昇・民事訴訟法［5訂版］（青林書院・1989）237頁参照。

作用することは当然の前提であると解される）ところ、私は、否定説に賛意を覚える。二重執行のおそれがあることのほか、承継執行の手続を踏めば訴えが提起されるとは限らないのに、給付の訴えによって裁判所への訴訟係属を認めることには司法資源の有効活用の観点からも望ましいとはいえない。

そして、冒頭Ⅰのような事例においても、Ⅱで述べたように執行力と既判力が承継人に及ぶことを前提にすると、これと同様に、ＸのＺに対する建物収去土地明渡請求の訴えやＷのＹに対する建物収去土地明渡請求の訴えについては、訴えの利益を否定すべきではないかと思われる[30]。

これに対し、冒頭Ⅰで挙げた見解は、後訴としてＸのＺに対する建物収去土地明渡請求の訴えを想定しつつ、既判力が作用する場面であることを否定するが、承継執行の手続ならば既判力も及ぶことを前提とする限り、既判力が作用しない給付の訴えを提起する利益は乏しいと解されるし、現実性もあまりないと思われるのである。Ⅰで既に述べたように、より詳しい説明を求めたいところである。

Ⅳ 結びに代えて

Ⅰで述べたように、本稿は、前訴確定判決が原告勝訴の給付判決である場合について、承継人に既判力が作用する場面があるということを示すにとどまる

---

[30] ちなみに、山本克己・前掲注1）188頁は、最判昭和48年6月21日民集27巻6号712頁の事案（所有権に基づく真正な登記名義の回復を原因とする所有権移転登記手続請求訴訟で勝訴判決を得た前訴原告が、前訴口頭弁論終結後に前訴被告から所有権登記を得た承継人に対する承継執行文の付与を受けた事案）に関し、前訴原告が承継執行文の付与を申し立てずに承継人に対して所有権移転登記手続を求める後訴を提起した場合を仮想しつつ、「この後訴に訴えの利益があるかどうかには疑義があるが、あるものとして扱う」とする。しかし、その訴えの利益は、そのような後訴を仮想して前訴訴訟物が先決的法律関係にないから既判力が作用しないとの議論につなげるのであれば、より慎重な配慮がされるべき問題であると思われる。また、越山・前掲注1）52頁、中野・前掲注6）226頁も、後訴たる給付の訴えに訴えの利益があることを前提に考えることをわざわざ断って、後訴への既判力の及び方を論じているので、訴えの利益に疑問の余地があることを留保する趣旨と理解できなくはない。なお、下級審裁判例であるが、日照阻害を理由とする建築禁止仮処分命令申立事件において債務者が建物の一部を削る等の裁判上の和解がされた場合について、債務者から和解後に建物を譲り受けた被告に対する債権者（原告）の妨害排除請求訴訟で当該譲受人（被告）への既判力の拡張を認めた東京地判平成15年1月21日判時1828号59頁がある。理論的には、被告の実体法上の義務の根拠や、本文で述べた訴えの利益との関係等、検討すべき部分のある裁判例である。訴えの利益との関係では、建物の一部撤去を求めるのは権利の濫用であるとしてその部分の請求を棄却した判決であり、訴えの利益によって処理するのは不適切な事案だと受訴裁判所が考えたものとも理解できる。

（あまりにも当たり前のことを確認的に述べただけであるように思う）。前訴が請求棄却判決である場合に、XのYに対する所有権に基づく建物収去土地明渡請求権がないことに生じた既判力の作用については、冒頭Ⅰで挙げた見解が説くように、原告側承継（承継人W）、被告側承継（承継人Z）のいずれの場合であっても、後訴で、前訴当事者と承継人との間の請求の先決的法律関係とならない（私のような観点からも、既判力が作用する後訴を想定できない）のではないかという問題が指摘し得る。しかし、他方で、前訴の既判力が作用しないと、前訴確定判決でその請求権に基づいて強制執行を受けるおそれはないとされたYの既得的地位が承継人Wとの間で保障されないという不当な結果がもたらされ得る。前訴でXの所有権不存在やYの賃借権存在について中間確認の反訴を起こしていなかったYの自己責任であるとまで割り切るのは行き過ぎであると思われる。このようなこともあって、Xからの土地所有権譲受人WのYに対する建物収去土地明渡請求で、前訴確定判決の既判力を及ぼすための理屈が必要となり、訴訟物の同一性を擬制する等の説明が試みられるのであろう[31]。私も、この場合についての説明は難問であると感じており、今後の課題としたい。そこでは、本稿で述べたこととの関連で、WからYに対して請求認容判決が出ると強制執行がされ得ることになるが、これによってXから強制執行を受けるおそれのなかったはずのYの既得的地位の保障が図られなくなるのは不当であるとの観点を維持する必要があると考えている。したがって、結論としては、既判力が作用する方向を妥当と考えることになるが、それを正当化するために、実体法には、それが訴訟で用いられる場合には、既判力の訴訟法的効果を通じて避けられない変容があるのではないかとも考えている。

　また、本稿は、不動産登記手続義務の承継執行についても対象外とした。これは、登記手続義務の承継執行がそもそも認められるかどうかについて私の検討が未了だからである[32]。

　このように、多くの課題を残しつつであるが、本稿の検討をここで終えることにする。

31）　上野・前掲注1）929頁、越山・前掲注1）57頁、同・前掲注4）310頁、髙橋・前掲注23）701頁等参照。
32）　この問題について、中野・前掲注6）235頁、大山ほか・前掲注13）658頁以下〔福永〕、越山・前掲注4）312頁（その注での引用部分）参照。

請求の目的物の所持者に対する
判決効について

青木　哲

I　はじめに
II　当事者等のために請求の目的物を所持する者の意義
III　請求の目的物の所持者への判決効の拡張の意義
IV　強制執行において実現されるべき請求権
V　おわりに

I　はじめに

　民事訴訟法115条1項4号は、確定判決の効力が、当事者等（当事者、訴訟担当における被担当者、口頭弁論終結後の承継人）のために請求の目的物を所持する者（請求の目的物の所持者）に対して及ぶことを定め、民事執行法23条3項は、執行証書以外の債務名義による強制執行[1]を、当事者等のために請求の目的物を所持する者に対してもすることができることを定めている。

　「請求の目的物」は特定物の引渡請求権が訴訟物となっている場合の当該特定物をいう。「所持する者」は、当該特定物の占有につき固有の利益を持たずもっぱら当事者等（本人）のために占有している者をいい、例として、受寄者[2]

---

1)　「請求の目的物の所持者」に対する間接強制の方法（民執法173条）による強制執行の可否も問題になるが、本稿では検討できなかった。

2)　有償受寄者を含むのかどうか、受寄者が寄託者に対して同時履行の抗弁を有する場合や留置権を有する場合も含むのかについては見解が分かれている。無償寄託か有償寄託かにより既判力の拡張は左右されないとする見解（鈴木正裕＝青山善充編・注釈民事訴訟法(4)（有斐閣・1997）425頁〔伊藤眞〕）と、費用償還を受けていない有償の受寄者のように同時履行の抗弁を認めるべき所持者には、占有につき独自の利益があるとする見解（大隅乙郎「民訴201条1項後段の請求の目的物を『所持する者』について」近藤完爾＝浅沼武編・民事法の諸問題II（判例タイムズ社・1966〔初出1964〕）335頁、345頁、吉村徳重「目的物の所持者」井上治典ほか・演習民事訴訟法（有斐閣・1982）193頁、195頁）が主張されている。

や管理人³⁾が挙げられる。口頭弁論終結前から所持する者を含む。一方で、目的物について固有の占有のない占有補助者（占有機関）⁴⁾は含まれず、他方で、代理占有（民法181条）の場合であっても、占有について固有の利益を持つ者、例えば、目的物の賃借人、質権者は含まれない⁵⁾。本人に対する判決の効力を、請求の目的物の所持者に対して及ぼすことが認められるのは、手続保障を必要とする実質的利益を欠くからである、とされる。

「請求の目的物の所持者」における請求（本人に対する訴訟の訴訟物）としては、特定物の引渡請求権が想定され、物権的請求権⁶⁾か債権的請求権かは問わないとされる⁷⁾。それでは、所持者に対して判決効が及ぶ場合、相手方当事者（原告、執行債権者）と所持者との間に後訴の訴訟物としてどのような法律関係が想定されているのだろうか⁸⁾。また、所持者に対する強制執行において実現されるべ

---

3) 契約に基づく管理人、不在者の財産管理人（民法25条以下）、相続財産管理人（民法952条）、強制管理人（民執法94条）が挙げられる（伊藤眞・民事訴訟法［第4版補訂版］（有斐閣・2014）550頁）。不動産強制管理および担保不動産収益執行における強制管理人については、固有の利益は認められないが、執行債権者の利益のために占有しているという側面と、執行債務者（不動産の所有者）の利益のために占有しているという側面があるように思われる。なお、強制管理における管理人について、執行債務者に代わって引渡しや妨害排除を訴求することができ、破産管財人と同様に、第三者の訴訟担当に該当するとされる（鈴木忠一＝三ケ月章・注解民事執行法(3)（第一法規・1984）455頁〔富越和厚〕）。
4) 法人の機関について、最判昭和32年2月15日民集11巻2号270頁は、その直接占有を否定し、会社の代表取締役に対する明渡請求を否定した。小杉茂雄・民法判例百選Ⅰ［第6版］（2009）128頁、129頁は、法人の機関個人のみを被告として訴えた場合について、法人の機関による法人のための訴訟担当という構成により法人に対して判決効を拡張することの可能性を指摘する。また、山口敬介・民法判例百選Ⅰ［第7版］（2015）128頁、129頁は、同判決について、「占有に基づく義務の負担を法人に一元化する趣旨」という視点を示し、また、法人の代表者がその個人のためにも所持する者と認めるべき特段の事情がある場合について、民事訴訟法115条1項4号についての議論を参照して、法人に対する判決の既判力・執行力が代表者個人には及ばないことを指摘する。
5) 大隅・前掲注2）346頁以下は、債権者が執行文の付与を受けるためには、債務者のための管理占有者であること、すなわち、占有移転原因である占有権原の性質までをも立証しなければならないとする。また、丹野達「判決の承継人」判タ294号（1973）74頁、79頁も参照。これに対して、山本弘「弁論終結後の承継人に対する既判力の拡張に関する覚書」伊藤眞先生古稀祝賀・民事手続の現代的使命（有斐閣・2015）683頁、689頁以下は、第三者が当該物を賃借しているまたは質物として占有していると主張する場合、それが事実であるとすれば当事者の引渡義務の存否を当事者として争う地位を保障する必要があるとしたうえで、主張された賃借権や質権の存否について真偽不明であればそれを不存在として既判力の拡張を肯定するという処理になることを述べる。
6) 所有権者の間接占有者に対する引渡請求訴訟については、主として賃貸人を想定して、議論がみられる。早川義郎「代理占有者に対する所有物返還請求権の行使について」司法研修所創立15周年記念論文集(上)（1962）70頁、田尾桃二「代理占有者に対する引渡ないし明渡請求」判タ176号（1965）60頁、小林明彦＝鈴木秀彦＝相場中行「不動産の間接占有者に対する物権的請求権としての引渡請求権について」司法研修所創立50周年記念号（民事編1）（1997）79頁などを参照。
7) 兼子一・条解民事訴訟法Ⅱ（弘文堂・1951）143頁。新堂幸司・新民事訴訟法［第5版］（弘文堂・2011）705頁、伊藤・前掲注3）548頁。
8) 同じ問題関心を含む研究として、山中稚菜「アメリカ民事訴訟法における『事実上の代表法理』の生成と展開」同志社法学67巻5号（2015）415頁（特に、419頁、517頁）がある。

き請求権としてどのようなものが想定されているのだろうか。本稿においては、「請求の目的物の所持者」が、目的物の占有者であって、占有について固有の利益を有しないものであるとされるに至った経緯をまとめ(Ⅱ)、続いて、所持者に対する既判力の作用についての諸見解と、本人に対する引渡請求権の確定と所持者の地位との関係についての諸見解を紹介する(Ⅲ)。そのうえで、所持者に対する強制執行において実現されるべき請求権について考える(Ⅳ)。

本稿では、特定物の引渡請求訴訟の請求認容判決が確定した場合において、被告のために請求の目的物を所持する者に対して判決効が拡張される場面を想定し、当該訴訟の原告を「権利者」、被告を「本人」、本人のために請求の目的物を所持する者を「所持者」と呼ぶ。

Ⅱ 当事者等のために請求の目的物を所持する者の意義

1 明治民事訴訟法

ドイツ法を継受した 1890 年の明治民事訴訟法(明治 23 年法律第 29 号)において、判決の確定力についての定めがされた (244 条) が、既判力の主体的(主観的)範囲についての規定はされなかった。他方で、強制執行における執行力の拡張を前提に、「執行力アル正本ハ判決ニ表示シタル債権者ノ承継人ノ為ニ之ヲ付与シ又ハ判決ニ表示シタル債務者ノ一般ノ承継人ニ対シ之ヲ付与スルコトヲ得」ることが規定された (519 条 1 項)。しかし、ドイツ民事訴訟法[9]とは異なり、訴訟係属後に係争物の譲渡を受けた者に対する判決効の拡張を前提とする規定はされなかった。

関連して、第三者の名で物を占有することを主張する者が、物の占有者として被告となった場合に、本案の弁論前に当該第三者を指名して、その呼出しを求めることができること、第三者が訴訟を引き受けた場合に、裁判所は被告の

---

9) 1877 年の民事訴訟法 (CPO) は、当事者恒定主義を前提に、236 条において、係争物の譲渡が訴訟に影響を与えないこと、譲渡人に対する判決が承継人に対して効力を有し、執行力を有すること (237 条・238 条も参照)、665 条において、訴訟係属中および訴訟終了後に係争物の譲渡を受けた、判決に表示された債務者の承継人に対して、執行ある正本を付与することができることを定めた。1898 年の改正後、現行の民事訴訟法 (ZPO) は、325 条において、訴訟係属後に当事者またはその承継人が間接占有者となるように係争物の占有を取得した者に判決効が及ぶこと、727 条において、325 条により判決の効力を受ける係争物の占有者に対して執行力ある正本を付与することができることを定めている。

申立てにより被告を訴訟から脱退させることができること、被告が脱退した場合に、その物についての裁判は当該被告に対しても効力を有し、執行をすることができることが規定された（62条。第三者の指名および指名参加）[10]。

2　大正民事訴訟法改正[11]
(1)　旧法典調査会案

　1903（明治36）年の民事訴訟法改正案（旧法典調査会案）[12]においては、当事者恒定主義が採用され[13]、訴訟係属（「権利拘束」）後の権利またはその目的の移転が訴訟に影響を及ぼさないことが定められた（233条）。この当事者恒定主義の採用に対応して、285条において、「確定判決ハ当事者及ヒ権利拘束ノ発生後ニ当事者ノ承継人ト為リタル者又ハ当事者若クハ其承継人ノ為メ請求ノ目的物ヲ占有シタル者ニ其効力ヲ及ホス」ことが定められた。明治民事訴訟法における第三者の指名および指名参加に関する規定も残された（78条・645条）。

　旧法典調査会案285条の規定[14]において、「権利拘束ノ発生後ニ」というのは、ドイツ民事訴訟法と同様に、「当事者……ノ為メ請求ノ目的物ヲ占有シタル者」にも係るものと思われる。また、ドイツ民事訴訟法（ZPO）325条が、「当事者……が間接占有者となるように係争物の占有を取得した者」という表現をしているのに対して、「当事者……ノ為メ請求ノ目的物ヲ占有シタル者」という表現がされているのは、ドイツ法の間接占有を、日本の民法典は代理占有として定め（民法181条）、代理人が本人のために占有すると表現した（民法183条・184条）からであると推測される。

---

10)　CPO 73条・ZPO 76条と同趣旨の規定である。第三者が参加し、被告が脱退した場合の、訴訟物たる法律関係と当事者の関係について、福永有利「ドイツにおける当事者理論の変遷」民事訴訟当事者論（有斐閣・2004〔初出1967〕）1頁、28頁（原題：「民事訴訟における『正当な当事者』に関する研究」）を参照。第三者の指名および指名参加については、仁井田益太郎・民事訴訟法要論中巻［訂正3版］（有斐閣書房など・1913）615頁以下も参照。

11)　大正民事訴訟法改正について、松本博之・民事訴訟法の立法史と解釈学（信山社・2015）51頁以下を参照。特に、既判力の主体的範囲に関する改正の経緯について、上野泰男「民事訴訟法大正改正の経過と既判力の主観的範囲」鈴木正裕先生古稀祝賀・民事訴訟法の史的展開（有斐閣・2002）693頁を参照。

12)　松本博之＝河野正憲＝徳田和幸編著・日本立法資料全集10 民事訴訟法〔大正改正編〕(1)（信山社・1993）〔資料1〕。

13)　松本・前掲注11) 60頁以下（初出1994）。

14)　松本・前掲注11) 61頁（初出1994）は、ドイツ法の対応する規定の導入を図ったものであろうとされる。

Ⅱ　当事者等のために請求の目的物を所持する者の意義

(2) 民事訴訟法改正起草委員会決議案（第一案）

1916～1920（大正 5 ～ 9 ）年の民事訴訟法改正起草委員会決議案（第一案）[15]においては、当事者恒定の規定が削られ、第三者の訴訟参加の規定が置かれ、訴訟係属後の承継人が訴訟を引き受けることとされた。当事者恒定の原則を採らないことに対応して[16]、判決効の拡張については、「確定判決ハ当事者、口頭弁論終結後ノ承継人又ハ其者ノ為メ請求ノ目的物ヲ占有スル者ニ対シテ其効力ヲ生ス」と規定された（317条 1 項）。この案において、承継人への判決効の拡張は口頭弁論終結後の承継人に限定され、他方で、その者のため請求の目的物を占有する者への判決効の拡張は、口頭弁論終結後という限定はされず、当事者恒定主義を前提とする訴訟係属後という限定も外れたことになる。

指名参加に関する規定はされず、訴訟の目的の全部または一部が自己の権利であることを主張する第三者の訴訟参加の規定がされた（67条・68条）。

(3) 民事訴訟法改正調査委員会委員総会における審議

上記の起草委員会決議案に修正を加えた民事訴訟法改正案（第一案・議案）が、民事訴訟法改正調査委員会委員総会に提出され、審議がされた[17]。

「其者ノ為メ請求ノ目的物ヲ占有スル者」（324条 1 項）については、起草委員の松岡義正から、例えば受託者のような者に対しては、判決の効力を及ぼすことは少しも差し支えないので、占有する者という文字を入れた旨の説明がされた。鈴木喜三郎委員から、家屋の明渡訴訟で負けると思うと家屋に第三者を住まわせて、その判決の効力を妨げるようなことがよく行われているが、このような者は、自分が借りたという体裁で入ってきており、被告のために占有するとはいえない、という質問がされた。これに対して、松岡委員は、賃借人と通謀のようなことがあった場合にはその者のために占有することになるから、物の占有ということで判決の効力を及ぼしてよいが、目的物の占有者にならない場合や、通謀の事実がない場合には（判決の効力は）及ばない旨を回答した。鈴木

---

15) 松本博之＝河野正憲＝徳田和幸編著・日本立法資料全集 11 民事訴訟法〔大正改正編〕(2)（信山社・1993）〔資料476〕。

16) 上野・前掲注11）712頁。

17) 松本＝河野＝徳田編著・前掲注15）〔資料479〕。既判力の主体的範囲に関しては、1923（大正12）年 2 月13日の第37回の会議において、審議がされた。「民事訴訟法改正調査委員会議事速記録第37回」（松本博之＝河野正憲＝徳田和幸編著・日本立法資料全集 12 民事訴訟法〔大正改正編〕(3)（信山社・1993）〔資料615〕)。

委員からさらに、悪意であっても賃借関係を惹起したような場合には、その者のために占有するという解釈は無理ではないだろうかという指摘がされ、松岡委員から、目的物を占有する者が善意であるならば判決の効力を及ぼさないとするならば文章を考えなければならず、目的物を占有するということが通謀であるとか悪意であるという意味であるということについて再考する旨の回答がされた。

委員総会の審議の結果に従い、起草委員会整理会において「民事訴訟法改正案修正問題」[18]として問題点がまとめられた。「其者ノ為メ請求ノ目的物ヲ占有スル者」への判決効の拡張については、問題点として馴合訴訟の弊を防止するための規定を設けることの必要が指摘された。

起草委員会整理会は、改正調査委員会委員総会における再審議の資料とするため、「民事訴訟法改正案(第二案)」、「民事訴訟法案(第三案)」(1924(大正13)年9月)[19]を作成し、委員総会に報告した。この案においては、「其者ノ為メ請求ノ目的物ヲ占有スル者」は、「其ノ者ノ為請求ノ目的物ヲ所持スル者」に改められた(「第三案」の197条)。「占有」が「所持」に改められたことについては、委員総会の第54回会議(1925(大正14)年7月7日)[20]において、松岡委員から、こうすれば、例えば、善意の賃借人が判決の効力を受けて追い立てられるということはできないから、所持という文字に改めた旨の説明がされた。

このように、「其者ノ為メ請求ノ目的物ヲ占有スル者」の「占有」が「所持」に改められた際には、悪意の賃借人には判決効を及ぼす必要があるが、善意の賃借人には及ぼすべきでないということが意図されたようである[21]。

(4) 大正民事訴訟法改正

このような経緯を経て[22]、1926(大正15)年の民事訴訟法の改正(大正15年法律

---

18) 松本=河野=徳田編著・前掲注15)〔資料480〕237頁。
19) 松本=河野=徳田編著・前掲注15)〔資料481・482〕。
20) 「民事訴訟法改正調査委員会議事速記録第54回」(松本博之=河野正憲=徳田和幸編著・日本立法資料全集13 民事訴訟法〔大正改正編〕(4)(信山社・1993)〔資料632〕68頁)。
21) 鈴木=青山編・前掲注2)423頁以下〔伊藤〕は、審議過程において賃借人など自己のためにも占有する者が既判力拡張の対象となるのは不当であるという疑義が提起され、それを受けて目的物の占有から所持へと表現が変更されたと理解する。これに対して、上野・前掲注11)732頁以下(注86)は、「占有」という文言では悪意の賃借人も既判力を受けないことになるが、「所持」という用語にすれば悪意の賃借人を含み善意の賃借人を含まないと考えられたことになろうとする。三宅省三ほか編集代表・注解民事訴訟法Ⅱ(青林書院・2000)489頁以下〔稲葉一人〕も参照。
22) 第51帝国議会の貴族院特別委員小委員会での審議において、「其ノ者ノ為請求ノ目的物ヲ所持スル

第61号。大正民事訴訟法改正)により、201条1項として、「確定判決ハ当事者、口頭弁論終結後ノ承継人又ハ其ノ者ノ為請求ノ目的物ヲ所持スル者ニ対シテ其ノ効力ヲ有ス」ことが定められた。また、執行力の主体的範囲の規定が設けられ、497条ノ2第1項本文として、「判決カ其判決ニ表示シタル当事者以外ノ者ニ対シ効力ヲ有ス可キトキハ其者ニ対シ又ハ其者ノ為メニモ之ヲ執行スルコトヲ得」ことが定められた。

3 大正民事訴訟法改正後

当事者等のため「請求ノ目的物ヲ所持スル者」の解釈は、大正民事訴訟法改正後も分かれた。

(1) 第三者の善意・悪意、第三者との通謀により区別する見解

本人に対する訴訟や判決、執行を免れるための賃貸であることについて善意の賃借人は、当事者等のために目的物を所持する者に含まれないが、通謀または悪意による賃借人はこれに含むという区別をする見解がみられた[23]。しかし、法曹会決議昭和6(1931)年11月11日法曹会雑誌9巻12号79頁において、第三者の善意悪意を問わないものとされた。

(2) 自己のために所持するものは含まれないとする大審院決定

請求の目的物の所持者の例として、賃貸借や使用貸借の借主を挙げる見解もあった[24]が、自己の権利に基づき所持する者に対して判決の既判力を及ぼすことは許されないとする見解もみられた[25]。

大決昭和7(1932)年4月19日民集11巻7号681頁は、請求の目的物の所持者には、自己の権利に基づき自己のためにこれを所持する者は賃借人のように自己のために所持する者が含まれないとして、建物収去土地明渡しを内容とする訴訟上の和解について、提訴以前から被告と賃貸借契約を締結して土地を占

者」について、信託会社や倉庫会社、代理人のような委託を受けてその物の占有をしているという意味であるのか、という質問に対して、政府委員池田寅二郎は、そうである旨を述べている。「大正15年2月23日貴族院民事訴訟法中改正法律案外一件特別委員小委員会議事速記録第4号」(松本=河野=徳田編著・前掲注20)〔資料647〕482頁)。

23) 菰淵清雄・改正民事訴訟法注解(清水書店・1929)278頁、長島毅=森田豊次郎・改正民事訴訟法解釈(清水書店・1930)229頁以下、河村喜與之「執行文付与に関する問題」法曹会雑誌10巻10号(1932)1頁、12頁、片山通夫・判例を中心としたる民事訴訟法の諸問題第2巻(大同書院・1933)166頁。

24) 菊井維大・民事訴訟法(現代法学全集38巻)(日本評論社・1931)397頁。

25) 山内確三郎・民事訴訟法の改正第1巻(法律新報社・1929)318頁以下。

拠する者に対する執行文の付与を否定した。

この決定について、兼子一は1934（昭和9）年の判例評釈[26]で、請求の目的物の所持者とは、本人の利益のためのみに物を所持保管し、自己のための占有を持っていない者をいい、賃借人のような者は入らないと述べ、自己の利益のための占有者は含まれないという理解[27]が通説となった。

4 承継人・占有補助者との関係

(1) 「承継人」に含まれるとする見解

当事者等のために請求の目的物を所持する者を、間接占有における直接占有者として、口頭弁論終結後の特定承継の一場合として位置づける見解がみられた[28]。また、前述の起草委員であった松岡義正は、『新民事訴訟法註釋第6巻』（1939年）[29]において、大正民事訴訟法改正後の201条の注釈として、ドイツ法と同様に、訴訟係属後に、当事者等を間接占有者とする、請求の目的物の直接占有者となった者は、権利を譲り受けた特定承継人と同視して判決の効力を受けるという趣旨である、と述べている[30]。

しかし、請求の目的物の所持者について、特定承継人に含める、または、これと同視する理解は少数である。所持の開始の時期について、承継人とは異なり、口頭弁論終結の前後を問わないとするのが通説となった[31]。

(2) 「所持する者」の意義

請求の目的物の所持者への判決効の拡張について、細野長良『民事訴訟法要義4巻上冊』（1933年）[32]は、第三者が占有権を取得する場合には承継人として判決の効力を拡張することができるが、単に所持するにとどまる場合は承継人として判決の効力を及ぼすことができないので[33]、後者の場合に判決効の拡張

---

26) 兼子一・判例民事訴訟法（弘文堂・1950〔初出1934〕）298頁、299頁。
27) 岩松三郎＝兼子一編・法律実務講座民事訴訟編第6巻（有斐閣・1963）70頁も同旨。
28) 竹野竹三郎・新民事訴訟法講義中巻（有斐閣・1931）607頁、前野順一・新民事訴訟法強制執行手続（松華堂書店・1931）111頁。
29) 松岡義正・新民事訴訟法註釋第6巻（清水書店・1939）1247頁。
30) 大正民事訴訟法改正前の松岡義正・強制執行要論上巻（清水書店・1924）214頁以下も参照。
31) 長島＝森田・前掲注23）229頁、宮崎澄夫「既判力の主観的範囲に就て」訴訟法学会編・訴訟法学の諸問題第1輯（1938）137頁、163頁、兼子・前掲注7）143頁、菊井維大・民事訴訟法講義（弘文堂・1955）391頁。
32) 細野長良・民事訴訟法要義4巻上冊（厳松堂書店・1933）208頁。
33) 細野は、Stein/Jonas, ZPO, §325 Ⅲ（14. Aufl.（1928）か？）の記述を引用する。しかし、同書（Stein/

を認める趣旨である、とする。また、宮崎澄夫「既判力の主観的範囲に就て」(1938年)[34]も、請求の目的物を所持する者は、単に当事者等のためにいわゆるBesitzdiener〔占有補助者——引用者〕たるに過ぎず、既判力を排除し、確定判決の内容と独立して具体法の定立を求めるにつき何ら正当の利益を有しないがゆえに、既判力を排除することができないのは当然である、とする。

これに対して、片山通夫『判例を中心としたる民事訴訟法の諸問題第2巻』(1933年)[35]は、所持とは占有の意味であり、所有権の移転を伴う場合は承継人に該当し、請求の目的物の所持者においては所有権の移転を伴わない所持である、とする。

その後も、請求の目的物の所持者は、「専ら本人のため所持する者（所持機関）に限られる」とする記述もみられた[36]が、兼子一『条解民事訴訟法Ⅱ』(1951年)[37]は、法定代理人、法人の機関、雇人が本人の物を所持する場合は本人自身の所持にほかならず、本人を債務者として執行すればよい[38]から、請求の目的物の所持者に属しないとし、このような理解[39]が通説となる。

通説に対して、上杉晴一郎「家族に対する明渡訴訟」(1961年)[40]は、請求の目的物の所持者は、受寄者などの占有者を含まず、占有補助者だけを指すと解すべきであるとする。この見解によると、受寄者のような独立の占有者は占有権原の主体となり得る者である以上、その固有の利益と独立性のために、他人に対する判決の効力に服しないという制度的保障を受けるに値するという。

この見解に対して、大隅乙郎「民訴201条1項後段の請求の目的物を『所持する者』について」(初出、1964年)[41]は、請求の目的物の所持者は、物の効用に基づく利益を享受しない管理占有者を指すとする。この見解によると、管理占

Jonas）は、占有補助者には判決効を拡張する必要がないと述べている。
34) 宮崎・前掲注31）162頁以下。
35) 片山・前掲注23）166頁。
36) 山木戸克己・民事訴訟法（三和書房・1950）219頁。吉川大二郎＝山木戸克己・民事訴訟法（評論社・1951）208頁も参照。
37) 兼子・前掲注7）143頁。
38) 兼子一・強制執行法（新法学全集22巻）（日本評論社・1938）327頁。すでに法曹会決議昭和7 (1932)年7月6日法曹会雑誌10巻12号611頁は、家屋明渡しの執行名義は、債務者が占有者である以上、その同居の家族等に対して当然に執行力を有する旨の判断を示している。
39) 伊東乾「既判力の範囲」民事訴訟法講座第3巻（有斐閣・1955）728頁以下も同旨。
40) 上杉晴一郎「家族に対する明渡訴訟」司法研修所報27号（1961）141頁、148頁以下。
41) 大隅・前掲注2）339頁。

有者について、法律上の保護に値する受益主体であることを論拠づけるために占有意思があることの説明として自己の利益のために物を所持しているということと、自主占有や用益占有とは異なる特質として本人の利益のために物を所持し、その物を所持すること自体に直接の利益を持たないこととは、区別される。そのうえで、自己の意思に反して占有を奪われないという保障は、債権者の保護のために犠牲にしなければならず、そのために、(旧)民事訴訟法201条1項後段の規定が設けられたと説明する。

しかし、その後も、請求の目的物の所持者は占有補助者を指すとする見解がみられる[42]。

5　独立の債務名義・手続保障を要しない者

伊東乾「既判力の範囲」(1957年)[43]は、請求の目的物を所持する者とは、自己に対する独立の債務名義なくして執行せられても文句を言えないはずの者、すなわち、目的物についての独自の利益を持たぬ者であるとする[44]。

その後、大阪高判昭和46(1971)年4月8日判時633号73頁(口頭弁論終結前の仮装売買による登記名義人に対して、請求の目的物の所持者に準じて既判力を拡張した)[45]を契機として、「請求の目的物の所持者」の意義についての議論が深められた。上田徹一郎「既判力の主観的範囲の理論の再構成」(1974年)[46]は、権利・法律関

---

[42]　斎藤秀夫・民事訴訟法概論[新版](有斐閣・1982[初版1969])386頁以下は、「請求の目的物の所持者」について、「当事者の利益のためのみに所持保管し、自己のための占有をしていない者」をいうとしたうえで、「物に関し個人の指図に従うべき従属的関係にある所持者(Besitzdiener)(ドイツ民法855条)は独立性がないから、判決の効力はこの者に及ぶ」という説明をしている。吉野衛「判批」判評199号(判時783号)(1975)23頁、26頁も、このような理解を前提とする。小山昇・民事訴訟法[新版](青林書院・2001)215頁以下は、所持には、自己のためにする意思をもってするもの(民法180条)と、他人のために所持するものとがあり、後者の場合でも、第三者に対しては占有権を行使することができるものがあるとして、受寄者を例として挙げ、そのうえで、請求の目的物の所持者の例として受寄者を挙げている。

[43]　伊東・前掲注39)728頁以下。

[44]　斎藤秀夫編・注解民事訴訟法(3)(第一法規・1973)371頁[小室直人]も参照。

[45]　登記名義人に登記名義を保有すべき利益や理由がないことを理由に、登記名義人を被告とする後訴の実質上の当事者を前訴被告である本人であるとみて、本人が登記名義人の名のもとに応訴しているものとみるべきであると判示した。評釈として、上田徹一郎・判タ270号(1972)90頁、新堂幸司・判例民事手続法(弘文堂・1994[初出1972])298頁、小室直人・昭和46年度重判解説96頁、松本博之・民事訴訟法判例百選[第2版](1972)246頁、長谷部由起子・民事訴訟法判例百選Ⅱ(1992)330頁・同[新法対応補正版](1998)342頁。新堂幸司「訴訟承継主義の限界とその対策」訴訟物と争点効(下)(有斐閣・1991[初出1972])77頁、98頁は、この決定について、請求の目的物の所持者への判決効の拡張の規定に、訴訟承継主義の欠陥を補うという新しい積極的意義を与えたと評価する。

[46]　上田徹一郎「既判力の主観的範囲の理論の再構成」判決効の範囲(有斐閣・1985[初出1974])126頁、

係の主体が自ら当事者として訴訟を追行し判決が確定した場合に、請求の目的物の所持者に対して本人と別個に手続保障をしなければならないという要請は存在しないとする。さらに、新堂幸司『民事訴訟法』(1974年)[47]は、請求の目的物の所持者の占有はもっぱら本人のためであるから、引渡請求に関するかぎり本人と同視して[48]既判力を及ぼしても、所持者の固有の実体的利益を害する心配はないし、したがって、また、裁判を受ける権利を侵害するおそれもないとする。

こうして、請求の目的物の所持者について、本人を債務者として強制執行をすることのできる目的物の占有補助者や占有機関が除外され、目的物の占有者ではあるが、占有について固有の利益を有しないために、本人とは別個の手続保障を要しない者がこれに該当する、という理解が広く支持されるようになる。

Ⅲ　請求の目的物の所持者への判決効の拡張の意義

1　執行力の拡張について

請求の目的物の所持者への判決効の拡張は、本人に対する判決を得た債権者が所持者に対して強制執行をすることができるようにするために規定された[49]。この規定がないと、物を預けたりして執行を容易に妨害することができることになる[50]。本人に対する執行方法としては、本人の所持者に対する引渡請求権を差し押さえるという方法もある（旧民訴法732条、民執法170条）[51]が、この方法では所持者に対して取立訴訟を提起しなければならない[52]。また、所持

163頁。
[47]　新堂幸司・民事訴訟法（筑摩書房・1974）420頁、新堂・前掲注7）704頁以下。
[48]　本人と同視すべきであるとするものとして、すでに、岩本勇次郎＝三ヶ尻好人・新民事訴訟法要論下（巖松堂書店・1928）1084頁は、特に請求の目的物の所持者について、当事者または口頭弁論終結後の承継人と同視すべき法律上の地位にあるものであるから、この者に対して判決の効力を認める必要がある、と述べている。
[49]　加藤正治・改正民事訴訟法案概説（有斐閣・1937）61頁以下。
[50]　三ケ月章・民事訴訟法［第3版］（弘文堂・1992［初版1979]）218頁。
[51]　なお、早川・前掲注6）81頁は、被告に対する判決の効力が及ぶ者（旧201条1項・2項の者）に対しては、直接、引渡しの直接強制ができるから、これらの者は旧民事訴訟法732条の「第三者」には含まれない、とする。
[52]　兼子・前掲注38）56頁、松本保三「執行力の主観的範囲」小山昇ほか編・演習民事訴訟法（下）（青林書院新社・1973）244頁、253頁、岩松三郎先生喜寿記念・注解強制執行法(1)（第一法規・1974）37頁〔石川明〕。

者は本人の単なる所持機関ではないから、本人を名宛人とする判決によりそのまま執行することはできないが、自己のための独立の占有者でもないから、所持者に対する債務名義を別に得させる必要もない。そこで、所持者に対する別個の債務名義を取得することなく、所持者に対する執行文の付与を受けて、所持者を執行債務者として執行できる便宜のために、請求の目的物の所持者に対して判決の効力が及ぼされる[53]。

2 既判力の拡張について
(1) 所持者に対する強制執行との関係

請求の目的物の所持者への判決効の拡張は、執行力の拡張に主たる意味があるとされ[54]、請求の目的物の所持者への既判力の拡張については、「主として給付判決に基き所持者に対し直接執行力を認める前提としての意義がある」[55]とされたり、「このような者に既判力を及ぼすとされる所以は、既判力と執行力の範囲が一致することにある」[56]とされたりした[57]。近年は、「所持者が請求異議の事由としていかなる範囲の事実を主張しうるのかなどとの問題との関係で、これに既判力の拡張を認めることも、実益がないわけではない」という説明がされる[58]。

(2) 所持者に対する訴訟（後訴）との関係

権利者は、本人に対する引渡請求訴訟において確定判決を取得した場合には、執行文の付与を受けて所持者に対して強制執行をすることができるので、所持者に対して給付訴訟を提起する必要がない。もっとも、執行文付与の訴えについて、いわゆる権利確認説の立場から通常の給付の訴えと同じと考えると、執

---

53) 兼子・前掲注7) 143頁。
54) 三ケ月章・民事訴訟法（有斐閣・1959）175頁、兼子一ほか・条解民事訴訟法［第2版］（弘文堂・2011〔初版1986〕）583頁〔竹下守夫〕。
55) 兼子一・民事訴訟法概論㈠（岩波書店・1937）382頁。
56) 三ケ月・前掲注54) 175頁。伊東・前掲注39) 728頁も、請求の目的物の所持者への既判力の拡張を定めるのは、本人に対する判決をもって直接所持者を執行債務者として強制執行ができるようにするためであるとする。
57) 兼子ほか・前掲注54) の初版（兼子ほか・条解民事訴訟法（1986）667頁〔竹下守夫〕）は、「民執法23条により、執行力の主観的範囲が独立に定められる至った現在では、本条〔旧201条〕は、請求の目的物の所持人との関係でも、既判力の拡張を定めているものと解される」とする。ただし、この記述は、同書第2版（兼子ほか・前掲注54) 583頁〔竹下〕）にはみられない。
58) 兼子ほか・前掲注54) 583頁〔竹下〕。三宅ほか編集代表・前掲注21) 489頁〔稲葉〕、秋山幹男ほか・コンメンタール民事訴訟法Ⅱ［第2版］（日本評論社・2006〔初版2002〕) 488頁なども同旨。

行文付与の訴えを要する場合には、既判力の拡張が意味を持つ[59]。

さらに、権利者の本人に対する引渡請求訴訟において請求が棄却された場合に、権利を否定された前訴原告による目的物の所持者に対する後訴において既判力が拡張されることも考えられることが指摘されている[60]。

3 既判力の作用について

請求の目的物の所持者に対する判決効の拡張については、次のように、本人と同じ立場で判決の効力を受けるという考え方と権利者の本人に対する引渡請求権の確定にとどまるとする考え方がある。

(1) 本人と同じ立場で判決の効力を受けるという考え方

請求の目的物の所持者について、固有の実体的利益を有せず、本人と同視することができるという既判力拡張の根拠が、既判力の作用における説明にも及ぼされ、所持者は本人と同じ立場で判決の効力を受けるとする見解がある[61]。

上野泰男「既判力の主観的範囲に関する一考察」(1991年)[62]は、当事者間の権利関係の確定により当事者の一方と第三者との間の権利関係の確定をみるような形での既判力の拡張(当事者型)と、当事者の一方と第三者との間の訴訟において当事者間で確定されたことを前提にしなければならないという形での既判力の拡張(承継人型)を区別し、請求の目的物の所持者の場合は前者(当事者型)であり、権利者と所持者との間で当事者間におけるのと同様な効力が生じるとする[63]。この見解によると、権利者と所持者との間の権利関係は観念されず、

---

[59] 高橋宏志「既判力について(八)」法教152号 (1993) 110頁、112頁注4、同・重点講義民事訴訟法(上) [第2版補訂版] (有斐閣・2013) 708頁注129。

[60] 高橋・前掲注59)「既判力について(八)」110頁、同・前掲注59) 重点講義民事訴訟法(上) 705頁。もっとも、実例はまずないであろうとする。
権利能力のない社団における登記請求について社団が原告として得た判決の効力を請求の目的物の所持者に準じて登記名義人のために拡張することを認める大阪高判昭和48 (1973) 年11月16日判時750号60頁も参照。これに対して、松本博之「非法人社団の当事者能力と実体関係」民商93巻臨時増刊号(2) (特別法から見た民法) (1986) 73頁、88頁は、請求の目的物の所持者(に準じる者)のために判決の効力を拡張することは、所持者に対する強制執行を可能にするという趣旨を逸脱し、判決効の相対性の原則に抵触するとして否定的である。

[61] 谷口安平・口述民事訴訟法(成文堂・1987) 357頁は、前掲大阪高判昭和46年4月8日について、仮装譲渡の譲受人には独自の利益がなく、単なる所持者であるから、本人の受ける判決の効力をもろに受け、所持者は本人と同じ地位に立つとされた、と説明する。

[62] 上野泰男「既判力の主観的範囲に関する一考察」法学論集(関西大学) 41巻3号 (1991) 395頁、401頁。

[63] 兼子一・新修民事訴訟法体系[増補版] (酒井書店・1965 [初版1954]) 344頁以下、兼子一・要説民事訴訟法(弘文堂・1960) 115頁も参照。

固有の抗弁は最初から存在し得ない。

高橋宏志「既判力について(八)」(1993年)[64]は、目的物の所持者に対する既判力の拡張において、既判力拡張が不当かどうかの実質を先に考え、不当だと判断する賃借人等の類型ではその者を請求の目的物の所持者でないとするので、その作用は形式説ではなく実質説であり[65]、所持者を本人と同一視することであるとする。

(2) 本人に対する引渡請求権の確定にとどまるとする考え方

これに対して、中野貞一郎「口頭弁論終結後の承継人」(初出、1993年)[66]は、既判力は基準時における当事者間の権利関係を確定するものであり、既判力拡張を受ける者も自己に固有の抗弁を提出することができるとの理解(形式説)に立ち、請求の目的物の所持者についても、理論上は、固有の抗弁を持つ目的物の所持者も存在し得るから、承継人型(上記上野論文)の説明が必要であるとする[67]。

伊藤眞(『注釈民事訴訟法(4)』(1997年))[68]は、既判力が拡張されることは、前訴当事者と拡張の対象となる第三者との間に、目的物に関する権利関係を訴訟物とする訴訟係属が生じた場合に、前訴判決の訴訟物に関する判断と矛盾抵触する判断を後訴裁判所がなすことが許されない、という拘束力が働くことを意味する。それゆえ、独立の占有を有しない占有機関については、前訴当事者との間にその占有を基礎とする権利関係が生じることもあり得ず、既判力を拡張すべき理由も存在しない、とする。そのうえで、所持者について実質説・形式説という概念を適用する考え方(上記高橋論文)について、実質説・形式説という概念の意義自体に疑問があることに加えて、所持者の場合には、手続保障を

---

64) 高橋・前掲注59)「既判力について(八)」111頁、同・前掲注59) 重点講義民事訴訟法(上)706頁。
65) 梅本吉彦・民事訴訟法[第4版](信山社・2009[初版2002])946頁注1も、請求の目的物の所持者についての一般的な考え方は実質説の立場に相当し、請求の目的物の所持者は、自己固有の占有に係る法的利益を有しない点で、自己固有の抗弁を有していない、とする。
66) 中野貞一郎「弁論終結後の承継人」民事訴訟法の論点I(判例タイムズ社・1994〔初出1993〕)222頁以下。
67) 越山和広「口頭弁論終結後の承継人への既判力」香川法学22巻1号(2002)47頁、50頁は、(上野教授のいう)「承継人型」と「当事者型」との間には、第三者と相手方との間で既判力によって遮断されない固有の抗弁の成立可能性が絶無かどうかの違いがあるだけであり、「当事者とまったく同じ立場で既判力を受ける」ということは、既判力によって遮断されない固有の主張が原則として存在しないということを意味する、という。
68) 鈴木=青山編・前掲注2) 423頁〔伊藤〕。伊藤・前掲注3) 549頁も参照。

要求する独自の法的地位を持たない者のみを既判力拡張の対象としているから、このような定式の意義はより少ないとする。

4　権利者の本人に対する引渡請求権と所持者の地位との関係

本人に対する引渡請求権が既判力により確定し、それが所持者に作用する場面において、実体法上、所持者は目的物の引渡しについてどのような地位にあるのだろうか。

(1)　所持者に対して引渡請求をなし得ることを前提とする考え方

大隅・前掲論文（1964 年）[69]は、特定物の引渡請求は、物権的かまたは債権的請求権かを問わないが、債権的請求権の場合には所持者に対してもその権利を主張し得る場合であることが必要であり、物権的請求権の場合であっても所持者にその権利を対抗し得なければならないとする。対抗要件を欠くために所持者に対して引渡請求の債務名義を得ることができないのにかかわらず、本人に対する債務名義に基づき所持者に対し引渡請求がなし得るとするのは納得しがたいことから、所持者を引渡請求訴訟の相手方にすることのできることが前提になるとする。

(2)　本人が引渡義務を負う旨の判決を受けた場合に、所持者の引渡しの義務または責任も肯定する見解

上記の大隅論文の見解に対して、上田徹一郎は 1973（昭和 48）年の判例評釈[70]において、本人に対する権利を所持者にも対抗し得ることまで要求するのは、この規定の趣旨に反し、その効用を著しく減殺するものであると批判する。同評釈は、所持者という特別の評価基準が介在することにより、所持者の債権関係外にある第三者としての独自の法的地位は無視され、「専ら当事者のため請求の目的物を所持する者」として当事者の受けた判決に拘束されることになるとし、判決の効力の帰属をめぐる所持者の訴訟上の地位は当事者の訴訟上の地位と合致するとみるべきであるとする。

福永有利「法人格否認の法理に関する訴訟法上の諸問題」（1975 年）[71]は、実質

---

69)　大隅・前掲注 2）345 頁以下。
70)　上田・前掲注 45）93 頁。
71)　福永有利「法人格否認の法理に関する訴訟法上の諸問題」民事訴訟当事者論（有斐閣・2004〔初出 1975〕）446 頁、467 頁。

的な利益の欠缺を理由とするときは、判決効の拡張を受ける者が、前訴の当事者が判決によって確定された義務を負っていることを争えないだけではなく、自分も責任を負うという点にも既判力を受けると解することも不可能ではないし、執行力を受けるのは当然とみることができる、と述べる。

吉村徳重「目的物の所持者」(1983年)[72]は、所持者が占有自体に独自の利益を持つものではないことを理由に、本人自身が目的物を引き渡すべき義務を負う場合には、所持者だけがこれを保持する独自の利益を持つことはなく、本人と同様にこれを引き渡さざるを得ないとし、この意味で、所持者の相手方に対する実体的地位は本人のそれに依存しているとする。

髙橋・前掲論文（1993年）[73]は、既判力の所持者への拡張は、実体法上の判断を含めて本人と所持者を同一視すること、すなわち、本人が訴訟をして権利者に給付しなければならないとなった以上、所持者も権利者に対して給付しなければならないとすることであり、「何ほどかの実体法上の判断を含めて強制執行でも（承継執行文という形を通して）同一視すると立法されている」とする。

小山昇『民事訴訟法［新版］』(2001年)[74]は、受寄者について、権利者が寄託者（本人）に対し寄託の目的物の引渡しを求め得る場合でも、受寄者（所持者）はその権利者に対し引渡義務を負うわけではない。しかし、受寄者は、寄託者が権利者に目的物を引き渡す義務について、権利者に対抗できるような（寄託者に対する）返還拒絶権を有しないのであり、このことは、被告（寄託者）は原告（権利者）に目的物を引き渡せと命ずる確定判決があるときは、寄託者が目的物を原告に引き渡すことを妨げるものを、受寄者は何も持たないことを意味する。すなわち、確定判決は受寄者に対して効力を有する、とする。

このように、本人に対する引渡請求権が認められ、その旨の判決が確定した場合に、所持者もまた引き渡さなければならないとする見解は多数みられる

---

72) 吉村・前掲注2) 193頁。
73) 髙橋・前掲注59)「既判力について(八) 110頁以下、髙橋・前掲注59)重点講義民事訴訟法(上)706頁以下。髙橋宏志「判決（その4・完）」法教419号 (2015) 98頁、101頁は、権利者が、本人に対する動産の賃貸借終了に基づく勝訴判決により所持者に対して強制執行をする場合について、権利者の所有権が確定していないという実体法的な疑問があり得るが、所持者は本人に返さなければならない、本人は権利者に返さなければならない、そこで所持者は権利者に返すという道を用意してよい、というのが既判力・執行力の拡張であるとする。さらに、実質説的に考えているのであるから所持者は本人と同一視されている、訴訟法が実体法を部分的に凌駕している、と説明する。
74) 小山・前掲注42) 215頁以下。

が、権利者と所持者との間の法律関係は必ずしも明確ではない。
　(3)　**所持者に対する権利関係は観念されないとみる見解**
　上野・前掲論文 (1991年)[75] は、所持者に固有の利益が認められないことから、権利者と所持者との間には権利者・本人間の権利関係とは別個独立の権利関係が観念されず、所持者への既判力の拡張のされ方は、本人が既判力を受けるのと全く同じである、とする。

　別個の権利関係が観念されないことの意味は必ずしも明確ではないが、同論文が、訴訟担当について、被担当者に拡張される判決効は担当者が受けるそれと全く同じものであると述べていること[76]が参考になる。訴訟担当においては、担当者を当事者とする前訴と、被担当者を当事者とする後訴とで、いずれも被担当者の権利関係が訴訟物であるが、請求の目的物の所持者については、本人を当事者とする前訴と、所持者を当事者とする後訴とで、いずれも本人の権利関係 (権利者の本人に対する引渡請求権) が訴訟物として想定されていることが推測される。

IV　強制執行において実現されるべき請求権

　権利者は本人に対する目的物の引渡請求権を認める確定判決を債務名義として、執行文の付与を受けて、所持者を執行債務者として、引渡しの強制執行をすることができる。この強制執行において実現されるべき請求権は、権利者の所持者に対する引渡請求権だろうか、あるいは、権利者の本人に対する引渡請求権だろうか。

1　権利者の所持者に対する引渡請求権
(1)　所持者の占有に基づく、所持者に対する引渡請求権
　所持者に対する強制執行において実現されるべき請求権が、本人に対する引渡請求権とは別個の、所持者の占有に基づく所持者に対する引渡請求権であるとすると、権利者が本人に対して債権を有するにすぎない場合 (例えば、転貸人が

---

75)　上野・前掲注62) 401頁。髙橋・前掲注73) の各文献も参照。
76)　上野・前掲注62) 403頁。

転借人の管理人に対して引渡請求をする場合）、当然には、債権関係のない所持者に対して引渡請求権を認めることができない。また、権利者が所有権を有する場合、権利者の本人に対する所有権に基づく引渡請求権を認める判断に既判力が生じても、権利者の所有権の判断には既判力が生じないから、所持者は請求異議の訴えを提起して、権利者の所持者に対する引渡請求権を争うことができるのではないか、という疑問が生じる[77]。

 (2) 本人のための占有に基づく、所持者に対する引渡請求権

所持者が本人のために目的物を占有していることに基づいて、実体法上、権利者の本人に対する引渡請求権を前提とする、権利者の所持者に対する引渡請求権を認めることが考えられる。このように考えれば、所持者に対する強制執行の際に所持者が請求異議の訴えを提起した場合、所持者に対する請求権の存否は、本人に対する請求権の存在を前提として判断されることになり、本人に対する確定判決の既判力が作用することになる。

2 本人に対する引渡請求権

所持者が本人のために目的物を占有していることに基づいて、権利者の本人に対する引渡請求権を実現するために、所持者に対する強制執行を認めるということも考えられる。このように考えると、権利者の本人に対する引渡請求権を実現すべき強制執行において、所持者は強制執行を受忍すべき地位にあるということになろう。このような強制執行に対して、所持者が、請求異議の訴えを提起して、権利者の本人に対する引渡請求権を争うことは、本人に対する確定判決の既判力が所持者に及ぶことによって妨げられる。

この場合、実現されるべき引渡請求権の相手方（本人）と執行債務者（所持者）が異なる[78]。受寄者や管理人は、その目的物について引渡しの強制執行の当事

---

77) 山本・前掲注5) 704頁。
78) 竹下守夫「民事執行における実体法と手続法」民事執行における実体法と手続法（1990〔初出 1984〕）45頁、68頁以下は、債務名義上の当事者以外の者のためにまたは当事者以外の者に対して強制執行が行われる場合（債務名義の執行力の拡張）には、執行により実現される実体権およびそれに関する執行当事者適格の観点から、①執行当事者適格のみの変動に伴う執行力の拡張、②実体権の移転に伴う執行力の拡張、③一定の法的地位の承継に伴う執行力の拡張の3種の場合があるとされるが、請求の目的物の所持者に対する執行力の拡張については捨象されている。竹下守夫「民事執行法の下における強制執行のとらえ方」新民事執行実務 11 号（2013）11 頁、14 頁以下は、執行当事者適格者を、強制執行によって実現されるべき債務名義に表示された請求権につき、行使の権限を有し、給付を履行する義務を負う者

者(執行債務者)になることを本人から授権されていないが、請求の目的物の所持者に対する執行力の拡張を定める規定(民執法23条3項)が、所持者が本人に対する引渡請求権について本人のために執行債務者となることを定めている(法定の執行担当)[79] と説明すること[80] が考えられる。

V おわりに

大正民事訴訟法改正において、当事者恒定主義を採るドイツ民事訴訟法を継受した当事者等のために請求の目的物を占有する者への判決効の拡張の規定は、訴訟承継主義を採用する過程で、訴訟係属後の承継人でも、口頭弁論終結後の承継人でもない、独自の意味を持つことになる。請求の目的物を「所持」する者という規定がされるが、請求の目的物の所持者は、占有者ゆえに執行債務者とされる必要があり、占有意思を持たない単なる所持者ではなく、もっぱら本人の利益のために占有する者であると理解された。

請求の目的物の所持者は占有者であるから、実体法上の引渡請求権の相手方となり得る。しかし、民事執行法23条3項による請求の目的物の所持者に対する執行力の拡張は、本人に対する債務名義に基づく所持者に対する強制執行を可能にすることの必要性に基づくものである[81]から、実現されるべき請求権(執行債権)として権利者の所持者に対する引渡請求権を想定する必要はなく、本人に対する引渡請求権について所持者が強制執行を受忍すべき地位にあるといえば足りるのではないだろうか。

もっとも、寄託(間接占有)における、権利者と受寄者(直接占有者)の間の法律関係についての実体法上の検討や、権利者が所持者を被告として訴えを提起する場合の訴訟法上の検討が、十分ではない。別稿においてさらに検討したい。

とする。
79) 執行担当については、特に原告・権利者側の執行担当について、中野貞一郎「第三者の訴訟担当と執行担当」民事訴訟法の論点 II(判例タイムズ社・2001〔初出1997〕)204頁などがある。
80) 青木哲「不動産執行における執行債務者と所有者の関係について」民訴58号(2012)147頁、153頁。
81) 松本・前掲注60) 88頁。

【付記】
　本研究は、JSPS 科研費（課題番号：25285027〔研究代表者：山田誠一教授〕）の助成を受け、2015 年 3 月 26 日に開催された同科研の研究会において、先生方から有益なご教示を頂きました。また、2015 年 7 月 4 日開催の民事訴訟法学会関西支部において、本稿のテーマについて報告をさせていただき、松本博之先生のほか、先生方から有益なご教示を頂きました。心よりお礼を申し上げます。

法人でない社団の受けた
判決の効力

名津井吉裕

Ⅰ　はじめに
Ⅱ　法人でない社団の構成員に生じる判決効
Ⅲ　具体例の検討
Ⅳ　おわりに

Ⅰ　はじめに

　法人でない社団が民事訴訟法29条の適用を受けて当事者となった訴訟の判決の効力が、当該社団に生じることは、社団に当事者適格が認められることを前提として異論なく肯定されている。しかし、この社団の当事者適格が、社団自身に固有の当事者適格であるのか（以下、「固有適格構成」[1]という）、それとも構成員を帰属者とする訴訟担当者としてのそれであるのか（以下、「訴訟担当構成」という）、をめぐっては見解の対立がある[2]。これは法人でない社団の当事者適格の捉え方の相違という一面がある一方で、社団が当事者として受けた確定判決の効力が及ぶ範囲と密接に関連している。特に、訴訟担当構成では、同法29条

---

[1]　固有適格については、福永有利・民事訴訟当事者論（有斐閣・2004）158頁、名津井吉裕「法人格のない社団・組合をめぐる訴訟と当事者能力・当事者適格」法時85巻9号（2013）35頁等。なお、固有適格は、基本的には、当事者能力ある主体について訴訟の結果にかかる利益があると認められる場合に当該主体に認められるものと解されため、本文のように、社団自身の権利義務が訴訟物であるときはもちろん、訴訟物それ自体は他人の権利であっても当該訴訟物についての訴訟の結果が構成員全員に関するものであり、よってそれと等置される社団に関するものであるときも、社団に「固有」の適格とすることは可能と考えられる。ただし、ここでの「構成員全員」の意義については、本文の検討を待たねばならない。

[2]　名津井吉裕「法人でない団体の当事者適格の訴訟担当構成について」民訴55号（2009）202頁、同・前掲注1）等。

に基づいて当事者となる社団が受けた確定判決の効力は、訴訟担当者としての社団に生じるのみならず、被担当者である構成員にも拡張される（民訴法115条1項2号）のに対し、固有適格構成では、社団を法人と同様に扱うこと（いわゆる「事件限りの権利能力」[3]）を前提に、社団が受けた確定判決の効力は社団にのみ生じ（同条1項1号）、構成員には判決効は及ばないという対立の構図があると一般に考えられている。

しかし、民事訴訟法29条に基づいて当事者となる社団を、同法28条に基づいて当事者となる法人とどこまで等しく扱ってよいかは、必ずしも自明ではない。いうまでもなく、同法29条によって当事者となる社団は、そもそも法人ではないからである。換言すれば、同法29条を法人法定主義（民法33条）と整合的に考えるならば、同法29条により当事者となる社団の扱いを同法28条により当事者となる法人のそれと完全に一致させるのは背理であるから、同法29条に対し、法人でない社団を名実ともに法人化する効力を認めることは許されないはずである。とすれば、伝統的な通説[4]が同法29条の適用される社団に付与する「事件限りの権利能力」も、同法28条に基づいて当事者となる法人の権利能力と完全には一致しないことを出発点としなければならない。

本稿は、上記のような問題意識から、固有適格構成と訴訟担当構成の前述したような対立の構図について再検討を試みるものである。このような本稿の課題は、詰まるところ、法人でない社団が民事訴訟法29条に基づいて当事者として受けた確定判決の効果の主観的範囲の検討と同義である。しかし本稿では、さらに課題を限定し、法人でない社団が、同法29条に基づく当事者能力および当事者適格を認められ、かつ、当事者適格を固有適格構成によって把握する場合でも、社団の受けた確定判決の効力は、社団のみならず構成員にも生じるものと解すべきか、また構成員に生じる判決効があるとすれば、それはどのような効力か、という問題を中心に据えることにしたい。

---

3) 兼子一・新修民事訴訟法体系［増訂版］（酒井書店・1992）111頁。
4) 兼子・前掲注3）111頁、新堂幸司＝小島武司編・注釈民事訴訟法(1)（有斐閣・1991）437頁〔高見進〕等。

II 法人でない社団の構成員に生じる判決効

1 法人でない社団とその構成員の関係

　法人が当事者である場合（民訴法 28 条）と、法人でない社団が当事者である場合（同法 29 条）とを比較したとき、いずれの場合も、当該主体が当事者としてその名において原告または被告となること（同法 133 条 2 項 1 号）、判決の名宛人となること（同法 115 条 1 項 1 号）のほか、代表者に対する法定代理規定の準用（同法 37 条）等、当該主体の当事者性に関連する事項については共通するが、このこと自体は民事訴訟法 29 条が法人でない社団に当事者能力を認めたことの帰結として、特に問題はないように思われる。これに対して、法人でない社団は実体法上の法人ではない以上、両者の共通化には一定の限界があるはずである。特に、社団が当事者として受けた確定判決の効力の主観的範囲は、社団と法人を同様に取り扱うことの限界という観点から、再検討の必要があるように思われる。以下では、本論に入る前に、このような観点ないし問題意識が成立する理由を明らかにする目的で、法人でない社団における社団と構成員の関係を検討することにしたい。

　一般に、当事者とされた主体が社団[5]である限り、その社団が法人かどうかを問わず、社団とその構成員の関係を観念することができる[6]。しかし、当事者が法人である場合には、構成員の存在およびその利益は、当該社団が法人であることの含意として当該社団と一体化し、あるいは、吸収されたものとして把握される[7]。すなわち、法人たる社団の権利義務を処理すれば、当該法人と

---

[5] 判例上の（権利能力のない）社団の要件は、最判昭和 39 年 10 月 15 日民集 18 巻 8 号 1671 頁の基準（「団体としての組織をそなえ、そこには多数決の原則が行われ、構成員の変更にかかわらず団体そのものが存続し、しかしてその組織によって代表の方法、総会の運営、財産の管理その他団体としての主要な点が確定している」）が一般に引用される。

[6] なお、構成員が 1 人であるときの社団性は一個の問題であるが、一般社団法人法上の社団法人も、一人社団法人を認めると解されており（一般法人法 148 条 4 号）、持分会社の社員が 1 人になることも許容されている（会社法 641 条 4 号）。江頭憲治郎・株式会社法［第 6 版］（有斐閣・2015）28 頁注 2 等。

[7] 法人格の付与は、構成員と別個・独立の財産上の権利・義務主体を作ること（「分離原則」）を意味するとしても、法人（財産）と構成員との分離・独立には、さまざまな程度がある（江頭・前掲注 6）29 頁以下）。本文にいう「法人」には、社団法人の中でも分離・独立の程度が高い株式会社は勿論、一般社団法人も含まれる。かかる「法人」においては、法人に効果を生じさせる行為は代表機関がこれを行うことになる一方で、構成員の権限は大幅に制約される。後述する法人でない社団は、この意味の「法人」と完全には重ならない以上、それに見合った解釈が要請される。

は別に構成員全員に総有的に帰属する権利義務を問題とする必要はなく、またすべきでもない。訴訟においては、民事訴訟法 28 条により当事者となる法人たる社団は、それ自身が原告または被告となることができ、また判決の名宛人として確定判決を受けるときに判決効が生じるのは、当該法人（社団）を措いて他にはない。

これに対して、当事者が法人でない社団である場合、当該社団は、それ自体が当事者となる訴訟に必要な限りにおいて法人と同様に扱うことを認めるのが、「個別的事件の解決を通じて権利能力を認めることに帰する」という考え方（事件限りの権利能力）である。これは、当該社団に権利義務が帰属する旨の主張をすること、またその主張を容れて当該社団に権利義務が帰属する旨の判決をすることも許容する[8]。問題は、訴訟物たる権利義務が当該社団の構成員全員に総有的に帰属するという実体関係が、判決の効力によって形成的に当該社団の単独所有関係に変更されるかどうかであろう。この点、「紛争解決のため」に当該事件に限って社団への権利義務の帰属を認める判決を許容することと、当該社団の実体的権利帰属形式を単独所有に変更（法人化）[9]することを理論上区別することは可能と考えられる。この区別を前提とするとき、後者のいわば「事件限りの法人化」は、事件限りとはいえ、法人法定主義との関係では難があるものと考えられる（前述 I）。他方、前者のように解するときは、当該社団が訴訟上の当事者になること、とりわけ、当該社団に当事者能力を認める（民訴法 29 条を適用する）ことの効果は、当該事件の解決に必要な範囲で、構成員全員に帰属する総有関係を社団自身の権利義務として扱うことを許容するにとどまる限り、構成員の地位が、当事者の地位にある社団と一体化し、あるいは、吸収されることはない。そしてこのとき、構成員は、当事者である当該社団とは別個の主体、つまり第三者たる地位をなお保持するものと考えられる[10]。

---

8) 兼子・前掲注 3) 111 頁。
9) 兼子説による事件限りの権利能力は、この方向に傾斜していたと評することができる。この前提で事件限りの権利能力を分析した文献として、髙田裕成「民法上の組合の当事者能力」福永有利先生古稀記念・企業紛争と民事手続法理論（商事法務・2005）1 頁。
10) 髙田・前掲注 9) 17 頁、名津井・前掲注 1) 41 頁。

2　構成員全員による再訴の可能性

1で検討したように、「事件限りの権利能力」を実体的権利帰属形式の変更（事件限りの法人化）と切り離して考える本稿の立場では、法人でない社団を当事者とする確定判決に既判力が生じた後に、構成員全員が原告または被告となって前訴判決の訴訟物である権利義務が構成員全員に帰属することを主張する訴訟（以下、「再訴」という）を提起した場合、再訴は前訴確定判決の既判力に抵触しないという結論の可能性が生じる。

もっとも、法人でない社団を当事者とする訴訟が提起される背景には、構成員全員が当事者となって訴訟を提起することを事実上困難にする事情があるのが通例であるから、当該社団を当事者とする確定判決がされた場合には、構成員全員を当事者とする再訴を論じる実益はないとして再訴を切り捨てることも十分に考えられる。では、どのように考えるべきであろうか。

兼子説を範とする事件限りの権利能力は、前述Ⅱ1のように、実体的権利帰属形式の変更（法人化）を含意していたと解することができる。しかし、兼子説が、端から法人法定主義と衝突するような解釈を民事訴訟法29条に関して行ったものと即断することは、必ずしも妥当ではないように思われる。そうだとすると、前述のような兼子説が提唱された背景には、何か相応の根拠があると考える方が合理的であろう。筆者は、その根拠として、次のようなものを想定できると考えている。

すなわち、民事訴訟法29条の適用を求めて訴訟に登場する法人でない社団は、構成員全員が当事者となることのできない事情を抱えているものと推察される。そのような事情があるときは、当該社団を当事者とする訴訟について判決をしておけば、構成員全員による同一訴訟物の再訴を無視しても、法的安定性が害されることはない。そして、再訴が現実にはあり得ないのであれば、再訴を想定して、構成員全員の地位ないし利益を当事者である社団と別に検討する必要性は極めて乏しい。さらに、法人に倣うことによる思考経済も加味すれば、当事者能力の効果として、実体的権利帰属形式の変更（法人化）を認めても、何ら支障はない、と。

兼子説における事件限りの権利能力が、上記のような実践的な状況判断を伴うものと解することが許されるならば、兼子説に対してしばしば向けられる「実

体権の修正」[11]という批判は、多少なりともかわすことができるのではないかと考えられる。

　しかしながら、兼子説自身は、上記のような論旨を明示的に述べていないため、結局のところ、民事訴訟法29条について、法人でない社団の「(事件限りの)法人化」という過剰な効果を認めているとの批判を免れることが困難であるのも事実である。より抜本的には、兼子説の意図を汲み、法人でない社団を当事者とする判決が確定した後に、構成員全員が前訴と同一の訴訟物を主張して提起する再訴の可能性を少なくとも理論的には認めた上で、再訴を封じるための手段を別途用意すべきであろう。このように構成員全員による再訴の可能性を認めることから出発する場合には、上記のように、当事者たる法人でない社団のほかに、訴訟外の第三者である構成員をも視野に入れて、前訴確定判決の効力を検討しなければならない。

3　構成員全員に反射的に生じる判決効
(1)　構成員全員に生じる理由

　法人でない社団が当事者として受けた判決が確定した後、構成員全員による同一訴訟物の再訴が提起されたにもかかわらず、これに前訴確定判決の効力が及ばないとすると、前訴の相手方当事者は、実質的には二重応訴の負担を強いられ、裁判所も無用な蒸し返しに付き合わねばならない。この帰結を避けるには、社団を当事者とする訴訟の確定判決の既判力が社団に生じるのと並んで、構成員にもこれと同様の効力を生じさせ、構成員全員による再訴を封じることができなければならない。では、どのように考えれば、この結論を導くことができるだろうか。

　ここで、再び社団と構成員の関係に立ち戻って考える必要がある。すなわち、法人でない社団は、まさにそれが法人でないために、自らの法人格によって構成員全員を完全に代替することができない。その結果、社団が訴訟手続において一個の主体たる地位を得ることができても、構成員全員は訴訟外において当事者たる社団との関係で第三者となることを認めざるを得ない。このとき、法

---

[11]　髙田・前掲注9) 14頁。松本博之「非法人社団の当事者能力と実体関係」民商創立50周年記念・特別法からみた民法Ⅱ（有斐閣・1986) 73頁。

人でない社団という法律関係は、構成員全員として把握できると同時に、構成員全員によって構成された一個の主体として把握することもできるという意味で二面性を有するものと解される。換言すれば、両者は、「社団性の徴表（固有の名称、代表機関の存在、各人の個人財産から分別管理された財産）[12]を備えた複数人の集まり」という一つの事象に還元されるものであるから、上記の二つの法律関係は、そのような人的構築物の発現形態としての法的評価の一つにすぎない。このように考えるときには、法人でない社団が当事者となった訴訟の確定判決において、民事訴訟法115条1項1号による既判力が、同法29条の適用によって手続主体の地位を得た当該社団について生じるとしても、それだけでは上記の事象ないし人的構築物の一部（二つの可能的な法的評価（発現形態）の一方）を捕捉したにすぎない。これに加えて、もう一方の発現態様である構成員全員についても、社団と同様の既判力が同時並存的に生じることを認めて初めて、法人でない社団という人的構築物の特性に対応した判決効の主観的範囲を捕捉したことになるのである。このような分析を前提とするとき、法人でない社団に生じる判決効は、少なくとも理論上、社団と構成員全員に対して二重に生じるものと解すべきである。

(2) 構成員全員に生じる判決効の特性

　法人でない社団は、本来「一定の徴表を備えた複数人の集まり」という一つの事象に還元されるものであり、法的に考察する際には、これが法人でないが故に、場面に応じて、一個の主体または構成員全員として把握され、時には一方に極端に引き寄せた考察が加えられてきた。しかし、そうした一面的な考察が不十分であることは、(1)で述べた通りである。この意味で、とりわけ民事訴訟法29条の適用される社団の受けた判決効は、当事者である社団のみならず、第三者である構成員全員にも生じると解する必要がある。もっとも、この結論は、なお理論的な説明が不十分と言わざるを得ない。また、第三者である構成員全員に生じる判決効を現行法上どのように根拠づけるかという問題もある。以下では、この二点について、さらに検討を加えることにする。

---

12) これを要件として民事訴訟法29条の「社団」を判断することができることについては、名津井吉裕「民法上の組合の当事者能力について」谷口安平先生古稀祝賀・現代民事司法の諸相（成文堂・2005）93頁以下。

第 1 に、法人でない社団がその名において訴えまたは訴えられることと、構成員全員との関係である。社団は、その名称によって特定識別されることを前提として当事者の地位が与えられるが、この社団名は、社団が法人でない以上、法人の名称のように法人登記で公示されず、よって法的な保護もなければ、特段の制約もない任意性の高いものである。この意味で、法人でない社団の名称は、さしあたり訴訟手続上の形式的当事者として特定識別できれば足りる。そのため、社団がその名において訴えまたは訴えられた場合、形式的当事者である社団の名称は、個々の構成員の名称を掲げる代わりに構成員全員を一括して表示する略称の性質を本来的に有している[13]。ここでの構成員全員は、個々の構成員の変動（交替・増減）にもかかわらず、同一性を保持しながら存続する一個の組織の構成員を意味し、ある特定時点における個別具体的な構成員を指すのではない。民事訴訟法 29 条の適用される社団と等置されるのは、この意味における「構成員全員」であるから、例えば、社団を当事者とする訴訟の提起時の構成員と、口頭弁論終結時の構成員とが完全に一致するかどうかは問題ではないため、構成員の変動があっても訴え変更（民訴法 143 条）の手続を経由する必要はない。

　しかし、社団名を構成員全員の略称と捉えることは、構成員の特定を放棄することまでは意味しない。それは、社団名が構成員全員の略称である以上、ある一定の時点で特定可能な構成員（略称の元になる名称を備えた構成員）が存在することが、前提となるからである。極端な場合、代表者が構成員でもある限り、少なくとも当該構成員は特定できるため、その他の構成員が不明であっても、これをもって構成員を特定できる可能性を認め、よって社団名に略称としての性質を認めることも可能である。これに対して、構成員を特定する可能性が皆無である場合、例えば代表者が構成員を兼ねず、その他の構成員を特定する手がかりとなる資料もないため、構成員の不存在が疑われるような場合には、社団名は略称としての性質（よって民訴法 29 条の適用）を否定すべきものと思われる。もっとも、構成員を特定するための資料はあるが、現在の構成員を知るには不正確である、あるいは、情報が古いといった場合には、直ちに特定可能性

13）　社団名のこのような捉え方については、名津井吉裕「ドイツにおける当事者能力論の現代的展開の一局面（二・完）」民商 122 巻 3 号（2000）99 頁以下。

を否定すべきではない[14]。むしろ、社団がその名において訴訟に登場している以上、社団に民事訴訟法29条を適用して、社団を当事者とする訴訟を適法に成立させることは可能と解すべきである。というのも、構成員全員は、一個の組織に属するその時々の構成員であるため、社団名は、その時々の構成員の略称であると同時に、構成員の組織的な結合そのものを表示する名称としての意味をも有するからである。後者の意味の社団名は、とりわけ社団にとって（他の組織との関係において当該社団を特定するための）固有の名称ということができる。以上のように考えると、社団に対して「当事者（同法115条1項1号）」の既判力が生じるとき、理論上、社団と等置される構成員全員にも同様の判決効が生じることが、必然的に帰結されるように思われる。

なお、訴訟担当構成による場合には、社団を当事者とする訴訟が提起された時点の構成員が被担当者となるところ、その後に構成員の変更が生じたときに、「構成員全員」について上記と同様の解釈を採るかどうかは、必ずしも明らかではない。訴訟担当構成は、本来、団体主義（法理）を退けて個人主義を徹底する志向を有することに照らせば、上記の解釈を否定する可能性がある[15]。しかし、もしそのように解したときは、民事訴訟法115条1項2号に基づいて既判力を拡張しても、再訴を封じることができない可能性が高い。訴訟担当構成がこれ

---

14) この場合には、訴訟物である権利義務の帰属先もまた不明となる。しかし、固有適格構成では、請求において社団自身の権利義務として主張することが許容されるため、訴訟物たる権利義務の帰属先が不特定という事態は、請求の当否の判断をする枠組みの中では生じない。もっとも、本文で少し前に述べた、構成員を特定する可能性が皆無の場合には、構成員が不存在である場合も含まれる。この場合は、固有適格構成でも、権利義務の帰属者がおよそ存在しない以上、請求棄却の可能性が生じる。しかし、本文でも述べたように民事訴訟法29条の要件も満たさないと解されるため、通説によれば、訴え却下となろう。ただし、当事者能力を本案判決要件の例外とする見解によれば、この場合でも請求棄却の余地はある。詳細は、鈴木正裕「訴訟要件と本案要件との審理順序」民商57巻4号（1968）513頁を参照。
15) 名津井・前掲注1) 39頁では、平成6年最判の事例で、当事者の地位が認められた団体が訴訟担当者となって、構成員全員に帰属する総有権を確認の対象としているため、確認訴訟の性質上、誰の権利かを明示しない限り、確認判決の既判力は紛争解決基準として機能しないことを前提に、訴訟担当構成では、まさに構成員全員の権利であることを確認の対象にする結果として、権利者である構成員を特定する必要性を回避できないと指摘した。これに対して、固有適格構成の場合には、社団自身の権利としての確認も可能となるため、当該不動産が総有関係ないし社団財産に属するかどうかは、この確認訴訟で決することになる。この場合も、真の権利者を特定したことにならない点では上記と同様であるが、確認訴訟の遂行に必要な対象の特定は、便法として（略称としての社団名を利用して）社団で代用できるため、確認対象の不特定を理由とする不適法却下のリスクを回避できることにかんがみ、固有適格構成の方が有利だろう。訴訟担当構成を前提に、構成員全員に帰属する不動産を確認対象と主張しておきながら、構成員個人を特定せず、誰の権利かわからない、という状況に至るよりは、体裁だけは整う点で多少なりともマシである。

を望まない[16]ことは容易に想像できる以上、訴訟担当構成を採用する見解も、やはり「略称としての社団名」と同様に構成員全員を把握して構成員個人の特定表示の要請を緩和することを認めざるを得ないのではなかろうか[17]。

　第2に、構成員全員に生じる判決効については、いわゆる反射効[18]との異同および関係が問題となろう。反射効については、肯定説、既判力説、全面的否定説、判決効説等が主張されている[19]が、従来の議論のうち、構成員全員に生じる判決効の参考となるものは、合名会社とその社員の間の反射効であろう[20]。しかし、わが国の持分会社は法人である以上、必ずしもそこで検討される無限責任社員の地位の分析に基づく議論が、本稿にいう構成員全員に生じる判決効に妥当することはない[21]。ここでは、社団が法人でないことを踏まえて、社団と構成員全員が等置される関係に着目し、当事者である社団に生じるものが既判力ならば、構成員全員に生じるものも既判力でなければ一貫しないとの認識から出発すべきである。しかし、この方向の議論を妨げるのは、社団を当事者とする訴訟において構成員は訴訟外の第三者であるという形式的当事者の規律から導かれる帰結である。第三者である構成員全員に対し、民事訴訟法115条1項1号を適用することが許されないとすると、構成員全員に生じる判決効は、

---

16) 高田・前掲注9) 15頁。
17) 青木哲「給付訴訟における権利能力のない社団の当事者適格と本案の問題について」伊藤眞先生古稀祝賀・民事手続の現代的使命（有斐閣・2015) 10頁は、訴訟担当構成の前提で、特定の必要はないとしている。
18) 反射効は、伝統的な通説によれば、明文規定によって定められた場合以外に、「当事者間に既判力の拘束のあることが、実体法上当事者と一定の関係にある第三者に対し、反射的に有利または不利な影響を及ぼすこと」をいうものと定義される（兼子・前掲注3) 352頁）。同様の定義として、新堂幸司・新民事訴訟法［第5版］（弘文堂・2011) 736頁、高橋宏志・重点講義民事訴訟法(上)［第2版補訂版］（有斐閣・2013) 748頁等。
19) 反射効に関する学説については、野村秀俊「判決の反射的効力」高橋宏志＝加藤新太郎編・実務民事訴訟講座［第3期］第3巻（日本評論社・2013) 363頁等が詳細である。
20) 合名会社の債務とその社員の債務の関係は、社員が無限責任社員であることから、主債務者と保証人の関係が援用され、社員の債務の附従性が肯定される。ここに社員が合名会社に依存する関係にあると見て、社員に判決効が及ぶとされる（反射効を含めた判決効肯定論の詳細については、本間靖規・民事手続法論集（信山社・2015) 3頁以下が詳細である）。しかし、依存関係による判決効拡張を前提としてもそこから拡張される判決効が、当然に反射効（ドイツ法上は、元来、法律要件的効力の一種とされてきた点について、鈴木正裕「判決の反射的効果」判タ261号(1971) 2頁等を参照）と結論されるわけではなく、既判力説・判決効説も同じ論拠から主張される。持分会社（合名会社）の社員に及ぶ効力に関しては、会社法581条1項（旧商法81条1項）の位置付けにかかわる。
21) 本間・前掲注20) 132頁以下、152頁は、従来、主債務者と保証人の関係のアナロジーに依拠して、合名会社と社員の間も反射効で説明されてきたことに不満を示し、合名会社と社員の関係は、合名会社の本質自体に即して論じる方向が打ち出されているが、賛成すべきである。

1号の既判力の枠外にある効力と位置付けられねばならない。この意味で、構成員全員に生じる判決効は、法人でない社団の特性に由来する特殊な判決効とするほかなさそうである。

　もっとも、かかる判決効が、内容面ではまさに既判力と同じであるべきことは前述した通りである。そこで、「構成員全員」に生じる判決効の条文上の根拠を敢えて掲げるとすれば、民事訴訟法115条1項2号の類推がよいものと思われる[22]。確かに、本稿が固有適格構成を前提しながら、訴訟担当に関する2号の既判力拡張規定を持ち出すことは、奇異な印象を与えるものと予測される。しかし、社団について「当事者」の既判力（民訴法115条1項1号）が生じる以上、訴訟外にあって社団と等置される構成員全員に生じる判決効を根拠づけるに適した条文は2号しかなく、やむを得ない。また、固有適格構成を前提にしながら、2号を類推して構成員全員に生じる判決効を導くときは、固有適格の理論を破壊するものといった批判も予測される。しかし、従前の固有適格の理論は、自然人ないし法人を訴訟担当者とする事例のみを想定して展開された点に留意すべきである。これに対して、法人でない社団の場合には、社団が法人でないが故に、社団と構成員の関係を同時に問題とせざるを得ないのであるから、当事者たる社団に既判力が生じるときには、構成員全員にも同様の判決効が同時併存的に生じると解する方が、法人でない社団の特性からして自然なのである。この場合には、社団の既判力が構成員全員に対して「拡張」されるというよりも、構成員全員は当事者である社団と等置される関係にあるが故に、構成員全員にも「生じる」という方が正確である。そして、この意味で、訴訟担当に関する2号は「類推」適用にとどまると考えられる。以上を踏まえている限り、社団と並んで構成員全員にも判決効が生じるという現象面に着眼し、後者の判決効を、前者の反射的な効力と説明することは許されてよいものと思われる[23]。

---

[22]　筆者は、本文で述べた構成員に生じる判決効について、その条文上の根拠を民訴法115条1項1号の類推に求めたことがあるが（名津井吉裕・民事訴訟法判例百選［第5版］（2015）23頁）、本文で述べた理由により、同項2号の類推適用に改説する。

[23]　筆者は、すでに公表した論考において、社団を当事者とする訴訟の確定判決の効果は、構成員に反射的に生じることを指摘したことがある（名津井・前掲注1）42頁、同・後掲注24）68頁）。なお、本文で述べたように、合名会社は法人であるため、単純な転用は許されないが、判決効の性質については、本間・前掲注20）141頁が合名会社の社員に生じる効力について論じる反射効も、細部はともかく、本文と同様、会社と社員との関係に即した導出過程を経るようである。

III 具体例の検討

1 判例と固有適格構成

(1) 登記請求事件

　法人でない社団が当事者として受けた確定判決に既判力が生じる場合には、IIで検討したように構成員全員にも反射的に判決効が生じる。もっとも、この確定判決の効力が構成員に及ぶとの帰結は、従来訴訟担当構成を前提としていた。しかし、本稿のように固有適格構成を前提として上記のように解する場合には、両者の重要な相違点の一つを否定することになる。しかし、両者の対立が直ちに解消されるわけではなく、訴訟担当構成がII 3 (2)で述べた「略称としての社団名」と同様に構成員全員を把握して構成員個人の特定表示の要請を緩和するかどうかの問題がある。これを否定する場合は、前訴確定判決の既判力により構成員全員にかかる再訴が封じられないため、再訴の適否について異なる結論に至る可能性が残る（詳細は、後述 3 参照）。

　ところで、社団の当事者適格の内容と社団が当事者として受けた確定判決の効力の主観的範囲との関係を検討する上で、最判平成 26 年 2 月 27 日民集 68 巻 2 号 192 頁[24]（以下、「平成 26 年最判」という）が、注目すべき判示をしている。

　事案は、権利能力のない社団の構成員に総有的に帰属する不動産について、社団が原告となり、所有権の登記名義人を被告として、社団の代表者個人名義にする所有権移転登記手続を求めたものである。平成 26 年最判は、①「事の実態」によれば、「構成員全員に総有的に帰属する不動産」は「実質的には当該社団が有している」と解されること、②当該社団が本件不動産の登記請求訴訟を追行し、本案判決を受ける方が簡明であること、③当該社団の当事者適格を認めることが「関係者の意識に合致している」と見られること、④社団代表者は

---

[24] 本判決の評釈として、宗宮英俊・NBL1029 号（2014）135 頁、名津井吉裕・法教 409 号（2014）60 頁、大江毅・新・判例解 Watch15 号（2014）149 頁、七戸克彦・判例セレクト 2014 ［I］15 頁、青木哲・判例セレクト 2014 ［II］27 頁、我妻学・法の支配 176 号（2015）113 頁、松原弘信・判評 673 号（2015）27 頁、西内康人・平成 26 年度重判解 67 頁、堀野出・同 129 頁、川嶋四郎・リマークス 50 号（2015）110 頁、川嶋隆憲・法学研究（慶應義塾大学）88 巻 3 号（2015）58 頁、畑瑞穂・法教 422 号（2015）17 頁、田邊誠・民事訴訟法判例百選［第 5 版］（2015）24 頁等がある。

Ⅲ 具体例の検討

自己の個人名義への所有権移転登記請求訴訟を適法に提起できることは、当該社団に同内容の所有権移転登記請求訴訟の原告適格を認める上で妨げにならないことを指摘して、当該社団の原告適格を認めている[25]。このうち、①の指摘は、当該社団に本件不動産の所有権が実質的に帰属するとの見方を肯定的に評価したものであり、一般論として固有適格構成に親和的と思われる。また、②および③も同様と見てよい。しかし他方では、④の指摘にあるように、本件は、社団が原告として代表者個人への所有権移転登記を求めたものであり、訴訟物である登記請求権の社団への帰属が主張されたわけではない。この点は、本判決を固有適格構成に親和的と見ることの妨げになりそうである。しかし、社団が実質的に所有する不動産の登記については、社団名義はもちろん、代表者肩書付の登記も許されず、社団代表者の地位にある代表者個人の名義で登記しなければならないとするのが判例（最判昭和47年6月2日民集26巻5号957頁[26]（以下、「昭和47年最判」という））である。このように判例上代表者個人名義が社団財産の正規の公示方法とされたことに照らせば、④の指摘の意味も変わってくる。つまり、昭和47年最判では代表者が原告となって自己名義への所有権移転登記手続を請求したのに対し、平成26年最判では社団が原告となって同内容の請求をしたのであるが、後者において請求の目的の給付先が代表者個人とされた点は、前者が認めた公示方法の含意に照らせば、社団自身への給付を求める場合と実質的に同視できるからである。

　もっとも、以上のような分析・評価とは異なり、本判決が「（本件）訴訟の判決の効力は、構成員全員に及ぶものと解される」と述べた点に着眼して、訴訟担当構成に引き付ける見解も見受けられる[27]。しかし、本稿のように構成員全員に生じる判決効を認める立場からは、本判決が判決効拡張に言及した点は、こ

---

25) 否定説として、吉井直昭・最判解民事篇昭和47年度626頁、青山正明編・新訂民事訴訟と不動産登記一問一答（テイハン・2008）43頁〔大内俊身〕等。そこでは、後掲昭和47年最判が、権利能力なき社団の不動産登記の申請人となることを否定したことが論拠とされていたが、平成26年最判はこれを原告適格の判断に直結させる解釈を否定したことになる。なお、肯定説は、長井秀典「総有的所有権に基づく登記請求権」判タ650号（1988）25頁、新堂＝小島編・前掲注4）438頁〔高見〕等により主張されていた。

26) 本判決については、吉井・前掲注25）626頁、星野英一・法協90巻10号（1973）94頁、森泉章・民商68巻1号（1973）109頁、同・ジュリ535号（1973）40頁、徳本伸一・判タ291号（1973）62頁、下田文男・民事訴訟法判例百選〔第3版〕（2003）30頁等参照。

27) 田邊・前掲注24）24頁等。

れを訴訟担当構成と認める決め手にならない[28]。

(2) 代表者の権限

平成26年最判に関しては、代表者の権限、とりわけ提訴にかかる構成員全員の特別の授権に言及されなかった点をどう見るかという問題もある。というのも、最判平成6年5月31日民集48巻4号1065頁は、入会総有権確認請求訴訟の提起に関して「当該不動産を処分するのに必要とされる総会の決議等の手続による授権」を要求していたからである[29]。平成26年最判が構成員全員による特別の授権に言及しなかったことの評価については、社団と構成員全員が等置されることの帰結として上記の特別な授権が不要とされたという指摘[30]がある一方で、訴訟ないし判決を実体法上の処分と同視する捉え方と異なる考え方が前提にあるとの指摘[31]も見られる。本判決に限って訴訟・判決と実体法上の処分との連関を否定することには問題があること、また平成6年最判が訴訟担当構成に有利に援用されるのが通例であることからすると、本問は本判決が固有適格構成に親和的な判示をしたことと無縁ではないように思われる。すなわち、提訴の目的で設立されたのではない本件社団のような場合には、社団内部の意思決定手続により、本件訴訟が代表者の権限に含まれることについて関係者の間に争いがない等の事情の存在が考慮された可能性がある。

ところで、昭和47年最判も、代表者個人による登記請求訴訟に関して、構成員全員による特別の合意を問題としていない。平成6年最判との前後関係を度外視すると、昭和47年最判において登記請求権の帰属者が代表者個人とされたのは、代表者個人を構成員全員の「受託者（たる地位）」と構成したことによる[32]。これにより移転登記請求権は、代表者個人の財産権と同様に扱われ、構成員全員からの授権なくして提訴が許容されたものと解することができる。ここで再び平成26年最判に目を転じると、本件の請求は、昭和47年最判と同内

---

[28] 川嶋（四）・前掲注24）113頁は、固有適格構成に依拠しつつ、構成員全員への判決効拡張を認めた本判決の射程を、社団が当事者となった登記関係訴訟事件に限定するようである。
[29] 最判昭和55年2月8日判時961号69頁も傍論で同旨を説いていた。
[30] 松原・前掲注24）30頁。
[31] 畑・前掲注24）23頁。
[32] 「受託者（たる地位）」（構成員全員のための信託的な代表者個人の所有）という比喩的説示は、社団自身にこれらが帰属することを許さない不動産登記法および登記実務と整合させるためのものであり、当該登記請求権が実質的にも代表者個人に帰属することを認める趣旨ではないと解される。

Ⅲ 具体例の検討

容のものを社団が原告として提起しているが、両者の請求が同内容ならば、本件でも代表者個人は受託者であり、これが社団代表者の地位を併有するだけであるから、昭和 47 年最判と同様に構成員全員による特別の授権は不要とされたと見る余地がある。この点は、一種の擬制であるにせよ、代表者個人に移転登記請求権が帰属するとの構成に準拠しても同様であり、本件では代表者個人から社団の機関たる代表者への授権が問題となるが、これは同一人格者に帰する以上、不要と解されたと見ることもできる[33]。

いずれの立場であるかは判然としないが、代表者個人を受託者とする構成はその後の社団に関する判例で採用されていない点を重視すると、前者、すなわち、特別授権については必要であることを前提に、継続的・安定的な社団であることを背景として、特別授権に相当すると認められる何等かの事情があった場合と解しておくのが無難ではなかろうか。もっとも、この点について、前掲の学説のように、社団と構成員全員が等置されることから直ちに本件訴訟が許される（代表者の権限の範囲に属する）と解することはできない。やはり規約等で定められた社団内部の意思決定手続を通じて機関としての代表者に本件訴訟の提訴権限が付与されたと評価できる必要があるが、この評価を裏付ける事情が、本判決において明示的に認定されていないのは残念である。しかしこうした分析は、平成 6 年最判の例示するような総会決議が必ずしも必要ではないことを前提にしている。確かに、特別授権のためには常に総会決議が必要であるとする立場からは、本判決は特別授権を不要と判断したと評価され得る。これに対して、特別授権は必要であるが、その方法ないし態様は、当該社団の実情に応じて、弾力的であり得る（一般法人法 58 条・59 条参照）という本稿の立場からは、代表者個人（または登記管理構成員として規約で定められた者。以下、「代表者個人等」）が原告となって自らへの給付を求め、あるいは、社団が原告となって代表者個人等への給付を求めて提訴するに際し、特別授権に相当すると認められる事情（代

---

[33] 昭和 47 年最判では原告として完全な手続保障を得られた代表者個人が、平成 26 年最判では、一切の手続保障を欠いていることにもなるが、この点も同一人格者が社団の機関たる代表者として手続保障を享受することによって代替されている。平成 26 年最判により、代表者個人が登記請求権の帰属者であるとの構成は、しょせん便宜上のものであることが露呈する。ともあれ、代表者個人のための手続保障は本来不要なものだとすると、実質的に社団に帰属する登記請求権を争う訴訟形態としては、昭和 47 年最判の提訴方法よりも、平成 26 年最判の方が、法人でない社団の法構造に適合する点において優れている。名津井・前掲注 24）65 頁。

表者選任の決議においてすでに提訴権限の付与が織り込まれていた場合、理事会等において提訴が審議・決定され、その旨を構成員に告知してもなお特に異論がなかった場合等）があるときは、提訴は適法と解される。このように解する場合、平成 26 年最判は、そのような事情の存在が推察される事例と位置付ける余地があろう。なお、代表者の権限の範囲は、一般論としては当事者適格の構成と関係なく問題となるが、上記のように本件訴訟の提訴権限が規約等で社団財産たる不動産の登記名義人となる地位を与えられた者に付与されたものと扱われる社団の場合は、社団の原告適格を固有適格構成と見る方が自然だろう。他方で、執行文の付与を不要とした点は、当事者適格の構成には直結しないと見るべきだろう[34]。

2　当事者の同一性と既判力

以上で、平成 26 年最判の分析を終える。最後に、固有適格構成の下で、構成員全員にも判決効が生じるとの本稿の立場から、再訴が提起された場合に特に問題となる、当事者の同一性の審査について、若干の検討を加えておきたい。

社団を当事者とする訴訟では、略称としての社団名の理論により、社団がその名において訴えまたは訴えられている限り、社団と等置される構成員全員の名称も掲げられたことになる。社団名が特定表示されている限り、その時々の構成員の名称の厳密な特定表示は要求されず、何等かの資料によって特定できる可能性があればよい（Ⅱ 3 (2)参照）。

ところで、社団を当事者とする訴訟の確定判決の既判力は、当該訴訟の口頭弁論終結時を基準として生じるため、構成員全員の特定可能性は、この基準時までに提出された資料によって判断される。問題は、特定可能性の有無をどの

---

[34] 平成 26 年最判が執行文を不要とした理由については、判決による登記申請（不登法 63 条）の場合は、意思表示の擬制（民執法 174 条 1 項本文）によって狭義の強制執行は終了するからであるとの分析がある（川嶋（隆）・前掲注 24) 67 頁、畑・前掲注 24) 22 頁）。意思表示の擬制においては、執行力の発生が一定の条件に依拠させられている場合に執行文が必要とされている（民執法 174 条 1 項ただし書・2 項・3 項）。本件は、社団が判決の名宛人であり、登記権利者は代表者個人という場合であるから、ここで問題となり得るのは承継（交替）執行文であるが、平成 26 年最判はこの場合にも、意思表示の擬制により承継（交替）執行文が不要であることを確認したところに意義がある。実務的には、判決主文で登記権利者が明示されている限り、承継（交替）執行文がなくても支障がない（畑・前掲注 24) 22 頁）のは確かであろう。しかし、社団が判決の名宛人であることと、主文に掲記されるにとどまる代表者個人（登記権利者）との間を架橋する理論的な説明は必要である。この点、代表者個人は、社団の代表機関の地位をも併有することにかんがみ、社団の地位に包含されていると解すべきであろう（名津井・前掲注 24) 64 頁）。

III　具体例の検討

ように判断するかであるが[35]、構成員名簿が作成され、定時総会等の所定の時期に前回の特定からの構成員の変動を把握して構成員名簿が更新されていれば、申し分ない。しかし、構成員名簿が存在しても、設立時のそれがそのまま使用され、提訴時にはすでに資料としての正確性を欠く場合、構成員名簿がそもそも存在しない場合等もあり得る。これらの場合でも、関係者の間でどのような構成員がいるのかについてある程度見当がつくのであれば、社団名は特定表示されている以上、社団を当事者とする訴訟は適法と解すべきである。

　以上は、社団を当事者とする訴訟における構成員の特定可能性に関する解釈であるのに対し、構成員の特定が実際に問題になり得るのは、当該訴訟の判決確定後、再訴が提起された場合である[36]。すなわち、社団を当事者とする確定判決があるにもかかわらず、構成員全員が当事者となった同一の訴訟が提起された場合には、前訴確定判決の既判力が、再訴を封じることができるかどうかを判断するには、前訴当事者と再訴当事者の同一性を審査しなければならない。かりに前訴の口頭弁論終結時における構成員個人が特定されているときは、再訴の受訴裁判所は、再訴当事者である構成員[37]と照合して同一性を審査することになるが、これは往々にして一致しないであろう。しかしながら、「略称としての社団名」によって把握された「構成員全員」は、その時々の構成員であるから、上記の照合の結果、前訴口頭弁論終結時の構成員と再訴当事者の間に不一致が認められたとしても、これをもって当事者の同一性を否定すべきではない。むしろ、再訴当事者が、前訴と同一の社団の構成員であるかどうかによって判断すべきである。というのも、再訴当事者は、文字通り当事者として個々人が特定されて登場しているとしても、それは社団組織の構成員全員という意味であり、再訴提起時の個々人は偶々構成員が全員揃ったにすぎないからである。

---

35)　代表者が構成員でもある場合は、究極的には、代表者兼構成員が特定できるならば、その他の構成員を含めた構成員一般の特定可能性を認める余地があることは前述した（II 3 (2)参照）。しかし、略称としての社団名の趣旨に照らして、本来は他の構成員も含めた特定可能性が問題とされるべきであり、また代表者が構成員ではない場合もないとは言えないことを考慮して、以下の本文では、複数の構成員が存在する一般的な事例を想定して検討を加える。

36)　理論上は、重複訴訟もあり得るが、社団が民事訴訟法29条の適用を求めている事件で、構成員全員が当事者となる訴訟が提起される可能性は、無視してよい程度のものであろう。

37)　再訴の当事者であるから、この場合の構成員は、当然に特定表示が必要である（民訴法133条2項1号）。

しかしながら、当事者の同一性の審査を上記のように行うものとすると、前訴の口頭弁論終結時における構成員と再訴当事者である構成員とが、ほとんど一致しない場合、さらには一致する者が皆無の場合でも、同一の社団の構成員である限り、当事者の同一性が肯定される結果となるが、この点をどう見るかという問題がある。この点については、結局、再訴当事者が所属している社団が、前訴当事者である社団と同一性を欠くものと認められる事情があるときは、当事者の同一性を否定して、再訴を許容することになろう。

いずれにせよ、当事者の同一性を判断する際の重要性にかんがみ、裁判所は、社団が当事者となった訴訟において、構成員の特定に役立つ資料（構成員名簿等）の確保に努めるべきである。もっとも、この資料が真の意味で問題になるのは、あくまで再訴が提起された場合であることに留意する必要がある。そして、再訴の可能性は、それ自体、極めて乏しい。とすると、社団を当事者とする訴訟で構成員の特定に役立つ資料を確保する要請は、さほど強いものではない。しかし、民事訴訟法29条の実務では、構成員の特定に役立つ資料は、当事者能力の判断のために必要な資料（民訴規則14条）として提出されることが通例と推察される。とすると、本稿の立場を前提としても、当事者能力の判定資料の一部として提出される構成員に関する資料があれば十分であり、またそうである限り、実務に対して従来と異なる新たな負担を課すことにはならないものと思われる。

IV　おわりに

本稿においては、法人でない社団の当事者適格に関する固有適格構成の再検討を試み、結論として、兼子説を範とした従来の固有適格の理論にはなかった、「構成員に生じる判決効」を提案することになった。これは、一つには、平成26年最判を契機として訴訟担当構成がさらに勢いを増すことを懸念した、筆者なりの応接である。加えて、筆者としては、法人でない社団の総有的帰属を訴訟空間に無理なく反映するには、固有適格構成を前提としつつも、その一部に修正を加える本稿の考え方の方が有意義と考えたからである。こうした考え方が、この分野における今後の議論に裨益するところがあれば、望外の幸せである。

Ⅳ　おわりに

【付記1】
　本稿を執筆する過程では、2016年2月8日開催の日本民事訴訟法学会関西支部研究会において、松本博之教授をはじめ、徳田和幸教授、笠井正俊教授、阿多博文弁護士等、当日ご出席された先生方から大変貴重なご教示を賜る幸運に恵まれた。ここに記して感謝の意を表する次第である。

【付記2】
　本稿の執筆にあたり、平成27年度科学研究費補助金（基盤研究（C）（一般）課題番号：15K03204）の補助を受けた。

反射効について
——根拠論を中心に

本間靖規

I　松本博之教授の反射効（ならびに既判力拡張）否定論
II　既判力の本質と反射効
III　依存関係説と反射効
IV　依存関係説の評価
V　松本教授の否定説について
VI　結　　語

I　松本博之教授の反射効（ならびに既判力拡張）否定論

　民訴法の領域において、古くから論じられているものの、未だに行方の定まらない問題の一つに判決の第三者に対する反射効（反射的効力）がある。松本博之教授もこの問題を研究され、その成果を「反射的効力論と既判力拡張論」として著されている[1]。本稿は、松本教授の上記論考に示唆をえてその検証を試みるものである。

　この議論の範となったドイツにおいては、第三者の法律関係（Rechtslage）が訴訟の対象となった法律関係に実体法上依存している場合（materiellrechtliche Abhängigkeit）、前訴の確定判決が第三者を当事者とする後訴にどのような効力を及ぼすかの議論に関し、これを実体法上の効力とする見解がまず現れた（Hellwig[2]、Kuttner[3]、Nikisch[4]など依存関係説ないしは従属関係説と呼ばれるが、以下で

---

1)　松本博之「反射的効力論と既判力拡張論」新堂幸司先生古稀記念・民事訴訟法理論の新たな構築(下)（有斐閣・2001）395頁（同・既判力理論の再検討（信山社・2006）267頁。以下では松本『再検討』と略してこれを引用する）。松本博之＝上野泰男・民事訴訟法［第8版］（弘文堂・2015）659頁。

2)　*Hellwig*, System des Deutschen Zivilprozessrechts 1 (1912), S. 802.

3)　*Kuttner*, Die privatrechtlichen Nebenwirkungen der Zivilurteile (1908), S. 1 ff.; ders, Urteilswirkungen außerhalb des Zivilprozesses (1914), S. 20, S. 34 ff.

は依存関係説の語を用いる)。この見解の特徴は、判決の存在が第三者の実体法関係に影響を与えることにあることから、判決の法律要件的効果が第三者との関係で問題となる場合とすることにある。したがってここでは、判決の法律要件的効果（Tatbestandswirkung)、反射効（Reflexwirkung)、付随効（Nebenwirkung)が鋭く区別されることなく、反射効が法律要件的効果の下位概念として使われていることになる。このような実体法上の効力としての反射効説に対して、松本教授は、反射効が問題となる事例では、判決の内容上の拘束力が問題となるのに、これを必ずしも確定を要することもない判決の外在的存在を実体法上の法的効果の要件として組み込んで法律要件的効果と把握することに対するドイツでの批判[5]を妥当とする。そのうえで、日本の反射効説が、必ずしも法律要件的効果と位置付けずに、前訴当事者による処分の効果が第三者の法律関係に及ぼす影響すなわち依存関係の存在を前提に確定判決の第三者への効力を反射効として捉えてきたが、その拘束力の中身はまさに既判力と異ならないことから、これを既判力の拡張とする見解（鈴木正裕、吉村徳重、竹下守夫など）に理解を示す。しかし実体法上の依存関係に基づく既判力の拡張には結局のところ疑問があるとしてこれを否定している[6]。すなわち、①ドイツにおいて実体法上の依存関係に基づく既判力拡張を主張する見解は、口頭弁論終結後の承継人に関する既判力拡張をその理論に属するものとして、これを認める規定（ZPO325条）の類推を根拠とするが、後者は政策的に必要な規定であるとしても、依存関係事例においては、訴訟の終結を実質的に確保する必要性は乏しいことから、口頭弁論終結後の承継人への既判力拡張規定の類推は正当ではないとする。②依存関係説は、実体法上の処分に服する第三者を弁論主義に基づく確定判決の内容に拘束することにより正当化されるとするが、裁判官が介在する裁判行為は、当事者のみの実体的処分と言い切れない面を持つのであるから、両者の対応関係を疑いなく承認することはできない。③保証事例に見られるように依存関係が片面的である場合には、前訴の判決の結果により、既判力拡張がなされることになるが、その場合、前訴当事者（債権者）は、一度の訴訟で二重にリスクを負

---

4) *Nikisch*, Zivilprozessrecht, 2. Aufl. (1952), S. 432.
5) *A. Blomeyer*, Rechtskrafterstreckung infolge zivilrechtlicher Abhängigkeit, ZZP 75 (1962), 5.
6) 松本『再検討』278 頁。

うことになる。これを正当化することは難しく、片面的な既判力拡張は不自然である。④既判力拡張に頼らなくても附従性が他の手段で確保できるかどうかの検討が必要である、等が否定の理由として挙げられている[7]。④の理由との関係で松本教授は、個別事例の検討の中で、保証事例について、保証人に主債務者の抗弁の援用を認めるBGB768条1項を明文の規定のない日本においても認めることができるとして、既判力の抗弁もこの範囲に含まれるとする[8]。また反射効の典型事例としてしばしば挙げられてきた、持分会社判決の社員に対する効力について、会社法581条1項が、会社の喪失した抗弁を社員も援用できないと解されるが、これは既判力拡張ではなく、特別の失権効であるとする[9]。

以上が松本教授の本テーマに関する見解の骨子である。私は、かつて反射効の根拠とされる実体法上の依存関係に属する類型を検討したことがある。その際、依存関係といってもその意味するところは、前主からの伝来的な取得であったり、債権（債務）の成立時の附従性であったり、成立後も附従性が継続するような事例であったり、第三者の占有が全面的に当事者の占有に依存する場合を指すなど、その中身がかなり多様であるため個別の事例に即して突っ込んだ議論が必要であると考えた[10]。そこで従前から典型例として扱われてきた、合名会社の社員に会社訴訟の判決が効力を及ぼす場合に限定して、議論をフォローしたことがある[11]。その成果も参照しながら、今回は、主として保証事例（債権者・主債務者間の訴訟の確定判決が保証人に及ぼす効力の問題）に即して、反射効の下に取り扱われてきた問題を主として根拠論を中心に検討したい。

---

[7] 松本『再検討』284頁以下。
[8] 松本『再検討』290頁。
[9] 松本『再検討』293頁。
[10] 高橋宏志・重点講義民事訴訟法(上)［第2版補訂版］（有斐閣・2013）763頁も反射効論が雑多なものを精密に区別せずに取り込んでいるとする。
[11] 本間靖規「合名会社の受けた判決の社員に及ぼす効力について(1)～(4・完)」北大法学論集31巻3＝4号(上)(1981) 317頁以下、同・手続保証論集（信山社・2015）1頁以下所収（以下では、本間『論集』と略してこれを引用する）。

II 既判力の本質と反射効

　反射効は、既判力本質論のうち、実体法説と親和性を持ち、訴訟法説では説明が難しいといわれてきた。実体法説とは、兼子一によれば、「確定判決を、……実体法上の法律要件の一種とし、正当な判決は訴訟物である実体法上の権利関係について新たな権原を付与するに止まるが、不当な誤った判決があると、その内容通りに権利関係が当然に変更修正を受けると考える」見解である。これに対して、訴訟法説は「既判力は訴訟外の実体法上の権利関係の存否とは没交渉なもので、ただ国家の裁判の統一の立場から要求される訴訟法上の効力に過ぎないものとする」見解である[12]。実体法説によれば、債権者が主債務者に対して主たる債務の履行を求める訴えを提起して請求棄却となり、これが確定した場合、主たる債務の不存在が確定する。保証債務の附従性から、保証人も、債権者と保証人間の訴訟において、債務の不存在を確定した判決を援用して、自己の保証債務の支払いを免れることができるとの説明が容易となる。ところが訴訟法説によると前訴の請求棄却判決は、実体的法律関係と没交渉であるから、附従性を利用して、保証債務の履行を免れると説明することが困難になるというわけである。しかし実体法説といえども既判力の主観的範囲に限定があるはずである。訴訟に関与しなかった第三者は、自己の訴訟において、その権利関係が依存する前訴判決の実体的不当を主張することができるのが原則である。これが制限されるとすれば、第三者への判決の既判力（等の拘束力）の拡張が前提となる[13]。したがって、この問題は、訴訟法説の下でのみ固有に生じる問題とは言い切れない。実体法説においても、後訴における拘束力を既判力の問題と捉える限り、その第三者への拡張の根拠が問われることになる。反射効説が既判力とは異なる実体法上の効力として議論されているのは、このことによると思われる。既判力の本質について、実体法および訴訟法の具体的交渉

---

12) 兼子一・実体法と訴訟法（有斐閣・1957）142頁。
13) *Hofmann*, Über das Wesen und die subjektibven Grenzen der Rechtskraft (1929), S. 38; *Huber*, Rechtskrafterstreckung bei Urteilen über präjudizielle Rechtsverhältnisse, JuS 1972, 624; 上村明廣「確定判決の反射効と既判力の拡張」中村宗雄古稀祝賀・民事訴訟の法理（敬文堂・1965）387頁、本間『論集』73頁。

の成果としての法的実在と見る権利実在説[14]に立つ兼子説についても同様の疑問が寄せられることになる。反射効の問題は、既判力本質論とは直接のつながりを持たず、これとは別の問題ということになる。すなわち既判力の本質をどのように捉えるかは、判決効の第三者への拡張を考える際の解釈指針を提供するものではあるものの、既判力の本質から直ちに本問の解答を引き出すことはできない。

兼子説は、保証事例について、「保証人は、債権者が主債務者に対し債務を免除すれば、附従性の関係で保証債務を免れることになるから、主債務者の債権者に対する勝訴判決を援用して債権者に対抗できる。しかし、主債務者が敗訴した場合は、債務者と債権者との間で債務を加重する契約をしても保証債務に影響を及ぼさないから、保証人は敗訴判決の影響を受けることはない」とする[15]。兼子説はこれを既判力拡張ではなく、反射効と位置付けるのであるが[16]、既判力拡張といわない点は周到な議論といえるとしても、附従性というだけで判決内容の拘束力が正当化されるかの問題が残る。この点、兼子説は、権利実在説においても、実体法説と同様に、当事者が既判力の基準時において判決内容どおりの和解契約を締結したのと同様と見て、その契約の効果としての処分を自己に有利に援用できる者は反射効を受けると考えているようである[17]。そこでは、問題が、判決の効力ではなく、法律行為による処分の第三者に対する効力に置き換えられている。したがってそこでは、訴訟法上の効力ではなく、実体法上の効力としての反射効といわなければならない必然性があることになる。しかしこれで、はたして松本教授の反射効説に対する批判、すなわち拘束力の中身は判決内容そのものであることから、問題の本質からはむしろ既判力拡張が問題となっているのではないか、さらには既判力拡張説に対する批判③

---

14) 兼子・前掲注12) 161頁、同・増補民事訴訟法体系（酒井書店・1970) 335頁（以下では兼子『体系』と略してこれを引用する)。
15) 兼子・前掲注12) 165頁、兼子『体系』352頁。
16) 兼子・前掲注12) 163頁。
17) 兼子・前掲注12) 163頁。既判力の本質に関する実体法説の主唱者である、*Pagenstecher*, Zur Lehre von der materiellen Rechtskraft (1905), S. 94 ff. によって展開された確定契約（和解契約 Feststellungsverträge）を想起させる。Pagenstecher の見解については、鈴木正裕「既判力の拡張と反射的効果」神戸法学雑誌10巻1号 (1960) 58頁参照。Pagenstecher も反射効説に与するが、実体法説から反射効を認めるのは、本文で考察したような理論的な理由からではなかろうか。なお、松本『再検討』279頁は、実体法説に依拠しつつ、従属関係（依存関係）による既判力拡張を説明する試みは成功していないとする。

との関係などが問われる。

III　依存関係説と反射効

1　Hellwig の見解

　Hellwig は、既判力が第三者に拡張される場合を二つに分け、第1グループを、訴訟当事者の一方と第三者の民事上の依存関係に立法上の既判力拡張の正当化根拠を見いだすことのできる事例を挙げている[18]。そしてこのグループにおける既判力の拡張を事物の本性によって要求される民事上の法律関係の訴訟上の帰結であり、その限りで問題となる法規定は、それが例外規定であるにもかかわらず、ほぼ自明のものであるとする[19]。Hellwig は、民事上の依存関係を既判力拡張規定の背後にある立法上の正当化根拠としたが[20]、これを批判しつつもより既判力拡張のための一般的な理論として構成したのが、Bettermann[21]と A. Blomeyer[22] の民事法に基づく既判力拡張説であった。すなわち、これらにより、第三者への既判力の拡張が、実定規定がある場合に限らず、依存関係を基礎として一般に認められるとする議論が展開された[23]。

---

18) *Hellwig*, Wesen und subjektive Begrenzung der Rechtskraft (1901), S. 51 f. 第2のグループは、通常は当事者に制限される判決効の拡張のための民事上の基礎を欠く場合とし、この場合は、単に手続法的な考慮に基づいて既判力が拡張されるとする。

19) *Hellwig*, Anspruch und Klagrecht (1901)（ただし 1924 の Neudruck を参照した），S. 255 f. においても同様の叙述が見られる。なお、前述のように、Hellwig は、a.a.O. (N. 18), S. 21 ff. において反射効を取り扱ったが、その際、合名会社の社員への会社訴訟の判決効を HGB129 条1項に基づく反射効として、保証事例と並べて議論していた（S. 27）。ところが後に、System I (1912), S. 804 でこの見解は疑わしいとした。HGB129 条では、判決の効力という用語が使われておらず、それのみと関係するわけではないことは疑いない。社員への効力を反射効と理解する場合、保証人は主たる債務者が勝ち取った有利な判決を援用することができるとの命題、これは会社に対する請求が棄却された時に社員に対しても通用する原則なのだが、この命題に相反することになるとしている。そして S. 804 Fn. 27 で、反射効では悪意の抗弁（馴合訴訟の抗弁）が許されるのが、実務上の意義であるが、社員の参加を共同訴訟的補助参加とすべきとすることとの関係を論じている。129 条を既判力の拡張と捉え直すべきとしているように思われる。この逡巡は、反射効と既判力拡張の区別の意味を疑わせるものと解することもできる。

20) ただし、System I, S. 814 は、既判力の第三者への拡張の場合が、2分類されているが、①第三者が当事者と特別の関係にあることに基づくときとして、a) 権利承継人に対する拡張、b) 訴訟担当、c) 債務者の第三債務者に対する訴訟の既判力が差押債権者に拡張される場合を挙げている。②判決の既判力が対世効を持つ場合として、婚姻関係や親子関係など弁論主義が制限され、第三者への拡張がないと混乱が生じる場合を挙げている。ここでは依存関係に基づく拡張が消え去っている。

21) *Bettermann*, Die Vollstreckung des Zivilurteils in den Grenzen seiner Rechtskraft, (1948), S. 87 ff.

22) *A. Blomeyer*, Rechtskrafterstreckung infolge zivilrechtlicher Abhängigkeit, ZZP 75, (1962), 1 ff.

23) これらの業績に先立って、依存関係に基づく既判力の拡張は、実体法説の立場から、*Wach*, Zur Lehre von der Rechtskraft (1899), S. 16 や訴訟法説の立場から、*Rosenberg*, Lehrbuch des deutschen Zivilprozessrechts, 1. Aufl. (1927) S. 479, 9. Aufl. (1961) S. 761 f. によって主張された。

2 Bettermann の見解

　依存関係説は、訴訟行為と法律行為の対応関係（Parallerität）を前提にして、当事者間の法律行為上の処分に服する第三者は、訴訟行為の結果である判決内容に拘束されるとするものである[24]。Bettermann は、依存関係に基づく既判力の拡張は既に権利承継人への既判力拡張に現われているとする。したがってこの規定を依存関係に基づく既判力拡張を一般的に認める規定と読むことができるが、その際、第三者の法律関係の発生時点での依存関係にとどまらず、依存関係が継続する場合すなわち附従性がある場合にこれを適用することを認めるべきであるとする[25]。もっともこれを無限定に拡大することは、既判力が原則として当事者にのみ及ぶとする原則と一致しない。第三者はその同意なしに他人間の行為によって不利益を受けることはないとの原則は、訴訟行為の場合も同様に通用する。しかし、第三者が利益を受ける場合は別である。その場合に問題となるのは、相手方の利益であるが、この場合、相手方の利益は、既判力の拡張を受ける第三者の利益や同一の争いについて繰り返し審理を迫られ、また矛盾判断を回避したい国家の利益に優るとは思われない。むしろ第三者が当事者間の法律行為から利益を受ける場合には、敗訴当事者たる相手方は訴訟行為の効果をも対抗されてしかるべきである。このような第三者への効力拡張は、相手方に対する第三者の法的地位が当事者に対する第三者の法的地位に依存するところでは、至る所で生じることである。逆に当事者が法律行為によって相手方に対する第三者の地位に不利益を及ぼす状況にある場合には、第三者は勝訴した相手方からこれを援用されることが正当化される。確かに、このような対応関係をもって法律行為と訴訟追行を同視することはできない。しかし両者の相違は、一定の問題においては両者が一致すること、あるいは互いに対応する場面があることを排除するものではない。訴訟追行が処分的性格を有することを争うことはできるが、たとえ実体法説を採らなくても、判決の既判力に

---

[24] 依存関係による判決効の拡張に関するドイツの議論については既に先人の優れた業績がある。吉村德重「既判力拡張における依存関係」民事判決効の理論(下)（信山社・2010〔初出1960〜1961〕所収（以下では、吉村『判決効(下)』と略してこれを引用する）3頁以下、鈴木正裕「既判力の拡張と反射的効果(一)(二)」神戸法学雑誌9巻4号（1960）508頁、10巻1号（1960）37頁、上田徹一郎・判決効の範囲（有斐閣・1985）第2章〔初出1959〕、第3章〔1965〕、第5章〔1972〕、本間『論集』61頁以下も合名会社事例という小窓を通してではあるが、その概観を試みている。

[25] *Bettermann*, a.a.O. (N. 21), S. 79.

よって当事者間にあたかも権利変更のような効力が生じることは認めうる。このように法律行為と訴訟追行とは対応関係にあることは否定できないのであって、判決の結果に第三者が服するか、どの範囲で服するかについても実体法の規律が基準となる。保証事例でいえば、附従性の片面性のゆえに、債権者の主たる債務者に対する訴訟において、請求棄却となった場合は、保証人による判決の援用が認められる（BGB768条1項は手続的抗弁を含む結果、既判力が保証人に拡張される[26]）。しかし逆の場合は、主債務者の抗弁権の放棄が保証人に影響を与えない以上、保証人は、債権者の勝訴判決の確定によって当該抗弁権の主張ができなくなるわけではないことになる。主債務者の法律行為による保証人の債務内容の悪化が禁止される以上、訴訟行為による手続状態についても同様である。その場合には依存関係（附従性）が切断されるからである[27]。

3　A. Blomeyer の見解

A. Blomeyer は、まず第三者への影響を実体法上の効果とする法律要件的効果説、反射効説（付随効説）を批判する。前者は、判決の外在的な存在（確定を前提としない）が実体法において一定の法的効果と結びつけられる場合で、判決内容への拘束力の問題とは異なるとする。後者については、例えば債権者の主債務者に対する請求棄却判決が保証債務を消滅させるとするのであるが、保証人に対する訴訟の前提問題としてこれが審理されるとき、裁判官は、前訴の確定内容に拘束されるのであって、同一の法律問題について裁判の調和が要求される場面であるから、ここではまさに既判力を問うべきであるとする。そして第三者への既判力拡張が認められるためには、まず第三者の法律関係が、前訴における当事者の法律関係とは別個のものであることを前提とする。そのうえで、第三者の法律関係が当事者の判決による法律関係と何らかの関連性を有することを要する。この関連は、前訴と後訴とで訴訟物の同一性が欠けているところでは、先決性（Präjudizialität）としてのみ捉えられる。この先決性は二つの法律関係の実体法上の関連性をあらわす手続的表現であり、それは第1に、一方の存

---

[26]　債権者勝訴の判決確定後の保証については、保証人が確定判決の存在を知っていたか否かにかかわらず、依存関係から既判力の保証人への拡張が認められる。Bettermann, a.a.O. (N. 21), S. 139.
[27]　Bettermann, a.a.O. (N. 21), S. 97, 137 f.

在が他方の存在の前提となっていること、第2に、第三者の法律関係が先決的法律関係に実体的に依存していることとして、Bettermannの依存関係説を継承する。しかしBlomeyerは、先決性だけでは既判力拡張を正当化するに十分ではなく、他にprozessuale Zumutbarkeit（要求可能性、期待可能性、負荷可能性、本間『論集』では「適性」と訳した）が必要である。訴訟の当事者、特に敗訴当事者に既判力を負荷することが認められるのは、当事者が訴訟において意見を陳述し裁判にかけられている問題について争いまたは争う機会を与えられた（手続保障を受けた）からである。この観点からすると前訴判決の既判力が第三者の法律関係に有利に拡張される場合、第三者はこの判決を援用することが認められる。そこでは敗訴当事者へのZumutbarkeitが問題となるが、先決的な権利関係の確定を前訴の勝訴当事者との関係で争うことができないことに鑑みてこれを認めることができる（権利承継人に対する既判力拡張を認めたZPO325条の考え方が一般的に通用する）。問題は、第三者に不利な既判力拡張である。第三者に、自分が関与しなかった訴訟の既判力が不利に働くことを正当化する根拠が問われる。これが認められるのは、第1に、身分訴訟におけるように、審理が当事者の処分行為に服しない場合（弁論主義が制限されて、職権探知主義が採用されている場合）が考えられる。しかし判決内容の画一的確定の必要性から当然に第三者への既判力拡張が肯定されるわけではない。もし第三者が関与していたら、別の事実関係が解明されて違う結論につながった可能性が否定できないからである。しかし当事者の身分関係に依存する第三者の多くにこの結果を承認させることがなされている。場合によって、馴れ合い訴訟への対処を認めれば足りる。

　前訴が当事者の処分に服する弁論主義による場合、第三者が訴訟に関与しなかった旨の抗弁が正当に通用する。しかしこれも無制限ではない。前訴の法律関係が既判力をもって確定した後の時点で第三者の法律関係が成立した場合には、第三者は前提となる法律関係に関する判決内容に拘束されてしかるべきである。敗訴当事者の権利承継人への既判力拡張と同じ論理である。逆に第三者の依存的法律関係が判決の確定前に成立した場合には、既判力拡張はなされない。弁論主義下での審理の結果、第三者の法律関係を悪化することは認められないからである。もっとも、第三者が先決的な法律関係の法律行為による変更を甘受しなければならない場合には、既判力拡張はzumutbarである。合名会

社事例や転借人事例がこれに当たる[28]。通常の保証事例に関していえば、債権者と主たる債務者間の請求棄却判決を保証人が援用することを認めるが、これは反射効ではなく既判力拡張であるとする[29]。訴訟法説に立つ限り、当事者間では既判力による確定が訴訟法上の拘束力しか持たないのに、保証人の関係では実体法上の効果を生じるとするのは不合理であるからである。

4　Schwabの見解（既判力の第三者効）

依存関係を前提にしながらも、3までで論じた依存関係説とは趣を異にするのがSchwabの既判力の第三者効である[30]。日本においても影響をうかがうことができるこの見解をここで取り上げる。Schwabは、Hellwig、Bettermann、A. Blomeyerと続いた既判力拡張の2分類を分析して、次のような特徴を引き出す。すなわち、訴訟係属後の係争物の譲渡のように権利承継がある場合の承継人に対する既判力の拡張においては、当事者の交代があるにもかかわらず、訴訟物は客観的に同一である結果、承継人に対して提起された訴えは不適法却下となるのに対して、民事法に基づく既判力の拡張とされたカテゴリーにおいては、前訴判決で確定した法律関係と第三者のそれとが常に異なるため、訴訟物の同一性が欠け、先決性においてのみ既判力拡張が働くという特徴がある。確かに既判力は先決関係において効力を及ぼすことはあるが、先決関係においてのみ問題となるカテゴリーは既判力の別の効力として扱うべきとする[31]。そしてこのカテゴリーにおいては、本来は訴訟物の同一の場合に、ne bis in idemとして作用するはずの既判力そのものの拡張がここで本当に問題なのか、それともこれとは異なる既判力の効力として取り扱うべきなのかを問い、後者と考えるべきとして第三者との後訴における拘束力を既判力の第三者効と名付ける[32]。これによりHellwig以来行われてきた、依存関係による既判力拡張の明示規定であるZPO325条の権利承継（既判力拡張）と保証事例等の他の依存関係事例とは別カテゴリーのもの（既判力の第三者効）と見る見解が主張されたこと

---

28)　*Blomeyer*, a.a.O. (N. 22), 5-11.
29)　*Blomeyer*, a.a.O. (N. 22), 7.
30)　*Schwab*, Rechtskrafterstreckung auf Dritte und Drittwirkung der Rechtskraft, ZZP 77 (1964), 124 ff.
31)　*Schwab*, a.a.O. (N. 30), 127 f.
32)　*Schwab*, a.a.O. (N. 30), 130.

になる。Schwab は、その根拠を次のように考えている[33]。第 1 に、裁判は当事者に、既判力の積極的な作用を及ぼす、すなわち裁判内容の基準性を与えるものである。給付判決を勝ち取った原告は、彼が被告から給付を要求することができる旨を援用することが許される。逆に請求棄却判決を勝ち取った被告は、原告が彼からもはや給付を要求することが許されないことに信頼を寄せることができる。この基準性がもし当事者間にとどまり、第三者には通用しないものであれば、基準としての意味が半減する (eine halbe Sache)。債権者と主たる債務者との間で主債務の存否が争われて、裁判がなされた後に、債権者と保証人との間で主債務の存否が問題となるとき、後訴においては前訴と同一物 (idem) が審判の対象となる。そしてこの idem については、前訴で既に裁判済みとなっているのである。ここではいわゆる相対的確定の絶対的通用性が妥当する。第 2 に、Schwab は、legitimi contradictores の理論を根拠として挙げる[34]。主たる債務の存否をめぐる争いについては、債権者と主たる債務者が第一次的な利害関係人であるため、この両者にのみ、立法者は訴訟物についての処分（和解、認諾、放棄等）の可能性を与えている。主たる債務の存否が問題となる限り、債権者と保証人間の訴訟においても、legitimi contradictores 間の判決の効力が及ばなければならない。第一次的利害関係人の間で行われた訴訟の判決と異なる判断が第三者との間でなされることは、idem をめぐる訴訟においてあってはならないからである。第 3 に、弁論主義や主張・証拠の提出原則、処分権主義と第三者効との関係が問題となる。これについては、Kuttner や Bötticher が正当にも指摘しているように、弁論主義は、民事訴訟において正義が勝利を収めるための適切な方法として採用されているのであって、これに基づく判決が他に効力を及ぼさないという形で弁論主義を弱めるべきではない（いわゆる手段説を採るものと思われる）[35]。第 4 に、馴合訴訟からの救済は用意されなければならず、そのためには、BGB242 条の信義則を適用して、第三者効が働かない旨の抗弁を認める方法と損害賠償請求を認める方法があるが、自身は前者に傾くとす

---

33) *Schwab*, a.a.O. (N. 30), 137 ff.
34) この理論については、鈴木・前掲注 24) (二) 39 頁参照。
35) *Schwab*, a.a.O. (N. 30), 141.

る[36]。既判力の第三者効が後訴の第三者を拘束するのは、前訴判決が控訴の裁判のために先決的である場合、具体的には、前訴で既判力をもって裁判された法律関係が、後訴において、裁判所の包摂過程における必要な構成部分をなす場合で、これが前訴裁判に依存するときである[37]。保証事例に関していえば、債権者と主債務者間の前訴における確定判決は、認容、棄却の如何を問わず保証人に既判力の第三者効を及ぼす[38][39]。

IV 依存関係説の評価

1 反射効か既判力拡張か

ドイツにおいては、判決効の第三者への拡張の根拠を同じく依存関係に求めながら、判決効の性質については、これを実体法上の効果とする反射効説（法律要件的効果説、付随効説を含む）と既判力の拡張とする見解とに分かれていた。日本においても同様の議論状況が見られる。ドイツの議論は、Hellwig が既判力拡張を、①純粋な訴訟法上の理由に基づくものと、②実体法上の依存関係に基づくものと分類して、権利承継人への既判力拡張を②に属するとしたことに端を発し、成立における依存関係のみならず、依存関係の継続（附従性）の場合も

---

[36] *Schwab*, a.a.O. (N. 30), 142.
[37] *Schwab*, a.a.O. (N. 30), 145.
[38] *Schwab*, a.a.O. (N. 30), 147; *Koussoulis*, Beiträge zur modernen Rechtskraftlehre (1986), S. 117 ff. が既判力の第三者効説を引き継ぎ、これに対する批判に応えている。
[39] 山本和彦「反射効」民事訴訟法の基本問題（判例タイムズ社・2002）173頁は、実体法的解決方法を提示している。すなわち、既判力本質論においてたとえ訴訟法説をとったとしても、確かに実体法説が前提としたように、その権利自体の消滅・発生まで生じるものではないが、判決の確定により権利が訴求できない態様または争えない態様のものと化してしまったという限度で権利の態様に変動があったと見ることができるとする。債務態様について附従性が肯定されれば、債務が何らかの理由で訴求不能になった場合、それに附従する債務も訴求不能となるであろう。そこでこのような債務の訴求不能状態が判決によって形成された場合も、やはりそれに附従する債務の訴求不能がもたらされるが、これを反射効と呼ぶことができるとする（同182頁）。保障事例に関していえば、主債務が請求棄却判決により訴求できないものとなったのに、保証債務について訴求できるとするのは、保証債務の主債務との牽連性（民法448条）に反する。逆に、主債務について債権者が勝訴した場合、債務態様を重くする方向での附従性は認められていないので、保証人に対する訴訟にこれが影響することはないとする（同183頁）。しかし訴訟法上の拘束により、債権者主債務者間に主債務の態様の変動が生じたときに、保証人がこれを援用できるとするのは、当事者間に生じた訴訟法上の拘束力が保証人に及んでいることに他ならない。これは既判力の拡張ではないであろうか（債権者が保証人に対しても前訴判決の不当を主張することが許されない訴訟法上の理由が必要ではないか）。これを単に民法448条の解釈として引き出すことができるとすることには疑問がある。野村秀敏「判決の反射的効力」実務民事訴訟講座［第3期］第3巻（日本評論社・2013）363頁（369頁）も同旨の疑問を呈している。

IV　依存関係説の評価

既判力拡張とする議論が展開されていったのに対し、日本の反射効論は、既判力の主観的範囲を定めた規定（口頭弁論終結後の承継人）を根拠に、例えば債権者と主債務者間の訴訟の既判力が保証人に及ぶと解することはできないとはじめから決めてかかるところから出発しているように思われる。それにもかかわらず、保証債務の附従性に鑑みて、債権者の請求棄却判決が確定した場合、保証人に自己の債務の履行拒絶事由が生じたとして、判決の援用を認めるとしたのである[40]。しかし何ゆえ主債務者に対する請求棄却判決が保証債務の履行拒絶事由となるのかの根拠が今ひとつ明確ではなかった。判決の存在が実体法の規定によって一定の効果を生じる場合を判決の法律要件的効果と呼んでいるが、これが第三者に対する効果として現れるとき、これを反射効というとすると、反射効は、法律要件的効果の一種ということになる[41]。反射効はそのように実体法上の効果と捉えられてきた。しかし法律要件というのであればその規定の存在が前提とされるが、その規定の存在が明らかではないこと、それ以上に、反射効においてどのような拘束力が働くのかを考えると、実は既判力のそれと何ら変わりはないことから、既判力拡張説から、両者を同列の概念とすることに対することは問題とされ[42]、また明文なき既判力の拡張として反射効否定説から強い批判を受けることになる[43]。依存関係に基づく判決効の拡張に関するドイツの議論も Bettermann、Blomeyer などを通して次第に既判力拡張に傾くようになっている[44]。私見も拘束力の内容からいって既判力の拡張の問題と捉えるべきと考える。実体法上の効力の問題とすることには理論的な無理があ

---

[40] 中田淳一「判決の効力」訴と判決の法理（有斐閣・1972）143頁所収。
[41] 松本『再検討』275頁参照。鈴木正裕「判決の法律要件的効力」実体法と手続法の交錯(下)（有斐閣・1978）149頁以下にその具体例が挙げられている。
[42] 鈴木・前掲注41）151頁。
[43] 三ケ月章「民事訴訟の機能的考察と現象的考察」民事訴訟法研究Ⅰ（有斐閣・1962〔初出1958〕）269頁（以下では三ケ月『研究Ⅰ』と略してこれを引用する）。同・民事訴訟法（有斐閣・1959）35頁（以下では、三ケ月『全集』と略す）。ただし、三ケ月『全集』では、この種の既判力拡張は立法論とされていたのに対して、同・民事訴訟法［第3版］（弘文堂・1985）では、保証事例につき、兼子説流の反射効は否定しつつも（同40頁）、片面的既判力拡張の可能性を示唆する（同221頁）。伊藤眞・民事訴訟法［第4版補訂版］（有斐閣・2014）565頁は、口頭弁論終結後の承継人への既判力拡張について、依存関係説を採るが、訴訟当事者の法的地位が第三者に移転する場合と移転された権利関係を法律上の基礎として承継人の法的地位が成立する場合、派生する場合に限定し（同541頁）、依存関係概念をドイツのように継続的附従性のある場合にまで広げてはいない。
[44] *Stein/Jonas/Leipold*, Kommentar zur ZPO, 23. Aufl. (2014), §325, Anm. 80 ff. S. 1341 ff.; *Gottwalt*, Münchner Kommentar zur ZPO, 4. Aufl. (2013), §325, S. 2143.

る[45]。したがって問題を正面から既判力の拡張と捉えるべきである[46]。

2 拡張根拠としての依存関係

既に見たように、実体法上の依存関係による既判力拡張をその一般的根拠とする見解があった。訴訟追行を法律行為上の処分と見立てて、当事者の法律行為による処分に服する第三者は、訴訟追行の結果である判決効を受けるとするものである。しかしこのような根拠を前面に据える Bettermann の議論に対して、A. Blomeyer が依存関係を前提にしつつも手続的な Zumutbarkeit を拡張の判断要素としたことに表れているように、既判力の拡張を受ける第三者の手続保障への配慮とそれを正当化する手続理論なしに、実体法関係のみで既判力拡張の根拠とすることはできない[47]。依存関係は、実体法上の法律関係と訴訟上のそれとの調和が望ましいという観点から、既判力拡張の立法や解釈に際しての背景となり、指針を与えるに過ぎない[48]。この点、松本教授も法律行為と訴訟行為の対応関係を正当に批判している[49]。

保障事例に関して訴訟法上の根拠を検討する際の条文として、(1)口頭弁論終結後の承継人に関する民事訴訟法 115 条 1 項 3 号と、(2)保証人による抗弁の援用を認める BGB768 条 1 項が挙げられる。まず、(1)は、ZPO325 条の規定する権利承継人への既判力拡張を依存関係で説明する Hellwig の理論を受け継いだ Bettermann、Blomeyer が出発点とした根拠条文である。これらは、当事者である前主から権利義務を伝来的に取得した者に対する既判力拡張を依存関係の一類型とし、これを附従性の事例に拡大する手法を用いた。日本においてもこの

---

45) 後述のように、これによって反射効を既判力拡張とは区別される訴訟法上の効力として捉えることは否定されない。
46) 鈴木正裕「判決の反射的効果」判タ 261 号(1971) 2 頁(9 頁)、竹下守夫「判決の反射的効果についての覚え書」一橋論叢 95 巻 1 号(1986) 30 頁(33 頁)、兼子一ほか・条解民事訴訟法 [第 2 版](弘文堂・2011) 603 頁、野村・前掲注 39) 370 頁。ドイツにおいて本文の掲げた学説のほか、古くは、*Goldschmidt*, Prozess als Rechtslage (1925), S. 195.
47) 吉村『判決効』67 頁の適格の依存性の理論も手続法的観点からの考察の一つと思われる。
48) 新堂幸司・民事訴訟法 [第 5 版](弘文堂・2011) 736 頁は、兼子説を継承して反射効を肯定するが、その際、第三者と当事者との実体法的法律関係の調和の基準として卓抜したものと評価する。まさに実体的法律関係との調和が図られるべきとして、実際、バランスの良い結論を示している点は重要であるが、附従性や実体法的依存関係というだけでは判決効拡張の根拠とはならず、立法、解釈の方向を定めるに過ぎないものと考える。
49) 松本『再検討』285 頁、*Schack*, Drittwirkung der Rechtskraft, NJW1988, 872、堤龍弥「判決の反射的効力」伊藤眞=山本和彦編・民事訴訟法の争点(有斐閣・2009) 243 頁、本間『論集』5 頁も参照。

議論を受けて、既判力拡張の根拠を既判力の主観的範囲に関する民事訴訟法115条（旧201条）の類推に求める見解がある。まず、竹下説は、口頭弁論終結後の承継人を弁論終結後に紛争の対象であった法的利益を訴訟当事者から承継した者を指すとしたうえ、①敗訴当事者の口頭弁論終結後の承継人への既判力拡張の根拠は、前主が既に既判力により主張しえなくなった利益の承継、②前主と承継人との間の実体法上の依存関係、③勝訴当事者の期待を保護する必要性を挙げる。次に敗訴当事者と勝訴当事者の承継人との関係については、④勝訴当事者の確定した利益の他への移転の確保、⑤敗訴当事者が紛争対象たる利益について手続権が保障された以上、その承継人との間でもこれを覆せないとしても利益の不当な侵害に当たらないことを挙げる。また、高橋説は、民事訴訟法115条の3つの根拠、すなわち、①権利関係安定の強い要求、②手続保障をするだけの実質的利益の欠如、③利益主張の当事者による代行などを類推して拡張の正当化を図っている[50]。後者は、115条の手続的な意味からその類推の可能性を探るものである。

しかし口頭弁論終結後の承継人への既判力拡張に関する115条を他の既判力拡張（反射効）事例に類推する解釈は難しいと思われる。口頭弁論終結後の承継人に既判力拡張が正当化されるのは、両当事者に、従来の訴訟追行の成果を保障するため、口頭弁論終結後の権利譲渡によってこれを無にすることを妨げることを趣旨とするものであるのに対し、他は、実体法上依存関係のある当事者と第三者との法的規律を訴訟追行の結果にまで移しかえてその調和点を探るという観点からの問題であって両者は背景となる事情を異にすることから、類推の基盤の存在が疑われるように思われるからである[51]。

ドイツにおいては、保障事例に関し、しばしばBGB768条1項が既判力拡張の根拠とされる。そこでは「保証人は、主たる債務者に帰属する抗弁（Einwendung）を主張することができる」（1文）とされている[52]。これに既判力の抗弁を

---

50) 竹下・前掲注46) 39頁、高橋・前掲注10) 751頁。
51) 松本『再検討』284頁、Schack, a.a.O. (N. 49), 867.
52) BGB767条1項は、「保証人の義務のために主たる債務のその時々の存立が基準となる。これは特に主たる債務が過失（Verschluden）や遅滞によって変更されるときにも通用する。主たる債務者が保障の成立の後に行う法律行為によって保証人の義務は拡大されない」と規定して片面的附従性を認めている。日本民法448条に当たる。

含めることによって BGH は、債権者の主債務者に対する請求棄却判決が保証人に既判力を拡張するものとした[53]（逆に、債権者の請求を認容する判決の効力は保証人に及ばないとしていることからすると[54]、BGH は、保障事例において片面的既判力の拡張を認めていることになる）。BGB768 条 1 項に関するこのような見解を前提とすると、保障事例においては、このような形で債権者の主債務者に対する請求を棄却する判決は保証人に既判力を及ぼすとの立法的決断がなされたことになる。問題は、これが実体法上の依存関係に基づく既判力拡張を認める一般理論の例示なのか、保障事例に限定した個別的判断なのかである。私見は後者と考える[55]。前述のように実体法上の依存関係は、既判力拡張規範を必要とする政策的な背景ないしは政策的な判断の後付け的な理由に過ぎずそれ自体が既判力拡張の根拠とするにはあまりに明確性を欠いた基準であるからである。ところで日本には、BGB768 条 1 項に当たる明文規定はない。しかし学説には、日本においてもドイツと同様の解釈ができるとの見解がある[56]。これによれば、ドイツと同様に、日本においても明文規定は欠けるが解釈により請求棄却判決の既判力が保証人に及ぶことを根拠付けることができる。このように日本においてあたかも BGB768 条 1 項のような規定が解釈によって引き出されるとされるが、ここで重要なことは、解釈の基礎となる規範が存在することが前提となっていることである。これとの関係で、BGB768 条 1 項とは別に、既判力拡張の

---

53) BGH, Urteil vom 24. 11. 1969, NJW1970, 279. この規定を既判力拡張の根拠とするか、反射効とするか、法律要件的効力とするかは別にして、主債務者に対する請求棄却判決を保証人が援用して拘束力を受けることは多くの学説が認めてきたところである。近時は、これを既判力拡張として、本判決を引用するのが一般といえる。*Staudinger/Horn*, Kommentar zum BGB (1999), S. 406; Palandt, BGB (2015), S. 127; *Stein/Jonas/Leipold*, a.a.O. (N. 44), S. 1345 f. など。なお、この判決の意義特に、既判力拡張を認める場合の主債務者、保証人を被告とする共同訴訟形態のあり方について、*Fenge*, Rechtskrafterstreckung und Streitgenossenschaft zwischen Hauptschuldner und Bürgen, NJW1971, 1920. Fenge は、BGH1969 年 5 月 21 日判決の立場を支持して、結論としては既判力の拡張が、主債務者、保証人を共同被告とする訴訟における必要的共同訴訟につながるものではないとする（S. 1923）。
54) BGH, WM1971, 614, RGZ56, 109 f. も同じ。
55) 松本『再検討』274 頁にいう緩和説と厳格説の対立で後者が妥当と考える。用語については *Huber*, Rechtskrafterstreckung bei Urteilen über präjudizielle Rechtsverhältnisse, JuS 1972, 624 の die strengen Lehre と die freieren Lehre の区別を参照。既判力拡張が問題となる規定としては他に、HGB129 条 1 項、ZPO856 条 4 項、InsO183 条 1 項などが挙げられるが、それぞれの政策的判断によるもので、これらを統一的に説明する理論とその難易は難しいのではないかと考える。
56) 木川統一郎・民事訴訟法重要問題講義（下）（成文堂・1993）544 頁。我妻栄・新訂債権総論（岩波書店・1964）477 頁は、保証債務の附従性を理由に主たる債務者の抗弁権を行使することを解釈論として認める。於保不二雄・債権総論［新版］（有斐閣・1972）283 頁も同旨であるが、はたして既判力の抗弁まで意識的に含める趣旨かは明確ではない。

Ⅳ 依存関係説の評価

規範の抽出を試みる見解が存在することは興味深い。

　小山説は、既判力の本質について訴訟法説を前提としつつ、裁判官が既判力によって矛盾判断を禁止されることの意味を、敗訴当事者の攻撃防御方法の遮断とみる。そのうえで、債権者の債務者を相手とする当該債権の履行請求が棄却された場合、債権者は債務者に対して債務の存在を理由あらしめる攻撃防御方法の主張を遮断される。このように債権者が債務者に対して債権の存在を主張できない場合に、その他の者にこれを主張することが許されるとすることは、債権が債務者に対する権利であることに抵触するとして、これを絶対的遮断と性格付ける（債務者が敗訴した場合も同様に、当該債務の不存在を他の第三者に対して主張することは遮断される）。したがって債権者は主債務者に対する訴訟において請求棄却判決を受けた場合、保証人との関係においても主たる債務の存在を主張することは遮断される。他方で、債権者が債務者との訴訟で請求認容の判決を受けてこれが確定したとしても、第三者との訴訟において当該債務の存在が前提問題となる場合に、第三者は、当該債務の存在を争うことができる（相対遮断）。したがって債権者と主債務者の訴訟で債権者が勝訴した場合でも、保証人は主債務の不存在を主張することが遮断されることはない。請求が異なるときには、攻撃防御方法の役割も異なることがその理由であるとする。前者の場合、保証人は、主債務者勝訴の判決を自己への請求を争うために援用することができる。この「援用」の性格は、上記確定判決が存在するという事実が認定されると、既判力により債権者が主債務者に対して債務の存在を主張しえないときは、債権者は保証人に対しても主債務の存在を主張しえないという法規を前提とした遮断効を発動させることである[57]。これは結局既判力の拡張ではないかと思われる[58]。小山説の重要な点は、BGB768条1項のような明文規定のない日本において、既判力拡張（法律要件的効力）の根拠となる規範（法規、法理）を解釈論として抽出したことにある。小山説は、legitimi contradictores の理論に基

---

[57] 小山昇「債権者・主債務者間の判決と保証人」判決効の研究（著作集2）（信山社・1990〔初出1977〕）256頁。
[58] 小山・前掲注57) 265頁で、債権者と保証人との訴訟で保証人敗訴判決確定した後の主債務者勝訴判決を保証人は援用して請求異議事由とすることはできないとするが、その際、主債務者勝訴の確定判決は主債務の不存在を理由あらしめる実体法上の要件事実ではないとする。すなわち援用は実体法上の効果（法律要件的効力、反射効）をもたらすものではないということになる。

づき相対的確定の絶対的通用を説く Schwab の既判力の第三者効説に類似した側面を持つ。しかし小山説は、絶対遮断（絶対的通用）と相対遮断を使い分けることによって、その通用範囲を限定している。Schwab 説に対しては、その第三者効の拡がりが広範になるとの批判があるが[59]、この批判を債権の持つ意味という実体法的考察を盛り込むことによって免れているように思われる。結局この問題は、実体法関係と調和する訴訟法上の根拠をどのように見いだすかに収斂する。そしてドイツではその収斂の結果を BGB768 条 1 項の規定に落とし込んだということができる。

V　松本教授の否定説について

前述のように、松本教授は、実体法上の依存関係による反射効（法律要件的効力）を既判力拡張に他ならないとしたうえ、既判力拡張を否定する。私見も反射効事例は、判決内容への拘束力と何らの違いもなく、これを実体法上の効力とする見解には賛成できない。むしろ正面から既判力の拡張が許されるかを議論すべきと考える。そこで、松本教授の疑問とする既判力拡張の根拠のうち、(1)口頭弁論終結後の承継人に対する既判力拡張規定（民訴法 115 条 1 項 3 号）の類推を依存関係に基づく既判力拡張の一事例として、他の依存関係類型への判決効拡張の根拠とすることには、依存関係の多様性からいってもかなりの無理があることから、これを根拠とすることはできないとの指摘は正当であると考える。(2)弁論主義下の審理における訴訟行為を法律行為と対応関係をなすものとして、法律行為上の処分に服する第三者への既判力拡張を正当化することに対する疑問についても、上記の対応関係から直ちに既判力の拡張を引き出すことが根拠付けられるものではなく、これは既判力拡張の必要性を推測させる政策的な背景事情に過ぎないと考えることから、既判力拡張の直接の根拠とはなりえない。(3)実体法上の依存関係による既判力の片面的な拡張に対して、松本教授は、前訴における敗訴当事者の訴訟リスクの倍加の根拠はないとする。これはドイツにおいて二重の喪失危険（doppeltes Verlustrisiko）の問題とされてきたとこ

---

59) *Stein/Jonas/Leipold*, a.a.O. (N. 44), S. 1341.

ろであるが、私は、このような危険を踏まえてもなお第三者への既判力拡張を認めて実体法との調和を図るべきとして既判力拡張の根拠規範の存在を見いだそうとする学説の解釈努力は正しい方向性を示していたと考える[60]。(4)松本教授は、既判力拡張を否定しても責任や求償に関する合意の解釈や実体法上の抗弁による第三者利益の確保ができるとする[61]。確かに従来、既判力拡張の例として議論されてきた債権者・主たる債務者間の請求認容判決の確定後の保証人への拘束力は、保証契約の合意内容の問題として捉えることができる。しかしすべて合意や実体法上の抗弁で解決可能であろうか。反射効に対する批判として、判決内容の拘束力を認めるべきであるというのであれば、それは既判力の拡張に他ならないとの主張があったが、実体法の抗弁援用規定に既判力拡張の規範を見いだす見解が有力なドイツを見ても分かるように、そのような規範の探求を否定し去る必要はないのではないかと考える[62]。松本教授自身、BGB768条１項のような明文規定は存在しないが、これがあると同様に、保証人に、債権者・主債務者間の請求棄却判決の既判力の援用を認める。教授はこれを職権調査事項にするまでもないとして、既判力の拡張を否定するようであるが[63]、この抗弁が主張された場合の処理は、既判力の拡張と同一となるのではないであろうか。そうであるとすれば、教授の法律要件的効力説や反射効説に対する批判とはたして整合するのかが問われるように思われる。

VI 結　語

1　判決効拡張の範囲

　実体法上の依存関係による判決効の拡張は、実体法上の法律関係と手続法上

---

60) 高田裕成「判決の反射的効力」三ケ月章＝青山善充編・民事訴訟法の争点［新版］（有斐閣・1988）301頁は、紛争の統一的処理と被援用者の手続権保障の考慮要素により、拡張される第三者の範囲が決まるとする。政策的判断はそれでなされることに異論はないが、解釈により抽出されたものを含めての既判力拡張規範が必要であろう。

61) *Schack*, a.a.O. (N. 49), S. 872 に同調する。

62) HGB129条１項を既判力拡張規定とみるのがドイツでは有力であることについて、本間『論集』61頁以下参照。松本教授はこの規定を、特別の失権効とする（*Schwab*, Die Voraussetzungen der notwendigen Streitgenossenschaft, Festschrift für Lent (1957), S. 293、三ケ月『研究 I 』269頁などに同様の見解が見られる）。これを実体法上の失権効とする場合の既判力拡張との違いが単に職権調査にあるというのであれば、はたしてこれを実体法上の抗弁とすべきか検討が必要であろう。

63) 松本『再検討』291頁。

のそれをつなぐことを狙いとしていたと思われる。それは実体的法律関係と手続法との調和を目的とするものであった。しかし実体法理論から直ちに手続法上の効力を引き出すことには理論的な難点があり、手続法上の根拠を提示する必要がある。ドイツにおいては、①HGB129条1項や②BGB768条1項をそのための根拠規定と解する見解が有力であり、判例もこれを肯定している。これを立法的決断と考えると②のように片面的既判力拡張もそれとして受け入れることができよう。問題は、これを一般論として拡大することが認められるかであるが、私見は消極的である。結局、個別事例に即して既判力拡張規範の存在が認められるかの吟味を要するとすべきである。その意味で前述の厳格説をとるべきと考える[64]。したがって各事例類型に即した既判力拡張規範の解明如何によることになる。

2 職権調査事項か抗弁事項か

ドイツにおいては、既判力拡張であれば当然職権調査とするのが一般的である。松本説もこの観点から既判力拡張否定へと傾く。他方で、既判力拡張としながら抗弁事項と性格付ける見解も存する[65]。後訴裁判所への拘束力の中身が既判力と同様である場合、はたして常にこれを職権調査事項としなければならないかは疑問である。むしろSchwabが既判力の第三者効とした問題においては、既判力と取り扱いを異にしても裁判所の権威の失墜にはならないと考えることもできるのではないか。保証事例に即していえば（私見によれば持分会社事例と同じく）、保証人に主債務者に属する抗弁の援用を認める規範が存することを前提として、保証人の援用を俟って前訴判決の判断内容への拘束力が働くと解

---

[64] 1回の訴訟でどれだけの紛争解決機能を持たせるかは、手続保障（第三者への通知や参加制度を含む）や救済制度の整備などとの兼ね合いで政策的な判断により決まる問題である。ドイツにおいてもSchwabは、比較的広範に効力の及ぶ範囲を広げる議論を展開しているが、範囲については支持が得られていないように思われる。この点で、霜島甲一「既判力の相対性について」判タ307号（1974）31頁に見られるアメリカの議論は、機能拡大の方向をとっている。フランスについては、木川統一郎「判決の第三者に及ぼす影響」法学新報65巻1号（1957）1頁、徳田和幸「第三者による判決取消の訴えの機能と判決効」フランス民事訴訟法の基礎理論（信山社・1994〔初出1978〕）204頁以下に、既判力拡張の下にドイツと類似の議論が見られるのと第三者異議の訴えにより比較的広い範囲での既判力拡張が認められている印象をもつ。

[65] 鈴木・前掲注46）9頁、同・前掲注41）151頁は、既判力としながら職権調査事項からはずす例として、仲裁判断の既判力を挙げている。野村・前掲注39）377頁も同旨。本間『論集』141頁も持分会社事例につき同様に解しているが、この点で既判力本来の処理と異なることからこれを反射効（訴訟法上の効力）と称することも考えられるとしている。

することから、抗弁事項と解すべきことになる。

3 共同訴訟形態

保証事例に関していえば、一種の既判力拡張を認めることが必然的に必要的共同訴訟の肯定へとつながるわけではない。債権者の主債務者に対する請求が、保証人に対する請求の前提問題となっているに過ぎない場合、合一確定の必要は否定される。これに対して、主債務の存在が争点となる限りでの民事訴訟法40条の適用を認める見解（共同訴訟的補助参加）があるが[66]、少なくとも保証事例でその必要があるかは疑わしい[67]。

4 保証人敗訴判決確定後の主債務者勝訴判決の効力

最判昭和51年10月21日民集30巻9号903頁は、債権者が主債務者と保証人を相手に各債務履行請求の訴えを提起したところ、保証人が請求原因を争わなかったため、裁判所は保証人に対する請求を分離して、保証人に対する請求を認容しこれが確定した後、主債務者に対する請求が棄却されて確定した。そこで債権者の強制執行に対して保証人から請求異議の訴えが提起されたものである。最高裁は、一般に保証人が主債務者勝訴の確定判決を援用することが許されるにしても、主債務者勝訴の理由が保証人に対する訴訟の口頭弁論終結前の事由に基づくものである以上、保証人は主債務者勝訴の確定判決を請求異議事由にする余地はないと判示した。本稿では実体的法律関係と手続との調和をどこに見いだすかの政策的な判断に加えて、既判力拡張の根拠規範の必要性の観点から反射効の問題を論じてきたが、この最判で提起された問題についても同様の観点から判断されるべきものと考える。すなわち片面的既判力拡張の規範の存在を前提としてその解釈問題ということになる。詳論はできないが、求償請求等の後始末の問題を考えると判旨と逆の方向での議論も十分に成り立つと思われるが、結論としては、保証人の手続的懈怠を後の主債務者勝訴判決の

---

66) 鈴木・前掲注46）15頁、中村英郎「特別共同訴訟理論の再構成」民事訴訟におけるローマ法理とゲルマン法理（成文堂・1977〔初出1965〕）195頁（209頁）。
67) BGHも保証事例において、一方で既判力拡張を認め、他方で通常共同訴訟としていることは前述のとおりである（前掲注52）参照）。

既判力の抗弁で救済することには躊躇を覚える[68]。

5　主債務者敗訴の判決確定後の保証契約の成立

ドイツにおいては、これを既判力の拡張で論じる見解が有力であるが、前述のように合意内容の合理的解釈の問題とすれば足りるのではないかと考える。

【付記】
　松本教授には、私が1981年に関西に就職して以来、現在に至るまでさまざまにお教えを受けてきた。その学恩に報いるにあまりに拙い論稿であるが、この度めでたく古稀を迎えられた教授のますますのご健勝を祈りつつ本稿を献げる次第である。

---

68)　高橋・前掲注10) 765頁。反対、野村・前掲注39) 380頁、Gottwalt, a.a.O. (N. 44), S. 2156. ただし、このようなちぐはぐな結果にならないための手続的工夫は講じられるべきであろう。一例として、塚原朋一「通常共同訴訟の審理をめぐる諸問題」民事判例実務研究(2)(判例タイムズ社・1982) 185頁は、釈明権を行使して主債務者に保証人訴訟への補助参加を促す方法を提示する。山本弘・民事訴訟法判例百選〔第4版〕(2010) 197頁参照。

第 5 部

上訴・再審・執行・保全

上訴の不服再考

上野泰男

I　はじめに
II　不服概念
III　上訴の不服と形式的不服および実体的不服

I　はじめに

　上訴要件の一つとして不服が必要とされることについては現在では争いはないが、この不服がどのような基準によって判定されるのかという問題は、不服概念をめぐる争いとして、繰り返し議論の対象となっている。私自身は、かつて恩師である故小室直人博士が主唱された形式的不服説に異論を述べ[1]、新実体的不服説と名づけた新しい見解を主張した[2]。私見は幸いにも一定の肯定的評価を得ることができたようであるが[3]、本稿が捧げられるべき松本博之博士

1）　小室直人博士の見解については、同「上訴要件の一考察」上訴制度の研究（有斐閣・1961〔初出1959〕）1頁、同「上訴の不服再論」民事訴訟法論集㈹（信山社・1999〔初出1981〕）1頁など参照（本稿では、この両論文は、前者を「考察」、後者を「再論」と略記し、「考察」1頁、「再論」1頁のように引用する）。小室先生からは、常々「私と同じ見解を述べるのであれば論文を書く必要はない」という趣旨のご指導を受けていた。30年以上を経て旧稿を読み返してみると、「異なる見解」を述べるのに急であり過ぎたのではないかと思わないでもない。

2）　私見については、上野泰男「判例に現われた形式的不服概念の問題点」小室＝小山先生還暦記念・裁判と上訴(上)（有斐閣・1980）315頁、同「上訴の利益」鈴木忠一＝三ヶ月章監修・新実務民事訴訟講座(3)（日本評論社・1982）233頁など参照。なお、本文では「新しい見解」と述べたが、ドイツの文献を読み進むうちに、すでに同旨の見解が主張されていたことを知り、がっかりしたことを思い出す（上野泰男「附帯控訴と上訴要件としての不服(1)」名城法学32巻3＝4号（1983）327頁参照）。

3）　鈴木重勝＝鈴木正裕編・注釈民事訴訟法(8)（有斐閣・1998）30頁以下〔鈴木（重）〕、栗田隆「上訴を提起できる者」鈴木正裕＝鈴木重勝編・講座民事訴訟7（弘文堂・1985）77頁以下、高橋宏志・重点講義民事訴訟法(下)〔第2版補訂版〕（有斐閣・2014）603頁など。

は、近年、形式的不服説を強く主張されており[4]、また、越山和広教授によって形式的不服・実体的不服併存説も主張されている[5]。そこで、本稿では、上訴の不服の問題について、再度検討を加えることにしたい[6]。

II　不服概念

1　形式的不服概念
(1)　小室説

小室博士は、「考察」（昭和 34 年発表）において不服概念について詳しい研究を発表され、その後「再論」（昭和 56 年発表）で、再度上訴の不服について検討を加えられ、日本における形式的不服説を形成された。「考察」9 頁によれば、形式的不服とは、原審における当事者の申立てと、その申立てに対して与えられた原審の裁判との差であり、それは算術的に容易に得られる全く形式的概念である、とされる。小室説によれば、形式的不服は申立てが排斥されたこと自体によって基礎づけられ、例えば、100 万円の損害賠償請求訴訟において 60 万円が認容され、その余の請求が棄却された場合（「考察」9 頁の例である）、原告にとっては 40 万円の申立てが、被告にとっては 60 万円の棄却申立てが排斥されたとのみから形式的不服が生じるのであって、棄却部分 40 万円の原告に不利な既判力、認容部分 60 万円の被告に不利な既判力には全く言及されていないことが特徴的である。この形式的不服の概念は「再論」でも維持され、当事者の

---

[4]　賀集唱＝松本博之＝加藤新太郎編・基本法コンメンタール民事訴訟法 3 ［第 3 版追補版］（日本評論社・2012）6 頁［松本］、松本博之・人事訴訟法［第 3 版］（弘文堂・2012）209 頁参照（本稿では、前者を『民訴法 3』、後者を『人訴法』と略記し、『民訴法 3』5 頁、『人訴法』208 頁以下より引用する。なお、『民訴法 3』は、2008 年出版の賀集唱＝松本博之＝加藤新太郎編・基本法コンメンタール民事訴訟法 3 ［第 3 版］の追補版であるが、追補部分以外の部分は［第 3 版］と同内容で、本稿で引用する部分は、［第 3 版］と頁数も同一である）。同じ小室先生門下の兄弟子である松本博士からは、大学院在学中から現在までの長い期間、公私にわたって御芳情を賜ってきた。松本博士の御教導がなければ、私の研究生活は成り立たなかったのではないかと思うほどである。この学恩を思えば、本稿はあまりにも拙いものであるが、この度めでたく古稀をお迎えになった松本博士に、感謝の念を込めて捧げたい。
[5]　越山和広「『不服の利益（上訴の利益）』論について」香川法学 32 巻 3＝4 号（2013）83 頁参照。
[6]　不服と権利保護の利益との関係については議論があるが（この点については、「再論」6 頁、右田堯雄・上訴制度の実務と理論（信山社・1998）208 頁［初出 1977］、日渡紀夫「上訴の利益と附帯上訴」高橋宏志＝加藤新太郎編・実務民事訴訟講座［第 3 期］（日本評論社・2013）40 頁など参照）、本稿では「上訴要件としての不服」の問題のみを検討対象とする。なお、本稿では上訴要件としての不服を「上訴の不服」と略称する。

判決申立て（請求の趣旨）と判決主文とを比較して、前者より後者が小さい場合、すなわち当事者の申立てどおりの判決でない場合に、上訴の不服があるとする説であると説明されている（「再論」2頁）。

小室説においては、形式的不服は申立ての排斥自体によって基礎づけられるので、既判力およびその他の裁判の効力と形式的不服とは没交渉である。原告の請求が予備的請求原因によって認容された場合、原告は形式的不服を有しないとされるが、その根拠は、申立てが裁判所を拘束するときにのみ形式的不服が機能するところに求められている[7]。

(2) 松本説

『民訴法3』5頁では、形式的不服について、①裁判所の付与した権利保護が当事者の求めた権利保護に達しない場合に存在すること、②権利保護の内容は、通常、既判力の内容によって明らかとなること、③当事者が求めた権利保護の内容は、当事者が原審でした申立てによって決まること、したがって、④原審における当事者の申立てと原裁判所の裁判の内容とを比較して、後者が前者に達しないときに形式的不服を肯定することができるとされている[8]。松本博士

---

[7] 「考察」36頁は、「それは、法律的性質決定の問題であって、裁判所は当事者の主張の順序に拘束されない」と、その理由を説明している。ドイツでも、形式的不服の原則の根拠として、当事者処分権主義が援用されることが多いようである（Rosenberg/Schwab/Gottwald, Zivilprozessrecht, 17. Aufl., 2010, §135, Rdnr. 23）。なお、「考察」37頁には、既判力が不服の判断に一定の意味を持つことを認めるものではないかと思われる記述（「不服の有無は既判力の範囲によって決定される」）がある。しかし、この部分は、「〔不服の有無は〕裁判の主文を標準として決定されるのであって、裁判の理由中の判断に不服があっても（主張された理由と違った理由で判断された場合）、上訴要件としての不服は存在しない」が、予備的相殺の抗弁による請求棄却判決がなされた場合、請求棄却判決を得た被告は、「その抗弁の判断には既判力が生ずる」ので、「なお他の先順位の理由により請求棄却判決がなされなかったことに対して」上訴の不服を有するという文脈での記述である（引用中〔 〕内は筆者）。小室博士も、「これは相殺の抗弁に既判力が生ずるための例外である」とされているとおり、ここで言及されている「不服」は、形式的不服ではなく、「例外」としての実体的不服と理解しなければならない。このことは「再論」14頁では明確にされており、相殺の抗弁を容れた請求棄却判決は、被告にとっては、形式的には〔主文中の判断としては〕全部勝訴であるが、「反対債権を犠牲にした点で、実質的には敗訴」の判決であり、「しかも犠牲にした反対債権につき既判力が生じるのであるから、形式的不服の例外として上訴の利益を認めざるをえない」と説明されている（小室直人編・民事訴訟法講義〔改訂版〕（法律文化社・1982）256頁でも同旨が説かれている）。後述するように（2(1)）、小室説でも実体的不服は既判力の作用を基準として判断されるので、ここでは、被告は「形式的には全部勝訴」（主文中の判断としては全部勝訴）で形式的不服はないが、反対債権を犠牲にしており、しかも反対債権につき既判力が生じるから実質的には敗訴であり、例外としての実体的不服、すなわち上訴の不服を具備させる実体的不服があると、いわば小室説からは当然のことが述べられていることになる。

[8] 『人訴法』209頁でも同旨が説かれ、「当事者の申し立てた裁判とその取消しが求められている（既判力をもちうる）裁判の内容とを比較して、後者が当事者の申立て（権利保護目標）に到達していない場合に存在する」とされている。

は、上記④において、申立てと「判決が確定した場合に生じるべき既判力の内容」との比較によって形式的不服の有無を判断すべきことを強調されている[9]。しかし、この記述は、当事者に対する既判力の不利益な作用も形式的不服の判断基準になると主張されているのではないように思われる。なぜなら、一定内容の権利保護の要求である申立てと判決で与えられた権利保護後の内容との比較によって得られる結論は両者の差異であって、当事者に対する既判力の作用ではないからである。また、上記④の注意喚起の意味は、事実や先決的法律関係の判断など主として既判力の生じない判決理由中の判断は比較対象にならないとするところあり、逆に言えば既判力の生じる判決理由中の判断も比較の対象になるとするところにあるからである[10]。したがって、松本説の形式的不服は「求めた権利保護（既判力）と判決で与えられた権利保護（既判力）との差」で示され、結局、小室博士と同様、「申立ての排斥」によって形式的不服が基礎づけられていることになる[11]。

(3) 越山説

越山教授は、「申立てに裁判の主文が及ばない」ときに形式的不服があるとされている[12]。したがって、越山説の形式的不服概念は、小室説や松本説の形式的不服概念と異ならない。

2 実体的不服概念

(1) 小室説

「考察」9頁は、実体的不服を、当事者が上訴審において原裁判より有利な裁判を得る可能性があることである、と定義する。この定義は、「有利な裁判を得る可能性」を実体的不服の判断基準としているため、二様の解釈、すなわち①

---

9) 『民訴法3』6頁参照。ドイツでは、このような説明がなされるのが一般的のようである。例えば、Rosenberg/Schwab/Gottwald, a.a.O. (N. 7), 135 Rdnr. 8 参照。
10) 『民訴法3』16頁参照。松本説では予備的相殺の抗弁の既判力も比較対象になる（『民訴法3』16頁）。これに対して、小室説では申立てについて判断を示す主文中の判断のみが比較の対象となるので、予備的相殺の抗弁を理由とするものであって、主文中で請求が棄却されている限り、形式的不服はないとされる。この点で小室説と松本説は異なる。
11) ただし、この点については、越山・前掲注5）95頁は、『民訴法3』6頁を引用して、「形式的不服説においても、不服の実体は、原判決が確定することで生じる判決の効果の上訴人に対する不利益な及び方に求めること」（引用中傍点は筆者）になるとされるので、私見とは松本説の評価が異なるのかも知れない。
12) 越山・前掲注5）97頁参照。

原裁判が確定しても有利な裁判を得ることが妨げられない場合にも実体的不服を認めるものであるとの解釈と、②当該手続で上訴を認めないと原裁判の効力により有利な裁判を得る可能性が排除される場合にのみ実体的不服を認めるものであるとの解釈が可能である。しかし、「研究」9頁は、第1審で60万円の損害賠償請求全部を認容された原告が、損害額が100万円であることを発見したという例を挙げて、原告は請求を100万円に拡張するために控訴を提起することができ、第1審で全部勝訴して形式的不服がなくとも実体的不服を有すると記述するので、実体的不服を上記②の意味に理解していたものと解される[13]。「再論」2頁、9頁は、①の意味の実体的不服(「再論」1頁は「広範な実体的不服〔説〕」と呼ぶ)のうち、「上訴を認めないと、確定裁判の効力により、実体上より有利な裁判をうる可能性が排除される」場合にのみ実体的不服があるとする見解(②の意味での実体的不服)を採用することを明言する(なお、本稿では、特に断らない限り、実体的不服の語は②の意味で使用する)。

(2) 松本説

『人訴法』209頁では、不服については、形式的不服と実体的不服の区別が重要であり、実体的不服の有無は「判決によって当事者の実体的な法的地位の侵害を生じうるか否かによって決まる」とされている。これに対して、『民訴法3』6頁では、被告が本案の申立てをしていないときは、申立てを基準とする形式的不服の判断ができないので、「例外的に実体的不服の有無によって判断すべきであろう」とされるが、実体的不服の定義自体は示されていない。しかし、『民訴法3』16頁において、請求棄却判決を得た被告は、当該判決の確定によって後に訴えを提起することができなくなる場合を除き、反訴を提起するための

---

[13] 「研究」35頁では、この問題は、隠れた一部請求訴訟(いわゆる黙示の一部請求訴訟)後の残部請求をどの範囲で許容するかという問題に関係するが、残部請求は遮断されると解するのが正当であるとの立場を前提に議論がなされ、この前提のもと、形式的不服がないにもかかわらず実体的不服により控訴の利益〔上訴の不服〕を肯定することにつき、この「例外は止むをえないと考える」とされつつも、試験訴訟の弊を防ぐため、「過失なくして残部の請求をなしえなかった場合に限ると解すべきであろう」とされている。もっとも、「再論」11頁では、損害賠償額の算定に裁判官の裁量が大きな意味を持つ損害賠償債権についてのみ、①残部請求を肯定するか、②金額不特定訴訟を適法とするか、いずれかの方法を選択すべきであるが、小室博士は、②の方法によるのが妥当であるとされ、この方法では形式的不服による余地はなく、実体的不服により上訴の利益〔上訴の不服〕を肯定すべしと論じられる。形式的不服の原則の例外を承認する際に無過失要件を課した立場から、申立ての基準性を曖昧にする金額不特定訴訟を適法とする立場を採用することにより、無過失要件なしに実体的不服の例外を肯定する立場に転じたものと評価することができる。この問題については、上野泰男「金額不特定訴訟と上訴要件としての不服」名城法学31巻2号(1982)67頁参照。

控訴の利益は認められないとされているので、『民訴法3』においても、『人訴法』209頁で述べられた実体的不服概念が前提とされていることになり、結局、松本説の実体的不服概念は小室説の実体的不服概念と同一である。

(3) 越山説

越山説においても、「原判決が確定することで生じる判決の効果の上訴人に対する不利益な及び方」を基準として実体的不服が判断されるので[14]、実体的不服の概念も小室説や松本説と同一である。なお、越山・前掲注5）論文103頁以下は、松本説と同様、請求棄却の申立てもまた形式的不服の判断基準となる「申立て」に当たることを承認し（請求の認諾があった場合との対比で、訴訟の進行にとって「決定的な意味を有する」ことを根拠とする）、請求棄却の申立てをしない被告については、既判力の不利な作用による実体的不服のみがあるとする。

3　不服概念

以上の検討の結果、不服概念そのものについては[15]、依然として見解の一致が見られることが確認された[16]。さらに、形式的不服と実体的不服は異なるものであるが、両者が多くの場合併存することも承認されている。申立てにおいて求められた裁判の既判力（その他の効力）と与えられた裁判の既判力（その他の効力）との「差」（形式的不服）の部分に生じる既判力（その他の効力）が、申立人に不利益に作用するからである[17]。

それにもかかわらず、上訴の不服論において形式的不服および実体的不服の両概念が必要であると考えられているのは、申立てに基づくことなく職権で裁判をすることができる場合や、申立てを全部認容する裁判に申立ての範囲を超える既判力（その他の効力）が付与される場合があるからである。これらの場合、形式的不服および実体的不服とも、各不服概念から導かれる判断基準に基づい

---

14) 越山・前掲注5）95頁参照。
15) ただし、判断基準の適用の場面では不一致が見られる。前掲注10)・後掲注29) 38) 39) など参照。
16) 私見については、松本博之＝上野泰男・民事訴訟法［第8版］（弘文堂・2015）828頁［上野］参照。異論として、井上治典「『控訴の利益』を考える」民事手続論（有斐閣・1993［初出1985]）171頁がある（井上説については、井上治典＝高橋宏志編・エキサイティング民事訴訟法（有斐閣・1993）147頁以下、高橋・前掲注3）605頁以下参照）。
17) 上訴は、したがって、形式的不服に着目すれば申立ての貫徹を求める行為であり、実体的不服に着目すれば、不利益に作用する効力を持つ裁判の取消しを求める行為である。

て、その存否が独立して判断され、①申立てが排斥されている限り、後訴で当該申立てをすることが許容されるか否かにかかわらず、形式的不服があるとされ、②後訴で当該申立てをすることが許容されないときは、申立ての排斥の有無にかかわらず、実体的不服があるとされる。その結果、形式的不服と実体的不服とが併存する原則的場合以外に、例外的に形式的不服のみが存在する①の場合と、実体的不服のみが存在する②の場合とがあるとされるのである[18]。このように、上訴の不服論において問題となるのは、まさにこの例外的場合を説明するために、形式的不服と実体的不服との関係をどのように考えればよいのかという問題である。かつて私自身は、新実体的不服がない場合に上訴の不服が具備する場合はないと考えて、形式的不服概念は不要であるとする見解（新実体的不服説）を主張したが[19]、本節における検討の結果を踏まえて、次節において再考することにしたい。

III 上訴の不服と形式的不服および実体的不服

1 形式的不服の原則

(1) 小室説

　小室博士は、「考察」29頁以下において、申立てが排斥されたこと自体による「不服」の理論的根拠を、申立てを全部認められた当事者は、裁判に対する主観的満足により法的平和が回復され、上訴を不要とすることから、形式的不服があるとされるときに上訴の不服が認められるとされた。この立場は「再論」3頁

---

[18] 形式的不服も実体的不服もない場合に上訴の不服を肯定する見解は不服不要説または広範な実体的不服説（旧実体的不服説）であるが、現在の学説の状況から本稿では検討の対象としない。なお、右田・前掲注6）213頁は、ドイツの不服学説につき、実体的不服説は、「敗訴者が申立どおりの裁判を得た結果、形式的不服は存在しないのにもかかわらず、上訴審でより有利な裁判を求める可能性のある場合に、なお不服ありとするもの」であることから、「控訴について形式的不服説のもたらす限定性を拡大する意味合いを有する」ことを指摘する。このことを前提に、右田・前掲注6）は、実体的不服説は、「形式的不服説による不服の利益の存在領域を拡大するもの」であって、「その存在領域を制約する意味を有するもの」ではない、換言すれば、形式的不服が存在するにもかかわらず、実体的不服の不存在を理由に上訴の利益を否定する方向に作用するものではないとする。

[19] 実体的不服の概念に二義あることは前述したが（前掲注13）に対応する本文参照）、このことを用語上も明確にするため、そこで述べた②の意味での「実体的不服」を「新実体的不服」と表現した。本稿では特に断らない限り、②の意味で実体的不服の語を用いているので、実体的不服と私見の新実体的不服とは一致する。以下では、特に私見であることを強調したいときにのみ、「新実体的不服」の語を用いる。

においても維持され、上訴に不服が必要とされる根拠は、個別的利益と一般的利益を調整しつつ法的平和を回復するところにあるところ、申立てをすべて認められた当事者には上訴の契機がなく、求めたとおりの裁判が与えられなかった当事者に不服があるから、形式的不服を原則とするのが合目的的であり常識的であるとされている。そのうえで、小室博士は、「再論」2頁以下において、形式的不服と実体的不服との関係について、①実体的不服は、大半が形式的不服と一致すること（形式的不服は実体的不服の「徴憑」であると表現される）、②形式的不服が存在しなくとも実体的不服が存在する場合があること、③形式的不服説は、形式的不服が存在しない場合にも実体的不服によらざるをえない例外の場合があることを認めること、④両説の対立はそれほどきわ立ったものではなく、どちらを原則的不服とみるべきかの問題であることを、指摘される。この指摘によれば、小室説では、形式的不服と実体的不服とが併存する場合でも、形式的不服によって上訴の不服が具備すると考えられ（形式的不服の原則）、一定の場合には、この原則の例外として、実体的不服のみによって上訴の不服が具備することが承認されていることになる。

(2) 松本説

松本説においても形式的不服の原則が承認されており、上訴の不服は、原則として、形式的不服の有無によって決定されるとされている[20]。松本説の形式的不服は、一定内容の権利保護の要求である申立てと判決で与えられた権利保護の内容との比較によって得られる差異、すなわち、「申立ての排斥」であり、この点で小室説と異ならない。また、松本説では、原告の上訴の不服、および請求棄却の申立てをした被告の上訴の不服は、形式的不服のみによって具備されるとされるが、これは「形式的不服の原則」を承認したものであると考えられるので、この点でも小室説と同じである[21]。

---

20) 『民訴法3』5頁における形式的不服の説明は「不服の概念——形式的不服の原則」の見出しのもとでなされており、『人訴法』209頁でも、「いかなる場合に当事者が判決によって不利益を受けたかは、通常の民事訴訟では原則として形式的不服によって判断すべきである（形式的不服説）」とされている。なお、人事訴訟については、「かなり広い範囲の例外がある」との留保付きではあるが、やはり「形式的不服の原則が妥当する」とされている（『人訴法』211頁）。
21) 松本博士は、形式的不服の原則の根拠に言及されないが、裁判所に対する申立ての拘束力（処分権主義）が前提となっているものと推測される。

(3) 越山説

越山教授は、ドイツおよび日本の教科書の形式的不服に関する記述を検討して[22]、形式的不服は単に「申立てと裁判の相違という形式」から導かれるのではなく、「既判力の及び方を基準の内容から排除していない」ことに注目すべきであるとされ[23]、「形式的不服説とは、実体的不服の存在に加えて、申立てと裁判の食い違いという形式を要求する考え方」であると理解することもできるとされる[24]。このような理解を前提に、越山教授は、「形式的不服説においても、不服の実体は原判決が確定することで生じる判決の効果の上訴人に対する不利益な及び方に求めることになり、だからこそ、申立てが受け入れられないことによって不服が生じると理由付ける」ことになるとして、実体的不服に加えて、「申立てに裁判が及ばないという要件を設定する」見解としての形式的不服説を主張される[25]。このように見てくると、越山説は、形式的不服および実体的不服の概念自体は小室説および松本説と同じであるが、その形式的不服説は、

---

22) 越山・前掲注5) 88頁以下。
23) 越山・前掲注5) 97頁注37は、日本の文献の一つとして兼子一・新修民事訴訟法体系［増補第6版］（酒井書店・1967) 441頁を引用する。兼子・前掲本注440頁は、①「不服の利益は第一審における申立の全部又は一部が排斥されている場合に認められるのが原則である」とし、この原則の原告側の例外として、②「訴えの変更によらなければ、別訴ではその請求をすることができなくなる場合」を挙げるが（その具体例として、「同一不法行為に基く損害額が一審の請求額よりも多額であることが判ったので、請求を拡張する場合」が挙げられている。なお、兼子・前掲本注342頁は、前例で第1審判決が確定すると残部請求は既判力に抵触して許されないとする）、③控訴審で訴えの変更をすれば、第1審よりも有利な判決を受けられることは原則として控訴の利益とはならないとされており、また被告側の例外として、④「離婚訴訟の場合のように、請求棄却の判決が確定すると、自らも離婚訴訟ができなくなるような場合」を挙げつつ、⑤反訴を提起するための控訴は認められないのが原則であるとされている。兼子・前掲本注では、「形式的不服」「実体的不服」の用語は使われていないが、これを使用すれば、①の部分は形式的不服の原則を述べたもの、②および④の部分は実体的不服があると述べたもの、③および⑤は実体的不服もないと述べたものである解される（なお、③および⑤は小室説における広範な実体的不服の例に当たる）。そうすると、兼子説においても、形式的不服は申立ての排斥によって基礎づけられ、その例外として既判力の作用による実体的不服が認められることがあると理解されていることになる。
さらに、兼子・前掲本注441頁以下は、「不服の利益は、判決の効力の生じる事項について認められる」と述べ、例として、「債務の成立を争った被告が仮定抗弁である消滅時効の点で勝訴になっても」、「法律的効力において差異を生じない」から、「不服の利益は存しない」が、「予備的相殺の抗弁で勝訴した被告は、他の理由で勝訴するのと既判力の点で異なる」から、不服の利益があるとする。この部分を形式的不服および実体的不服という観点からどう位置づければよいのかは一つの問題であるが、兼子博士の形式的不服の定義を前提にする限り、「請求棄却」の申立てが排斥されていないので形式的不服はなく、また「予備的相殺」についての判断の既判力が被告に不利に作用することによる不服は形式的不服ではあり得ないので、この例も、相殺の抗弁の既判力が例外としての実体的不服を基礎づけると述べているのと解さなければならない。仮にこのような兼子説の解釈が正しいとすれば、兼子説の形式的不服概念は小室説と同内容であり、既判力の作用とは没交渉であるように思われる。
24) 越山・前掲注5) 89頁（傍点は筆者）参照。
25) 越山・前掲注5) 95頁（傍点は筆者）参照。

原則として実体的不服と形式的不服とがあるときに上訴の不服が具備するとする見解であり、この点で、形式的不服の原則を承認する小室説や松本説とは異なることになる[26]。

2 実体的不服を伴わない形式的不服
(1) 小室説

　形式的不服の原則は、形式的不服と実体的不服の両概念を認め、両不服が併存する場合が大半であることを前提に、形式的不服があれば上訴の不服が具備すると解する見解である。「考察」では形式的不服はあるが実体的不服はないという場合に言及されていないが、被告が請求棄却判決を求めていたにもかかわらず訴え却下判決がなされた場合、被告は「不服を有する」とされており（「考察」36頁以下）、しかも、この部分は、「形式的不服を基準として」不服の有無が具体的に検討されている箇所なので、ここで被告が有するとされる「不服」は形式的不服である。他方、上記の事例では、却下判決確定後の再訴において被告が請求棄却判決を求めることは、却下判決の既判力によって妨げられないから実体的不服は存しない。このように見てくると、「考察」では、形式的不服はあるが実体的不服はないという事例でも形式的不服の原則が維持され、形式的不服があれば上訴の不服は具備するとされていることになる。

　「再論」10頁では、形式的不服はあるが実体的不服がないという場合を取り上げて、この場合には形式的不服にもかかわらず実体的不服の欠缺により上訴の不服を否定すべきかが問題になると指摘されている。そして、①「被告の請求棄却判決の申立てに対しては、〔補正可能な訴訟要件による却下判決は〕一部認容に類する関係にある」から、「上訴する利益〔形式的不服〕」があるとされているが、②補正不能な訴訟要件の欠缺を理由とするときは（裁判権の欠缺と出訴期間経過の例が挙げられている）、請求棄却判決の方が有利であるとは言えないから、「上訴の不服はない」とされる（「再論」5頁）。②の場合には、形式的不服もない（実体的不服はもともとない）と解されていることになり、やはり形式的不服の原則が維持されている。

---

26) 越山教授の形式的不服説の内容は、実体的不服をも取り込むものとして、形式的不服の概念からは大きく乖離するので、本稿では越山説を併存説と略称することにしたい。

(2) 松本説

『民訴法3』15頁は、被告が請求棄却の申立てをしたにもかかわらず訴えを不適法として却下する判決がなされた場合について、「請求棄却判決のほうが終局的な争訟の解決をもたらすから控訴の利益がある」とする。松本説の形式的不服の定義に当てはめれば、却下判決の既判力は棄却判決の既判力に及ばないので、被告には形式的不服があり、この形式的不服によって上訴の不服が具備すると述べていることになろう[27]。被告の実体的不服については言及がないが、欠缺した訴訟要件が具備したとの主張で再度訴えが提起された場合、前訴の却下判決の既判力は、被告が請求棄却判決を求めることの妨げとはならないので、定義上、被告には実体的不服はないと解される。したがって、松本説でも形式的不服の原則が堅持されていることになる。なお、松本説では、被告が請求棄却の申立てをしていなかったときは、実体的不服はもちろん形式的不服もないので、上訴の不服は具備しないことになり、この点で、形式的不服を推断して形式的不服の原則を維持する小室説[28]とは異なる。

(3) 越山説

被告が請求棄却の申立てをしていたにもかかわらず訴え却下判決がなされた場合、越山・前掲注5)論文105頁は、「訴訟物の実体に係る請求棄却判決と訴訟物という実体に触れない訴え却下判決とでは、いずれかが他方を包含する関係にないから、両者の間に大小関係を認識することはできないように思える」との疑問を述べつつ[29]、理論的には、形式的不服があっても判決効が実際上不利に作用しない場合には、上訴の不服を否定すべきであるとして、併存説を維持される[30]。

(4) 検　討

被告が請求棄却の申立てをしていたにもかかわらず訴え却下判決がなされた場合、小室説も松本説も、形式的不服の存在を前提に、形式的不服のみにより

---

27) 小室説も松本説も、請求棄却判決を求める申立てと訴え却下との差の比較が可能であることを前提にするが、越山・前掲注5)105頁はこの前提に疑問を述べる。この点については、後掲注29)参照。
28) 後掲注38)参照。
29) 越山・前掲注5)105頁参照。この事例の形式的不服の説明に「どこか不自然さが残る」とも批判する。
30) 越山・前掲注5)105頁参照。

上訴の不服が具備すると解して形式的不服の原則を維持し、越山説は、この場合に形式的不服があるとする点に疑問を挟みつつ、理論的には、形式的不服があっても判決効が実際上不利に作用しない場合には、上訴の不服を否定すべきであるとして、併存説を維持する。これに対して、私自身は、かつてこの事例について、民事訴訟法旧 236 条（現行 261 条）を引用して、請求棄却判決を求める被告の利益が保護されていることを根拠に新実体的不服を肯定し、形式的不服の存否の問題に立ち入るまでもなく、上訴の不服を肯定できると解した[31]。

　(a)　**実体的不服の存否**　この事例では実体的不服が存在するであろうか。再度訴えが提起された場合に、被告が請求棄却判決を求めることは、この不適法却下判決が確定しても妨げられることがないので、実体的不服の概念に忠実に考えると、被告の実体的不服は否定される[32]。それでは、私見を正当化するために引用した民事訴訟法旧 236 条 2 項（現行 261 条 2 項）に基づいて、新実体的不服を肯定することができるであろうか。上記規定は、請求棄却の申立てをして本案に応訴した被告の利益を保護するものである[33]。そうすると、上訴の不服論との関係で、申立てを判断基準としない新実体的不服を基礎づけるとは言い難く、むしろ申し立てた請求棄却判決の獲得を求めて訴訟を続行する利益を保護するものとして、形式的不服を根拠づける方向に作用するものである。このように見てくると、この事例で民事訴訟法旧 236 条 2 項を引用して新実体的不服を肯定した私見は誤りであったと言わなければならない。

　(b)　**形式的不服の存否**　越山説から疑念があるとされる形式的不服は存在するであろうか。棄却判決も認容判決もなされていないので、形式的不服はあるともないとも言えないのではないかというのが越山説の疑問である。ただ、この場合にも既判力対象が異なる訴え却下判決はなされているので、請求棄却の申立てで求めた権利保護が与えられなかったという意味で、「申立ての排斥」と考えてもよいように思われる[34]。前述のように、申立てが裁判所を拘束するところでは、申立てをした当事者は、後訴を俟つことなく、求めた裁判を追求する利益を保護されていることを考えれば、形式的不服のみによって上訴の不

---

31)　新堂幸司編・特別講義民事訴訟法（有斐閣・1988）204 頁〔上野泰男〕参照。
32)　髙橋・前掲注 3) 603 頁参照。
33)　松本＝上野・前掲注 16) 547 頁〔松本〕参照。
34)　越山・前掲注 5) 105 頁も、結論として、「形式的不服がある（申立てに主文が及ばない）」とする。

服が具備すると考えるべきである。

　(c)　**形式的不服の不発生**　小室博士は、「再論」5頁において、被告が第一次に訴え却下判決を第二次に請求棄却判決を求めていた場合に裁判所が不適法却下判決をしたときの被告の不服は、補正不能な訴訟要件の欠缺（裁判権の欠缺・出訴期間の経過を例として挙げる）を理由とするか否かにより決まり、前者を理由とするときは、請求棄却判決の方が有利であるとは言えないから「上訴の不服はない」とされ、後者を理由とするときは、「被告の請求棄却判決の申立てに対しては、〔補正可能な訴訟要件による却下判決は〕一部認容に類する関係にある」ので、補正不能な訴訟要件の欠缺を理由とする却下または請求棄却を求めて上訴をする利益があるとされる。小室説では、補正不能な訴訟要件を理由とするときは「全部認容に類する関係」にあり、形式的不服がないとの理由で上訴の不服が否定されているものと解される。越山説でも、却下理由ごとに検討し、判決効が実際上不利に作用することがないときは不服を否定すべきであると主張されるので、補正不能な訴訟要件の欠缺を理由とする却下判決がなされたときは、既判力が不利に作用しないとして、併存説の立場から、上訴の不服が否定される可能性がある。しかし、原告から再訴される可能性のないことが請求棄却判決に相当するとは考えられず、被告の第一次の却下申立てが、形式的不服の判断との関係で無視されるとすれば、被告の形式的不服により、請求棄却判決を求める上訴の不服を認めることができるように思われる[35]。

3　形式的不服を伴わない実体的不服

(1)　小室説

　形式的不服の原則によれば、形式的不服がなければ上訴の不服は具備しないと解するのが論理的であるが、小室説は、形式的不服はなくとも実体的不服が

---

35)　なお、松本博士は、『民訴法3』16頁において、被告が訴え却下判決を求めている場合に請求棄却判決がなされた場合、却下申立てに対し再審事由となるような「訴訟能力や代理権の欠缺を看過して本案判決がなされたとき」は、そのまま判決を確定させても原告が再審の訴えを提起して判決の取消しと再審理を求めることができるので（338条1項3号）、控訴の利益を認めることができるとされる。松本説によれば、却下申立てに対して請求棄却判決がなされたときは、請求棄却の申立ての有無にかかわらず被告には形式的不服がないので、実体的不服を伴わない形式的不服の事例ではなく、実体的不服だけが認められる事例に属する。したがって、この場合には、形式的不服の原則の例外として、実体的不服による上訴の不服の具備が問題とされることになる。

あれば上訴の不服が具備する例外的場合があることを承認する（前掲1(1)参照）。ただし、小室博士は、形式的不服により上訴の不服を判断することが、一般的利益の観点から常識的・合目的的であるが、形式的不服を伴わない実体的不服による上訴の不服は個別的利益の観点から認められるものであるから、それはあくまでも例外的であるべきであるとの理解を基礎にされている。その結果、実体的不服と上訴の不服とが直結されず、実体的不服だけで上訴の不服を肯定してよいのかを検討する余地が残されており、現に申立てがなされなかった理由などを考慮すべきであるとされている。

例えば、小室博士は、ドイツにおいて「婚姻維持という重要な一般利益を守るためにやむを得ず認められなければならない例外」であるとの理由で、離婚訴訟の勝訴原告が上訴審において離婚請求を取り下げまたは放棄し、婚姻の解消を阻止するため上訴することができると解されていることを紹介したうえで、「〔申立てを認容した〕判決に反して婚姻を維持するため上訴をするのを許すことが、一般的にそれ程重要な利益であるか否かは疑問である」との理由で「〔形式的〕不服の原則の例外を認める必要はない」とされる（「考察」33頁以下参照（引用中、〔　〕内筆者）。なお、「再論」12頁でも同旨が説かれる）。

小室説では、隠れた一部請求訴訟（いわゆる黙示の一部請求訴訟）における新たに発見された残部債権を訴求するための上訴の不服の問題において[36]、「過失なくして残部の請求をなしえなかった場合に限ると解すべきであろう」とされる（「考察」35頁参照）。これも例外的に実体的不服のみで上訴の不服を肯定する事例に当たるが、実質的には、残部について申立てをしなかったことに過失がなかったことが形式的不服の不存在を補充する（形式的不服に代わる）と考えてのことであると思われる[37]。小室博士が、被告の不服の判断に際して、明示的な棄却申立てがない場合でも、請求棄却の申立てがあったと推断されるのも[38]、形式的不服の原則を維持しようとするところにその趣旨があるものと思われ

---

36) 前掲注13)参照。
37) この点については、栗田・前掲注3) 65頁以下、76頁以下参照。
38) 「考察」28頁は、被告が請求棄却の申立てをしなくとも「被告は〔原告の請求の当否についての審判申立てを〕争うものとみられる」としたうえで、被告の申立てがないときも形式的不服の有無を判断することができるとし、「再論」5頁も、「特に限定して争う趣旨が、その〔被告の〕全主張から認められない限り、明示の〔請求棄却の〕申立てがなくても全部について請求棄却を申し立てていると推断しても不都合はない」とする（引用中、〔　〕内筆者）。

(2) 松本説

　松本説も、形式的不服の原則から出発し、例外的に、形式的不服がないにもかかわらず、実体的不服のみによって上訴の不服が具備することを認める（『民訴法3』6頁）。その代表的な例として、松本説では被告が請求棄却の申立てをしない場合がある。小室説では、請求棄却の申立ての推断によって形式的不服の原則の維持がはかられたが、松本説では「形式的不服の判断ができない」ので、「例外的に実体的不服の有無によって判断すべきであろう」とされる[39]。したがって、請求認容判決がなされている限り、被告に実体的不服があり、松本説ではこの実体的不服のみによって上訴の不服が肯定される。

　『民訴法3』6頁以下は、形式的不服のない当事者に実体的不服だけで上訴の不服を認めるべき場合として、ほかに、①離婚判決または離縁判決の言渡しの後、原告が、婚姻または縁組を継続したいと翻意して、請求の放棄または訴えの取下げ、もしくは婚姻または養子縁組の維持にとって有利な事実の主張のため控訴をする場合、②人事訴訟において、請求を全部認容する判決を受けた原告が控訴審で同一の身分関係に関する他の請求を追加するために、また請求棄却判決を得た被告が反訴により同様の請求を追加するために控訴をする場合を挙げる[40]。小室説は①の例では実体的不服の例外を否定したので、ここでも松本説はより広く実体的不服による上訴の不服を肯定していることが注目される。

　なお、小室説で実体的不服の例外が肯定された隠れた一部請求訴訟（いわゆる黙示の一部請求訴訟）の問題について、松本博士は、隠れた（黙示の）一部請求認容判決後の残部請求は遮断されないと解することを前提に[41]、形式的不服の原則の例外を肯定する必要はないとされる（『民訴法3』6頁、『人訴法』210頁）。松本説では、請求部分については申立てどおりの判決がなされており、しかもこの判

---

39)　『民訴法3』6頁参照。栗田・前掲注3）64頁は「無理に推断する必要」はないとして、越山・前掲注5）104頁は「擬制的意味」しかないとして、いずれも松本説と同旨を説く。

40)　②の場合については、人事訴訟では原告または被告は控訴審の最終口頭弁論終結時まで訴えの変更や反訴提起の制限を受けることなく、無制限に訴えの変更および反訴の提起をすることができる（人訴法18条）という根拠が示されている（『民訴法3』7頁）。

41)　松本＝上野・前掲注16）632頁以下〔松本〕、松本博之・既判力理論の再検討（信山社・2006〔初出2001〕）207頁以下、217頁参照。

決の既判力は残部請求訴訟の妨げにはならないので、形式的不服のみならず実体的不服も存在しないからである。しかし、松本博士は、仮に既判力を残部債権に及ぼすことが必要であるとの見解に立ったとしても、「問題は隠れた一部請求の側にあるので」、形式的不服説の不当を根拠づけないとされる[42]。

予備的相殺の抗弁により請求棄却がなされた場合にも、小室説と松本説とで結論が異なる[43]。ここでは、請求棄却の申立てと請求棄却の主文が比較対象なので形式的不服が否定されるとする小室説に対して、松本説は、予備的相殺の抗弁の既判力も申立てとの比較対象になるとして、被告に形式的不服があるとするからである。

(3) 越山説

越山説からは、ここでの問題は、両不服併存の原則の例外として、実体的不服のみによって上訴の不服が具備する例外を認めるのかという問題になる。

請求棄却の申立てをしない被告は請求認容判決に対して上訴の不服を有するかという問題については、越山説も併存説の例外として実体的不服による上訴の不服を肯定する[44]。

隠れた一部請求訴訟（いわゆる黙示の一部請求訴訟）の問題では、一定の範囲で形式的不服の原則の例外として、実体的不服のみで上訴の不服が備わるとする小室説と、形式的不服の原則を維持して実体的不服のみによる上訴の不服を否定すべきであるとする松本説[45]に対して、越山・前掲注5）論文102頁以下では、「上訴の利益の判断基準の適用問題ではなく、第1審段階で請求を拡張する責任を課することが相当なのかどうかという政策論的な問題」、換言すれば、「黙示の一部請求の全部認容判決の既判力自体が、早期の請求拡張を原告に対して要求していると見てよいのかどうか」という問題であるとされる[46]。この

---

42) 『民訴法3』6頁参照。『人訴法』210頁でも同趣旨が説かれる。なお、『民訴法3』15頁は、「訴えの変更によらなければ別訴によってもはや請求できなくなる場合には、例外的に控訴の利益がある」とし、具体例として、「口頭弁論終結後に不法行為による損害額が第一審の請求額より多額であることが明らかとなったため請求を拡張する場合」を挙げるが、本文で紹介した松本説と整合するのかについては疑問がある（越山・前掲注5）109頁注55参照）。
43) 前掲注10）参照。
44) 前掲注39）参照。
45) ただし、前掲注42）も参照。
46) 前掲注40）に対応する本文で述べる②の場合についても同旨が説かれる（越山・前掲注5）103頁参照）。

記述が越山説（併存説）との関係でどのような意味を持つのかは必ずしも明らかでない。なぜなら、黙示の一部請求を全部認容する判決の既判力が、いわゆる同一審級説的に作用するのか、同一訴訟説（別訴禁止説）的に作用するかは、越山説にいわゆる「政策論的」判断により決まるとしても、その不利益な作用によって基礎づけられる実体的不服のみによって上訴の不服が具備するのかどうかという問題は残り、この点が明らかにされていないからである。

予備的相殺の抗弁により請求棄却がなされた場合、越山・前掲注5）論文99頁は、請求棄却の申立てと請求棄却の主文および予備的相殺の抗弁を認める理由中の判断とが比較対象となり、後者は相殺の抗弁の既判力の分だけ前者より小であるから形式的不服があり、実体的不服もあるから、両不服併存の原則が適用されるとする。なお、被告が相殺の抗弁による棄却判決だけを求めてこれが容れられた場合、形式的不服はないので、実体的不服だけがあるという場合に当たる。

(4) 検　討

(a) 私自身は、これまで新実体的不服だけで上訴の不服が具備するとの見解を主張してきたが、前述のように形式的不服のみによって上訴の不服ありとしなければならない場合があるので（前掲2⑷参照）、この限度で、従来の見解を維持することができない。そうすると、小室説や松本説のように、申立ての裁判所拘束力（当事者主義）を基礎とする形式的不服の原則を肯定するのか、越山説のように、実体的不服を重視しつつ両不服併存の原則を認めるのか、それとも、形式的不服または実体的不服が等しく上訴の不服を具備させると考えるのか、ということが問題となる。民事訴訟において当事者主義が持つ意味や形式的不服の判断の簡易明確性を考慮すると、形式的不服に原則的意味を認めることにも一定の根拠がある。しかし、形式的不服と実体的不服とが併存する多くの場合、上訴手続の開始にとって、実体的不服の持つ意味は決して形式的不服のそれに劣るものではなく、形式的不服と実体的不服は同等の意味を与えられねばならない。判断の簡易明確性という点についても、申立てが排斥されておればそれは形式的不服の認識根拠となるが、なお当該申立ての排斥が求められた既判力と裁判によって与えられる既判力の差を包含するのかという意味で既判力を考慮しなければならない。そうすると、申立てにおいて求められる既判

力と裁判によって与えられる既判力の差の判断、その既判力の作用の判断は一体として行われるものと思われるので、形式的不服の判断は実体的不服の判断よりも格段に簡易明確というわけでもない。したがって、私は、形式的不服および実体的不服は、そのいずれもが上訴の不服を具備させると考える。

　　(b)　請求棄却の申立てをしない被告は請求認容判決に対して上訴の不服を有するかという問題について、小室説は申立ての推断により形式的不服の原則を維持したが、松本説および越山説は実体的不服により上訴の不服が具備すると解した。申立てがないため形式的不服の判断ができない場合であり、私見でも、実体的不服がある限り、上訴の不服が具備するとの結論になる。当事者以外の第三者が上訴人となるので裁判と比較すべき申立てがない場合（旧277条＝現行192条参照）や申立てがなくとも裁判所が職権で裁判をすることができる場合（旧95条・96条・361条＝現行67条1項・2項・282条など参照）も同様である[47]。

　　(c)　予備的相殺の抗弁により請求棄却がなされた場合、請求棄却の申立てと請求棄却の主文が比較対象なので形式的不服が否定されるとする小室説に対して、松本説および越山説は、予備的相殺の抗弁の既判力も申立てとの比較対象になるとして、被告に形式的不服があるとした。予備的相殺の抗弁の既判力は被告に不利に作用するから、実体的不服もあり、松本説では形式的不服の原則が、越山説では両不服併存の原則が適用される。しかし、この相殺の抗弁の既判力は、判断順序指定の裁判所拘束力を通じて、主位的防御方法（例えば、訴求債権の発生原因である契約の不存在）の判断を跳ばして予備的相殺の抗弁で棄却判決がなされたときに、形式的不服を基礎づけることはあっても、請求棄却判決がなされている以上、申立てにおいて求められた既判力と判決の既判力との差という意味での形式的不服はなく、予備的相殺の抗弁の既判力は、その被告に対する不利益な作用が実体的不服を基礎づけるだけであると解される[48]。し

---

47)　「考察」32頁以下では、形式的不服の「当然の例外」とされている。申立てが不服の判断としての意義を持ち得ない場合という意味で、換言すれば形式的不服が観念できない場合という意味で、「当然の例外」とされているものと思われる（「再論」9頁以下でも同旨が説かれる）。
48)　髙橋・前掲注3) 601頁も、形式的不服説を、「第一審における本案の申立てと判決主文とを比べ、判決主文で与えられたものの方が少なければ、そこに控訴の利益を認めるというものである」と定義し、相殺の抗弁により請求棄却判決がなされたときは、「被告は請求棄却という全部勝訴判決を得ているのであるから、申立てと判決主文を比較した形式的不服はない」と述べたうえで、「予備的相殺で請求棄却を得ているときは、自分の反対債権を犠牲に供している」から、「例外として予備的相殺で勝訴した被告に控訴の利益を肯定するのである」とする。

たがって、この場合の被告の上訴の不服は実体的不服のみによって基礎づけられていると解するのが正当である。

(d) 隠れた一部請求訴訟（いわゆる黙示の一部請求訴訟）の問題では、一定の範囲で形式的不服の原則の例外として、実体的不服のみで上訴の不服が備わるとする小室説と、形式的不服の原則を維持して実体的不服のみによる上訴の不服を否定すべきであるとする松本説とが対立する[49]。私自身は、黙示の一部請求を全部認容する判決の既判力が残部請求訴訟を排除するとの立場に依拠する限り、これによって基礎づけられる実体的不服が上訴の不服を具備させると解する。

離婚判決または離縁判決の言渡しの後、原告が、婚姻または縁組を継続したいと翻意して、請求の放棄または訴えの取下げ、もしくは婚姻または養子縁組の維持にとって有利な事実の主張のため控訴をする場合、および、人事訴訟において、請求を全部認容する判決を受けた原告が控訴審で同一の身分関係に関する他の請求を追加するために、また請求棄却判決を得た被告が反訴により同様の請求を追加するために控訴をする場合も同様である。

---

49) ただし、前掲注42）も参照。なお、学説は分かれ、栗田・前掲注3）68頁は小室説（「考察」35頁）と同旨、伊藤眞・民事訴訟法［第4版補訂版］（有斐閣・2014）684頁は松本説（『民訴法3』6頁、『人訴法』210頁）と同旨、新堂幸司・新民事訴訟法［第5版］（弘文堂・2011）884頁以下および髙橋・前掲注3）607頁は形式的不服の原則の例外として実体的不服による上訴の不服を肯定する。なお、これらの見解はいずれも残部請求訴訟が許容されないとする立場を前提に、上訴の不服の問題を検討する点では共通し、松本説および伊藤説は形式的不服の原則の例外否定説、新堂説および髙橋説は形式的不服の例外肯定説、小室説および栗田説は折衷説と位置づけることができる。

会社訴訟における
第三者再審に関する一考察

坂田　宏

　　Ⅰ　はじめに
　　Ⅱ　実務上の問題点
　　Ⅲ　理論上の問題点

Ⅰ　はじめに

　最高裁判所は、近時、会社訴訟の確定判決に対して第三者が提起する再審の適法性およびその手続上の手段につき、相次いで2つの判断を示した（最決平成25年11月21日民集67巻8号1686頁（以下、「①決定」という）、および、最決平成26年7月10日判時2237号42頁・判タ1407号62頁（以下、「②決定」という）である）[1]。会社法の規定のないところで、第三者からの再審の訴えを適法とする途を開いたことで注目される最高裁の判例・裁判例である。
　ところで、筆者は、日本民事訴訟法学会第82回大会におけるシンポジウム「民事訴訟法の今後の改正課題」において報告するとともに[2]、「民事訴訟法改正研究会」の一員として2012年末に三木浩一＝山本和彦編『民事訴訟法の改正

---

1) 判例批評・評釈として、①決定につき、伊藤眞・金判1434号（2014）1頁、髙橋利昌・金判1443号（2014）8頁、椙村寛道・NBL1031号（2014）78頁、岡田幸宏・リマークス49号（2014）122頁、堀野出・新・判例解説Watch15号（2014）145頁、川嶋四郎・法セミ719号（2014）110頁、今津綾子・判例セレクト2014〔2〕414号（2015）29頁、河村好彦・法学研究（慶應義塾大学）87巻11号（2014）56頁、八田卓也・金法2005号（2014）66頁、高山崇彦＝山口俊・金法2013号（2015）117頁がある（なお、①決定の原審にあたる東京高決平成24年8月23日判時2158号43頁についての判例批評・評釈として、岡田幸宏・判評652号（2013）22頁、杉山悦子・平成24年度重判解127頁などがある）。②決定につき、笠井正俊・判例セレクト2014〔2〕414号（2015）30頁、吉垣実・平成26年度重判解135頁、日下部真治・金判1465号（2015）8頁がある。なお、石橋英典「確定判決の効力を受ける第三者による再審の際の独立当事者参加」同志社法学66巻6号（2015）219頁参照。
2) シンポジウム「民事訴訟法の今後の改正課題」民訴59号（2013）145頁参照。

課題』（有斐閣・2012）（以下、『改正課題』という）[3]）の公刊に参加した。『改正課題』176 頁以下で「第三者再審制度の導入」が提案されているが、これは、これら 2 つの決定の扱う理論的問題点と深く関係する。そこで、2 決定のもつ問題点につき整理検討することを本稿の目的としたい。なお、この問題設定は、会社訴訟や人事訴訟という、その多くが形成訴訟であり[4]）、また、対世効を有する訴訟類型[5]）であることも問題点[6]）として理論的に採り上げるべきものと思われるが、紙幅の関係上、稿を改めて論じることとしたい[7]）。

II 実務上の問題点

1 最高裁の2つの決定

(1) 【①決定】最決平成 25 年 11 月 21 日民集 67 巻 8 号 1686 頁

本件の事案の概要は、以下のとおりである。

　Y_1 会社は、X（当時の Y_1 会社の代表取締役）が新株予約権を行使したことにより、平成 23 年 2 月 7 日、1500 株の普通株式を発行し、X は上記株式の株主となった。その後、X は、代表取締役を解任され、Y_2（Y_1 会社の株主）は、2011 年 7 月 13 日、Y_1 会社を被告として、本件株式発行不存在確認を求める訴えを提起し、予備的に本件株式発行無効の訴えを追加した（以下、「前訴」という）。Y_1 会社は、第 1 回口頭弁論期日において請求を認め、請求原因事実をすべて認める旨の答弁をしたが、裁判所は、当事者双方から提出された書証を取り調べたうえで請求原因事実についての追加立証を行うため口頭弁論を続行した。第 2 回口頭弁論期日では、Y_1 提出の（本件株式発行が見せ金によることを認めている）陳述書を取り調べたうえで結

---

[3]）『改正課題』3 頁以下参照。
[4]）　もちろんすべての会社訴訟・人事訴訟が形成訴訟ではない。会社法 847 条の責任追及等の訴えは給付訴訟であり、親子関係不存在確認訴訟は確認訴訟である。
[5]）　例えば、会社の組織に関する訴えに係る請求を認容する確定判決は、第三者に対してもその効力を有し（会社法 838 条）、また、人事訴訟の確定判決もまた第三者効を有している（人訴法 24 条 1 項。ただし 2 項参照）。しかし、必ずしもすべての形成判決が対世効を有するわけではない。債権者代位訴訟（民法 424 条）がその例である。なお、形成訴訟のメルクマールは、「形成判決の確定のない限り当該法律関係の変動を何人も主張することができない」という点に求められていることについて、髙橋宏志・重点講義民事訴訟法(上)[第 2 版補訂版]（有斐閣・2013）71 頁以下参照。
[6]）　例えば、形成訴訟の訴訟物の議論に対する松本博之先生の評価（松本博之・人事訴訟法[第 3 版]（弘文堂・2012）148 頁）を参照せられたい。
[7]）　この点で判例評釈の域を抜け出せていないのではないかという疑念を懐かざるをえない。松本博之先生には、院生時代、日本民事訴訟法学会関西支部研究会において多くの学恩を賜った。本稿で論じ尽くしえなかった疑念について、必ず研究を尽くす所存であり、松本先生のご寛容を乞う次第である。

審し、平成23年9月27日、予備的請求を認容する判決（以下、「前訴判決」という）を言い渡し、控訴期間の経過により確定した。

Xは、前訴について、独立当事者参加の申出をするとともに（以下、「本件独立当事者参加」という）、本件再審の訴えを提起した。原審は、Xは、前訴判決の効力を受ける者であって共同訴訟的補助参加をすることができるものであるから、本件再審の訴えの原告適格を有するということができるが、Y$_1$・Y$_2$が前訴の係属の事実をXに知らせず前訴判決を確定させ、これによって抗告人の権利が害されたとしても前訴判決に民事訴訟法338条1項3号の再審事由があるということはできないとして、本件再審請求を棄却した。

判旨は、職権により原決定を破棄し、原告適格の有無について審理を尽くさせ、これが認められる場合にはさらに民事訴訟法338条1項3号の再審事由の有無について審理を尽くさせるため、本件を原審に差し戻した。以下に判旨を要約する。

新株発行無効の確定判決の効力を受ける第三者は、当然には上記再審の訴えの原告適格を有するということはできないが、第三者が再審の訴えを提起するとともに独立当事者参加の申出をした場合には、合一確定の要請を介し、上記確定判決の判断を左右することができるようになる。新株発行無効の確定判決の効力を受ける第三者は、独立当事者参加の申出をすることにより、再審の訴えの原告適格を有することになるというべきである（最判平成元年11月10日民集43巻10号1085頁は、本件との抵触が問題になる判例ではないとする）。新株発行無効の確定判決の効力を受ける第三者が、上記訴訟の係属を知らず、上記訴訟の審理に関与する機会を与えられなかったとしても、直ちに上記確定判決に民事訴訟法338条1項3号の再審事由があるということはできないが、当事者は、信義に従い誠実に民事訴訟を追行しなければならないのであり（民訴法2条）、とりわけ、新株発行無効訴訟の被告適格が与えられた株式会社は、事実上、第三者に代わって手続に関与するという立場にあり、第三者の利益に配慮し、信義に従った訴訟活動をすることが求められる。第三者が後に確定判決の効力を一切争うことができないと解することは、手続保障の観点から是認することはできないのであって、上記株式会社の訴訟活動が著しく信義に反しており、上記第三者に上記確定判決の効力を及ぼすことが手続保障の観点から看過することができない場合には、上記確定判決には、民事訴訟法338条1項3号の再審事由があるというべきである。

(2) 【②決定】最決平成26年7月10日判時2237号42頁・判タ1407号62頁

本件は、相手方Y$_1$、Y$_2$およびY$_3$（以下、「Y$_1$ら」という）を原告とし、相手方Y$_4$（以下、「Y$_4$会社」という）を被告として提起された株式会社の解散の訴え（会社法833条1項）に係る請求を認容する確定判決につき、Y$_4$会社の株主であるX（抗告

人）が、上記訴えに係る訴訟の係属を知らされずその審理に関与する機会を奪われたことを理由に上記確定判決につき民事訴訟法 338 条 1 項 3 号の再審事由があると主張して、上記訴訟について独立当事者参加の申出をするとともに再審の訴えを提起した事案である。原々審は、再審の訴えの原告適格を有するとしたうえで、本件再審請求には理由がないとしてこれを棄却し、原審もこれを維持して、抗告人の抗告を棄却した。

これに対し、最高裁は、職権により判断し、原審の判断には裁判に影響を及ぼすことが明らかな法令の違反があり、原決定は破棄、原々決定を取り消して、本件再審の訴えを却下した。以下に判旨を要約する。まず、①決定を引用したうえで、この理は、株式会社の解散の訴えの場合においても異ならないとし、独立当事者参加の申出は、参加人が参加を申し出た訴訟において裁判を受けるべき請求を提出しなければならず、単に当事者の一方の請求に対して訴え却下または請求棄却の判決を求めるのみの参加の申出は許されないと解すべきである（最判昭和 45 年 1 月 22 日民集 24 巻 1 号 1 頁参照）と判断した。なお、本決定には、金築誠志裁判官の意見（以下、「金築意見」という）と山浦善樹裁判官の反対意見（以下、「山浦反対意見」という）がある。

2　これまでの裁判例[8]

(1)　【③判決】東京地判昭和 63 年 7 月 28 日判時 1317 号 94 頁

共同被告である土地賃貸人は、同じく共同被告である借地人が当該土地上に所有する建物が抵当権者たる原告により開始された抵当権実行手続の最中にあって、賃料不払いに理由として賃貸借契約を解除し、借地人に対して建物収去土地明渡請求訴訟を提起し、借地人欠席のまま認容の確定判決を得、これに基づき当該建物を収去した。原告は、賃貸人・借地人を相手取り、独立当事者参加をしたうえで、再審の訴えを提起した。裁判所は、「再審の訴にかかる確定判決の当事者でない第三者であっても、右判決の効力を受ける第三者であって、判決の取消につき固有の利益を有する者については、再審の訴を提起しうる適格を有するものと解せられる」としつつも、「原判決は右判決の当事者でない第三者たる再審原告に対し対世的に効力を及ぼすものでないことはもとより明らかである」などとして、「いかなる意味においても原判決の効力が第三者である再審原告に及ぶことはない以上、再審原告は本件再審の訴につき当事者適格を有しないというべきで

---

8)　なお、岡田・前掲注 1）リマークス 124 頁は、最判昭和 40 年 12 月 21 日民集 19 巻 9 号 2270 頁の理由中の説示を採り上げているが、民事訴訟法 115 条 1 項 3 号と民事執行法 35 条 2 項とに係る問題であることから、本稿では紹介を割愛する。

(2) 【④判決】最判平成元年 11 月 10 日民集 43 巻 10 号 1085 頁

　検察官を被告としてされた子から亡父への認知を求めた訴えにつき認容の確定判決に対し、亡父の実子および養子が前訴の原告および被告を相手取り提起された再審の訴えである。最高裁は、「検察官を相手方とする認知の訴えにおいて認知を求められた父の子は、右訴えの確定判決に対する再審の訴えの原告適格を有するものではないと解するのが相当である」として、再審の訴えを却下した。

(3) 【⑤決定】大阪高決平成 15 年 12 月 16 日判タ 1152 号 287 頁

　有限会社の第三者割当増資を内容とする総会決議の不存在確認訴訟が提起されたが、被告の有限会社が第 1 回口頭弁論期日に欠席し、請求原因事実がすべて自白されたものと擬制され、請求認容判決がされ、確定した。これに対し、当該総会決議により増資を受けることになっていた第三者（社員）が原告となり、この訴訟（本案訴訟）の原告と被告である会社を相手取り、再審の訴えを提起した事案である。原審は、再審請求を棄却したが、抗告審は、抗告人たる第三者が「本案判決の既判力によって拘束され、かつ、本案判決によって直接的に自己の権利を害されるのであって、本案訴訟の当事者に準ずる立場にある」としたうえで、本案訴訟係属時に会社が当該決議の有効を争わなかった場合、第三者は独立当事者参加をすることができたはずであり、本案判決が確定した後は、独立当事者参加の方式により、その再審の訴えを提起する資格を有するのであって、「本案判決の当事者ではないが、抗告人が提起した本件の再審の訴えは適法である」として、再審の原告適格を肯定した。そのうえで、「終局判決の既判力によって自己の権利を制限しようとする本案判決が提起されたのに、これに関与して訴訟行為を行う機会を奪われたのであって、この事態は、訴訟当事者が代理人によって適法に代理されなかった場合と同視できる」として、原決定を取り消し、再審開始の決定をした事例である。

3　最高裁の 2 決定の位置づけ

　まず、再審の訴えの原告適格について、①決定は、独立当事者参加の方式によらなければならないというスタンダードを定立した。これは、まず、③判決および④判決が認めなかった原告適格について、いわゆる三面訴訟のかたちで再審の訴えを提起することにより、第三者固有の利益に基づいて再審事由の判

断を求めることができるという、⑤決定と同じ出発点を採ったとものとして評価できる。ただし、⑤決定が善意の読み替えによって再審の訴えを認めたことに対して、①決定は、独立当事者参加という参加形態においてのみ第三者再審は許されるものであり、共同訴訟的補助参加のうえで再審の訴えを提起しても、再審事由としては、当該再審対象である前訴の当事者について考えられるにとどまり、第三者固有の再審事由を顧慮することはできないとしている点に注意すべきであろう[9]。

次に、会社訴訟の被告適格とも絡む問題であるが、①決定が論じているように、判決の第三者効が認められる会社訴訟において株式会社に限って被告適格を認めていることで、第三者が単に当該訴訟の係属を知らず、その審理に関与することができなかったとしても「直ちに上記確定判決に民訴法338条1項3号の再審事由があるということはできない」、つまり、第三者の固有の利害関係は、具体的な会社訴訟の被告である株式会社によって訴訟上保護されているという、既判力の主観的範囲における、いわゆる手続代行の議論が炙り出されてきている点に注意を要する[10]。①決定は、訴訟上の信義誠実の原則（民訴法2条）により、被告適格が与えられた株式会社が「事実上、上記確定判決の効力を受ける第三者に代わって手続に関与するという立場にもあることから、上記株式会社には、上記第三者の利益に配慮し、より一層、信義に従った訴訟活動をすることが求められるところである」ことを率直に認め、「上記第三者が後に上記確定判決の効力を一切争うことができないと解することは、手続保障の観点から是認することはできない」事案であるとして、再審事由があるという判断を導いている。このように、たとえ例外的な場合であっても、手続保障の観点から看過しがたいケースについて、再審事由の限定列挙に固執することなく、直接に民事訴訟法338条1項3号の再審事由を認めている点は、高く評価することができよう[11]。

なお、手続保障の観点からは、会社訴訟が弁論主義であるのに対し、人事訴訟が職権探知主義（人訴法20条）を採用していることから、これを区分すること

---

9) ②決定における金築意見参照。
10) ②決定における山浦反対意見参照。
11) 岡田・前掲注1）リマークス125頁。

もできないわけではない。④判決の控訴審においても、「人事訴訟における身分判決の効力をうける第三者の利益の保護については、一般的には人事訴訟手続法における職権探知主義の運用にまつほかな」く、当時の「人事訴訟手続法は、以上の職権探知主義の運用をもって裁判所が実体的真実を把握し、適正な判決をすることによって身分判決の効力をうける第三者の正当な利益も保護されることを期待しているものと解され」、「裁判所は前記の職権探知主義に則った適切な訴訟指揮をもって、事案の実体的真実を把握するよう審理を尽すべき責務があるということになる」としたうえで、「更に認知を求められた父の死後に検察官を被告として提起追行された認知訴訟の場合は、直接の利く、事情にも通じない検察官に必らずしも十分な訴訟活動を期待できず、職権探知主義とはいいながら受訴裁判所も当事者が提出する証拠資料以外の証拠を十分に蒐集するのは困難であるから控訴人らに参加の機会を与えて訴訟活動を行わせることは、実体的な真実を把握する点でも人事訴訟の目的にそうところである。これらの事情を勘案すれば、本件においては控訴人らの救済を考えるべき十分な理由がある」と判示する。控訴審の結論自体は、④判決によって破棄されているが、人事訴訟と会社訴訟との違いを意識させる議論でもある[12]。

再審事由については、Xが、仮に前訴の係属を知れば、前訴に参加するなどしてY_2による株式発行の無効請求を争うことが明らかな状況にあり、かつ、Y_1はそのことを十分に認識していたにもかかわらず、Y_1会社がY_2の請求を全く争わず、請求原因事実の追加立証を求める受訴裁判所の訴訟指揮に対し[13]、自ら請求原因事実を裏付ける書証を提出したほか、前訴の係属を知らせることが容易であったにもかかわらず、Xにこれを知らせず、その結果、Xは、前訴に参加するなどして本件株式発行の無効を求める請求を争う機会を逸したことをもって、「前訴におけるY_1の訴訟活動は、会社法により被告適格を与えられた者によるものとして著しく信義に反しており、抗告人に前訴判決の効力を及ぼすこ

[12) ただし、垣内正編・会社訴訟の基礎（商事法務・2013）26頁は、「実務においては、利害が一致した当事者が、確定認容判決に対世効がある訴訟を提起し、馴れあいにより認容判決を得ようとしているのではないかと疑われる事案が決して珍しくなく、このようなケースにおいて、第三者の受ける不利益を考慮する必要があることは、裁判実務上の共通認識といって良いと思われる」との見方を示している。なお、④判決およびその控訴審判決では、「第三者再審」（行訴法34条）に言及する際、弁論主義でもなく、職権探知でもない行訴法上の審理形態を「職権審理」と呼んでいる。
13) 前掲注12）で触れた実務の認識がここにも顕れているものと言えるであろう。

とは手続保障の観点から看過することができないものとして、前訴判決には民事訴訟法338条1項3号の再審事由が存在する余地があるというべきである」と判示している。これは、氏名冒用訴訟に見られるような民事訴訟法338条1項3号の類推適用の議論をさらに進め、手続保障の観点から直接「適用」しているものと言うことができよう。

しかしながら、独立当事者参加の形式をもって再審を認めるという①決定の論理を貫けば、民事訴訟法47条1項前段の詐害防止参加の要件である（再審訴訟の原告が）「訴訟の結果によって権利が害されることを主張する第三者」であることを立証しなければならないはずであるが、この「権利」とは実体法上の権利であって、厳密に言えば、手続保障を求めるという手続上の権利ではない[14]。また、①決定の事案から見て、前訴判決は、主位的な新株発行不存在確認につき棄却しているのであって、この意味でY_1会社とY_2との間の共謀の企ては失敗に終わったということができる[15]。したがって、①決定の意味するところは、厳密な意味での「詐害再審」ではなく、手続保障を求める訴訟上の権利救済のために認めたものと理解しなければならない。

最後に、このような既判力の拡張を受ける第三者の再審について要件となる、独立当事者参加における「請求の定立」[16]の問題がある。独立当事者参加の申出における請求の定立の必要性につき、権利主張参加（民訴法47条1項後段）ではこれを必要とすることにほぼ争いがないが、詐害防止参加（同項前段）については議論があり[17]、②決定は通説に従い必要説を採った[18]。これに対して、学説の少数有力説と連動する山浦反対意見が、詐害防止参加の制度を「原告と被告によるなれ合い訴訟により参加申出をしようとする者の権利を害する判決が出

---

[14] この点は、②決定が議論する「請求の提出」の問題とも絡むところである。
[15] 岡田・前掲注1）判評24頁。
[16] ②決定においては、金築意見・山浦反対意見を除いて、「請求の提出」と表現される。本稿も、請求の「定立」という表現を採りたい。
[17] 笠井・前掲注1）30頁。通説的見解は、これを必要とするが（新堂幸司・新民事訴訟法［第5版］（弘文堂・2011）832頁、伊藤眞・民事訴訟法［第4版補訂版］（有斐閣・2014）658頁など）、有力少数説はこれを不要とする（上田徹一郎=井上治典編・注釈民事訴訟法(2)（有斐閣・1992）203頁［河野正憲］、徳田和幸「独立当事者参加における請求の定立について」新堂幸司先生古稀祝賀・民事訴訟法理論の新たな構築(上)（有斐閣・2001）705頁、髙橋宏志・重点講義民事訴訟法(下)［第2版補訂版］（有斐閣・2014）519頁など）。
[18] 笠井・前掲注1）30頁は、②決定は、現行法のもとでも昭和45年判決が妥当することを確認したことにも先例的価値を認めている。

ることを阻止することに目的がある」ものとして、請求の定立を不要とする。第三者の再審事由として、手続保障を求める手続上の権利が害されていることだけを認定して前訴判決の既判力拡張により第三者の実体法上の権利がもはや争いえなくなっている状態を解除することのみで足りるか、あるいは、そのうえで、当該実体法上の権利を救済する必要をも同時に要件とすべきかという問題設定である。再審の訴えの２段階構造からいえば、論理上、必要説が導かれるように思われるが、②判決の場合、具体的にどのような請求が定立可能なのかという問題があろう。山浦反対意見にあるように、特定の取締役の地位存在確認訴訟や清算人の地位不存在確認訴訟という「技巧的な請求」を定立することが可能であるのかが問われなければならないのであろうか。あるいは、②判決の事案が会社解散の訴えであったことも、考慮すべき特殊要素とすべきなのかもしれない。判例は、再審事由の限定列挙を第三者再審で大幅に緩和したことに対する調整弁として「請求の定立」を置くことにより、このような第三者再審の道はあくまでも例外的な措置であることを示したいのかもしれない。

III　理論上の問題点

1　学説の状況

　いわゆる第三者再審の沿革については、明治期の旧々民事訴訟法483条で、第三者が原告および被告の共謀で第三者の債権を詐害する目的で確定判決を受けたと主張して、当該確定判決について不服を申し立てたときは、原状回復の訴えによる再審の規定を準用するかたちで、原告および被告を共同被告として詐害再審を認めていた。ところが大正期の旧民事訴訟法ではこの規定が削除され、独立当事者参加のうちの詐害防止参加（旧民訴法71条前段＝現行民訴法47条1項前段）の規定で対処できるものとされるに至った。こうした詐害再審制度を廃止したことは立法の過誤であり、立法論として詐害再審を復活させることが主張されてきたのは周知のとおりである[19]。

---

19)　上田＝井上編・前掲注17) 246頁〔小室直人＝東孝行〕、杉山・前掲注1) 127頁以下参照。『改正課題』176頁以下、179頁以下もまた、かような現状認識に基づき、判決効が及ぶ第三者に詐害再審の途を開くよう改正提案をする。

また、立法論としてではなく、現行法のもとにおいても解釈論として、第三者に再審の訴えを提起することを認める学説がある。すなわち、詐害防止参加としての独立当事者参加の要件を満たしている場合に、その申出とともに確定判決の原告および被告を共同被告とする再審の訴え（詐害再審）を提起し、再審事由を民事訴訟法 338 条 1 項 5 号の類推によって認めようとする見解や[20]、詐害再審そのものを解釈によって認める見解[21]である。
　さらに、人事訴訟の領域では、当事者の訴訟告知義務を前提に、第三者が訴訟告知または通知を受けず、実質的にも訴訟に参加する機会を与えられなかった場合に、民事訴訟法 338 条 1 項 3 号を類推適用できるという見解[22]や、人事訴訟法 24 条 2 項を類推適用することによって人事訴訟に対する判決の効力を相対的に取り扱い、事実上の第三者再審を認めようとする見解[23]もある。
　①決定・②決定の示した解釈の方向は、これらの解釈において詐害再審≒第三者再審を認めようとする学説の基本的潮流とかなり親和的であるといえよう[24]。

2　人事訴訟・行政訴訟における第三者再審との比較

　理論上、会社訴訟と並んで人事訴訟や行政訴訟という形成判決を目指す訴訟を中心とした法領域が存在する[25]。これらの法領域では、新たに打ち立てられる法律関係が多数の者の利害に関係することから、法的安全性のため画一的判断が必要とされ、形成判決に対世効が及ぼされることが多いという共通性がある。しかしながら、ことに第三者からする再審については、これを認めるという規定があったとしても、理論的・実際的に必ずしも統一的なものではなく（行

---

20)　兼子一・新修民事訴訟法体系［増補版］（酒井書店・1965）333 頁、413 頁、485 頁、吉村徳重「既判力拡張における依存関係(3)」法政研究 28 巻 1 号（1961）49 頁、65 頁など。この見解は、詐害的な訴訟行為があったことを執行妨害の一種として捉えようとする。『改正課題』177 頁、178 頁、杉山・前掲注 1）128 頁、堀野・前掲注 1）147 頁参照。
21)　鈴木正裕「判決の反射的効果」判タ 261 号（1971）11 頁。なお、船越隆司「詐害判決論──債権者取消権と管理処分権に関する考察」法学新報 74 巻 4＝5 号（1967）170 頁参照。
22)　吉村徳重＝牧山市治編・注解人事訴訟手続法［改訂版］（青林書院・1993）279 頁以下〔吉村〕。
23)　髙田裕成「身分訴訟における対世効論のゆくえ」法教 66 号（1986）43 頁、49 頁。なお、山木戸克己・人事訴訟手続法（有斐閣・1958）139 頁、吉村＝牧山編・前掲注 22）283 頁〔吉村〕参照。
24)　なお、『改正課題』THEME23（168 頁以下）提案の 1 は、手続に関与する機会が与えられなかった場合について再審事由を明文化し、再審事由の限定列挙と矛盾することのないよう配慮されている。
25)　前掲注 4）・5）参照。

III 理論上の問題点

訴法 34 条、特許法 172 条 1 項)、また、人事訴訟・会社訴訟の多くは、解釈によって第三者再審の可否を定めることも可能である。そこで、以下、人事訴訟・行政訴訟の第三者再審について概観してみよう。

(1) 人事訴訟

人事訴訟法 24 条 1 項は、「人事訴訟の確定判決は、民事訴訟法第 115 条第 1 項の規定にかかわらず、第三者に対してもその効力を有する」と規定し、既判力を第三者に拡張する旨を明らかにしている。続いて同条 2 項は、「民法第 732 条の規定に違反したことを理由として婚姻の取消しの請求がされた場合におけるその請求を棄却した確定判決は、前婚の配偶者に対しては、前項の規定にかかわらず、その前婚の配偶者がその請求に係る訴訟に参加したときに限り、その効力を有する」として、重婚を理由とする婚姻取消の訴えについては、原告である後婚の配偶者が敗訴したとき、後婚が有効であることにつき前婚の配偶者が自らの婚姻（前婚）が有効であると主張し、当該主張に参加する途が開かれていた場合に限って第三者効が生じ、そうでない限りは既判力は拡張されないと規定する。このように、例外的な規律（人訴法 24 条 2 項）について当該第三者の手続保障が害されたときにこれを類推して適用する見解があることは前述のとおりであるが[26]、他方、利害関係人の訴訟参加（人訴法 15 条 1 項）・利害関係人に対する訴訟係属の通知（人訴法 28 条）を制度として認め、また、当事者の一方に訴訟告知や通知を要求するなどして参加の機会を保障することにより、第三者再審を事実上認めないようにする解釈も根強い[27]。さらに、身分関係に関わる公益的な事柄につき当事者の訴訟における処分を認めず、職権探知主義（人訴法 20 条）を採ることによって裁判所に主体的責任を負わせることが、解釈による第三者再審の途をより狭めているようにも思われる。

(2) 行政訴訟

(a) 行訴法 34 条　行政事件訴訟法 34 条 1 項は、「処分又は裁決を取り消す判決により権利を害された第三者で、自己の責めに帰することができない理由により訴訟に参加することができなかつたため判決に影響を及ぼすべき攻撃

---

26) 前掲注 23) 参照。
27) 髙橋・前掲注 17) 802 頁以下、同「人事訴訟における手続保障」竹下守夫編集代表・講座新民事訴訟法III（弘文堂・1998）349 頁、352 頁以下。なお、梶村太市＝徳田和幸編・家事事件手続法［第 2 版］（有斐閣・2007）187 頁以下参照〔髙田昌宏〕。

又は防御の方法を提出することができなかつたものは、これを理由として、確定の終局判決に対し、再審の訴えをもつて、不服の申立てをすることができる」と規定し、第三者再審の制度を正式に採り入れている。再審事由は、被告が行政庁のため詐害性要件（共謀）を考慮する実質上の必要がないとして、自己に責めなく訴訟に参加することができなかつたため判決に影響を及ぼすべき攻撃防御方法を提出することができなかった第三者であれば再審の訴えは可能であると規定する。職権による第三者の訴訟参加の制度もあるなかで[28]、比較的軽い要件で再審を認めているのには理由がある。「処分又は裁決を取り消す判決は、第三者に対しても効力を有する」と規定する同法 32 条 1 項は、取消判決の形成力についてのみ、その効力を第三者に及ぼすに過ぎないと理解するからである。つまり、行政判決の既判力は、民事訴訟法 115 条に則り相対効が原則である[29]。さらに、行政訴訟においては、職権証拠調べが可能であるのにとどまり（行訴法 24 条）、当事者の主張レベルでは、民事訴訟の原則により弁論主義が妥当するものとされている[30]。

　　(b)　特許法 172 条 1 項　　このような行政訴訟の規律の中で、特許法に規定された再審の制度には、やや異なる側面が見られる。まず、特許法 171 条 1 項で当事者・参加人の再審につき規定した後、特許法 172 条 1 項で「審判の請求人及び被請求人が共謀して第三者の権利又は利益を害する目的をもつて審決をさせたときは、その第三者は、その確定審決に対し再審を請求することができる」とし、同条 2 項で「前項の再審は、その請求人及び被請求人を共同被請求人として請求しなければならない」と規定する。これは、行政庁の確定審決に対する詐害再審と言うべきものであるが[31]、その審理については、行政庁の準

---

28)　「裁判所は、訴訟の結果により権利を害される第三者があるときは、当事者若しくはその第三者の申立てにより又は職権で、決定をもって、その第三者を訴訟に参加させることができる」（行訴法 22 条 1 項）。

29)　南博方 = 高橋滋編・条解行政事件訴訟法［第 3 版補正版］（弘文堂・2009）558 頁［東亜由美］、598 頁［小高剛］、巽智彦「第三者効と第三者再審」東京大学法科大学院ローレビュー Vol. 5（2010）82 頁。反対、南博方 = 高橋滋 = 市村陽典 = 山本隆司編・条解行政事件訴訟法［第 4 版］（弘文堂・2014）653 頁以下［興津征雄］。なお、『改正課題』178 頁以下参照。

30)　南 = 高橋・前掲注 29) 23 頁［南博方］参照。この点につき、たしかに行政事件訴訟法 24 条には職権証拠調べの規定しかなく、人事訴訟法 20 条の職権探知と同視することはできないにせよ、果たしてどの程度厳格に弁論主義の第 1 原則・第 2 原則が適用されているかにつき、漠然たる疑いは拭いえないのではないかと思っている。

31)　『改正課題』179 頁。

司法的作用である審決であるため本来の既判力は作用せず、形成力によって被る第三者の不利益を回復させるための制度であると位置づけられる[32]。職権証拠調べは可能であるが（特許法150条1項）、職権による第三者の参加については規定されていない（特許法148条1項）[33]。

(c) 会社法853条1項　　会社法853条1項は、会社訴訟において第三者再審につき唯一の明文規定を有する「責任追及等の訴え」に係る詐害再審を念頭に置いた規定である。株主代表訴訟など、理論的にも実務的にも論点の多い類型の訴訟であるため、審理に関する規定として、訴訟参加（会社法849条）や和解（会社法850条）の規定が整備されている。しかし、その他の会社訴訟の類型においては、第三者再審が規定されていない。むしろ、民事訴訟と同じ原則（弁論主義・補助参加・証拠調べ）に立ちながら、判決の既判力は第三者に対しても及び（会社法838条）、当該判決は将来に向かってその効力を有する（会社法839条）ところに問題点があり、これを当事者適格（会社法834条）の問題として処理し尽くせているかどうかが問われることになろう。

(d) 第三者再審の観点から見た諸制度の相違点　　以上のように、諸領域における第三者再審を比較すると、(i)それが詐害再審なのか、手続保障が十分でなかったから認められる再審であるのか、(ii)第三者に確定判決の既判力は及ぶか、否か、(iii)審理は弁論主義でされているのか、職権審理[34]なのか、あるいは職権探知なのか、といった点が混在していることに気がつく。この3点を整理して試論的に論じると、原則として判決の第三者的効力（対世効）を伴わない通常の給付訴訟・確認訴訟であれば、弁論主義のもとで審理された前訴判決の既判力は、その正統化の議論の結果、第三者には当然に及ばず、第三者再審はそもそも必要がない。これを起点に考えるとき、形成力の拡張は肯定しながらも、既判力の拡張は認めない行政訴訟一般の第三者再審の在り方を次のステージと見ることができるだろう。ただ、行政訴訟の場合、主張のレベルにおける弁論主義の第1原則（主張原則）と第2原則（自白原則）を採りながら、職権証拠調べ

---

32) ただし、特許法167条は、審決の効力につき不可争効を認めているが、あくまでも相対的なものである。
33) ちなみに、再審が認められた場合の特許権の扱いについて、特許法175条（再審により回復した特許権の効力の制限）に詳細な規定が設けられている。
34) 前掲注12）参照。

を真正面から認めるところが特異な点である[35]。そして、第3のステージとして、解釈において第三者再審を認めない人事訴訟の制度がある。例外として人事訴訟法24条2項の場合にのみ既判力の拡張を認めず、原則は対世効を貫く制度設計が、職権探知による審理原則によって支えられているように思われるからである。

翻って本稿の問題である会社の組織に関する訴えに代表される会社訴訟はどうであろうか。唯一、責任追及等の訴えにつき詐害再審の規定をもつだけで、一見すると人事訴訟と同じステージに立つように見られるが、審理原則が明らかに異なり（弁論主義）、裁判実務上の共通認識はどうあれ[36]、前訴判決の既判力によって不利益を被る第三者（株主等）の救済をどのように位置づけるかが問題であろう。逆に、行政訴訟と同じく審理原則が弁論主義であること、および、第三者の前訴における当事者適格や訴訟参加の制度的担保が与えられていないことから、手続保障が与えられなかった第三者に対して（第三者）再審の途を準備することは考えられないものだろうか[37]。今後の議論の展開が望まれるところである。

---

35) なお、特許法172条1項は、確定審決に対する再審の要件を「詐害性」に求める点が、行政訴訟一般の制度と異なる点であることも注意したい。
36) 前掲注12)参照。
37) しかし、このように考えても、既判力の拡張がなく、かえって職権証拠調べが認められるという行政訴訟との違いをどのように説明するのかが問題となりえよう。前掲注32)参照。

執行債務者の所在地調査
——ドイツ法を手がかりとして

内山衛次

I　はじめに
II　ドイツにおける執行債務者の所在地調査
III　わが国における執行債務者の所在地調査
IV　おわりに

I　はじめに

　強制執行は、執行債務者の所在地である住所または居所が不明な場合に、十分な効果を挙げることができない。したがって、執行債権者は、執行債務者の所在地を自ら見つけ出さねばならない。しかし、ようやく債務名義を得た債権者に、自らの権利を実現するためとはいえ、その後転居した債務者の所在地を調査するために過大な要求を課すべきではない[1]。また、当初から被告の住所または居所が知れずに訴状の送達が公示送達による場合であっても、それにより確定判決を得た債権者だけが、その権利の実現のために債務者の所在地を調査することが適切であるのかについては疑問がある。
　たしかに、債務者の所在地が不明であっても、それだけで強制執行が不可能となるわけではない。例えば、債権執行では、債務者の普通裁判籍がない場合であっても、債務者の金銭債権を差し押さえることはできる（民執法144条1項）。しかし、債務者（預金者）の預金債権を差し押さえる場合に、債務者の現在の所在地が知れないことから、その最後の住所地を表示して差押命令を申し立てた

---

1) Vgl. *Baumbach/Lauterbach/Albers/Hartmann*, Zivilprozessordnung, 71. Aufl. (2013), §755 Rdnr. 2.

としても[2]、これが奏功する可能性はかなり低いと思われる。

　したがって、金銭執行の場合には、債務者の所在地を見つけ出したうえで、財産開示手続（民執法 196 条以下）により、債務者自身からその財産情報を取得する必要がある[3]。

　また、裁判例には、被告の現在の住所または居所が知れない場合に、将来、請求認容判決を得て強制執行をするために、被告の財産の探知に役立つ情報をあらかじめ取得したいことから、訴状提出先の裁判所に調査嘱託（民訴法 186 条）を申し立て[4]、あるいは弁護士法 23 条の 2 による弁護士会照会により[5]、被告の住所を得ようとする例がある。前者の例では、原告は、公示送達により訴状を送達して債務名義を取得しても、強制執行を行うことはきわめて困難であり、また強制執行の段階において被告の住所を把握する手段はないことから、調査嘱託は不可欠であると主張した。そして、原告は、社会保険事務所および公共職業安定所を嘱託先とする調査の嘱託を申し立て、裁判所はこれを採用し、嘱託がなされたが、社会保険事務所は、社会保険庁個人情報保護管理規定により回答には本人の同意が必要であるものの、本人の同意を得ていないとして回答しなかった。また、公共職業安定所も、職業安定法 51 条の 2 による守秘義務を理由に回答を拒絶した。後者の例では、原告が被告の最後の就業場所である会社に対して被告の住所について回答を求める照会書を弁護士会照会により発したが[6]、当該会社からの回答はなかった。

　このように、裁判所の調査嘱託または弁護士会照会があっても、第三者は情報の提供に慎重である。それにより、情報提供を拒む第三者に対して、報告義務違反を理由とする損害賠償請求の訴えおよび回答する義務があることの確認の訴えが提起されるが[7]、前記裁判例ではいずれも損害賠償請求は棄却されて

---

2) 預金債権の差押命令の申立てについては、内山衛次・平成 25 年度重判解 140 頁参照。
3) 財産開示制度の現状およびその実効性の強化については、内山衛次・財産開示の実効性―執行債権者と執行債務者の利益（関西学院大学出版会・2013）19 頁以下参照。
4) 東京地判平成 21 年 6 月 19 日判時 2058 号 75 頁。
5) 東京高判平成 24 年 10 月 24 日判時 2168 号 67 頁。弁護士会による照会は、その他にも「23 条照会」、「弁護士照会」と呼ばれることがある。
6) 東京高判平成 24 年 10 月 24 日（前掲注 5）の事例では、判決文からは弁護士会照会が行われたかについて判然としないが、おそらくこの方法が用いられたと思われる。これについては、栗田隆・関西大学法学論集 63 巻 2 号（2013）367 頁参照。
7) これについては、栗田・前掲注 6）371 頁以下、髙田昌宏・自由証明の研究（有斐閣・2008）187 頁以下参照。

おり、回答の実効性は高くない。

したがって、債務名義の取得の前後にかかわらず債務者の所在地が知れない場合に、債権者は、容易にそれを知ることができるわけではなく、それにより強制執行は、その実効性を挙げることができずに不奏功に終わる可能性が高くなる。たしかに、執行債務者の所在地の調査は執行債権者がなすべきことであるが[8]、時間や費用がかかり、その効果も明らかではない所在地調査を債権者だけの任務とすることには問題があるように思われる。

そこで、本稿では、ドイツにおいて 2013 年 1 月 1 日に施行された「強制執行における事案解明の改革についての法律」により[9]、新たにドイツ民事訴訟法 (Zivilprozessordnung (以下「ZPO」と略す)) に挿入された 755 条 (債務者の居所の調査) の規定を手がかりに[10]、この問題について検討を行うことにする。

II　ドイツにおける執行債務者の所在地調査

ZPO は、755 条において債務者の居所の調査を定めた。

　ZPO 第 755 条〔債務者の居所の調査〕
　(1)　債務者の住所または常居所が知られていないならば、執行官は執行申立て及び執行力ある正本の交付により、債務者の居所の調査のために、住民登録官庁において債務者の現在の所在地並びに主たる住居及び従たる住居に関する申告を調査できる。
　(2)　第 1 項により債務者の居所が調査されない限りで、執行官は、次のことができる。
　　1．最初に外国人中央登録簿により、記録を管理する外国人官庁に関する申告並びに債務者の転入または転出に関する申告を調査し、次に、外国人中央登録簿の情報により、記録を管理する外国人官庁において債務者の居所を調査すること
　　2．法律上の年金保険の担当者のもとで、そこで知られている債務者の現在の所在地、現在または将来の居所を調査すること、並びに

---

8)　Vgl. *Gaul/Schilken/Becker-Eberhard*, Zwangsvollstreckungsrecht, 12. Aufl. (2010), §26 Rdnr. 31.
9)　Gesetz zur Reform der Sachaufklärung in der Zwangsvollstreckung, BGBl. 2009 I. S. 2258.
10)　なお、ZPO 旧 755 条は ZPO 754 条 2 項となった。

3．連邦自動車庁のもとで、道路交通法第 33 条第 1 項第 1 文第 2 号による保有者情報を調査すること

　債務者が EU 市民である場合は、執行官は、自由移動権の不存在または喪失を認める根拠となる事実がある場合にのみ、第 1 文第 1 号による情報を調査することができる。執行官への第 1 文第 1 号による情報の伝達は、債務者が EU 市民であり、自由移動権の不存在または喪失が確認されない場合には行うことはできない。執行官は、執行されるべき請求権が 500 ユーロ以上である場合に限り、第 1 文第 2 号および第 3 号による情報を調査できる。強制執行の費用および付帯債権は、それらが専ら執行申立ての対象である場合に限り、その計算において算入される。

1　規定の目的

ZPO 755 条は、それまで執行債権者がなすべきこととされていた執行債務者の居所の調査を執行官に移転することとし、そのための法的根拠を与える。立法者は、これにより時間の節約が図られるとしており[11]、また本条 2 項は債権者だけでは利用することができない情報源を定めていることから[12]、債務者は強制執行から容易に逃れることはできなくなり[13]、強制執行の実効性は挙がるとされる[14]。

本条は、執行官に、本条の範囲内での居所の調査だけを許す。すなわち、執行官は、本条によりその調査に明確な限界を設定されるのであり、執行官が探偵や興信所に依頼したり、債務者の転居前の住所地において近隣の人々に報酬を与えて情報を取得することはできない[15]。執行官は警察官でも検察官でもなく、居所調査手続は刑事手続を意味しない[16]。

---

11)　BT-Drucksache 16/10069, S. 23.
12)　Vgl. *Musielak/Voit/Lackmann*, Zivilprozessordnung, 12. Aufl. (2015), §755 Rdnr. 1.
13)　*Sturm*, Die Ermittlung des Aufenthaltsorts des Schuldners, §755 ZPO n.F., JurBüro 2012, 627.
14)　*Dörndorfer*, Reform der Geldvollstreckung zum 1. 1. 2013, JurBüro 2012, 617.
15)　Vgl. *Baumbach/Lauterbach/Albers/Hartmann*, a.a.O. (Fn. 1), §755 Rdnr. 2; *Mroß*, Sachaufklärung in der Zwangsvollstreckung: Ecken und Kanten der Reform – Vorschläge für runde Verfahrensabläufe, DGVZ 2012, 177; *Ehmann*, Ermittlung von Schuldneranschriften – Unerwartete Möglichkeiten bei Meldebehörde und Gerichtsvollzieher, NJW 2013, 1863; *Büttner*, Die Unzulässigkeit der isolierten Aufenthaltsermittlung nach §755 ZPO, DGVZ 2014, 190.
16)　Vgl. *Baumbach/Lauterbach/Albers/Hartmann*, a.a.O. (Fn. 1), §755 Rdnr. 2.

2 規定の適用範囲

ZPO 755条は、ZPO 704条以下のすべての種類の強制執行手続およびこれらが引用される法律に適用される[17]。

3 要 件
(1) 債務者の所在地が知られていないこと

申立人である債権者および執行官が債務者の住所または常居所を知らないこと[18]。

執行官は、執行実施の際に、申告された住所に債務者がもはや住んでおらず、近隣の人々に新たな所在地を問い合わせたが成果がなかった場合、例えば、債務者の賃貸人であった者または債務者が住んでいた共同住宅の住人から情報を得ることができなかった場合、あるいは他の債権者の執行申立てにより、その債務者が転居しており、転居先が分からないことをすでに知っている場合には、債務者の所在地は知られていないことになる[19]。また、債権者が、債務者宛の郵便物の配達不能により、債務者の住所または常居所を知らないことから、執行官に債務者の居所調査を申し立てたときは、執行官はまず最初にこの調査を実施することができる（執行官事務処理規則 Geschäftsanweisung für Gerichtsvollzieher（以下「GVGA」と略す）137条1項5文参照）[20]。

(2) 債権者による居所調査の申立て

執行官は、債権者の申立てに基づいて、債務者の居所調査を実施するのであり、職権で調査することはできない[21]。たしかに、この要件は、本条の文言から明確に引き出すことはできないが、立法理由書によれば[22]、ZPO 802条a第2

---

17) Vgl. *Baumbach/Lauterbach/Albers/Hartmann*, a.a.O. (Fn. 1), §755 Rdnr. 3; *Mroß*, a.a.O. (Fn. 15), DGVZ 2012, 177.

18) 公示送達の要件である ZPO 185条1号所定の「不明」は、一般に誰も知らないことを意味するが、本条ではこの両者が知らないことで十分である。Vgl. *Baumbach/Lauterbach/Albers/Hartmann*, a.a.O. (Fn. 1), §755 Rdnr. 4; *Büttner*, Die Bewilligung der öffentlichen Zustellung im Rahmen der Eintragungsanordnung nach §882c ZPO durch den Gerichtsvollzieher und andere Probleme, DGVZ 2013, 224.

19) *Zöller/Stöber*, Zivilprozessordnung, 30. Aufl. (2014), §755 Rdnr. 3; *Harnacke/Bungardt*, Das neue Recht―Probleme über Probleme, DGVZ 2013, 2; *Büttner*, a.a.O. (Fn. 15), DGVZ 2014, 190.

20) Vgl. *Goebel*, Die Reform der Sachaufklärung (2012), §6 Rdnr. 3.

21) Vgl. BT-Drucksache 16/10069, S.23; *Zöller/Stöber*, a.a.O. (Fn. 19), §755 Rdnr. 4; *Musielak/Voit/Lackmann*, a.a.O. (Fn. 12), §755 Rdnr. 2; *Büttner*, a.a.O. (Fn. 15), DGVZ 2014, 188.

22) BT-Drucksache 16/10069, S. 23.

項2文が執行官の執行措置は執行申立てにおいて表示されねばならないと定めていること[23]、そして居所調査については特別な手数料がかかることから、債権者の申立ては必要であるとする[24]。

(3) 債権者の執行申立ておよび執行力ある正本の交付

判例および通説によれば、債権者は、具体的な強制執行の申立ておよび執行官への執行力ある正本の交付を必要とする[25]。居所調査を求める特別な申立てだけでは、執行官による居所調査は実施されず、債権者は、居所調査の申立ての他に、ZPO 802条a第2項所定の措置を求める申立てを行わなければならない。

もっとも、立法当初より、ZPO 755条は、ZPO 802条a第2項所定の強制執行の申立てとは関係のない、それとは分離された居所調査の申立てを認める規定であるとする見解があり、分離独立した居所調査の可能性については争いがある[26]。

これについて、ZPO 755条に関する立法資料は、独立した居所調査を認めるための手がかりを示さない[27]。執行官規則（Gerichtsvollzieherordnung（以下「GVO」

---

23) ZPO 第802条a〔執行の諸原則；執行官の所定権能〕
   (1) 執行官は、金銭債権の迅速・完全で費用を抑えた取立てに努める。
   (2) 執行官は、当該の執行申立て及び執行力のある正本に基づき、それ以上の管轄にかかわりなく、次の権限を有する。
      1．事件の和解的解決（第802条b）を試みること
      2．債務者の財産開示（第802条c）を求めること
      3．債務者の財産についての第三者の開示（第802条l）を求めて得ること
      4．動産の差押え及び換価を行うこと
      5．先行差押え（第845条）を行うこと、この場合には執行力ある正本の事前の付与及び債務名義の送達を要しない
   これらの措置は、執行申立てにおいて表示されなければならないが、前文第1号の措置は、申立てがこれに限定される場合に限る。
24) これに対して、本条は「ZPO 第8編強制執行 第1章総則」に規定されており、「同編第2章金銭債権についての強制執行」で規定される ZPO 802条a を参照にすることには説得力がないとする見解（*Musielak/Voit/Lackmann*, a.a.O. (Fn. 12), §755 Rdnr. 2）、さらに規定の文言からは居所調査を求める明確な申立ては必要ではなく、ただ執行官に対して調査のための費用を支払わなければ調査がなされないとする見解（HK-ZV/Sievels, 2. Aufl., (2013), §755 Rdnr. 2）がある。
25) BGH, Beschluss vom 14. 8. 2014, DGVZ 2014, 257; LG Heidelberg, Beschluss vom 20. 1 2014, DGVZ 2014, 93; AG Leipzig, Beschluss vom 23. 9. 2013, DGVZ 2013, 245; *Baumbach/Lauterbach/Albers/Hartmann*, a.a.O. (Fn. 1), §755 Rdnr. 5; *Zöller/Stöber*, a.a.O. (Fn. 19), §755 Rdnr. 2; *Musielak/Voit/Lackmann*, a.a.O. (Fn. 12), §755 Rdnr. 3; HK-ZV/Kessel, a.a.O. (Fn. 24), KV-GvKostG Nr. 400-440, Rdnr. 4; *Mroß*, a.a.O. (Fn. 15), DGVZ 2012, 177; *Sturm*, a.a.O. (Fn. 13), JurBüro 2012, 628; *Harnacke/Bungardt*, a.a.O. (Fn. 19), DGVZ 2013, 2; *Büttner*, a.a.O. (Fn. 15), DGVZ 2014, 191 f.
26) Vgl. *Büttner*, a.a.O. (Fn. 15), DGVZ 2014, 188 ff.
27) Vgl. *Büttner*, a.a.O. (Fn. 15), DGVZ 2014, 188 f.

と略す))17条は、居所調査の管轄を規定するだけであり、執行官費用法（Gerichtsvollzieherkostengesetz（以下「GvKostG」と略す））10条2項3文および執行官費用法費用目録（Kostenverzeichnis-Gerichtsvollzieherkostengesetz（以下「KV-GvKostG」と略す））440号は[28]、執行官が居所調査を行う際の手数料の徴収について規定するにすぎない。また、GVGA も上記の規定が関連するだけである。

なお、財産開示手続における債務者表への登録命令に関する ZPO 882 条 c の規定は、その3項で「登録命令は、第882条 b 第2項および第3項に挙げられる情報を含まなければならない。執行官が、第882条 b 第2項第1号乃至第3号に基づいて債務者表に記載されるべき情報を知らない場合には、執行官は、必要な情報を取得するために、第755条第1項および第2項第1文第1号に挙げられる官署のもとで情報を取り寄せ、または商業登記簿を閲覧する」と規定する。しかし、この規定は、たしかに ZPO 755 条により ZPO 882 条 b 第2項3号所定の債務者の所在地が調査されることを定めるものの、債務者表への登録は執行官により職権で命じられることから（ZPO 882 条 c 第1項）、そのために債権者の申立てがなくとも所在地調査が行われることを述べるにすぎない[29]。したがって、ZPO 755 条が独立した居所調査を認める規定であるとする直接の論拠にはならない。

　(a)　独立の居所調査を認める見解　　この見解は、まず初めに、居所調査の管轄が債務者の最後に知られた所在地を管轄する執行官とされること（GVO 17

---

28)　執行官規則（GVO）第17条〔居所の調査〕
　　(1)　ZPO 第755条による債務者の居所の調査は、債務者の最後に知られた所在地を管轄する執行官が義務を負う。その所在地の知れないときは、債権者の住所を管轄する執行官が調査の義務を負う。
　　(2)　調査の結果により、他の執行官が管轄を有するときは、執行官は、職権により、執行の経過をその執行官に移送する。
　執行官費用法（GvKostG）第10条第2項第3文
　　次のことは個別に徴収される。
　　〔1．および2．省略〕
　　3．すべての情報の取寄せに関する執行官費用法費用目録第440号による手数料
　執行官費用法費用目録（KV-GvKostG）第440号
　　ZPO 第755条、第802条1に挙げられる諸官署のうちの1官署のもとでの情報の取寄せ、13.00ユーロ。
　　ZPO 第882条 c 第3項第2文に基づいて情報が取寄せられる場合には、手数料は発生しない。
29)　なお、この場合に、手数料は発生しない（KV-GvKostG 440 号）。

条1項)[30]、に反対する[31]。すなわち、債権者が、債務者はもはやその所在地に住んでいないことを確実に知っている場合に、その地を管轄する執行官に調査任務を集中させる意味はなく、すべての執行官が居所調査の管轄をもつべきであるとする。そして、ZPO 802条a第2項所定の措置を求める申立ては不必要であり、かえって行わない方がよいのであり、それというのも調査により新たな居所が判明する場合には、この執行官には通常はもはやZPO 802条a第2項の措置について管轄はなく、管轄を有する他の執行官に職権により執行の経過が移送され（GVO 17条2項）、また調査が不奏功に終わった場合には、その後の具体的な強制執行の申立てであるこれらの措置の申立ては空振りに終わるからである[32]。

また、ZPO 754条1項が[33]、ZPO 755条と同様に、執行官は執行申立ておよび執行力ある正本の交付により、債務者の給付を受領するなどの権限を有するとしており、そこではZPO 802条aのように具体的な執行措置の表示は要求されていないことから、ZPO 755条もZPO 802条aの措置とは関係がないとする[34]。

つまり、この見解によれば、ZPO 755条による手続は、居所調査が奏功または不奏功となったことで終了し、執行資料は債権者に返還され、債権者はその後の新たな措置について判断することになる[35]。

(b) 独立の居所調査を認める見解に対する反論　このような独立の居所調査を認める見解に対しては、通説および判例から批判がある。

まず第一に、ZPO 755条による居所調査は、独立の執行措置ではなく、執行官による執行措置の実施のための事前調査であり、執行官を助ける補助権限に

---

30) 居所調査の管轄については、すでに立法理由書においても指摘されていた。Vgl. BT-Drucksache 16/10069, S. 23.
31) *Goebel*, a.a.O. (Fn. 20), §6 Rdnr. 6.
32) *Schmidt*, Ermittlung des Aufenthaltsorts des Schuldners（§755 ZPO), JurBüro 2013, 454.
33) ZPO 第754条〔執行申立ておよび執行力ある正本〕
　　(1) 執行官は、執行申立て及び執行力ある正本の交付により、債務者の給付を受領し、受領したものについて受取証を作成交付し、並びに債権者のために、第802条bの規定に基づき、有効に支払合意を行う権限を有するものとする。
34) *Schmidt*, a.a.O. (Fn. 32), JurBüro 2013, 454. これについては、*Büttner*, a.a.O. (Fn. 15), DGVZ 2014, 191 も参照。
35) *Schmidt*, a.a.O. (Fn. 32), JurBüro 2013, 454.

すぎないとされる[36]。執行官による居所調査は、本来の執行申立てに「付随するもの」にすぎず、本条は執行官が執行機関として活動する限りで適用される。実際にも、その他の執行機関には何らの調査権限も根拠づけられていない。また、立法者は、独立した居所調査の申立てを積極的に肯定してはいなかったのであり、このことは、ZPO 802条a第2項において、居所調査を求める申立てを列挙していないことからも明らかである。ZPO 755条は、強制執行の中で適用されるが、まさにその準備のためである。

次に、独立の居所調査を認める見解はZPO 754条1項を引用するが、ZPO 753条および754条は執行申立てについての詳細な規定であり、その規定に直接つながるZPO 755条は、執行申立てを規定するのではなく、それを要件とする[37]。

さらに、KV-GvKostG 440号のもとでZPO 755条による居所調査についての固有の手数料要件が挿入されたが、このことからも独立した居所調査が認められることにはならない[38] [39]。

4 執行官による債務者の居所調査

上記の要件が存在する場合に、執行官は、まず初めに、データ保護の理由から、ZPO755条1項による住民登録官庁での調査を優先しなければならない[40]。そして、1項による調査が不奏功に終わった後に、2項による調査が可能となる。すなわち、2項1文1号による外国人中央登録簿および外国人官庁による調査、2号の法律上の年金保険の担当者のもとでの調査および3号の連邦自動車庁のもとでの調査である。なお、これらの調査の間には順序はない[41]。

---

36) Hk-ZPO/Kindl, 6. Aufl. (2015), §755 Rdnr. 2; *Büttner*, a.a.O. (Fn. 15), DGVZ 2014, 191 f; LG Heidelberg, DGVZ 2014, 93.
37) *Büttner*, a.a.O. (Fn. 15), DGVZ 2014, 192.
38) *Büttner*, a.a.O. (Fn. 15), DGVZ 2014, 192; LG Heidelberg, DGVZ 2014, 93.
39) 学説の中には、この他に、要件として「執行官が、その居所調査により、近いうちに、その後の強制執行が奏功することを約束できること」を加える見解がある（*Baumbach/Lauterbach/Albers/Hartmann*, a.a.O. (Fn. 1), §755 Rdnr. 6; *Sturm*, a.a.O. (Fn. 13), JurBüro 2012, 628; *Büttner*, a.a.O. (Fn. 15), DGVZ 2014, 190)。この見解によれば、執行債権額が少額であれば相当性の原則（Grundsatz der Verhältnißigkeit）により強制執行がなされないことから、執行官はより早い時期にこの原則を遵守しなければならないとする（*Baumbach/Lauterbach/Albers/Hartmann*, a.a.O. (Fn. 1), §755 Rdnr. 6)。
40) Vgl. BT-Drucksache 16/13432, S. 43.
41) なお、一部の学説は、2項において、まず初めに1文1号による外国人中央登録による調査が行われ、それが不奏功に終わった後に初めて、2号の法律上の年金保険の担当者のもとでの調査および3号の連

(1) 住民登録官庁での調査（1項）

執行官は、住民登録官庁のもとで、債務者の現在の所在地並びに主たる住居および従たる住居に関する申告を調査する。複数の住民登録官庁が考慮される場合には、執行官は、その義務的裁量により、これらの住民登録官庁に同時にまたは順序をつけて問合せをすることができる[42) 43)]。

執行官は、連邦住民登録法（MeldFortG）34条1項1文所定の「その他の公的機関」に該当し、住民登録官庁から住民登録簿上の当該データの伝達を受けることができる（MeldFortG 4条1項1文）。

(2) 外国人中央登録簿および外国人官庁（2項1文1号）

執行官は、住民登録官庁のもとで債務者の居所を調査することができない場合に[44)]、本条2項1文1号により、外国人中央登録簿により、記録を管理する外国人官庁に関する申告並びに債務者の転入または転出に関する申告を調査する。そして、次に、外国人中央登録簿の情報から、記録を管理する外国人官庁において債務者の最後に登録された居所を調査する。

外国人中央登録簿は、外国人中央登録簿法（AZR-Gesetz）1条により[45)]、連邦移住難民庁が管理する。各地域を所管する外国人官庁は、外国人の個人データ

邦自動車庁のもとでの調査が可能となるとする（*Baumbach/Lauterbach/Albers/Hartmann*, a.a.O. (Fn. 1), §755 Rdnr. 7; *Büttner*, a.a.O. (Fn. 15), DGVZ 2014, 190）。しかし、2項1文1号冒頭の「最初に（zunächst）」は、1号における調査において、まず外国人中央登録簿による調査が行われ、次に住民登録官庁においてなされる、という順序を示すにすぎないとされる（Vgl. *Sturm*, a.a.O. (Fn. 13), JurBüro 2012, 628）。

42) *Baumbach/Lauterbach/Albers/Hartmann*, a.a.O. (Fn. 1), §755 Rdnr. 8.
43) 住民登録官庁は、州法により定められる官庁であり（連邦住民登録法：Gesetz zur Fortentwicklung des Meldewesens（以下「MeldFortG」と略す）1条）、その管轄区域（市町村など）に居住する者（住民）を、その個人識別および住居の確認および証明ができるために登録する（MeldFortG 2条1項）。もっとも、住民は、国内での移転の場合には、住民登録官庁に転出を届け出る義務はなく（MeldFortG 17条2項参照）、新たに転入が届けられた住民登録官庁が、従前の管轄ある住民登録官庁に対し、本人のデータの伝達により、当該住民の届出を通知する（データ回付 MeldFortG 33条1項）。回付を受けた従前の住民登録官庁は、そのデータが従前の申告と異なる場合には通知しなければならない（MeldFortG 33条2項）。住民が転出し、そのデータの回付を利用した後は、そのデータの多くは30日で消去される（MeldFortG 14条2項）。なお、連邦住民登録法は、それまでの住民登録法大綱法（Melderechtsrahmengesetz）に代わり、2015年5月1日から施行されている（BGBl. 2013 I S. 1084）。
44) なお、執行官ではなく、債権者が住民登録官庁にすでに問い合わせをし、居所調査の申立てにその情報を添付したならば、執行官はこれについて再度調査をする必要はない。すでに住民登録官庁での調査が不奏功であることが認められるならば、さらに費用をかける必要はないからである。ただし、その情報は現在のものでなければならない。これについては、vgl. *Harnacke/Bungardt*, a.a.O. (Fn. 19), DGVZ 2013, 2.; *Musielak/Voit/Lackmann*, a.a.O. (Fn. 12), §755 Rdnr. 5.
45) Gesetz über das Ausländerzentralregister (BGBl. 1994 I S. 2265). 以下「AZR-Gesetz」と略す。

をその任務の遂行に必要な範囲で収集し（滞在法（AufenthG）86条）[46]、外国人中央登録簿法6条1項2号により、特定のデータについて連邦移住難民庁に伝達しなければならない。しかし、このデータの中には外国人の居所が含まれていないことから、2段階での調査が必要となる。

たしかに、債務者が外国人中央登録簿に登録される外国人であるかどうかは、債務の取立てにとって通常は重要ではなく、債権者も十分に把握していない。したがって、今後は、本条2項1文1号により、債務者の国籍の把握が必要となるとされる[47]。

もっとも、外国人はドイツに滞在する場合、その地域の住民登録官庁に住民登録を行い、同一地域を所管する住民登録官庁と外国人官庁は、データ管理のために毎年相互にデータを伝達して照合する（AufenthG 90条b）。したがって、ここでの居所調査は、1年以内の現状の把握を可能とするにすぎない。しかし、立法理由書によれば、強制執行における債権者は、現在の所在地に迅速に行き着くことがきわめて重要であり、毎年のデータ照合にもかかわらず、執行官は、個別の事例において、外国人中央登録簿および外国人官庁のデータを調査できることは必要であるとされる[48]。

なお、外国人官庁は、本条に挙げる目的のために、執行官に対して、要請により、人の居所を伝達する（AufenthG 90条6項）。

本条2項2文は、債務者が、ドイツ以外のEU構成国の国民（以下「EU市民」という）である場合に、執行官は、自由移動権の不存在または喪失を認める根拠となる事実がある場合にのみ、第1文第1号による情報を調査することができると規定する。この規定は、欧州司法裁判所が2008年12月16日に、EU市民の個人に関するデータは、特定の要件のもとにおいてのみ、外国人中央登録簿のような登録簿に蓄積され、そして滞在法上の規定の適用を委任された官庁により利用されることができると判示したことから[49]、そこで示された原則を国

---

[46] Gesetz über den Aufenthalt, die Erwerbstätigkeit und die Integration von Ausländern im Bundesgebiet (BGBl. 2008 I S. 162). 以下「AufenthG」と略す。なお、滞在法についての詳細は、戸田典子「ドイツの滞在法──『外国人法』からEU『移民法』へ」外国の立法234号（2007）4頁以下を参照のこと。

[47] Goebel, a.a.O. (Fn. 20), §6 Rdnr. 10.

[48] BT-Drucksache 16/13432, S. 43.

[49] Rs. C-524/06.

内法に取り入れたものである[50]。執行官は、自由移動権の不存在が確認されたか（EU 自由移動法（FreizügigG/EU）7 条 1 項 1 文）[51]、あるいは FreizügigG/EU 6 条によりその権利が失われたことを認める根拠となる事実がある場合にのみ、3 文により情報を調査することができる[52]。

(3) 法律上の年金保険の担当者のもとでの調査（2 項 1 文 2 号）

執行官は、住民登録官庁のもとで債務者の居所を調査することができない場合に、法律上の年金保険の担当者のもとで、そこで知られている債務者の現在の所在地、現在または将来の居所を調査する。

法律上の年金保険の担当者は、次号の連邦自動車庁とともに、ZPO 802 条 1 により、執行官が債務者の財産について開示を求めて得ることができる機関である[53]。ZPO 755 条の当初の草案では、執行官は、ZPO 802 条 1 第 1 項 1 文に挙げられる官庁において、債務者の居所の調査のための情報を取り寄せることができるとされており、連邦中央税務庁を通して、債務者の口座情報から債務者の所在地を調査することも可能であった[54]。しかし、口座所有者の住所は、信用制度法（Kreditwesensgesetz）24 条 c 第 1 項により管理されるべきファイルに含まれるデータではなく、それゆえ、連邦中央税務庁はこれを呼び出すことができないことから、連邦中央税務庁のもとでの調査は不可能とされた[55]。

---

50) この判決を受けて、外国人中央登録簿法は 2013 年 9 月 30 日に変更されたが（BGBl. 2012 I S. 2745)、本条 2 項 2 文および 3 文は、すでに 2013 年 1 月 1 日に施行された。
51) Gesetz über die allgemeine Freizügig von Unionsbürgern (BGBl. 2004 I S. 1950, 1986). 以下「Freizügig-G/EU」と略す。
52) *Musielak/Voit/Lackmann*, a.a.O. (Fn. 12), §755 Rdnr. 5a.
53) 詳しくは、内山・前掲注 3) 44 頁以下参照。
    ZPO 第 802 条 1〔執行官の開示権〕
    (1) 債務者が財産開示をする義務を履行せず、又は財産開示で挙げられた財産対象に対する執行をしても恐らく債権者の完全な満足が期待できない場合には、執行官は、次のことができる。
      1．法律上の年金保険の担当者のもとで、債務者の保険加入義務のある雇用関係の現時の使用者の氏名又は商号及びその所在地を確認すること
      2．連邦中央税務庁に対して、金融機関のもとにある公課法第 93 条 b 第 1 項に掲げる情報を呼び出すことを要請すること（公課法第 93 条第 8 項）
      3．債務者が保有者として登録されている自動車に関する、道路交通法第 33 条第 1 項による自動車及び保有者の情報を連邦自動車庁のもとで確認すること
      確認又は要請が許されるのは、それが執行のために必要であり、執行されるべき請求権が 500 ユーロ以上である場合に限る。その計算では、強制執行の費用及び付帯債権は、それらが専ら執行申立ての対象である場合に限り参入される。
54) BT-Drucksache 16/10069, S. 23.
55) BT-Drucksache 16/13432, S. 43.

執行官は、通常は、債務者の年金保険番号を知らないことから、年金保険の担当者に対して、債務者の氏名および最後の所在地の他に、同一性の確認のための特徴、とりわけ生誕日を申告することになる[56]。法律上の年金保険の担当者は、執行官による要請に基づき所在地等の情報を執行官に伝達することができる（社会法典（Sozialgesetzbuch）第10編74条a第2項6号）。

なお、本号による法律上の年金保険の担当者のもとでの調査は、ZPO 755条が挙げるいくつかの居所調査方法の中で、実際に債務者の所在地を調査できる最も確実な方法であるとの指摘がある[57]。

(4) 連邦自動車庁のもとでの調査（2項1文3号）

執行官は、連邦自動車庁のもとで、道路交通法33条1項1文2号による保有者情報を調査する。道路交通法33条1項1文2号によれば、中央自動車登録簿に、保有者情報として、保有者が自然人の場合は、保有者の氏名・生年月日・出生地・所在地などの情報が記録され、法人および官庁の場合は、その商号または名称および所在地が記録される。

もっとも、債務者が自然人である場合に、支払いが困難な状態にある債務者は自動車を所有しないことも多く、また自動車を利用するとしても、その自動車は、第三者の名義で登録されていることもある[58]。他方で、債務者が法人である場合には、法人は、通常は自動車を保有しており、その所在地を実際に調査できる可能性はある[59]。連邦自動車庁は、執行官の要請に基づき、執行官に自動車の保有者情報を伝達することができる（道路交通法35条4c項）。

なお、連邦自動車庁において債務者の所在地が明らかになれば、同時に摑取可能な財産である自動車が示されることになる[60]。

(5) 執行官の居所調査権の制限（2項4文）

本条2項4文によれば、執行官は、執行されるべき請求権が500ユーロ以上である場合に限り[61]、2項1文2号および3号による情報を調査することがで

---

56) HK-ZV/Sievels, a.a.O. (Fn. 24), §755 Rdnr. 8.
57) Goebel, a.a.O. (Fn. 20), §6 Rdnr. 18.
58) Goebel, a.a.O. (Fn. 20), §6 Rdnr. 21.
59) Vgl. *Mroß*, a.a.O. (Fn. 15), DGVZ 2012, 177. なお、債務者が法人の際の所在地の調査については、以下5を参照。
60) Goebel, a.a.O. (Fn. 20), §6 Rdnr. 21.
61) なお、居所調査の可能性は金銭執行だけでなく、とりわけ引渡執行についても存在する。この場合に

きる。立法理由書によれば、これらのデータの調査については重要な利益が存在することから、強制執行の範囲において、目的を変更してこれらのデータを利用することを正当化するためには、最低限度額が必要であるとする[62]。

このような制限は、同一の機関に対して、執行官が債務者の財産開示を求めて得る場合にも規定される（ZPO 802条1第1項2文）。立法理由書によれば、債務者に対する侵害を正当化するためには、第三者の開示の取得は基本的には少なくとも500ユーロの債権について許されるとする[63]。

しかし、このような金額の設定に対しては学説から批判がある。すなわち、これにより手工業者や小規模営業者のような少額の債権者は、法律上および事実上不利益を受けることになり、これは基本法（Grundgesetz）3条1項の「法の下の平等」に違反し、また執行債権が取り立てられない、あるいは取立てがかなり遅れることは、少額債権者の生存を脅かすことになる[64]。さらに、住民登録法上の義務を果たさない債務者を優遇することには、実質的な正当性が欠けるとする[65]。

5 法人等の所在地の調査

債務者が法人および団体である場合に、ZPO 755条によりその所在地を調査をすることができるかは問題である。「居所の調査」という文言、および住民登録官庁のもとでの最初の調査の後に他の官庁において調査をするという体系は、たしかにこれに反対する[66]。しかし、ZPO 882条c第3項によれば、執行官は、債務者表への登録に必要な商号、商業登記簿の登録番号およびその所在地を把握していない場合に、商業登記簿の閲覧によりこれらを調査しなければならない。したがって、この規定から、間接的ではあるが、執行官は法人の所

は、引渡対象の価格が評価されねばならず、その際に引渡名義の訴額が手がかりになるとされる（*Harnacke/Bungardt*, a.a.O. (Fn. 19), DGVZ 2013, 3）。
[62]　BT-Drucksache 16/13432, S. 43.
[63]　BT-Drucksache 16/13432, S. 2.
[64]　*Fischer*, Die Reform der Sachaufklärung im Lichte der Vollstreckungsmodernisierung — Anmerkungen zu einer reformbedürftigen Reform —, DGVZ 2010, 115; *Schuschke/Walker/Walker*, Zivilprozessordnung, 5. Aufl. (2011), §755 Rdnr. 8; *Brox/Walker*, Zwangsvollstreckungsrecht, 10. Aufl. (2014), Rdnr. 212a.
[65]　*Goebel*, a.a.O. (Fn. 20), §6 Rdnr. 15.
[66]　Vgl. *Harnacke/Bungardt*, a.a.O. (Fn. 19), DGVZ 2013, 3.

在地を商業登記簿により調査することは可能であるとする見解がある[67]。そして、この見解は、商業登記簿で所在地が判明しない場合には、執行債権が500ユーロ以上であれば、ZPO 755条2項1文3号による連邦自動車庁における保有者調査を認めるべきであり、それゆえ、ZPO 755条（具体的には2項1文3号）は、法人および団体においても適用することはできるとする[68]。

6 調査結果の再利用

執行官が、ZPO 755条による調査により得ることができた債務者の所在地を、他の債権者のために利用できるかについては見解が分かれる。調査された所在地のデータは、データ保護の観点から他の債権者のために利用することはできないとする見解がある[69]。しかし、これに対して、これは執行官が先の手続から職務上覚知したものであるとして、利用を認める見解もある[70]。

Ⅲ　わが国における執行債務者の所在地調査

ドイツ法は、それまで執行債権者がなすべきこととされていた執行債務者の所在地の調査を執行官の権限とし、債権者では利用することができない情報源を定めることで、債務者の所在地を把握し、これにより強制執行の実効性の向上に努める。

しかし、ZPO 755条は、執行官に、限界のない調査権限を付与するのではなく、本条の範囲内での居所の調査だけを許す。また、本条による居所調査は、独立の執行措置ではなく、執行官による執行措置の実施のための事前調査であり、執行官を助ける補助権限にすぎないとする。したがって、本条は執行官が執行機関として活動する限りで適用される。

---

67) *Harnacke/Bungardt*, a.a.O. (Fn. 19), DGVZ 2013, 3. ただし、執行官によるこの調査は、執行官費用法費用目録440号による手数料が生じる活動ではない。
68) *Harnacke/Bungardt*, a.a.O. (Fn. 19), DGVZ 2013, 3. なお、法人について連邦自動車庁における保有者調査を認める見解がある（*Goebel*, a.a.O. (Fn. 20), §6 Rdnr. 19; *Mroß*, a.a.O. (Fn. 15), DGVZ 2012, 177)。
69) *Mroß*, a.a.O. (Fn. 15), DGVZ 2012, 177.
70) *Harnacke/Bungardt*, a.a.O. (Fn. 19), DGVZ 2013, 2; *Baumbach/Lauterbach/Albers/Hartmann*, a.a.O. (Fn. 1), §755 Rdnr. 1.

ドイツでは、強制執行の実効性を挙げるために2013年に施行された「強制執行における事案解明の改革についての法律」により、財産開示手続が改革され、債権者は、より効果のある債務者の財産情報を取得できることになった[71]。わが国においても、金銭執行の実効性を挙げるために財産開示制度をさらに改革することが必要であり[72]、その前提として、そもそも債務者の所在地が知られていないならば、まずそれを明らかにする必要がある。また、非金銭執行においても債務者の所在地が明らかでない場合には、執行が不奏功に終わる可能性が高い。したがって、わが国においても、ドイツ法と同様に、債務者の所在地を債権者だけでなく執行機関により調査させることは必要であると思われる。

　しかし、ドイツにおいて、執行官は警察官でも検察官でもないことから、居所調査手続は刑事手続を意味しないとされ、執行官には広範囲な探索権限が付与されず、ZPO 755条の範囲内でのみ債務者の居所調査が許されている。さらに、通説および判例によれば、具体的な強制執行の申立てを伴わない独立した居所調査の申立ては不適法とされ、居所調査を執行措置の実施のための事前調査にとどめる。その理由として、2013年施行の改革法の意義および目的は強制執行が実効性をもって実施できるように執行官の権限を強化することにあり、それは決して執行官を興信所のように利用することではなく、執行官に強制執行の前の段階で広範囲な任務を負わせるべきではないことが挙げられる[73]。

　このような指摘は、わが国における債務者の所在地調査を考えるにあたり参考になると思われる。執行官のような執行機関は、執行機関となる執行から独立した広範囲な調査権限をもつべきではなく、具体的な強制執行に付随し、その準備のために、法律で限定された機関のもとで債務者の所在地の調査を実施すべきである。

　そこで以下では、ZPO 755条を参考にしながら、わが国における債務者の所在地調査の立法化にあたり考慮すべき点について検討を行う。

---

71) 内山・前掲注53) 41頁以下参照。
72) 内山・前掲注53) 19頁以下参照。
73) Vgl. LG Heidelberg, (Fn. 25) DGVZ 2014, 93.

1　執行官による所在地調査

　ZPO 755条は、債務者の居所調査を執行官の管轄とする。たしかに、所在地の調査を具体的な強制執行に付随させるならば、これを執行裁判所の管轄とすることも考えられる。しかし、執行官は現実的執行処分を主とする執行をその職分としており、所在地の調査は、複雑な権利関係について高度な法的判断を必要とはしないことから、執行官の方が適切と思われる。また、調査により債務者の所在地が判明した場合に、金銭執行であればその実効性を挙げるために財産開示手続が開始されることになるが、その申立てのほとんどを占める執行不奏功の見込み（民執法197条1項2号）の疎明のために、動産執行の不奏功が有力な資料となっていることから[74]、執行官の管轄は迅速な財産開示手続の開始をもたらすことにもなる。なお、土地管轄については、GVO 17条を参考にして、債務者の最後に知られた所在地を管轄する執行官が調査義務を負い、その所在地の知れないときは、債権者の住所を管轄する執行官が調査の義務を負うとすることが考えられる。また、調査の結果により、他の執行官が管轄を有するときは、執行官は、職権により、執行の経過をその執行官に移送すべきであろう。

2　要　件

　所在地調査の要件については、ZPO 755条と同一でよいであろう。ただし、調査は債権者の申立てによること、さらに、具体的な強制執行の申立てを伴わない独立した居所調査の申立てを許さないことは明確に定めるべきである。

3　執行官による債務者の所在地調査

　すでに述べたように、執行官は広範囲な調査権限をもつべきではなく、ZPO 755条のようにその対象を法律において限定すべきである。
　最初に、執行官は、市町村（特別区を含む）に備え付けられる住民基本台帳に編成される住民票から所在地を調査することが考えられる（住民基本台帳法12条の2参照）。なお、外国人の中長期在留者は、新規上陸後住居地の市町村長を経由し

---

74)　これについては、内山・前掲注53) 23頁以下参照。

て法務大臣に住居地を届けねばならず（出入国管理及び難民認定法19条の7第1項）、住居地を変更したときも新住居地の市町村長を経由して新住居地を法務大臣に届けねばならない（出入国管理及び難民認定法19条の9第1項）。したがって、これらの者には、住民基本台帳制度が適用されるので（出入国管理及び難民認定法19条の7第3項・同条の9第3項参照）、執行官は住民票からその所在地を調査できることになる。

次に、ZPO 755条と同様に、執行官は日本年金機構において年金個人情報から債務者の所在地調査を行うことが考えられる。また、国土交通省において、国土交通大臣が管理する自動車登録ファイル（道路運送車両法6条参照）から債務者の所在地調査をすることも考えられる。

年金個人情報については、日本年金機構は、法律の規定がある場合を除き、年金個人情報を提供してはならないことから（日本年金機構法38条4項）、債権者が自ら債務者の所在地情報を得ることはできない。また、債権者が債務者の所在地も登録されている自動車登録事項証明書の交付を受けるためには、債務者の自動車登録番号と車体番号を明示する必要があることから（道路運送車両法22条5項、自動車登録規則26条2項2号ロ）、実際に証明書の交付を受けることは容易ではない。したがって、執行官がこれらの機関において所在地の調査をできることは大きな意義がある。なお、ZPO 755条は、データ保護の理由から、住民登録官庁での調査を優先しており、わが国の立法化においても参考となるであろう。

4 執行官の所在地調査権の制限

ZPO 755条では、執行官は、執行されるべき請求権が500ユーロ以上である場合に限り、同条2項1文2号および3号による情報を調査することができる。しかし、すでに述べたように、このような制限については批判があり、法律で規定すべきではないと考える。

5 法人等の所在地の調査

強制執行の実効性を挙げるための所在地の調査は、自然人に限定されるべきではなく、法人および団体の所在地の調査も必要である。したがって、上記の

調査先から日本年金機構を除き、新たに登記所における商業登記簿（商業登記法6条）からの債務者の所在地の調査を認めるべきである。なお、これについては法律で明確に規定すべきである。

IV　おわりに

　ドイツ法に新たに導入された執行債務者の居所調査は、債権者が利用できない情報源からの調査を執行官に認めたことから、それが奏功すれば強制執行の実効性は挙がる。ドイツでは、たしかに費用の問題もあり、この調査はまだあまり利用されていないようであるが[75]、今後、実際にこの調査が機能するかどうかは大いに注目される。わが国においても、初めに述べたように、債務者の所在地を確認するために利用される裁判所の調査嘱託や弁護士会照会が不奏功に終わることから、このような制度を設ける必要性は大きいと思われる。本稿では、ZPO 755条を範として、この制度の立法化にあたり考慮すべき点をいくつか挙げた。しかし、執行機関が実施可能な調査の範囲をどこに設定するか、またそれが個人情報保護の要請と関係するのかなどにつき、さらに慎重な検討が必要であると思われる。

---

75) Vgl. *Brunner*, Die Reform der Sachaufklärung: Praktische Erfahrungen − Reformen − Perspektiven, DGVZ 2014, 184.

仮処分命令が取り消された場合の間接強制金の返還
—— 2つの事件を手掛かりにした覚書

大濱しのぶ

I　はじめに
II　裁判例
III　関連する諸問題
IV　私　　見

I　はじめに

1　最判平成21年4月24日（平21最判）

　間接強制決定に従わない債務者が、間接強制決定を債務名義とする間接強制金取立ての強制執行を受け、または任意に債権者に間接強制金を支払ったところ、間接強制決定の基礎となる債務名義が取り消されたり、その執行力が排除された場合、債務者は、債権者に対し、不当利得として間接強制金の返還を請求することができるか否かが問題になり得る。こうした問題は、最判平成21年4月24日民集63巻4号765頁（以下、「平21最判」という）を契機に、仮処分命令が取り消された場合に関して、論じられるようになった。

　平21最判は、「仮処分命令における保全すべき権利が、本案訴訟の判決において、当該仮処分命令の発令時から存在しなかったものと判断され、このことが事情の変更に当たるとして当該仮処分命令を取り消す旨の決定が確定した場合には、当該仮処分命令を受けた債務者は、その保全執行としてされた間接強制決定に基づき取り立てられた金銭につき、債権者に対して不当利得返還請求

をすることができる」と判示し、その理由を次のように述べる。

「間接強制は、債務の履行をしない債務者に対し、一定の額の金銭（以下「間接強制金」という。）を支払うよう命ずることにより、債務の履行を確保しようとするものであって、債務名義に表示された債務の履行を確保するための手段である。そうすると、保全執行の債務名義となった仮処分命令における保全すべき権利が、本案訴訟の判決において当該仮処分命令の発令時から存在しなかったものと判断され、これが事情の変更に当たるとして当該仮処分命令を取り消す旨の決定が確定した場合には、当該仮処分命令に基づく間接強制決定は、履行を確保すべき債務が存しないのに発せられたものであったことが明らかであるから、債権者に交付された間接強制金は法律上の原因を欠いた不当利得に当たるものというべきである」。

平21最判の結論、すなわち上記の場合に間接強制金が不当利得となることについては、この事件の被告側の鑑定意見書を書かれた野村秀敏教授は反対される[1]ものの、学説の多くは賛成する。筆者も賛成である。しかし、その理由について、学説が一致しているとはいえず、同判決が述べる理由に関する学説の理解も、一様ではない。例えば、森田修教授は、間接強制金を債権者が保持する「法律上の原因」を①実体権②債務名義③執行行為のどのレベルに求めるかという観点から検討するのが適切とされ[2]、判旨は③ではないことを明示しているとした上で、①に求めていると解すべきで、この実体権とは被保全権利を指す（ただし、判旨が「債務名義に表示された債務」という点も無視すべきではない）とされる[3]。また、平21最判の調査官解説は「③……ではないと考えられるが、①と②のどちらかは明示していない」[4]としつつ、次のようにいう。「本判決は、間接強制金が債権者に帰属することの法律上の原因である実体法上の請求権は、債務名義上の請求権とは別のものであるとしても、その間接強制金請求権

---

[1] 野村秀敏「仮処分・間接強制決定と仮執行宣言の失効に伴う事後処理に関する若干の問題点」専修ロージャーナル6号（2011）177頁以下。難波譲治・速報判例解説6号（2010）102頁は、間接強制金のうち損害賠償の性質を有する部分の返還請求のみを認める。
[2] こうした観点から学説の分類を試みるものとして、金炳学「仮処分命令の取消しと間接強制金の不当利得」栂善夫先生＝遠藤賢治先生古稀祝賀・民事手続における法と実践（成文堂・2014）966頁以下。
[3] 森田修・法協127巻11号（2010）1915頁、1917頁。川嶋四郎・法セミ666号（2010）122頁も被保全権利を重視する。
[4] 中村心・最判解民事篇平成21年度(上)391頁注21。

I はじめに

ともいうべきものは債務名義上の請求権から独立したものではない、いわばこれに付随する請求権と解しているようである。そうすると、上記の場合において<u>保全すべき権利が仮処分命令の発令時から存在しなかったものと判断された場合には、間接強制により履行を確保すべき債務が最初から存在しなかったわけである</u>から、付随する間接強制金請求権も同様に最初から存在しないものとして、間接強制金が債権者に帰属することを正当化する法律上の原因はないと解することになろう」[5]（下線は筆者）。このように、調査官解説は、同判決について間接強制金請求権を「債務名義上の請求権」に付随する請求権と解するものとする[6]が、下線部をみると、被保全権利が、この「債務名義上の請求権」に当たると解しているようでもある。

一方、上原敏夫教授は、賃金の仮払いを命じる仮処分が取り消された場合に、本案訴訟が未確定でも、債権者の仮払金返還義務を肯定した最判昭和63年3月15日民集42巻3号170頁（以下、「昭63最判」という）と比較しつつ、平21最判は「本案訴訟の判決が確定していなくとも、返還義務を認めるように読める。そうであるとすると、この判決においても、法律上の原因と考えられているのは、実体法上の被保全権利そのものではなく、それを認める仮処分命令ないし間接強制決定ということになるのかもしれない」とされる[7]。また、中野貞一郎教授は、「不当利得の成立を認めた判旨の結論には賛成であるが、理由として『法律上の原因』の欠如……を被保全権利が仮処分命令の発令時から存在しなかったことに求めることの当否については、強制金の法的性質……とも絡んで問題がある。強制金を間接強制決定に基づく制裁金とみるときは、『法律上の原因』の欠如は被保全権利の不存在ではなく、仮処分命令取消決定の確定により仮処分命令に基づく（第二次的）執行名義としての間接強制決定の失効に求めることになる。この間接強制決定は、仮処分命令の執行手段に他ならないからである」とされる[8]。判旨の読み方としては、森田教授に近いようでもあ

---

5) 中村・前掲注4）387頁。
6) 同旨、山本和彦・法学研究（慶應義塾大学）83巻5号（2010）82頁、笠井正俊・速報判例解説5号（2009）151頁等。
7) 上原敏夫「間接強制、仮処分の取消しに伴う原状回復」法教348号（2009）48頁。同旨、西川佳代・リマークス41号（2010）133頁。
8) 中野貞一郎・民事執行法［増補新訂6版］（青林書院・2011）822頁注5b。中野貞一郎＝下村正明・民事執行法（青林書院・2016）823頁注5も同旨であるが、同文ではない。

るが、被保全権利ではなく、仮処分命令の取消し（の確定）による間接強制決定の失効を法律上の原因と解すべきものとされる。以上のことからすると、平21最判が述べる理由は明確なものではなく、同判決の結論をどのように理由づけるべきかについては、更に検討を要するといえよう。

2　最判昭和 63 年 3 月 15 日（昭 63 最判）

　平 21 最判の検討に際しては、上原教授も対比されているように、昭 63 最判に留意すべきであろう。昭 63 最判の事案は、保全の必要性がないことを理由に仮処分命令が取り消されたものである。保全の必要性が、当初から欠けていた場合と解すべきか否か問題がある[9]が、この点には立ち入らず、便宜上、当初から欠けていた場合とみて、以下、同判決が仮払金返還義務を認める理由として述べることのうち、平 21 最判との関係で留意しておきたい部分のみ掲げる。

　　仮払仮処分は「その執行によって被保全権利が実現されたのと同様の状態が事実上達成されるいわゆる満足的仮処分の一種である。しかしながら、かかる類型の仮処分は、疎明手続により仮の履行状態を作出することを目的とする仮の地位を定める仮処分であって、被保全権利の終局的実現を目的とするものでも、それ自体として完結的な実体法上の法律関係を形成するものでもなく、本質的に仮定性、暫定性を免れるものではないから、仮払仮処分の執行による金員の給付がされた後に右仮処分が控訴審において取り消された場合には、その間に生じた仮処分の効果も当初から発生しなかったことに帰し、右給付はその根拠を欠くに至って執行開始前の状態に復元すべきことが、右仮処分制度の本来の趣旨から要請されている」。「仮処分債務者の仮払金支払義務も当該仮処分手続内における訴訟法上のものとして仮に形成されるにとどまり、その執行によって実体法上の賃金請求権が直ちに消滅するものでもない。したがって、仮払金返還請求権は、右賃金請求権の存否に関する実体的判断とはかかわりを有しないこととなるから、それをめぐる本案訴訟が別に係属中であっても、仮払金返還請求権の発生ないし行使の障害になるものではない」。「仮払金返還請求権は、仮執行に基づく給付がされた後に本案判決が変更された場合に関する民訴法 198 条 2 項の原状回復請求権に類するものではあるが、その返還義務の範囲については、かかる仮処分の特殊性に鑑み、公平を理念とする不当利得の規定に準じてこれを定めるのが相当である」。

9）　伊藤正己裁判官の反対意見、篠原勝美・最判解民事篇昭和 63 年度 128 頁、132 頁以下、研究会「民事保全法の基本構造」ジュリ増刊・民事保全法の運用と展望（1990）46 頁〔山崎潮発言〕等参照。

昭63最判は、仮払金返還請求権を旧民事訴訟法198条2項（現行民訴法260条2項）の類推適用による訴訟法上の請求権と解するとみられる[10]が、実体法上の不当利得返還請求権と解する見解もある[11]。筆者も後者の見解に賛成するが、この点にも立ち入らない。注目しておきたいのは、昭63最判が、仮払金の返還を認める理論的根拠を仮処分命令の取消しの遡及効に求めているとみられること、また、仮処分命令が定める給付請求権と被保全権利は別のものと解していることである。そうすると、平21最判のケースについても、仮処分命令の取消しに遡及効があることを前提にして、間接強制金の返還を理由づけることが、昭63最判の立場と整合的であるように思われる。また、平21最判に関し、仮処分命令に表示された請求権と被保全権利を同視する理解は、昭63最判の立場と整合しない、ということになりそうである。

3　本稿の目的

ところで、平21最判より前、保全抗告審において、当初から被保全権利が存在しないことを理由に仮処分命令が取り消され、当該仮処分命令の保全執行としてされた間接強制決定に基づき支払われた間接強制金につき、不当利得の成否が問題になった事件がある。判例集には登載されていないが、日の出町の廃棄物処分場に関する資料の閲覧謄写に関連する事件で、新聞等でもとり上げられ、平21最判の調査官解説でも言及がある[12]。この事件でも、第一審・控訴審共に、不当利得の成立を認め、最高裁も上告棄却・上告不受理の決定をした。興味深いのは、第一審・控訴審が、昭63最判の考え方を当てはめていること、また、本案訴訟で被保全権利の（相当部分の）存在が確定したにもかかわらず、間接強制金の返還が認められていることである。本稿では、この日の出町の事件の第一審・控訴審判決を紹介する[13]と共に、この事件および平21最判の事件における裁判所の判断を手掛かりにして、被保全権利が仮処分命令の発令時から存在しなかったものと判断されて、仮処分命令が取り消された場合における間

---

10) 篠原・前掲注9）130頁、福永有利「仮処分命令の取消しと原状回復」中野貞一郎ほか編・民事保全講座(2)（法律文化社・1996）202頁等。なお後掲注46）参照。
11) 野村秀敏・民事保全法研究（弘文堂・2001）335頁、研究会・前掲注9）45頁〔山崎発言〕等。
12) 中村・前掲注4）390頁注20。
13) これらの資料の入手については、樋渡俊一弁護士に御高配を賜った。

接強制金の返還（不当利得の成否）について、これを肯定するための理論構成を検討する。

II 裁判例

1 ①事件（平21最判関係）

まず、平21最判の事案と第一審判決および控訴審判決をみておく。

化粧品会社の代表者であったAは、全財産をXに相続させる旨の遺言を残して死亡し、亡Aの相続人であるXおよびYらの間で、Yらが各6000万円ずつ、その余はXが相続する旨の遺産分割協議が成立した。Xの取得する財産には、亡Aの有していた商標権が含まれていた。その後、Yらは、遺産分割協議は錯誤等により無効であり、遺留分減殺請求権により商標権の持分を取得したと主張し、Xを債務者、商標権持分権を被保全権利として、商標権処分禁止の仮処分を申し立て、その旨の仮処分命令が発令された（以下、「本件仮処分命令」という）。Yらは、本件仮処分命令に基づき間接強制を申し立て、違反行為1日につき5万円の支払いを命じる間接強制決定が発令され、その後1日10万円に変更する決定がされた（以下、「本件間接強制決定等」という。なお、後掲判文においても、この語で統一を図ると共に、「仮処分決定」の語を「仮処分命令」と言い換える）。Xは、本件間接強制決定等に基づく強制執行を受け、Yらに対し最終的に1億8000万円余を支払った。

Yらは、Xを被告として、本件仮処分命令の本案訴訟を提起したところ、第一審は本件遺産分割協議を無効としたが、控訴審は、これを有効とし、Yらは当初から被保全権利を有していなかったと判断した（以下、「本件控訴審判決」という）。Xは、本件控訴審判決を理由に本件仮処分命令の事情変更による保全取消しを申し立て、その旨の決定（以下、「本件仮処分取消決定」という）を得た。その後、本件間接強制決定等も取り消された。Xは、Yらを被告とし、本件間接強制決定等の取消しにより、法律上の原因がなくなったため、これに基づき支払った間接強制金は不当利得に当たるとして、当該間接強制金の返還等を求めて本件訴訟を提起した。なお、その後、本件仮処分取消決定に対するYらの保全抗告は棄却され、同決定は確定し、本件訴訟の第一審口頭弁論終結後（判決言渡し前）、

本件控訴審判決に対する Y らの上告棄却・上告不受理の決定がされ、同判決も確定した。

本件訴訟の第一審（福岡地判平成 18 年 10 月 6 日民集 63 巻 4 号 779 頁）は、間接強制金につき不当利得の成立を認めたが、その理由は次のようである。

「民事執行法 40 条 1 項は、同法 39 条 1 項 1 号から 6 号に掲げる執行取消文書が提出された場合には、執行裁判所又は執行官は、既にした執行処分を取り消さなければならないと規定する。そして、執行処分の取消しとは、既に開始された執行手続を除去して、遡って強制執行がなかった状態にすることをいう」。「したがって、間接強制決定が取り消された場合、遡って強制執行がなかった状態になるから、間接強制決定に基づく支払は法律上の原因（間接強制という本執行）を欠き、民法上の不当利得が成立する」。

Y らは、間接強制金が「制裁金であることを根拠として、後に仮処分や間接強制決定が取り消されたとしてもその取消決定には遡及効はないから、法律上の原因を欠くことにはならないと主張する」。「確かに、例えば、債権者が間接強制決定に基づく金員を取り立てた後、債務者が間接強制決定の前提となる仮処分命令に従って履行をしたり、本件のような場合に債務者が後に価額弁償を行って被保全権利が消滅したため、それを受けて間接強制決定が取り消されたような場合など、仮処分命令に定める義務が当初は存在していたが、その後消滅したことを前提として、間接強制決定が取り消された場合には、その取消決定には遡及効はなく、債権者は、既に取立てた金員を返還する必要はない」。「しかしながら」「本件は上記のような場合には当たらず、かえって本件仮処分命令に定める義務が当初から存在しないことを前提として、本件間接強制決定等は取り消されたといえる」。

控訴審（福岡高判平成 19 年 10 月 31 日民集 63 巻 4 号 813 頁）も、第一審と同様、間接強制金につき不当利得の成立を認めたが、理由は異なり、第一審口頭弁論終結後に本件控訴審判決が確定したこと等に言及した上で、次のように述べる。

「……以上の事実によれば、本件間接強制決定等の前提となる本件仮処分命令の本案訴訟では、Y らが当初から仮処分の被保全権利を有していなかったと判断されたのであるから、本件仮処分取消決定及び本件間接強制決定等の取消決定に遡及効があると否とにかかわらず、Y らが間接強制金を取得することは、正義公平の観念上正当とされる原因を欠くものであり、不当利得となる」。

Y らは、①仮処分や間接強制決定の取消決定に遡及効はないこと、②間接強制金の法的性格は制裁金であること等を理由に、間接強制金の取得は法律上の原因

を欠くものではないと主張するが、「間接強制金の取得が不当利得となるかどうかは、間接強制決定及びその前提となる仮処分命令の取消しに遡及効があるかどうかではなく、間接強制金の取得が正義公平の観念上正当とされる原因を欠くかどうかによって決せられるものであるから、①は採用できない（仮執行宣言付き一審判決が控訴審で取り消された場合、仮執行宣言の失効の効果は既往に遡らないから、すでに完結した執行処分の効力は影響を受けないが、債権者〔通常は原告〕は、債務者〔通常は被告〕に対し、給付を受けたものを不当利得として返還する義務がある。民訴法260条2項）」。「間接強制金の法的性格が間接強制決定に違反したことに対する制裁金であることはYら主張のとおりであるが、本件間接強制決定等は本件仮処分命令を前提とするものであり、その本案訴訟で当初から仮処分の被保全権利が存在しないと判断されたのであるから、Xに対する制裁そのものが正当な根拠を欠くものであったのであり（なお、間接強制金は、損害賠償に充当される〔民執法172条4項〕から、制裁金という性格とともに損害賠償の性格をも併せ持つということができ、そうだとすれば、損害賠償の根拠が全面的に否定された場合にまで、間接強制金を保有し得る〔不当利得として返還する義務がない〕というのは、明らかに不合理である。）、②も採用できない」。

この控訴審判決に対するYの上告受理申立てが認められ、最高裁は、前述I1のように判示して、上告を棄却した。

2　②事件（日の出町事件）

次にとり上げるのは、本案訴訟ではなく、保全抗告審で、被保全権利が発令時から存在しなかったものと判断され、仮処分命令が取り消されたケースで、この本案訴訟では、第一審も控訴審も、被保全権利の（相当部分の）存在を認め、その判断が確定している。この事件は、東京都日の出町の一般廃棄物処分場の汚水漏れ疑惑をめぐり、周辺住民が、処分場地下水の水質データ等の資料の閲覧謄写を求めた事件に関するもので、間接強制金の返還請求に関する事実関係は、次のようである。

Xは、一般廃棄物広域最終処分を目的とする一部事務組合であり、Yは、A町（第22自治会の区域内）に居住する住民である。Yは、Xおよび訴外A町を債務者とし、XおよびA町とA町第3自治会および第22自治会間で締結された各公害防止協定に基づく資料閲覧謄写請求権を被保全権利として、資料目録記載の資料（以下、「本件資料」という）の閲覧謄写を求める仮処分を申し立て、平成7

年3月8日、これを認める仮処分命令が発令された（以下、「本件仮処分命令」という。なお、後掲判文についても、この語で統一を図ると共に、「仮処分決定」の語を「仮処分命令」と言い換える）。Yは、本件仮処分命令に基づいて間接強制を申し立て、同年5月8日、不履行1日につき15万円の支払いを命じる間接強制決定が発令され、同年7月3日、1日30万円に変更する決定がされた（以下、「本件各間接強制決定」という）。Xは、Yに対し、本件各間接強制決定に基づいて、平成7年5月18日から平成9年3月19日まで、20回にわたり、合計1億9095万円の間接強制金を支払った（以下、「本件各間接強制金」という）。

一方、XおよびA町は、本件仮処分命令に対する保全異議を申し立てたが、平成7年9月4日、本件仮処分命令は認可されたので、これを不服として保全抗告を申し立てたところ、平成9年6月23日、（当初から）被保全権利が存在しないことを理由に、本件仮処分命令は取り消された（以下、「本件保全抗告決定」という）[14]。同年7月1日、本件各間接強制決定も取り消された。同年6月26日、Xは、Yに対し、支払済みの本件各間接強制金を返還するよう催告し、その後（同年7月30日のようである）、Yを被告とし、本件各間接強制金は不当利得に当たるとして、その返還を求める本件訴訟を提起した。同年12月26日、YはXの請求金額の一部1億5795万円を弁済した。なお、本件仮処分命令の本案訴訟では、平成8年2月21日、第一審は、Yの閲覧謄写請求の大部分を認容し、平成9年8月6日、控訴審も、Yの請求の相当部分を認容した[15]（上告審については、後掲本件控訴審判決の追記参照）。

本件訴訟の第一審における争点は、次の三点とされている。

「1　本件各間接強制金が不当利得となる場合、本件仮処分命令の取消によるのか、本件各間接強制決定の取消によるのか。

14）東京高決平成9年6月23日判時1620号81頁①事件。同決定は、第3自治会に係る公害防止協定12条（4）の「周辺住民」は、第3自治会に所属する住民に限られること、また、第22自治会に係る公害防止協定12条（4）の「資料」には、本件資料は含まれないことを理由として、Xは公害防止協定に基づく本件資料の閲覧謄写請求権を有しないので、被保全権利は存しないとした。

15）控訴審判決（東京高判平成9年8月6日判時1620号81頁②事件）は、第22自治会に係る公害防止協定12条（4）の「資料」は本件処分場に関するすべての資料であるとして、これに基づくYの本件資料の閲覧謄写請求権を認めた。ただし、本件資料のうち、地下水排水工から集水される地下水の電気伝導度の常時観測データについては、昭和59年4月から平成8年3月までの分の存在は認められないとして、この分のデータに対するYの閲覧謄写請求権は否定した。なお、第一審判決（東京地八王子支判平成8年2月21日判タ908号149頁）は、電気伝導度の常時観測データにつき、昭和59年4月から平成7年6月までの分の存在を認めていた。

    2　本件仮処分命令の取消の遡及効の有無、本件間接強制決定の取消の遡及効の有無。
    3　利息金請求の許否、利息金の発生時期。」

　第一審判決（東京地八王子支判平成 10 年 5 月 14 日平成 9 年(ワ)第 1725 号不当利得返還請求事件）は、X の主位的請求を棄却して予備的請求を認容し、Y に対し、3778 万 6816 円およびこれに対する平成 9 年 12 月 27 日から支払済みまで年 5 分の割合による金員の支払いを命じた[16]。以下、争点 1 および 2 に関する判断のみを掲げる。

　「1　東京高等裁判所が、平成 9 年 6 月 23 日、原決定及び本件仮処分命令を取り消し、本件仮処分命令申立てを却下する旨の本件保全抗告決定をしたことは、当事者間に争いがない。
　　Y に本件資料の閲覧謄写請求権あることを認める本件仮処分命令は、その執行によって被保全権利が実現されたのと同様の状態が事実上達成される、いわゆる満足的仮処分であるが、このような類型の仮処分は、疎明手続により仮の履行状態を作出することを目的とする仮の地位を定める仮処分であって、被保全権利の終局的実現を目的とするものでも、それ自体として完結的な、実体法上の法律関係を形成するものでもなく、本質的に仮定性、暫定性を免れるものではない。Y の右閲覧謄写請求権も、本件仮処分命令申立ての手続内において、民事保全法上仮に形成されたものにすぎず、終局的な実体法上の権利として形成されたわけではない。そうすると、本件仮処分命令が本件保全抗告決定により取り消された場合には、その間に生じた仮処分の効果も遡及的に発生しなかったことに帰し、執行開始前の状態に復元されるべきであると解される。
　2　本件各間接強制決定は、本件仮処分命令に基づく作為義務に X が従わないことに対し、心理的な強制を課して義務の履行を実現することを目的とするものであり、あくまでも本件仮処分命令を基礎とするものである。そして、本件仮処分命令は、本件保全抗告決定によって取り消され、その効果は当初から発生しなかったことに帰した。そうすると、X に本件仮処分命令に基づく作為義務を履行させるための手段としてなされた本件各間接強制決定による金員支払義

---

16)　X は、主位的請求としては、4763 万 2039 円および付帯金員の支払を求めた。第一審判決が主位的請求を棄却し予備的請求を認容したことに関し、(本文後掲) 控訴審判決は、主位的請求と予備的請求の違いは（民法 704 条に基づく）利息の起算点の違い（主位的請求は Y が間接強制金を受領した日とし、予備的請求は X がその返還を求めた日とする）によるものであり、1 個の請求の全部認容、一部認容として処理すべきであったこと、また、利息の起算点は、主位的請求のように解する余地もある（もっとも、現在は市中金利が安いため、酷な結果となることがあり得る）とした上で、X の附帯控訴はないから、利息の起算点についての争いは、控訴審では審判の対象となっていない旨を述べる。

務も遡及的にその基礎を失ったというべきである。したがって、Yに支払われた本件各間接強制金は、当初に遡って法律上の原因が失われたことになるというべきであり、Yは、これについて返還義務を負うと解される。
3 Yは、間接強制決定は、仮処分命令の効力とは関係がないし、また、間接強制決定の取消決定自体には遡及効がない旨主張するが、右判示のとおり、間接強制決定は、仮処分命令における作為義務を履行させるための手段であることから、間接強制決定が仮処分命令の効果の存在、不存在と関連がないとの主張を採用することはできないし、また、仮処分命令が取り消され、仮処分命令により定められた作為義務が当初より否定されることになった以上、間接強制決定のみ遡及効がなく、将来に向かってのみ効力を失うとの見解を採ることはできない。Yは、Yのように解釈しないと、間接強制について、心理強制の手段としての現実性がなくなる旨主張する[17]が、現行の間接強制制度が目的としている心理強制の効果は、右判示のように解しても否定されるとはいえない。
4 Yは、本案訴訟においてXの作為義務の不存在が未だ確定していないから、支払済みの間接強制金について利益として受けるべき法律上の原因が存在しないとはいえないとも主張するが、右判示のような仮処分の性質からして、本案訴訟において作為義務の存否が終局的に確定していないとしても、仮処分命令の取消しの効力に消長をきたすものではないというべく、Yの主張は失当である」。

この第一審判決(上記1第2段落は昭63最判(前述Ⅰ2)と同趣旨)に対し、Yが控訴したが、控訴審は、控訴を棄却した(東京高判平成10年12月25日平成10年(ネ)第2594号不当利得返還請求控訴事件)。控訴審判決は、第一審判決を引用するものであるが、新たな争点として「4 Yに公害防止協定に基づく資料閲覧謄写請求権があるとすると、Yには本件各間接強制金を利得する法律上の原因があるといえるか」を付加し、以下のような判断および追記を加える。

「争点4について 本件各間接強制金の支払は、本件仮処分命令とそれに依拠する本件各間接強制決定に基づくものであって、Y主張の各公害防止協定から生ずる資料閲覧謄写請求権に基づくものではないから、右各決定が取り消された以上、Yが本件各間接強制金を取得する法律上の根拠は失われ、右の資料閲覧謄写請求権の存在を認める終局判決が確定したとしても、それが復活するものではないから、Yの主張には理由がない」。

---

17) Yは、間接強制金が制裁であること、その制裁は心理強制の手段に値する現実性を有するものでなければならないこと等も主張している。

「追記　なお、本件口頭弁論終結後である平成10年11月20日、YがXらに対してなした別訴による資料閲覧謄写請求の相当部分を認容する東京高裁第20民事部（一審東京地裁八王子支部）の判決に対する最高裁第二小法廷の上告棄却の判決があり、右資料閲覧謄写請求権の存在が確定されたが、それにも関わらず本件の結論は変わらない。何故なら、争点4についての判断中において説示したとおり、本訴請求は、仮処分の間接強制決定により支払った間接強制金をその仮処分命令等が取り消されたことを理由として、返還を求めるものであって、資料閲覧謄写請求権の存否に関わりがないからである。Xが資料閲覧謄写請求権行使に応じなかったために、Yが何らかの金銭的請求権を取得したと認定される可能性があり、それと本件間接強制金とが将来において相殺されることもあり得るが、それは別途解決されるべき問題であって、本件間接強制金返還請求権とその附帯請求権の消長には影響がない。したがって、本判決は、実体的資料閲覧謄写請求権の存否に関する右の最高裁判決と矛盾するものではない。誤解を避けるために、あえて付言する次第である」。

この控訴審判決に対し、Yは上告および上告受理の申立てをしたが、最高裁は、平成11年7月13日、決定で上告を棄却し上告不受理とした。

3　小括——裁判例に現れた考え方

以上の2つの事件は、仮処分命令に基づき間接強制決定がされたが、被保全権利が発令時から存在しなかったものと判断され、仮処分命令が取り消され、かつ、この取消決定が確定し、間接強制決定も取り消されている場合である点で共通する。この場合に債権者に交付された間接強制金が不当利得となるか否かについて、裁判例はいずれも肯定している（以下、「肯定説」という）が、理由付けは一様ではない。不当利得とならないとする被告の立場（以下、「否定説」という）も含めて、裁判例に現れた考え方を若干整理しておく。

否定説は、主な根拠として、仮処分命令や間接強制決定の取消しには遡及効がないこと、間接強制金が制裁であることを挙げる（両事件被告）。この2つの根拠は、並列的に列挙されているというより、後者が前者の根拠とされているようである。否定説において実質的に重要なことは、間接強制決定の遡及的失効を否定することであり、その根拠としては間接強制の強制効果の確保が考えられるので、そのために制裁という性格が強調されているように思われる。

肯定説には、大別すれば、2通りの理由付けがある。

第1は、仮処分命令や間接強制決定の取消しに遡及効を認めて、間接強制決定が遡及的に失効したことから、債権者による間接強制金の取得は法律上の原因を欠くとするものである。これには、(ア)間接強制決定の取消しの遡及効から説明するもの（①事件第一審）、(イ)仮処分命令の取消しに遡及効があることに基づいて、仮処分命令を基礎とする間接強制決定による金員支払義務も、遡及的に基礎を失うと説くもの（②事件第一審）がある。(イ)は、別言すれば、間接強制決定が仮処分命令（債務名義）に付随する性格を有することを認める立場といえよう。学説には、平21最判について、こうした付随性を認める趣旨とみる見方[18]や仮処分命令の取消しの遡及効を認める見解に与するものとみる見方[19]がある。

第2は、仮処分命令や間接強制決定の取消しの遡及効の問題とは無関係とし、あるいはこの遡及効の問題に（少なくとも明示的には）言及しないものである。まず(ア)不当利得の成否は、こうした遡及効の有無とは無関係であり、正義公平の観念上正当とされる原因の有無により決まるとし、本案訴訟で被保全権利が当初から不存在と判断されたのであるから、債権者による間接強制金の取得は、正義公平の観念上正当とされる原因を欠き、不当利得となるとするものがある。①事件控訴審の立場であり、同判決は、遡及効の有無が不当利得の成否と無関係なことの根拠として、仮執行宣言の失効は遡及しないが、仮執行宣言に基づく給付物は不当利得となることを挙げる。学説にも、仮処分の取消しの遡及効の議論は不当利得の成否にかかわらないとする考え方がある[20]。なお、①事件控訴審が採用する、正義公平の観念上正当とされる原因を不当利得の成否の基準とする考え方は、不当利得の本質論におけるいわゆる衡平説によるものといえよう。次に(イ)こうした遡及効と不当利得の成否の関係については沈黙して態度を明らかにせず、間接強制金が不当利得となることを、間接強制が債務名義に表示された債務の履行確保のための手段であることから説明する平21最判の立場がある。もっとも、前述のように、平21最判を第1(イ)の立場とみる見方もある。

---

18) 間渕清史・民事執行・保全判例百選［第2版］（2012）191頁。
19) 安達栄司・ひろば63巻9号（2010）60頁、63頁。
20) 笠井・前掲注6）152頁。

視点を変えて、被保全権利との関係でみると、肯定説には、(ア)本案訴訟で被保全権利が当初から不存在と判断されたのであるから、債権者による間接強制金の取得は不当利得になるとする立場（①事件控訴審）[21]と、(イ)本案訴訟における被保全権利の存否の判断は、不当利得の成否とは無関係とみる立場（②事件第一審・控訴審）がある。後者は、仮処分命令における給付請求権は、民事保全法上仮に形成されるものにすぎず、実体法上の権利（被保全権利）とは別のものとする考え方に基づいている。この考え方は、昭 63 最判が採用するもので、仮の地位を定める仮処分の本質論におけるいわゆる形成処分説である。平 21 最判については、Ⅰ 1 でみたように、(ア)(イ)のいずれに引き付けてみる見方もある。

　間接強制金の法的性質との関係でみると、否定説は間接強制金を制裁とするが、肯定説に立つ裁判例の中で、この問題を正面からとり上げているのは、①事件控訴審のみである。この判決は、間接強制金は制裁と損害賠償の性格を併有するとし、本案訴訟で当初から仮処分の被保全権利が存在しないと判断されたことを重視して、このことから、間接強制金は、制裁としても損害賠償としても根拠を欠くとするようである。

　以上、裁判例に現れた考え方をみてきたが、その中で、幾つかの関連問題が浮かび上がる。さしあたり、不当利得の本質論、仮の地位を定める仮処分の本質論、仮処分命令の取消しの遡及効、間接強制決定の取消しの遡及効、間接強制金の法的性質論、間接強制決定の付随性が挙げられる。そこで、次に、こうした関連する諸問題を概観してみよう。いずれも奥深い問題であるが、紙幅の関係上、ごく簡単にみておく。

Ⅲ　関連する諸問題

1　不当利得の本質論・執行関係の不当利得

　まず、不当利得の本質論（制度目的論）に関する民法学説に触れておく[22]。大別

---

21)　森田・前掲注 3) 1926 頁注 5 は、①事件控訴審について、法律上の原因を実体法上の請求権・債務名義のいずれのレベルに求めるかは、はっきりしないという。こうした見方もできようが、本文のように、被保全権利に求めるとみるのが自然ではなかろうか。

22)　加藤雅信・新民法大系Ⅴ事務管理・不当利得・不法行為［第 2 版］（有斐閣・2005) 85 頁以下、近江幸治・民法講義Ⅵ 事務管理・不当利得・不法行為［第 2 版］（成文堂・2007) 28 頁以下、谷口知平＝甲斐道太郎編・新版注釈民法(18)（有斐閣・1991) 337 頁以下〔加藤雅信〕等参照。

III 関連する諸問題

すると、不当利得法を衡平の観念により基礎づける衡平説、不当利得を類型化して考察する類型論および後述の箱庭説がある。衡平説は従来の通説で、とりわけ「統一的理念としては、形式的・一般的には正当視される財産的価値の移動が、実質的・相対的には正当視されない場合に、公平の理念に従ってその矛盾の調整を試みようとすることが不当利得の本質」[23]とする考え方（二元論的衡平説）は実務に大きな影響を与えているとされる。他方、衡平の観念の曖昧さや裁判官への白紙委任的性格に対する批判も強く、近時は、類型論が有力であるが、どのように類型化するかについては必ずしも見解の一致をみているわけではないとされる。

箱庭説は、不当利得を財貨移転と関係する全実定法体系の箱庭（縮図）として捉え、「法律上の原因」の内容（有無）を、財貨移転を基礎づける法律関係の存否として捉える。提唱者の加藤雅信教授は、裁判例における「法律上の原因」の判断基準を分析し、民事手続法上の法律関係に関しては、基本的には「財貨受領を基礎づける裁判の存否が、『法律上の原因』の有無のメルクマール」とされるようである[24]。強制執行に関しては、次のように述べられる。「財貨の移転は、私法上の請求権、場合によっては私法上の請求権を確定するところの判決などの債務名義によって基礎づけられ、執行行為それ自体によっては基礎づけられない」。「しかしながら、執行行為が、新たな実体的法律関係を形成する、とされる場合がある」。「この場合には、執行行為が財貨移転を基礎づけ、執行行為の有効無効が、『法律上ノ原因』の存否を決定する」。もっとも「この執行行為にもとづく法律関係は、常に財貨の保有を最終的に基礎づけるとはかぎらない」[25]。「執行行為自体が有効であっても、それを基礎づけるべき訴の目的となった請求権が存在しない場合には、その有効な権利変動自体が不当利得とされる」。「このようにして執行行為が訴えの目的となった請求権の背後に退くのは、執行行為全体が訴えの目的となった請求権の実現のために存在するという、両者の構造的関係によるものである」[26]。こうした加藤教授の見解によれば、執行関係で法律上の原因のメルクマールとなるのは、基本的には債務名義である

---

23) 我妻栄・債権各論下巻一（岩波書店・1972）938頁。
24) 加藤・前掲注22) 43頁、加藤雅信・財産法の体系と不当利得法の構造（有斐閣・1986）237頁。
25) 加藤・前掲注24) 237頁、238頁。
26) 加藤・前掲注24) 249頁。

が、執行行為が新たな実体関係を形成する場合は執行行為であり、更に、請求権すなわち執行債権の場合もある、ということになろう。

不当利得の本質論に関する諸説の是非を論じることはできないが、本稿で扱う問題との関係では、裁判例の分析に基づく、執行関係の不当利得に関する加藤教授の見解（前述Ⅰ1の森田教授の分析視点と通じる）が有益であり、ひとまず、この見解に従っておきたい。この見解によれば、仮処分命令が取り消された場合の間接強制金の不当利得の成否に関しては、仮処分命令・間接強制決定・仮処分命令に表示された請求権のいずれも、法律上の原因のメルクマールになり得る、ということになろう。間接強制決定は、間接強制金支払請求権の発生原因とみることができ（間接強制金の取立ての債務名義ともなる）、新たな実体関係を形成する執行行為に当たると考えられるからである。請求権に当たるものとしては、仮処分命令に表示された請求権のほかに被保全権利も問題になり得るが、両者の関係は、仮の地位を定める仮処分の本質論に関わるので、項を改めてみよう。

2　仮の地位を定める仮処分の本質論・被保全権利との関係

仮の地位を定める仮処分（とくに満足的仮処分）に関しては、その本質論の一環として、被保全権利との関係について議論がある。主に旧法下で論じられた問題であるが、被保全権利とは別個に、その保全を目的とする訴訟法上の法律状態を形成するものとみる説（形成処分説・訴訟法説）、被保全権利を暫定的に確認するものとみる説（確認処分説）、被保全権利の実在性を暫定的に形成する（暫定的な法律状態を実体的に形成する）ものとみる説（実体形成説）が対立する。昭63最判や②事件第一審・控訴審は形成処分説に立ち、昭63最判の調査官解説はこの説を通説的見解という[27]。形成処分説が今日でも通説といえるかどうかは別にしても、仮の地位を定める仮処分も、他の保全命令と同様、被保全権利のみならず保全の必要性を審理対象とするものであること、疎明手続により審理される仮の救済制度であること、仮処分命令に表示された請求権と被保全権利は、

---

27) 篠原・前掲注9) 113頁。学説・裁判例につき同頁以下。各説の代表的論者を挙げると、形成処分説は吉川大二郎博士（同・増補仮処分の諸問題（有斐閣・1968）1頁以下等）、確認処分説は沢栄三判事（同・保全訴訟研究（弘文堂・1960) 64頁）、実体形成説は兼子一博士（同・民事法研究Ⅲ（酒井書店・1969) 57頁以下）である。

Ⅲ　関連する諸問題

常に一致しなければならないわけではないこと[28]等から、筆者も形成処分説に賛成する。なお、被保全権利とは何かについても問題になり得る[29]が、本稿では、被保全権利を本案訴訟で審理対象とされる実体法上の請求権とみる伝統的な理解を前提にしておく。

3　仮処分命令の取消しの遡及効

まず、本案訴訟で債権者敗訴判決が確定した場合には、対世的効力が認められる職務執行停止・代行者選任の仮処分のようなものを除き、仮処分は当然に失効し、その間に生じた仮処分の効果も当初から発生しなかったことになる[30]というのが、旧法下からの一般的な考え方とされる[31]。一方、本案訴訟の判決が確定しない場合における仮処分命令の取消しの遡及効については、旧法下では、否定説が一般であったとされる[32]。しかし、昭63最判は賃金仮払仮処分の場合に取消しの遡及効を肯定し、更に、民事保全法の立案担当者も、仮処分命令の取消しの遡及効を肯定して、これを同法33条の原状回復の裁判を設ける根拠と説明する[33]等、今日では肯定説が有力で[34]、多数説といってもよさそうである。

また、この遡及効の有無・範囲について、野村秀敏教授は、仮処分取消しの理由を重視すべきで、「当初からの被保全権利又は保全の必要性などの要件の

---

28) 吉川・前掲注27) 9頁以下参照。①事件も、仮処分命令に表示された請求権と被保全権利が一致しない事例である。もっとも、①事件の仮処分は、仮の地位を定める仮処分とみる見解（笠井・前掲注6) 149頁）のほか、係争物に関する仮処分とみる見解もある（森田・前掲注3) 1922頁）。また、その保全執行として、商標登録簿に登録をする方法（民保法54条・53条）が可能であり、間接強制によることが適切であるか、疑問が付されている。上原・前掲注7) 45頁、山本・前掲注6) 85頁注1。
29) 長谷部由起子教授は、ドイツのライポルト教授らの学説を手掛かりに、本案訴訟で審理対象とされる実体法上の請求権とは異なる「暫定的実体権」（実体的経過規定）を民事保全の被保全権利とすることができる場合があるとされる。長谷部由起子「仮の救済における審理の構造（3・完）」法協102巻9号(1985) 1729頁以下等。
30) 吉川大二郎・判例保全処分（法律文化社・1959) 381頁、西山俊彦・保全処分概論［新版］（一粒社・1985) 190頁。
31) 山崎潮・新民事保全法の解説［増補改訂版］（金融財政事情研究会・1991) 223頁、篠原・前掲注9) 122頁以下。もっとも、本案訴訟で債権者敗訴判決が確定した場合について、仮処分命令の効力が消滅する時期および事情変更による保全取消の許否に関し、議論がある。西山・前掲注30) 168頁以下、215頁以下、瀬木比呂志・民事保全法［新訂版］（日本評論社・2014) 260頁以下、396頁以下等。
32) 篠原・前掲注9) 126頁。否定説として、吉川・前掲注30) 380頁、西山・前掲注30) 189頁等。
33) 山崎・前掲注31) 224頁。
34) 野村・前掲注11) 334頁、福永・前掲注10) 202頁、原井龍一郎＝河合伸一編・実務民事保全法［3訂版］（商事法務・2011) 478頁以下［清水正憲］、瀬木・前掲注31) 371頁、瀬木比呂志監修・エッセンシャル・コンメンタール民事保全法（判例タイムズ社・2008) 271頁［増森珠美］等。

欠缺を看過していたのか、あるいはその後の事情変更の結果欠缺するに至ったのかが重要なのである。もし前者であれば、仮処分取消しの遡及効はその発令時にまで遡るが、後者であれば、その遡及効は事情変更した時点までしか遡らないことになる」とされる[35]。筆者も、この見解に賛成する。

4　間接強制決定の取消しの遡及効

　間接強制決定の取消しの遡及効については（民執法167条の15第3項の場合を除き）否定する見解が有力である[36]が、その理由は明らかではなく、一般論としては、肯定してよいと思う。とはいえ、この問題にこれ以上立ち入ることは控える。本稿で問題とする、仮処分命令が取り消された場合における間接強制金の返還を認めるための理論構成としては、①事件第一審のように、間接強制決定の取消しの遡及効を根拠とするより、前述3のように、仮処分命令の取消しの遡及効を肯定した上で、これに伴い、間接強制決定は遡及的に失効するという考え方の方が、間接強制の性格に照らして妥当と思われるからである。後者の考え方に関しては、あらためて述べる（後述5およびⅣ2）。なお、後者の考え方によれば、間接強制決定を取り消さなくとも、間接強制金につき不当利得返還請求ができることになるが、債務者としては、仮処分命令が取り消されれば、間接強制決定の取消しを申し立てるのが通常であろう。その場合、間接強制決定は、失効しているものの、外形は残っているので、これを取り除くため、その取消しを申し立てる利益はあると解する。

5　間接強制金の法的性質・間接強制決定の付随性

　民事執行法172条1項は、間接強制金を「一定ノ賠償」「損害ノ賠償」としていた旧法を改め、執行裁判所が「債務の履行を確保するために相当と認める一

---

35)　野村・前掲注11）334頁以下。原状回復の範囲に関するが、同旨、松浦馨「仮差押え及び仮処分法改正私見（五・完）」民商100巻1号（1989）79頁、福永・前掲注9）207頁以下等、反対、篠原・前掲注9）133頁（取消しの裁判の主文に基づき判断すべきであるとする）。

36)　香川保一監修・注釈民事執行法(7)（金融財政事情研究会・1989）299頁〔冨越和厚〕、鈴木忠一＝三ケ月章編・注解民事執行法(5)（第一法規・1985）112頁〔冨越和厚〕。なお、民執法172条2項の変更決定についても、遡及しないとする立場が通説である。鈴木＝三ケ月・前掲110頁〔冨越〕、小野瀬厚＝原司編・一問一答平成16年改正民事訴訟法・非訟事件手続法・民事執行法（商事法務・2005）166頁注3等。私見は反対、大濱しのぶ・フランスのアストラント（信山社・2004）495頁。同旨、中野＝下村・前掲注8）822頁注4。

III 関連する諸問題

定の額」と定めるが、同条4項は間接強制金を損害賠償に充当する旨を定めるため、間接強制金の性質に争いがある。法定または裁定の違約金と説明し、実質的に損害賠償の性格を重視する立場（損害賠償金説）[37]が従来の通説であるが、制裁と損害賠償の性質を併有するとみる立場（折衷説）[38]、損害賠償と異なる制裁とする立場（制裁金説）がある。前述のように①事件控訴審は折衷説をとる。筆者は、制裁金説に立ち、間接強制決定には、義務を履行すべき旨の命令が含まれ、間接強制金はその履行命令違反の制裁で、損害賠償に充当する扱いは、債務者に過酷にならないため、また債権者に過剰な利得を与えないための便宜的な措置にすぎないと解する[39]。私見と同様、間接強制金を履行命令違反の制裁とし、(ｱ)履行命令は間接強制決定に含まれるとする学説[40]もある一方、山本和彦教授は、(ｲ)履行命令は債務名義に含まれるとされる[41]。

ところで、②事件第一審がいうように、間接強制決定は、債務名義を基礎とするものであり、基礎となる債務名義が失効すれば、間接強制決定も当然に失効すると解してよいと思う。このように間接強制決定が債務名義に付随する性格を有することの説明は、(ｲ)説の方が容易であろうが、(ｱ)説でも、間接強制決定が、債務名義を前提として、そこに表示されている債務の履行確保を目的とするものであることから説明できよう[42]。平21最判が「間接強制が債務名義に表示された債務の履行を確保するための手段である」という点についても、間接強制決定が債務名義に付随する性格を有することを意味すると解することもできよう。なお、日本の間接強制のモデルとされたフランスの間接強制（アストラント）についても、基本的な性格の1つとして、このような付随性が認められている[43]。また、フランスの破毀院は、仮処分命令（レフェレ）の取消しによる間接強制金の返還請求について、この付随性を根拠として、間接強制の裁判は、給付を命じる裁判の変更により、法的根拠を欠き当然に消滅に至るとし、請求

---

37) 浦野雄幸・条解民事執行法（商事法務・1985）752頁、田中康久・新民事執行法の解説［増補改訂版］（金融財政事情研究会・1980）376頁等。
38) 川嶋・前掲注3）122頁、酒井博行・法学研究（北海学園大学）46巻1号（2010）131頁等。
39) 大濱・前掲注36）489頁。
40) 中野＝下村・前掲注8）815頁、野村・前掲注1）192頁。
41) 山本・前掲注6）82頁。
42) 同旨、山本・前掲注6）82頁以下参照。
43) 大濱・前掲注36）12頁、17頁。

を認めている[44]。

IV　私　見

これまで述べてきたことを踏まえて、以下、私見を述べる。

1　基本的な視点

　間接強制金についての不当利得の成否を考える場合、①事件控訴審のように、正義公平の観念（上正当とされる原因の有無）から直接的に判断するというのは、正義公平の観念が曖昧であり、支持することはできず、前述の加藤教授の見解（Ⅲ 1）および森田教授の分析視点（Ⅰ 1）に基づいて、法律上の原因として、ひとまず、債務名義・間接強制決定・執行債権を想定し、いずれが妥当かを検討するのがよいであろう。私見としては、この問題における法律上の原因は、間接強制決定に求めるべきであると考える。間接強制金は、間接強制決定に基づくものであり、間接強制決定なしに、債務名義や執行債権から生み出されるものではないからである。しかし、これは債務名義や執行債権が無関係という趣旨ではない。債務名義も執行債権も、間接強制決定に影響を及ぼす限り、間接強制決定を介して、間接的・実質的に不当利得の成否に影響を及ぼすものであり、その意味では、いずれも法律上の原因の有無のメルクマールとなり得ると思う。間接強制金についての不当利得の成否の問題としては、間接強制決定の基礎となっている債務名義が取り消されたり、その執行力が排除された場合の問題と、それ以外の問題が想定し得るが、前者の場合には、債務名義が重要なメルクマールになると思う。Ⅲ 5 で述べたように、間接強制決定には、債務名義に付随する性格が認められると考えるからである。

2　仮処分命令が取り消された場合

　仮処分命令が取り消された場合における間接強制金についての不当利得の成否に関しては、②事件の第一審・控訴審のように、仮処分命令の取消しに遡及

---

44) 大濱・前掲注36) 370 頁。

Ⅳ 私　見

効を認める考え方（Ⅲ3）、間接強制決定は債務名義に付随する性格を有するという考え方、および仮処分命令は、被保全権利とは別個に、その保全を目的とする訴訟法上の法律状態を形成するものとみる形成処分説（Ⅲ2）を前提にして、次のように考えるのがよいと思う。被保全権利が、仮処分命令の発令時から存在しなかったものと判断されて、仮処分命令が取り消された場合、仮処分命令はその発令時に遡って効力を失い、それに伴い、当該仮処分命令を基礎とする間接強制決定も遡って効力を失うことになり、この間接強制決定に基づいて債権者が取得した間接強制金は、法律上の原因を欠き、不当利得となる（仮処分命令取消決定の確定の要否に関し、後述3）。被保全権利の不存在が不当利得の成否を決するわけではない。このような趣旨で、Ⅰ1に掲げた中野教授の見解に賛成する。この考え方によれば、被保全権利ではなく、保全の必要性が、仮処分命令の発令時から存在しなかったものと判断されて、仮処分命令が取り消された場合も、間接強制金は不当利得となる。被保全権利を法律上の原因とみる立場によると、この場合に不当利得になるとの結論を導くためには、別途説明が必要になる[45]。この立場の難点といえよう。

②事件のように、被保全権利が仮処分命令の発令時から存在しなかったものと判断され、仮処分命令の取消決定が確定したが、他方、本案訴訟では、被保全権利が存在すると判断され、この判決が確定した場合でも、上記私見によれば、仮処分命令に基づく間接強制決定により債権者が取得した間接強制金は、不当利得になり、本案訴訟における被保全権利の存在の確定は、この結論に影響しないということになる[46]。債権者としては、本案訴訟の確定判決に基づく本執行により権利の実現を図るべきである。なお、本案訴訟で債権者敗訴判決が確定した場合には、仮処分命令は当然に失効し、仮処分の効果は当初から発

---

[45]　森田・前掲注3）1921頁参照。
[46]　反対、森田・前掲注3）1931頁注26。なお昭63最判の調査官解説（篠原・前掲注9）129頁）も次のようにいう。「満足的仮処分は、権利保全のための法律状態を仮に形成するものではあるが（訴訟法説）、その執行による仮の履行状態は本案訴訟において権利関係を確定するという留保の下に認められたものであり、その当否も本案訴訟にかかっている。そうとすれば、賃金仮払仮処分が取り消されても実体法上の賃金債権があれば不当利得にならないともいえる……」（こうした考え方が、仮払金返還請求権を実体法上の不当利得返還請求権と区別する理由とみられる。福永・前掲注10）202頁参照）。こうした考え方によれば、②事件のような場合、間接強制金は不当利得にならない、ということになり得る。しかし、仮処分命令が取り消されても、当該仮処分命令の執行による仮の状態の当否が、本案訴訟における被保全権利の判断にかかっているというのは、この考え方が前提にしている訴訟法説（形成処分説）と、整合し難いのではなかろうか。

生しなかったことになると解される（Ⅲ3）から、仮処分命令に基づく間接強制決定も遡って効力を失い、間接強制金は不当利得となると考えられる[47]。

仮処分命令の発令後の事情変更により被保全権利や保全の必要性等の要件が欠けたことを理由に、仮処分命令が取り消された場合については、仮処分命令の取消しの遡及効の有無・範囲は取消しの理由を重視して考えるべきであるとする野村教授の見解（Ⅲ3）に基づいて、次のように考えてよいのではないか。仮処分命令は事情変更の時に遡って効力を失い、これに伴い、当該仮処分命令に基づく間接強制決定も事情変更時（事情変更が間接強制決定発令時前であればその発令時）に遡って失効することになる。そうして、間接強制決定が遡及的に失効した範囲で、債権者が取得していた間接強制金は、法律上の原因を欠き、不当利得になると考えられる[48]。

もっとも、このように、債務名義の取消し等の遡及効に伴う間接強制決定の遡及的失効を認め、債務名義の取消し等の理由に応じて、間接強制決定の遡及的失効の有無および範囲が定まるとの考え方によると、仮処分命令以外の場合で、債務名義の取消し等に遡及効が認められないとされている場合においては、間接強制金についての不当利得の成否の問題に対処できないことになる。①事件控訴審がいうように、仮執行宣言付判決が取り消された場合、仮執行宣言の失効は遡及しないと解されているし、請求異議の訴えが認容されて債務名義の執行力が排除された場合も、執行力排除の効果に遡及効を認めることには問題があろう。なお検討が必要であるが、このような場合も、執行当事者間においては、遡及効を認めると同様に扱うことが許されると解して、上記の考え方を当てはめて処理することが考えられる。

3　平21最判

Ⅰ1でみたように、平21最判が述べる理由は明確なものではなく、複数の解釈が可能である。そこで、次のように、しいて上記私見に引き付けてみれば、同判決はこれを否定するものではないとみる余地もあるように思う。まず「間

[47) 保全取消しがされていなくとも、不当利得返還請求を認めてよい。結論同旨のものが多い。間渕・前掲注18）191頁参照。反対、金・前掲注2）971頁。
[48) 森田・前掲注3）1920頁以下参照。結論同旨ということになろうか。

Ⅳ 私 見

接強制は……債務名義に表示された債務の履行を確保するための手段である」とする部分は、間接強制決定が債務名義に付随する性格を有することを含意する、とみることもできよう。「保全すべき権利が……発令時から存在しなかったものと判断され……仮処分命令を取り消す旨の決定が確定した場合には、当該仮処分命令に基づく間接強制決定は、履行を確保すべき債務が存しないのに発せられたものであったことが明らかであるから……間接強制金は法律上の原因を欠いた不当利得に当たる」とする部分は、発令時からの被保全権利の不存在を理由に仮処分命令が取り消された場合には、仮処分命令が発令時に遡って効力を失うこと（昭63最判と同様の考え方）を前提にして、間接強制決定も遡及的に失効することを含意するとみる余地もあるのではなかろうか。

　なお、平21最判は、不当利得が認められる要件として（本案訴訟の判決の確定は要求しない反面）仮処分命令の取消決定の確定を要求する趣旨とされる[49]。この点に関し詳論するものは少ないが、山本和彦教授は、不当利得が二重に問題になり法律関係が複雑化する事態の回避および債務者の救済は民事保全法33条が定める原状回復の裁判によれば足りることを理由に、賛成される[50]。平21最判が「履行を確保すべき債務が存しないのに発せられたものであったことが明らかである」（傍点は筆者）というのも、取消決定の確定を要求する趣旨の表れとみることもできるかもしれない[51]。もっとも、民事保全法では、旧法と異なり、仮処分命令の取消しは告知により効力を生じるのが原則とされること（同法34条参照）等に鑑みると疑問もないわけではなく、また仮処分命令の取消決定が取り消された場合の間接強制決定の効力も問題にする余地があると思われるので、こうした点は更に検討したい。

　本稿では、間接強制金についての不当利得の成否の問題のうち、被保全権利が仮処分命令の発令時から存在しなかったものと判断されて、仮処分命令が取り消された場合について検討し、周辺の問題にも言及したが、紙幅の関係等もあり、論じ足りないところが多々ある。これらの点および本稿で扱わなかった他の類型における間接強制金の返還の問題は、今後の課題とする。

---

49) 中村・前掲注4) 388頁は「保全取消決定の確定は明示的に要件とされている」という。
50) 山本・前掲注6) 83頁。民保法33条の適用の可否については争いがある。間渕・前掲注18) 191頁等参照。
51) 別の理解として、森田・前掲注3) 1918頁以下。

仮処分命令が取り消された場合の間接強制金の返還

【付記】
　松本博之先生の古稀のお祝いに、この拙い小稿を加えて頂けることを誠に光栄に存じます。松本先生には、日本民事訴訟法学会関西支部研究会等において、大変温かな御指導御高配を賜りましたこと、心より御礼申し上げます。なお、本稿は、平成21年11月7日の同研究会等における報告を基にしたものです。松本先生をはじめ、諸先生方に多くの貴重な御教示を賜りましたこと、この場を借りて御礼申し上げます。

第 6 部

Beiträge aus Deutschland

Entwicklungstendenzen einer Ausweitung der gesetzlichen Rechtskraftbegrenzung und Rechtskraftdurchbrechung in Japan und in Deutschland

Hans Friedhelm Gaul

I. Widmung

Der verehrte Jubilar *Hiroyuki Matsumoto*, dem dieser Beitrag gewidmet ist, hat in seinem bewundernswert weit gespannten wissenschaftlichen Werk in herausragender und besonders verdienstvoller Weise den Dialog zwischen der japanischen und deutschen Zivilprozessrechtslehre gepflegt und gefördert. So zeugen nicht nur seine Lehrbücher zum japanischen Zivilprozessrecht, Zwangsvollstreckungsrecht und Familienverfahrensrecht sowie seine Monographien zu grundlegenden Themen des Prozessrechts von seiner profunden Kenntnis und tiefgründigen Auswertung der deutschen Literatur und Judikatur, die ständig im japanischen Text und in den Anmerkungen zitiert werden. Offenkundig machen dies die für den deutschen Leser leichter zugänglichen zahlreichen in deutscher Sprache verfassten Beiträge und Artikel in deutschen Festschriften und Fachzeitschriften, die jeweils durch eine klare rechtsvergleichende Analyse und streng systematische Denkweise geprägt sind. Die deutsche Prozessrechtslehre hat daher allen Anlass, *Hiroyuki Matsumoto* für seine intensive Kontaktpflege mit der deutschen Rechtswissenschaft und ihr beständig erwiesene Dialogbereitschaft ihren geziemenden Dank zu bekunden. Überdies fühlt sich der Verfasser dem verehrten Jubilar in zutiefst empfundener Dankbarkeit seit Jahren persönlich freundschaftlich dafür verbunden, dass er seine „Beiträge zur deutschen Rechtskraftlehre" in die japanische Sprache übersetzt und in einem schönen Sammelband herausgegeben hat[1].

In seinem Vortrag anlässlich seiner Freiburger Ehrenpromotion bezeichnet *Hiroyuki Matsumoto* neben der Lehre vom Streitgegenstand, der Prozesshandlung und der Beweislast die Lehre von der „Rechtskraft und den Rechtsmitteln" als die Fragenbereiche, die in ihren „grundlegenden Prinzipien" ursprünglich „aus dem deutschem Recht stammen"[2]. Der Verfasser darf daher mit seinen herzlichsten Glückwünschen zum 70.

---

[1] *Hans Friedhelm Gaul*, Beiträge zur deutschen Rechtskraftlehre, herausgegeben und ins Japanische übersetzt von *Hiroyuki Matsumoto*, Shinzansha Verlag Tokyo 2003.

[2] *Hiroyuki Matsumoto*, Die Rezeption des deutschen Zivilprozessrechts in der Meiji-Zeit und die weitere Entwicklung des japanischen Zivilprozessrechts bis zum Zweiten Weltkrieg, ZZP 120 (2007), S. 3, 26.

Geburtstag des Jubilars die Hoffnung verbinden, dass die behandelte Thematik dieses Festschriftbeitrags sein Interesse findet.

II. Tendenzen einer Ausweitung der gesetzlichen Rechtskraftbegrenzung in Japan und in Deutschland

Neuerdings hat *Hiroyuki Matsumoto* in seinem Beitrag „Die Bedeutung der Rechtsdogmatik für die Rechtsentwicklung"[3] auf Tendenzen einer „Ausdehnung der Bindungswirkung des rechtskräftigen Urteils" in Japan hingewiesen, die sich letztlich aus der zunehmenden Abkehr von der traditionellen Auffassung von Prozesszweck als *„Rechtsschutz des Einzelnen"* hin zum Prozesszweck als *„Konfliktlösung"* erklärt, eine Lehre, die nach dem zweiten Weltkrieg wohl unter amerikanischem Einfluss in Japan an Boden gewann.

1. Grundlagen: *„Rechtsschutz" oder „Konfliktslösung" als Prozesszweck und Umfang des Streit- und Entscheidungsgegenstandes*

So führt auch *Hideo Nakamura*[4] diesen Wandel vornehmlich darauf zurück, dass im anglo-amerikanischen „case-law"-System das Prozessergebnis durch die für das Fallrecht maßgebenden *Tatsachen* bestimmt wird und so das Recht buchstäblich erst im Richterspruch „gefunden" werden muss im Sinne der *„Konfliktlösung"*. Dagegen bilden im kodifizierten kontinental-europäischen Rechtssystem wie traditionell auch in Japan primär die *Normen* des gesetzlich fixierten objektiven Rechts den Entscheidungsmaßstab für den Richter, weshalb der Zweck des Prozesses konsequent in der „Bewährung der objektiven Rechtsordnung durch den Schutz des subjektiven Rechts" gesehen wird[5].

Anschaulich spricht *Hideo Nakamura* von „*zwei Typen des Zivilprozesses*" von ganz andersartiger Ausgangslage und Denkweise: Einerseits der für das kontinental-europäische und japanische Recht vorbildliche *römische Zivilprozess* aktionenrechtlicher Prägung, in dem die in den römischen Rechtsquellen für den betreffenden Fall vorgesehene „actio" den Prozess und sein Ergebnis (voraus) bestimmt (*„ubi ius, ibi remedium"*). Andererseits der dem US-amerikanischen Recht als Vorbild zugrunde liegende *germanische Prozess*, in dem ohne ein vergleichbares „geschriebenes Recht" der aus

---

[3] *Hiroyuki Matsumoto*, Die Bedeutung der Rechtsdogmatik für die Rechtsentwicklung, Ein japanisch-deutsches Symposion hrsg. von Rolf Stürner, 2010, 203, 217 ff.

[4] *Hideo Nakamura*, Zweck des Zivilprozesses - Die japanische Theorie im Wandel -, Festschrift für Hans Friedhelm Gaul, 1997, S. 463, 468 ff. mit dem Ergebnis, dass „die Lehre der Konfliktlösung im amerikanischen Zivilprozess richtig, aber für den kontinental-europäischen Zivilprozess, der von der Norm ausgeht, abzulehnen ist".

[5] Vgl. dazu *Gaul*, Der Zweck des Zivilprozesses - Ein anhaltend aktuelles Thema -, in Kamil Yildirim, Hrsg., Zivilprozessrecht im Lichte der Maximen, Istanbul 2001, S. 68, 71 f., 78 ff.; Zur Entwicklung der Prozesszwecklehre früher schon *Gaul*, Zur Frage nach dem Zweck des Zivilprozesses, AcP 168 (1968), 27 ff.

dem „angestammten Rechtsbewusstsein des Volkes" gewonnene „nomos" – ähnlich dem „nomos" im alten griechischen Recht[6] – erst in seiner Anwendung auf das den Frieden „störende" Geschehnis gefunden werden muss zwecks „Wiederherstellung des Friedens" in der Sippengemeinschaft („*ubi societas, ibi ius*")[7].

a) Der aktionenrechtlich geprägte Zivilprozess römischen Ursprungs

Im römischen Recht wird der Streitgegenstand durch die „*actio*" bestimmt, die (seit *Windscheid*) der Verwirklichung des aus dem materiellen Recht sich ergebenden „Anspruchs" dient[8]. Der Prozesszweck besteht also in der Durchsetzung des Anspruchs und damit im Rechtsschutz der Partei. Demgemäß ist die Sachverhaltsaufklärung durch die Norm begrenzt, die den Anspruch gewährt. Sie verlangt vom Richter nur die Aufklärung der entscheidungserheblichen „subsumtionsfähigen Tatsachen" im Sinne einer „nomativen Selektion"[9].

Zwar wandte sich *Adolf Wach* gegen die vom sog. Celsinischen Aktionenbegriff ausgehende Doktrin des 19. Jahrhunderts aus Dig. 44, 7, 51: „*Nihil aliud est actio quam ius, qoud sibi debeatur, iudicio persequendi*", weil sie von vornherein den Kläger als „Berechtigten", den Beklagten als „Rechtsstörer" erscheinen ließ. Deshalb formulierte er: „Zweck des Prozesses ist die Bewährung der Privatrechtsordnung durch Gewährung von Rechtsschutz", ohne damit den Zweck des Individualrechtsschutzes schmälern zu wollen[10]. Erst die Pervertierung des Rechtsschutzgedankens unter dem Nationalsozialismus durch seine Ersetzung mit einem dem sog.Volksganzen dienenden objektiven Rechtspflegezweck führte nach dem 2. Weltkrieg zur *Rückbesinnung auf den Individualrechtsschutz*[11].

b) Rechtsstaatliche Bekräftigung des Individualrechtsschutzes

Heute setzen das europäische Konventionsrecht und das nationale Verfassungsrecht die maßgebenden Akzente: So ist in Art. 6 Abs. 1 EMRK (BGBl. II 1952, S. 685) der sog. *Justizgewährungsanspruch* verankert. Danach hat „jedermann Anspruch darauf,dass seine

---

[6] Vgl. dazu *Kostas Beys*, Der Beitrag der hellenischen Dichtung und Philosophie zum Wesen der Gerechtigkeit vom Standpunkt des heutigen europäischen Rechtsdenkens, in Prozessuales Denken in Attika, Athen 2000, S. 50, 53 ff. („Die Identität von Recht und Nomos").

[7] Vgl. *Hideo Nakamura*, Festschrift für Gaul aaO. (Fn. 4), S. 468 f. und zu den historischen Ursprüngen näher schon *ders.*, Die Institution und Dogmatik des Zivilprozesses, ZZP 99 (1986), 1, 3 ff., 9 ff.

[8] *Bernhard Windscheid*, Die Actio des römischen Civilrechts vom Standpunkt des heutigen Rechts, 1856, S. 221 ff.

[9] Vgl. dazu *Gaul*, Zweck aaO. (Fn. 5), 2001, S. 6, 87 mit Hinweis insb. auf *Josef Esser*, Vorverständnis und Methodenwahl in der Rechtsfindung, 2. Aufl. 1972, S. 209.

[10] *Adolf Wach*, Handbuch des Deutschen Civilprozeßrechts, 1885, S. 3 ff. und dazu *Gaul*, AcP (1968), 27, 42 ff. und zuletzt *ders.*, Zweck aaO. (Fn. 5), 2001, S. 68, 76 f.

[11] Vgl. dazu *Gaul*, AcP 168 (1968), 27, 32, 44 ff. und zuletzt näher *ders.*, Zweck aaO. (Fn. 5), 2001, S. 68, 78 ff.

Sache in billiger Weise öffentlich und in angemessener Frist gehört wird" in einem Verfahren vor Gericht, „das über zivilrechtliche Ansprüche und Verpflichtungen" entscheidet. Ebenso ist der verfassungsrechtliche Grundrechtsschutz des Einzelnen in den Art. 19 Abs. 4, 101 und 103 GG garantiert[12]. Zudem bewahrt im gewaltenteilenden Rechtsstaat die in Art. 20 Abs. 3, Art. 97 Abs. 1 GG vorgesehene *Bindung des Richters an Gesetz und Recht* vor einer Überschätzung der Bedeutung des Richterspruchs. Deshalb ist der teilweise heute noch vertretenen Lehre nicht zu folgen, die im Anschluss an *Oskar Bülows* These aus dem 19. Jahrhundert meint, dass erst der Richterspruch aus der „unfertigen Rechtsordnung" die „vollendete Rechtsnorm" schaffe, aus dem *ius in hypothesi* das *„ius in these"*, dem „die Parteien nachzuleben haben" (*Arthur Nikisch*), weil – in Gleichsetzung der „Rechtskraft mit Gerichtskraft" (*James Goldschmidt*) – „die Rechtskraft stärker als die Gesetzeskraft" sei. Das sind vorkonstitutionelle Vorstellungen, die im gewaltenteilenden parlamentarischen Rechtsstaat überwunden sein sollten[13].

Aussagekraft hat Art. 20 Abs. 3 und Art. 97 Abs. 1 GG aber auch für den von *Hideo Nakamura* bezeichneten kontinental-europäischen Typus des Zivilprozesses, der die objektive Rechtsordnung dem Prozess vorausdenkt. So verstanden setzt die Verfassung dem Richter durch die Gesetzesbindung zugleich *Kognitionsgrenzen für die konkrete Rechtsanwendung*[14].

c) Die Bestimmung des Entscheidungsgegenstands durch die Parteianträge

So wie das objektive Recht den Inhalt der Entscheidung (voraus) bestimmt, so bestimmen die Parteien durch ihre Anträge in Klage und Widerklage (§§ 253 Abs. 2 S. 2, 256 ZPO) den Umfang des Streit- und Entscheidungsgegenstandes. Als zentraler Ausdruck ihrer Dispositionsbefugnis in Selbstbestimmung über ihr prozessuales Schicksal – entsprechend der Privatautonomie im materiellen Recht – [15] *bindet namentlich § 308 Abs. 1 ZPO das Gericht an die Parteianträge*, indem es „nicht einer Partei etwas zusprechend darf, was nicht beantragt ist" Das erlaubt auch dem Beklagten, mit der Zwischenfeststellungs(wider)klage (§ 256 Abs. 2 ZPO) den Streit- und Rechtskraftgegenstand auf weitere Streitpunkte zu erweitern, und zwar ebenso in den Nachbarländern *Deutschlands* wie z. B. in *Österreich* und der *Schweiz*[16].

---

[12] *Gaul*, Zweck, aaO. (Fn. 5), 2001, S. 68, 78 ff.

[13] Vgl. dazu zuletzt näher *Gaul*, Rechtskraft und ungerechtfertigte Bereicherung, Festschrift für Eberhard Schilken, 2015, S. 217, 287 ff. mit eingehenden Nachw. und in Kritik an der von *Stelios Koussolis* und *Max Vollkommer* erneuerten Lehre des „dem Urteil Nachlebens".

[14] Vgl. dazu schon die Nachw. o. zu Fn. 9; zur Bedeutung des Art. 20 Abs. 3 GG, „dass Recht schon vor dem Richterspruch vorhanden sein muss", so bereits *Gaul*, Die Grundlagen des Wiederaufnahmerechts und die Ausdehnung der Wiederaufnahmegründe, 1956, S. 58.

[15] Zum Verhältnis von Prozesszweck und Dispositionsmaxime schon näher *Gaul*, AcP 168 (1968), S. 27, 51.

[16] Vgl. dazu neuerdings näher *Gaul*, Die Rechtskraft im Lichte des Dialogs der österreichischen und deutschen

Deshalb hat der deutsche Gesetzgeber die Urteile der Rechtskraft „nur insoweit" für fähig erklärt, „als über den durch die Klage oder Widerklage erhobenen Anspruch entschieden ist" (§ 322 Abs. 1 ZPO), es sei denn, „dass ein im Laufe des Prozesses streitig gewordenes Rechtsverhältnis, von dessen Bestehen oder Nichtbestehen die Entscheidung ganz oder teilweise abhängt", durch Zwischenfeststellungsklage zur richterlichen Entscheidung gestellt wird (§ 256 Abs. 2 ZPO). Mit der neuen „Inzidentfeststellungsklage" meinte der Gesetzgeber zu demselben Ergebnis gelangt zu sein, „welches im Wesentlichen dem *Savigny*'schen Standpunkte entspricht, nur dass er nicht das *Gesetz*, sondern den *Willen* der Parteien darüber bestimmen lässt, was mit einer über den Bereich des Prozesses hinausgehenden Rechtskraft entschieden werden soll"[17].

d) Die „cause of action" und „claim preclusion" im US-amerikanischen Recht

Im anglo-amerikanischen Recht wird der Streitgegenstand nicht durch den mit der Klage verfolgten Anspruch begrenzt, vielmehr wird der Streitstoff bestimmt von der „*cause of action*" und damit von dem anspruchsbegründenden Sachverhalt in einem komplexen Sinne, der auch mehrere Rechtsfolgen umfassen kann. Zwar kannte – worauf auch *Hideo Nakamura* hinweist[18] – das altenglische Recht ein dem römischen Aktionensystem vergleichbares „*writ-system*", ein System von „Klageformeln" des *commen law* mit einem „Register of Original Writs". Doch war dies eine eigenartige Parallelentwicklung der Rechtsbildung unabhängig vom prätorischen „Edictum perpetuum" des römischen Rechts, die ihren Einfluss im 19. Jahrhundert verlor („*The forms of action we have buried*")[19]. Im US-amerikanischen Recht steht im Sinne der „Konfliktlösung" die Gesamtbereinigung des tatsächlichen Lebenssachverhalts im Vordergrund. Ein „Splitting a cause of action" widerspricht der erstrebten Prozesskonzentration. Demgemäß ist die Rechtskraftpräklusion („*claim preclusion*") in Form von „*bar*" (Ausschluss der Klagewiederholung bei Abweisung) und „*merger*" („Verbrauch" des materiellen Anspruchs durch zusprechendes Urteil) umfassender an das einheitliche Geschehen geknüpft, ohne dass die sich aus ihm ergebenden Rechtsfolgen im Einzelnen eingeklagt

---

Prozessrechtslehre, Festvortrag zum 80. Geburtstag von Hans W. Fasching, ÖJZ 2003, 861, 872; zur Schweiz *Walther J. Habscheid*, Schweizerisches Zivilprozess- und Gerichtsorganisationsrecht, 2. Aufl., 1990, Rdnr. 353. – Auf der Basis der seit 1.1.2011 geltenden neuen SchwZPO (Art. 59 Abs. 2 lit. e, Art. 60) vgl. zuletzt *Sutter-Somm*, Schweizerisches Zivilprozessrecht, 2. Aufl., 2012, Rdnr. 464 ff., 484 ff., 520 ff., 597; *Isaac Meier*, Schweizerisches Zivilprozessrecht, 2010, S. 203 ff., 244 ff.; danach beschränkt sich die Rechtskraft auf das „Dispositiv" des Entscheids (Art. 238 lit. d. SchwZPO), ausgelegt durch die Motive des Urteils, doch fehlt es an einer ausdrücklichen Regelung der Wirkungen der Rechtskraft wie in §§ 322 Abs. 1, 256 Abs. 2 dZPO.

[17] Vgl. Motive zu § 293 CPO (=§ 322 ZPO) bei *Hahn*, Die gesamten Materielien zur Civilprozeßordnung, Bd. II, Abt. 1, 1880, S. 291 f. (Hervorhebung im Original); vgl. dazu noch u. zu Fn. 22.

[18] *Hideo Nakamura*, ZZP 99 (1986), 1, 21.

[19] Vgl. dazu näher *Hans Peter*, Actio und Writ, 1957, S. 10 f., 50 ff., 61 ff., 81 ff., 102, 104 (mit vollständigem Text-Zitat in Fn. 9 m.w.Nachw.).

sein müssten[20].

e) Absage an Savignys Elementen-Lehre

Das entspricht noch ganz der Auffassung über die „Natur des Rechtsstreits und der Aufgabe des Richteramts", die *Savigny* seiner Lehre von der „Rechtskraft der Gründe" zugrunde gelegt hat: dazu gehört „nicht bloß die augenblickliche Abwehr äußerer Rechtsverletzung, sondern auch die Sicherung durch die in alle Zukunft wirkende Rechtskraft... Rechtskräftig wird deshalb alles, was der Richter infolge der spruchreif gewordenen Verhandlung entscheiden will"[21]. Gerade dem aber widersprach der deutsche Gesetzgeber, indem er den Umfang der Rechtskraft gemäß §§ 322 Abs. 1, 256 Abs. 2 ZPO an das jeweilige „Petitum" der Parteien band, weil nicht der „Wille des Richters", sondern die im konkreten Prozess verfolgte „Absicht der Parteien" maßgebend sein sollte[22].

2. Das japanische „tenorbezogene" Rechtskraftkonzept und seine Ausweitung durch die neue „Streitpunkte"-Lehre

Wie *Hiroyuki Matsumoto* im zugrunde gelegten Beitrag darlegt, richtet das Gesetz schon die Rechtshängigkeitssperre in § 142 jZPO an der Identität der Streitgegenstände aus und beschränkt in § 114 Abs. 1 jZPO, der sogar formal für den Umfang der Entscheidung auf den „Urteilstenor" abstellt, die materielle Rechtskraft – der Sache nach ähnlich wie § 322 Abs. 1 dZPO – auf die Entscheidung über den prozessualen Anspruch[23]. Dagegen gelangt die vordringende Lehre von der „Konfliktlösung" entgegen § 142 jZPO in Erweiterung der Rechtshängigkeitssperre auf die „Gemeinsamkeit der Hauptstreitpunkte" und in Ausdehnung der objektiven Grenzen der Rechtskraft wiederum entgegen § 114 Abs. 1 jZPO zu einer „Streitpunktewirkung" des rechtskräftigen Urteils, die letztlich auf „eine Rechtskraft der Urteilsgründe hinausläuft"[24].

Das widerspricht aber der gesetzlichen Beschränkung der Rechtskraft auf die *Entscheidung im Urteilstenor* (§ 114 Abs. 1 jZPO). Denn um dies sicherzustellen, sieht –

---

[20] Vgl. dazu *Hideo Nakamura*, aaO. (Fn. 18), S. 14 f., 20 ff.; *Gaul*, Rechtskraft und Verwirkung, Festschrift für Wolfram Henckel, 1995, S. 235, 269 ff. (= *Hiroyuki Matsumoto*, Übersetzungsausgabe aaO. (Fn. 1), S. 125, 167 ff.); zuletzt ebenso umsichtig wie pointiert *Christoph Althammer*, Streitgegenstand und Interesse, 2012, S. 104 ff., 109 f., 238 ff., 247 ff.

[21] *Friedrich Carl von Savigny*, System des heutigen römischen Rechts, B. VI, 1847, S. 355, 359 f.

[22] Vgl. dazu *Gaul*, Die Entwicklung der Rechtskraftlehre seit Savigny und der heutige Stand, Festschrift für Werner Flume, 1978, S. 43, 472, 478 (= *Hiroyuki Matsumoto*, Japanische Übersetzungsausgabe, aaO. (Fn. 1), S. 47 f., 52, 55, 58); jüngst auch *Althammer*, aaO. (Fn. 20), S. 32, 508 f.

[23] *Hiroyuki Matsumoto*, aaO. (Fn. 3), S. 203, 217 ff., 219 ff.

[24] So *Hiroyuki Matsumoto*, aaO. (Fn. 3), S. 220 mit dem Hinweis, dass einer solchen „nicht zuzustimmen ist". Zur Herkunft des auf den „Tenor" bezogenen Rechtskraftumfangs in § 114 Abs. 1 jZPO aus dem französischen Recht s. noch unten zu Fn. 71 ff.

wie § 256 Abs. 2 dZPO im Verhältnis zu § 322 Abs. 1 dZPO - § 145 Abs. 1 jZPO die „*Zwischenfeststellungsklage*" fast gleichlautend vor: „Hängt die Entscheidung von dem Bestehen oder Nichtbestehen eines Rechtsverhältnisses ab, über das im Verlauf des Verfahrens Streit entstanden ist, kann die Partei ihren Anspruch erweitern und ein Urteil über die Feststellung des Rechtsverhältnisses beantragen"[25]. Nur so kann der „Streitpunkt" in den nach § 114 Abs. 1 jZPO über den Umfang der Rechtskraft bestimmenden „Urteilstenor" gelangen.

Eine von den Parteianträgen unabhängige „Streitpunktewirkung" anzunehmen ist angesichts des japanischen „*tenororientierten*" Rechtskraftumfangs ebenso „systemwidrig", wie dies gemäß dem Kontext der §§ 322 Abs. 1, 256 Abs. 2 dZPO dem konsequent „*anspruchsbezogenen*" deutschen Rechtskraftkonzept widerspricht.

So verliert die gesetzlich festgelegte Rechtskraftbegrenzung ihre klaren Konturen, wenn die in der OGH-Praxis anzutreffende Ausdehnung der Rechtskraftwirkung auf eine „*Streitpunktwirkung*" sogar in der japanischen Lehre in Anwendung des allgemeinen „*Grundsatzes von Treu und Glauben*" Unterstützung erfährt und damit den Richter auf eine „Fallbeurteilung" an Hand „ausfüllungsbedürftiger" allgemeiner Wertmaßstäbe verweist[26]. Sie legt damit den aus den Urteilsgründen entnommenen „Streitpunkten" zugleich eine „*über die Rechtskraft hinausgehende Präklusionswirkung*" bei[27], obwohl das rechtskräftige Urteil von Haus aus aufgrund der miteinander verknüpften „Wirkungseinheit von Rechtskraft und Präklusion" keine die Rechtskraftgrenzen überschreitende „Präklusionswirkung" kennt[28].

In der Tat beruht - wie dazu *Hiroyuki Matsumoto* ausführt - die Lehre von der „Streitpunktewirkung" auf dem Vorbild der anglo-amerikanischen *Issue*-Präklusion[29], die allerdings aus einem traditionell anders geprägten Rechtssystem stammt.

---

[25] Auf die Zwischenfeststellungsklage weist auch *Hiroyuki Matsumoto*, aaO. (Fn. 3), S. 218 f. zwecks Erweiterung der Streitgegenstände bei der Teilklage hin. - Allgemein zur Bedeutung der Zwischenfeststellungsklage zwecks Herbeiführung einer *rechtskraftfähigen* Entscheidung über präjudizielle Rechtsverhältnisse im japanischen wie im deutschen Recht auch *Kazuhiro Koshiyama*, Rechtskraftwirkungen und Urteilsanerkennung nach amerikanischem, deutschem und japanischem Recht, Tübingen 1996, S. 52 f.

[26] Zur Problematik der Verwendung von Generalklauseln im Prozessrecht, s. *Gaul*, Treu und Glauben sowie gute Sitten in der Zwangsvollstreckung oder Abwägung nach „Verhältnismäßigkeit" als Maßstab der Härteklausel des § 765a ZPO, Festschrift für Gottfried Baumgärtel, 1990, S. 75 ff.

[27] Zu dieser „Systemwidrigkeit" auch *Hiroyuki Matsumoto*, aaO. (Fn. 3), S. 222 f.

[28] Vgl. zur untrennbar mit dem objektiven Umfang der Rechtskraftwirkung verbundenen Präklusionswirkung näher *Gaul*, Aktuelle Probleme der Rechtskraftlehre, in *Schilken/Yildirim* (Hrsg.), Zivilverfahrensrechtliche Probleme des 21. Jahrhunderts, Remscheid 2006, S. 89, 111 ff., 114 f.

[29] *Hiroyuki Matsumoto*, aaO. (Fn. 3), S. 119 mit dem Hinweis, dass vornehmlich *Koji Shindo* dem amerikanischen Vorbild folgte. - Dazu auch *Kazuhiro Koshiyama*, aaO. (Fn. 25), S. 68 ff. mit Kritik S. 75 ff.; ebenso schon *Ko Endo*, Die Drittwiderspruchsklage im deutschen und japanischen Recht, Freiburg 1988, S. 159 ff., welcher eine Berücksichtigung der Streitpunktelehre zur Erfassung des Entscheidungsgegenstandes der Drittwiderspruchsklage in Erwägung zieht, jedoch zutreffend davon ausgeht, dass eine „rechtskraftfähige" Entscheidung über das Drittrecht nur durch „Verbindung der Drittwiderspruchsklage mit der Zwischenfeststel-

Die anglo-amerikanische „*estoppel*"-Doktrin ist eine Entwicklung aus dem Beweisrecht („*rule of evidence*") und lässt sich als Ausdruck des Verbots widersprüchlichen Verhaltens verstehen[30]. Die „estoppel"-Wirkung wird durch das eigene Verhalten des „estoppel"-Betroffenen veranlasst, um die Erwartungen des Gegners nicht zu enttäuschen. Das „*estoppel*" bedeutet das Abschneiden von Vorbringen, das aufgrund des früheren Verhaltens als „*odious*" gilt. Insbesondere im Bereich des „*collateral estoppel*" entfaltet die Entscheidung über Streitpunkte („*issues*"), über die im Vorprozess tatsächlich gestritten und entschieden worden ist, im Zweitprozess über eine andere „*cause of action*" Bindungswirkung („*issue preclusion*"). Doch besteht der Unterschied zwischen dem US-amerikanischen Recht zum deutschen Konzept der streng objektiven Präklusion darin, dass *unverschuldet* nicht vorgetragener Prozessstoff von der „estoppel"-Wirkung nicht erfasst wird[31]. Namentlich ist demnach die „*issue preclusion*" mit unwägbaren „Gerechtigkeitsvorbehalten" behaftet, um im Einzelfall eine „*manifest injustice*" zu vermeiden[32], ein System also mit ungleich nachteiligeren Folgen für die Rechtssicherheit als das streng „anspruchsbezogene" deutsche oder „tenorbezogene" japanische Rechtskraftkonzept.

3. Die „Kernpunkt"-Judikatur des EuGH und nationale Rechtskraftbegrenzung

Die japanische Diskussion um die „Streitpunktewirkung" des rechtskräftigen Urteils erinnert auch an die im Hinblick auf die sog. *Kernpunkt-Judikatur des EuGH*[33] in der deutschen Prozessrechtslehre – teils mit „vorauseilendem Eifer" – geführte Diskussion, ob der enge Begriff des Streit- und Entscheidungsgegenstandes des deutschen Rechts an den vom EuGH zugrunde gelegten weiteren Streitgegenstandsbegriff angepasst werden sollte[34]. Die Frage einer Rezeption der Kernpunkt-Theorie durch die nationalen

---

lungsklage" erreicht werden kann (S. 163 f., 165 f., 172, 180 f.). Auf die Darstellung von *Ko Endo* bezieht sich auch *Kazuhiro Koshiyama*, aaO., S. 59, 75 ff., 80 ff. – Zur notwendigen Verbindung der Drittwiderspruchsklage nach § 771 dZPO mit der Zwischenfeststellungsklage nach § 256 Abs. 2 dZPO vgl. *Gaul*, Dogmatische Grundlagen und praktische Bedeutung der Drittwiderspruchsklage, 50 Jahre BGH, Festgabe der Wissenschaft, Bd. III, 2000, S. 521, 531 ff., 533 m. w. Nachw.; *ders.* in *Gaul/Schilken/Becker-Eberhard*, Zwangsvollstreckungsrecht, 12. Aufl. 2010, § 41 Rdnr. 162, 181 m.w.Nachw.

[30] Vgl. dazu *Gaul*, Rechtskraft und Verwirkung, Festschrift für Wolfram Henckel, aaO. (Fn. 20), S. 235, 269 ff. m. w. Nachw. (=*Hiroyuki Matsomoto*, Japanische Übersetzungsausgabe, aaO. (Fn. 1), S. 125, 167 ff.); neuerdings auch *Althammer*, aaO. (Fn. 20), S. 104 ff., 110 f., 560 f. m.w.Nachw.

[31] Vgl. *Gaul*, aaO, (Fn. 20), S. 270 f. m.w.Nachw. (=*Hiroyuki Matsumoto*, Japanische Übersetzungsausgabe, aaO. (Fn. 1), S. 168 f.); ebenso *Althammer*, aaO. (Fn. 20), S. 110 f.

[32] Vgl. dazu *Gaul*, Aktuelle Probleme aaO. (Fn. 28), S. 89, 106, 107 f. m.w.Nachw.

[33] Vgl. EuGH, Urteil vom 8. 12. 1987 (Gubisch), NJW 1989, 665 f.; EuGH, Urteil v. 6. 12. 1994, (Tatry), NJW 1995, 1883 (LS).

[34] Damit hat sich die Tagung der deutschen Zivilprozessrechtslehrer 1998 in Leipzig befasst; vgl. *Rüßmann*, Die Streitgegenstandslehre und die Rechtsprechung des EuGH, ZZP 111 (1998), 399 ff.; *Walker*, Koreferat, aaO., S. 429 ff.; dazu Tagungsbericht *Heiderhoff*, aaO., S. 455 ff.

Prozessrechte scheint die moderne Prozessrechtslehre in eine Lage zurückzuversetzen, in der sich *Savigny* vor der Kodifikationsperiode des 19. Jahrhunderts befand[35]. Doch betrifft die sog. Kernpunkt-Judikatur des EuGH unmittelbar nur die Auslegung des Art. 21 EuGVÜ/Art. 27 Abs. 1 EuGVVO, die die doppelte Rechtshängigkeit regeln, jedoch nur unter dem Aspekt der *internationalen Zuständigkeit*. Werden bei Gerichten verschiedener Vertragsstaaten „Klagen wegen desselben Anspruchs unter denselben Parteien anhängig", hat das später angerufene Gericht das Verfahren auszusetzen, „bis die Zuständigkeit des zuerst angerufenen Gerichts feststeht". Steht sie fest, hat das später befasste Gericht sich für „unzuständig" zu erklären.

Trifft z. B. eine Klage auf Zahlung des Kaufpreises im Erststaat mit einer späteren Klage auf Feststellung der Unwirksamkeit des Kaufvertrags im Zweitstaat zusammen, geht der EuGH von identischen Streitgegenständen aus, weil „Kernpunkt" beider Klagen aufgrund einer weiten Auslegung des Lebenssachverhalts die Gültigkeit des Vertrags sei, was nach deutschem Recht schon mangels Identität der Anträge nicht der Fall wäre.

Der EuGH legt den Begriff „desselben Anspruchs" autonom – ohne Rücksicht auf die nationalen Rechte der beteiligten Gerichte – deshalb weit aus, um durch Verbund beider Streitsachen vor dem erstbefassten zuständigen Gericht – gleichsam aufgrund einer Zuständigkeit kraft Sachzusammenhangs – mit Hilfe der Rechtshängigkeitssperre auch nur in den Rechtsfolgen „*unvereinbare*" Urteile zu vermeiden und so die *Anerkennung von Urteilen* unter den Vertragsstaaten im Hinblick auf Art. 27 Nr. 3 EuGVÜ/Art. 34 Nr. 3 EuGVVO zu *erleichtern*. Dieser Aspekt kommt, zumal das Gemeinschaftsrecht gar keine Regelung zur Rechtskraftwirkung enthält, außerhalb seines Anwendungsbereichs nicht in Betracht. Vielmehr richten sich Art und Umfang der Rechtskraftwirkung allein nach dem jeweiligen nationalen Recht[36].

In der deutschen Prozessrechtslehre hat man überdies die Intention der sog. Kernpunkt-Judikatur des EuGH in ihrem Selbstverständnis überschätzt. Denn „der EuGH hat eine gemeineuropäische Bestimmung der Rechtskraftgrenzen bisher aus Kompetenzgründen unterlassen"[37] und scheint einen umfassenden europäischen Rechtskraftbegriff auch gar nicht anzustreben[38].

Aus deutscher Sicht ist voreiligen Bestrebungen einer europäischen Rechtsangleichung im Sinne einer Ausdehnung der Rechtskraftbegrenzung schon deshalb mit Skepsis zu begegnen, weil wohl nirgends intensiver als hierzulande seit *Savignys* epochaler

---

[35] Vgl. dazu *Gaul*, Tradition und Fortschritt-dargestellt an der Entwicklung der Rechtskraftlehre, Jahrbuch Junger Zivilrechtswissenschaftler 1999, S. 9, 30 f.; zuletzt näher *Gaul*, Aktuelle Probleme, aaO. (Fn. 28), S. 89, 106 ff.; dazu neuerdings umfassend *Althammer*, aaO. (Fn. 20), S. 172 ff. und passim.

[36] Vgl. dazu *Gaul*, Aktuelle Probleme, aaO. (Fn. 28), S. 89, 107.

[37] So der Befund von *Althammer*, aaO. (Fn. 20), S. 644.

[38] So zuletzt *Heimo Schack*, „Anerkennung" ausländischer Entscheidungen, Festschrift für Eberhard Schilken, 2015, S. 445, 455.

Grundlegung aus den römischen Quellen um das letztlich erreichte „anspruchsbezogene Rechtskraftkonzept" gerungen worden ist[39]. Die Justierung des Rechtskraftumfangs „am Petit der Parteien" durch die §§ 322 Abs. 1, 256 Abs. 2 ZPO wird als ausgewogen empfunden, weil sie nicht nur die Parteien vor *Überraschungsentscheidungen* bewahrt, sondern zugleich die *Risiken begrenzt*, die aus dem vergleichsweise streng objektiven Präklusionsrecht gegenüber nicht vorgebrachtem Prozessstoff erwachsen[40]. Insbesondere ist schwer vorstellbar, wie hier ein Brückenschlag zwischen der kontinentaleuropäischen Rechtskraftlehre römischen Ursprungs und der weitausgreifenden angelsächsischen „estoppel"-Lehre germanisch-normannischer Herkunft gelingen soll[41].

Besonders bemerkenswert ist, dass die traditionsbewusste BGH-Judikatur – unbeirrt durch die „Kernpunkt"-Debatte – bis zum heutigen Tage an dem „anspruchsbezogenen Rechtskraftkonzept" festgehalten hat. So bekräftigt noch der BGH im grundsätzlichen Urteil vom 5. 11. 2009: „Mit der Beschränkung der Rechtskraft auf den erhobenen Anspruch in § 322 Abs. 1 ZPO hat sich der Gesetzgeber bewusst für eine enge Rechtskraftkonzeption und gegen die Lehre *Savignys* entschieden, nach welcher auch die in den Gründen enthaltenen Elemente des Urteils von der Rechtskraft umfasst seien. Am Streitgegenstand... nehmen Vorfragen und präjudizielle Rechtsverhältnisse nur bei Erhebung einer gesonderten Zwischenfeststellungsklage gemäß § 256 Abs. 2 ZPO teil". Damit „hat es der Gesetzgeber bewusst in die Hand der Parteien gelegt, in die objektive Rechtskraft des Urteils streitige Vorfragen einzubeziehen"[42].

4. Keine Ausdehnung der Rechtskraft auf „rechtliche Sinnzusammenhänge"

Damit bleibt die BGH-Judikatur seiner streng am Gesetz orientierten Linie treu. die er zuletzt auch in deutlicher Ablehnung der Lehre *Zeuners* von den „*objektiven Grenzen der Rechtskraft im Rahmen der rechtlichen Sinnzusammenhänge*"[43] in mehreren Urteilen formuliert hat. So hat der BGH im Urteil vom 30. 10. 2001[44] klar erkannt, dass für die Grundbuchberichtigungsklage nach § 894 BGB das „Eigentum" nur eine nicht in

---

[39] Vgl. dazu *Gaul*, Festschrift für Werner Flume, aaO. (Fn. 22), S. 443, 471 ff.; 478 ff. (=*Hiroyuki Matsumoto*, Japanische Übersetzungsausgabe aaO. (Fn. 1), S. 1, 46 ff., 51 ff.).

[40] Vgl. zuletzt *Gaul*, Festschrift für Eberhard Schilken, aaO. (Fn. 13), S. 275, 310.

[41] *Gaul*, Aktuelle Probleme aaO. (Fn. 28), S. 89, 106, 107 f.

[42] Vgl. BGHZ 183, 77, 80 f. mit Hinweis auf die Materialen zur CPO und den Standpunkt des *Verfassers* in Festschrift für Flume, aaO. (Fn. 22), S. 443, 477 ff., 481 (=*Hiroyuki Matsumoto*, Übersetzungsausgabe, aaO. (Fn. 1), S. 1, 46 ff., 60).

[43] *Albrecht Zeuner*, Die objektiven Grenzen der Rechtskraft im Rahmen rechtlicher Sinnzusammenhänge, 1959, passim. – Soweit zuletzt noch *Zeuner*, Beobachtungen und Gedanken zur Behandlung von Fragen der Rechtskraft in der Rechtsprechung des BGH, 50 Jahre BGH, Festgabe der Wissenschaft, Bd. III, 2000, S. 337, 357 eine entsprechende Stellungnahme in der BGH-Judikatur vermisst, haben die nachgenannten BGH-Urteile durchaus die „Problematik in ihrer Grundsätzlichkeit thematisiert".

[44] BGH, NJW-RR 2002, 516, 517.

Rechtskraft erwachsende „Vorfrage" sei, im Urteil vom 2. 5. 2001[45], dass die rechtskräftige Abweisung der Schadensersatzklage aus § 823 BGB eine nachfolgende Unterlassungsklage aus § 1004 BGB „nicht präjudiziert", sowie im Urteil vom 26. 6. 2003[46], dass eine Erweiterung der Rechtskraft „im Rahmen von sog. 'Ausgleichzusammenhängen' oder sog. '(zwingenden) Sinnzusammenhängen' nicht in Betracht kommt". Dies widerspreche ebenso § 322 Abs. 1 ZPO wie den Absichten des Gesetzgebers, der zur Klärung von Vorfragen die Zwischenfeststellungsklage nach § 256 Abs. 2 ZPO vorgeschrieben habe, um eine Bindung an bloß beiläufige Urteilsgründe zu vermeiden. Zudem seien „Sinnzusammenhänge ein zu unbestimmtes Kriterium zur Begrenzung der Rechtskraft".

Gegen die Lehre *Zeuners* spricht meines Erachtens entscheidend, dass er sie völlig losgelöst von den traditionellen und legislatorischen Grundlagen der Ausgestaltung der Rechtskraft gleichsam in einen Alternativentwurf entwickelt hat, die aber dem geltenden Recht widerspricht. Entgegen ihrer Intention erweist sie auch dem materiellen Recht keinen Dienst. Denn im Grunde wird die Entscheidung nicht in weiterem Umfange am materiellen Recht orientiert, sondern nur hypothetisch im Hinblick auf weitere Rechtsfolgen „materiellrechtlich fortgedacht". Ist das erste Urteil ein Fehlurteil, so potenziert und perpetuiert sich das Risiko für die in weiterem „Sinnzusammenhang stehenden Rechtsfolgen". Das Gesetz aber wollte dieses Risiko auf die Entscheidung über den „erhobenen Anspruch" (§ 322 Abs. 1 ZPO) und auf das durch Zwischenfeststellungsklage (§ 256 Abs. 2 ZPO) zur Entscheidung gestellte Rechtsverhältnis beschränken. Die Tragweite der Entscheidung sollte sich *nach dem „Petitum" der Parteien richten, um Überraschungsentscheidungen auszuschließen*[47].

Der Unterschied der Lehre *Zeuners* zur neuen „Kernpunkt"-Theorie des EuGH besteht darin, dass *Zeuner* eine Erweiterung der objektiven Grenzen der Rechtskraft von den abstrakten „*rechtlichen Sinnzusammenhängen*" der objektiven Rechtsordnung her sucht, der EuGH geht von der Sachverhaltslage aus, indem er schon in Erweiterung der Rechtshängigkeitssperre einen am *einheitlichen Lebenssachverhalt* orientierten weiten Streitgegenstand zugrunde legt, um unter dem Aspekt der Erleichterung der gemeineuropäischen Urteilsanerkennung „*unvereinbare Urteile*" zu vermeiden.

---

[45] BGHZ 150, 377, 382 f. =NJW-RR 2002, 1617, 1618.
[46] BGH, NJW 2003, 3058, 3059.
[47] Vgl. zur Kritik an *Zeuners* Lehre näher *Gaul*, ÖJZ 2003, 861, 872 f. (vgl. dazu schon o. Fn. 16); ebenso aus österreichischer Sicht *Fasching/Konecny/Klicka*, Kommentar zu den Zivilprozessgesetzen, 2. Aufl., 3. Bd., 2004, § 411 Rdnr. 56 f. m.w.Nachw.; dazu zuletzt noch *Gaul*, Aktuelle Probleme, aaO. (Fn. 28), S. 89, 102 ff.; ebenso jüngst *Althammer*, aaO. (Fn. 20), S. 32, 509 und passim.

5. Ergebnis des Vergleichs der Rechtskraftbegrenzung

Vergleicht man die Auseinandersetzung von *Hiroyuki Matsumoto* mit der neuen japanischen Lehre der „Streitpunktewirkung des rechtskräftigen Urteils" mit der in der deutschen Prozessrechtslehre geführten Diskussion um eine Anpassung des Streit- und Entscheidungsgegenstands an die „Kernpunkt"-Theorie des EuGH, so lässt sich eine interessante Parallelentwicklung feststellen, jedoch mit unterschiedlichem Resultat: Während in Japan die sog. „Streitpunkte"-Lehre sowohl in der OGH-Praxis wie in der Theorie Einfluss gewinnen konnte und damit das „tenorbezogene" Rechtskraftkonzept der jZPO unmittelbar zu modifizieren oder gar zu „korrigieren" sucht, beschränkt sich die „Kernpunk"-Judikatur des EuGH auf eine Erleichterung der „Anerkennung" von Entscheidungen unter den gemeineuropäischen Vertragsstaaten, ohne das streng „anspruchsbezogene" Rechtskraftkonzept der dZPO anzutasten.

III. Das Verhältnis von Rechtskraftpräklusion und Restitution

Die in den objektiven Grenzen der Rechtskraft eintretende Rechtskraftpräklusion steht mit der gegen sie gewährten „Restitution" in unmittelbarem Zusammenhang. So gaben nach *Savignys* grundlegender Darstellung schon „im alten römischen Prozess dessen üblicherweise strenge und harte Formen häufig zu dem Bedürfnis einer billigen Ausgleichung durch die Restitution" Anlass, und zwar als „wichtigste Restitution gegen rechtskräftige Urteile", wenn der unterlegene Teil durch „eigene (unverschuldete) Prozessversäumnisse oder Betrug des Anderen verursachte Prozessversäumnisse" ein „Nachteil" erlitten hat, um das Urteil zu „entkräften" (*iudicium rescindens*") und durch ein „neues Urteil" zu ersetzen („*iudicium rescisssorium*")[48]. Demgemäß gewährte das gemeine Prozessrecht wie die meisten Partikularrechte des 19. Jahrhunderts die „*restitutio propter dolum*" und die „*restituio propter noviter reparata*" bei Vorlage liquider Beweise wie Urkunden zum Ausgleich unverschuldeter Nachteile gegen die Strenge der „*res iudicta*"[49].

Auch nach preußischem Recht konnte das rechtskräftige Urteil nachher „unter keinerlei Vorwande... wieder umgestoßen werden", mit Ausnahme nur gesetzlich anerkannter „*causae nullitatis*" oder „*causae restitutionis*" wie „aufgefundener Urkunden" aus denen „neue Tatsachen hervorgehen", die zwar zur Zeit des Vorprozesses schon vorhanden waren, „damals aber" etwa aus Unkenntnis „nicht ins Licht gesetzt werden"

---

[48] *Savigny*, System aaO. (Fn. 21), Bd. VII, 1848, S. 127 f., 179, 202, 206, 237.

[49] Vgl. insb. *Georg Wilhelm Wetzell*, System des ordentlichen Civilprozesses, 3. Aufl., 1878, S. 676 ff., 684 f., 687 f., 696; dazu *Gaul*, Willensmängel bei Prozesshandlungen, AcP 172 (1972), 342, 345 f.

konnten (Titel 16, §§ 1 und 23 AGO von 1793)[50].

Dem schloss sich der deutsche Gesetzgeber an, indem er die „Aufhebung des rechtskräftigen Urteils" neben „Nullität" aus „Billigkeitsrücksichten" im Wege der Restitutionsklage gemäß §§ 580 ff. ZPO gestattete, falls das Urteil auf „strafbaren Handlungen" oder einem Ergebnis beruht, das sich aufgrund einer neu aufgefundenen „Urkunde" nicht aufrecht erhalten lässt[51]. Die Bedeutung der Restitution als Korrektiv der Präklusion kommt im Gesetz erst bei der zeitlichen Begrenzung der Rechtskraft in § 767 Abs. 2 ZPO zum klaren Ausdruck, indem er die Vollstreckungsgegenklage wegen „Einwendungen, die den im Urteil festgestellten Anspruch selbst betreffen" (§ 767 Abs. 1 ZPO mit konkludentem Verweis auf § 322 Abs. 1 ZPO), „nur" aus „Gründen" zulässt, die „erst nach dem Schluss der mündlichen Verhandlung... entstanden sind". Dazu erklären die *Motive zur CPO*, weil an der „Wirkung der rechtskräftigen Entscheidung streng festzuhalten" sei, könne „neues Vorbringen nur noch in den Formen und unter den Voraussetzungen der Restitutionsklage gestattet werden"[52]. Um die *„Strenge"* der *objektiven Präklusion* auszugleichen, gewährt deshalb § 582 ZPO die Restitutionsklage „nur" subsidiär, „wenn die Partei ohne ihr Verschulden außerstande war, den Restitutionsgrund in dem früheren Verfahren... geltend zu machen"[53].

Die in der deutschen ZPO verfolgte klare Linie der objektiven Präklusion aller vor Verhandlungsschluss entstandenen Tatsachen setzt sich bis heute fort (§ 296a ZPO), indem gemäß § 156 Abs. 2 Nr. 2 ZPO in der Neufassung vom 17. 7. 2001 (BGBl. I S. 1887) das Gericht jetzt zwingend – und nicht nur nach Ermessen – „*die Wiedereröffnung der geschlossenen Verhandlung*" insbesondere dann „anzuordnen hat, wenn nachträglich Tatsachen vorgetragen und glaubhaft gemacht werden, die einen Wiederaufnahmegrund (§§ 579, 580 ZPO) bilden"[54].

Gerechtfertigt wird die nur noch in den engen Grenzen der Restitutionsklage auszugleichende strikte Rechtskraftpräklusion letztlich durch die für das deutsche Prozessrecht und die überwiegenden kontinental-europäischen Prozessordnungen[55] typische streng „anspruchsbezogenen Rechtskraftpräklusion" entgegen der sog. Ele-

---

[50] Vgl. dazu *Gaul*, Aktuelle Probleme aaO. (Fn. 28), S. 113.
[51] Vgl. Motive zu §§ 517-530 CPO (= §§ 578-591 ZPO) bei *Hahn*, Die gesamten Materialien zur CPO, Bd. II 1, 1880, S. 378, 380 f.
[52] Vgl. Motive zu § 686 Abs. 2 CPO (= § 767 Abs. 2 ZPO) bei *Hahn*, Materialien aaO. (Fn. 51), S. 438.
[53] Vgl. dazu Motive zu § 545 CPO (= § 582 ZPO) bei *Hahn*, Materialien aaO. (Fn. 51), S. 521.
[54] Vgl. dazu *Gaul*, Aktuelle Probleme aaO. (Fn. 28), S. 89, 113 f.
[55] Vgl. dazu die Nachweise bei *Gaul*, Aktuelle Probleme aaO. (Fn. 28), S. 89, 107 f.; speziell zu Österreich noch *Gaul*, ÖJZ 2003, 861, 872; dazu auch *Fasching/Konecny/Klicka*, Kommentar zu den Zivilprozessgesetzen, 2. Aufl., Bd. 3, Wien 2004, §411 Rdnr. 87 ff., 89, 91; zur Schweiz *Edgar Habscheid*, Der Ausschluss des nicht vorgebrachten Prozessstoffs durch die materielle Rechtskraft (Präklusion) und Revision (Wiederaufnahme des Verfahrens) nach Schweizer Recht, ZZP 117 (2004); S. 235 ff., 239 ff., 243 f.; – zur „Revision" nach Art. 328 ff. SchwZPO n.F. vgl. auch *I. Maier*, aaO. (Fn. 416), S. 458 ff.; *Sutter-Somm*, aaO. (Fn. 16), Rdnr. 1413 ff.

mentenlehre *Savignys* in Beschränkung des objektiven Umfangs der Rechtskraft auf den „erhobenen Anspruch" nach §§ 322 Abs. 1, 256 Abs. 2 ZPO im Unterschied zur angloamerikanischen „*estoppel*"-Doktrin und „*issue preclusion*" mit einem zwar weiter ausgreifenden, aber milderen, unverschuldet nicht geltend gemachten Prozessstoff noch weithin zulassenden Präklusionsrecht[56].

Entsprechendes gilt wohl auch ursprünglich für das japanische „tenorbezogene" Rechtskraftkonzept (§ 114 jZPO), in dem die strenge Rechtskraftpräklusion ihren angemessenen Ausgleich im Wiederaufnahmerecht fand (§§ 338 ff. jZPO). Dieses austarierte Verhältnis zwischen strengem und billigem Recht erscheint gestört, wenn die Rechtskraftpräklusion neuerdings nach Art der amerikanischen „*issue preclusion*" um eine „Streitpunktewirkung" erweitert wird. Soweit die neue Lehre sogar zur Begründung den „Grundsatz von Treu und Glauben" heranzieht und damit Wertungen der Billigkeit in die objektive Begrenzung der Rechtskraft einfließen lässt[57], macht dies die Problematik der Systemabweichung besonders deutlich[58].

Mit der Wiederaufnahme des Verfahrens (speziell der Restitutionsklage) ist der deutsche Gesetzgeber einen *Kompromiss* eingegangen zwischen dem *Prozesszweck* der Rechtsschutzgewährung und ihrer Begrenzung durch die *Rechtskraft* zwecks Rechtsschutzerhaltung, Herstellung von Rechtsgewissheit und Rechtsfrieden. Dies zeigt, dass sich die Rechtsordnung mit Einrichtung des Zivilprozesses nicht von vornherein mit der „Konfliktlösung" zwecks „Befriedigung des Streitverhältnisses" begnügt, sondern einen an der objektiven Privatrechtsordnung orientierten Schutz des subjektiven Rechts der Parteien anstrebt. Deshalb gestattet sie die *begrenzte Weiterverfolgung des Prozesszwecks* namentlich dann, falls die *Richtigkeit* des rechtskräftigen Urteils durch die gesetzlichen Restitutionsgründe (§§ 580 f. ZPO) *in evidenter Weise erschüttert wird* (s. u. IX).

IV. Die Parallelproblematik der regulären prozessualen und irregulären materiellen Rechtskraftdurchbrechung in Japan und Deutschland

Der jüngst in der Festschrift für Rolf Stürner erschienene Beitrag von *Yasunori Honma* „Unrechtmäßige Erwirkung einer rechtskräftigen Entscheidung in Japan"[59] zeigt, dass ebenso in Japan wie in Deutschland die Frage diskutiert wird, ob neben der für die

---

[56] Vgl. dazu zuletzt *Gaul*, Festschrift für Schilken, aaO. (Fn. 13), S. 275, 307 ff., 310 insbs. unter dem Aspekt des präkludierten Erfüllungseinwands.

[57] Vgl. dazu oben zu Fn. 26.

[58] Vgl. dazu *Gaul*, Festschrift für Henckel aaO. (Fn. 20), S. 235, 256 (= *Hiroyuki Matsumoto*, japanische Übersetzungsausgabe aaO. (Fn. 1), S. 151 f.) mit dem Hinweis, dass die Lehre von der „exceptio rei iudicatae" und die Lehre von der „exceptio doli" ganz unterschiedlichen historischen Ursprungs sind.

[59] *Yasunori Honma*, Unrechtmäßige Erwirkung einer rechtskräftigen Entscheidung in Japan, Festschrift für Rolf Stürner, 2013, S. 1525 ff.

Durchbrechung der Rechtskraft in §§ 338 ff. jZPO[60] gesetzlich vorgesehene Klage auf Wiederaufnahme des Verfahrens auch ohne deren Voraussetzungen bei arglistiger Einflussnahme der Gegenpartei auf das Urteil noch Raum für eine zivilrechtliche Schadensersatzklage bleibt. Während danach die Frage in der Rechtsprechung des japanischen OGH nicht einheitlich entschieden wird und entgegen der Ablehnung durch die traditionelle Lehre in der jüngeren japanischen Prozessrechtslehre kontrovers diskutiert wird, wird in Deutschland beim Sittenverstoß die Durchbrechung der Rechtskraft im Wege der Schadensersatzklage aus § 826 BGB neben der gesetzlichen Wiederaufnahmeregelung der §§ 580 ff. ZPO von der ständigen BGH-Rechtsprechung wie schon von der früheren RG-Judikatur zugelassen, während der traditionelle Widerstand der ihr widersprechenden bisher fast einhelligen Prozessrechtslehre neuerdings zunehmend zu resignieren scheint (s. u. X).

V. Das Wiederaufnahmerecht in Japan und Deutschland im Vergleich

1. Die Scheidung in „Nichtigkeits"- und „Restitutionsgründe"

Anders als die deutsche ZPO, die in bewährter Tradition den außerordentlichen Rechtsbehelf der Wiederaufnahmeklage „wegen der inneren Verschiedenheit" ihrer Gründe als solche der „Nullität" und der „Iniquität" (Unbilligkeit) in die „*Nichtigkeitsklage*" (§ 579 ZPO) und die „*Restitutionsklage*" (§ 580 ZPO) unterteilt[61], fasst § 338 jZPO beide Gründe als solche der „*Wiederaufnahmeklage*" zusammen[62]. Das hindert allerdings nicht, die Wiederaufnahmegründe des § 338 jZPO je nach ihrem inneren Wesen ebenso wie im deutschen Recht zu unterscheiden. So entsprechen nach *Yasunori Honma* die *Wiederaufnahmegründe des § 338 Nr. 1 bis 3 jZPO*, nämlich die unvorschriftsmäßige Besetzung des Gerichts (Nr. 1), die Mitwirkung eines kraft Gesetzes ausgeschlossenen Richters (Rn. 2) und die nicht ordnungsgemäße Vertretung der Partei (Nr. 3), den *deutschen Nichtigkeitsgründen* des § 579 Nr. 1 bis 4 ZPO[63], die in Nr. 3 nur noch zusätzlich die Mitwirkung eines für befangen erklärten Richters als weiteren Nichtigkeitsgrund kennen. Dagegen entsprechen die *Wiederaufnahmegründe des § 338 Nr. 4 bis 10 jZPO*, nämlich die strafbare Amtspflichtverletzung des Richters (Nr.

---

[60] Zugrunde gelegt wird hier die Übersetzungsausgabe von *Hideo Nakamura/Barbara Huber*, Die japanische ZPO in deutscher Sprache, Köln 2006.
[61] Vgl. die Motive zu §§ 517-530 CPO (= §§ 578-591 ZPO) bei *Hahn*, Materialien, aaO. (Fn. 51), S. 378; zur gemeinrechtlichen Unterscheidung zwischen „Nullität" und „Iniquidität" vgl. *Wetzell*, System, aaO. (Fn. 49), S. 800 f. m.w.Nachw.; vgl. schon o. zu Fn. 51 ff.
[62] *Yasunori Honma*, aaO. (Fn. 59), S. 1531.
[63] *Yasunori Honma*, aaO. (Fn. 59), S. 1531 Fn. 18.

4), das strafbar erzwungene Geständnis oder die strafbare Behinderung des Parteivorbringens (Nr. 5), die fälschliche Anfertigung oder Verfälschung von Urkunden und anderen Beweisgegenständen (Nr. 6), Falschaussagen von Zeugen, Sachverständigen, Dolmetschern, einer vereidigten Partei oder eines vereidigten gesetzlichen Vertreters (Nr. 7), die spätere Abänderung eines zugrunde gelegten Zivil-oder Strafurteils oder einer sonstigen Entscheidung oder eines Verwaltungsaktes (Nr. 8), der Widerspruch zu einem früher erlassenen rechtskräftigen Urteil (Nr. 10), den *deutschen Restitutionsgründen* des § 580 Nr. 1 bis 7a ZPO.

Auffällig ist, dass *§ 338 Nr. 4 bis 7 jZPO* somit zwar die im deutschen Wiederaufnahmerecht auf die gemeinrechtliche „*restitutio propter dolum*" zurückgehenden Restitutionsgründe der strafbaren Verfälschung der Urteilsgrundlage gemäß § 580 Nr. 1 bis 5 ZPO kennt, nicht aber den als klassischen Fall der aus der „*restitutio propter noviter reperta*" hervorgegangenen Restitutionsgrund der *Urkundenauffindung gemäß § 580 Nr. 7b ZPO*[64]. Umgekehrt ist dem deutschen Wiederaufnahmerecht fremd der *Wiederaufnahmegrund des § 338 Nr. 9* jZPO, wonach die Wiederaufnahmeklage auch dann stattfindet, „*wenn über wesentliche Umstände, die das Urteil beeinflussen könnten, nicht entschieden wurde*".

Der Wiederaufnahmegrund des § 338 Nr. 9 jZPO findet im deutschen Recht keine Entsprechung, namentlich nicht in der „prozessualischen Restitution" des gemeinen Rechts als Vorbild des § 580 ZPO[65]. Deshalb lässt sich aus deutscher Sicht die Bedeutung und Tragweite des Wiederaufnahmegrundes des § 338 Nr. 9 jZPO nicht beurteilen. Der relativ weit gefasste Wortlaut, „wenn über wesentliche Umstände, die das Urteil beeinflussen könnten, nicht entschieden wurde", lässt offen, auf welcher Ursache die Nichtberücksichtigung dieser „Umstände" und damit die „Unvollständigkeit" der Entscheidung beruht, auf Lücken in den faktischen Unterlagen infolge ungenügendem Parteivorbringen[66] oder in einem *Mangel des Verfahrens („defectus ex substantialibus processus")*[67]. Zwar mag die Außerachtlassung „wesentlicher Umstände" in der Entscheidung – im Sinne der „prozessualischen Restitution" – ein *Nachteil („laesio")* für die betroffene Partei bedeuten, als *Restitutionsgrund („justa causa")* genügten derart

---

[64] Vgl. *Motive* zur § 519 CPO (=§ 580 ZPO) bei *Hahn,* Materialien aaO. (Fn. 51), S. 378, 381 im Anschluss an den preuß. Entwurf einer Prozess-Ordnung, 1864, §§ 686, 687 mit Begr. S. 173 ff.; zur Regelung schon in der preuß. AGO von 1793 s. o. zu Fn. 49 f.

[65] Vgl. dazu *Gaul,* Willensmängel bei Prozesshandlungen, AcP 172 (1972), S. 342, 345 f.; zu den Grundlagen in der gemeinrechtlichen „restitutio propter dolum" und „restitutio propter noviter reperta" näher *Wetzell,* aaO. (Fn. 49), S. 676 f., 684 ff., 687 ff.; zuvor schon *Savigny,* System, Bd. VII, aaO. (Fn. 21), S. 90 ff., 118 ff., 127 ff., 130 ff., 179 f., 197 ff., 202, 237; zuletzt *Windscheid/Kipp,* Lehrbuch des Pandektenrechts, Bd. I, 9. Aufl., 1906, S. 583 ff., insb. S. 588 zu Fn. 7; vgl. dazu schon o. zu Fn. 48 f.

[66] Vgl. dazu aufschlussreich *Wetzell,* aaO. (Fn. 49), S. 676 f.

[67] Vgl. dazu *Wetzell,* aaO. (Fn. 49), S. 800 ff., 803 ff.

allgemeine „Umstände" dem gemeinrechtlichen Institut der Restitution nicht[68].
Auch unter den anerkannten „Nullitätsgründen" des gemeinen Rechts findet sich der Wiederaufnahmegrund des § 338 Nr. 9 jZPO nicht. So konnten herkömmlich mit der „*querela insanabilis nullitatis*" nur solche unheilbaren „Nullitäten, welche insanabilem defectum aus der Person des Richters oder der Parteien oder aus den Substantialibus des Prozesses" (vgl. schon § 122 Jüngster Reichsabschied–JRA von 1654) geltend gemacht werden[69]. Allerdings macht das gemeine Prozessrecht auch einen Unterschied zwischen *unerkannten Nichtigkeiten*, „die sich weder aus den Akten ergaben, noch mittels der Appellation zur Verhandlung gebracht worden" sind und solchen Nichtigkeiten, die „durch das bestätigte Urteil geheilt" worden sind, sodass nur im ersteren Falle die Nichtigkeit noch gegen die Rechtskraft vorgebracht werden konnte[70]. Offenbar geht auch § 338 Nr. 9 jZPO von *unerkannten* Umständen aus, über die „nicht entschieden wurde", obwohl weiterhin offen bleibt, ob diese „Umstände" infolge eines qualifizierten Verfahrensmangels (Nichtigkeitsgrund) oder eines inhaltlichen Mangels des Urteils (Restitutionsgrund) nicht berücksichtigt worden sind.

Aus deutscher Sicht kann daher nur vermutet werden, dass der Wiederaufnahmegrund des § 338 Nr. 9 jZPO auf *französischem Einfluss* beruht. Denn bevor das deutsche Vorbild der CPO von 1877 auf die Kodifikation der alten japanischen ZPO von 1890 die Oberhand gewann, stand die Entwicklung Anfang der 1870er Jahre auch unter französischem Einfluss, der sich teilweise auch auf Bestimmungen der Rechtskraft auswirkte. Soweit § 114 jZPO bestimmt: „*Das unanfechtbar gewordene Urteil besitzt Rechtskraft nur in dem Umfang, den der Urteilstenor umfasst*", so entspricht das Art. 1351 Code Civile von 1804, der die Rechtskraftwirkungen an den Urteilstenor („*dispositif du jugement*") anknüpft[71]. Der deutsche Gesetzgeber hat die Aufnahme dieser Bestimmung in die CPO ausdrücklich als „übertriebenen Formalismus" abgelehnt, obwohl er wusste, dass nach französischer Doktrin und Praxis die „*conclusions motivées*" den Umfang des „*dispositif*" mitbestimmten[72], sodass in Frankreich heute noch der traditionelle Begriff „*dispositif du jugement*" sogar die bedingenden Vorfragen „*implicitement*"

---

[68] Zu den beiden Voraussetzungen der Restitution „*laesio*" und „*justa causa*" s. schon Savigny, Bd. VII., aaO. (Fn. 21), S. 119 ff, 130 ff.; ferner Wetzell, aaO. (Fn. 49), S. 674 ff., 678 ff., 684 ff.

[69] Vgl. dazu Gaul, Zur Struktur und Funktion der Nichtigkeitsklage gemäß § 578 dZPO, Festschrift für Winfried Kralik, Wien, 1986, S. 157, 163 m.w.Nachw.

[70] Vgl. dazu Gaul, Festschrift Kralik, aaO. (Fn. 69), S. 157, 163 f. mit Hinweis auf Skedl, Die Nichtigkeitsbeschwerde in ihrer geschichtlichen Entwicklung, 1886, S. 172 ff., 179; Waldeck, Die Nichtigkeitsbeschwerde als allgemeines Rechtsmittel höherer Instanz mit besonderer Berücksichtigung auf die preußische Prozeß-Gesetzgebung, 1861, S. 70 f.; Wetzell, aaO. (Fn. 49), S. 795 f.

[71] Auf dieses Beispiel des französischen Einflusses auf die japanische ZPO weist ausdrücklich Nakamura in Nakamura/Huber, aaO. (Fn. 60), Einführung S. 4 f., 8 hin.

[72] Vgl. die Motive zu § 283 CPO (= § 322 ZPO) bei Hahn, Materialien aaO. (Fn. 51), S. 291, 292 mit Protokollen, aaO., S. 608 f.; dazu auch Gaul, Festschrift für Werner Flume, aaO. (Fn. 22), S. 443, 480, Fn. 190 (= Hiroyuki Matsumoto, Japanische Übersetzungsausgabe aaO. (Fn. 1), S. 59.

mitumfasst[73]. Gerade gegen die Einbeziehung der Vorfragen in die Rechtskraft, die namentlich der sog. Elementenlehre *Savignys* entsprach, spricht sich die deutsche Regelung gemäß § 322 Abs. 1 ZPO aus, soweit nicht die „Vorfrage" durch die Zwischenfeststellungsklage nach § 256 ZPO gesondert zur richterlichen Entscheidung gestellt wird, wie dies auch § 145 Abs. 1 jZPO vorsieht[74].

Möglicherweise könnte somit auch der dem deutschen Recht fremde Wiederaufnahmegrund des *§ 338 Nr. 9 jZPO* auf französischem Einfluss beruhen. Der deutschen Nichtigkeitsklage des § 579 ZPO entspricht die französische „*requete civile*" (Art. 480 ff. Code de procedure), die allerdings ein „seltsames Gemisch von Nichtigkeitsbeschwerde und Restitutionsgesuch" bildete. Doch diente auch sie der nachträglichen Berücksichtigung gänzlich außer Acht gebliebener Nichtigkeitsgründe, wie daraus folgte, dass sie „ohne Tadel des Richters" anzubringen war[75]. Die „*Mischform*" der „*requete civile*" wollte der deutsche Gesetzgeber durch die klare Trennung der Nichtigkeits-von der Restitutionsklage vermeiden[76], während Art. 480 Code de procedure Gründe beiderlei Art in sich vereinigte. Unter den 10 Gründen fand sich nach der allgemeinen Nr. 2 („Wenn vor oder bei Fällung des Urteils Formen verletzt worden sind, die bei Strafe der Nichtigkeit vorgeschrieben waren, vorausgesetzt, daß die Nichtigkeit nicht durch das Benehmen der streitenden Teile gedeckt worden ist") die Nr. 5: „*Wenn über einen der Klagepunkte gar nicht erkannt worden ist*". Das deutet auf einen Nichtigkeitsgrund hin, der zudem an den gemeinrechtlichen Nichtigkeitsgrund der offenbaren „Aktenwidrigkeit" erinnert[77]. Es ist zu vermuten, dass der konkreter auf „nicht entschiedene Klagepunkte" abstellende *Art. 480 Nr. 5 Code de procedure* dem allgemeiner auf „nicht entschiedene wesentliche Umstände" abhebenden § 338 Nr. 9 jZPO als *Vorbild* diente.

Für die *Straftatbestände des § 338 Nr. 4 bis 7* jZPO sieht § 338 Abs. 2 jZPO vor: „Im Fall der Ziff. 4 bis 7 kann eine Klage auf Wiederaufnahme des Verfahrens nur erhoben werden, wenn *wegen der strafbaren Handlung eine Verurteilung* oder eine Entscheidung, mit der ein Ordnungsgeld verhängt wurde, *rechtskräftig geworden ist,* oder wenn eine rechtskräftige Verurteilung oder eine rechtskräftige Entscheidung, mit der ein Ordnungsgeld verhängt wird, aus einem anderen Grund als wegen mangels an Beweisen nicht erlangt werden kann"[78]. Das entspricht *§ 581 Abs. 1 ZPO.* Danach findet in den entsprechenden Fällen des § 580 Nr. 1 bis 5 „die Restitutionsklage nur statt, *wenn wegen der Straftat eine rechtskräftige Verurteilung ergangen ist* oder wenn die Einleitung oder

---

[73] Vgl. dazu *Gaul,* Aktuelle Probleme, aaO. (Fn. 28), S. 89, 108 m.w.Nachw.
[74] Vgl. dazu *schon* oben zu Fn. 17 und 25 sowie 40 ff. jeweils m.w.Nachw.
[75] Vgl. *Bluhme,* System des in Deutschland geltenden Privatrechts mit Einschluß des Civilprocesses, Bonn, 1855, S. 580.
[76] Vgl. Motive zu §§ 517-530 CPO (= §§ 578-591 ZPO) bei *Hahn,* aaO. (Fn. 51), S. 378.
[77] Vgl. *Wetzell,* System, aaO. (Fn. 49), S. 665 f., 807
[78] Vgl. dazu auch *Honma,* aaO. (Fn. 59), S. 1530 f.

Durchführung eines Strafverfahrens aus anderen Gründen als wegen Mangels an Beweisen nicht erfolgen kann".

Auf die Bedeutung der Strafverurteilung nach § 338 Abs. 2 jZPO für die Gründe des § 338 Abs. 1 Nr. 4 bis 7 jZPO weist nochmals § 339 jZPO für von den Wiederaufnahmegründen betroffene *Vorentscheidungen* hin, auf denen das rechtskräftige Endurteil beruht. Dann kann nämlich die Partei unter diesen Voraussetzungen unabhängig von etwa gegen die Vorentscheidung vorgesehenen Rechtsmitteln unmittelbar gegen das Endurteil die Wiederaufnahme des Verfahrens beantragen, ebenso wie es § 583 dZPO vorsieht.

Schon einleitend hebt § 338 Abs. 1 jZPO für alle Wiederaufnahmegründe die Geltung des *Subsidiaritätsprinzips*[79] hervor, indem die Wiederaufnahmeklage nicht erhoben werden kann, wenn die Partei „den Grund der Wiederaufnahme (schon) mit einem Rechtsmittel geltend gemacht oder trotz Kenntnis des Grundes kein Rechtsmittel eingelegt" hat. Das entspricht § 582 dZPO, der die Restitutionsklage „nur zulässt, wenn die Partei ohne ihr Verschulden außerstande war, den Restitutionsgrund in dem früheren Verfahren, insbesondere durch Einspruch oder Berufung oder Anschließung an eine Berufung, geltend zu machen"[80]. *Nur für die Nichtigkeitsklage beschränkt § 579 Abs. 2 die Subsidiarität* auf die Fälle des § 579 Nr. 1 und 3 ZPO und erklärt sie für unzulässig, „wenn die Nichtigkeit mittels eines Rechtsmittels geltend gemacht werden konnte"[81].

2. *Gemeinsame Verfahrensvorschriften*

Gemäß § 340 jZPO ist für die Wiederaufnahme des Verfahrens ausschließlich *zuständig das Gericht, das die angefochtene Entscheidung erlassen hat*. Dasselbe sieht § 584 ZPO gemeinsam für beide Arten der Wiederaufnahmeklage, die Nichtigkeits- wie Restitutionsklage vor. Mit der Verweisung der Klagen an den *iudex a quo* sollte „der Zusammenhang mit dem Rechtsstreit, dessen Endurteil angefochten werden soll, festgehalten werden"[82]. Da es um die Nachholung bisher *übersehener* formeller und materieller Mängel und nicht um die Rüge von Gesetzesverletzungen des Richters – anders nur im Falle der strafbaren Amtspflichtverletzung des Richters (§ 580 Nr. 5 ZPO = § 338 Nr. 4 jZPO)[83] – geht, ist die Befassung desselben Gerichts einsichtig.

---

[79] Vgl. dazu *Honma*, aaO. (Fn. 59), S. 1528.
[80] Vgl. dazu schon oben zu Fn. 53.
[81] Vgl. dazu aber noch unten VIII 2.
[82] Vgl. Motive zu § 523 CPO (=§ 584 ZPO) bei *Hahn*, Materialien aaO. (Fn. 51), S. 382.
[83] Selbstverständlich ist der Richter dann von der Verhandlung und Entscheidung über die auf eine strafbare Amtspflichtverletzung gestützte Klage ausgeschlossen vgl. *Rosenberg/Schwab/Gottwald*, Zivilprozessrecht, 17 Aufl., 2010, § 160 Rdnr. 17 m.w.Nachw.

Darin sah der deutsche Gesetzgeber gerade den *Unterschied zur Revision*: „Die Nichtigkeits- und Restitutionsklage richten sich stets gegen rechtskräftige Urteile und gehören nicht zur Zuständigkeit eines höheren Gerichts", während die *der rechtlichen Nachprüfung des Urteils auf „Gesetzesverletzung"* dienende *„Revision"* dem „höheren Richter, nämlich dem „obersten Gerichtshof" vorzubehalten ist[84].

Die in § 342 jZPO vorgesehenen *Fristen für die Wiederaufnahmeklage* entsprechen den ebenso in § 586 ZPO vorgesehenen Klagefristen. Die Klage muss innerhalb einer Notfrist von 30 Tagen (§ 342 Abs. 1 jZPO) bzw. eines Monats (§ 586 Abs. 1 ZPO) seit Kenntniserlangung der Partei[85] und spätestens bis zum Ablauf von *fünf Jahren* seit der Rechtskraft des Urteils (als Ausschlussfrist) erhoben werden (§ 342 Abs. 2 jZPO = § 586 Abs. 2 Satz 3 ZPO).

Gemäß § 342 Abs. 3 jZPO sind von der Befristung nach Abs. 1 und 2 *ausgenommen* die Wiederaufnahmegründe wegen mangelnder Vertretungsmacht (§ 338 Abs. 1 Nr. 3 jZPO) und „wenn das angefochtene Urteil mit einem früher erlassenen Urteil in Widerspruch steht" (§ 338 Abs. 1 Nr. 10 jZPO).

Dem entspricht § 586 Abs. 3 ZPO für den Nichtigkeitsgrund des Vertretungsmangels (§ 579 Abs. 1 Nr. 4 ZPO) nur insoweit, als er für diesen nur die *Fünfjahresfrist* für nicht anwendbar, die Notfrist von einem Monat aber mit Fristbeginn ab Zustellung des Urteils an die Partei und bei Prozessunfähigkeit an den gesetzlichen Vertreter für anwendbar erklärt. Ferner gilt gemäß § 586 Abs. 4 die 5-jährige Ausschlussfrist des Abs. 2 Satz 1 nicht für den neuen Restitutionsgrund der Entscheidung des EGMR über einen *Verstoß gegen die Menschenrechtskonvention* (§ 580 Nr. 8 ZPO n.F.). Auch gilt § 586 ZPO nicht für die Vorlage eines neuen *Vaterschaftsgutachtens* (§ 185 Abs. 4 FamFG = § 641i Abs. 4 ZPO a.F.).

VI. Die unterschiedliche praktische Bedeutung der Nichtigkeitsklage und Restitutionsklage

1. *Die herkömmlich stärkere Bedeutung der Restitutionsklage*

Lange Zeit stand die *Nichtigkeitsklage* gemäß § 579 ZPO im Schatten der *Restitutionsklage* des § 580 ZPO. Dies hatte seinen Grund vornehmlich in der früher geringeren praktischen Bedeutung der Nichtigkeitsklage gegenüber der häufiger zur Anwendung kommenden Restitutionsklage. Zudem stand die Restitutionsklage auch

---

[84] Vgl. Motive zur CPO bei *Hahn*, Materialien aaO. (Fn. 51), S. 139, 141 f. und dazu *Gaul*, Festschrift für Kralik aaO. (Fn. 69), S. 168 f.

[85] Genauer Partei oder Prozessbevollmächtigen der Partei, vgl. BGHZ 31, 354 = ZZP 73 (1960), 414 m. Anm. *Gaul*.

deshalb seit langem mehr im *Mittelpunkt des Interesses*, weil sie von jeher der *Umgehung durch die Schadensersatzklage aus § 826 BGB* wegen des Vorwurfs sittenwidriger Herbeiführung oder Ausnutzung des Urteils ausgesetzt war, falls eine strafgerichtliche Verurteilung nach § 581 Abs. 1 ZPO wegen der Straftatbestände des § 580 Nr. 1 bis 5 ZPO nicht nachweisbar oder die 5-Jahresfrist des § 586 Abs. 2 Satz 2 ZPO abgelaufen war. Die „*Flucht in die Generalklausel*" des § 826 BGB suchte die Judikatur in Umgehung des Katalogs der Restitutionsgründe des § 580 ZPO auch deshalb, weil in der Epoche des von der „*Lückenlosigkeit der Gesetze*" ausgehenden *Gesetzespositivismus* man „Ausnahmevorschriften" nicht für analogiefähig hielt, weshalb sich die Diskussion nach Überwindung des Gesetzespositivismus durch die teleologische Methode der Rechtsanwendung zunächst auf die *Ausdehnung der Restitutionsgründe* konzentrieren musste[86].

2. Die neue Bedeutung der Nichtigkeitsklage

Diese Ausgangslage hat sich inzwischen vor allem unter *verfassungsrechtlichen Aspekten* insoweit verändert, als die *Nichtigkeitsgründe des § 579 ZPO* zunehmend in ihrer Relevanz als *Grundrechtsverstöße* erkannt wurden. So lässt sich nicht nur der Nichtigkeitsgrund des *Vertretungsmangels* gemäß § 579 Abs. 1 Nr. 4 ZPO als konkrete Ausformung des *Grundrechts auf rechtliches Gehör* (Art. 103 Abs. 1 GG) verstehen, sondern ebenso können die Tatbestände der unvorschriftsmäßigen Besetzung des Gerichts (§ 579 Abs. 1 Nr. 1 ZPO), der Mitwirkung eines kraft Gesetzes ausgeschlossenen (Nr. 2) oder für befangenen erklärten Richters (Nr. 3) als Ausprägungen des *Rechts auf den gesetzlichen Richter* (Art. 101 Abs. 1 Satz 2 GG) begriffen werden[87].

Doch konzentrierte sich die Diskussion vor allem auf den *Nichtigkeitsgrund des § 579 Abs. 1 Nr. 4 ZPO*, nachdem der BGH im Urteil vom 5. 5. 1982[88] unter dem Aspekt *effektiver Gehörgewährung* entgegen seiner bisherigen Rechtsprechung die nochmalige Überprüfung der schon im Vorprozess geprüften und ausdrücklich *bejahten Prozessfähigkeit der Partei* als Vertretungsmangel nach § 579 Abs. 1 Nr. 4 ZPO zuließ und sich für diese Missdeutung der Nichtigkeitsklage als „wiederholte Revision" auf Art. 103 Abs. 1 GG stützte und damit die Funktion der Nichtigkeitsklage verkannte – eine Auffassung, die der Sache nach der BGH im Beschluss vom 27. 9. 2007[89] wieder aufgegeben hat.

---

[86] Vgl. dazu *Gaul*, Die Grundlagen des Wiederaufnahmerechts und die Ausdehnung der Wiederaufnahmegründe, 1956, S. 15 ff., 37 ff. und passim; die Darstellung konzentrierte sich deshalb auf die damals noch ganz im Vordergrund stehende Restitutionsklage gemäß § 580 ZPO bei weitgehender Ausklammerung der Nichtigkeitsklage.
[87] Vgl. dazu *Gaul*, Festschrift für Kralik, aaO. (Fn. 169), S. 157, 171 ff.
[88] BGHZ 84, 24 ff. und zur Kritik noch näher u. zu Fn. 105 ff.
[89] BGH, NJW-RR 2008, 448.

Dagegen hat der BGH im Urteil vom 11. 12. 2002[90] eine analoge Anwendung des § 579 Abs. 1 Nr. 4 ZPO im Falle einer *erschlichenen öffentlichen Zustellung* auch unter dem Gesichtspunkt des Art. 103 Abs. 1 GG verneint und darin einen *Anwendungsfall der Restitutionsklage* nach § 580 Nr. 1 ZPO (eidliche Falschaussage der Gegenpartei) oder nach § 580 Nr. 4 ZPO (Prozessbetrug) gesehen, für welche aber im entschiedenen Fall jeweils die notwendige Voraussetzung der erfolgten strafgerichtlichen Verurteilung (§ 581 Abs. 1 ZPO) fehlte[91]. Lagen indessen die Voraussetzungen für die *öffentliche Zustellung* nach § 185 ZPO *für das sie bewilligende Gericht erkennbar* nicht vor, werden nach dem Urteil des BGH vom 6. 10. 2006[92] die Rechtsmittel- und Rechtsbehelfsfristen nicht in Gang gesetzt, sodass dann das Verfahren ohne Wiedereinsetzung in den vorigen Stand fortgesetzt und folglich schon die Notwendigkeit einer entsprechenden Anwendung des § 579 Abs. 1 Nr. 4 ZPO entfällt. Dagegen hat der BGH im Urteil vom 15. 1. 2014[93] zuletzt noch bestätigt, dass bei einer unter Verstoß gegen § 170 Abs. 1 ZPO erfolgten *Zustellung des Titels an eine nicht erkennbar prozessunfähigen Partei* (statt an den gesetzlichen Vertreter) die Rechtsmittel-und die Einspruchsfrist in Gang gesetzt wird mit der Folge, dass die Nichtigkeitsklage wegen Vertretungsmangels nach § 579 Abs. 1 Nr. 4 unmittelbar eingreift.

VII. Die Analogiefähigkeit der Wiederaufnahmegründe

Trotz der „inneren Verschiedenheit" der Nichtigkeits- und Restitutionsklage, von der die Motive zur CPO ausgehen, soweit sie nämlich entweder auf einem unheilbaren Verfahrensmangel („defectus insanabilis") oder einer Unbilligkeit („Iniquität") beruhen (s. o. V), hat der Gesetzgeber sie beide im 4. Buch der ZPO unter der Überschrift „Wiederaufnahme des Verfahrens" in den §§ 578 ff. ZPO „*äußerlich* zusammengefasst", „weil sie *prozessualisch* fast durchgängig denselben Grundsätzen folgen"[94] (s. o. V 2). Als „*außerordentlicher Rechtsbehelf*" dient er der „Wiederaufnahme des rechtskräftig abgeschlossenen Verfahrens" (§ 578 Abs. 1 ZPO), und zwar, wie es § 588 Abs. 1 Nr. 3 ZPO für den Inhalt der Klageschrift formuliert, zwecks rückwirkender „Beseitigung des angefochtenen Urteils'" („iudicium rescindens") sowie Neuverhandlung und ersetzender Entscheidung („iudicium rescissorium")[95].

---

[90] BGHZ 153, 189ff.=JZ 2003, 903 ff. (m. abl. Anm. *Braun*) und dazu eingehend *Gaul*, Nichtigkeitsklage bei erschlichener oder fehlerhaft bewilligter öffentlicher Zustellung?, JZ 2003, 1088 ff.
[91] BGHZ 153, 189, 197 f.
[92] BGH, NJW 2007, 303 ff.
[93] BGH, NJW-RR 2014, 937 ff. in Bestätigung von BGHZ 176, 74 ff.
[94] Vgl. Motive zu §§ 517-530 CPO (= §§ 578-591 ZPO) bei *Hahn*, Materialien aaO. (Fn. 51), S. 378 (Hervorhebungen im Original).
[95] Zum Vorbild im gemeinen Recht s. schon ob zu Fn. 48 f. – Zur Bedeutung der Rückwirkung der Wiederaufnahme des Verfahrens vgl. *Gaul*, Der Einfluss rückwirkender Gestaltungsurteile auf vorausgegangene

Zur Auswahl der Nichtigkeitsgründe in § 579 ZPO und der Restitutionsgründe in § 580 ZPO heißt es in den *Motiven zur CPO* für beide Arten der Anfechtungsgründe gemeinsam: „Bei Festsetzung derselben ist die Erwägung leitend gewesen, dass die Rechtssicherheit die *Beschränkung der Anfechtung rechtskräftiger Endurteile auf bestimmte, scharf begrenzte, unumgänglich notwendige Fälle fordert*"[96]. Gestützt auf diesen Leitsatz der Motive vertrat das *Reichsgericht* in ständiger Rechtsprechung die Ansicht, dass namentlich die Vorschrift des § 580 ZPO restriktiv auszulegen und keiner Ausdehnung fähig sei[97], dem anfänglich auch der BGH folgte[98]. Damit wurde jedoch der Sinn des Satzes verkannt, der nicht als Anweisung für die künftige Rechtsanwendung gedacht war. Er forderte nämlich nicht Restriktion schlechthin, sondern nur im *Rückblick auf die historischen Erfahrungen* seit dem Jüngsten Reichsabschied im 17. Jahrhundert mit dem „ewig nichtigen Prozess", als rechtskräftige Urteile noch 30 Jahre lang aufgrund zahlreicher „Nullitäten" in Frage gestellt werden konnten, was teilweise bis ins Partikularrecht und gemeine Recht im 19. Jahrhundert nachwirkte, so auch als Restitution „ex genaerali clausula"[99].

Die traditionell restriktive Haltung der Judikatur zum Wiederaufnahmerecht stand von Beginn an im auffälligen Wertungswiderspruch zur Umgehung der *Kataloggründe des § 580 ZPO*, indem sie zugleich zur Vermeidung „unerträglicher Ergebnisse" die Durchbrechung der Rechtskraft im Wege der zivilrechtlichen Schadensersatzklage aus der *Generalklausel des § 826 BGB* wegen „sittenwidriger" Schädigung der unterlegenen Partei gestattete[100].

Der aus den Pandekten-Quellen stammende Satz „*singularia non sunt extenda*", „Ausnahmevorschriften sind restriktiv auszulegen und nicht analog auszudehnen", hält den heutigen methodischen Erkenntnissen der Rechtsanwendung nicht mehr stand[101]. Er geht im Sinne des Rechtspositivismus von der „Lückenlosigkeit der Gesetze" aus, der zufolge nach dem viel missbrauchten Satz „Ausnahmen bestätigen die Regel" der nicht der Ausnahme zu subsumierende Fall ohne weiteres der entgegengesetzten Regel zuzuweisen sei. Hingegen ist nur die Rechtsordnung in dem Sinne „lückenlos", dass sie

---

Leistungsurteile, Festschrift für Hideo Nakamura, 1996, S. 137, 152 ff., 162 f., 167 f.

[96] Vgl. Motive bei *Hahn*, Materialien aaO. (Fn. 94), S. 378.

[97] So RGZ 84, 142, 145; RGZ 87, 267, 270; RGZ 100, 98, 99; RGZ 151, 203, 206; RGZ 155, 373.

[98] So z.B. BGH, Beschluss v. 6.6.1953, LM Nr. 2 zu § 578 ZPO u.ö.; vgl. dazu die Rechtsprechungs-Übersicht bei *Gaul*, Grundlagen des Wiederaufnahmerechts aaO. (Fn. 86), S. 17 ff. und dazu kritisch S. 71, 73 f. und passim.

[99] Vgl. dazu *Gaul*, Grundlagen des Wiederaufnahmerechts aaO. (Fn. 86), S. 71 f. m.Nachw.

[100] Vgl. *Gaul*, Grundlagen des Wiederaufnahmerechts aaO. (Fn. 86), S. 17f., 29 ff., 68 f., 76 f., insb. 99 ff., 217 jeweils m.w.Nachw.

[101] Vgl. dazu näher *Gaul*, Grundlagen des Wiederaufnahmerechts aaO. (Fn. 86), S. 37 ff., 66 ff. m.w.Nachw.; zum „Singularia" - Satz neuerdings noch *Detlef Liebs*, Lateinische Rechtsregeln und Rechtssprichwörter, 5. Aufl., 1991, S. 199 mit Quellennachweisen aus den römischen Digesten; zuletzt *Karlheinz Muscheler*, Singularia non sunt extendenda, Festschrift für Heinrich Wilhelm Kruse, 2001, S. 135 ff., 146 ff. m.w.Nachw.

in jedem Falle eine Entscheidung ermöglichen muss. Demnach sind von der „Regelnorm" abweichende „Ausnahmevorschriften" oder „enumerative" Normen durchaus analogiefähig, soweit ihnen ein „engeres Prinzip" zugrunde liegt, das innerhalb seiner Grenzen die Analogie gestattet[102]. Weisen also die Kataloggründe der Nichtigkeits- und Restitutionsklage jeweils ein einheitliches Prinzip auf und erweisen sich bisher gesetzlich nicht geregelte Fälle den normierten Wiederaufnahmegründen rechtsähnlich, steht ihrer analogen Anwendung nichts entgegen.

VIII. Zum Prinzip der Nichtigkeitsklage

1. Das gemeinsame Prinzip der Nichtigkeitsgründe

Die Nichtigkeitsklage beruht auf dem *Prinzip der evidenten Erschütterung der verfahrensmäßigen Urteilsgrundlage durch nachträglich offenbar gewordene schwere Verfahrensmängel*, die das Vertrauen in die Rechtspflege generell in Frage stellen. Die Verfahrensmängel (s. schon o. V) -unvorschriftsmäßige Besetzung des Gerichts, Mitwirkung eines kraft Gesetzes ausgeschlossenen oder für befangen erklärten Richters, Übersehen eines Vertretungsmangels mit der Folge mangelnder Gehörgewährung (§ 579 Abs. 1 Nr. 1 bis 4 ZPO) -betreffen die „Grundlagen der Gerichtsgewalt"[103] und damit elementar die *Sphäre und den Verantwortungsbereich des Gerichts* und lassen deshalb die Aufrechterhaltung des Urteils trotz Rechtskrafteintritts unabhängig von seiner möglichen inhaltlichen Richtigkeit unerträglich erscheinen[104].

2. Die Beschränkung auf im Vorprozess „übersehene" Mängel

Bisher schon entsprach es fast allgemeiner Meinung, dass die Nichtigkeitsklage nur dann eingreift, wenn der Nichtigkeitsgrund im Vorprozess *übersehen* worden ist, nicht

---

[102] Vgl. dazu näher *Gaul*, Grundlagen des Wiederaufnahmerechts aaO. (Fn. 86), S. 66 ff.; ebenso die heute herrschende Meinung: *Peter Arens*, Willensmängel bei Prozeßhandlungen, 1968, S. 68 ff.; *ders.* in *Wolfgang Lüke*, Zivilprozessrecht, 10. Aufl., 2011, Rdnr. 431; *Prütting/Weth*, Rechtskraftdurchbrechung bei unrichtigen Titeln, 2. Aufl., 1994, Rdnr. 93, 101 ff., 103, 299; *Arwed Blomeyer*, Zivilprozeßrecht, 1963, § 107 I (S. 604 f.) und 2. Aufl., 1985 § 107 II (verkürzt); *Jauernig*, Zivilprozessrecht, 29. Aufl.. 2007, § 64 II, § 76 II; ebenso *Jauernig/Hess*, 30. Aufl., 2011, § 64 Rdnr. 3, § 76 Rdnr. 12; *Rosenberg/Schwab/Gottwald*, aaO. (Fn. 83), § 159 Rdnr. 1, § 160 Rdnr. 11; *Schilken*, Zivilprozessrecht, 7. Aufl., 2014, Rdnr. 1048 ff, 1051; *Zeiss/Schreiber*, Zivilprozessrecht, 11. Aufl., 2011, Rdnr. 604; *Stein/Jonas/Leipold*, ZPO, 22. Aufl., 2008, § 322 Rdnr. 270 ff.; *Stein/Jonas/Jacobs*, 22. Aufl., 2013, § 580 Rdnr. 1; *Prütting/Gerlein/Meller-Hannich*, ZPO, 5. Aufl. 2013, Rdnr. 1 vor §§ 578 ff.

[103] Vgl. Motive zu § 542 CPO (=§ 579 ZPO) bei *Hahn*, Materialien aaO. (Fn. 94), S. 379.

[104] Zum Prinzip der Nichtigkeitsklage s. näher *Gaul*, Festschrift für Kralik aaO. (Fn. 69), S. 159 ff.; in Gegenüberstellung zum Restitutionsprinzip zuletzt näher *Gaul*, JZ 2003, 1088, 1094 und dazu schon o. zu Fn. 90.

aber dann, wenn er dort bereits geprüft und durch Zwischenurteil oder in den Gründen des Endurteils verneint worden ist. Insofern gilt der in § 579 Abs. 1 Nr. 2 ZPO für den kraft Gesetzes ausgeschlossenen Richter formulierte Satz für alle Nichtigkeitsgründe. Davon ist der BGH in dem schon erwähnten Urteil vom 5. 5. 1982[105] abgewichen, indem er unter dem Aspekt effektiver Gehörgewährung mit Hinweis auf Art. 103 Abs. 1 GG die nochmalige Überprüfung der schon *im Vorprozess geprüften* und aufgrund eines Sachverständigengutachtens ausdrücklich *bejahten Prozessfähigkeit* der Partei im Wege der Nichtigkeitsklage wegen Vertretungsmangels nach § 579 Abs. 1 Nr. 4 zuließ (s. o. VI 2).

3. Die Abgrenzung der Nichtigkeitsklage zur Revision

Die durchgreifenden Bedenken gegen dieses Urteil wurden an früherer Stelle eingehend dargelegt[106]. Vor allem wird der grundlegende Unterschied zwischen *der Nichtigkeitsklage* als außerordentlicher Rechtsbehelf nach Rechtskrafteintritt *zur Revision* als ordentliches Rechtsmittel im Instanzenzug verkannt. Zwar decken sich die „Nichtigkeitsgründe" des § 579 Abs. 1 Nr. 1 bis 4 ZPO mit § 547 Nr. 1 bis 4 ZPO im Wortlaut mit dem jedoch umfangreicheren Katalog der „Revisionsgründe". Doch ist die Nichtigkeitsklage keine „wiederholte Revision" (oder „Super"-Revision). Der historische Gesetzgeber der CPO hat vielmehr bewusst im Anschluss an die Vorbilder im gemeinen und partikularen Recht des 19. Jahrhunderts die Wiederaufnahmeklage wegen im Vorprozess – „ohne Tadel des Gerichts" – *übersehener* „absoluter Nichtigkeiten" von der der Nachprüfung im anhängigen Verfahren unterlaufenen „Gesetzesverletzungen" (§ 550 ZPO a.F. = § 546 ZPO n.F. „Rechtsverletzung") dienenden Revision streng getrennt[107], was zugleich die Zuständigkeit des *iudex a quo* als vormals befasstes Gericht für die Nichtigkeitsklage (§ 584 ZPO) und des BGH als „oberster Gerichtshof" für die Revision (§ 133 GVG) erklärt[108] (s. dazu schon o. V 2).

4. Die Ablehnung eines Nichtigkeitsgrundes wegen Gehörverletzung analog § 579 Abs. 1 Nr. 4 ZPO

Auch unter dem Aspekt „*effektiver Gehörgewährung*" kann der Standpunkt des BGH–

---

[105] BGHZ 84, 24, 29 f. und dazu schon o. zu Fn. 88 f.

[106] Und zwar unter dem im kritisierten Urteil verkannten Aspekt der Struktur und Funktion der Nichtigkeitsklage, *Gaul*, Festschrift für Kralik aaO. (Fn. 69), S. 157 ff., 159 ff., 170 ff.; zusammenfassend dazu auch *Gaul*, Möglichkeiten und Grenzen der Rechtskraftdurchbrechung, 1986, S. 24 ff.

[107] Zu den entstehungsgeschichtlichen und legislatorischen Grundlagen der Nichtigkeitsklage näher *Gaul*, Festschrift für Kralik aaO. (Fn. 69), S. 161 ff. m.w.Nachw.; auch schon o. zu Fn. 70 ff.

[108] Diesen grundlegenden Unterschied zwischen der „Nichtigkeitsklage" und „Revision" für die Zuständigkeitszuweisung betonen schon die Motive zur CPO in der „Allgemeinen Begründung" bei *Hahn*, Materialien aaO. (Fn. 94), S. 139, 141 f. und dazu *Gaul*, Festschrift für Kralik aaO. (Fn. 69), S. 168 f.

Urteils vom 5. 5. 1982 nicht überzeugen. Selbst wenn sich im Vertretungsmangel des § 579 Abs. 1 Nr. 4 ZPO ein Spezialfall der Nichtgewährung des Gehörs sehen lässt, wurde in casu der Partei das Gehör nicht verweigert, weil das Gericht im Vorprozess die Prozessfähigkeit durch Einholung eines Sachverständigengutachtens geprüft und bejaht hat.

Der Gesetzgeber der CPO von 1877 hat bewusst entgegen Partikularrechten, die unter zahlreichen Nichtigkeitsgründen auch den Mangel „rechtlichen Gehörs" kannten, in § 579 Abs. 1 Nr. 4 ZPO nur den *Vertretungsmangel* anerkannt[109]. Diesen Standpunkt hat der gegenwärtige Gesetzgeber der ZPO bis heute beibehalten. Er hat nämlich den 1923 in § 579 Abs. 3 ZPO zeitweise für das unanfechtbare Schiedsurteil des amtsgerichtlichen Bagatellprozesses (§ 510c ZPO a.F.) eingeführten Nichtigkeitsgrund mangelnden „rechtlichen Gehörs" durch Vereinfachungsnovelle 1977 wieder abgeschafft. Auch dass § 1041 Abs. 1 Nr. 4 ZPO a. F. die Aufhebungsklage gegen den Schiedsspruch zusätzlich wegen Versagung des „Gehörs" vorsah-was heute nur noch mittelbar aus § 1042 Abs. 1 S. 2 mit § 1059 Abs. 2 Nr. 1d ZPO n.F. folgt-spricht gegen eine Ausdehnung des § 579 Abs. 1 Nr. 4 ZPO zur allgemeinen „Gehörrüge". Für eine solche Analogie fehlt es also sowohl an einer primären wie sekundären Gesetzeslücke, da der Gesetzgeber selbst „unter der Herrschaft des GG" keinen Anlass für eine entsprechende Erweiterung des § 579 Abs. 1 Nr. 4 ZPO sah. So hielt es die *Kommission für Zivilprozessrecht* 1977 für „kaum vertretbar, alle Fälle der Verletzung des rechtlichen Gehörs der Wiederaufnahme zuzuführen"[110].

5. Die Verfassungskonformität des Nichtigkeitsgrundes des § 579 Abs. 1 Nr. 4 ZPO

Auch das *Verfassungsrecht* gebietet keine andere Interpretation des § 579 Abs. 1 Nr. 4 ZPO. Gemäß Art. 103 Abs. 1 GG hat zwar „vor Gericht jedermann Anspruch auf rechtliches Gehör". Nach ständiger Rechtsprechung des BVerfG ist aber die *nähere Ausgestaltung des Gehöranspruchs der „einfachen Prozessgesetzgebung" überlassen*[111]. Namentlich räumt das BVerfG in seinem grundlegenden *Plenarbeschluss* vom 30. 4. 2003[112] einen „weiten Spielraum" für die Regelung der „Rechtsbehelfe" wegen „Verstößen gegen Art. 103 Abs. 1 GG" ein. So hat er dem Gesetzgeber – in Kenntnis weitergehender Vorschläge de lege ferenda auf Ausweitung des § 579 Abs. 1 Nr. 4 auf alle Gehörverletzungen[113] – angesichts der bisher nicht ausreichenden Gehörrüge nach

---

[109] Vgl. dazu die Nachweise in Fn. 107.
[110] Bericht der Kommission für Zivilgerichtsbarkeit, hrsg. vom Bundesministerium für Justiz, 1977, S. 180.
[111] So besonders deutlich BVerfGE 60, 305, 311.
[112] BVerfGE (*Plenum*) 107, 395, 412 f. (zu III) = JZ 2003, 791 ff. und dazu *Gaul*, JZ 2003, 1088 ff.
[113] Vgl. zu Alternativvorschlägen einer erleichterten Wiederaufnahme *Johann Braun*, Anhörungsrüge oder Wiederaufnahmeklage?, NJW 1983, 1403, 1404 und NJW 1984, 348, 349; auch MünchKommZPO/*Braun*, 4.

§ 321a ZPO eine Frist bis zum 31. 12. 2004 zur „Neuregelung" gesetzt, der der Gesetzgeber mit dem *Anhörungsrügengesetz* vom 9. 12. 2004 (BGBl. I S. 3220) nachgekommen ist. Seitdem ist die Anhörungsrüge auf alle instanzbeendenden und unanfechtbaren Entscheidungen anwendbar und binnen 2 Wochen seit Kenntniserlangung und einer Ausschlussfrist eines Jahres (ohne Hemmung des Rechtskrafteintritts) die „Verletzung des rechtlichen Gehörs" bei dem Gericht zu rügen, das die angegriffene Entscheidung erlassen hat (§ 321a ZPO n.F.). Da die Rüge – anders als die Nichtigkeitsklage – nicht nur bei *übersehenem* Mangel, sondern auch gegen *bewusste oder willkürliche* Gehörsverletzungen eingreift, sind allerdings „Abhilfeentscheidungen eher die Ausnahme"[114]. Insofern haftet der dem *iudex a quo* zugewiesenen Anhörungsrüge als Mittel der „Selbstkontrolle" ein Strukturfehler an, der ihre praktische Effektivität erheblich in Frage stellt[115].

Der zwischenzeitlich abweichende Standunkt des BGH-Urteils vom 5. 5. 1982[116], der die nochmalige „revisionsartige" Überprüfung der schon im Vorprozess geprüften und bejahten Prozessfähigkeit der Partei als Vertretungsmangel nach § 579 Abs. 1 Nr. 4 zuließ, ist somit *auch unter verfassungsrechtlichen Aspekten* nicht aufrechtzuerhalten. Die hiesige Kritik wird im neueren Schrifttum weithin geteilt[117]. Auch ist nach dem schon erwähnten Beschluss des BGH vom 27. 9. 2007[118] davon auszugehen, dass er der Sache nach den abweichenden Standpunkt wieder aufgegeben hat (s. o. VI 2).

Aufl. 2012, § 579 Rdnr. 20 m.w.Nachw.; *Katharina Deppert*, Nichtigkeitsklage analog § 579 Abs. 1 Nr. 4 ZPO bei Verletzung des Art. 103 Abs. 2 GG? Festschrift Karlmann Geiß, 2000, S. 81, 90.

[114] So selbst die Einschätzung der amtlichen Begründung zum Entwurf eines ZPO-Reformgesetzes (2001), BT-Drucks. 14/3750, S. 40.

[115] Vgl. dazu kritisch *Gaul*, Die neue Rechtsbeschwerde zum BGH-ein teuer erkaufter Fortschritt, DGVZ 2005, 113, 116.

[116] BGHZ 84, 24, 28 ff.

[117] Vgl. die Nachweise bei *Gaul*, Festschrift für Kralik aaO (Fn. 69), S. 158; ebenso neuerdings noch *Tsukasa Oda*, Die Prozessfähigkeit als Voraussetzung und Gegenstand des Verfahrens, 1997, S. 114 ff., 117 ff., 120 ff.; *Jauernig*, Zivilprozessrecht aaO. (Fn. 102), § 20 IV4; ebenso *Jauernig/Hess*, aaO. (Fn. 102), § 20 Rdnr. 20; *Rosenberg/Schwab/Gottwald*, aaO. (Fn. 83), § 44 Rdnr. 35, §160 Rdnr. 4; *Schilken*, aaO. (Fn. 102), Rdnr. 1050; *Stein/Jonas/Jacobs*, ZPO aaO. (Fn. 102), § 579 Rdnr. 1 und Rdnr. 11; *Musielak/Musielak*, ZPO, 11. Aufl., 2011, § 579 Rdnr. 10; *Prütting/Gerlein/Meller-Hannich*, ZPO aaO. (Fn. 102), § 579 Rdnr. 4 u. 11; - insoweit ebenso auch MünchKommZPO/*Braun*, 4. Aufl., 2012, § 579 Rdnr. 16, obwohl er später in Rdnr. 20, 22 - trotz zugrunde liegendem Bewilligungsbeschluss - einen Nichtigkeitsgrund analog § 579 Abs. 1 Nr. 4 ZPO annimmt; - mit Einschränkungen a.A. *Wolfgang Abel*, Zur Nichtigkeitsklage wegen Mängeln der Vertretung im Prozess, 1995, S. 34 ff.

[118] BGH, NJW-RR 2008, 448 und dazu schon o. zu Fn. 89; zuvor schon folgten in der Ablehnung des Urteils BGHZ 84, 24 ff. dem hier vertretenen Standpunkt der BFH, NJW 1999, 2391, 2392 und das BAG, MDR 1994, 1044.

6. Das Beispiel der erschlichenen öffentlichen Zustellung – kein Nichtigkeits-, sondern Restitutionsgrund

Auch im ebenso schon genannten Urteil des BGH vom 11. 12. 2002[119] zur *erschlichenen öffentlichen Zustellung* (s. o. VI 2) hat sich der BGH im Grunde schon von seinem Urteil vom 5. 5. 1982[120] distanziert. Denn er hat sich darin der h. M. angeschlossen, dass die *Nichtigkeitsklage nach § 579 Abs. 1 Nr. 4 ZPO „nicht dazu dienen" dürfe, „bewusst getroffene Entscheidungen im Vorprozess zu überprüfen und zu korrigieren"*. Darauf laufe aber die Gegenansicht hinaus, „da das die öffentliche Zustellung bewilligende Gericht aus seiner Sicht davon ausgehen durfte und musste, ihre Voraussetzungen nach den §§ 203 ff. ZPO a.F. (=§§ 185 ff. ZPO n.F. seit 1. 7. 2002) seien gegeben". Wollte „man der Gegenmeinung folgen, so würde die Nichtigkeitsklage analog § 579 Abs. 1 Nr. 4 ZPO im Kern deshalb zugelassen, weil das Gericht des Vorprozesses sich exakt an die Regeln der ZPO über die öffentliche Zustellung gehalten hat"[121].

Mit Recht hat der BGH deshalb die durch falsche Angaben des Gegners erwirkte öffentliche Zustellung als *Anwendungsfall der Restitutionsklage* nach § 580 Nr. 4 ZPO wegen *Prozessbetrugs* des Gegners oder des § 580 Nr. 1 ZPO wegen *eidlicher Falschaussage* gesehen, jedoch jeweils „nur, wenn wegen der Straftat eine rechtskräftige Verurteilung erfolgt" wäre (§ 581 Abs. 1 ZPO). Nach Ansicht des BGH würde „ohne eine solche Verurteilung die Wiederaufnahme analog § 579 Abs. 1 Nr. 4 ZPO... die vom Gesetzgeber für den konkreten Fall angeordnete spezielle Regelung außer Kraft setzen", was „allen Auslegungsregeln widersprechen" würde[122]. Damit verneint der BGH zugleich das Vorliegen einer für eine Analogie zu § 579 Abs. 1 Nr. 4 ZPO erforderlichen Gesetzeslücke[123].

Mit dieser Argumentation entzieht jedoch der BGH[124] selbst seinem weiteren Hinweis die Grundlage, die infolge „Irreführung des (bewilligenden) Gerichts" durch das „unrichtige Urteil" benachteiligte Partei könne ihren Vermögensschaden noch mit der *Schadensersatzklage aus § 826 BGB* geltend machen (s. u. X).

Die durch die erschlichene Zustellung benachteiligte Partei ist, soweit die Restitutionsklage nach § 580 Nr. 1 und 4 ZPO an der erforderlichen strafgerichtlichen Verurteilung gemäß § 581 Abs. 1 ZPO scheitert (s. aber noch u. IX), nicht rechtlos gestellt. Zwar ist der gerichtliche Bewilligungsbeschluss des § 186 ZPO unanfechtbar,

---

[119] BGHZ 153, 189, 193 = JZ 2003, 903 ff. wie o. Fn. 90.
[120] BGHZ 84, 24 ff.
[121] BGHZ 153, 189, 195, 196 (Hervorhebungen hier).
[122] BGHZ 153, 189, 197.
[123] Vgl. dazu näher *Gaul*, JZ 2003, 1088, 1093.
[124] BGHZ 153, 189, 198 und dazu kritisch *Gaul*, JZ 2003, 1088, 1095.

doch bleibt die Möglichkeit der Anfechtung der Endentscheidung mit den ordentlichen Rechtsmitteln und nach Ablauf der Rechtsmittelfrist noch die Wiedereinsetzung in den vorigen Stand (§ 233 ZPO).

7. Die verbleibende Verfassungsbeschwerde

a) Erschöpfung des Rechtswegs und Wiederaufnahme des Verfahrens

Nach „Erschöpfung des Rechtswegs" gemäß § 90 Abs. 2 S. 1 BVerfGG bleibt noch die *Verfassungsbeschwerde* wegen Gehörverletzung aus Art. 103 Abs. 1 GG zum BVerfG gemäß Art. 93 Abs. 1 Nr. 4a GG. *Zur Erschöpfung des Rechtswegs gehört jedoch nicht der außerordentliche Rechtsbehelf der Wiederaufnahme des rechtskräftig abgeschlossenen Verfahrens*[125]. Da der Nichtigkeitsgrund des Vertretungsmangels nach § 579 Abs. 1 Nr. 4 ZPO überdies von der 5-jährigen Wiederaufnahmefrist befreit ist (§ 586 Abs. 3 ZPO), käme man sonst zu dem absurden Ergebnis, dass der Rechtsschutz binnen „angemessener Frist" entgegen dem Gebot des Art. 6 Abs. 1 EMRK nicht mehr gewährleistet wäre. Soweit vereinzelt die Kammerrechtsprechung des BVerfG (in „kleiner" Besetzung mit 3 Richtern, §§ 15a, 93b BVerfGG) in Fällen der Gehörverletzung eine „analoge Anwendung des § 579 Abs. 1 Nr. 4 ZPO" durch die Fachgerichte angemahnt hat[126], ist dem durch den *Plenarbeschluss des BVerfG vom 30. 4. 2003* die Grundlage entzogen. Denn danach gehört die „vorherige erfolglose Einlegung solcher außerordentlicher Rechtsbehelfe" nicht zur Rechtswegerschöpfung nach § 90 Abs. 2 S. 1 BVerfGG; insoweit sei an der teils anderen „bisherigen Praxis des BVerfG nicht festzuhalten"[127].

b) Anhörungsrüge gemäß § 321a ZPO n. F. als Voraussetzung der Verfassungsbeschwerde

Demnach gehört nur die gemäß dem Plenarbeschluss des BVerfG nachgebesserte *Anhörungsrüge gemäß § 321a ZPO* in der ab 1. 1. 2005 geltenden Neufassung jetzt zusätzlich zur Erschöpfung des Rechtswegs i.S. des § 90 Abs. 2 S. 1 BVerfGG, die ihrem Zwecke gemäß ja gerade eine Entlastung des BVerfG von der häufigen Anrufung mit

---

[125] Vgl. dazu näher *Gaul*, Rechtswegerschöpfung im Sine des § 90 Abs. 2 S. 1 BVerfGG und Wiederaufnahme des Verfahrens in der Zivilgerichtsbarkeit, Festschrift für Ekkehard Schumann, 2001, S. 89, 102 ff., 120 ff.; ebenso *ders.*, JZ 2003, 1088 ff.; ebenso *Schilken*, Gerichtsverfassungsrecht, 4. Aufl., 2007, Rdnr. 150 zu Fn. 142; *Prütting/Gerlein/Meller-Hannich*, ZPO aaO. (Fn. 102), § 578 Rdnr. 6; *Zöller/Vollkommer*, ZPO 30. Aufl., Einl. Rdnr. 125 vor § 1; auch *Hillgruber/Goos*, Verfassungsprozessrecht, 3. Aufl., 2011, Rdnr. 209, 216b.

[126] So BVerfG (3. Kammer des 2. Senats), NJW 1998, 745; darauf beruft sich zustimmend *Braun*, JZ 2003, 906, 907 in der krit. Anm. zu BGHZ 153, 189 ff. = JZ 2003, 903 ff., – dagegen indessen schon *Gaul*, Festschrift für Schumann, aaO. (Fn. 125), S. 89, 95, 102 ff., 129.

[127] BVerfGE (Plenum) 117, 395, 417 = JZ 2003, 791, 794.

Verfassungsbeschwerden aus Art. 103 Abs. 1 GG dienen sollte[128].

IX. Das Prinzip der Restitutionsklage

1. Das gemeinsame Prinzip der Restitutionsgründe

Früher sah man in dem Katalog der Restitutionsgründe des § 580 Nr. 1 bis 7b ZPO eine mehr oder weniger willkürliche Aufzählung im Sinne einer strikten Enumeration, einer Ausnahmeregelung, die keinerlei Analogie gestattete (s. o. VI und VII). Aus dieser gesetzespositivistischen Haltung suchte die RG-Judikatur schon früh und später auch die BGH-Judikatur zur Vermeidung „schlechthin unerträglicher" Ergebnisse den Ausweg, indem sie in Umgehung des Wiederaufnahmerechts contra rem iudicatam aus der zivilrechtlichen Generalklausel des § 826 BGB die Schadensersatzklage wegen „sittenwidriger" Herbeiführung oder „arglistiger" Ausnutzung des Urteils gestattete. Damit setzte sich die Judikatur zu der dem Wiederaufnahmerecht zugrunde liegenden Wertung in eklatanten Widerspruch.

Denn der Regelung der Restitutionsgründe in §§ 580, 581 Abs. 1 ZPO liegt durchaus ein einheitliches „*Restitutionsprinzip*" zugrunde, das innerhalb seiner Grenzen die Analogie gestattet[129]. Es lässt sich schlagwortartig als Prinzip der „*Beweissicherheit*", nämlich der „*liquiden und evidenten Erschütterung der Richtigkeit der tatsächlichen Urteilsgrundlagen*" kennzeichnen[130]. Was insbesondere die Straftatbestände des § 580 Nr. 1 bis 5 ZPO anbetrifft, ist es nicht allein die „Billigkeit", die die Restitution des Zivilurteils gebietet. Nach den Motiven zu §§ 543, 544 CPO (§ 580, 581 ZPO) „widerspricht" grundsätzlich erst dann „die Aufrechterhaltung des Civilerkenntnisses dem Rechtsgefühl, wenn *die Falschheit* des dem Urteile zugrunde liegenden Eides *rechtskräftig im Strafverfahren festgestellt*", nämlich gemäß § 581 ZPO „*vorab vor dem Strafrichter* der Meineid oder (auch nur) fahrlässig falsche Eid *nachgewiesen* ist"[131].

Die *Auffindung von* „*Urkunden*" ist als „restitutio propter noviter reperta" im Anschluss an das gemeine und preußische Recht nach den Motiven zu § 543 Nr. 7b CPO (= § 580 Nr. 7b ZPO) deshalb privilegiert, „weil *Urkunden* sowohl für den Beweis, als

---

[128] *Gaul*, Festschrift für Schumann, aaO. (Fn. 125), S. 89, 117 ff.; *ders.*, Die neue Rechtsbeschwerde zum BGH – ein teuer erkaufter Fortschritt, DGVZ 2005, 113, 116 ff.; *Schilken*, Zivilprozessrecht aaO. (Fn. 102), Rdnr. 605, 1050; *Prütting/Gerlein/Meller-Hannich*, aaO. (Fn. 125), § 578 Rdnr. 6; *Hillgruber/Goos*, aaO. (Fn. 125), Rdnr. 214b.

[129] Vgl. dazu die Nachweise o. zu Fn. 102.

[130] Vgl. dazu näher *Gaul*, Grundlagen des Wiederaufnahmerechts aaO. (Fn. 86), S. 66 ff., 83; zusammenfassend *ders.*, Möglichkeiten und Grenzen der Rechtskraftdurchbrechung aaO. (Fn. 106), S. 31 f.

[131] Vgl. Motive zur CPO bei *Hahn*, Materialien, aaO. (Fn. 94), S. 380 (Hervorhebung hier); vgl. dazu näher *Gaul*, Grundlagen des Wiederaufnahmerechts, aaO. (Fn. 86), S. 77 f.

auch für die Ermittlung der zu beweisenden Tatsachen *eine hervorragende Bedeutung haben*"[132]. Deshalb sah der deutsche Gesetzgeber von der Einschränkung des französischen Rechts ab, welches nachträglich „entdeckte Urkunden" nur bei „dolus des Gegners" zuließen[133], nämlich wenn sie von diesem „bisher zurückgehalten" wurden (§ 480 Nr. 10 Code de procedure). In der Tat ist es ihre besondere *objektive Beweiskraft*, die die Urkunden gegenüber den anderen Beweismitteln auszeichnen.

Die Gesetzesmaterialien lassen also folgenden Schluss zu: Der *angesichts von Urteilen* – nämlich angesichts der Feststellungen eines rechtskräftigen Strafurteils (§§ 580 Nr. 1 bis 5, 581 Abs. 1 ZPO) oder *angesichts* der rechtskräftigen Aufhebung eines zugrunde gelegten Urteils (§ 580 Nr. 6 ZPO) oder *angesichts* eines früher rechtskräftig gewordenen Urteils (§ 580 Nr. 7a ZPO) – oder *angesichts* des Inhalts „*anderer Urkunden*" (§ 580 Nr. 7b ZPO) *offen zutage getretene Widerspruch* zur wahren Sachlage gebietet die Restitution[134].

Dieses Restitutionsprinzip wird heute von der herrschenden Lehre[135] sowie der Rechtsprechung des BGH, des BAG, des BSG und BFH anerkannt[136].

2. Die analogiefähigen Restitutionsgründe

a) Die Aufhebung einer Vorentscheidung nach § 580 Nr. 6 ZPO

So ist der ursprünglich auf die Aufhebung von Strafurteilen beschränkte, durch Novelle 1933 auf die Aufhebung von Urteilen eins „früheren Sonder- oder Verwaltungsgerichts" ausgedehnte § 580 Nr. 6 ZPO heute *analog anwendbar* nicht nur

---

[132] Vgl. Motive zu § 543 Nr. 7 bei *Hahn*, aaO. (Fn. 94), S. 381; vgl. zum gemeinen und preußischen Recht schon die Nachweise o. zu Fn. 49, 50 und 64.

[133] Vgl. Motive zu § 543 Nr. 7 CPO bei *Hahn*, aaO. (Fn. 94), S. 381.

[134] Vgl. *Gaul*, Grundlagen des Wiederaufnahmerechts, aaO, (Fn. 86), S. 78.

[135] Zustimmend zum Restitutionsprinzip: *P. Arens*, Willensmängel aaO. (Fn. 102), S. 68 ff.; ders. in *W. Lüke*, Zivilprozessrecht aaO. (Fn. 102), Rdnr. 431; *A. Blomeyer*, Zivilprozessrecht, 1. Aufl. aaO. (Fn. 102), § 107 I (S. 604 f.); 2. Aufl., § 107 II (S. 623 f.); *R. Bruns*, Zivilprozeßrecht, 2. Aufl., 1979, § 56 Rdnr. 292 f.; *Jauernig*, Zivilprozessrecht, 29. Aufl., aaO. (Fn. 102), § 64 II, § 76 I; ebenso *Jauernig/Hess*, 30. Aufl., aaO. (Fn. 102), § 64 Rdnr. 3; § 76 Rdnr. 12; *Prütting/Weth*, aaO. (Fn. 102), Rdnr. 93, 101 ff., 103, 299; *Rosenberg/Schwab/Gottwald*, aaO. (Fn. 83), § 159 Rdnr. 1, § 160 Rdnr. 11; *Schilken*, aaO. (Fn. 102), Rdnr. 1051, 1057 f.; *Zeiss/Schreiber*, aaO. (Fn. 102), Rdnr. 604, 617; *Stein/Jonas/Leipold*, ZPO aaO. (Fn. 102), § 322 Rdnr. 270 f.; *Stein/Jonas/Jakobs*, ZPO aaO. (Fn. 102), § 580 Rdnr. 1; *Prütting/Gerlein/Meller-Hannich*, ZPO aaO. (Fn. 102), § 580 Rdnr. 1. – Zur abweichenden Ansicht von *Braun* vgl. u. zu X 4 mit Fn. 214 ff.

[136] So die ständige Rechtsprechung seit BGHZ 38, 333, 336 f. = FamRZ 1963, 177 ff. m. Anm. *Gaul*; BGHZ 46, 300, 303 = ZZP 81 (1968), S. 279 ff. m. Anm. *Gaul*, BGHZ 103, 121, 125 f.; BGHZ 153, 189, 197 = JZ 2003, 903, 905 (m. abl. Anm. *Braun*, dazu *Gaul*, JZ 2003, 1088, 1093 ff.; BGHZ 161, 1, 4 ff. = NJW 2005, 222, 223; BGHZ 171, 232, 239 = NJW-RR 2007, 1448 1449; BGHZ 187, 1, 4 = GRUR 2010, 996 f.; – BAG, AP Nr. 13 zu § 12 SchwbG. m. Anm. *Gaul*, NJW 1985, 1485 f.; BAG, NJW 1999, 82, 83; BAG, NJW 2007 3804 f.; – BSG, AP Nr. 8 zu § 580 ZPO; – BFH, NJW 1978, 511 f.

auf aufgehobene Urteile aller Gerichtsbarkeitszweige, sondern auch auf die dem Zivilurteil zugrunde gelegten *Schiedssprüche*[137] oder *Akte der freiwilligen Gerichtsbarkeit*[138] sowie *Verwaltungsakte* wie die nachträgliche *Nichtigerklärung* eines vom Patentamt erteilten *Patents* nach §§ 81 ff. PatG oder später erloschene andere *Schutzrechte*[139]. Dass das Zivilgericht an die aufgehobene Entscheidung *formell gebunden* war, ist nicht erforderlich. Schon nach den Motiven zur CPO genügte für den damals allein geregelten Fall der Aufhebung des Strafurteils seine *Beweisbedeutung* für die „Überzeugungs (bildung) des Richters im Civilprozess" und dass sich so aus dem Zivilurteil klar ergibt, dass es „auf jenes Urteil *gegründet* ist"[140]. Maßgebend ist allein, dass dem Zivilurteil definitiv durch die „rechtskräftige" (oder rechtsbeständige) Aufhebung des präjudiziellen Akts eine wesentliche *Stütze entzogen* wird und damit im Sinne des Restitutionsprinzips *die Richtigkeit der Urteilsgrundlage in evidenter Weise erschüttert wird*[141]. Allein darauf stellt neuerdings auch der BGH ab, indem er betont, dass beim „Fortfall der Urteilsgrundlage nach § 580 Nr. 6 ZPO" die miteinander im ursächlichen Zusammenhang stehenden „drei staatlichen Akte" – „präjudizieler Akt", das mit der Restitutionsklage angegriffene Urteil und der „bestandkräftige Aufhebungsakt" – die „*Grundlage (des Urteils) für jedermann erkennbar* in... unerträglicher Weise *erschüttern*" und deshalb die Restitution gebieten[142].

b) Die Urkundenauffindung nach § 580 Nr. 7b ZPO

Die *Urkundenauffindung* nach § 580 Nr. 7b ZPO ist bisher einer der praktisch wichtigsten Restitutionsgründe. Der Gesetzestext verlangt Urkunden, die zur Zeit des Vorprozesses bereits existent waren, wie z.B. die herkömmlich im Rechtsverkehr als üblicher Zahlungsbeleg erteilte *Quittung*[143] oder die heute im bargeldlosen Zahlungsver-

---

[137] BGH, MDR 2008, 460, 461; *Gaul*, Grundlagen des Wiederaufnahmerechts aaO. (Fn. 86), S. 195 ff. m.w. Nachw.

[138] *Gaul*, Grundlagen des Wiederaufnahmerechts aaO. (Fn. 86), S. 197 f. m.w.Nachw.

[139] Vgl. dazu *Gaul*, Festschrift für Hideo Nakamura, aaO. (Fn. 95), S. 137, 139 f., 156 f. zum nach § 81 PatG für nichtig erklärtes Patent; insoweit ebenso MünchKommZPO/*Braun*, aaO. (Fn. 117), § 580 Rdnr. 37, neuerdings für andere Schutzrechte auch BGH, MDR 2010, 996 ff. und dazu auch *Prütting/Gerlein/Meller-Hannich*, ZPO aaO. (Fn. 102), § 580 Rdnr. 10 m.w.Nachw.

[140] Vgl. Motive zu § 543 Nr. 6 CPO bei *Hahn*, Materilien aaO. (Fn. 94), S. 381 (Hervorhebung hier); dazu näher *Gaul*, Grundlagen des Wiederaufnahmerechts aaO. (Fn. 86), S. 196 ff. – Dies übersieht MünchKomm ZPO/*Braun*, aaO. (Fn. 113), § 580 Rdnr. 38, soweit er entgegen allg.M. die Anwendung des § 580 Nr. 6 auf aufgehobene Entscheidungen beschränken will, die für das Zivilurteil *formell bindend* waren, weil er dann nicht einmal für den Ursprungsfall des aufgehobenen *Strafurteils* gelten würde.

[141] Vgl. *Gaul*, Grundlagen des Wiederaufnahmerechts aaO, (Fn. 86), S. 198 ff.; ebenso für die jetzt h.M. *Stein/Jonas/Jacobs*, ZPO aaO. (Fn. 102), § 580 Rdnr. 23.

[142] So BGHZ 103, 121, 125; auch schon BGHZ 89, 114, 116f. und dazu *Gaul*, Festschrift für Hideo Nakamura aaO. (Fn. 95), S. 137, 154 ff.

[143] Zur Bedeutung der Quittung vgl. schon *Gaul*, Materielle Rechtskraft, Vollstreckungsabwehr und zivilrechtliche Ausgleichsansprüche, JuS 1961, 1, 12; bereits für die „restitutio" des gemeinen Rechts *Wetzell*,

kehr *banküblichen Buchungsvorgänge*[144]. Doch rechtfertigt es die *Analogie zu § 580 Nr. 7b ZPO*, auch *nachträglich errichtete Urkunden* mit rückbezüglicher Beweiskraft zuzulassen, wie z.b. Geburtsurkunden bezüglich des zurückliegenden Empfängniszeitpunkts oder andere *Personenstandsurkunden* wie ein Beischreibungsvermerk des Standesbeamten über die Legitimation des Kindes im Geburtenregister[145]. Ihre analoge Gleichstellung mit früher errichteten Urkunden wird dadurch bekräftigt, dass sie gemäß §§ 60, 66 PStG a. F. (=§§ 54, 55 Abs. 1 PStG n.F.) mit *formeller Beweiskraft* ausgestattet sind. Die frühere Bedeutung dieser Urkunden als Nachweis einer Eheverfehlung nach Abschluss des Scheidungsprozesses ist zwar nach dem Übergang des neuen Scheidungsrechts vom Verschuldens- zum Zerrüttungsprinzip seit 1. 7. 1977 (vgl. §§ 1564 ff. BGB n. F.) zurückgegangen, aber keineswegs entfallen, wie etwa weiterhin auch das Rentenrecht zeigt[146].

Das BAG hat im Urteil vom 18. 8. 1984[147] den *Feststellungsbescheid des Versorgungsamts* den Personenstandsurkunden gleichgestellt, mit dem nach rechtskräftiger Abweisung der Kündigungsschutzklage die zur Zeit der Kündigung bereits vorhandene Schwerbehinderteneigenschaft nachträglich bewiesen werden konnte, und zwar mit der Begründung, dass unter „besonderer Beachtung des Prinzips der Beweissicherheit" auch dieser nachträgliche Urkundenbeweis analog § 580 Nr. 7b ZPO „die gleiche Beweiskraft" wie früher vorhandene Urkunden aufweist. In der Tat erbringt der *Schwerbehindertenausweis* (§ 3 Abs. 5 SchwbG) als öffentliche Urkunde gemäß § 418 Abs. 1 ZPO vollen Beweis über die in ihm bezeugte Tatsache der Schwerbehinderung ab dem angegebenen (früheren) Datum gegenüber jedermann.

c) Die Vorlage eines neuen Abstammungsgutachtens

Die hiesige Ansicht, analog § 580 Nr. 7b ZPO die Vorlage eines *neuen Abstammungsgutachtens*, das mit seinem auf anerkannten Grundsätzen der Wissenschaft beruhenden Beweiswert das frühere Beweisergebnis in evidenter Weise erschüttert, wie

---

aaO. (Fn. 49), S. 196, 203, 223 f., 676 f., 684.

[144] Vgl. dazu zuletzt *Gaul*, Festschrift für Schilken, aaO. (Fn. 13), S. 275, 310 f. m.w.Nachw.

[145] Vgl. dazu näher *Gaul*, Grundlagen des Wiederaufnahmerechts, aaO (Fn. 86), S. 118 ff., 127 f., 139 ff. m.w. Nachw.; *ders.*, Festschrift für Hideo Nakamura, aaO. (Fn. 95), S. 137, 158 ff.; BGHZ 5, 157 ff.; BGHZ 46, 300, 303=ZZP 81 (1968), S. 279ff. m. Anm. *Gaul*; für die heute h.M. vgl. nur *Rosenberg/Schwab/Gottwald*, aaO. (Fn. 83), § 160 Rdnr. 30; *Jauernig/Hess*, aaO. (Fn. 102), § 76 Rdnr. 12; *Schilken*, aaO. (Fn. 102), Rdnr. 1058; *Stein/Jonas/Jakobs*, ZPO aaO. (Fn. 102), § 580 Rdnr. 33, 40 m.w.Nachw.

[146] Vgl. BSG, FamRZ 1963, 236ff., wo der Beischreibungsvermerk zum Nachweis der Nichtberechtigung zum Bezug einer im Urteil zugesprochenen Waisenrente diente; vgl. dazu *Gaul*, Möglichkeiten und Grenzen der Rechtskraftdurchbrechung aaO. (Fn. 106), S. 32 f. m.w.Nachw.

[147] BAG, AP Nr. 13 zu § 12 SchwbG m.Anm. *Gaul*=NJW 1985, 1485; bestätigend BAG, NJW 1999 82 f.; BAG NJW 2007, 3803; für die h.M. vgl. nur *Prütting/Gerlein/Meller-Hannich*, ZPO aaO. (Fn. 102), § 580 Rdnr. 14 m.w.Nachw.

den Urkundenbeweis als Restitutionsgrund zuzulassen[148], hat der Gesetzgeber inzwischen *legalisiert*. So hat er bereits mit dem am 1. 7. 1970 in Kraft getretenen Nichtehelichengesetz in § 641i ZPO in Ergänzung des Katalogs des § 580 ZPO die Restitutionsklage auch dann gestattet, „wenn die Partei ein neues Gutachten über die Vaterschaft vorlegt, das allein oder in Verbindung mit den in dem früheren Verfahren erhobenen Beweisen eine andere Entscheidung herbeigeführt haben würde"[149]. Diese Vorschrift hat er zuletzt mit der Neuregelung des Familienverfahrensrechts ab 1. 9. 2009 in § 185 Abs. 1 FamFG übernommen. Zugleich hat er – wie schon § 641i ZPO – den neuen Restitutionsgrund wegen seiner besonderen Bedeutung für die „wahre Abstammungsfeststellung" sowohl von der formellen Beschwer (§ 185 Abs. 2 FamFG) als auch von der Befristung des § 586 Abs. 4 ZPO befreit (§ 185 Abs. 4 FamFG).

Mit Recht hat sich der Gesetzgeber jedoch weitergehenden Reformvorschlägen verschlossen, bereits nach Rechtskraft entwickelte „*neue wissenschaftliche Beweismethoden*" als Restitutionsgrund zuzulassen[150]. Denn solange sie noch nicht den Gegenstand eines „*neuen Gutachtens über die Abstammung*" im konkreten Fall bilden, fehlt es noch ganz an einem prozessual verwertbaren „*Beweismittel*", das mit seiner Vorlage die Richtigkeit der Abstammungsfeststellung erschüttern könnte. Ließe man jeden „Wandel des naturwissenschaftlichen Erkenntnisstandes" genügen, würde dies zu einer massenhaften Wiederaufrollung von Abstammungsverfahren führen, die ganz untragbar wäre[151].

d) Die Sonderstellung des Rechtskraftverstoßes nach § 580 Nr. 7a ZPO

Eine Sonderstellung nimmt heute § 580 Nr. 7a ZPO für den Fall des Widerspruchs zu einem früheren Urteil ein. Danach findet in Gleichstellung mit der Auffindung „anderer Urkunden" (Nr. 7b) die Restitutionsklage statt, „wenn die Partei *ein in derselben Sache erlassenes, früher rechtskräftig gewordenes Urteil auffindet* oder zu benutzen in Stand gesetzt wird, das eine ihr günstigere Entscheidung herbeigeführt haben würde", jedoch nur, wenn die Partei schuldlos „außerstande war, den Restitutionsgrund im früheren Verfahren geltend zu machen" (§ 582 ZPO) und nur binnen der 5-jährigen Wiederaufnahmefrist des § 586 Abs. 2 ZPO.

Die Einordnung des Rechtskraftverstoßes in die Billigkeitsmaßregel der Restitution ist allein aus dem Einfluss der zur Zeit der Kodifikation vorherrschenden damaligen

---

[148] Vgl. dazu näher *Gaul*, Grundlagen des Wiederaufnahmerechts aaO. (Fn. 86), S. 143 ff., 163 ff. m.w. Nachw.

[149] Vgl. dazu näher *Gaul*, Zum Anwendungsbereich des § 641i ZPO, Festschrift für Friedrich Wilhelm Bosch, 1976, S. 241 ff.

[150] Dagegen schon *Gaul*, Grundlagen des Wiederaufnahmerechts, aaO. (Fn. 86), S, 143, 149 ff.; dazu *ders,*, Festschrift für Bosch aaO. (Fn. 149), S. 241, 245 f., 253 ff.; zu den neuen naturwissenschaftlichen Beweismethoden wie die DNA-Analyse *Gaul*, Ausgewählte Probleme im neuen Abstammungsrecht, FamRZ 2000, 1461, 1465, 1470 ff.; vgl. dazu auch BGHZ 156, 153, 159 f.=JZ 2004, 1075, 1077.

[151] Vgl. dazu *Gaul*, Möglichkeiten und Grenzen der Rechtskraftdurchbrechung, aaO. (Fn. 106), S. 35 ff.

materiellen Rechtskrafttheorie zu erklären[152]. So begnügten sich die *Materialien zur CPO* mit dem Hinweis: „Den Urkunden sind ausdrücklich früher erlassene rechtskräftige Urteile beigezählt und gleichgestellt, da deren Auffindung *dieselbe* Rücksicht wie die Auffindung *anderer* Urkunden verdient" und weil zugleich (bezüglich § 582 ZPO) „die Existenz eines widersprechenden Urteils die *Versäumung der exceptio rei iudicatae involviert"*[153].

Dieser Standpunkt des Gesetzgebers ist überholt, spätestens seit um das Jahr 1930 sich kraft Gewohnheitsrechts der *Grundsatz der Prüfung der Rechtskraft von Amts wegen* durchgesetzt hat[154]. In der Tat hätte schon der im römischen und gemeinen Recht herrschende Grundsatz der „*Nichtigkeit der sententia contra rem iudicatam"* zur Einordnung als *Nichtigkeitsgrund* nach § 579 ZPO führen müssen, da schon im klassischen römischen Recht die „exceptio rei iudicatae" vom Praetor „ex officio" in die Formel aufgenommen werden konnte und im Justinianischen Amtsprozess die Geltendmachung der Unwirksamkeit bedeutete[155]. Während in der Tradition der römischen Quellen § 589 des Hannoverschen Entwurfs von 1864 und Art. 788 Nr. 1 der Bayrischen Prozeßordnung von 1869 beim Verstoß gegen die Rechtskraft die „*Nichtigkeitsbeschwerde"* vorsahen, schuf der Gesetzgeber der CPO, da er die Rechtskrafteinrede nur noch als Sacheinrede ansah, einen Restitutionsgrund. Die unterlassene Einrede galt als Verzicht auf die Rechtskraft. Die Restitutionsklage nach § 580 Nr. 7a ZPO diente nur noch der Nachholung der schuldlos versäumten Rechtskrafteinrede und „Wiederherstellung" des früheren Urteils[156].

So wirkte nach dem die früher herrschende Meinung lange bestimmenden RG-Urteil vom 1. 10. 1902[157] getreu der *materiellen Rechtskrafttheorie* der Geltungskonflikt zweier Urteile wie „das Verhältnis zweier Gesetze entgegengesetzten Inhalt, von denen selbstverständlich das neuere dem älteren vorgeht", ebenso „das neuere Urteil auf den

---

[152] Vgl. dazu *Gaul,* Grundlagen des Wiederaufnahmerechts, aaO. (Fn. 86), S. 88 ff.; *ders.,* Negative Rechtskraftwirkung und konkursmäßige Zweittitulierung, Festschrift für Friedrich Weber, 1975, S. 155, 166 ff. (=*Hiroyuki Matsumoto,* Japanische Übersetzungsausgabe aaO. (Fn. 1), S. 171, 188 ff.); zur historischen Entwicklung auch *ders.,* Tradition und Fortschritt, aaO. (Fn. 35), S. 9, 15, 27 ff. - Zur Parallelproblematik in Österreich vgl. *Gaul,* ÖJZ 2003, 861, 869 ff.
[153] Vgl. Motive zu § 543 CPO bei *Hahn,* Materialien, aaO. (Fn. 94), S. 381 (Hervorhebung hier).
[154] Vgl. dazu näher *Gaul,* Festschrift für Flume, aaO. (Fn. 22), S. 441, 512 ff. (=*Hiroyuki Matsumoto,* Japanische Übersetzungsausgabe, aaO. (Fn. 1), S. 3, 105 ff., 116 f.
[155] Vgl. dazu näher *Gaul,* Festschrift für Weber, aaO. (Fn. 152), S. 155, 166 ff. m.w.Nachw. (=*Hiroyuki Matsumoto,* Japanische Übersetzungsausgabe, aaO. (Fn. 1), S. 171, 188 ff.).
[156] Vgl. *Gaul,* Festschrift für Weber aaO. (Fn. 152), S. 168 (=*Hiroyuki Matsumoto,* Japanische Übersetzungsausgabe aaO. (Fn. 1), S. 188 f.).
[157] RGZ 52, 216, 218; dagegen sah das schon anders im Jahre 1919 aufgrund der *prozessualen Theorie* das Urteil RGZ 94, 271, 277: „Das Schlagwort 'Recht ist, was der letzte Richter für Recht erkennt', ist aus der Wahrnehmung entsprungen, dass infolge der Schwäche der menschlichen Erkenntnis die Urteile... nicht selten verschieden ausfallen. Aber auch in derartigen Streitigkeiten schafft das Gericht nicht Recht, sondern stellt nur fest, was nach dem Gesetz Recht ist."

durch das ältere Urteil festgestellten Anspruch rechtsvernichtend". Jedoch verkannte der Schluss von der Normenkollision auf die Rechtskraftkollision den grundlegenden Unterschied zwischen der Freiheit der Legislative zur Normsetzung und der Bindung der Judikative an die Vorentscheidung[158].

Durch den heute kraft Gewohnheitsrechts geltenden Grundsatz der Amtsprüfung der Rechtskraft hat sich der *Normgehalt der §§ 580 Nr. 7a, 582 ZPO grundlegend gewandelt*. Nachdem sich der ursprüngliche prozessuale Verbotscharakter der Rechtskraft wieder durchgesetzt hat, bedeutet die Nichtbeachtung der Rechtskraft einen gravierenden *Verfahrensmangel* im Sinne der Nichtigkeitsgründe des § 579 ZPO. Das *Rangverhältnis der kollidierenden Urteile* ist deshalb heute wieder umgekehrt zu bestimmen: Nicht das verbotswidrig zustande gekommene zweite, sondern das integer zustande gekommene erste *Urteil verdient Vorrang*[159]. Dem folgt mit der jetzt h.M.[160] auch der BGH und das BAG[161].

Allerdings regelt § 580 Nr. 7a ZPO nur die Kollision zweier sich *widersprechender Urteile*, nicht auch den Verstoß gegen das „*ne bis in idem*" wie im Falle der *doppelten Zahlungsverurteilung* in derselben Sache, die den Beklagten der Gefahr der Doppelvollstreckung aussetzt[162]. Zwar ist das zweite Urteil „contra rem iudicatam" nicht mehr rechtskraftfähig und insoweit „wirkungslos", aber noch als vollstreckbarer Titel existent. Deshalb ist § 580 Nr. 7a ZPO insoweit analog anzuwenden mit der Funktion, die Vollstreckbarkeit des Titels durch förmlichen Aufgebungsakt mit den Folgen der §§ 775 Nr. 1, 776 ZPO zu beseitigen. Zudem muss die von der Koexistenz zweier Urteile ausgehende Gefahr für die Rechtssicherheit ohne die der Restitution durch die §§ 582, 586 ZPO gesetzten persönlichen und zeitlichen Schranken zu beseitigen sein[163].

---

[158] Vgl. dazu näher *Gaul*, Grundlagen des Wiederaufnahmerechts aaO. (Fn. 86), S. 94 f.

[159] Vgl. *Gaul*, Grundlagen des Wiederaufnahmerechts aaO. (Fn. 86), S. 94 ff.; *ders*., Festschrift für Weber aaO. (Fn. 152), S. 155, 166 ff. (= *Hiroyuki Matsumoto*, Japanische Übersetzungsausgabe aaO. (Fn. 1) 1 S. 188 ff.).

[160] Für die h.M.: *Lenenbach*, Die Behandlung von Unvereinbarkeiten zwischen rechtskräftigen Zivilurteilen nach deutschem und europäischen Zivilprozeßrecht, 1997, S. 62 f.; *Karsten Otte*, Umfassende Streitbeilegung durch Beachtung von Sachzusammenhängen, 1997, S. 139 f.; *A. Blomeyer*, 2. Aufl. aaO. (Fn. 102), § 49 IV (S. 276); *R. Bruns*, aaO. (Fn. 135), § 27 Rdnr. 143; *Jauernig/Hess*, aaO. (Fn. 102), § 76 Rdnr. 10; *Rosenberg/Schwab/Gottwald*, aaO. (Fn. 83), § 160 Rdnr. 24 f.; *Schilken*, aaO. (Fn. 102), Rdnr. 1055; *Musielak/Musielak*, aaO. (Fn. 117), § 322 Rdnr. 15 und § 580 Rdnr. 13; *Prütting/Gerlein/Meller-Hannich*, ZPO aaO. (Fn. 102), § 580 Rdnr. 13; *Stein/Jonas/Jacobs*, ZPO aaO. (Fn. 102), § 580 Rdnr. 25 ff., – insoweit wie hier auch MünchKommZPO/*Braun*, aaO. (Fn. 117), § 580 Rdnr. 41 ff.

[161] BGH, NJW 1981, 1517, 1518; BAG, NJW 1986, 1831, 1832.

[162] Vgl. dazu zuletzt *Gaul*, Festschrift für Schilken aaO. (Fn. 13), S. 275, 312 ff. in kritischer Auseinandersetzung mit dem Urteil BGH, NJW-RR 1987, 831 f. und seiner bisherigen Interpretation durch *Lipp* und *Vollkommer*, indem jeweils übersehen wurde, dass im zugrunde liegenden Fall der Doppelzahlung bereits die erste Zahlung auf einem rechtskräftigen Urteil beruhte und schon deshalb weder aus ungerechtfertigter Bereicherung (§ 812 BGB) noch als Schadensersatz (§ 826 BGB) zurückgefordert werden konnte.

[163] Vgl. dazu *Gaul*, Grundlagen des Wiederaufnahmerechts aaO. (Fn. 86), S. 97 f.; *ders*., Festschrift für Weber aaO. (Fn. 152), S. 169 f. (= *Hiroyuki Matsumoto*, Japanische Übersetzungsausgabe aaO. (Fn. 1), S. 189

Dogmatisch ist der Vorrang des ersten Urteils damit zu begründen, dass das zweite Urteil die bereits vom ersten Urteil endgültig erfüllte Entscheidungsaufgabe auf Herstellung von Rechtsgewissheit nicht nochmals erbringen kann. Es ist nichts „Streitiges" oder „Ungewisses" mehr vorhanden, was einer erneuten Streitentscheidung Sinn geben könnte[164].

Besonders bemerkenswert ist, dass die Parallelvorschrift zu § 580 Nr. 7a ZPO im *japanischen Recht*, die in § 338 Abs. 1 Nr. 10 jZPO die Wiederaufnahmeklage vorsieht, „wenn das angefochtene Urteil mit einem früher erlassenen Urteil in Widerspruch steht", diesen Wiederaufnahmegrund allein wie den wegen Vertretungsmangels (§ 338 Abs. 1 Nr. 3 jZPO) *von den Klagefristen* des § 332 Abs. 1 und 2 jZPO in dessen Abs. 3 *ausnimmt* und damit seiner nachhaltigen Bedeutung für die Erschütterung der Rechtssicherheit schon ex lege in angemessener Weise Rechnung trägt (vgl. o. V 2).

e) Der neue Restitutionsgrund der vom EGMR festgestellten Menschenrechtsverletzung nach § 580 Nr. 8 ZPO

Das 2. Justizreformgesetz hat mit Wirkung ab 31. 12. 2006 (BGBl. I S. 3014) als neuen Restitutionsgrund in § 580 Nr. 8 ZPO n.F, eingefügt, „wenn der *Europäische Gerichtshof für Menschenrechte* eine Verletzung der Europäischen Konvention zum Schutze der Menschenrechte und Grundfreiheiten oder ihrer Protokolle *festgestellt* hat und das Urteil auf dieser Verletzung beruht." Er entspricht wörtlich dem schon 1998 in § 359 Nr. 6 StPO für den Strafprozess eingefügten Wiederaufnahmegrund.

Eine zwingende Vorgabe dafür aus der EMRK gab es nicht[165], da ihre Gewährleistungen an sich die Wiederaufnahme rechtskräftig abgeschlossener Zivilprozesse nicht verlangt. Denn der EGMR erlässt ausschließlich *Feststellungsurteile* und kann der verletzten Partei nur eine *Entschädigung* zusprechen. Dem EGMR kommt *weder die Befugnis zur Aufhebung nationaler Gerichtsentscheidungen noch die Anordnung einer Wiederaufnahme* eines Verfahrens zu[166].

Der neue § 580 Nr. 8 ZPO *harmoniert auch nicht* mit dem, was § 79 Abs. 2 BVerfGG für die Nichtigerklärung einer Norm durch das *Bundesverfassungsgericht* vorsieht. Danach ist – anders als für das Strafurteil (§ 79 Abs. 1 BVerfGG) – die *Wiederaufnahme des Verfahrens ausgeschlossen*, falls das Zivilurteil auf einer später vom BVerfG als verfassungswidrig für nichtig erklärten Norm beruht. Nur ist die noch nicht

---

f., 191 f.).
[164] Vgl. *Gaul*, Festschrift für Weber aaO. (Fn. 152), S. 165, 169 f. (= *Hiroyuki Matsumoto*, Japanische Übersetzungsausgabe aaO. (Fn. 1), S. 182, 187, 189, 192); dieser Begründung zustimmend BGHZ 93, 287, 289; bestätigend zuletzt BGH, NJW 2004, 1805, 1806.
[165] So selbst die amtliche Begründung, BT-Drucks. 16/3038, S. 39.
[166] So zuletzt ausdrücklich BVerfG, Beschluss v. 18. 8. 2013, NJW 2013, 3714 ff.

durchgeführte „Vollstreckung unzulässig" und kann „entsprechend § 767 ZPO" mit der Vollstreckungsgegenklage geltend gemacht werden. Spätere Bereicherungsansprüche sind ausgeschlossen[167].

Soweit die vom EGMR festgestellte Menschenrechtsverletzung auf dem Verstoß gegen ein *faires Verfahren* beruht (Art. 6 Abs. 1 EMRK) und damit den *Nichtigkeitsgründen* des § 579 Abs. 1 Nr. 1 bis 4 ZPO entspricht, erweist sich zudem § 580 Nr. 8 ZPO *als Restitutionsgrund systemwidrig*. Er reiht sich allenfalls in den Zusammenhang des § 580 ZPO dadurch ein, dass er gleich den Straf-, Aufhebungs- und früher rechtskräftig gewordenen Urteilen in §§ 580, 581 Abs. 1 ZPO seine *Evidenz* als Wiederaufnahmegrund aus der *Entscheidung des EGMR* über die festgestellte Menschenrechtsverletzung bezieht und – anders als die Nichtigkeitsgründe des § 579 ZPO – wie die Restitutionsgründe eine *Kausalität* der Konventionsverletzung verlangt, indem auf ihr das Zivilurteil „beruhen" muss.

Die *5-jährigen Ausschlussfrist* des § 586 Abs. 2 gilt seit der Änderung des Abs. 3 ab 27. 11. 2011 für den Restitutionsgrund des § 580 Nr. 8 ZPO nicht mehr, und zwar weniger wegen seiner Bedeutung, sondern im Hinblick auf die meist lange Verfahrensdauer am EGMR[168].

Die *praktische* Bedeutung des § 580 Nr. 8 ZPO wird angesichts der hohen Hürden der relativ seltenen erfolgreichen Menschenrechtsbeschwerden zum EGMR eher *gering* eingeschätzt[169].

3. Die Bedeutung des Strafurteils für die Fälle des § 580 Nr. 1 bis 5 ZPO

a) Die strafgerichtliche Verurteilung als Zulässigkeits- oder Begründetheitsvoraussetzung

Streitig ist, welche Bedeutung die gemäß § 581 Abs. 1 ZPO grundsätzlich erforderliche *strafgerichtliche Verurteilung* für die Fälle des § 580 Nr. 1 bis 5 ZPO hat, ob für die Zulässigkeit oder die Begründetheit der Restitutionsklage. Der BGH hat im Urteil

---

[167] Vgl. dazu näher *Gaul*, Grundlagen des Wiederaufnahmerechts aaO. (Fn. 86), S. 211 ff.; *ders.*, Festschrift für Hideo Nakamura aaO. (Fn. 95), S. 137, 163 f.

[168] Vgl. dazu *Prütting/Gerlein/Meller-Hannich*, ZPO aaO. (Fn. 102), § 580 Rdnr. 17 m.w.Nachw.

[169] Mit Recht kritisch, jedoch von einer anderen Grundkonzeption als hier ausgehend *Braun*, Restitutionsklage wegen Verletzung der Europäischen Menschrechtskonvention, NJW 2007, 1620 ff.; auch MünchKommZPO/ *Braun*, aaO. (Fn. 113), § 580 Rdnr. 75 („schlecht durchdacht"); – von der hiesigen Meinung ausgehend *Prütting/Gerlein/Meller-Hannich*, aaO. (Fn. 102), § 580 Rdnr. 16 ff.; *Stein/Jonas/Jacobs*, ZPO, aaO. (Fn. 102), § 580 Rdnr. 41 ff.

Ausweitung der gesetzlichen Rechtskraftbegrenzung

vom 22. 9. 1982[170] mit der noch herrschenden Meinung[171] § 581 Abs. 1 ZPO als *Zulässigkeitsvoraussetzung* der Restitutionsklage angesehen, ohne das abweichende BGH-Urteil vom 27. 3. 1968[172] angemessen zu würdigen, das im Übereinstimmung mit der hier vertretenen Ansicht[173] das *Strafurteil zur Begründetheit* zählte. Es maß nämlich dem Strafurteil „*Tatbestandswirkung*" für das „*iudicium rescindens*" bei und räumte dem Zivilgericht erst im „*iudicium rescissorium*" die freie Beurteilung ein, ob die Straftat tatsächlich begangen worden ist[174].

Doch ist vorab klarzustellen, dass entgegen der allgemeinen Darstellung eine derart scharfe Gegensätzlichkeit im Grunde nicht besteht. So ist für die Klageerhebung unter dem Aspekt der „*doppelrelevanten Tatsachen*" seit langem die Prüfung von Tatsachen anerkannt, deren Vorliegen *zugleich die Zulässigkeit wie die Begründetheit der Klage* rechtfertigen, indem für die Zulässigkeit ihr Vorliegen unterstellt wird[175]. Mehr noch sind die Erhebung der Strafverurteilung nach § 581 Abs. 1 ZPO zur „Zulässigkeitsvoraussetzung der Restitutionsklage" und die „Bindung" des Zivilrichters an die „Tatbestandwirkung des Strafurteils" im „*iudicium rescindens*" in Wahrheit *keine Gegensätze*. Fehlt es am Strafurteil, ist – sofern nicht die Ausnahme des § 581 Abs. 1 Halbs. 2 ZPO dargetan wird – die Restitutionsklage als unzulässig zu verwerfen. Liegt das Strafurteil vor, ist der Zivilrichter im „*iudicium rescindens*" daran gebunden. Erst bei der Neuverhandlung der Hauptsache ist er frei in der Beurteilung, ob die Straftat wirklich begangen worden ist

---

[170] BGHZ 85, 32, 35 ff. – Dazu irritierend neuerdings BGH, NJW-RR 2005, 1024, 1025, wo das Urteil als Beleg für den Satz zitiert wird: „Die freie Tatbestandsprüfung findet ihre Grenze nur, soweit Existenz und Inhalt eines Strafurteils Tatbestandsvoraussetzungen eines Anspruchs bilden (wie) zu § 581 ZPO", was eher zu dem nachfolgend in Fn. 172 zitierten BGH-Urteil passt.

[171] Vgl. zur h.M. die Nachweise in BGHZ 85, 32, 35. – Eingehend zum Meinungsstand neuerdings *Gaul*, Die Grenzen der Bindung des Zivilgerichts an Strafurteile, Festschrift für Hans W. Fasching, Wien 1988, S. 157, 168 ff. m.w.Nachw.; zuletzt aus österreichischer Sicht *Rechberger*, Zur Rückkehr der Bindung an strafgerichtliche Entscheidungen im österreichischen Zivilprozess, Festschrift für Gaul, 1997, S. 539 ff.; *Fasching*, Strafurteil im Zivilprozess, Festschrift für E. Schumann, 2001 S. 83 ff., jeweils zur Rechtslage in Österreich nach Aufhebung des § 268 öZPO durch den VfGH, Erk. v. 12. 10. 1990, ÖJZ 1992, 11.

[172] BGHZ 50, 115, 118 f., 123.

[173] Vgl. *Gaul*, Grundlagen des Wiederaufnahmerechts aaO. (Fn. 86), S. 77 ff., 85 f.; ders., Willensmängel bei Prozesshandlungen aaO. (Fn. 49), S. 342, 352 f.; ebenso *Leo Rosenberg*, Zivilprozessrecht, 9. Aufl., 1961, § 155 II 2a; *Arens*, Willensmängel bei Prozesshandlungen aaO. (Fn. 102), S. 69 f.; ders. in *Lüke*, aaO. (Fn. 102), Rdnr. 435; *Gilles*, Rechtsmittel im Zivilprozess, 1972, S. 117; *Orfanides*, Die Berücksichtigung von Willensmängeln im Zivilprozess, 1982, S. 42 f.; – zuletzt noch *Alexander Völzmann*, Die Bindungswirkung von Strafurteilen im Zivilprozess, 2006, S. 88 ff., der sogar unter dem Eindruck der gescheiterten Einführung einer Bindungsvorschrift in § 415a ZPO-Entw. durch das 1. JModG vom 24.8. 2004 noch eine über die hiesige Ansicht hinausgehende spezifische Bindungswirkung des Strafurteils für das Zivilgericht vertritt.

[174] Zur Eigenart der „Tatbestandswirkung" näher *Gaul*, Die „Bindung" an die Tatbestandswirkung des Urteils, Festschrift für Albrecht Zeuner, 1994, S. 317, 332 ff., 347 f.

[175] Zur Behandlung „doppelrelevanter Tatsachen" für die Zulässigkeit und Begründetheit der Klage nach h.M. vgl. nur *Rosenberg/Schwab/Gottwald*, aaO. (Fn. 83), § 9 Rdnr. 31 und § 39 Rdnr. 3; *Stein/Jonas/Roth*, ZPO aaO. (Fn. 102) § 1 Rdnr. 24 ff. m.w.Nachw.

und auf das Urteil eingewirkt hat[176].

Wie schon früher betont wurde, wird dem *Restitutionsprinzip* auch dann entsprochen, wenn man die strafgerichtliche Verurteilung nach § 581 Abs. 1 ZPO nicht erst als Tatbestandsteil der Restitutionsgründe des § 580 Nr. 1 bis 5 ZPO begreift, sondern schon zur Zulässigkeit der Restitutionsklage verlangt, da dadurch dem Schutz der Rechtskraft noch stärker entsprochen wird[177]. Das schließt aber keineswegs aus, dem *Strafurteil* überdies *Tatbestandswirkung* für das *„iudicium rescindens"* zuzuerkennen, weil es *als liquide Restitutionsgrundlage einen offenbaren Widerspruch zwischen Strafurteil und Zivilurteil dokumentiert,* der die Aufhebung des Zivilurteils-vorbehaltlich der Neuverhandlung im *„iudicium rescissorium"* –rechtfertigt[178].

Der hiesige Standpunkt zur Bedeutung des Strafurteils nach § 581 Abs. 1 ZPO für die Restitutionsgründe des § 580 Nr. 1 bis 5 ZPO wurde schon früher eingehend dargelegt[179]. Daran ist festzuhalten. Er steht mit den Gesetzesmaterialien und dem Gesetzestext im Einklang. Danach sieht § 581 Abs. 1 ZPO eine *partielle Ausnahme von der durch § 14 Abs. 2 Nr. 1 EGZPO beseitigten Bindungswirkung des Strafurteils* für den Zivilrichter vor[180].

Für die bisher h.M. formuliert das BGH-Urteil vom 27. 3. 1968[181] sogar die gemäß § 581 Abs. 1 ZPO „singulär bindende Kraft" recht weitgehend: „Sie nimmt dem Zivilrichter die Prüfung der strafbaren Handlung in vollem Umfang ab und überträgt sie den Gerichten und Behörden der Strafrechtspflege". – Doch kann dies nur im Umfang der „Tatbestandswirkung" des Strafurteils im *„iudicium rescindens"* gelten, da das *„iudicium rescissorium"* wieder dem Grundsatz der freien Beweiswürdigung unterliegt[182].

Für die *Gesetzesmaterialien* stand die Bedeutung des Strafurteils als unerlässliche Voraussetzung der Restitutionsklage außer Frage: Danach „widerspricht die Aufrechterhaltung des Zivilerkenntnisses dem Rechtsgefühl" erst dann unerträglich, wenn die Straftat *„im Strafverfahren festgestellt"* und *„vorab dem Strafrichter nachgewiesen ist"*[183]. Auch wenn das Strafurteil den Zivilrichter letztlich „nicht binde", könne „doch ohne

---

[176] Vgl. dazu näher *Gaul,* Festschrift für Fasching, aaO. (Fn. 171), S. 157, 173 ff, 179 f.

[177] Vgl. dazu schon *Gaul,* Grundlagen des Wiederaufnahmerechts aaO. (Fn. 86), S. 87 und AcP 172 (1972), S. 342, 352 f. und zuletzt näher *Gaul,* Festschrift für Fasching aaO. (Fn. 171), S. 157, 173 ff. m.w.Nachw.

[178] In demselben Sinn zuletzt wie hier – zusätzlich zu den Nachweisen in Fn. 173 – *Prütting/Gerlein/Meller-Hannich,* aaO. (Fn. 102), § 581 Rdnr. 1.

[179] Vgl. *Gaul,* Festschrift für Fasching, aaO. (Fn. 171), S. 157, 168 ff.

[180] Zur Bedeutung der durch § 14 Abs. 2 Nr. 1 EGZPO abgeschafften Bindung des Zivilrichters an das Strafurteil für § 581 Abs. 1 ZPO eingehend *Gaul,* Festschrift für Fasching aaO. (Fn. 171), S. 157, 161 ff., 168 ff., 178; zum österreichischen Recht schon o. zu Fn. 171.

[181] BGHZ 50, 115, 123.

[182] Davon geht auch BGHZ 50, 115, 119 mit *Rosenberg* und der hier vertretenen Ansicht aus.

[183] Motive zur CPO bei *Hahn,* aaO. (Fn. 94), S. 380 (Hervorhebung hier), dazu schon o. zu Fn. 131 – diese Stellen der Motive zu § 519 Entw. (= § 580 ZPO) lässt BGHZ 85, 32, 37 unberücksichtigt, dazu kritisch *Gaul,* Festschrift für Fasching, aaO. (Fn. 171), S. 157, 172 ff. m.w.Nachw.

Inkonsequenz... die Restitution von einer solchen Verurteilung *der Regel nach abhängig gemacht* werden", zumal die dem Zivilrichter „belassene Freiheit der Beurteilung eine mehr prinzipielle als tatsächliche" sei und „ein Auseinandergehen beider Urteile nur (selten) erwartet werden könne"[184]. In der Tat sah der Gesetzgeber erst in dem „unerwünschten" offen zu Tage getretenen „*Widerspruch des Zivilurteils zum Strafurteil*" den auslösenden Anlass, die Restitution zu gestatten.

Auch der *Gesetzeswortlaut und Textzusammenhang* der §§ 580, 581 Abs. 1 ZPO spricht dafür, ihre Voraussetzungen als einheitlichen Tatbestand zu verstehen. Wörtlich abgestimmt heißt es in § 580: „Die Restitutionsklage *findet statt*" und anschließend in § 581 Abs. 1 ZPO: „In den Fällen des vorstehenden Paragraphen Nr. 1 bis 5 findet die Restitutionsklage *nur statt*" im Sinne einer tatbestandlichen Einschränkung und systematischen Textverkürzung[185].

Die Gegenansicht, § 581 Abs. 1 ZPO enthalte „nur" eine Zulässigkeitsvoraussetzung, führt auch zu einer unangemessenen *Beweislastverteilung*. Sie bürdet dem Restitutionskläger nämlich im „*iudicium rescindens*" trotz des rechtskräftigen Strafurteils die volle Beweislast für dessen Richtigkeit auf, obwohl die Verfälschung der Grundlage des Zivilurteils kaum deutlicher als durch das *vorliegende Strafurteil dokumentiert* werden kann[186].

Besonders bemerkenswert ist, dass der *Bericht der Kommission für Zivilprozessrecht 1977* ganz der hiesigen Ansicht folgt. Die Kommission verwarf nämlich den Vorschlag des ZPO-Entwurfs 1931, den § 580 ZPO um die bisher von § 826 BGB erfassten Fälle des „durch arglistige Täuschung erschlichenen Urteils" zu erweitern, nicht nur, weil das zu einer weiteren „unerwünschten Aufweichung der Rechtskraft" führen würde. Sie begründete dies wie hier auch damit, weil die Zulassung weiterer Ausnahmen vom „Erfordernis der strafgerichtlichen Verurteilung" nach § 581 Abs. 1 ZPO „*eine Veränderung des Wiederaufnahmegrundes bedeutet*, der in den Fällen des § 580 Nr. 1 bis 5 ZPO *nicht die Straftat, sondern die Verurteilung ist*"[187].

---

[184] Vgl. Motive zu § 520 Entw. (=§ 581 ZPO) bei *Hahn*, aaO. (Fn. 94), S. 381; auf den unerwünschten „äußerst seltenen" Zustand „widersprechender Entscheidungen der Civil-und Strafgerichte" weisen die Motive schon allgemein zur „Bedeutung eines strafgerichtlichen Urteils für das Civilprozessverfahren" hin bei *Hahn*, Materialien aaO., S. 280 im Hinblick auf den erst bei der 1. Lesung eingefügten § 11 Nr. 2a EGCPO (=§ 14 Abs. 2 Nr. 1 EGZPO); vgl. Protokolle bei *Hahn*, aaO., S. 1087 ff.

[185] Vgl. dazu schon *Gaul*, Grundlagen des Wiederaufnahmerechts aaO. (Fn. 86), S. 78 f., 85 f. und *ders.*, Festschrift für Fasching, aaO. (Fn. 171), S. 176 m.w.Nachw.

[186] So auch BGHZ 50, 115, 119: „Somit erweist sich § 581 ZPO als Vorteil für den Restitutionskläger: Das Prozessgericht muss (im iudicium rescindens) das Strafurteil hinnehmen und die Wiederaufnahme für zulässig erklären... insofern kommt dem Strafurteil Tatbestandswirkung zu" - vorbehaltlich der „Nachprüfung" im iudicium rescissorium (aaO: BGH, S. 123); dies übergeht BGHZ 85, 32, 36 als bloß „beiläufige Ausführungen"; dazu kritisch *Gaul*, Festschrift für Fasching aaO. (Fn. 171), S. 157, 169, 171 f., 177 f.

[187] Bericht der Kommission für Zivilprozessrecht, hrsg. vom BMJ, 1977, S. 179 f. (Hervorhebung hier); vgl. schon o. zu Fn. 110.

b) Die Analogiefähigkeit des § 581 Abs. 1 ZPO

Im Hinblick auf die herkömmliche Umgehung des § 581 Abs. 1 ZPO durch die ständige Rechtsprechung zu § 826 BGB ist zu betonen, dass *§ 581 Abs. 1 Halbs. 1 ZPO bezüglich der „strafgerichtlichen Verurteilung" durchaus analogiefähig* ist. Dem steht auch nicht die Ausnahme des § 581 Abs. 1 Halbs. 2 ZPO entgegen, dass eine Verurteilung „aus anderen Gründen als wegen Mangels an Beweisen nicht erfolgen kann".

Zutreffend stellt neuerdings das BGH-Urteil vom 12. 5. 2006[188] nochmals im Anschluss an die Materialien[189] und in Übereinstimmung mit der hiesigen Ansicht[190] klar, dass es sich in § 581 Abs. 1 ZPO nicht um dem Restitutionskläger zur „Wahl" gestellte „Alternativen" handelt, sondern nach „Entstehungsgeschichte und Sinn der Norm" um ein „Regel-Ausnahme"-Verhältnis, das *„vorrangig"* die *„strafrechtliche Verurteilung"* als *„notwendiges Vorverfahren" fordert*, während § 581 Abs. 1 Halbs. 2 ZPO nur „eine aus Gründen der Billigkeit eröffnete *Ausnahme* von dem Grundsatz" des § 581 Abs. 1 Halbs. 1 ZPO einräumt. Schon im BGH-Urteil vom 11. 12. 2002[191] zur erschlichenen öffentlichen Zustellung durch Prozessbetrug als Anwendungsfall des § 580 Nr. 4 ZPO wird die besondere Bedeutung der „strafgerichtlichen Verurteilung nach § 581 Abs. 1 ZPO" betont, dass durch die Gegenansicht einer analogen Anwendung des § 579 Abs. 1 Nr. 4 ZPO - „allen Auslegungsregeln zuwider" - „ohne eine solche Verurteilung... die vom Gesetzgeber... angeordnete spezielle Regelung außer Kraft gesetzt" wird (s. dazu schon o. VIII 6).

So wird in der Lehre zunehmend die *analoge Anwendung des § 581 Abs. 1 Halbs. 1 ZPO* befürwortet, wenn das strafgerichtliche Urteil zwar den Täter *freigesprochen* hat, das Urteil aber den *objektiven Tatbestand* einer strafbaren Handlung festgestellt und den Täter (nur) *mangels Schuldfähigkeit* nicht verurteilt oder auch durch Einstellungsbeschluss außer Verfolgung gesetzt hat. Denn auch dann erweist sich die Urteilsgrundlage des Zivilurteils als gleichermaßen fehlerhaft und ist die Richtigkeit im Sinne des *Restitutionsprinzips* in ebenso liquider wie evidenter Weise erschüttert[192]. Dies gilt allerdings nicht, wenn nach

---

[188] BGH, NJW-RR 2006, 1573 (Hervorhebung hier).

[189] Motive zur CPO bei *Hahn*, Materialien aaO. (Fn. 94), S. 381 und dazu schon o. zu Fn. 184.

[190] *Gaul*, Grundlagen des Wiederaufnahmerechts aaO. (Fn. 86), S. 84 schon mit Bezug auf dieselbe Materialienstelle zum „Regel-Ausnahme"-Verhältnis in § 581 Abs. 1 ZPO.

[191] BGHZ 153, 189, 197=JZ 2003, 903, 905 mit abl. Anm. *Braun* und dazu *Gaul*, JZ 2003, 1088, 1093; bestätigend BGH, NJW-RR 2006, 1573, 1574; vgl. dazu schon o. zu Fn. 90 und 119.

[192] *Gaul*, FamRZ 1960, 250, 251 in Rezension zu *Thumm*, Die Klage aus § 826 BGB gegen rechtskräftige Urteile, 1959, S. 41 f.; *Gaul*, Möglichkeiten der Rechtskraftdurchbrechung aaO. (Fn. 106), S. 43 m.w.Nachw.; *Baumgärtel/Scherf*, Ist die Rechtsprechung zur Durchbrechung der Rechtskraft nach § 826 BGB weiterhin vertretbar? JZ 1970, 316, 317; *Rosenberg/Schwab/Gottwald*, aaO. (Fn. 83), § 160 Rdnr. 19; *Musielak/Musielak*, ZPO aaO. (Fn. 117), § 581 Rdnr. 4; *Stein/Jonas/Jacobs*, ZPO aaO. (Fn. 102), § 581 Rdnr. 1; *Prütting/Gerlein/Meller-Hannich*, ZPO aaO. (Fn. 102), § 581 Rdnr. 3; - a.A. insoweit noch BGHZ 50, 115, 119 im Anschluss an RGZ 139, 44; MünchKommZPO/*Braun*, aaO. (Fn. 113), § 581 Rdnr. 4.

§ 581 Abs. 1 Halbs. 2 ZPO der Freispruch wegen Mangels an Beweis erfolgt.

c) Die Aussetzung des Wiederaufnahmeverfahrens entsprechend § 149 Abs. 1 ZPO bis zum Abschluss des Strafverfahrens nach § 581 Abs. 1 ZPO

Angesichts der von der ständigen BGH-Rechtsprechung im Rahmen des Wiederaufnahmerechts bis heute betonten besonderen Bedeutung der strafgerichtlichen Verurteilung nach § 581 Abs. 1 ZPO als grundsätzlich „notwendige Voraussetzung der Restitutionsklage" steht dazu nach wie vor im unaufgelösten Wertungswiderspruch die zugleich im ständigen Gerichtsgebrauch gewährte Rechtskraftdurchbrechung mit der Zivilklage aus § 826 BGB unter Umgehung dieser Voraussetzung[193].

Die angemessene Lösung kann, wie offenbar jetzt zunehmend erkannt wird, nur in der *Aussetzung des Wiederaufnahmeverfahrens bis zum rechtskräftigen Abschluss des Strafverfahrens entsprechend § 149 ZPO* bestehen[194]. Die bisher meist apodiktisch oder ohne überzeugende Gründe ablehnende Haltung der h.M.[195], die das Gericht zur definitiven Abweisung der Restitutionsklage zwingt, ist höchst unbefriedigend. Sie ist die Hauptursache dafür, dass stattdessen die Abhilfe im Wege der Gesetzesumgehung mit der Arglistklage aus § 826 BGB gesucht wird.

Seinem Sinne nach gestattet § 149 ZPO die Aussetzung nicht nur, wenn sich „*im Laufe des Rechtsstreits*" der Verdacht einer Straftat ergibt, sondern auch dann, wenn er schon *seit Beginn* oder auch *schon vorher* bestanden hat. Dies gilt namentlich, wenn im Zivilprozess *derselbe Sachverhalt* zu beurteilen ist wie z.B. nach einem Verkehrsunfall mit Schadensfolgen und Strafsanktion[196]. Wenn bisher nur von einer „entsprechenden Anwendungen des § 149 ZPO" gesprochen wird, so wohl deshalb, weil der Ausgang des Strafverfahrens „*auf die Entscheidung von Einfluss*" sein muss. Dafür genügt jedoch der von dem Strafurteil ausgehende *Einfluss auf die Beweiswürdigung*, ohne dass dadurch die freie Überzeugungsbildung nach § 286 ZPO im *iudicium rescissorium* (§ 590 Abs. 1 ZPO) beschnitten würde[197]. Auch ist anerkannt, dass der Zivilrichter das Strafurteil oder seine

---

[193] Die Inkonsequenz der Rechtsprechung wird besonders deutlich im sonst überzeugenden Urteil BGHZ 153, 189, 197 f., soweit dort die analoge Anwendung des § 579 Abs. 1 Nr. 4 statt des „spezielleren" § 580 Nr. 1 und 4 ZPO als „Außerkraftsetzung" des § 581 Abs. 1 ZPO abgelehnt, sodann aber auf § 826 BGB zurückgegriffen wird, vgl. o. zu Fn. 122 ff. und Fn. 191.

[194] Ebenso *Stein/Jonas/Roth*, ZPO aaO. (Fn. 102), § 149 Rdnr. 9; *Stein/Jonas/Jacobs*, ZPO aaO. (Fn. 102), § 581 Rdnr. 2; *Musielak/Musielak*, aaO. (Fn. 117), § 149 Rdnr. 3 und § 581 Rdnr. 2; MünchKommZPO/*C. Wagner*, § 149 Rdnr. 7; zum hiesigen Standpunkt schon *Gaul*, Festschrift für Fasching, aaO. (Fn. 171), S. 157, 164 ff. und neuerdings, Der betrügerisch erwirkte Schiedsspruch, Festschrift für Dieter Leipold, 2009, S. 881, 928 ff.

[195] BGHZ 50, 115, 122 (nur beiläufig und ohne Begründung); OLG Köln, FamRZ 1991, 584, 585; *Thomas/Putzo/Reichold*, ZPO, 36. Aufl. 2015; § 149 Rdnr. 3; *Zöller/Greger*, ZPO, 3. Aufl., 2014, § 581 Rdnr. 5.

[196] Vgl. dazu schon näher *Gaul*, Festschrift für Fasching, aaO. (Fn. 171), S. 165; ebenso *Stein/Jonas/Roth*, § 149 Rdnr. 5 jeweils m.w.Nachw.

[197] Vgl. *Gaul*, Festschrift für Fasching aaO. (Fn. 171), S. 165 f.; ebenso *Stein/Jonas/Roth*, aaO. (Fn. 102),

Beweisergebnisse im Wege des Urkundenbeweises nach §§ 415 ff., 432 ZPO verwerten darf[198]. Soweit das *Strafurteil Tatbestandswirkung im iudicium rescindens* äußert, kann ebenfalls nicht zweifelhaft sein, dass es im Umfang der begrenzten Bindungswirkung auf das Zivilverfahren von Einfluss ist[199]. Deshalb ist sogar eine unmittelbare Anwendbarkeit des § 149 ZPO zu befürworten.

Schon längst ist für Fälle des *Widerrufs von Prozesshandlungen* und insbesondere bei Rechtsmittelrücknahme aus Restitutionsgründen aus den §§ 580 Nr. 1 bis 5, 581 Abs. 1 ZPO in der BGH-Rechtsprechung anerkannt, dass der Zivilprozess bis zur rechtskräftigen Erledigung des Straferfahrens unmittelbar „nach § 149 ZPO" ausgesetzt werden kann[200], was wiederum dafür spricht, diese Folgerung auch für das Wiederaufnahmeverfahren selbst zu ziehen[201].

d) Die Bedeutung des Strafurteils gemäß § 581 Abs. 1 ZPO für den Aufhebungsgrund des ordre public-Verstoßes im Schiedsverfahren

Schließlich wird für das *Aufhebungsverfahren gegen den Schiedsspruch* nach § 1059 Abs. 2 Nr. 2 b ZPO *aus Restitutionsgründen* die Aussetzung *entsprechend* § 149 ZPO bis zum Abschluss des Strafverfahrens gemäß § 581 Abs. 1 ZPO in der Lehre verstärkt befürwortet[202]. Anders als noch in § 1041 Abs. 1 Nr. 6 ZPO a.F., der ausdrücklich die Aufhebung des Schiedsspruchs aus den Restitutionsgründen „des § 580 Nr. 1 bis 6 ZPO" zuließ, werden diese heute unstreitig im Anschluss an die amtliche Begründung „von der *ordre public*-Klausel des § 1059 Abs. 2 Nr. 2b ZPO erfasst"[203]. Die ständige BGH-Rechtsprechung lässt nämlich mit der h.M. den Aufhebungsantrag gegen den betrügerisch erwirkten Schiedsspruch gemäß § 580 Nr. 4 ZPO *nur nach strafgerichtlicher Verurteilung gemäß § 581 Abs. 1 ZPO* zu, weil sonst „die ordre public-Widrigkeit dem Schiedsspruch nicht entgegengesetzt werden kann"[204].

---

§ 149 Rdnr. 8.

[198] Vgl. *Gaul*, Festschrift für Fasching aaO. (Fn. 171), S. 166 m.w.Nachw.

[199] Vgl. *Gaul*, Festschrift für Fasching aaO. (Fn. 171), S. 164, 171 f., 173 f.; *Stein/Jonas/Roth*, aaO. (Fn. 102), wie hier mit ausdrücklichem Bezug auf die „Tatbestandswirkung des Strafurteils"; ebenso auch *Stein/Jonas/Leipold*, aaO. (Fn. 102), vor § 128 Rdnr. 287; § 286 Rdnr. 27 und § 322 Rdnr. 302.

[200] So schon BGHZ 33, 73, 75 f.; ferner BGH; NJW 1997, 1309, 1310; *Gaul*, Grundlagen des Wiederaufnahmerechts aaO. (Fn. 86), S. 87; *ders.*, Festschrift für Fasching aaO. (Fn. 171), S. 165; *Stein/Jonas/Leipold*, aaO. (Fn. 102), vor § 128 Rdnr. 287; *Prütting/Gerlein/Meller-Hannich*, aaO. (Fn. 102), § 581 Rdnr. 1 m.w.Nachw.

[201] Vgl. dazu zuletzt *Gaul*, Festschrift für Leipold aaO. (Fn. 194), S. 929.

[202] Vgl. dazu neuerdings näher *Gaul*, Festschrift für Leipold aaO. (Fn. 194), S. 881, 928 ff. m.w.Nachw.; ebenso namentlich MünchKommZPO/*Münch*, § 1059 Rdnr. 45 Fn. 161 und Rdnr. 84; *Zöller/Geimer*, ZPO, 30. Aufl., 2014, § 1059 Rdnr. 67.

[203] Vgl. BT-Drucks. 13/5274, S. 59 und dazu *Gaul*, Festschrift für Leipold aaO. (Fn. 194), S. 899 f.

[204] BGH-Beschluss v. 2. 11. 2000, BGHZ 145, 376, 381 im Anschluss an BGH, NJW 1952, 1018 mit der h.M. und dazu *Gaul*, Festschrift für Leipold aaO. (Fn. 194), S. 909 ff.

In der Tat kann von einem Verstoß gegen die inländische „öffentliche Ordnung (ordre public)" gemäß § 1059 Abs. 2 Nr. 2b ZPO aufgrund bloßen Behauptungen der unterlegenen Partei, der Schiedsspruch sei „strafbar" erwirkt, keine Rede sein, sondern *nur nach verlässlicher Vorklärung im Strafverfahren.* Denn erst im vorliegenden *Strafurteil* wird der Widerspruch gegen den „*verfahrensrechtlichen ordre public*" in dem Sinne „*offensichtlich*", dass er „für die Einheitlichkeit und das Ansehen der Rechtsprechung in hohem Maße abträglich" ist[205].

Gerade in der jüngsten BGH-Rechtsprechung wird ausdrücklich betont, dass die Formulierung in § 1041 Abs. 1 Nr. 2 ZPO a. F., der verlangte, das der Schiedsspruch „mit wesentlichen Grundsätzen des deutschen Rechts *offensichtlich* unvereinbar ist", im Einklang mit der Gesetzesbegründung auch heute noch für § 1059 Abs. 2 Nr. 2b ZPO gilt, da nur durch das „Offensichtlichkeitskriterium" eine gegen das Verbot der „*revision au fond*" verstoßende Inhaltskontrolle des Schiedsspruchs durch das staatliche Gericht verhindert wird[206].

e) Der inkonsequente Rückgriff auf den Sittenwidrigkeitseinwand nach Fristablauf

Inkonsequent ist es jedoch, wenn der BGH-Beschluss vom 2. 11. 2000[207] nach Ablauf der dreimonatigen Antragsfrist des § 1059 Abs. 3 ZPO noch „analog § 1059 Abs. 2 ZPO" den *Einwand der sittenwidrigen Schädigung nach § 826 BGB* gestattet, der im alten Schiedsrecht wegen der nach § 1041 ZPO a.f. noch völlig unbefristeten Aufhebungsklage keine Rolle spielte[208]. Denn die Gleichsetzung des bloß behaupteten Sittenverstoßes steht im eklatanten *Wertungswiderspruch* zur Gestattung des Aufhebungsantrags aus Restitutionsgründen des § 580 Nr. 1 bis 4 ZPO nur nach strafgerichtlicher Verurteilung nach § 581 Abs. 1 ZPO, die erst den ordre public-Verstoß begründet. Gegen den Einwand des Sittenverstoßes nach § 826 BGB ohne das „Offensichtlichkeitskriterium" der Strafverurteilung spricht aber zudem das *Verbot der „revision au fond"*, da der Sittenverstoß entgegen der Intention des neuen Schiedsrechts nur im Wege der „*Inhaltskontrolle*" des Schiedsspruchs geklärt werden kann[209].

---

[205] Vgl. dazu näher *Gaul*, Festschrift für Leipold aaO. (Fn. 194), S. 917 ff., 920 ff., 923 ff., 927 f. mit Hinweis auf das BGH-Urteil vom 12. 5. 2006, NJW-RR 2006, 1573, 1574 und die Formulierung in BGH-Urteil vom 23. 11. 2006, NJW-RR 2007, 767, 768.

[206] So zuletzt BGH-Beschluss vom 28. 1. 2014, NJW 2014, 1597 1598; auch schon BGH-Beschluss vom 10. 10. 2008, NJW 2009, 1215, 1216.

[207] BGHZ 145, 376, 381 f.

[208] Vgl. *Gaul*, Festschrift für Leipold aaO. (Fn. 194), S. 896 f.; zudem gab es noch die sog. nachträgliche Aufhebungsklage nach § 1043 a.F. gegen den vollstreckbar erklärten Schiedsspruch mit einer Frist von 10 Jahren.

[209] Vgl. dazu eingehend *Gaul*, Festschrift für Leipold aaO. (Fn. 194), S. 912 ff., 920 ff.

f) Die vergleichbar bessere Regelung in Nachbarländern

Rechtsvergleichend ist die vorbildliche Regelung in *Österreich* interessant: Gemäß § 611 Abs. 2 Nr. 6 öZPO ist der Schiedsspruch unter den gleichen Voraussetzungen aufhebbar, „unter denen nach § 530 Abs. 1 Ziff. 1 bis 5 öZPO ein gerichtliches Urteil mittels Wiederaufnahmeklage angefochten werden kann". Damit ist § 539 Abs. 1 öZPO anwendbar, nach dem das Zivilgericht die Einleitung des Strafverfahrens „zu veranlassen" und bis zu dessen Ausgang das *Verfahren „zu unterbrechen"* hat (was der Aussetzung nach § 149 dZPO entspricht). Zugleich ist für die Aufhebungsklage eine- insoweit überdimensionierte-Frist von 10 Jahren vorgesehen (§ 611 Abs. 4 S. 3 mit § 534 Abs. 3 öZPO). Überdies stellt die „Sittenwidrigkeit" allein keinen Verstoß gegen den „ordre public" dar[210], zumal auch wegen der in Österreich angesichts des § 411 öZPO in Rechtsprechung und Lehre allgemein herrschenden prozessualen Rechtskrafttheorie eine Rechtskraftdurchbrechung wegen Sittenwidrigkeit auch gegen das staatliche Urteil ausgeschlossen ist[211].

Die dreimonatige viel zu kurz bemessene objektive Ausschlussfrist des § 1059 Abs. 3 ZPO für den Aufhebungsantrag hat sich inzwischen als *schwerster Mangel* des neuen deutschen Schiedsrechts erwiesen. Er ist die Hauptursache dafür, dass die Abhilfe zuletzt in dem Einwand der Sittenwidrigkeit gegen den Schiedsspruch gesucht wird, der dem alten Schiedsrecht nahezu unbekannt war. Dem untragbaren Zustand kann insoweit nur der Gesetzgeber abhelfen[212].

4. Kritik an abweichender Konzeption

Nicht mit den legislatorischen Grundlagen und dem geltenden Recht vereinbar ist der Vermittlungsvorschlag von *Johann Braun*. Entgegen der vom Gesetzgeber gemäß den historischen Vorbildern der strengrechtlichen „querela insanabilis nullitatis" und der Billigkeitsmaßregel der „in integrum restitutio" wegen ihrer „inneren Verschiedenheit" getroffenen Unterscheidung zwischen der Nichtigkeitsklage nach § 579 ZPO und der Restitutionsklage nach §§ 580 f. ZPO[213] (vgl. o. III und V 1) spaltet *Braun* die Restitutionsgründe in solche der „*Verfahrensfehlerrestitution*" – so die Gründe des § 580 Nr. 1 bis 5 ZPO gleich den Nichtigkeitsgründen des § 579 ZPO – und

---

[210] Vgl. zur österreichischen Regelung *Gaul*, Festschrift für Leipold aaO. (Fn. 194), S. 905 f., 919 f., 930 m.w. Nachw. sowie mit Hinweis auf ähnliche Regelungen in der *Schweiz* und in *Griechenland*, aaO., S. 920 m.w. Nachw.

[211] Vgl. zum Ausschluss der Rechtskraftdurchbrechung wegen „Sittenwidrigkeit" näher *Gaul*, ÖJZ 2003, 861, 868 f. m.w.Nachw.

[212] Vgl. dazu näher *Gaul*, Festschrift für Leipold, aaO. (Fn. 194), S. 881 ff., 907 ff., 912 ff., 930.

[213] Vgl. Motive zur CPO bei *Hahn*, Materialien aaO. (Fn. 51), S. 378.

der „*Ergebnisfehlerrestitution*" – so die Gründe des § 580 Nr. 7b und § 185 FamFG – auf[214].

Diese willkürliche Aufteilung übersieht nicht nur den *elementaren Unterschied* zwischen den Nichtigkeits- und Restitutionsgründen, die in § 579 ZPO die *Sphäre und den Verantwortungsbereich des Gerichts* (s. o. VIII), in § 580 den der *Parteien* betreffen, sie zerreißt auch die aufgezeigte *einheitliche Struktur* der Restitutionsgründe (s. o. IX 1).

Schon nach den Motiven zur CPO ist für die Fälle des § 580 Nr. 1 bis 5 ZPO „*der ursächliche Zusammenhang zwischen Urteil und Delikt der Grund der Klage*", weshalb „das auf demselben beruhende Urteil nicht aufrecht erhalten werden kann"[215]. Es geht also um die kausale Infragestellung der *inhaltlichen Richtigkeit* der Entscheidung, auch wenn – wie bei allen Restitutionsgründen – die Neuverhandlung nach § 590 ZPO „im Ergebnis" anders ausfallen mag. Dagegen kommt es bei *Verfahrensfehlern* gerade nicht darauf an, ob sie sich auf den Inhalt des Urteils ausgewirkt haben. Vielmehr gilt für die *Nichtigkeitsgründe* des § 579 Nr. 1 bis 4 ZPO dasselbe wie für die entsprechenden *absoluten Revisionsgründe*, bei deren Vorliegen die „Entscheidung stets auf einer Verletzung des Rechts beruhend anzusehen ist" (§ 547 ZPO), nämlich „unwiderleglich vermutet" wird[216].

Überdies kann von einem „*Verfahrensfehler*" keine Rede sein, wenn das *Gericht* durch Prozessbetrug oder Falschaussage oder andere Straftat gemäß § 580 Nr. 1 bis 4 ZPO *irregeführt wird*, weil das deliktische Handeln mit Ausnahme nur der Amtspflichtsverletzung nach § 580 Nr. 5 ZO ausschließlich in den *Verantwortungsbereich der Parteien* fällt. Daran lässt schon die Herkunft der Restitutionsgründe aus der „*restitutio propter dolum*" keinen Zweifel.

Zudem hält *Braun* das Erfordernis der Strafverurteilung nach § 581 Abs. 1 ZPO für einen „*Fremdkörper*", auf den entsprechend seiner Umgehung durch die Rechtsprechung zu § 826 BGB „verzichtet" werden könne[217]. Das wird der dargestellten elementaren Bedeutung des Strafurteils für die Fälle des § 580 Nr. 1 bis 5 ZPO in keiner Weise gerecht (s. o. IX 3). Eine derart „berichtigende" Rechtsanwendung ist nicht haltbar. Das BGH-Urteil vom 12. 5. 2006 hat sie ausdrücklich zurückgewiesen: „Die gegenteilige Auffassung von *Braun* hat im geltenden Recht keine Grundlage"[218].

Nicht überzeugend sind auch die Thesen *Brauns* zur „*Ergebnisfehlerrestitution*" nach § 580 Nr. 7b ZPO. Im Wege der restriktiven Gesetzesanwendung beschränkt er den

---

[214] Vgl. *Braun*, Rechtskraft und Restitution, 2. Teil, 1985, S. 76 ff., 222 ff.; MünchKommZPO/*Braun*, aaO. (Fn. 113), § 580 Rdnr. 7 ff., 13 ff., 44 ff.; zuletzt *ders.*, Lehrbuch des Zivilprozessrechts, 2014, § 66 I 1, III 1, 2.
[215] Motive zur CPO bei *Hahn*, Materialien aaO. (Fn. 51), S. 380 (Hervorhebung hier).
[216] Zum Verhältnis der Nichtigkeitsklage nach § 579 zur Revision gemäß § 547 ZPO vgl. o. zu VIII 3 bei Fn. 105 ff.
[217] So MünchKommZPO/*Braun*, aaO. (Fn. 113), § 581 Rdnr. 1 u. 11,
[218] BGH, NJW-RR 2006, 1573 und dazu schon o. zu Fn. 188.

Restitutionsgrund entgegen der ratio legis nur auf die Korrektur von „*Vorausentscheidungen*" mit „*Dauerfolgen*" wie z.b. Unterhaltsurteile–insoweit sogar entgegen § 580 Nr. 7b ZPO bei Zulassung aller Beweismittel–mit Abweichungen auch in den Rechtsfolgen, indem die Restitution statt der ihr eigenen *Rückwirkung* insoweit nur „für die Zukunft" wirken soll[219]. Normale *Zahlungsureile*, die etwa in den bekannten Fällen der „Doppelzahlung" aufgrund aufgefundener Quittung oder heute üblicher Bankbelege im Wege der Urkundenrestitution gemäß § 580 Nr. 7b angefochten werden, würden nicht mehr erfasst[220]. Zudem werden die Grenzen zur Abänderungsklage nach § 323 ZPO verwischt. Aber auch alle anderen Urteile auf einmalige Leistung entzieht *Braun* der Urkundenrestitution des § 580 Nr. 7b ZPO, was sie entgegen seiner Intention geradezu der Schadensersatzklage aus § 826 BGB ausliefert.

Die von *Braun* selbst als „Gegenmodell" bezeichnete Konzeption[221] ist als Alternative zu der im Ergebnis wie hier abgelehnten Rechtskraftdurchbrechung im Wege der Zivilklage aus § 826 BGB durch die Rechtsprechung gedacht, indem diese einerseits den „Formalien" des Wiederaufnahmeverfahrens unterstellt und „restitutionsartig" ausgestaltet, andererseits die Restitutionsklage den „erleichterten" Erfordernissen des § 826 BGB angepasst wird. Dies geschieht mit durchaus respektablem wissenschaftlichen Aufwand, doch auch mit derart vielfältigen „Korrekturen" am Gesetz, dass sich sein „Modell" nicht durchsetzen konnte. Es ist in die geltende Rechtsordnung nicht einzuordnen[222].

X. Die Rechtskraftdurchbrechung mit Hilfe der Schadensersatzklage aus § 826 BGB wegen Sittenwidrigkeit

Die gegen Rechtsprechung zur Rechtskraftdurchbrechung im Wege der Zivilklage aus § 826 BGB sprechenden durchgreifenden Bedenken wurden vom Verfasser neuerdings in einer kritischen Bestandaufnahme zusammengefasst[223]. Die Rechtsprechung konnte sich nur auf dem Boden der materiellen Rechtskrafttheorie entwickeln, wie das RG schon im Jahre 1911 erkannte[224] und ebenso noch die *Verfasser des ZPO-Entwurfs 1931* klar sahen: Weil durch die inzwischen anerkannte prozessuale Theorie der

---

[219] Vgl. MünchKommZPO/*Braun*, aaO. (Fn. 113), § 580 Rdnr. 55 ff., 70.
[220] Vgl. dazu zuletzt *Gaul*, Festschrift für Schilken aaO. (Fn. 13), S. 275, 308 ff., 311.
[221] So MünchKomm/ZP0/*Braun*, aaO. (Fn. 113), § 580 Rdnr. 55.
[222] Gegen die Ansicht *Brauns* schon *Gaul*, Möglichkeiten und Grenzen der Rechtskraftdurchbrechung aaO. (Fn. 106), S. 32 mit Fn. 41 und S. 43 ff.; ebenso die h.M.; vgl. namentlich *Stein/Jonas/Jacobs*, ZPO aaO. (Fn. 102), § 580 Rdnr. 2; *Prütting/Gerlein/Meller-Hannich*, ZPO aaO. (Fn. 102), § 578 Rdnr. 1, § 580 Rdnr. 1 und § 581 Rdnr. 1; *Zöller/Greger*, ZPO, 30. Aufl. 2014 § 580 Rdnr. 3; vgl. ferner die Nachweise o. zu Fn. 135 f.
[223] Vgl. *Gaul*, Festschrift für Leipold aaO. (Fn. 194), S. 881, 883 ff.; auch *Gaul/Schilken/Becker-Eberhard*, Zwangsvollstreckungsrecht, 12. Aufl. 2010 § 7 Rdnr. 15 m.w.Nachw.
[224] RGZ 75, 213, 217: Bei Befolgung der prozessualen Rechtskraftlehre ist „die Klage überhaupt unzulässig".

RG-Rechtsprechung zu § 826 BGB „die Grundlage entzogen ist", könne nur eine neue „Restitutionsmöglichkeit" gemäß dem Gesetzesvorschlag „Abhilfe schaffen"[225]. Erst 1963 räumte der BGH einen Eingriff in die an sich „unangreifbar feststehende vorgreifliche Rechtskraft" des aus § 826 BGB angegriffenen Urteils ein[226], ohne daraus die gebotenen Konsequenzen zu ziehen.

Vor allem konnte die BGH-Judikatur zur Rechtskraftdurchbrechung aus § 826 BGB den *Haupteinwand der Gesetzesumgehung* bis heute nicht ausräumen. Wenn das BGH-Urteil vom 27. 3. 1968[227] das Konkurrenzproblem zum Wiederaufnahmeverfahren gemäß §§ 580 ff. ZPO aus den „verschiedenen Klagezielen" zu rechtfertigen sucht, weil die Wiederaufnahmeklage sich gegen die „formelle" Rechtskraft, die Arglistklage aus § 826 BGB gegen die „*materielle*" *Rechtskraft* richte, kann diese formale Begründung nicht überzeugen. Denn die Rechtskraft gebietet als *einheitliches Rechtsinstitut* Beachtung im Sinne des Bestandsschutzes ebenso wie des Schutzes vor Wiederholung oder Widerspruch im neuen Prozess[228]. Ohne den Schutz in beiden Richtungen müsste die Rechtskraft mit sich selbst in Widerspruch treten. Neben der Prozessfortsetzung muss die Prozesserneuerung erst recht verboten sein, weil erstere immer nur zu *einer* Entscheidung, letztere aber zur *zweiten* Entscheidung führt, die im Konflikt die Rechtssicherheit noch nachhaltiger beeinträchtigt. Beides umfassend setzt die Rechtskraft dem Streit ein Ende: „*finis litis*"[229], so wie es ganz im Einklang mit dem hiesigen Standpunkt auch das BGH-Urteil vom 18. 1. 1985 formuliert: „Mit der Streitentscheidung hat der Staat zwischen den Parteien Rechtsgewissheit geschaffen und damit seine Rechtsaufgabe erfüllt. Es ist nichts Ungewisses mehr vorhanden, das einer erneuten richterlichen 'Entscheidung' Sinn geben könnte"[230].

Entscheidend spricht gegen die Rechtskraftdurchbrechung mit Hilfe der Generalklausel des § 826 BGB der *Wertungswiderspruch* zu dem in den §§ 580, 581 Abs. 1 ZPO zum Ausdruck gekommenen *Restitutionsprinzip der liquiden und evidenten Erschütterung der Richtigkeit des Urteils* (vgl. o. X 1). Soweit schlagwortartig vom „Konflikt zwischen Rechtssicherheit und Gerechtigkeit" die Rede ist, in dem es gelte, dem „Sittengebot gegenüber dem formalen Recht" zum Siege zu verhelfen[231], sind derartige Beschwörungen der höchsten Güter unserer Rechtsordnung längst entzaubert. Denn solange es an

---

[225] Entwurf einer Zivilprozessordnung, veröffentlicht durch das RJM 1931, S. 372 f.
[226] BGHZ 40, 103, 133 = JZ 1964, 514 ff. m. krit. Anm. *Gaul*.
[227] BGHZ 50 115, 118 m. abl. Bespr. *Baumgärtel/Scherf*, JZ 1970, 316 und *Zeiss*, JuS 1969, 362 ff.
[228] Vgl. *Gaul*, Festschrift für Weber, aaO. (Fn. 152), S. 164 f. m.w.Nachw., auch schon *ders.*, Grundlagen des Wiederaufnahmerechts aaO. (Fn. 86), S. 49 f. m.w.Nachw.; ebenso *Albrecht Zeuner*, BGH-Festgabe aaO. (Fn. 43), S. 317, 340 ff. m.w.Nachw.
[229] Vgl. *Gaul*, Festschrift für Weber, aaO. (Fn. 152), S. 165.
[230] BGHZ 93, 287, 289 im wörtlichen Anschluss an die hiesige Ansicht, vgl. schon o. zu Fn. 164.
[231] So neuerdings noch *Hönn*, Dogmatische Kontrolle oder Verweigerung, Festschrift für Gerhard Lüke, 1997, S. 265, 269 f., 276 f. und dazu kritisch *Gaul*, Festschrift für Leipold aaO. (Fn. 194), S. 222.

den „Evidenzkriterien" des Restitutionsrechts fehlt, bleibt offen, auf welcher Seite der „Gerechte" steht.
Die Rechtswirklichkeit ist dagegen ernüchternd. Zwar wird in der BGH-Judikatur wiederholt betont, es gelte mit der Arglistklage aus § 826 BGB die „offensichtlich objektive Unrichtigkeit des Urteils" aufzudecken, damit nicht „die offenbare Lüge über die gerechte Sache" den Sieg erlange[232]. Doch endeten die auf bloße Behauptungen gegründeten Klagen meist mit dem Ergebnis, der Nachweis der „offenbaren Unrichtigkeit" oder der „besonderen Umstände" einer Sittenwidrigkeit sei nicht erbracht. Die negative Bilanz erfolgloser Klagen gilt bis heute unverändert fort[233]. Das stößt auch in der Zivilrechtslehre auf Kritik. So spricht schon *Karl Larenz* wie hier von einer „missglückten richterlichen Rechtsfortbildung"[234] und heute noch ein BGB-Kommentar angesichts der „Legion abgewiesener Klagen aus § 826 BGB im Vergleich zu den äußerst seltenen Fällen" des Klageerfolgs von einem „Danaergeschenk"[235].

Soweit andererseits gerade wegen ihrer „restriktiven" und äußerst „maßvollen" und „selten" zum Erfolg führenden Haltung die BGH-Judikatur verteidigt wird[236], wird übersehen, dass die Rechtskraft schon dadurch in Frage gestellt wird, dass aus § 826 BGB immer wieder erneut contra rem iudicatam durch alle Instanzen prozessiert werden kann, sehr zum Schaden des Rechtsfriedens und der Rechtsgewissheit unter den Parteien.

Damit verstößt die BGH-Judikatur auch gegen das Verdikt des *Plenarschlusses des BVerfG vom 30. 4. 2003*[237] zum außergesetzlichen Rechtsschutz bei Gehörverstößen. Danach genügen die „außerhalb des geschriebenen Rechts geschaffenen außerordentlichen Rechtsbehelfe" den „rechtsstaatlichen Anforderung an die Rechtmittelklarheit nicht". Denn „die Rechtsbehelfe müssen in der geschriebenen Rechtsordnung geregelt und in ihren Voraussetzungen für die Bürger erkennbar sein". Auch wenn der BGH zuletzt betont[238], die Klage aus § 826 BGB sei „kein außerordentlicher Rechtsbehelf gegen gerichtliche Entscheidungen, sondern (nur) die Anwendung materiellen Zivilrechts", wird sie nach ihrem Selbstverständnis doch von Befürwortern und Gegnern als „richterrechtlicher Rechtsbehelf" wahrgenommen. Sie unterliegt deshalb auch *verfassungsrechtlichen* Bedenken[239].

---

[232] BGH, NJW 1951, 739, BGH, NJW 1963, 1606, 1608; BGHZ 40, 130, 133f. = JZ 1964, 514 ff. m. krit. Anm. *Gaul*, BGH 1974, 557 und öfters.

[233] Vgl. *Gaul*, Festschrift für Leipold, aaO. (Fn. 194), S. 883 m.w.Nachw.

[234] *Karl Larenz*, Kennzeichen missglückter richterliche Rechtsfortbildung, 1965, 6 ff, 11.

[235] So *Erman/Schiemann*, BGB, 13. Aufl., 2011, § 826 Rdnr. 45; ähnlich *Staudinger/Oechsler*, BGB (Bearb. 2009), § 826 Rdnr. 475 ff., 480.

[236] MünchKommBGB/*Wagner*, 5. Aufl. 2009, § 826 Rdnr. 158.

[237] BVerfGE (Plenum) 107, 395, 416 f. = JZ 2003, 791, 794 und dazu *Gaul*, JZ 2003, 1088, 1093, 1096, vgl. dazu schon o. zu Fn. 112.

[238] So BGH, NJW 2006, 154, 156 = BGHZ 164, 87 ff. (dort verkürzt).

[239] So schon BVerfGE 2, 380, 395 = NJW 1953, 1137, 1138 und dazu *Gaul*, Grundlagen des Wiederaufnahmerechts, aaO. (Fn. 86), S. 101 f.; ebenso *Prütting/Weth*, aaO. (Fn. 102), S. 77 ff.

Es bleibt dabei, dass die *Restitutionsklage gemäß §§ 580, 581 ZPO die allein gesetzeskonforme Lösung* für die Korrektur offensichtlich unrichtiger Urteile nach Rechtskrafteintritt bietet. Es gilt nur, das im Wiederaufnahmerecht enthaltene Potential in der praktischen Rechtsanwendung voll auszuschöpfen[240]. So wurde im BGH-Urteil vom 12. 7. 1987[241] die Anwendbarkeit des § 580 Nr. 7a ZPO übersehen, weil im dortigen Fall der „Doppelzahlung" schon die frühere Zahlung auf einem rechtskräftigen Urteil beruhte und schon deshalb die vom Kläger erhobene Kondiktionsklage aus § 812 BGB und Schadensersatzklage § 826 BGB wegen entgegenstehender Rechtskraft abzuweisen war. Schöpft man überdies die hier aufgezeigten Analogiemöglichkeiten im Wiederaufnahmerecht aus und wendet insbesondere bei fehlender strafgerichtlicher Verurteilung nach § 581 Abs. 1 ZPO die Aussetzungsvorschrift des § 149 ZPO an (s. o. IX 3c), so ist der Arglistklage aus § 826 BGB auch praktisch weithin die Grundlage entzogen.

Schließlich ist auch *de lege ferenda* die noch vom *ZPO-Entwurf 1931* vorgeschlagene Einführung eines neuen Restitutionsgrundes der „arglistigen Urteilserschleichung" nicht zu befürworten[242]. Richtig hat der *Bericht der Kommission für Zivilprozeßrecht 1977* erkannt, dass er das innere Gefüge der §§ 580, 581 Abs. 1 ZPO sprengen, nämlich „zu einer unerwünschten Aufweichung der Rechtskraft" führen und das Absehen vom „Erfordernis der strafgerichtlichen Verurteilung" nach § 581 Abs. 1 ZPO „eine Veränderung des Wiederaufnahmegrundes bedeuten" würde, „der in den Fällen des § 580 Abs. 1 bis 5 ZPO nicht die Straftat, sondern die Verurteilung ist"[243].

---

[240] Vgl. dazu zuletzt *Gaul*, Festschrift für Schilken, aaO. (Fn. 13), S. 512 ff.
[241] BGH, NJW-RR 1987, 831 f. und dazu *Gaul*, Festschrift für Schilken, aaO. (Fn. 13), S. 512 f.; vgl. schon o. Fn. 162.
[242] Dagegen schon *Gaul*, Grundlagen des Wiederaufnahmerechts aaO. (Fn. 86), S. 217.
[243] Bericht der Kommission für Zivilprozeßrecht, hrsg. vom BMJ 1977, S. 179 f. und dazu schon o. zu Fn. 187.

Mediation in Germany

Peter Gottwald

I. Introduction

Mediation, as indicated already by the lack of a „German" word, is no German invention but more or less an import from the US[*]. As a consequence of the excessive pre-trial discovery procedures and the incredible costs and efforts connected with them at least in major proceedings, various forms of Alternative Dispute Resolution-ADR procedures in short-have developed in the US over the past ~30 years[1]. These ADR procedures were intended to provide for more effective dispute and conflict resolution outside the public system of legal protection in court. Mediation was and remains one of these procedures. It was received enthusiastically in the US. Harvard University offered a special training course for mediators, the so-called Harvard concept[2]. No wonder that European companies and academics, too, were keen to utilise these possibilities. As a result, a mediation wave of sorts swept across Germany-though not a tsunami, since legal protection in German courts generally is inexpensive, quick and of high quality. By contrasts to their colleagues in common law jurisdictions, German judges in civil, commercial and family matters also are generally obliged (§ 278 (1), (2) Code of Civil Procedure-ZPO; § 36 (1) 2 FamFG) and eager to resolve proceedings by settlement. To that end, they do not just register a settlement reached by the parties, but actively engage in encouraging the parties to reach settlement. German procedural law also allows the court to suggest that the subject-matter of the settlement be extended beyond the actual matter in dispute in the proceedings so as to resolve the parties' conflict finally and comprehensively[3]. An expensive pre-trial discovery is unknown in Germany. It already follows from these reasons that in Germany, the demand for ADR is by no means as strong as it is in the US, or in other words: Mediation in Germany still is in a stage of development.

---

[*] I dedicate this paper to *Hiroyuki Matsumoto* with warmest thanks for his constant services to the German-Japanese exchange of ideas and for his kind personal attachment for almost 40 years.

[1] Cf. *P. Murray*, ADR und die amerikanische Ziviljustiz, in Gottwald, Aktuelle Entwicklungen des europäischen und internationalen Zivilverfahrensrechts, 2002, p. 25; *F. Steffek*, Rechtsvergleichende Erfahrungen für die Regelung der Mediation, RabelsZ 74 (2010), p. 841.

[2] Cf. *R. Fisher/ W. Ury/B. Patton*, Das Harvard-Konzept, 23rd ed., 2009; *G. Hösl*, Mediation, die erfolgreiche Konfliktlösung, 4th ed. 2008, p. 69 f.

[3] Cf. Federal Supreme Court (BGH), Order of 3 August 2011, BGHZ 191, 1 = NJW 2011, 3451.

Nonetheless, there are sets of facts in all fields of the law in regard to which, due to their complexity and/or their emotional component, a non-publicly negotiated solution has advantages over a sovereign decision by law, and even to a settlement initiated by a judge within the bounds of the law.

Yet, mediation in Germany is to some extent a temporary fashion, too. A fair number of lawyers try to distinguish themselves as mediators. Even though in Germany there are no statistics on free out-of-court mediation, the number of court proceedings in all fields in practice has not declined since mediation proceedings have become established. Only a relatively small number of cases are referred to mediation, where a freely negotiated solution in the absence of an authoritative decision by the judge looming in the background seems more suitable.

However, such cases exist in all fields of the law. In civil law, mediation proceedings are particularly common in the areas of commercial disputes[4], in intellectual property and patent law[5], in company law[6], in condominium owners' associations, in inheritance law[7], in connection with family businesses and in construction and architect law[8], but also in insurance law[9] and in medical law[10]. A further broad area of application has developed in family proceedings, in disputes over consequential property matters after divorce, but also in disputes over parental custody and contact and access rights of the parent without custody[11].

Beyond that, there are mediation proceedings in labour law disputes[12], disputes within a business[13], in disputes with administrative public authorities as well as in advanced

---

[4] Cf. *Ch. Stubbe*, Wirtschaftsmediation: Perspektiven der großen Unternehmen, in Greger/Unberath, Die Zukunft der Mediation in Deutschland, 2008, p. 133.

[5] Cf. *A. Schmelz-Buchhold*, Mediation bei Wettbewerbsstreitigkeiten, 2010; *Prinz*, Mediation im Urheberrecht, UFITA 2011, p. 9.

[6] *Raeschke-Kessler*, Mediation und Schiedsverfahren in Gesellschaftsstreitigkeiten, AnwBl 2011, 441.

[7] *Töben/Schmitz-Vornmoor*, Möglichkeiten der Konfliktvorsorge in der erbrechtlichen Beratungs- und Gestaltungspraxis, RNotZ 2014, 527.

[8] Cf. *Bornheim*, Möglichkeiten zu außergerichtlichen Streitbeilegungsverfahren, BauR 2011, p. 596; *Hauptmann/Hajek et al.*, Mediation eine Alternative zur gerichtlichen Auseinandersetzung für die Bauindustrie?, FWW 2011, 30.

[9] Cf. *Wendt*, Konfliktmanagement und Mediation in der Versicherungswirtschaft, in Klowait/Gläßer, Mediationsgesetz, 2014, p. 557.

[10] Cf. *St. Hattemer*, Mediation bei Störungen des Arzt-Patient-Verhältnisses, 2012.

[11] Cf. *Ch. Paul*, Die Familien-Mediation in Deutschland, in Greger/Unberath (N. 4), p. 153; *Ch. Paul*, Familien- und Scheidungsmediation, in Klowait/Gläßer (N. 9), p. 511; *R. Schröder*, Familienmediation, 2004; G*reger*, Mediation und Gerichtsverfahren in Sorge- und Umgangsrechtskonflikten, 2010.

[12] Cf. *Bürger*, Möglichkeiten für den Einsatz der Mediation im Arbeitsrecht, 2014; *Lehmann*, Mediation zur Konfliktbeilegung: Instrument für die Betriebs- und Tarifvertragsparteien?, BB 2013, 1014; *Lembke*, Mediation bei Arbeitsstreitigkeiten, Festschrift für v. Hoyningen-Huene, 2014, p. 241; *Lukas*, Mediation in individual- und kollektivarbeitsrechtlichen Konflikten, in Klowait/Gläßer (N. 9), p. 499.

[13] Cf. *Hollich*, Konflikte mit Mitarbeitern, NJW-aktuell 2011, Issue 27, p. 14; *Markowski*, Wenn intern nichts mehr geht, AiB 2011, 162.

disputes in administrative and social courts' proceedings[14]. The latter of course do not concern the claims of an individual recipient of benefits, but disputes between the various providers of benefits or between hospitals, doctor's associations and health funds.

II. Mediation in Germany

In Germany, mediation is not understood any differently than it is in other EU Member States; mediation accordingly is a procedure for the discovery of solutions to complex cases[15] which are not primarily based on the legal situation. It thus is a structured proceeding between two or more parties, who on a voluntary basis and with the assistance of a neutral mediator attempt to reach agreement on the resolution of their dispute (cf. Art.3 lit. a Mediation Directive; § 1 Mediation Law)[16]. Critics complain that this definition is rather vague[17], but there is no better one.

1. Extra-judicial mediation

The classic mediation proceeding takes place prior to proceedings in court, i.e. before any claim is lodged, often with the purpose of resolving personal or social conflicts for which there is no legal solution. The participants argue about their positions in law, they fail to reach agreement and bring in a third party who is to resolve the conflict. As such, this surely is not a new invention by the US. What is special about mediation is merely that the third party has been specially trained in conflict and negotiation management, and that it is neither to resolve the dispute through its own suggestions nor, in principle, by reference to the law. Rather, in principle the third party's job is to assist the parties on an equal basis to understand each other's positions, i.e. to analyse their interests, and by doing so to bridge their division and to reach agreement. The agreement is to be a free responsible agreement between the participants, and it is said that such an agreement has a strong peace-making effect[18].

This kind of free mediation exists primarily for disputes within a business, throughout the area of commercial law, company law, intellectual property law and insurance law.

---

[14] Cf. *N. Friedrich*, Mediation und die Herstellung von Verfahrensgerechtigkeit in sozialrechtlichen Konflikten, ZKM 2012, 180; Zimmerer, Mediation in der Bayerischen Verwaltungsgerichtsbarkeit, BayVBl 2014, 129; *T. Weitz*, Gerichtsnahe Mediation in der Verwaltungs-, Sozial- und Finanzgerichtsbarkeit, 2008.

[15] *Breidenbach*, Das Besondere der Mediation, die Sicht eines Wirtschaftsmediators, in Greger/Unberath (N. 3), p. 27.

[16] *Breidenbach*, Mediation, 1995, p. 137 ff.; *Heß*, Mediation und weitere Verfahren konsensualer Streitbeilegung, Gutachten F, 67. Deutscher Juristentag, 2008, p. F 15 ff.; *Unberath*, Mediationsverfahren, ZKM 2011, 4; R. Jordans, Das neue Mediationsgesetz - Chancen und Anforderungen für Rechtsanwälte, MDR 2013, 65.

[17] *Risse*, Das Mediationsgesetz - eine Kommentierung, SchiedsVZ 2012, 244, 245.

[18] Cf. *A. Sarhan*, Der Stellenwert der Mediation im Recht und in der Justiz, JZ 2008, 280, 282.

As long as the mediator just tries to lead the parties to a compromise his or her performance is just mediation, not a legal service (§ 2 s. 2 no. 3 Law on Legal Services). The law, however, does not require such kind of structured procedure. On the contrary, it is entirely for the participants to decide how to instruct the mediator in the mediation agreement. They therefore can authorise the mediator to introduce legal considerations into the negotiation or even to make own suggestions for the resolution of the conflict. In such a case the service of the mediator is a legal service, which is generally reserved to lawyers (§ 3 Federal Law Regulating the Profession of Lawyers-BRAO). Consequently, in such a case the mediator should be a lawyer[19]. Whether one should then speak of mediation or rather of conciliatory discussions is a question of lesser importance. In any event, such hybrid proceedings are permitted.

If the participants reach a result in mediation, it is ordinarily carried out so that no enforceable title is required. If necessary, the participants can also claim performance under the contract. If they prefer, payment obligations arising from such an agreement can also be subject of a notarial certificate (§ 794 s. 1 no. 5 ZPO) or an enforceable lawyers' settlement (§ 796a ZPO).

How out-of-court mediation is conducted is in detail for the participants to determine. If nothing else is agreed, the mediator will determine procedure together with the parties. Any participant can terminate the mediation at any time (Mediation Directive Recital 13; § 2 (5) 1 Mediation Law)[20]. The mediator has the same right to do so once he or she sees that a communication between the parties or a settlement cannot be expected (§ 2 (5) 2 Mediation Law).

In order to remove uncertainties of the participants regarding the appropriate procedure, the rights and the obligations of all participants, numerous institutions have in the past presented mediation rules as model rules which the mediator may use as guidance or which the parties can base their mediation agreement on[21]. For instance, on the 1st of May 2010, the German Institution for Arbitration (*Deutsche Institution für Schiedsgerichtsbarkeit*) presented mediation rules in the course of reforming their arbitration and conciliation procedures[22]. Apart from the possibility of agreeing on such national rules of procedure, free mediation in Germany exhibits no peculiarities in comparison to other countries.

---

[19] Cf. *M. Plassmann*, Das Mediationsgesetz - eine Steilvorlage für die gesamte Anwaltschaft, BRAK-Mitt. 2012, 194, 199.

[20] *B. Grundmann*, Grußwort zum Mediationsgesetz, SchiedsVZ 2012, 229.

[21] As to the ICC-ADR Rules see *H. Tümpel*, Bringing the parties to the table, ZKM 2012, 162.

[22] Cf. *Breidenbach/Perres*, Die DIS-Mediationsordnung, SchiedsVZ 2010, 125.

2. Court-related mediation

A first national peculiarity follows from the authorization of German courts to refer the parties to out-of-court mediation in suitable cases. Under § 278a (1) of the Code of Civil Procedure (CCP), the court can suggest out-of-court mediation or another proceeding of dispute resolution to the parties. If the parties decide to pursue this, which they very rarely do, proceedings are stayed (§ 278a (2) CCP). If mediation proceedings result in agreement, court proceedings are discontinued. If no agreement is reached, court proceedings are resumed and continued. Accordingly, this is special only in that the judge does not himself engage in settlement discussions with the parties but rather indicates to them the possibility of out-of-court mediation due to the special nature of their case. Thus no legal disadvantage follows from the out-of-court „break" from proceedings.

The out-of-court mediator who then is introduced acts on the same basis as he would in an otherwise entirely free (out-of-court) mediation.

The court has the option of suggesting out-of-court conciliation in family matters as well[23]; under § 113 (1) 2 FamFG for contentious family matters and under § 156 (1) 3 FamFG in childship matters (disputes over custody, contact and access rights or the return of the child). Under § 135 (1) FamFG, the court may order the spouses to participate free of charge in an information session on mediation of pending consequential matters[24].

Other than in family matters, so far the option of referring a matter to an out-of-court dispute resolution centre is hardly exercised by the courts.

3. In-Court Mediation

Another peculiarity of German law is the possibility of in-court mediation[25]. Before 2012 in most of the German federal states, trial runs on in-court mediation models were conducted. Suitable civil cases were referred-with consent of the parties-by the competent judge or panel to a judge-mediator. The latter was a judge at the same court but was specially trained as a mediator. He was not involved in the decision of the dispute. In what by German standards is a very extensive hearing (two to three hours), the judge-mediator, in reliance on the tenets of mediation, tries to lead the parties to

---

[23] Which is however done very rarely; cf. *N. Etscheit*, Verweisung in die außergerichtliche Mediation, in Gläßer/Schroeter, Gerichtliche Mediation, 2011, p. 143; *R. Fritz/E. Fritz*, Richter als gerichtsinterne Mediatoren, FPR 2011, 328, 329 f.

[24] Cf. *Brandt/Rüll*, Gerichtliche Anordnung eines Informationsgespräches über Mediation, ZFE 2011, 217.

[25] Cf. *Greger*, Gerichtsinterne Mediation, RabelsZ 74 (2010), 781; *Nistler*, Die Mediation, JuS 2010, 685, 688.

agreement. If the parties reached agreement, this was recorded as a *settlement in court* (*Prozessvergleich*, by a requested judge) and thus became an enforceable title. Where agreement failed, the judge-mediator referred the dispute back to the deciding judge who then resumed the proceedings[26]. Such model projects had successfully been initiated in Lower Saxony, Berlin and other German states[27]. In Bavaria, in-court mediation took place as part of the so-called *Güterichterprojekt* (conciliatory judge project)[28]. This kind of mediation by judge had shown to be extraordinarily successful. Some three quarters of all cases that were referred to an in-court mediation proceeding could be resolved by settlement[29]. This is all the more remarkable considering that typically, „hard" rather than easy cases are referred to mediation, often so as to avoid long and expensive takings of evidence[30].

However, a somewhat artificial advantage was that an appointment for mediation before a judge-mediator took place much sooner than an appointment for a hearing in the ordinary civil process[31]. Practitioners also pointed out that the judge-mediator did not have to resolve the case legally and instead only had to be able to constructively guide the discussions between the parties, that the discussions took place in a special meeting room with an atmosphere that benefits communication, and that more time than in ordinary proceedings was available for the discussions[32]. Personally, I believe that this success also rests on the general confidence in the judiciary and that the parties honour the special attention that they enjoy in mediation proceedings more than the often purely formal conciliatory hearing (according to § 278 (2) 1 ZPO).

Some, however, rightfully pointed out that the legal basis of in-court mediation was in fact too weak. Under the old § 278 (5) 1 ZPO, the court could refer the parties to a commissioned or a requested judge. A commissioned judge is a member of the panel deciding the case; a judge-mediator is not. A requested judge according to § 362 ZPO is a judge of another court. Since the judge-mediator was a judge of the same court, at most an analogous application was possible.

---

[26] Cf. *Trossen*, in Haft/von Schlieffen, Handbuch Mediation, 2nd ed. 2009, § 40, p. 987; *von Bargen*, Gerichtsinterne Mediation, 2008, p. 70 ff.; *Hess*, Perspektiven der gerichtsinternen Mediation in Deutschland, ZZP 124 (2011), 137; *Greger*, Gerichtsinterne Mediation, RabelsZ 74 (2010), 781; *Probst*, Gerichtliche Mediation in der ordentlichen Gerichtsbarkeit - Entwicklung und Perspektiven, JR 2008, 364; *Löer*, Richterliche Mediation, ZZP 119 (2006), 199.

[27] Cf. *Spindler*, Gerichtsnahe Mediation in Niedersachsen, 2006; *W. Gottwald*, Das Projekt Gerichtsnahe Mediation in Niedersachen, in Festschrift 300 Jahre OLG Celle, 2011, p. 571; *Greger*, Gerichtsinterne Mediation auf dem Prüfstand, ZKM 2013, 9; vgl. auch *T. Štruc*, Die in den Zivilprozess integrierte Mediation im französischen Recht, 2009, p. 85 ff.

[28] Cf. *Greger*, Justiz und Mediation, NJW 2007, 3258; *Hess*, Gutachten 67. DJT 2008, F 46.

[29] Cf. *Isermann*, Richtermediation in Deutschland, Recht und Politik 2011, 9, 11.

[30] Cf. *E. Schmalfuß*, Das Mediationsgesetz-auf dem richtigen Weg!?, SchlHA 2011, 253.

[31] Cf. *Isermann*, Recht und Politik 2011, 9, 12.

[32] Cf. *Isermann*, Recht und Politik 2011, 9, 13.

This was the starting point when the German legislator developed his draft for a new Mediation Law.

III. The New Mediation Law of 21 July 2012

1. The story of the new Law

Apart from the aforementioned clues in the law, there was no legal regulation of mediation in Germany. Under Directive 2008/52/EC of the European Parliament and of the Council of May 21st 2008 on certain aspects of mediation in civil and commercial matters[33], the Member States of the EU were, however, to implement laws and administrative provisions on mediation in civil and commercial matters no later than May 21st, 2011.

On February 4th 2011 the German government presented an official draft of a law on the promotion of mediation and other procedures for the out-of-court resolution of disputes (*Gesetz zur Förderung der Mediation und anderer Verfahren der außergerichtlichen Konfliktbeilegung*[34]). This draft provided for (1) out-of-court mediation, (2) court-related mediation and (3) in-court mediation. After a first reading in the *Bundestag* a hearing of experts in the Judicial Committee of the *Bundestag* on May 25, 2011 took a highly controversial course. Mainly, two points were criticized: (1) that the bill did not contain rules about the quality of mediation and (2) that in-court mediation was offered together with financial advantages as to out-of-court mediation. Consequently, the Judicial Committee presented a completely revised bill excluding in-court mediation and offering just a conciliatory judge. This version was finally adopted by the *German Bundestag*. The second chamber, the Bundesrat, which is a representation of the Governments of the single German states, however, did not accept the bill and appealed to the *Conciliation Committee of Both Houses in Parliament*. This Committee found a real political compromise: the practice of in-court mediation in the states should be continued, but no longer under the name of „in-court mediation", but with the title „conciliatory judge". This compromise finally passed Parliament[35] and became effective on 26 July 2012. From 1 August 2013 the term „mediator" is reserved for persons engaged in out-of-court dispute resolution (§ 9 Mediation Law).

---

[33] ABl EU 2008 L 136/3; cf. *Wagner/Thole*, Die europäische Mediations-Richtlinie, FS Kropholler, 2008, p. 915.
[34] Bundesrat-Drucks. 60/11 of 4. 2. 2011 = BT-Drucksache 17/5335.
[35] Cf. BGBl. 2012 I, 1577.

2. Content of the new statute

The German legislature did not simply wanted to transpose the EU regulation on mediation, but rather used this occasion to install a framework for all forms of mediation and to provide a legal basis for in-court mediation[36].

a) The finally enacted Mediation Law contains only very general provisions on mediation. Besides a definition of mediation, the law clarifies that the mediator is an independent and impartial person without authority to decide the matter (§ 1 MediationsG)[37].

b) § 2 Mediation Law sketches out the basic requirements for the mediation proceeding and the tasks of the mediator, which emphasize the voluntary nature of the proceeding and the impartiality of the mediator. Also, the requirements refer to the possibility of documenting an agreement by way of a final agreement. However, these points go without saying.

At the beginning the mediator has to ascertain that the parties have understood the principles and the course of mediation and that they participate voluntarily (§ 2 (2) Mediation Law)[38].

The mediator is equally obliged to both parties. He has to promote the parties' communication and to ensure that the parties are integrated in the process in an adequate fair way (§ 2 (3) Mediation Law). As mediation is a confidential procedure third persons, even the constant legal advisers, may be included with the consent of all parties only (§ 2 (4) Mediation Law)[39]. Given the consent of all parties the mediator may also have separate discussions with the parties (§ 2 (3) 3 Mediation Law).

c) The law further imposes an obligation on the mediator to disclose any circumstances which concern his independence and impartiality and to communicate to the parties his experience in the field of mediation (§ 3 (1) Mediation Law). A person having been acting for one party may not be mediator in the same case, and after having been mediator may not act in favour of one party (§ 3 (2) Mediation Law). A person is

---

[36] Cf. *Kraft/Schwerdtfeger*, Das Mediationsgesetz, ZKM 2011, 55; *Nebe*, Das neue Mediationsgesetz, NWB 5/2011, 384; *D. Diop/A. Steinbrecher*, Ein Mediationsgesetz für Deutschland: Impuls für die Wirtschaftsmediation, BB 2011, 131; *Greger*, Die Reglementierung der Selbstregulierung, ZRP 2010, 209; *Horstmeier*, Das neue Mediationsgesetz, 2013; *D. Wenzel*, „Justitia ohne Schwert", 2014; *Goltermann/Hagel/Klowait/Levien*, „Das neue Mediationsgesetz" aus Unternehmenssicht, SchiedsVZ 2012, 299 u. 2013, 41. For full commentaries see: *Fritz/Pielsticker*, Mediationsgesetz, 2013; *Greger/Unberath*, Mediationsgesetz, 2012; *Klowait/Gläßer*, Mediationsgesetz, 2014.

[37] Cf. U. Hinrichs/*Hinrichs*, Praxishandbuch Mediationsgesetz, 2014, p. 7.

[38] Cf. *M. Stoldt*, Verfahren und Ablauf der Mediation, in Hinrichs (N. 37), p. 108.

[39] According to *J. Seybold*, Mediation und gerichtliches Verfahren, 2009, p. 39 (The „structure of the mediation proceeding" excludes representation by a lawyer). Correctly opposing this is *Henssler*, in Henssler/Koch, Mediation in der Anwaltspraxis, 2nd ed. 2004, p. 93 para. 68.

already excluded if he or she tried to find possibilities for a settlement on behalf of one party[40]. Like a lawyer admitted to the bar nobody may act as mediator if a member of his law firm or even a lawyer just sharing office has been acting for one of the parties in before. As parties can freely choose their mediator they may, however, agree upon such a person knowing that he would be excluded by law (§ 3 (4) Mediation Law). In any case nobody can be mediator and representative of a party at the same time[41].

d) What seems important to me is the obligation of secrecy of the mediator and of assistants to the proceedings, which indirectly leads to a duty to refuse testimony in subsequent court proceedings (§ 4 Mediation Law). The law does not provide for an obligation of secrecy of the parties, their counsel and other admitted third parties. With regard to admitted lawyers there may be a professional secrecy, but beyond that parties must make a separate confidentiality agreement.

e) Strangely, the law does not at all mention a mediation contract[42], which is and must be the basis for out-of-court and court-related mediation. The law only provides that the parties are to select the mediator (§ 2 (1) MediationsG).

f) As to the quality control of the mediation the German legislator made a complete about-turn[43]. According to the original draft of the government original and further training should merely be the responsibility of the mediator. The new Law, however, fixes a legal training model of two steps: An ordinary mediator may still gain the necessary theoretical knowledge and practical experience in his or her own responsibility (§ 5 (1) Mediation Law). § 5 (1) 2 Mediation Law just contains a list of required abilities. In addition the new law introduces a so-called „certified mediator". Everyone who wants to use this title must have successfully passed a training which meets the requirements provided for by a special regulation (§ 5 (2),(3); § 6 Mediation Law). Yet, up to now (in February 2014) the German Federal Minister of Justice did publish just a draft regulation for discussion.

g) Furthermore, the law now creates a clear legal basis for court-related and in-court mediation/conciliation. Its permissibility is anchored in the new §§ 278 (5), 278a (1) ZPO[44]. Similar provisions are implemented in family proceedings (§§ 36 (5), 36a FamFG), labour court proceedings (§§ 54 (6), 54a ArbGG)[45], social court proceedings

---

[40] Cf. *R. Jordans*, MDR 2013, 65, 67.
[41] Cf. *G. Wagner*, Das Mediationsgesetz – Ende gut, alles gut?, ZKM 2012, 110, 112.
[42] For a model contract cf. *Ropeter*, Mediationsvertrag und Mediationsklauseln, in Hinrichs (N. 37), para. 240.
[43] Cf. *M. Plassmann*, Bekenntnis zur Justiz, AnwBl 2012, 151.
[44] Cf. *M. Ahrens*, Mediationsgesetz und Güterichter, NJW 2012, 2465; *Fritz/Schroeder*, Der Güterichter als Konfliktmanager im staatlichen Gerichtssystem, NJW 2014, 1910; *Greger*, Verweisung vor den Güterichter und andere Formen der konsensorientierten Prozessleitung, MDR 2014, 993; *Th. Thole*, Mediation im und an der Schnittstelle zum Zivilprozess, ZZP 127 (2014), 339; *F. Schreiber*, Mediationsgesetzgebung als Justizreform, KritV 2013, 102.
[45] Cf. *Hartmann*, Alternative zum Arbeitsgerichtsprozess – Das neue Mediationsgesetz, AuA 2011, 340.

(§ 202 SGG), administrative court proceedings (§ 173 (1) VwGO)[46], fiscal court proceedings (§ 55 FGO) and proceedings before the patent court (§ 99 PatG and § 82 MarkenG).

h) Opposed to the bill of the Federal Government an out-of-court mediation agreement as such cannot be declared enforceable[47]. On pressure of lawyers' associations the final law only provides the ordinary possibilities to draw up an enforceable title, that are (1) settlement in court, (2) making an enforceable instrument before a notary or (3) before two lawyers. This has the result that non-lawyers are practically excluded from mediation which may lead to an agreement which should become an enforceable title.

i) Finally, receiving legal aid for a party in need covers the costs of proceedings before the new conciliatory judge, but not costs of out-of-court mediation even if the court has recommended it to the parties[48]. Only in the context of research projects, for instance regarding family law cases, financial support can be provided to parties in need (§ 7 (2) Mediation Law).

IV. Framework Conditions for Mediation

For mediation to be conducted sensibly, a number of attractive framework conditions are required[49].

1. Suspension of limitation periods and other time limits

The 2001 reform of the law of obligations entailed a rearrangement of the law of limitation. Under § 203 Civil Code (BGB), the limitation period now is suspended as long as debtor and creditor negotiate over the claim or the facts giving rise to the claim. This suspension ceases only if one party refuses to continue with negotiations. The limitation period then ends no earlier than three months after suspension ceased. Parties who decide to use mediation proceedings are negotiating, so neither party has to fear the loss of its rights by reason of limitation. The one-sided request to start mediation is not sufficient. German law is mediation-friendly in this regard[50].

---

[46] Cf. *Guckelberger*, Einheitliches Mediations-Gesetz auch für verwaltungsrechtliche Konflikte?, NVwZ 2011, 390.

[47] *R. Jordans*, MDR 2013, 65, 69.

[48] Cf. *Büttner/Wrobel-Sachs/Gottschalk/Dürbeck*, Prozess- und Verfahrenskostenhilfe Beratungshilfe, 7th ed. 2014, para. 10; *Effer-Uhe*, Prozess- und Verfahrenskostenhilfe für die gerichtsnahe Mediation, NJW 2013, 3333.

[49] Cf. *Hopt*, Mediation-Eine Einführung, RabelsZ 74 (2010), 723, 725.

[50] Cf. *Wagner*, Grundstrukturen eines deutschen Mediationsgesetzes, RabelsZ 74 (2010), 794, 799 f; *Schekahn*, Außergerichtliche Mediation und die drei großen „V" - Vollstreckung, Verjährung, Vertraulichkeit, JR 2013, 53.

However, this is not unqualifiedly so. In special cases, German law contains exclusionary time limits in regard to which certain claims expire unless they are brought before a court within fixed deadlines. Insofar as the law does not also provide for the suspension of the exclusionary time limit, the affected party risks losing rights by pursuing mediation[51]. The new mediation law does not offer any assistance in this regard, either[52]. If the mediation is unsuccessful the limitation time is running again, but leaving three months for filing a claim with a state court (§ 203 (2) BGB)[53].

2. Confidentiality

Out-of-court mediation (§ 1 (1) Mediation Law), but also in-court conciliation (§ 169 GVG) are non-public[54].

Participants of mediation are just the mediator and the real parties, resp. their responsible officers. Third persons, even legal advisers, may be included with the consent of all parties only[55].

In-court-conciliation is different. So far legal representation is obligatory lawyers accompany their parties also within the conciliation/mediation process but parties may participate without such representation as they do not perform procedural acts until they settle the case[56].

According to § 4 Mediation Law the private mediator and all persons involved in the mediation proceeding are obliged to keep confidentiality with regard to all information obtained during this procedure. This duty does not apply, if

(1) it is necessary to implement or enforce an agreement reached within the mediation procedure,

(2) disclosure is required for priority reasons of public policy, in particular to prevent a danger for the well-being of a child or a serious prejudice to the physical or psychic integrity of a person,

(3) it concerns facts being commonly known or of such (low) importance that they need no secrecy.

This law concerns just the mediator and his staff, but not parties and their consultants or other third parties admitted to the mediation process. Insofar the parties should agree about confidentiality by special contract[57], otherwise each side is free to refer later to all

---

[51] Cf. Münchener Kommentar BGB/*Grothe*, 7th ed. 2015, § 203 notes 1, 5.
[52] For inclusion *Steffek* RabelsZ 74 (2010), 841, 861.
[53] G. *Wagner*, Das Mediationsgesetz - Ende gut, alles gut?, ZKM 2012, 110.
[54] The conciliatory judge is not acting as „adjudging court", cf. *Greger/Weber*, MDR 2012 Sonderheft, p. 5.
[55] BT-Drucks. 17/5335, p. 15; *R. Jordans* MDR 2013, 65, 67.
[56] *Greger/Weber* MDR 2012 Sonderheft, p. 4.
[57] Cf. G. *Wagner* ZKM 2012, 110, 111; *Fritz/Pielsticker* (N. 36), § 4 MediationsG Notes 21, 23.

information received within the mediation.

It is still an open question, whether § 4 Mediation Law applies to the conciliatory judge. Some authors deny it; the rule shall be applicable just to the ending in-court mediators[58]. Others accept it, because § 4 refer to a certain task, not to a specific profession[59].

3. Enforceability of the result of mediation

At least in the literature, it has been considered an important aspect of mediation law that the result can be declared enforceable in any event at the request of the participants. In out-of-court mediation, arranging a lawyers' settlement (§ 796a ZPO) or procuring an enforceable notarial certificate (§ 794 (1) no. 5 ZPO) should be considered[60]. If the parties so wish, they can also make an arbitration agreement, request the mediator as arbitrator and arrange for him to declare an arbitral award with agreed content (§ 1053 ZPO)[61].

According to the draft of the Federal Government any mediation agreement could have been declared enforceable by a judge irrespective who had been the mediator and whether the parties were represented by lawyers or had the opportunity to get their advice or not (Draft § 796d ZPO). This proposal did not survive. As already mentioned under the new law an agreement may transferred into an enforceable title only if made together with two lawyers (§§ 796a et seq. ZPO) or if subsequently recorded by a notary or a judge (§ 794 (1) no 1, 5 ZPO).

The enforceability of a settlement before a conciliatory judge was a corner stone for the new German Mediation Law. Now, § 278 (5) 2 ZPO expressly lays down that the conciliatory judge has the power to use *all* methods of dispute resolution including mediation. It is therefore still possible to settle the case before him within an enforceable court settlement[62].

4. Costs of successful mediation proceedings

In the practitioners' view, successful mediation proceedings are cheaper than court proceedings over two instances and cheaper than arbitration proceedings[63]. However,

---

[58] *Fritz/Pielsticker* (N. 36), § 4 MediationsG Note 21.
[59] *Röthemeyer* ZKM 2012, 116, 118.
[60] Cf. *Lörcher/Lörcher*, Durchsetzbarkeit von Mediationsergebnissen, in Haft/Schlieffen (N. 26), § 45 para. 19 ff.; *Wagner* RabelsZ 74 (2010), 794, 801 ff.; crit. as to the high costs *Wagner* ZKM 2012, 110, 111.
[61] Cf. *Lörcher/Lörcher* (N. 60) § 45 para. 30 ff., p. 44.
[62] *G. Wagner* ZKM 2012, 110, 114; *Fritz/Pielsticker* (N. 36), § 278 ZPO para. 72.
[63] Cf. *Horst*, Die Kosten der Mediation, in Haft/Schlieffen (N. 26), § 47 para. 144; less confident *M. Engels/T. Müller*, Mediation und ihre Kosten, ZKM 2012, 39.

mediators' fees are not fixed by law. Remuneration accordingly has to be freely negotiated by the parties. Insofar as the mediator is a lawyer (*Rechtsanwalt*), § 34 (German) Law of Fees for Lawyers (RVG) stipulates that the lawyer as mediator should work towards a fee agreement. Without such agreement, he receives fees according to the rules of the Civil Code, i.e., according to § 612 s. 2 CC, the usual remuneration (in the absence of a tariff). Accounting based on time rather than value of the subject-matter will probably be „usual"[64]. Because of the extraordinary fluctuation of the usual rates, certainty regarding the amount of costs can only be obtained by way of written remuneration agreement[65].

If a judge is referring parties to out-of-court mediation while the case is pending with the court parties have to pay twice: for the court and the respective service of their lawyers and for the mediation procedure. The legislator has seen this obstacle. If the claim before the court is withdrawn after a successful mediation the judge is freed from rendering a judgment. Therefore, a reduction of court fees should be considered. The Federal legislator did, however, not grant such a reduction by himself. By way of § 69b Court Fees Act (GKG) (as amended by the Law for the promotion of mediation) he just empowered the legislators of the single German states to grant a reduction or even a lapse of court fees in such a case by way of Regulation[66].

V. Who may be mediator?

In Germany, the question of who may act as mediator was disputed till the final passing of the Mediation Law.

1. Non-Lawyers

Regarding the occupation of a mediator in out-of-court mediation, no legal education is necessary; at most, some training as mediator is required. Insofar, however, there is no legal framework. The term „mediator" as such is not legally protected. In practice, until recently there were only a few associations which have established training programs and internal standards so as to allow their alumni to present themselves as a mediator of their respective association. But beyond that, there was no protection against charlatans. The new Mediation Law requires in § 5 (1) 1 on the one side that the mediator by his own responsibility ensures that he has suitable training and that he continues to receive

---

[64] Cf. *R. Jordans* MDR 2013, 65, 68.
[65] Cf. *Horst,* in Haft/Schlieffen (N. 26), § 47 para. 34 ff., p. 51.
[66] Crit. *Fritz/Pielsticker* (N. 36), § 69b GKG para. 3 („More political compromise than well considered rule").

training[67] enabling him to conduct mediation procedure and the Law contains a list of basic requirements as to the training content (§ 5 (1) 2 Mediation Law). On the other side a mediator may use the title „certified mediator" only if he or she meets the legal requirements as to training, practice experience and advanced training[68]. Yet, these requirements are still not fixed by a statutory instrument.

As it is outside a mediator's duties to provide legal advice a mediator must draw the attention of the parties to the possibility of controlling the final mediation agreement by external counsel if the party participated in the mediation proceeding without such a counsel before a binding conclusion (§ 2 (6) Mediation Law)[69].

2. Lawyers

Because of the fact that a mediator, at least in theory, should work towards an agreement between the parties without regard to the legal situation[70], the question whether such an occupation could be reconciled with the lawyer's profession was disputed. While the Federal Lawyers' Profession Law (*Bundesrechtsanwaltsordnung*) provides nothing on the point, the Federal Lawyers' Chamber (*Bundesrechtsanwaltskammer*) has expressly stipulated in § 1 (3) of the Professional Rules for Lawyers (*Berufsordnung für Rechtsanwälte*, BORA) that the lawyer as independent counsel is to „protect [his client] from the loss of rights, and accompany him while shaping his rights, avoiding conflicts and resolving disputes". It follows from § 7a BORA, which permits a lawyer to refer to himself as mediator if he can prove his proficiency in the principles of mediation by way of suitable training, that this includes the occupation of mediator[71].

On the other hand, mediation as an occupation is not reserved for lawyers. Thus, § 2 (3) no. 4 of the Legal Services Law (*Rechtsdienstleistungsgesetz*) expressly provides that mediation as such is not a legal service[72]. A mediator who is not a lawyer may, however, not make proposals for the resolution of the case. The non-lawyer as mediator may just refer to legal data, but is not allowed to tell the parties his opinion about them[73].

---

[67] Criticised by *Fritz/Fritz* FPR 2011, 328, 333; however advocating the private „Seal of Approval" model *Wagner* RabelsZ 74 (2010), 794, 824 ff.; similarly *Greger*, Qualitätssicherung der Mediation im internationalen Vergleich, JZ 2011, 229.

[68] Cf. *R. Greger*, Der „zertifizierte Mediator" – Heilsbringer oder Schreckgespenst?, ZKM 2012, 36; *M. Plassmann*, Das Mediationsgesetz – eine Steilvorlage für die gesamte Anwaltschaft, BRAK-Mitt. 2012, 194, 196 f.; *R. Jordans* MDR 2013, 65, 66.

[69] Cf. *Fritz/Pielsticker* (N. 36), § 2 MediationsG para. 135 ff.

[70] Cf. *Engel*, Konsensuale Konfliktlösung und anwaltliche Beratungspraxis, ErbR 2014, 510.

[71] According to *Römermann/Praß* (Anwalt vs. Mediator, AnwBl 2013, 499) acting as mediator should be distinguished from acting as lawyer.

[72] See *Sarhan* JZ 2008, 280, 286.

[73] *Grunewald/Römermann*, Rechtsdienstleistungsgesetz, 2008, § 2 RDG para. 129 ff., 134 ff.; *Unseld/Degen*, Rechtsdienstleistungsgesetz, 2009, § 2 para. 55 f.

3. Notaries

Because German notaries generally do not represent one or the other party but rather must advise the participants independently and impartially (§ 14 (1) BNotO), they are from the outset suitable mediators in those matters that they are to certify[74]. Insofar as notarizations are concerned, the notary must respect to Federal Notary Regulation (*Bundesnotarordnung*) and the Federal Recording Law (*Beurkundungsgesetz*). Insofar as he is instructed as mediator in other conflicts going beyond recordings, the same requirements apply to him as do to other mediators[75].

4. Judges

In the German literature, whether it is permissible or suitable for judges to act as mediators was particularly disputed. A fair number hold that the work of the mediator is not part of the judicial task of applying law but at most a miscellaneous task which could be assigned to the courts (cf. § 4 DRiG); however, such an assignment was said not to have taken place[76]. The majority however did not take such a narrow view.

Generally it is argued that the task of pacification also is a task of the judge, and that therefore there is no antagonism between mediation and the judiciary[77]. In any event, mediation by a judge is said to be covered by his competence as conciliator in conciliation hearings because the notion of conciliation has always been rooted in German procedural law[78]. In any event, it is said that it follows from the existing legal indicators in the various codes of procedure that the legislature acquiesces in mediation by judge. Primarily in family matters it serves the interests of the parties, and particularly those of the child. On the whole, the point is not just to reduce costs, but to strengthen the pacifying function of the judiciary by providing different types of dispute resolution procedures[79].

Now, clarifying provisions follows from § 1 (2) Mediation Law and from § 278 (5) ZPO. According to both rules any independent neutral person may act as mediator unless

---

[74] Cf. *Walz*, Der Notar als Mediator, in Haft/Schlieffen (N. 26), § 37 para. 1 ff; *Schmitz-Vornmoor/ Vornmoor*, Mediations- und Verhandlungspraxis im Notariat, ZKM 2012, 51.

[75] Cf. *Walz* (N. 74), § 37 para. 119 ff.

[76] Cf. *Prütting*, Ein Plädoyer gegen Gerichtsmediation, ZZP 124 (2011), 163, 166 f.

[77] Cf. *Isermann*, Recht und Politik 2011, 9, p. 15; *Probst*, Mediation, Recht und Justiz, Festschrift D. Reuter, 2010, p. 1309, 1318; *Oehlerking*, in Greger/Unberath (N. 4), p. 55, 62; *Jahn*, Richter als Friedensstifter, AnwBl 2011, 451.

[78] According to *Bamberger*, Verfassungsrechtliche und politische Aspekte der Richtermediation, in Haft/ Schlieffen (N. 26), § 42 para. 32 ff.; in depth *von Bargen*, Gerichtsinterne Mediation, 2008, p. 211 ff., 227 ff., 235 ff.

[79] Cf. *Bamberger* (N. 78), § 42 para. 57 ff.

he or she has judicial power to decide the case.

A judge may therefore act as private mediator within a secondary activity. He will get the permission to do so if both parties have nominated him to be mediator (§ 30 DRiG-German Law on Judiciary).

When acting within his main profession since 1 August 2013 a judge is called „conciliatory judge" even if he applies a pure mediation process. The model of a „conciliatory judge" introduced by the new Mediation Law however differs from pure mediation so far the conciliatory judge is always entitled to confront the parties with his legal analysis of the case[80] and with his proposal to solve the conflict whereas a true mediator may not do so.

VI. Assessment of the new Mediation Law

1. For the most part, the fact that the legislature wanted to regulate mediation not just for cross-border cases is welcomed. However, there has been some criticism that it regulates mediation as the sole procedure for out-of-court dispute resolution without directly noting other procedures. Further, criticism has been levelled at the fact that the legislature hardly provides incentives to choose out-of-court dispute resolution over court proceedings. Therefore, if a court refers parties to a successful out-of-court mediation there should be some substantial reduction for the court fees. There are also suggestions that parties who have unsuccessfully attempted mediation should enjoy a cost discount in subsequent court proceedings.

2. Further, it is criticised that while the court can refer the parties to an out-of-court or court-related mediation, there is insofar, in particular in family matters, no financial support for parties in need[81]. By contrast, full financial support is granted to parties in need for the dispute before court.

3. The main dispute however related to the question whether the in-court mediation offered by some of the German states is or was legitimate and whether it should be treated as just another form of mediation, or whether it deserves a certain privileged treatment due to its incorporation into court.

The new Law is a political compromise. Free mediators and lawyers in private practice were successful as the terms „mediator" and „mediation" are reserved for out-of-court mediation from 1 August 2013 (§ 9 (1) Mediation Law). Free mediators are now the only one who can advertise to offer mediation. Lawyers win as they are necessary to

---

[80] Cf. *H. Weber*, Methoden des „neuen" Güterichters - Erkenntnisse aus der Praxis einer Güterichterin, in Fischer/Unberath, Grundlagen und Methoden der Mediation, 2014, p. 143, 147 f.

[81] Cf. *Prütting/Helms/Prütting*, FamFG, 3rd ed. 2014, § 36a Notes 16, 17 (costs of legal aid lawyer are covered, but not those of the mediator); advocating aid for mediation costs *Wagner* RabelsZ 74 (2010), 794, 836; *Steffek* RabelsZ 74 (2010), 841, 872.

provide legal advice before a final settlement by mediation. The party agreement at the end of the mediation process may be transformed into an enforceable instrument, but just with additional costs.

On the other hand the various models of in-court mediation are continued under the name „conciliatory judge", as this judge may, to repeat it once again, „use all methods of conflict resolution including mediation" (§ 278 (2) 2 ZPO). Once a case is pending with a court „mediation" by a conciliatory judge has many advantages as to an out-of-court mediation. There are no additional costs. The conciliatory judge can always record a formal settlement as an enforceable title[82]. There are just some minor disadvantages. The person of the conciliatory judge is determined by the general schedule of responsibilities; parties have no free choice. The procedure before the conciliatory judge is not public, but the duty of confidentiality according to § 4 Mediation Law does not apply.

Finally, up to now in-court mediation was just a trial with some selected courts. To establish an overall system of conciliatory judges with all courts of first instance requires much effort as the number of judges trained to act as mediator is still limited. Therefore the court administrations had time till 1 August 2013 to offer a conciliatory judge at each court or at least one for several courts.

VII. Conclusion

According to Recital two of the European Mediation Directive, alternative extra-judicial procedures are to be introduced with a view to facilitating better access to justice. This approach is hardly conducive for German law. After all, proceedings before German civil courts as well as before courts of other branches are affordable both for businesses as well as ordinary citizens. If necessary, every participant receives legal aid. Proceedings before German courts in general are quick and lead to high-quality legal protection. German procedural law instructs the judge to guide the parties to a settlement as far as possible before ruling on the matter. In this regard, matters going beyond the matter in dispute can be taken into account. In Germany, by contrast to other countries where ordinary civil proceedings are not affordable or where the overburdening of the courts prevents effective legal protection in regard to time, there was no general need for the introduction of further alternative dispute resolution procedures.

Nonetheless, there are areas in which appropriate results cannot be reached through ordinary average court proceedings. For these, the various forms of alternative dispute resolution are rightfully provided. This is true in particular regarding the resolution of conflicts which do not or only in part turn on the enforcement of claims by one party against the other, for instance in mediation within a business, in disputes in family

---

[82] *Fritz/Pielsticker* (N. 36), § 278 ZPO Rn. 72, 74.

businesses, disputes between heirs or between heirs and executors on matters of policy of business management. Practice also shows that parties often apply to court prematurely and that therefore an increased effort to reach agreement even after commencement of proceedings is indeed sensible. Therefore there is a justified range of application for out-of-court mediation proceedings as well as special in-court conciliation. Recognition of mediation and in-court conciliation in law thus can be expected to improve the general quality of legal protection.

In my opinion, however, there is no need to promote or regulate the area of commercial mediation, inheritance mediation or company mediation even further in any way[83]. Already, the participants hardly file claims with state courts to resolve their disputes and instead use arbitration tribunals, arbitration opinions or mediation. Insofar as the courts fail to resolve disputes between parents over custody or contact and access rights and therefore refer the parties to out-of-court or court-related mediation, the state should also pay for the additional costs.

On the whole, the in-court mediation that has developed in Germany over the past few years can be maintained under the new name of „conciliation judge"; other than that, there should be free competition between court proceedings and all forms of out-of-court dispute resolution (mediation, conciliation, arbitration etc.) that are being offered and demanded for.

---

[83] *Risse/Bach*, Wie frei muss Mediation sein?, SchiedsVZ 2011, 14.

Gedanken zur materiellen Rechtskraft

Dieter Leipold

I. Widmung

Dem hochgeschätzten Kollegen Hiroyuki Matsumoto mit diesem bescheidenen Beitrag zum 70. Geburtstag gratulieren zu dürfen, gereicht mir zur besonderen Freude und Ehre. Schon bei meinem für mich unvergesslichen ersten Besuch in Japan im Jahre 1976 bin ich Hiroyuki Matsumoto begegnet. Seither bin ich mit ihm eng verbunden geblieben; wir haben in vielfältiger Weise, nicht zuletzt bei der Gestaltung japanisch-deutscher Symposien, zusammengearbeitet. Längst ist aus dem jungen Mann von 1976 einer der führenden Zivilprozessualisten Japans geworden, der auch bei der rechtsvergleichenden Zusammenarbeit zwischen japanischen und deutschen Zivilprozessualisten in vorderster Reihe steht. Wir haben Herrn Matsumoto eine ganze Reihe weiterführender Untersuchungen in deutscher Sprache zu verdanken. Auch durch die Übersetzung deutscher Beiträge in die japanische Sprache und durch deren Veröffentlichung in Japan hat sich der Jubilar um die rechtsvergleichende Zivilprozessualistik besonders verdient gemacht. Möge dem Jubilar weiterhin Gesundheit, Schaffenskraft und Lebensfreude beschieden sein – ad multos annos!

II. Noch einmal: das Wesen der materiellen Rechtskraft

Im alten Streit über die theoretische (man kann auch sagen: dogmatische) Erklärung der materiellen Rechtskraft von Zivilurteilen hat heute in Deutschland die prozessuale Theorie eindeutig die Meinungsführerschaft inne[1]. Sie wurde früher in Anknüpfung an die im Strafprozess vorherrschende Auffassung vor allem als ne bis in idem-Lehre vertreten. Danach steht die Rechtskraft einem erneuten gerichtlichen Verfahren und einer erneuten Entscheidung in einer Sache entgegen, über die bereits (zwischen denselben Parteien) rechtskräftig geurteilt wurde. Allerdings sind die Gegebenheiten im Strafprozess und im Zivilprozess, genauer die Aufgaben, die von der materiellen Rechtskraft in künftigen Prozessen zu erfüllen sind, durchaus unterschiedlich. Anders als

---

[1] Zuletzt und besonders entschieden *Gaul*, Rechtskraft und ungerechtfertigte Bereicherung, Festschrift für Schilken (2015), 275, 291 ff. (Überschrift: „Die Entwicklung der prozessualen Rechtskraftlehre als heute allein tragfähige Basis").

im Strafprozess gewinnt die materielle Rechtskraft von Zivilurteilen ihre hauptsächliche Bedeutung nicht bei einer schlichten Wiederholung der rechtskräftig entschiedenen Klage, sondern dann, wenn der Inhalt der rechtskräftigen Entscheidung in einem späteren Prozess als positive oder negative Voraussetzung anderer Rechtsfolgen eine Rolle spielt. Hier muss aus der materiellen Rechtskraft eine Bindung an die festgestellte Rechtslage folgen. Diese lässt sich aber mit der Vorstellung eines bloßen Verbots der erneuten Verhandlung und Entscheidung im Sinne des ne bis in idem-Satzes nicht erklären. Daher wird von der herrschenden Meinung aus der materiellen Rechtskraft nicht nur eine Sperrwirkung für eine Wiederholung des Prozesses, sondern auch eine inhaltliche Bindungswirkung entnommen. Bei einer Wiederholung der Klage ist diese, soweit derselbe Streitgegenstand bereits rechtskräftig beurteilt wurde, als unzulässig abzuweisen. Ist dagegen die rechtskräftige Feststellung in einem zweiten Prozess als Vorfrage von Bedeutung, so ist das Gericht inhaltlich gebunden und darf die jetzt präjudizielle Frage nicht anders beurteilen als dies in der rechtskräftigen Entscheidung geschah. Auch diese Bindungswirkung wird aber von der herrschenden Auffassung als eine rein prozessuale Bindung verstanden. Die Ansicht, dass es sich dabei um eine materiell-rechtliche Komponente handelt, wird entschieden abgelehnt[2].

Die Rechtskrafttheorien einschließlich ihrer historischen Entwicklung können hier nicht im Einzelnen erörtert werden. Ich erlaube mir aber, meine eigene Auffassung nochmals kurz zu skizzieren[3]. Den Ausgangspunkt bildet dabei die Frage nach dem Zweck der materiellen Rechtskraft. Der Zivilprozess verfolgt – jedenfalls in erster Linie – den Zweck, den Streit der Parteien einer rechtlich begründeten Lösung zuzuführen. Kommt im Laufe des Prozesses keine einvernehmliche Beilegung des Konflikts, insbesondere durch einen Prozessvergleich, zustande, so hat das Gericht zu entscheiden, welche der Parteien im Recht ist. Die an die Unanfechtbarkeit (die formelle Rechtskraft) geknüpfte materielle Rechtskraft schafft Verbindlichkeit der Rechtslage, die das Gericht festgestellt hat. Dadurch wird für die Parteien Rechtsklarheit und Rechtssicherheit geschaffen. Die materielle Rechtskraft dient damit in erster Linie den Interessen der Parteien. Dass durch die Rechtskraft mittels des Verbots mehrfacher Prozessführung auch richterliche Ressourcen gespart und durch die Vermeidung widersprüchlicher Urteile die Autorität der Gerichte unterstrichen werden kann, sind dagegen allenfalls Nebenzwecke der materiellen Rechtskraft im Zivilprozess.

Der Hauptzweck der materiellen Rechtskraft eines Zivilurteils ist es somit, die rechtlichen Beziehungen in einer bestimmten Angelegenheit zwischen den Parteien verbindlich festzulegen. In der Regel liegen dies Rechtsbeziehungen auf dem Gebiet des Privatrechts. Was im Urteil rechtskräftig zum Ausdruck gebracht wurde, ist die materielle

---

[2] So *Gaul* (Fn. 1) S. 298 („prozessuale Vorfragenbindung").
[3] Ausführlich *Stein/Jonas/Leipold*, ZPO, 22. Aufl. (2008), § 322 Rn. 18 bis 41.

Rechtslage, die zwischen den Parteien gilt und von den Parteien beachtet werden soll. Dass die primäre Wirkung des rechtskräftigen Urteils auf das Verhalten der Parteien abzielt, wird bei der Verurteilung zu einer Leistung am deutlichsten, gilt aber genauso bei einer Klageabweisung oder bei einem Feststellungsurteil. Selbstverständlich gilt die durch das rechtskräftige Urteil für das Verhältnis zwischen den Parteien festgelegte konkrete Rechtsfolge nur, sofern die Parteien nichts anderes vereinbaren. Soweit die materiellen Rechtsverhältnisse der Privatautonomie unterliegen, ändert daran auch eine rechtskräftige Feststellung nichts. Dass dieses durch den Zweck der Rechtskraft vorgegebene Verständnis, wie Gaul[4] meint, „im freiheitlichen Rechtsstaat.... geradezu als unverhältnismäßige Überreaktion des staatlichen Machtanspruchs" erscheine, wenn dieser „durch den Richterspruch auf das außerprozessuale Verhalten der Parteien und deren Privatrechtsverhältnisse derart maßregelnd einwirken" wolle, vermag ich nicht nachzuvollziehen.

Die Rechtslage wird freilich durch die materielle Rechtskraft nicht in dem Sinne beeinflusst, dass im Fall eines unrichtigen Urteils die abstrakten materiellen Rechtsnormen geändert würden. Vielmehr liegt die Wirkung der Rechtskraft in der verbindlichen Festlegung einer konkreten Rechtsfolge. Dadurch stellt sich die Rechtslage vor und nach rechtskräftiger Entscheidung verschieden dar, unabhängig davon, ob das Urteil auf einer richtigen Beurteilung der Rechtsnormen und einer zutreffenden Feststellung der Tatsachenlage beruht, in diesem Sinne also als richtig oder als unrichtig zu qualifizieren ist. Diese Lehre von der Konkretisierung der Rechtslage führt auch keineswegs dazu, wie wiederum Gaul[5] einwendet, dass „sich der Rechtsverkehr außerhalb des Prozesses im rechtsleeren Raum abspielen" würde, weil es bei einer solchen Betrachtung außerhalb des Prozesses „kein dem Recht gemäßes, kein ihm zuwiderlaufendes Verhalten" gäbe. Die Rechtsnormen gelten unabhängig vom Prozess, aber sie wenden sich nicht selbst auf den konkreten Fall an, sondern bedürfen der Anwendung durch ein erkennendes Subjekt. Die Aussage, aus § 823 Abs. 1 BGB ergebe sich ein Anspruch des A gegen B auf Zahlung eines Schadensersatzes in Höhe von 10 000 €, bedeutet in Wahrheit, dass jemand (eine bestimmte Person) einen bestimmten Sachverhalt zugrunde legt, auf diesen die genannte Rechtsnorm anwendet und daraus die Schlussfolgerung des bestehenden Schadensersatzanspruchs zieht. Eine Beachtung der Rechtsnormen in dieser Weise ist natürlich das Ziel der Rechtsordnung, die auf Befolgung im Leben, nicht nur im Prozess angelegt ist. Aber bis zur rechtskräftigen Entscheidung sind die verschiedenen Rechtssubjekte, die in Anwendung der Rechtsnormen zu einer konkreten Rechtsansicht gelangen, gleichberechtigt. Gelangen sie zu verschiedenen konkreten Rechtsfolgen, so ist es vor allem eine Frage der Verhandlungen zwischen verschiedenen Personen (den

---

[4] *Gaul* (Fn. 1) S. 288.
[5] *Gaul* (Fn. 1) S. 288.

Parteien eines Konflikts), welche Rechtsfolge schließlich akzeptiert und konkret verwirklicht, vielleicht auch einverständlich modifiziert oder auch nicht realisiert wird. Im Prozess ist es aber die Aufgabe des Gerichts, wenn es zur streitigen Entscheidung kommt, diese Konkretisierung der Rechtsfolge vorzunehmen. Sie erlangt Verbindlichkeit durch die materielle Rechtskraft, und von nun an gilt allein diese Rechtsfolge. Eine abweichende Beurteilung durch andere Rechtssubjekte ist dadurch natürlich nicht verwehrt. Niemand, auch nicht die Parteien, ist daran gehindert, das materiell rechtskräftige Urteil als inhaltlich falsch zu bewerten, aber von der Rechtsordnung wird diese Aussage nicht mehr beachtet, weil sie an der Geltung der konkreten Rechtsfolge zwischen den Parteien nichts mehr zu ändern vermag. Diese Auffassung von der Rechtskraft als verbindlicher Konkretisierung der Rechtsfolge entspricht voll und ganz der Aufgabe der Justiz in einem demokratischen Rechtsstaat, hat diese doch in einem ihr vorgetragenen privatrechtlichen Konflikt für die Wahrung des Rechts zwischen den Parteien zu sorgen.

Ob sich aus diesem theoretischen Verständnis der materiellen Rechtskraft, insbesondere aus der beschriebenen Wirkung auf materiell-rechtlichem Gebiet, Folgerungen für die Lösung konkreter Rechtskraftprobleme ergeben, ist eine andere Frage. Wenn zweifelhaft ist, wie weit die materielle Rechtskraft reicht, kann man gewiss nicht unmittelbar aus der rein prozessualen Rechtskrafttheorie oder der hier vertretenen vermittelnden Theorie bestimmte Ergebnisse ableiten. Aber die Erkenntnis, dass die materielle Rechtskraft in erster Linie dem Interesse der Parteien an Rechtsklarheit und Rechtssicherheit dient, indem sie die konkrete Rechtslage zwischen den Parteien festlegt, kann sich durchaus bei der Klärung der Reichweite der Rechtskraft auswirken. Wenn man die Frage danach stellt, worauf die Parteien aufgrund eines rechtskräftigen Urteils vertrauen durften bzw. wovon sie auch zu ihrem Nachteil ausgehen mussten, so mag dies in manchen Fällen dafür sprechen, die Rechtskraftwirkung zu bejahen, auch wenn bei einer formalen Anwendung der für die Abgrenzung der Rechtskraft maßgebenden Norm (in Deutschland also des § 322 dZPO mit seiner Beschränkung auf die Entscheidung über den Anspruch) daran Zweifel bestehen mögen.

III. Die gesetzliche Regelung der objektiven Grenzen der Rechtskraft

Im deutschen wie im japanischen Zivilprozessrecht ist die Frage, wie weit sich die Rechtskraft in objektiver Hinsicht erstreckt, was also den Gegenstand der Rechtskraftwirkung bildet, in einer ebenso knapp wie allgemein formulierten Bestimmung geregelt. § 322 Abs. 1 dZPO[6] lautet heute noch genauso wie § 293 der CPO von 1877, der

---

[6] § 322 Abs. 2 dZPO enthält eine Bestimmung über die Rechtskraft bei Aufrechnung, auf die hier nicht weiter einzugehen ist.

seinerseits mit § 283 des Entwurfs der CPO identisch war: „Urteile sind der Rechtskraft nur insoweit fähig, als über den durch die Klage oder durch die Widerklage erhobenen Anspruch entschieden ist." § 114 Abs. 1[7] der heutigen japanischen ZPO ist der deutschen Norm durchaus ähnlich, betont aber stärker die Bedeutung der Urteilsformel[8]. In der Absicht, den Gegenstand der materiellen Rechtskraft eng zu fassen, stimmt das japanische Recht vollständig mit dem deutschen Recht überein[9].

Wie allgemein bekannt ist, entschied sich der deutsche Gesetzgeber bei der Schaffung der Civilprozessordnung für das Deutsche Reich gegen eine Erstreckung der Rechtskraft auf Vorfragen, insbesondere auf vorgreifliche Rechtsverhältnisse. Dies sollte durch die Beschränkung der Rechtskraft auf die Entscheidung über den geltend gemachten Anspruch zum Ausdruck gebracht werden. Die vor allem auf *Savigny* zurück gehende Gegenposition, wonach die Rechtskraft auch die Elemente des Urteils, d.h. die den Anspruch bedingenden Rechte, umfasse, war im gemeinen Recht von manchen auch auf die Entscheidung über vorgreifliche Tatsachen ausgedehnt, von anderen prominenten Stimmen aber entschieden abgelehnt worden. Die Gründe, aus denen die gesetzgeberische Entscheidung erfolgte, verdienen noch heute Interesse. Schon in den Motiven zur CPO wurde die Frage eingehend diskutiert. Man konzedierte, dass eine weite Rechtskrafterstreckung den großen Vorzug habe, zu verhindern, „dass über dieselbe Rechtsfrage unter denselben Parteien in verschiedenen Prozessen widersprechend entschieden wird, welcher Vorzug nicht hoch genug angeschlagen werden kann, weil widersprechende Urteile im Volke als ein schwerer Übelstand empfunden werden müssen"[10]. Das entscheidende Gegenargument war, ein derart weiter Umfang der Rechtskraft gehe über die Aufgabe des einzelnen Prozesses und die darin von den

---

[7] Ergänzend. enthält auch die japanische ZPO in § 114 Abs. 2 eine Vorschrift über die Rechtskraft bei Aufrechnung

[8] Der Text des § 114 jZPO wird in den beiden vorliegenden deutschen Übersetzungen etwas unterschiedlich wiedergegeben. *Nakamura/Huber*, Die japanische ZPO in deutscher Sprache (2006), 115 formulieren: „Das unanfechtbar gewordene Urteil besitzt Rechtskraft nur in dem Bereich, den der Urteilstenor umfasst." *Heath/ Petersen*, Das Japanische Zivilprozessrecht (2002), 64 geben den Text so wieder: „Die Rechtskraft eines unanfechtbar gewordenen Urteils erstreckt sich auf den Urteilstenor." Persönlich würde ich der Übersetzung von *Nakamura/Huber* den Vorzug geben. Sie entspricht, soweit ich dies beurteilen kann, vor allem durch die Verwendung des Wortes „nur" genauer dem japanischen Text, in dem die Absicht einer Begrenzung der Rechtskraft klar zum Ausdruck kommt.

[9] Genauere Kenntnis darüber, wie das deutsche Recht als Vorbild die Entstehung der japanischen Zivilprozessordnung beeinflusst hat, verdanken wir den ausführlichen Analysen von *Hiroyuki Matsumoto*. S. z.B. folgende Untersuchungen aus der Feder des Jubilars: Die Rezeption des deutschen Zivilprozessrechts in der Meiji-Zeit und die weitere Entwicklung des japanischen Zivilprozessrechts bis zum Zweiten Weltkrieg, ZZP Bd. 120 (2007), 3; Zur Aufrechnung im japanischen Zivilprozess. Ein Aspekt der Rezeption des Zivilprozessrechts in der Meiji-Zeit in Japan, Festschrift für Leipold (2009), 655; Zum Ausgleichsprinzip in der Zwangsvollstreckung wegen Geldforderungen in Japan, Festschrift für Stürner (2013), Bd. II, 1679.

[10] *Hahn*, Die gesamten Materialien zur Civilprozessordnung, Erste Abteilung (1880), 291.

Parteien verfolgte Absicht hinaus. So lautete die entscheidende These[11]: „Das Urteil darf nicht weiter gehen, als die Absicht der Parteien gegangen ist, und darf nicht Folgen erzeugen, deren sich die Parteien während des Prozesses gar nicht bewusst geworden sind." Da aber der Entwurf gleichzeitig die Zulässigkeit der Inzidentfeststellungsklage (heute: Zwischenfeststellungsklage) bejahe, hätten die Parteien die Möglichkeit, durch Erweiterung des Klageantrags oder durch Widerklage die Rechtskraft auch auf ein streitig gewordenes Rechtsverhältnis zu erstrecken. Auf diese Weise habe nicht das Gesetz, sondern der Wille der Parteien darüber zu entscheiden, was mit einer über den Bereich des Prozesses hinausgreifenden Rechtskraft entschieden werden solle. Bei der Beratung in der Reichstagskommission[12] beantragte der Abgeordnete *Struckmann*, doch die Theorie Savignys zur Geltung zu bringen. Er schlug folgende Bestimmung vor: „Urteile sind der Rechtskraft in so weit fähig, als über den durch Klage, Einrede oder Widerklage erhobenen Anspruch und über das Bestehen oder Nichtbestehen des Rechtsverhältnisses, welches ganz oder teilweise jenen Anspruch bedingt, entschieden ist." Mehrere Gegenredner traten dem entgegen, wobei sie sich vor allem auf ungünstige praktische Erfahrungen mit *Savignys* Theorie beriefen. So wurde der Antrag *Struckmanns* schließlich abgelehnt. Interesse verdient, dass ein anderer Änderungsantrag Erfolg hatte. Der Entwurf enthielt einen § 283 Abs. 3 mit folgendem Inhalt: „Der Eintritt der Rechtskraft ist nicht davon abhängig, dass die der Rechtskraft fähige Entscheidung in die Urteilsformel aufgenommen ist." Der Abgeordnete *Bähr* beantragte mit Erfolg die Streichung dieser Bestimmung[13]. Zwar sei, so seine Begründung, unverkennbar, dass für den Sinn der Entscheidung die Entscheidungsgründe von Bedeutung sein könnten, aber die Entscheidung selbst müsse in der Urteilsformel vereinigt sein, da sonst größte Unklarheit und Unsicherheit entstehe. Der Rückgriff auf die Entscheidungsgründe, um den Inhalt der Entscheidung über den Anspruch bestimmen zu können, sollte also durch die Änderung gegenüber dem Entwurf keineswegs verwehrt werden.

Sich die Argumentation zu vergegenwärtigen, die zur gesetzlichen Umschreibung der Rechtskraft führte, ist keineswegs nur von historischem Interesse. Gerade weil die gesetzliche Bestimmung enge Grenzen für die Rechtskraft setzt, muss bei der Auslegung beachtet werden, warum dies geschehen ist. Der entscheidende Gesichtspunkt war die Rücksichtnahme auf den Willen der Parteien. Sie sollten später nicht mit unerwarteten, über den geltend gemachten Anspruch hinausgehenden Folgen des rechtskräftigen Urteils konfrontiert werden. Dieser Grundgedanke sollte bei einer teleologischen, d.h. am Zweck des Gesetzes orientierten Auslegung beachtet werden. Wenn zweifelhaft ist, ob eine in dem rechtskräftigen Urteil zum Ausdruck kommende rechtliche Feststellung

---

[11] *Hahn* (Fn. 10), 291.
[12] *Hahn* (Fn. 10), 607 ff.
[13] *Hahn* (Fn. 10), 608 f.

des Gerichts zur rechtskraftfähigen Entscheidung über den geltend gemachten Anspruch zu rechnen ist, sollte man fragen, ob die begünstigte Partei unter Berücksichtigung des Gegenstands des Prozesses und der Entscheidungsgründe auf die Verbindlichkeit der Feststellung vertrauen durfte und andererseits die belastete Partei mit der Verbindlichkeit rechnen musste.

Zu eng wäre es dagegen, in solchen Grenzfällen allein deshalb für eine Verneinung der Rechtskraft zu plädieren, weil es die Parteien unterlassen haben, durch einen Zwischenfeststellungsantrag für vollständige Klarheit zu sorgen. Abgesehen davon, dass nicht sicher ist, ob in allen hier in Frage kommenden Fällen die Zwischenfeststellungsklage zulässig wäre (sie setzt immerhin voraus, dass es um das Bestehen oder Nichtbestehen eines Rechtsverhältnisses geht), haben die Parteien umso weniger Anlass, an dieses prozessuale Instrument zu denken, je näher liegend es für sie ist, dass über die betreffende Frage ohnehin verbindlich entschieden werden wird. Damit lassen sich in manchen Fällen[14] Ergebnisse vermeiden, die zwar mit einer strengen (formalen) Umgrenzung der „Entscheidung über den Anspruch" begründet werden könnten, aber geradezu dem gesunden Menschenverstand widersprechen. Einige Beispiele sollen im Folgenden dargestellt werden.

IV. Zwei Beispiele vorsichtiger Erweiterung der Rechtskraft

1. Grundbuchberichtigungsklage

Wenn A der Ansicht ist, Eigentümer eines Grundstücks zu sein, aber im Grundbuch bisher B als Eigentümer eingetragen ist, so kann A nach § 894 BGB von B die Zustimmung zur Berichtigung des Grundbuchs verlangen. Klagt A gegen B auf Erteilung der Zustimmung und bestreitet B das Eigentum des A, so muss im Rahmen dieses Prozesses die Eigentumslage geklärt werden. Gelangt das Gericht zu der Überzeugung, dass A im Recht ist, so verurteilt es B dazu, die Zustimmung zur Eintragung des A als Eigentümer zu erklären. Mit der Unanfechtbarkeit des Urteils wird der Grundbuchberichtigungsanspruch rechtskräftig festgestellt. Aber steht damit nun auch das Eigentum des A im Verhältnis zu B rechtskräftig fest? Die Frage kann sich z.B. stellen, wenn A später von B Schadensersatz wegen einer Beschädigung des Grundstücks verlangt, die nach dem Eintritt der Rechtskraft des Ersturteils erfolgt sein soll. Wird umgekehrt im Erstprozess die Klage auf Zustimmung zur Grundbuchberichtigung unanfechtbar abgewiesen

---

[14] Weitergehend die nach wie vor diskussionswürdige Ansicht von *Zeuner*, Die objektiven Grenzen der Rechtskraft im Rahmen rechtlicher Sinnzusammenhänge (1959); dazu *Stein/Jonas/Leipold*, ZPO, 22. Aufl. (2008), § 322 Rn. 202 ff.

wurde, weil das vom Kläger behauptete Recht nicht bestehe, so ist zu klären, ob damit das Recht des Klägers gegenüber B auch für folgende Prozesse rechtskräftig verneint ist. Die Frage ist bis heute umstritten. Interessanter Weise bejahte das Reichsgericht (RG) die Rechtskraft, während der Bundesgerichtshof (BGH) dazu tendiert, eine Rechtskraftwirkung hinsichtlich des dinglichen Rechts, das die Grundlage des Berichtigungsanspruchs bildet, zu verneinen. Beide Gerichte machten bei der Bejahung bzw. Verneinung der Rechtskraftwirkung keinen Unterschied zwischen einer Verurteilung zur Grundbuchberichtigung und einer Abweisung der Berichtigungsklage.

Der BGH[15] befasste sich zunächst mit der Frage, ob aufgrund der Rechtskraft des Urteils, mit dem die Klage auf Zustimmung zur Eintragung des Klägers als Eigentümer abgewiesen wurde, bindend feststehe, dass der Kläger an dem Grundstück kein Eigentum habe. Gegen die Bejahung der Rechtskraft könne, so der BGH, eingewendet werden, dass die Eigentumslage für die Entscheidung über den Grundbuchberichtigungsanspruch nur eine Vorfrage darstelle, die Beurteilung einer Vorfrage aber an der Rechtskraft des Urteils grundsätzlich nicht teilnehme. Das zugunsten der Rechtskraftwirkung vorgetragene Argument, die begehrte Grundbucheintragung bezwecke gerade die Klärung der Eigentumslage, weshalb die Berichtigungsklage als Verfahren zur Feststellung des Eigentums anzusehen sei, lässt der BGH nicht gelten. Er weist vielmehr darauf hin, auch bei der vergleichbaren Konstellation des Herausgabeanspruchs des Eigentümers nach § 985 BGB werde von der allgemeinen Auffassung die Rechtskraft hinsichtlich des Eigentums verneint, weil es sich beim Eigentum lediglich um eine Vorfrage für den Herausgabeanspruch handle. Da § 985 BGB die Herausgabe des Besitzes, § 894 BGB die Herausgabe der Buchposition regle, spreche manches dafür, die Fälle hinsichtlich der Rechtskraftwirkung gleich zu behandeln. Die Frage wurde vom BGH allerdings letztlich offen gelassen.

Denselben Standpunkt nahm der BGH[16] in einem Fall ein, in dem der Grundbuchberichtigungsklage – hier auf Eintragung eines dinglichen Wohnrechts gerichtet – stattgegeben wurde. Gleichwohl stehe das Bestehen des dinglichen Wohnrechts zwischen den Parteien nicht rechtskräftig fest, da die Entscheidung über eine Vorfrage eben nicht in Rechtskraft erwachse. Erneut wies der BGH auf die Parallele zwischen dem Grundbuchberichtigungsanspruch und dem Herausgabeanspruch des Eigentümers gegen den Besitzer hin. Es liege, so der BGH, nahe, die Rechtskraftwirkung hinsichtlich des dinglichen Rechts bei der Grundbuchberichtigungsklage ebenso zu verneinen wie bei der Herausgabeklage – abschließend wurde die Frage auch dieses Mal nicht beantwortet. Während der BGH – gewissermaßen buchstabengetreu – der Vorfragendoktrin folgte

---

[15] BGH, Urteil vom 22.10.1999 – V ZR 358/97, WM 2000, 320 (zu Nr. 9 f.). Die Vorinstanz – OLG Naumburg OLG-NL 1998, 182 – hatte dagegen, dem RG folgend, die Rechtskraftwirkung bejaht.
[16] BGH, Urteil vom 30.10.2001 – VI ZR 127/00, NJW-RR 2002, 516 (zu II 1 bis 3).

oder ihr jedenfalls zuneigte, achtete das RG darauf, was bei der Grundbuchberichtigungsklage der Sache nach im Mittelpunkt des Prozesses steht. Seine Entscheidungen muten weniger förmlich und in diesem Sinne moderner an, als die Äußerungen des BGH. In der ersten hier zu erwähnenden Entscheidung des RG[17] war der Anspruch auf Berichtigung des Grundbuchs durch Eintragung als Eigentümer rechtskräftig abgewiesen worden. Das RG erklärte, zwar reiche die Rechtskraft nur so weit, wie über den Klageanspruch entschieden sei, während die Gründe nicht an der Rechtskraft teilnähmen. Die Gründe seien aber zur Beurteilung der Tragweite der Entscheidung, insbesondere bei einer Klageabweisung, heranzuziehen. Mit der Klage sei nicht rein abstrakt die Berichtigung des Grundbuchs begehrt worden, sondern die Berichtigung durch Eintragung als Eigentümer. Daher sieht das RG in dem behaupteten Eigentum den Inhalt des Klagebegehrens. Nicht nur ein aus dem Eigentum abgeleiteter Anspruch, sondern das Eigentum selbst bilde den Gegenstand der Klage. Daher werde mit der unanfechtbaren sachlichen Abweisung dieser Klage das Eigentum selbst rechtskräftig verneint.

Diese Betrachtungsweise wurde vom RG[18] dann auch auf den Fall der rechtskräftigen Zuerkennung des Berichtigungsanspruchs ausgedehnt. Das Reichsgericht wiederholte, mit dem Grundbuchberichtigungsanspruch werde das Eigentum selbst zum Gegenstand der Klage gemacht und folglich im Urteil auch über das Eigentum selbst entschieden. Da das Eigentum des Klägers rechtskräftig feststehe, könne der Beklagte auch bei einem späteren Anspruch aus § 1004 BGB das Eigentum nicht mehr erfolgreich bestreiten.

Die besseren Gründe sprechen nach meiner Ansicht für eine Bejahung der Rechtskraftwirkung[19]. Schon im Klageantrag, der den Inhalt der begehrten Eintragung und damit das geltend gemachte dingliche Recht ausdrücklich enthält, kommt bei der Berichtigungsklage zum Ausdruck, dass der Berichtigungsanspruch nur das Instrument zur Verfolgung des behaupteten dinglichen Rechts darstellt. Die Parallele zum Herausgabeanspruch des Eigentümers gegen den Besitzer trägt insoweit nicht. Bei der Herausgabeklage kommt das zugrunde gelegte Eigentum weder im Klageantrag noch in einer zur Herausgabe verurteilenden Entscheidung zum Ausdruck. Die Behauptung eines dinglichen Rechts ist mit einer Herausgabeklage auch nicht etwa zwingend verbunden, gibt es doch ebenso Herausgabeansprüche aus anderen Rechtsgrundlagen, wie z.B. vertragliche Herausgabeansprüche.

Wendet man den oben vorgeschlagenen Test zur Beurteilung von Grenzfragen der materiellen Rechtskraft an, so spricht auch alles für die Bejahung der Rechtskraft. Die im

---

[17] RG, Urteil vom 3. 7. 1936 – V 254/35, JW 1936, 3047 (Nr. 5).
[18] RG, Urteil vom 21. 7. 1938 – V 19/38, RGZ 158, 40, 43.
[19] S. bereits *Stein/Jonas/Leipold*, ZPO, 22. Aufl. (2008), § 322 Rn. 209; ebenso Münchener Kommentar zur ZPO/*Gottwald*, 4. Aufl. (2013), § 322 Rn. 56. – A.M. *Musielak/Musielak*, ZPO, 11. Aufl. (2014), § 322 Rn. 24; *Zöller/Vollkommer*, ZPO, 30. Aufl. (2014), vor § 322 Rn. 36; *Thomas/Putzo/Reichold*, ZPO, 36. Aufl. (2015), § 322 Rn. 10.

Berichtigungsrechtsstreit unterlegene Partei wird durch Erstreckung der Rechtskraft nicht mit Rechtsfolgen konfrontiert, mit denen sie nach dem Inhalt des Prozesses nicht zu rechnen brauchte. Umgekehrt darf die obsiegende Partei darauf vertrauen, dass die im Urteil festgestellte Rechtslage (die bei der Verurteilung zur Zustimmung zur Berichtigung ja sogar ausdrücklich im Tenor steht) zwischen den Parteien auch in Zukunft zu beachten ist.

2. Rechtskraft bei Teilklagen

Im zweiten Beispiel geht es um Zivilprozesse, in denen der Kläger lediglich einen Teil einer Forderung einklagt, die ihm nach seiner Auffassung gegen den Beklagten zusteht[20]. Der Kläger berühmt sich z. B. eines Anspruchs gegen die beklagte Bank wegen fehlerhafter Anlageberatung in Höhe eines ihm entstandenen Schadens von einer Million €, klagt aber zunächst nur einen Teilbetrag von 100 000 € ein. Man spricht in einer solchen Konstellation auch von einer offenen Teilklage, im Gegensatz zu Fällen, in denen der Kläger später einen weiteren Forderungsbetrag einklagt, obwohl er bei der ersten Klage nicht zum Ausdruck gebracht hat, dass er eine über den eingeklagten Betrag hinausgehende Forderung behauptet (sog. verdeckte Teilklage). Hier wird nur auf die offene Teilklage eingegangen. Das Motiv für eine solche Teilklage ist klar: der Kläger will durch den geringeren Streitwert Gerichts- und Rechtsanwaltsgebühren sparen. Es geht dabei, zunächst um die vom Kläger selbst zu zahlenden Gebühren, aber auch um die des Gegners, die bei Prozessverlust ebenfalls den Kläger treffen. So kann durch eine Teilklage das Prozessrisiko erheblich vermindert werden. Nach allgemeiner Ansicht ist im deutschen Zivilprozess eine solche Teilklage zulässig. Das ist nicht völlig zweifelsfrei. Man könnte auch einwenden, dass es an einem Rechtsschutzbedürfnis für die Teilklage fehle, wenn der Kläger auf diese Weise den Beklagten und die Ressourcen der Rechtspflege mehrfach in Anspruch nehme, obwohl er auch in der Lage wäre, die gesamte Forderung in einem einzigen Prozess geltend zu machen. Der Beklagte kann immerhin, wenn er dies wünscht, durch eine negative Feststellungswiderklage hinsichtlich des restlichen Betrags der vom Kläger behaupteten Forderung die Vermehrung der Prozesse vermeiden. Er rückt dann freilich insoweit in die Rolle der primär gebührenpflichtigen Partei. Im folgenden wird davon ausgegangen, dass keine Feststellungswiderklage erhoben wurde.

Im Rechtsstreit über die Teilklage muss der Anspruchsgrund, soweit bestritten, in tatsächlicher und rechtlicher Hinsicht genauso geprüft werden, wie wenn die gesamte

---

[20] Meine von der h.M. abweichende Ansicht habe ich in dem Beitrag Teilklagen und Rechtskraft, Festschrift für Zeuner (1994), 431 ff. sowie in *Stein/Jonas/Leipold*, ZPO, 22. Aufl. (2008) § 322 Rn. 139ff. näher begründet. Ebenso zur Rechtskraft des eine Teilklage abweisenden Urteils z.B. *Musielak/Musielak*, ZPO, 11. Aufl. (2014), § 322 Rn. 71 ff.

behauptete Forderung geltend gemacht würde. Die Rechtskraftfrage stellt sich, wenn das Gericht zu der Überzeugung gelangt, dem Kläger stehe mangels Anspruchsgrund, etwa weil (im erwähnten Beispiel) die beklagte Bank bei der Anlageberatung keine Pflichten verletzt habe) überhaupt kein Anspruch zu. Die Teilklage wird dann mangels Anspruchs abgewiesen. Kann der Kläger, nachdem dieses Urteil rechtskräftig geworden ist, dieselbe Forderung erneut einklagen? Die h.M[21]. bejaht dies, weil sich der Streitgegenstand im ersten Prozess auf den Teilbetrag beschränkt habe und sich die Verneinung des Anspruchsgrundes und damit des gesamten Anspruchs lediglich in den Entscheidungsgründen finde. Der Gedankengang wurde schon vom RG[22] in einer grundlegenden Entscheidung näher dargelegt. Das RG erklärte, die Rechtskraft der klageabweisenden Entscheidung beschränke sich auf den geltend gemachten Betrag. Zwar könne diese Entscheidung nicht ergehen, ohne dass damit zugleich eine Forderung des Klägers überhaupt verneint, dem von ihm geltend gemachten Sachverhalt also die Fähigkeit, einen Anspruch der behaupteten Art zu begründen, schlechthin abgesprochen wurde. Aber aus dieser „denkgesetzlichen Notwendigkeit" folge nicht, dass die Verneinung des gesamten Anspruchs an der Rechtskraft teilnehme. Vielmehr liefe eine Bejahung der Rechtskraft dem klaren Wortlaut des § 322 Abs. 1 dZPO zuwider, der den durch Klage oder Widerklage erhobenen Anspruch nur insoweit der Rechtskraft unterstelle, als über ihn entschieden worden sei. Damit wollte das RG aber der unanfechtbaren Abweisung der Teilklage nicht generell die Rechtskraft absprechen. Vielmehr sollte der Kläger der Rechtskraft des Ersturteils nur entgehen, wenn ihm ein Anspruch zustehe, der über den im ersten Prozess aberkannten Betrag hinausgehe. Nur in diesem Fall könne der Beklagte im zweiten Prozess zur Zahlung verurteilt werden[23].

Auch der BGH[24] verneint in ständiger Rechtsprechung eine die Verneinung des gesamten Anspruchs erfassende Rechtskraftwirkung des eine Teilklage mangels Anspruchsgrundes abweisenden Urteils. „Gegenüber § 322 Abs. 1 ZPO versagen logische Erwägungen" formuliert des BGH[25] ganz ähnlich wie das RG.

Dem Eingeständnis des RG und des BGH, dass die von ihm und der h.M vertretene Lehre den Denkgesetzen widerspricht, kann man nur zustimmen. Lässt man einmal die zivilprozessuale Dogmatik beiseite, so widerspricht es geradezu dem gesunden Menschenverstand, wenn der Kläger mit Erfolg erneut klagen kann, obwohl im unanfechtbaren Urteil bereits der Anspruch insgesamt verneint wurde. Das Ganze wäre

---

[21] Münchener Kommentar zur ZPO/*Gottwald*, 4. Aufl. (2013), § 322 Rn. 126; *Thomas/Putzo/Reichold*, ZPO, 36. Aufl. (2015), § 322 Rn. 26; ständige Rechtsprechung des RG und des BGH (s. die folgenden Fn.).
[22] RG, Großer Senat für Zivilsachen, Beschluss vom 30. Oktober 1943, GSE 7/43, RGZ 172, 118, 124 ff.
[23] RG (Fn. 22), 126.
[24] So z.B. BGHZ 93, 330 (zu Nr. 21) = NJW 1985, 1340, 1341; BGHZ 135, 178 (zu Nr. 12) = NJW 1997, 1990.
[25] BGHZ 93, 330 (zu Nr. 21) = NJW 1985, 1340, 1341.

verständlich, wenn man die Erstklage so zu verstehen hätte, dass der Kläger im Erstprozess von der behaupteten Forderung von 1 Million € den Spitzenbetrag in Höhe von 100 000 € geltend macht. Das hätte aber zur Folge, dass die Erstklage nur Erfolg haben könnte, wenn das Gericht schon hier eine Forderung in Höhe von 1 Million feststellt. So ist aber die Teilklage nicht gemeint. Vielmehr will der Kläger den Erfolg seiner Teilklage schon dann, wenn ihm mindestens 100 000 € zustehen.

Vollends abstrus wird die herrschende Betrachtungsweise, wenn man sich die Konsequenzen im zweiten Prozess vergegenwärtigt. Wird jetzt ein weiterer Betrag von 200 000 € eingeklagt, so muss das Gericht – ohne Bindung durch das Ersturteil – in die vollständige Prüfung des Anspruchsgrundes und der Anspruchshöhe eintreten. Stellt es dann z.B. fest, dass, entgegen der Ansicht des Erstgerichts, dem Kläger ein Anspruch in Höhe von 200 000 € zusteht, so kann es dem Kläger nur noch 100 000 € zusprechen, weil die anderen 100 000 € gewissermaßen bereits verspielt wurden.

Die Ablehnung der Rechtskraft des eine offene Teilklage abweisenden Urteils kann man im Grunde nur verstehen, wenn man die gebührenrechtlichen Auswirkungen hinzunimmt. Die Parteien, hier der Beklagte, sollen gewissermaßen nicht mehr erlangen können, als das, wofür sie bezahlt haben! Aber wenn die gebührenrechtlichen Auswirkungen nicht einleuchten, dann sollte man konsequenter Weise die Zulässigkeit der Teilklage verneinen, statt die Grenzen der Rechtskraft künstlich zu beschneiden.

Es bleibt die Frage, ob eine Bejahung der Rechtskraft hinsichtlich der gesamten Forderung wirklich mit § 322 Abs. 1 dZPO unvereinbar ist. Bei einer klageabweisenden Entscheidung muss man stets die Entscheidungsgründe heranziehen, um die Reichweite der Rechtskraft zu bestimmen. Aus den Entscheidungsgründen ergibt sich, dass das Gericht die vom Kläger behauptete Forderung insgesamt verneint hat. Das Bestehen der gesamten Forderung ist auch nicht etwa eine bloße Vorfrage für den eingeklagten Anspruch (wie es etwa die Wirksamkeit eines Vertrages wäre, aus dem der Klageanspruch hergeleitet wird), sondern Teil dessen, was der Kläger mit seinem Entscheidungsbegehren geltend gemacht. Es wird also mit anderen Worten durch die Abweisung der Teilklage über den Gesamtanspruch entschieden, so dass der Wortlaut des § 322 Abs. 1 dZPO einer Bejahung der Rechtskraft nicht entgegensteht. Erst recht gilt dies bei der hier empfohlenen teleologischen Betrachtungsweise. Da die Frage nach dem Anspruchsgrund schon im Erstprozess im Mittelpunkt des Streits stand, werden die Parteien nicht mit unerwarteten Folgerungen überrascht, wenn das Gericht in seinem unanfechtbar gewordenen Urteil den Anspruch schlechthin verneint hat.

Auch im umgekehrten Fall, d.h. wenn im Erstprozess die Teilklage erfolgreich war, stellt sich die Rechtskraftfrage[26]. Kann der Beklagte in einem erneuten Prozess wiederum

---

[26] Bejahend *Leipold*, Festschrift für Zeuner (Fn. 20), 431, 445 ff. – A. M. die ganz h. M., *Münchener Komentar/Gottwald*, ZPO, 4. Aufl. (2013), § 322 Rn. 125; *Musielak/Musielak*, ZPO, 11. Aufl. (2014), § 322 Rn.

einwenden, dass es schon am Anspruchsgrund fehle oder wirkt insoweit die Rechtskraft des Ersturteils zu Lasten des Beklagten? Die Antwort ist hier weniger klar als bei Klageabweisung im Erstprozess. Der Urteilsausspruch ist weniger aussagekräftig, da das Zusprechen der Teilforderung nicht nur auf der Bejahung des Anspruchsgrundes beruht. Bei dogmatischer Betrachtung kann man aber auch hier sagen, dass durch das Zusprechen eines Teilbetrags zugleich über den Anspruch im Ganzen, nämlich über den Anspruchsgrund entschieden wurde. Um eine bloße Vorfrage handelt es dabei eben so wenig wie bei der Abweisung der Teilklage mangels Anspruchsentstehung. Auch von unerwarteten Folgen für die Parteien, hier für den Beklagten, kann insofern nicht gesprochen werden, als sich ja bei einer offenen Teilklage der Kläger schon im Erstprozess einer weitergehenden Forderung berühmt. So bleibt als – nicht überzeugendes – Argument gegen eine Bejahung der Rechtskraft auch hier nur der gebührenrechtliche Aspekt.

V. Schiedsvereinbarung und Rechtskraft

1. Die Fragestellung

Ein anderes altes Rechtskraftproblem ist unlängst durch eine Entscheidung des BGH[27] in Erinnerung gerufen worden.

Erste Variante: In einem Zivilprozess vor dem staatlichen Gericht rügt der Beklagte, der Klage stehe eine wirksame Schiedsvereinbarung entgegen. Der Kläger bestreitet die Wirksamkeit der Schiedsvereinbarung. Das Gericht weist die Klage als unzulässig ab und bejaht in den Entscheidungsgründen die Wirksamkeit der Schiedsvereinbarung. Diese Entscheidung wird rechtskräftig. Als nun der Kläger das Verfahren vor dem Schiedsgericht einleitet, wendet der Beklagte ein, die Schiedsvereinbarung sei unwirksam. Ist es dem Schiedsgericht durch das Urteil des staatlichen Gerichts verwehrt, seinerseits die Schiedsvereinbarung für unwirksam zu erklären?

Zweite Variante: Die Frage nach der Rechtskraftwirkung stellt sich auch im umgekehrten Fall. Das staatliche Gericht gelangt zu der Erkenntnis, die Schiedsvereinbarung sei unwirksam und entscheidet in der Sache. Nachdem dieses Urteil unanfechtbar geworden ist, wird ein Verfahren vor dem Schiedsgericht begonnen. Ist das Schiedsgericht berechtigt, die Wirksamkeit der Schiedsvereinbarung zu bejahen?

---

[71] Auch die in Fn. 24 zitierten Entscheidungen des BGH verneinen die Rechtskraft beim zusprechenden Urteil über eine Teilklage ebenso wie bei einer Klageabweisung.

[27] BGH Beschluss vom 18. 6. 2014 – III ZB 89/13, NJW 2014, 3655. Dazu Anmerkung *Münch* LMK 2014, 361719.

2. Eine neuere Entscheidung des BGH

Die hier zu erörternde BGH-Entscheidung betrifft die zweite Variante. In einem Vorprozess vor dem Landgericht – Klägerin war eine GmbH – hatte das Gericht in den Entscheidungsgründen befunden, die vom Beklagten gemäß § 1032 Abs. 1 dZPO erhobene Einrede der Schiedsvereinbarung greife nicht ein, da die Schiedsvereinbarung durch eine wirksame Kündigung des Geschäftsführers der Klägerin unwirksam geworden sei. Die Klage wurde rechtskräftig als unbegründet abgewiesen. Später erhob der Beklagte des Erstprozesses als Schiedskläger Klage gegen den Geschäftsführer (im eigenen Namen) u.a. auf Feststellung, dass die Kündigung unwirksam gewesen sei. Das Schiedsgericht gelangte zur selben Ansicht. Es bejahte in einer Zwischenentscheidung, wie sie in § 1040 Abs. 3 Satz 1 dZPO vorgesehen ist, seine Zuständigkeit. Der Schiedsbeklagte beantragte gemäß § 1040 Abs. 3 Satz 2 dZPO eine gerichtliche Entscheidung hierüber. Das zuständige Oberlandesgericht (§ 1062 Abs. 1 Nr. 2 dZPO) entschied, durch das Urteil des Landgerichts im Vorprozess sei mit bindender Wirkung entschieden, dass die Schiedsvereinbarung vom Schiedsbeklagten wirksam gekündigt worden sei. Dass der Schiedsbeklagte im Vorprozess nicht als Partei beteiligt gewesen sei, spiele keine Rolle. Da es der Zweck des § 1032 Abs. 1 dZPO sei, möglichst schnell eine verbindliche Entscheidung über die Zuständigkeit des Schiedsgerichts herbeizuführen, entfalte jedes staatliche Urteil, das nach § 1032 Abs. 1 dZPO ergehe, Bindungswirkung für das Schiedsgericht.

Der BGH lehnte es ab, aus § 1032 Abs. 1 dZPO derart weitgehende Folgerungen zu ziehen. Er entschied im Ergebnis, das Urteil des Landgerichts könne schon deshalb keine Bindungswirkung für das schiedsgerichtliche Verfahren äußern, weil die Parteien in beiden Verfahren nicht dieselben gewesen seien. Selbst wenn also das LG-Urteil eine Bindungswirkung hinsichtlich der Unwirksamkeit der Schiedsvereinbarung entfalten könne und wenn sich diese vielleicht sogar auf Ansprüche erstrecke, die im Vorprozess nicht streitgegenständlich waren, so könne dies jedenfalls nicht dazu führen, am Erstverfahren nicht beteiligte Personen an die dort getroffenen Feststellungen zu binden.

Der BGH ließ auf diese Weise offen, ob die in den Gründen einer Entscheidung des staatlichen Gerichts getroffene Feststellung, die Schiedsvereinbarung sei unwirksam, überhaupt bindende Wirkung haben könne. Der BGH stellte gleichwohl den Stand der Diskussion zu den Bindungsfragen kurz dar, vielleicht um zu vermeiden, dass aus seiner Entscheidung unzutreffende Folgerungen gezogen würden.

3. Zur ersten Variante

a) Das Arglistargument und die Schwächen dieser Lösung

Der BGH wendet sich zunächst der ersten Fall-Variante zu (obgleich es darum in seiner Entscheidung nicht ging). Wenn das Gericht die Einrede der Schiedsvereinbarung für begründet erachte und die Klage daher als unzulässig abweise, so sei allgemein anerkannt, dass diese Entscheidung in einem späteren Schiedsverfahren (und ebenso in einem anschließenden Überprüfungsverfahren vor dem des staatlichen Gericht) Bindungswirkung entfalte. Unterschiedlich ist allerdings, wie der BGH völlig zutreffend darstellt, die dafür gegebene Begründung. Das Ergebnis wird teils auf die Rechtskraft, teils auf den Einwand unzulässiger Rechtsausübung gestützt, teils auch als eine Bindungswirkung eigener Art aufgefasst. Der BGH selbst verweist auf seine in einem früheren Urteil[28] geäußerte Ansicht, es sei einer Partei, die vor dem staatlichen Gericht die Zuständigkeit des Schiedsgerichts geltend gemacht habe, in der Regel nach Treu und Glauben (§ 242 BGB) versagt, sich im anschließenden schiedsgerichtlichen Verfahren darauf zu berufen, es sei doch das staatlich Gericht zuständig. Schon das RG[29] sah im Verhalten eines Beklagten, der sich vor dem staatlichen Gericht auf den Schiedsvertrag berufen und dadurch die Abweisung der Klage als unzulässig erreicht hat, später aber die Vollstreckung eines Schiedsspruchs damit abwehren will, dass er die Unzulässigkeit des Schiedsverfahrens einwendet, einen Verstoß gegen Treu und Glauben[30]. (Daneben bejahte das RG aber auch die Rechtskraftwirkung, s. unten zu b).

In der Tat liegt es nahe, das Verhalten einer Partei, die sich vor dem staatlichen Gericht erfolgreich auf die Schiedsvereinbarung berufen hat, dann aber vor dem Schiedsgericht gerade umgekehrt deren Unwirksamkeit vorträgt, als arglistig zu bewerten, würde doch dadurch dem Kläger der Rechtsschutz völlig verweigert. Da man mittels der Arglisteinrede ohnehin zu einem gerechten Resultat gelangt, scheint es sich zu erübrigen, für eine Rechtskraftwirkung zu plädieren, obwohl die Feststellung der Unwirksamkeit der Schiedsvereinbarung im Entscheidungsausspruch nicht unmittelbar zum Ausdruck kommt.

Die Lösung über das Verbot treuwidrigen (widersprüchlichen) Verhaltens ist freilich auch nicht über jeden Zweifel erhaben. So findet man in der Literatur auch die Ansicht, durch die Abweisung der Klage als unzulässig werde nicht rechtskräftig über das Bestehen der Schiedsvereinbarung entschieden. Wenn das Schiedsgericht die Vereinbarung später

---

[28] BGH, Beschluss vom 30.4.2009 – III ZB 91/07, NJW-RR 2009, 1582. In der Überschrift der Veröffentlichung wird plastisch von der „Pingpong-Einrede" gesprochen.
[29] RG, Urteil vom 8. !2. 1897, Rep. I. 272/97, RGZ 40, 401.
[30] RGZ 40, 401, 403.

als unwirksam ansehe, könne erneut Klage vor dem staatlichen Gericht erhoben werde. Die Rechtskraft des früheren Urteils des staatlichen Gerichts stehe wegen ihrer zeitlichen Grenzen nicht entgegen, da nun das Schiedsverfahren undurchführbar geworden sei[31]. Dagegen kann man allerdings einwenden, dass das widersprüchliche Verhalten des Beklagten schon dann gegen Treu und Glauben verstoße, wenn dadurch der Kläger zur dreimaligen Klage gezwungen werde.

Die Lösung über Treu und Glauben ist weniger strikt als eine Bejahung der materiellen Rechtskraft. So heißt es auch in den genannten BGH-Entscheidungen (Fn. 27 u. 28), im späteren schiedsgerichtlichen Verfahren sei es der Partei, die sich vor dem staatlichen Gericht auf die Wirksamkeit der Schiedsvereinbarung berufen habe, *in der Regel* verwehrt, jetzt die Unwirksamkeit geltend zu machen. Es sind Gründe denkbar, die das widersprüchliche Verhalten rechtfertigen, etwa wenn der Partei bestimmte Unwirksamkeitsgründe erst jetzt bekannt werden oder wenn durch eine mittlerweile erfolgte Änderung der Rechtsprechung die Rechtslage jetzt anders zu beurteilen wäre. In anderem Zusammenhang hat der BGH[32] erklärt, die Rechtsordnung missbillige widersprüchliches Verhalten im Grundsatz nicht; eine Partei dürfe auch ihre Rechtsansicht ändern. Anders sei es nur, wenn für den anderen Teil ein Vertrauenstatbestand geschaffen worden sei oder andere besondere Umstände die Rechtsausübung als treuwidrig erscheinen ließen. Nun kann man im hier erörterten Problembereich durchaus von einem Vertrauenstatbestand sprechen, wonach der vor dem ordentlichen Gericht wegen wirksamer Schiedsvereinbarung gescheiterte Kläger sich darauf sollte verlassen können, dass die Klage vor dem Schiedsgericht zulässig ist. Aber der Vertrauenstatbestand ist weniger durch das Verhalten des Beklagten, als durch das Urteil des ordentlichen Gerichts begründet worden. Ist dieses Urteil unanfechtbar, so sollte sich der Kläger auf die getroffene Entscheidung über die Wirksamkeit der Schiedsvereinbarung verlassen können. Die Arglisteinrede verdeckt insoweit nur, dass es der Wertung nach eigentlich um die Rechtskraftwirkung geht. Ein weiterer Einwand gegen die Arglist-Lösung liegt darin, dass sich auch Fall-Konstellationen denken lassen, bei denen von einem widersprüchlichen Verhalten einer Partei nicht gesprochen werden kann und dennoch eine Bindung an die Beurteilung der Schiedsvereinbarung im Vorprozess berechtigt erscheint. A klagt gegen B vor dem staatlichen Gericht auf Feststellung, dass ein von B behaupteter Anspruch nicht bestehe (negative Feststellungsklage). Die Klage des A gegen B wird, nachdem B die Einrede der Schiedsvereinbarung erhoben hat, rechtskräftig als unzulässig abgewiesen, obwohl A die Wirksamkeit der Schiedsvereinbarung bestritten hatte. Nun klagt B gegen A vor dem Schiedsgericht auf Leistung. A

---

[31] *Musielak/Voit*, ZPO, 11. Auflage (2014) § 1032 Rn. 9. *Voit* erklärt aber auch, der Beklagte sei im anschließenden Schiedsverfahren durch Treu und Glauben gehindert, sich auf die Unwirksamkeit der Schiedsabrede zu berufen.

[32] BGH, Urteil vom 15. 11. 2012 - IX ZR 103/11, NJW-RR 2013, 757 (zu Nr. 12).

wendet ein, das Schiedsgericht sei unzuständig, da die Schiedsvereinbarung unwirksam sei. A vertritt also im schiedsgerichtlichen Verfahren genau dieselbe Ansicht, die er zuvor vor dem staatlichen Gericht geäußert hatte. Von einem widersprüchlichen Verhalten des A kann daher hier nicht die Rede sein. Dagegen ist auch bei dieser Konstellation die Feststellung des staatlichen Gerichts, die Schiedsvereinbarung sei wirksam, für das Schiedsgericht bindend, wenn man die materielle Rechtskraft des klagabweisenden Urteils des staatlichen Gerichts hierauf erstreckt.

b) Die Rechtskraftlösung

Neben der Feststellung, der Beklagte habe den Anspruch, mit der Einrede der Unwirksamkeit des Schiedsvertrages noch gehört zu werden, durch arglistiges Verhalten verwirkt, bejahte das RG (erster Zivilsenat)[33] mit eingehender Begründung auch, wie man damals formulierte, die „Replik der rechtskräftig entschiedenen Sache". Das ist auch deshalb bemerkenswert, weil das Urteil bereits im Jahre 1897 erging, also zu einer Zeit, zu der die grundlegende Entscheidung des CPO-Gesetzgebers, die Rechtskraft nicht auf die Beurteilung von Vorfragen zu erstrecken, klar vor Augen stand. Das RG nahm aber keinen Fall einer nicht rechtskraftfähigen Entscheidung über eine lediglich präjudizielle Rechtsbeziehung an. Da der Streit über die Wirksamkeit des Schiedsvertrags den unmittelbaren Gegenstand des Streits im Vorprozess gebildet habe, sei es auch gerechtfertigt, die darüber getroffene Entscheidung als der Rechtskraft fähig anzusehen. In der Feststellung, der Anspruch können nicht vor dem staatlichen Gericht geltend gemacht werden, sei zugleich die positive Entscheidung zu finden, dass der anhängig gemachte Anspruch dem Schiedsvertrag unterworfen sei. Das RG lehnte es somit ab, die Feststellung der Wirksamkeit des Schiedsvertrags als bloßen Grund für die Abweisung der Klage zu bewerten. Sie stelle vielmehr den wahren Inhalt des ergangenen Urteils dar, der in Rechtskraft übergegangen sei.

In einem wenig später ergangenen Urteil des 6. Zivilsenats des RG[34] wurde die Bejahung der Rechtskraft durch die dargestellte Entscheidung des 1. Zivilsenats kritisiert. Es ging an sich um eine wesentlich andere Frage: Im Erstprozess wurde eine Wechselklage abgewiesen, weil aufgrund eines Vergleichs der Parteien die Tilgung durch Abtretung einer Forderung erfolgen sollte. Ist dann für einen nachfolgenden Rechtsstreit die Verpflichtung des Beklagten zur Abtretung der Forderung bereits rechtskräftig festgestellt? Der 6. Zivilsenat entschied, durch das erste Urteil sei das Zustandekommen des Vergleichs nicht rechtskräftig festgestellt. Es habe sich um eine Einrede gehandelt und über Einreden werde nur im Fall der Aufrechnung rechtskräftig entschieden. Insoweit

---

[33] RGZ 40, 401, 403 f.
[34] RG, Urteil vom 2.2.1899 – VI 328/98, SA (Seufferts Archiv der Entscheidungen der obersten Gerichte in den deutschen Staaten) Bd. 54 (1899) Nr. 188.

stellte der 6. Zivilsenat eine Abweichung von der Bejahung der Rechtskraft durch den 1. Zivilsenat hinsichtlich der Einrede des Schiedsvertrags fest. Aber den tragenden Grund für die Entscheidung des 1. Zivilsenats sah der 6. Zivilsenat im Arglist-Argument, und dieses übernahm der 6. Zivilsenat auch für die von ihm zu beurteilende Frage. Ein Beklagter, der im Vorprozess die Abweisung einer Klage mittels einer Einrede erzielt habe, müsse, wenn er sich nicht der Arglist schuldig machen wolle, die der Einrede gegebene Grundlage im späteren Prozess auch gegen sich gelten lassen.

Fand in diesem Judikat die Rechtskraft-These keine Zustimmung, so wurde diese doch in einem anderen, Jahrzehnte danach ergangenen Urteil[35], das wiederum vom 1. Zivilsenat stammte, ohne Einschränkung als Rechtsprechung des RG präsentiert. „Nach der Rspr. des RG wird durch ein unanfechtbar gewordenes Urteil, das die Klage aufgrund einer Einrede des Schiedsverfahrens abweist, Rechtskraft in dem Sinne geschaffen, dass nunmehr zwischen den Parteien feststeht, dass die Entscheidung ihres Streits aufgrund eines wirksamen Schiedsvertrags durch ein Schiedsgericht zu erfolgen hat." Aus diesem Grund, so die Folgerung in dieser Entscheidung, sei es nicht zulässig, die Klage aufgrund der Einrede des Schiedsvertrags abzuweisen und dabei den Abschluss des Schiedsvertrags dahingestellt sein zu lassen.

In neuerer Zeit bejahte das OLG Stuttgart[36] die Bindungswirkung des rechtskräftigen Prozessurteils für ein nachfolgendes Schiedsverfahren, wobei es offen ließ, ob die Bindung eine Wirkung der materiellen Rechtskraft oder eine eigenständige Form der Bindung sei, und daneben auch auf das Verbot treuwidrigen (arglistigen) Verhaltens rekurrierte.

Die Argumentationslage hat sich seit den Zeiten des RG kaum geändert. Nur bei einer sehr strikten (formalen) Anwendung des Grundsatzes, in materielle Rechtskraft erwachse nur die Entscheidung über den Anspruch, also der Schlussausspruch des Urteils, kann man zu der Auffassung gelangen, die Feststellung der Wirksamkeit der Schiedsvereinbarung betreffe nur eine Vorfrage der Abweisung der Klage als unzulässig und könne daher nicht in materielle Rechtskraft erwachsen. Wenn man aber den Zweck berücksichtigt, den der Gesetzgeber mit der Ablehnung einer Rechtskraftwirkung hinsichtlich rechtlicher Vorfragen verbunden hat, erweist sich die Bejahung der Rechtskraft als gerechtfertigt[37]. Wie oben dargestellt, soll die enge Begrenzung der materiellen Rechtskraft die Parteien davor bewahren, später mit Folgen konfrontiert zu

---

[35] RG, Urteil vom 23. 9. 1938, 1/38, HRR 1938 Nr. 1557. Wegen der mit einer unanfechtbaren Abweisung der Klage aufgrund der Schiedseinrede verbundenen Rechtskraftwirkung sei es, so die Folgerung in dieser Entscheidung, nicht zulässig, dabei den Abschluss des Schiedsvertrages dahingestellt sein zu lassen.

[36] OLG Stuttgart, Beschluss vom 15. 11. 2007 – 1 SchH 4/07, juris, zu Nr. 7 ff.

[37] Meine früher (Stein/Jonas/Leipold, ZPO, 22. Aufl. (2008), § 322 Rn. 133 angedeuteten Bedenken gegen die Rechtskraftlösung erhalte ich nicht aufrecht. Die in § 11 ZPO (Bindung an die rechtskräftige Verneinung der sachlichen Zuständigkeit) enthaltene Wertung der Parteiinteressen kann man bei der Bejahung der Rechtskraft im Verhältnis ordentliches Gericht – Schiedsgericht ohne weiteres unterstützend heranziehen.

werden, derer sie sich während des ersten Prozesses nicht bewusst geworden sind. Davon kann aber hier nicht die Rede sein. Die Wirksamkeit oder Unwirksamkeit der Schiedsvereinbarung bildete, wenn die Schiedseinrede erhoben wird, den Mittelpunkt des Streits. Wendet man den oben entwickelten Test an, so ist das Ergebnis eindeutig: War die Schiedseinrede erfolgreich, so musste der Beklagte nach dem Gegenstand des Prozesses und den Entscheidungsgründen mit der Verbindlichkeit der Bejahung der Wirksamkeit der Schiedsvereinbarung rechnen, während der Kläger auf diese Feststellung vertrauen durfte.

4. Zur zweiten Variante

Wenn im Erstprozess die Einrede des Schiedsvertrags erfolglos blieb, weil das Gericht die Schiedsvereinbarung für unwirksam erachtete, kann sich die Frage stellen, ob durch das auf dieser Grundlage ergehende Urteil rechtskraftfähig die Unwirksamkeit der Schiedsvereinbarung festgestellt wird. Freilich würde, wenn die Klage im Erstprozess rechtskräftig als unbegründet abgewiesen wurde, die materielle Rechtskraft dieser Sachentscheidung zu beachten sein und einer etwa wiederholten Klage vor dem Schiedsgericht entgegenstehen. Ebenso wäre gegenüber einer rechtskräftigen Verurteilung in der Sache auch vor dem Schiedsgericht nichts mehr auszurichten. Aber schon der vom BGH (Fn. 27) im Jahr 2014 entschiedene Fall zeigt, dass auch andere Konstellationen denkbar sind. Hier war nach einer rechtskräftigen Klageabweisung durch das staatliche Gericht vor dem Schiedsgericht auf Feststellung der Unwirksamkeit der Kündigung des Schiedsvertrags geklagt worden, und dem kann man mit der Rechtskraft der Sachentscheidung nicht beggnen, wenn man sie nicht auch auf die Frage der Unwirksamkeit der Schiedsvereinbarung erstreckt. Denkbar ist im Übrigen auch, dass das staatliche Gericht die Klage, wie sich aus der Begründung ergibt, als derzeit unbegründet abweist. Könnte sich der Beklagte gegen die spätere Behauptung des Klägers, nunmehr sei die Fälligkeit eingetreten, mit einer negativen Feststellungsklage vor dem Schiedsgericht wehren? Auch kann man sich den Fall vorstellen, dass im Erstprozess zwar die Schiedseinrede wegen Unwirksamkeit der Schiedsvereinbarung erfolglos bleibt, aber schließlich die Klage aus einem anderen Grund, etwa wegen anderweitiger Rechtshängigkeit, rechtskräftig als unzulässig abgewiesen wird. Wendet sich eine der Parteien in derselben Sache später an das vereinbarte Schiedsgericht, so kommt es auf die Reichweite der Bindungswirkung des Ersturteils an.

Es geht hier um Fälle, in denen das staatliche Gericht im Rahmen einer vor ihm rechtshängigen Klage inzident über die Schiedseinrede entschieden hat. Anders ist die Situation, wenn das staatliche Gericht im Verfahren nach § 1032 Abs. 2 ZPO über einen Antrag auf Feststellung der Zulässigkeit oder Unzulässigkeit eines schiedsgerichtlichen Verfahrens entschieden hat. Hier folgt unmittelbar aus dem Zweck dieses

Verfahrens auch die Bindung des Schiedsgerichts. Lässt das Schiedsgericht die Rechtsauffassung des staatlichen Gerichts unberücksichtigt, das die Schiedseinrede für unbegründet und das Schiedsverfahren für unzulässig erklärt hat, so nimmt die h.M[38]. die Nichtigkeit eines gleichwohl erlassenen Schiedsspruchs an. Teils[39] wird dieselbe Ansicht auch auf den hier zu diskutierenden Fall erstreckt, dass das Gericht in einem gewöhnlichen Klageverfahren, sei es in einem Zwischenurteil oder in den Gründen des Endurteils, die Schiedseinrede für unbegründet erachtet hat. Damit wird auch die Bindung des Schiedsgerichts bejaht, denn wenn seine von der Wirksamkeit der Schiedsvereinbarung ausgehende Entscheidung sogar nichtig ist, dann ist auch klar, dass das Schiedsgericht so nicht hätte entscheiden dürfen. Aber die Frage, wie diese Bindung dogmatisch erklärt werden kann, bleibt offen.

Zutreffend stellte der BGH (der die Frage letztlich nicht zu entscheiden brauchte) die Verbindung zwischen dem konkreten Problem und der allgemeinen Frage her, ob aus einem Sachurteil rechtskraftfähige Aussagen über Zulässigkeitsfragen entnommen werden können. Es geht mit anderen Worten darum, ob in einem unanfechtbaren Urteil in der Sache auch die rechtskräftige Feststellung der Zulässigkeit der Klage enthalten ist. Wenn z. B. im Erstprozess die Klage als unbegründet abgewiesen wurde, weil der geltend gemachte Anspruch zwar entstanden, aber noch nicht fällig sei, kann dann bei einer später wiederholten Klage noch die Zulässigkeit der Klage verneint werden? In der Literatur wird die Frage – allgemein und gerade auch für die genannte Fallkonstellation – überwiegend verneint[40]. Zur Begründung wird gesagt, für eine Bejahung der Rechtskraft bestehe hier kein großes Bedürfnis. Aber wenn etwa im ersten Prozess über die internationale und örtliche Zuständigkeit gestritten wurde und das Gericht schließlich seine Zuständigkeit bejaht hat, besteht dann nicht genauso ein Interesse (jedenfalls des Klägers, der hinsichtlich der Zuständigkeitsfrage der Sache nach obsiegt hat) an der Verbindlichkeit dieser Feststellung wie bei Sachentscheidungen? Ob solche Fälle sich mehr oder weniger häufig ereignen, kann dabei gewiss nicht von Bedeutung sein. Ein zweiter Einwand gegen die Bejahung der Rechtskraft lautet, der Schutzzweck der meisten Prozessvoraussetzungen spreche eher gegen eine über das laufende Verfahren hinausreichende Bindung. Welche Zulässigkeitsfragen damit angesprochen sind, wäre noch zu klären. Zuständigkeitsfragen wird man kaum einen höheren Gerechtigkeitswert zubilligen können als materiell-rechtlichen Rechtsfolgen, die ohne weiteres Gegenstand rechtskräftiger Feststellung sein können. Eher könnte man beispielsweise bei dem

---

[38] *Musielak/Voit*, ZPO, 11. Aufl. (2014), § 1032 Rn. 14; *Zöller/Geimer*, ZPO, 30. Aufl. (2014), § 1032 Rn. 14.

[39] Beck'scher Online-Kommentar zur ZPO/*Wolf/Eslami*, § 1032 Rn. 24; *Zöller/Geimer*, ZPO, 30. Aufl. (2014), § 1032 Rn. 14, 16 (für den Fall eines Zwischenurteils).

[40] Münchener Kommentar zur ZPO/*Gottwald*, 4. Aufl. (2013), § 322 Rn. 171; *Musielak/Musielak*, ZPO, 11. Aufl. (2014), § 322 Rn. 45.

Erfordernis der Prozessfähigkeit einen besonderen Schutzzweck bejahen, aber andererseits scheidet hinsichtlich der Geschäftsfähigkeit als materiell-rechtlicher Voraussetzung eine rechtskräftige Feststellung auch nicht aus. Im Übrigen ist zu beachten, dass auch wenn man annimmt, durch das Sachurteil werde die Zulässigkeit der Klage rechtskräftig festgestellt, sich diese Feststellung auf den damaligen Zeitpunkt bezieht. Eine spätere Veränderung der Tatsachenlage ist, ebenso wie bei der rechtskräftigen Feststellung materiell-rechtlicher Rechtsverhältnisse, gleichwohl zu berücksichtigen.

Nach meiner Ansicht geht es also in dieser Rechtskraftfrage weniger um Besonderheiten der Zulässigkeitsvoraussetzungen, sondern um das Verhältnis zwischen der rechtskraftfähigen Entscheidung über den Anspruch und der Entscheidung über bloße Vorfragen. Darüber, dass mit der Sachentscheidung, gleich ob die Klage Erfolg hat oder als unbegründet abgewiesen wird, zugleich stillschweigend die Zulässigkeit der Klage zum Ausdruck gebracht wird, dürfte kaum ein Zweifel bestehen. Jedenfalls gilt das, wenn man mit der ganz herrschenden Ansicht davon ausgeht, dass im Regelfall das Gericht in der Sache nicht entscheiden darf, ohne die Zulässigkeit der Klage zu bejahen. Für einige Zulässigkeitsvoraussetzungen gilt diese Regel allerdings nicht. Wenn man beispielsweise der Ansicht folgt, das Gericht dürfe eine Klage als unbegründet abweisen und dabei das Vorliegen des Rechtsschutzbedürfnisses als Zulässigkeitsvoraussetzung offen lassen, so kann man insoweit auch keine Rechtskraftwirkung annehmen.

Fragt man, wie hier vorgeschlagen, danach ob der Zweck der engen Rechtskraftumgrenzung für oder gegen eine Bejahung der Rechtskraft spricht, so wird man berücksichtigen müssen, ob über die in Rede stehende Zulässigkeitsvoraussetzung im Vorprozess Streit bestand und ob das Gericht in den Entscheidungsgründen hierüber befunden hat. Wenn die Parteien über die internationale oder örtliche Zuständigkeit gestritten haben und das Gericht sodann in den Entscheidungsgründen die Zuständigkeit bejaht hat, dann können die Parteien nicht davon überrascht sein, dass diese Entscheidung auch bei einer späteren Wiederholung derselben Klage gilt. Der Kläger, der mit seiner Bejahung der Zuständigkeit Erfolg hatte, kann auch für einen wiederholten Prozess mit demselben Streitgegenstand hierauf vertrauen, und auch für den Beklagten geht eine solche Bindung nicht über das hinaus, was er nach der Entscheidung im ersten Prozess erwarten musste.

Dieselbe Bewertung erscheint mir auch im Fall der erfolglosen Schiedsgerichtseinrede bei anschließender Sachentscheidung des staatlichen Gerichts oder auch bei Prozessabweisung aus einem anderen Unzulässigkeitsgrund berechtigt. Dann steht der Zulässigkeit einer erneuten Klage vor dem Schiedsgericht – über denselben Streitgegenstand – die rechtskräftige Feststellung der Unwirksamkeit des Schiedsvertrags entgegen.

VI. Schlussbemerkung

Nicht nur im materiellen Recht, sondern auch im Prozessrecht muss, wenn die Auslegung des Gesetzes zweifelhaft ist, letztlich die zweckorientierte (teleologische) Auslegung entscheiden. Das gilt auch, wenn es um die Grenzen der materiellen Rechtskraft von Zivilurteilen geht. Dabei sollten sowohl der allgemeine Zweck der Rechtskraft als auch die vom Gesetzgeber mit der engen Umgrenzung der Rechtskraftwirkung verfolgten Ziele berücksichtigt werden. Ergebnisse, die mit dem gesunden Menschenverstand oder gar mit den Denkgesetzen nicht vereinbar sind, sollten dabei vermieden werden.

Beeinträchtigung von Rechtsmittelfristen für Drittbeteiligte

Eberhard Schilken

Die gesetzlichen Regelungen der deutschen Zivilprozessordnung (ZPO) zur Beteiligung Dritter an einem zwischen anderen Parteien anhängigen Rechtsstreit im Wege der Nebenintervention (Streithilfe) werfen bis heute eine ganze Reihe teils alter, teils neu entstandener umstrittener Rechtsfragen auf. Da die einschlägigen Bestimmungen der §§ 66 ff. ZPO, vormals als §§ 63 ff. CPO (vom 30. Januar 1877), nur wenige Änderungen erfahren haben und jedenfalls im Kern ihrer Gestaltung bis heute unverändert geblieben sind, mag dies weniger erstaunen, soweit es um aufgrund rechtlicher und/oder wirtschaftlicher Entwicklung neu entstandene Problembereiche geht; es gibt aber auch ungelöste Zweifelsfragen, die nicht auf solche Umstände zurück zu führen sind, sondern sozusagen seit jeher bestehen.

Im Vordergrund neuer Entwicklungen stehen zweifellos die immer häufiger werdenden Fallgruppen, in denen es um die Geltendmachung von Massenschäden oder Streuschäden geht, die sich zudem wie etwa bei fehlerhafter Kapitalanlageberatung dadurch auszeichnen können, dass für die Entscheidung jedes Einzelfalles bestimmte gleich gelagerte Vorfragen erheblich sein können. Da die ZPO allerdings ein formelles Institut für einen kollektiven Rechtsschutz im Wege einer Gruppenklage („class action") bisher nicht kennt, werden unter dem geltenden Recht namentlich materiellrechtlich konzipierte „Ausweichmodelle" wie etwa eine treuhänderische Abtretung der jeweiligen Ansprüche zum Zweck gebündelter Geltendmachung oder die Einbringung der Ansprüche in eine zu diesem Zweck gegründete Gesellschaft bürgerlichen Rechts („Rechtsverfolgungsgesellschaft") diskutiert und praktiziert[1]. Die damit aufgeworfenen Probleme – etwa die Frage der Vereinbarkeit mit dem Rechtsdienstleistungsgesetz (RDG) – sollen an dieser Stelle indessen nicht weiter diskutiert werden. Zwar würden auch die vorhandenen gesetzlichen Regeln über die (einfache) Streitgenossenschaft (§§ 59, 60 ZPO) eine gemeinsame Klage der Geschädigten ermöglichen, doch wirft das jedenfalls bei einer Vielzahl betroffener Personen vor allem doch erhebliche Probleme der Organisation auf. Denkbar wäre es zudem auch, dass im Falle der Klage eines Geschädigten die anderen Betroffenen diesem gemäß § 66 ZPO als Nebenintervenienten beitreten. Da eine Interventionswirkung nach § 68 ZPO im Verhältnis zur Gegenpartei nach heute allgemeiner Ansicht ausscheidet[2], setzt das freilich

---

[1] S. etwa BGH NJW 2013, 59; *Mann*, ZIP 2011, 2393 und DStR 2013, 765; *Stadler*, JZ 2014, 613.
[2] S. nur MüKo-ZPO/*Schultes*, 4. Aufl. 2013, § 68 Rn. 8 m.w.N.

eine sehr großzügige Auslegung des Begriffes des nach § 66 ZPO geforderten „rechtlichen Interesses" am Obsiegen der durch den Beitritt unterstützten Partei voraus, indem man auf die immerhin gut denkbaren rein faktischen günstigen Auswirkungen einer Entscheidung zulasten der Gegenpartei auf inhaltlich identische Folgeprozesse der Nebenintervenienten mit dieser Gegenpartei abstellt[3]. Die höchstrichterliche Rechtsprechung hat einer solchen weiten Auslegung der Anforderungen an den sog. Interventionsgrund des „rechtlichen Interesses" aber jedenfalls bisher eine Absage erteilt[4]. Das vom Gesetzgeber zum 1. 11. 2005 aus konkretem Anlass sehr eilig eingeführte, mit Wirkung zum 1. 11. 2012 reformierte und bis zum 1. 11. 2020 verlängerte Mustervorlageverfahren für Massenschäden von Kapitalanlegern (KapMuG) sieht gleichfalls eine Beteiligung Dritter (Beiladung) nach Art der Nebenintervention mit allerdings besonderen Wirkungen des Musterentscheids vor, die aber jedenfalls auch nach Art der Interventionswirkung des § 68 ZPO eine Bindung der Beteiligten an Tatsachenfeststellungen und Rechtsfragen umfassen. Man wird nun abwarten müssen, wohin die weitere Entwicklung führt. Wünschenswert ist aus meiner Sicht eine umfassende Regelung von Sonderverfahren kollektiven Rechtsschutzes (für die Geltendmachung von Massenschäden, ferner auch von kleineren Streuschäden, ggf. auch zur Klärung von „Musterfragen")[5]. Dazu könnte in Zukunft die allerdings rechtlich unverbindliche Empfehlung der Europäischen Kommission über „Gemeinsame Grundsätze für kollektive Unterlassungs- und Schadensersatzverfahren in den Mitgliedstaaten bei Verletzung von durch Unionsrecht garantierten Rechten" beitragen[6].

Wenn ich damit nur übersichtlich über die neueren Entwicklungen informiert habe, so will ich mich jetzt aber im Schwerpunkt des Beitrages einer Frage zuwenden, die-wie manche andere-in der gesetzlichen Regelung der §§ 66 ff. ZPO von Beginn an verortet war und ist. Nun gibt es auch insoweit „klassische" Streitfragen, zu denen schon sehr viel geschrieben worden ist und wozu sich auch ständige Rechtsprechung und herrschende Meinungen herausgebildet haben, ohne dass freilich bis heute kritische Stimmen verstummt sind. Vor allem der Umfang der nach § 68 ZPO eintretenden Interventionswirkung ist in mehrfacher Hinsicht umstritten; das gilt namentlich für deren subjektiven Umfang im Hinblick auf die Frage, ob sie nur zu Ungunsten des Nebenintervenienten oder – allgemein oder jedenfalls in bestimmten Konstellationen – auch zu seinen Gunsten und damit zu Lasten der unterstützten Hauptpartei eintritt[7]. Im Schrifttum kaum näher

---

[3] Dazu näher *Schilken*, Festschrift für Eduard Picker, 2010, S. 709 ff.
[4] S. namentlich BGH ZIP 2006, 1218.
[5] Dazu näher *Schilken* (Fn. 3), S. 724 f.
[6] ABl. EU v. 26. 7. 2013, L 201/60; s. dazu und zum Vorschlag einer Verbands-Beseitigungsklage im AGB-Recht *Stadler*, Festschrift für Eberhard Schilken, 2015, S. 481; zu weiteren Vorschlägen *dies.*, ZfPW 2015, 61, jew. m.w.N.; *Schilken*, Festschrift 200 Jahre Carl Heymanns Verlag, 2015, S. 125.
[7] S. dazu nur MüKo-ZPO/*Schultes* (Fn. 2), § 68 Rn. 9 ff. m.w.N.; differenzierend neuerdings Stein/Jonas/*Jacoby*, ZPO, 23. Aufl. 2014, § 68 Rn. 18 ff.

behandelt wird hingegen die Frage, ob und unter welchen Voraussetzungen gemäß § 68 ZPO eine Interventionswirkung eintritt oder welche anderen Lösungsmöglichkeiten es gibt, wenn dem Intervenienten das im Hauptprozess erlassene Urteil erst nach Ablauf oder gegen Ende der laufenden Rechtsmittelfrist bekannt wird, so dass er von seinen ihm an sich zustehenden verfahrensrechtlichen Angriffs- oder Verteidigungsmöglichkeiten nicht mehr rechtzeitig Gebrauch machen kann; dieselbe Frage stellt sich im Hinblick auf § 74 Abs. 3 ZPO auch für einen im Hauptprozess nicht beigetretenen Streitverkündeten. Mit diesem Problem, das hier Gegenstand näherer Untersuchung sein soll, haben sich bisher lediglich die Autoren *Deckenbrock* und *Dötsch* in einem nun aber auch schon über 10 Jahre zurückliegenden Beitrag befasst und die Problematik zu Recht schon im Titel als „terra incognita" bezeichnet; immerhin haben sie einige Lösungsmöglichkeiten diskutiert, ohne jedoch de lege lata zu einem wirklich eindeutigen Ergebnis zu gelangen.

I. Ausgangslage

Zum richtigen Verständnis des Problems muss zunächst die rechtliche Ausgangssituation kurz geschildert werden. Eine Nebenintervention und ebenso auch eine Streitverkündung mit den schwerwiegenden Folgen einer Interventionswirkung sind gemäß §§ 66 Abs. 1, 72 Abs. 1 ZPO jeweils „bis zur rechtskräftigen Entscheidung des Rechtsstreites" zulässig, also auch noch in den Rechtsmittelinstanzen. § 66 Abs. 2 ZPO bestimmt für die Nebenintervention sogar ausdrücklich, dass diese „in jeder Lage des Rechtsstreits... auch in Verbindung mit der Einlegung eines Rechtsmittels" durch den Dritten erfolgen kann; § 70 Abs. 1 ZPO ordnet dazu ergänzend an, dass in diesem Fall der Beitritt durch Einreichung des erforderlichen Schriftsatzes bei dem Rechtsmittelgericht erfolgen kann[8]. Zwar muss der Nebenintervenient den Rechtsstreit gemäß § 67 ZPO in der Lage annehmen, in der er sich zur Zeit seines Beitritts befindet, ist danach aber grundsätzlich berechtigt, selbständig Angriffs- und Verteidigungsmittel geltend zu machen und überhaupt alle Prozesshandlungen – insbesondere auch die Einlegung von Rechtsmitteln[9] – wirksam vorzunehmen, insoweit er sich damit nicht in Widerspruch zum Verhalten der Hauptpartei stellt. Diese Option steht auch dem Streitverkündeten zu, wenn und indem er sich zum Beitritt entschließt und diesen wirksam erklärt (§ 74 Abs. 1 ZPO).

Nach § 68 1. Halbsatz ZPO knüpft allerdings an die Nebenintervention zunächst ungeachtet des Zeitpunktes des Beitritts des Dritten die ihn ggf. belastende Interventionswirkung an. Für die nach einer Streitverkündung eintretende Interven-

---

[8] S. aus der Rechtsprechung etwa RGZ 160, 204, 215; BGHZ 89, 121, 124 = NJW 1984, 353; BGH MDR 1982, 650; NJW 1997, 2385; OLG Hamm FamRZ 1984, 810, 811; OLG Düsseldorf NJW-RR 1998, 606.
[9] S. nur MüKo-ZPO/*Schultes* (Fn. 2), § 67 Rn. 6, Rn. 12, m.w.N.

tionswirkung gilt gemäß § 74 Abs. 3 ZPO grundsätzlich nichts anderes, wobei allerdings statt der Zeit des Beitritts – sofern ein solcher nicht oder erst später erfolgt – die Zeit entscheidet, zu welcher der Beitritt infolge der Streitverkündung möglich gewesen wäre. Die für den Nebenintervenienten oder Streitverkündeten damit verbundene Gefahr liegt auf der Hand: Je später die Nebenintervention oder die Streitverkündung erfolgen, umso mehr läuft der Dritte Gefahr, die Entscheidung des Hauptprozesses nicht mehr hinreichend zu Gunsten der Hauptpartei und damit auch zu seinen Gunsten beeinflussen zu können. Im Ansatz hat der Gesetzgeber diese Gefahr allerdings durchaus gesehen, indem er dem Dritten in § 68 2. Halbsatz ZPO den sog. Einwand mangelhafter Prozessführung durch die Hauptpartei eingeräumt hat. Danach wird er mit dem entsprechenden, die nachteilige Interventionswirkung ausschließenden Einwand (nur) insoweit gehört, als er durch die Lage des Rechtsstreits zur Zeit seines Beitritts – bei der Streitverkündung: des möglichen Beitritts, § 74 Abs. 3 ZPO – oder durch Erklärungen oder Handlungen der Hauptpartei verhindert worden ist, Angriffs- oder Verteidigungsmittel geltend zu machen (1. Alternative) oder als Angriffs- oder Verteidigungsmittel, die ihm unbekannt waren, von der Hauptpartei absichtlich oder durch grobes Verschulden nicht geltend gemacht sind (2. Alternative).

II. Rechtslage bei Beeinträchtigung der Rechtsmittelfristen

Wendet man sich nun den hier zu untersuchenden speziellen Konstellationen zu, so kann die Problematik unter Verweisung auf die ausführliche Darstellung der eingangs zitierten Autoren kurz wie folgt skizziert werden: Nach ganz herrschender Meinung und namentlich nach der ständigen Rechtsprechung ist eine Zustellung der im Hauptprozess ergangenen Entscheidung auch an den beigetretenen Nebenintervenienten zwar zulässig, aber nicht erforderlich[10], und in der Praxis erfolgt denn auch in aller Regel nur eine Zustellung an die Parteien, mit der der Lauf der Rechtsmittelfrist ausgelöst wird. So kann es leicht geschehen, dass der Nebenintervenient davon erst nach Ablauf oder kurz vor Ende der Rechtsmittelfrist erfährt, so dass seine eigenen Möglichkeiten zur Rechtsmitteleinlegung ausgeschlossen oder erheblich beschränkt werden. Im Fall der Streitverkündung kann der Streitverkündete, sofern er nicht schon vorher beigetreten ist, ein Rechtsmittel ohnehin nur in Verbindung mit einem Beitritt (vgl. § 66 Abs. 2 ZPO) einlegen. Dieser ist ihm jedoch nach Ablauf der Rechtsmittelfrist und damit eingetretener Rechtskraft des Urteils verwehrt, von dem er mangels Zustellung nicht (rechtzeitig) erfahren hat. Es liegt auf der Hand, dass für die Dritten in derartigen Fällen die Wahrung des rechtlichen Gehörs (Art. 103 Abs. 1 GG) – ob unangemessen oder nicht, ist noch zu

---

[10] MüKo-ZPO/*Schultes* (Fn. 2), § 71 Rn. 11; Stein/Jonas/*Jacoby* (Fn. 7), § 67 Rn. 22 m.w.N.; s. auch Deckenbrock/Dötsch, JR 2004, 6, 7 m.w.N.; a.A. nur *Windel*, ZZP 104 (1991), 321, 340 ff.

klären-beeinträchtigt wird, was im Hinblick auf die erheblichen Rechtsfolgen einer Interventionswirkung umso bedeutsamer ist. Demgegenüber stellen sich die Bedenken für den streitgenössischen Nebenintervenienten (§ 69 ZPO) nicht in dieser Weise, weil ihm die Entscheidungen mit Auslösung eigener Fristen zuzustellen sind[11]; diese besondere Konstellation soll deshalb hier nicht näher betrachtet werden.

1. Mögliche Konsequenzen der Gehörsbeschränkung

a) Keine Bedenken gemäß herrschender Lehre und Rechtsprechung

Die Rechtsprechung und auch die ganz überwiegende Literatur haben mit der möglichen Beschränkung der Rechtsmittel des betroffenen Dritten im Ergebnis letztlich keine besonderen Probleme[12]. Die vorhandenen Stellungnahmen beziehen sich dabei praktisch ausschließlich auf den Nebenintervenienten, nur in der Literatur wird gelegentlich auch der Lage des nicht beigetretenen Streitverkündeten gedacht. Maßgeblich für die Argumentation ist in erster Linie die Überlegung, dass der Nebenintervenient – auch bei eigener Einlegung eines Rechtsmittels – lediglich ein Gehilfe („Streithelfer") der von ihm unterstützten Partei sei, nach deren Person allein sich daher die Zustellungserfordernisse, die für die Einlegung eines Rechtsmittels erforderliche Beschwer und namentlich auch die Rechtsmittelfristen richteten. Dass eine im Hauptprozess ergangene Entscheidung dem Nebenintervenienten nicht zugestellt oder wenigstens mitgeteilt worden ist, soll nach überwiegender Ansicht unerheblich sein, weil ihn in Kenntnis des ihm mitzuteilenden Verkündungstermins im Hauptprozess die Obliegenheit treffe, sich insoweit die notwendigen Informationen selbst zu beschaffen[13].

---

[11] BGHZ 89, 121, 125; MüKo-ZPO/*Schultes* (Fn. 2), § 69 Rn. 14 m.w.N.; Zöller/*Vollkommer*, ZPO, 31. Aufl. 2016, § 69 Rn. 7 m.w.N. Bei späterem Beitritt kann er unstreitig notfalls Wiedereinsetzung aus in seiner Person liegenden Gründen beantragen.

[12] S. als Nachweise zu den folgenden Ausführungen etwa BGH NJW 1963, 1251, 1252; 1986, 257; 1190, 190 f.; 1991, 229, 230; 1997, 2385, 2386; 2001, 1355; BGH VersR 1986, 686, 687; 1988, 417; NJW-RR 2012, 1042; OLG Naumburg FamRZ 2001, 103 m. zust. Anm. *Gottwald*; früher schon RGZ 18, 416, 417 f.; 34, 360, 363; 93, 31, 33 u. ö.; BAG AP Nr. 1, 2 und 4 zu § 67 ZPO.. Im Schrifttum z. B. AK-ZPO/*Koch* (1987), § 67 Rn. 3; Baumbach/Lauterbach/Albers/*Hartmann*, ZPO, 74. Aufl. 2016, § 67 Rn. 7, Rn. 11; *Bischof*, JurBüro 1984, 969, 977 f., 981 f.; *Braun*, Lehrbuch des Zivilprozessrechts, 2014, § 69 I 2 a Fn. 11; Hk-ZPO/*Bendtsen*, 6. Aufl. 2015, § 67 Rn. 4; MüKo-ZPO/*Schultes* (Fn. 2), § 67 Rn. 3, 6; Musielak/*Weth*, ZPO, 12. Aufl. 2015, § 67 Rn. 3 (allerdings für formlose Mitteilung von Urteilen im Hinblick auf die Wahrung rechtlichen Gehörs); Prütting/*Gehrlein*, ZPO, 7. Aufl. 2015, § 67 Rn. 2 (mit derselben Einschränkung); Rosenberg/Schwab/*Gottwald*, Zivilprozessrecht, 17. Aufl. 2010, § 50 Rn. 31, 35, 47; Stein/Jonas/*Jacoby* (Fn. 7), § 67 Rn. 11, 22; Thomas/Putzo/*Hüßtege*, ZPO, 36. Aufl. 2015, § 67 Rn. 4, 6; *Waldner*, JR 1984, 157, 158 f.; Wieczorek/Schütze/*Mansel*, ZPO, 3. Aufl. 1994, § 67 Rn. 2, 75 (aber für eine formlose Mitteilung von rechtsmittelfähigen Entscheidungen); Zöller/*Vollkommer* (Fn. 11), § 67 Rn. 5 (gleichfalls für eine formlose Mitteilung von Urteilen); s. auch *Ziegert*, Die Interventionswirkung, 2003, S. 51.

[13] So ausdrücklich BGH VersR 1986, 686; 1988, 417; Musielak/*Weth* (Fn. 12); Prütting/*Gehrlein* (Fn. 12);

b) Entschärfung der Gehörseinschränkung über eine Wiedereinsetzung in den vorigen Stand

Auch eine Wiedereinsetzung in den vorigen Stand (§ 233 ZPO) hinsichtlich der Versäumung einer Rechtsmittelfrist aus in der Person des Nebenintervenienten selbst liegenden Gründen–die allerdings zudem in der Regel am Verschulden an der Fristversäumung (§§ 233, 85 Abs. 2 ZPO) scheitern würde–wird namentlich von der überwiegenden Rechtsprechung und auch der ganz h. M. im Schrifttum abgelehnt[14].

Unzweifelhaft besteht dafür jedenfalls erst recht keine Rechtsgrundlage, wenn die von einigen Autoren immerhin für geboten gehaltene formlose Mitteilung erlassener Entscheidungen an den Nebenintervenienten unterblieben ist, wobei die genauen Konsequenzen einer solchen Unterlassung aber auch ansonsten unklar bleiben[15].

c) Lösung über eine differenzierte Anwendung des § 68 2. Halbsatz ZPO

Die eingangs zitierten Autoren *Deckenbrock* und *Dötsch* setzen zur Lösung des Problems bei der Interventionswirkung nach § 68 ZPO an, und zwar bei der dort im 2. Halbsatz in zwei Alternativen geregelten Einschränkungen mittels des Einwandes mangelhafter Prozessführung durch die Hauptpartei (s. schon oben I. am Ende), die schon dann anzunehmen sei, wenn diese gegen die „falsche" Entscheidung selbst kein Rechtsmittel eingelegt habe. Gleichwohl passt jedenfalls die 1. Alternative nicht auf die hier behandelte Konstellation, weil der Nebenintervenient in den einschlägigen Fällen ersichtlich nicht „durch Erklärungen und Handlungen der Hauptpartei" an einer Geltendmachung von Angriffs- oder von Verteidigungsmitteln verhindert worden ist. Für die die 2. Alternative, bei der es um die Geltendmachung unbekannter Mittel geht – was schon eher jedenfalls dann in Betracht kommt, wenn der Dritte von der Entscheidung und damit der Möglichkeit/Notwendigkeit eines Rechtsmittels erst nach Fristablauf erfährt –, ist eine Absicht oder grobes Verschulden der Hauptpartei erforderlich, was beides kaum feststellbar sein wird. Die Autoren befürworten dann unter Hinweis auf den Zweck der Rechtsmittelfristen als Überlegungsfristen und den insoweit notwendigen Schutz des Nebenintervenienten vor der schwerwiegenden Interventionswirkung eine teleologische Extension des § 68 2. Halbsatz auf die einschlägigen Fälle, in

---

Stein/Jonas/*Jacoby* (Fn. 7), § 68 Fn. 49 mit § 67 Rn. 22, anders allerdings, nämlich für die Zubilligung einer „angemessenen Überlegungsfrist" für den Streitverkündeten, zur Streitverkündung § 74 Rn. 9.

[14] So bereits RG HRR 1933, Nr. 1887; OLG Naumburg FamRZ 2001, 103; offen gelassen von BGH VersR 1988, 417; NJW 1990, 190, 191; NJW 1991, 229 f.; anders allerdings noch BGH VersR 1979, 350 und OLGR Frankfurt 2005, 641, 642. Zum entsprechenden Schrifttum s. *Deckenbrock/Dötsch*, JR 2004, 6, 7 Fn. 19 und Wieczorek/Schütze/*Mansel* (Fn. 12), § 67 Rn. 55 m.w.N. in Fn. 161 und Fn. 163.

[15] Wieczorek/Schütze/*Mansel* (Fn. 12), § 67 Rn. 75 (Bestimmung der Fehlerfolgen nach den entsprechend für einen Verstoß gegen § 329 Abs. 2 S. 1 geltenden Grundsätzen); Zöller/*Vollkommer* (Fn. 11), § 67 Rn. 5, § 317 Rn. 1 („arg. § 71 III").

denen der Dritte in einer sachgerechten Prozessführung beschränkt sei. Da eine „angemessene" Verlängerungsfrist allerdings kaum festzulegen sei, könne die Konsequenz dann eigentlich nur im vollständigen Wegfall der Interventionswirkung liegen. Damit würden freilich Folgeprozesse zur bindenden Klärung der Fragen provoziert, die eigentlich gerade durch § 68 ZPO verhindert sollen; deshalb votieren die Autoren letztlich dafür, dass dem Nebenintervenienten entgegen herrschender Praxis und Lehre die Entscheidung des Hauptprozesses mit Auslösung einer eigenen Rechtsmittelfrist zugestellt werden müssten (s. dazu sogleich unter d). Eine Zustellung an den nicht beigetretenen Streitverkündeten sei hingegen nicht erforderlich, weil er durch den Nichtbeitritt auf sein rechtliches Gehör verzichtet habe. Erfolge die Streitverkündung erst nach Urteilserlass innerhalb der Rechtsmittelfrist, so sei der Dritte vor der Interventionswirkung über die Sonderregelung des § 74 Abs. 3 ZPO geschützt, weil ihm dann ein Beitritt nicht (zumutbar) „möglich" gewesen sei; das soll wohl gleichfalls mit der teleologischen Extension des § 68 2. Halbsatz ZPO begründet werden, wenn ich die Ausführungen der Autoren richtig verstehe, die insoweit auf das Fehlen einer ausreichenden Überlegungsfrist für eine Entscheidung über den mit Einlegung eines Rechtsmittels verbundenen Beitritt nach § 66 Abs. 2 ZPO verweisen.

d) Zustellung der Entscheidungen an den Nebenintervenienten und eigene Rechtsmittelfrist

Alle Bedenken im Hinblick auf eine Beschränkung des rechtlichen Gehörs würden in der Tat entfallen, wenn entsprechend einer (nur) von *Windel* vertretenen Ansicht die im Hauptprozess ergehenden Entscheidungen dem Nebenintervenienten mit der Folge einer für ihn selbständig laufenden Rechtsmittelfrist zugestellt werden müssten[16].

2. Diskussion der vertretenen Ansichten

a) Eigene Rechtsmittelfrist des Nebenintervenienten

Die im Zivilprozess ergehenden Urteile werden gemäß § 317 Abs. 1 S. 1 ZPO (nur) „den Parteien" zugestellt. Wenn *Windel* dennoch die Notwendigkeit einer – eine eigene Rechtsmittelfrist des Streithelfers auslösenden – Zustellung an den Nebenintervenienten bejaht, so beruht diese Ansicht im Kern auf der Prämisse, die Handlungen von Hauptpartei und Nebenintervenienten stünden voneinander unabhängig selbständig nebeneinander und lösten dadurch im Prozess Doppelwirkungen aus. Dem ist aber mit der ganz h. M. nicht zu folgen. § 67 ZPO verordnet ganz eindeutig eine Abhängigkeit

---

[16] Dafür *Windel*, ZZP 104 (1991), 321, 340 ff. – Zu Parallelen im japanischen Zivilprozess s. *Ueda*, in: *Baumgärtel* (Hrsg.), Grundprobleme des Zivilprozeßrechts, 1976, S. 193 ff., S. 210 ff.

des Nebenintervenienten von den Handlungen der unterstützten „Hauptpartei" und auch § 68 ZPO bestätigt gerade durch die Einschränkungen der Interventionswirkungen im 2. Halbsatz diese unselbständige Stellung. Der Nebenintervenient ist weder Partei noch gesetzlicher Vertreter, sondern als Streithelfer der Partei nur ein deren Rechtsstreit unterstützender Dritter, der sein eingeschränktes Recht zur Vornahme von Prozesshandlungen lediglich von der Partei ableitet[17]. Die mit der Gegenansicht verbundene Verdoppelung der Prozesssubjekte sieht die ZPO nicht vor[18]. Anderenfalls wäre die Hauptpartei – um eine Abhängigkeit von den Handlungen des Nebenintervenienten zu vermeiden –, auch gezwungen, aus Vorsorge dessen Prozesshandlungen zu wiederholen, was eine unangemessene Belastung der Verhandlungsführung bedeuten würde. Auf der anderen Seite könnte ein für die Hauptpartei verspätetes Vorbringen je nach Zeitpunkt des Beitrittes doch noch vom Nebenintervenienten getätigt werden, was wiederum den Prozessgegner ohne Grund benachteiligen würde. Dass endlich die Hauptpartei einen etwaigen Widerspruch gegen Prozesshandlungen nach der wiederum ganz h. M. alsbald zu erklären hat[19], entspricht dem gebotenen Schutz der Gegenpartei und stellt auch einen angemessenen Ausgleich für die durch die Nebenintervention begründete Erweiterung der Handlungsmöglichkeiten der Gegenseite dar. Im Hinblick darauf lässt sich auch bei § 317 Abs. 1 S. 1 ZPO keinesfalls eine planwidrige Regelungslücke feststellen, die durch eine Erweiterung des Erfordernisses der Zustellung an den Nebenintervenienten zu schließen wäre – anders ist es nur beim streitgenössischen Nebenintervenienten, weil dieser gemäß § 69 ZPO als Streitgenosse der Hauptpartei gilt und damit hinsichtlich des Prozessbetriebes der Partei gleichgestellt ist[20]. Die vom Gesetz geregelte Stellung des einfachen Nebenintervenienten spricht aus den geschilderten Gründen eigentlich auch gegen den Vorschlag[21], de lege ferenda in § 317 Abs. 1 ZPO zusätzlich eine Zustellung des Urteils an ihn vorzuschreiben, was aber andererseits immerhin den Vorteil einer besseren Wahrung rechtlichen Gehörs für sich in Anspruch nehmen könnte (zur Bedeutung des neuen § 232 ZPO über die Notwendigkeit einer Rechtsmittelbelehrung s. noch unten b.)

Teilweise wird allerdings der Nebenintervenient immerhin als „Nebenpartei" bezeichnet und es werden daraus gelegentlich sogar Folgerungen für die Anwendbarkeit von auf die „Parteien" des Zivilprozesses zugeschnittenen Vorschriften gezogen[22]. Der

---

[17] S. für die h. M. nur MüKo-ZPO/*Schultes* (Fn. 2), § 67 Rn. 2 m.w.N.
[18] Zum Folgenden zutreffend Wieczorek/Schütze/*Mansel* (Fn. 12), § 67 Rn. 2.
[19] S. auch dazu nur Wieczorek/Schütze/*Mansel* (Fn. 12), § 67 Rn. 2, Rn. 19 m.w.N.; anders *Windel*, a.a.O. (Fn. 16).
[20] Unstr., s. nur BGH NJW 1984, 353; 2001, 1355; MüKo-ZPO/*Schultes* (Fn. 2), § 69 Rn. 14 m.w.N.
[21] *Deckenbrock/Dötsch*, JR 2004, 6, 12.
[22] So für die Frage des Anwaltszwanges (s. auch noch unten b) zu Fn. 31) Wieczorek/Schütze/*Steiner* (Fn. 12), § 78 Rn. 22; Zöller/*Vollkommer* (Fn. 11), § 78 Rn. 15; s. dazu *Schilken*, Gedächtnisschrift für Manfred Wolf, 2011, S. 537 ff.; ferner *Braun* (Fn. 12), § 69 I 2.

Begriff ist ersichtlich durch die Erwähnung der „Hauptpartei" in den §§ 67, 68 ZPO provoziert[23] und auch unschädlich, wenn man damit lediglich seine Stellung als Streithelfer der Hauptpartei zum Ausdruck bringen will[24]. Die Vorschriften der ZPO und namentlich auch deren Entstehungsgeschichte lassen aber keinen Zweifel daran, dass diese keinen derartigen zweigestuften Parteibegriff kennt, sondern dass der Nebenintervenient lediglich die Stellung eines Beistandes der „Hauptpartei" als des eigentlichen Prozesssubjektes haben soll (te)[25].

b) Teleologische Extension des § 68 2. Halbsatz ZPO

Damit stellt sich die Frage, ob die Lösung der drohenden Belastung des Nebenintervenienten bei Verkürzung von Rechtsmittelfristen über eine Einschränkung der Interventionswirkung im Wege teleologischer Extension des § 68 2. Halbsatz ZPO zu finden ist.

Es liegt zunächst auf der Hand, dass allenfalls die letzte Fallgruppe des Einwandes nach § 68 2. Halbsatz ZPO als Anknüpfungspunkt für eine evtl. Extension in Betracht kommt (s. oben 1c). Dabei geht es darum, dass dem Nebenintervenienten Angriffs- oder Verteidigungsmittel unbekannt waren, was bei verspäteter Kenntnisnahme vom Urteilserlass und der Möglichkeit der Einlegung eines Rechtsmittels gegen das Urteil unter Umständen der Fall wäre, allerdings eigentlich schon nicht mehr in Fällen, in denen der Dritte noch kurz vor Ablauf der Rechtsmittelfrist davon erfahren hat. Hinzukommen müsste zudem aber auch noch, dass das Rechtsmittel von der Hauptpartei absichtlich oder durch grobes Verschulden nicht geltend gemacht worden ist, was kaum einmal der Fall sein dürfte. Hier setzt nun der Vorschlag zu einer teleologischen Extension an, indem auf den Zweck der Ausnahmen verwiesen wird, dass dem Dritten eine angemessene und zumutbare Möglichkeit zur sachgerechten Durchführung des Prozesses zur Verfügung gestanden haben müsse.

Die teleologische Extension ermöglicht die Anwendung einer Norm jenseits ihres Wortlautes, wenn der Zweck der Norm eine solche Ausweitung erfordert. Voraussetzung dafür ist allerdings die Feststellung einer sprachlich unzureichenden Umsetzung der Wertentscheidung des Gesetzgebers. Das jedoch kann man im Hinblick auf die in § 68 2. Halbsatz ZPO geregelten Fälle kaum bejahen. Das Gesetz regelt die Ausnahmen von der Interventionswirkung in zwei Fallgruppen, deren eine an die Lage des Rechtsstreites zur Zeit des Beitritts und deren andere – hier allein als Ansatzpunkt in Betracht kommende – an ein gegenläufiges Verhalten der Hauptpartei anknüpft. Die Gesetzesbegründung zu § 68 ZPO ist zwar nicht besonders aussagekräftig[26], nennt aber

---

[23] MüKo-ZPO/*Schultes* (Fn. 2), § 67 Rn. 2: aber „wenig hilfreich"!
[24] So Rosenberg/Schwab/*Gottwald* (Fn. 12), § 50 Rn. 2.
[25] Ausführlich *Schilken* (Fn. 22), S. 544.
[26] S. dazu auch *Wieser*, ZZP 79 (1966), 246, 260.

ausdrücklich nur diese beiden zu regelnden Ausnahmen vom Einwand mangelhafter Prozessführung[27]. Gerade davon soll aber bei der diskutierten Extension abgesehen werden, indem allein auf die fehlende ausreichende Handlungsmöglichkeit des Dritten abgestellt wird. Das kann indessen nicht mehr mit einer unzureichenden Umsetzung der gesetzgeberischen Entscheidung im gewählten Wortlaut der gesetzlichen Regelung erklärt werden, sondern würde eine völlig neue Fallgruppe jenseits dieser Regelung eröffnen. Damit würden somit eigentlich die zulässigen Grenzen einer teleologischen Extension überschritten.

Dennoch könnte sich aber die Notwendigkeit einer Extension–letztlich als eine die Norm aufgrund höherrangiger Anforderungen an Gesetzgebers statt ergänzende Ausnahme von der Bindungswirkung–aus dem grundgesetzlichen Gebot der Wahrung des rechtlichen Gehörs (Art. 103 Abs. 1 GG) zugunsten des Nebenintervenienten rechtfertigen. Es ist grundsätzlich anerkannt, dass sich ein Anhörungsgebot unmittelbar aus Art. 103 Abs. 1 GG auch in Ergänzung unzureichender prozessualer Bestimmungen ergeben kann[28]. Freilich kann das nur gelten, wenn insoweit das rechtliche Gehör regelnde Vorschriften in der ZPO nicht vorhanden sind[29]. Hierzu ist aber zu konstatieren, dass die gesetzlichen Regeln über die Nebenintervention im Hinblick auf das rechtliche Gehör der betroffenen Dritten keineswegs schweigen, sondern durchaus eine einschlägige Regelung enthalten, indem dem Nebenintervenienten gemäß § 67 2. Halbs. ZPO die Befugnis eingeräumt wird, auf den Hauptprozess durch eigene Prozesshandlungen Einfluss zu nehmen. Die Frage kann daher nur sein, ob diese Regelung im Hinblick auf Art. 103 Abs. 1 ZPO so unzureichend ist, dass eine Ergänzung in Rückgriff auf diese grundgesetzliche Regelung geboten erscheint. Das ist eine Wertungsfrage, die nach meiner Auffassung zu verneinen ist. Der Nebenintervenient ist durch seine Teilnahme am Hauptprozess, in dem er der unterstützten Partei beigetreten ist, über dessen Verlauf informiert oder kann sich jedenfalls insoweit unschwer informieren. Das gilt namentlich auch für die Bestimmung eines Termins zur Verkündung einer Entscheidung, so dass es auch keine unangemessene – mit Art. 103 Abs. 1 GG unvereinbare – Obliegenheit darstellt, sich die notwendigen Informationen über ein etwa verkündetes Urteil – durch Teilnahme am Verkündungstermin, mittels Nachfrage bei der Geschäftsstelle des Gerichts oder auch bei der Hauptpartei – zu beschaffen und dagegen dann ggf. dagegen ein Rechtsmittel einzulegen[30], um die

---

[27] *Hahn*, Die gesammten Materialien zur Civilprozeßordnung, 1880, S. 178=Mot., S. 87 f.
[28] S. bereits BVerfGE 21, 132=NJW 1967, 492; 60, 7; BVerfG NJW 1982, 1635, 1636, st. Rspr.; *Schilken*, GVR, 4. Aufl. 2007, Rn. 129 m. w. N.; grundlegend für Drittbeteiligte *Schultes*, Beteiligung Dritter am Zivilprozess, 1992, passim, insbes. S. 82 ff.
[29] *Schultes* (Fn. 28), S. 88 m.w.N.
[30] BGH NJW 1963, 1251; 1986, 257; BGH VersR 1986, 686, 687; 1988, 417; s. auch die Nachweise in Fn. 13.

ungünstigen Folgen der Interventionswirkung nach § 68 ZPO zu vermeiden. Ist der Nebenintervenient anwaltlich vertreten, so wird das sicher den Regelfall darstellen; da der Beitritt und sämtliche Prozesshandlungen bei Verfahren vom Landgericht aufwärts analog § 78 Abs. 1 ZPO dem Anwaltszwang unterliegen[31], dürfte das ohnehin die praktische Bedeutung der Problematik deutlich beschränken. Aus diesem Grund bestand jedenfalls bisher auch kein Anlass, dem Dritten wenigstens die Möglichkeit einer Wiedereinsetzung in den vorigen Stand analog § 233 ZPO zu gewähren. Die bisherige ständige Rechtsprechung hierzu[32] erscheint zutreffend, allerdings nicht aufgrund des rein formalen Arguments, der Nebenintervenient sei nicht Partei, sondern nur Gehilfe – das stünde einer analogen Anwendung nicht entgegen –, sondern schlicht deshalb, weil er wegen ausreichender Informationsmöglichkeit (und -obliegenheit) nicht i.S.d. § 233 S. 1 ZPO ohne sein Verschulden verhindert war, die Notfrist zur Einlegung des Rechtsmittels (oder Einspruchs) einzuhalten; ein etwaiges Verschulden seines Prozessbevollmächtigten ist ihm dabei gemäß § 85 Abs. 2 ZPO wie eigenes Verschulden zuzurechnen. Eine wenigstens formlose Mitteilung des Urteils könnte dem freilich zumindest praktisch entgegenwirken und ist auch im Hinblick auf den Grundsatz fairen Verfahrens[33] sicher zulässig, aber mangels gesetzlicher Grundlage nicht verpflichtend.

An dem zuvor beschriebenen Ergebnis könnte sich allerdings dadurch Entscheidendes geändert haben, dass der Gesetzgeber inzwischen in § 232 ZPO verbindlich die Erteilung einer Rechtsbehelfsbelehrung vorgeschrieben hat, freilich nach dessen S. 2 grundsätzlich nicht für Verfahren, in denen sich die Parteien durch einen Rechtsanwalt vertreten lassen müssen (sog. Anwaltsprozess)[34]. Der Nebenintervenient ist in diesem Zusammenhang allerdings nicht erwähnt; als zu belehrende Dritte nennt § 232 S. 2 ZPO lediglich Zeugen und Sachverständige, gegen die rechtsmittelfähige Entscheidungen namentlich als Kosten- und Ordnungsmittelentscheidungen ergehen können (s. §§ 380, 409 ZPO). Die Vorschrift scheint ihrem Wortlaut nach ansonsten ganz auf die Parteien im sog. Parteiprozess, also in Verfahren ohne Anwaltszwang (Amtsgerichtsprozess) zugeschnitten zu sein. In den bisher erschienenen Kommentierungen zu § 232 ZPO findet sich auch keinerlei Hinweis auf den Nebenintervenienten. Dabei könnte man es bewenden lassen, wenn nicht die Gesetzesbegründung in eine andere Richtung weisen würde. Im Regierungsentwurf und den Bundestags-Drucksachen heißt es nämlich ausdrücklich[35]: „Adressaten der Belehrung sind stets diejenigen Personen, an die sich die gerichtliche Entscheidung richtet. Im Erkenntnisverfahren sind dies insbesondere die Parteien und ggf. Nebenintervenienten und Streitverkündungsempfänger im Falle

---

[31] Dazu ausf. *Schilken* (Fn. 22), S. 537 ff. m.w.N., ganz h.M.; a.A. *Prechtel*, DRiZ 2008, 84.
[32] S. die Nachw. in Fn. 14 und Fn. 30.
[33] Darauf beruft sich Wieczorek/Schütze/*Mansel* (Fn. 12), § 67 Rn. 75.
[34] Dazu näher *Schilken*, Festschrift für Rolf Stürner, 2013, S. 493 ff.
[35] Begr RegE S. 20, BR-Drucks. 308/12 S. 18, BT-Drucks. 17/10490 S. 13.

ihres Beitritts".

Für die Rechtsbehelfsbelehrung würde das besagen, dass sie auch dem Nebenintervenienten gegenüber zu erteilen wäre, jedenfalls soweit er nicht dem Anwaltszwang unterliegt. Da die Belehrung nach § 232 S. 1 ZPO nunmehr Teil der Entscheidung sein muss[36] („jede anfechtbare gerichtliche Entscheidung hat eine Belehrung über das statthafte Rechtsmittel···zu enthalten"), würde das allerdings bedeuten, dass auch die Entscheidung entgegen bisher ganz überwiegender Ansicht und Praxis (s. oben II. vor 1.) dem Nebenintervenienten zugestellt werden müsste und somit für ihn eine eigene Rechtsmittelfrist auslösen würde (womit das hier behandelte Problem für den Parteiprozess obsolet würde). Es gibt aber keinerlei Anhaltspunkte dafür, dass der Gesetzgeber über § 232 ZPO mittelbar eine so einschneidende Änderung anordnen wollte. Auch die Wiedereinsetzungsvorschrift des § 233 ZPO passt dazu nicht, weil dort nur die Parteien erwähnt werden, deren mangelndes Verschulden nach S. 2 vermutet wird, wenn eine Rechtsbehelfsbelehrung unterblieben oder fehlerhaft ist. Im Hinblick auf den Zusatz „ggf." könnte man zudem annehmen, dass nur an die Fälle gedacht war, in denen dem Nebenintervenienten gemäß § 101 Abs. 1 2.Halbs. ZPO die durch die Intervention verursachten Kosten auferlegt werden. Insgesamt gelange ich daher zu dem Schluss, dass der betreffende Passus in der Gesetzesbegründung mangels Umsetzung in das Gesetz unbeachtlich ist – zwingend ist das freilich nicht und man wird insoweit die weitere Entwicklung abwarten müssen. Klar ist jedenfalls, dass sich an der Rechtslage für solche Prozesse nichts geändert hat, in denen auch der Nebenintervenient dem Anwaltszwang unterliegt. De lege ferenda allerdings erscheint es trotz der bloßen Gehilfenstellung des Nebenintervenienten (s. oben 2a) zur besseren Wahrung des rechtlichen Gehörs letztlich wohl doch wünschenswert, entgegen dem jetzigen § 317 Abs. 1 ZPO eine zusätzliche Zustellung von Urteilen an den Nebenintervenienten – im Parteiprozess mit Rechtsmittelbelehrung – gesetzlich vorzusehen, um mögliche Beeinträchtigungen vollständig auszuschließen[37].

Im Ergebnis ist aber de lege lata an der (herrschenden) Ansicht festzuhalten, dass sich eine Beeinträchtigung von Rechtsmittelfristen zulasten des Nebenintervenienten auswirken darf, weil dieser es in der Hand hat, die schädlichen Folgen durch zumutbare Informationsbeschaffung zu vermeiden, was namentlich im Anwaltsprozess – oder überhaupt beim anwaltlich vertretenen Nebenintervenienten – in der Regel auch kein Problem sein dürfte. Ergänzend sei zudem noch darauf hingewiesen, dass ein Wegfall der Interventionswirkung in Extension des § 68 2. Halbsatz ZPO zudem auch in den Fällen über das Ziel hinausschösse, in denen sich eine bloße Verkürzung der Rechtsmittelfrist

---

[36] Baumbach/Lauterbach/Albers/*Hartmann* (Fn. 12), § 232 Rn. 27; Musielak/*Grandel* (Fn. 12), § 232 Rn. 8; Zöller/*Vollkommer* (Fn. 11), § 232 Rn. 5.

[37] Dafür auch *Deckenbrock/Dötsch*, JR 2004, 6, 12.

nicht negativ ausgewirkt hat, weil der Nebenintervenient doch noch fristgerecht ein Rechtsmittel eingelegt hat oder ein solches ohnehin unzulässig gewesen wäre[38].

c) Besonderheiten bei der Streitverkündung?

Allerdings bleibt noch die Frage zu untersuchen, ob im Hinblick auf einen nicht beigetretenen Streitverkündeten eine andere Lösung gerechtfertigt ist. Wie schon erwähnt (oben I . und II .) gelten für die Interventionswirkung gegen den Streitverkündeten grundsätzlich dieselben Regeln wie für die Nebenintervention. Wenn er aufgrund der Streitverkündung als Nebenintervenient beigetreten ist, so gilt auch für das Problem der Rechtsmittelbeschränkung unmittelbar das zur Nebenintervention Gesagte. Ist er hingegen nicht beigetreten oder erklärt er sich nicht, so wird der Hauptprozess gemäß § 74 Abs. 2 ZPO ohne Rücksicht auf ihn fortgesetzt und § 68 ZPO ist mit der abweichenden Maßgabe anzuwenden, dass statt der Zeit des Beitritts die Zeit entscheidet, zu welcher der Beitritt infolge der Streitverkündung möglich war. Diese Voraussetzung ist schon dann erfüllt, wenn die Streitverkündung gemäß § 73 S. 3 ZPO mit der erforderlichen Zustellung des Streitverkündungsschriftsatzes (§ 73 S. 2 ZPO) wirksam wird[39]. Grundsätzlich hat er dann ausreichend Zeit, über seinen Beitritt zu entscheiden oder aber durch Nichtbeitritt auf weiteres rechtliches Gehör zu verzichten[40]. Erfolgt die Streitverkündung allerdings erst nach Erlass und Zustellung des Urteils an die Partei, so fehlt es für den Betroffenen bis dahin an den für die Wahrung rechtlichen Gehörs maßgeblichen Informationsmöglichkeiten, wie sie demgegenüber der Nebenintervenient aufgrund seiner Teilnahme am Prozess hat. Das führt zu der Frage, ob für den Streitverkündeten deshalb auch Besonderheiten für die Behandlung der Fristen für die Einlegung von Rechtsmitteln gelten müssen, die er gemäß §§ 67, 70 ZPO nur in Verbindung mit einem Beitritt oder danach wahrnehmen kann.

Wenn man mit der hier vertretenen Ansicht die teleologische Extension des § 68 2. Halbsatz ZPO grundsätzlich ablehnt, so bleibt allenfalls noch die Möglichkeit, dem Streitverkündeten eine angemessene Überlegungsfrist und damit verbunden den Wegfall der Interventionswirkung des § 68 ZPO zuzubilligen, wenn er aufgrund des Zeitpunktes der Streitverkündung keine zumutbare Möglichkeit mehr hatte, den Prozess-namentlich durch Einlegung eines Rechtsmittels-angemessen zu führen[41]. Als konkreter Ansatzpunkt für eine solche Einschränkung kommt hier immerhin der Wortlaut des § 74 Abs. 3 ZPO in Betracht, der für die Anwendbarkeit des § 68 ZPO auf den Zeitpunkt abstellt, zu welchem ein Beitritt infolge der Streitverkündung „möglich" gewesen wäre. Danach muss die Interventionswirkung jedenfalls dann entfallen,

---

[38] S. insoweit die eigenen Bedenken von *Deckenbrock/Dötsch*, JR 2004, 6, 10 f. in Fn. 54.
[39] *Deckenbrock/Dötsch*, JR 2004, 6, 11.
[40] So zutr. *Deckenbrock/Dötsch*, JR 2004, 6, 11 m.w.N.
[41] Dafür Stein/Jonas/*Jacoby* (Fn. 7), § 74 Rn. 9; Thomas/Putzo/*Hüßtege* (Fn. 12), § 74 Rn. 4.

wenn die Streitverkündung nach Schluss der letzten mündlichen Verhandlung in der letzten Tatsacheninstanz oder zu einem Zeitpunkt erfolgt ist, zu dem neuer Tatsachenvortrag gemäß § 531 ZPO ausgeschlossen gewesen wäre[42], weil der Streitverkündete dann durch die Lage des Rechtstreits zur Zeit seines möglichen Beitritts verhindert worden wäre, Angriffs- oder Verteidigungsmittel geltend zu machen. Die Frage, ob ihm darüber hinaus bei später Streitverkündung, wo aber bei sofortiger Reaktion noch ein rechtzeitiger Beitritt mit Rechtsmitteleinlegung hätte erfolgen können, im Hinblick auf die angemessene Wahrung rechtlichen Gehörs (Art. 103 Abs. 1 GG) eine Überlegungsfrist – da eine Verlängerung der Rechtsmittelfrist nicht in Betracht kommt, kann das freilich auch nur den Wegfall der Interventionswirkung zur Folge haben – zuzubilligen ist, ist nicht leicht zu beantworten. Man kann dafür immerhin mit einer großzügigen Auslegung des Tatbestandsmerkmales „möglich" in § 74 Abs. 3 ZPO argumentieren, wofür sich auch zusätzlich noch als Argument anführen lässt, dass Rechtsmittelfristen auch Überlegungsfristen sind[43]. Da dem Streitverkündeten anders als dem Nebenintervenienten zuvor keine Informationsmöglichkeiten zur Verfügung standen, sondern er durch die Zustellung der Streitverkündung überrascht worden ist, ist dieser Lösung in der Tat der Vorzug zu geben, obwohl sie eine deutliche Unsicherheit im Hinblick auf den Eintritt der Wirkung des § 68 ZPO mit sich bringt. Die Frage ist nämlich, wie diese Überlegungsfrist zeitlich zu bestimmen ist, bei der der Umstand einbezogen werden muss, dass der Streitverkündete die Möglichkeit haben sollte, anwaltlichen Rat einzuholen–im Anwaltsprozess muss er ja ohnehin den Beitritt durch einen Rechtsanwalt erklären. Im Schrifttum findet sich dazu lediglich die vereinzelte Äußerung, es sei dem Streitverkündeten „eine kurze Frist, etwa einige Tage" zuzubilligen[44]. Auch wenn die Wahl einer festen Frist zwar letztlich keinen überzeugenden Anknüpfungspunkt aufweisen kann, wäre es aber im Hinblick auf die gebotene Rechtssicherheit keine gute Lösung, die Bestimmung einer angemessenen Frist dem Einzelfall und damit letztlich gerichtlicher Entscheidung im potentiellen Regressprozess zu überlassen, in dem das Eingreifen der Interventionswirkung entscheidungserheblich wäre. Wenn man bedenkt, dass es um die Frage geht, ob der Streitverkündete die Möglichkeit eines rechtzeitigen Beitritts versäumt hat, so bietet sich insoweit noch am ehesten die Zweiwochenfrist an, die § 339 Abs. 1 ZPO für den Einspruch gegen ein Versäumnisurteil vorsieht. Das Gesetz hält diesen Zeitraum im Versäumnisverfahren für angemessen und ausreichend, die Einlegung eines Einspruchs zu prüfen bzw. anwaltlich prüfen zu lassen. Daher erscheint es nicht aus der Luft gegriffen, auch dem Streitverkündeten eine entsprechende Zweiwochenfrist zuzubilligen und § 74 Abs. 3 ZPO dahin zu interpretieren, dass ihm

---

[42] Musielak/*Weth* (Fn. 12), § 74 Rn. 4; Prütting/*Gehrlein* (Fn. 12), § 74 Rn. 6; Stein/Jonas/*Jacoby* (Fn. 7), § 74 Rn. 9; s. auch BGH WM 1976, 57; NJW 1981, 281 f.; OLG Köln MDR 1983, 409.

[43] *Deckenbrock/Dötsch*, JR 2004, 6, 9 f.; Stein/Jonas/*Jacoby* (Fn. 7), § 74 Rn. 9.

[44] Thomas/Putzo/*Hüßtege* (Fn. 12), § 74 Rn. 4.

bei Zustellung der Streitverkündung weniger als 2 Wochen vor Ablauf der Rechtsmittelfrist gegen das erlassene Urteil ein Beitritt infolge der Streitverkündung nicht „möglich" war. Konsequenz ist, dass dann die Interventionswirkungen des § 68 ZPO gegen ihn ausscheiden.

III. Ergebnis

Der Nebenintervenient muss eine Verkürzung von Rechtsmittelfristen mit den möglichen Folgen des Eintritts der Interventionswirkung zu seinen Lasten hinnehmen. Nach geltendem Recht steht ihm weder eine eigene Rechtsmittelfrist noch die Möglichkeit eines Wiedereinsetzungsantrages aus in seiner Person liegenden Gründen zu, der zudem aber in aller Regel am Verschulden scheitern würde. De lege ferenda erscheint freilich eine Lösung durch zusätzliche Zustellung des Urteils an ihn mit der Folge einer eigenen Rechtsmittelfrist wünschenswert. Die durch die Interventionswirkung drohenden Nachteile sind auch nicht im Wege einer teleologischen Extension der Vorschrift des § 68 2. Halbsatz ZPO auszuschließen. Für den nicht beigetretenen Streitverkündeten gilt grundsätzlich Entsprechendes, allerdings ist im Hinblick auf § 74 Abs. 3 ZPO der Eintritt der Interventionswirkung gegen ihn je nach dem Zeitpunkt der Zustellung der Streitverkündung nur eingeschränkt möglich.

The Influence of Judgments of the Court of Justice of the European Union on National Law

Rolf Stürner

I. Terminology and Structure of the Court

The Court of Justice of the European Union has a changing history with a changing structure and changing names. As a consequence, it seems to be recommendable to begin with some clarifying remarks. The Court was established in 1952 as the Court of Justice of the European Coal and Steel Communities and it was informally known as European Court of Justice. Today, according the Treaty of Lisbon from 2009, the Court of Justice of the European Union consists of three different judicial bodies: [1] the Court of Justice, the General Court, which has been installed in 1988 as Court of First Instance, and the Civil Service Tribunal, established in 2004 as a specialized court for disputes between the European Union and members of its civil service. Though this court system shows tendencies to develop two or even three tiers with courts of first instance and a court of appeals on law,[2] the biggest part of competences lies with the Court of Justice that functions mainly as a court of first instance and to a small degree only as a court of appeals against decisions of the General Court and the Civil Service Tribunal.[3] Until now the competences of the General Court are relatively small though the Lisbon Treaty would permit an extension.[4] The General Court determines e.g. disputes between the European Union and individuals, citizens or corporations, in antitrust cases, trademark cases or liability cases.[5] The Court of Justice as a court of first instance decides disputes between the European Commission and Member States or between Member States regarding rights and obligations derived from the European Treaties.[6] It determines questions of European law upon reference of the courts of the individual Member States, national courts of last instance are obliged to certify unresolved questions of European law material

---

[1] See Art. 251, 254, 257 Treaty on the Functioning of the European Union (TFEU) and Protocol No. 3 on the Statute of the Court of Justice of the European Union Art. 9 ff., 47 ff., Annex.
[2] For a survey see Thiele, Europäisches Prozessrecht, 2. Aufl. 2014, p. 32.
[3] Art. 256 I (2), 257(3) TFEU.
[4] Art. 256 I (1) TFEU.
[5] See Thiele op. cit. p. 30 mn. 54, 55.
[6] Art. 263 TFEU.

to the outcome of a pending case to the Court of Justice for authoritative resolution, lower national courts are permitted to do so without being obliged.[7] The Court of Justice may also determine the admissibility of international treaties concluded by the European Union upon application of the European Commission, the European Council, Parliament or a Member State through a binding opinion, e.g. the question whether, according to the European Treaties, the European Union as a whole could join the European Convention of Human Rights.[8]

II. The European Hierarchy of Legal Acts and the National Law of the Member States

The primary sources of European law are the treaties, the Treaty on the European Union and the Treaty on the Functioning of the European Union. The policies, principles, market freedoms and fundamental rights as provided by these Treaties are complemented by the Charter of Fundamental Rights of the European Union,[9] which regrettably applies to Poland and Great Britain only with remarkable restrictions.[10] According to an early landmark decision of the ECJ,[11] provisions of the treaties are, in principle, capable of creating direct effects before courts of the individual Member States. The most important secondary sources of European law constitute regulations and directives of the European legislature.[12] Regulations are directly applicable in all Member States and they are, in principle, fully effective without any form of implementation by the national legislature, whereas directives are, again in principle, binding as to the result to be achieved only, but leave to the national authorities the choice of form and methods and need, therefore, the implementation by national legislation to become effective. But in 1986 the ECJ strengthened the effectiveness of directives[13] and attributed direct effects to directives independently of their pending national implementation under the condition that they contained precise and exact provisions thereby forming a reliable basis for judicial conclusions and decisions. Direct effects may overrule or complement national law, they may do so in respect of public or governmental bodies (vertical direct effects) or even create direct effects against or between private persons or entities (horizontal direct effects). Treaty provisions or regulations are capable to produce

---

[7] Art. 267 (1) – (3) TFEU.

[8] Art. 218 XI TFEU; ECJ, 18. 12. 2014 – Opinion 2/13, Draft of an Agreement to Join the European Convention on Human Rights not Compatible with European Treaties.

[9] See Art. 6 I TEU.

[10] See Protocol No. 30 on the application of the Charter to Poland and the United Kingdom; for details see B. Münchbach, Stoppsignale Großbritanniens gegen einen europäischen Grundrechtsschutz, 2014.

[11] See Van Gend en Loos v Nederlandse Administratie der Belastingen (1963) Case 26/62 ECR 1.

[12] See Art. 288 TFEU.

[13] Marshall v Southampton and South West Area Health Authority (1986) Case 152/84 ECR 723.

vertical and horizontal direct effects, whereas directives may have vertical direct effects only regarding public or governmental authorities or private entities owned by governmental or public bodies.[14] The indirect effect of all European law, be it a part of primary or secondary European legislation, demands for an application and construction of national law that harmonizes with European law taking into consideration its point, aim and purpose. National legal provisions need to be construed against the background of European law and in conformity with European law. In post-war-Germany, the interpretation of national law and the creation of judge-made case law in conformity with the national constitution and its values and principles has been a longstanding and well-established method of interpretation of law and judicial law making. This makes it clear that the idea of the application or judicial creation of law in conformity with European law was highly welcomed in German legal culture, and its acceptance by the ECJ and many other European legal cultures has been regarded a success of a desirable development towards a European constitutionalization of many fields of law.

In the end, the supremacy of European law[15] over the national law of Member States is the forcing and logical consequence of the described system of European law and has become a fundamental principle of European legal thought. It is up to the ECJ to determine the correct interpretation of European law thereby binding national courts,[16] and only the ECJ has the competence to annul regulations or directives, which do not harmonize with provisions of the European Treaties or the European Charter of Fundamental Rights.[17] This is the basis of a very strong position of the ECJ, which has the "last word" in all questions of European law. This very strong position and the principle of strict supremacy of European law over national law may sometimes generate results, which are somewhat strange for the legal culture of affected Member States. A simple European directive can overrule a constitutional provision of a Member State. The German Constitution, the Grundgesetz, did not permit voluntary military service of women with weapons.[18] A directive of the European Union granted equal access of men and women to employment and work.[19] The female claimant demanded access to military service with weapons. Upon reference of the competent German court, the European Court of Justice determined[20] that equal access to employment and work in the sense of the directive included voluntary military service with weapons and overruled the provision of the German constitution. In German understanding, the directive was

---

[14] See again Marshall v Southampton and South West Health Authority (1986) Case 152/84 ECR 723; Foster v British Gas (1990) Case 188/89 ECR I - 3313.
[15] See Costa v ENEL (1964) ECR 585.
[16] See again Art. 267 TFEU.
[17] See Foto Frost v Hauptzollamt Lübeck - Ost (1987) Case 31/485, ECR 4199 mn. 11.
[18] See Art. 12a IV 2 GG 2000.
[19] See Art. 2 and 3 Directive 76/207/EG.
[20] See ECJ 2000 I - 69/75 ff.

designed only to regulate access to employment and work which were a part of economic life and did, as a consequence, not affect military service especially in wartime. The decision of the ECJ treated military service in wartime as a normal profession, which was good for both genders without any differentiation, especially against the background of the abuse of military forces and soldiers during the Second World War. This simple point of view from a purely economic basis documented a remarkable lack of sensibility for social and cultural national peculiarities and was seriously criticized.[21] Nevertheless, the German constitutional legislature changed the constitution and permitted female voluntary military service with weapons though mandatory military service with weapons for men and women was not considered a forcing consequence of a female right to full military service. This case documents an enormous influence of decisions of the ECJ on national law even in cases of deeply routed cultural implications. We will come back later to the question whether the power of the ECJ may have its limits in cases where fundamental questions of national social cultures are in dispute. The next part of this contribution is designed to illustrate in detail the courts powerful position in nearly all fields of law and society.

III. Some Cases Illustrating the Court's of Justice Remarkable Influence on National Law

The supremacy of European law, mainly of the European treaties, regulations and directives, over national law, and the obligation of all national courts and other national authorities to apply and construe national law in conformity with the law of the European Union, combined with the Court's of Justice monopoly to determine questions and issues of European law finally and authoritatively, makes the Court of Justice in some respects the most powerful institution of the European Union. The weak point of its position may be the fact that individual citizens can directly apply to the Court in more special cases only and that regularly the Court needs the reference of national courts or the application or claim of the Commission or a Member State for consideration and determination of a question of European law. But, nevertheless, according to the present status and development of European law, there is nearly no field of national law where the Court of Justice did not render decisions with remarkably strong and serious influence on the life of about 500 millions of European citizens. Some examples of cases in the various fields of life may illustrate this development.

---

[21] See Heselhaus/Schmidt – De Caluve NJW 2000, 263, 264 f. mN.

1. Equal Treatment Between Men and Women

A fundamental principle of the European Treaties is equality between men and women (Art. 3III (2) TEU; Art.8,19 I TFEU; Art.21,23 Charter of Fundamental Rights). A directive implements equal treatment in access to and supply of services.[22] As regards insurances the directive imposes "unisex" premiums, but it provided for an exception based on actuarial data and reliable statistics, and within five years the Member States had to review their exceptions in the light of a Commission Report. The directive did not provide for any time limit for the application of national derogations. Belgian law implemented in case of life and health insurances the directive's derogation clause, and an action for annulment was brought to the Belgian Constitutional Court, which referred the question of not justified unequal treatment to the Court of Justice. The Court did not accept the argument that men and women are in objectively different situations with regard to premiums and benefits in view of the insured risks. The Court[23] preferred a very narrow construction of the directive's derogation clause in the light of the fundamental significance of equality of men and women and determined that the derogation clause was unlawful in so far as it was not subject to a time limit and, consequently, it was invalid upon the expiry of the time limit for the Commission's report, which was five years after the directive's enactment. This decision is remarkable under two aspects. First, the Court did not really interpret the directive's derogation clause, in fact it was challenged because it did not harmonize with the principle of equality as interpreted by the Court. Second and as a consequence, national laws had to be adapted to unisex premiums without any exceptions, though the European Council and the European Parliament as legislative bodies thought of a more liberal and flexible solution giving some leeway to the national legislatures. Some directives of the European Union protect from sex discrimination in employment (equal pay for equal work, protection of pregnancy etc.), and the Court of Justice rendered many strict and helpful decisions in this field of labor law that improved the situation of female employees.[24] The question behind all these conflicts is always whether a formal understanding of equality that restricts legislative room for differentiation based on asserted or really existing justifying grounds is more helpful to develop a future model of equality than the back and forth of legislative steps, which permits to learn by trial and error. The Court of Justice shifts the burden of proof for the justification of differentiation to the differentiating European and national legislatures and, consequently, furthers a more formal understanding of equality. The development of

---

[22] Directive 2004/113/EC.
[23] See ECJ, 01. 03. 2011, C – 236/09 (Test – Achat).
[24] For a survey see Horspool/Humphreys, European Union Law, 8th ed. 2014, Ch. 16, p. 478 ss.

this field of law during the last decades is the perhaps most demanding experiment of European history to define in detail a very important part of the European society's identity by court decisions which overrule and dominate the legislation of elected parliaments thereby taking a very general and broad principle of the European Treaties as their legitimizing basis. In the case of insurance premiums the question arises whether solidarity between people of different sexes should fully prevail against risk-orientated cost calculation. One may argue with good reasons that this is not only a question of equality but also a problem of allocation of costs and perhaps more or less efficient forms of cost shifting. Anyway, this part of the Court's of Justice case law demonstrates impressively the Courts power over the life and destiny of hundreds millions of people.

2. Market Freedoms (Freedom of Establishment, Free Movement of Capital, Free Movement of Services), National Economies and Liberal Professions

a) The Conception of the European Union and the Free Markets

The conception of the European Union is based on the conviction that the *wealth of nations and their citizens depends to a remarkable degree on free markets and a generous realization of market freedoms*, which permits a free exchange of goods and ideas and stimulates the activity of national economies thereby improving their competitiveness and their citizens' standard of living. In reality this idea may be sometimes too simple and needs modifications. It is also necessary to protect local or regional economic and social cultures from undue attacks and forms of a sudden destruction of important regional institutions without developing well working new regional alternatives. Many decisions of the Court of Justice determine questions of the effect of market freedoms on national economies and their social structure and try to balance in detail the consequences of market freedoms against indispensable necessities of local structures and institutions. The significance of this judicial responsibility for the daily life of European citizens and their understanding of democracy, which includes remaining competences of local or national legislatures, cannot be overestimated. Some cases may illustrate these conflicts.

b) Freedom of Establishment and Outsourcing of Business Activities

Freedom of Establishment within the European Union (Art. 49 TFEU) permits the formation of a group with subsidiaries in different Member States to profit from lower taxes or lower salaries. Regularly the Member State, where the group has its main seat, takes measures to stop this form of outsourcing, which may result for this state in a loss of jobs and revenues. Under most *tax legislations* resident companies in a group may set off their profits and losses among themselves but they are often not allowed to do so when losses occurred with subsidiaries which are not residents in the taxing state. In the point of view of the Court of Justice[25] this exception from the regular rules of group taxation may discourage undertakings from setting up subsidiaries in other Member States and therefore constitute an unlawful restriction on freedom of establishment. But the Court admitted that exceptions could be justified in the interest of a balanced allocation of the power to impose taxation between various Member States, especially to avoid the risk of double use of losses, e. g. where the non resident subsidiary has not exhausted the possibilities available for having losses taken into account in its state of residence.

c) Free Movement of Capital and Golden Shares

Another method to hold especially producing corporations in their homelands is the *use of golden shares*, which permit their public holder to veto production in other Member States or foreign countries. The most prominent case in this field of law is the Volkswagen case. Under the former German law on Volkswagen, 20% of the share capital held by the German individual state Niedersachsen (Lower Saxony) granted a blocking minority allowing it to oppose important resolutions, and the Federal Republic and Niedersachsen each could appoint two representatives to the supervisory board of Volkswagen independently of the extent of their share holding. Both provisions contained a form of a public privilege to exercise influence, which exceeded clearly the level of public investment. The Court determined that these derogations from German company law constituted restrictions on a fundamental market freedom, the *free movement of capital* (now Art. 63 I TFEU), which were not justified by the public interest to protect the jobs of German workers.[26] To be true, the Court's argument that these legal provisions did really restrict the free movement of capital to a remarkable degree was not strong and convincing because Volkswagen shares have attracted continuously and reliably the interest of many important investors from other Member States and from all over the world who were never deterred by golden shares of public German bondholders. Germany changed its law, but the corporation's statute maintained the privileges of the public bondholders, and a second attempt of the Commission to get a decision of the Court against Germany failed.[27] This failure was not only caused by the Commission's procedural clumsiness, it was perhaps more the beginning insight and growing realization that strong and reliable "anchor bondholders" could be a necessary and helpful counterweight against dangerous risks caused by volatile stock markets even for well performing corporations of the producing sector of national economies and that an unlimited predominance of the financial sector over the "real economy" could result

---

[25] See EJC, 13. 12. 2005, Case 446/03 (Marks and Spencer v Her Majesty's Inspector of Taxes); ECJ, 03. 02. 1015, Case 172/13 (Commission v UK).
[26] See ECJ, 23. 10. 2007, Case 112/05 (Commission v Germany).
[27] See EJC, 22. 10. 1013, Case 95/12 (Commission v Germany).

in irreversible damages for an economy as a whole.[28]

d) Market Freedoms and the Law of Liberal Professions

An important and interesting field of law where market freedoms may affect traditional national law and the quality of the relationship between individual citizens and service providers is the *law of liberal professions*. It is common knowledge that the Freedom of Establishment and the Free Movement of Services caused many changes of the national professional laws for *lawyers*. Attorneys are now, in principle, permitted to move to other Member States and to offer their services in other Member States under certain conditions, which are necessary to protect clients from legal malpractice. Again the Court of Justice construed market freedoms very early as a basis of necessary liberalization and motivated the European legislature to put these freedoms in concrete forms by European directives, which needed additional implementing national legislation. The Court functions as an attentive guardian of correct interpretation and application of European and national law of attorneys.[29] But there are other liberal professions where the decisions of the Court may influence much more the character of professional services to citizens. According to legal provisions in Italy and Germany only *pharmacists* may own and operate a pharmacy and, furthermore, undertakings engaged in the distribution of pharmaceutical products are prevented from taking stakes in municipal pharmacies. The Court stated that the described exclusions of non-pharmacists constitute restrictions of the freedom of establishment and of the free movement of capital, but that these restrictions could be justified by the necessity to ensure reliability and good quality of the provision of medical products to the public. The Court conceded that a Member State may take measures to reduce a public health risk taking into account the very particular nature of medical products whose therapeutic effects distinguish them substantially from other goods.[30] The decisions leave enough leeway to the individual legal cultures to preserve the traditional profession of pharmacists from a transition to a simple storekeeper, and many citizens will be thankful for the fact that the Court did not only determine on the basis of market considerations. In many European countries *notaries* are not only considered service providers for authentication of documents but are a part of the judicial branch with responsibility for preventative justice. Notaries are third neutrals and lawyers for the situation, their profession is designed to avoid conflicts and follow-up disputes. Many

---

[28] For further discussion of this topics see Stürner, Markt und Wettbewerb über Alles? Gesellschaft und Recht im Fokus neoliberaler Marktideologie, 2007, p.16, 50 ss., 81 ss., 101 ss., 106 ss., 169 ss., 204 ss.; AcP 214 (2014), 7 ss., 44 ss.

[29] See EJC, Case 2/74 (Reyners v Belgium); for more details Horspool/Humphreys, European Union Law, p. 337 ss., 355 ss.

[30] See ECJ, 19. 05. 2009, Cases 531/06, 171/07, 172/07 (Commission v Italy and Apothekerkammer des Saarlandes and Others).

citizens trust much more in the advice of a notary than in a lawyer's advice because of the notary's quasi-judicial function. In contrast, the European Commission and Member States of the common law legal family do not share or even appreciate the idea of preventative justice as a quasi-judicial public function. In their point of view, authentication of documents is simply a form of private legal service comparable with the service of solicitors or lawyers. An important consequence of this understanding of the notarial profession is the more or less free access of all qualified citizens of the EU to the notariat.[31] In contrast with the German Constitutional Court's point of view, the Court of Justice did not consider preventative justice as practiced by civil law notaries a public function and exercise of official authority (Art. 51 TFEU) and concluded that Market Freedoms like Freedom of Establishment (Art. 49 I TFEU) and Free Movement of Services (Art. 56 I TFEU) shall, in principle, govern the notarial professional law. But the Court added that the public interest to guarantee "the lawfulness and legal certainty of documents" may be capable of justifying restrictions regarding "the procedures by which they (notaries) are appointed, the limitation of their numbers and their territorial jurisdiction, rules governing their remuneration, independence, disqualification from other offices and protection against removal, always provided that those restrictions enable those objectives to be attained and are necessary for that purpose."[32] Again the Court of Justice preferred to strike the compromise between the requirements of Market Freedoms and longstanding traditions of liberal professions.

3. The Court of Justice as a Guardian of the Rights of European Citizens

a) From Market Freedoms to Extended Individual Rights

For a long period of time, the Court of Justice defined its role predominantly as a "motor of European integration" and, consequently, it applied and interpreted European law with the clear intention to ensure its maximum unifying and integrating effectiveness ("effet utile").[33] Market Freedoms were originally considered an important legal instrument to stimulate economic activity and competition in Europe as a whole, in a later phase only their function as guarantees of individual freedom and individual pursuit of happiness came more and more in the focus of the Court's attention. The exact wording of Art. 56 TFEU (freedom of services) and its predecessors covers the freedom to *provide* a service only, and not the freedom to *receive* service, and this right to provide

---

[31] See EJC, 24. 05. 2011, Case 54/08 (Commission v Germany); see further the Cases 47/08, 50/08, 51/08, 52/08, 53/08, 61/08 from the same day againts other European countries of the "Latin notariat" (Belgium, France, Louxembourg, Austria, Greece, Portugal).
[32] See ECJ, 24. 05. 2011, Case 54/08 (Commission v Germany) Rn. 98.
[33] For details see Horspool/Humphreys, European Union Law, p. 117, mn. 6. 9.

service was originally mainly construed as an instrumentality for furtherance of free markets and competition. First the European legislature enacted directives, which included explicitly the freedom to receive service,[34] and later the Court discovered the fundamental individual right of European citizens to receive service from all over the European Union.[35] In a third step the Court extended this right to the field of publicly organized national *health insurance systems.* It permitted citizens to demand reimbursement for medical treatment in other Member States of the Union without prior authorization, mainly under special conditions, e.g. when early treatment in the patient's homeland was not feasible, when adequate treatment in the homeland could not be offered or was offered for much higher prices only etc.[36] Today national laws of the Member States regularly contain special provisions on reimbursement of costs caused by medical treatment in foreign countries, and the Court continues to be a vigilant guardian of this right of European citizens, which has an immense social significance.

b) The Right to Respect for Privacy and to Protection of Personal Data and Google

The most recent and perhaps most prominent landmark decision regarding the protection of fundamental rights of European citizens was rendered by the Court of Justice in the *Google case.* The business model of Google as a provider of internet services includes the offer of search engine services as well as the offer of other special services, e.g. as a platform provider etc. These offers are made regularly without special costs for the visitors of the websites and they are mainly financed by sale of data evaluations or by payments for annexed or inserted advertisements, which are often presented in a hidden form as important and helpful information. The main issue, which arises in connection with this business model, is the question whether the processing of data contained on websites by operators of search engines or platform providers creates data protection obligations of these providers in the interest of the data subjects' rights. Most national courts were very reluctant to burden the shoulders of internet providers with data protection obligations, if correct obedience to those obligations caused remarkable technical and financial consequences. The Court of Justice determined short and point that an individual's right to respect for private and family life (Art. 7 Charter) and an individual's right to protection of personal data (Art. 8 Charter) override, in principle, not only the economic interest of operators or providers but also the interest of the general public in having access to that information upon research relating to the data subject's name. An exception takes place if the interference with these fundamental rights is justified by the predominant interest of the general public in having access to the affected

---

[34] For the history of the freedom of service see again Horspool/Humphreys, European Union Law, p. 302, mn. 11. 20 with references.
[35] See ECJ, 31. 01. 1984, Cases 286/82 and 26/83 (Luisi and Carbone).
[36] See, e.g. ECJ, 16. 05. 06, Case 372/04 (Watts); 05. 10. 2010, Case 173/09 (Elchinow).

information.[37] It is the uncontested experience of modern human culture and civilization that the beginning of the rise of free mass media during the 19. Century caused at the same time the necessity to protect individuals from increasing false statement and disgraceful intrusion on private life. The rise of the internet intensified mass data distribution and collection not only by traditional mass media but also by any kind of providers and even individuals. New techniques for the exchange of information and ideas were in part enthusiastically welcomed and seemed to realize a revolutionary form of freedom without limits. Some entrepreneurs used this situation to make money with business models that did not really take into consideration individual rights of their co-citizens, and they tried to justify their somewhat shady dealings with the argument that all was done in the service of progress and public interest. The Court of Justice rendered a great judgment when it set limits not only in the interest of affected individuals but also in the interest of human culture and civilization as a whole. This judgment marks a first decisive step of the Court of Justice on the way from a court of market freedoms to a real European constitutional court which functions as guardian of civil rights thereby defining an important element of supranational European identity. The Court of Justice encouraged the courts of the Member States to strengthen the protection of individual rights against reckless activities in the internet which are the result of doubtful business models of powerful global players.[38]

IV. The Doctrine of Supremacy of European Law and the Scrutiny Role of Highest National Courts

According to the prevailing understanding of the Member States, the European Union is not a federation ("Bundesstaat") with a common constitution, but only a form of a very close confederation ("Staatenverbund"), which is based on the European Treaties. As a consequence, the question arises, whether the Court of Justice determines and defines the European competences derived from the treaties in binding form or whether it is still up to the highest national courts to determine the remaining competences of the individual Member States according to national constitutions or constitutional traditions. This undecided question may result in a jurisdictional conflict between the Court of Justice

---

[37] See ECJ, 13. 05. 2014, Case 131/12, (Google Spain SL).
[38] See e.g. for the German development the early vey questionable decision German Federal Supreme Court 181 BGHZ 328 ss. (2009-Spickmich.de); BVerfG, 16. 08. 2010, 1 BvR 1750/09 (leave for constitutioal appeal denied); crit. Gounalakis/Klein NJW 10, 566 ss., compared with the later decision German Federal Supreme Court 197 BGHZ 213 ss. (2013-Autocomplete); very questionable again German Federal Supreme Court BGH, 19. 03. 2015, I ZR 94/13-dejure.org (Hotelbewertungsportal). In its most recent second landmark decision (see ECJ, 06. 10. 2015, Case C - 362/14, Schrems v Data Protection Commissioner – "Safe Harbour") the European Court of Justice intensified the right to protection of personal data. It determined that providers are not permitted to transfer data of European citizens or residents to the US without the affected citizen's consent.

and Highest National Courts, if all these involved courts do not strike the compromise and seek a form of cohabitation in harmony.

1. The German Federal Constitutional Court's Doctrine of Shared Responsibility

From the very beginning a hierarchical understanding of the relationship between the Court of Justice and the German Constitutional Court did not harmonize with the German Constitutional Court's conception of a shared responsibility of the Court of Justice and national highest courts for a good development of the legal order of the European Union and its individual states.[39] The German Federal Constitutional Court respects, in principle, the European Court's competence for questions of European law. But there are, nevertheless, limits to its acknowledgement of the Court's of Justice supremacy.[40] The Constitutional Court will not permit German state authorities to execute decisions of the Court of Justice if a decision infringes fundamental principles of the German Constitution. According to this doctrine, a control of last resort regarding the core of democratic identity, the rule of law and basic individual rights remains with the Federal Constitutional Court. Only as long as the Court of Justice guarantees the protection of these fundamental principles, the Constitutional Court will not interfere in questions of European Law, when the European Court of Justice has rendered its decision ("So-Lange-Rechtsprechung").[41] The Constitutional Court derives this remaining competence from the fact that the German Constitution has never permitted and does not permit to transfer state authority to transnational organizations without respecting the described constitutional limits. The European Union is, according to this understanding, not a federation, it is a connection of sovereign states, which remain the only "masters of the treaties" without abandoning their state identity.[42] The Federal Constitutional Court's self-understanding is that of a custodian of this state identity. Until now, the conflict has been theory, not practice.[43] The Constitutional Court's position, however, includes a warning to the Court of Justice not to go too far when extending competences of the European Union through case law. In a more recent prominent and still pending case, the Federal Constitutional Court has to decide whether the European Central

---

[39] See especially the present President of the German Constitutional Court Andreas Voßkuhle, Der Europäische Verfassungsgerichtsverbund, 2010 NVWZ 1 ss. (2010).

[40] See already Stürner, The new role of the Supreme Courts in a political and institutional context, Annuario di Diritto Comparato e di Studi Legislativi 2011, 335 ss., 351 ss.

[41] Federal Constitutional Court 73 BVerfGE 339 ss. (1986); 102 BVerfGE 147 ss. (2000).

[42] In this sense very clear Federal Constitutional Court 123 BVerfGE 267 ss. (2009).

[43] See the harmonizing decisions on the legality of the European Stability Mechanism (ESM) ECJ, 27. 12. 2012, Case 370/12 (Pringle v Ireland) and German Federal Constitutional Court 132 BVerfGE 195 ss. (2012) according to which bailouts for indebted Member States within the frame of the ESM are not contrary to Art. 125, 136 TFEU.

Bank's order on Outright Monetary Transactions (OMT Order) infringes Art. 119, 123, 127 TFEU.[44] The plaintiffs argue that the order permits bailouts of indebted Member States and that this form of bailouts of Member States does not lie within the competence of the European Union and, consequently, is to be considered a European Union's act "ultra vires" that infringes fundamental principles of the German Constitution which does not permit to run into public debts without the German Parliament's responsible consent. The Constitutional Court makes it clear that only a challenge of this order by the Court of Justice or its very restrictive binding interpretation can harmonize with the TFEU and, consequently, the German constitution. It was the first time that the German Constitutional Court referred a case to the Court of Justice, which in the eyes of many observers has been a great progress, but at the same time the Constitutional Court puts clear emphasis on the limited competences of the European Central Bank and the consequences of a too generous response of the Court of Justice and on the possibility of a serious jurisdictional conflict. In the meanwhile, the European Court of Justice determined that the TFEU allows Outright Monetary Transactions under the conditions that they are necessary for the protection of a functioning Euro-system and that they are appropriate and proportionate, two requirements which are met by the order in dispute according to the ECJ's point of view. It is now again up to the Federal Constitutional Court to determine whether this construction of the TFEU harmonizes with the German constitution or whether it infringes the fundamental competence of the German parliament to decide on the German federation's budget and debts which is considered a core element of German democratic identity as defined by the German Constitutional Court.

2. Broad Consent of Important Member States

At first glance the Federal Constitutional Court's position seems to be a form of German exceptionalism and even an expression of legal nationalism, which may be a danger for the future growth of the EU. But this impression does not reflect the full European reality. Highest Courts of other member States like the former House of Lords,[45] the French Conseil d'État[46] and Constitutionnel,[47] the Italian Constitutional

---

[44] See Federal Constitutional Court 134 BVerfGE 366 ss. (2014); for the response of the European Court of Justice see ECJ, 16.06.2015, Case 62/14 (Gauweiler et al. v Deutscher Bundestag).

[45] See, e.g. Freight Transport Association Ltd v. London Boroughs Transport Committee, (1991) 3 All ER 915 (HL); for the concept of parliamentary sovereignty see especially Lord Denning, McCarthys Ltd v. Smith, (1979) 3 All ER 325 (CA): "... If the time should come when our Parliament deliberately passes an Act - with the intention of repudiating the Treaty or any provision - or intentionally of acting inconsistently with it - and says so in expressed terms-than I should have thought that it would be the duty of our courts to follow the statute of our Parliament..."

[46] See Arcelor, Conseil d'État, décision 08/02/2007: reference to the ECJ for clarification of questions of

Court,[48] and recently the Spanish Tribunal Constitucional[49] are also hesitating to acknowledge the full supremacy of European law without any reservations if fundamental principles of the national constitutional law are seriously affected.[50] The high European national courts trust, in principle, in the reliability of the Court of Justice, but not fully and without reservations. This is not without reason, and the last part of this contribution shall be designed to considerate some details of this problem.

V. The Court of Justice and the European Citizens and National Courts

1. The Standing of the Court of Justice Compared with Highest National Courts

The administration of justice in democracies needs the cooperation of an enlightened public. Until now, a really well functioning European public does not exist. The exchange of information and ideas in Europe has remarkably improved during the last decades, but, nevertheless, it is still relatively limited, and the main part of public discussion occurs more or less within the limitations of national culture. For the Court of Justice it is, therefore, much more difficult than for national highest courts to attract the interested attention of the public and to gain the popularity of traditional national judicial institutions and the full confidence of the individual European citizens. Sixty years after its establishment, the German Constitutional Court is the most popular institution of state authority, and its function as a reliable custodian of the rule of law and constitutional rights is an essential element of modern German identity.[51] The first attempt to establish a highest court according to the shining example of the American Supreme Court was made in the Constitution of 1848, which came never into force, and the German political culture needed nearly hundred years of trials and in part very dramatic and serious errors to establish the now well working post war democracy with its Constitutional Court. Against the background of this history it is understandable that the European Court of Justice has not a very good chance quickly to replace its national

---

European law, but the acceptance of the supremacy of Community law remains suject to the French Constitution.

[47] Conseil Constitutionnel, 10. 06. 2004, décision 2004 – 496: retaining the right to scrutinise Community law concerning its compatibility with express provisions of the French Constitution.

[48] See Frontini, (1974) 2 CMLR 372; Fragd, 13. 04. 1989.

[49] Tribunal Constitucional, Opinión 1/2004: sovereignty and fundamental rights as spheres where the supremacy of Community law needs to be balanced against the Spanish Constitution.

[50] For an overview see Horspool/Humphreys, European Union Law, p. 162 ss., mn. 7. 44 ss.; p. 170 ss., mn. 7. 67 ss.; p. 177 ss., mn. 7. 85 ss.; p. 179 f., mn. 7. 91 f.

[51] See already Stürner, The New Role of Supreme Courts, Annuario di Diritto Comparatoe di Studi Legislativi 2011, p. 335 ss., 342.

German judicial competitor, and the same may be true for some other highest national courts with a sometimes much longer tradition and history like the English House of Lords and the succeeding Supreme Court or the French Conseil d'État and Conseil Constitutionnel. Time may play a very important role for the consolidation of the Court's of Justice position within the European Union. There are, however some other disruptive factors, which could be eliminated or carefully modified.

2. Disruptive Factors

a) Democratic Legitimacy

The judges of the US Supreme Court need the Senate's affirmation to be appointed by the President,[52] and German Constitutional Court Judges must be elected by members of the two houses of Parliament in changing composition with two-third majority.[53] The judges of the Court of Justice are appointed by common accord of the governments of the Member States upon consultation of a special panel.[54] Each Member State recruits its own judge and makes its choice according to its own regulation or practice, whatever it may be.[55] All in all the described procedure of appointment cannot be considered a basis of convincing democratic legitimacy suitable to further the standing of the European Union's powerful and highest court in the European public and society.

b) Independence and Neutrality

US Supreme Court Justices are appointed for lifetime, the Judges of the German Constitutional Court for a nonrenewable period of twelve years (but not beyond the age of sixty-eight).[56] The judges of the Court of Justice are appointed for a term of six years only and may be reappointed,[57] especially against the background of the Member States' influence on this reappointment the worst solution, which does not fulfill the requirements for an appointment of really neutral and independent judges.

c) Style of Decision-Making

US-American judges give, in principle, their opinion in open court and orally, the style of their reasoning is personal and discursive.[58] Though the style of the German

---

[52] See von Mehren/Murray, Law in the United States, 2nd ed. 2007, p. 161.
[53] Art. 94 I German Constitution (Grundgesetz); §§ 5 ss. Law on the Constitutional Court.
[54] Art. 19 II TEU; Art. 253, 255 TFEU.
[55] See for the history and present legal regulation of the German selection procedure Thiele, Europäisches Prozessrecht, 2. Aufl. 2014, § 2 mn. 39 ss. p. 26 ss. with very critical remarks.
[56] See § 4 Law on the Constitutional Court.
[57] Art. 253 TFEU.
[58] See especially Murray, The Judicial Opinion in American Legal Culture, in: Tichy/Holländer/Bruns

Constitutional Court's decision-making like the decision-making of all German courts was originally mostly influenced by the common continental tradition of the Pandects and their underlying conceptualistic and syllogistic legal thought,[59] the Constitutional Court has more and more modeled its style on the Supreme Court's kind of reasoning during the last decades.[60] The style of the Court's of Justice reasoning is under French influence[61] and, as a consequence, still much more conceptualistic and syllogistic, sometimes carefully avoiding to discuss openly the real social or political reasons of the decision rendered. It is one of the most important responsibilities of the highest courts to initiate and motivate the public's interest in the administration of law and justice and to further the social integration of judicial decisions. The conceptualistic and syllogistic style of the Court's of Justice reasoning does not really meet the necessities and requirements of an argumentation, which could stimulate public interest and discussion though this would well benefit a court that defines its role as a motor of European integration.[62] It supplements the picture of the Court's non-personal style that its procedure does not permit dissenting votes[63] whereas judges of the US Supreme Court and the German Constitutional Court are allowed to do so.

d) Mass Production

The US-Supreme Court renders about forty decisions or judgments per year, the German Constitutional Court about forty decisions of the complete Senates and more than about 5000 decisions of the chambers sitting with three judges, which are mostly very short denials of leave to constitutional appeal or in about 150 clear cases a short decision on successful constitutional appeals.[64] The Court of Justice yearly renders more than five hundred decisions, about three hundred and fifty judgments and hundred fifty orders. In principle, judgments of the Court are given by Chambers with five judges, a smaller part of cases dealing with fundamental questions of European law is decided by the Grand Chamber sitting with fifteen judges.[65] The Court's of Justice workload is much too high and favors a bureaucratic style of decisions. The public is not always really able to

---

(eds.), The Judicial Opinion, 2011, p. 228 ss.; for the theoretical characterization see Summers/Taruffo, Interpretation and Comparative Analysis, in: McCormick/Summers (eds.), Interpreting Statutes, 1991.

[59] See Gottwald, Die Begründung von Gerichtsentscheidungen in Deutschland – aus der Sicht der Praxis und Wissenschaft, in: Tichy/Holländer/Bruns, op. cit., p. 139 ss.

[60] See Stürner, Verfahrenszweck und Entscheidungsbegründung, in: Tichy/Holländer/Bruns, op. cit., p. 384 ss., 393 ss.

[61] For the French and especially the Cour de Cassation's kind of legal reasoning see Ferrand, Die Begründung gerichtlicher Entscheidungen in Wissenschaft und Praxis, in: Tichy/Holländer/Bruns, op. cit., p. 96 ss.

[62] See again Stürner, in: Tichy/Holländer/Bruns, op. cit. p. 393 ss.

[63] See Art. 35 ss. Statute of the Court of Justice of the European Union; § 30 II Law on the Constitutional Court.

[64] See Bundesverfassungsgericht. Jahresstatistik 2011. Plenar-/Senats-/Kammerentscheidungen.

[65] See Curia. Court of Justice of the European Union. Annual Report 2012, p. 9 ss.

differentiate between decisions of fundamental social significance and cases of minor importance. Consequently, cases of social significance are sometimes decided without intensive public discussion within Europe and even within seriously affected Member States. In more recent times the opinion of the competent Advocate-General is the basis of a public debate which precedes the Court's decision. The quality of these opinions, however, varies depending on the Advocate-General's legal knowledge and interest in the case. Some opinions are a rich source of arguments and materials, which inform the public much better than the later decision, other opinions are really weak and poor. But in the end, it will be necessary to reduce the Court's workload intensively and to shift a great number of cases to the General Court, especially cases upon reference by national courts with a more or less technical character. It is, e.g., not necessary that the Court of Justice determines the question of the end of a delayed flight (landing or arriving at the gate) for fair compensation of the passengers.[66] According to the US Supreme Court's, the English Supreme Court's and the German Constitutional Court's example the Court should have broad discretion whether an appeal against a decision of the General Court should be permitted or not. It is the concentration of the Court's activity on a smaller number of politically and socially significant cases that may strengthen its standing within the European society and make disappear the unfortunate impression that the Court is a part of Brussels bureaucracy and a simple motor of integration. This kind of court may have a good chance to gain the full confidence of national courts and of European citizens and to be respected as a real European Constitutional Court.

e) Fundamental Rights Appeal

Last but not least another aspect worth to be mentioned. Until now and in principle, European citizens do not have direct access to the Court of Justice. Only upon reference of a national court the case of normal European citizens comes to the Court of Justice, exceptions of direct access are extremely rare.[67] This form of judicial mediatization of citizens does not really harmonize with the Court's role as a guardian of civil rights. The integration of the Court of Justice into the European society as a guardian of the European Charter's fundamental rights needs for its completion and perfection the installment of a fundamental rights appeal to the Court of Justice.[68] The Court may have felt this future necessity when it recently denied the compatibility of an agreement to join the European Convention on Human Rights with the European Treaties.[69] The human rights appeal to the European Court of Human Rights, which in so far is a competitor of

---

[66] See ECJ, 04. 09. 2014, Case 452/13, (German Wings v Henning), 2015 NJW 221 ss. (9. Chamber).
[67] See sub I.
[68] See for this topic Bruns, Die Revision zum Europäischen Gerichtshof in Zivilsachen, 66 Juristenzeitung 325 ss. (2011).
[69] See ECJ, 18. 12. 2014, Opinion 2/13.

the Court of Justice, would perhaps have blocked the future development of a direct remedy to the Court of Justice.

VI. The Future of the Court of Justice

The future of the Court of Justice depends on a successful future development of the European Union. Until now the history of the European Union has been a hopeful history of increasing integration. But a good living together of the various still different cultures needs not only forms of mutual integration, it will also be necessary to define in tolerance remaining room for the peculiarities of the variety of regional cultures. The principle of subsidiarity (Art. 5 III TEU), according to which decisions should be made as closely to the citizens as possible, may not really suffice to prevent central European institutions from activities that do not really harmonize with the firm will of some regional cultures to maintain characteristic features of their present daily life. Growing resistance against tendencies towards centralization and uniformity is the consequence. This may result in a period of increasing tolerance in the interest of a prospering European Union. Some more recently rendered decisions of the Court of Justice document the Court's sense of tolerance to the variety of European cultures and are an expression of the European Union's ability to meet future challenges in the interest of peaceful and tolerant living together.

松本博之先生　経歴・著作目録

略　歴

1946年4月1日	大阪府南河内郡志紀村（現、八尾市）に生まれる
1964年3月	大阪府立八尾高等学校卒業
1964年4月	大阪市立大学法学部入学
1968年3月	大阪市立大学法学部卒業
1970年10月	東京大学法学部に内地留学（1971年3月まで）
1978年4月	ドイツ、アレクサンダー・フォン・フンボルト財団奨学生としてドイツ・フライブルク大学に留学（1980年3月まで）
1988年9月	大阪市立大学より法学博士の学位を授与される
2006年7月	フライブルク大学名誉法学博士の称号を授与される
2009年4月	大阪市立大学より名誉教授の称号を授与される

職　歴

1968年4月	大阪市立大学法学部助手
1973年4月	大阪市立大学法学部助教授
1985年4月	大阪市立大学法学部教授
1987年4月	関西大学非常勤講師（1988年3月まで）
1988年4月	京都大学法学部（非常勤）講師（1989年3月まで）
1989年10月	奈良産業大学法学部非常勤講師（1991年3月まで）
1991年1月	島根大学大学院法学研究科（非常勤）講師（1991年3月まで）
1994年4月	大阪市立大学評議員（1995年3月まで）
1995年4月	大阪市立大学法学部長（1996年3月まで）
1995年6月	愛媛大学大学院法学研究科（非常勤）講師（1995年9月まで）
1996年4月	大阪市立大学評議員（1997年3月まで）
1998年4月	広島大学大学院社会科学研究科（非常勤）講師（1999年3月まで）
2002年2月	大阪国際大学非常勤講師（2002年2月）
2003年10月	大阪国際大学非常勤講師（2004年3月まで）
2004年4月	金沢大学（非常勤）講師（2004年10月まで）
2009年3月	大阪市立大学定年退職
2009年4月	龍谷大学法学部教授
2014年3月	龍谷大学定年退職

所属学会

　　　　日本民事訴訟法学会（2004年5月～2007年5月　理事長）
　　　　比較法学会（2002年6月～2009年5月　理事）
　　　　日独法学会

学外活動

1989年10月	大阪弁護士会懲戒委員（1993年9月まで）
1990年1月	大阪簡易裁判所司法委員（現在に至る）
1992年4月	司法試験（第二次試験）考査委員（民事訴訟法）（1996年12月まで）
1997年10月	大阪弁護士会懲戒委員（2001年9月まで）
1997年10月	日本学術会議民事法研究連絡委員（2000年10月まで）
1999年4月	大阪府建設紛争審査会委員（現在に至る）
2002年5月	大学評価・学位授与機構評価委員（2004年2月まで）
2008年5月	民事紛争処理研究基金理事（2013年9月まで）

受賞・表彰

2007年5月	「尾中郁夫　家族法学術賞」受賞（『人事訴訟法』〔2006年・弘文堂〕）
2008年11月	大阪市立大学学友会賞受賞
2012年5月	大阪府知事表彰を受ける
2012年7月	国土交通大臣表彰を受ける

著作目録

1．単　著

『証明責任の分配（大阪市立大学法学叢書（41））』	1987年7月	有斐閣
『民事自白法』	1994年12月	弘文堂
『証明責任の分配［新版］』	1996年7月	信山社
『人事訴訟法』	2006年5月	弘文堂
『既判力理論の再検討』	2006年12月	信山社
『人事訴訟法［第2版］』	2007年10月	弘文堂
『訴訟における相殺』	2008年8月	商事法務
『民事執行保全法』	2011年12月	弘文堂
『人事訴訟法［第3版］』	2012年7月	弘文堂
『民事訴訟における事案の解明』	2015年3月	日本加除出版
『民事訴訟法の立法史と解釈学』	2015年9月	信山社

2．共　著

『民事訴訟法』（上野泰男との共著）	1998年4月	弘文堂
『民事訴訟法［第2版］』（上野泰男との共著）	2001年4月	弘文堂
『民事訴訟法［第3版］』（上野泰男との共著）	2003年10月	弘文堂
『民事訴訟法［第4版］』（上野泰男との共著）	2005年4月	弘文堂
『民事訴訟法［第4版補正版］』（上野泰男との共著）	2006年9月	弘文堂
『民事訴訟法［第5版］』（上野泰男との共著）	2008年3月	弘文堂
『民事訴訟法［第6版］』（上野泰男との共著）	2010年10月	弘文堂
『民事訴訟法［第7版］』（上野泰男との共著）	2012年11月	弘文堂
『民事訴訟法［第8版］』（上野泰男との共著）	2015年9月	弘文堂

3．編著・共編著

ペーター・アーレンス『ドイツ民事訴訟の理論と実務』（吉野正三郎と共編訳）	1991年4月	信山社
『法の実現と手続』（石部雅亮と共編著）	1993年2月	信山社
『日本立法資料全集 10 民事訴訟法［大正改正編(1)］』（河野正憲・徳田和幸と共編著）	1993年2月	信山社
『日本立法資料全集 11 民事訴訟法［大正改正編(2)］』（河野正憲・徳田和幸と共編著）	1993年3月	信山社
『日本立法資料全集 12 民事訴訟法［大正改正編(3)］』（河野正憲・徳田和幸と共編著）	1993年6月	信山社
『日本立法資料全集 13 民事訴訟法［大正改正編(4)］』（河野正憲・徳田和幸と共編著）	1993年9月	信山社
『日本立法資料全集 14 民事訴訟法［大正改正編(5)］』（河野正憲・徳田和幸と共編著）	1993年10月	信山社
『法の国際化への道』（石部雅亮・児玉寛と共編著）	1994年3月	信山社
『日本立法資料全集 43 民事訴訟法［明治36年草案(1)］』（河野正憲・徳田和幸と共編著）	1994年11月	信山社
『日本立法資料全集 44 民事訴訟法［明治36年草案(2)］』（河野正憲・徳田和幸と共編著）	1995年1月	信山社
『日本立法資料全集 45 民事訴訟法［明治36年草案(3)］』（河野正憲・徳田和幸と共編著）	1995年3月	信山社
『日本立法資料全集 46 民事訴訟法［明治36年草案(4)］』（河野正憲・徳田和幸と共編著）	1995年5月	信山社
『日本立法資料全集 15 民事訴訟法［大正改正編］総索引』（河野正憲・徳田和幸と共編著）	1996年4月	信山社
『現代社会と自己決定権』（西谷敏と共編著）	1997年5月	信山社
『日本立法資料全集 62 民事訴訟法［戦後改正編(2)］』	1997年6月	信山社
『日本立法資料全集 63 民事訴訟法［戦後改正編(3)-Ⅰ］』	1997年8月	信山社
『日本立法資料全集 64 民事訴訟法［戦後改正編(3)-Ⅱ］』	1997年10月	信山社

松本博之先生　経歴・著作目録

『基本法コンメンタール新民事訴訟法1』（小室直人・賀集唱・加藤新太郎と共編著）
　　　　　　　　　　　　　　　　　　　　　　　　　　1997年11月　　日本評論社
『基本法コンメンタール新民事訴訟法3』（小室直人・賀集唱・加藤新太郎と共編著）
　　　　　　　　　　　　　　　　　　　　　　　　　　1998年4月　　日本評論社
『基本法コンメンタール新民事訴訟法2』（小室直人・賀集唱・加藤新太郎と共編著）
　　　　　　　　　　　　　　　　　　　　　　　　　　1998年8月　　日本評論社
『日本立法資料全集65 民事訴訟法〔戦後改正編〕(4)-Ⅰ』　1998年9月　　信山社
『日本立法資料全集66 民事訴訟法〔戦後改正編〕(4)-Ⅱ』　1999年4月　　信山社
『講座新民事訴訟法第2巻』（宮崎公男と共編著）　　　　　1999年1月　　弘文堂
『環境保護と法』（西谷敏・佐藤岩夫と共編著）　　　　　　1999年3月　　信山社
『インターネット・情報社会と法』（西谷敏・守矢健一と共編著）2002年11月　　信山社
『基本法コンメンタール新民事訴訟法1［第2版］』　　　　　2003年3月　　日本評論社
（小室直人・賀集唱・加藤新太郎と共編著）
『基本法コンメンタール新民事訴訟法3［第2版］』　　　　　2003年4月　　日本評論社
（小室直人・賀集唱・加藤新太郎と共編著）
『基本法コンメンタール新民事訴訟法2［第2版］』　　　　　2003年5月　　日本評論社
（小室直人・賀集唱・加藤新太郎と共編著）
ハンス・フリードヘルム・ガウル『ドイツ既判力理論』（編訳）　2003年12月　　信山社
『団体・組織と法』（西谷敏・守矢健一と共編著）　　　　　2006年9月　　信山社
『基本法コンメンタール民事訴訟法2［第3版］』（賀集唱・加藤新太郎と共編著）
　　　　　　　　　　　　　　　　　　　　　　　　　　2007年9月　　日本評論社
『基本法コンメンタール民事訴訟法3［第3版］』（賀集唱・加藤新太郎と共編著）
　　　　　　　　　　　　　　　　　　　　　　　　　　2008年1月　　日本評論社
『日本立法資料全集191 民事訴訟法〔明治編〕テヒョー草案Ⅰ』（徳田和幸と共編著）
　　　　　　　　　　　　　　　　　　　　　　　　　　2008年2月　　信山社
『民事訴訟法の継受と伝播』（出口雅久と共編著）　　　　　2008年2月　　信山社
『日本立法資料全集192 民事訴訟法〔明治編〕テヒョー草案Ⅱ』（徳田和幸と共編著）
　　　　　　　　　　　　　　　　　　　　　　　　　　2008年3月　　信山社
『基本法コンメンタール民事訴訟法1［第3版］』（賀集唱・加藤新太郎と共編著）
　　　　　　　　　　　　　　　　　　　　　　　　　　2008年5月　　日本評論社
『日本立法資料全集193 民事訴訟法〔明治編〕テヒョー草案Ⅲ』（徳田和幸と共編著）
　　　　　　　　　　　　　　　　　　　　　　　　　　2008年8月　　信山社
ディーター・ライポルド『実効的権利保護――訴訟による訴訟における権利保護』（編訳）
　　　　　　　　　　　　　　　　　　　　　　　　　　2009年2月　　信山社
アルブレヒト・ツォイナー『既判力と判決理由』（訳）　　　2009年6月　　信山社
『日本立法資料全集61 民事訴訟法〔戦後改正編〕(1)』　　　2009年11月　　信山社
『法発展における法ドグマーティクの意義』（野田昌吾・守矢健一と共編著）
　　　　　　　　　　　　　　　　　　　　　　　　　　2011年2月　　信山社
『基本法コンメンタール民事訴訟法1［第3版追補版］』（賀集唱・加藤新太郎と共編著）
　　　　　　　　　　　　　　　　　　　　　　　　　　2012年3月　　日本評論社

『基本法コンメンタール民事訴訟法2［第3版追補版］』（賀集唱・加藤新太郎と共編著）
　　　　　　　　　　　　　　　　　　　　　　　2012年3月　　日本評論社
『基本法コンメンタール民事訴訟法3［第3版追補版］』（賀集唱・加藤新太郎と共編著）
　　　　　　　　　　　　　　　　　　　　　　　2012年3月　　日本評論社
『日本立法資料全集194　民事訴訟法〔明治23年〕(1)』（徳田和幸と共編著）
　　　　　　　　　　　　　　　　　　　　　　　2014年8月　　信山社
『日本立法資料全集195　民事訴訟法〔明治23年〕(2)』（徳田和幸と共編著）
　　　　　　　　　　　　　　　　　　　　　　　2014年10月　　信山社
『日本立法資料全集196　民事訴訟法〔明治23年〕(3)』（徳田和幸と共編著）
　　　　　　　　　　　　　　　　　　　　　　　2014年11月　　信山社
『日本立法資料全集197　民事訴訟法〔明治23年〕(4)』（徳田和幸と共編著）
　　　　　　　　　　　　　　　　　　　　　　　2015年1月　　信山社
『日本立法資料全集198　民事訴訟法〔明治23年〕(5)』（徳田和幸と共編著）
　　　　　　　　　　　　　　　　　　　　　　　2015年8月　　信山社

4．分担執筆

斎藤秀夫編『注釈民事訴訟法(4)』（245〜248条の注釈〔小室直人と共同執筆〕）
　　　　　　　　　　　　　　　　　　　　　　　1975年4月　　第一法規
村松俊夫ほか編『判例コンメンタール民事訴訟法Ⅲ』（第257条の注釈）
　　　　　　　　　　　　　　　　　　　　　　　1976年1月　　三省堂
村松俊夫ほか編『判例コンメンタール民事訴訟法Ⅲ［増補版］』（第257条の注釈）
　　　　　　　　　　　　　　　　　　　　　　　1984年7月　　三省堂
谷口知平＝甲斐道太郎編『新版注釈民法⒅債権(9)』（第4章不当利得・第703条N）
　　　　　　　　　　　　　　　　　　　　　　　1991年9月　　有斐閣
竹下守夫＝伊藤眞編『注釈民事訴訟法第3巻』（第126条〜128条の注釈）
　　　　　　　　　　　　　　　　　　　　　　　1993年5月　　有斐閣
谷口安平＝井上治典編『新・判例コンメンタール民事訴訟法(5)』（第1節前注）
　　　　　　　　　　　　　　　　　　　　　　　1994年9月　　三省堂
竹下守夫＝藤田耕三編『民事保全法』（第3章第4節・5節）
　　　　　　　　　　　　　　　　　　　　　　　1997年6月　　有斐閣
竹下守夫＝藤田耕三編『注解民事保全法下巻』（第55条・64条の注釈）
　　　　　　　　　　　　　　　　　　　　　　　1998年3月　　青林書院
中野貞一郎＝松浦馨＝鈴木正裕編『新民事訴訟法講義』（第4編第2章）
　　　　　　　　　　　　　　　　　　　　　　　1998年4月　　有斐閣
鈴木正裕＝鈴木重勝編『注釈民事訴訟法第8巻』（第394条の注釈）
　　　　　　　　　　　　　　　　　　　　　　　1998年12月　　有斐閣
中野貞一郎編『民事執行・保全法概説［第2版］』（第3章Ⅰ・Ⅱの補訂）
　　　　　　　　　　　　　　　　　　　　　　　1999年4月　　有斐閣
中野貞一郎＝松浦馨＝鈴木正裕編『新民事訴訟法講義［補訂版］』（第4編第2章）
　　　　　　　　　　　　　　　　　　　　　　　2000年3月　　有斐閣

中野貞一郎=松浦馨=鈴木正裕編『新民事訴訟法講義［第2版］』(第4編第2章)
　　　　　　　　　　　　　　　　　　　　　2004年4月　　　有斐閣
中野貞一郎=松浦馨=鈴木正裕編『新民事訴訟法講義［第2版補訂版］』(第4編第2章)
　　　　　　　　　　　　　　　　　　　　　2006年3月　　　有斐閣
中野貞一郎編『民事執行・保全法概説［第3版］』(第3章Ⅰ・Ⅱの補訂)
　　　　　　　　　　　　　　　　　　　　　2006年6月　　　有斐閣
中野貞一郎=松浦馨=鈴木正裕編『新民事訴訟法講義［第2版補訂2版］』(第4編第2章)
　　　　　　　　　　　　　　　　　　　　　2008年5月　　　有斐閣
松川正毅=本間靖規=西岡清一郎編『基本法コンメンタール人事訴訟法・家事事件手続法』(第284条〜288条の注釈)　　　　　　　　　2013年11月　日本評論社

5．論文（日本語）

「19世紀ドイツ普通訴訟法における民事自白法理」
　　法学雑誌（大阪市立大学）18巻1号（1971年9月）1〜76頁（『民事自白法』所収）
「最近の西ドイツにおける訴訟契約論の動向＜資料紹介＞」
　　民商法雑誌64巻1号（1971年4月）141〜162頁
「所有権留保と強制執行」
　　法学雑誌（大阪市立大学）19巻1号（1972年9月）107〜124頁
「本案終了の表示（Erledigungserklärung in der Hauptsache）について」
　　法学雑誌（大阪市立大学）19巻2号（1972年11月）249〜267頁
「行政処分取消訴訟における取消対象の消滅と訴えの利益」
　　法学雑誌（大阪市立大学）19巻3=4号（1973年3月）591〜625頁
「裁判上の自白法理の再検討」
　　民事訴訟雑誌20号（1974年3月）67〜100頁（『民事自白法』所収）
「消費者訴訟の事実認定をめぐる問題点」
　　法律時報46巻11号（1974年11月）52〜58頁
「消費者クラス・アクション――アメリカ合州国における消費者被害救済の一手法」
　　北川善太郎ほか『消費者保護と法』（1976年7月・関西消費者協会）151〜191頁
「損害賠償請求における因果関係の立証にかんする若干の考察――自由心証と立証責任の交錯」
　　民事訴訟雑誌24号（1978年3月）75〜118頁
「事実認定における経験則違背の『上告可能性』」
　　小室直人・小山昇先生還暦記念『裁判と上訴（中）』（1980年3月・有斐閣）224〜271頁
「証明責任の分配」
　　鈴木忠一=三ケ月章監修『新・実務民事訴訟講座第2巻』（1981年8月・日本評論社）249〜290頁（『証明責任の分配［新版］』所収）
「証明責任論にかんする覚書――その1・証明責任と証明責任規範」
　　法学雑誌（大阪市立大学）28巻3・4号（1982年3月）567〜597頁（『証明責任の分配［新版］』所収）

「抽象的不作為命令を求める差止請求の適法性」
　　　自由と正義 34 巻 4 号（1983 年 4 月）29～37 頁
「証明責任論にかんする覚書――その 2・法律行為の内容にかんする証明責任について(1)～(3・完)」
　　　法学雑誌（大阪市立大学）29 巻 4 号（1983 年 3 月）411～442 頁；30 巻 1 号（1983 年 11 月）16～47 頁；2 号（1984 年 1 月）167～185 頁（『証明責任の分配［新版］』所収）
「請求の放棄・認諾と意思の瑕疵」
　　　法学雑誌（大阪市立大学）31 巻 1 号（1984 年 8 月）167～188 頁
「当事者の訴訟行為と意思の瑕疵」
　　　竹下守夫＝石川明編『講座民事訴訟第 4 巻』（1985 年 3 月・弘文堂）283～319 頁
「証明責任と訴訟告知の効果」
　　　法学雑誌（大阪市立大学）31 巻 3=4 号（1985 年 3 月）803～828 頁（『証明責任の分配［新版］』所収）
「証明責任論にかんする覚書――その 3・債務不履行の事実の証明責任について(1)」
　　　法学雑誌（大阪市立大学）32 巻 2 号（1985 年 10 月）177～198 頁
「変造手形に関する証明責任の分配と私文書の真正の推定」
　　　法学雑誌（大阪市立大学）32 巻 4 号（1986 年 3 月）685～710 頁（『証明責任の分配［新版］』所収）
「非法人社団の当事者能力と実体関係」
　　　民商法雑誌 93 巻臨時増刊(2)（民商法雑誌 50 周年記念論集Ⅱ）（1986 年 3 月）73～90 頁
「第三者異議の訴え」
　　　新堂幸司＝竹下守夫編『民事執行法判例展望（ジュリスト 876 号）』（1987 年 1 月）32～37 頁
「除権判決と善意取得（上）・（下）」
　　　法律時報 59 巻 6 号（1987 年 5 月）114～119 頁；7 号（1987 年 6 月）75～79 頁
「要件事実論と証明責任論」
　　　判例タイムズ 679 号（1988 年 12 月）86～98 頁（『証明責任の分配［新版］』所収）
「訴訟要件に関する職権調査と裁判上の自白」
　　　法学雑誌（大阪市立大学）35 巻 3=4 号（1989 年 3 月）716～742 頁（『民事自白法』所収）
「安全配慮義務違反に関する証明責任の分配」
　　　三ケ月章先生古稀祝賀『民事手続法学の革新 中巻』」（1991 年 6 月・有斐閣）371～401 頁（『民事訴訟における事案の解明』所収）
「制限付き認諾と権利自白の効力(1)」
　　　法学雑誌（大阪市立大学）38 巻 3=4 号（1992 年 3 月）774～796 頁（『民事自白法』所収）
「証明責任と訴訟告知の効力」
　　　『金洪奎博士華甲記念 1・民事訴訟法の諸問題』（1992 年 12 月・三英社）280～303 頁
「日本の民法・民事訴訟法における先例効の問題」
　　　石部雅亮＝松本博之編『法の実現と手続』（1993 年 2 月・信山社）79～98 頁（『既判力理論の再検討』所収）

「消費貸借と準消費貸借」
　　倉田卓次監修『要件事実の証明責任　契約法上巻』（1993年12月・西神田編集室）438～486頁（『証明責任の分配［新版］』所収）
「国際民事訴訟法における既判力問題」
　　石部雅亮＝松本博之＝児玉寛編『法の国際化への道』（1994年3月・信山社）105～130頁（『既判力理論の再検討』所収）
「代理受領権者は訴訟担当者として取立訴訟を提起することができるか」
　　椿寿夫編『講座現代契約と現代債権の展望(3)』（1994年9月・日本評論社）201～227頁
「間接事実・補助事実の自白の拘束力(1)・(2)」
　　法学雑誌（大阪市立大学）40巻3号（1994年2月）275～302頁；4号（1994年3月）448～466頁（『民事自白法』所収）
「等価値陳述の理論について」
　　木川統一郎博士古稀祝賀『民事裁判の充実と促進（中）』（1994年・判例タイムズ社）47～72頁（『民事自白法』所収）
「重複起訴の成否」
　　中野貞一郎先生古稀祝賀『判例民事訴訟法の理論（上）』（1995年12月・有斐閣）347～376頁（『訴訟における相殺』所収）
「製造物責任訴訟における証明責任と証明軽減」
　　判例タイムズ862号（1995年1月）67～78頁（『民事訴訟における事案の解明』所収）
「国籍法2条3号にいう『父母がともに知れないとき』の意義と証明責任──アンデレちゃん事件」
　　法学教室179号（1995年8月）48～52頁
「民事保全における疎明責任とその分配」
　　中野貞一郎＝原井龍一郎＝鈴木正裕編『民事保全講座(2)』（1996年11月・法律文化社）35～62頁
「不当利得返還請求における法律上の原因の欠缺についての証明責任と事実陳述義務」
　　法学雑誌（大阪市立大学）42巻4号（1996年3月）621～642頁（『民事訴訟における事案の解明』所収）
「保険金請求における証明責任の分配と証明責任を負わない当事者の事実陳述＝証拠提出義務」
　　倉沢康一郎＝奥島孝康編『岩崎稜先生追悼・昭和商法史』（1996年12月・日本評論社）669～698頁（『民事訴訟における事案の解明』所収）
「民事訴訟における当事者の自己決定」
　　松本博之＝西谷敏編『現代社会と自己決定権』（1997年5月・信山社）383～407頁
「民事訴訟における証明責任を負わない当事者の事実陳述＝証拠提出義務について」
　　法曹時報49巻7号（1997年7月）1611～1651頁（『民事訴訟における事案の解明』所収）
「日本の新民事訴訟法による訴訟の構造」
　　民事訴訟法学会編『1997年民事訴訟法学会国際シンポジウム　民事訴訟法・倒産法の現代的潮流』（1998年4月・信山社）91～138頁（『民事訴訟法の立法史と解釈学』所収）

「既判力——既判力の標準時後の形成権の行使」
　　　法学教室 208 号（1998 年 1 月）28～31 頁
「民事証拠法の領域における武器対等の原則」
　　　松本博之＝宮﨑公男編『講座新民事訴訟法第 2 巻』（1999 年 1 月・弘文堂）1～31 頁
「環境民事訴訟における証明問題」
　　　松本博之＝西谷敏＝佐藤岩夫編『環境保護と法』（1999 年 3 月・信山社）349～407 頁
「ドイツ民事訴訟における証明責任を負わない当事者の具体的事実陳述＝証拠提出義務(1)～(5)」
　　　法学雑誌（大阪市立大学）45 巻 3=4 号（1999 年 3 月）566～591 頁；46 巻 1 号（1999 年 10 月）35～78 頁；46 巻 2 号（1999 年 12 月）208～251 頁；46 巻 3 号（2000 年 2 月）363～430 頁；46 巻 4 号（2000 年 3 月）527～560 頁（『民事訴訟における事案の解明』所収）
「反対相殺の適否について」
　　　佐々木吉男先生追悼『民事紛争の解決と手続』（2000 年 8 月・信山社）183～215 頁（『訴訟における相殺』所収）
「消極的確認訴訟における請求棄却判決の既判力の範囲」
　　　原井龍一郎先生古稀祝賀『改革期の民事手続法』（2000 年 2 月・法律文化社）683～706 頁（『既判力理論の再検討』所収）
「一部請求訴訟の趣旨」
　　　民事訴訟雑誌 47 号（2001 年 3 月）1～29 頁（『訴訟における相殺』所収）
「サイバースペースと国際裁判管轄」
　　　松本博之＝西谷敏＝守矢健一編『インターネット・情報社会と法』（2002 年 11 月・信山社）429～461 頁
「不適法な相殺と実体法上の効果」
　　　石川明先生古稀祝賀『現代社会における民事手続法の展開（上）』（2002 年 5 月・商事法務）653～691 頁（『訴訟における相殺』所収）
「反射的効力論と既判力拡張論」
　　　新堂幸司先生古稀祝賀『民事訴訟法理論の新たな構築（下）』（2001 年 10 月・有斐閣）395～435 頁（『既判力理論の再検討』所収）
「一部請求訴訟後の残部請求訴訟と既判力・信義則」
　　　鈴木正裕先生古稀祝賀『民事訴訟法学の史的展開』（2002 年 1 月・有斐閣）221～249 頁（『既判力理論の再検討』所収）
「請求棄却判決の確定と標準時後の新事実による再訴(1)～(4)」
　　　法学雑誌（大阪市立大学）48 巻 4 号（2002 年 3 月）1016～1050 頁；49 巻 1 号（2002 年 8 月）69～98 頁；49 巻 2 号（2002 年 12 月）245～276 頁；49 巻 3 号（2002 年 12 月）489～507 頁（『既判力理論の再検討』所収）
「要件事実と法学教育(1)～(3)」
　　　自由と正義 54 巻 12 号（2003 年 12 月）98～115 頁；55 巻 1 号（2004 年 1 月）54～73 頁；55 巻 2 号（2004 年 2 月）92～101 頁

「相殺の抗弁と訴訟上の要件」
　　谷口安平先生古稀祝賀『現代民事司法の諸相』（2005 年 6 月・成文堂）113〜144 頁（『訴訟における相殺』所収）
「相殺の抗弁と重複起訴」
　　福永有利先生古稀記念『企業紛争と民事手続法理論』（2005 年 6 月・商事法務）507〜550 頁（『訴訟における相殺』所収）
「既判力の標準時後の形成権行使について」
　　民事手続法研究 1 号（2005 年 7 月）1〜81 頁（『既判力理論の再検討』所収）
「相殺に対する判断と既判力」
　　民事手続法研究 2 号（2006 年 11 月）161〜199 頁（『訴訟における相殺』所収）
「非訟事件における不利益変更禁止の原則の適用について——境界確定訴訟と財産分与請求事件を中心として」
　　法学雑誌（大阪市立大学）53 巻 4 号（2007 年 4 月）1088〜1124 頁
「遺言の無効と無効確認の訴え」
　　岡部喜代子＝伊藤昌司編『新家族法実務大系第 4 巻　相続Ⅱ』（2008 年 2 月・新日本法規）119〜143 頁
「相殺の抗弁についての判断と不利益変更禁止の原則」
　　小島武司先生古稀祝賀『民事司法の法理と政策（上）』（2008 年 8 月・商事法務）789〜832 頁（『訴訟における相殺』所収）
「控訴審における『事後審的審理』の問題性」
　　青山善充先生古稀祝賀『民事手続法学の新たな地平』（2009 年 4 月・有斐閣）459〜492 頁（『民事訴訟法の立法史と解釈学』所収）
「民事訴訟における訴訟係属中の係争物の譲渡(1)〜(3)」
　　龍谷法学 42 巻 3 号（2010 年 3 月）859〜897 頁；43 巻 4 号（2011 年 3 月）1610〜1648 頁；44 巻 3 号（2011 年 12 月）883〜921 頁（『民事訴訟法の立法史と解釈学』所収）
「民事訴訟法ドグマーティクにおける実体法と訴訟法」
　　松本博之＝野田昌吾＝守矢健一編『法発展における法ドグマーティクの意義』（2011 年 2 月・信山社）219〜242 頁（『民事訴訟法の立法史と解釈学』所収）
「口頭弁論終結後の承継人への既判力の拡張に関する一考察」
　　龍谷法学 44 巻 4 号（2012 年 3 月）1237〜1272 頁（『民事訴訟法の立法史と解釈学』所収）
「民事訴訟法学と方法論」
　　高橋宏志＝加藤新太郎編『実務民事訴訟講座［第 3 期］第 1 巻』（2014 年 4 月・日本評論社）107〜156 頁（『民事訴訟法の立法史と解釈学』所収）
「訴訟告知の目的と択一的関係」
　　河野正憲先生古稀祝賀『民事手続法の比較法的・歴史的研究』（2014 年 12 月・慈学社出版）3〜44 頁（『民事訴訟法の立法史と解釈学』所収）
「一部請求訴訟における訴訟告知と参加的効力」
　　法学雑誌（大阪市立大学）60 巻 3=4 号（2014 年 3 月）916〜952 頁（『民事訴訟法の立法史と解釈学』所収）

「法科大学院と民事実務教育」
　　法学雑誌（大阪市立大学）61巻3号（2015年9月）495～536頁
「既判力の対象としての『判決主文に包含するもの』の意義――立法史的考察」
　　法学雑誌（大阪市立大学）62巻1号（2016年3月）216～157頁

6．論文（ドイツ語および英語）

Personal knowledge of the judges,
　　Hogaku Zassi (Journal of Law and Politics of Osaka City University), Vol. 33 Nr. 1, 1986, S. 124-140.
Das Problem von Präjudizienwirkungen im japanischen Zivil- und Zivilprozessrecht, in:
　　Karl Kroeschell (Hrsg.), Recht und Verfahren, Symposion der rechtswissenschaftlichen Fakultäten der Albert-Ludwigs-Universität Freiburg und der Städtischen Universität Osaka, Heidelberg 1992, S. 55-71.
Folgen der Nichtfeststellbarkeit ausländischen Rechts im japanischen Zivilprozeß, in:
　　Dieter Leipold/ Wolfgang Lüke/ Shozaburo Yoshino (Hrsg.), Gedächtnisschrift für Peter Arens, München 1993, S. 297-307.
Einige prozessuale Probleme bei der Anwendung ausländischen Rechts im japanischen Zivilprozeß,
　　Recht in Japan Nr. 9 (1993), S. 27-39.
Probleme der Rechtskraft im internationalen Zivilprozeß, in:
　　Karl Kroeschell/ Albrecht Cordes (Hrsg.), Vom nationalen zum transnationalen Recht, Symposion der rechtswissenschaftlichen Fakultäten der Albert-Ludwigs-Universität Freiburg und der Städtischen Universität Osaka, Heidelberg 1995, S. 77-97.
Selbstbestimmung der Parteien im Zivilprozeß, in:
　　Dieter Leipold (Hrsg.), Selbstbestimmung in der modernen Gesellschaft aus deutscher und japanischer Sicht, Symposion der rechtswissenschaftlichen Fakultäten der Albert-Ludwigs-Universität Freiburg und der Städtischen Universität Osaka, Heidelberg 1997, S. 275-292.
Zur Vereinbarung der internationalen Zuständigkeit nach dem japanischen Zivilprozessrecht, in:
　　Hanns Prütting/ Helmut Rüssmann, Festschrift für Gerhard Lüke zum 70. Geburtstag, München 1997, S. 449-466.
Zur Struktur des japanischen Zivilprozesses nach der Zivilprozessordnung von 1996,
　　Zeitschrift für Zivilprozess International, Bd. 2 (1997), S. 333-366.
Beweisprobleme im Umwelthaftungsprozeß, in:
　　Dieter Leipold (Hrsg.), Umweltschutz und Recht in Deutschland und Japan, Symposion der rechtswissenschaftlichen Fakultäten der Albert-Ludwigs-Universität Freiburg und der Städtischen Universität Osaka, Heidelberg 2000, S. 215-241.
Cyberspace und Internationale Zuständigkeit, in:
　　Dieter Leipold (Hrsg.), Rechtsfragen des Internet und der Informationsgesellschaft, Symposion der rechtswissenschaftlichen Fakultäten der Albert-Ludwigs-Universität Freiburg und der Städtischen Universität Osaka, Heildelberg 2002, S. 209-231.

Die geplante Reform des Gesetzes betreffend die familienrechtliche Klage in Japan,
   Zeitschrift für Zivilprozess International, Bd. 7 (2002), S. 451-472.
Die Pflicht zur Vorlegung von Urkunden im reformierten japanischen Zivilprozessrecht, in:
   Hideo Nakamura/Hans W. Fasching/Hans Friedhelm Gaul/Apostolos Georgiades (Hrsg.),
   Festschrift für Kostas E. Beys zum 70. Geburtstag, Bd. 2, Athen 2003, S. 1009-1031.
Die Rezeption des deutschen Zivilprozessrechts in der Meiji-Zeit und die weitere Entwicklung
   des japanischen Zivilprozessrechts bis zum Zweiten Weltkrieg,
   Zeitschrift für Zivilprozess, Bd. 120 (2007), S. 3-29.
Die Rezeption und Ausstrahlung des Zivilprozessrechts in Japan,
   Hogaku Zassi (Journal of Law and Politics of Osaka City University), Vol. 54 No. 1 (2007),
   p. 490-511.
The Reception and Transmission of Law of Civil Procedure in Japan—The Experience of
Japan—, in:
   Masahisa Deguchi & Marcel Storme (ed.), The Reception and Transmission of Civil
   Procedural Law in the Global Society, 2008, p. 137-148.
Grundfragen und aktuelle Probleme des Beweisrechts in Japan,
   Zeitschrift für Zivilprozess, Bd. 121 (2008), S. 203-224.
Zur Aufrechnung im japanischen Zivilprozess—Ein Aspekt der Rezeption des Zivilprozessrechts
in der Meiji-Zeit in Japan—, in:
   Rolf Stürner/Hiroyuki Matsumoto/Wolfgang Lüke/Masahisa Deguchi (Hrsg.), Festschrift
   für Dieter Leipold zum 70. Geburtstag, Tübingen 2009, S. 655-678.
Materielles Recht und Prozessrecht in der Dogmatik des Zivilprozessrechts, in:
   Rolf Stürner (Hrsg.), Die Bedeutung der Rechtsdogmatik für die Rechtsentwicklung,
   Tübingen 2010, S. 203-226.
Zum Ausgleichsprinzip in der Zwangsvollstreckung wegen Geldforderungen in Japan, in:
   *Alexander Bruns/Christoph Kern/Joachim Münch/Andreas Piekenbrock/Astrid Stadler/
   Dimitorios Tsikrikas* (Hrsg.), Festschrift für Rolf Stürner zum 70. Geburtstag, Bd. 2,
   Tübingen 2013, S. 1679-1699.
Zur neuen Regelung der internationalen Zuständigkeit in Japan, in:
   *Jens Adolphsen/Joachim Goebel/Ulrich Haas/Burkhard Hess/Stephan Kolmann/Markus
   Würdinger* (Hrsg.), Festschrift für Peter Gottwald zum 70. Geburtstag, München 2014, S.
   427-440.
Zur Veräußerung des streitsbefangenen Gegenstandes während des rechtshängigen Rechtsstreits
   im japanischen Zivilprozess, in:
   Caroline Meller-Hannich/Lutz Haertlein/Hans Friedhelm Gaul/Ekkehard Becker-Eberhard
   (Hrsg.), Festschrift für Eberhard Schilken zum 70. Geburtstag, 2015, S. 369-386.
Die Bedeutung des „in der Urteilstenor enthaltenen" als Gegenstand der materiellen Rechtskraft
   im japanischen Zivilprozess—eine Betrachtung über die Entstehungsgeschichte des § 114
   Abs. 1 ZPG, Festschrift für Thomas Sutter-Somm, demnächst.

7．判例批評等

「刑事上罰すべき他人の行為によってなされた訴の取下の効力」
　　判例タイムズ 267 号（1971 年 12 月）77〜82 頁
「準備書面の陳述の有無――調書にその旨の記載がなく、かつ異議の形跡のない事例」
　　法学協会雑誌 88 巻 2 号（1971 年 2 月）260〜268 頁
「当事者が判決の確定前に再審事由を知った場合における民訴法 424 条 1 項所定の再審期間の始期」（小室直人と共同執筆）
　　民商法雑誌 65 巻 5 号（1972 年 2 月）822〜830 頁
「確定判決の証拠となった証言について偽証罪の起訴猶予処分があったことを主張して再審の訴を提起した場合と右起訴猶予処分の判断の再審裁判所に対する拘束力」
　　民商法雑誌 67 巻 6 号（1973 年 3 月）1027〜1037 頁
「いわゆる勤評長野方式における自己評定義務の不存在確認の訴の適否」
　　民商法雑誌 69 巻 1 号（1973 年 10 月）115〜127 頁
「不法行為訴訟における過失の認定と裁判上の自白」
　　法学雑誌（大阪市立大学）21 巻 1 号（1974 年 9 月）204〜211 頁
「所有権留保と第三者異議の訴え」
　　『昭和 49 年度重要判例解説（ジュリスト 590 号）』（1975 年 6 月）121〜123 頁
「高速道路建設計画確定決定に対する行政処分取消訴訟――西ドイツ環境行政訴訟の一判例」
　　環境法研究 4 号（1975 年 11 月）325〜336 頁
「更生会社の代表取締役の訴訟追行権」
　　新堂幸司ほか編『倒産判例百選（別冊ジュリスト 52 号）』（1976 年 10 月）50〜51 頁
「書証の成立についての自白は自由に撤回できるか」
　　判例評論 222 号（1977 年 8 月）42〜48 頁（判例時報 853 号 156〜162 頁）
「書証成立の真正についての自白の裁判所に対する拘束力」
　　民商法雑誌 84 巻 1 号（1981 年 4 月）91〜99 頁
「判決の効力の主観的範囲(2)――請求の目的物の所持人」
　　新堂幸司＝青山善充編『民事訴訟法判例百選［第 2 版］（別冊ジュリスト 76 号）』（1982 年 5 月）246〜247 頁
「弁論主義――贈与認定に必要な事実主張」
　　『昭和 57 年度重要判例解説（ジュリスト 792 号）』（1983 年 6 月）126〜128 頁
「第一審の却下判決の取消自判が違法でないとされた事例」
　　民商法雑誌 90 巻 3 号（1984 年 6 月）438〜443 頁
「破産管財人の提起した否認権行使訴訟と破産債権者の補助参加の可否」
　　判例評論 310 号（1984 年 12 月）46〜49 頁（判例時報 1129 号 208〜211 頁）
「ケース研究・医療過誤」
　　法学セミナー 34 巻 7 号（1989 年 7 月）86〜88 頁
「競売申立債権者の抵当権のまたは被担保債権の消滅と配当異議の訴えの原因」
　　私法判例リマークス 1 号（1990 年 7 月）240〜243 頁
「債権の一部競売申立て後における請求債権拡張の許否」
　　『担保法の判例Ⅰ（ジュリスト増刊）』（1994 年 4 月）72〜74 頁

松本博之先生　経歴・著作目録

「清算金支払債務の弁済前の参加差押えと仮登記担保権者の本登記請求の可否」
　　　竹下守夫＝伊藤眞編『民事執行法判例百選（別冊ジュリスト 127 号）』（1994 年 5 月）236～238 頁
「訴え却下判決に対する控訴審において訴えの変更が許されるとされた事例」
　　　私法判例リマークス 10 号（1995 年 2 月）148～151 頁
「請求の一部について予備的請求原因となるべき事実を被告が陳述した場合に原告がこれを自己の利益に援用しなくても裁判所はこの事実をしんしゃくすべきであるとされた事例」
　　　私法判例リマークス 17 号（1998 年 7 月）124～128 頁
「訴訟上の相殺の抗弁に対し訴訟上の相殺を再抗弁として主張することの許否」
　　　法学教室 216 号（1998 年 9 月）102～103 頁
「配当期日に配当異議の申出をしなかった一般債権者が配当を受けた他の債権者に対して不当利得返還請求をすることの可否」
　　　私法判例リマークス 19 号（1999 年 7 月）144～147 頁
「高等裁判所のした保全抗告についての決定と許可抗告の対象」
　　　判例評論 490 号（1999 年 12 月）44～46 頁（判例時報 1688 号 230～232 頁）
「1．証拠調べの必要性を欠くことを理由として文書提出命令の申立てを却下する決定に対し独立の不服の申立てをすることの許否／　2．民訴法 197 条 1 項 3 号所定の『技術又は職業の秘密』の意義」
　　　私法判例リマークス 22 号（2001 年 2 月）122～125 頁
「手形の善意取得とその後の除権判決」
　　　金融法務事情 1620 号（2001 年 9 月）11～14 頁
「1．財務諸表等の監査証明に関する省令（平成 12 年総理府令第 65 号による改正前のもの）6 条に基づき特定の会計監査に関する記録又は資料を整理して備えておくべき監査調書に対する文書提出命令申立ての適否／　2．文書中の氏名、会社名等の部分を除いて文書提出命令を発することができるとされた事例」
　　　判例評論 515 号（2002 年 1 月）21 頁～26 頁（判例時報 1764 号 175～180 頁）
「旧民事訴訟法 70 条の効力の客観的範囲」
　　　民商法雑誌 127 巻 1 号（2002 年 10 月）132～143 頁
「執行行為の否認」
　　　青山善充ほか編『倒産判例百選［第 3 版］（別冊ジュリスト 163 号）』（2002 年 9 月）76～77 頁
「代表権と表見代理」
　　　伊藤眞ほか編『民事訴訟法判例百選［第 3 版］（別冊ジュリスト 169 号）』（2003 年 12 月）48～49 頁
「相殺の抗弁と重複起訴」
　　　伊藤眞ほか編『民事訴訟法判例百選［第 3 版］（別冊ジュリスト 169 号）』（2003 年 12 月）92～94 頁
「囲繞地通行権が認容された確定判決に係る前訴で請求していなかった新たな土地部分について囲繞地通行権の確認を求める新訴は、前訴判決の既判力に抵触しない」
　　　私法判例リマークス 28 号（2004 年 2 月）126～129 頁

「執行法上の救済手段をとることの懈怠と国家賠償の成否」
　　伊藤眞ほか編『民事執行・保全判例百選（別冊ジュリスト177号）』（2005年8月）8～9頁
「1．保険管理人によって設置された弁護士及び公認会計士を委員とする調査委員会が作成した調査報告書が民訴法220条4号ニ所定の『専ら文書の所持者の利用の用に供するための文書』に当たらないとされた事例／　2．民訴法197条1項2号所定の『黙秘すべきもの』の意義／　3．保険管理人によって設置された弁護士及び公認会計士を委員とする調査委員会が作成した調査報告書が、民訴法220条4号ハ所定の『第197条第1項第2号に規定する事実で黙秘の義務が免除されていないものが記載されている文書』に当たらないとされた事例」
　　判例評論561号（2005年11月）39～43頁（判例時報1903号201～205頁）
「宗教法人の責任役員および代表役員を選定する檀信徒総会決議の不存在確認の訴えにつき確認の利益があるとされた事例」
　　私法判例リマークス34号（2007年2月）102～105頁
「報道関係者の取材源に関する証言拒絶権」
　　『平成18年度重要判例解説（ジュリスト1332号）』（2007年4月）129～131頁
「1．金融機関を当事者とする民事訴訟の手続の中で、当該金融機関が顧客から守秘義務を負うことを前提に提供された非公開の当該顧客の財務情報が記載された文書につき、文書提出命令が申し立てられた場合において、上記文書が民訴法220条4号ハ所定の文書に該当しないとされた事例／　2．金融機関を当事者とする民事訴訟の手続の中で、当該金融機関が行った顧客の財務状況等についての分析、評価等に関する情報が記載された文書につき、文書提出命令が申し立てられた場合において、上記情報は金融機関の職業の秘密に当たるが、これが開示されても民事再生手続中にある顧客が受ける不利益は小さく、金融機関の業務に対する影響も軽微と考え、本件訴訟は必ずしも軽微なものではなく、当該文書の証拠価値は高く、これに代わる中立的客観的な証拠の存在はうかがわれないとして保護に値する職業の秘密に該当しないとされた事例／　3．事実審である控訴審が民訴法223条6項に基づき文書提出命令の申立てに係る文書をその所持者に提示させ、これを閲読した上でした文書の記載内容の認定を法律審である許可抗告審において争うことの許否」
　　判例評論607号（2009年9月）11～16頁（判例時報2045号157～162頁）
「争点効」
　　髙橋宏志ほか編『民事訴訟法判例百選［第4版］（別冊ジュリスト201号）』（2010年10月）180～183頁
「人身保護請求事件における審理判断手続・許可抗告」
　　民商法雑誌143巻6号（2011年3月）725～733頁
「携帯電話機による低温やけどと電話機の製造業者の損害賠償責任」
　　現代消費者法15号（2012年6月）67～74頁

8．学会報告等

「裁判上の自白法理の再検討」1973年民事訴訟法学会大会における報告（民事訴訟雑誌20号〔1974年3月〕67～100頁所収）
「研究会　証明責任論の現状と課題」判例タイムズ679号（1988年12月）3～84頁所収

「私法学会ミニ・シンポジウム　安全配慮義務の現状と課題——訴訟法の視点」私法 52 号（1990 年 5 月）23～34 頁所収

「ミニシンポジウム　民事判決書の新様式について」における報告（判例タイムズ 741 号〔1991 年 1 月〕15～20 頁所収）

「訴訟資料・証拠の収集と証拠調べ」関西大学現代法セミナー「民事訴訟法改正の諸問題」における報告（ノモス 4 号〔1993 年 12 月〕94～104 頁所収）

「ミニ・シンポジウム　製造責任訴訟　製造物責任訴訟における証明軽減について」民事訴訟雑誌 40 号（1994 年 3 月）127～135 頁所収

「日本の新民事訴訟法による訴訟の構造」民事訴訟法学会・1997 年民事訴訟法学会国際シンポジム「民事訴訟法・倒産法の現代的潮流」における報告（民事訴訟法学会編『1997 年民事訴訟法学会国際シンポジム　民事訴訟法・倒産法の現代的潮流』〔1998 年 4 月・信山社〕91～138 頁所収）

「ミニ・シンポジウム　国際民事訴訟法理論の現状と展望」の司会（民事訴訟雑誌 45 号〔1999 年 3 月〕130～189 頁所収）

Rezeption des deutschen Zivilprozessrechts in der Meiji-Zeit und die Entwicklung des japanischen Zivilprozessrechts bis zum Zweiten Weltkrieg（ドイツ・フライブルク大学での名誉学位授与式における記念講演）(ZZP 120 (2007), 3 ff. 所収)

「日本における民事訴訟法の継受と伝播」（2006 年 9 月、国際訴訟法学会京都大会における報告）（松本博之＝出口雅久編『民事訴訟法の継受と伝播』〔2008 年 2 月・信山社〕5～16 頁所収）

Grundfragen und aktuelle Probleme des Beweisrechts: Landesbericht Japan, Tagung der Vereinigung der Zivilprozessrechtslehrer am 3. April 2008 in Osnabrück (ZZP 121 (2008), 203-224 所収)

「国際シンポジュウム・民事手続法の継受と伝播 Ⅶ．日本の民事訴訟法からのコメント」立命館法学 326 号（2009 年 1 月）1306～1312 頁

「民事訴訟法研究の出発点に立ち返って」（大阪市立大学退職記念講演）（法学雑誌（大阪市立大学）56 巻 1 号〔2009 年 9 月〕163～184 頁所収）

「トルコにおける民事訴訟法改正について——日本法からの若干のコメント」立命館法学 353 号（2014 年 6 月）381～385 頁

9．解　説

「裁判上の自白の取消」小室直人編『判例演習講座・民事訴訟法』（1973 年 1 月・世界思想社）298～311 頁

「権利自白の効力」法学教室＜第 2 期＞3 号（1973 年 12 月）122～123 頁

中野貞一郎＝松浦馨編『ワークブック民事訴訟法』（1974 年 6 月・有斐閣）93～102 頁の解説

斎藤秀夫＝小室直人編『民事訴訟法の基礎』（1975 年 10 月・青林書院）第 6 章の概説、項目 55・56・78・81・169 の解説

西原道夫＝木村保男編『公害法の基礎』（1976 年 9 月・青林書院）項目 80・81 の解説

「形成力と既判力」竹下守夫＝谷口安平編『民事訴訟法を学ぶ』（1977 年 8 月・有斐閣）167～174 頁

「証明責任（挙証責任）の分配」三ケ月章＝中野貞一郎＝竹下守夫編『新版民事訴訟法演習1』（1983年5月・有斐閣）271～282頁

小島武司編著『民事訴訟法100講』（1984年11月・学陽書房）132～151頁の解説

平凡社編『大百科事典8』（1985年3月・平凡社）「訴訟行為」1030～1031頁、「訴訟能力」1033頁

椿寿夫＝西尾信一＝森井英雄編『新版債権回収の法律相談』（1985年4月・有斐閣）項目81・82・105の解説

「証明責任の分配」三ケ月章＝青山善充編『民事訴訟法の争点［新版］（ジュリスト増刊）』（1988年7月）250～253頁

小島武司編『裁判キーワード』（1993年10月・有斐閣）項目63～70

小島武司編『裁判キーワード［新版］』（1998年7月・有斐閣）項目66～72

「証明責任の意義と作用」青山善充＝伊藤眞編『民事訴訟法の争点［第3版］（ジュリスト増刊）』（1998年9月）202～205頁

小島武司編『裁判キーワード［新版補訂版］』（2000年10月・有斐閣）項目66～72

「民事訴訟」山本博文責任編集『法と秩序』（尾形勇ほか編『歴史学事典第9巻』）（2002年2月・弘文堂）601頁

「証明責任の意義と作用」伊藤眞＝山本和彦編『民事訴訟法の争点（新・法律学の争点シリーズ(4)）（ジュリスト増刊）』（2009年3月）180～183頁

10. 翻 訳

ペーター・ゴットヴァルト「立証責任分配の基本問題」民商法雑誌82巻5号（1980年8月）683～702頁

「約款に対する消費者保護の改善についての提案──連邦司法大臣の作業グループの第二部分報告書（1975年3月）試訳──(1)～(3)」民商法雑誌83巻4号（1981年1月）648～685頁；5号（1981年2月）843～876頁；6号（1981年3月）1006～1038頁

ペーター・アーレンス「民事訴訟法の体系における証明妨害について」民商法雑誌87巻1号（1982年10月）1～29頁

ペーター・アーレンス「民事訴訟における証明責任を負わない当事者の解明義務について」民事訴訟雑誌29号（1983年2月）57～113頁

ペーター・アーレンス「聴聞異議と再度の考案の申出（Anhörungsrüge und Gegenvorstellung）」民商法雑誌95巻5号（1987年2月）643～670頁

ゴットフリート・バウムゲルテル「労働者責任における証明責任の分配」民商法雑誌96巻5号（1987年8月）617～636頁（栂善夫との共訳）

ディーター・ライポルド「ドイツ法およびヨーロッパ法による国際民事訴訟法の諸原則と今日的諸問題」法学雑誌（大阪市立大学）39巻2号（1993年1月）312～334頁

ヴォルフガング・リュケ「ドイツ民事訴訟における先例の意味」石部雅亮＝松本博之編『法の実現と手続』（1993年2月・信山社）99～123頁

ディーター・ライポルド「国内民事訴訟法からヨーロッパ民事訴訟法へ──訴訟係属、既判力および判決の衝突」石部雅亮＝松本博之＝児玉寛編『法の国際化への道』（1994年3月・信山社）91～104頁

松本博之先生　経歴・著作目録

ヴォルフガング・リュケ「自己決定と消費者保護」松本博之＝西谷敏編『現代社会と自己決定権』（1997 年 5 月・信山社）344〜367 頁
ロルフ・シュテュルナー「民事訴訟における訴訟から自由な領域」松本博之＝西谷敏編『現代社会と自己決定権』（1997 年 5 月・信山社）408〜417 頁
マルクス・レーネンバッハ「環境保護の個別的・集団的手段としての請求権と訴権」松本博之＝西谷敏＝佐藤岩夫編『環境保護と法』（1999 年 3 月・信山社）179〜237 頁
ディーター・ライポルド「環境責任訴訟における証明と証明責任」松本博之＝西谷敏＝佐藤岩夫編『環境保護と法』（1999 年 3 月・信山社）319〜347 頁
ディーター・ライポルド「現代社会における民事訴訟の役割」法学雑誌（大阪市立大学）45 巻 3=4 号（1999 年 3 月）592〜615 頁
エーベルハルト・シルケン「ドイツ民事訴訟における上訴改革計画の重点」法学雑誌（大阪市立大学）48 巻 2 号（2001 年 11 月）479〜501 頁
マルクス・レーネンバッハ「オンライン有価証券取引における銀行および証券会社の義務」松本博之＝西谷敏＝守矢健一編『インターネット・情報社会と法』（2002 年 11 月・信山社）343〜366 頁
マルク・レオンハルト「インターネットにおける人権侵害──国際裁判管轄と準拠法」松本博之＝西谷敏＝守矢健一編『インターネット・情報社会と法』（2002 年 11 月・信山社）463〜483 頁
ディーター・ライポルド「1999 年および 2000 年のドイツにおける民事訴訟法の発展」日独法学 20 号（2002 年 12 月）148 頁〜163 頁
ロルフ・シュテュルナー「クラス・アクションと人権」松本博之＝西谷敏＝守矢健一編『団体・組織と法』（2006 年 9 月・信山社）27〜40 頁
ディーター・ライポルド「民事訴訟の集団化」松本博之＝西谷敏＝守矢健一編『団体・組織と法』（2006 年 9 月・信山社）133〜152 頁（髙田昌宏と共訳）
ライナー・ヴァール「国際的レベルでの団体の役割」松本博之＝西谷敏＝守矢健一編『団体・組織と法』（2006 年 9 月・信山社）345〜364 頁
ブルクハルト・ヘス「国内的独自性とヨーロッパでの適応強制の狭間におけるドイツ民事訴訟法」立命館法学 326 号（2010 年 1 月）1283〜1305 頁
アレクサンダー・ブルンス「ドイツ民事訴訟にけるドグマーティクにおける実体法と手続法」松本博之＝野田昌吾＝守矢健一編『法発展における法ドグマーティクの意義』（2011 年 2 月・信山社）219〜242 頁
ディーター・ライポルド「21 世紀における社会的民事訴訟、訴訟の諸原則および訴訟基本権」髙田昌宏＝野田昌吾＝守矢健一編『グローバル化と社会国家原則』（2015 年 5 月・信山社）263〜282 頁

11．書評ほか

ヴォルフラム・ヘンケル「形成的手続行為としての訴の取下」法学論叢 91 巻 2 号（1972 年 5 月）109〜118 頁
「座談会・民事訴訟法の過去・現在・未来」法学教室＜第 2 期＞5 号（1974 年 6 月）2〜22 頁
「学界回顧　民事訴訟法」法律時報 47 巻 14 号（1975 年 12 月）95〜101 頁

「学界回顧　民事訴訟法」法律時報 48 巻 13 号（1976 年 12 月）104～109 頁
「河野正憲著・当事者行為の法的構造」民商法雑誌 100 巻 6 号（1989 年 9 月）1105～1115 頁
「座談会・民事訴訟手続に関する改正要綱試案の検討」民商法雑誌 110 巻 4=5 号（1994 年 8 月）591～662 頁
「小室直人名誉会員の逝去を悼む」民事訴訟雑誌 44 号（1998 年 3 月）266～269 頁
「宮川知法教授の逝去を悼む」ジュリスト 1140 号（1998 年 9 月）3 頁
「ドイツ法系民事訴訟法担当者会議ライプチッヒ大会に出席して」学術の動向 3 巻 10 号（1998 年 10 月）80～82 頁
「ドイツ法系民事訴訟法担当者会議（ライプチッヒ大会）に出席して」民事訴訟雑誌 45 号（1999 年 3 月）273～276 頁
「ミスリーディングな広告表示（巻頭言）」消費者法ニュース 1999 年 10 月号（1999 年 10 月）1 頁
「国際手続法学術協会ベルリン会議に出席して」民事訴訟雑誌 46 号（2000 年 3 月）265～268 頁
「ドイツ民事訴訟法担当者会議二〇〇六年大会」民事訴訟雑誌 53 号（2007 年 3 月）233～235 頁
「鈴木正裕著『近代民事訴訟法史・ドイツ』」民商法雑誌 146 巻 2 号（2012 年 5 月）230～238 頁

あとがき

　松本博之先生は、長年にわたる御研究を通じて、民事手続法上の基本原則（手続原則）から、法解釈を行い、判例・立法を検証し、ときにはこれまで妥当するとされてきた手続原則自体を再検討されてきました。この姿勢は、松本先生が、御著書である体系書『民事訴訟法〔第8版〕』（上野泰男教授との共著）、『人事訴訟法〔第3版〕』および『民事執行保全法』のすべてにおいて、各手続法上の基本原則（手続原則）に関する記述を著書のはじめに置かれていることからも窺い知ることができます。民事手続法の領域では、1996年の新民事訴訟法制定に代表される新立法や法改正による法制の整備・刷新、またそれと平行した判例や学説の新たな展開が見られます。そこで、私どもは、松本先生の学説に触れ、あるいはその薫陶を受けた者として、手続原則から立法、判例および学説の展開を検証し、もって先生への感謝を表そうと考えました。そこで、本論文集の書名を「民事手続法制の展開と手続原則」といたしました。

　本論文集には、日本の研究者に加え、ドイツの民事訴訟法学界をリードされ、かつ松本先生との間に長年にわたって交流がおありになる5名の先生方からも寄稿を賜っています。これらの論文につきましては、原則として、外国語（原語）の論文をそのまま掲載するとともに、あわせて翻訳も掲載することにいたしました。これらの論文は、いずれもわが国の民事手続法にとって重要かつ興味深いテーマに関する研究であり、翻訳をあわせて掲載することにより、少しでも多くの方に読んでいただきたいとの願いによるものです。なお、シュテュルナー先生の英語論文については、翻訳は別に公表される予定であり、本書には、原語論文のみ掲載しております。

　本論文集をこうして世に送り出すことができますのは、論文をお寄せくださった先生方のご尽力はいうまでもなく、大勢の方々のご協力のおかげです。論文をご寄稿くださった先生方、ドイツ語論文の翻訳をお引き受けいただきました先生方には、この場をかりて心より御礼を申し上げます。とりわけ松本先生には、献呈されるお立場にあるにもかかわらず、ライポルド先生のご論文の翻訳をご担当くださいましたことに、心より感謝申し上げます。また、本論文

集の出版をお引き受けくださった弘文堂にも心より御礼を申し上げます。とくに、弘文堂編集部の北川陽子さんには企画・編集をはじめ出版のすべてにわたって大変お世話になりました。心より感謝申し上げます。このほか、松本先生の略歴・業績目録の作成をはじめ、さまざまな点でご協力くださった大阪市立大学大学院法学研究科の髙田賢治教授、鶴田滋教授、同後期博士課程院生の池邊摩依さんにも、感謝の意を表します。

編集委員一同
徳田和幸
上野㤗男
本間靖規
髙田裕成
髙田昌宏

〔編集委員〕
徳田和幸 同志社大学大学院司法研究科教授
上野㤗男 早稲田大学法学部教授
本間靖規 早稲田大学法学部教授
髙田裕成 東京大学大学院法学政治学研究科教授
髙田昌宏 大阪市立大学大学院法学研究科教授

Festschrift für Hiroyuki Matsumoto zum 70. Geburtstag

Herausgegeben von
Kazuyuki Tokuda, Yasuo Ueno, Yasunori Honma,
Hiroshige Takata, Masahiro Takada

民事手続法制の展開と手続原則
── 松本博之先生古稀祝賀論文集

2016（平成28）年4月30日 初版1刷発行

編集委員	徳田和幸・上野㤗男・本間靖規 高田裕成・高田昌宏
発行者	鯉渕友南
発行所	株式会社 弘文堂　101-0062　東京都千代田区神田駿河台1の7 TEL 03（3294）4801　振替 00120-6-53909 http://www.koubundou.co.jp
装　丁	笠井亞子
印　刷	三報社印刷
製　本	牧製本印刷

© 2016　Printed in Japan

[JCOPY]〈(社)出版者著作権管理機構 委託出版物〉
本書の無断複写は著作権法上での例外を除き禁じられています。複写される場合は、そのつど事前に、(社)出版者著作権管理機構（電話 03-3513-6969、FAX 03-3513-6979、e-mail: info@jcopy.or.jp）の許諾を得てください。
また本書を代行業者等の第三者に依頼してスキャンやデジタル化することは、たとえ個人や家庭内での利用であっても一切認められておりません。

ISBN978-4-335-35676-6

民事訴訟法［第8版］　　松本博之・上野㤗男=著

民事訴訟法の全体が正確に理解できる体系書の決定版。新しい訴訟手続である「消費者裁判手続特例法」の概要を簡潔に解説するとともに、旧版以降に出現した新判例をできる限り取り上げ、その傾向を明示。重要な判例、学説・文献を徹底してフォローし、裁判動向等を詳細に分析・検討の上、盛り込んだ内容充実の最新版。　6500円

人事訴訟法［第3版］　　松本博之=著

人事訴訟法を理解するために最適の体系書。通常の民事訴訟法とは異なる原則に基づき手続が進められる人事訴訟の基本原則と手続の内容を体系的に把握すると共に、制度の仕組みを理論と実務の両面から解説。家事事件手続法制定への対応、国際家族法関連の裁判例増加にあわせ外国身分判決の承認問題の節を加えた最新版。4100円

民事執行保全法　　松本博之=著

私法上の権利（担保権を含む）の実現と保全に仕え、権利保護制度の重要な一翼を担う民事執行法と民事保全法を体系的に叙述する概説書。長期にわたる不況のなかで続発する執行妨害・売却の困難に対処するため、法改正が繰り返された民事執行法と民事保全法の現状を俯瞰し、解決が待たれる諸問題に取り組んだ意欲作。　5000円

＊定価(税抜)は、2016年3月現在のものです。